Virag: 3D-Programmierung

Gerhard Virag

Grundlagen der 3D-Programmierung

Mathematik und Praxis mit OpenGL

Bibliografische Information Der Deutschen Nationalbibliothek

Die Deutsche Nationalbibliothek verzeichnet diese Publikation in der Deutschen Nationalbibliografie; detaillierte bibliografische Daten sind im Internet über http://dnb.d-nb.de abrufbar.

Gesamtlektorat: Dr. Markus Wirtz
Lektorat: Franz Mayer
Satz: Open Source Press (LaTeX)
Umschlaggestaltung: Olga Saborov, Open Source Press
Gesamtherstellung: Kösel, Krugzell

ISBN 978-3-941841-75-8 http://www.opensourcepress.de

Inhaltsverzeichnis

Über dieses Buch **13**

1 Einführung **21**

1.1 Programmbeispiele . . . 22
1.2 Warum Java und OpenGL? . . . 23
1.3 Warum nicht Java 3D? . . . 24
1.4 Was macht OpenGL eigentlich? . . . 25
1.4.1 Die Rendering Pipeline . . . 26
1.4.2 Die Geometrie-Pipeline . . . 29
1.4.3 Rasterung . . . 30
1.4.4 Fragmentverarbeitung und Framebuffer . . . 32
1.4.5 Shader . . . 34
1.4.6 Was ist OpenGL nicht? . . . 36

2 Der dreidimensionale Raum **37**

2.1 Einführung . . . 38
2.2 Transformationen . . . 39
2.2.1 Translationen . . . 42
2.2.2 Skalierungen . . . 43
2.2.3 Kompositionen . . . 44
2.2.4 Scherungen . . . 46
2.2.5 Perspektivische Projektion . . . 47
2.2.6 Rotationen . . . 49
2.2.7 Drehungen an Ort und Stelle . . . 51
2.2.8 Objekteigene Koordinatensysteme . . . 54
2.2.9 Rotation um eine beliebige Achse . . . 62

2.3 Projektionen 70
2.3.1 Projektionsarten 72
2.3.2 Darstellungsbereiche 74
2.3.3 Tiefenpuffer 78
2.3.4 Parallele Projektionen 80
2.3.5 Perspektivische Projektionen 88
2.4 Koordinatensysteme der Rendering-Pipeline 99
2.5 Projektionsklassen 101
2.5.1 Viewport-Transformation 102
2.5.2 Projektionsmatrizen 105
2.5.3 Multiviewport – Orthogonal 105
2.5.4 Multiviewport – Perspektive 110
2.6 Beobachter 112
2.6.1 Das Auge 112
2.6.2 Standort 115
2.6.3 Die Blickrichtung 117
2.6.4 Die Orientierung 119
2.6.5 Die Frustum-Flächen 121
2.6.6 Interaktive Projektion 124
2.7 Zusammenfassung 132

3 Der vernetzte Raum **133**
3.1 Graphen 135
3.1.1 Einführung 135
3.1.2 Graphen und Relationen 136
3.2 Meshes 145
3.2.1 Einführung 145
3.2.2 Repräsentation und Navigation 150
3.2.3 Halfedges 153
3.2.4 Zusammenfassung 161

4 Objekte **163**
4.1 Objekte an OpenGL übergeben 165
4.1.1 Vertex-Datenpuffer 166

4.1.2 Mapping und Meshdaten . . . 183
4.1.3 Shader und generische Attribute . . . 185
4.1.4 Framework mit generischen Attributen . . . 189
4.1.5 Zusammenfassung . . . 192
4.2 Objekte erzeugen . . . 193
4.3 Externe Objekte . . . 216
4.3.1 Dateiformate . . . 216
4.3.2 Objekte einlesen . . . 221
4.4 Kollisionen . . . 227
4.4.1 Grenzflächen . . . 228
4.4.2 Grenzvolumen . . . 244
4.4.3 Von allen Seiten attackiert . . . 259
4.5 Gitter und Raumteiler . . . 272
4.6 Picking . . . 277
4.6.1 Picking mit OpenGL . . . 277
4.6.2 Picking Pipeline . . . 279
4.6.3 Picking: Beispiel . . . 283
4.7 Zusammenfassung . . . 291

5 Licht und Farbe **293**
5.1 Farbe . . . 293
5.1.1 Farbmodelle . . . 295
5.1.2 Farbpuffer . . . 301
5.1.3 Nebel . . . 301
5.2 Licht . . . 304
5.3 Lichtquellen, Materialien . . . 306
5.3.1 Umgebungslicht . . . 313
5.3.2 Diffuses Licht . . . 315
5.3.3 Spotlicht . . . 318
5.3.4 Ausgedehnte Lichtquellen . . . 323
5.3.5 Dunkelquellen . . . 323
5.3.6 Lichtmodelle . . . 324
5.4 Programmbeispiel . . . 325
5.4.1 Quellcode . . . 330

5.5 Zusammenfassung 345

6 Images, Texturen und Text **347**

6.1 Images 347

6.1.1 Grundbegriffe 347

6.1.2 Vom Sample zum Image 348

6.1.3 Images und Image-Dateien 350

6.1.4 Images manipulieren und analysieren 354

6.1.5 Images laden und speichern 362

6.1.6 BufferedImage 364

6.2 Texturen 368

6.2.1 Texturarten 372

6.2.2 Texture Images 374

6.2.3 Texture Mapping 376

6.2.4 Mipmapping 381

6.2.5 Texturen als Datenquelle bei Shadern 386

6.2.6 Beispielprogramm 2D-Texturen 399

6.2.7 Beispielprogramm 1D-Texturen 410

6.3 Text und Fonts 414

6.4 Zusammenfassung 420

7 Mathematische Grundlagen **421**

7.1 Mengen und Gruppen 422

7.1.1 Algebraische Struktur 422

7.1.2 Funktion A nach B 423

7.1.3 Mengen 423

7.1.4 Kombinationen, Permutationen, Tupel 427

7.1.5 Gruppen 429

7.2 Zahlen 431

7.2.1 Binäre Darstellung einer Zahl 433

7.2.2 Gleitkommazahlen 433

7.2.3 IEEE 754 437

7.2.4 Hinweise 440

7.3 Matrizen 442

7.3.1 Darstellung . . . 442
7.3.2 Rechnen mit Matrizen . . . 444
7.3.3 Inverse Matrix . . . 446
7.3.4 Verfahren zur Matrixinvertierung . . . 448
7.4 Vektoren . . . 453
7.4.1 Einheitsvektor, Betrag eines Vektors . . . 454
7.4.2 Vorstoß in die vierte Dimension . . . 456
7.4.3 Vektoren und Matrizen . . . 459
7.4.4 Normale und Matrizen . . . 464
7.4.5 Skalares Produkt zweier Vektoren . . . 467
7.4.6 Längen- und Winkelmessung . . . 467
7.4.7 Gram-Schmidt-Verfahren . . . 470
7.4.8 Gerade im Raum . . . 472
7.4.9 Vektorprodukt in 3D . . . 474
7.4.10 Mehrfachprodukte . . . 477
7.4.11 Flächenberechnung . . . 481
7.4.12 Ebenen im Raum . . . 481
7.5 Baryzentrische Koordinaten . . . 482
7.6 Basiswechsel . . . 486
7.7 Drehungen und Winkel . . . 490
7.7.1 Richtungskosinus . . . 492
7.7.2 Kugelkoordinaten . . . 493
7.7.3 Rotationsmatrizen . . . 494
7.7.4 Ausrichtung eines Koordinatensystems . . . 500
7.7.5 Bezugssystem und objekteigenes System . . . 503
7.7.6 Cardan-Winkelsystem . . . 505
7.7.7 Andere Winkelsysteme . . . 506
7.7.8 Euler-Winkelsystem . . . 507
7.7.9 Gimbal Lock . . . 511
7.8 Quaternionen . . . 515
7.8.1 Alternative schnelle Berechnung . . . 527
7.8.2 Rechenregeln für Quaternionen . . . 529
7.8.3 Drehungen und Interpolation mit Quaternionen . . . 530
7.8.4 Von der Matrix zum Quaternion . . . 533

7.9 Zusammenfassung 534

8 Programmierung 537

8.1 Shader 537
8.2 Mathematikbibliothek 544
8.2.1 Grundklassen 548
8.2.2 Datenhaltung 548
8.2.3 Point 551
8.2.4 Vector 553
8.2.5 Line 556
8.2.6 Plane 560
8.2.7 Matrix und Transformationsklasse 564
8.2.8 Klassenübersicht 579
8.3 Java 581
8.3.1 Puffer in Java 581
8.3.2 Die Object-Klasse und 3D-Grafiksoftware 586
8.3.3 Zufallszahlen mit Java 597
8.3.4 Programme beschleunigen 600
8.3.5 Bindung an OpenGL 603
8.3.6 Programmierumgebung einrichten 612
8.3.7 Verzeichnisstrukur 614
8.3.8 Programmliste 615
8.3.9 Nützliche Hilfsklassen 618

9 OpenGL-Funktionen 625

9.1 Versionsübersicht 625
9.2 Typ- und Formatangaben 628
9.3 Funktionsliste 629
9.4 Shaderprogrammierung 721
9.4.1 Vordefinierte Variablen 722
9.4.2 Qualifizierer 724
9.4.3 Shaderfunktionen 726
9.4.4 Ableitungen berechnen im Fragmentshader 729

Anhang 731

A Notationshinweise und Formeln 733

A.1 Notationen 733

A.2 Formeln trigonometrischer Funktionen 733

A.2.1 Summen und Differenzen 733

A.2.2 Produkte 734

A.2.3 Doppelte und halbe Winkel 734

A.3 Griechische Buchstaben 734

Über dieses Buch

Mit der 3D-Computergrafik zeigt sich die Informatik von ihrer schönsten Seite, besonders in den Königsklassen dieser Disziplin, bei 3D-Filmen und Games, denn dort spielen auch Aspekte des Erzählerischen und der darstellenden Kunst eine Rolle. All dies ist mehr als nur mathematisch-technische Problemlösung, es ist auch eine Annäherung an die Wirklichkeit. Objekte der virtuellen Welt erhalten ein Volumen und sind nicht mehr nur Kulisse. Mit CAD-Systemen am Computer erstellte Objekte – von Mikromaschinen bis zur Raumstation – sind in diesem Sinne sogar „vorweggenommene Wirklichkeit", die erst noch erschaffen werden muss.

Im technischen und wissenschaftlichen Bereich ordnet man den Volumina, abstrakt gesprochen, auch Bewertungen zu. Zum Beispiel repräsentiert ein mit komplexen Verfahren vermessenes Volumen eine bestimmte Gesteinsformation oder ein Gewebe, und die bei solchen Verfahren anfallenden Datenmengen erzwingen geradezu eine visuelle Auswertung mit den Mitteln der 3D-Computergrafik. 3D-Filme, Spiele und andere Produkte der Werbe- und Unterhaltungsindustrie sind also nur die Spitze des Anwendungseisberges, und mit Sicherheit nimmt die Bedeutung der 3D-Computergrafik weiter zu.

Warum dieses Buch?

Mein erster ernsthafter Kontakt mit der 3D-Computergrafik war Anfang der 90er Jahre, als ich auf das Lindenmayer-System aufmerksam wurde. Aristid Lindenmayer, ein ungarischer Biologe, nutzte eine einfache, aber rekursive Grammatik, um damit das Formenwachstum von Pflanzen zu beschreiben.[1] Hinzu kamen die sog. *Turtle Graphics*, ein Schildkröten-Cursor, der sich im 3D-Raum bewegt und dort Objekte (Blätter, Äste o. Ä.) platziert. Aus purer Neugier und Forscherdrang wollte ich herausfinden, welche Formen und Figuren sich mit solchen Produktionsregeln bilden lassen. Dazu musste ich einen Compiler für die Umwandlung eines Regelsat-

1 Zum sog. „L-System" vgl. Przemyslaw Prusinkiewicz, Aristid Lindenmayer: „The Algorithmic Beauty of Plants", Springer, 1990.

zes und einen 3D-Softwarerenderer für die Turtle Graphics erstellen. Alles, was ich benötigte, waren ein C++-Compiler, ein Editor und ein Bildspeicher für die Ausgabe. 20 Jahre später befinden sich in der Werkzeugkiste erheblich mehr Software-Werkzeuge, einige erfordern sowohl für die Nutzung als auch für die Entwicklung ein hohes Maß an Know-how. Eines dieser Werkzeuge, OpenGL, stelle ich hier zur Demonstration und für die Experimente des Lesers in den Mittelpunkt. Ich werde diese „Black Box" jedoch nur gelegentlich öffnen, hauptsächlich um die zugrundeliegende Architektur zu beschreiben, weniger der Implementierung wegen.

Der Kern der 3D-Programmierung ist nicht so sehr bei den einzelnen Werkzeugen zu suchen, vielmehr im Konzeptionellen und der Mathematik. Auch aus diesem Grunde blicke ich nach oben, hin zu höheren Software-Schichten, Middleware wie Game Engines und anderen Anwendungen, aber auch in die Geschichte, auf Personen, die die Entwicklung der Technologie maßgeblich beeinflusst haben.

Ein solches Buch ist immer ein Balanceakt, jedenfalls wenn beide Stars, Praxis *und* Theorie, zur Vorstellung kommen. Natürlich muss ein Softwareentwickler nicht in der Theorie des Compilerbaus bewandert sein. Wenn er aber die Meldungen seines Compilers nicht interpretieren kann, vermag er auch nicht mit den Konzepten der gewählten Sprache darauf zu reagieren. Das bedeutet in unserem Falle konkret: Man muss OpenGL verstehen, um mit „Sprachelementen" wie dem dreidimensionalen Raum, Licht, Oberflächen und deren Farben zu gestalten.

Das vorliegende Buch, das sich in erster Linie an ambitionierte Einsteiger richtet, zeigt, wie man mit diesen Sprachelementen Programme schreibt, die virtuelle Welten am Bildschirm darstellen. Hier schließt sich der Kreis, denn es geht auch um die Freude des Entwicklers, aus dem Abstrakten konkrete, sichtbare Ergebnisse zu schaffen, die im Falle der 3D-Computergrafik auch eine ästhetische, ja spielerische Dimension haben.

Kapitelübersicht

In Kapitel 1, der *Einführung*, werfen wir einen genaueren Blick in unseren Werkzeugkasten und klären Grundbegriffe.

Das Kapitel 2, *Der dreidimensionale Raum* (Seite 37 ff.), stellt die in der 3D-Computergrafik so bedeutende 4×4-Transformationsmatrix in den Mittelpunkt. Diese Matrix ist ein universelles Werkzeug, und zwar für alle Arten von Transformationen, die entlang der Rendering Pipeline auftreten, fundamental für die Platzierung von Objekten in der virtuellen Welt und letztlich der Projektion auf den zweidimensionalen Bildschirm. Es werden einzelne Ausprägungen der Matrix präsentiert, wie etwa die Rotation um einen Drehvektor sowie die verschiedenen Arten der Projektionsmatrizen.

Das Kapitel befasst sich auch mit dem Darstellungsbereich, dem Tiefenpuffer und der Art und Weise, wie OpenGL eine virtuelle Welt abbildet.

Das Kapitel 3, *Der vernetzte Raum* (Seite 133 ff.), befasst sich mit weiteren Grundelementen der 3D-Computergrafik. Knoten und Kanten sind Begriffe der Graphentheorie, einem schon seit Jahrhunderten beackerten Feld der Mathematik. Für die Navigation bedeutend sind die Pfeile, die von einem Knoten zu einem anderen führen, im Web würde man von Links sprechen. Mathematisch gesehen handelt es sich um spezielle Relationen, ein Begriff der Mengenlehre, von denen die wichtigsten im Kapitel dargelegt werden. Die Verbindung zur Praxis liefert der Abschnitt 3.2 über *Meshes*, den Netzwerken der 3D-Computergrafik. Vertices, Edges, Faces und Normale sind damit verbundene Begriffe, die in dem Abschnitt beschrieben werden und die in der Software als Datenstrukturen auftreten. Immer mit der beschränkten Speicherkapazität kämpfend und um eine hohe Verarbeitungsgeschwindigkeit ringend, werden im Abschnitt 3.2.2 wichtige Datenstrukturen vorgestellt. Speziell für die Navigation erstellte Netzwerke sind die Halfedge-Netzwerke, die noch etwas näher betrachtet werden.

Im Kapitel 4, *Objekte* (Seite 163 ff.), stehen die Individuen einer Szene im Mittelpunkt. Dabei handelt es sich um Objekte, von den Grafikern auch Modelle genannt, die in einer Szene oder einer 3D-Zeichnung einzeln angesprochen werden. Diese müssen natürlich erst einmal in einer Szene bereitgestellt werden, und daher befasst sich das Kapitel zuerst mit der Übergabe von Objekten an OpenGL. Der Schwerpunkt des Abschnittes sind Vertex Buffer Objects (VBO), auch im Zusammenspiel mit einem Vertexshader. Der darauf folgende Abschnitt befasst sich mit der Erzeugung von Objekten in einer Applikation. Es werden die verschiedenen Aspekte eines Objektes näher betrachtet, hier steht insbesondere die Verbindung mit den VBOs sowie die korrekte Orientierung der Flächen und der Normalen im Mittelpunkt. Anhand des erstellten Wedge-Objektes können in einem Beispielprogramm diverse Effekte, die Flächenverhüllung und Beleuchtungseffekte betrachtet werden. Sind die Objekte platziert, kann eine Szene auch gerendert werden – für viele Anwendungen durchaus ausreichend. Mindestens genauso viele Anwendungen erfordern aber auch einen Eingriff des Nutzers, und sobald sich einzelne Objekte in einer Szene bewegen, besteht auch eine Kollisionsgefahr. Objekte nehmen einen Raum in der Szene ein, der nur bedingt mit anderen geteilt werden kann – ein möbiliertes Haus etwa –, und die einzelnen Teile oder auch Objekte als Ganze sollen für eine Identifizierung ausgewählt werden. Mit dieser Problematik befassen sich die Abschnitte 4.4, 4.5 und 4.6.

Mit der Beleuchtung und dem gezielten Einsatz von Farben erhalten virtuelle Welten eine ganz neue Qualität. Licht und Farbe sind ausgesprochen komplizierte Eigenschaften der realen Welt, und die Nachbildung in der virtuellen Welt kann nur unvollkommen und mit massivem Einsatz von Tricks sowie Vereinfachungen gelingen. Die genauesten Verfahren basieren auf energetischen Betrachtungen, den Radiosity-Modellen und einer Strahlverfolgung. Beide Techniken waren aber in der Vergangenheit kaum für den Desktop zugänglich, und sie sind auch heute noch für das Echtzeit-Rendering nur mit hohen Anforderungen an die Hardware durchführbar. Daneben haben sich vereinfachte Modelle durchgesetzt, welche die Grundlage für das Rendern mit OpenGL bilden. Im Kapitel 5, *Licht und Farbe* (Seite 293 ff.), werden diese Modelle und ihr mathematischer Hintergrund vorgestellt. Ein mit Shadern erstelltes Programmbeispiel rundet die Einführung ab. Es ermöglicht die Änderung aller Licht- und Materialparameter, des Standardmodells von OpenGL und das Studium der Auswirkungen in einer virtuellen Szene.

Neben den Meshes, der Repräsentation der Objekte in der virtuellen Welt, sind die Texturen vielleicht das wichtigste Element für die 3D-Computergrafik-Software. Texturen müssen als Bilder zur Verfügung gestellt werden, und daher ist es logisch, dem Leser zuerst die Verwaltung und Darstellung von Bildern in OpenGL zu präsentieren, wie im Kapitel 6, *Images, Texturen und Text* (Seite 347 ff.). Das Ziel ist es, Bilder an OpenGL zu übergeben, aber dazu müssen diese erst einmal von einer Datei geladen und im Speicher mit den Mitteln der Applikationssprache abgelegt werden. Dieser Weg wird in dem Abschnitt ausgeleuchtet, ein Weg der zwangsläufig an der Klasse `BufferedImage` aus der Java2D-Bibliothek vorbeiführt. Während Bilder noch eigenständige Elemente sind, werden Texturen auf die Oberflächen der virtuellen Welt aufgebracht, es muss daher auch eine in der Software abgebildete Verbindung zwischen den Polygonen eines Mesh und den Bildern vorhanden sein. Diese Verbindung stellen die Texturkoordinaten her, deren Herkunft und Behandlung dargelegt wird. Auch das „Aufkleben“ selbst, im Entwickler-Jargon *Mapping* genannt, ist ein wichtiger Vorgang, der im Abschnitt 6.2 ausgeführt wird. Es sind einige Programmbeispiele zu finden, welche im Umfeld der Texturen angesiedelt sind. Für den Informationsarbeiter ist das geschriebene Wort von grundlegender Bedeutung. Nun mag es erstaunen, dass gerade Text nur mit aufwändigen Mitteln und mit wenig Hilfe des Renderers in einer virtuellen Welt aufscheinen kann. Aber Text bedeutet in der modernen Welt die Darstellung sehr großer Zeichensätze, die als 3D-Objekt, auch noch in verschiedenen Größen, nur sehr aufwändig gerendert werden können. Diese Verfahren und einfachere Alternativen dazu werden im Abschnitt 6.3 dargelegt.

Im Kapitel 7, *Mathematische Grundlagen* (Seite 421 ff.), findet sich der Lesestoff der einzelne Aspekte der 3D-Computergrafik aus rein mathematischer Sicht. Die Themenwahl konzentriert sich darauf, Leser ohne tiefen mathematischen Hintergrund an die Mathematik der 3D-Computergrafik heranzuführen. Der Abschnitt zur Vektorrechnung ist typisch für diese Themenwahl. Andererseits geht das Kapitel auch über eine Einführung hinaus. Es werden auch Themen und Problemstellungen angeschnitten, auf die der Leser erst später bei ausgedehnten Expeditionen in das Reich der 3D-

Computergrafik stößt. Die Matrixinversion und Quaternionen sind Beispiele für solch weiterführende Themen. Eine dritte Gruppe bilden ergänzende Abschnitte. Hierzu zählt etwa der Abschnitt über die Zahlen und deren Darstellung auf dem Rechner nebst den damit verbundenen Rundungsproblemen. Auch der Abschnitt über Drehungen ist als Ergänzung gedacht.

Als Buch im Buche kann das Kapitel fortlaufend gelesen oder bedarfsweise herangezogen werden, die Übergänge der oben genannten Abschnitte sind fließend. Wenn dem Leser ein Abschnitt zu schwierig oder weniger interessant für den Augenblick erscheint, möge er ruhig abbrechen und später einmal darauf zurückkommen. So ist es gedacht, und es sind keine Prüfungen abzulegen.

Das Kapitel 8, *Programmierung* (Seite 537 ff.), bietet zuerst eine Einführung in die Shaderprogrammierung. Shaderbeispiele finden sich im gesamten Text, aber in diesem Abschnitt wird speziell auf die Verwaltung und Erzeugung von Shadern eingegangen. Auch liefert der Abschnitt eine mehr formale Einführung in die Programmiersprache der Shader. Im Abschnitt 8.2 wird eine kleine Klassensammlung vorgestellt, die an die Belange der Java-Programmierung angepasst ist. Solche Klassen, wie etwa `VectorF3` und `TransformF4x4`, werden häufig benötigt. Im genannten Abschnitt wird auch auf die Problemstellungen bei der Erstellung eigener Klassen oder der Nutzung von Mathematikklassen von Drittanbietern eingegangen. Im Abschnitt 8.3 stehen die Einrichtung großer Datenpuffer und die Bindung von Java an OpenGL im Mittelpunkt.

Das Kapitel 9, *OpenGL-Funktionen* (Seite 625 ff.), liefert eine Übersicht der im Buch verwendeten OpenGL-Kommandos. Während im Haupttext die Verwendung dieser Funktionen in einem bestimmten Umfeld dargelegt wird, gibt die Übersicht weitergehende Informationen. Es werden die Parameter der Funktionen beschrieben und deren Auswirkung bzw. Bedeutung auf die OpenGL-Statusmaschine erklärt. Im Haupttext dient eine OpenGL-Funktion vorrangig als Beispiel dafür, wie mit einem Renderer ein bestimmter Effekt erzeugt oder ein Algorithmus realisiert werden kann. Im OpenGL-Kapitel steht die OpenGL-Funktion selbst im Mittelpunkt der Aufmerksamkeit. Bei einigen Funktionsbeschreibungen ist auch ein umgekehrter Weg möglich, denn es sind auch Verweise auf den Haupttext eingefügt. Sie erhalten in diesem Kapitel auch eine Übersicht über die Versionen von OpenGL. Der Abschnitt 9.4 befasst sich eingehender mit den Variablen und Funktionen der Shadersprache GLSL.

Einstieg in das Buch

Das Buch wendet sich an verschiedene Lesergruppen, vornehmlich spricht es jedoch Leser an, für die die 3D-Computergrafik noch Neuland ist. Es ist andererseits kein klassisches Anfängerbuch, denn einige Themen werden recht umfassend behandelt. Anfängern empfehle ich, ohne Gewissensbisse ruhig aus einem Thema auszusteigen, wenn es zu schwierig oder für den Augenblick nicht interessant erscheint. Generell behandelt das Buch den mathematischen Hintergrund und die Programmierung zu etwa gleichen Teilen, je nach Schwerpunkt wird der Leser den ein oder anderen Abschnitt nur überfliegen. Viele Fragen, die in Foren auftauchen, besonders im Zusammenhang mit der Shaderprogrammierung, basieren auf einer unklaren Vorstellung über die Lage von Punkten und Vektoren relativ zu einem Koordinatensystem sowie dem Wechsel desselben, und daher habe ich das Kapitel über den dreidimensionalen Raum an den Anfang gestellt. Folgende Zielgruppen lassen sich für das Buch zusammenfassen:

Anfängern
: oder Lesern, die sich vornehmlich für die Programmierung interessieren und die schon etwas Erfahrung mit Java oder einer anderen Programmiersprache haben – für die die 3D-Computergrafik aber noch ein Buch mit sieben Siegeln ist – empfehle ich zuerst die Einführung sowie die Abschnitte 8.3.5 (Seite 603 ff.) und 8.3.6 (Seite 612 ff.). Danach sollten sie das Beispiel `SimpleZoom` (Abschnitt 8.3.8, Seite 615 f.) auf dem eigenen Rechner zum Laufen bringen. Im Anschluss empfehle ich die Abschnitte 7.4 (*Vektoren*, Seite 453 ff.) und 7.3 (*Matrizen*, Seite 442 ff.). Danach erst sollten Sie „linear“ lesen, beginnend mit dem Kapitel 2.

Einsteiger in die 3D-Computergrafik
: mit mathematischem Hintergrund beginnen am besten mit der Einführung und dem Kapitel 2 und ziehen gegebenfalls noch den Abschnitt 7.4 (*Vetoren*, Seite 453 ff.) hinzu. Ich empfehle ebenfalls das bereits erwähnte Programmbeispiel `SimpleZoom`, um so eine Programmbasis für eigene Experimente zu gewinnen.

Leser mit DirectX-Erfahrungen
: sollten auf jeden Fall mit der Einführung beginnen und dann mit Kapitel 2 fortfahren. Es wird für Sie wichtig sein, da OpenGL mit einer anderen Orientierung der Koordinatensysteme agiert. Ich empfehle zusätzlich auch das Überfliegen der OpenGL-Referenz – so erhalten Sie auch eine grobe Vorstellung von der Begriffswelt und den Funktionen von OpenGL.

Die 3D-Computergrafik ist ein weites Feld, und es gibt zahlreiche Middleware für bestimmte Anforderungen; so ist es schwierig, sich am Anfang zu orientieren – da geht es Ihnen nicht anders als dem Autor, wenngleich dieser einen zeitlichen Vorsprung hat. Die Mathematik hinter der 3D-Computergrafik wird häufig unterschätzt, sie ist aber letztlich der Orientierungsrahmen für bestimmte Problemlösungen. Darum ist es für alle Lesergruppen sinnvoll, mit dem Abschnitt 7.4 über Vektoren einzusteigen und so zumindest ihr Schulwissen wieder aufzufrischen.

Auch wenn es nicht direkt auf der Linie des Buches liegt, empfehle ich Ihnen, die freie Software Blender herunterzuladen[2] und zu installieren. Probieren Sie das ein oder andere Tutorial,[3] denn damit erhalten Sie einen guten Überblick über Anforderungen und Aufgaben der 3D-Computergrafik, sozusagen ein Gefühl dafür, worum es dabei eigentlich geht und welche Gestaltungselemente es gibt.

Viele Beispiele sind im Buch aus Platzgründen nicht vollständig abgedruckt; Programmquellen und auch Datenfiles finden Sie auf den Verlagsseiten zum Download:

`https://www.opensourcepress.de/fileadmin/osp/download/gBook.zip`

Eine weitergehende Beschreibung für den Download und die Einrichtung einer Programmierumgebung auf Ihrem Rechner liefert der Abschnitt *Programmierumgebung der Beispiele* (Seite 613).

Als Autor lebt man für eine gewisse Zeit in seiner eigenen Welt, getrieben von der enormen Fülle des Materials und der Notwendigkeit, daraus eine sinnvolle Auswahl zu treffen und diese in geeigneter Weise aufzubereiten. Nach einigen Jahren folgt dann der Zeitpunkt, an dem man sein „Baby“ dem Verlag als Rohtext übergibt – keine einfache Lektüre, durchsetzt mit Verweisen auf Bilder, Formeln und Quellen. Die Überführung in das Format des Verlages nebst den Korrekturen bei der „ersten Lesung“, in meinem Falle durch Herrn Franz Mayer, war keine leichte Aufgabe: Respekt! Bei der Durchsicht der ersten Fahnen wird das Ergebnis erkennbar und wie der Verlag Probleme löst – in Layout und Text, aber auch in der Kommunikation mit dem Autor. All das gefiel und gefällt mir sehr gut, und dafür danke ich dem Verleger, Herrn Dr. Markus Wirtz.

Es gab in meinem Freundeskreis Personen, die mir durch Tipps und dezente „No-Go“-Hinweise geholfen haben, einigen Fallgruben auszuweichen – auch dafür mein herzlicher Dank.

Gerhard Virag — München, Juli 2012

[2] `http://www.blender.org`

[3] Zum Beispiel von `http://www.agenzasbrothers.de`.

Kapitel

1 Einführung

Eine Einführung in die 3D-Computergrafik ohne Formeln und die Darlegung des mathematischen Hintergrundes gleicht einem Kochbuch, das ausschließlich Rezepte enthält. Sicher lassen sich damit Speisen bereiten, aber es weist nicht den Weg zu echtem Kochen – hier sind Kenntnis von und Verständnis für die Zutaten ebenso gefragt wie Kreativität. Zwar lassen sich auch in der Computergrafik allein mit „Rezepten“ wie Schnittstellenbeschreibungen und Code-Beispielen ohne großen Aufwand ansehnliche Ergebnisse erzielen; wirklich gute Lösungen schafft man aber nur mit Verständnis für die theoretischen Zusammenhänge.

Mit der vorliegenden Einführung in die 3D-Computergrafik wird der Leser, um im Bild zu bleiben, in die Lage versetzt, eigene Rezepte zu kreieren und die Zubereitung der Speisen – einschließlich der Beurteilung der Ausgangsprodukte wie des Ergebnisses – anderen zu erklären und vorzuführen; kurz gesagt: Sie lernen das Kochen. Java und OpenGL sind dabei lediglich das Kochgeschirr, das Sie für Ihre Arbeit benötigen.

3D-Computergrafik umfasst zwei Tätigkeitsfelder: die Gestaltung virtueller Welten und die Softwareentwicklung. In diesem Buch ist der Softwareentwickler der Koch, der vorbereitete Nahrungsmittel auf dem Markt einkauft und daraus seine Speisen zubereitet. Konkret bedeutet diese Analogie, dass Sie 3D-Modelle und Texturen in der Regel nicht selbst erstellen, diese aber in Ihre Programme importieren und gegebenenfalls anpassen. Wenn Sie auch noch selbst die Zutaten herstellen wollen – oder wenigstens einen Eindruck davon bekommen möchten, was das bedeutet –, dann empfehle ich die freie 3D-Grafiksoftware *Blender.*[1]

Um den Programmbeispielen zu folgen, diese auszubauen oder eigene Programme zu schreiben, sollte der Leser die Grundlagen der Programmiersprache Java kennen und schon das ein oder andere Progamm erstellt und zum Laufen gebracht haben. Leser, die aus anderen Programmierwelten stammen, können ebenfalls von diesem Buch profitieren, denn hier wird nur einfaches und klar verständliches Java zu finden sein, so dass der Inhalt gedanklich leicht in andere Sprachen zu übertragen ist.

Sie werden in diesem Buch keine Übungsaufgaben finden – diese zu stellen, sei der Schule oder den Professoren überlassen. Dafür gibt es eine Fülle an Programmbeispielen und Anregungen sowie einen sorgfältig aufbereiteten Grundstoff, gedacht für den spielerischen Umgang mit der Materie. Stellen Sie sich Fragen zum Text und verwenden Sie den beigelegten Programmcode für eigene Lösungen im Vertrauen darauf, dass Sie so „nebenbei" zu einem gestandenen 3D-Computergrafikentwickler werden.

1.1 Programmbeispiele

Programmbeispiele sind im Buch ohne Dokumentation der Klassen und Methoden wiedergegeben. In den originalen Quellen ist jedoch diese Dokumentation zu finden, die auch eine automatische Erzeugung (JavaDoc) erlaubt. Auf die detaillierte Dokumentation der Methoden in den Buchbeispielen wurde verzichtet. Grundsätzlich aber steht der Autor zu dem Satz: „Nur dokumentierte Software ist nützliche Software."

Im Text gibt es drei Arten von Codebeispielen: *Programmfragmente* verdeutlichen einen bestimmten Aspekt, etwa die Einstellung einer Seitenansicht. Oder sie zeigen auf, wie man mit OpenGL ein Konzept, ein Algorithmus oder ein Effekt umsetzt. Auf die Position solcher Programmabschnitte findet sich meist ein Hinweis, etwa `initialize`, wenn der Abschnitt einmalig in einem Initialisierungsteil erscheinen sollte, oder `display`, wenn es sich um ein Progammfragment handelt, das typisch ist für das Rendern eines Frames. Ich empfehle, die OpenGL-Funktionen in Kapitel 9 nachzuschlagen, das weitere Aspekte der Funktion oder ihrer Argumente erläutert.

[1] `http://www.blender.org`

Gegen Ende eines Kapitels finden sich *Projekte*, das sind vollständige Programme, die eine ganze Reihe von Konzepten verdeutlichen. Sie sind als Grundlage für eigene Experimente gedacht. Da der Quellcode der meisten Programme viel zu groß ist, um im Text abgedruckt zu werden, beschränke ich mich auf die Deklaration von Methoden und Klassen und präsentiere Auszüge, welche im unmittelbaren Zusammenhang mit dem Text stehen. Im Abschnitt 8.3.8 ab Seite 615 finden Sie eine Übersicht der vollständigen und ausführbaren Programmbeispiele.

Die dritte Art der Programmbeispiele enthalten *Bibliotheksklassen*, die als Werkzeug benutzt werden, als Basisklassen für Spezialisierungen dienen oder als Getriebe verschiedene Programmteile miteinander verbinden. Zwischen den Programmbeispielen im Buch und dem Quellcode können Abweichungen auftreten.

Die Programmbeispiele sind keine Verträge; zwar kommt es auf die genaue Formulierung an, aber Sie müssen sich nicht an die Verträge halten. Experimentieren Sie mit und ändern Sie den Programmcode ganz nach Ihren Vorstellungen.

1.2 Warum Java und OpenGL?

Hier die Argumente für diese Wahl in einer Übersicht:

- Java ist auch eine Einsteigersprache, und das gewonnene Know-how können Sie für große, ja sogar sehr große Projekte nutzen. So sind zum Beispiel große Teile der SAP-Software in Java erstellt. Auch ist Java eine klare und einfache Sprache, die jederzeit in andere Sprachen (insbesondere C++) übersetzt werden kann. Die Verbindung zwischen OpenGL und Java ist über die Bindungssoftware JOGL realisiert; moderne Betriebsysteme wie Android enthalten bereits einen angepassten Java-Interpreter.
- OpenGL mag für einen Spiele-Interessierten auf den ersten Blick nicht die erste Wahl sein, aber es ist eine professionelle Software, und zwar für überaus vielfältige Anforderungen. Als ein Beispiel sei das „World Wind"-Projekt[2] der NASA genannt, das auf die Erdkugel Themen projiziert, etwa die Landesgrenzen und andere Pläne (beeindruckend: die Zahl der aktiven Feuer auf diesem Globus in Echtzeit). „World Wind" ist Open Source, in Java geschrieben und rendert mit OpenGL; als Bindung kommt JOGL zum Einsatz (siehe dazu auch Abschnitt 8.3.5 ab Seite 603). Zudem besteht die Welt nicht nur aus Windows, es gibt auch andere Betriebssysteme, wie Linux oder Handy-Betriebsysteme, auf denen OpenGL die erste Adresse für 3D-Computergrafik ist. OpenGL konzentriert sich darauf, ei-

[2] `http://goworldwind.org/demos/`

ne ausgezeichnete Renderer-Software zu spezifizieren, nicht mehr und nicht weniger.

- Wichtig ist es festzuhalten, dass sich OpenGL nicht stark von DirectX unterscheidet; beide habe die gleichen Eltern (SPHIGS und PHIGS), wie im Buch von James D. Foley und Andries van Dam dargelegt.[3] Konzepte können in OpenGL sogar klarer präsentiert werden, denn es ist weniger Overhead zu kommentieren, da OpenGL dicht an der Grafikpipeline residiert. In diesem Buch geht es um Konzepte und um Lösungsansätze im 3D-Grafikbereich – gleichzeitig um tragfähige Lösungen, auf die Leser aufbauen können. In diesem Bereich ist die Spieleprogrammierung aufgrund der sehr vielfältigen Anforderungen so etwas wie die Meister- oder gar Großmeisterklasse. Nun, wer Großmeister werden will, muss zunächst Lehrlings-, Gesellen- und Meisterstufe bewältigen. Mit diesem Buch bewegt sich der Lehrling, aber auch der Geselle, auf der sicheren Seite. Sicherheit heißt hier, dass die Grundlagen verstanden sind und die Beispiele selbst nachvollzogen wurden, ohne Overhead, der durch die Komplexität einzelner Produkte entsteht. Darum sind hier Java statt C++ und OpenGL statt DirectX die erste Wahl.
- Open Source ist das Gegenteil von „Information Hiding“. Zwar ist die Implementierung der Software für OpenGL nicht Open Source, aber die Schnittstelle ist herstellerunabhängig und plattformübergreifend; zudem erfreut sich OpenGL einer großen Nutzergemeinde. Je mehr sich die Anwendungen auf unterschiedliche Plattformen und in die Browser verlagern, desto mehr wird auch OpenGL an Boden gewinnen.

1.3 Warum nicht Java 3D?

Java 3D ist eine professionelle Software die, mit dem nötigen Hintergrundwissen eingesetzt, das Rendern animierter Szenen erlaubt, einschließlich der Interaktion mit dem Benutzer.

Ich habe aus mehreren Gründen Java 3D nicht als Grundlage gewählt: Java 3D ist vor allem ein Szenengraph mit einer besonderen Stufe der Abstraktion, sehr weit weg von der Rendering Pipeline und den mathematischen Konzepten. In einem Buch über Java 3D lernen Sie, wie mit *dieser* Software programmiert wird; hier geht es aber um die Grundlagen, die Sie für *jede* Software im 3D-Bereich benötigen. Auch für Spieleprogrammierung wäre Java 3D nicht meine erste Wahl, ich würde eher zu der Java Monkey Engine (jME) oder einer Portierung aus der C++-Welt greifen. Damit Sie mich nicht missverstehen: Ich halte Java 3D für eine vorbildliche Architektur, gut als theoretische Grundlage für eigene Projekte. Die jME wird weiterentwickelt,

[3] James D. Foley, Andries van Dam u.a.: „Computer Graphics: Principles and Practice“, Addison Wesley, 1995.

bei Java 3D ist die zukünftige Entwicklung unklar (Stand Anfang 2012), auch besteht ein wesentlicher Unterschied zwischen einem Szenengraphen und einer ausgewachsenen Game-Engine. Sehr problematisch ist die fehlende Shader-Integration.

1.4 Was macht OpenGL eigentlich?

Diese Frage ist etwas unscharf, denn OpenGL ist ein Standard, der eine bestimmte Rendering Pipeline definiert; als solcher „macht" OpenGL eigentlich gar nichts, außer Dokumente erzeugen und die Einhaltung des Standards überwachen.

Hinter OpenGL steht eine Firmengruppe,[4] welche die Entwicklung und Pflege des Standards finanziert, Personal und Ressourcen stellt sowie Impulse für die Weiterentwicklung liefert. In der Firmengruppe stark vertreten sind große amerikanische Softwarefirmen, wie Apple, IBM, Intel und Hersteller von Grafikkarten.

Die Zielgruppe von OpenGL sind in erster Linie Firmen und deren Entwickler, die den Standard auf der Grundlage ihrer Hardware implementieren. Die Spezifikation ist frei zugänglich,[5] doch ist erheblicher Sachverstand erforderlich, um auf der Basis dieses Papiers Software zu erstellen. Der Fokus der Spezifikation liegt bei der Schnittstelle zu Applikationen, die die Rendering Pipeline nutzen wollen. Es werden aber auch Festlegungen über den inneren Aufbau, insbesondere über die Ausführung bestimmter Bestandteile, getroffen. Zum Beispiel wird die Funktion `glOrtho` nebst Parametern definiert (Schnittstelle), aber auch klar bestimmt, welchen Aufbau die damit vorgegebene Projektionsmatrix haben muss oder dass intern im `float`-Format zu rechnen ist.

Blickt man von der Anwenderseite auf die Spezifikation, bleiben die Funktionen, über die OpenGL ansprechbar ist. Präzise muss man bei diesem Blickwinkel von dem „OpenGL-Framework" sprechen, denn die einzelnen Funktionen üben intern Einfluss aufeinander aus. Auch ist es möglich, innere Bestandteile des Frameworks zu verändern. Ein Beispiel dafür ist die `glLoadMatrix`-Funktion, mit der eine vorgegebene Matrix gegen eine applikationsspezifische Matrix ausgetauscht werden kann, und natürlich die Shader, mit denen ganze Funktionsblöcke ausgetauscht werden.

Die Implementation, also die in Software gegossene Spezifikation, ist ein Treiber, der zwischen dem Betriebssystem und den Applikationen auf der einen Seite und der Grafikhardware auf der anderen Seite vermittelt. Implementiert wird nicht durch das OpenGL-Konsortium, sondern durch die Hersteller der Hardware, die dann zusammen mit ihren Produkten oder

[4] `http://www.khronos.org`

[5] `http://www.opengl.org/registry/doc/glspec41.core.20100725.pdf`

als Bestandteil des Betriebssystems den Treiber ausliefern. Hersteller, die OpenGL-Software mit ihren Produkten ausliefern wollen, benötigen eine Lizenz von der Khronos-Gruppe, und es ist ein Verfahren eingebaut, das es den Herstellern ermöglicht, OpenGL zu erweitern. Dafür ist das ARB (*OpenGL Architecture Review Board*) zuständig, das auch die Konformitätstests mit der produzierten Software durchführt. OpenGL ist somit nur für den Anwender freie Software.

Meist ist der Treiber gemeint, wenn wir sagen: „OpenGL tut dies oder das." Von der Spezifikation oder dem Standard sprechen wir in Formulierungen wie: „OpenGL stellt dafür die Funktion XY zur Verfügung." Vom Konsortium ist die Rede in Feststellungen wie: „OpenGL befasst sich mit dem Thema XY." Die Eingangsfrage wäre damit beantwortet – oder doch nicht?

1.4.1 Die Rendering Pipeline

Das erste Computerspiel ist wahrscheinlich „Tennis for Two", das William Higinbotham 1958 für einen Analogrechner entwickelte, um für seine Abteilung beim „Brookhaven National Laboratory" Öffentlichkeitsarbeit zu betreiben. Das „Rendern" bestand in der Beinflussung eines Strahls durch die Spieler auf einem modifizierten Oszilloskop, mit einer Darstellung der Flugbahn des Tennisballes abhängig vom Abschlagswinkel. Hier wurde die Umsetzung einer Spielidee in drei Teile aufgespalten: Eingabegerät (Kasten mit Knopf und „Joystick"), Darstellung der Objekte (Tennisball, Flugbahn und Netz) auf einem Bildschirm sowie das eigentliche Spielkonzept.

Das erste programmierte Computerspiel war wohl „Spacewar" von Stephen Russell, entwickelt 1962 auf einer PDP-1, einer damals extrem teuren Maschine. Hier waren schon Sprites als Objekte in einer primitiv dargestellten Weltraumschlacht zu sehen. Die nächsten Schritte führten über Heimkonsolen und Spielautomaten ab ca. 1971. Apple wurde 1976 gegründet, und eines der ersten Spiele auf dem Apple-I war „Zork", das zunächst noch ohne jede Grafik auskam; „gerendert" wurde im Kopf des Spielers, der die durch Texte vermittelte Situation in seiner Phantasie ausmalte und mit einfachen Anweisungen („gehe nach links") den Spielablauf beeinflusste. Bis etwa 1978 bestand die grafische Ausgabe der Heimkonsolen und Spieleautomaten in einer Rastergrafik, das Bild wurde immer zeilenweise aufgebaut und zum richtigen Zeitpunkt musste ein Pixel die passende Farbe erhalten. Larry Rosenthal baute 1978 für einen Spielhersteller eine Adaption von „Spacewar", „Spacewars" genannt, das auf einer Vektorgrafik basierte. Hier wurde die Erzeugung eines Rechtecks nicht mehr im Programm vollständig abgebildet, vielmehr genügte es, die Ecken und eine Füllfarbe anzugeben. Mitte 1981 änderte sich die Welt, denn die Firma IBM brachte ihren Personal Computer mit dem Betriebssystem MS-DOS auf den Markt, und damit waren auch einfache Animationen möglich.

Neben diesen, aus der Sicht einer breiten Öffentlichkeit spektakulären Entwicklungen entwickelten sich Hard- und Software für die grafische Ausgabe stetig weiter. Wichtig ist hier das Jahr 1977, in dem die Spezifikation „3D Core Graphics System“ von ACM SIGGRAPH vorgestellt wurde, aus dem dann 1988 das GKS-3D hervorging, ein durch das ANSI zum weltweiten Standard erhobenes „Graphical Kernel System“, erweitert auf 3D. Weitere Meilensteine waren dann PHIGS+ (Programmers Hierarchical Interactive Graphics System) und das Derivat SPHIGS (Simple PHIGS). Ein Merkmal von PHIGS ist die Transformation der Punkte, Linen, Kurven und Polygone, verbunden mit einer Hardwareunterstützung der Transformationen, des Clippings usw. Das „simple“ in SPHIGS sollte nicht falsch verstanden werden, denn SPHIGS fügte auch die Gleitkommarechnung (Float) und 3D-Koordinatensysteme hinzu. PHIGS und SPHIGS waren nicht die einzigen Grafik-Pipelines ihrer Zeit; auch „Renderman“ von Pixar aus dem Jahr 1986 ist hier zu nennen: „Luxo Jr.“, der Kurzfilm mit der kleinen Schreibtischlampe.

Der Begriff *Rendering Pipeline* ist zeitlich nicht genau zu fixieren, denn gemeint ist eigentlich jede Form der Umwandlung einer Szene mit 3D-Objekten in ein zweidimensionales Bild. „Pipeline“ ist Computerjargon aus der UNIX-Welt, wo die Ausgabe eines Prozesses oder Programmes als Eingabe an ein anderes Programm weitergereicht wird. Dieses Weiterleiten von Daten an Stationen, die eine Verarbeitung vornehmen, ist allen Rendering Pipelines gemeinsam. Es kann aber nicht von *der* Rendering Pipeline gesprochen werden, denn die Schnittstellen zwischen den Stationen sind je nach Renderer unterschiedlich gestaltet, auch können Teile je nach Bedarf in unterschiedlichen Feinheitsgraden untersucht werden.

OpenGL spricht von einer *Processing Pipeline*. Kommandos, die Funktionen von OpenGL, wirken sich auf diverse Stationen der Verarbeitung von Daten aus oder sie reichen diese intern an Folgestationen weiter. Bei OpenGL-Kommandos bzw. -Funktionen unterscheidet man drei Kategorien, wobei einige durchaus mehreren Kategorien angehören können. So gibt es Funktionen, die nur einen Zustand herstellen und kontrollieren, etwa `glEnableClientState`, die einen Modus, genauer: Kontext, für die nachfolgende Datenübergabe einstellt. `glBufferData` ist eine Funktion zur Datenübergabe, etwa der Vertices. Daneben gibt es Funktionen, die eine Verarbeitung abschließen und das Rendern auslösen. Hier ist, um beim obigen Beispiel zu bleiben, die Funktion `glDrawElements` anzuführen. Schaut man in die OpenGL-Spezifikation, stößt man in erster Linie auf die Festlegung der Kommandos und deren Auswirkungen.

OpenGL ist zustandsgetrieben, Sie können sich also auf einen eindeutig definierten Zustand verlassen und dieses Wissen für Ihre Eingriffe in die Pipeline nutzen. Schieben Sie – für einen Moment – die Vorstellung von sich bewegenden und animierten Objekten beiseite, das heißt von einer sich in der Zeit verändernden Szene. Jedes Kommando, das Sie an OpenGL absetzen, verändert den Zustand von OpenGL, und die Änderungen können durchaus die gesamte Prozesskette durchlaufen. Wenn Sie aber aufhören, Kommandos zu senden, läuft die Prozesskette ab, und OpenGL geht in einen Wartezustand. Sie werden unter Umständen nicht einmal ein Bild am Monitor sehen, solange Sie keine Anweisung `flush` zur Übernahme des erzeugten Bildes in den Bildspeicher geben. Selbst wenn Sie eine solche Übernahme erzwungen haben, merkt sich OpenGL noch den aktuellen Zustand; daher müssen Sie vor der Erzeugung eines weiteren Bildes (*Frame*) auch Zustände explizit aufheben. Aus diesem Grunde wird am Anfang eines Frames zuerst der Puffer gelöscht, d. h. mit einer bestimmten Hintergrundfarbe überschrieben (`glClear`). Sie sind in der Situation eines Zeichentrickgrafikers, der jedes Bild malt und fotografiert (flush), um durch die schnelle Bildfolge die Illusion von Bewegung zu erzeugen. Im OpenGL-Konzept ist der Sender der Kommandos der Client und OpenGL der Server (Host); der Server wird seinerseits keine Anfragen beim Client durchführen, weder Callbacks noch andere Messages – auch keine Fehlermeldungen.

Eng verbunden mit der „Zustandsmaschine" OpenGL ist deren Konsistenz: Alle Kommandos werden in der Abfolge ihres Empfangs abgearbeitet, und jedes Folgekommando kann die Verarbeitung des Vorgängers voraussetzen.

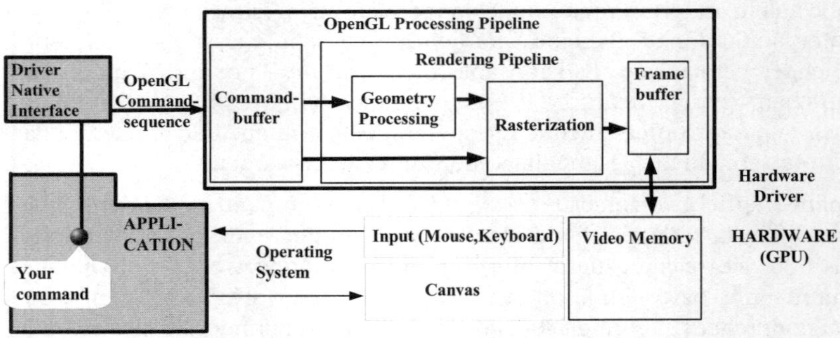

Abbildung 1.1 Einordnung des OpenGL-Treibers im Umfeld der Applikation und des Betriebssystems

Wenn Sie in Ihrer Applikation ein OpenGL-Kommando absenden, zum Beispiel `glClear`, dann muss dieses zuerst in einen Befehl umgewandelt werden, der Bestandteil des OpenGL-Treibers ist. In der Sprache Java bedeutet dies einen Java-Native-Zugriff auf eine externe Softwarebibliothek; dafür wird JOGL oder LWGL benötigt.

Ein Kommando landet erst einmal in einem Kommandopuffer, denn in manchen Fällen sammelt OpenGL Kommandos, bis ein bestimmter Zustand erreicht ist. Je nach Art des Befehls erfolgt die Weiterverarbeitung in der Geometry-Pipeline oder bereits eine Stufe weiter bei der Rasterstufe. Über den Hardware-Treiber, das ist hier der Treiber der Grafikkarte, gelangen die erzeugten Daten in den Framebuffer. Die Organisation und der Ablauf in diesem Bereich ist sowohl vom Betriebssystem als auch von der verfügbaren Hardware abhängig. Es gibt auch Varianten, bei denen OpenGL überhaupt keinen Zugriff auf die Hardware besitzt, das heißt vollständig in Software ausgeführt wird und Funktionen des Betriebssystems zur Darstellung verwendet. Auf der anderen Seite kann die Kopplung von OpenGL mit dem Hardwaretreiber erheblich enger sein und bestimmte Verarbeitungsschritte zum größten Teil durch den Prozessor der Grafikkarte (GPU) durchführen.

1.4.2 Die Geometrie-Pipeline

Die eigentliche Rendering Pipline finden Sie in den beiden Stufen *Geometry Processing* und *Rasterization* realisiert. Zunächst zur Geometriestufe:[6] Geometriedaten sind Vertexkoordinaten oder Kurven wie Bezier und Nurbs, aber auch Normale oder Texturkoordinaten. Ich lasse einmal die Kurven und Texturen beiseite, um den Blick auf das Wesentliche freizugeben. Vertexkoordinaten sind Angaben zu Anfang, Ende oder Zwischenpunkten von Linen, die wiederum eine Fläche einschließen können. Außerdem liegen die Koordinaten zunächst in einem dreidimensionalen Raum, dem *Weltkoordinatensystem*. Ein Ziel des Rendervorganges ist eine Abbildung in einen zweidimensionalen Raum, folglich muss eine Transformation der Koordinaten unter Beachtung bestimmter Abbildungsvorschriften stattfinden. Auch muss es Funktionen geben, die eine räumliche Orientierung und Platzierung der durch die Vertexkoordinaten bestimmten Objekte ermöglichen. Alle diese Transformationen werden durch einen speziellen Matrixtyp, die 4×4-Transformationsmatrix, möglich, auf die ich im Kapitel 2 eingehen werde.

Neben der Transformation der Vertices sind auch an diese angehängte Daten zu betrachten. Das sind zum Beispiel Normale, Farben, Materialen und Texturkoordinaten. OpenGL fasst diese Daten unter dem Begiff *Associated Data* oder auch *Vertex-Attribute* zusammen. Normale sind im Wesentlichen für die Beleuchtung von Bedeutung. Texturen sind meist zweidimensionale Bilder, die auf dargestellte Objekte projiziert werden – ein Vorgang, der durch Texturkoordinaten gesteuert wird.

Die Beleuchtung einer Szene erfordert natürlich Licht und damit Lichtquellen, auch muss die Oberfläche der dargestellten Objekte auf das Licht reagieren. In der 3D-Welt ist Licht eine Farbe; Objektoberflächen haben eine Farbe, und beim Aufeinandertreffen an einem bestimmten Objektpunkt ist im Prinzip eine Mischfarbe auszurechnen. Die dargestellte Szene soll

[6] Dies ist kein OpenGL-Begriff; ich verwende ihn aber hier, um Vorgänge zusammenzufassen, die Vertices und ihre Attribute verarbeiten – im Unterschied zur pixel- bzw. fragmentorientierten Verarbeitung der Rasterstufe. Dafür ist auch der Begriff *Vertex Processing* gebräuchlich.

aber möglichst realistisch aussehen (aber natürlich können Sie auch Zeichentrickszenen mit OpenGL erzeugen), es sollte also in der Regel das Verhalten der Lichtquellen und Objekte bei der Beleuchtung der Wirklichkeit entsprechen. Das bedeutet eine von der Entfernung, der Stärke und dem Einfallswinkel der Lichtquellen abhängige Beleuchtungsberechnung. Dafür werden die Normale benötigt.

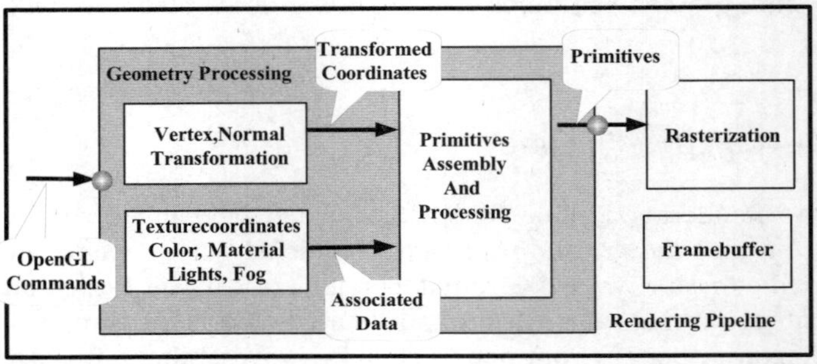

Abbildung 1.2 Verarbeitung der Vertex-Attribute: Normale, Texturkoordinaten, Farb- und Materialangaben, Nebel sowie Lichtquellen (Fixed Pipeline)

Innerhalb der Stufe *Primitives Assembly and Processing* findet ein Clipping statt. Die transformierten Vertexkoordinaten wurden auf ein noch dreidimensionales Koordinatensystem abgebildet, das dem Darstellungsbereich entspricht. Sie werden darüber im Abschnitt 2.3.2 mehr erfahren. In der genannten Verarbeitungsstufe geht es darum, alle Objekte zu entfernen, die außerhalb des Darstellungsbereiches liegen; das sind Objekte, die vom Beobachter aus gesehen nicht sichtbar sind. Auch Objekte, die nur teilweise im Darstellungsbereich liegen, müssen passend abgeschnitten werden. Beim Clipping können auch zusätzliche Vertices erzeugt worden sein, denken Sie an einen Würfel, von dem eine Fläche schräg abgeschnitten wurde. OpenGL nennt die hier entstandenen Elemente *Primitives.* Die Koordinaten der Vertices sind noch dreidimensionale Angaben, zwei Windowkoordinaten, die einen Punkt im Darstellungsbereich auf dem Bildschirm fixieren, und eine dritte Koordinate, welche die Tiefe in einer Szene angibt.

1.4.3 Rasterung

Bis hierher ist eine Fläche noch kein Element, das Sie am Bildschirm als solche akzeptieren würden. Denken Sie sich nun eine *Scanline,* eine Line, die am Bildschirm horizontal verläuft und die Fläche an bestimmten Stellen schneidet. Der Abschnitt der Linie, welcher innerhalb der Fläche verläuft, gibt eine Folge von Punkten an, die nun mit Farben versehen werden. Dies ist, kurz gesagt, die Belegung von Pixeln. Stellen Sie sich auch eine schräge Linie und ein quadratisches Raster vor, das Sie über den Bildschirm gelegt haben. Ein Quadrat in diesem Raster nennt OpenGL ein *Fragment*. Wenn Sie die Linie verfolgen, werden Sie feststellen, dass diese bestimmte Fragmente belegt. Fragmente, die nicht von der Linie betroffen sind, brauchen an nachfolgende Stufen erst gar nicht weitergereicht werden.

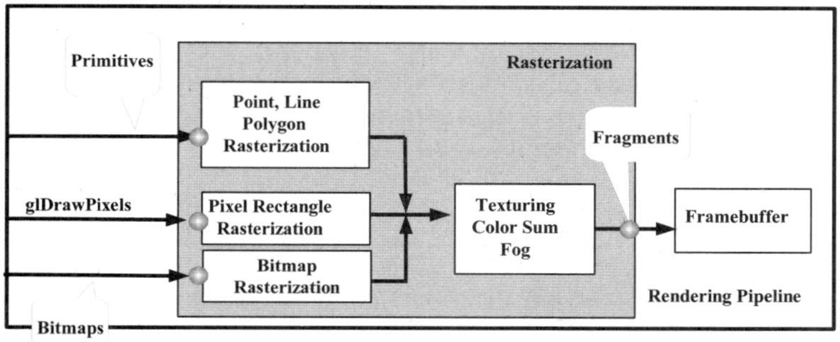

Prinzipielle Vorgänge in der Rasterstufe

Abbildung 1.3

Ein Punkt ist auf dieser Ebene keineswegs ein simples Element, denn der darzustellende Punkt hat eine Ausdehnung (`glPointWidth`), theoretisch ein idealer Kreis am Bildschirm; einige Implementationen stellen jedoch nur ein Quadrat dar. Auf jeden Fall wird die einfache Punktangabe so eine ganze Reihe von Fragmenten produzieren. Auf dieser Stufen finden Sie auch das Antialiasing und Multisampling, die dafür sorgen, dass Linien nicht zackig erscheinen oder feine Details im Hintergrund einer Szene nicht flimmern.

Erst mit der Projektion von Texturen auf Oberflächen entsteht in der 3D-Computergrafik die Illusion einer realen Welt. Texturen sind im Grunde Bilder, denen eine Projektionsvorschrift zugeordnet ist, die wiederum eine Verbindung mit einem Vertex eines Objektes in der virtuellen 3D-Welt und einer Bildposition festlegt. Hier in der Rasterstufe werden Texturkoordinaten – die Projektionsvorschrift – mit den übergebenen Texturen verbunden, wobei es möglich ist, auch mehrere Texturen übereinanderzulegen. Texturen sind ein weites Feld, dem in diesem Buch ein eigenes Kapitel gewidmet ist. Mit einem Vertex sind meist mehrere Farbangaben verbunden, dazu gehören neben einer Erst- und Zweitfarbe auch Farben, die übereinandergelegte Texturen angeben. Alle diese Farbangaben werden in einer Farbsumme zusammengefasst, die gegebenenfalls in nachfolgenden Stufen noch modifiziert wird. Eine solche Stufe ist die Hinzufügung von Nebel, der in der 3D-Computergrafik auch nur eine Farbe ist. Die Nebelillusion entsteht durch eine entfernungsbedingte Mischung mit der Nebelfarbe. Dichtem Nebel entspricht ein hoher Einfluss der Nebelfarbe, etwa ein helles Grau. Es ist also sinnvoll, den Nebel sehr spät in der Rendering Pipeline anzulegen.

1.4.4 Fragmentverarbeitung und Framebuffer

Mit der Rasterstufe ist die Rendering Pipeline aber noch nicht zu Ende. Es folgen noch eine Reihe von Tests, die gegebenenfalls ein Fragment entfernen. *Pixel Ownership* ist ein spezieller Test, der in Verbindung mit dem Betriebssystem zu sehen ist; ich werde darauf nicht weiter eingehen. Das *Scissor* ist ein Ausschnitt aus dem Darstellungsbereich, der durch OpenGL-Kommandos eingerichtet werden kann (selten benötigt), ebenso wie eine Maskierung des Alpha-Wertes (*Alpha Test*).

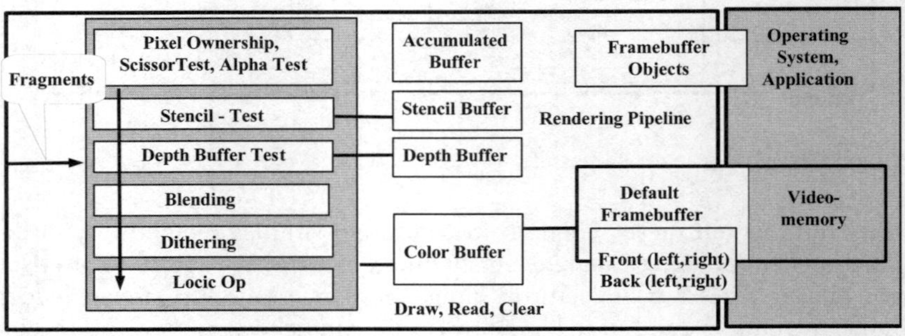

Abbildung 1.4 Weiterverarbeitung der Fragmente und die Buffer von OpenGL

Eine weitere Maske (*Stencil*) ermöglicht freie Formen als Filter, die beim Stencil-Test wirksam sind. Der Stencilpuffer wird bei einigen Verfahren zur Darstellung von Schatten verwendet. Bis zu dieser Stufe in der Rendering Pipeline liegen für ein Fragment immer noch drei Koordinaten vor, die X-/Y-Bildposition und der Z-Tiefenwert. Bei der Tiefenprüfung (*Depth Test*) wird ermittelt, welche Fragmente dem Standort des Betrachters näher liegen und weiter hinten liegende überlappen. Letztere werden gegebenenfalls gänzlich oder zu Teilen entfernt (über die Tiefenprüfung erfahren Sie mehr im Abschnitt 2.3.3).

Nach der Tiefenprüfung darf ein Fragment als eine geordnete Farbsammlung gedacht werden, die einen bestimmten Bildschirmbereich einnimmt, eine Pixelanordnung. OpenGL bietet nun die Möglichkeit, Mischfarben zu erzeugen, kontrolliert durch eine Blendingfunktion. Diese verknüpft Pixel im Farbpuffer, d. h. mit Pixeln, die durch ein vorausgegangenes Rendering dort gelandet sind, mit den aktuell anstehenden Pixeln. Die Funktion `glBlend` bietet eine Vielfalt von Operanden zur Farbmischung bzw. Farbmaskierung. Sie ist auch nützlich für die Bildmanipulation. Sie können mit

OpenGL ja auch Images darstellen und diese übereinanderlegen und verändern (2D-Computergrafik), siehe Abschnitt 6.1. Das *Dithering* ist ein Vorgang, bei dem Farben nachgebildet werden, die im aktuellen System keine Entsprechung haben. Ich überspringe diese Stufe, denn Sie werden heute selten mit solchen Problemen konfrontiert werden.

Die nachfolgende und letzte Stufe der Rendering Pipeline (*Logic Op*) ist da schon etwas interessanter: Ähnlich wie bei der Blending-Funktion ist es hier möglich (`glLogicOp`), Pixel im Farbpuffer mit den anstehenden zu verknüpfen, dieses Mal durch logische Operanden, wie etwa XOR. Die eingestellte Funktion ist `COPY`, das anstehende Pixel wird also in den Farbpuffer übernommen. Alle Tests in dieser Stufe werden nur ausgeführt, wenn sie mit einer entsprechenden OpenGL-Funktion auch eingeschaltet sind, in der Regel sind die meisten von Haus aus abgeschaltet.

Bei den Puffern ist zu unterscheiden zwischen denjenigen, die gänzlich der Kontrolle von OpenGL unterliegen, und Puffern, die mit dem Betriebssystem (evtl. auch mit anderen Applikationen) geteilt werden. Geht man vom Betriebssystem als Herrscher über alles, was in einem Computer passiert, aus und steigt tiefer auf die Hardwareebene hinab, finden sich dort die Bauteile bzw. Speicher, die für die Anzeige von Grafik oder Text zuständig sind. Hier ist der Bildspeicher von Bedeutung, der ja in erster Line vom Betriebssystem genutzt wird. OpenGL kann diesen Speicher nicht nach Belieben umkonfigurieren bzw. darauf zugreifen; es ist auf eine Zuweisung des Speichers (Bindung) angewiesen. Auch kann die Anzeige über diverse Bausteine erfolgen, zum Beispiel ein Headset, eine Multimonitoranzeige oder eben den einzelnen Bildschirm. Dementsprechend sind schon einmal ein oder mehrere Bildschirmspeicher anzusprechen. Deren Zahl wird noch verdoppelt, damit der Bildaufbau nicht sichtbar ist. Denken Sie an einen langsamen Rendervorgang, der dann zwar im Einzelnen am Bildschirm nachvollziehbar ist, in der Regel aber zum Flackern und anderen unangenehmen Effekten führt. Bei einer stereoskopischen Ausgabe (übrigens auch bei 3D-Filmen) sind dann vier Bildspeicher zu unterscheiden, der Front- und der Backpuffer, jeweils für das linke und das rechte Auge. Bei einer normalen Umgebung rendert OpenGL in den linken Backbuffer und tauscht diesen, nachdem das Bild fertig ist, mit dem linken Frontbuffer. Abstrahiert von diesem Mechanismus spricht OpenGL vom *Framebuffer*, ein logischer Puffer, der auf jeden Fall aus dem Farbpuffer und gegebenenfalls zusätzlich aus dem Tiefenpuffer besteht.

Neben den Bestandteilen des Framebuffers, die letzlich vom Betriebssystem bereitgestellt werden, kann auch eine bestimmte Applikation einen Framebuffer (*Frame Buffer Object*, FBO) anbieten. Einigen der bereits oben erwähnten Stufen der Rendering Pipeline sind zusätzliche Puffer zugeordnet, in denen die nötigen Informationen abgelegt werden. Im Stencilbuffer liegen die betreffenden Masken, und der Akkumlationsbuffer dient gegebenenfalls der Sammlung von gerenderten Bildern, die dann erst später in den Framebuffer übernommen werden. Sämtliche Puffer können ausgelesen werden (read), als Ganzes oder in Teilen direkt überschrieben werden (draw), und sie müssen in einen Startzustand gebracht werden (clear), was für gewöhnlich vor der Erzeugung eines neuen Rendering-Vorgangs geschieht.

Die Beschreibung des Framepuffers legt es nahe, an dieser Stelle den Begriff „Frame" genauer zu beschreiben. Wann ein Bild fertig gerendert ist, weiß nur die Applikation, anders gesagt: Ihre Software wird solange Befehle an OpenGL absenden, bis alle Elemente und Einstellungen für ein Bild – einen Frame – übergeben wurden. Bewegte Bilder entstehen, indem die Software Frames in einer schnellen Folge rendert, ein Minimum von 24 Bildern pro Sekunde sollte es schon sein. Gemessen an der Zahl der berechneten Bilder pro Sekunde, erhalten Sie dann die so viel diskutierte *Framerate*. Bei 48 Bildern pro Sekunde bedeutet dies eine Bildberechnung in ca. 20 Millisekunden, und das ist auch heute noch eine Herausforderung! Bedenken Sie, dies gilt einschließlich der Bereitstellung der Daten für das Rendering, zum Beispiel über einen Szenengraphen. Die Framerate ist keine kontinuierliche Größe, vielmehr eng an die *Bildfrequenz* gekoppelt. Diese als *Video Refresh Rate* (VSYNCH) bezeichnete Größe gibt in der Maßeinheit Hertz an, wie oft pro Sekunde am Monitor ein neues Bild dargestellt wird. Bei 72 Hz, also 72-maligem Bildaufbau pro Sekunde (entsprechend ca. 14 ms) erreicht eine Software, die 18 ms für die Berechnung eines Bildes benötigt, eine rechnerische Framerate von 55 Frames/sec, jedoch nur eine tatsächliche Rate von 36 Frames/sec, sie verpasst ja einen Refresh. Die Situation wäre sogar noch schlimmer, wenn die Bildfrequenz nur 60 Hz betrüge, denn dann reduziert sich die Framerate auf 30 Frames/sec.

1.4.5 Shader

Die obige Beschreibung bezieht sich im Wesentlichen auf die *Fixed Function Pipeline*, die seit OpenGL 2.0 durch die Shaderprogrammierung ergänzt wird; bei den Embedded-Versionen OpenGL-ES 2.x steht nur noch die Shaderprogrammierung zur Verfügung. Es werden, entsprechend der Position in der Fixed Function Pipeline, *Vertex Shader* und *Fragment Shader* unterschieden. Ein Vertex Shader ersetzt die Vertex- und Normalentransformationen in der Geometriestufe, alle Transformationen auf das Devicekoordinatensystem, die Modellmatrix und Projektionsmatrix einschließend. Das nachfolgende Clipping im Rahmen des *Primitives Assembly and Processing* wird jedoch wieder von der Fixed Function Pipeline übernommen. Auch die Beleuchtung einer Szene übernimmt zum Teil ein Vertex Shader. Dieser produziert daher neben einer Position (`gl_Position`) auch eine Farbe (`gl_FrontColor`). Auch die Texturkoordinaten können mit einem Vertex Shader verändert werden.

Die Fragment Shader produzieren als Ergebnis eine Farbangabe (`gl_FragColor`) auf der Grundlage der von den vorausgegangenen Stufen erzeugten Farbe. Auch aus dem Zugriff auf Texturen und der freien Programmierbarkeit folgt eine Fülle von Möglichkeiten der Farbveränderung.

Die Shaderprogrammierung ermöglich es, Variablen, die die Anwendung erzeugt, an ein Shaderprogramm weiterzugeben; so kann dann eine eigene Projektionsmatrix einem Vertex Shader oder *Vertex Weights* übergeben werden (Skinning, auch Vertex Blending). Ein Schwerpunkt der Fragment-Shaderprogrammierung befasst sich mit der prozeduralen Erzeugung von Texturen, so dass zum Beispiel ein Holzstück auch an den Schnittflächen die korrekte Maserung aufweist.

Um jedoch ernsthaft in die Shaderprogrammierung einsteigen zu können, sollten die Grundlagen und Probleme verstanden sein, die bereits bei der Fixed Function Pipeline vorliegen. Viele Anwendungen der Shaderprogrammierung basieren auf den in diesem Buch behandelten Grundlagen, gehen aber auch darüber hinaus. Die Shaderprogrammierung konfrontiert den Entwickler weit mehr noch als die vorausgehenden Programmiermodelle mit der zugrunde liegenden Mathematik, und es ist ein Anliegen dieses Buches, dem Leser dafür Handwerkszeug bereitzustellen.

Die Programmierung der Shader erfolgt über eine eigene Programmiersprache: GLSL (*OpenGL Shading Language*), die auf dem altehrwürdigen C aufbaut. Das verrät aber nicht viel über die Nutzung. Dazu ein Beispiel: Die Erfahrung eines Java-Entwicklers zeigt sich weniger im Umgang mit der Sprache selbst; die nötigen Sprachkonstrukte sind einfach gehalten und leicht gelernt, aber hinter Java steht eine riesige Softwarebibliothek, deren Bauteile wiederum auf Konzepten beruhen. Die Steilheit der Lernkurve hängt vom Verständnis dieser Konzepte ab und dann erst von der sprachlichen Umsetzung in den Softwarebibliotheken, den Schnittstellen, Klassen und deren Methoden.

GLSL legt eine Reihe von Variablen und ergänzende Typangaben (*Qualifier*) fest, etwa `uniform`, `in`, `out` – um nur einige zu nennen. Auch gibt es eine Fülle an Shaderbeispielen, Empfehlungen und vorgefertigte Shader: die Softwarebibliotheken. Um die Seitenzahl dieses Buches nicht weiter ausufern zu lassen, werden hier nur grundlegende Shaderprogramme angegeben; viele Datenstrukturen und Algorithmen, zum Beispiel bei der Beleuchtung, wird der Leser aber unmittelbar in einen Shader übernehmen können. Im Abschnitt 8.1 (Seite 537 ff.) finden Sie einen Crashkurs zum Thema Shader. Wichtige Übergabemethoden für Daten an OpenGL, darunter auch die Übergabe von Attributen an Shader, finden sich bei der Beschreibung der Vertex-Buffer-Objekte (VBO).

Beim Umgang mit OpenGL werden Sie immer wieder auf diese Beschreibung zurückkommen, denn die Zuordnung von OpenGL-Funktionen zu ihrer Position in der Pipeline ist fundamental für einen souveränen Umgang mit dem Renderer. Ich habe daher nur wenig weggelassen. Einzelne Stufen sind natürlich erheblich komplizierter als dargestellt und werden in den einzelnen Kapiteln des Buches genauer beschrieben.

1.4.6 Was ist OpenGL nicht?

OpenGL kennt keine Interaktion mit dem Nutzer, also keine Tastatur, Maus usw. Aus der Sicht von OpenGL existieren keine Objekte in der virtuellen Welt; diese sind vertreten durch ihre Grundbausteine: Linen, Punkte, Polygone, Normalen, Farbangaben etc. Das gilt auch für Text und die damit verbundenen Fonts. OpenGL rendert in den Framepuffer, erzeugt diesen aber nicht. Die Bereitstellung ist Aufgabe des Betriebssystems und der Softwarebausteine, die einen Ausschnitt auf dem Screen auswählen (das *Canvas* – in Java der beschreibbare Bereich eines Panels) und die Laufzeitumgebung für den OpenGL-Treiber einstellen.

Kapitel

2

Der dreidimensionale Raum

Der uns wohlvertraute dreidimensionale Raum ist mathematisch betrachtet durchaus eine Herausforderung, und eine genaue Kenntnis der zugrundeliegenden Koordinatensysteme sowie der damit verbundenen mathematischen Operationen ist in der 3D-Computergrafik naturgemäß von großer Bedeutung. Im Mittelpunkt stehen dabei die Abbildungsmatrizen, die nicht nur zur Transformation von Punkten bzw. Vektoren im 3D-Raum verwendet werden. Der Umgang mit Transformationsmatrizen ist auch allgemein für die Bildbearbeitung (*Image Processing*) von Bedeutung.

In diesem Kapitel werden Sie erfahren, wie die 4×4-Transformationsmatrix in der 3D-Computergrafik konfiguriert und eingesetzt wird. Lesern, die mit den mathematischen Konzepten hinsichtlich Vektoren und Matrizen nicht vertraut sind, wird nahegelegt, den Anhang *Mathematische Grundlagen* (Seite 421), speziell die Abschnitte *Vektoren* (Seite 453ff.) und *Matrizen* (Seite 442 ff.), durchzulesen. Sie sollten dann die Multiplikation von Matrizen und die Grundlagen der Vektorrechnung verstanden haben. Andernfalls werden Sie Schwierigkeiten haben, den Ausführungen in diesem Kapitel zu folgen.

2.1 Einführung

Koordinatensysteme werden durch Einheitsvektoren angegeben, die bei kartesischen Systemen stets senkrecht aufeinander stehen. Blickt man auf die Handfläche der rechten Hand und spreizt den Zeigefinger und den Daumen ab, dann zeigt sich ein natürliches *rechtshändisches* Koordinatensystem. Dabei sollen der Zeigefinger mit der positiven Y-Achse, der Daumen mit der positiven X-Achse und die übrigen Finger mit der positiven Z-Achse, die zum Betrachter zeigt, identifiziert werden.

Wenn das so festgelegte Koordinatensystem um die Y-Achse, gegen den Uhrzeigersinn, gedreht wird, dann geht ein positives Z in ein positives X über, oder bei einer Drehung um die Z-Achse ein positives X in ein positives Y. Diese Abfolge des Wechsels der Achsen ist ein Kennzeichen für ein Rechtshandsystem. Bei einem Linkshandsystem muss die Drehung im Uhrzeigersinn erfolgen. Dabei setzt man die gleiche Zuordnung der Finger und des Daumens mit den Achsenbuchstaben voraus. Eine Drehung von 90° um eine Achse ist positiv, wenn mit Blick von der positiven Achse auf den Ursprung die Drehung gegen den Uhrzeigersinn erfolgt.

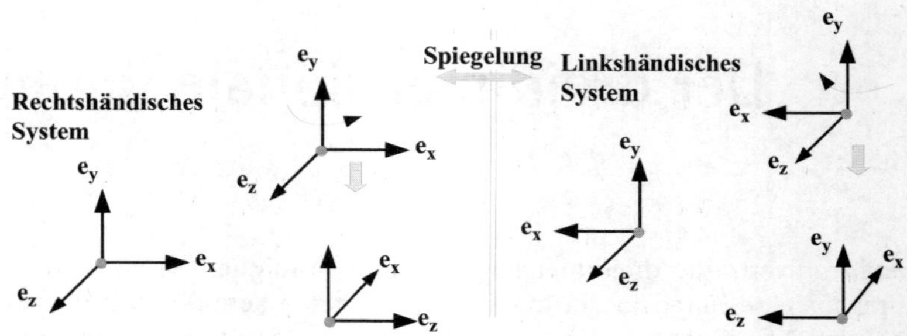

Abbildung 2.1 Rechts- und linkshändische Koordinatensysteme können nur durch eine Spiegelung ineinander überführt werden.

In der 3D-Computergrafik sind durchaus beide Systeme gebräuchlich, jedes mit einer sinnvollen Vorstellung von Tiefe verbunden. Beim Einsatz eines linkshändischen Koordinatensystems wird dieses so gedreht, dass die positive Z-Achse in die Tiefe, also in den Bildschirm hinein zeigt. Objekte mit größerem Z sind weiter entfernt.

In OpenGL ist ein rechtshändisches System zu verwenden, dort wird *Tiefe* mit einem größeren negativen Z identifiziert; im weiteren Text wird stets das rechtshändische Koordinatensystem vorausgesetzt. Koordinatensysteme sind immer in Bezug zu anderen Koordinatensystemen zu sehen, ein universelles, absolutes Koordinatensystem gibt es nicht. Jedoch soll ein System vor den anderen ausgezeichnet werden, dieses wird als das virtuelle *Weltkoordinatensystem* (WCS) bezeichnet.

Objekte beginnen ihr Leben in der virtuellen Welt stets im Ursprung des Weltkoordinatensystems, jedoch mit einer bestimmten Orientierung. Sie bringen ihr eigenes Koordinatensystem mit, das an einem Punkt des Objektes angeheftet und irgendwie orientiert ist. Wenn diese Orientierung nicht mit dem WCS übereinstimmt, muss entsprechend gedreht werden. Ansonsten ist die Lage von Objekten in der virtuellen Welt unklar, etwa ein Haus, dessen Eingangstür nicht auf die Straße führt. Meist ist eine Skalierung nötig, um die Größe des Objektes an die virtuelle Welt anzupassen. Auch muss die Stellvertreterfigur (*Avatar*) eines Spielers so in die virtuelle Welt gesetzt werden, dass sie einen sinnvollen Blick auf die Welt erhält. Dazu ist es nötig, eine Blickrichtung und einen Ausschnitt der virtuellen Welt festzulegen, eine Aufgabe, mit der wir uns im Abschnitt *Beobachter* (Seite 112 ff.) befassen werden.

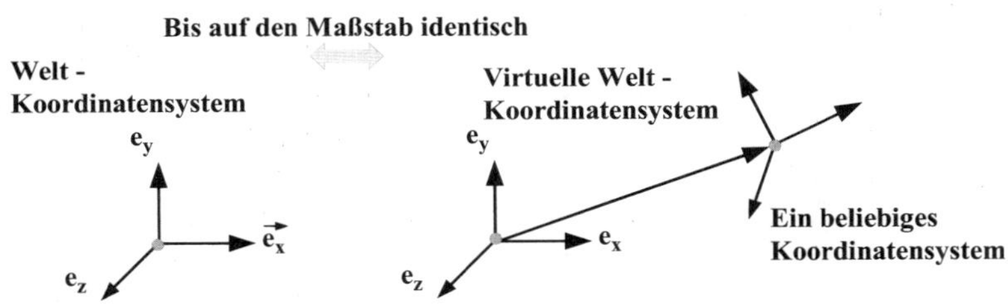

Abbildung 2.2

Das physikalische Weltkoordinatensystem und das der virtuellen Welt sind, was deren Orientierung anbelangt, identisch; jedoch sind Maßstabsfragen zu klären. In der Computergrafik ist das Koordinatensystem der virtuellen Welt das Grundlegende, wobei die Maßstabsfragen nur dann eine Rolle spielen, wenn Objekte der virtuellen Welt vermessen werden, etwa auf dem Bildschirm oder bei Ausdrucken. Dies darf nicht verwechselt werden mit der relativen Größe der Objekte zueinander. Die Räder eines Autos in der virtuellen Welt müssen zur Größe des Autos passen.

In OpenGL wird das Basiskoordinatensystem durch `glLoadIdentity` eingestellt. Damit wird eine Einheitsmatrix erzeugt und so die Berechnung einzelner Frames voneinander unabhängig durchgeführt. Am Beginn eines Frames gilt nach `glLoadIdentity` also stets das rechtshändische Koordinatensystem, das Basissystem von OpenGL.

2.2 Transformationen

Die *Translation* (Verschiebung) und *Rotation* von Punkten, Vektoren, Koordinatensystemen, ja komplexen Objekten der virtuellen Welt ist Grundwerkzeug des virtuellen Handwerks. Die rasante Entwicklung der Computertechnik erweiterte die Fähigkeiten der Software, basierend auf einer immer stärkeren Verlagerung von Softwarefunktionen in die Hardware. Im Grafikbereich sind die GPUs (*Graphical Processor Unit*) wahre Kolosse geworden, gemessen an der Anzahl der Transistoren, die in einem solchen Chip integriert sind. Die Leistung der Hardware muss auch sehr hoch sein, denkt man an eine komplexe Szene mit Millionen von Punkten, die alle *gleichzeitig* gedreht und verschoben werden müssen, wenn der Spieler in der virtuellen Welt auch nur eine kleine Bewegung des Kopfes ausführt. An der eigentlichen Bewegung im Computer sind jedoch mehrere Bausteine beteiligt, sowohl Software als auch Hardware.

Im Rahmen dieses Kapitels ist allerdings nur ein Teil der Grafikpipeline zu betrachten, die mit den Vertices durchgeführten Transformationen (*Vertex Transformation Sequence*). Dabei stehen am Anfang der Transformationsabfolge Objektdaten an, etwa die Eckpunkte eines Rechteckes. Mit der Modellmatrix werden die Objekte an die gewünschte Position und Orientierung in einer Szene gebracht. Das ist die Situation, die der Beobachter vorfindet, zum Beispiel eine Person, die ein Zimmer betritt. Der Tisch ist dann in der Mitte, der Schrank rechts usw.

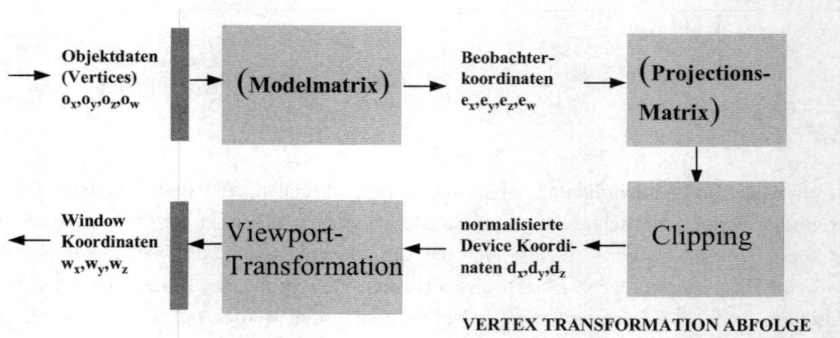

Abbildung 2.3 Dargestellt ist ein Teil der Grafikpipeline als Blackbox, mit den Vertices-Koordinaten am Eingang und den Window-Koordinaten am Ausgang.

Sind die Objekte platziert, muss eine Umrechnung stattfinden, denn die Szene wird noch nicht aus der Sicht des Beobachters dargestellt. Um beim obigen Beispiel zu bleiben: Der Tisch steht zwar in der Mitte, aber der Beobachter sieht ihn noch nicht von seinem Standpunkt in der Zimmertür. Benötigt wird eine Kameramatrix, eine weitere Abfolge von Transformationen, die auf die Objekte einer Szene angewandt wird. Nachdem die Szene mit der Kameramatrix auf die Sicht des Beobachters umgerechnet wurde, findet die Projektion auf eine zweidimensionale Fläche statt; die Tiefeninformation wird beibehalten. Anschließend erfolgt das Clipping, das alle Objekte entfernt, die außerhalb eines bestimmten Bereiches liegen.

Angenommen, der Beobachter schaut aus dem Fenster eines Hochhauses, dann liegt ihm praktisch eine riesige Szene zu Füßen; ein enormer Aufwand für die Berechnung. Wenn jedoch der Sichtbarkeitsbereich sinnvoll begrenzt ist, dann kann die Zahl von Objekten erheblich verringert und damit die Berechnung nachfolgender Stufen beschleunigt werden. Das Clipping ist nicht trival, denn die Objekte dürfen nicht einfach komplett entfernt, sondern müssen vielmehr *sinnvoll* abgeschnitten werden.

Nach dem Clipping liegen die dreidimensionalen Device-Koordinaten fest. Dabei handelt es sich um einen gedachten dreidimensionalen Bildschirm, daher auch der Ausdruck Device. Der gewählte Szenenausschnitt erscheint darin aus der Beobachtersicht, jedoch stark verkleinert, da die Devicekoordinaten jeder Achse im Bereich -1 und +1 liegen. Mittels der Viewport-Transformation werden diese Koordinaten auf die Größe und Lage des Darstellungsbereiches umgerechnet. Das ist der Bildschirmausschnitt, auf dem die Szene erscheint.

Das Ergebnis der Viewport-Transformation sind daher die Window-Koordinaten, jedoch wird die Z-Koordinate beibehalten, denn noch sind verdeckte Flächen nicht entfernt. Blickt der Beobachter von seinem Standpunkt im Türrahmen auf den Tisch, dann sieht er auch die Punkte des sich darunter befindlichen Bodens, er kann sogar in die Nachbarwohnung blicken, wenn der Sichtbarkeitsbereich nicht entsprechend eingestellt ist. Die Behandlung verdeckter Flächen wird erst in nachfolgenden Stufen durchgeführt. Ein Vertexshader greift in die oben dargestellte Transformationsfolge ein, indem er seine eigenen Abbildungsvorschriften anwendet. Das betrifft alle Stufen – bis zum Clipping. Der Shader sieht einen hereinkommenden Vertex und kann damit beliebige Transformationen durchführen, und zwar zusätzlich gesteuert durch applikationsspezifische Elemente.

Um zu verstehen, wie das Zusammenspiel der Punkte und der übergebenen Matrizen stattfindet, muss sich der Leser mit einem speziellen Matrixtyp, der *4×4-Transformationsmatrix*, befassen. Eine solche Matrix hat also vier Spalten und vier Zeilen und ist nach folgendem Schema besetzt:[1]

$$\begin{pmatrix} r_{11} & r_{12} & r_{13} & t_{14} \\ r_{21} & r_{22} & r_{23} & t_{24} \\ r_{31} & r_{32} & r_{33} & t_{34} \\ p_{41} & p_{42} & p_{43} & s_{44} \end{pmatrix} \quad \begin{array}{|l} \text{r: Rotationen} \\ \text{t: Translationen} \\ \text{p: Perspektive} \\ \text{s: Totale Skalierung} \end{array} \tag{2.1}$$

Es sei nun ein Punkt auf dem X-Einheitsvektor mit dieser Matrix multipliziert. Dieser muss als ein vierdimensionaler Punkt angeschrieben werden, mit der *vierten Komponente* gleich 1, denn Sie dürfen keine vierspaltige

1 Hier wurde der Index wie bei Matrizen üblich beibehalten, jedoch ein passender Buchstabe gewählt, der eine Gruppe kennzeichnet. Mit der 4×4-Transformationsmatrix können alle grafischen Grundfunktionen, einschließlich der perspektivischen Abbildung, durchgeführt werden.

Matrix mit einem dreizeiligen Punkt multiplizieren. Die Erweiterung des Punktes auf die vierte Dimension, die mit w angeschrieben wird, wobei stets $w = 1$ werden muss, ist eine Voraussetzung für das Zusammenspiel mit der 4×4-Transformationsmatrix, siehe auch *Vorstoß in die vierte Dimension* (Seite 456ff.).

$$\begin{pmatrix} r_{11} & r_{12} & r_{13} & t_{14} \\ r_{21} & r_{22} & r_{23} & t_{24} \\ r_{31} & r_{32} & r_{33} & t_{34} \\ p_{41} & p_{42} & p_{43} & s_{44} \end{pmatrix} \begin{pmatrix} 1 \\ 0 \\ 0 \\ 1 \end{pmatrix} = \begin{pmatrix} r_{11} + t_{14} \\ r_{21} + t_{24} \\ r_{31} + t_{34} \\ p_{41} + s_{44} \end{pmatrix}$$

Das Ergebnis muss anschließend normalisiert werden, denn es soll dann wieder $w = 1$ gelten, erst dann darf diese vierte Komponente entfernt werden. Die Normalisierung wird durchgeführt, indem alle anderen Komponenten des Vektors durch den Wert der W-Komponente geteilt werden und dann die W-Komponente weggelassen wird.

$$\begin{pmatrix} \frac{r_{11}+t_{14}}{p_{41}+s_{44}} \\ \frac{r_{21}+t_{24}}{p_{41}+s_{44}} \\ \frac{r_{31}+t_{34}}{p_{41}+s_{44}} \end{pmatrix}$$

Offensichtlich entspricht der Ergebnispunkt nicht mehr einem Einheitsvektor, denn die Länge ist nicht mehr eins. Nimmt man noch an, dass $r_{11} = 1$, $p_{41} = 0$ und $s_{44} = 1$ sowie $t_{24} = t_{34} = 0$ zutrifft, dann gilt für die Länge des nach wie vor in X-Richtung zeigenden Punktes $|\vec{P}| = (1 + t_{14})\hat{e}_x$. Der Betrag ist um t_{14} länger als eins, das bedeutet, ein Punkt, der vorher an der Spitze des X-Einheitsvektors lag, hat sich in X-Richtung um t_{14} bewegt. Das ist einer der magischen Effekte der 4×4-Transformationsmatrix, denn anstatt den Punkt von A nach B durch eine Vektoraddition zu bewegen, wurde *lediglich* eine Matrixmultiplikation durchgeführt. Alle Transformationen beginnen mit der Einheitsmatrix **I**, die in OpenGL durch `glLoadIdentity` eingestellt wird.

$$\begin{pmatrix} 1 & 0 & 0 & 0 \\ 0 & 1 & 0 & 0 \\ 0 & 0 & 1 & 0 \\ 0 & 0 & 0 & 1 \end{pmatrix} = \mathbf{I} \tag{2.2}$$

2.2.1 Translationen

Aus der Einheitsmatrix **I** (2.2), die mit `glLoadIdentity` eingestellt wurde, kann in OpenGL eine Translationsmatrix werden, wenn *nach* `glLoadIdentity` der Funktionsaufruf `glTranslatef` folgt.

$$\begin{pmatrix} 1 & 0 & 0 & t_x \\ 0 & 1 & 0 & t_y \\ 0 & 0 & 1 & t_z \\ 0 & 0 & 0 & 1 \end{pmatrix} = \mathbf{T}. \qquad (2.3)$$

Für den Umgang mit OpenGL muss hier erwähnt werden, dass zuerst eine Matrix gesetzt wird und dann die Punkte übergeben werden. OpenGL merkt sich die Matrix und steuert die Hardware, so dass im Nu alle Punkte damit multipiziert werden. Tatsächlich multipliziert OpenGL zunächst, aufgrund des `glTranslatef`-Aufrufs, die vorausgehende Matrix – hier die Einheitsmatrix – mit der obigen Matrix (2.3).

$$\begin{pmatrix} 1 & 0 & 0 & 0 \\ 0 & 1 & 0 & 0 \\ 0 & 0 & 1 & 0 \\ 0 & 0 & 0 & 1 \end{pmatrix} \cdot \begin{pmatrix} 1 & 0 & 0 & t_x \\ 0 & 1 & 0 & t_y \\ 0 & 0 & 1 & t_z \\ 0 & 0 & 0 & 1 \end{pmatrix} = \begin{pmatrix} 1 & 0 & 0 & t_x \\ 0 & 1 & 0 & t_y \\ 0 & 0 & 1 & t_z \\ 0 & 0 & 0 & 1 \end{pmatrix}.$$

Diese Art, Matrizen miteinander zu multipizieren, ist ein gewöhnlicher mathematischer Vorgang, bei dem auf die Reihenfolge zu achten ist. Das ist bei obiger Matrixmultiplikation noch nicht erkennbar, weil die Einheitsmatrix eine neutrale Rolle spielt; aber spätestens, wenn andere Matrizen mit im Spiel sind, müssen Sie schon darauf achten, ob die Translation vor einer solchen Matrix oder danach ausgeführt wird.

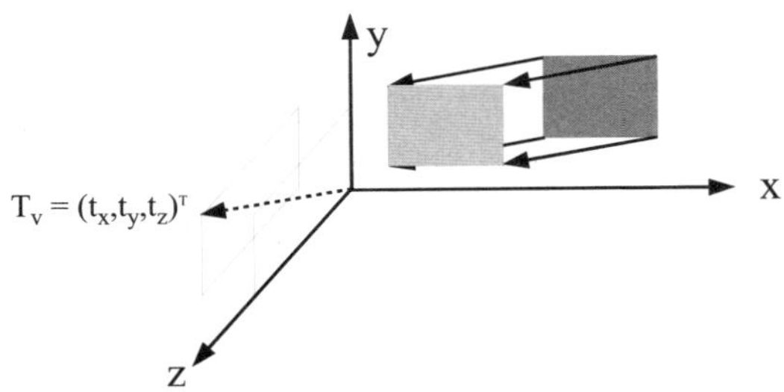

Translation (Verschiebung) eines Rechtecks im 3D-Raum

Abbildung 2.4

2.2.2 Skalierungen

Ein zweiter wichtiger Typ der 4×4-Transformationsmatrizen ist die Skalierungsmatrix. Auch für die Skalierung gibt es in OpenGL einen Befehl: `glScale`. Die Argumente der jeweiligen Funktion sind in der Referenz (Seite 625ff.) angegeben.

$$\begin{pmatrix} s_x & 0 & 0 & 0 \\ 0 & s_y & 0 & 0 \\ 0 & 0 & s_z & 0 \\ 0 & 0 & 0 & 1 \end{pmatrix} = \mathbf{S}. \tag{2.4}$$

Für einen Test wird diesmal nicht ein Punkt auf dem X-Einheitsvektor verwendet, vielmehr einer, bei dem die X-,Y-,Z-Koordinaten von 1 verschieden sind. Denken Sie an die vorherige Erweiterung auf vier Dimensionen mit $w = 1$.

$$\begin{pmatrix} s_x & 0 & 0 & 0 \\ 0 & s_y & 0 & 0 \\ 0 & 0 & s_z & 0 \\ 0 & 0 & 0 & 1 \end{pmatrix} \cdot \begin{pmatrix} P_x \\ P_y \\ P_z \\ 1 \end{pmatrix} = \begin{pmatrix} s_x P_x \\ s_y P_y \\ s_z P_z \\ 1 \end{pmatrix}$$

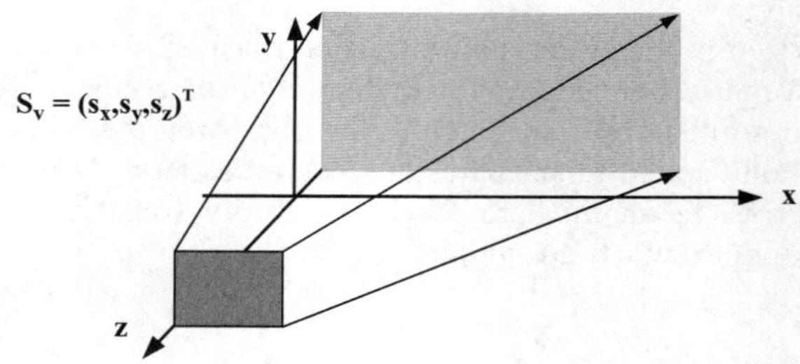

Abbildung 2.5 Eine Skalierung entlang aller Achsen verändert auch die Position auf der Z-Achse. Hier im Bild ist $s_z < 0$ und $s_x, s_y > 1$.

2.2.3 Kompositionen

Die Multiplikation $\mathbf{T} \cdot \mathbf{S}$ erzeugt eine Komposition[2] zweier homogener 4×4-Matrizen. Das bedeutet, in der virtuellen Welt wird ein Objekt *zuerst* vergrößert oder verkleinert und *danach* an einen anderen Ort versetzt. Sie können jede Komposition von Matrizen überprüfen, wenn Sie diese mit Punkten multiplizieren und die Abfolge von rechts nach links zerlegen.

$$(\mathbf{TS})\,P = P“ \quad \mathbf{S}P = P' \quad \mathbf{T}P' = P“$$

[2] Den Vorgang der Matrixmultiplikation nennt man im Englischen *Composition* oder *Concatenation.*

Die vorgestellte Zerlegung der Abfolge gilt für Kompositionen und Spaltenvektoren; im Abschnitt *Vektoren und Matrizen* (Seite 459f.) werden Sie eine andere Konvention kennenlernen, bei der Zeilenvektoren von links an eine Matrix multipliziert werden. In der Welt von OpenGL gilt die Multiplikation von rechts. Die oben genannte Komposition ist gleichwertig mit dem Aufruf:

```
gl.glTranslatef(tx,ty,tz);
gl.glScalef(sx,sy,sz);

[Hier folgen die Objekte, die zu skalieren
und zu versetzen sind.]
```

$$\begin{pmatrix} 1 & 0 & 0 & t_x \\ 0 & 1 & 0 & t_y \\ 0 & 0 & 1 & t_z \\ 0 & 0 & 0 & 1 \end{pmatrix} \begin{pmatrix} s_x & 0 & 0 & 0 \\ 0 & s_y & 0 & 0 \\ 0 & 0 & s_z & 0 \\ 0 & 0 & 0 & 1 \end{pmatrix} = \begin{pmatrix} s_x & 0 & 0 & t_x \\ 0 & s_y & 0 & t_y \\ 0 & 0 & s_z & t_z \\ 0 & 0 & 0 & 1 \end{pmatrix} = \mathbf{TS}$$

Da die Skalierungsfaktoren nicht gleich sein müssen, können damit auch Objektformen manipuliert werden. Zum Beispiel sei ein Objekt als Quadrat in die virtuelle Welt gesetzt. Die originale Größe und Position des Objektes ist durch vier Punkte gegeben: $q_1 = (0,0,0)$, $q_2 = (1,0,0)$, $q_3 = (1,1,0)$ und $q_4 = (0,1,0)$. Nun soll aus dem Quadrat ein Rechteck werden und zusätzlich eine Verschiebung weiter nach vorne, $z = 3$, stattfinden. Alle Punkte sollen durch OpenGL mit einer einzigen Matrixoperation multipliziert werden.

```
public void display(GL gl) { GL ist eine Klasse mit OpenGL-Methoden

  // ... Grundeinstellungen, Viewport etc.

  gl.glLoadIdentity();

  // Zusammenbau der Matrix

  gl.glTranslatef(0f,0f,3f);
  gl.glScalef(2f,1f,1f);

  // Die Komposition T*S ist jetzt bei OpenGL eingestellt.
  // Erzeugung des Objektes. GL_QUADS weist OpenGL an,
  // die nachfolgenden Punkte als Eckpunkte eines Rechtecks
  // anzunehmen.

  gl.glBegin(gl.GL_QUADS);
  gl.glVertex3f(0f,0f,0f);  // q1
  gl.glVertex3f(0f,1f,0f);  // q4
  gl.glVertex3f(1f,1f,0f);  // q3
  gl.glVertex3f(1f,0f,0f);  // q2
  gl.glEnd();
```

```
    // Nach glEnd() erfolgt automatisch die Anwendung der Matrix.
}
```

Die `glVertex`-Funktionen sind nicht mehr zeitgemäß, ich verwende diese hier der Anschaulichkeit halber und um den Blick auf die Handhabung der Matrizen nicht zu verstellen. In den Programmbeispielen werden Sie modernere Formen der Vertex-Übergabe an OpenGL kennenlernen. Für die Überprüfung sei nur ein Eckpunkt herausgegriffen.

$$\begin{pmatrix} 2 & 0 & 0 & 0 \\ 0 & 1 & 0 & 0 \\ 0 & 0 & 1 & 3 \\ 0 & 0 & 0 & 1 \end{pmatrix} \begin{pmatrix} 1 \\ 1 \\ 0 \\ 1 \end{pmatrix} = \begin{pmatrix} 2 \\ 1 \\ 3 \\ 1 \end{pmatrix} = q_3'$$

Beispiel 2.1

Bei der Shaderprogrammierung werden Sie gelegentlich eine Komposition der Form **TS** durchführen, dabei sollen dann Koordinaten von einem Einheitswürfel in einen anderen transformiert werden. Der Ausgangswürfel ist zentriert, mit den Achsen im Bereich [−1...1], der Zielraum liegt mit einer Ecke im Ursprung und ist definiert im Bereich [0...1]. Die Transformation erfolgt dann mit der Bias-Matrix.

$$\mathbf{B} = \begin{pmatrix} 1/2 & 0 & 0 & 1/2 \\ 0 & 1/2 & 0 & 1/2 \\ 0 & 0 & 1/2 & 1/2 \\ 0 & 0 & 0 & 1 \end{pmatrix}$$

Ende des Beispiels 2.1

2.2.4 Scherungen

Eine Scherung verzerrt ein Volumen in Abhängigkeit von zwei Parametern: sh_x und sh_y. Die Scherungsmatrix ist meist nicht explizit gegeben, so gibt es in OpenGL keine Matrixfunktion dieser Art.

$$\begin{pmatrix} 1 & 0 & sh_x & 0 \\ 0 & 1 & sh_y & 0 \\ 0 & 0 & 1 & 0 \\ 0 & 0 & 0 & 1 \end{pmatrix} = \mathbf{Sh}. \qquad (2.5)$$

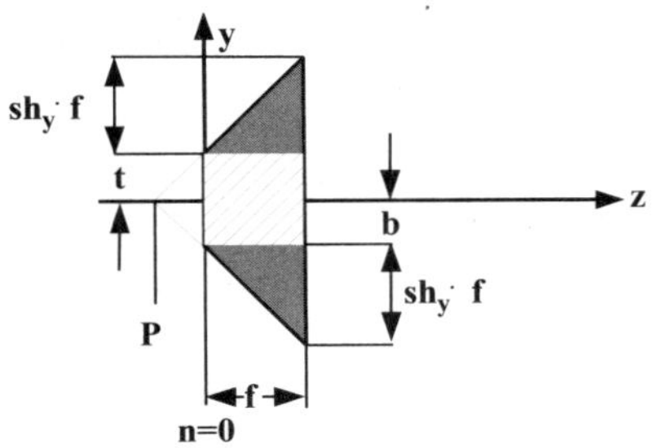

Abbildung 2.6
Scherung eines Würfels (schraffiert), dessen eine Fläche bei $z = n = 0$ liegt. Die Scherungsparameter $sh_x = 0$ und $sh_y > 0$ erzeugen einen Pyramidenstumpf mit der Spitze in P.

Bei einem Punkt $P = (P_x, P_y, P_z)^T$ wird die X- und Y-Komponente in Abhängigkeit von der Z-Komponente und den Parametern der Scherungsmatrix verändert.

$$\begin{pmatrix} 1 & 0 & sh_x & 0 \\ 0 & 1 & sh_y & 0 \\ 0 & 0 & 1 & 0 \\ 0 & 0 & 0 & 1 \end{pmatrix} \begin{pmatrix} P_x \\ P_y \\ P_z \\ 1 \end{pmatrix} = \begin{pmatrix} P_x + sh_x P_z \\ P_y + sh_y P_z \\ P_z \\ 1 \end{pmatrix} = \mathbf{Sh}\,\mathbf{P}.$$

Bei der perspektivischen Projektion hängen sh_x und sh_y von der Position der linken, rechten, oberen und unteren Flächen ab. Näheres siehe Matrix $\mathbf{M_{Frustum}}$ (2.28) und Argumente (2.30) des Frustums.

2.2.5 Perspektivische Projektion

Bei perspektivischen Transformationen ist es notwendig, die X- und Y-Koordinate eines Punktes abhängig von der Z-Position zu ändern. Je weiter ein Punkt von einer Projektionsebene entfernt ist, desto kleiner soll die Abbildung werden. Im Weltkoordinatensystem sind die Projektionsebene und das Projektionszentrum beliebig positioniert und die Projektionsebene beliebig gedreht. Das Koordinatensystem der Projektionsebene ist durch die Normale $\hat{n}$ sowie durch die dazu senkrechten Koordinatenvektoren $\hat{u}$ und $\hat{v}$ aufgespannt.

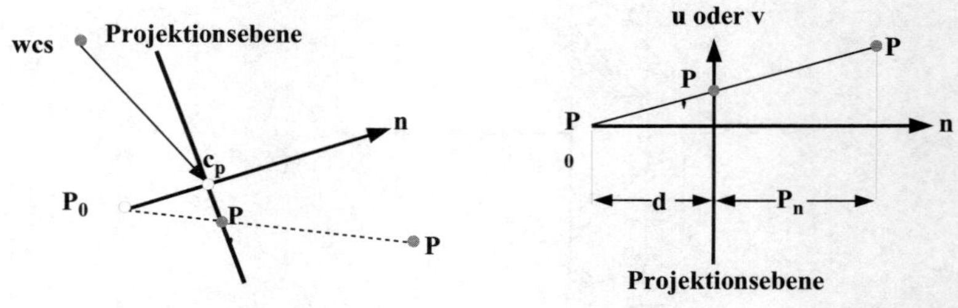

Abbildung 2.7 Links im Bild ist die Situation im Weltkoordinatensystem dargestellt. Rechts sind die Verhältnisse im Koordinatensystem der Projektionsebene abgebildet.

Die Koordinaten der betrachteten Punkte seien nun im Folgenden auf das UVN-System der Projektionsebene bezogen. Das Projektionszentrum P_0, ein beliebiger Punkt P und der gesuchte Punkt P' auf der Bildebene liegen auf einer Geraden $\vec{P}' = \vec{P}_0 + \lambda\left(\vec{P} - \vec{P}_0\right)$.

$$\begin{pmatrix} P'_u \\ P'_v \\ 0 \end{pmatrix} = \begin{pmatrix} 0 \\ 0 \\ -d \end{pmatrix} + \lambda \left[\begin{pmatrix} P_u \\ P_v \\ P_n \end{pmatrix} - \begin{pmatrix} 0 \\ 0 \\ -d \end{pmatrix} \right]$$

Die Auflösung nach λ führt auf:

$$\lambda = \frac{d}{P_n + d} \qquad \text{bzw. } \lambda = \frac{1}{P_n/d + 1} \qquad d \neq 0$$

Bei feststehendem P_n und größer werdendem d nähert sich P'_u bzw. P'_v dem jeweiligen P_u- bzw. P_v-Wert. Die parallele Projektion, bei der $d \to \infty$, ist in der Formel enthalten. Eine für solche Transformationen nützliche Matrix ist die Projektionsmatrix $\mathbf{M_{proj}}$.

$$\begin{pmatrix} 1 & 0 & 0 & 0 \\ 0 & 1 & 0 & 0 \\ 0 & 0 & 1 & 0 \\ 0 & 0 & 1/d & 1 \end{pmatrix} = \mathbf{M_{proj}} \tag{2.6}$$

$$\begin{pmatrix} 1 & 0 & 0 & 0 \\ 0 & 1 & 0 & 0 \\ 0 & 0 & 1 & 0 \\ 0 & 0 & 1/d & 1 \end{pmatrix} \cdot \begin{pmatrix} P_u \\ P_v \\ P_n \\ 1 \end{pmatrix} = \begin{pmatrix} P_u \\ P_v \\ P_n \\ 1 + P_n/d \end{pmatrix} = \mathbf{M_{proj}} P$$

Nach der Normalisierung und Nullsetzen der Z-Koordinate wird aus dem Punkt im homogenen Raum der Abbildungspunkt.

$$\mathbf{P}' = \begin{pmatrix} P_u/(1+P_n/d) \\ P_v/(1+P_n/d) \\ 0 \end{pmatrix}.$$

2.2.6 Rotationen

Rotationen, insbesondere zusammengesetzte Rotationen, spielen schon in einer anderen Liga. Jedoch können mit Rotationen verbundene Probleme – wie andere technische Probleme auch – gelöst werden, indem die Aufgabenstellung in kleinere Aufgaben zerlegt wird, die dann vollkommen überschaubar sind. Im Falle der Rotationen ist die Vorgehensweise, zuerst Rotationen um einzelne Koordinatenachsen zu betrachten und dann mit diesem Grundwerkzeug komplexere Rotationen aufzubauen. Die Komposition der homogenen 4×4-Grundmatrix durch Multiplikation wurde ja schon bei den vorausgehenden Transformationen durchgeführt, bei den Rotationen kommen lediglich andere Elemente ins Spiel.

Beispiel 2.2

Mit einem Tennisball – oder man verwendet eine Kugel aus Knetgummi, in die man auch Bleistifte als Achsen hineinstecken kann – können Sie einige Phänomene nachvollziehen, die sich bei den Rotationen einstellen. Ich folge hier einem Vorschlag von Andrew Hanson in seinem Buch „Visualizing Quaternions".[3] Markieren Sie einen Punkt auf dem Äquator und legen Sie dann die Kugel auf einen Tisch. Mit der flachen Hand, die Sie oben auf die Kugel legen, führen Sie kleine Kreisbewegungen aus. Die Bewegung der Hand sollte möglichst parallel zur Tischfläche erfolgen. Sie werden sehen, dass der Punkt um die gedachte Y-Achse rotiert. Auch eine Abfolge von 90°-Drehungen kann zu einem verblüffenden Resultat führen. Dazu drehen Sie die Kugel, wiederum nur mit der aufgelegten flachen Hand, einmal um diesen Winkel, indem Sie die Hand nach rechts bewegen (Rotation um die Z-Achse). Dann führen Sie die Hand nach vorne (Rotation um die X-Achse), schließlich nach links und nach hinten. Die Hand befindet sich dann wieder an der Ausgangsposition. Wenn Sie die 90°-Drehungen einhalten, werden Sie bei einem aufgemalten Pfeil eine 90°-Drehung um die Y-Achse feststellen, obwohl keine solche Drehung durchgeführt wurde.

Ende des Beispiels 2.2

Naturgemäß sind Winkel zu betrachten, die positiv oder negativ sein können. Drehungen sind positiv, wenn sie mit Blick von der Spitze eines Vektors

3 Andrew J. Hanson: „Visualizing Quaternions", Morgan Kaufmann Publishers, 2006, Seite 17f.

zum Anfangspunkt (dem Koordinatenursprung) entgegen dem Uhrzeigersinn erfolgen. Positive Drehungen erfolgen mit positiven Winkeln (>0).

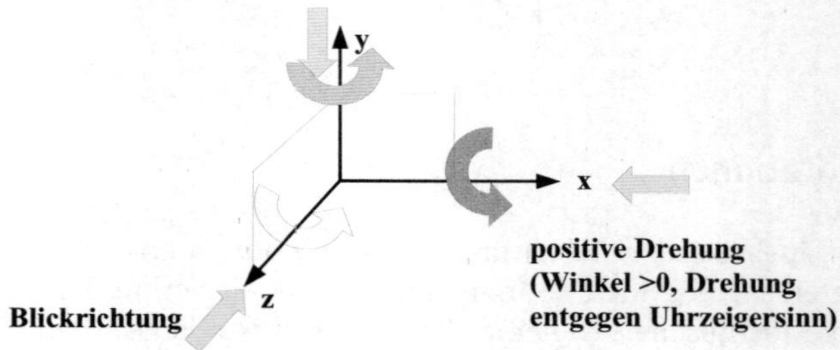

Abbildung 2.8 Rotationen um die drei Koordinatenachsen.

Die Rotation um die Z-Achse liefert anschauliche Abbildungen (Abstand z=0), die direkt mit der gewohnten Sicht auf ein Zeichenpapier übereinstimmen. Der Z-Vektor zeigt also vom Zeichenpapier zum Betrachter. Eine Rotation des Punktes P_0 nach P_1 um einen Winkel α ist aus der Schulmathematik bekannt, dabei liegt der Punkt P_0 bereits mit einem bestimmten Winkel φ vor.

$$P_1 = \begin{pmatrix} P_{1x} \\ P_{1y} \\ P_{1z} \end{pmatrix} = \begin{pmatrix} r\cos(\alpha+\varphi) \\ r\sin(\alpha+\varphi) \\ 0 \end{pmatrix}$$

Formeln für die Behandlung von Sinus-, Cosinus-Funktionen zusammengesetzter Winkel sind Teil der Schulmathematik bzw. in einem Taschenbuch der Mathematik zu finden. Eine kurze Zusammenstellung der wichtigsten Formeln finden Sie auch in diesem Buch (Seite 733).

$$P_1 = \begin{pmatrix} r\cos(\alpha)\cos(\varphi) - r\sin(\alpha)\sin(\varphi) \\ r\sin(\alpha)\cos(\varphi) + r\cos(\alpha)\sin(\varphi) \\ 0 \end{pmatrix}$$

Da nun $r\cos(\varphi) = x$ und $r\sin(\varphi) = y$, ist die Drehung tatsächlich mit x und y ein Ausdruck der Form:

$$P_1 = \begin{pmatrix} x\cos(\alpha) - y\sin(\alpha) \\ x\sin(\alpha) + y\cos(\alpha) \\ 0 \end{pmatrix}.$$

Nun sollte dieses Ergebnis durch eine Multiplikation mit einer homogenen 4×4-Matrix entstanden sein. Eine solche Matrix ist eine Rotationsmatrix $\mathbf{R_z}$, bei der $x = 1$ und $y = 1$, denn die Ausgangsvektoren sind ja Einheitsvektoren.

$$\mathbf{R_z} = \begin{pmatrix} \cos(\alpha) & -\sin(\alpha) & 0 & 0 \\ \sin(\alpha) & \cos(\alpha) & 0 & 0 \\ 0 & 0 & 1 & 0 \\ 0 & 0 & 0 & 1 \end{pmatrix} \tag{2.7}$$

Die gesuchte Rotation eines Punktes P um die Z-Achse mit Winkel α kann nun sehr kurz mit $\mathbf{R_z}P$ angeschrieben werden, bzw. in vollständiger Form:

$$\begin{pmatrix} \cos(\alpha) & -\sin(\alpha) & 0 & 0 \\ \sin(\alpha) & \cos(\alpha) & 0 & 0 \\ 0 & 0 & 1 & 0 \\ 0 & 0 & 0 & 1 \end{pmatrix} \begin{pmatrix} P_x \\ P_y \\ P_z \\ 1 \end{pmatrix} = \begin{pmatrix} P_x \cos(\alpha) - P_y \sin(\alpha) \\ P_x \sin(\alpha) + P_y \cos(\alpha) \\ P_z \\ 1 \end{pmatrix}$$

Die Rotationsmatrizen um die anderen Achsen ergeben sich mit der gleichen Verfahrensweise. Die Rotation eines Punktes um die X-Achse ergibt die Rotationsmatrix $\mathbf{R_x}$.

$$\mathbf{R_x} = \begin{pmatrix} 1 & 0 & 0 & 0 \\ 0 & \cos(\alpha) & -\sin(\alpha) & 0 \\ 0 & \sin(\alpha) & \cos(\alpha) & 0 \\ 0 & 0 & 0 & 1 \end{pmatrix} \tag{2.8}$$

Und schließlich die Rotationsmatrix um die Y-Achse $\mathbf{R_y}$:

$$\mathbf{R_y} = \begin{pmatrix} \cos(\alpha) & 0 & \sin(\alpha) & 0 \\ 0 & 1 & 0 & 0 \\ -\sin(\alpha) & 0 & \cos(\alpha) & 0 \\ 0 & 0 & 0 & 1 \end{pmatrix}. \tag{2.9}$$

2.2.7 Drehungen an Ort und Stelle

Mit der Translations-, der Skalierungsmatrix und den Rotationsmatrizen haben Sie das Handwerkszeug, um damit jede beliebige Konstellation, Orientierung und Größe von Objekten in der virtuellen Welt herzustellen. Aber halt, war da nicht noch eine Anmerkung, die Reihenfolge der Matrixoperationen betreffend?

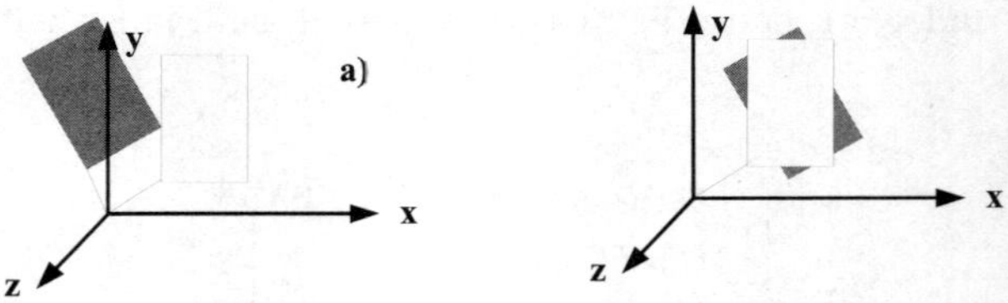

Abbildung 2.9 Bei der Rotation von Objekten ist zu unterscheiden, ob das Objekt selbst rotiert werden soll b), wobei sein Zentrum an Ort und Stelle verbleibt, oder ob die Rotation auch den Ort des Objektes verändert a).

Wenn in OpenGL eine Rotation durchgeführt wird, hier um die Z-Achse, dann werden, nachdem die Rotationsmatrix eingestellt wurde, alle Punkte ohne Ausnahme und damit auch das Zentrum eines Objektes gedreht.

```
public void display(GL gl) { // GL ist eine Klasse mit OpenGL-Methoden

    // ... Grundeinstellungen

    gl.glLoadIdentity();          // Einstellen der Einheitsmatrix. Jedes
                                  // Objekt ist dann im Ursprung des WCS.

    gl.glRotatef(20f,0f,0f,1f);  // Der Winkel beträgt 20 Grad,
                                  // Drehung um die Z-Achse

    gl.glBegin(gl.GL_QUADS);
    gl.glVertex3f(0f,0f,0f);
    gl.glVertex3f(0f,1f,0f);
    gl.glVertex3f(1f,1f,0f);
    gl.glVertex3f(1f,0f,0f);
    gl.glEnd();

    // Nach glEnd() erfolgt automatisch die Anwendung der Matrix.
    // Alle Punkte werden rotiert, das Objektzentrum auch.
  }
```

Wenn das Objekt jedoch lediglich um sein Zentrum gedreht werden soll, dann ist vorher und nachher eine Translation durchzuführen.

$$\mathbf{T}(+zentrum)\mathbf{R_z}(\varphi)\mathbf{T}(-zentrum)P(objekt) \tag{2.10}$$

In OpenGL verschwimmt der Unterschied zwischen der Verschiebung eines Koordinatensystems und der Verschiebung eines Objektes. OpenGL kennt nur eine bestimmte Matrix, die zu einem bestimmten Zeitpunkt im Ablauf gilt. Alle Punkte werden mit dieser Matrix multipliziert. Es kann sich dabei um die Modell-Matrix oder die Projektionsmatrix handeln, diese werden durch die Funktionen `glMatrixMode(GL_MODELVIEW)` bzw. `glMatrixMode (GL_PROJECTION)` ausgewählt.

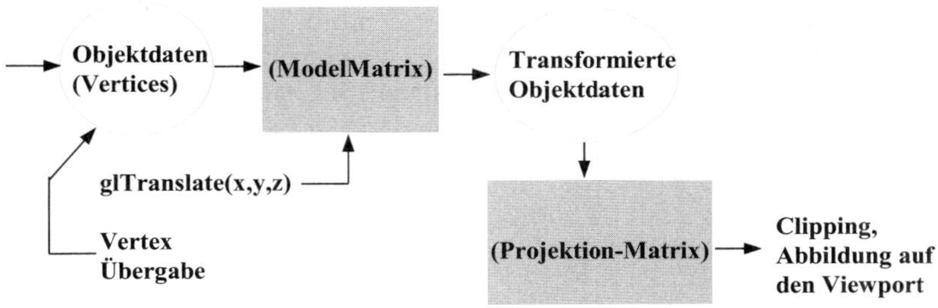

Abbildung 2.10 Dargestellt ist eine sehr vereinfachte Sicht auf die OpenGL-Pipeline. Man beachte, dass im Programm die Matrix jeweils vorher modifiziert wird (wie) und dann die Objektdaten übergeben werden (mit was). Abhängig vom Matrixmodus wird die Modell-Matrix oder die Projektionsmatrix modifiziert. Sämtliche hier genannten Vorgänge beziehen sich auf den dreidimensionalen Raum, die Transformation auf das Darstellungsfenster ist hier nicht berücksichtigt.

Bei der Modifikation der OpenGL-Matrizen sind zwei Grundsätze stets im Auge zu behalten.

Komposition der Matrixoperationen
: Jede Matrixoperation ist eine Multiplikation mit den vorherigen Operationen. Am Anfang steht dabei die Einheitsmatrix.

Stellung der Matrixmodifikation
: Es spielt eine Rolle, ob eine Translation *vor* oder *nach* einer Rotation durchgeführt wird, oder allgemein gesprochen $\mathbf{AB} \neq \mathbf{BA}$.

```
...
glLoadIdentity();

glTranslatef(tx,ty,tz);          // T(zentrum)
glRotatef(rAngle,0f,0f,1f);      // R(winkel,Z-Achse)
glTranslatef(-tx,-ty,-tz);       // T(-zentrum)

// Objektfestlegung exakt wie oben.
```

Diese Programmsequenz ist nur zu verstehen, wenn die Komposition der Matrizen beachtet wird. Die Position, die bei der ersten Translation eingestellt wurde, bleibt in der Ergebnismatrix unverändert. Die nachfolgende Translation erfährt auch den Einfluss der Rotation, sie ist keine einfache Verschiebung mehr.

$$\begin{pmatrix} \cos(\alpha) & -\sin(\alpha) & 0 & -t_x\cos(\alpha)+t_y\sin(\alpha)+t_x \\ \sin(\alpha) & \cos(\alpha) & 0 & -t_x\sin(\alpha)-t_y\cos(\alpha)+t_y \\ 0 & 0 & 1 & 0 \\ 0 & 0 & 0 & 1 \end{pmatrix} = \mathbf{M_{rot}} \qquad (2.11)$$

Die zusammengestellte Matrix $\mathbf{M_{rot}}$ ist etwas kompliziert; man erkennt dabei deutlich den Vorteil der Aufspaltung in die einzelnen Operationen, alternativ dazu, dass diese Matrix direkt erzeugt wird. Wenn das Zentrum des Objektes an Ort und Stelle verbleiben soll, dann muss gelten: $\mathbf{M_{rot}}\, P_{zentr} = P_{zentr}$. Dies kann leicht bewiesen werden, denn in der Tat:

$$\mathbf{M_{rot}} \begin{pmatrix} t_x \\ t_y \\ 0 \\ 1 \end{pmatrix} = \begin{pmatrix} P_{zentr,x} \\ P_{zentr,y} \\ 0 \\ 1 \end{pmatrix} \tag{2.12}$$

Eine manchmal durchaus schwer zu findende Fallgrube ist bei Winkeln der Typ des Arguments, der an Funktionen übergeben wird. Die OpenGL-Funktion `glRotatef(angle,vX,vY,vZ)` erwartet den Winkel als Gradangabe. Die Bibliotheksfunktion cos, hier in Java, erwartet die Winkelangabe jedoch als Radiant.

```
float angle = 90f;
...
glLoadIdentity();

glTranslatef(bx,by,0f);          // Hier wird auch das Zentrum rotiert.
glRotatef(rAngle,0f,0f,1f);      // R(winkel,Z-Achse)

// Objektfestlegung
..
// Berechnung einer Position auf einem Einheitskreis

// DAS IST FALSCH!!
// bx = (float)Math.cos(rAngle);

// SO IST ES RICHTIG
bx = (float)Math.cos(rAngle*(float)Math.PI/180f);
...
```

2.2.8 Objekteigene Koordinatensysteme

Im Beispiel des letzten Abschnitts wurde bereits ein Objekt um sein Zentrum gedreht, wobei allerdings das Koordinatensystem des Objektes lediglich ein verschobenes Weltkoordinatensystem war. Die Achsen und deren Orientierung (positive Richtung) waren gleich. Es gibt aber mindestens drei Gründe, warum diese Voraussetzung nicht zutreffen kann.

Da ist die Geburt der Objekte in die virtuelle Welt hinein. Objekte werden in der Regel mit 3D-Programmen erstellt, die ihre eigenen Vorstellungen von optimalen Koordinatensystemen haben. Nach dem Laden[4] ist ein Objekt daher irgendwie orientiert im Koordinatenursprung angelegt und muss passend gedreht, skaliert und verschoben werden. Dazu muss das objekteigene Koordinatensystem mit dem Weltkoordinatensystem in Übereinstimmung gebracht werden. Objekte, die sich in der virtuellen Welt bewegen, sollten Drehungen auf der Basis ihres eigenen Koordinatensystems und der darin festgelegten Vorwärtsrichtung durchführen, etwa ein Flugzeug. Zusammengesetzte Objekte weisen oft eine Hierarchie auf, Teile können sich unabhängig vom Ganzen drehen, jedoch sollte eine Drehung oder Skalierung des kompletten Objekts auch alle seine Teile auf gleiche Weise betreffen. Beim Auto drehen sich die Räder um ihre eigenen Achsen, aber alle müssen einer Drehung des Autos selbst folgen. Darüber hinaus sind noch weitere Bedingungen zu beachten, man denke nur an die Gelenke aller Lebewesen.

Um in OpenGL von einem zu einem anderen Koordinatensystem zu springen, sind in der *Fixed Pipeline* drei Befehle maßgeblich. Der Befehl `glPushMatrix` sichert die aktuelle Matrix in einem Stack, dessen letzter Eintrag mit `glPopMatrix` wiederhergestellt wird; die vorausgehende Matrix wird wieder gültig. Mit `glLoadMatrix(objMatrix)` wird eine Matrix aus einer Quelle, einem *Array* aus Gleitkommazahlen, in OpenGL geladen und aktiviert.

```
...
glLoadIdentity();
...

glPushMatrix();
glLoadMatrix(objMatrix);

// Stelle die Objekte dar und
// verändere gegebenenfalls die geladene Matrix.

glPopMatrix();

// Hier folgen andere Objekte, diese können eine
// Grundmatrix voraussetzen, die nicht unbedingt
// die Einheitsmatrix sein muss.
```

Ein solches Vorgehen ist sinnvoll, wenn es sich um ein einfaches Objekt handelt, das um eine Achse rotiert. Soll dieses gleichzeitig eine Längsbewegung durchführen, dann ist das Überschreiben der Grundmatrix nicht so gut, denn dann müsste die Längsbewegung mit der Objektmatrix durchgeführt werden. Die Längsbewegung ist aber eine Bewegung eines Koordinatenursprungs, während die Drehung die des Koordinatensystems selbst ist.

[4] Loader sind Programmmodule, die Objekte aus Dateien laden und der virtuellen Welt zur Verfügung stellen. Es gibt mindestens so viele Loader, wie es Dateiformate zur Darstellung von 3D-Objekten gibt.

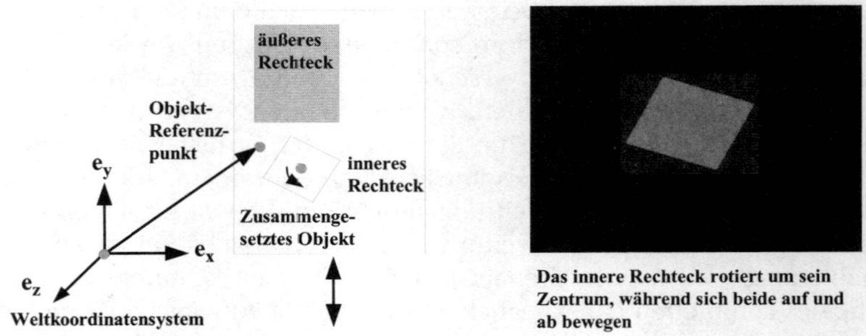

Abbildung 2.11 Ein Objekt setzt sich zusammen aus einem äußeren Rechteck und einem innen liegenden Rechteck. Letzteres dreht sich um sein Zentrum, während gleichzeitig das gesamte Objekt parallel zur Y-Achse verschoben wird.

Dazu ein kleines Beispiel; dessen Ausgabe ist sicherlich nicht gerade eine überwältigende 3D-Grafik, es lohnt sich aber dennoch, dieses näher zu betrachten, insbesondere die Abfolge der Transformationen. Hier gilt: Der Weg ist das Ziel. Wenn Sie das Beispiel selbst ausprobieren wollen, dann sollten Sie die folgenden Abschnitte lesen: *Bindung an OpenGL* (Seite 603ff.) sowie *Programmierumgebung einrichten* (Seite 612ff.).

```
package examples.srot;

import java.nio.ByteOrder;
import java.nio.ByteBuffer;
import java.nio.FloatBuffer;
import java.awt.Dimension;

import javax.media.opengl.GL2;
import javax.media.opengl.GLAutoDrawable;
import javax.media.opengl.GLEventListener;

public class SimpleRotationRender implements GLEventListener {

  private float aX = 1f;
  private float aY = 1f;
  private float y = 0f;
  private float sf = 1f/(float)Math.sqrt(2);
  private float angle = 15f;
  private float up = 1f;

  private Dimension viewportSize;

  /* Zahl der Bytes pro Float */
  private final static int SIZE_OF_FLOAT = 4;

  /* Anzahl der Komponenten (Koordinaten) eines Vertex */
```

```
private final static int VERTEX_COMPONENT_COUNT = 3;

/* Definiert ein Rechteck */
private static float vertices[] = {
   0f,0f,0f, 0f,1f,0f, 1f,1f,0f, 1f,0f,0f};

/* Direkter Puffer für die Vertices */
private static FloatBuffer vertexArray;


private SimpleRotationRender() {}

public SimpleRotationRender(Dimension canvasSize) {

  viewportSize = new Dimension(canvasSize);

  if(canvasSize.height<canvasSize.width) {
    aY = (float)canvasSize.height/(float)canvasSize.width;
  }
  else {
    aX = (float)canvasSize.width/(float)canvasSize.height;
  }
}

// -----------------------------------------------------------------
public void init(GLAutoDrawable drawable) {

  GL2 gl = drawable.getGL().getGL2();

  initializeQuad(gl);

  gl.glMatrixMode(GL2.GL_PROJECTION);
  gl.glLoadIdentity();

  gl.glViewport(0,0,viewportSize.width,viewportSize.height);
  gl.glOrtho(-10f*aX,10f*aX,-10f*aY,10f*aY,1f,-1f);
}

public void display(GLAutoDrawable drawable) {

  GL2 gl = drawable.getGL().getGL2();
  gl.glClear(GL2.GL_COLOR_BUFFER_BIT);

  gl.glMatrixMode(GL2.GL_MODELVIEW);
  gl.glLoadIdentity();

  gl.glPushMatrix();                // (*1)

  gl.glTranslatef(2f,y,0f);         // (*2)
  gl.glScalef(3f,3f,1f);

  gl.glPushMatrix();                // (*3)
```

```
    gl.glTranslatef(-0.5f,-0.5f,0f); // (*4)
    gl.glColor3f(0f,0.3f,1f);
    drawQuad(gl);
    gl.glPopMatrix();

    gl.glScalef(sf,sf,1f);           // (*5)
    gl.glRotatef(angle,0f,0f,1f);    // (*6)

    gl.glPushMatrix();
    gl.glTranslatef(-0.5f,-0.5f,0f); // (*7)
    gl.glColor3f(1f,0.3f,0.3f);
    drawQuad(gl);
    gl.glPopMatrix();

    gl.glPopMatrix();

    // Einstellung der Bewegungsparameter.

    angle += 7.5f;
    if(angle>=360f) { angle = 0f; }

    y = y + up*0.1f;
    if(y>=1f) {
      up = -1f;
    }
    else {
      if(y<=-1f) {
        up = 1f;
      }
    }
  }

  public void reshape(GLAutoDrawable drawable, int x,
    int y,int width, int height) {
  }

  public void displayChanged(GLAutoDrawable drawable,
    boolean modeChanged, boolean deviceChanged) {
  }

  public void dispose(GLAutoDrawable drawable) {}

  // ---------------------------------------------------------------
  private void drawQuad(GL2 gl) {
    gl.glDrawArrays(GL2.GL_QUADS,0,vertexArray.limit());
  }

  private void initializeQuad(GL2 gl) {

    ByteBuffer bb = ByteBuffer.allocateDirect(
      SIZE_OF_FLOAT*vertices.length);
```

```
    bb.order(ByteOrder.nativeOrder());
    vertexArray = bb.asFloatBuffer();
    vertexArray.put(vertices,0,vertices.length);
    vertexArray.flip();

    gl.glEnableClientState(GL2.GL_VERTEX_ARRAY);
    gl.glVertexPointer(VERTEX_COMPONENT_COUNT,GL2.GL_FLOAT,0,\
vertexArray);
  }
}
```

Beispiel 2.3

Dieser Programmcode wird nun näher betrachtet: Ausgangssituation ist die Einheitsmatrix, die mit `glLoadIdentity` eingestellt ist. Diese Grundmatrix wird danach gesichert (*1), denn es wird angenommen, dass noch mehr Objekte außer dem hier betrachteten dargestellt werden sollen. Die erste Translation und Skalierung bezieht sich auf das gesamte Objekt (*2). Das entspricht auch dem Wunsch, nicht für jedes Teilobjekt eine erneute Translation, Skalierung etc. durchführen zu müssen. Die Grundmatrix hat nun die nachstehende Form, und multipliziert mit dem rechten oberen Punkt des äußeren Rechtecks ergibt sich dessen neue Position.

$$\begin{pmatrix} 3 & 0 & 0 & 2 \\ 0 & 3 & 0 & y \\ 0 & 0 & 1 & 0 \\ 0 & 0 & 0 & 1 \end{pmatrix} \cdot \begin{pmatrix} 1 \\ 1 \\ 0 \\ 1 \end{pmatrix} = \begin{pmatrix} 3+3\cdot 2 \\ 3+3\cdot y \\ 0 \\ 1 \end{pmatrix}$$

Im nächsten Schritt (*3) wird die nun eingestellte Matrix gesichert, denn diese soll durch die Transformationen des äußeren Rechtecks nicht verändert werden. Der Koordinatenursprung (*4) wird direkt vor der Darstellung des äußeren Rechtecks in dessen Zentrum verschoben.

$$\begin{pmatrix} 3 & 0 & 0 & 2 \\ 0 & 3 & 0 & y \\ 0 & 0 & 1 & 0 \\ 0 & 0 & 0 & 1 \end{pmatrix} \cdot \begin{pmatrix} 1 & 0 & 0 & -0.5 \\ 0 & 1 & 0 & -0.5 \\ 0 & 0 & 1 & 0 \\ 0 & 0 & 0 & 1 \end{pmatrix} = \begin{pmatrix} 3 & 0 & 0 & 2-1.5 \\ 0 & 3 & 0 & y-1.5 \\ 0 & 0 & 1 & 0 \\ 0 & 0 & 0 & 1 \end{pmatrix} = \mathbf{M_{aR}}$$

Anstelle des rechten oberen Punktes des äußeren Rechteckes sei die Auswirkung auf dessen Zentrum untersucht. Dieses liegt, wenn man in die Objektdaten schaut, ja bei (0.5 0.5, 0).

$$\begin{pmatrix} 3 & 0 & 0 & 0.5 \\ 0 & 3 & 0 & y-1.5 \\ 0 & 0 & 1 & 0 \\ 0 & 0 & 0 & 1 \end{pmatrix} \cdot \begin{pmatrix} 0.5 \\ 0.5 \\ 0 \\ 1 \end{pmatrix} = \begin{pmatrix} 2 \\ y \\ 0 \\ 1 \end{pmatrix}$$

Für das Verständnis wichtig ist es, sich zu vergegenwärtigen, dass mit der Zeichnung des äußeren Rechteckes, hier durch `drawQuad` angestoßen, dieses auf dem Bildschirm erscheint. Der Leser möge sich hier nochmal die Grafikpipeline vergegenwärtigen. `drawQuad` realisiert das Objekt an der Stelle, an der die Anweisung erscheint. Alle *nachfolgenden* Transformationen sind für *dieses* Objekt nicht mehr von Interesse. Die Position des Zentrums wird auch für das innere Rechteck gelten, dessen Darstellung jetzt erfolgt. Das innere Rechteck muss kleiner sein als das äußere, es soll eben *innen* rotieren, daher die erneute Skalierung (*5).

$$\begin{pmatrix} 3 & 0 & 0 & 2 \\ 0 & 3 & 0 & y \\ 0 & 0 & 1 & 0 \\ 0 & 0 & 0 & 1 \end{pmatrix} \cdot \begin{pmatrix} s_f & 0 & 0 & 0 \\ 0 & s_f & 0 & 0 \\ 0 & 0 & 1 & 0 \\ 0 & 0 & 0 & 1 \end{pmatrix} = \begin{pmatrix} 3 \cdot s_f & 0 & 0 & 2 \\ 0 & 3 \cdot s_f & 0 & y \\ 0 & 0 & 1 & 0 \\ 0 & 0 & 0 & 1 \end{pmatrix}$$

Nun erfolgt die Rotation des inneren Rechtecks (*6). Die dazu nötige Matrix $\mathbf{R_z}$ ist bereits bekannt, und so kann das Resultat einer Multiplikation mit dieser Matrix direkt angeschrieben werden.

$$\begin{pmatrix} 3s_f & 0 & 0 & 2 \\ 0 & 3s_f & 0 & y \\ 0 & 0 & 1 & 0 \\ 0 & 0 & 0 & 1 \end{pmatrix} \cdot \begin{pmatrix} \cos(\alpha) & -\sin(\alpha) & 0 & 0 \\ \sin(\alpha) & \cos(\alpha) & 0 & 0 \\ 0 & 0 & 1 & 0 \\ 0 & 0 & 0 & 1 \end{pmatrix} =$$

$$\begin{pmatrix} 3s_f\cos(\alpha) & -3s_f\sin(\alpha) & 0 & 2 \\ 3s_f\sin(\alpha) & 3s_f\cos(\alpha) & 0 & y \\ 0 & 0 & 1 & 0 \\ 0 & 0 & 0 & 1 \end{pmatrix}$$

Schließlich wird noch die nachfolgende Translation hinzugefügt (*7), wiederum mit $(-0.5 - 0.50)$, denn dann ist die Grundmatrix für das innere, sich drehende Rechteck komplett. Hier das Ergebnis:

$$\begin{pmatrix} 3s_f\cos(\alpha) & -3s_f\sin(\alpha) & 0 & 1.5s_f(sin(\alpha) - cos(\alpha))) + 2 \\ 3s_f\sin(\alpha) & 3s_f\cos(\alpha) & 0 & -1.5s_f(sin(\alpha) + cos(\alpha))) + y \\ 0 & 0 & 1 & 0 \\ 0 & 0 & 0 & 1 \end{pmatrix}$$

Wurde nicht oben erwähnt, dass Rotationen in einer anderen Liga spielen? Das innere Rechteck rotiert um sein Zentrum, dabei nehmen die Sinus- und Cosinus-Funktionen immer wieder die Werte 0 bzw. 1 an, jeweils entgegengesetzt, wenn der Cosinus 1 ist, dann ist der Sinus 0 etc. Bei dem Winkel 0° ist das innere Rechteck gleich dem äußeren, wenn auch etwas kleiner.

$$\begin{pmatrix} 3s_f & -3s_f & 0 & 2-1.5s_f \\ 0 & 3s_f & 0 & y-1.5s_f \\ 0 & 0 & 1 & 0 \\ 0 & 0 & 0 & 1 \end{pmatrix}$$

Setzt man hier noch $s_f = 1$, dann zeigt sich, dass tatsächlich bei einem Winkel von 0° die gleiche Matrix vorliegt, die für das äußere Rechteck gilt ($\mathbf{M_{aR}}$). Das Zentrum des inneren Rechtecks liegt damit an der gleichen Stelle, und daher rotiert dieses auch innerhalb des äußeren, ohne dieses zu umkreisen.

Ende des Beispiels 2.3

Interessant an dem dargestellten Programmcode ist auch, dass dasselbe Grundobjekt, nämlich ein Rechteck, wiederverwendet wurde. Die Übergabe der Vertices des Rechtecks erfolgt mit dem Vertexarray-Konzept, darüber werden Sie im Abschnitt *Vertex Arrays und VBOs* (Seite 169ff.) mehr erfahren. Vertexarrays sind schneller als die einzelne Übergabe der Vertices, das gilt besonders für Java, da dort noch die Übersetzung durch das Java Native Interface erfolgen muss.

Die Übergabe besteht aus zwei Teilen, der Initialisierung der betreffenden Daten und dem Auslösen der Darstellung durch die `glDrawArrays`-Funktion. Benötigt wird ein spezieller Puffer, denn ein externes Programm (OpenGL) greift auf die Vertices zu. Die Erstellung des Puffers erfolgt in der Methode `initializeQuad`. Der Pufferverwaltung ist ein eigener Abschnitt (siehe *Buffer*, Seite 582ff.) gewidmet, dort finden Sie nähere Angaben zu den einzelnen Methoden der Puffererstellung. Die Übergabe ist etwas aufwändiger als die einfache, direkte Art durch die `glVertex`-Funktionen, aber dieser Aufwand ist gerechtfertigt, wenn es nicht mehr um vier Vertices, sondern um 4000 oder 4 Mio. geht.

Die Struktur des Programms, soweit dies die Matrixoperationen betrifft, lässt sich durch einen Ablaufgraphen darstellen.

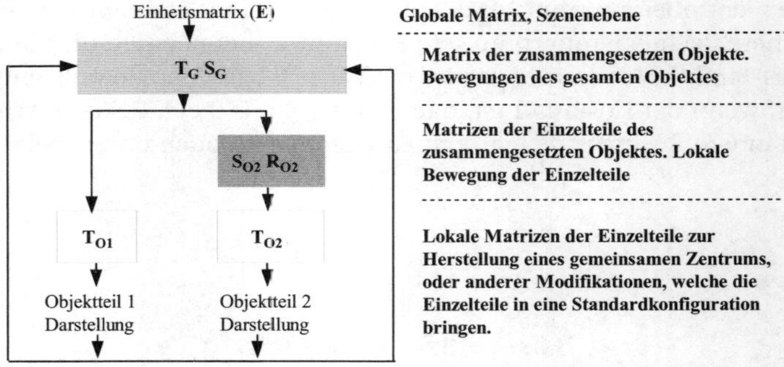

Abbildung 2.12 Die Abfolgen der Matrixoperationen folgen einem bestimmten Schema.

Der Ablaufgraph zeigt eine Komposition von Matrizen, die dann auf ein Objekt oder ein Objektteil angewendet wird. Daneben lässt sich auch eine Schichtung erkennen. Die oberste Schicht ist die der gesamten Szene, mit der Einheitsmatrix als Anfangsmatrix. Danach folgen die lokalen Matrizen der Objekte und weiter nach unten die Matrizen der Objektbestandteile. Wenn Ihnen ein Szenengraph in den Sinn kommt, dann liegen Sie richtig, die jeweiligen Matrizen lassen sich gebunden an die Objekte in der Tat dort unterbringen.

2.2.9 Rotation um eine beliebige Achse

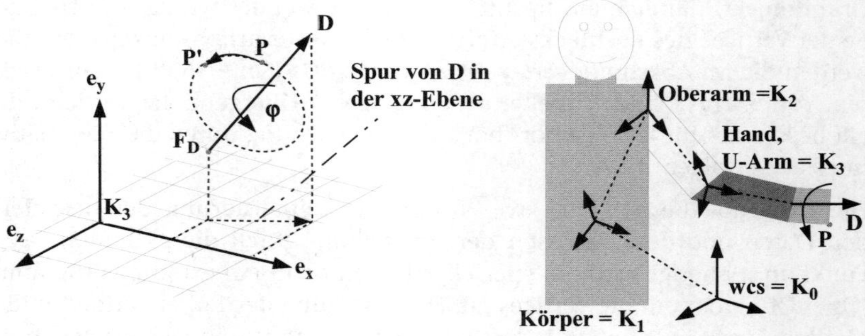

Abbildung 2.13 Die Drehung um eine beliebige Achse wird durch einen Richtungsvektor $\vec{D}$ bestimmt. Dieser definiert die Achse und den positiven Drehwinkel. Im Bild rechts dargestellt ist ein Beispiel, wie ein Drehvektor beliebig im Raum liegen kann und relativ zu einem Koordinatensystem, hier K_3, festgelegt ist.

Nach dem bisher Gesagten ist eine Drehung um eine Achse dann einfach durchzuführen, wenn die Drehachse mit einer Koordinatenachse übereinstimmt. Damit ist auch das Verfahren für eine Drehung um eine beliebige Achse schon angedeutet. Das Ziel ist es dabei, den Drehvektor mit dem Z-Einheitsvektor zur Deckung zu bringen und dann die gewünschte Drehung um den Drehwinkel φ vorzunehmen. Anschließend wird die Transformation in die Z-Achse wieder rückgängig gemacht. Die Transformationen lassen sich wiederum durch die Komposition von Matrizen zusammenfassen. Der vorgestellte Weg ist allerdings nur eine Variante, das gleiche Ergebnis kann auch durch eine andere Abfolge erzielt werden. Die Vorgehensweise ist unabhängig von der Art des Koordinatensystems, also ob links- oder rechtshändisch.

$$\underbrace{\mathbf{T}(-\mathbf{F_D})\cdot\mathbf{R_z}(-\alpha)\cdot\mathbf{R_y}(-\beta)}_{\text{Vortransformation } \mathbf{M_V}}\cdot\mathbf{R_z}(\varphi)\cdot\underbrace{\mathbf{R_y}(\beta)\cdot\mathbf{R_z}(\alpha)\mathbf{T}(+\mathbf{F_D})}_{\text{Rücktransformation } \mathbf{M_N}} \tag{2.13}$$

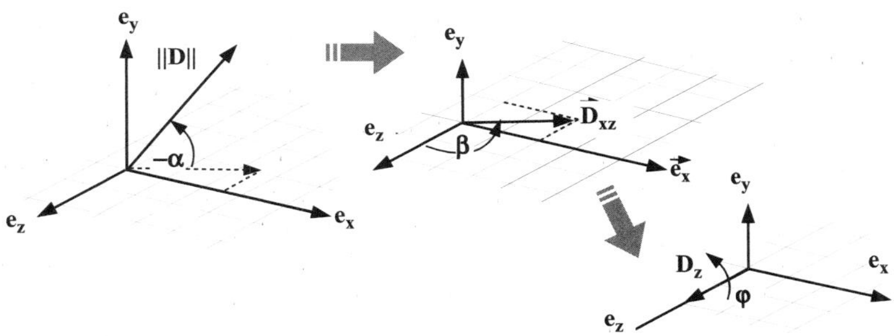

Abbildung 2.14

Im ersten Schritt muss der Fußpunkt F_D bzw. der Objektreferenzpunkt in den Koordinatenursprung gebracht werden. Damit werden die Ursprünge der beteiligten Koordinatensysteme zur Deckung gebracht. Dann wird um den Winkel $-\alpha$ gedreht, so dass $\vec{D}$ in der x,z-Ebene zu liegen kommt. Eine Drehung um $-\beta$ bringt $\vec{D}_{xz}$ mit dem Einheitsvektor $\vec{e}_z$ zu Deckung. Man beachte, dass die Anfangswinkel jeweils positiv zu nehmen sind: der Winkel α von der XZ-Ebene zum Drehvektor und der Winkel β von der Z-Achse zum Drehvektor.

Die Rotationsmatrizen R_z (2.7), R_y (2.9) sind schon vorgestellt worden. Diese erfordern jedoch, dass jeweils der Cosinus und Sinus der entsprechenden Winkel berechnet werden muss. Diese Winkel sind häufig aber nicht bekannt und, wie gleich zu sehen ist, auch für die Berechnung nicht erforderlich. Grundlage sind die bekannten Beziehungen der polaren Koordinaten, das skalare Produkt zweier Vektoren (7.49) sowie die bereits aufgestellten Rotationsmatrizen. Bei den Beträgen ist lediglich der des Drehvektors zu beachten, da die Einheitsvektoren definitionsgemäß den Betrag 1 aufweisen. Für die jeweiligen Winkel α, β gilt nun:

$$
\begin{aligned}
&D\cos(\alpha) = D_{xz}; \quad && D\sin(\alpha) = D_y; \quad && D = \sqrt{D_x^2 + D_y^2 + D_z^2} \\
&D_{xz}\cos(\beta) = D_z; \quad && D_{xz}\sin(\beta) = D_x; \quad && D_{xz} = \sqrt{D_x^2 + D_z^2}
\end{aligned} \tag{2.14}
$$

Damit folgt nach Ersetzung des Sinus und Cosinus in den Rotationsmatrizen:

$$
\mathbf{R_z}(\alpha) = \begin{pmatrix} \frac{D_{xz}}{D} & -\frac{D_y}{D} & 0 & 0 \\ \frac{D_y}{D} & \frac{D_{xz}}{D} & 0 & 0 \\ 0 & 0 & 1 & 0 \\ 0 & 0 & 0 & 1 \end{pmatrix} \qquad \mathbf{R_z}(-\alpha) = \begin{pmatrix} \frac{D_{xz}}{D} & \frac{D_y}{D} & 0 & 0 \\ -\frac{D_y}{D} & \frac{D_{xz}}{D} & 0 & 0 \\ 0 & 0 & 1 & 0 \\ 0 & 0 & 0 & 1 \end{pmatrix} \tag{2.15}
$$

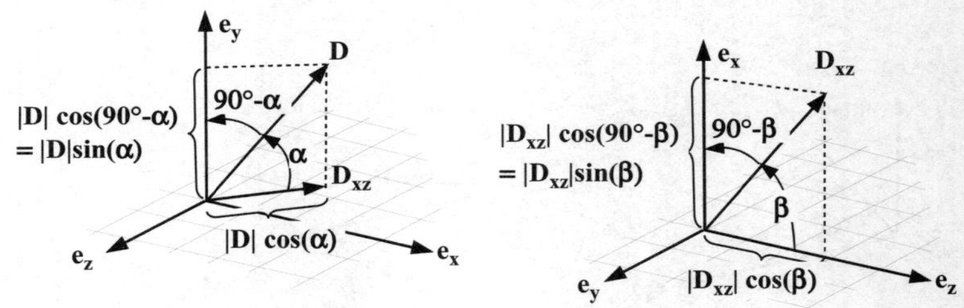

Abbildung 2.15 Links im Bild die Verhältnisse bezogen auf den Winkel α. Rechts die Verhältnisse bezogen auf β. Hier ist zu beachten, dass D_{xz} die Projektion von $\vec{D}$ auf die X-,Z-Ebene ist. Das Koordinatensystem wurde für die Darstellung gedreht, so dass die Winkelbeziehungen besser sichtbar sind.

Die Prüfung, ob die beiden Matrizen korrekt aufgestellt sind, ist die Multiplikation miteinander $\mathbf{R_z}(\alpha)\mathbf{R_z}(-\alpha)$, wobei das Ergebnis die Einheitsmatrix $\mathbf{I}$ sein muss. Die Matrizen sind invers zueinander, und daher gilt auch $\mathbf{R_z}(-\alpha)\mathbf{R_z}(\alpha) = \mathbf{I}$. Entsprechend können die Matrizen für die Rotationen um die Y-Achse aufgestellt werden.

$$
\mathbf{R_y}(\beta) = \begin{pmatrix} \frac{D_z}{D_{xz}} & 0 & \frac{D_x}{D_{xz}} & 0 \\ 0 & 1 & 0 & 0 \\ -\frac{D_x}{D_{xz}} & 0 & \frac{D_z}{D_{xz}} & 0 \\ 0 & 0 & 0 & 1 \end{pmatrix} \qquad \mathbf{R_y}(-\beta) = \begin{pmatrix} \frac{D_z}{D_{xz}} & 0 & -\frac{D_x}{D_{xz}} & 0 \\ 0 & 1 & 0 & 0 \\ \frac{D_x}{D_{xz}} & 0 & \frac{D_z}{D_{xz}} & 0 \\ 0 & 0 & 0 & 1 \end{pmatrix} \tag{2.16}
$$

Als Ergebnis der Mulitiplikation ergibt sich die Vortransformationsmatrix $\mathbf{R_z}(-\alpha)\mathbf{R_y}(-\beta) = \mathbf{M_v}$ sowie die Nachtransformationsmatrix $\mathbf{R_y}(\beta)\mathbf{R_z}(\alpha) = \mathbf{M_n}$. Dabei wurde angenommen, dass der Fußpunkt bereits im Ursprung liegt.

$$\mathbf{M_v} = \begin{pmatrix} \frac{D_z}{D} & \frac{D_y}{D} & -\frac{D_x}{D} & 0 \\ -\frac{D_y D_z}{D_{xz} D} & \frac{D_{xz}}{D} & \frac{D_x D_y}{D_{xz} D} & 0 \\ \frac{D_x}{D_{xy}} & 0 & \frac{D_z}{D_{xz}} & 0 \\ 0 & 0 & 0 & 1 \end{pmatrix} \qquad \mathbf{M_n} = \begin{pmatrix} \frac{D_z}{D} & -\frac{D_y D_z}{D_{xz} D} & \frac{D_x}{D_{xz}} & 0 \\ \frac{D_y}{D} & \frac{D_{xz}}{D} & 0 & 0 \\ -\frac{D_x}{D} & \frac{D_y D_x}{D_{xz} D} & \frac{D_z}{D_{xz}} & 0 \\ 0 & 0 & 0 & 1 \end{pmatrix} \tag{2.17}$$

Auch hier wird wieder die Einheitsmatrix mit der Multiplikation $\mathbf{M_v M_n}$ entstehen. Die beiden Matrizen sind orthogonale Matrizen, invers zueinander und die transponierte der jeweils anderen Matrix. Näheres zu diesen Matrixformen siehe *Rechnen mit Matrizen* (Seite 444ff.). Der weitere Schritt ist die Bildung der Matrix.

$$\underbrace{\mathbf{R_z}(-\alpha)\mathbf{R_y}(-\beta)}_{\mathbf{M_v}}\,\mathbf{R_z}(\varphi)\cdot\underbrace{\mathbf{R_y}(\beta)\mathbf{R_z}(\alpha)}_{\mathbf{M_n}} = \mathbf{R_R}(\varphi, \mathbf{x}, \mathbf{y}, \mathbf{z}). \tag{2.18}$$

Die Herstellung der Matrix $\mathbf{R_R}(\varphi, \mathbf{x}, \mathbf{y}, \mathbf{z})$ erfordert einiges an Konzentration, da können leicht Fehler unterlaufen. Vereinfacht sei dabei $D_x = x$, $D_y = y$ und $D_z = z$, und der Drehvektor wird als Einheitsvektor gebildet, also $D = 1$ und $D_{xz} = 1 - z^2$. Weiterhin ist noch die Verkürzung $c = cos(\varphi)$ und $s = sin(\varphi)$ angebracht.

$$\mathbf{R_R}(\varphi, \mathbf{x}, \mathbf{y}, \mathbf{z}) = \begin{pmatrix} x^2(1-c)+c & xy(1-c)-sz & xz(1-c)+sy & 0 \\ xy(1-c)+sz & y^2(1-c)+c & yz(1-c)-xs & 0 \\ xz(1-c)-sy & yz(1-c)+sx & z^2(1-c)+c & 0 \\ 0 & 0 & 0 & 1 \end{pmatrix} \tag{2.19}$$

Eben die oben berechnete Matrix (2.19) verwendet OpenGL bei der Funktion `glRotate(angle,x,y,z)`, worin x, y, z die Koordinaten des Drehvektors sind, welcher auch als Eigenvektor oder Drehvektor bezeichnet wird. Der Drehvektor sollte als ein Einheitsvektor angegeben sein, wenngleich OpenGL die Normierung bei Bedarf auch automatisch durchführt, und sein Fußpunkt ist im Koordinatenursprung angelegt. Ein Drehvektor wird auch als Eigenvektor bezeichnet, weil dieser bei einer Transformation durch eine Matrix unverändert hervorgeht: $\mathbf{R_R}(\varphi, \hat{n})\hat{n} = \hat{n}$.

Die Rotationsmatrix $\mathbf{R_R}$ ist eine orthogonale Drehmatrix, und daher gelten auch die nachstehenden Beziehungen.

$$\mathbf{R_R}^{-1} = \mathbf{R_R}^T \qquad \text{und}\, \mathbf{R_R}\mathbf{R_R}^{-1} = \mathbf{R_R}\mathbf{R_R}^T = \mathbf{I} \tag{2.20}$$

Beispiel 2.4

Dargestellt werden soll ein Kegel (Cone), der die Ausbreitung eines Spotlichts andeuten soll. Spotlicht breitet sich in einer bestimmten Richtung aus, die durch einen Einheitsvektor, den Richtungsvektor $\vec{S}_d$ (*Spotlight Direction*), festgelegt ist. Die Ausbreitung selbst wird durch einen Lichtkegel angegeben, der sich mit einer Änderung des Richtungsvektors und der Position der Lichtquelle ändern muss. Auch ist die Kegelweite veränderlich, bestimmt durch den Winkel (cutoff). Der Kegel sei als Drahtmodell von GLUT bezogen, ein einfaches API, das vordefinierte Objekte zur Verfügung stellt.

```
import com.jogamp.opengl.util.gl2.GLUT;
public class GLUT {
  public void glutWireCone(double base,double height,int slices, int \
stacks) {}
  // ...
}
```

`base` gibt den Radius der Grundfläche des Kegels und `height` dessen Höhe an, der Feinheitsgrad des Mesh wird durch `slices` und `stacks` gesteuert. Das Ziel ist es nun, dieses Objekt so zu platzieren und zu drehen, dass die Öffnung des Kegels immer in die Richtung zeigt, die der Richtungsvektor angibt, außerdem muss bei einer Verschiebung der Lichtquelle der Kegel entsprechend folgen. In dieser kleinen Aufgabe steckt mehr im Hinblick auf Koordinatensysteme und Transformationen, als auf den ersten Blick zu vermuten ist; ich werde hier daher detailliert auf die Transformationen eingehen.

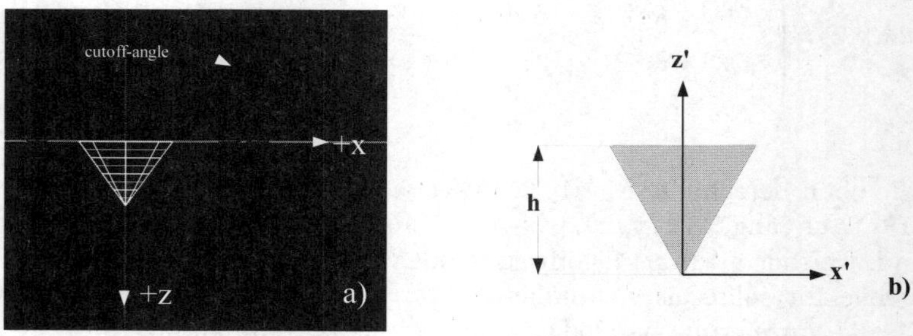

Abbildung 2.16 Draufsicht auf die kleine Szene. a) Die originale Position des Kegels. b) Festlegung eines objekteigenen Koordinatensystems.

Wenn der Kegel ohne weitere Transformationen in eine Szene gesetzt wird, dann öffnet er sich in Richtung negativer Z-Achse und die Spitze ist nicht im Nullpunkt, siehe Bild. Die Ausgangsstellung sei festgelegt durch einen Richtungsvektor, der in die Richtung der positiven Z-Achse zeigt. In dieser Stellung muss dann die Kegelspitze im Ursprung liegen und sich Richtung positiver Z-Achse öffnen. Diese Einstellung erfordert eine Rotation um 180°, damit die Kegelöffnung in Richtung positiver Z-Achse zeigt.

$$\mathbf{T}_{cone} = \mathbf{T}(\mathbf{0}, \mathbf{0}, -\texttt{height})$$

$$\mathbf{R}_{cone} = \mathbf{R}_{\mathbf{R}}(\mathbf{180}^{\circ}, \mathbf{0}, \mathbf{1}, \mathbf{0})$$

Ausgehend von der Einheitsmatrix bzw. einer vorausgehend eingestellten Modelviewmatrix, entsteht zunächst die Transformationskette:

$$\mathbf{R}_{cone}\mathbf{T}_{cone}\mathbf{I}$$

Diese wäre von rechts nach links gelesen an den Renderer zu übergeben. Angenommen P ist ein Punkt des Kegels, dann transformiert die Kette den Punkt, indem zuerst P an die Einheitsmatrix muliplìziert wird, was wiederum P ergibt. Danach erfolgt die Translation mit dem Resultat P', dieser Punkt wird anschließend rotiert, und das Ergebnis ist der Punkt P".

$$\begin{aligned} &\mathbf{I}P = P \\ &\mathbf{T}_{cone}P = P' \\ &\mathbf{R}_{cone}P' = P'' \end{aligned}$$

Ersetzen Sie nun die Punkte P und danach P', dann ergibt sich die Kette und die Reihenfolge der Transformationen. Die Multiplikation mit der Einheitsmatrix wird natürlich nicht ausgeführt, sie ist hier nur ein Stellvertreter für eine bereits eingestellte Matrix.

$$\begin{aligned} &\mathbf{T}_{cone}\mathbf{I}P = P' \\ &\mathbf{R}_{cone}\mathbf{T}_{cone}\mathbf{I}P = P'' \end{aligned}$$

Das Verständnis einer solchen Transformationsabfolge ist sehr wichtig, besonders, wenn Sie auch mit anderen Renderern konfrontiert werden. DirectX zum Beispiel multipliziert einen Zeilenvektor von links an eine Matrix, in diesem Falle ist die Reihenfolge umzudrehen, und es sind, im gegebenen Fall, transponierte Matrizen zu verwenden, $P^T \cdot \mathbf{T}_{cone}^T = P''$ etc. Im Abschnitt *Vektoren und Matrizen* (Seite 459f.) erfahren Sie mehr über diese Konvention.

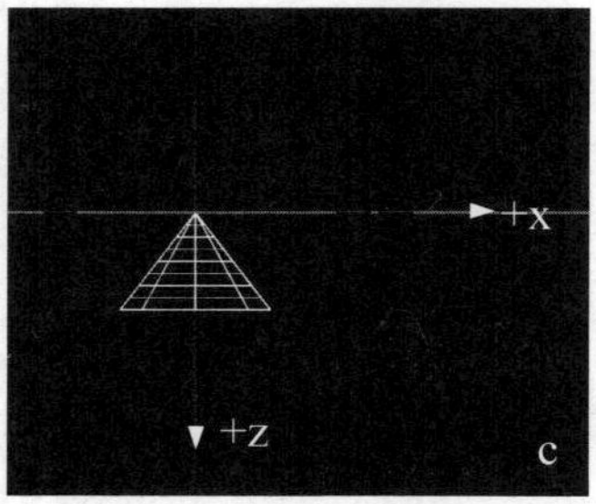

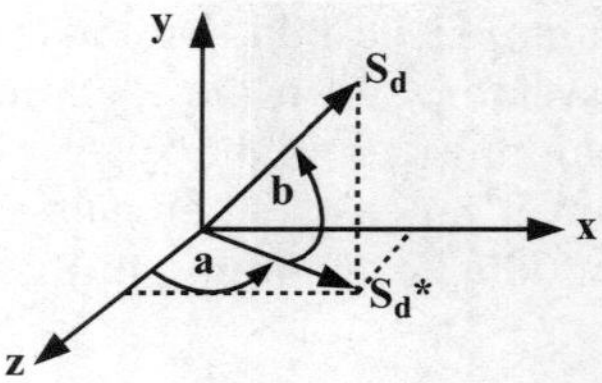

Abbildung 2.17 a) Der Kegel in der gewünschten Ausgangsposition. b) Festlegung der Drehwinkel.

Man könnte nun weiterverfahren, indem die im Bild gezeigten Drehwinkel verwendet werden, um den Kegel so zu drehen, dass seine Achse mit dem Spotlichtvektor übereinstimmt. Die Matrix $\mathbf{R_R}(\varphi, \mathbf{x}, \mathbf{y}, \mathbf{z})$, siehe (2.19), ermöglicht aber einen direkten Weg zum Ziel.

Alles was benötigt wird, ist ein Drehvektor $\hat{r}$ und ein Drehwinkel, mit dem um die Drehachse rotiert wird. Die Z-Achse und der Richtungsvektor des Spotlichts spannen eine Ebene auf, innerhalb derer die Rotation durchzuführen ist. Der Drehvektor ist die Normale dieser Ebene und durch das Kreuzprodukt leicht aufzufinden. Dabei wird vorausgesetzt, dass der Richtungsvektor $\vec{S}_d$ als Einheitsvektor $\hat{S}_d$ vorliegt.

$$\hat{r} = \hat{S}_d \times \hat{z} = \begin{pmatrix} S_{dy} \\ -S_{dx} \\ 0 \end{pmatrix}$$

Der Drehwinkel findet sich über das skalare Produkt der beiden Vektoren.

$$\hat{z} \cdot \hat{S}_d = -S_{dx} = cos(\varphi)$$

Mit diesen Argumenten kann die Rotationsmatrix $\mathbf{R_R}$ erstellt und an die bestehende Kette angehängt werden.

$$\mathbf{R_R}(\hat{\mathbf{r}}, -\varphi)P^{\text{“}} = P^{\text{“}\prime}$$

Nun ist der Kegel wie gewünscht gedreht, und es ist lediglich noch eine Transformation auf die Position der Lichtquelle nötig.

$$\mathbf{T}_{light}P^{\text{“}\prime} = P^{\text{““}}$$

Alle Transformationen zusammengesetzt ergeben die Kette:

$$\mathbf{T}_{light}\mathbf{R_R}(\hat{\mathbf{r}}, -\varphi)\mathbf{R}_{cone}\mathbf{T}_{cone}\mathbf{I}P = P^V$$

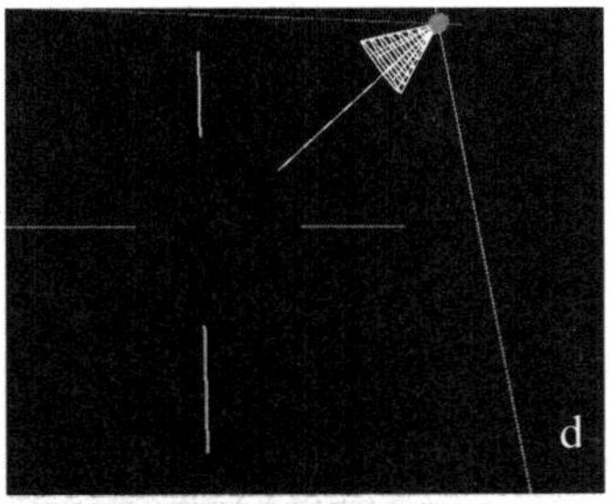

Die Darstellung der Lichtquelle.

Abbildung 2.18

Bei der Implementation in Software ist immer etwas Vorsicht angebracht, denn bestimmte Vorgaben können zu einem undefinierten Verhalten führen. Hier ist der Rotationsvektor ungültig, wenn der Richtungsvektor in die Richtung der positiven oder negativen Z-Achse zeigt. Auch kann der Richtungsvektor $\hat{S}_d$ ein Nullvektor sein. Die Komposition erfolgt mittels der `TransformF4x4`-Klasse, die die benötigten Methoden zur Verfügung stellt.

```
  private static float[] getConeTransform(GL2 gl,
    float dX,float dY, float dZ,float heightLightCone,float lX,float lY\
, float lZ) {

    float eps = 100f*Constants.EPSF;

    float[] mArray = new float[16];
    TransformF4x4 resultMatrix = new TransformF4x4();
    TransformF4x4 rotationMatrix = new TransformF4x4();

    VectorF3 dVector = new VectorF3(dX,dY,dZ);
    float dVectorLen = (float)dVector.length();

    if(dVectorLen<eps) {
      resultMatrix.getColumMajorOrdering(mArray);
      return mArray;
    }
    dVector.set(dX/dVectorLen,dY/dVectorLen,dZ/dVectorLen);
    dVector.unitVector = true;

    float rAngle = 0f;
    VectorF3 rVector = new VectorF3();

    float cosinAngle = dVector.a3; // z * D = D.z

    if(1f-(float)Math.abs(cosinAngle)<eps) {

      // angle = 0, the cones vector (z) is parallel to D.

      if(cosinAngle<0f) {
        rotationMatrix.setToRotateY((float)Math.PI);
```

```
      }
      // (else): same direction
    }
    else {
      rVector.set(dVector.a2,-dVector.a1,0f);
      rAngle = -(float)Math.acos(cosinAngle);
      rotationMatrix.setToRotate(rAngle,rVector);
    }
    resultMatrix.setToTranslation(lX,lY,lZ);
    resultMatrix.multiply(rotationMatrix);
    rotationMatrix.setToRotateY(-(float)Math.PI);
    resultMatrix.multiply(rotationMatrix);
    resultMatrix.multiplyTranslation(0f,0f,-heightLightCone);
    resultMatrix.getColumMajorOrdering(mArray);
    return mArray;
  }
```

Der Aufruf der obigen Methode erfolgt innerhalb einer Push/Pop-Matrix-klammer, denn es wird die Modellmatrix für dieses Objekt, den Kegel, verändert. Der Richtungsvektor steht in den Lichtdaten im Array d und die Lichtposition ist durch lX, lY, lZ gegeben.

```
  gl.glPushMatrix();
  gl.glMultMatrixf(getConeTransform(gl,d[0],d[1],d[2],heightLightCone,\
lX,lY,lZ),0);
  float radiusCone =(float)Math.sin(light.cutoffAngle*Math.PI/180d)/2f;
  glut.glutWireCone(radiusCone,heightLightCone,sphereSlices,\
sphereStacks);
  gl.glPopMatrix();
```

Den vollständigen Programmcode finden Sie im Paket `glib.render` in der Methode `drawLights` der Klasse `LightRenderer`. Die Methode dient im Rahmen des Beleuchtungsbeispielprogramms `examples.light` dazu, die ein-/ausgeschalteten Lichtquellen darzustellen. Die Transformationsklasse finden Sie im Paket `glib.math` und eine Beschreibung derselben im Abschnitt *TransformD4×4* (Seite 574).

Ende des Beispiels 2.4

2.3 Projektionen

Im Rahmen dieses Buches werden unter Projektionen Abbildungen vom dreidimensionalen Raum auf eine Fläche ($R^3 \rightarrow R^2$) verstanden. Einschränkend ist im Folgenden noch vorausgesetzt, dass die Projektionsfläche nicht gekrümmt ist; damit ist das Grundprinzip der hier betrachteten Projektionen (*Planar Geometric Projections*) eigentlich recht einfach. Ausgehend von einem Projektionszentrum (COP[5]) geht eine Linie, die durch einen beliebigen Objektpunkt einer Szene führt. Zwischen dem Objekt und dem COP liegt die Projektionsfläche,[6] so dass ein weiterer Punkt, der Spurpunkt der Projektionsgeraden, auf der Linie hervorgehoben wird. Ist P der Objektpunkt, dann wird P' als die Abbildung oder Projektion von P auf die Projektionsfläche bezeichnet.

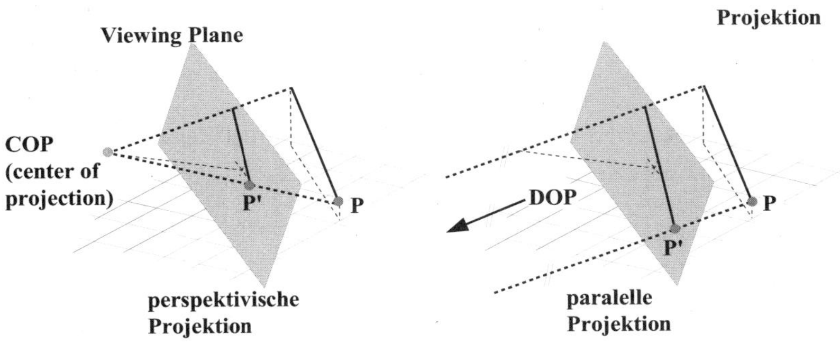

Abbildung 2.19
Die Projektionarten lassen sich grundsätzlich unterteilen in perspektivische und parallele Projektionen. Kennzeichen der parallelen Projektionen sind die zueinander parallel liegenden Projektionsstrahlen. Statt von einem Punkt (COP) wird bei dieser Projektionsart von dem Vektor DOP (Direction of Projection) gesprochen.

Welche Art der Projektion gewählt wird, ist eine Frage der Kommunikation, aber auch der Ästhetik. Für die Kommunikation über eine räumliche Situation oder die Form eines Objektes werden unmissverständliche Zeichnungen benötigt. Da bei der parallelen Projektion zueinander parallele Linien erhalten bleiben, wird diese Projektion bei technischen Zeichnungen bevorzugt. Geht es um eine möglichst realistische Darstellung, mag diese auch künstlerisch überhöht sein, dann kommt nur die perspektivische Darstellung in Frage. Die größte Annäherung an die Wirklichkeit wird durch perspektivische Darstellungen mit drei Fluchtpunkten erreicht. Betrachtet man bei dieser Darstellungsart einen Würfel, dann fällt auf, dass nicht mehr alle Raumrichtungen parallel abgebildet sind. In der Computergrafik sind in der Regel nur ein oder zwei Fluchtpunkte erkennbar, die die Tiefe einer Szene vermitteln. Objekte, die weiter entfernt vom Betrachter liegen, werden kleiner dargestellt, parallele Linien, etwa ein Schienenstrang, laufen scheinbar in einem Punkt, einem Fluchtpunkt, zusammen. Zwischen den zweidimensionalen Zeichnungen und der perspektivischen Darstellung liegen Projektionen, bei denen die Bildebene um bestimmte Winkel gedreht ist, so dass mehrere Seiten eines Objektes sichtbar werden.

5 *Center of Projection* oder O (*Augpunkt*), von oculus (lat.), das Auge.

6 Die Projektionsfläche (Bildebene) wird als *Projection Plane*, aber auch *View Plane* oder *Viewing Plane* bezeichnet.

2.3.1 Projektionsarten

Bei der Beurteilung von Projektionen werden die Eigenschaften einer Fläche vor und nach der Projektion untersucht, insbesondere werden Invarianten[7] betrachtet, die von der Projektionsart abhängen. Solche Invarianten können sein: die Flächen- und Winkeltreue, Einhaltung des Teilungs- und Streckenverhältnisses zwischen Original und Bild sowie die Parallelität. Nach einer perspektivischen Projektion findet sich keine Invariante mehr, denn auch die Parallelität kann bei gedrehten Objekten verlorengehen.

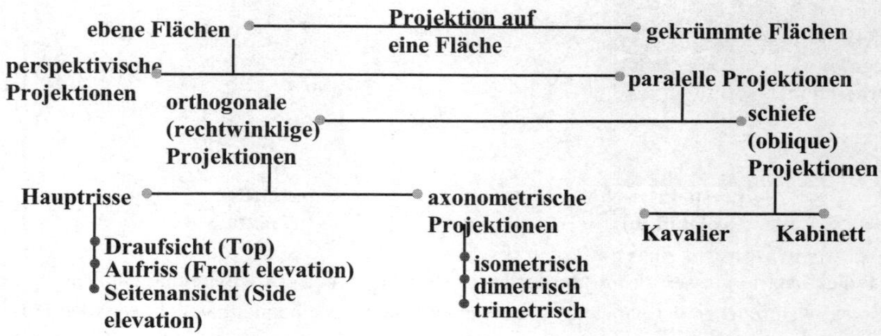

Abbildung 2.20 Unterteilung der Projektionsarten.

Bei den parallelen Projektionen kann der Richtungsvektor *DOP* senkrecht oder schief auf der Darstellungsebene stehen. Dementsprechend werden *orthogonale* (rechtwinklige) und *oblique* (schiefe) Projektionen unterschieden. Im Abschnitt *Projektionsklassen* (Seite 101) finden Sie eine Implementation der Projektionen in Java unter Verwendung der OpenGL-Funktionen `glOrtho`, `glFrustum` und `glViewport`.

Die für technische Darstellungen wichtigen orthogonalen Projektionen sind die *Hauptrisse*, deren Kennzeichen eine zweidimensionale Abbildung auf eine Fläche des Koordinatensystems ist. Bei den Hauptrissen liegen alle oben genannten Invarianten vor; sie werden in drei Grundformen unterteilt, tatsächlich sind jedoch, abhängig von der Blickrichtung, sechs Ansichten zu unterscheiden.

Der *Aufriss* (*Vorderansicht*) erfolgt entgegen der positiven Z-Achse (Rechtssystem), die umgekehrte Form ist die *Rückansicht*.

Bei der *Draufsicht* fallen die Projektionsstrahlen senkrecht, entgegengesetzt zur positiven Y-Achse, auf die XZ-Fläche ein. Aber auch die entgegengesetzte Blickrichtung (*Bottom View*), entlang der positiven Y-Achse, ist ein Hauptriss auf die XZ-Fläche.

[7] Invarianten sind Größen, die bei einer Transformation unverändert bleiben.

Die *Seitenansicht* ist eine Projektion auf die ZY-Fläche und erfolgt in der Hauptform entgegengesetzt der positiven X-Achse. Ist die umgekehrte Blickrichtung gegeben, dann wird ebenfalls von der Seitenansicht gesprochen und in den Zeichnungen ein entsprechendes Kennzeichen angebracht.

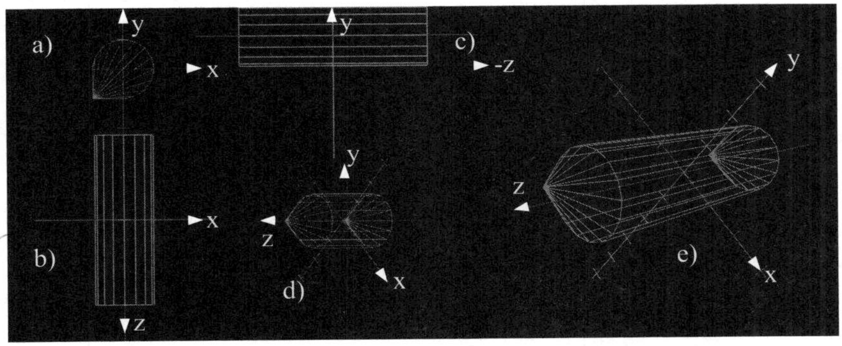

Projektionsarten: a) Front, b) Top, c) Side, d) Kavalieransicht ($\alpha = 45°$, vz=0.5) und e) eine perspektivische Ansicht eines gedrehten Objekts. Abbildung 2.21

Erfolgt die Projektion senkrecht auf eine beliebig ausgewählte Ebene, jedoch nicht auf eine der genannten, so nennt man dies *orthogonale axonometrische Projektion*.[8] Bei dieser Projektionsart geht die Winkeltreue verloren, das Streckenverhältnis ist jedoch gegeben, wenn die Skalierungsfaktoren der einzelnen Achsen beachtet werden. Von diesem Streckenverhältnis hängt die weitere Unterteilung ab. Erfolgt keine Verkürzung (vx:vy:vz = 1:1:1), dann ist die isometrische Projektion angesprochen. Wenn zwei Achsen unverkürzt bleiben, spricht man von der dimetrischen, und wenn alle Achsen unterschiedlich verkürzt sind, von der trimetrischen Projektion. Bei orthogonalen axonometrischen Projektionen erscheinen Kugeln als Kreise.

Schiefe Projektionen können auf beliebige Weise konstruiert werden, solange die Projektionsstrahlen parallel verlaufen. Kennzeichen der *Kavalieransicht* ist die Verkürzung einer Achse, während bei der *Kabinettansicht* keine Verkürzungen angebracht werden. Typisch sind Winkel von 45°, aber auch 30°-Winkel zur Bildebene kommen vor.

Eine systematische Untersuchung der Projektionen als eigenständiger Bereich der Geometrie ist ungefähr in der Mitte des 18. Jahrhunderts anzusiedeln. Der Gelehrte Johann Heinrich Lambert (1728-1777), ein Schneidersohn aus dem Elsass, befasste sich viel mit Projektionen und dem Mehrtafelverfahren.[9] Benötigt wurden Kenntnisse der Konstruktion und der prä-

8 Axonometrie bezeichnet ein Verfahren, Objekte durch Parallelprojektion auf eine Ebene abzubilden. Die Axonometrie umfasst auch die schiefe Projektion.

9 Entnommen aus H. Wußling: „6000 Jahre Mathematik. Eine kulturgeschichtliche Zeitreise", Springer-Verlag, ISBN 978-3-540-77313-9.

zisen perspektivischen Darstellung beim Bau von Festungen, dabei ging es auch um eine Frage des Standortes. Mit perspektivischen Zeichnungen konnte den Auftraggebern ein Blick auf eine Festung präsentiert werden, und zwar vom Standpunkt eines Feindes – der Artillerie – aus. Aus dieser Zeit stammt auch der Begriff der Kavalierperspektive: Die „Kavaliere" waren die vorspringenden Teile einer Festung.

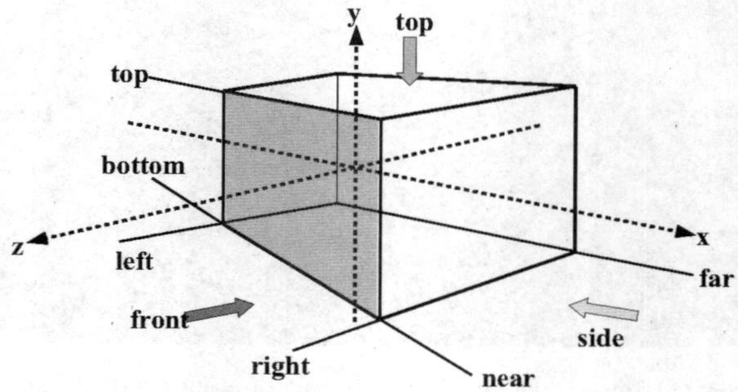

Abbildung 2.22 Bei der Einstellung der orthogonalen Projektionen geht man am besten von der gewünschten Sicht und der zugehörenden Fläche aus und dreht diese so, dass daraus eine Vorderansicht entsteht. Dabei ändern sich auch die Grenzen des Darstellungsvolumens. Die OpenGL-Funktion `glOrtho` erwartet die Parameter der Grenzen stets in derselben Abfolge, und es müssen vorher entsprechende Umstellungen stattfinden.

Eine weitere Schubkraft der Entwicklung war Anfang der neunzehnten Jahrhunderts die aufkommende Industrialisierung. Gaspard Monge (geb. 1746) gründete 1794 die später in „Ecole Polytechnique" umbenannte Ausbildungsstätte für Militär- und Zivilingenieure, an der auch Vorlesungen über darstellende Geometrie abgehalten wurden. Ein Zitat aus dem Buch von H. Wußling, Seite 137:

> Monge hält, wie man liest, die darstellende Geometrie für leichter erlernbar als Analysis und Algebra. Geometrie descriptive als Ei des Columbus für die Bau- und Befestigungskunst, für den Bergwerksingenieur, für den Feldherrn, für die Geodäsie, für die Malerei!

2.3.2 Darstellungsbereiche

Die Abbildung der Wirklichkeit auf eine zweidimensionalen Fläche ist keineswegs eine einfache Aufgabe. Können Sie einen Baum auf einem Blatt Papier darstellen, so dass der Betrachter auch einen räumlichen Eindruck vom Volumen des Baumes erhält? Welche Tricks haben Sie angewendet? Ist es nicht einfacher, die Tiefe zu vermitteln, wenn Sie einen zweiten, kleineren Baum nebst einer Linie, die beide verbindet, daneben zeichnen? Auch in der Kunstgeschichte ist die perspektivische Darstellung eine spätere Entwicklungsphase. Der schwierigste Teil ist dabei zweifellos die Vermittlung der Tiefe einer Szene.

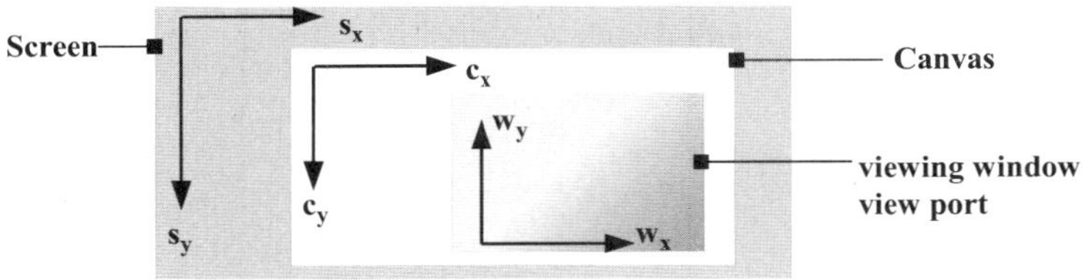

Abbildung 2.23

Das Bildschirmkoordinatensystem ist durch das Betriebssystem festgelegt. Ein gewählter Ausschnitt aus dem Bildschirm ist die Canvas, in Java der Darstellungsbereich eines Panels. Anwendungen oder Grafikschnittstellen wie OpenGL definieren noch ein Viewing Window bzw. einen Viewport. Bei einem Vollbildmodus sind die Ausschnitte alle gleich groß. Die Canvas wird in der Regel vom Benutzer kontrolliert, das Betriebssystem stellt dafür passende Symbole und Griffleisten zur Verfügung.

Beim Zeichnen des Baumes haben Sie physikalische Elemente wie den Zeichenstift, das Blatt Papier, aber auch gedankliche Konzepte benutzt. Dazu gehört der gewählte Ausschnitt und die Orientierung sowie die relative Größe der Objekte. In der Computergrafik ist die *Canvas* (Leinwand) ein Ausschnitt auf dem Bildschirm, der prinzipiell für die Darstellung zur Verfügung steht, das Blatt Papier also. Auf dem Blatt Papier wählt der Zeichner für gewöhnlich einen Bereich aus: den Viewport, der mit dem gewählten Ausschnitt aus der Welt korrespondiert. Offensichlich haben auch schon die „kleinen Maler“ ein eingebautes Koordinatensystem, denn auch kleine Kinder übertragen auf das vorliegende Blatt Papier gedanklich die Vorstellung von oben, unten sowie links und rechts: das Viewport-Koordinatensystem.

Angenommen, das Blatt Papier ist die Seite eines Schulheftes, und es soll im Querformat gezeichnet werden, dann geben die aufgeklappten Seiten des Schulheftes so etwas wie ein natürliches Koordinatensystem vor und damit eine Vorstellung, was mit „quer“ gemeint ist. Beim Bildschirmkoordinatensystem (Screen), und damit meist auch beim Canvas, zeigt in der Regel die positive Y-Achse nach unten und X, wenn positiv, nach rechts. Der Viewport muss dann beim Querformat relativ zu diesem Koordinatensystem gedreht werden. Die Orientierung der Achsen ist beim OpenGL-Viewport auf vertraute Weise definiert: Die positive Y-Achse zeigt nach oben und X, wie gehabt, nach rechts. Die Begriffe Viewing Window und Viewport sind im Prinzip synonym. Der Viewport kann aber größer als die Canvas sein. In einem solchen Fall ist das Viewing Window ein eventuell verschiebbarer Ausschnitt aus dem Viewport.

Eine der ältesten Beschreibungen eines Viewports lieferte der italienische Architekt und Kunsthistoriker Leon Battista Alberti (1404-1472):[10]

> Als Erstes zeichne ich auf der zu bemalenden Fläche ein rechtwinkliges Viereck von beliebiger Größe; von diesem nehme ich an, es sei ein offenstehendes Fenster, durch das ich betrachte, was hier gemalt werden soll.

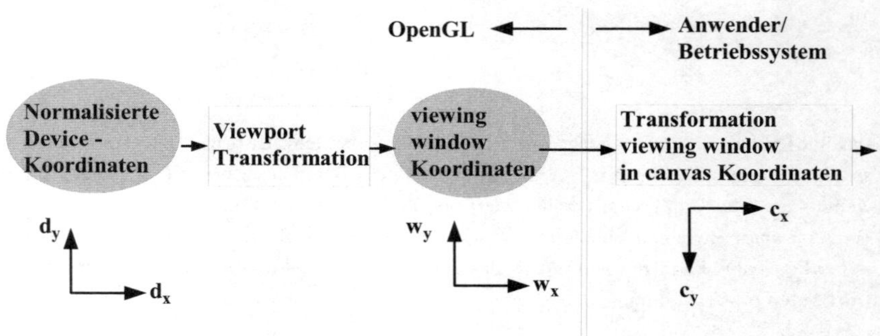

Abbildung 2.24 Nach der Projektion mit der Projektmatrix und indem durch w dividiert wurde ($x/w\ y/w\ z/w$), stehen die normalisierten Devicekoordinaten der Objektpunkte an. Die Viewport-Transformation bildet die Objektpunkte auf das Viewing Window bzw. den Viewport ab.

Das Zentrum des Viewports muss nicht im Zentrum einer Canvas liegen, so dass auch eine Translation bei der Viewport-Transformation hinzukommt. Sind d_x und d_y die normalisierten Devicekoordinaten (NDC) und t_x, t_y die Ursprungskoordinaten des Viewports, dann ist die Viewport-Transformation durch drei Gleichungen gegeben.

$$\begin{aligned} w_x &= (d_x+1)\tfrac{w}{2} + t_x \\ w_y &= (d_y+1)\tfrac{h}{2} + t_y \\ w_z &= \tfrac{f-n}{2} d_z + \tfrac{n+f}{2} \end{aligned} \tag{2.21}$$

In diesen Gleichungen ist w die Weite des Viewports und h dessen Höhe. Die Parameter n und f werden mit der Funktion `glDepthRange(n,f)` angegeben, mit der Grundeinstellung $n = 0$, $f = 1$. Mit der w_z-Koordinate wird in nachfolgenden Prozessen die Entfernung von verdeckten Flächen gesteuert.

Angenommen der Viewport soll in einer Canvas mit der Höhe von 600 Pixel und einer Weite von 800 Pixel erscheinen, außerdem soll er 600 Pixel im

10 Entnommen aus: Bucerius Kunst Forum, 13. Februar bis 24. Mai 2010: „Täuschend echt. Illusion und Wirklichkeit in der Kunst“, Hirmer Verlag, 2010, ISBN 987-3-7774-2431-6.

Quadrat aufweisen und im Canvas zentriert liegen. Damit ist $w = h = 600$ und eine Verschiebung der X-Koordinate um 100 Pixel nötig. Die Parameter n und f haben die Vorgabewerte, und die Device-Z-Koordinate sei 0.

$$\begin{aligned} w_x &= (d_x+1)\tfrac{600}{2}+100 \\ w_y &= (d_y+1)\tfrac{600}{2}+0 \\ w_z &= 0.5 \end{aligned}$$

Die Devicekoordinaten liegen stets im Intervall

$$\begin{aligned} -1 \le d_x \le 1 \\ -1 \le d_y \le 1 \ , \\ -1 \le d_z \le 1 \end{aligned} \tag{2.22}$$

was leicht zu beweisen ist, indem man (2.21) nach den Devicekoordinaten umstellt. Die Parameter n und f sind auf den Wertbereich [0..1] beschränkt. Da die Weite und Höhe immer positiv und die erzeugten Viewing-Window-Koordinaten ja daran gekoppelt sind, gilt stets: $0 \le w_x \le w$ und $0 \le w_y \le h$.

Kann der Viewport auch größer als die Canvas-Größe eingestellt werden? Das ist durchaus möglich, und eine etwa 10-mal größere Viewport-Weite und -Höhe hat eine Vergrößerung des Bildes zur Folge. Die Canvas wird dann zu einem Ausschnitt aus dem Viewing Window und es sollte dem Benutzer eine passende Scroll- und Zoomfunktion zur Verfügung gestellt werden. Allerdings ist eine Obergrenze gegeben, die vom Bildschirmtreiber abhängt; diese Dimension kann bei OpenGL durch `glGet(GL_MAX_VIEWPORT_DIMS)` abgefragt werden. Die Canvas kann nach Wunsch des Anwenders auch eine bestimmte Größe haben, die bei der Abbildung in den Viewport berücksichtigt werden muss, und zwar weil diese verzerrungsfrei stattfinden soll. Ein Quadrat soll auch bei der Darstellung als Quadrat erscheinen und nicht zu einem Rechteck verzerrt werden. Das Größenverhältnis (*Aspect Ratio*) der Canvas ist die Höhe geteilt durch die Weite.

```
public void initRenderer(GL2 gl,Dimension canvasSize) {

  double aspectX = 1d;
  double aspectY = 1d;

  if(canvasSize.height<canvasSize.width) {
    aspectY = (double)canvasSize.height/(double)canvasSize.width;
  }
  else {
    aspectX = (double)canvasSize.width/(double)canvasSize.height;
  }
  glViewport(0,0,canvasSize.width,canvasSize.height);
  glMatrixMode(GL2.GL_PROJECTION);
```

```
    glLoadIdentity();

    glOrtho(-aspectX,aspectX,-aspectY,aspectY,1d,-1d);
}
```

Das Größenverhältnis wird bei der Einstellung der Projektion berücksichtigt; im Beispiel wird eine parallele Projektion mit `glOrtho` eingestellt. Die Tiefe (`near`), (`far`) ist hier auf +1 und -1 eingestellt. Eine Beschreibung der Argumente der `glOrtho`-Funktion finden Sie im Abschnitt *OpenGL-Funktionen* (Seite 681). Das Argument `canvasSize` ist durch den Nutzer veränderbar, was einen erneuten Aufruf von `initRenderer` zur Folge hat.

2.3.3 Tiefenpuffer

Die Abbildung eines Würfels erzeugt, wenn die Projektion senkrecht zu einer Würfelseite erfolgt, ein Rechteck auf dem Viewport. Stillschweigend wird davon ausgegangen, dass die Vorderseite des Würfels auch vorne erscheint und am Viewport die Rückseite verdeckt. Die Entscheidung, welches die Vorder- und welches die Rückseite ist, wird von der 3D-Software getroffen. Die Grundlage für die Entscheidung sind die Viewing-Window-Koordinaten, die nun so betrachtet werden: Zu jedem Paar (w_x, w_y) gehört eine Tiefeninformation (w_z). Die Koordinaten (w_x, w_y) sind die Adresse bzw. Position eines Pixels auf dem Viewport und (w_z) ist der Z-Pufferwert.

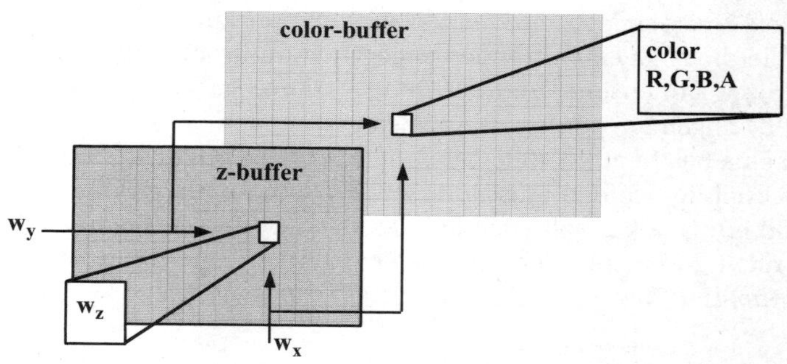

Abbildung 2.25 Neben dem Farbpuffer, der die Farben der Pixel enthält, ist ein Tiefenpuffer mit der normalisierten Z-Koordinate der Pixel implementiert.

Dahinter steht ein einfaches Konzept, das erstmals von Edwin Catmull vorgestellt wurde. Neben dem Farbpuffer – in dem die Pixel landen – wird ein gleich großer Tiefenpuffer eingerichtet, dessen Inhalt keine Farbangabe, sondern der Z-Wert eines Pixels ist. Dazu gehört noch eine Spielregel, die entscheidet, ob die Farbe eines hereinkommenden Pixels in den Farbpuffer übernommen wird. Am einfachsten, und dies ist auch die Vorgaberegel

GL_LESS von OpenGL, gewinnt das anstehende Pixel, wenn dessen Z-Wert im Vergleich zum Pixel im Puffer den kleinsten Abstand zum Beobachter anzeigt. Der Z-Wert wird anschließend in den Z-Puffer an der Position des Pixels, also (w_x, w_y), geschrieben. Ein nachfolgendes Pixel muss dann einen noch kleineren Z-Wert vorzeigen, um das Spiel zu gewinnen. Den Vorgang der Entfernung von Pixeln basierend auf der Tiefeninformation nennt man *Z-Culling*.

Wenn die Berechnung eines Frames komplett ist, dann enthält der Tiefenpuffer ein Tiefenbild der Szene. Die durch den Tiefenpuffer zur Verfügung gestellten Informationen sind eine wertvolle Ressource, die für die Berechnung von Schatten, Messungen des Abstandes zum Beobachter, die Projektion von Bildern auf Oberflächen u. v. m. verwendet werden kann. Nun ist OpenGL nicht nur eine Schnittstelle für die Darstellung von 3D-Objekten, auch die 2D-Bildverarbeitung kann mit OpenGL effizient und vor allem schnell durchgeführt werden. In diesem Fall ist der Tiefenpuffer nicht nötig, da ja alle Objekte die gleiche Z-Koordinate (i. d. R. 0) aufweisen. Beim 3D-Rendering wird jedoch ein Tiefentest benötigt, und das muss OpenGL auch mitgeteilt werden.

```
gl.glClear(GL.GL_COLOR_BUFFER_BIT|GL.GL_DEPTH_BUFFER_BIT);
gl.glEnable(GL.GL_DEPTH_TEST);
```

Neben dem Farbpuffer ist dann mittels glClear auch der Tiefenpuffer zu löschen (GL_DEPTH_BUFFER_BIT). Der Tiefenpuffer wird dabei auf die maximale Entfernung initialisiert. Für spezielle Fälle steht auch die Funktion glClearDepth(value) zur Verfügung, die den Tiefenpuffer auf den Wert des Arguments value initialisiert, das im Wertebereich der Z-Koordinate (d_z) der 3D-Window-Koordinaten, also zwischen 0 und 1 liegen muss. Der Tiefenpuffer wird durch glDepthMask(flag) ein- oder ausgeschaltet. Mit flag=true wird eingeschaltet, und da dies die Vorgabe von OpenGL ist, erscheint die genannte Funktion nicht in der obigen Programmsequenz. Umgekehrt, bei einer reinen 2D-Verarbeitung, kann der Tiefenpuffer abgeschaltet werden, was den für den Tiefenpuffer benötigten Speicher einspart. Aber auch wenn der Tiefenpuffer eingeschaltet ist, erfolgt erst nach glEnable mit dem Argument GL_DEPTH_TEST die Tiefenprüfung. Auch die Spielregel kann bei OpenGL eingestellt werden, dafür ist die Funktion glDepthFunc(func) implementiert. Ihr Argument ist der Name eines Algorithmus, wie der bereits genannte GL_LESS. Eine weitere Funktion, die zur glDepth-Familie gehört, glDepthRange(n,f), wurde schon vorgestellt (siehe Beispiel 2.21).

Der Z-Pufferwert w_z ist eine Gleitkommazahl im Bereich 0...1, die jedoch als Integer im Z-Puffer abgelegt ist, denn der Tiefenpuffer speichert keine Gleitkommazahlen. Es sind zwei Konfigurationen üblich: als 16-Bit- oder als 32-Bit-Puffer. Eine 24-Bit-Konfiguration ist zwar möglich, aber nicht mehr erwünscht, denn moderne CPU/GPUs sind auf 32-Bit-Grenzen zugeschnitten. Die 16-Bit-Konfiguration spart bei Embedded-Systemen viel

Platz und ist deshalb noch häufig anzutreffen. Die Konvertierung in einen Integerwert erfolgt durch eine Multiplikation: $int(w_z \cdot 2^n)$, wobei n die Bitzahl bedeutet.

Exkurs 2.1

Der Tiefenpuffer kann auch die Quelle für Probleme bei der Darstellung sein. Diese äußern sich durch Flackern (*Z-Fighting*) in einem bestimmten Bildbereich und sind durch Rundungsfehler (siehe auch Seite 434) verursacht. Wenn zwei Oberflächen Z-Werte aufweisen, die sehr nahe beieinander liegen, dann kann beim Vergleich einmal das Pixel der einen Fläche und einmal das Pixel der anderen Oberfläche gewinnen. Im Bild springt dann die Farbe in dem Tiefenbereich.

Bei großen Szenen, vor allem bei Landschaften, kann es besonders in der weiten Entfernung zum Flimmern kommen. Das Problem tritt aber auch auf, wenn generell Flächen gleiche Positionen haben, etwa ineinander geschachtelte Objekte. Eine wirkliche Abhilfe ist nur durch Multisampling zu erreichen. Ich werde nach der Vorstellung der perspektivischen Abbildung nochmals auf den Tiefenpuffer eingehen (Seite 97f.).

Ende des Exkurses 2.1

Der Z-Puffer-Mechanismus wurde in den Jahren 1974 und 1975 unabhängig voneinander von Wolfgang Straßer in einer Diplomarbeit und von Edwin Catmull entwickelt. Catmull (geb. 1945 in West Virginia), ein Student von Ivan Edward Sutherland, wollte als Jugendlicher eher ein Zeichentrick-Animateur werden, entschied sich dann aber doch für das Studium der Computerwissenschaft. Sein Wunsch, in der Filmindustrie tätig zu werden, sollte aber nicht unerfüllt bleiben, denn 1979 holte ihn George Lucas zu Lucasfilm. Nach sieben Jahren wechselte er zu Pixar und war dort ein Chef-Entwickler von „RenderMan". Pixar ist eine der Firmengründungen des wohlbekannten Steve Jobs (Apple), und nachdem die Firma 2006 in die Hand von Disney überging, schloss sich auch für Catmull ein Lebenskreis, war er doch eine maßgebliche Person in einer Branche (Walt-Disney-Filme) geworden, die für ihn am Anfang seines Lebensweges eine bedeutende Rolle gespielt hat. Der Name Edwin Catmull taucht auch bei anderen grundlegenden Entwicklungen in der 2D/3D-Grafik auf, etwa dem Texture Mapping, und so darf Catmull mit Recht als einer der Pioniere der Computerwissenschaft angesehen werden.

2.3.4 Parallele Projektionen

Bei dieser Darstellungsart liegt das Projektionszentrum im Unendlichen, die Tiefe einer Szene kann nur durch die Beleuchtung oder Nebel vermittelt werden, nicht dadurch, dass Linien scheinbar auf einen Punkt zulaufen.

In OpenGL wird die parallele Projektion durch die Funktion `glOrtho` eingestellt.

```
// viewport Einstellungen
glMatrixMode(GL.GL_PROJECTION);
glLoadIdentity();
glOrtho(-aspectX,aspectX,-aspectY,aspectY,1d,-1d);
```

Wie im letzten Beispiel wird der Viewport eingestellt, wobei eine unterschiedliche Weite und Höhe des Darstellungsbereiches (Canvas) berücksichtigt ist. Danach wird OpenGL mitgeteilt, welche Matrix als nächstes modifiziert werden soll. Dies ist hier die Projektionsmatrix `GL_PROJECTION`, für die zunächst eine Einheitsmatrix eingestellt wird. Der Aufruf von `glOrtho` stellt dann eine bestimmte Projektionsmatrix ein. `glOrtho` hat sechs Argumente, von links nach rechts: `left`, `right`, `bottom`, `top`, `near`, `far`. Die Argumente geben die Koordinaten der Flächen eines Quaders an. Ihre wahre Funktion erschließt sich jedoch erst, nachdem diese in die Projektionsmatrix eingesetzt sind. Der Quader ist zugleich das Volumen, in dem Objekte erfasst werden (*Clipping Volume*), Objekte, die außerhalb liegen, werden nicht dargestellt, sie müssen nicht einmal in die Berechnung einbezogen werden. Objekte, die zum Teil innerhalb oder außerhalb des Clipping-Volumens liegen, werden von OpenGL automatisch entsprechend ihrer Form abgeschnitten.

$$\mathbf{M_{Ortho}} = \begin{pmatrix} 2/w_x & 0 & 0 & t_x \\ 0 & 2/w_y & 0 & t_y \\ 0 & 0 & -2/w_z & t_z \\ 0 & 0 & 0 & 1 \end{pmatrix} \tag{2.23}$$

Sie erkennen hier sicherlich eine Komposition von homogenen 4×4-Matrizen: einer Translationsmatrix mit einer Skalierungsmatrix (**TS**).

$$\begin{aligned} w_x &= \texttt{right-left} \\ w_y &= \texttt{top-bottom} \\ w_z &= \texttt{far-near} \end{aligned} \tag{2.24}$$

Da durch die Weiten geteilt wird, ist auch klar, dass stets $w_i \neq 0$ gelten muss. Überprüfen Sie bei einem seltsamen Verhalten Ihrer Software immer auch diese Bedingung. OpenGL löst bei einem Fehler keine Ausnahme aus, vielmehr wird die Funktion `glOrtho` einfach nicht ausgeführt. Die Matrix $\mathbf{M_{Ortho}}$ kann leicht invertiert werden:

$$\mathbf{M}_{\mathbf{Ortho}}^{-1} = \begin{pmatrix} w_x/2 & 0 & 0 & -t_x w_x/2 \\ 0 & w_y/2 & 0 & -t_y w_y/2 \\ 0 & 0 & -w_z/2 & t_z w_z/2 \\ 0 & 0 & 0 & 1 \end{pmatrix} \tag{2.25}$$

Je größer die Werte der w_i, desto kleiner wird der Skalierungsfaktor, bezogen auf eine bestimmte Koordinate. Im Programmbeispiel ist eine unterschiedliche Breite und Höhe durch einen Aspektfaktor bei der Einstellung des Viewports direkt korrigiert. Dessen Höhe und Weite wurde dann gleich eingestellt, so dass ein Quadrat auch als ebensolches abgebildet wird. Ist der Canvas-Bereich etwa 600×800 Pixel groß, bleibt links und rechts ein schwarzer Rahmen von je 100 Pixel sichtbar. Dies ist nicht immer gewünscht, vielmehr soll der Darstellungsbereich voll ausgenutzt werden, der Viewport gleich dem Canvas sein. Auch kann der Benutzer den Darstellungsbereich meist dynamisch verändern (*Reshape, Window Resizing*), so dass sich die Projektionsfläche ebenfalls dynamisch anzupassen hat.

Die Translation ist nicht unabhängig von den Skalierungsparametern, es sei denn, `left` etc. unterscheiden sich lediglich durch das Vorzeichen.

$$\begin{aligned} t_x &= -\frac{\texttt{right+left}}{\texttt{right-left}} = -\left(\texttt{right+left}\right)/w_x \\ t_y &= -\frac{\texttt{top+bottom}}{\texttt{top-bottom}} = -\left(\texttt{top+bottom}\right)/w_y \\ t_z &= -\frac{\texttt{far+near}}{\texttt{far-near}} = -\left(\texttt{far+near}\right)/w_z \end{aligned} \tag{2.26}$$

Eine reine Translation kann erreicht werden, indem zum Beispiel `left=0` und `right=2` gesetzt wird. Dann wird das Zentrum der Bildfläche um eine Einheit nach rechts verschoben. Im Allgemeinen sollte der Projektionsbereich auf die Größe der virtuellen Welt abgestimmt werden; dies ist insbesondere wegen des Clippings nötig. In vielen Fällen ist allerdings ein Zoom gewünscht, der, eventuell kombiniert mit einer Verschiebung des Bildbereichs, eine flexible Anpassung an die Größe der virtuellen Welt und des gewählten Ausschnitts gestattet. Im folgenden Beispiel ist ein solcher Zoom mit eingebaut, der vom Benutzer durch das Mausrad gesteuert wird.

```
package examples.szoom;

import java.nio.ByteOrder;
import java.nio.ByteBuffer;
import java.nio.FloatBuffer;
import java.awt.Dimension;

import javax.media.opengl.GL2;
import javax.media.opengl.GLAutoDrawable;
```

```
import javax.media.opengl.GLEventListener;

import java.awt.event.MouseWheelEvent;
import java.awt.event.MouseWheelListener;
import javax.swing.JComponent;

public class SimpleZoomRender implements GLEventListener,\
MouseWheelListener {

  // Number of bytes per float
  private final static int SIZE_OF_FLOAT = 4;

  // Number of components (coordinates) of a vertex or color
  // vertices x,y,z and colors red,green,blue

  private final static int COMPONENT_COUNT = 3;

  // direct buffer
  private static FloatBuffer vertexArray;
  private static FloatBuffer colorArray;

  // Defines the virtual word volume.

  private float left   = -2f;
  private float right  =  2f;
  private float bottom = -2f;
  private float top    =  2f;
  private float near   =  2f;
  private float far    = -2f;

  private boolean zoom,zoomOut;
  private float cycleRadius,scaleFactor,zoomFactorMin,
    zoomFactorDelta,zoomFactorMax;

  private float aX = 1f;
  private float aY = 1f;
  private Dimension viewportSize;

 private final float ANGLE_DELTA_GRAD = 22.5f;

  private SimpleZoomRender() {}
  public SimpleZoomRender(Dimension canvasSize,JComponent component) {

    cycleRadius = 1f;
    scaleFactor = 0.5f;
    zoom = false;

    viewportSize = new Dimension(canvasSize);

    if(canvasSize.height<canvasSize.width) {
      aY = (float)canvasSize.height/(float)canvasSize.width;
    }
```

```
    else {
      aX = (float)canvasSize.width/(float)canvasSize.height;
    }
    component.addMouseWheelListener(this);
  }
  // ---------------------------------------------------------------
  //                                        MouseListener interface
  // ---------------------------------------------------------------
  public void mouseWheelMoved(MouseWheelEvent mWheelEvent) {

    zoom = true;
    zoomOut = true;
    if(mWheelEvent.getWheelRotation()<0) { // direction to the user
      zoomOut = false;
    }
  }
  // ---------------------------------------------------------------
  //                                      GLEventListener interface
  // ---------------------------------------------------------------
  public void init(GLAutoDrawable drawable) {

    GL2 gl = drawable.getGL().getGL2();

    initializeCircle(gl);

    gl.glMatrixMode(GL2.GL_PROJECTION);
    gl.glLoadIdentity();

    gl.glViewport(0,0,viewportSize.width,viewportSize.height);
    gl.glOrtho(left*aX,right*aX,bottom*aY,top*aY,near,far);

    zoomFactorMin   = 2f/(right-left);
    zoomFactorMax   = 1f+(right-left)/20f;
    zoomFactorDelta = zoomFactorMin/2f;
  }

  public void display(GLAutoDrawable drawable) {

    GL2 gl = drawable.getGL().getGL2();
    gl.glClear(GL2.GL_COLOR_BUFFER_BIT);

    gl.glMatrixMode(GL2.GL_MODELVIEW);
    gl.glLoadIdentity();

    gl.glScalef(scaleFactor,scaleFactor,1f);

    if(zoom==true) {

      zoom = false;

      if(zoomOut==true) {
        if(scaleFactor>zoomFactorMin) {
```

```
        scaleFactor -= zoomFactorDelta;
      }
    }
    else {
      if(scaleFactor<zoomFactorMax) {
        scaleFactor +=zoomFactorDelta;
      }
    }
  }
  drawCycle(gl);
}

public void reshape(GLAutoDrawable drawable, int x,
  int y,int width, int height) {
}

public void displayChanged(GLAutoDrawable drawable,
  boolean modeChanged, boolean deviceChanged) {
}

public void dispose(GLAutoDrawable drawable) {}
```

Tatsächlich handelt es sich um die Größenveränderung der Objekte einer Szene. Im Rahmen der Projektionen wird auch ein Zoom dargestellt, der direkt den Ausschnitt aus der virtuellen Welt verändert. Bei der Übergabe der Vertices an OpenGL wird auch hier das Vertex-Array-Konzept verwendet und zusätzlich je Vertex eine Farbe übergeben.

```
private void drawCycle(GL2 gl) {
  gl.glDrawArrays(GL2.GL_TRIANGLE_FAN,0,vertexArray.limit());
}

private void initializeCircle(GL2 gl) {

  int numberOfVertices = (int)(360f/ANGLE_DELTA_GRAD)+2;

  ByteBuffer bb = ByteBuffer.allocateDirect(
    SIZE_OF_FLOAT*numberOfVertices*COMPONENT_COUNT);
  bb.order(ByteOrder.nativeOrder());
  vertexArray = bb.asFloatBuffer();

  bb = ByteBuffer.allocateDirect(
    SIZE_OF_FLOAT*numberOfVertices*COMPONENT_COUNT);
  bb.order(ByteOrder.nativeOrder());
  colorArray = bb.asFloatBuffer();

  fillBuffers(numberOfVertices,vertexArray,colorArray);

  gl.glEnableClientState(GL2.GL_VERTEX_ARRAY);
  gl.glEnableClientState(GL2.GL_COLOR_ARRAY);

  gl.glVertexPointer(COMPONENT_COUNT,GL2.GL_FLOAT,0,vertexArray);
```

```
    gl.glColorPointer(COMPONENT_COUNT,GL2.GL_FLOAT,0,colorArray);
  }
```

Jedem Vertex ist eine Farbe zugeordnet, daher ist ein zusätzliches Array nötig, das auf die gleiche Weise erzeugt und übergeben wird wie die Vertices selbst. Die Methode `fillBuffers` erzeugt ein N-faches Polygon, je nach Einstellung der Konstanten `ANGLE_DELTA_GRAD` ein Quadrat, Sechseck oder einen angenäherten Kreis. Sie sehen an dem Beispiel auch, wie das Polygon durch Dreiecke aufgebaut wird, siehe `glDrawArrays` mit dem Argument `GL_TRIANGLE_FAN`. Eine detailliertere Beschreibung dieses Modus finden Sie auch im OpenGL-Referenzteil, bei der Funktion `glBegin` (Seite 630f.). Eine weitergehende Beschreibung von Vertexarrays und Vertex-Pufferobjekten finden Sie im Abschnitt *Vertex-Datenpuffer* (Seite 166ff.).

```
  private void fillBuffers(int count,FloatBuffer vertices,FloatBuffer \
colors) {

    float fCosin,fSin;
    float angle=0f;
    float[] cpy = new float[COMPONENT_COUNT];

    cpy[0] = 0f; // center vertex, black color
    cpy[1] = 0f;
    cpy[2] = 0f;
    vertices.put(cpy,0,COMPONENT_COUNT);
    colors.put(cpy,0,COMPONENT_COUNT);

    float angleDelta = (ANGLE_DELTA_GRAD/180f)*(float)Math.PI;
    for(int n=1; n<count; n++) {

      fCosin = (float)Math.cos(angle);
      fSin   = (float)Math.sin(angle);

      cpy[0] = cycleRadius*fCosin;
      cpy[1] = cycleRadius*fSin;
      cpy[2] = 0f;
      vertices.put(cpy,0,COMPONENT_COUNT);

      cpy[0] = 0.35f;   // red
      cpy[1] = fSin;    // green
      cpy[2] = fCosin;  // blue
      colors.put(cpy,0,COMPONENT_COUNT);

      angle+=angleDelta;
    }
    vertexArray.flip();
    colorArray.flip();
  }
}
```

Beispiel 2.5

Die parallele Projektion eignet sich vortrefflich dazu, Maßstabsfragen zu beantworten. Im obigen Programmbeispiel wird ein zentrierter Kreis dargestellt, dessen Radius gleich 1 ist (Einheitskreis), wobei der Zoom diesen Radius auf 0.5 skaliert, siehe die Initialisierung der Variablen `scaleFactor`. Der Punkt $P = (1,0,0)$ ist dann der rechte Kreispunkt, der auf der X-Achse liegt, er ändert sich durch die Skalierung der Modellmatrix zu $P' = (0.5,0,0)$. In der Grafikpipeline wird als nächstes die Projektionsmatrix angewendet.

$$\mathbf{M}_{\mathbf{Ortho}} = \begin{pmatrix} 1 & 0 & 0 & 0 \\ 0 & 1.33 & 0 & 0 \\ 0 & 0 & 1 & 0 \\ 0 & 0 & 0 & 1 \end{pmatrix}$$

Dabei liegt eine Canvas-Größe von 600×800 Pixel zugrunde, so dass `top-bottom`= 1.5 bei `glOrtho` eingestellt ist, siehe (2.24). Die Transformation des betrachteten Punktes durch die Projektionsmatrix ist somit bzgl. der X-Koordinate neutral, $P" = P' = (0.5,0,0)$. $P"$ liegt nun im Devicekoordinatensystem, die Komponenten liegen im Bereich $-1 \leq d_i \leq 1$, folglich wird der Punkt auch dargestellt. OpenGL führt nun als nächstes die Viewport-Transformation aus, siehe (2.21).

$$\begin{aligned} w_x = 600 &= (0.5+1)\tfrac{800}{2} + 0 \\ w_y = 300 &= (0+1)\tfrac{600}{2} + 0 \end{aligned} \qquad (2.27)$$

Das Zentrum des Viewing Window liegt im Zentrum der Canvas bei (400,300), der Kreispunkt auf der X-Achse ist daher, wie erwartet, um 200 Pixel rechts vom Zentrum zu finden. Diese 200 Pixel entsprechen einer Einheit der virtuellen Welt, und es ist mit dem Abstand vom linken Rand der Canvas auch möglich, die Position des Kreispunktes auf physikalische Einheiten umzurechnen, etwa eine Längenangabe in mm. Dazu messe ich auf dem Bildschirm den Abstand vom linken Canvas-Rand zum gewählten Punkt. Auf meinem Rechner ergibt sich dabei eine Länge von 155 mm. Wie kann nun das Pixelmaß in diese Länge umgerechnet werden?

$$w_{x,mm} = w_x \cdot \frac{1}{DPI} \cdot \frac{25.4mm}{inc}$$

Darin ist w_x die Länge in Pixel auf dem Bildschirm, DPI die Anzahl der Pixel pro Zoll (*Device Points per Inch*) und ein $inc = 25{,}4mm$.

$$159mm = 600 \cdot \frac{1}{96} \cdot \frac{inc}{1} \cdot \frac{25{,}4mm}{inc}$$

Das ist etwas größer als der gemessene Wert, aber in Ordnung, denn die Messung am Bildschirm ist nicht sehr genau. Woher kommt nun der DPI-Wert? Unter Windows kann dieser ermittelt werden, indem Sie rechts auf den Desktop-Bildschirm klicken und im Popup-Fenster **Eigenschaften** wählen. Sie landen bei einem Fenster, das die Grafikeinstellungen zeigt. Selektieren Sie dort das Register **Einstellungen** und weiter **Erweitert**. Es erscheint ein Dialog, der die Einstellung der DPI erlaubt, wobei die aktuelle Einstellung markiert ist. Ist der dargestellte Kreis Teil einer Maschine und im Original mit einem Radius von 500 mm gegeben, dann ist ein Abbbildungsmaßstab 159 : 500 also 0,316 gefunden. Bei der Ausgabe auf Drucker oder Plotter ist die Berechnung nicht so einfach, denn dort ist immer auch Software im Spiel, die weitere Skalierungen durchführt. Der DPI-Wert ist auch erheblich größer, ein einfacher Drucker hat schon 300 DPI, der Kreisradius hätte, ohne die weitere Skalierung, nur einen Wert von 50 mm.

Ende des Beispiels 2.5

2.3.5 Perspektivische Projektionen

Bei einer perspektivischen Projektion liegt kein Quader mehr vor, das Clipping-Volumen wird zu einem Pyramidenstumpf (*Frustum*).

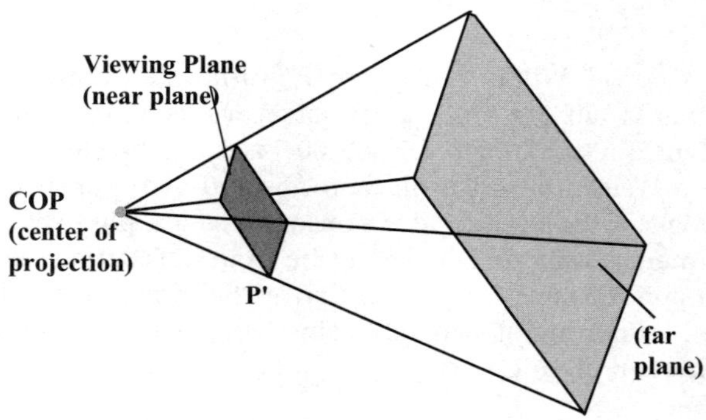

Abbildung 2.26 Bei der perspektivischen Projektion liegt der Darstellungsbereich innerhalb eines Pyramidenstumpfes, der durch die vordere und die hintere Darstellungsebene begrenzt ist.

Die zur perspektivischen Darstellung gehörende Matrix wird bei OpenGL durch die Funktion `glFrustum(left,right,bottom,top,near,far)` eingestellt, alle Argumente sind Double-Typen. Diese Matrix weist einige Besonderheiten auf, die bereits anhand der Besetzung erkennbar sind.

$$\mathbf{M_{Frustum}} = \begin{pmatrix} p_{11} & 0 & p_{13} & 0 \\ 0 & p_{22} & p_{23} & 0 \\ 0 & 0 & p_{33} & p_{34} \\ 0 & 0 & p_{43} & p_{44} \end{pmatrix} \quad (2.28)$$

Diese erscheint auf den ersten Blick unregelmäßig, wenn jedoch ein Punkt damit multipliziert wird, dann zeigt sich eine bestimmte Systematik.

$$\begin{pmatrix} p_{11} & 0 & p_{13} & 0 \\ 0 & p_{22} & p_{23} & 0 \\ 0 & 0 & p_{33} & p_{34} \\ 0 & 0 & p_{43} & p_{44} \end{pmatrix} \begin{pmatrix} P_x \\ P_y \\ P_z \\ 1 \end{pmatrix} = \begin{pmatrix} P_x p_{11} + P_z p_{13} \\ P_y p_{22} + P_z p_{23} \\ P_z p_{33} + p_{34} \\ P_z p_{43} + p_{44} \end{pmatrix}$$

Führt man noch die Normalisierung durch, dann erhält man die Devicekoordinaten eines mit der Frustum-Matrix transformierten Punktes.

$$\begin{pmatrix} d_x \\ d_y \\ d_z \end{pmatrix} = \begin{pmatrix} P'_x \\ P'_y \\ P'_z \end{pmatrix} = \begin{pmatrix} P_x p_{11} + P_z p_{13} \\ P_y p_{22} + P_z p_{23} \\ P_z p_{33} + p_{34} \end{pmatrix} \frac{1}{P_z p_{43} + p_{44}} \quad (2.29)$$

Die Parameter p_{11},p_{22} und p_{33} skalieren die $x-$,$y-$,$z-$Koordinaten eines Punktes in der virtuellen Welt. Mittels $P_z p_{43} + p_{44}$ wird eine totale Skalierung durchgeführt. Den Zusammenhang mit den Argumenten der Funktion `glFrustum` stellt die nachfolgende Zusammenstellung her.

$$\begin{aligned} p_{11} &= 2\frac{\texttt{near}}{\texttt{right}-\texttt{left}} \\ p_{22} &= 2\frac{\texttt{near}}{\texttt{top}-\texttt{bottom}} \\ p_{33} &= -\frac{\texttt{far}+\texttt{near}}{\texttt{far}-\texttt{near}} \\ p_{13} &= \frac{\texttt{right}+\texttt{left}}{\texttt{right}-\texttt{left}} \\ p_{23} &= \frac{\texttt{top}+\texttt{bottom}}{\texttt{top}-\texttt{bottom}} \\ p_{34} &= -2\frac{\texttt{far}\cdot\texttt{near}}{\texttt{far}-\texttt{near}} \\ p_{43} &= -1 \\ p_{44} &= 0 \end{aligned} \quad (2.30)$$

Dabei sind noch Bedingungen, die an die Argumente gestellt werden, zu beachten. Sowohl `far` als auch `near` müssen positive Werte sein, außerdem darf `near` nicht 0 sein. Da bei der Normalisierung des projizierten Punktes eine Division durch die W-Komponente erforderlich ist, zeigt die Bestie $\mathbf{M}_{\mathbf{Frustum}}$ ihre Zähne. Sie stürmt sofort aus ihrer Höhle, wenn Sie versuchen, mit der Frustum-Matrix den Nullpunkt abzubilden. Selber schuld, kann man da nur sagen, denn das Frustum ist der Bereich, in dem erlaubte Punkte liegen dürfen, das COP selbst gehört eben nicht dazu. Durch eine weitere Matrix, die Kameramatrix $\mathbf{M}_{\mathbf{camera}}$, wird daher die Szene einer Rotation unterworfen sowie eine Translation durchgeführt, so dass der gewünschte Sichtbereich im voreingestellten Frustum landet.

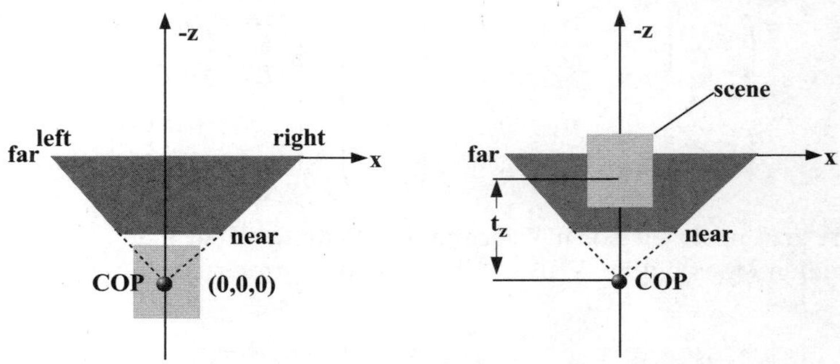

Abbildung 2.27 Auf der linken Seite ist das Viewing Frustum in der Draufsicht dargestellt. Diese Darstellung zeigt die Vorgabe von OpenGL, bei der sich das Frustum in Richtung der negativen Z-Achse öffnet. Rechts ist eine nachfolgende Transformation durch eine Kameramatrix angehängt, enthaltend eine Translation der Szene um $(0, 0, -t_z)$. Der Nullpunkt der Szene wandert dann in das Frustum und kann selbst transformiert werden.

Die Rücktransformation kann, anstatt die Matrix zu invertieren, auch direkt auf der Basis der Gleichung (2.29) ausgeführt werden. Da $p_{44} = 0$ und $p_{43} = -1$ ist, darf diese Gleichung wie folgt angeschrieben werden:

$$\begin{pmatrix} d_x \\ d_y \\ d_z \end{pmatrix} = \begin{pmatrix} -P_x p_{11}/P_z - p_{13} \\ -P_y p_{22}/P_z - p_{23} \\ -p_{33} - p_{34}/P_z \end{pmatrix}.$$

Woraus dann durch Auflösung nach P_x,P_y und P_z die Umkehrgleichungen folgen.

$$\begin{pmatrix} P_x \\ P_y \\ P_z \end{pmatrix} = \begin{pmatrix} -(d_x + p_{13})P_z/p_{11} \\ -(d_y + p_{23})P_z/p_{22} \\ -\frac{p_{34}}{d_z+p_{33}} \end{pmatrix}. \tag{2.31}$$

Die Invertierung der Projektion ist nicht nur eine mathematische Übung, sie ist sehr hilfreich bei der Transformation der Mauskoordinaten in die Koordinatensysteme einer Szene und damit für eine fortschrittliche Art des Pickings (siehe Seite 277ff.). In diesem Falle wird auch die Inverse der Frustum-Matrix benötigt.

$$\mathbf{M_{Frustum,INV}} = \begin{pmatrix} \frac{\mathtt{right-left}}{\mathtt{2near}} & 0 & 0 & \frac{\mathtt{right+left}}{\mathtt{2near}} \\ 0 & \frac{\mathtt{top-bottom}}{\mathtt{2near}} & 0 & \frac{\mathtt{top+bottom}}{\mathtt{2near}} \\ 0 & 0 & 0 & -1 \\ 0 & 0 & -\frac{\mathtt{far-near}}{\mathtt{2far}} & \frac{\mathtt{far+near}}{\mathtt{2far}} \end{pmatrix} \tag{2.32}$$

Der Leser möge sich anhand des nachstehenden Bildes vergegenwärtigen, dass Fluchtpunkte (*Vanishing Points*) nicht mit dem COP verwechselt werden dürfen. Wenn das COP an Ort und Stelle verbleibt, jedoch ein Objekt gedreht wird, dann erzeugt die perspektivische Abbildung Fluchtpunkte, die nicht mit dem COP übereinstimmen.

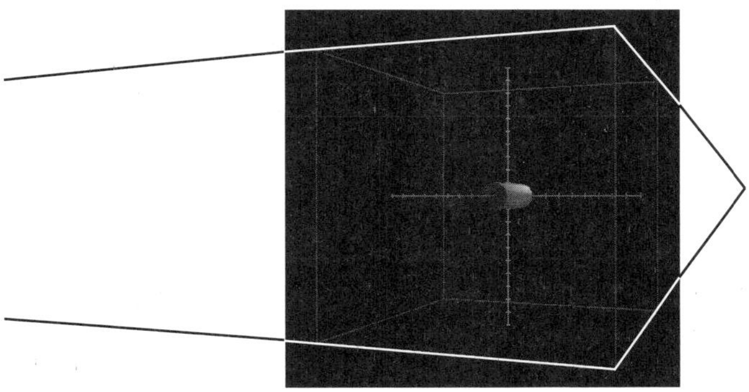

Abbildung 2.28

Dargestellt ist ein Objekt, das lediglich leicht um die Y-Achse (nach oben zeigend) gedreht wurde. Bei einer Drehung wandern Objektpunkte nach vorne bzw. nach hinten. Durch die perspektivische Abbildung werden die Abstände zum Betrachter daher kleiner bzw. größer.

Beispiel 2.6

In diesem Programmbeispiel wird die Projektion eines Objektes im Detail betrachtet, so dass die einzelnen Vorgänge, bis hin zur Abbildung auf den Viewport, vom Leser leicht nachvollzogen werden können. Dargestellt wird ein Objekt, dessen Grenzvolumen ein Würfel mit der Kantenlänge 2 ist. Das Objekt ist um den Nullpunkt zentriert. Die Viewportgröße sei 600×800 Pixel, was auf die Aspektfaktoren $aspectX = 1$, $aspectY = 0.75$ führt. Grundlage für die Einstellung des Frustums ist ein Weltvolumen, das ebenfalls ein zentrierter Würfel ist, jedoch mit der Kantenlänge 20.

```
gl.glViewport(0,0,800,600);
gl.glMatrixMode(GL.GL_PROJECTION);
gl.glLoadIdentity();
gl.glFrustum(-5f,5f,-5f*0.75f,5f*0.75f,10f,30f);
gl.glTranslatef(0f,0f,-20f);
```

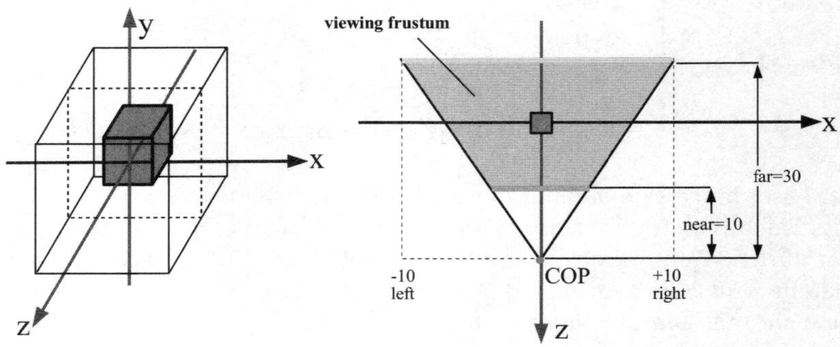

Abbildung 2.29 Darstellung der Beispielszene, links das dargestellte Objekt (vergrößert) und das umgebende Weltvolumen. Rechts eine Draufsicht, in der das eingestellte Frustum und der Fluchtpunkt (COP) zu erkennen sind.

Die für die Projektion eingestellte Matrix ist eine Multiplikation der Frustum-Matrix $\mathbf{M_{Frustum}}$, siehe (2.28) und (2.30) mit einer Translationsmatrix.

$$\mathbf{M_{proj}} = \begin{pmatrix} 2 & 0 & 0 & 0 \\ 0 & 2.66 & 0 & 0 \\ 0 & 0 & -2 & 10 \\ 0 & 0 & -1 & 20 \end{pmatrix} = \underbrace{\begin{pmatrix} 2 & 0 & 0 & 0 \\ 0 & 2.66 & 0 & 0 \\ 0 & 0 & -2 & -30 \\ 0 & 0 & -1 & 0 \end{pmatrix}}_{\mathbf{M_{Frustum}}} \cdot \underbrace{\begin{pmatrix} 1 & 0 & 0 & 0 \\ 0 & 1 & 0 & 0 \\ 0 & 0 & 1 & -20 \\ 0 & 0 & 0 & 1 \end{pmatrix}}_{\mathbf{M_{camera}}}$$

In der nachstehenden Tabelle sind die Eckpunkte des Objektwürfels aufgelistet. Vor der Multiplikation mit der Projektionsmatrix liegen die Punktkoordinaten x, y, z vor, anschließend nach der Multiplikation die Devicekoordinaten d_i. Nach der Transformation in den Viewport (2.21) sind die Windowkoordinaten w_i gegeben, wobei die Koordinate w_z der Z-Pufferwert ist.

Tabelle 2.1: Frustum-Beispiel, Berechnung der Eckpunkte

	x	y	z	d_x	d_y	d_z	w_x	w_y	w_z
P_0	−1	−1	+1	−0.105	−0.140	0.42	358	258	0.710
P_1	+1	−1	+1	+0.105	−0.140	0.42	442	258	0.710
P_2	+1	−1	−1	+0.095	−0.126	0.57	438	262	0.785
P_3	−1	−1	−1	−0.095	−0.126	0.57	362	262	0.785
P_4	−1	+1	+1	−0.105	+0.140	0.42	358	342	0.710
P_5	+1	+1	+1	+0.105	+0.140	0.42	442	342	0.710
P_6	+1	+1	−1	+0.095	+0.126	0.57	438	338	0.785
P_7	−1	+1	−1	−0.095	+0.126	0.57	362	338	0.785

Die Devicekoordinaten liegen allesamt im gültigen Bereich, daher findet auch kein Clipping statt. Im diesem Raum fluchtet der durch die Frustum-Matrix $\mathbf{M_{Frustum}}$ transformierte Würfel.

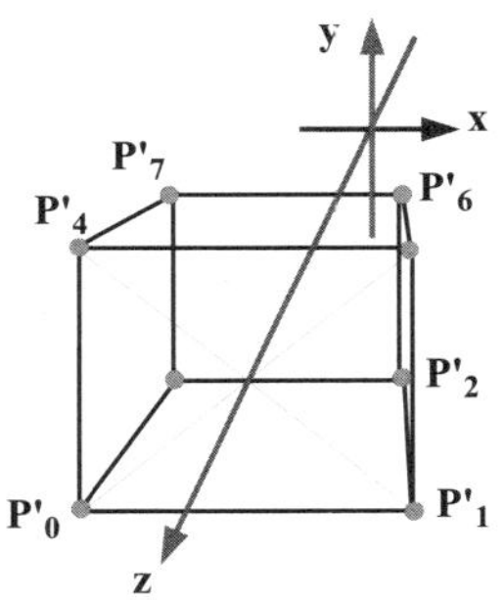

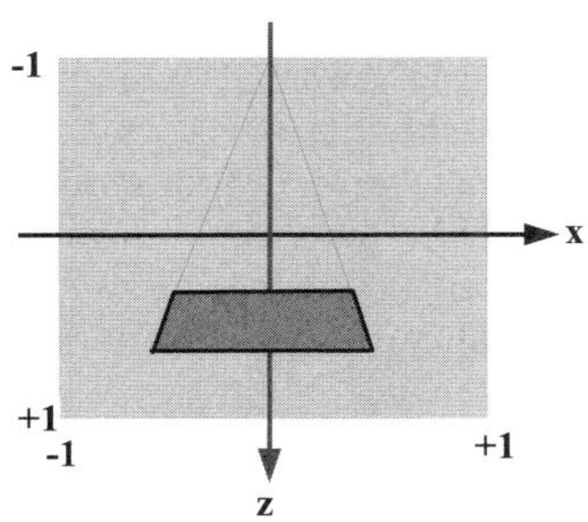

Abbildung 2.30 Darstellung des Würfels nach perspektivischer Transformation. Rechts Aufsicht im Devicekoordinatensystem.

Ende des Beispiels 2.6

Im Abschnitt *Perspektivische Projektion* (Seite 47f.) wurde das Prinzip dieser Projektionsart kurz dargelegt. Kennzeichen der perspektivischen Projektion ist die Abhängigkeit der X- und Y-Koordinate eines abgebildeten Punktes P' von der Z-Koordinate des originalen Punktes P. Das Ziel der Projektion ist die Transformation eines Ausschnitts aus der virtuellen Welt in einen Würfel mit der Kantenlänge 2, dem Devicekoordinatensystem (NDC). Die Division durch die Z-Koordinate wird als die Folge einer Transformation mit einer 4×4-Transformationsmatrix aufgefasst, d. h. sie ist ein Ergebnis der Normalisierung eines Punktes nach einer Multiplikation mit einer solchen Matrix. Die hintere Ebene des NDC ist an der Z-Koordinate −1 fixiert.

$$\mathbf{M_p} = \begin{pmatrix} 1 & 0 & 0 & 0 \\ 0 & 1 & 0 & 0 \\ 0 & 0 & 1 & 0 \\ 0 & 0 & -1 & 0 \end{pmatrix} \begin{pmatrix} P_x \\ P_y \\ P_z \\ 1 \end{pmatrix} \Rightarrow \begin{pmatrix} -P_x/P_z \\ -P_y/P_z \\ -1 \end{pmatrix} \qquad P_z \neq 0$$

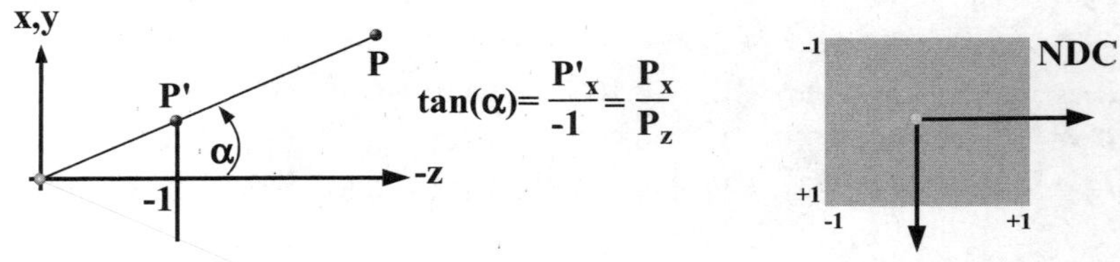

Abbildung 2.31 Bei OpenGL erfolgt die Abbildung auf eine Ebene an der Z-Position −1. Rechts eine Aufsicht des Devicekoordinatensystems mit den festgelegten Grenzen.

In der Rendering-Pipeline wird die Z-Koordinate nach der Abbildung für das Entfernen von verdeckten Flächen benötigt. Aus diesem Grunde wird nicht direkt auf eine Ebene abgebildet, vielmehr auf den Würfel des NDC, dessen Eckpunkte in jeder Achse durch das Intervall $[-1,1]$ bestimmt sind. Diese Festlegung gilt für OpenGL, andere Renderer stimmen meist, bis auf die Z-Achse, damit überein; so legt DirectX ein Intervall $[0,1]$ zugrunde. Der Ausschnitt der virtuellen Welt, die durch das Viewing-Frustum begrenzt ist, muss daher irgendwie skaliert und durch Translationen auf die Fixpunkte des NDC verschoben werden; dazu gesellt sich noch eine Scherung. Diese Transformationselemente lassen sich an der Frustum-Matrix (2.28) direkt ablesen bzw. in eine getrennte Matrix auslagern.

$$\mathbf{M_{Frustum}} = \mathbf{M_F M_p} = \begin{pmatrix} p_{11} & 0 & p_{13} & 0 \\ 0 & p_{22} & p_{23} & 0 \\ 0 & 0 & p_{33} & p_{34} \\ 0 & 0 & 0 & 1 \end{pmatrix} \begin{pmatrix} 1 & 0 & 0 & 0 \\ 0 & 1 & 0 & 0 \\ 0 & 0 & 1 & 0 \\ 0 & 0 & -1 & 0 \end{pmatrix}$$

Die Notwendigkeit der Skalierungen p_{11}, p_{22}, p_{33} erschließt sich unmittelbar, denn das Viewing-Frustum kann durch die sechs Parameter `far`, `near`, `top`, `bottom`, `right`, `left` beliebig groß sein, daher werden auch Skalierungsfaktoren $2/(max - min)$ auftreten. Das Frustum muss nicht symmetrisch bzgl. der X- und Y-Achsen liegen, für den Ausgleich sorgt der Scherungsanteil p_{13}, p_{23}, und es verbeibt noch eine Translation mittels p_{34}. Die Abfolge der Transformationen ist allerdings nicht klar. Anstatt daher die einzelnen Transformationstypen zu betrachten, ist es nötig, die Koeffizienten in Gruppen zusammenzufassen: p_{11}, p_{13} sowie p_{22}, p_{23} und p_{33}, p_{34}. Jede Gruppe ist dann Bestandteil eines Gleichungssystems mit zwei Unbekannten, das durch Anlegen von Randbedingungen gelöst wird. Die Lösung muss schrittweise, Transformation nach Transformation erfolgen, denn jede Randbedingung transformiert einen ausgewählten Parameter und beeinflusst die nachfolgenden Schritte.

Bei der Abbildung der Ausdehnung und Lage des Viewing Frustums in der Richtung der negativen Z-Achse wird die `near`-Koordinate auf die Z-Position -1 des NDC abgebildet.

$$\begin{pmatrix} 1 & 0 & 0 & 0 \\ 0 & 1 & 0 & 0 \\ 0 & 0 & p_{33} & p_{34} \\ 0 & 0 & -1 & 1 \end{pmatrix} \begin{pmatrix} 0 \\ 0 \\ -\texttt{near} \\ 1 \end{pmatrix} \Rightarrow \begin{pmatrix} 0 \\ 0 \\ -1 \end{pmatrix} \qquad \texttt{near} \neq 0$$

Die Multiplikation und anschließende Division durch die W-Komponente führt zur Gleichung:

$$p'_{33} = 1 + \frac{p_{34}}{\texttt{near}}.$$

Beim Anlegen der zweiten Randbedingung muss die Auswirkung durch die Abbildung der `near`-Komponente miteinbezogen werden. Die `far`-Koordinate des Viewing Frustums wird auf die Z-Koordinate $+1$ des NDC abgebildet.

$$\begin{pmatrix} 1 & 0 & 0 & 0 \\ 0 & 1 & 0 & 0 \\ 0 & 0 & p'_{33} & p_{34} \\ 0 & 0 & -1 & 1 \end{pmatrix} \begin{pmatrix} 0 \\ 0 \\ -\texttt{far} \\ 1 \end{pmatrix} \Rightarrow \begin{pmatrix} 0 \\ 0 \\ 1 \end{pmatrix} \qquad \texttt{far} \neq 0$$

Diese zweite Randbedingung liefert schließlich die gewünschten Gleichungen für die Koeffizienten p_{33} und p_{34} der Frustum-Matrix.

$$p_{34} = -2\frac{\texttt{far}\,\texttt{near}}{\texttt{far} - \texttt{near}}. \qquad p'_{33} = p_{33} = \frac{\texttt{far} + \texttt{near}}{\texttt{far} - \texttt{near}}$$

Das Ergebnis ist die Matrix $\mathbf{M_f}$, die in den nachfolgenden Schritten noch weiter, bis hin zur Frustum-Matrix, ergänzt wird.

$$\mathbf{M_f} = \begin{pmatrix} 1 & 0 & 0 & 0 \\ 0 & 1 & 0 & 0 \\ 0 & 0 & p_{33} & p_{34} \\ 0 & 0 & -1 & 1 \end{pmatrix}$$

Für gewöhnlich wird das Viewing Frustum symmetrisch ausgelegt, d. h. `top` = −`bottom` und `left` = −`right`, aber es gibt auch eine Reihe von Anwendungen, bei denen diese Einstellungen nicht mehr zutreffen. In 3D-Filmen wird eine Szene zweimal dargestellt, jede aus dem Blickwinkel eines Auges. Auch beim Einsatz von Helmsets ist für jedes Auge die Szene entsprechend angepasst zu rendern. Solche Anwendungen – Stereoansicht – der perspektivischen Matrix sind durch die Scherungsparameter p_{23} und p_{13} einstellbar.

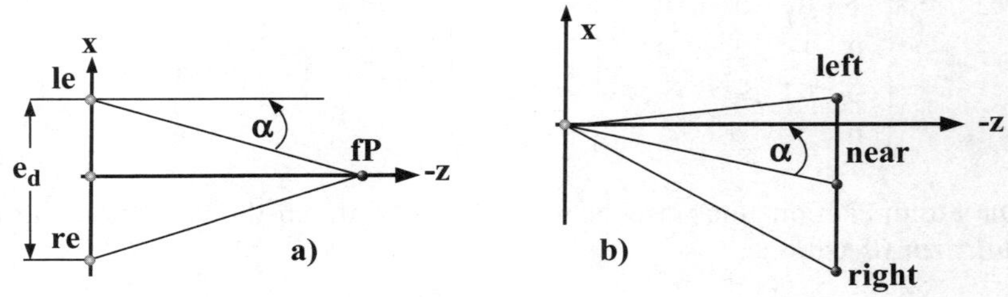

Abbildung 2.32 a) Prinzip der Stereoansicht. `lE` und `rE` geben die Position des linken bzw. der rechten Auges an, die Augendistanz ist hier mit e_d bezeichnet. `fP` ist der Punkt im Fokus der beiden Augen. b) Prinzipskizze zur Scherung des Viewing Frustums.

Wenn die Paare `top`, `bottom` und `left`, `right` nicht symmetrisch zu ihren Achsen liegen, dann ist eine Scherung mit dem Scherungswinkel

$$sh_y = tan(\alpha) = \frac{\texttt{top} + \texttt{bottom}}{2\texttt{near}}$$

erforderlich. $(\texttt{top} + \texttt{bottom})/2$ ist der Mittelpunkt der beiden Eckpunkte auf der `near`-Ebene. Wenn dieser nach der Scherung auf der Z-Achse liegt, dann liefert eine nachfolgende Skalierung entsprechend

$$s_y = \frac{2\texttt{near}}{\texttt{top} - \texttt{bottom}}$$

die Transformation auf die Größe des NDC. Die gewünschten Koeffizienten p_{22} und p_{23} ergeben sich aus einer Multiplikation einer Scherungs- und einer Skalierungsmatrix.

$$\begin{pmatrix} 1 & 0 & 0 & 0 \\ 0 & s_y & 0 & 0 \\ 0 & 0 & 1 & 0 \\ 0 & 0 & 0 & 1 \end{pmatrix} \begin{pmatrix} 1 & 0 & 0 & 0 \\ 0 & 1 & sh_y & 0 \\ 0 & 0 & 1 & 0 \\ 0 & 0 & 0 & 1 \end{pmatrix} = \begin{pmatrix} 1 & 0 & 0 & 0 \\ 0 & 1 & s_y = p_{22} & s_y sh_y = p_{23} \\ 0 & 0 & 1 & 0 \\ 0 & 0 & 0 & 1 \end{pmatrix}$$

Entsprechend wird mit den Parametern bezogen auf die X-Achse verfahren. Danach ist es auch möglich, eine Matrixkomposition anzugeben, die die Frustum-Matrix erzeugt.

$$\mathbf{S_x Sh_x S_y Sh_y M_f} = \mathbf{M_{Frustum}}$$

Der dargelegte Algorithmus für die Erstellung einer Projektionsmatrix ist lediglich eine Variante, die bei OpenGL in der fixierten Pipeline eingesetzt wird. Möglich ist auch die Nachbildung von Linsensystemen oder auch exotische Projektionen. Das Zielkoordinatensystem ist aber durch OpenGL festgelegt, denn das nachfolgende Clipping basiert auf dem NDC.

Beispiel 2.7

Bei der perspektivischen Abbildung findet eine Division durch die Z-Koordinate eines Punktes P_{eye} im Beobachtersystem statt.

$$\mathbf{M_{Frustum}} \underbrace{\mathbf{M_{camera}} P_{scene}}_{P_{eye}} = d_z$$

In der Transformation $\mathbf{M_{camera}}$ kann bei dieser Rechnung auch eine Drehung enthalten sein, davon wird später bei der Erstellung einer Kameramatrix (2.36) die Rede sein.

$$P_{eye,z} = -n_x P_{scene,x} - n_y P_{scene,y} - n_z P_{scene,z} - COP_z$$

worin n_i die Koordinaten des Vektors der Blickrichtung sind. Bei einem Blick in Richtung der negativen Z-Achse (OpenGL-Vorgabe) und $P_{scene,x} = P_{scene,y} = 0$ zeigt sich die Device-z-Koordinate d_z als eine Funktion, bei der $P_{eye,z}$ im Nenner steht.

$$d_z = \frac{\texttt{far} + \texttt{near}}{\texttt{far} - \texttt{near}} + \frac{2 \cdot \texttt{far} \cdot \texttt{near}}{(\texttt{far} - \texttt{near})\left(P_{eye,z} - COP_z\right)}$$

Die Devicekoordinaten werden durch die Viewport-Transformation linear auf das Windowkoordinatensystem abgebildet, dessen Z-Koordinate (w_z) der Z-Pufferwert ist, siehe (2.21). Die Betrachtung der Devicekoordinate ändert daher nichts an den Verhältnissen im Z-Puffer.

Die Folge der Division durch $P_{eye,z}$ bei der perspektivischen Abbildung ist eine nichtlineare Verteilung der Punkte im Z-Puffer. In einem großen Frustum, bei dem die Distanz der `far`-Ebene groß gegenüber der `near`-Ebene ist, kommt es zu drastischen Einbußen an Genauigkeit bei Polygonen, die in weiter Entfernung zum Beobachter liegen.

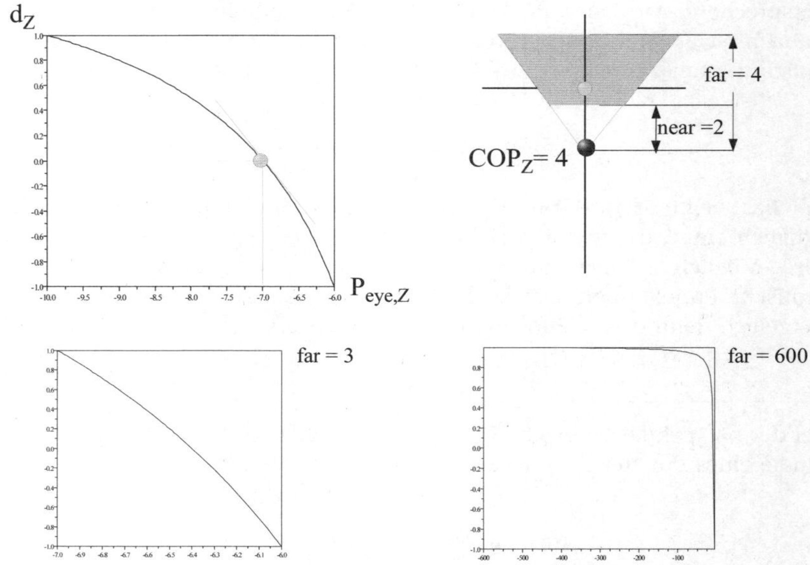

Abbildung 2.33 Rechts oben im Bild eine Skizze der zugrunde liegenden Szene. Die Matrix $\mathbf{M_{camera}}$ enthält lediglich eine Translation des COP. Links ein Plot der Z-Koordinate d_Z. Darunter zwei Beispiele mit einem kleinen Frustum links ($\texttt{far} - \texttt{near} = 1$) und einem großen Frustum rechts.

Bei großen `far`-`near`-Distanzen führen selbst weit in der Z-Richtung auseinanderliegende Polygone zu einem nahe beieinanderliegenden d_z Wert, sie werden für den Z-Pufferalgorithmus (Z-Culling) immer weniger unterscheidbar, und es kommt zum Flimmern der Szene in der Entfernung (Z-Fighting).

Auf der anderen Seite sind auch dann noch in mindestens 50% der Distanzen weit ausreichende d_z-Werte vorhanden. Rechnet man eine Szene nach, bei der near, COP wie im Bild eingestellt sind und $far = 600$ ist, jeweils für die Punkte $P_{eye,z} = 600$ und $P_{eye,z} = 599$, dann stellt sich eine Abweichung an der fünften Stelle nach dem Komma ein. Geht man von einem Epsilon $\epsilon \approx 1{,}2 \cdot 10^{-7}$ aus (7.28), dann ist dies immer noch weit ausreichend für eine Unterscheidung der beiden um eine Einheit auseinanderliegenden Polygonpunkte. Eine einfache Abschätzung des kleinsten Abstandes ΔP_{eye} ergibt sich mit der Differenzbildung $\Delta d_x \leftarrow f(\Delta P_{eye})$, wobei noch $P_{eye} \gg COP$ und $far \gg near$ zutreffen soll.

$$\Delta P_{eye} \approx \frac{1}{\frac{2\texttt{near}}{\Delta d_x P_{eye}} - 1}$$

Die entstandene Näherungsgleichung ist dann unabhängig vom `far`-Abstand. Setzt man dann für Δd_x das passende Epsilon ϵ und rechnet mit `near` $= 2m$ und einer Entfernung $P_{eye} = 6000m$, dann können Abstände unter $3m$ nicht mehr unterschieden werden. Bei einigen Spielen, die kein Multisampling einsetzen, kann dann der Effekt beobachtet werden, dass der Avatar sich in der freien Landschaft bewegt und in der Ferne die Landschaft (Städte, Bäume) zu flimmern beginnt.

Ende des Beispiels 2.7

2.4 Koordinatensysteme der Rendering-Pipeline

Sie haben in den vorausgehenden Abschnitten die Transformationen als ein Mittel kennengelernt, das Punkten und Vektoren neue Koordinaten zuweist. Im gleichförmigen dreidimensionalen Raum ist ein Punkt hervorgehoben, als der Ursprung des aktuell gewählten Koordinatensystems. Koordinatensysteme geben auch Orientierungen an, eine Bewegung nach rechts ist dann zum Beispiel eine Bewegung in Richtung der positiven X-Achse. Die Koordinatenachsen selbst sind wiederum gedachte Linien, vom Ursprung zu einem ausgewählten Punkt. Sobald ein neuer gewählt wird, der nicht auf der Achse liegt, drehen sich diese im Raum und relativ dazu auch alle Objekte, die auf dieses Koordinatensytem bezogen sind. Die Forderung, dass die Koordinatenachsen senkrecht aufeinander stehen müssen, sorgt dafür, dass Objekte bei einer Lageänderung nicht verzerrt werden. Das dritte Element ist die Metrik, diese gibt für jede Koordinatenachse Maßeinheiten an. Bei einer Skalierung, insbesondere einer ungleichförmigen Skalierung, wird in dieses Maßsystem eingegriffen. Neben den genannten Grundelementen spielen auch Grenzen eine Rolle; die virtuelle Welt ist ein Raumausschnitt, ein Volumen, außerhalb dessen Vorgänge und Objekte schlicht ignoriert werden.

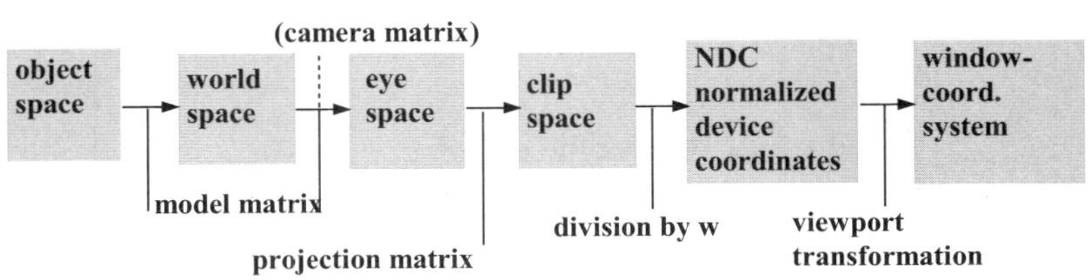

Die Koordinatensysteme der OpenGL-Rendering-Pipeline (engl. Begriffe). Abbildung 2.34

In der Rendering-Pipeline gibt es bestimmte Koordinatensysteme, deren Charakteristiken vorausgesetzt werden. Wenn Objekte bzw. Modelle in eine Szene gesetzt werden, ohne dass eine Transformation stattfindet, dann liegen diese Objekte im Objektkoordinatensystem (*Object Space*) vor. Da Orientierung und Abstand vom Ursprung $(0, 0, 0)$ wie vom Designer gewünscht eingestellt sind, spricht man auch von *Model Space*. Der Objektraum liegt relativ zum Weltkoordinatensystem (*World Space*) gesehen. In OpenGL ist dieses ein rechtshändisches System, dessen positive Z-Achse zum Betrachter gerichtet ist, und mit einer positiven Y-Achse, die nach oben zeigt. Auf diesen Raum bezogen sind die originalen, also noch nicht transformierten Vertex- und Normalenangaben (*Untransformed Values*), aber auch die Koordinaten der Objekte nach der Platzierung in der virtuellen Welt. Die Platzierung kann mit einer beliebigen Abfolge der Grundmatrizen erfolgen. Das Ergebnis, die transformierten Vertices und Normalen, liegt immer noch im Weltkoordinatensystem.

Die Anordnung der Objekte in einer Szene basiert auf einem Plan, einer Vorstellung, wie die Szene gestaltet wird, aber es wird kein bestimmter Beobachterstandpunkt eingenommen. Erst mit der Einführung einer Kamera bzw. eines Beobachters findet eine Transformation in ein neues Koordinatensystem statt, es handelt sich um das Beobachtersystem (*Eye Space*). Diese Transformationen drehen und verschieben eine Szene, so dass sie ganz oder teilweise im Abbildungsbereich zu liegen kommt. Die nötigen Transformationen vom Weltkoordinatensystem in das Beobachtersystem werden ebenfalls mit der Modelviewmatrix ausgeführt, diese Matrix wird daher für zwei verschiedene Vorgänge verwendet, eine eigene Kameramatrix gibt es in OpenGL nicht.

Danach erfolgt die Projektion mit einer Projektionsmatrix, zum Beispiel der Frustum-Matrix, eine Transformation auf die Clipping-Koordinaten (*Clip Space*). In diesem Koordinatensystem liegen Punkte zunächst im homogenen vierdimensionalen Raum vor, daher muss noch durch die vierte Koordinate (w) dividiert werden. Außerdem werden Punkte entfernt, die nicht innerhalb des Einheitswürfels liegen (*Clipping*). Danach befinden sich die transformierten Punkte im Devicekoordinatensystem (*Normalized Device Coordinates*, NDC), von dem aus die Viewport-Transformation in das Windowkoordinatensystem erfolgt. Im Prinzip können die Matrixoperationen zu einer Matrix zusammengefasst werden, bis zur Viewport-Transformation gilt dann die Matrixkette:

$$\mathbf{M}_{\mathbf{Frustum}} \underbrace{\mathbf{M}_{\mathbf{camera}} \underbrace{\mathbf{M}_{\mathbf{World}} P_{Object}}_{P_{World}}}_{P_{Eye}} = P_{NDC},$$

Allerdings existiert eine solche Komposition entlang der OpenGL-Rendering-Pipeline nicht, stattdessen findet eine Aufteilung in die zwei Matrixarten, die Projektionsmatrix und die Modellmatrix, statt. In der Regel enthält dann die Projektionsmatrix die Matrix $M_{Frustum}$ oder M_{Ortho}, der Rest ist in der Modellmatrix angelegt.

2.5 Projektionsklassen

Als Anregung werde ich in diesem Abschnitt Datenmodelle und Schnittstellen im Umfeld der OpenGL-Funktionen `glViewport`, `glOrtho` und `glFrustum` zeigen. Die Klassen befinden sich im Paket `glib.scene.proj`. Am Ende des Abschnitts finden Sie ein Beispiel, bei dem in einer Canvas vier verschiedene Projektionen präsentiert werden. Den Quellcode des Beispiels finden Sie im Paket `examples.mvp` (Multiviewport).

Die Einstellung des Viewports und der Projektionsart ist eine Aufgabe, die beim Rendern erledigt wird, in der Regel am Anfang in einer Initialisierungsroutine. Dem Renderer wird zuerst mitgeteilt, wie die Devicekoordinaten in die Windowkoordinaten umzurechnen sind. Dann wird die Projektionsart eingestellt, das ist die Umrechnung der Beobachterkoordinaten in die Devicekoordinaten.

Diese Abfolge hat einen einfachen Hintergrund: Denken Sie an eine komplexe animierte Szene, welche pro Sekunde 50-mal gerendert wird. Im Verhältnis dazu wird der Nutzer eine Größenveränderung der Canvas sehr selten vornehmen, und nur dann ändert sich die Größe des Viewports. Es ist daher nicht nötig, bei jedem Rendervorgang den Viewport neu einzustellen. Die Projektion wiederum hängt vom Beobachterstandort ab, sie ändert sich dann, wenn die Sicht auf die Szene verändert wird, und dies kann natürlich, etwa bei einem rasanten Spiel, schon mal im Zehntelsekundenbereich stattfinden.

Transformationen finden relativ zu einem Koordinatensystem statt. Eine Drehung mit der Projektionsmatrix entspricht einer umgekehrten Drehung der Szene mit der Modellmatrix. Anstatt also die Projektionsmatrix zu ändern, wird über die Modellmatrix die Szene gedreht und verschoben. Eine Skalierung der Szene entspricht einem Heran- oder Wegzoomen, was bei der perspektivischen Projektion durch die Verschiebung der `near`-Plane oder eine Veränderung des Öffnungswinkels realisiert werden kann. Ich werde, gegen Ende dieses Kapitels, ein Beispiel zeigen für eine freie Bewegung eines Avatars bzw. einer Kamera, nebst Drehung der Blickrichtung und dem Zoom (Seite 124ff.).

Es hängt also stark von der Art der Applikation ab, ob der Viewport und die Projektionsmatrix einmalig in einer Initialisierungsroutine eingestellt werden oder ob dies bei der Berechnung eines jeden Frames erneut vorgenommen wird. Für OpenGL ist diese Abfolge nicht von Bedeutung. Der Renderer folgt seiner Pipeline, und wenn sich eine Matrix geändert hat, dann wird diese verwendet. Sie werden ein Beispiel sehen, bei dem tatsächlich Viewport und Projektion sich innerhalb eines einzelnen Rendervorgangs viermal ändern (Multiviewport-Beispiel, siehe Seite 105). Genau genommen wird jedoch auch dabei zuerst der Viewport und die Projektionsmatrix eingestellt, dann gerendert und dann ein neuer Viewport präsentiert usw.

Die in diesem Abschnitt vorgestellten Klassen werden die Erstellung des Programmcodes, der am Anfang eines Rendervorgangs ausgeführt wird, vereinfachen. Sie verkapseln die Viewport- und Projektionsparameter in passende Datenmodelle und führen die Übergabe an OpenGL mit einfachen Methoden durch. Darüber hinaus erledigen sie auch komplizierte Aufgaben wie die Invertierung der Projektionen. Ich folge hier einer bewährten Regel bei der Erstellung von professioneller Software: „Programmiere gegen ein Interface und nicht gegen eine Implementierung!"

2.5.1 Viewport-Transformation

Das `ViewingWindow` Interface orientiert sich an der `glViewport`-Funktion von OpenGL (siehe Seite 719). Zudem soll eine Klasse, die dieses Interface implementiert, die beiden Aspektfaktoren zurückgeben. `ViewingWindow` definiert ein Datenmodell, das noch keine Bindung an OpenGL aufweist.

```
package glib.scene.proj;
public interface ViewingWindow  {

  float getAspectX();
  float getAspectY();

  int getHeight();
  int getWidth();

  int getX();
  int getY();
}
```

Für diese Bindung sorgt das Interface `ViewingWindowOpenGL`. Die `apply`-Methode erwartet von der implementierenden Klasse den Aufruf der Funktion `glViewport` mit den Parametern, die das obige Datenmodell bereitstellt. Gefordert wird hier auch die Invertierung einer Mausposition in die Devicekoordinaten.

```
package glib.scene.proj;
import javax.media.opengl.GL2;
public interface ViewingWindowOpenGL extends ViewingWindow  {

  void apply(GL2 gl);
  void invert(GL2 gl,int mouseX,int mouseY,float windowZ,PointF3 ↘
deviceCoord);
}
```

Das dritte Mitglied der ViewingWindow-Gruppe ist eine Basisimplementierung. Zu den `getter`-Methoden des Interface gesellen sich die `setter`-Methoden und passende Konstruktoren, die keine falschen Parameter durchgehen lassen. Die Methode `getMaxViewportDimension` darf verwendet werden, um die maximale Größe des Viewports abzufragen, die eine bestimmte Implementation von OpenGL erlaubt. Alle `setter`-Methoden prüfen die Argumente und werfen gegebenenfalls eine Ausnahme des Typs `IllegalArgumentException` aus.

```
package glib.scene.proj;
import java.awt.Dimension;
import javax.media.opengl.GL2;

public class ViewingWindowDefault implements ViewingWindowOpenGL {

  private float aspectX,aspectY;
  private int x,y,height,width;

  public ViewingWindowDefault() {...}
  public ViewingWindowDefault(int x, int y, Dimension value) { ... }

  public final static Dimension getMaxViewportDimension(GL2 gl) {

    int[] dim = new int[2];
    gl.glGetIntegerv(GL2.GL_MAX_VIEWPORT_DIMS,dim,0);
    return new Dimension(dim[0],dim[1]); // width,height
  }

  public void setX(int value)       { ... }
  public void setY(int value)       { ... }
  public void setHeight(int value) { ... }
  public void setWidth(int value)  { ... }
  public void setDimension(Dimension value) {. .. }
  public void setPosition(int x,int y) { ... }

  public void apply(GL2 gl) {
    gl.glViewport(x,y,width,height);
  }
```

Die Transformation der Mauskoordinaten in das Devicekoordinatensystem ist die Umstellung der Gleichung (2.21), wobei für die Berechnung von d_z das Argument `windowZ` $w_z = 0$ einzusetzen ist. Die Mausposition muss relativ zum Canvas angegeben werden. Obwohl die Invertierung (2.21) auf den ersten Blick kein OpenGL benötigt, wäre es dennoch schlechter Programmierstil, wenn die Einstellung, die mit `glDepthRange` vorgenommen werden kann, nicht berücksichtigt würde, daher ist auch die `invert`-Methode mit einem Argument für die Übergabe der aktuellen OpenGL-Instanz versehen.

```
  public void invert(GL2 gl,int mouseX,int mouseY,
    float windowZ,PointF3 deviceCoord) {

    float[] param = new float[2]; // n,f in this order
    gl.glGetFloatv(GL2.GL_DEPTH_RANGE,param,0);

    float pDiff = param[1]-param[0];
    float mouseVY = (float)(height-mouseY);
```

```
    deviceCoord.set(
      (float)((mouseX-x)*2)/(float)width-1f,
      (float)((mouseVY-y)*2)/(float)height-1f,
      (2f*windowZ-(param[0]+param[1]))/pDiff
    );
  }
  public float getAspectX() { return aspectX; }
  public float getAspectY() { return aspectY; }
  public int getHeight()    { return height;  }
  public int getWidth()     { return width;   }
  public int getX()         { return x;       }
  public int getY()         { return y;       }
}
```

Der Viewport wird in der Regel einmalig eingestellt; diese Einstellung ändert sich nur, wenn der Benutzer das darstellende Window (die Canvas) auf eine andere Größe einstellt (Reshape, Window Resizing). Verwenden Sie, auch aus diesem Grunde, stets die vom Argument `drawable` gelieferte Instanz des OpenGL-Objekts und keine als Klassenvariable gespeicherte Instanz! Zur Implementierung der `GLEventListener`-Schnittstelle siehe Abschnitt *Bindung an OpenGL* (Seite 603). Der Standardkonstruktor wird gesperrt, da `MyView` zumindest die Canvasgröße als Argument benötigt; das ist guter Programmierstil. Sie sehen daran auch den Vorteil des sehr einfachen Datenmodells.

```
public class MyView implements GLEventListener {

  private ViewingWindowDefault viewingWindow;

  private MyView() {}

  public MyView(Dimension canvasSize) {
    viewingWindow = new ViewingWindowDefault(0,0,canvasSize);
  }

  public void init(GLAutoDrawable drawable) {
    viewingWindow.apply(drawable.getGL().getGL2());
  }
  public void display(GLAutoDrawable drawable) { ... }

  public void reshape(GLAutoDrawable drawable, int x,
    int y,int width, int height) {
    viewingWindow.setPosition(x,y);
    viewingWindow.setDimension(new Dimension(width,height));
    viewingWindow.apply(drawable.getGL().getGL2());
  }

  public void displayChanged(GLAutoDrawable drawable,
    boolean modeChanged, boolean deviceChanged) {
    viewingWindow.apply(drawable.getGL().getGL2());
```

```
  }
  public void dispose(GLAutoDrawable drawable) { ... }
}
```

2.5.2 Projektionsmatrizen

Bei den Projektionsklassen ist eine gleichartige Vorgehensweise angebracht. Auch die Projektionsklassen befinden sich im Paket `glib.scene.proj`.

```
public interface Projection  {
 void getProjektionMatrix(TransformD4$\times$4 pMatrix);
 double[] getProjectionParam();
}

public interface ProjectionOpenGL extends Projection  {
 void apply(GL2 gl);
 void updateProjektionMatrix(GL2 gl);
 void transformInverse(GL2 gl,int mx,int my,PointD3 mLP0,PointD3 mLP1);
}
```

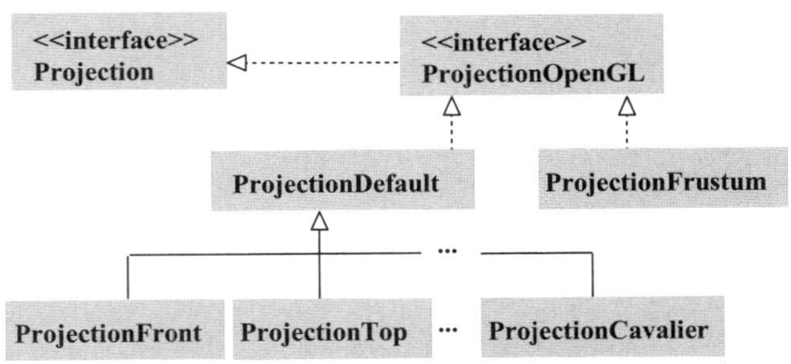

Projektionsklassen für die parallele und perspektivische Projektion. Abbildung 2.35

2.5.3 Multiviewport – Orthogonal

Dieses Programmbeispiel demonstriert, wie ein Darstellungsbereich in vier Teile aufgespalten und in jedem Bereich ein Objekt aus verschiedenen Ansichten dargestellt wird. Das Ergebnis ähnelt einer technischen Zeichnung, bei der links oben eine Vorderansicht, links unten eine Draufsicht und rechts oben eine Seitenansicht eines Objekts dargestellt ist. Die vierte Ansicht stellt eine Kavaliersperspektive dar. Das komplette Programm `Multiviewport` finden Sie im Paket `examples.mvp`.

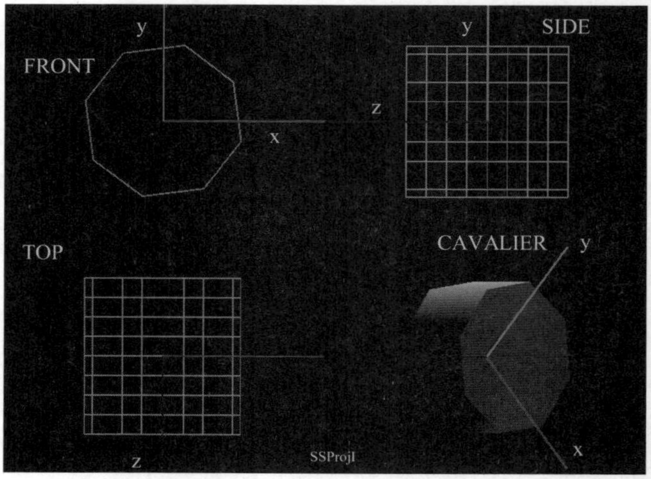

Abbildung 2.36 Screenshot des Multiviewport-Programms.

Der Konstruktor übernimmt die Größe des Canvas und teilt sie in die vier Ansichten. Es genügt, einen Punkt anzugeben (`dLinesPosX`, `dLinesPosY`), an dem sich die Begrenzungslinien kreuzen.

```
private MultiViewportRender() {}

  public MultiViewportRender(Dimension canvasSize) {

    glut = new GLUT();

    dLinesPosX = canvasSize.width/2;
    dLinesPosY = canvasSize.height/2;

    viewingWindow = new ViewingWindowDefault[4];
    projection = new ProjectionDefault[4];

    initializeProjection(canvasSize.width,canvasSize.height);
  }
```

Die Viewports und Projektionen sind in jeweils einem Array untergebracht, mit einem durch Konstanten vordefinierten Index, das sollte die Orientierung erleichtern. Abhängig von der Lage der Ansichten ist der jeweilige Viewport auf der Basis der Variablen `dLinesPosX` und `dLinesPosY` einzustellen: Beim OpenGL-Viewport zeigt die Y-Achse nach oben. Da die Projektionen selbst wissen, welche Abfolge der Grenzparameter des Szenenvolumens an die `glOrtho`-Funktion zu übergeben ist, fällt diese Einstellung ziemlich einfach aus.

```
private void initializeProjection(int width, int height) {

  viewingWindow[PINDEX_FRONT] = new ViewingWindowDefault( // top left
    0,dLinesPosY+1,new Dimension(dLinesPosX,height-dLinesPosY-1)
  );
  projection[PINDEX_FRONT] = new ProjectionOrthoFront();
  projection[PINDEX_FRONT].setProjectionParam(
    left,right,bottom,top,near,far,
    viewingWindow[PINDEX_FRONT].getAspectX(),
    viewingWindow[PINDEX_FRONT].getAspectY()
  );
  // In dieser Abfolge werden auch die anderen Views eingestellt
  // ... bottom left ... top right ... bottom right
}
...
public void init(GLAutoDrawable drawable) {
  angle = 0d;
  setLightAndLightModel(drawable.getGL().getGL2());
}
```

Nach der Konstruktion wird die `init`-Methode aufgerufen, die hier den Drehwinkel auf Null stellt und die Einstellung der Beleuchtung aufruft, siehe hierzu den Quellcode. Das Zentrum der Präsentation ist die `display`-Methode. Jeder Aufruf der `display`-Methode entspricht einer Erzeugung und dem Rendern eines neuen Frames, und daher muss auch der Framepuffer initialisiert werden: `glClear`. Anschließend werden – mit wenigen Zeilen – unmittelbar die Ansichten gerendert. Für jede Ansicht gilt es den passenden Viewport und die Projektion einzustellen und dann die darzustellenden Objekte zu rendern.

```
public void display(GLAutoDrawable drawable) {

  GL2 gl = drawable.getGL().getGL2();

  gl.glClear(GL2.GL_COLOR_BUFFER_BIT|GL2.GL_DEPTH_BUFFER_BIT);

  gl.glMatrixMode(GL2.GL_PROJECTION);
  gl.glLoadIdentity();

  gl.glMatrixMode(GL2.GL_MODELVIEW);
  gl.glLoadIdentity();

  // Front elevation rendering.

  viewingWindow[PINDEX_FRONT].apply(gl);
  projection[PINDEX_FRONT].apply(gl);

  gl.glRotated(angle,0d,0d,1d);

  drawSomeObject(gl,DRAW_WIRED,redWired,greenWired,blueWired);
  drawCoordinateSystemAxes(gl,projection[PINDEX_FRONT]);
```

```
    // Top elevation rendering

    gl.glMatrixMode(GL2.GL_PROJECTION);
    gl.glLoadIdentity();

    viewingWindow[PINDEX_TOP].apply(gl);
    projection[PINDEX_TOP].apply(gl);

    drawSomeObject(gl,DRAW_WIRED,redWired,greenWired,blueWired);
    drawCoordinateSystemAxes(gl,projection[PINDEX_TOP]);

    // Side elevation rendering

    gl.glMatrixMode(GL2.GL_PROJECTION);
    gl.glLoadIdentity();

    viewingWindow[PINDEX_SIDE].apply(gl);
    projection[PINDEX_SIDE].apply(gl);

    drawSomeObject(gl,DRAW_WIRED,redWired,greenWired,blueWired);
    drawCoordinateSystemAxes(gl,projection[PINDEX_SIDE]);

    // Perspective elevation rendering

    gl.glMatrixMode(GL2.GL_PROJECTION);
    gl.glLoadIdentity();

    viewingWindow[PINDEX_PERSPECT].apply(gl);
    projection[PINDEX_PERSPECT].apply(gl);

    drawSomeObject(gl,DRAW_SOLID,redSolid,greenSolid,blueSolid);
    drawCoordinateSystemAxes(gl,projection[PINDEX_PERSPECT]);

    // update angle.

    angle += angleDelta;
    if(angle>=360d) {angle = 0d; }
  }

  public void reshape(GLAutoDrawable drawable, int x,
    int y,int width, int height) {

    initializeProjection(width,height);
  }

  public void displayChanged(GLAutoDrawable drawable,
    boolean modeChanged, boolean deviceChanged) {
  }

  public void dispose(GLAutoDrawable drawable) {
```

Die apply-Methoden multiplizieren die Projektionsmatrix an eine vorausgehende Matrix, daher ist im vorliegenden Fall jeweils die Einheitsmatrix für die Projektion einzustellen. Die Modellmatrix wird von den Methoden nicht manipuliert, aber es wird auf diese Matrix zurückgestellt. Die display-Methode dreht den Zylinder um die Z-Achse glRotated, eine Anwendung der Rotationsmatrix (2.19). drawSomeObject stellt den Zylinder im passenden Modus (Drahtmodell, als fester Körper) dar, dann werden die Achsen darübergezeichnet. Wenn der Benutzer die Canvasgröße verändert, wird die Methode reshape aufgerufen und dort eine Anpassung der Viewports und Projektionen (Größenverhältnis) vorgenommen.

```
private void drawSomeObject(GL2 gl,int mode,float red,
  float green,float blue) {

  gl.glPushMatrix();
  gl.glTranslatef(0f,0f,-(float)cylHeight/2f); //Centers about z-axis

  if(mode==DRAW_SOLID) {
    gl.glPushAttrib(GL2.GL_ENABLE_BIT|GL2.GL_HINT_BIT|
      GL2.GL_DEPTH_BUFFER_BIT|GL2.GL_POLYGON_BIT
    );
    gl.glEnable(GL2.GL_DEPTH_TEST);
    gl.glPolygonMode(GL2.GL_FRONT,GL2.GL_FILL);
    gl.glShadeModel(GL2.GL_SMOOTH);
    gl.glEnable(GL2.GL_LIGHTING);
    gl.glEnable(GL2.GL_LIGHT0);
    gl.glEnable(GL2.GL_LIGHT1);
    gl.glEnable(GL2.GL_LIGHT2);

    glut.glutSolidCylinder(cylRadius,cylHeight,cylSlices,cylStacks);

    gl.glDisable(GL2.GL_LIGHT2);
    gl.glDisable(GL2.GL_LIGHT1);
    gl.glDisable(GL2.GL_LIGHT0);
    gl.glDisable(GL2.GL_LIGHTING);
    gl.glPopAttrib();
  }
  else {
    gl.glPushAttrib(GL2.GL_ENABLE_BIT|GL2.GL_HINT_BIT|
      GL2.GL_LINE_BIT|GL2.GL_POLYGON_BIT
    );
    gl.glPolygonMode(GL2.GL_FRONT_AND_BACK,GL2.GL_LINE);
    gl.glHint(GL2.GL_LINE_SMOOTH_HINT,GL2.GL_NICEST);
    gl.glEnable(GL2.GL_LINE_SMOOTH);
    gl.glLineWidth(1);

    gl.glColor3f(red,green,blue);

    glut.glutWireCylinder(cylRadius,cylHeight,cylSlices,cylStacks);

    gl.glPopAttrib();
```

```
    }
    gl.glPopMatrix();
  }
```

Die Darstellung des Zylinders erfolgt sowohl als Drahtmodell als auch als fester Körper. GLUT stellt den Zylinder nicht komplett um den Nullpunkt zentriert zur Verfügung, es ist eine Verschiebung in der Z-Richtung nach hinten nötig. Da damit lokal die Modelviewmatrix geändert wird, muss der Zustand vorher gesichert (`glPushMatrix`) und danach wiederhergestellt werden (`glPopMatrix`). Auch einige Flags sowie die Aktivierung der Lichter im soliden Modus erfordern deren Sicherung (`glPushAttrib`) und Wiederherstellung (`glPopAttrib`).

Das Drahtmodell benötigt keine Beleuchtung, folglich werden die Lichter nur im Solid-Modus aktiviert und sogleich nach dem Rendern des Modells wieder ausgeschaltet. Die Art der Darstellung steuert die `glPolygonMode`-Funktion. Zuletzt ist noch der Tiefentest einzuschalten (`GL_DEPTH_TEST`). `glShadeModel` kontrolliert, ob die Flächen leicht abgerundet erscheinen (`GL_SMOOTH`). Der Zylinder erscheint hier dennoch nicht rund, da die Zahl der Unterteilungen (`cylSlices`) mit der Voreinstellung 8 relativ gering gewählt wurde. Ein runder Zylinder zeigt sich so ab `cylSlices=24`.

Es wird in den orthonalen Darstellungen mit den Drahtmodellen überwiegend ohne Licht gerendert; das Licht dort einzuschalten, wo es auch tatsächlich benötigt wird, führt zu einem klareren Programmcode. Das Abschalten der Lichter wäre aber wegen `glPushAttrib` nicht nötig, siehe OpenGL-Funktionsbeschreibung und dort das `GL_ENABLE_BIT`. Hier wurde es jedoch aus rein didaktischen Überlegungen im Programmcode belassen. Die Darstellung der Koordinatenachsen sei hier nur angedeutet, sie liefert keine neuen Erkenntnisse.

```
private void drawCoordinateSystemAxes(GL2 gl,ProjectionDefault pd) {...
```

2.5.4 Multiviewport – Perspektive

Das Programmbeispiel, zu finden in `examples.pmvp`, verwendet die Viewport-Konfiguration des orthogonalen Multiviewport-Beispiels, stellt aber drei perspektivische Ansichten einer Szene dar.

Die Teekanne, erzeugt durch GLUT, ist auch ein interessantes Beispiel für die Erzeugung von 3D-Objekten mittels mathematischer Funktionen; riskieren Sie doch mal einen Blick in den Quellcode von GLUT. Als Teil einer Diplomarbeit wurde die Teekanne, im Sinne eines Testobjekts, erstmals von Martin Newell 1975 vorgestellt („Utah Teapot"). Newell ist heute Fellow von Adobe Systems. 3D-Softwareentwickler sprechen wegen der häufigen Nutzung als Beispielobjekt von der Teekanne auch als „sechstem platonischen Körper". Die Teekanne als Testobjekt wurde später durch einen Stanford-

Hasen („Bunny") abgelöst – es soll aber Leute geben, die auch den Hasen nicht mehr sehen können. Der Hase ist ein eingescanntes Modell von der Stanford-Universität,[11] mit etwa 70.000 Dreiecken, das im PLY-Format verfügbar ist. Auf der genannten Webseite gibt es auch andere freie Modelle bis zum Modell „Lucy" mit 116 Millionen Dreiecken.

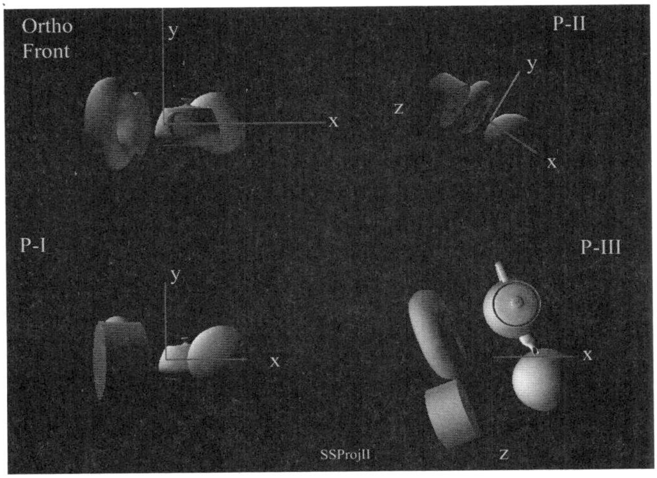

Abbildung 2.37

Dargestellt ist ein Screenshot einer Variante des Multiviewport-Programms. Drei der Ansichten sind perspektivische Projektionen, oben links ist zum Vergleich eine orthogonale Frontansicht gezeigt. Bei der linken unteren Darstellung (P-I) liegt das COP auf der negativen Z-Achse. Rechts oben (P-II) ist eine der Kavaliersansicht entsprechende, aber perspektivische Projektion. Die Projektion rechts unten (P-III) ist ein Blick auf die Szene senkrecht von oben.

Hier möge die Teekanne ihren Zweck erfüllen. Das Beispiel zeigt anschaulich, wie Viewports und Projektionsarten beliebig gemischt werden. Die perspektivische Projektion wird mit dem nächsten Abschnitt weiterentwickelt, daher verweise ich hier lediglich auf den Quellcode. Bei der Matrixklasse ist eine `toString()`-Methode implementiert, Sie können folglich auch die verschiedenen Matrizen auf ein Logbuch Ihrer Wahl ausgeben. Für diesen Zweck empfehle ich auch die `ProjectionLog`-Klasse im Paket `glib.util`. Eine Beschreibung derselben finden Sie im Abschnitt *Projektionen untersuchen* (Seite 620).

[11] `http://graphics.stanford.edu/data/3Dscanrep`

2.6 Beobachter

2.6.1 Das Auge

Das Auge hat zwei verschiedene Öffnungswinkel, die Sie mit gestreckten Armen grob abschätzen können. Strecken Sie einen Arm genau in die Blickrichtung aus und drehen Sie den anderen Arm horizontal oder vertikal vom Körper weg. Nicht den Kopf drehen! Wenn Sie mit den Fingern wackeln, werden Sie diese Bewegung ab einem bestimmten Winkel nicht mehr klar erkennen können. Sie werden auch sehen, dass der vertikale Winkel kleiner als der horizontale Winkel ist.

In der darstellenden Geometrie wird in vertikaler Richtung von einem Öffnungswinkel von ca. 40° ausgegangen und in horizontaler Richtung von ca. 54°. Diese Winkel sind nur circa halb so groß wie der tatsächliche Öffnungswinkel des Auges, da von einem unverzerrten Schärfenbereich des Auges ausgegangen wird. Auch gibt es einen Bereich des schärfsten Sehens von ca. 30°, der *Makula* (*Gelber Fleck*) genannt wird. Wenn ein bestimmter Punkt fixiert wird, dann richtet das Auge sich automatisch auf diesen Bereich aus. Je nachdem, ob Objekte im Innen- oder Außenbereich dargestellt werden, wählt man dann einen Öffnungswinkel zwischen 30° und 54°.

Eine andere Eigenschaft des Auges ist das Auflösungsvermögen, das ebenfalls als Winkel angegeben wird, dieser beträgt im Durchschnitt 0,025°.

$$y = z\,\frac{sin(\delta)}{cos(\delta)} \qquad \delta \approx 0,025^\circ$$

Bei einem Betrachtungsabstand von 500 mm nehmen wir Einzelheiten wahr, die größer als 0,22 mm sind. In einem Exkurs (Seite 87) habe ich mich mit Maßstabsfragen auseinandergesetzt und dort die Bildschirmauflösung in DPI (Device Points per Inch) erwähnt. Mein Monitor ist auf 96 DPI eingestellt, also $25,4/96 = 0,26mm/point$, daher kann ich auf diesem Monitor gerade noch einzelne Pixel in der Entfernung von einem halben Meter erkennen. Wenn ich mich auf 30 cm (y=0,13 mm) an den Monitor annähere, dann gelingt mir das hingegen mit Leichtigkeit. Angenommen, Sie spielen ein PC-Spiel, wobei Sie einen typischen Abstand von 60 cm vor dem Monitor einnehmen. Die maximale Auflösung errechnet sich damit zu 0,26 mm. Der Bildschirm habe eine Höhe von 30,3 cm, daraus errechnet sich eine Pixelzahl von ca. 1200 ($303mm/0,26mm = 1165$). Mit der Pixelzahl 1200 liegen Sie daher gut am Optimum, mehr als 1400 wären hingegen sinnlos.

Diese Rechnung darf auch für einen Beobachter, der Teil einer virtuellen Welt ist, ausgeführt werden. Zum Beispiel habe dieser einen freien Blick in eine Landschaft, in weiter Entfernung ein Dorf. Mit der angelegten Winkelauflösung von 0,025° errechnet sich in 6 km Entfernung eine Auflösung von 2,6 m. Eine verkleinerte Darstellung eines Objekts, etwa der Gebäude des Dorfes, braucht daher nur noch mit Einzelheiten größer als 2,6 m aufgebaut zu werden. Die Verkleinerung wirkt sich sowohl auf das Mesh der Objekte als auch auf deren Texturen (Mipmaps) aus.

In der 3D-Computergrafik wird man die Auflösung durch den *LOD*-Wert (*Level of Detail*) steuern. Dieser ist indirekt ein Entfernungsmaß von der Kamera, entweder in diskreten Stufen angegeben oder als kontinuierliches Maß. Die Auflösung des Mesh kann bei einem diskreten LOD noch durch den Designer eines Objekts erfolgen, der für jede Stufe eine passende Auflösung bereitstellt. Das Problem dabei ist eine bemerkbare sprunghafte Änderung der Objektauflösung; da aber nur ein passendes Mesh gewählt werden muss, ist ein direktes LOD in der Praxis häufiger anzutreffen. Bei einem kontinuierlichen LOD wird das Mesh, ausgehend von einer hohen Auflösung, durch die Software kontinuierlich in ein gröberes Mesh überführt. Der Prozess, bei dem Kanten und/oder Vertices miteinander verschmolzen werden, wird als *Merging* oder *Mesh Decimination* bezeichnet.

Beim Auge liegt ein Abbildungssystem vor, von dessen Fähigkeiten das uns zur Verfügung stehende Standard-Grafiksystem weit entfernt ist; zum Beispiel können wir keine Schärfeneinstellung vornehmen. Auch Kameras mit ihren meist komplizierten Linsensystemen liegen außerhalb des Bereichs normaler perspektivischer Projektionen in der 3D-Computergrafik. Tatsächlich müssen wir uns mit einer Art Projektionsrahmen begnügen, wie ihn die Maler gelegentlich verwenden und den wir an einem Ort in der virtuellen Welt aufstellen; somit ist weder ein brechendes noch ein zerstreuendes Linsensystem vorhanden. Die vordere Fläche des Frustums (*near*) ist das Transparentpapier im Rahmen, die hintere Fläche (*far*) ist, wie Sie bereits wissen, ein rein aus Effizienzgründen gebildetes Konstrukt, das die Berechnung einer Szene beschleunigt. Mit der Einführung weiterer Projektionsmatrizen und der Shaderprogrammierung kann jedoch auch eine wahre Kamera, ja sogar das Auge nachgebildet werden, eine Beschreibung solcher Algorithmen würde aber den Rahmen dieses Buches sprengen.

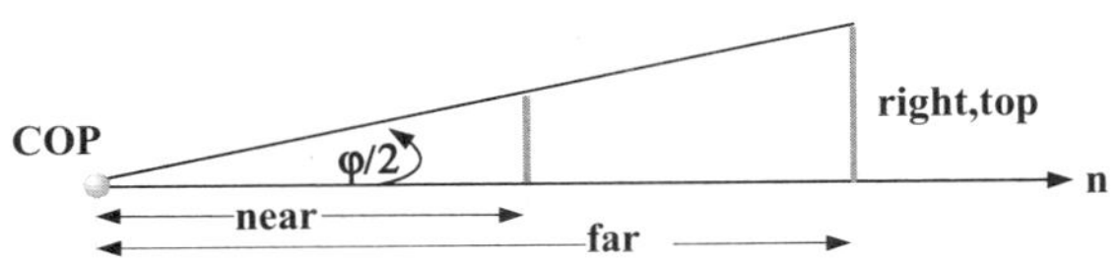

Skizze zur Bestimmung der Parameter des Frustums auf der Basis des Öffnungswinkels.

Abbildung 2.38

Mit einem gegebenen Öffnungswinkel φ stellt sich ein symmetrisches Frustum ein. Die Parameter `right`,`left`, `top` und `bottom` haben folglich den gleichen Betrag.

$$\begin{aligned}
&\texttt{right} = tan(\varphi/2)\,\texttt{near}\\
&\texttt{left} = -\texttt{right}\\
&\texttt{top} = \texttt{right}\\
&\texttt{bottom} = -\texttt{top}\\
&\texttt{t} = tan(\varphi/2)
\end{aligned}$$

OpenGL bezieht die Parameter `right` etc. auf die `near` Plane. Damit ergibt sich eine Frustum-Matrix, in der die Koeffizienten nur noch vom Öffnungswinkel und den Abständen `near` und `far` abhängen.

$$\mathbf{M_{Frustum}} = \begin{pmatrix} \frac{1}{t} & 0 & 0 & 0 \\ 0 & \frac{1}{t} & 0 & 0 \\ 0 & 0 & -\frac{\texttt{far+near}}{\texttt{far-near}} & -2\frac{\texttt{far near}}{\texttt{far-near}} \\ 0 & 0 & -1 & 0 \end{pmatrix}$$

Bei den typischen Öffnungswinkeln von 30° bis 54° folgt für die Tangenswerte $tan(15) \approx 0.268$ und $tan(27) \approx 0.5$. Ein kleinerer Öffnungswinkel vergrößert daher die Objektdarstellung durch die Skalierung der X- und Y-Koordinaten in der Frustum-Matrix. Siehe dazu auch (2.29) und (2.30). Unter der Voraussetzung, dass das COP im Ursprung liegt, folgt dann für die Abbildung eines Punktes P in die Devicekoordinaten:

$$\begin{pmatrix} d_x \\ d_y \\ d_z \end{pmatrix} = \begin{pmatrix} -\frac{P_x}{t \cdot P_z} \\ -\frac{P_y}{t \cdot P_z} \\ \frac{\texttt{far+near}}{\texttt{far-near}} + 2\frac{\texttt{far near}}{P_z(\texttt{far-near})} \end{pmatrix}.$$

Beispiel 2.8

DirectX verwendet ein linkshändisches Koordinatensystem, die positive Z-Achse zeigt von Ihnen weg, auch multipliziert DirectX die Zeilenvektoren von links an eine Matrix. Das Devicekoordinatensystem ist bis auf den Z-Bereich identisch. Die Abbildung erfolgt nicht wie bei OpenGL auf die Grenzen $-1 \ldots 1$, sondern vielmehr auf positive Z-Koordinaten, $0 \leq d_z \leq 1$, daher entfällt auch der Faktor 2. Die dem Frustum entsprechende Matrix in DirectX ist die Projektionsmatrix $\mathbf{M_{proj,DX}}$.

$$\mathbf{M}_{\mathbf{proj,DX}} = \begin{pmatrix} 1/t & 0 & 0 & 0 \\ 0 & 1/t & 0 & 0 \\ 0 & 0 & \frac{\texttt{far}}{\texttt{far-near}} & 1 \\ 0 & 0 & -\frac{\texttt{farnear}}{\texttt{far-near}} & 0 \end{pmatrix}$$

Spiegelt man an der Z-Achse und transponiert die Projektionsmatrix, dann erhält man die Frustum-Matrix, vergleichbar mit OpenGL. Die Spiegelung überführt vom Linksystem in das rechtshändische Koordinatensystem der Mathematik bzw. von OpenGL, und mit der Transponierung der Matrix wird es möglich, von rechts einen Spaltenvektor zu multiplizieren.

$$\mathbf{M}^{\mathbf{T}}_{\mathbf{proj,DX}}\mathbf{S}(\mathbf{1},\mathbf{1},-\mathbf{1}) = \begin{pmatrix} 1/t & 0 & 0 & 0 \\ 0 & 1/t & 0 & 0 \\ 0 & 0 & -\frac{\texttt{far}}{\texttt{far-near}} & -\frac{\texttt{farnear}}{\texttt{far-near}} \\ 0 & 0 & -1 & 0 \end{pmatrix}$$

Ende des Beispiels 2.8

2.6.2 Standort

Jede Darstellung der virtuellen Welt wird von einem bestimmten Standort aus gesehen. Im Film sowie der Fotografie wird diesem viel Aufmerksamkeit gewidmet.

> The big problem in making the space movies is that of figuring out where to place the camera and in what direction to point it in order to get an interesting picture.

Dieses Zitat[12] stammt von James F. Blinn (Jim Blinn), einem Computerwissenschaftler, der sich nicht nur mit der Mathematik hinter den Animationen befasst hat. Jim Blinn hat für die NASA auch eine 3D-Animation über die Voyager-Mission erstellt und war maßgeblich beteiligt an der Erstellung von Carl Sagans Kosmos-Dokumentation. Von ihm stammen auch wegweisende Grundlagen im Umfeld der Beleuchtung von Oberflächen, wie das Bump-Mapping, der Blinn-Phong-Shader-Algorithmus, die Simulation von Wolken und staubigen Oberflächen.

12 Computer Graphics and Researchers, Books LLC, Memphis Tennessee, USA 2010, S51ff. Vom Autor frei übersetzt: Ein großes Problem bei der Produktion von Filmen, die im Weltraum spielen, ist es, herauszufinden, wo die Kamera aufgestellt und in welche Richtung geblickt wird, um interessante Bilder zu erhalten.

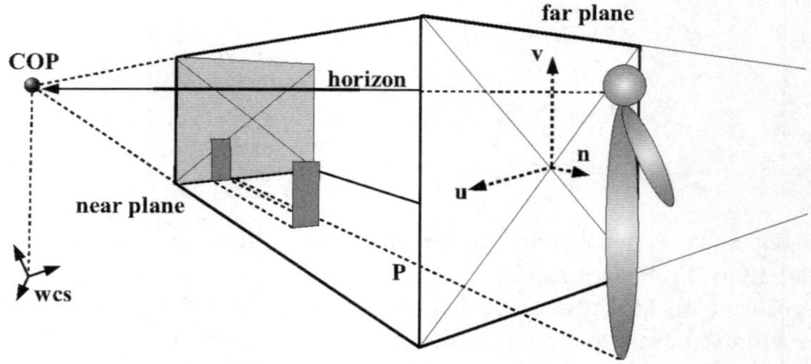

Abbildung 2.39 Dargestellt ist eine perspektivische Darstellung einer Szene. Es ist eine Projektion mit zwei Fluchtpunkten gegeben, wovon das COP einer der beiden Punkte ist, der zweite Fluchtpunkt liegt außerhalb des Bildbereiches. Die Verbindung der beiden Fluchtpunkte ist der Horizont, der sich auf Augenhöhe des Betrachters befindet. Im Bild befindet sich der Beobachter vor der `far`-Plane, das muss aber nicht stets der Fall sein.

Der 3D-Grafikentwickler hat bei Standortfragen einen Vorteil, denn er kann diesen mit Leichtigkeit verändern, ohne weitere Kosten zu verursachen. Allerdings gibt es auch in der virtuellen Welt gute, schlechte und unmögliche Standorte. Unmöglich sind nicht glaubhafte Standorte innerhalb eines soliden Körpers, Standorte, die ein Avatar nicht erreichen kann oder zu einem bestimmten Zeitpunkt nicht erreichen darf. Schlechte Standorte zeigen kein ansprechendes Bild auf eine Szene, zum Beispiel dicht vor einer Wand oder die Präsentation eines Gebäudes in einem Architekturwettbewerb aus der Froschperspektive (klassisch ca. 30 cm über dem Boden). Gut ist ein Standpunkt, der einen Aha-Effekt auslöst und der das Objekt der Aufmerksamkeit in den Mittelpunkt stellt.

Bei einer gegebenen Perspektive, einer orthogonalen oder perspektivischen, bestimmt der Standort auch den Zoomfaktor und das Clipping der Szene. Objekte treten ganz oder teilweise aus dem Clipping-Volumen aus, wenn der Standort in die Szene hineinbewegt wird. Bei der perspektivischen Darstellung ist ein Punkt (COP) hervorgehoben, das Zentrum der Projektion, dort laufen die Projektionsstrahlen zusammen.

Bei Standort- und Abbildungsfragen ist eine kleine Skizze meist hilfreich. Durch den Augpunkt des Betrachters geht die Horizontline, auf der sich dann auch das Projektionszentrum festlegen lässt. Ist eine Zentralperspektive gewünscht, dann fällt der Augpunkt mit dem COP im Bildausschnitt zusammen; dreht sich der Beobachter hingegen in der Szene, dann wandert das COP auf der Horizontlinie. Alle Objektkanten, die nicht parallel zur Blickrichtung des Beobachter liegen, erzeugen Fluchtpunkte. Projiziert man die Höhe des Betrachters (A-F) auf ein Objekt in der Szene, dann kann die relative Größe H desselben angegeben werden. Das ist aber nur in Bezug auf unverzerrte Kanten der Objekte durchzuführen, meist wird eine bestimmte Kante ausgewählt, die dann als Maßlinie dient.

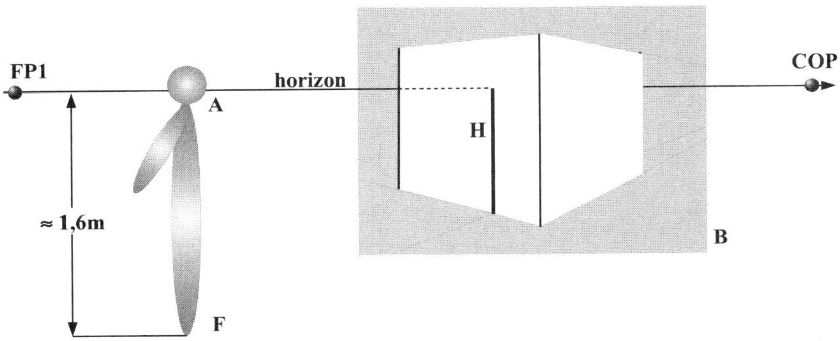

Skizze zur Konstruktion einer Projektion. Darin ist B der gewählte Bildausschnitt, F der Fußpunkt und A der Augpunkt des Beobachters. H ist die Maßhöhe des Beobachters relativ zu einem Objekt. Der zweite Fluchtpunkt (FP1) entsteht, weil das Objekt relativ zum Betrachter gedreht ist.

Abbildung 2.40

Bisher haben Sie das Viewing Frustum als einen Ausschnitt aus der virtuellen Welt kennengelernt, dessen Projektionszentrum (COP), Größe und Orientierung mit einer sorgfältigen Untersuchung der Szene präzise festgelegt werden kann. Die Einstellung des Viewing Frustums ist allerdings nicht einfach, wir sind es eher gewohnt, uns an eine Stelle zu bewegen und den Kopf in die Richtung der Objekte zu drehen, unserer Aufmerksamkeit folgend. Haben wir einmal einen solchen Standpunkt eingenommen, sorgt das Auge für den Rest. Im Folgenden werde ich ein bequemeres Verfahren entwickeln, das die Einstellung des Frustums auf diese Weise ermöglicht.

2.6.3 Die Blickrichtung

Bei Bewegungen sowohl in der realen als auch in der virtuellen Welt gibt es eine bestimmte Richtung, die den Begriff *vorwärts* bestimmt. Die Vorwärtsrichtung hängt vom Kontext, also den aktuellen Gegebenheiten, aber auch vom Objekt selbst ab. Bei einer Kamera ist die Vorwärtsrichtung gleich der Blickrichtung und stets durch eine Richtung auf der optischen Achse der Kamera gegeben. Das ist, vereinfacht gesagt, eine Achse, die durch den Mittelpunkt der Bildebene und die Mittelpunkte des Linsensystems der Kamera gegeben ist. Bei einem Flugzeug kann die Flugzeugspitze herangezogen werden, zusammen mit einem Punkt, auf den sich das Flugzeug zubewegt. Bei einer Person ist die Blickrichtung von der Vorwärtsrichtung zu unterscheiden.

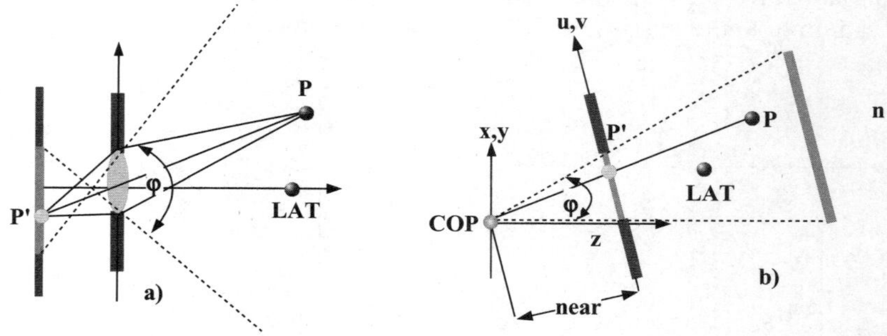

Abbildung 2.41 a) Vereinfachte Projektion durch eine Kamera auf eine Bildebene. b) Darstellung der Projektion in der 3D-Grafik. Das COP liegt im Ursprung.

LAT steht für *Look at Point*, einen Punkt, der ebenfalls im Koordinatensystem der virtuellen Welt, zusammen mit dem *COP*, einen Blickvektor $\hat{n}$ festlegt. Neben diesem Vektor kann noch ein Öffnungswinkel φ angegeben werden. Dieser ist bei einer Kamera durch Größe und Abstand der Bildebene und der Blendenöffnung gegeben. Bei der Projektion in der 3D-Computergrafik ist der Winkel durch die Größe der Near-Plane des Frustums festgelegt, jedenfalls solange diese symmetrisch eingestellt ist.

$$\hat{n} = \frac{LAT - COP}{|LAT - COP|} \qquad \text{view direction} \qquad (2.33)$$

Der so festgelegte Vektor ist noch nicht an die Vorzugsrichtung bei OpenGL angepasst, die durch einen Blick in Richtung der negativen Z-Achse vorgegeben ist. Identifiziert man $\hat{n}$ mit dem Z-Vektor, ist bei einer Transformation auf die Vorzugsrichtung die Richtung von $\hat{n}$ umzudrehen. Was bedeutet dieser Wechsel? Denkt man sich die Kamera oder das Auge im Ursprung des Weltkoordinatensystems und die positive Z-Achse als Blickrichtung, dann sind Objekte mit negativer Z-Koordinate hinter der Kamera. Wenn aber in Richtung der negativen Z-Achse geblickt wird, dann sind Objekte mit positiven Z-Koordinaten nicht sichtbar; dies ist die OpenGL-Standardvorgabe.

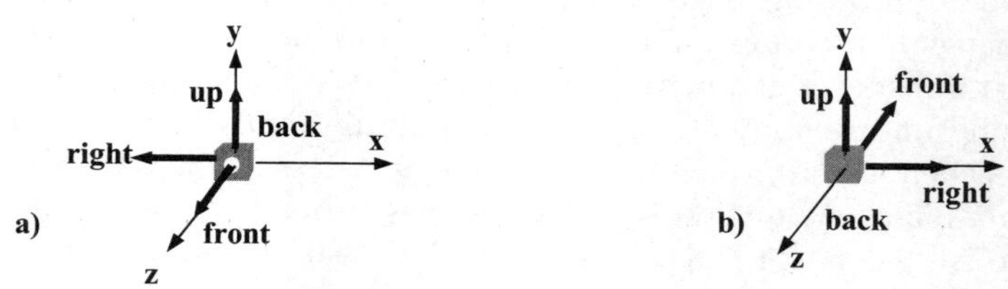

Abbildung 2.42 X-,Y-,Z-Weltkoordinatensystem a) Aufstellen einer Kamera in einer Szene. b) OpenGL-Vorzugsrichtung (Default-Beobachtersystem). up entspricht dem Vektor $\hat{u}$, right $\hat{v}$ und front $\hat{n}$.

2.6.4 Die Orientierung

Mit der Blickrichtung und einem gegebenen Öffnungswinkel kann das Frustum bis auf eine Größe festgelegt werden, denn noch immer ist es möglich, dieses um die Achse der Blickrichtung $\hat{n}$ zu drehen. Der einfachste Weg scheint auf den ersten Blick die direkte Angabe eines *Up*-Vektors $\hat{u}$ zu sein, der auf der Achse $\hat{n}$ senkrecht steht. Das kann auch durchaus der Fall sein, falls eine Blickrichtung in der X-,Z-Ebene des Weltkoordinatensystems gegeben ist. $(\hat{u})^T$ ist dann schlicht die Angabe $(0,1,0)$, dieser zeigt also in Richtung der positiven Y-Achse. Sobald aber die Blickrichtung $\hat{n}$ gegenüber Y geneigt ist, kann die Bestimmung des *Up*-Vektors schwierig werden.

Die `gluLookAt`-Methode der GLU-Bibliothek setzt die Angabe eines *Up*-Vektors voraus, jedoch ohne dass dieser genau senkrecht auf $\hat{n}$ stehen muss.

```
void gluLookAt(
  double COPX, double COPY, double COPZ,
  double LATX, double LATY, double LATZ,
  double UPX,  double UPY,  double UPZ
);
```

Der Vektor $\hat{u}$ wird hier mittels

$$\hat{u} = \frac{\mathbf{up} - (\mathbf{up} \cdot \hat{n})\,\hat{n}}{|\mathbf{up} - (\mathbf{up} \cdot \hat{n})\,\hat{n}|} \tag{2.34}$$

ausgerechnet, siehe dazu auch den Abschnitt *Gram-Schmidt-Verfahren* (Seite 470f.). Damit kann dann der dritte Vektor $\hat{v}$ auf der Basis von (2.35) berechnet werden.

$$\hat{v} = \hat{n} \times \hat{u} \tag{2.35}$$

Mit den Vektoren $\hat{u}$, $\hat{v}$ und $\hat{n}$ liegt ein Koordinatensystem vor, bei dem der Vektor $\hat{n}$ die Blickrichtung angibt und das an den COP als Ursprung angeheftet werden kann. Diese Konstruktion ist ohne Rücksicht auf OpenGL vorgenommen worden, es ist lediglich eine Kamera in die Szene gestellt und ausgerichtet worden. Der Vektor $\hat{v}$ zeigt in die Richtung, die von der Kamera aus gesehen rechts liegt. Die Position der Kamera wird durch den Punkt COP angegeben.

Das nächste Ziel ist dann die Erstellung einer Kameramatrix, die Punkte in das durch OpenGL definierte Frustum transformiert. Dazu ist erst einmal die Position der Kamera in den Ursprung zu verschieben und dann das zugrundeliegende Koordinatensystem anzupassen. Mit der Vorzugsrichtung von OpenGL – Blick in Richtung negativer Z-Achse – drehen sich die Vorzeichen der Koordinaten des Vektors $\hat{n}$ um.

$$\mathbf{M}_{\mathbf{camera,OGL}} = \begin{pmatrix} v_x & v_y & v_z & -cop_x \\ u_x & u_y & u_z & -cop_y \\ -n_x & -n_y & -n_z & -cop_z \\ 0 & 0 & 0 & 1 \end{pmatrix} \quad (2.36)$$

Die beiden Stirnflächen des Frustums liegen auf $\hat{n}$ im Abstand `near` und `far`. Mit Berücksichtigung des Öffnungswinkels φ können auch die Flächeneckpunkte im UVN-System wie auch im Koordinatensystem der virtuellen Welt bestimmt werden.

Im Paket `glib.storage.sgraph` finden Sie die Klasse `SGRenderMatrixCameraNode`, die die Erstellung der Kameramatrix – nebst Projektionsmatrix – durchführt. Implementiert sind dort auch Methoden zur Bewegung und Rotation der Kamera als Antwort auf User-Eingaben, etwa mittels WASD-Tasten und `MouseDragged`-Events. Bei der Bewegung der Kamera ist daran zu denken, dass die Bewegung des COP eine Verschiebung des Koordinatenursprungs relativ zu einem Bezugsystem ist und die Rotationen relativ zu den aktuellen Kameraachsen erfolgen. Die genannte Klasse ist Bestandteil des Szenengraphen, der beim Beispielprogramm `examples.tex2.Tex2Renderer.java` erstellt wird und auch die Änderung der Kameraparameter bei einer Bewegung darstellt.

Exkurs 2.2

Die Kamera wird in der Szene an der Stelle $(0.5, 0.5, 0.5)^T$ aufgestellt und auf den Punkt $(3, 1.94, 1.94)^T$ ausgerichtet, gegeben ist also das COP und der LAT.

$$\hat{n} = \frac{LAT - COP}{|LAT - COP|} = \begin{pmatrix} 0.775 \\ 0.45 \\ 0.45 \end{pmatrix}$$

Der UP-Vektor ist grob an der positiven Y-Achse ausgerichtet (2.34).

$$\vec{u} = \begin{pmatrix} 0 \\ 1 \\ 0 \end{pmatrix} - \left[\begin{pmatrix} 0 \\ 1 \\ 0 \end{pmatrix} \begin{pmatrix} 0.775 \\ 0.45 \\ 0.45 \end{pmatrix} \right] \begin{pmatrix} 0.775 \\ 0.45 \\ 0.45 \end{pmatrix} \qquad \hat{u} = \begin{pmatrix} -0.39 \\ 0.895 \\ -0.223 \end{pmatrix}$$

Damit liegt auch der dritte Kameravektor fest (2.35).

$$\hat{v} = \begin{pmatrix} -0.5 \\ 0 \\ 0.867 \end{pmatrix}$$

Beim Einsetzen in die Kameramatrix ist an die Negation des Vektors $\hat{n}$ zu denken. Bei einer SW-Implementation wie auch bei der `gluLookAt`-Methode wird die Negation nicht explizit durchgeführt.

$$\mathbf{M_{camera,OGL}} = \begin{pmatrix} -0.5 & 0 & 0.867 & -0.5 \\ -0.39 & 0.894 & -0.223 & -0.5 \\ -0.775 & -0.45 & -0.45 & -0.5 \\ 0 & 0 & 0 & 1 \end{pmatrix}$$

Transformiert man mit der obigen Matrix die Punkte COP und LAT, dann muss der Verbindungsvektor in Richtung der negativen Z-Achse zeigen.

$$COP' = \begin{pmatrix} -0.69 \\ -0.36 \\ -1.33 \end{pmatrix} \qquad LAT' = \begin{pmatrix} -0.69 \\ -0.36 \\ -4.56 \end{pmatrix}$$

Falls Sie sich eine Skizze dieser Einstellungen anfertigen, dann müssen Sie beachten, dass der Blickrichtungsvektor nicht in der XZ-Ebene liegt. Bei einer Draufsicht ist daher eine Projektion auf diese Ebene vorzunehmen, und für Winkelmessungen in dieser Ebene sind die Beträge neu zu berechnen. Für das Viewing Frustum empfehle ich die Parameter `near` = 1, `far` = 6 und einen Öffnungswinkel $\alpha = 53,13°$, damit erscheint auch der LAT im Devicekoordinatensystem.

Ende des Exkurses 2.2

2.6.5 Die Frustum-Flächen

Ein Punkt P besitzt im UVN-System die Koordinaten (p_u, p_v, p_n) und im anderen Koordinatensystem die Koordinaten (p_x, p_y, p_z). Mit dem Öffnungswinkel φ gilt nun:

$$\begin{pmatrix} p_{1u} \\ P_{1v} \\ P_{1n} \end{pmatrix} = \begin{pmatrix} -tan(\varphi/2) \\ tan(\varphi/2) \\ 1 \end{pmatrix} near$$

und für den Punkt 5 folgt

$$\begin{pmatrix} p_{5u} \\ P_{5v} \\ P_{5n} \end{pmatrix} = \begin{pmatrix} -tan(\varphi/2) \\ tan(\varphi/2) \\ 1 \end{pmatrix} far \text{ usw.}$$

Mit dem im COP als Ursprung befindlichen UVN-Koordinatensystem ist der Punkt P'_1 die Spitze eines Vektors, der im Weltkoordinatensystem dem Vektor $\vec{P}_1$ entspricht.

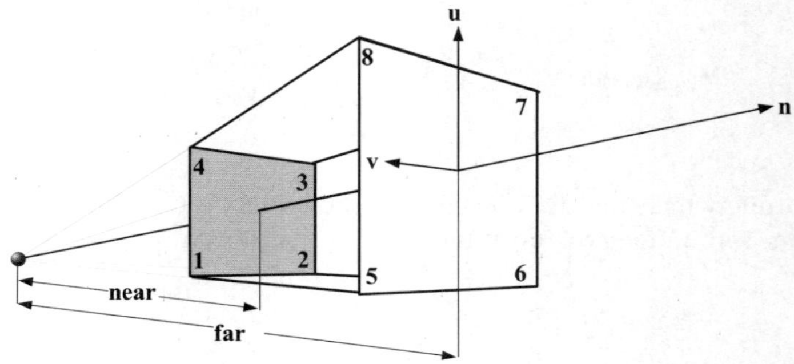

Abbildung 2.43 Skizze zur Berechnung der Frustum-Flächen. Für eine bessere Darstellung ist hier der Ursprung des UVN-Systems in den Mittelpunkt der `far`-Fläche gelegt.

$$\vec{P}'_1 = \begin{array}{l} \overbrace{\left(v_x\hat{x} + v_y\hat{y} + v_z\hat{z}\right)}^{\vec{v}} p_{1u} \\ +\left(u_x\hat{x} + u_y\hat{y} + u_z\hat{z}\right) p_{1v} \\ +\underbrace{\left(n_x\hat{x} + n_y\hat{y} + n_z\hat{z}\right)}_{\vec{n}} p_{1n} \end{array} \quad \text{und } \vec{P}_1 - \vec{P}'_1 - COP = \vec{0}$$

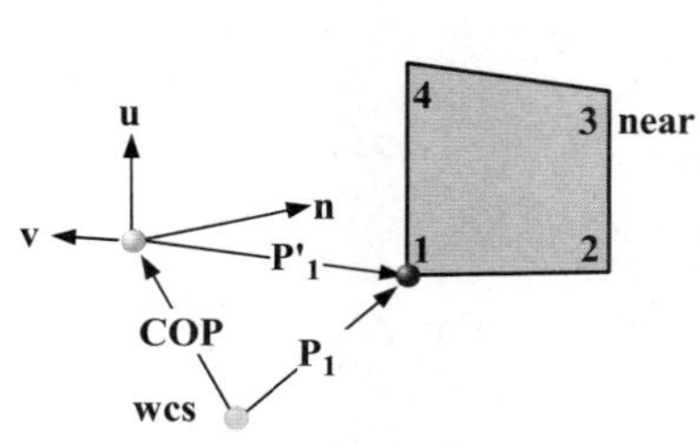

Abbildung 2.44 Der Eckpunkt 1 des Frustums kann durch zwei Vektoren relativ zum UVN-Koordinatensystem oder dem Koordinatensystem der virtuellen Welt dargestellt werden.

Die Grundlage für die Transformation der Punkte ist die nicht modifizierte Kameramatrix $\mathbf{M}_{\mathbf{camera}}$. Bei dieser Matrix ist das COP wie angegeben, und die Vorzeichen der Vektoren $\hat{n}$ sowie $\hat{v}$ sind nicht umgedreht.

$$\begin{pmatrix} p_{1x} \\ P_{1y} \\ P_{1z} \\ P_{1w} \end{pmatrix} = \mathbf{M_{camera}}^{-1} \begin{pmatrix} p_{1v} \\ P_{1u} \\ P_{1n} \\ 1 \end{pmatrix}$$

Die umgekehrte Transformation, also der Eckpunkte im Koordinatensystem der virtuellen Welt auf das UVN-Koordinatensystem des Frustums, ist die Inverse obiger Matrix, also die Kameramatrix selbst.

$$\begin{pmatrix} p_{1v} \\ P_{1u} \\ P_{1n} \\ P_{1w} \end{pmatrix} = \mathbf{M_{camera}} \begin{pmatrix} p_{1x} \\ P_{1y} \\ P_{1z} \\ 1 \end{pmatrix}$$

Indem die Matrix $\mathbf{M_{camera}}$ durch die Komponenten der gebildeten Vektoren $\hat{u}, \hat{v}$ und $\hat{n}$ sowie die Koordinaten des COP gebildet wird, kann jeder Eckpunkt des Frustums in beide Richtungen transformiert werden.

Mit diesen Transformationswerkzeugen ist es möglich, Objekte auszuschließen (*View Frustum Culling*), deren Grenzvolumen gar nicht im Frustum enthalten ist. Sie werden darüber mehr im Abschnitt *Grenzvolumen* (Seite 244ff.) erfahren. Wenn Sie sich die Form des Frustums nochmal vor Augen halten, dann ist oft ein großer Teil einer Szene nicht im Volumen des Frustums enthalten. OpenGL führt ein derartiges Clipping auf der Basis des Frustums ja durch, aber vorher werden Objektdaten an OpenGL gesendet und dann beim Clipping eventuell wieder verworfen. Eine clevere Applikation kann mit Kenntnis des Frustums eine grobe Vorauswahl der Objekte vornehmen und so erheblich Rechenzeit einsparen. Häufig wird das Frustum noch in eine Grenzbox von Typ AABB (*Axis Aligned Bounding Box*) verpackt, um schnell erst einmal Objekte auszuschließen, die gänzlich außerhalb liegen.

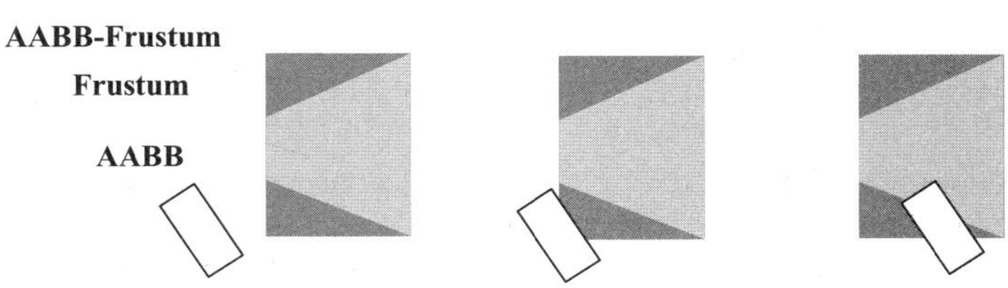

Beispiel für die Lage der AABB eines Objektes relativ zum Frustum.

Abbildung 2.45

Mit den Eckpunkten das Frustums kann eine AABB berechnet werden, und mittels eines AABB-AABB-Tests lassen sich schnell Objekte ausschließen, die gänzlich außerhalb des Frustums liegen. Angenommen, es liegt ein Szenengraph vor; diesem wird über einen Knoten, der ein komplettes Objekt zusammenfasst, die AABB desselben entnommen. Liegt dieses Grenzvolumen außerhalb, dann ist es auch nicht nötig, tiefer in den betreffenden Zweig des Szenengraphen abzusteigen, daher werden auch keine Objektdaten an den Renderer gesendet. Erst wenn das Grenzvolumen in die AABB des Frustums hineinragt, dann ist eine genauere Prüfung auf der Basis der Frustum-Flächen erforderlich. Allerdings kann man sich auf das schnelle Clipping des Renderers verlassen und die Objekte dennoch rendern. Da sich die Prüfung, von einem AABB-AABB-Test ausgehend, leicht erweitern lässt, kann die Entscheidung durchaus in eine Optimierungsphase verlagert werden.

Eine weitere Nutzung der obigen Transformationen besteht darin, das Frustum an den Grenzen einer Szene anstoßen zu lassen, wiederum eine AABB. Die Eckpunkte desselben im Koordinatensystem der virtuellen Welt sind ja nun bekannt, so dass einfache Prüfungen den Zweck erfüllen. Es empfiehlt sich, bei diesem Test nicht das tatsächliche Szenenvolumen heranzuziehen, vielmehr ein vergrößertes Volumen, so dass das Frustum auch leicht außerhalb liegen kann.

2.6.6 Interaktive Projektion

Mit diesem Projektionsbeispiel können die Auswirkungen studiert werden, die sich bei Änderung einiger Parameter des Frustums ergeben. Auch wird gezeigt, wie anstelle einer Rotation des Frustums eine gleichwertige Rotation mit der Modellmatrix erreicht werden kann. Gesteuert wird mit der Maus und dem Keyboard.

Die Marker werden durch die entsprechende Tasten `[o]`, `[n]`, `[f]` gesetzt, was einer Umschaltung der Mausrad-Bedeutung entspricht. Wird die `[o]`-Taste kurz gedrückt, kann mit dem Mausrad der Öffnungswinkel vergrößert oder verkleinert werden. Nach Drücken der `[n]`-Taste kann die `near` Plane verschoben werden, ebenso mit der `[f]`-Taste die `far` Plane. Die `[m]`-Taste hat eine spezielle Bedeutung, die nachfolgend erklärt wird. Auch ist es möglich, das COP mit Tasten zu verschieben sowie die Darstellung mit der Bewegung der Maus um die X- und Y-Achse zu rotieren.

Die unten dargestellte Achse ist die Achse der Blickrichtung $\hat{n}$, auf der maßstäblich die Verhältnisse in der Szene dargestellt sind. Zum Beispiel kann das Einsetzen des Clippings beobachtet werden, wenn die `near` oder die `far` Plane verschoben wird. Die linke Achse ist die Z-Achse der Szene (positive Richtung nach unten). Dort ist ein Quadrat zu erkennen, das das Volumen der Szene selbst maßstäblich wiedergibt. Auch wird dort die Lage des COP relativ zum Ursprung sowie die Form und Größe des Frustums dargestellt.

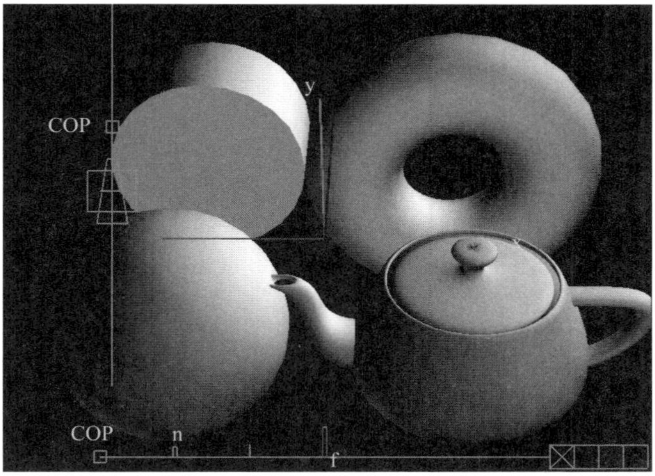

o n f m

Abbildung 2.46

Dargestellt ist eine einfache Szene in einer perspektivischen Projektion. Am rechten unteren Bildrand sind die Markierungsfelder zu erkennen, mit denen angezeigt wird, welcher Status gerade aktiv ist. Auf der unteren Achse ist das COP und mit schmalen Rechtecken die `near` und `far` Plane angegeben. Der kurze Strich dazwischen ist der Nullpunkt der Szene. Die Anzeige links stellt das Volumen der Szene von oben dar, nebst Frustum und COP. Die Ursprünge auf den Achsen stimmen nicht mit der projizierten Szene überein.

Tabelle 2.2: Interaktive Projektion, Steuerung

Typ	**Control**	**Reaktion**
Keyboard	`[o]`	Veränderung Öffnungswinkel auf Mausrad
	`[n]`	Verschiebung `near` auf Mausrad
	`[f]`	Verschiebung `far` auf Mausrad
	`[w]`	Verschiebung COP in Richtung neg. Z-Achse
	`[s]`	Verschiebung COP in Richtung pos. Z-Achse
	`[a],[arrow left]`	Verschiebung COP in Richtung neg. X-Achse
	`[d],[arrow right]`	Verschiebung COP in Richtung pos. X-Achse
	`[arrow up]`	Verschiebung COP in Richtung pos. Y-Achse
	`[arrow down]`	Verschiebung COP in Richtung neg. Y-Achse
	`[m]`	Änderung der Matrixkette

Fortsetzung:

Typ	Control	Reaktion
Mausrad		Abhängig von der Belegung, siehe oben
Maus	vor/zurück	Rotation um die X-Achse
	seitlich	Rotation um die Y-Achse
Keyboard	`[space]`	Leertaste fixiert die Rotation bzw. gibt diese frei

Eine weitere Besonderheit des Beispiels ist die Mischung zweier Projektionen, die im Unterschied zum Multiviewport-Beispiel nicht nebeneinander präsentiert werden. Hier wird eine Frontansicht, die die Marker, COP und die N-Achse präsentiert, *nach* der perspektivischen Projektion gerendert, sie wird *über* die andere Projektion gezeichnet. Damit bleiben die „Dekorationen" stets an derselben Stelle, während sich die perspektivische Projektion und die Szene verändern kann.

Hier ist nur der Kern des Programms wiedergegeben, die Erzeugung der Objekte, der Marker und der Beleuchtung können Sie dem Quellcode entnehmen, der unter `examples.fmvp` zu finden ist.

```
public void display(GLAutoDrawable drawable) {

  frameCount++;

  GL2 gl = drawable.getGL().getGL2();

  gl.glClear(GL2.GL_COLOR_BUFFER_BIT|GL2.GL_DEPTH_BUFFER_BIT);

  gl.glMatrixMode(GL2.GL_PROJECTION);
  gl.glLoadIdentity();
  gl.glMatrixMode(GL2.GL_MODELVIEW);
  gl.glLoadIdentity();

  viewingWindow.apply(gl);
  projection.apply(gl);

  setLightAndLightModel(gl);

  gl.glRotated(-angle,0d,1d,0d);

  drawSomeObject(gl,DRAW_SOLID,redWired,greenWired,blueWired);
  drawCoordinateSystemAxes(gl,projection);

  // ....................................

  gl.glMatrixMode(GL2.GL_PROJECTION);
  gl.glLoadIdentity();
```

```
    projectionFront.apply(gl);

    drawFrontView(gl,projection);

    if(projection.isResetMode()) {
      projection.reset();
    }
    // update angle.

    angle += angleDelta;
    if(angle>=360d) {angle = 0d; }
  }

  private void initializeProjection(int width, int height,JComponent \
component) {

    viewingWindow = new ViewingWindowDefault(0,0,new Dimension(width,\
height));
    projection = new ProjectionActor(component,width,height);

    projection.set(cop,lat,upp,openAngle,pNear,pFar,
      viewingWindow.getAspectX(),viewingWindow.getAspectY()
    );
    projectionFront = new ProjectionOrthoFront();

    projectionFront.setProjectionParam(left,right,bottom,top,near,far,
      viewingWindow.getAspectX(),viewingWindow.getAspectY()
    );
  }
```

Die `initializeProjection`-Methode benötigt ein zusätzliches Argument, nämlich die Komponente (`JComponent`), die das Canvas repräsentiert und die an die Projektionsklasse `ProjectionActor` weitergereicht wird. Diese kann sich nun als `KeyEventListener` und `MouseWheelLister` registrieren. Anhand der Parameter der `set`-Methode ist zu sehen, dass hier für die Festlegung des Frustums die Angabe des COP, der LAT und ein *Up*-Point (UPP) sowie der Öffnungswinkel verwendet werden.

`ProjectionActor` steht in einer Hierarchie, die mit `ProjectionFrustum` beginnt. Die perspektivische Projektion ist sehr speziell, so dass eine Ableitung von `ProjectionDefault` wie bei den anderen vorgestellten Projektionsklassen keinen Sinn ergibt. `ProjectionActor` enthält ausschließlich den Programmcode, der die Interaktion mit dem Benutzer abbildet (Key-, Mouse-Handler) und der die Veränderung des Frustums durch einen Aufruf von Methoden der Klasse `ProjectionFrustum` vornimmt.

Aufgerufen werden Methoden der `ProjectionFrustum`-Klasse, zu finden im Paket `gl.scene.proj`, auf deren Quellcode ich hier aber nicht eingehen werde. Die Frustum-Klasse dient mehr dem Beispiel, und die Einstellung der Kamera- und Projektionsmatrix ist dort nicht so einfach zu entnehmen. Stattdessen wird der Quellcode des Kameraknotens eines einfachen Szenengraphen `SGRenderMatrixCameraNode` präsentiert, zu finden bei `glib.storage.sgraph`.

```
package glib.storage.sgraph;

public class SGRenderMatrixCameraNode extends SGNode {

  private TransformF4x4 cameraMatrix = new TransformF4x4();
  private TransformF4x4 projectionMatrix = new TransformF4x4();
  ...

  public TransformF4x4 getCameraMatrix() { return cameraMatrix; }
  public TransformF4x4 getProjectionMatrix() { return projectionMatrix;\
 }
  ...

  private void updateCameraMatrix() {

    normalVector.set(
      lookAt.a1-position.a1,  // a1=x
      lookAt.a2-position.a2,  // a2=y
      lookAt.a3-position.a3   // a3=z
    );
    normalVector.unitVector();

    float cosin = (float)upDirection.dotProduct(normalVector);

    upVector.set(
      upDirection.a1-cosin*normalVector.a1,
      upDirection.a2-cosin*normalVector.a2,
      upDirection.a3-cosin*normalVector.a3
    );
    upVector.unitVector();

    normalVector.crossProduct(upVector,rightVector);
    rightVector.unitVector();

    cameraMatrix.m11 = rightVector.a1;
    cameraMatrix.m12 = rightVector.a2;
    cameraMatrix.m13 = rightVector.a3;
    cameraMatrix.m14 = -position.a1;

    cameraMatrix.m21 = upVector.a1;
    cameraMatrix.m22 = upVector.a2;
    cameraMatrix.m23 = upVector.a3;
    cameraMatrix.m24 = -position.a2;

    cameraMatrix.m31 = -normalVector.a1;
    cameraMatrix.m32 = -normalVector.a2;
    cameraMatrix.m33 = -normalVector.a3;
    cameraMatrix.m34 = -position.a3;
```

```
        cameraMatrix.m41 = 0f;
        cameraMatrix.m42 = 0f;
        cameraMatrix.m43 = 0f;
        cameraMatrix.m44 = 1f;
        cameraMatrix.setWIsOne(true);
        cameraMatrix.setType(TransformF4x4.GENERAL);

        cameraMatrix.m41 = 0f;
        cameraMatrix.m42 = 0f;
        cameraMatrix.m43 = 0f;
        cameraMatrix.m44 = 1f;
        cameraMatrix.setWIsOne(true);
        cameraMatrix.setType(TransformF4x4.GENERAL);
    }
}
```

Sie sehen hier eine direkte Implementierung der Matrix $\mathbf{M_{camera,OGL}}$, siehe (2.36). Ebenso wird die Projektionsmatrix $\mathbf{M_{Frustum}}$ aufgebaut, siehe (2.28) und (2.30).

```
    private void updateProjectionMatrix() {

        float wx = (frustumRight-frustumLeft);
        float wy = (frustumTop-frustumBottom);
        float wz = frustumFar-frustumNear;

        projectionMatrix.m11 = (2f*frustumNear)/(wx*aspectX);
        projectionMatrix.m12 = 0f;
        projectionMatrix.m13 = (frustumRight+frustumLeft)/wx;
        projectionMatrix.m14 = 0f;

        projectionMatrix.m21 = 0f;
        projectionMatrix.m22 = (2f*frustumNear)/(wy*aspectY);
        projectionMatrix.m23 = (frustumTop+frustumBottom)/wy;
        projectionMatrix.m24 = 0f;

        projectionMatrix.m31 = 0f;
        projectionMatrix.m32 = 0f;
        projectionMatrix.m33 = -(frustumFar+frustumNear)/wz;
        projectionMatrix.m34 = -(2f*frustumFar*frustumNear)/wz;

        projectionMatrix.m41 = 0f;
        projectionMatrix.m42 = 0f;
        projectionMatrix.m43 = -1f;
        projectionMatrix.m44 = 0f;

        projectionMatrix.setWIsOne(true);
        projectionMatrix.setType(TransformF4x4.GENERAL);
    }
```

Der Kameraknoten wird über eine XML-Datei versorgt, dort kann die Einstellung des Frustums auf zwei Arten erfolgen: wie nachfolgend gezeigt, durch die Angabe des Öffnungswinkels plus Near- und Far-Abstand, oder über eine direkte Angabe aller Frustum-Parameter (`right, left, top, bottom, near, far`).

```
<camera name="default-camera" type="perspective">
   <pos type="lookat"  >0 0 0</pos>
   <pos type="position">0 0 4</pos>
   <vec type="upVector">0 1 0</vec>
   <frustum param="anf">54 1 4</frustum>
</camera>
```

Die Methode `updateCamera` sieht die entsprechende Einstellung in einem Array `fParam`.

```
private void updateCamera() {

  updateCameraMatrix();

  if(cameraType==PROJECTION) {
    if(paramType==PARAM_RLTBNF) {
      frustumRight = fParam[0];  frustumLeft   = fParam[1];
      frustumTop   = fParam[2];  frustumBottom = fParam[3];
      frustumNear  = fParam[4];  frustumFar    = fParam[5];

      openAngleHalf = frustumRight/(frustumFar-frustumNear);
    }
    else {
      openAngleHalf= fParam[0]; // radiant, half-angle
      frustumNear  = fParam[4];
      frustumFar   = fParam[5];

      float tanAngleHalf = (float)Math.tan(openAngleHalf);
      float width = frustumNear*tanAngleHalf;

      frustumRight = width; frustumLeft   = -width;
      frustumTop   = width; frustumBottom = -width;
    }
    updateProjectionMatrix();
  }
}
```

Das Beispielprogramm zeigt anschaulich, dass zusätzliche Transformationen mit der Projektionsmatrix den Transformationen mit der Modellmatrix gleichwertig sind. Hierbei kommt die `[m]`-Taste ins Spiel. Drücken dieser Taste ruft die Methode `setModifyModelMatrix` auf, die dann das Flag `modifyMatrix` setzt. Die Projektionsmatrix wird komplett zusammengebaut, falls das Flag `false` ist, dann bleibt die Modellmatrix unverändert, siehe auch `setProjectionMatrix`. Ist das Flag `true`, dann stellt `setPro-`

`jectionMatrix` nur das Frustum ein. Das COP bleibt im Ursprung und die Blickrichtung ist entlang der negativen Z-Achse, entsprechend der OpenGL-Grundeinstellung. Nun wird stattdessen die Modellmatrix modifiziert; diese Einstellung sollte die Regel sein, das Flag steht hier nur für Demonstrationszwecke zur Verfügung.

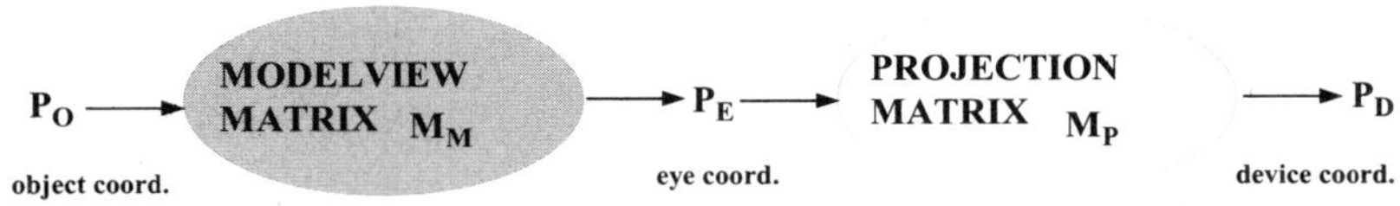

Abfolge der Matrizen und Zwischenkoordinaten eines abgebildeten Punktes.

Abbildung 2.47

Betrachtet man die OpenGL-Rendering-Pipeline, dann wird dort *zuerst* ein Objektpunkt P_O mit der Modellmatrix $\mathbf{M_M}$ vom Weltkoordinatensystem in das Beobachtersystem transformiert.

$$\mathbf{M_M} P_O = P_E \qquad \mathbf{M_M} = \mathbf{M_I}\mathbf{M_{OBJ}}$$

Die Matrix $\mathbf{M_I}$ ist die Modelview-Einheitsmatrix und $\mathbf{M_{OBJ}}$ die Komposition aller Matrizen, die die Transformationen der Objekte durchführen. *Danach* erfolgt die Projektion, die eine Transformation des Punktes P_E auf die Devicekoordinaten ist.

$$\mathbf{M_P} P_E = P_D \qquad \mathbf{M_P} = \mathbf{M_{Frustum}}\mathbf{T_{COP}}\mathbf{R_{uvn}}$$

Die Projektionsmatrix ist eine Komposition der Frustum-Matrix $\mathbf{M_{Frustum}}$, an die von rechts die Translationsmatrix $\mathbf{T_{COP}}$ für das COP und schließlich die Rotationsmatrix $\mathbf{R_{uvn}}$ heranmultipliziert wird. Ersetzt man nun entsprechend P_E, dann ergibt sich die totale Komposition der Matrizen entlang der Pipeline.

$$\mathbf{M_P}\mathbf{M_M} P_O = P_D$$
$$(\mathbf{M_{Frustum}}\mathbf{T_{COP}}\mathbf{R_{uvn}})\big(\mathbf{M_{OBJ}}\big) P_O = P_D$$

Entsprechend (7.32) dürfen die Klammern anders gesetzt werden. Achten Sie auf die sich ergebende Matrixreihenfolge: die *zuletzt* angelegte Matrix erscheint in der Matrixkette *links*.

$$\mathbf{M_{Frustum}} \underbrace{(\mathbf{T_{COP}}\mathbf{R_{uvn}})}_{\mathbf{M_{camera,OGL}}} \mathbf{M_{OBJ}} \cdot P_O = P_D$$

Betrachten Sie den Programmcode als Anregung. Wie würde Ihre Projektionsklasse, basierend auf der dargelegten Mathematik, aussehen? Sie können auch eine eigene Menge von Tasten und Mausaktionen definieren, um die Kontrolle über das Frustum und die Bewegungen auszuüben. Dazu ersetzen Sie entweder `ProjectionActor` oder Sie passen diese entsprechend Ihren Wünschen an. `ProjectionActor` ist eine reine Hilfsklasse, die das Beispiel unterstützt.

2.7 Zusammenfassung

Die 4×4-Transformationsmatrix kann viele Formen annehmen; die grundlegenden Matrixtypen konnten Sie im Abschnitt *Transformationen* studieren. Auch haben Sie gelernt, welchen Einfluss die Translationen oder Rotationen beim Rendern einer Szene haben. Damit sind Sie in der Lage, Objekte einer virtuellen Welt beliebig an ihre Plätze zu setzen, deren Größe zu ändern und sie wie gewünscht um beliebige Achsen zu rotieren.

Im Abschnitt *Projektionen* stand eine andere Form der 4×4-Transformationsmatrix im Mittelpunkt. Die Projektionen bilden die dreidimensionale virtuelle Welt auf die zweidimensionale Bildschirmfläche ab. Sie konnten sehen, dass mit nur zwei Grundtypen von Projektionsmatrizen alle Arten von Projektionen realisiert werden können. Dabei erwies sich die Frustum-Matrix zunächst als ein harter, schwer verdaulicher Brocken.

Die Blickrichtung und die Größe des Viewing Frustums geben einen Ausschnitt in der virtuellen Welt an. Vor der Projektion wird dieser Ausschnitt durch die Kameramatrix gedreht und verschoben, danach stimmt dann der Vektor der Blickrichtung mit dem Vektor der negativen Z-Achse überein. Die Veränderung der Kameramatrix findet bei jeder Bewegung und Blickänderung eines Avatars in einer Szene statt.

Auf der Grundlage der Projektionsvorschriften ist eine kleine Klassensammlung entstanden, bis hin zu einer Projektionsklasse, die eine freie Bewegung und Drehung in einer Szene erlaubt. Nebenbei sind Sie immer tiefer in die Welt von OpenGL vorgedrungen.

Viele der Beispiele nutzen die Mathematikklassen, wobei `TransformD4×4` sowie ihre Superklasse `MatrixD4×4` eine große Bedeutung besitzen. Tatsächlich finden sich dort die Ingredienzen für das Weben des Zaubers entlang der Rendering-Pipeline, und wie in einem guten Adventure-Game müssen Sie erst einmal Fähigkeitspunkte erwerben, um aufsteigen zu können. In diesem Falle ist das die Beherrschung der Abbildung der mathematischen Konzepte in die genannten Klassen. Ziehen Sie deren Quellcode heran und überprüfen Sie die damit umgesetzte Mathematik. Eine Diskussion dieser Klassen finden Sie ab Seite 564 und Seite 574ff.

Kapitel

3

Der vernetzte Raum

Digitale Kommunikationsnetze sind Bestandteil des Alltags geworden. Alle diese Netze kennen Knoten, in denen eine Verteilung und Weiterleitung, sowie Kanten, entlang derer ein Datentransport stattfindet. 1964 schrieb Paul Baran, einer der Pioniere des Internets: „Der Zeitpunkt für solche Erwägungen und Konzepte ist besonders günstig, weil wir gerade damit anfangen, die ersten Entwürfe für die digitalen Datenübertragungssysteme der Zukunft zu skizzieren."[1] Was Paul Baran skizzierte, war ein verteiltes Netzwerk, das zu der Zeit eine Neuerung war.

Zentrale und verteilte Netzwerke sind in Wirklichkeit die Grundlage beinahe aller wirtschaftlichen Strukturen. Zum Beispiel liefert ein Milchbauer ja die Milch nicht einem anderen Bauern zur Verarbeitung, sondern an die nächstgelegene Molkerei, ein zentrales Subnetz also. Ein Brothersteller lieferte schon seit Urzeiten an verschiedene Händler, die ihrerseits auch

[1] Paul Baran: „On Distributed Communications Networks", IEEE Transactions on Comunications Systems, 1. März 1964. In: Katie Hafner, Matthew Lyon: „ARPA Kadabra – Die Geschichte des Internet", Dpunkt Verlag, 1999. Siehe auch `http://www.rand.org/about/history/baran.list.html`.

von anderen Händlern Brote beziehen. In der Computertechnik der 1960-er mit ihren zentralen Rechnern waren derartige Strukturen aber keineswegs selbstverständlich. Die passende Infrastruktur war einfach nicht vorhanden, ja noch nicht einmal durchdacht.

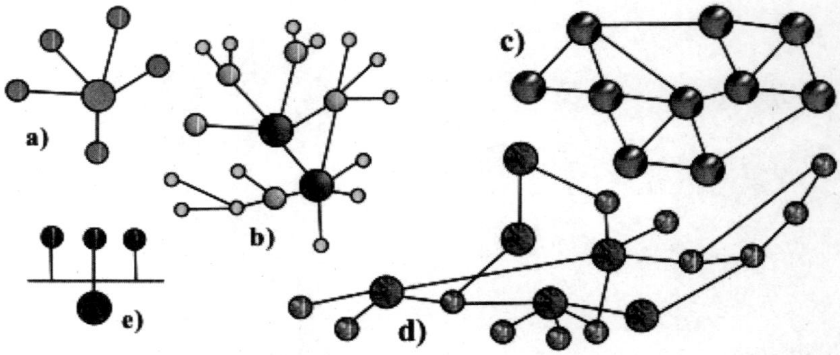

Abbildung 3.1 Beispiele für Netzwerke: a) Zentrales Netzwerk (Stern) b) Dezentrales Netzwerk (Baum), c) Verteiltes Netzwerk (Mesh), von Paul Baran vorgeschlagen, d) World Wide Web Hyperlinks (Hybrid) e) Datenbus.

Schließlich waren es die Militärs, die sich um die Verwundbarkeit ihrer Datennetze, speziell bei atomaren Angriffen, Sorgen machten. Baran war ein Angestellter der Mathematikabteilung der RAND Corporation (militärische Forschung und Entwicklung). Viel Geld für derartige Forschungen gab es von der ARPA, der *Advanced Research Projects Agency*; ihr Etat beim Start 1959 betrug zwei Milliarden Dollar. Unter dem „Schirm" der ARPA wurden das Ethernet und TCP/IP entwickelt. Es dauerte aber bis 1983, als das Netzwerk der ARPA, das ARPANET, offiziell zu TCP/IP überging und in einen militärischen und einen zivilen Teil aufgespalten wurde, vielleicht das Geburtsjahr des Internets; das ARPANET bestand bis 1989.

Das WWW mit seinen Hyperlinks ist die jüngste Entwicklung, hier kann jeder Teilnehmer mit jedem anderen Teilnehmer eine Verbindung aufbauen, genauer: eine Seite aufrufen. „Immer mehr Leute nutzten das Internet für geschäftliche Zwecke und erkannten zugleich seinen Freizeitwert. (...) Das war erst der Anfang. 1990 erlebte das World Wide Web, ein „multimedialer" Zweig des Internet, seine Geburtsstunde im CERN-Forschungslabor in Genf."[2]

Mit diesem Ausflug in die Welt der ganz großen Netze möchte ich lediglich darauf hinweisen, dass Netzwerke keineswegs eine selbstverständliche Einrichtung sind. In der Datenverarbeitung gibt es viele Einschränkungen, und die Programmierung „sauberer" Netzwerkstrukturen will gelernt sein. Es ist wie ein Ausflug in die Minen der Zwerge im Buch „Herr der Ringe": In den

[2] Zitat aus Arpa Kadabra, a.a.O., Seite 305.

Tiefen lauert ein Dämon, der sich just dann zeigt, wenn man glaubt, das Schlimmste schon überwunden zu haben. Ein Beispiel für einen solchen „Dämon" findet der Leser im Abschnitt *Programmieren*, wo es um das Klonen von Netzwerkzweigen geht (siehe Seite 593ff.). Hier werden erst einmal die Grundbegriffe untersucht und darauf aufbauend spezielle Netzwerke, die *Meshes*, betrachtet, die in der 3D-Computergrafik eine große Rolle spielen. Eine allgemeine Einführung über Computernetzwerke findet sich im Buch von Kurose und Ross.[3]

3.1 Graphen

Der erste Mensch, der einen Graphen gezeichnet hat, dürfte jener gewesen sein, der einem anderen Menschen mit einem Stock auf dem Boden einen Weg skiziert hat, wobei er an Knoten verweilte, um auf Besonderheiten des damit verbundenen Ortes hinzuweisen.

3.1.1 Einführung

Graphen sind gerichtet, wenn jeder Kante ein geordnetes Paar zweier Knoten zugewiesen ist; dabei darf ein Knoten auch mit sich selbst zusammenfallen. Ein geordnetes Paar ist von der Vektorrechnung her bekannt: (v_1, v_2).

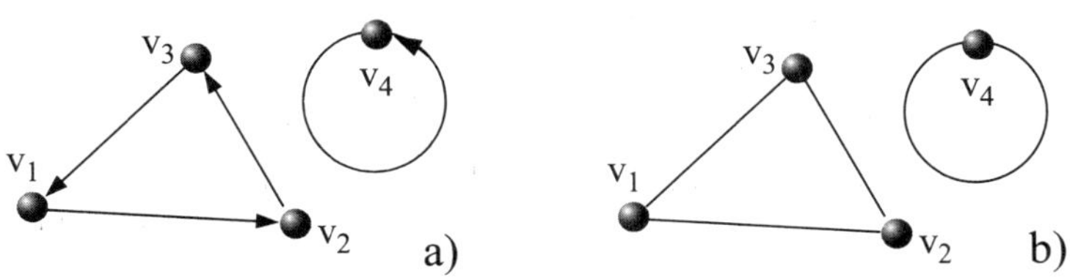

Zwei einfache Graphen: a) ist ein gerichteter und b) ein ungerichteter Graph.

Abbildung 3.2

Die Stellen des Paares bedeuten hier aber keine Zuordnung zu Koordinaten, sondern haben die Bedeutung „Erster", „Zweiter". Bei einer Menge $\mathbf{V} = \{v_1, v_2\}$ ist die Stellenposition nicht gegeben, die Menge **V** kann ebensogut als $\{v_2, v_1\}$ angeschrieben werden. Ungeordnete Paare sind zweielementige Mengen; werden diese den Kanten eines Graphen zugeordnet, dann liegt ein ungerichteter Graph vor.

In einem gerichteten Graphen können von einem Knoten mehrere Kanten aus- und eingehen. Zählt man alle Kanten eines Knotens, dann ergibt sich der *Grad* eines Knotens. Entsprechend können nur eingehende (+) oder

[3] James F. Kurose, Keith W. Ross: „Computernetzwerke", 5. Auflage, Pearson Studium, 2012.

ausgehende Knoten (–) gezählt werden; Schlingen werden doppelt gezählt. Stets muss gelten:

$$g_k = g^+ + g^-$$

Anstelle der Schreibweise mit geordneten Paaren dürfen auch die Knoten abgezählt $(v_1, v_2, v_3, \ldots v_n)$ und ein doppelter Index eingeführt werden. Dann bedeutet K_{ij} eine gerichtete Verbindung vom Knoten v_i zum Knoten v_j. Diese indizierte Schreibweise bietet den Vorteil der Bildung einer *Adjazenzmatrix* (*Nachbarschaftsmatrix*).

$$(a_{ij}) = \mathbf{A} = \begin{cases} 1 & \text{wenn } (v_i, v_j) \text{ zutrifft} \\ 0 & \text{wenn keine Kante vorhanden} \end{cases}$$

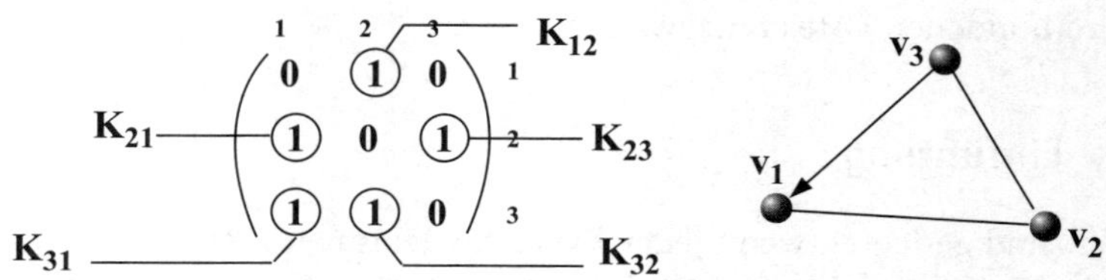

Abbildung 3.3 Dargestellt ist ein gemischter Graph, um die damit verbundene Adjazenzmatrix aufzuzeigen.

Solche Matrizen können schnell sehr groß werden, zum Beispiel das Mesh einer Figur mit 5.000 Vertices und der Adjazenzmatrix mit $5000^2 = 25 \cdot 10^6$ Elementen. Packt man je acht Elemente in ein Byte, dann belegt die Matrix mehr als drei MByte im Speicher.

Eine Kante kann besondere Bewertungen haben, in einem Mesh etwa Teil eines Saums sein oder in einem Transportnetz den Umsatz auf dieser Strecke angeben. Im letzteren Fall steht in der Adjazenzmatrix der Zahlenwert der Umsätze auf der betreffenden Strecke und Richtung.

3.1.2 Graphen und Relationen

Eine binäre Relation ist eine Verbindung zwischen den Elementen eines geordneten Paars. Zum Beispiel ist die aus der Mathematik bekannte binäre Relation $\neq$ eine Verbindung entsprechend:

$$\neq = \{(a, b) | a, b \text{ sind Zahlen und ungleich}\}$$

Lies: Die Relation $\neq$ ist eine Menge eines geordneten Paares (a, b), für diese trifft die Bedingung ... zu. Für binäre Relationen sind die Schreibweisen aRb

oder $(a,b) \in R$ üblich. Auch eine gerichtete Kante ist eine binäre Relation, mit dem Pfeil als Symbol.

$$\rightarrow = \{(a,b) | a,b \text{ sind Knoten und b der Nachfolger von a}\}$$

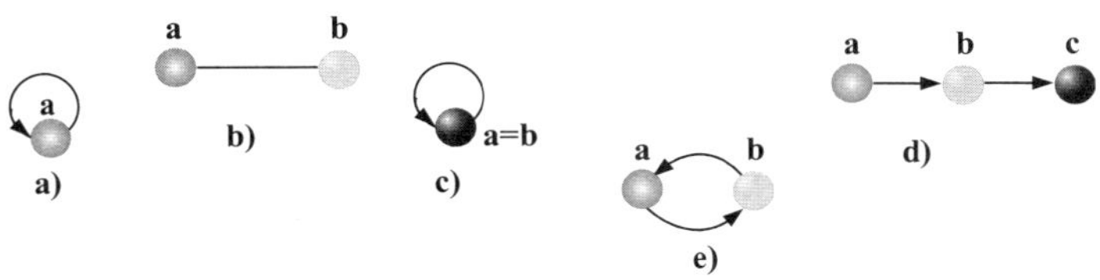

Die Relation → ist a) reflexiv, b) symmetrisch, c) antisymmetrisch, d) transitiv und e) linear. Abbildung 3.4

Anhand der Graphen sind bestimmte Eigenschaften der binären Relationen leicht zu erkennen. Es sei V die Menge der Vertices, d. h. die Knoten eines Graphen, dann sind zwei ausgewählte Vertices a und b Elemente der Menge V, d. h. $a,b \in V$. Mit dieser Zuordnung kann die Kurzschreibweise

$$\text{wenn} \quad \forall a,b \in V \wedge aRb \quad \text{zutrifft}$$

eingeführt werden (∧ und), lies: „wenn für alle Elemente (∀) a,b aus der Menge V die Relation aRb zutrifft". Die *reflexive* Eigenschaft einer Relation ist gegeben,

$$\text{wenn} \quad \forall a \in V \wedge aRa \quad \text{zutrifft}$$

Wenn diese Eigenschaft nicht gilt, dann ist die Relation *irreflexiv*. Das ist der Fall, wenn in einem Graphen keine Schlingen zulässig sind, anders ausgedrückt, alle Kanten müssen verschiedene Knoten verbinden. Alle Kanten (→), (–) sind in einem solchen Fall zumindest irreflexive Relationen zwischen den Knoten a,b. *Symmetrisch* ist eine Relation,

$$\text{wenn} \quad \forall a,b \in V \wedge (aRb \wedge bRa) \quad \text{zutrifft}$$

offensichtlich ist damit die ungerichtete Kante zwischen den Elementen a,b angesprochen, diese ist sowohl irreflexiv als auch symmetrisch. Nur dann, wenn $a = b$, liegt eine *antisymmetrische* Eigenschaft vor.

$$\text{wenn} \quad \forall a,b \in V \wedge (aRb \wedge bRa \wedge a = b) \quad \text{zutrifft}$$

Eine wichtige Relationseigenschaft ist die *transitive* Eigenschaft. Sie liegt vor (⇒, daraus folgt)

$$\text{wenn} \quad \forall a, b \in V \wedge (aRb \wedge bRc \Rightarrow aRc).$$

Die *lineare* Eigenschaft wird bei den Halfedges eine Rolle spielen.

$$\text{wenn} \quad \forall a, b \in V \wedge (aRb \vee bRa \wedge a \neq b) \quad \text{zutrifft}$$

Komposition von Relationen

Ausgegangen wird dabei vom Produkt ($C = A \times B$) zweier Mengen. Gegeben seien die Mengen $A = \{a, b\}$ und $B = \{b, c\}$, für die jeweils die Relationen aRb und bSc zutreffen. Zunächst zum Produkt der beiden Mengen, siehe dazu auch *Kartesisches Produkt* (Seite 427 bzw. (7.8)).

$$A \times B = \{(a, b), (a, c), (b, b), (b, c)\}$$

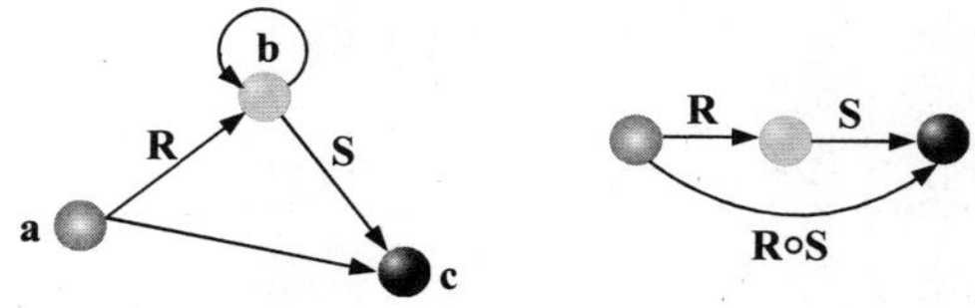

Abbildung 3.5 Graph von Relationen, entstanden aus der Produktbildung $A \times B$.

Aus diesen möglichen Kombinationen wird eine durch Definition ausgewählt.

$$R \circ S = \{a, c \in V | \exists b(b \in V \wedge aRb \wedge bSc)\} \tag{3.1}$$

Die Komposition $R \circ S$ ist eine Relation über das geordnete Paar (a, c), wenn ein b aus V gegeben ist, so dass R von a nach b und S von b weiter nach c führt. Es existiert ein b ($\exists b$), für das (...) zutrifft.

Exkurs 3.3

Gegeben sei eine Menge von vier Personen

$$P = \{\texttt{Isabel}, \texttt{Leoni}, \texttt{Hans}, \texttt{Kirstin}\}$$

sowie die Relationen R =„a ist ein Nachfahre von b“ und S =„b ist ein Vorfahre von c“.

1 $R \circ R$	(Leoni,Hans) ∘ (Kirstin,Hans) = ∅	
2 $R \circ S$	(Leoni,Hans) ∘ (Hans,Isabel) = (Leoni,Isabel)	
3 $R \circ S \circ R$	(Isabel,Hans) ∘ (Hans,Leoni) ∘ (Leoni,Hans) = (Isabel,Hans)	

Im ersten Beispielfall sind Leoni und Kirstin beide Nachfahren (Kinder) von Hans, und da die Komposition ($R \circ R$) leer ist, müssen Leoni und Kirstin Schwestern sein. Der zweite Fall ($R \circ S$) besagt, dass Hans ein Vorfahre von Isabel ist, und wegen der ersten Beziehung muss Leoni die Enkelin von Isabel sein (Kindeskind). Die dritte Komposition besteht aus drei Relationen: $R \circ S \circ R$. Wenn Sie nun stur die Vorschrift anwenden, die in (3.1) gegeben ist, dann erhalten Sie die Kette: (Isabel,Leoni)∘(Leoni,Hans) und schließlich, da dann Leoni herausfällt, das genannte Ergebnis.

Ende des Exkurses 3.3

Wie in Abbildung 3.5 zu sehen, stellt die Komposition einen Pfad dar; warum nicht weitere Kompositionen $R \circ S \circ T$ usw. bilden, die dann einen Weg von a nach t usw. angeben? In der Definition steckt aber mehr als ein Weg, und zwar, wenn von Relationen ausgegangen wird, die abzählbare Elemente enthalten. Nun bedeutet $R \circ S$, dass es i viele Ausgangspunkte, j viele Zwischenpunkte und k viele Endpunkte gibt.

$$(a_i, b_j) \in R \quad \text{bzw.} \quad (b_j, c_k) \in S$$

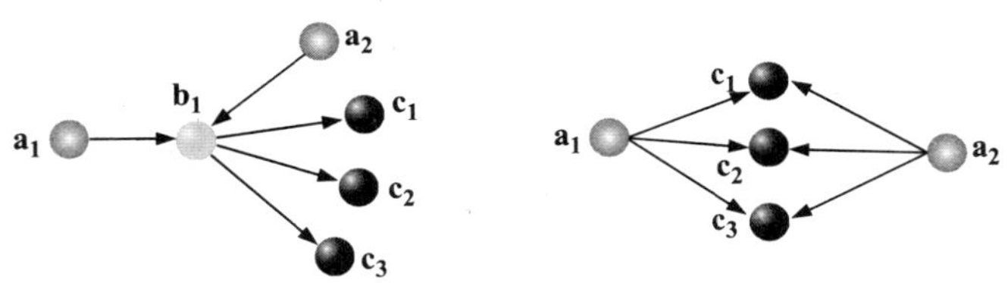

Abbildung 3.6 Im Beispiel ist i=2, j=1 und k=3 sowie die Komposition $(a_i, c_k) \in R \circ S$ gegeben. Ausgehend von den beiden a_1, a_2 gehen drei Wege, die alle über b_1 führen, nach den c_k.

Für die Wegfindung in einem Mesh, das kann ja ein bestimmtes Terrain sein, sind die Kompositionen von binären Relationen von Bedeutung, bei denen $i = k = 1$ und j beliebig ist. Es gibt dann j viele Zwischenpunkte, über die Wege von a nach c führen.

Das Thema Relationen wird in einem Buch von Dirk Hackenberger[4] eingehender behandelt.

4 Dirk Hackenberger: „Mathematik für Informatiker“, 2. Auflage, Pearson Studium, 2008.

Exkurs 3.4

Relationen sind Mengen, und damit dürfen auch Verknüpfungen zwischen Mengen verwendet werden. Angenommen, es sind drei Relationen $(a,b) \in R_A$, $(b,c) \in R_B$ und $(c,a) \in R_C$ gegeben. Die Vereinigung ist die Relation $R = \{R_A \cup R_B \cup R_C\}$. Der zugehörende Graph ist ein Dreieck, in dem die gerichteten Kanten im Uhrzeigersinn umlaufen. Dieser Umlaufsinn kann bei der gegebenen Relation umgedreht werden, wenn die Komposition der Relation mit sich selbst gebildet wird.

$$R \circ R = \{(a,b),(b,c),(c,a)\} \circ \{(a,b),(b,c),(c,a)\} = \{(a,c),(c,b),(b,a)\}$$

Wie komme ich auf dieses Ergebnis? Die Definition der Komposition zweier binärer Relationen (3.1) fordert, dass das zweite Element der links stehenden Relation in der rechts stehenden Relation als erstes Element auftreten muss. Mathematisch präzise heißt dies, dass das Element der Wertemenge von R_L ein Element der Definitionsmenge von R_R sein muss; in (x,y) ist x das Element aus der Definitionsmenge und y das aus der Wertemenge.

$$\begin{array}{lll} (a,b)\circ(a,b) = \emptyset & (b,c)\circ(a,b) = \emptyset & (c,a)\circ(a,b) = (c,b) \\ (a,b)\circ(b,c) = (a,c) & (b,c)\circ(b,c) = \emptyset & (c,a)\circ(b,c) = \emptyset \\ (a,b)\circ(c,a) = \emptyset & (b,c)\circ(c,a) = (b,a) & (c,a)\circ(c,a) = \emptyset \end{array}$$

Die Elemente der Relation R und $R \circ R$ sind transitiv. Das Ergebnis ändert sich allerdings dramatisch, wenn auch nur eine Relation verändert wird. Als Abkürzung für die Komposition von Relationen sei hier noch $R \circ R = R^2$ eingeführt. Ich habe oben, um die Relation R zu bilden, die Vereinigung von Mengen benutzt. Das kann auch auf R, R^2, R^3 ... angewandt werden: $R^+ = R \cup R^2 \cup R^3 \ldots$ Die Relation R^+ wird die *transitive Hülle*[5] von R genannt.

$$R^+ = \bigcup_{n \geq 1} R^{(n)}$$

Für die Relation R, die dem dreieckigen Graphen zugrundeliegt, ergibt die Berechnung der transitiven Hülle: $R^+ = \{(a,b),(b,c),(c,a),(a,c),(c,b),(b,a),(a,a),(b,b),(c,c)\}$, also alle möglichen, einschließlich der reflexiven Verbindungen.

$$R_1 = \{(\mathbf{b},\mathbf{a}),(b,c),(c,a)\} \qquad R_1^2 = \{(b,a)\}$$

In diesem Falle, bei der Bildung von R_1^+, folgt hingegen: $R_1^+ = R_1$.

[5] Englisch: transitive closure

Dargestellt sind zwei Meshes, die zwei verschiedene Gelände darstellen. Der gestrichelte Pfeil weist darauf hin, dass die Verbindung von c nach d nicht unbedingt existieren muss. Die Punkte c und d werden auch als Wrap-Point oder Teleport Point bezeichnet.

Abbildung 3.7

In der folgenden Relation existiert die Verbindung von c nach d nicht.

$$R_M = \{(a, b_i), (b_i, c), (d, e_j), (e_j, f)\}$$
$$R_M^2 = \{(a, c), (d, f)\}$$
$$R_M^3 = \emptyset$$

Wenn nun die Verbindung eingeführt wird, dann folgt nach einigen Schritten die gesuchte Möglichkeit, von a nach f zu gehen.

$$R_P = \{(a, b_i), (b_i, c), (c, d), (d, e_j), (e_j, f)\}$$
$$R_P^2 = \{(a, c), (b_i, d), (c, e_j), (d, f)\}$$
$$R_P^3 = \{(a, d), (b_i, e_j), (c, f)\}$$
$$R_P^4 = \{(a, e_j), (b_i, f)\}$$
$$R_P^5 = \{(a, f)\}$$

Die Kombination von Relationen funktioniert nur durch die Bildung eines *Superknotens* bzw. eines *Supervertex*. Im letzten Beispiel werden ja die b_i oder e_j nicht in einzelne Knoten b_1, b_2 usw. aufgespalten, vielmehr als einziger Knoten angesehen, der stellvertretend für einen Subgraphen steht.

Ende des Exkurses 3.4

Exkurs 3.5

Die transitive Hülle $R_p \cup R_p^2 \cup R_p^3 \ldots$ ist die Menge aller Pfade, die in dem gegebenen Graphen existieren. Sie lässt sich auf der Grundlage einer Adjazenzmatrix erstaunlich leicht bilden.

a)

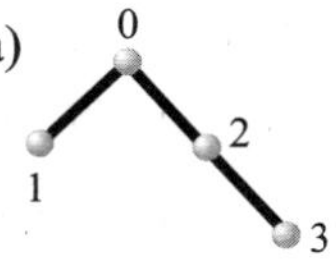

b)

	0	1	2	3
0	0	1	1	0
1	1	0	0	0
2	1	0	0	1
3	0	0	1	0

c)

	0	1	2	3
0	0	1	1	1
1	1	0	1	1
2	1	1	0	1
3	1	0	0	1

Abbildung 3.8 a) Ein einfacher Graph und b) die dazugehörende Adjazenzmatrix; c) die transitive Hülle als Matrix abgebildet.

In der Matrix steht eine Eins, wenn es eine Relation R_{ik} gibt, etwa $R_{02} = (0,2)$, die Richtung vom Knoten 0 zum Knoten 2. Eine weitere Relation für den Knoten k findet sich in der Zeile i, zum Beispiel $R_{23} = (2,3)$. Eine UND-Verknüpfung $R_{02} \wedge R_{23} = 1$ lässt eine Eins stehen, wenn die Komposition $A_{02} \circ A_{23}$ existiert. Der Floyd-Warshall-Algorithmus[6] ist im Prinzip eine Matrixmultiplikation, bei der die Elemente auf eine bestimmte Weise gebildet werden. Eingabe ist die gegebene Adjazenzmatrix, und die Ausgabe erfolgt durch die Matrix B. Beide Matrizen sind hier der Einfachheit halber mit Booleschen Elementen angenommen.

```
B <--- adjazenz
for(k=0; k<N; k++) {
  for(i=0; i<N; i++) {
    for(j=0; j<N; j++) {
      B[j,j]  = B[i,j])|(B[i,k]&B[k,i];
    }
  }
}
```

Dieser Mechanismus kann auch dynamisch, mit Zusatzbedingungen ausgeführt werden, oder die Adjazenzmatrix hat eine zeitliche Komponente. Einzelne Verbindungen werden zu bestimmten Zeitpunkten zugelassen oder abgeschaltet.

Ende des Exkurses 3.5

Exkurs 3.6

Durch einfaches Markieren von Kanten können die Knoten in zwei Gruppen eingeteilt werden. Dabei ist eine Regel anzuwenden: Knoten, die einer markierten Kante zugeordnet sind, dürfen nicht mehr verwendet werden.

6 Entnommen aus Jean-Paul Tremblay, Paul G. Sorenson: „The Theory and Practice of Compiler Writing", McGraw-Hill, 1985, Seite 25.

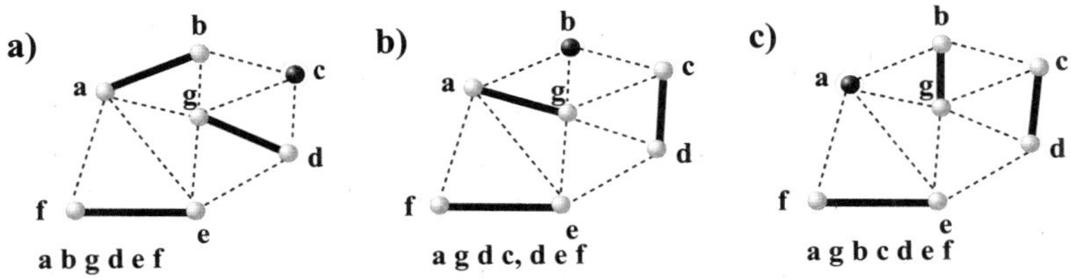

Abbildung 3.9

Im Bild sind verschiedene Matchings in einem ansonsten gleichen Graphen dargestellt. Matchings sind mit fetten Kanten und freistehende Knoten sind in einer anderen Farbe und umrandet dargestellt. Die gestrichelten Linien sind Übergangskanten, die zu einem Matching oder einem freistehenden Knoten führen. Unter den Graphen sind alternierende Wege aufgelistet, wobei bei b) zwei solcher Wege beschritten wurden, um alle Matchings zu finden.

Die beiden Knotenarten sind jene, die einem Matching zugehören, sowie die Gruppe der freistehenden Knoten. Jack Edmond[7] führte 1965 für die Menge der markierten Kanten den Begriff *Matching* und für die Pfade, die abwechselnd eine markierte und eine nicht markierte Kante enthalten, den Begriff *Alternating Path* ein. Alternierende Pfade führen von einem Ausgangsknoten zu einem Endknoten und können sowohl mit markierten als auch mit nicht markierten Kanten beginnen. Stets ist auf dem Weg aber die gegenteilige Kantenart zu wählen. *Freie Knoten* sind Knoten, die zu keiner markierten Kante gehören.

Es seien nun die Knoten mit der Menge V, die Kanten mit der Menge E und ein bestimmtes Matching mit der Menge M angesprochen. Dann lassen sich einige Beziehungen allgemein beschreiben. Der Graph ist die Menge $G = \{V, E\}$, bestehend aus der Menge der Knoten und der Menge der Kanten. Da Matchings existierende Kanten enthalten, gilt $M \subset E$, das Matching ist eine Untermenge der Kanten. Die komplementäre Menge, siehe (7.4), von E bzgl. eines Matchings enthält die Kanten, die nicht markiert wurden.

$$V = \{a, b, c, d, e, f, g\}$$

$$E = \{e_{ab}, e_{bc}, e_{cd}, e_{de}, e_{ef}, e_{fa}, e_{ag}, e_{ae}, e_{bg}, e_{cg}, e_{dg}, e_{eg}\}$$

$$M = \{e_{ab}, e_{dg}, e_{ef}\}$$

$$E \setminus M = \{e_{bc}, e_{cd}, e_{de}, e_{fa}, e_{ag}, e_{ae}, e_{bg}, e_{cg}, e_{eg}\}$$

Schreibt man ein Matching als eine Relation

$$M = \{(a, b), (d, g), (e, f), (b, a), (g, d), (f, e)\}$$

dann ist zu sehen, dass diese linear und nicht transitiv sind. Dies ist durch

[7] Jack Edmond: „Paths, Trees, and Flowers“, in: Canadian Journal of Mathematics, 17, 1965, Seite 449-467.

das Auswahlververfahren begründet und dadurch, dass alle Kanten ungerichtet sind. Das Auswahlverfahren verhindert, dass der zweite Knoten in der Relation $R = \{(k_a, k_b)\}$ ein erster Knoten einer anderen Relation der Menge der Matchings wird. Ein oder mehrere freie Knoten sind ebenfalls durch das relative Komplement auswählbar: $V \setminus M_v$, wenn die Menge M_v durch die Knoten eines Matchings M gebildet wird: $V \setminus M_v = \{c\}$.

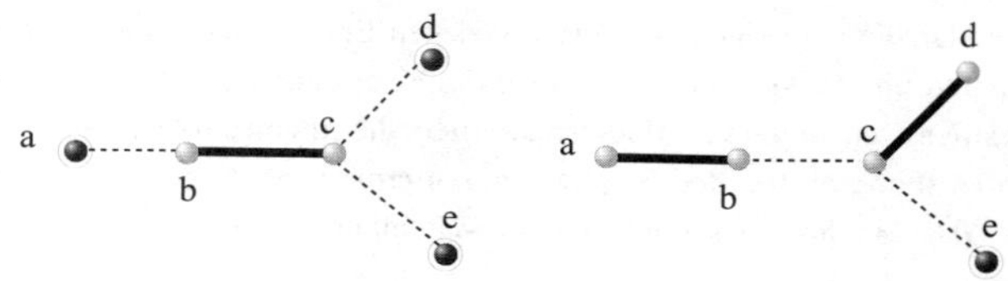

Abbildung 3.10 Je nachdem, welche Kante markiert wird, kann es sein, dass dies weitere Markierungen verhindert.

Die Menge M besitzt eine Mächtigkeit $|M|$, gleich der Anzahl ihrer Elemente, auch als Kardinalität der Menge bezeichnet. Wenn für einen Graphen $|M|$ maximal ist, dann wird das Matching *maximales Matching* genannt. Ein zunehmender Weg (*Augmenting Path*) ist ein einfacher Pfad (keine Schleifen) zwischen freien Knoten. Ein *perfektes Matching* enthält alle Knoten eines Graphen. Bei einer ungeraden Knotenanzahl gibt es kein perfektes Matching. Dieses und ein zunehmender Pfad schließen sich aus, denn der Pfad enthält ja mindestens einen freien Knoten, der bei einem perfekten Matching aber einer markierten Kante zugeordnet sein sollte.

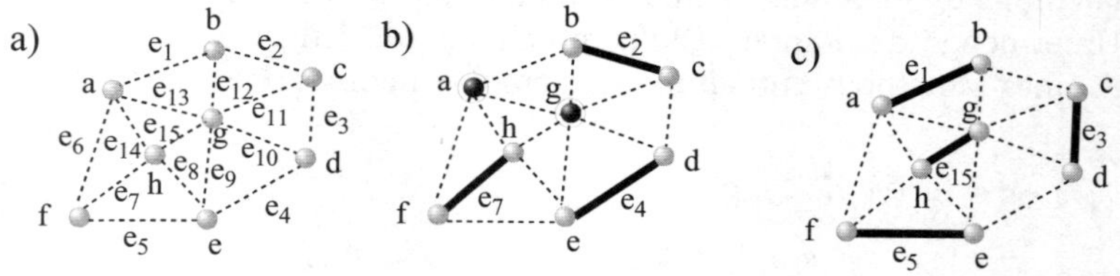

Abbildung 3.11 a) Ergänzter Graph, um auch maximale Matchings möglich zu machen. b) Ein zunehmender Pfad und c) ein perfektes Matching.

Bildet man die symmetrische Differenz zwischen einem Matching und einem diesen enthaltenden zunehmenden Pfad ($M \oplus P$), dann werden alle nicht markierten Kanten ausgewählt, und diese Kanten bilden ein weiteres Matching. Die symmetrische Differenz lässt nur Elemente übrig, die in der der Menge M oder P enthalten sind, aber nicht in beiden Mengen, siehe dazu auch (7.5).

$$P = \{e_1, e_2, e_3, e_4, e_5, e_7, e_{15}\}$$

$$M = \{e_2, e_4, e_7\}$$

$$M \oplus P = \{e_1, e_3, e_5, e_{15}\} \qquad \text{und } |M \oplus P| = |M| + 1$$

Im obigem Falle ist durch das auf der symmetrischen Differenz basierende *Austauschverfahren* zugleich ein perfektes Matching entstanden.

Ende des Exkurses 3.6

3.2 Meshes

3.2.1 Einführung

In der 3D-Software werden Knoten zu *Vertices* (*Scheitelpunkten*) und Kanten mit *Edges* bezeichnet. Ein spezielles Netzwerk, basierend auf Vertices, nennt man ein Mesh. Dieses ist im Prinzip ein ungerichteter Graph, gebildet mit der Menge der Vertices $\mathbf{V} = \{..., v_i, ...\}$. Allerdings sind in einem Mesh bestimmte Verbindungen zwischen den Vertices nicht zulässig.

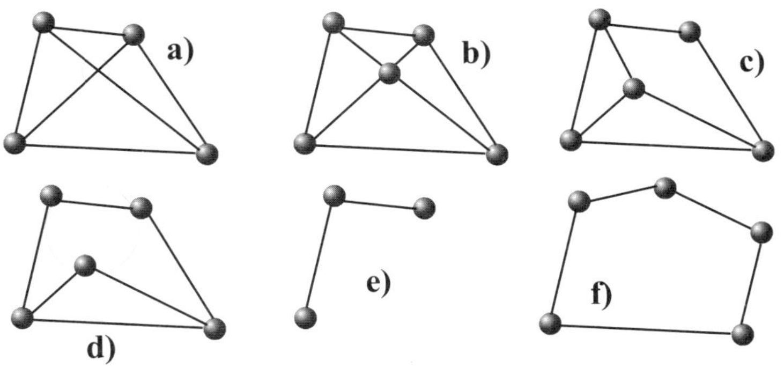

Abbildung 3.12

Von den im Bild dargestellten Meshes sind a) unzulässig (kreuzende Edges), b) und c) zulässig, d) unzulässig (fehlende Kante bzw. konkaves Polygon), e)unzulässig (unvollständig) und f) zulässig, wenn Polygone ($n > 4$) erlaubt.

Fasst man ein Mesh als eine Hülle auf, die ein Volumen ganz oder teilweise umschließt, dann wird schnell klar, dass Verbindungen, die das umhüllte Volumen durchqueren, in einem Mesh unzulässig sind; auch dürfen sich Kanten nicht kreuzen. Grundsätzlich können Meshes aus n-fachen (n>4) Polygonen bestehen. Im zweidimensionalen Raum ist jeder schon oft einem Mesh aus N-Polygonen begegnet, in der Form von Karten, die Staatsgrenzen oder Grundrisse darstellen. Die Darstellung von vieleckigen Körpern ist ein weiteres Beispiel für ein Mesh aus N-Polygonen. Auch viele Formen der Paketierung – Mosaike – sind Meshes mit N-Polygonen.

Für das Rendering werden Meshes aus Rechtecken (*Quads*) oder Dreiecken (*Tris*) aufgebaut, je nachdem, wie viele Vertices ein Flächenelement bestimmen. Flächenelemente werden als *Facetten* oder *Faces* bezeichnet. Quads sind die bevorzugten Elemente bei der Erstellung von Modellen, denn sie sind einfacher zu handhaben, sehen einfach besser aus, und die Gefahr, dass bei der Modellerstellung hässliche Knicke entstehen, ist geringer. Allerdings wird es einem Designer kaum gelingen, Modelle, insbesondere organische Modelle, gänzlich ohne Dreiecke aufzubauen.

Weil die Organisation von Gemischen aus Quads und Dreiecken bei der Übergabe an einen Renderer nur sehr ineffektiv zu handhaben ist, wird ein Mesh komplett umgewandelt, so dass nur noch Dreiecke vorhanden sind. Die Umwandlung geschieht durch entsprechende Werkzeuge, lange vor dem Laden in ein Programm, bei dem schnelles Rendern angesagt ist. Die Zerlegung von n-fachen Polygonen in Dreiecke ist ein Vorgang, der *Tesselation* genannt wird.

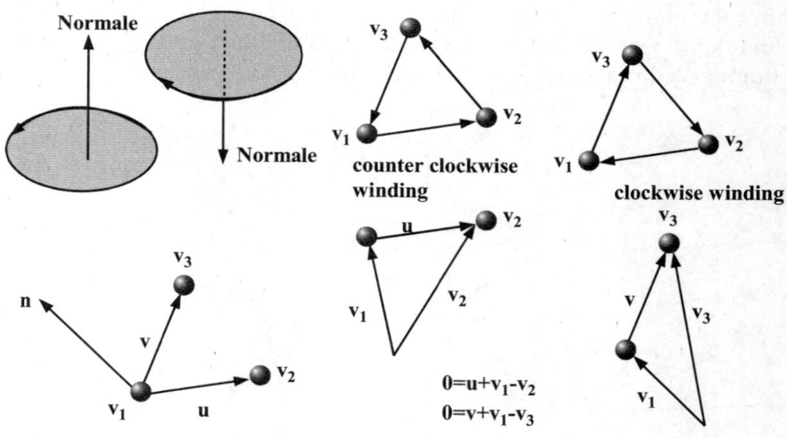

Abbildung 3.13 Der Daumen der rechten Hand zeigt in die Richtung der Normalen, während die gekrümmten Finger die Drehrichtung einer Kurve oder eines Kreises angeben. Daneben die Festlegung der Drehrichtung durch die Abfolge der Vertices. Darunter die Bestimmung der Normalen durch einen gewählten Fußpunkt und zwei andere Punkte – die anderen beiden Vertices – auf der Ebene. Da beide Basisvektoren der Ebene vom Fußpunkt wegzeigen müssen, gibt es nur eine Möglichkeit, mit v_1 als Fußpunkt diese Vektoren festzulegen.

Neben den Vertices und Edges sind bei einem Mesh auch die von den Edges eingeschlossenen Faces in der 3D-Grafiksoftware von Bedeutung. Bei einem gültigen Face gibt die Abfolge der Vertices eine Drehrichtung an: *Counter Clockwise Winding* (CCW) $F_{CCW} = (v_1, v_2, v_3)$ oder *Clockwise Winding* (CW), wenn $F_{CW} = (v_1, v_3, v_2)$. Das ist eine reine Übereinkunft. Eine Fläche hat zwei Seiten, die durch die Drehrichtung beim Blick von der Spitze der Flächennormale auf deren Fußpunkt auf der Fläche bestimmt werden. Bei OpenGL ist durch eine Drehrichtung entgegen dem Uhrzeigersinn (CCW) eine Vorderfläche gekennzeichnet, und die umgekehrte Drehrichtung (CW) markiert die Rückseite der Fläche.

Auch die Bildung der Normalen ist von der Drehrichtung abhängig. Zunächst darf jeder Vertex als Fußpunkt und zusammen mit den anderen beiden für die Bestimmung der Vektoren einer Ebene verwendet werden. Erst bei der Bildung des Kreuzproduktes zur Ermittlung der Normalen wirkt sich die Drehrichtung aus. Der Vektor $\vec{u}$ sei zum Beispiel durch die Kante $K_1 = (v_1, v_2)$ gegeben und $\vec{v}$ durch $K_2 = (v_1, v_3)$. Da v_1 der gemeinsame Fußpunkt ist, gibt die Differenz $(\vec{v}_3 - \vec{v}_1)$ den Vektor $\vec{v}$ und $(\vec{v}_2 - \vec{v}_1)$ den Vektor $\vec{u}$ an.

Entsprechend den Face-Listen (F_{CCW} oder F_{CW}) wird entweder v_2 oder v_3 für $\vec{u}$ und v_3 bzw. v_2 für $\vec{v}$ gewählt. Nun ist die Normale durch das Kreuzprodukt gegeben.

$$\hat{n} = \frac{\vec{u} \times \vec{v}}{|\vec{u} \times \vec{v}|} \tag{3.2}$$

Dieses ist antikommutativ, das bedeutet: Wenn die Vektoren $\vec{u}$ und $\vec{v}$ im Kreuzprodukt vertauscht werden, dann ist beim Ergebnis ein Minuszeichen zu setzen: $\vec{u} \times \vec{v} = -(\vec{v} \times \vec{u})$, die Richtung der Normalen dreht sich um. Sie können sich dieses Verhalten mit der rechten Hand klarmachen: Wird $\vec{u}$ fest mit dem Daumen und $\vec{v}$ mit dem Zeigefinger identifiziert, dann zeigen die Finger der sonst entspannten Hand automatisch in die Richtung der Normalen. Drehen Sie nun die Hand um, dann zeigen die restlichen Finger nach unten. Beobachten Sie, wie Sie dabei die Kanten vertauschen, nun zeigt der Daumen auf den Vertex v_3.

Ein Mesh ist mehr als nur ein Konstrukt, um Objekte in einer virtuellen dreidimensionalen Welt darzustellen. Es ist auch eine Annäherung an eine Oberfläche der realen Welt, die ein Volumen einschließt oder ein Gelände maßstäblich wiedergibt. Auch Netzwerke, seien sie real wie Transportnetze oder ein Modell einer Sozialstruktur, können durch ein Mesh wiedergegeben und weiter untersucht werden. Entsprechend der Vielfalt an Einsatzmöglichkeiten gibt es eine Vielzahl von Operanten und Zielvorgaben für Modifikationen, Analysen und die Navigation im Mesh. Es folgt nur eine kleine Auswahl, die an der 3D-Computergrafik orientiert ist.

Für die Beleuchtung und Kollisionen werden Normale benötigt, die an Vertices gebunden sind. Auch muss ein Mesh nicht unbedingt von vornherein mit Face-Listen versehen sein. So ist es dann nötig, bei einem bestimmten Vertex in ein Mesh einzusteigen, die umgebenden Flächen aufzulisten und auf dieser Grundlage dann die Normale eines Vertex zu berechnen. Die genannte Suche nach den Flächen ist eine Form der Nachbarschaftssuche, ausgehend von einem Startvertex. Was in einem Mesh noch Teil der Nachbarschaft ist und was nicht, ist eine Frage der Entfernung, die mit einer Reihe von Kriterien gekoppelt sein kann. Im einfachsten Fall wird die Zahl der Kanten gezählt, in komplizierten Fragestellungen die kürzeste Entfernung gesucht, die Kanten werden daher bewertet.

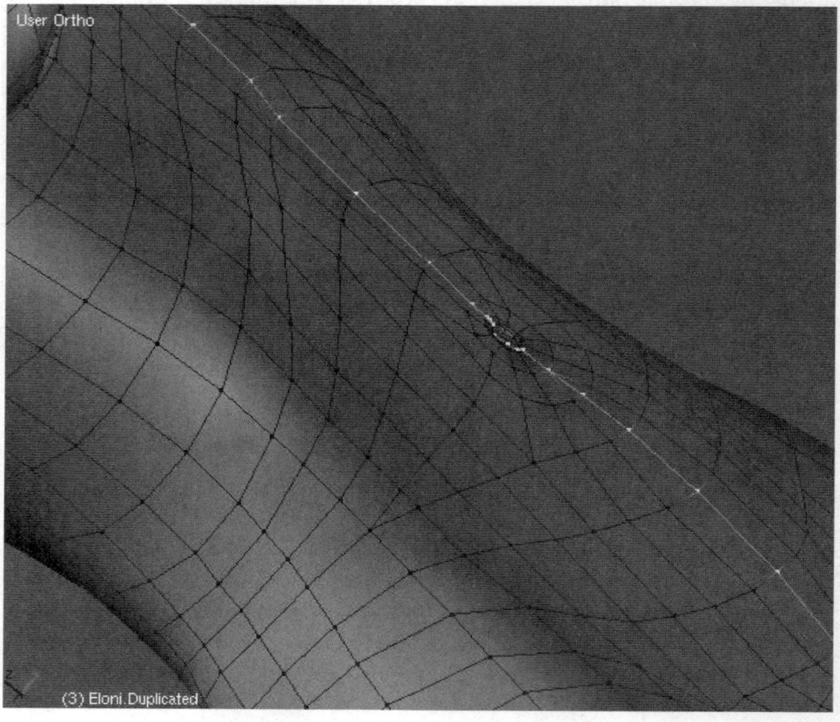

Abbildung 3.14 Dargestellt ist ein Mesh eines weiblichen Modells, vom Autor erstellt mit Blender. Das Modell besteht noch aus zwei Teilen, die durch den markierten Saum getrennt sind. Bei symmetrischen Objekten, und dazu gehört auch der menschliche Körper, wird meist nur eine Hälfte des Mesh aufgebaut, die Erzeugung einer gespiegelten Kopie, insbesondere deren Synchronisation mit dem Original, übernimmt Blender. Wie zu sehen ist, lassen sich Dreiecke im Mesh auch bei größter Sorgfalt nicht vermeiden. Mit Blender können zwar alle Stufen, einschließlich Posing, Animation, Video bis hin zu Spielen, mit einem Werkzeug durchgeführt werden, es wird aber auch der Zeitpunkt kommen, an dem das Modell exportiert werden muss. Spätestens hier werden Original und Kopie zusammengeführt und das Modell auf die Auflösungsstufe des Zieles gebracht, dabei häufig in ein Mesh aus Dreiecken umgewandelt. Die Projektionsart ist eine rechtwinklige Projektion (User Ortho), siehe auch Seite 72f. und Seite 80ff.

Eine ebenfalls anspruchsvolle Fragestellung ist die nach der Flächengröße. So kann die durchschnittliche Größe aller Flächen in einem Mesh ermittelt und mit statistischen Methoden eine Bewertung des gesamten Mesh vorgenommen werden. Wir empfinden eine gleichmäßige Aufteilung eines Mesh ansprechender als eine, die beliebig große Flächenanteile aufweist. Aber auch ein unregelmäßiges Mesh wird zweckdienlich sein, wenn die Aufteilung sich nach der Fülle der darzustellenden Details richtet. Selbstverständlich kann eine Fläche wieder nach verschiedenen Kriterien bewertet sein: Grundstückspreise, Feuchtegehalt des Bodens, Waldbrandgefahr usw.

Abbildung 3.15

Das gleiche Modell wie im vorigen Bild. Ein Teil der Dreiecke in der Nähes des Saumes wird durch die Zusammenlegung des Originals mit seiner Kopie zu Quads. Besonders im Bauch- bzw- Rückenbereich des Modells sind umlaufende Linien zu erkennen, die „Loops" genannt werden. Der markierte Saum ist ebenfalls ein Loop, diese müssen also nicht unbedingt einen Körper komplett umlaufen. Inbesondere Dreiecke unterbrechen einen Loop, was ebenfalls auf der dargestellten Designstufe nicht erwünscht ist. Die Auflösung, d. h. die Dichte der Maschen, liegt im mittleren Bereich. Für ein Posing noch zu gering und für den Einsatz in Spielen durchaus an der oberen Grenze. Auf der anderen Seite liegen Meshes, die von 3D-Scannern stammen oder mittels medizinischer Geräte gewonnen wurden. Dort kann die Vertexzahl leicht in die Millionen gehen.

Umschließt ein Mesh ein Volumen, dann sind die Polygone des Mesh die Oberflächen desselben, und durch diese können dann Transportvorgänge stattfinden. Das ist dann ein Stofftransport in eine Zelle, zu- oder abfließende Energie in Form von Wärme etc. – wiederum riesige Anwendungsgebiete, speziell wenn die Volumina von komplizierter Art sind. Ein Mesh ist ja auch relativ leicht verformbar und kann so auch für Simulationen eingesetzt werden, bei denen die Oberflächenänderung im Mittelpunkt steht. Der Energieansatz wird im Übrigen auch verwendet, um ein optimales Mesh zu gestalten. Ein geschlossenes Mesh bezeichnet man in der 3D-Computergrafik auch als *Manifold*.

Ebenfalls mit der Optimierung hängen Anwendungen zusammen, die ein Mesh feiner oder gröber unterteilen. Ein gröberes Mesh ist sinnvoll, wenn das Objekt in weiter Entfernung gesehen wird. Die Frage dabei ist, welche Vertices entfernt oder zusammengelegt werden dürfen (merge), ohne dass charakteristische Einzelheiten verlorengehen. Ein gröberes Mesh ist auch eine Abstraktionsstufe in einer Hierarchie, bei der auf der obersten Stufe nur noch die Grenzen – innere und äußere – übrig bleiben. Im umgekehrten Fall, bei der Verfeinerung (*Subdivision*), wird im Zusammenspiel mit Texturen ein größerer Detailreichtum angestrebt. Dabei stellt sich dann die Frage: Wie sollte ein Dreieck, Quad oder Polygon unterteilt werden, damit das Ergebnis auch für das Auge ansprechend aussieht und keine scharfen Kanten entstehen? Mit der Subdivision zusammen hängt auch der Kantenwechsel (*Edge Flipping*).

3.2.2 Repräsentation und Navigation

Werden drei Vertices in einer bestimmten Reihenfolge an einen Renderer wie OpenGL übergeben, dann kann dieser, seinem voreingestellten Zustand entsprechend, die Fläche und/oder die Vertices darstellen. Im Zusammenhang mit dem Rendern sind zwei Gesichtspunkte von zentraler Bedeutung: eine möglichst schnelle Übergabe der Vertices an den Renderer und der geringstmögliche Speicherverbrauch. Mit diesen Themen befasse ich mich im Abschnitt *Objekte an OpenGL übergeben* (Seite 165ff.). Hier steht nicht der Renderer als Datensenke im Vordergrund, vielmehr die Navigation in einem Mesh und die Modifikation desselben – und dafür werden Datenstrukturen benötigt.

Datenstrukturen für Meshes

Die einfachste Datenstruktur – *unabhängige Faces* – ist ein Array, in dem je drei Vertices in einer Counter-Clockwise-Anordnung angelegt sind. Einzelne Objekte und Objektteile sind so durch die Arrays ihrer Vertices repräsentiert. Drei Vertices bilden ein Face, auch die Normale kann daraus berechnet werden. Obwohl es Fälle gibt, in denen eine solche Struktur sinnvoll ist, ist eine derartige Datenstruktur als Basis nicht zu empfehlen. Viel redundante Information, aneinanderliegende Dreiecke haben eigentlich gemeinsame Vertices, und die Navigation ist ein Alptraum, denn es muss ja jedesmal eine Liste durchsucht werden, nur um einen gleichen Vertex an einer anderen Stelle zu finden.

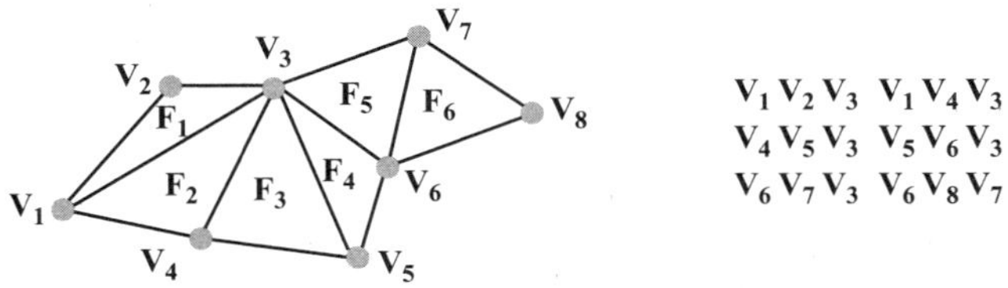

Wiedergabe eines Mesh nur durch eine Vertex-Liste. Jeder Eintrag in der Vertex-Liste besteht aus den drei Koordinaten (x,y,z) eines Vertex. Abbildung 3.16

Die gängigste Datenstruktur ist Face-orientiert. Dazu werden *Face-Listen* angelegt. Pro Face werden die Vertices über einen Index in einer *Vertex-Liste* angesprochen; die Abfolge der Vertex-Indizes bestimmt die Orientierung der Fläche. Face-Listen können erweitet werden, so dass bei einem Face auch ein Index auf eine zu einem Vertex gehörende Normale und Texturkoordinate gespeichert sein kann. Die Indizierung spart in der Regel Speicherplatz, die Navigation ist aber immer noch ineffizient, so muss zum Beispiel für einen gegebenen Vertex die gesamte Face-Liste durchsucht werden, um die dem Vertex gemeinsamen Flächen herauszusuchen. Um aneinanderliegende Flächen aufzusammeln, müssen über die Vertex-Liste die gemeinsamen Vertices ermittelt werden u. v. m.

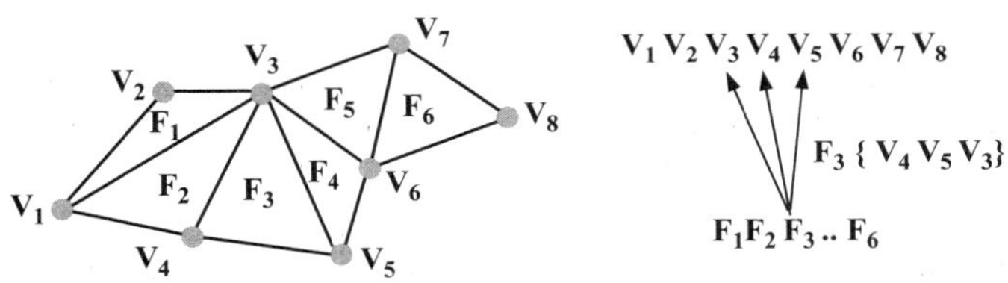

Wiedergabe eines Mesh nur durch eine Vertex- und Face-Liste. Jeder Eintrag in der Vertex-Liste besteht aus den drei Koordinaten (x,y,z) eines Vertex. In der Face-Liste stehen die Indizes auf Vertices des betreffenden Face. Abbildung 3.17

Weitere Verfeinerung ist über *Edge-Listen* möglich. Bereits 1975 hat Bruce G. Baumgart[8] die Datenstruktur *Winged Edges* vorgestellt, die eine effiziente Navigation erlaubt, jedoch zum Preis von hohem Speicherplatzbedarf. Ein Ziel seiner Ausführungen ist die Trennung der Informationselemente in einen geometrischen Anteil, der durch die Vertices und deren Koordinaten in einem bestimmten Koordinatensystem festgelegt ist. Die Topologie, mit der Möglichkeit zur Navigation und der Veränderung der Beziehungen zwischen den Vertices, steckt in der Edge-Liste.

[8] Bruce G. Baumgart: „Winged-Edge Polyhedron Representation for Computer Vision", in: Proceedings of the National Computer Conference, 1975; online: `http://www.baumgart.org/winged-edge/winged-edge.html`.

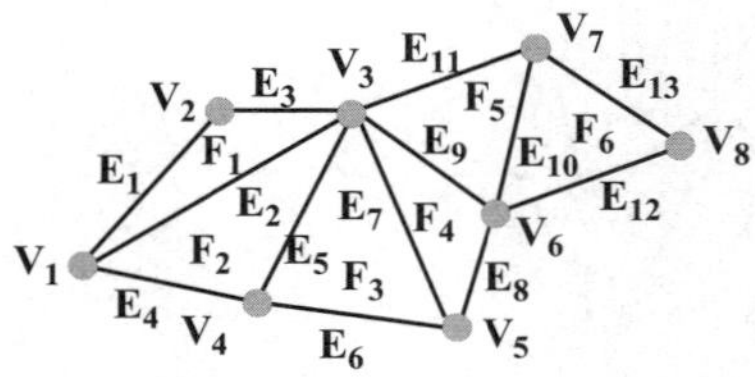

Abbildung 3.18 Hinzufügung benannter Edges als zusätzliche Datenstruktur.

Bei einer Kante e wird in einer Winged-Edges-Datenstruktur die komplette Information über die Umgebung abgespeichert. Das sind die beiden Vertices der Kante $e = (v_1, v_2)$, die beiden Faces $f = (f_1, f_2)$ und zu jedem Vertex alle davon ausgehenden Kanten $e(v_1) = \{e_{1k}\}$, $e(v_2) = \{e_{1m}\}$. Bei den Vertices in der Vertex-Liste sind Zeiger auf eine Kante angelegt, ebenso in den Face-Listen. Obwohl die Implementierung einer Winged-Edges-Datenstruktur aufwendig ist, kann so ohne „Tricks" nicht jedes Mesh, insbesondere solche mit Löchern, abgebildet werden. Winged-Edges-Datenstrukturen werden oft verwendet, es gibt aber auch eine Alternative.

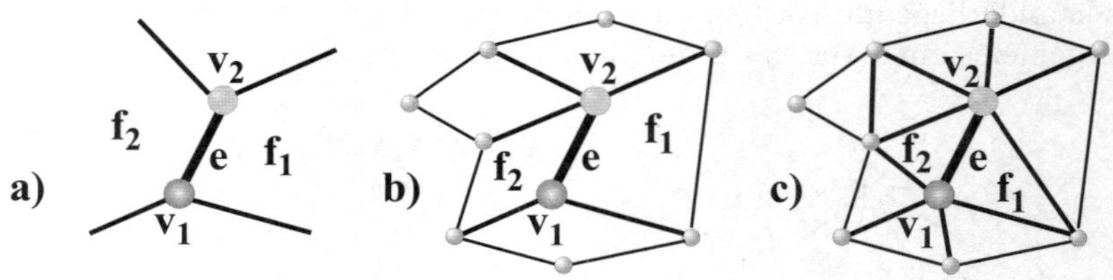

Abbildung 3.19 a) Die Kante e verbindet zwei Vertices, von denen Kanten ausgehen, die wie skizzierte Flügel aussehen; daher hat die Winged-Edge-Struktur ihren Namen. b) In diesem gemischten Mesh gehen maximal drei Kanten – ohne Zählung der Kante e – von einem Vertex aus. c) Um auch einen Triangle-Fan abzubilden, müssen Zeiger auf $n > 4$ Kanten in der Struktur zulässig sein.

Mit der Vorstellung der *Halfedge*-Datenstruktur um 1985/1986 war eine neue Idee in die Welt gesetzt, auf deren Basis auch komplizierte Meshes effizient im Rechner abgebildet werden können, etwa Meshes mit Löchern und singulären Vertices (keine Faces, aber Kanten).

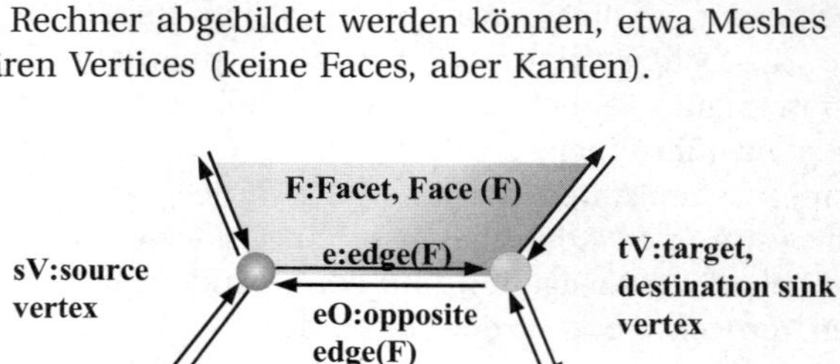

Abbildung 3.20 Grundbegriffe einer Halfedge-Datenstruktur.

Halfegdes sind aber nicht einfach eine andere Art von miteinander verbundenen Listen, vielmehr handelt es sich dabei um ein Konstrukt, das durch Operationen, die mit den Elementen durchführbar sind, definiert ist. Es gibt ein ausgezeichnetes, wenn auch nicht einfach zu lesendes Dokument von Hervé Brönnimann[9] dazu. Eine in C++ aufgebaute Mesh-Bibliothek ist CGAL.[10] Ich werde hier lediglich auf den Kern der Halfedge-Datenstruktur eingehen.

3.2.3 Halfedges

Die Halfedge-Terminologie geht von einer ungerichteten Kante aus und spaltet diese in zwei gerichtete Kanten. Gebunden an einen Vertex, ergibt sich damit eine von diesem wegführende Kante: die ausgehende oder Hauptkante. Das ist soweit nichts Neues, offensichtlich ist eine Halfedge ein Pointer einer doppelt verketteten Liste, oder besser eine Knotenklasse, angereichert mit Referenzen auf Vertices bzw. Faces. Mit einer gerichteten Kante ist stets ein Vorgänger und Nachfolger verbunden und damit `next()`- und `previous()`-Methoden.

Für das Verständnis ist es wichtig zu betonen, dass eine Implementation einer Halfedge-Datenstuktur eine Knotenklasse ist, welche die gerichtete Kante repräsentiert, also *nicht* mehr oder weniger optional angehängte Daten, wie Vertices, Faces oder Kontroll- bzw. Statusvariable. Eine Halfedge-Klasse benötigt nur drei Mitglieder: eine Referenz auf die gegengerichtete Kante `opp` (oppositeHalfEdge), eine Referenz auf den Vorgänger `previous` und den Nachfolger `next`. Die Kante `this` und ihr Gegenstück `opp` bilden die ungerichtete Kante, die zwei Faces voneinander trennt.

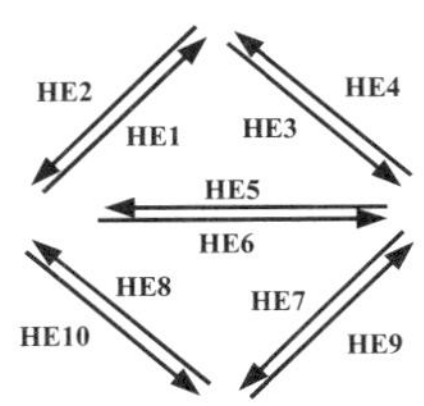

Beispiel eines Halfedge-Netzes. Abbildung 3.21

Irreguläre Meshes, die mehr als zwei Faces pro Kante aufweisen, sind mit der Halfedge-Datenstuktur nicht zu handhaben bzw. nur mit Abwandlungen derselben. Da die Anbindung eines Vertex oder eines Face optional

9 Hervé Brönnimann: „Designing and implementing a general purpose halfedge data structure", in: Proc. 5th International Workshop on Algorithm Engineering, Springer, 2001, Seite 51-66; online: `http://photon.poly.edu/~hbr/publi/hdstl.ps.gz`

10 Wer mit C++ vertraut ist, kann auf `http://www.cgal.org` eine ausgewachsene Bibliothek zum Thema Meshes studieren.

ist, kann eine Halfedge-Datenstruktur lediglich Kanten repräsentieren oder auch eine reine Face-/Kantenstruktur oder Vertex-/Kantenstruktur sein. Auch andere Aspekte können angehängt sein, erinnert sei an die Grundlagen zur Graphentheorie (siehe Seite 135). Es sei auch nochmals an die Arbeit von B. Baumgart erinnert, der den topologischen Aspekt der Edge-basierenden Datenstrukturen hervorhebt. Das bedeutet in diesem Zusammenhang, dass die Halfedge-Datenstruktur auch zusätzlich – neben einer Face-, Vertex-Liste – aufgebaut sein kann, um die Navigation im Mesh zu verbessern.

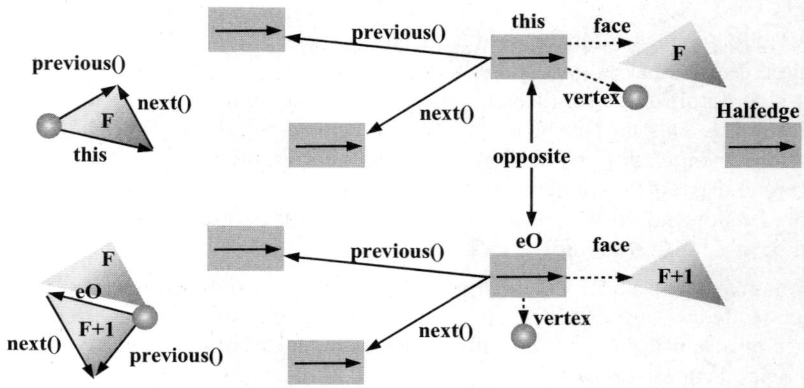

Abbildung 3.22 Eine Halfedge ist im Kern ein „Vertrag", der garantiert, dass ein Objekt die Methoden `next()`, `previous()` und `opposite()` bereitstellt. Die Eleganz der Halfedge-Struktur tritt mit der Beziehung `this - eO(F)` in Erscheinung, denn diese bedeutet den Flächenwechsel.

Bei der Implementierung in Java stellt sich die Frage, ob denn eine Halfedge tatsächlich eine Klasse und nicht vielmehr ein Interface sein sollte. Blickt man auf die Methoden und berücksichtigt man die abstrakte Vorstellung von einer bewerteten gerichteten Kante, dann sollte auf jeden Fall von einem Interface ausgegangen werden, das die Grundfunktionen festlegt.

```
public interface HalfedgeNode {

  HalfedgeNode next();
  HalfedgeNode prev();
  HalfedgeNode opp ();

  boolean isBorderHalfedge();

  void setNext(HalfedgeNode next);
  void setPrev(HalfedgeNode prev);
  void setOpp (HalfedgeNode opp);

  HalfedgeSource getSource();
```

```
  void setSource(HalfedgeSource source);
}
```

Bei den setter-Methoden ist zu beachten, dass diese nicht automatisch Einträge next.setPrev(this) beim Argument vornehmen, da dies zu einer Endlosschleife führt. Zwar kann eine solche verhindert werden, aber dann muss eine zusätzliche Variable eingebaut werden. Ein weiteres Interface regelt das Zusammenspiel zwischen einer HalfedgeNode und deren Source. Alle Klassen sind im Paket glib.topo angelegt.

```
public interface HalfedgeSource {

  void setSourceHalfedge(HalfedgeNode hn);
  HalfedgeNode getSourceHalfedge();
}
```

HalfedgeNode und HalfedgeSource enthalten noch primitive Methoden; sie bilden eine Infrastruktur, gleichsam Landebahnen und Terminals eines Flughafens ohne operatives Personal. Halfedges sollten nicht isoliert erzeugt werden. Dem trägt das HalfedgeFactory-Interface Rechnung. Die Argumente offset und len erlauben es, die Halfedges aus einem Array von Quellen (i. d. R Vertices) zu erzeugen. Eine Variante ist der Zugriff über Indices, denn dann können Face-Listen ausgelesen werden, die die Reihenfolge vorgeben, die Vertices dürfen dann in beliebiger Ordnung stehen. Es können beliebige Factories aufgebaut werden, die an spezielle Erfordernisse – auch was die Quellen anbelangt – angepasst sind.

```
public interface HalfedgeFactory {

  HalfedgeNode createEdgeLoop(int edgeCount);
  HalfedgeNode createEdgeLoop(HalfedgeSource[] sources,int offset,int \
len);

  void appendEdgeLoop(HalfedgeNode start,int edgeCount);
  void appendEdgeLoop(HalfedgeNode start,HalfedgeSource source);

  void appendEdgeLoop(HalfedgeNode start,
    HalfedgeSource[] sources,int offset,int len);
```

Von den beiden Gruppen ist die create...-Gruppe für die Erzeugung eines Mesh ganz am Anfang gedacht. Es werden verbundene Halfedges erzeugt, die allesamt Außenkanten sind, bei denen opp==this eingestellt ist. Das bedeutet: Ist edgeCount=3, dann werden genau drei Halfedges generiert. Die zweite create...-Methode verbindet zusätzlich Quellen mit den erzeugten Halfedges. Die append...-Methoden erweitern ein Mesh. Dabei wird eine Halfedge aus dem bereits erstellten Mesh angegeben, zu der dann eine opposite-Halfedge erzeugt wird. Danach werden so viele Halfedges erzeugt und mit dem bestehenden Mesh verbunden, wie edgeCount oder len angibt.

Eine Klasse, die zugleich eine Halfedge darstellt, kann dann die Interfaces `HalfedgeNode` und `HalfedgeSource` wie folgt implementieren.

```
public class Halfedge<T extends HalfedgeSource> implements HalfedgeNode\
 {

  private T source;
  private HalfedgeNode next,previous,opposite;

  public Halfedge() {
    next = previous = opposite = this;
  }

  public Halfedge(T source,Halfedge ne,Halfedge prev, Halfedge opp) {

    this.source = source;
    next = ne; if(next==null) { next = this; }
    previous = prev; if(previous==null) {previous = this;}
    opposite = opp; if(opposite==null) { opposite = this;}
  }

  public T getSource() { return source; }

  public HalfedgeNode next() { return next; }
  public HalfedgeNode prev() { return previous; }
  public HalfedgeNode opp()  { return opposite; }

  public boolean isBorderHalfedge(){ return opposite==this; }

  public void setNext(HalfedgeNode ne) {
    next = ne; if(next==null) { next = this; }
  }
  public void setPrev(HalfedgeNode prev) {
    previous = prev; if(previous==null) {previous = this;}
  }
  public void setOpp(HalfedgeNode opp) {
    opposite = opp; if(opposite==null) { opposite = this;}
  }
}
```

Ein Beispiel für eine Klasse, die `HalfedgeSource` implementiert, sei die Klasse `HalfedgeVertex`. Bei der Implementation müssen die unterschiedlichen Datentypen für die Komponenten eines Vertex beachtet werden, was einen generischen Typ erzwingt. Für `TP extends Point` ist es damit möglich, diverse Point-Klassen einzusetzen, etwa `PointD3` oder `PointF3` usw. Diese Klassen, ebenso wie die Vektor-Klassen, die für die Normale (`TV extends Vector`) einsetzbar sind, werden im Detail im Abschnitt *Grundklassen* (Seite 544ff.) besprochen. `Point` und `Vector` sind nicht miteinander verträglich, daher gibt es keine Verwechslung.

```
public class HalfedgeVertex<TP extends Point,TV extends Vector>
  implements HalfedgeSource {
```

```
  private TP vertex;
  private TV normal;
  private HalfedgeNode halfedge;

  public HalfedgeVertex() {}

  public HalfedgeVertex(TP vertex, TV normal) {
    this.vertex = vertex;
    this.normal = normal;
  }

  public TP getVertex() { return vertex; }
  public TV getNormal() { return normal; }

  public boolean hasNormal() { return normal!=null; }

  public void setSourceHalfedge(HalfedgeNode hn) { halfedge=hn; }
  public HalfedgeNode getSourceHalfedge() { return halfedge; }
```

Nun zur Factory. Diese erzeugt Halfedges, verbindet die Quellen mit den Halfedges und umgekehrt und verknüpft die Halfedges in der CCW-Orientierung. Aufgrund der Parametrisierung der Halfedge-Klasse muss auch die Factory mit dem gleichen parametrischen Typ versehen werden. Sie sollten die Abläufe in den Methoden auf einer Skizze nachvollziehen, denn nicht die Kenntnis meines Programmcodes ist das Ziel, vielmehr die Fähigkeit, mit der Materie umzugehen. Denken Sie daran: Halfedges repräsentieren Kanten, keine Punkte.

```
public class HalfedgeDefaultFactory<T extends HalfedgeSource>
  implements HalfedgeFactory {

  public HalfedgeDefaultFactory() {}

  public HalfedgeNode createEdgeLoop(int edgeCount) {

    HalfedgeNode start = new Halfedge<T>();
    HalfedgeNode newHalfedge = start;
    HalfedgeNode prevHalfedge = start;

    for(int n=0; n<edgeCount-1; n++) {
      newHalfedge.setNext(new Halfedge<T>());
      prevHalfedge = newHalfedge;
      newHalfedge = newHalfedge.next();
      newHalfedge.setPrev(prevHalfedge);
    }
    newHalfedge.setNext(start);
    start.setPrev(newHalfedge);
    return start;
  }
```

```
  public HalfedgeNode createEdgeLoop(
    HalfedgeSource[] sources,int offset, int len) {

    HalfedgeNode start = createEdgeLoop(len);
    HalfedgeNode node  = start;

    for(int k=offset; k<offset+len; k++) {
      node.setSource(sources[k]);
      sources[k].setSourceHalfedge(node);
      node = node.next();
    }
    return start;
  }

  public void appendEdgeLoop(HalfedgeNode start,int edgeCount) {

    HalfedgeNode opp = createEdgeLoop(edgeCount);
    start.setOpp(opp);
    opp.setOpp(start);
  }

  public void appendEdgeLoop(HalfedgeNode start,HalfedgeSource source) ↘
{

    start.setOpp(new Halfedge<T>());

    HalfedgeNode node = start.opp();
    node.setSource(start.next().getSource());
    node.setNext(new Halfedge<T>());
    node.setPrev(new Halfedge<T>());
    node.setOpp(start);

    node = node.next();
    node.setSource(start.getSource());
    node.setPrev(start.opp());
    node.setNext(start.opp().prev());

    node = node.next();
    node.setSource(source);
    node.setPrev(start.opp().next());
    node.setNext(start.opp());
    source.setSourceHalfedge(node);
  }

  public void appendEdgeLoop(HalfedgeNode start,
    HalfedgeSource[] sources,int offset, int len) { ... }
}
```

Meistens ist eine Factory eine `Singleton`-Klasse, dies war hier aber nicht möglich, da die generische Programmierung dies verhindert. Die Anforderungen, die an ein Halfedge-Netzwerk gestellt werden, erscheinen in den

Methoden der Factory. Derartige Anforderungen sind besonders anhand der Factory-Methode `appendEdgeLoop` zu erkennen (Invarianten).

Halfedges

Sie sind Referenz- bzw. Zeigerklassen (Handles) und die Grundelemente zur Erstellung einer topologischen Struktur. Halfedges repäsentieren gerichtete Kanten, erst This und Opposite zusammengesehen ergeben eine ungerichtete Kante.

Predecessor und *Successor*

Es muss sichergestellt sein, dass der Aufruf `prev()` beim Nachfolger von This wieder auf This zurückführt: `this.next.prev == this`. Die Quelle QN ist das Target von This und die Source von `this.next`. Ebenso muss gelten `this.prev.next == this`.

This und *Opposite Halfedge*

Es muss sichergestellt sein, dass beide gegengerichtet sind. Es gilt: `this.opp.opp=this` und `opp.opp=this`. Opposite und This müssen mit gekoppelten Quellen verbunden sein: Ist QT die Quelle von This und QN die Quelle vom Nachfolger des This, gilt für die Opposite-Halfedge: `opp.source = QN` und `opp.next.source = QT`.

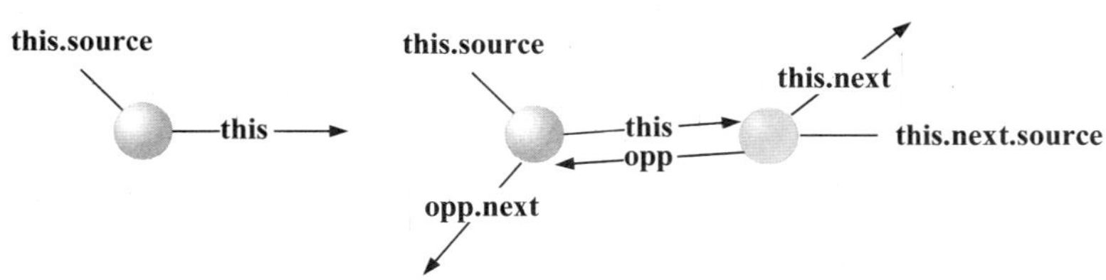

This und Opposite Halfedges müssen gegengerichtet sein. Links ist die genaue Darstellung einer Halfedge zu sehen, denn diese zeigt ja nicht auf eine Quelle, vielmehr enthält sie die Quelle. Abbildung 3.23

This Loop und *Opposite Halfedge Loop*

Die durch eine Abfolge von `next()`-Aufrufen entstehende Schleife hat die Orientierung CCW oder CW, je nachdem, wie das Mesh angefangen wird. Es ist dann aber die Orientierung beizubehalten, was einfach ist, wenn This und Opposite korrekt verbunden werden.

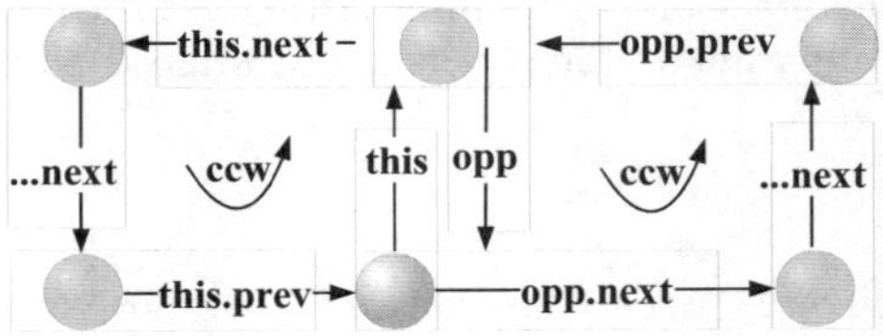

Abbildung 3.24 Bei korrekter Verbindung der Halfedges wird das gesamte Mesh CCW verbunden. Die umgekehrte Richtung CW liefert eine „previous" durchlaufende Schleife.

HalfedgeNode und *HalfedgeSource*

Bei der Verbindung einer HalfedgeSource mit HalfedgeNodes ist eine Entscheidung über Speicherverbrauch und Performance zu treffen. Bei einem Fan von Faces wird schnell klar, dass der Vertex im Zentrum mit n-vielen HalfedgeNodes verbunden ist. Bei der HalfedgeVertex-Klasse müsste ein dynamisches Array eingebaut sein. Die Zahl n kann ja nicht vorausgesagt werden. Die vorliegende Implementation setzt nur eine HalfedgeNode, verzichtet also auf eine n-fache Speicherung. Um nun herauszufinden – bei einem gegebenen Vertex –, welche Halfedges von diesem Vertex ausgehen, muss ausgehend von der gespeicherten Halfedge deren Nachbarschaft abgefragt werden.

Nachfolgend der Programmcode, der ein Mesh, wie im Bild dargestellt, aufbaut. Aufgrund der generischen Programmierung, was den Vertextyp anbelangt, ist der Code zur Erzeugung der Factory nicht ganz so einfach zu lesen. Das Programmbeispiel findet sich in dem Beispielepaket `test.topoClasses.HalfedgeUsage`. Dort wird auch eine Reihe von Tests durchgeführt, um festzustellen, ob die Factory das Netz korrekt aufgebaut hat. Inbesondere werden dort Invarianten, etwa `this.opp.opp==this`, geprüft.

V_1 | idx:1; pos: (-3,0,0)
V_2 | idx:2; pos: (+3,0,0)
V_3 | idx:3; pos: (-3,+3,0)
V_4 | idx:0; pos: (0,-3,0)
V_5 | idx:4; pos: (-7,-3,0)
V_6 | idx:5; pos: (-3,-7,0)

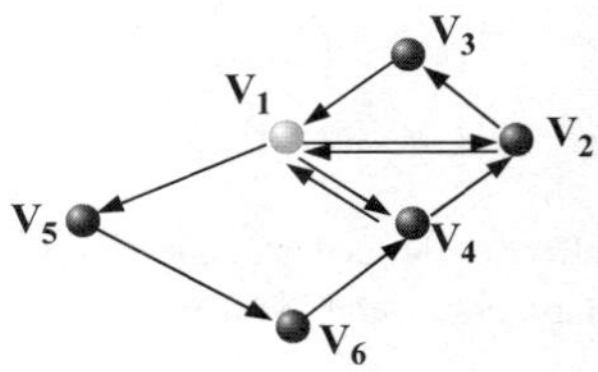

Abbildung 3.25 Ein Test-Mesh aus Quads und einem Triangle. Opposite Halfedges, die Teil der Außengrenze des Mesh sind, werden nicht dargestellt.

```
// Factory erzeugen

HalfedgeDefaultFactory<HalfedgeVertex<PointD3,VectorD3>> factory =
  new HalfedgeDefaultFactory<HalfedgeVertex<PointD3,VectorD3>>();
```

```
// Liste der Vertices erzeugen
HalfedgeVertex<PointD3,VectorD3> vertices[] = new HalfedgeVertex[6];

vertices[0] = new HalfedgeVertex(new PointF3(0f,-3f,0f),null);
vertices[1] = new HalfedgeVertex(new PointF3(-3f,0f,0f),null);
vertices[2] = new HalfedgeVertex(new PointF3(3f,0f,0f),null);
vertices[3] = new HalfedgeVertex(new PointF3(0f,3f,0f),null);
vertices[4] = new HalfedgeVertex(new PointF3(-7f,-3f,0f),null);
vertices[5] = new HalfedgeVertex(new PointF3(-3f,-7f,0f),null);

// Mesh erzeugen.

HalfedgeNode start = factory.createEdgeLoop(vertices,1,3);

factory.appendEdgeLoop(start,vertices[0]);

factory.appendEdgeLoop(start.opp().next(),vertices,4,2);
```

Die Erstellung eines Halfedge Frameworks ist, wie bereits an dem vorgestellten Programmbeispiel zu erkennen ist, keineswegs eine triviale Aufgabe, wir haben hier nur an der Oberfläche gekratzt.

Sequenzen

Vorschlag: Skizzieren Sie ein einfaches Mesh und legen Sie eine Halfedge-Struktur darüber. Wenn Sie in Ihrem Netz mit dem Bleistift navigieren und die dabei besuchten Halfedges festhalten, dann werden Ihnen einige Abfolgen auffallen. Zum Beispiel eine p.o-Sequenz, in der nach k-vielen Sequenzen `this.opp`==opp folgt, bzw. p in der Sequenz, solange keine Border-HE auftritt. Die p.o- bzw. n.o-Sequenz eignet sich daher, um alle Flächen aufzufinden, die den Source-Vertex der Ausgangs-HE gemeinsam haben. o.n, o.p sind ähnliche Sequenzen, liefern aber nicht alle Flächen.

3.2.4 Zusammenfassung

In diesem Kapitel habe ich mich den Objekten der virtuellen Welt genähert. Diese sind „im Prinzip" ja nur eine Ansammlung von Punktangaben für Kanten und Flächen – eine besondere Art von Netzwerken. Die mathematische Grundlage ist die Graphentheorie, die im ersten Abschnitt Thema war. Im Abschnitt *Matchings* ist ein immer noch aktuelles Verfahren von J. Edmonds beschrieben, das die Untersuchung beliebiger Graphen erlaubt. Die Abschnitte, die sich mit Relationen und Matchings befassen, liefern mehr theoretisches Handwerkszeug, das aber bei der Lektüre von weiterführender, insbesondere wissenschaftlicher Literatur von Nutzen sein wird.

Die für die 3D-Computergrafik so bedeutsamen Graphen sind die Meshes, die im vorliegenden Abschnitt vorgestellt wurden. Dabei haben Sie auch das Konzept der Flächenorientierung und der Normalenerzeugung kennengelernt sowie eine Fülle von Anwendungen, in denen die Meshes eine bedeutende Rolle spielen.

Für das Rendern eines Meshes muss dieses erst einmal im Speicher bereitstehen, und damit stellt sich automatisch die Frage nach der Datenhaltung, gekoppelt an Anforderungen wie geringer Speicherverbrauch und schneller Zugriff. Viele Anwendungen benötigen auch mehr Informationen, als eine Flächen- und Vertex-Liste hergibt. Über die mit topologischen Fragen im Zusammenhang stehenden Konzepte konnten Sie im Abschnitt *Repräsentation und Navigation* mehr erfahren, dort treten die Halfedges als Schwergewichte auf.

Kapitel

4

Objekte

Objekte sind sehr facettenreiche Bausteine in der 3D-Computergrafik. Sie spielen auf verschiedenen Ebenen eine zentrale Rolle.

- Auf der Rendererebene sind Objekte eine Sammlung geometrischer Daten und Materialangaben für die Beleuchtung. Die geometrischen Daten sind die Meshes, die für den Renderer im Wesentlichen eine Abfolge von Vertices und Normalen sind. Bei den Materialien spielen Farbangaben eine Rolle, die sowohl an Vertices als auch an Faces hängen können. Bedeutender als pure Farbangaben sind Texturen nebst Texturkoordinaten, mittels derer die Verbindung zu den Faces im Mesh hergestellt wird. Eine weitere Komponente auf der Rendererebene ist die Steuerung des Renderers durch die Anwendung sowie Shaderprogramme, die einen Einfluss auf die Vertex-Verarbeitung haben, Lichtmodelle und ausgefeilte Techniken für das Anlegen der Texturen bereitstellen. Von den Animateuren der 3D-Computergrafik werden Objekte als *Modelle* bezeichnet.
- Auf der Szenenebene sind Objekte eigenständige Einheiten, die an einem bestimmten Ort in der Szene platziert sind oder, an bestimmte Bedin-

gungen gebunden, sich in der Szene bewegen können. Objekte beanspruchen hier ein Volumen, das bei Bewegungen berücksichtigt werden muss. Eine Szene wird von einem bestimmten Standpunkt aus gesehen, daher ist die Einstellung der Projektion (Kamera, Viewport) eine weitere Aufgabe, was natürlich auch dynamisch (animiert) erfolgen kann. Die Szenenebene kennt auch die Zusammengehörigkeit von Objekten. Ein Haus hat Türen und eine Ausstattung, es steht an einer Straße; eine Kurbelwelle ist Bestandteil eines Motors. Objekte stehen im Szenengraph in einer Hierarchie; wenn der Avatar gedreht wird, dann muss dieser Drehung auch der Arm folgen. Auch die physikalische Beschaffenheit der Objekte, wie die Masse, die aktuelle Geschwindigkeit und Stoffeigenschaft (flüssig, fest, Verformbarkeit), werden heute mittels *Physical Engines* einbezogen.

- Auf einer darüber liegenden Ebene gewinnen die Objekte sozusagen „Persönlichkeit" und Dynamik. Hier ist ein Avatar eine Person, die zum Beispiel Gegenstände aufnehmen kann (Inventar), zum Sprechen befähigt ist (Dialoge) und sich auf vielfältige Art und Weise bewegt. Im CAD-Bereich hängt an einem Objekt eine immense Menge an Daten, bis zur Herstellung des Objektes in einer Fabrik. Wenn man den Begriff „Statusdaten" weit fasst, dann kann von einer Statusebene und von Statusmaschinen gesprochen werden. Ein bestimmter Status repräsentiert dann die Fülle der dahinterstehenden Daten. Zustände in diesem weitgefassten Sinne sind dann auch die aktuellen Phasen in einer Animation. Eine schwierige Aufgabe auf dieser Ebene stellt die Wegfindung dar.
- Geht man eine weitere Stufe nach oben, dann gelangt man zur Gestaltung einer Szene und ihrem dynamischen Ablauf. Hier sind Rahmenbedingungen, Zieldefinitionen und Zielvorgaben sowie deren Erreichbarkeit das zentrale Element. In einem Spiel kann eine „Person" nun auch beleidigt werden, sie benötigt Erholung und vieles mehr. In 3D-Filmen, aber auch in Spielen, sind hier die Objekte Teil einer Geschichte, die erzählt werden soll. Es gibt eine Fülle von Rahmenbedingungen, etwa die Verfügbarkeit von Magie. Gesteuert wird auf dieser Ebene meist durch Skripte, in denen die Objekte mit einem Identifier und ihrem aktuellen Status auftauchen.

Auf allen Ebenen sind Objekte durch sich ergänzende Daten präsent, wobei die Pflege und Erstellung der Daten mit unterschiedlichen, an die Aufgabenstellung angepassten Werkzeugen erfolgt. Viele dieser Werkzeuge, etwa Blender, sind selbst 3D-Computersoftware, andere wiederum dienen der Verwaltung und Skripterstellung. Die Schnittmenge mit den oben angeführten Ebenen kann unterschiedlich ausfallen, aber eine Renderer- und Szenenebene wird es in allen 3D-Grafikprodukten geben.

In diesem Kapitel wird ein Bottom-up-Ansatz verfolgt: die Erzeugung von Objekten und deren Übernahme aus externen Quellen mittels eine Loaders. Sie werden erfahren, wie ein bestimmtes Objekt mit den Hilfsmitteln, die OpenGL zur Verfügung stellt, aufgebaut und wiederverwendet wird. Auch werden Sie die Vertex Arrays und *Vertex Buffer Objects* (VBO) kennenlernen, als eine effiziente Variante, um große Datenmengen an OpenGL zu übergeben. Im Abschnitt *Objekte einlesen* werden Sie Loader kennenlernen, und die damit verbundenen Problemstellungen geben einen tiefen Einblick in Organisation von Daten und Datenstrukturen in der 3D-Computergrafik-Entwicklung. Im Abschnitt *Kollisionen* befasse ich mich mit Kollisionen im weitesten Sinn. Ausgehend von der Ermittlung des Schnittpunktes einer Geraden mit Flächen, wird das Konzept der *Bounding Volumina* vorgestellt, das von großer Bedeutung für die Performance speziell bei 3D-Computergrafikspielen ist. Im nachfolgenden Abschnitt *Picking* füge ich eine weitere interaktive Komponente hinzu. Damit kann der Nutzer auch Objekte in einer Szene anwählen: die Grundlage für viele Anwendungen.

4.1 Objekte an OpenGL übergeben

Um es gleich vorweg zu sagen: Objekte kennt OpenGL nicht. Hier auf der untersten Ebene, der Ebene des Renderers, erscheinen Objekte durch ihre Mesh- und Materialdaten. Die Gruppierung bzw. Zuordnung zu einem Objekt muss auf einer übergeordneten Stufe erfolgen.

Direkte Angabe
: Werden Vertices und Materialangaben an OpenGL unmittelbar innerhalb einer `glBegin`-`glEnd`-Klammer übergeben, dann ist dies die elementarste Form und zugleich die langsamste, die möglich ist. Diese Form der Übergabe wird von neueren Versionen von OpenGL (ab 3.x, Desktop) nicht mehr empfohlen und bei OpenGL-ES (Embedded) auch nicht unterstützt. Die Desktopversionen werden diese Übergabe durch eine Softwareemulation noch einige Jahre unterstützen, jedoch hat diese Übergabeform in ernsthaften Anwendungen keine Daseinsberechtigung mehr. Die Übergabe mit der `glBegin`-`glEnd`-Klammer ist für den Leser aber leicht nachzuvollziehen, daher werden in diesem Buch gelegentlich so Daten an OpenGL übergeben. Es gibt aber auch ein OpenGL-Profil, das bei sicherheitsrelevanten Anwendungen zum Einsatz kommt (OpenGL-ES-SC, SC steht für Security); in diesem ist die `glBegin`-`glEnd`-Klammer sogar die einzige Möglichkeit der Übergabe.

Displaylists
: Damit werden Kommandofolgen an OpenGL übergeben. Displaylists sind sehr schnell, weil die Kommandofolge auf der OpenGL-Seite optimal gespeichert wird. Sie erlauben auch, wenigstens prinzipiell, die Benennung von Objekten, eben durch die Displaylist-Nummer. Displaylists sind nur für statische Objekte sinnvoll, das bedeutet, dass auf die Objektdaten nicht im Ablauf einer Szene zugegriffen werden

muss. Die obigen Einschränkungen bei der direkten Übergabe gelten auch für Displaylists.

Vertex Arrays
: Eine schnelle und effiziente Art, um Objektdaten an OpenGL zu übergeben, besonders bei großen Objekten. Der Vorteil der Vertex Arrays ist der freie Zugriff auf die Vertexdaten. Der Nachteil: die Vertexdaten liegen auf der Clientseite, sie müssen daher jedesmal, wenn eine Änderung erfolgt, den Flaschenhals des Transports zum Grafikprozessor und dessen Speicher durchlaufen. Auch muss OpenGL beim Rendern auf den Speicher der Clientseite zugreifen.

Vertex Buffer Objects (VBO)
: Das mächtigste Konzept, das OpenGL zur Verfügung stellt. Ähnlich wie Vertex Arrays werden Puffer festgelegt, in denen die Daten residieren. Diese Puffer sind aber auf die OpenGL-Seite übernommen, in der Regel mit dem Hintergrund, dass darauf im Weiteren nicht schreibend zugegriffen wird; es ist jedoch ein Mechanismus implementiert, der den Schreibzugriff dennoch erlaubt. VBOs liegen nach der Übergabe im schnellen Speicher der Grafikkarten (Videomemory), und daher ist der Zugriff für OpenGL die denkbar schnellste Variante.

Ab der Version 2.0 und für OpenGL-ES 2.0 sind die Vertex Arrays und VBOs die zentralen Verfahren für die Übergabe von Vertices und Vertex-Attributen an OpenGL. In der Praxis werden die direkte Übergabe und auch die Displaylists noch lange Zeit vorhanden sein, denn Software ist ein wertvolles Gut. Änderungen, besonders an der Basis von Software, die erfolgreich im Markt ist, erfolgen recht langsam. Obwohl aus der Sicht von OpenGL die Übergänge eher von evolutionärer Art sind, haben Vertex Arrays und VBOs in der Anwender-Software Brüche in der Architektur zur Folge, und dort sitzen dann die Kostentreiber. Im nachfolgenden Abschnitt wird die Übergabe mittels der VBOs eingehender dargelegt.

4.1.1 Vertex-Datenpuffer

Bevor ich hier auf die Implementierung von Vertex-Datenpuffern in OpenGL eingehe, seien Überlegungen zur Speicherung von Vertex-Daten und deren Nutzung vorangestellt. Hierbei geht es nicht um die Navigation in einem Mesh (siehe *Datenstrukturen für Meshes*, Seite 150), vielmehr um die Verbindung mit dem Renderer.

Abgesehen von der Speicherung auf einer Festplatte (persistenter Speicher) ist der verfügbare flüchtige Speicher immer noch eine begrenzte Ressource, wenn auch nicht mehr so begrenzt, dass bei Entscheidungen Speicherverbrauch versus Performance stets der Speicherverbrauch minimiert werden muss. Eine Grundregel im Marktgeschehen, dem Kampf um Marktanteile im Soft- oder Hardwaremarkt, lautet: Die bessere Performance gewinnt mittelfristig.

Bei der Speicherung von Vertex-Daten gibt es zwei prinzipielle Varianten: die direkte oder indirekte Adressierung der Vertices eines Mesh. Angenommen, ein Mesh besteht nur aus Dreiecken, dann können pro Dreieck jeweils drei Vertices in einem Datenpuffer abgelegt werden. Diese direkte Speicherung ist dann nicht redundanzfrei, denn aneinanderliegende Dreiecke teilen sich je zwei Vertices. Der Zugriff auf die Vertices eines Dreiecks ist hingegen schnell und direkt. Die andere Variante besteht darin, alle Vertices in einem Puffer redundanzfrei abzulegen und eine zweite Liste anzulegen, die Face-Liste, welche über einen Index einen Vertex referenziert. Damit gibt erst die Face-Liste die Dreiecke an. Der Zugriff ist nun zweistufig und auf den ersten Blick wohl etwas langsamer, und man könnte annehmen, dass der Speicherverbrauch geringer ausfallen wird.

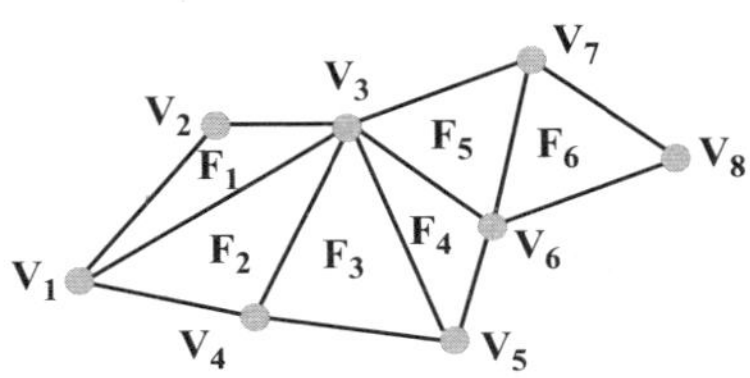

Ein Mesh aus sechs Dreiecken, für die acht Vertices nötig sind. Abbildung 4.1

Ein Mesh, das nur aus Dreiecken aufgebaut ist oder auf solche reduziert wurde, hat, grob gerechnet, n_F Faces und $n_F+2 = n_V$ Vertices.[1] Ist weiterhin s_F die Zahl der Bytes für einen Face-Eintrag und s_V die Zahl der Bytes pro Komponente eines Vertex, dann folgt für die Anzahl der belegten Bytes bei der indirekten redundanzfreien Speicherung: $3n_v s_V + 3\,n_F s_F = S_I$. Werden hingegen nur Vertices angelegt (direkte Speicherung), dann ergibt sich für den Speicherverbrauch $3 \cdot 3 \cdot n_v s_V = S_D$.

Tabelle 4.1, gerechnet mit $s_F = 4$ Byte und 3 Koordinaten pro Vertex, zeigt sehr deutlich, dass die indirekte Speicherung zu bevorzugen ist, insbesondere bei großen Vertex-Zahlen im `double`-Format. Der Performanceverlust des zweistufigen Zugriffs wird bei Weitem wettgemacht durch die geringere Anzahl der Transformationen pro Vertex. Angenommen, die Vertex-Zahl beträgt 40 000, dann ist dies auch die Zahl der Rotationen, Translationen etc. bei der indirekten Speicherung, während OpenGL im anderen Fall dreimal

[1] Diese Gleichung gilt nur für ein Mesh, das ein Volumen nicht umschließt. Ein umschließendes Mesh ist zum Beispiel die Mantelfläche eines Zylinders. In einem solchen Fall werden weniger Vertices benötigt, wohingegen die Face-Liste gleich groß bleibt. Es kann dann zu Fällen kommen, bei denen die Größe der Face-Liste überwiegt. Die nachstehende Tabelle gibt so gesehen den „worst case" an.

so viel transformieren müsste. Außerdem ist noch zu erwähnen, dass bei einer Änderung eines Vertex dies nur an einer Stelle erfolgen muss. Typische Objekte bzw. 3D-Modelle für das Realtime-Rendering haben Vertex-Zahlen, die in der Tabelle im mittleren Bereich auftauchen. Bei 3D-Modellen, die über Scanverfahren erzeugt werden, sind jedoch ganz andere Größenordnungen üblich, so weist „Stanford-Lucy" 170 Millionen Dreiecke auf.[2]

Tabelle 4.1: Belegter Speicherplatz

n_F	Direkt s_D		Indirekt s_I	
	float	double	float	double
	s_V = 4 Byte	s_V = 8 Byte	s_V =4 Byte	s_V = 8 Byte
4	216	432	120	192
40	1 512	3 024	984	1 488
400	14 472	28 944	9 624	14 448
4 000	144 972	289 994	96 024	144 048
40 000	1 449 972	2 899 944	960 024	1 440 048
400 000	14 400 072	28 800 144	9 600 024	14 400 048
4 000 000	144 000 072	288 000 144	96 000 024	144 000 048

Eine weitere Fragestellung hat mit der Verwendung bzw. Nutzung der Vertexdaten zu tun, vorausgesetzt, die Vertices sind nebst Face-Liste in den Speicher geladen und stehen zur Verfügung. Gibt es dann im Weiteren, zur Laufzeit des Programms, Gründe, diese Vertexdaten zu verändern, präzise ausgedrückt, darauf schreibend zuzugreifen?

- Eine Verformung eines Objektes ist ein solcher Grund. Bei modernen Anwendungen kann die Verformung aber, in gewissen Grenzen, mit Hilfe eines Vertexshaders durchgeführt werden.
- Eine Animation kann eine reine Transformation sein, sie ist dann durchführbar, ohne die Vertexdaten selbst zu ändern; organische Modelle werden bei solchen Transformationen allerdings starr und unnatürlich wirken. Eine Flaggen- oder Wasseranimation kann heute vollständig durch einen Vertexshader durchgeführt werden, zusätzliche Vertices werden ja nicht benötigt. Sobald aber ein Objekt in Kollisionsanfragen einbezogen ist oder durch Kollisionen verformt, ja in andere Teile zerlegt wird, dann wird auch ein Schreibzugriff nötig sein.
- Bei einem CAD- oder einem 3D-Modellierungswerkzeug sind Vertices gegebenenfalls auch zu löschen, was dann Umlagerungen im Vertex-Datenpuffer zur Folge haben kann.

[2] `http://graphics.stanford.edu/data/3Dscanrep`

Wie flexibel muss ein Programm auf verschiedene Flächenarten reagieren? Geordnet nach der Zahl der Vertices, können drei Flächenarten unterschieden werden: Dreiecksflächen (Triangles, TFaces), Rechtecksflächen (sog. Quads, QFaces) und allgemeine Polygone, wobei sowohl Quads als auch Polygone in einer Ebene liegen müssen. In der Regel wird ein Mesh im Originalzustand aus Dreiecks- und Rechtecksflächen bestehen. Ein Programm, das ein solches Gemisch einliest und zum Rendern an OpenGL übergibt, kann damit umgehen, indem der jeweilige Face-Typ erkannt wird und die Vertices der Flächen einzeln übergeben werden. Das ist jedoch sehr ineffizient, fraglich ist auch eine Sortierung der Flächen und getrennte Listen, denn damit geht der Zusammenhang verloren, schmerzhaft insbesondere für höhere Schichten der Software, die keineswegs mehr zwischen Flächenarten unterscheiden wollen. Da Dreiecksflächen in einem Mesh, insbesondere bei organischen Modellen, schlichtweg unvermeidbar sind, muss spätestens der Loader dafür sorgen, dass alle anderen Typen, in der Regel Quads, auf Triangle-Faces konvertiert werden.

Bei einer Änderung der Koordinaten eines Vertex sollte dies nur an einer Stelle geschehen und keine vorausgehende Suche nach ein und demselben Vertex nötig sein, nur weil dieser in mehreren Flächen vorkommt. Fazit: Alle Vertices eines Objekts sollten in einem redundanzfreien Puffer vorrätig gehalten werden, und daneben sind Face-Listen zu pflegen, die über einen Index (Integer) auf die Vertices referieren.

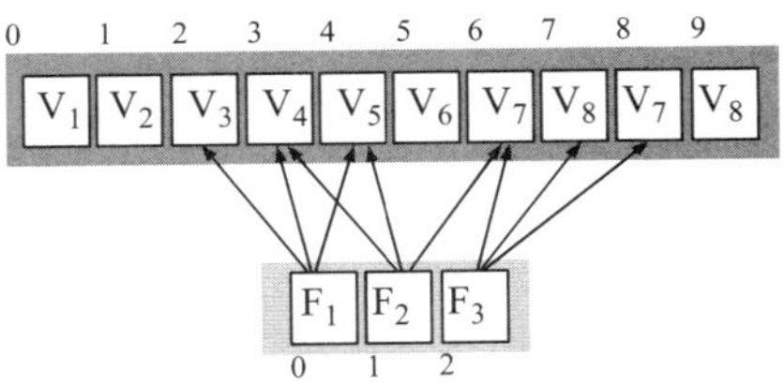

Abbildung 4.2 Die Face-Liste enthält für jede Flächenecke einen Index auf die zugehörenden Vertexdaten. Die Abfolge der Vertex-Indizes gibt die Orientierung der Fläche an.

Auf welche Konstrukte kann mit den genannten Anforderungen bei OpenGL zugegriffen werden? Darauf gibt OpenGL zwei Antworten: *Vertex Arrays* und *Vertex Buffer Objects* (VBOs), jeweils mit indirekter Indizierung. Eine weitere Geschmacksart ist noch der versetzte Aufbau der Arrays (*Interleaved Arrays*), kombiniert mit den VBOs die schnellste Form der Übergabe.

Vertex Arrays und VBOs

Softwareentwicklung ist ein evolutionärer Vorgang, Revolutionen, wie etwa die Einführung des objektorientierten Konzeptes, sind eher selten. Ein Standard wie OpenGL muss für eine lange Zeit bereits eingeführte Methoden weiterhin bereitstellen; im Idealfall konkurrieren neue und früher eingeführte Verfahren nicht miteinander, sondern ergänzen sich ohne konzeptionelle Brüche. Irgendwann wird der durch die Vergangenheit mitgeschleppte Ballast für bestimmte Märkte aber so störend, dass ein Bruch erfolgen muss.

OpenGL hat mit dem Aufkommen der Smartphones und für den genauso wichtigen Markt der Embedded Systems einen zusätzlichen Standard eingeführt, OpenGL-ES. Embedded Systems sind zum Beispiel Drucker, medizinische Geräte, Navigationssysteme und andere Bausteine, die in Industrieprodukten verbaut sind. OpenGL-ES ist ein Subset des OpenGL-Standards und setzt die Implementation von Vertex Arrays und VBO zwingend voraus.

Ein evolutionärer Prozess liegt bei der Übergabe von geometrischen Daten an OpenGL vor. Darunter sind die Vertices und Vertex-Attribute gemeint, Letztere sind Normale, Texturkoordinaten und Farbangaben, im Zusammenspiel mit Shadern auch allgemeine anwendungsbezogene Daten. Das einfachste Verfahren übergibt geometrische Daten in einer `Begin`-`End`-Klammer.

```
glBegin(...)

glTexCoord(...)       <--- upload start
glVertex(...)

glTexCoord(...)
glVertex(...)
...
glEnd()               <--- upload end, rendering, select
```

Eine Ergänzung sind die Displaylisten, hier werden die geometrischen Daten in einer kodierten Form als Kommandos einmal an OpenGL übergeben und danach über den Bezeichner der Liste beim Rendern angesprochen.

```
id = glGenList(...)  <--- create
glNewList(id)        <--- upload start

glBegin(...)
glTexCoord(...)
glVertex(...)

glTexCoord(...)
glVertex(...)
...
glEnd()
glEndList()          <--- upload end
...
glDrawList(id,...)  <--- rendering, select (id)
```

Konzeptionell können sechs Phasen unterschieden werden, wobei einige Phasen gegebenenfalls implizit eingestellt werden oder gänzlich entfallen. Die `create`-Phase befasst sich im Wesentlichen mit der Bereitstellung der Daten auf der Clientseite.

```
enable, set mode
create (buffer, data)
upload
select
render
disable
```

Vertex Arrays erforden andere Funktionen, aber ohne Bruch des Konzeptes. Die einzelnen Funktionen werden später näher beschrieben, Sie können sie auch im Referenzteil nachschlagen.

```
vBuffer = create(verices-buffer)                <--- create
tBuffer = create(texture-buffer)

glEnableClientState(GL_VERTEX_ARRAY)            <--- enable
glEnableClientState(GL_TEXTURE_COORD_ARRAY)

glVertexPointer(...,vBuffer)                    <--- upload
glTexCoordPointer(...,tBuffer)
...
glDrawArrays(...)                               <--- render,select
...
glDisableClientState(...)                       <---disable
```

Mit der Funktion `glDrawArrays` ist die direkte Addressierung der Vertices und ihrer Attribute angesprochen. Die indirekte Adressierung über Face-Listen erfordert eine andere Funktion, aber der Ablauf ist gleichartig. Zusätzlich zu den anderen Puffern muss dann eine Face-Liste erzeugt werden, die Indizes auf Vertices enthält und so die Abfolge der Vertices bestimmt.

```
vBuffer = create(verices-buffer)
tBuffer = create(texture-buffer)
fBuffer = create(face-list)
...
glDrawElements(...,fBuffer)
```

Vertex Arrays liegen zwischen der direkten Übergabe und den Display-Listen. Die Applikation – die Clientseite – erzeugt die nötigen Puffer, Indizes, Vertices, Normale, Texturkoordinaten, Farbangaben und übergibt die Pufferadressen an OpenGL. Die Pufferinhalte werden nicht kopiert, sie verbleiben auf der Clientseite. `glDrawArrays`, `glDrawElements` greifen lesend auf diese Puffer zu.

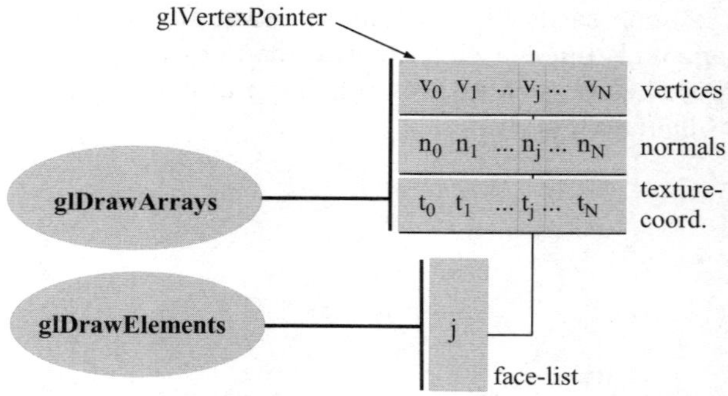

Abbildung 4.3 Prinzipielle Darstellung des Vertex-Array-Konzepts.

VBOs (*Vertex Buffer Objects*) verhalten sich zu den Vertex Arrays wie die Displaylisten zur direkten Übergabe.

```
vBuffer   = create(verices-buffer)            <--- create
tBuffer   = create(texture-buffer)
fBuffer   = create(face-list)
idBuffer = create(id-list)

glGenBuffers(...,idBuffer)                    <--- create
                                              <--- upload start
glBindBuffer(GL_ARRAY_BUFFER,id-vBuffer)
glBufferData(...,vBuffer)
glBindBuffer(GL_ARRAY_BUFFER,id-tBuffer)
glBufferData(...,tBuffer)                     <--- upload end

...
glEnableClientState(GL_VERTEX_ARRAY)          <--- enable

glBindBuffer(GL_ARRAY_BUFFER,id-vBuffer)      <--- select
glVertexPointer(...,0)

glBindBuffer(GL_ARRAY_BUFFER,id-tBuffer)
glTexCoordPointer(...,0)

glDrawElements(...,fBuffer)                   <--- render
...
glDisableClientState(...)                     <---disable
```

Wie bei den Displaylisten werden zuerst Bezeichner für die Puffer erzeugt und in der vorbereiteten Liste (id-Buffer) abgelegt. Danach erfolgt die Übergabe der geometrischen Daten an OpenGL. `glBindBuffer` selektiert oder aktiviert den jeweiligen Puffer, zum Beispiel die Vertex-Daten, die dann mit `glBufferData` von OpenGL übernommen werden. VBO-Daten gehören damit der Serverseite, und ein Zugriff ist dann nur noch über OpenGL-Funktionen möglich. Beim Rendern verweist die Kombination `glBindBuf-`

fer und glVertexPointer auf einen der übergebenen Puffer, dieser wird so ausgewählt bzw. aktiviert. Eine Implementation von OpenGL hat nun die volle Kontrolle über die geometrischen Daten und kann die Zugriffe und den benötigten Speicher optimieren. Bei dynamischen Geometriedaten muss die Clientseite jedoch auch danach einen Zugriff auf die Daten besitzen, dafür stellt OpenGL die Funktionen glMapBuffer und glUnmapBuffer zur Verfügung.

Für den Umgang mit Vertex Arrays bei OpenGL sind die folgenden Funktionen von Bedeutung:

```
glEnableClientState(GL_VERTEX_ARRAY)
glDisableClientState(GL_VERTEX_ARRAY)

glVertexPointer(GLint size,GLenum type,GLsizei stride,const GLVoid* \
pointer)
glDrawElements(GLenum mode,GLsizei count,GLenum type,const GLVoid* \
indices)
```

Der Begriff „Client" tritt hier auf, weil OpenGL sich selbst als „Server" betrachtet. Daten, die vom OpenGL-Treiber in einen eigenen Speicherbereich kopiert wurden und auf die von der Anwenderseite nur noch über OpenGL-Funktionen zugegriffen werden kann, sind *nicht* der Clientseite zuzurechnen. Die Daten und die Face-Liste liegen bei dem Vertex Array-Konzept auf der Clientseite, auf sie kann lesend und schreibend zugegriffen werden.

glEnableClientState mit dem Argument GL_VERTEX_ARRAY bereitet OpenGL für die Übergabe der Vertex-Daten und der Face-Liste vor. Nach dem Rendern ist die korrespondierende Funktion glDisableClientState mit demselben Argument aufzurufen. Sowie OpenGL vorbereitet ist, muss die Pufferadresse der Vertex-Daten und die Konfiguration des Puffers mitgeteilt werden.

Vertices können zweidimensionale (size=2), dreidimensionale (size=3) oder homogene Koordinaten (size=4) haben. In der Regel werden die Vertex-Koordinaten vom Typ float oder double sein, OpenGL lässt aber auch short- bzw. int-Angaben beim type-Argument zu. Neben diesen offensichtlichen Parametern der glVertexPointer-Funktion taucht auch die stride-Angabe auf. Dahinter steht eine recht interessante Idee. Es wäre möglich, alle Daten, Vertices, Normale, einschließlich Texture-UV-Koordinaten, in ein einziges Array zu packen. Dann folgt einer Vertex-Angabe eine stride-Anzahl Bytes, bis zum nächsten Vertex. Die gesamte Datensammlung kann so in einem Rutsch eingelesen oder weggeschrieben werden, reine Vertex-Daten werden dagegen mit stride=0 übergeben.

Im nächsten Schritt wird dann das Rendering, bei der indirekten Adressierung mittels glDrawElements angestoßen.

```
void glDrawElements(
 GLenum mode,GLsizei count,GLenum indexType, const GLvoid *indexBuffer)
```

Hier tritt mit dem Argument `mode` der Flächentyp auf, `GL_QUADS`, `GL_TRIANGLE` usw. Letzteres ist der bevorzugte Flächentyp. Im zweiten Argument `count` ist die Zahl der Elemente in der Face-Liste anzugeben. Der Typ der Indexdaten wird im Parameter `type` übergeben, meist `GL_UNSIGNED_INT`. Danach folgt in der `glDrawElements`-Funktion die Adresse der Face-Liste. Das Besondere an dieser Funktion ist, dass sie alle angemeldeten Arrays beachtet. Einem Eintrag im Vertexpuffer muss genau ein Eintrag im zugeordneten Normal- oder Texturpuffer entsprechen, anders gesagt: Diese Puffer sollten gleich viele Elemente enthalten.

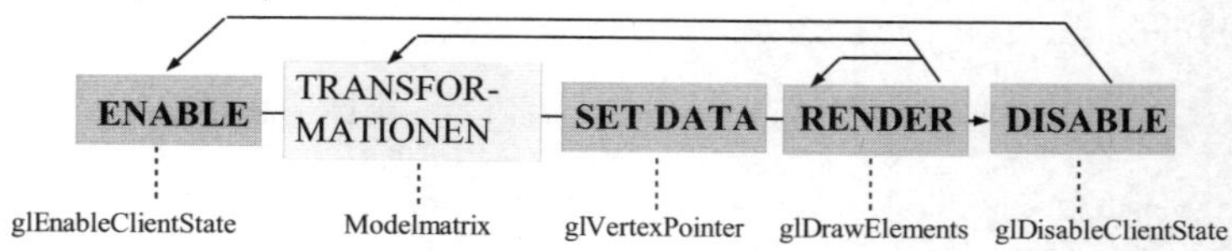

Abbildung 4.4 Die Abfolge der Funktionen, die bei OpenGL und den Vertex Arrays im Spiel sind. Die Vertex-Daten werden wie bekannt mit der Modellmatrix transformiert, es können die gleichen Vertex-Daten mehrfach verwendet werden. Bei einer Modifikation der Vertex-Daten muss die äußere Schleife ablaufen, also ein

VBOs erstellen

Vertex Buffer Objects (VBOs) ermöglichen ein sehr schnelles Rendern und eine effiziente Übergabe von Daten an OpenGL. Besonders in Java, wo der Zugriff auf OpenGL-Funktionen über das native Interface erfolgen muss, ist die blockweise Übergabe und die Ablage der Daten von Vorteil.

Der Preis ist eine etwas aufwendigere Progammierung, denn die VBOs wollen verwaltet werden, ebenso das Hantieren mit dem Systemspeicher. In der Begriffswelt von Java bedeutet dies einen Zugriff auf einen *direkten Puffer*, eine Beschreibung hierzu finden Sie im Abschnitt *Puffer in Java* (Seite 581ff.). Direkte Puffer werden vom Garbage Collector anders behandelt, ein fehlerhafter Zugriff oder eine falsche Konfiguration kann zu einem Absturz der Applikation führen.

Da heute eine Version von OpenGL vorausgesetzt werden kann, die VBO unterstützt, müsste eigentlich keine vorausgehende Prüfung erfolgen, aber es ist dennoch sinnvoll, wenn der Zugriff auf diese Funktion vorab festgehalten wird.

```
if(!gl.isExtensionAvailable("GL_ARB_vertex_buffer_object")) {
  report("VBO not available, opengl:"+gl.glGetString(gl.GL_VERSION);
}
```

Die Reaktion, wenn VBOs nicht verfügbar sind, kann im Abruch eines Programmes bestehen oder durch den Rückfall auf `glVertex`-Funktionen (Fallback). Meistens liegt es an der Konfiguration einer Applikation und dem System, wenn die VBOs nicht verfügbar sind. In solchen Fällen ist der Zugriff auf den OpenGL-Treiber[3] die Hauptursache. Entweder ist die korrekte Version nicht sichtbar oder nicht aktualisiert.

Als Nächstes wird ein direkter Puffer für die Übergabe benötigt; mit der `glMapBuffer`-Funktion werde ich mich später befassen. Angenommen, es sollen Vertices und Normale mit der indirekten Adressierung als VBO übergeben werden. Bei einer *Non-Interleaved-Array*-Übergabe sind dann drei Puffer nötig.

```
try {
   ByteBuffer bb = ByteBuffer.allocateDirect(vertexBufferSizeInBytes);
   bb.order(ByteOrder.nativeOrder());
   vertices = bb.asFloatBuffer();

   bb = ByteBuffer.allocateDirect(vertexBufferSizeInBytes);
   bb.order(ByteOrder.nativeOrder());
   normals = bb.asFloatBuffer();

   bb = ByteBuffer.allocateDirect(faceListBufferInBytes);
   bb.order(ByteOrder.nativeOrder());
   faceList = bb.asIntBuffer();

   bb = ByteBuffer.allocateDirect(numberOfNames);
   bb.order(ByteOrder.nativeOrder());
   nameBuffer = bb.asIntBuffer();
}
catch(Throwable t) { /* report error, e.g out of memory */ }
```

Achten Sie auf die zum zugrundeliegenden System passende Anordnung der Bytes (`nativeOrder`) (siehe auch *ByteBuffer*, Seite 584). Auch wäre hier die Verwendung der `wrap`-Methoden falsch, denn diese liefern einen indirekten Puffer. Es stehen nun drei Puffer zur Verfügung, die mit Daten gefüllt sein wollen, zum `nameBuffer` kommen wir gleich.

```
vertices.put(0f); vertices.put(0f); vertices.put(0f);
vertices.put(1f); vertices.put(0f); vertices.put(0f);
vertices.put(0f); vertices.put(1f); vertices.put(0f);

normals.put(0f); normals.put(0f); normals.put(1f);
normals.put(0f); normals.put(0f); normals.put(1f);
normals.put(0f); normals.put(0f); normals.put(1f);

faceList.put(0); faceList.put(1); faceList.put(2);
```

3 `opengl32.dll` bei Windows. In Windows gibt es einen von Microsoft bereitgestellten Treiber, der nur OpenGL 1.1 versteht. Eine Applikation sieht dann zwar OpenGL, aber nicht die Version des Grafikkartenherstellers. Es hilft dann nur noch ein Update.

```
vertices.flip();
normals.flip();
faceList.flip();
```

Ein simples Dreieck in der CCW-Anordnung (Counter Clock Wise). Die `flip`-Aufrufe stellen das `limit` auf die zuletzt beim Schreiben erreichte Position ein (6 floats bzw. 3 integer) und `position` auf den Pufferanfang. Die VBOs sind Puffer, die bei OpenGL durch einen Namen (*Handle, Identifier*), mittels `glGenBuffers` von OpenGL bezogen, angesprochen werden.

```
gl.glGenBuffers(numberOfNames,nameBuffer);
bufferNameVertices = nameBuffer.get();
bufferNameNormals  = nameBuffer.get();
bufferNameFaceList = nameBuffer.get();
```

Wie groß müssen die Puffer eingestellt sein? Der Puffer für die Normalen ist gleich groß wie der für die Vertices, und die Berechnung für die Anzahl der Bytes hängt von drei Variablen ab: der Anzahl der Bytes pro Float (4), der maximalen Zahl der Vertices und der Anzahl der Komponenten (x,y,z) pro Vertex. Hier sind das drei, gleich der Komponentenzahl der Normalen.

```
vertexBufferSizeInBytes =
   SIZE_OF_FLOAT * maxVertices * numOfVertexComponents;

faceListElements = maxVertices * maxVerticesPerFace;
faceListBufferInBytes = faceListElements*SIZE_OF_INT;

numberOfNames = 3;
```

Bei den Face-Listen kommt es darauf an, wie viele Indizes pro Face nötig sind, bei Dreiecken sind das drei. Die Bestimmung des Werts für `maxVertices` kann aber schwierig sein. Wenn die Puffer – als Transferpuffer – wiederverwendet werden, entscheidet das größte als VBO abzulegende Objekt.

Jetzt erfolgt der Upload der Daten zu OpenGL. Die Puffer werden zuerst an eine übergeordnete Instanz gebunden: `GL_ARRAY_BUFFER` oder für die Face-Liste an `GL_ELEMENT_ARRAY_BUFFER`; dann wird der Inhalt kopiert.

```
gl.glBindBuffer(GL2.GL_ARRAY_BUFFER,bufferNameVertices);
gl.glBufferData(GL2.GL_ARRAY_BUFFER,
  vertexBufferSizeInBytes,vertices,GL2.GL_STATIC_DRAW
);
gl.glBindBuffer(GL2.GL_ARRAY_BUFFER,bufferNameNormals);
gl.glBufferData(GL2.GL_ARRAY_BUFFER,
  vertexBufferSizeInBytes,normals,GL2.GL_STATIC_DRAW
);
gl.glBindBuffer(GL2.GL_ARRAY_BUFFER,0);
gl.glBindBuffer(GL2.GL_ELEMENT_ARRAY_BUFFER,bufferNameFaceList);
gl.glBufferData(GL2.GL_ELEMENT_ARRAY_BUFFER,
  faceListBufferInBytes,faceList,GL2.GL_STATIC_DRAW
);
gl.glBindBuffer(GL2.GL_ELEMENT_ARRAY_BUFFER,0);
```

Die glBufferData-Funktion kopiert den Pufferinhalt auf die OpenGL-Seite und erwartet die Zahl der Bytes. Von Bedeutung ist es auch, die Bindung an die jeweilige Instanz aufzuheben, angezeigt durch die Null im zweiten Argument bei glBindBuffer. Wenn ein Puffer gebunden ist, dann verknüpft OpenGL damit bestimmte Erwartungen, zum Beispiel, dass ein nachfolgender glVertexPointer-Aufruf den Inhalt des Puffers näher spezifiziert.

Der Upload erfolgt jedoch häufig im Initialisierungsteil einer Anwendung, und es können dort auch Aufrufe erfolgen, die keine VBOs, stattdessen aber Vertex Arrays übergeben. Das dort angegebene zweite Argument der glVertexPoint-Funktion ist dann aber eine Pufferadresse und kein Offset, ein Programmabsturz an einer ganz anderen Stelle ist nicht mehr vermeidbar! Auch ein Beweis für die Nützlichkeit der Regel: „Hinterlassen Sie bei verteilten Systemen stets einen definierten Zustand, bevor Sie die Kontrolle abgeben."

Bevor wir zur Anzeige kommen, ist ein Hinweis angebracht, die Wiederverwendung betreffend. Weil eine Kopie erfolgte, stehen die Transferpuffer für weitere Übergaben wieder zur Verfügung und können nach einem clear wieder für ein anderes Objekt gefüllt werden. Danach erfolgt der obige Upload gegebenenfalls erneut mit anderen Daten.

```
vertices.clear();
normals.clear();
faceList.clear();
```

In einer display-Methode erfolgt das Rendern der übergebenen Objekte. Wieder wird die Bindung hergestellt und dann durch einen glVertexPointer-Aufruf der Inhalt der Arrays näher spezifiziert. Die Einschaltung der Vertex Array oder VBO-Funktion erfolgt hier am Anfang und wird am Ende ausgeschaltet.

```
  gl.glEnableClientState(GL2.GL_VERTEX_ARRAY);
  gl.glEnableClientState(GL2.GL_NORMAL_ARRAY);

  gl.glBindBuffer(GL2.GL_ARRAY_BUFFER,bufferNameVertices);
  gl.glVertexPointer(numOfVertexComponents,GL2.GL_FLOAT,0,0);
  gl.glBindBuffer(GL2.GL_ARRAY_BUFFER,bufferNameNormals);
  gl.glVertexPointer(numOfNormalsComponents,GL2.GL_FLOAT,0,0);

  gl.glBindBuffer(GL2.GL_ELEMENT_ARRAY_BUFFER,bufferNameFaceList);
  gl.glDrawElements(GL2.GL_TRIANGLES,faceListElements,GL2.\
GL_UNSIGNED_INT,0L);
  gl.glBindBuffer(GL2.GL_ELEMENT_ARRAY_BUFFER,0);

  gl.glBindBuffer(GL2.GL_ARRAY_BUFFER,0);
  gl.glDisableClientState(GL2.GL_VERTEX_ARRAY);
  gl.glDisableClientState(GL2.GL_NORMAL_ARRAY);
```

Bei den glVertexPointer-Aufrufen werden drei Parameter übergeben: die Zahl der Komponenten eines Vertex oder einer Normalen, hier jeweils 3, bei

Texturkoordinaten kann die Zahl auch 2 (s,t) sein. Der Wert für das `stride`-Argument, hier 0, und der Offset im Puffer. Bei der Übergabe von *Interleaved* Arrays wird an dieser Stelle eine Anpassung erfolgen. Die `glDrawElements`-Funktion erwartet die Zahl der Elemente in der Face-Liste, sie weiß mittels des nachfolgenden Arguments, dass es sich um einen positiven Integer (32 Bit) handelt. Das letzte Argument ist wiederum ein Offset.

Wenn statt `glDrawElements` die direkte Funktion `glDrawArrays` aufgerufen wird, dann erhält man in dem gegebenen Beispiel die gleiche Ausgabe. Das kommt daher, dass die Vertices genauso im Array stehen wie für `GL_TRIANGLES` benötigt. Wegen der geringen Zahl der Vertices können diese, hier im Beispiel, nicht redundanzfrei angelegt werden, die Normale haben aber alle den gleichen Wert. Es wäre jedoch ein schwerer Fehler, diese kompakt zu speichern, denn der Index in der Face-Liste wird auch für den Zugriff auf die Normale verwendet. Vertices und alle ihre Attribute müssen über denselben Index erreichbar sein.

Wenn Sie einen Fehler machen, eine Bindung vergessen, die Größen und Typen der Argumente nicht genau auf die Funktionen abstimmen, dann erfolgt erst beim `glDrawElements`-Aufruf ein Absturz, bestenfalls wird das betreffende Objekt nicht ausgegeben. Bei einem Absturz liegt meist eine Out-of-Memory-Situation bei OpenGL vor, das kann sehr unangenehm werden. Man übersieht halt mal Kleinigkeiten, wie die Umrechnung auf Bytes beim Aufruf der `glBufferData`-Funktion. Eine nützliche Klasse, um solche Fehler aufzuspüren, ist `OGLError`, die Sie im Paket `glib.util` finden.

VBO-Management

Es ist zwar möglich, mal schnell die benötigten Puffer zu erzeugen, aber eine ernsthafte Anwendung braucht schon ein ausgefeilteres Konzept. Das zentrale Problem ist die doppelte Pufferhaltung, nur für die Übergabe. Bevor ein VBO-Puffer an OpenGL übergeben werden kann, muss dieser erst einmal auf der Clientseite bereitgestellt und gefüllt werden. Das wäre weiter kein großes Problem, wenn es möglich wäre, den Puffer direkt nach dem Transfer (`glBufferData`), der ja ein Kopiervorgang ist, aus dem Speicher zu entfernen (free). Das geht in Java aber so nicht, im schlimmsten Fall wird der Garbage Collector (gc) den Speicherblock erst freiräumen, wenn der verfügbare Speicher knapp wird. Der gc hat zwar bessere Verfahren, um nicht referenzierten Speicher einzusammeln, aber bei den zum Teil großen Datenmengen in der 3D-Computergrafik bleibt dennoch ein Unsicherheitsfaktor.

Die Grundidee für eine Lösung basiert auf einem speziellen Transferpuffer, zum Beispiel ein `FloatBuffer` für die Vertices. Man könnte einen statischen Puffer für diesen Zweck bereitstellen, der dann wiederverwendet wird. Dieser müsste dann so groß sein, dass die maximale Zahl der Vertices hineinpasst. Aber trauen Sie sich zu, für Ihre Anwendung diese Größe vorauszusagen? Es empfiehlt sich stattdessen, einen wachsenden Puffer aufzubauen, dessen anfängliche Größe auf einer Schätzung beruht, diese muss nicht unbedingt das theoretische Maximum im Auge haben. Schreibt man die jeweils erreichte Größe nach dem Lauf einer Anwendung in deren Konfigurationsdatei, dann lässt sich die Schätzung durchaus verbessern – ein erstes Zwischenergebnis.

Das VBO-Konzept kennt mehrere Phasen, und diese laufen nicht unmittelbar hintereinander ab. Der Idealfall wäre gegeben, wenn am Anfang eines Programmes die Vertices und Attribute *aller* Objekte auf die OpenGL-Seite transportiert werden (Upload) und nur noch gerendert wird, evtl. mit Shader-Hilfe. Wechsel werden aber eher die Regel sein, und damit ist auch ein Phasenmanagement nötig, das ist das zweite Zwischenergebnis.

Die einzelnen VBO-Puffer sind meist an Objekte gebunden, eine Zusammenfassung für das Rendern ist aber ebenfalls sinnvoll, etwa um Zustandswechsel bei OpenGL zu minimieren. Softwaretechnisch betrachtet bedeutet dies ein Datenmodell, das lokal bestimmte Zustände zusammenfasst und als eine Einheit ansprechbar ist – das dritte Zwischenergebnis.

Ein erster Vorschlag, als eine Antwort auf die vorangegangenen Überlegungen, teilt die Aufgabe in sechs Klassen auf, wobei nur eine, der `VBOManager`, direkt mit OpenGL kommuniziert. Betrachten Sie dieses Konzept mehr vom Standpunkt eines Softwarearchitekten aus, vielleicht gehen Ihre eigenen Überlegungen bereits in diese Richtung. Das Problem mit diesen Klassen ist die enge Kopplung mit der Shader-Programmierung, speziell den generischen Attributen. Dennoch habe ich die Beschreibung im Buch belassen, denn die Prinzipien sind hier noch relativ einfach zu überschauen.

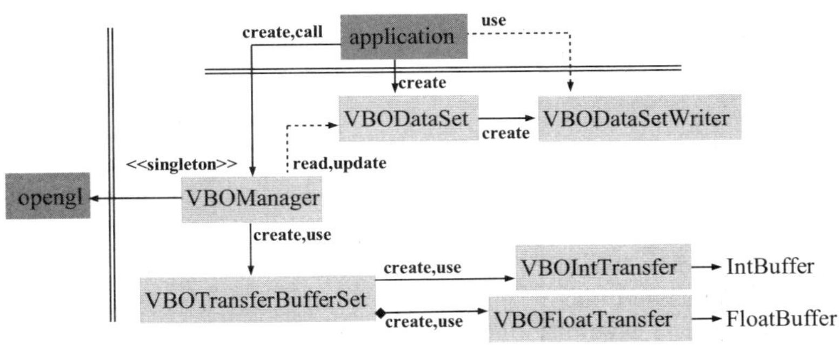

Abbildung 4.5

Darstellung eines kleinen Frameworks für den Transfer von VBO-Daten zu OpenGL. Der direkte Puffer für die Integerdaten wird der Face-Liste zugeordnet, die Float-Puffer den Vertices und ihren Attributen.

Die Klassen `VBOFloatTransfer` und `VBOIntTransfer` sind die Lösung aus dem ersten Zwischenschritt. Sie erzeugen jeweils direkte Java-Puffer mit einer geschätzen Vertex-Anzahl, und sie wachsen, wenn der Platz nicht ausreicht. Diese Puffer sind nicht statisch, eine zentrale Datenhaltung erfolgt erst später durch den Singleton-`VBOManager`. Damit kann eine Applikation auch Teile der Klassensammlung in einem anderen Kontext nutzen – ein richtiges kleines Framework.

Die im letzten Absatz genannten Klassen wissen nichts von Vertices, Face-Listen und Vertex-Attributen, das ändert sich auf der nächsten Ebene. Die Klasse `VBOTransferSet` erzeugt auf diese Elemente spezialisierte Transferpuffer. Theoretisch steht die Puffermethode `slice` zur Verfügung.[4] Da hier aber die Nahtstellen nicht bekannt sind, gibt es tatächlich mehrere, eben die spezialisierten Transferpuffer.

Die Kommunikation mit OpenGL – in diesem Kontext – erfolgt ausschließlich über den `VBOManager`. Dieser stellt den Phasen entsprechende Methoden bereit, wie `upload`, `display`, und er existiert nur einmal, realisiert durch das Singleton-Pattern. Da der Manager auch für die Puffererzeugung verantwortlich ist, werden diese tatsächlich statisch und damit auf den Transfervorgang spezialisiert. Die Steuerung der Phasen erfolgt durch die Applikation, die dem Manager auch das passende Datenmodell anbietet, eine Instanz der `VBODataSet`-Klasse. Der Manager erledigt seine Aufgabe und legt das Ergebnis wieder im Datenmodell ab, ein Fünf-Minuten-Manager, fast wie im richtigen Leben.

Die verbleibenden Klassen sind schnell erklärt. `VBODataSet` enthält die Parameter für die Konfiguration eines Puffers, zum Beispiel die Zahl der Komponenten der Texturkoordinaten, so können ein-, zwei-, aber auch dreidimensionale Texturen angesprochen werden. Neben einer Statusvariablen, die die Phasen widerspiegelt, ist es auch wichtig, dass das Datenmodell die von OpenGL bezogenen Namen (Handles) der Puffer aufbewahrt. Das sind die durch die `glGenBuffers`-Funktion vom `VBOManager` bezogenen Identifier der VBO-Puffer.

Soweit die Pufferung und das Management, es verbleibt noch eine Klasse, die Hilfe für das Füllen der Puffer mit den Daten anbietet. Diese Aufgabe hängt sehr von der Applikation ab. Der hier implementierte Writer folgt dem `glBegin`-`glEnd`-Muster, allerdings flächenorientiert. Er verarbeitet auch Quads und wandelt diese in Dreiecke um bzw. schreibt die angebotenen Dreiecke direkt in den Transferpuffer (`putVertex`). OpenGL muss daher nur noch Dreiecke verarbeiten, das vereinfacht auch das Puffermanagement. Eine Besonderheit des Writers ist die automatische Erzeugung der Flächenliste und damit gekoppelt eine kompakte, redundanzfreie Speicherung der Vertices und ihrer Attribute.

Als Anwendung habe ich das `Wedge`-Objekt verwendet, das auch einen „Fallback"-Mechanismus besitzt. Sind die VBOs nicht verfügbar, dann wird mit

[4] Die Pufferklassen im Java-Paket `java.nio` ermöglichen es, aus einem großen Puffer mehrere kleinere abzuleiten.

`glVertex` und Displaylisten dargestellt. Für einen Loader, der zum Beispiel `obj`-Dateien einliest, müsste ein anderer Writer bereitgestellt werden, denn dort treten die Vertices und ihre Attribute in einer anderen Abfolge auf, außerdem stehen die Flächenlisten schon zur Verfügung. Das ist ja eines der Kennzeichen eines Frameworks, denn einzelne Teile können ausgetauscht werden, ohne den Rest zu beeinträchtigen. Statt der Klasse `VBODataSetWriter` wäre ein Interface mit einer Factory die perfekte Ergänzung? Aber vielleicht ist die Erzeugung durch `VBODataSet` keine so gute Idee, von der Architektur her gesehen schon in Ordnung, aber (unnötig) kompliziert bei Erweiterungen.

Wichtig für das Verständnis ist es, festzuhalten, dass dieses Framework der Übergabe von Daten von/zu OpenGL dient, es ist kein Speicher für Objektdaten. Die Daten in den Transferpuffern werden beim nächsten Transfer überschrieben, zur Verfügung stehen danach nur noch die von OpenGL kopierten Pufferinhalte. Bindet man die Instanzen der `VBODataSet`-Klasse in einen Szenengraphen ein, dann kann dieser jederzeit über den Status der Render-Daten Auskunft erteilen.

Wiederum möchte ich betonen, dass das Ziel der Ausführungen nicht mein Quellcode ist, dieser ist lediglich eine Ausgangsbasis für Ihre eigenen Experimente, daher auch die vielleicht zunächst abstrakt anmutende Darlegung der Vorüberlegungen. Die genannten Klassen finden sich allesamt im Paket `glib.storage`.

Interleaved VBOs

Die Entwicklung bei OpenGL, hin zu den VBOs, war getrieben von einer Beschleunigung des Datentransfers über die Verbindung CPU-GPU und, mit Blick auf OpenGL-ES, auch von einer Vereinfachung der Implementation des OpenGL-Treibers. Das Konzept ist hier aber noch nicht am Ende, Sie sollten auch die versetzten Arrays (Interleaved Arrays) und die Möglichkeiten der `glMapBuffers`-Funktion kennenlernen. Wenn Vertices und ihre Attribute in getrennten Puffern übergeben werden, dann ist zwar ein schneller Transfer und Zugiff durch OpenGL möglich, aber der Treiber muss immer noch auf die Basisadressen der diversen Puffer umschalten, etwa beim Zugriff auf die Normale.

Mit den Interleaved Arrays entfällt auch noch dieser Schritt, und eine leichte Geschwindigkeitserhöhung ist noch möglich. Je nach Größe der VBO-Puffer ist der Vorteil allerdings gar nicht spürbar, bis vielleicht in eine Größenordnung von zehn Prozent. Interleaved Arrays vereinfachen aber die Verwaltung, auch auf der Clientseite, und ein Loader könnte vorbereitete Arrays in einem Rutsch direkt an OpenGL übergeben sowie – ebenfalls ein interessanter Gesichtspunkt – die Daten direkt und ohne Umsetzung von einer binären Datei einlesen.

Wenn Sie Interleaved Arrays einsetzen, sollten Sie auf die Art der Verwendung achten. Angenommen, Sie übergeben Vertices, Normale, Texturen und Farben, das Standardset der Attribute also, jedoch werden nur die Farbattribute von Frame zu Frame verändert. In diesem Falle senden Sie nach der Änderung derselben das gesamte Array erneut über den Datenbus. In solchen Fällen ist es besser, eine Mischung von Interleaved Arrays und normalen Arrays herzustellen. Die Vertices, Normalen und Texturen werden in einem Interleaved Array gehalten und die Farbattribute in einem getrennten Puffer.

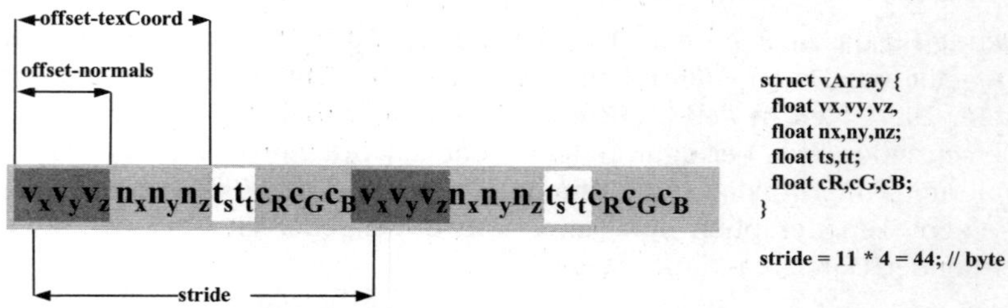

Abbildung 4.6 Beispiel einer Interleaved-Array-Struktur. Der Übersichtlichkeit halber sind einige `offset`-Angaben nicht dargestellt.

Interleaved Arrays werden bei der `glVertexPointer`-Funktion strukturiert. Der `stride`-Parameter gibt dort den Abstand in Bytes zum nächsten gleichartigen Element an. Über die `offset`-Angabe wird der Versatz der Anfangsadresse festgelegt. Generell sollten Sie bei Vertex Arrays, besonders aber bei Interleaved Arrays, Wortgrenzen einhalten, ein Wort (*Word Alignment*) sind vier Bytes (32-Bit-Prozessor), aber auch acht Bytes (64-Bit-Prozessor). Bei Rechnern, die mit DDR3 DRAMs ausgestattet sind, praktisch alle neueren PCs, erfolgt ein Speicherzugriff von acht Worten pro CPU-Takt, auch meist die Größe von Cache-Elementen (*Cache Line*).

Für einen optimalen Transfer empfiehlt es sich daher, den `stride`-Wert auf 64 Byte, gegebenenfalls ein Vielfaches davon, auszudehnen (*Padding*). Es sollte aber getestet werden, ob der damit verbundene Speicherverbrauch – im Beispiel immerhin 20 Byte pro Block bei der Struktur wie im Bild – damit gerechtfertigt werden kann. Beim Padding werden in die Grundstruktur Dummy-Elemente eingefügt, hier: fünf Floats zu je vier Byte. Da es nun wahrscheinlich ist, dass die Attribute in einem Interleaved Array zur gleichen Zeit in den Shadern benötigt werden,[5] kann so mit einer einfachen Maßnahme der Datendurchsatz in der gesamten Kette verbessert werden.

[5] Räumlicher Zusammenhang (*Spatial Locality*): Beim Zugriff auf ein Speicherelement ist es wahrscheinlich, dass auch Elemente benötigt werden, die in der Nähe liegen. Beim zeitlichen Zusammenhang (*Temporal Locality*) ist es wahrscheinlich, dass zuletzt zugegriffene Elemente bald wieder benötigt werden.

Interleaved Arrays sparen noch keinen Speicherplatz auf der Clientseite ein. Eine Einsparung kann aber durch die `glMapBuffer`-Funktion erfolgen, die auch im Rahmen des VBO-Konzeptes für die Veränderung der Daten zuständig ist. Anstatt diese in einen Transferpuffer zu schreiben, besteht die Möglichkeit, den VBO-Puffer, den OpenGL ja intern erzeugt, direkt anzufordern und gleich dorthin zu schreiben. Die Nutzung dieser Variante hängt aber von der Applikation ab, denn wenn der Puffer gefüllt wird, dann muss auch der OpenGL-Kontext zur Verfügung stehen.

Um Missverständnisse zu vermeiden, sei noch `glInterleavedArrays` erwähnt. Diese Funktion ist auf keinen Fall mehr zu verwenden, und sie taucht deshalb auch nicht im Referenzteil auf.

4.1.2 Mapping und Meshdaten

Mit der `glMapBuffer` bzw. der OpenGL-3.0-Funktion `glMapRangeBuffer` sind noch weitergehende Strategien möglich.

Kein Puffer auf der Clientseite

Bei dieser Strategie werden VBO-Daten komplett auf die Serverseite, den OpenGL-Speicher, verlagert.

```
Puffername erzeugen: openGLBufferID

gl.glBindBuffer(target,openGLBufferID);
gl.glBufferData(target,bufferSize,null,usage);

ByteBuffer bb = gl.glMapBuffer(target,policy);
myBuffer = bb.asFloatBuffer();
Puffer füllen ...

gl.glUnmapBuffer(target);
```

Erkennbar ist diese Strategie an dem Null-Argument anstelle der Angabe eines Transferpuffers bei der `glBufferData`-Funktion. Dies ist eine Anweisung an OpenGL, einen Speicher der Größe `bufferSize` einzurichten, aber keine Kopie von Daten zu erzeugen. Den Zugriff auf den so erstellten serverseitigen Puffer liefert die `glMapBuffer`-Funktion. In Java und mit JOGL erhält man einen `ByteBuffer`, der entsprechend umgewandelt (Integer, Float) mit den VBO-Daten gefüllt wird. Schließlich wird der Puffer mit `glUnmapBuffer` für OpenGL wieder freigegeben.

Einen Pufferinhalt modifizieren

Auch bei dieser Strategie wird eine Pufferhaltung auf der Clientseite vermieden. Der serverseitige Puffer kann durch das oben genannte Verfahren erzeugt worden sein, aber auch über die wiederverwendbaren Transferbuffer.

```
gl.glBindBuffer(target,openGLBufferID);
ByteBuffer bb = gl.glMapBuffer(target,policy);
myBuffer = bb.asFloatBuffer();
Puffer modifizieren ...
gl.glUnmapBuffer(target);
```

Doppelpufferung

Bei dieser Strategie werden auf der Serverseite zwei Puffer erzeugt. Mit einem der beiden Puffer erfolgt das aktuelle Rendering (`glDrawElements`), und die GPU ist damit erst einmal beschäftigt. Diese Zeit wird auf der Clientseite, d. h. der CPU, genutzt, um den zweiten Puffer mit den modifizierten Daten zu füllen. Danach erfolgt das Rendern des nachfolgenden Frames mit dem zweiten Puffer, während der erste geändert wird usw. Abgesehen vom erhöhten Speicherverbrauch erfordert diese Stategie auch eine genaue Kenntnis des Verhaltens und der Anforderungen der Applikation sowie Messungen der tatsächlichen Framerate. Der Aufwand lohnt sich für komplexe und große Objekte, deren Mesh häufig geändert wird und deren Modifikation clientseitig erfolgen muss.

Die Datenhaltung über VBOs erlaubt eine freie Kombination von interleaved und non-interleaved Puffern sowie diverse Stategien der Erzeugung und des Zugriffs auf serverseitige Daten. Es gibt noch einige weitere Varianten, die eher der fortgeschrittenen Programmierung zuzurechnen sind, die hier in diesem Abschnitt aber zumindest erwähnt werden sollten. Die `glMultiDrawElements`-Funktion ermöglicht es, mehrere Face-Listen und damit indirekt adressierte VBO-Daten mit einem Funktionsaufruf zu rendern.

```
glMultiDrawElements(GLenum mode, const GLsiezei *count, GLenum type,
const GLvoid **indices, GLsizei primcount);
äquivalent zu:
for(int n=0; n<primcount; n++) {
  if(count[n]>0) { glDrawElements(mode,count[n],type,indices[n]); }
}
```

Angenommen, Sie haben in Ihrer Szene eine Vielzahl von Objekten, die allesamt mit den gleichen Shadern gerendert werden. Anstatt die Meshes dieser Objekte in getrennten Puffen hochzuladen, dürfen diese auch in einen einzelnen Puffer gepackt werden, nebst einem zweiten Puffer für alle Face-Listen. Das Problem beim Packen von Vertex-Daten verschiedener Meshes ist der Index, denn die Face-Liste eines Mesh-B enthält ja gleiche Indizes auf Vertex-Daten wie die Face-Liste des Mesh-A.

Eine passende Funktion (ab OpenGL 3.1) für einen solchen Anwendungsfall ist die `glDrawElementsBaseVertex`-Funktion, die mit der Funktion `glDrawElements` identisch ist, aber ein zusätzliches Argument `baseIndex` am Ende hat. Beim Zugriff wird automatisch dieser Basiswert auf die Indizes addiert.

```
glDrawElementsBaseVertex(GLenum mode, GLsizei count, GLenum type,
const GLvoid *indices, GLsizei baseIndex);
```

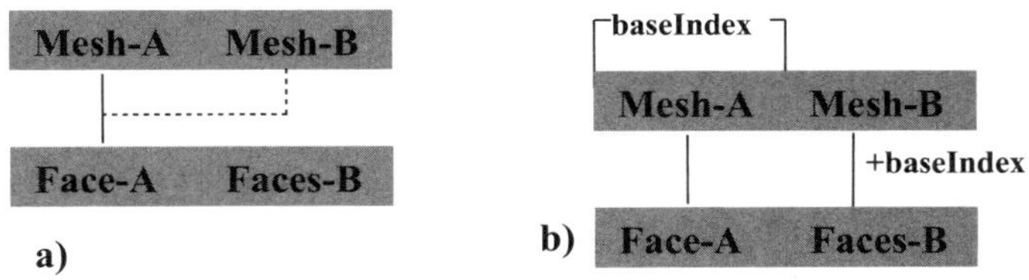

Abbildung 4.7
a) Die Vertex-Daten zweier Meshes sind in ein VBO gepackt worden. Auch die Face-Listen liegen in einem Puffer. Das Problem dabei sind die Indizes der zweiten Face-Liste, da diese auf das Mesh-A verweisen. b) Addition eines Basiswerts, der die Indizes der zweiten Face-Liste nach dem Ende des ersten Mesh beginnen lässt.

Bei einer etwas einfacheren Variante, bei der die Face-Listen getrennt gehalten werden, ansonsten aber Meshdaten gepackt sind, kann ein Start- und Endwert für die Indizes angegeben werden. Für den Zugriff auf das zweite Mesh im obigen Beispiel wäre dann `start=baseIndex`.

```
glDrawRangeElements(GLenum mode, GLuint start, GLuint end,
GLsizei count, GLenum type, const GLvoid *indices);
```

Die Tendenz, große Datenpakete zusammenzustellen (4–10 Mbyte) und am Anfang eines Programms zumindest statische Meshdaten über den Datenbus zum Renderer hochzuladen, führte bei OpenGL 4.0 zu einer Fülle von weiteren `glDrawElements`-Funktionen.

```
glDrawElementsInstanced(GLenum mode, GLsiezei count, GLenum type,
const GLvoid *indices, GLsizei primcount);
```

Diese Draw-Funktion rendert ein Mesh `primcount`-mal, wobei beim Shader eine neue eingebaute Variable sichtbar ist (`gl_InstanceID`), die bei jedem Durchlauf um eins hochgezählt wird (0...`primcount`-1). Damit ist ein, in gewissen Grenzen, bedingter Shaderlauf möglich; zum Beispiel könnte das ansonsten gleiche Mesh beim Shader an verschiedene Stellen in einer Szene platziert werden. Die Fülle an Möglichkeiten bei der genannten Funktion entsteht durch Kombinationen: „Instanced" mit „BaseVertex" und „Range", plus den Multidraw-Optionen.

4.1.3 Shader und generische Attribute

Mit dem VBO-Konzept haben Sie ein Muster kennengelernt, bei dem durch eine Bindung ein Datenblock auf der OpenGL-Seite ausgewählt wird. Danach erfolgte eine Festlegung des Datenformates und schließlich die Nutzung der Daten.

```
gl.glBindBuffer(...);
gl.glBufferData(,...);

gl.glBindBuffer(,...);
gl.glVertexPointer(...);

gl.glDrawElements(...);
```

Der Sinn der Anordung ist es, zusammen mit einer Position ein oder mehrere weitere Attribute zu übergeben. In dieser Formulierung steckt auch die genauere Bedeutung eines Vertex, denn tatsächlich handelt es sich um eine Sammlung von beliebigen Attributen, die mit einer Ortsangabe verbunden sind. Lediglich aus historischen Gründen wird die Ortsangabe als Vertex bezeichnet. Das Standardset der Attribute bei OpenGL enthält die Position (Vertex), die Normale, Texturkoordinaten und Farbangaben sowie einige weniger bedeutende Elemente. Für jedes Attribut gibt es eine `glxxxPointer`-Funktion, die Menge der Attribute ist also begrenzt.

Seit der Einführung der Shader-Programmierung (siehe Abschnitt *Shader*, Seite 537) tritt die allgemeine Bedeutung eines Vertex wieder in den Vordergrund. Ein Vertexshader verarbeitet in einem Arbeitsschritt einen Vertex und alle damit verbundenen Attribute. Man kann sich die Struktur als eine Matrix vorstellen, die so viele Spalten (Vertex-Index) aufweist, wie es Vertices gibt, und die so viele Zeilen besitzt, wie vom Anwender gewünscht. Im Standardset von OpenGL wären die Zeilen die Positionen, Normalen, Texturkoordinaten und Farbangaben.

```
// Vertex Shader
// -------------
void main(void) {
  gl_Position    = gl_ModelViewProjectionMatrix*gl_Vertex;
  gl_FrontColor = gl_Color;
}
// Fragment Shader
// ---------------

uniform sampler2D texSample;

void main(void) {
  gl_FragColor = texture2D(texSample,gl_TexCoord[0].st);
}
```

In diesem Beispiel greifen die Shader auf die Standardattribute über vorgegebene Bezeichner (`gl_Vertex`, `gl_Color`, `gl_TexCoord`) zu und übergeben das Ergebnis an die von OpenGL festgelegten Ausgaben (`gl_Position`, `gl_FrontColor`, `gl_FragColor`) (siehe auch *Vordefinierte Variable*, Seite 722f.). Die Attribute werden hierbei wie gewöhnlich als VBO-Daten übergeben. Es ist aber an dieser Stelle nicht nötig, in die Shader-Programmierung einzusteigen, denn *was* mit den Attributen passiert, ist für den aktuellen Abschnitt nicht von Bedeutung. Die Standardbezeichner stehen für eine Variable, die den aktuellen Vertex, die aktuelle Texturkoordinate etc. enthält. Es ist daher nur ein kleiner Schritt zu einer Bindung an beliebige von der Shader-Programmierung vorgegebene Bezeichner und Variablen.

```
// Vertex Shader (Skizze)
// ----------------------
attribute vec4 myPosition;
attribute vec2 myTexCoord;
varying vec2 fTexCoord;
uniform mat4 myModelViewProjectionMatrix;

void main(void)
  fTexCoord = vec2(myTexCoord);
  gl_Position = myModelViewProjectionMatrix*myPosition;
}
// Fragment Shader (Skizze)
// -----------------------
varying vec2 fTexCoord;
uniform sampler2D texSample;

void main(void)
  gl_FragColor = texture2D(texSample,fTexCoord);
}
```

Festzuhalten ist, ein Vertexshader sieht nur einen Vertex des aktuellen Objektes, so steht `myPosition` für den Namen eines Attributes in einem Puffer des i-ten Vertex. Im Quellcode des jeweiligen Shaders ist der Variablenname ein Bezeichner, und auf dieser Ebene ist die Verknüpfung zuerst herzustellen.

```
myPositionIndex = glGetAttribLocation(prog,"myPosition");
myTexcoordindex = glGetAttribLocation(prog,"myTexCoord");
```

Das Argument `prog` ist eine Referenz auf das geladene Shader-Programm, OpenGL durchsucht dort eine Liste, um den Bezeichner `myPosition` aufzufinden, und liefert dann einen Index. Dieser steht wiederum für die betreffende Attributvariable im Shader. Wenn Sie die obigen Funktionen verwenden, muss das Linken des Shader-Programmes fehlerfrei erfolgt sein, andernfalls gibt eine `glGetAttribLocation`-Funktion den Wert -1 zurück. Alle nachfolgenden OpenGL-Funktionen verwenden einen Index als Identifier und nicht den Attributnamen, den die Shader sehen; die Bezeichnung eines Elementes ist daher nicht durchgängig und kann bei größeren Applikationen durchaus zu Problemen beim Shadermanagement führen.

Eine frühere Bindung, vor dem Linken des Shader-Programmes, ist möglich durch die Funktion `glBindAttribLocation`, hier ist ein Index durch die Applikation vorgegeben.

```
public final static int POSITION_ATTRIBUTE =0;
public final static int TEXTURE_ATTRIBUTE =1;

glBindAttribLocation(prog,POSITION_ATTRIBUTE,"myPosition");
glBindAttribLocation(prog,TEXTURE_ATTRIBUTE,"myTexCoord");
```

Die Vertices und ihre Attribute werden genauso wie bei VBOs an eine Instanz gebunden und zu OpenGL hochgeladen, die Verbindung des hochgeladenen Puffers mit den Variablennamen im Shader erfolgt erst im nächsten Schritt. Zuerst wird der Puffer, in dem das Vertex-Attribut residiert, durch `glBindBuffer` angemeldet. Danach wird die Position und das Format jedes Vertex-Attributs durch die `glVertexAttribPointer`-Funktion beschrieben und dann das Attribut aktiviert. Nach dem Rendern muss das Attribut wieder deaktiviert werden.

```
glBindBuffer(GL_ARRAY_BUFFER,bufferID);

glVertexAttribPointer(POSITION_ATTRIBUTE,4,type,false,stride,0);
glEnableVertexAttribArray(POSITION_ATTRIBUTE);
glVertexAttribPointer(TEXTURE_ATTRIBUTE,2,type,false,stride,16);
glEnableVertexAttribArray(TEXTURE_ATTRIBUTE);

glDrawElements(mode,faceListElements,GL_UNSIGNED_INT,faceList);

glDisableVertexAttribArray(POSITION_ATTRIBUTE);
glDisableVertexAttribArray(TEXTURE_ATTRIBUTE);
glBindBuffer(GL_ARRAY_BUFFER,0);
```

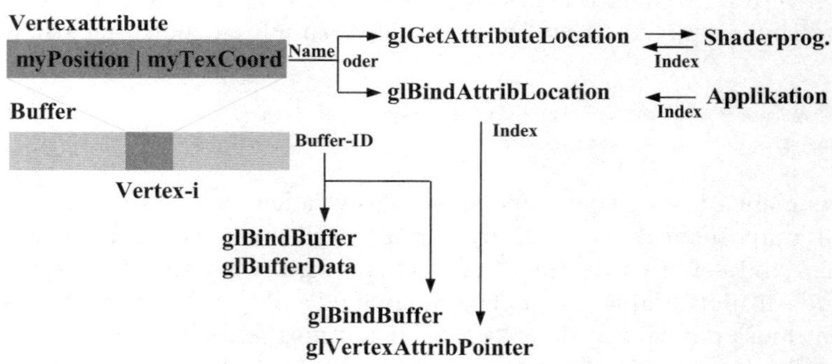

Abbildung 4.8 Einordnung der `glGetAttribLocation`- und `glBindAttribLocation`-Funktion.

Mehr ist auf der Applikationsseite nicht zu tun, der Rest der Verarbeitung erfolgt im jeweiligen Shader. Auf die gleiche Art und Weise ist es nun möglich, jede beliebige Information an den Shader weiterzureichen, solange diese an einen Vertex gebunden ist. Die Bandbreite der Möglichkeiten ist enorm.

4.1.4 Framework mit generischen Attributen

Mit einem kleinen Framework ist es möglich, alle grundlegenden Varianten abzubilden und die benötigten Puffer zu verwalten, die Klassen finden sich bei `glib.storage.mesh` und `glib.render.mesh`. Besonders der Kontroller dürfte für Einsteiger interessant sein, denn dort finden sich die für die einzelnen Phasen jeweils benötigten Abfolgen von OpenGL-Funktionen. Es werden konsequent generische Attribute verwendet und die Kopplung mit einem Shader-Programm hergestellt, siehe auch `glib.storage.shader.ShaderProgram`. Eine Demonstration des Einsatzes dieser Klassen findet sich beim Programm `glib.examples.cube`.

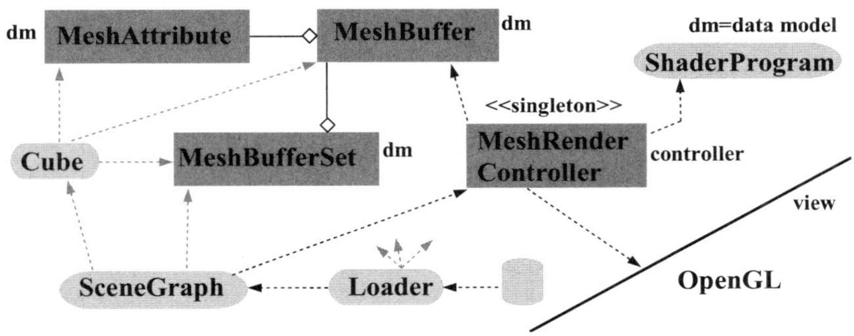

Abbildung 4.9

Ein Framework für die Erzeugung und Verwaltung generischer Attribute und deren Puffer. Zum Framework gehörende Klassen sind rechteckig dargestellt (nur wichtige Verbindungen). Face-Listen und deren Puffer tauchen nicht explizit auf, sie werden wie Attribute und MeshBuffer behandelt. Wer mit Patterns etwas vertraut ist, der wird hier drei solche Muster aufspüren: das MVC-Pattern (Model View Controller), die Datenhaltung ist strikt abgetrennt, die View stellt OpenGL selbst dar. Ein Singleton-Muster, denn der Kontroller wird nur einmal benötigt, kann aber Teil einer Fabrik (Factory Pattern) sein. Ein Facade-Pattern, das ebenfalls über den Kontroller abgebildet ist: Nur dieser greift auf OpenGL zu und stellt eine Reihen von Methoden zur Verfügung, die den Umgang damit erleichtern bzw. verbergen.

`MeshAttribute` ist das Datenmodell eines Attributes, der Vertex-Position, Texturkoordinate usw., wird aber auch für die Beschreibung eines Face-Elementes (Vertex-Anzahl) verwendet. Der Ausgangspunkt ist die `glVertexAttribPointer`-Funktion:

```
glVertexAttribPointer(
   POSITION_ATTRIBUTE, // vom Controller über glBindAttribLocation
   components,         // Zahl der Komponenten 1,2,3,4
   type,               // int, float
   false,              // Normalisierung
   stride,             // interleaved Arrray, sonst 0
   offset              // interleaved Array sonst 0
);
```

Im Datenmodell wird keine Referenz auf einen OpenGL-Kontext benötigt, daher ist es möglich, eine Instanz der Klasse sehr früh zu erzeugen. Auch können die Daten – bis auf den Index – von einer Datei eingelesen und dort gespeichert werden, die Verbindung zu einem Loader und Writer. Das zweite Datenmodell `MeshBuffer` verwaltet einen Puffer und gibt die generelle Speicherstrategie vor. Es sind drei Varianten möglich: Erstens die Datenvorratshaltung in einem clientseitigen Puffer (`RESIDE_CLIENT`). Der Controller wird bei dieser Einstellung folgende Sequenz verwenden:

```
Puffer erzeugen und füllen ...
glBindBuffer(...)
glBufferData(...,clientSideBuffer)
glBindBuffer(...,0)
```

Der Pufferinhalt (`ByteBuffer`) wird bei jedem Aufruf kopiert. Zweitens die Datenhaltung auf der Serverseite, wobei zwei Varianten abgebildet sind.

```
Transferpuffer vom Controller erzeugen
Puffer füllen ...
glBindBuffer(...)
glBufferData(...,transferBuffer)
glBindBuffer(...,0)
```

Hierbei wird vom Controller ein wiederverwendbarer Transferpuffer erzeugt (`RESIDE_TRANSFER`). Bei der dritten Variante erzeugt der Controller einen serverseitigen Puffer (`RESIDE_SERVER_SIDE`).

```
glBindBuffer(...)
glBufferData(...,null,..)
buffer = glMapBuffer(...)
Puffer füllen ...
glUnmapBuffer(...)
glBindBuffer(...,0)
```

Die Instanz der `MeshBuffer`-Klasse hält nur in einem Fall einen Datenpuffer vorrätig, ansonsten die Referenz (OpenGL-Index) auf den serverseitigen Puffer. Alle benötigten Parameter (`target`, `bufferSize` usw.) findet der Controller im `MeshBuffer`- bzw. `MeshAttribute`-Objekt. Damit sind sowohl interleaved (mehrere Attribute) als auch non-interleaved VBOs möglich. Der Controller stellt das Bindeglied zu OpenGL dar, Parameter werden aus den Datenmodellen ausgelesen und Pufferreferenzen sowie Statusangaben werden dort abgelegt.

```
generateNames
createBuffer
updateAttributeLocation
uploadBuffer
```

Von der Architektur her gesehen besteht bei der obigen Klassensammlung ein feiner Unterschied zu Beispielprogrammen, die Sie vielleicht schon im Internet gesehen haben, auch zu OpenGL. Dort wird eine Sequenz von

Funktionen aufgerufen, um damit Datenstrukturen und Inhalte zu ändern. Hier werden Datenstrukturen erzeugt, um damit Funktionssequenzen zu steuern, eine deskriptive Softwarearchitektur, wie sie häufig in Szenengraphen angetroffen wird. Die strikte Trennung zwischen der Datenhaltung und dem Renderer erlaubt es auch, diesen auszutauschen, hier durch das Singleton-Pattern beim Controller angedeutet. Die Instanzierung des Controllers kann Teil einer Factory sein, die spezielle Ausprägungen lädt. Wenn Sie Ihr eigenes, vielleicht sogar großes Projekt angehen, werden Sie auf Probleme der Architektur stoßen, die hier im Kleinen schon sichtbar und noch überschaubar sind.

Bei der Analyse eines Frameworks hilft meist ein Sequenzdiagramm weiter. Dabei wird den Methodenaufrufen zwischen den Klassen gefolgt, und man erhält als Ergebnis eine Vorstellung davon, in welcher Reihenfolge bestimmte Vorgänge angestoßen werden. Ein solches Diagramm ist auch für den Entwurf nützlich; die Zeitachse zeigt nach unten.

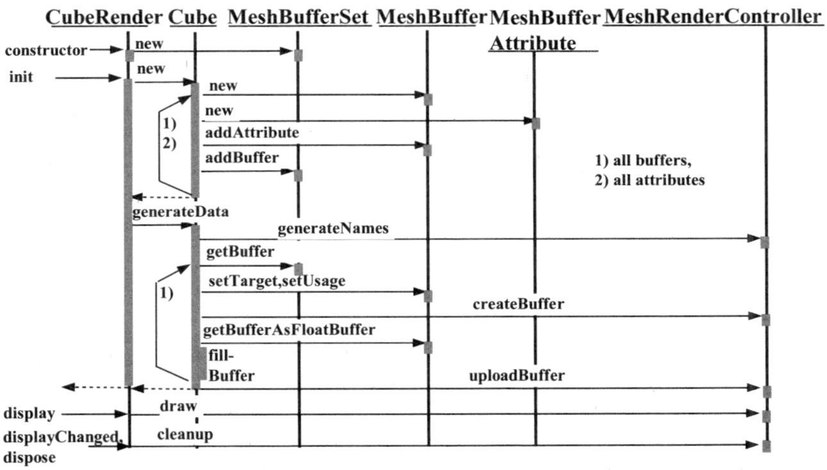

Ausgehend von der Applikation, hier der `CubeRender`-Klasse, die Darstellung der Kommunikation zwischen den Klassen des Mesh-Frameworks. Abbildung 4.10

Auf der linken Seite erkennen Sie in Abbildung 4.10 die Methoden der Rendererklasse `CubeRender`. Einem Objekt, das sich selbst im Programm erzeugen soll, wird in der Initialisierungsphase der Container für die Puffer (`MeshBufferSet`) übergeben, der hier vorher erzeugt wurde, aber auch einem Szenengraphen entnommen werden kann. Das aktuelle Objekt, für das hier eine Instanz der Klasse `Cube` steht, erledigt den Rest. Anstelle von `Cube` kann auch ein Loader angestoßen werden, der die betreffenden Daten von einer Datei einliest, das ist sogar der eigentliche Hintergrund für die Erstellung der Klassen. Sind die Daten geladen und je nach Einstellung zu OpenGL hochgeladen, dann ist nur noch die Darstellung über die `draw`-Methode anzustoßen. Der Controller kann auch alle Puffer restlos bei OpenGL entfernen, siehe `cleanup`.

Im zweiten Diagramm (Abb. 4.11) steht die Kommunikation mit externen Ressourcen im Mittelpunkt, das ist hier OpenGL und der direkte Speicher. Sie sehen dabei, dass die `createBuffer`-Methode zu Unterroutinen verzweigt, die, entsprechend der Speicherstrategie, die passenden Puffer erstellen. Der Pufferstatus und der OpenGL-Bezeichner werden bei der `MeshBuffer`-Klasse gespeichert, so kann diese jederzeit über den Verbleib der Daten Auskunft erteilen.

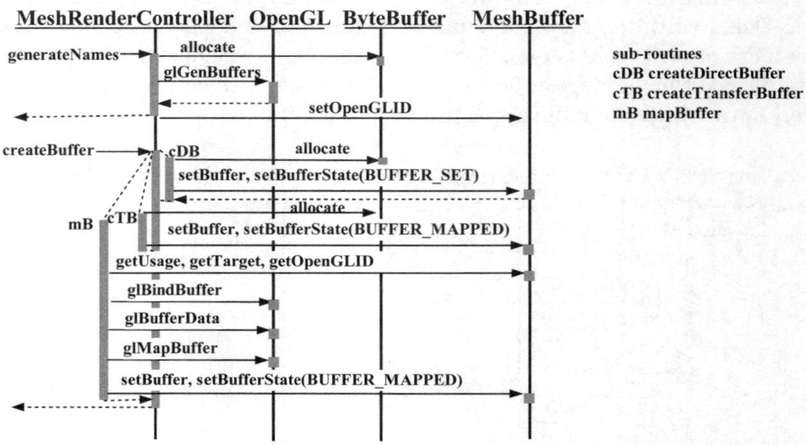

Abbildung 4.11 Der Controller und die Kommunikation mit OpenGL.

Das dargelegte MeshBuffer-Framework findet seine Anwendung im Zusammenspiel mit einem PLY-Loader im Paket `glib.storage.mesh.ply`. Die Klasse `PLYLoaderDefault` liest Mesh-Daten von einer Datei, die im Stanford-PLY-Format gegeben ist, und er generiert daraus ein `MeshBufferSet` mit Interleaved VBOs.

4.1.5 Zusammenfassung

In diesem Abschnitt haben Sie viel über die Übergabe von Objektdaten an OpenGL erfahren. Ein großer Standard wie dieser hat eine Fülle von Literatur im Gefolge, und wenn Sie im Internet stöbern, werden Sie auch auf veraltete Funktionen und Vorgangsweisen stoßen; auch steht nicht immer ein Datum dabei bzw. es wird nicht auf die OpenGL-Version verwiesen. Der geschichtliche Überblick ist aber ein Nebeneffekt, es kam mir mehr darauf an, ein vollständiges Bild zu zeichnen, das auch die fließenden Übergänge aufzeigt. Das Ende der Geschichte ist aber eindeutig, die Datenübergabe erfolgt über VBOs, und in der Verbindung mit den Shadern sind generische Attribute zu verwenden.

Tabelle 4.2: Vertex- und Vertex-Attribute an OpenGL übergeben, eine Übersicht

Typ	**Performance**	**Anmerkung**
glVertex	langsam	nicht mehr ab OpenGL 2.x
Displaylisten	sehr schnell	nicht mehr ab OpenGL 2.x
Vertex Arrays	schnell	wenn der Client sehr häufig die Daten verändert; nicht bei OpenGL-ES
VBOs	sehr schnell	wenn der Client die Daten selten oder gar nicht verändert, bevorzugt zu verwenden; Pflicht bei OpenGL-ES
interleaved Arrays	sehr schnell	komplizierterer Aufbau; schneller als einzelne VBOs; wenn möglich, verwenden
glMapBuffer	—	spart Speicher auf Clientseite; bevorzugt zu verwenden
generische Attribute	—	im Zusammenspiel mit Shadern; bevorzugt zu verwenden.

Welche Kombination von VBOs Sie wählen, ob interleaved oder non-interleaved mit den einzelnen Strategien, hängt von Ihrer Applikation, aber auch Ihrer Erfahrung damit ab. Wann immer möglich, sollten Sie aber den Schulterschluss mit OpenGL-ES und den Kernprofilen suchen. Das bedeutet, Sie verwenden ausschließlich generische Attribute im Zusammenspiel mit ihren Shadern und packen die Attribute in VBOs (interleaved), deren Speicherplatz Sie von OpenGL beziehen (Mapping). Scheuen Sie sich aber auch nicht, zum Ausprobieren und für Demonstrationen auch mal den Compatibility-Modus zu erzwingen, indem Sie Standardattribute und Variablen verwenden.

4.2 Objekte erzeugen

Die Erzeugung von Objekten, die mit ihrem Mesh in einer Szene erscheinen sollen, kann auf dreierlei Weise erfolgen. Für komplexe Objekte, etwa den menschlichen Körper, kommt nur ein externes Werkzeug wie etwa das Open Source Tool Blender in Frage. Die damit zur Verfügung gestellten Objekte müssen dann über sogenannte Loader in die Szene gebracht werden, dazu mehr im Abschnitt *Objekte einlesen* (Seite 221ff.).

Eine andere Variante ist die Verwendung konfigurierbarer Grundmodelle, etwa eine Kugel oder ein Torus, die zum Beispiel durch *GLU* bereitgestellt werden. Sie haben einen solchen Import bereits bei den Programmbeispielen im Abschnitt über die Projektionen kennengelernt.

Die dritte Variante erzeugt ebenfalls Objekte im Programm, diese sind aber keinen einfachen Grundkörpern mehr zuzuordnen. Partikelsysteme fallen unter diese Kategorie sowie alle Formen, bei denen Daten interpretiert werden und daraus ein Mesh im Programm erzeugt wird. Ein Beispiel dafür ist die Generierung eines dreidimensionalen Funktionsgraphen, allgemeiner: jede Art der Datenvisualisierung in drei Dimensionen. Hier sei nun ein Objekt direkt im Programm erzeugt, als Beispiel wird das in Abbildung 4.12 dargestellte Objekt dienen.

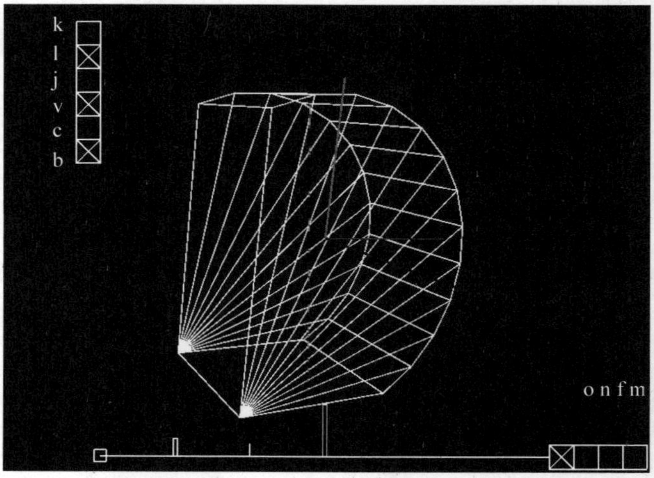

Abbildung 4.12 Ausgabe des gedrehten Objekts im Linienmodus. Hier sind zusätzliche Tasten wirksam, die eine Umschaltung der Darstellungsmodi erlauben.

Es lohnt sich, das Programmbeispiel genauer zu studieren. Es zeigt, wie aus einem einfachen Algorithmus – Punkte auf einem Kreis – ein dreidimensionales Objekte entsteht, das nach der Erzeugung unmittelbar gerendert werden kann. Das Objekt kann als flächenhafter (Facetten) oder als weicher Körper dargestellt werden, auch als Drahtmodell (wired) oder als Punktwolke. Die Erzeugung der Flächen erfolgt über diverse Modi, die zum Beispiel bei einem `glDrawElements`-Aufruf als Argument, etwa `GL_TRIANGLES`, eingestellt werden. Dabei geht es im Wesentlichen um die Abfolge der Vertices, die an OpenGL übergeben werden.

Es ist möglich, den Effekt zu sehen, der sich bei einer Verhüllung der Vorder- bzw. der Rückseiten ergibt. Das Mesh des Objekts wird in erster Linie über das VBO-Konzept an OpenGL übergeben, dabei kommt der im letzten Abschnitt beschriebene Writer VBODataSetWriter zum Einsatz. Interessant dürfte auch der Fall-Back-Mechanismus sein, bei dem die glBegin-glEnd-Klammer und die glVertex-Funktionen verwendet werden.

Obwohl diese Form der Übergabe nicht mehr zeitgemäß ist, erlaubt sie einen einfacheren Zugang zum Programmcode und das Verständnis, was da eigentlich passiert; beim VBO-Konzept ist die Ablaufkette etwas länger. Für eine spätere Verwendung beim Picking (siehe Seite 277ff.) wird auch eine Flächenliste erzeugt, die dieser Anforderung besser angepasst ist.

Abbildung 4.13

Auf der linken Seite ist das Objekt mit Normalen an Vertices gebunden (Smooth-Modus) zu sehen. Rechts sind die Normale an Flächen gebunden, die Farben werden nun nicht mehr über die jeweilige Fläche interpoliert.

Das Beispielobjekt kann betrachtet werden als ein Zylinder, aus dem ein Klotz (Wedge) herausgeschnitten wurde. Da das Objekt sowohl gekrümmte als auch glatte Flächen aufweist, eignet es sich auch für die Demonstration von Beleuchtungs- und Materialeffekten.

Grundlage sind Vertices auf einem Kreisabschnitt. Es sind $n_{faces}+1$ Vertices auf dem Kreisabschnitt zu berechnen, deren Z-Koordinate gleich 0 ist, Die Extrudierung des Kreisabschnitts in der positiven Z-Richtung erzeugt die vordere Fläche. Die Extrudierung eines Mesh ist ein sehr häufiger Vorgang, den man zum Beispiel mit dem 3D-Grafikprogramm Blender durchführt. Es handelt sich um die Erzeugung einer Fläche oder eines dreidimensionalen Objektes aus einer Basiskonfiguration. Der Begriff ist angelehnt an die in der Kunstoffverarbeitung verwendeten Maschinen: die Extruder. Diese pressen das Material durch ein Formstück und erzeugen so eine dreidimensionale Form.

Für die Abfolge der Vertices, die direkt oder über eine Flächenliste an OpenGL übergeben werden, gibt es eine Anzahl von Modi, die in der nachstehenden Liste aufgeführt sind. Mit ** sind Modi gekennzeichnet, die in dem Programmbeispiel vorkommen. Eine weitergehende Beschreibung finden Sie im Referenzteil bei der Funktion glBegin.

GL_POINTS
: Jeder Vertex wird als einzelner Punkt übergeben.

GL_LINES
: Jedes Paar von Vertices wird als Anfang und Ende einer Linie betrachtet. Die Paare sind unabhängig voneinander, daher sind $N/2$-Vertices anzugeben.

GL_LINE_STRIP
: Ausgehend von einem Anfangs-Vertex, werden sukzessiv weitere übergeben und zu einer Linie zusammengesetzt.

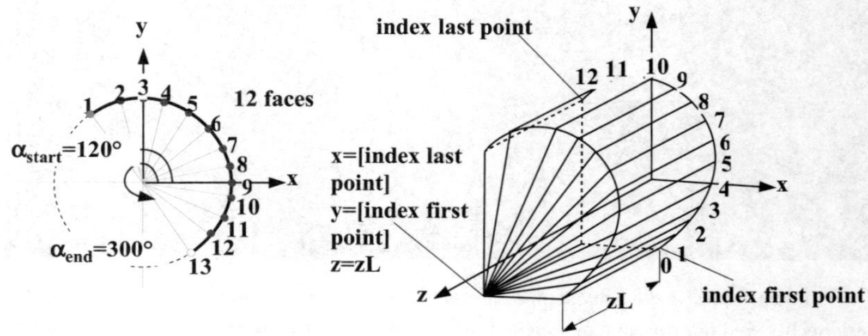

Abbildung 4.14 Ausgehend von einem Kreis, aus dem ein Segment herausgeschnitten ist (rechts im Bild), entsteht das Objekt durch eine Extrudierung in z-Richtung um den Wert z_L. Der Radius des Kreises, ebenso wie der Anfangs- und Endwinkel α_S, α_E, sind parametrisiert. Auch die Zahl der Flächen n_{faces} kann eingestellt werden.

GL_LINE_LOOP
: Funktioniert wie oben, jedoch werden der letzte und der erste Vertex durch eine Linie verbunden.

GL_TRIANGLES
: Je drei Vertices werden als ein Dreieck aufgefasst und um einen allen Dreiecken gemeinsamen Punkt angeordnet. Die Drehrichtung (Winding) bestimmt die Lage der Normale.

**GL_TRIANGLE_FAN
: Der erste Vertex ist der Startpunkt. Jeder weitere Vertex wird mit dem Startpunkt und seinem Nachfolger verbunden und so indirekt ein Dreieck erzeugt.

GL_TRIANGLE_STRIP
: Nachdem zwei Vertices als Anfangspunkte übergeben werden, erzeugen nachfolgende Paare weitere Dreiecke.

**GL_QUADS
Erzeugt eine rechteckige Fläche im Raum durch die direkte Angabe von vier Vertices. Die Fläche darf nicht verbogen sein, also müssen alle Punkte auf einer Ebene im Raum liegen.

**GL_QUAD_STRIP
Eine effiziente Methode, um zusammenhängende rechteckige Flächen zu generieren. Nachdem die ersten beiden Vertices übergeben wurden, erzeugen weitere Paare je eine Fläche.

GL_POLYGON
Ein Polygon ist ein n-eckiges Gebilde, an das jedoch zwei Forderungen gestellt werden: Das Polygon muss in einer Fläche liegen, und es muss sich um ein konvexes Polygon handeln.

Die ersten Varianten, bis GL_TRIANGLES, sind aus der Definition heraus unmittelbar zu verstehen, für gefüllte Flächen aber natürlich nicht geeignet. Umgekehrt kann von gefüllten Flächen auf die Liniendarstellung in OpenGL umgeschaltet werden, ohne die Erzeugung der Objekte zu ändern. Wie eine solche Umschaltung durchgeführt wird, werden Sie ebenfalls an dem Programmbeispiel studieren können.

Es sind alle Tasten wirksam, die bereits beim Beispiel perspektivische Projektion eingeführt wurden, auch kann das Objekt mit der Maus gedreht werden. Zusätzlich gibt es Schalter, deren Status auf der linken oberen Seite dargestellt ist.

Tabelle 4.3: Wedge-Objektdarstellung, Steuerung

Typ	Control	Wirkung
Keyboard	[o]	Veränderung Öffnungswinkel auf Mausrad
	[n]	Verschiebung near auf Mausrad
	[f]	Verschiebung far auf Mausrad
	[w]	Verschiebung COP Richtung neg. Z-Achse
	[s]	Verschiebung COP Richtung pos. Z-Achse
	[a], Pfeil li	Verschiebung COP Richtung neg. X-Achse
	[d], Pfeil re	Verschiebung COP Richtung pos. X-Achse
	Pfeil auf	Verschiebung COP Richtung pos. Y-Achse
	Pfeil ab	Verschiebung COP Richtung neg. Y-Achse
	[m]	Änderung der Matrixkette
Mausrad		Abhängig von der Belegung, siehe oben
Maus	vor/zurück	Rotation um die X-Achse
	seitlich	Rotation um die Y-Achse
Keyboard	Leertaste	fixiert die Rotation bzw. gibt diese frei

Fortsetzung:

Typ	Control	Wirkung
	[k]	Einschalten solider Modus (Vorgabe)
	[l]	Einschalten Linienmodus
	[j]	Einschalten Punktmodus
	[v]	Umschaltung Vertex-Normale, Flächennormale
	[c]	Ein-/Ausschalten Cullface
	[b]	Ein-/Ausschalten Flächenorientierung
	[h]	Ein-/Ausschalten Objektrotation

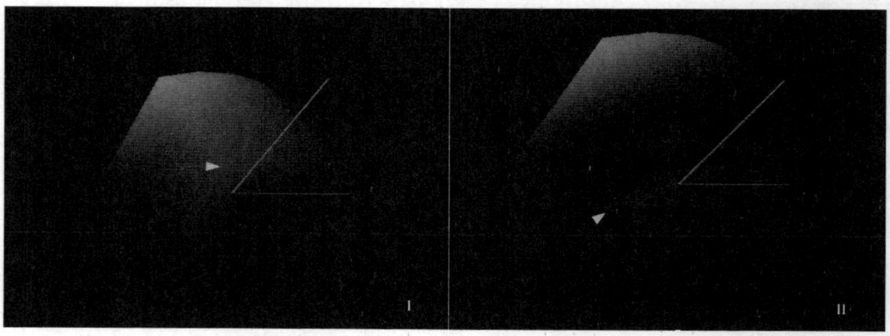

Abbildung 4.15 Auf der linken Seite ist das Objekt im normalen Modus zu sehen, die Normale sind an den Vertices angebunden (v=on) und Cullface ist ausgeschaltet (c=off). Rechts ist das gleiche Objekt dargestellt, jedoch ist nun Cullface: `GL_FRONT` (c=on). Damit werden die Rückseiten des Objektes sichtbar.

Der Code ist relativ lang, hier sind nur für das Verständnis wichtige Methoden wiedergegeben. Die `set`-Methode konfiguriert das Wedge-Objekt.

```
package glib.obj;

import java.util.ArrayList;
import java.util.Iterator;

import javax.media.opengl.GL2;

import glib.math.*;
import glib.storage.*;

public Wedge() { ... }

public BoundingBoxReflective getBoundingBox() { ... }
```

```
public void set(int numberOfFaces,
  float angleStart, float angleEnd,float radius,
  float zLength,int normalsMode,boolean preferVBOs) {

  // Prüfung der Argumente ...

  this.radius = radius;
  this.zLength = zLength;
  zLenHalf = zLength/2f;

  this.normalsMode = normalsMode;
  this.angleEnd = (float)Math.PI*angleEnd/180f;
  this.angleStart = (float)Math.PI*angleStart/180f;
  this.numberOfFaces = numberOfFaces;
  numberOfVertices = numberOfFaces+1;

  angleDelta = (360f-(angleEnd-angleStart))/(float)numberOfFaces;
  angleDelta = (float)Math.PI*angleDelta/180f;

  createVerticesAndNormalsBase();
}
```

In der `initialize`-Methode findet sich die Berechnung eines Schätzwertes für die bei den VBOs benötigte Puffergröße und die Erzeugung des Writers, der die Daten in die Übergabepuffer schreibt. Danach erfolgt der Upload zu OpenGL. Gibt es irgendein Problem mit den VBOs oder ist dieser Modus nicht gewünscht (`preferVBOs==false`), dann wird der Fall-Back-Mechanismus wirksam. Statt eines Vertex-Buffer-Objekts wird eine Displayliste erzeugt. Sie sehen daran auch die Verwandtschaft der Phasen mit dem VBO-Konzept. Die Displayliste wird durch `glGenLists(1)` vorbereitet und der Upload über die öffnende Displaylist-Klammer `gl.glNewList(...)` und die schließende List-Klammer `glEndList` abgebildet. Das Objekt kann jederzeit umkonfiguriert werden, daher wird ein bereits erzeugtes VBO bzw. eine Displayliste bei OpenGL vorher freigegeben.

```
public void initialize(GL2 gl) {
  release(gl);

  if(faces==null) {
    faces=new ArrayList<FaceDataModelF>(numberOfVertices+2);
  }
  vboReady=false;
  vboWriter = null;

  if(preferVBOs==true) {
    int vertexCountIfNotCompact = 2*2*3*numberOfVertices+12;
    VBOManager.instance().createTransferBuffers(
       vboDataSet,vertexCountIfNotCompact,gl
    );
```

```
      vboWriter = vboDataSet.createWriter();
      if(vboWriter!=null) {
        vboReady=true;
        vboGenerateCircHull();
        vboGenerateLeftBottomPlane();
        vboGenerateSidePlanes();
        VBOManager.instance().upload(vboDataSet,gl);
        vboWriter = null;
      }
    }
    if(vboReady==false) {

      if(displayListID<0) {
        displayListID = gl.glGenLists(1);
      }
      gl.glNewList(displayListID,GL2.GL_COMPILE);
      oglGenerateCircHull(gl);
      oglGenerateLeftBottomPlane(gl);
      oglGenerateSidePlanes(gl);
      gl.glEndList();
    }
  }
```

Das Löschen der Displayliste erfolgt durch `release`. Es wird erwartet, dass diese Methode aufgerufen wird, wenn das Objekt nicht mehr im Programm benötigt wird. `init` und `release` können aber beliebig aufgerufen werden, jedoch ist das Objekt nach der Freigabe nicht mehr bei OpenGL verfügbar. Die Methode zur Darstellung des Objekts ruft die passende Methode beim VBO-Manager bzw. direkt die abgelegte Kommandofolge auf.

```
  public void release(GL2 gl) {

    if(preferVBOs==true) {
      VBOManager.instance().releaseAll(vboDataSet,gl);
    }
    if(displayListID>=0) {
      gl.glDeleteLists(displayListID,1);
      displayListID = -1;
    }
  }

  public void draw(GL2 gl) {

    if(vboReady==true) {
      VBOManager.instance().display(vboDataSet,gl);
    }
    if(displayListID>=0) {
        gl.glCallList(displayListID);
    }
  }
```

Die Methode `createVerticesAndNormalsBase` generiert die Arrays der Vertices des Kreisabschnitts und für die an Vertices angebundenen Normalenvektoren. Am Ende der Methode wird das umhüllende Grenzvolumen berechnet, hier eine Grenzbox, und das Objekt zentriert.

```
private void createVerticesAndNormalsBase() {
  vertices = new float[numberOfVertices*3];
  vertexNormal  = new float[numberOfVertices*3];

  int vIndx = 0;

  float len;
  float angle = angleEnd;

  for(int n=0; n<numberOfVertices; n++) {

    vertices[vIndx  ] = (float)Math.cos(angle);
    vertices[vIndx+1] = (float)Math.sin(angle);
    vertices[vIndx+2] = 0f;

    vertexNormal[vIndx  ] = vertices[vIndx  ];
    vertexNormal[vIndx+1] = vertices[vIndx+1];
    vertexNormal[vIndx+2] = 0f;

    vIndx += 3;

    angle+=angleDelta;
    if(angle>PI_2) { angle=angle-PI_2; }
  }
  computeFaceNormals();

  // Ab hier Erzeugung der Grenzbox ... nicht dargestellt
}
```

Die folgende interne Methode `generateCircHull()` erzeugt die kreisförmige Hülle des Objekts. Dabei ist die Variante `GL_QUAD_STRIP` die erste Wahl. In der obigen Methode `createVerticesAndNormalsBase` wurden die Normale bereits vorberechnet, `generateCircHull` muss aber noch die Richtung unter Einbeziehung der Seitennormalen korrigieren.

Hier zur besseren Übersicht die Fallback-Methode.

```
private void oglGenerateCircHull(GL2 gl) {

  gl.glBegin(GL2.GL_QUAD_STRIP);

  int vI = 0;

  for(int n=0; n<numberOfVertices; n++) {

    if(normalsMode==NORMALS_PER_FACE) {
      if(n<numberOfVertices-1) {
```

```
        gl.glNormal3f(faceNormal[vI],faceNormal[vI+1],0f);
      }
    }
    else {
      setNormal(gl,vertexNormal[vI],vertexNormal[vI+1],1f);
    }
    gl.glVertex3f(vertices[vI],vertices[vI+1],zLenHalf);

    if(normalsMode==NORMALS_PER_VERTICES) {
      setNormal(gl,vertexNormal[vI],vertexNormal[vI+1],-1f);
    }
    gl.glVertex3f(vertices[vI],vertices[vI+1],-zLenHalf);
    vI += 3;
  }
  gl.glEnd();
}
```

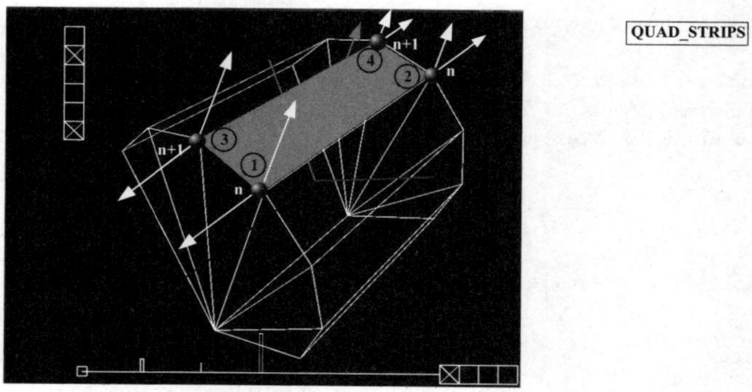

Abbildung 4.16 Die Hüllfläche des Zylinderabschnitts wird mittels des Grundelementes GL_QUAD_STRIPES erzeugt. Dabei ist streng auf die Abfolge der Vertices zu achten, die an OpenGL übergeben werden.

Die Vertices müssen im Modus GL_QUAD_STRIP in einer bestimmten Reihenfolge übergeben werden (in Abbildung 4.16 mit den eingekreisten Ziffern wiedergegeben). Wie Quadstrips von OpenGL verarbeitet werden liefert die Beschreibung der glBegin-Funktion (Seite 630ff.). Vergleichen Sie den Vorgang mit der Erzeugung der Rechteckflächen QFace, dort werden einzelne Flächen erzeugt, analog zum GL_QUADS-Modus von OpenGL.

Die Umschaltung der Normalen erlaubt die Darstellung des Objekts mit einer weichen Oberfläche. In diesem Beispiel besitzt das Objekt überall die gleiche Grundfarbe, es ändert sich aber die Beleuchtung, realisiert durch drei farbige Lichtquellen, die in drei Ecken der Szene sitzen. So wie aber die Farben der Eckpunkte interpoliert werden, so wird auch bei der Beleuchtung eine Interpolation der Normalen von OpenGL vorgenommen. Durch diesen Effekt erscheinen die Kanten abgerundet.

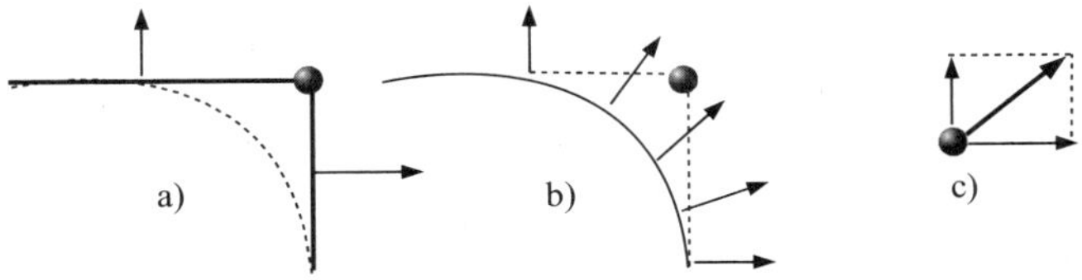

a) Übergabe der Normalen pro Fläche. c) Anbindung der Normalen an einen Vertex. b) Interpolation der Normalen innerhalb der Flächen. **Abbildung 4.17**

Normale, die an Vertices angeheftet sind, müssen die Summe der Normalen aller Flächen sein, die mit den jeweiligen Vertices verbunden sind, außerdem sollten sie Einheitsvektoren sein (weitere Details siehe Seite 679).

```
private void setNormal(GL gl,float x,float y,float z) {

  double sRoot = (float)Math.sqrt(x*x+y*y+z*z);

  if(Math.abs(sRoot)<=Constants.EPS2D) {
    throw new IllegalArgumentException("invalid normal components");
  }
  x /= sRoot;
  y /= sRoot;
  z /= sRoot;

  gl.glNormal3f(x,y,z);
}
```

Bei der Erzeugung der Flächennormalen der gekrümmten Hülle ist etwas Vorsicht geboten. Sie sind auf der Grundlage der Differenzvektoren $\vec{V}_{i+1} - \vec{V}_i$ zu berechnen und nicht über die Winkelhalbierenden. Die Berechnung ist ein allgemeines Problem, bei dem es darum geht, eine Lotgerade auf der Grundlage einer gegebenen Geraden zu konstruieren. Die Formel für die Berechnung finden Sie im Abschnitt *Lot auf einer Geraden* (siehe (7.51)).

```
private void computeFaceNormals() {

  float a,b,c;
  VectorF3 v0 = new VectorF3();
  VectorF3 dV = new VectorF3();
  VectorF3 fN = new VectorF3();

  faceNormal = new float[numberOfVertices*3];

  int vIndx = 0;

  for(int n=0; n<numberOfVertices-1; n++) {

    v0.set(vertices[vIndx],vertices[vIndx+1],0f);
```

```
        dV.set(vertices[vIndx+3]-vertices[vIndx],
          vertices[vIndx+3+1]-vertices[vIndx+1],0f);

        a = v0.dotProduct(dV);
        b = (float)dV.length();
        c = (a/b)*(1f/b);

        fN.set(v0.a1-c*dV.a1,v0.a2-c*dV.a2,0f);
        fN.unitVector();

        faceNormal[vIndx]   = fN.a1;
        faceNormal[vIndx+1] = fN.a2;

        vIndx += 3;
      }
    }
```

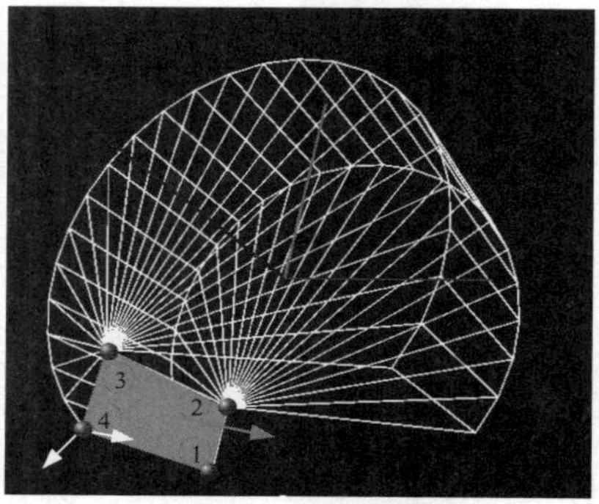

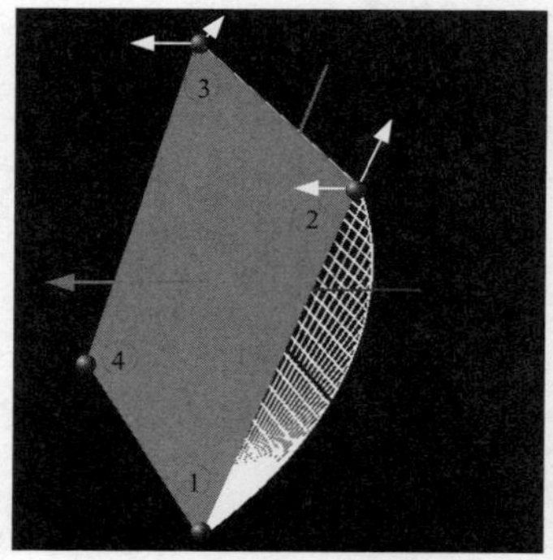

Abbildung 4.18 Sonderfälle des Klotzes mit Darstellung der linken Fläche. Für die Einstellung links im Bild wurde das Wedge-Objekt mit `wedge.set(24,240f,330f,1f,1f,mode)` initialisiert. Dem rechten Bild liegt die Einstellung `wedge.set(24,45f,315f,1f,1f,mode)` zugrunde.

Die Seitenfläche ist komplizierter, da auf der einen Seite durch den Kreisausschnitt beschränkt. Da dabei von einem Punkt ausgegangen wird, bietet sich die Variante `GL_TRIANGLE_FAN` an.

```
private void oglGenerateSidePlanes(GL2 gl) {

  int iFP = 0; // first point
  int iLP = (numberOfVertices-1)*3; // last point

  if(normalsMode==NORMALS_PER_VERTICES) {

    int vI = 0;
    gl.glBegin(GL2.GL_TRIANGLE_FAN);
    setNormal(gl,-1f,-1f,1f);
    gl.glVertex3f(vertices[iLP+0],vertices[iFP+1],zLenHalf);
```

```
    for(int n=0; n<numberOfVertices; n++) {

      setNormal(gl,vertexNormal[vI],vertexNormal[vI+1],1f);
      gl.glVertex3f(vertices[vI],vertices[vI+1],zLenHalf);
      vI += 3;
    }
    gl.glEnd();

    vI = iLP;
    gl.glBegin(GL2.GL_TRIANGLE_FAN);
    setNormal(gl,-1f,-1f,-1f);
    gl.glVertex3f(vertices[iLP+0],vertices[iFP+1],-zLenHalf);

    for(int n=0; n<numberOfVertices; n++) {

      setNormal(gl,vertexNormal[vI+0],vertexNormal[vI+1],-1f);
      gl.glVertex3f(vertices[vI],vertices[vI+1],-zLenHalf);
      vI -= 3;
    }
    gl.glEnd();
  }
  else {
    int vI = 0;
    gl.glBegin(GL2.GL_TRIANGLE_FAN);
    setNormal(gl,0f,0f,1f);
    gl.glVertex3f(vertices[iLP+0],vertices[iFP+1],zLenHalf);

    for(int n=0; n<numberOfVertices; n++) {
      gl.glVertex3f(vertices[vI],vertices[vI+1],zLenHalf);
      vI += 3;
    }
    gl.glEnd();

    vI = iLP;
    gl.glBegin(GL2.GL_TRIANGLE_FAN);
    setNormal(gl,0f,0f,-1f);
    gl.glVertex3f(vertices[iLP+0],vertices[iFP+1],-zLenHalf);

    for(int n=0; n<numberOfVertices; n++) {
      gl.glVertex3f(vertices[vI],vertices[vI+1],-zLenHalf);
      vI -= 3;
    }
    gl.glEnd();
  }
}
```

Im Modus GL_TRIANGLE_FAN erzeugen je zwei weitere Vertices durch die Verbindung mit dem gemeinsamen Vertex ein Dreieck. Weitere Details zum Verhalten von OpenGL im Modus GL_TRIANGLE_FAN siehe Seite 630.

```
private void oglGenerateSidePlanes(GL2 gl) {
  int iFP = 0; // first point
```

```
int iLP = (numberOfVertices-1)*3; // last point

if(facesOnly==false) {
  if(normalsMode==NORMALS_PER_VERTICES) {

    int vI = 0;
    gl.glBegin(GL.GL_TRIANGLE_FAN);
    setNormal(gl,-1f,-1f,1f);
    gl.glVertex3f(vertices[iLP+0],vertices[iFP+1],zLenHalf);

    for(int n=0; n<numberOfVertices; n++) {

      setNormal(gl,vertexNormal[vI],vertexNormal[vI+1],1f);
      gl.glVertex3f(vertices[vI],vertices[vI+1],zLenHalf);
      vI += 3;
    }
    gl.glEnd();

    vI = iLP;
    gl.glBegin(GL.GL_TRIANGLE_FAN);
    setNormal(gl,-1f,-1f,-1f);
    gl.glVertex3f(vertices[iLP+0],vertices[iFP+1],-zLenHalf);

    for(int n=0; n<numberOfVertices; n++) {

      setNormal(gl,vertexNormal[vI+0],vertexNormal[vI+1],-1f);
      gl.glVertex3f(vertices[vI],vertices[vI+1],-zLenHalf);
      vI -= 3;
    }
    gl.glEnd();
  }
  else {
    int vI = 0;
    gl.glBegin(GL.GL_TRIANGLE_FAN);
    setNormal(gl,0f,0f,1f);
    gl.glVertex3f(vertices[iLP+0],vertices[iFP+1],zLenHalf);

    for(int n=0; n<numberOfVertices; n++) {
      gl.glVertex3f(vertices[vI],vertices[vI+1],zLenHalf);
      vI += 3;
    }
    gl.glEnd();

    vI = iLP;
    gl.glBegin(GL.GL_TRIANGLE_FAN);
    setNormal(gl,0f,0f,-1f);
    gl.glVertex3f(vertices[iLP+0],vertices[iFP+1],-zLenHalf);

    for(int n=0; n<numberOfVertices; n++) {
      gl.glVertex3f(vertices[vI],vertices[vI+1],-zLenHalf);
      vI -= 3;
    }
```

```
        gl.glEnd();
      }
    }
    else {
      // Erzeugung im face-mode, hier übersprungen
    }
  }
}
```

Die Erzeugung der anderen Flächen entnehmen Sie direkt dem Quellcode. Im VBO-Modus wird kein Triangle-Fan erzeugt, vielmehr werden einzelne Dreiecke übergeben.

```
  private void vboGenerateSidePlanes() {

    int iFP = 0; // first point
    int iLP = (numberOfVertices-1)*3; // last point

    int vI = 0;

    for(int n=0; n<numberOfVertices-1; n++) {

      vboWriter.openFace(VBODataSetWriter.TRIANGLE);
      vboWriter.putVertex(vertices[iLP+0],vertices[iFP+1],zLenHalf);
      vboWriter.putVertex(vertices[vI],vertices[vI+1],     zLenHalf);
      vboWriter.putVertex(vertices[vI+3],vertices[vI+4],   zLenHalf);

      if(normalsMode==NORMALS_PER_VERTICES) {
        vboWriter.putNormal(-1f,-1f,1f,true);
        vboWriter.putNormal(vertexNormal[vI],vertexNormal[vI+1],1f,true↘
);
        vboWriter.putNormal(vertexNormal[vI+3],vertexNormal[vI+4],1f,↘
true);
      }
      else {
        vboWriter.putNormal(0f,0f,1f,false);
        vboWriter.putNormal(0f,0f,1f,false);
        vboWriter.putNormal(0f,0f,1f,false);
      }
      vI += 3;
      vboWriter.closeFace();
    }

    vI = iLP;
    for(int n=0; n<numberOfVertices-1; n++) {

      vboWriter.openFace(VBODataSetWriter.TRIANGLE);
      vboWriter.putVertex(vertices[iLP+0],vertices[iFP+1],-zLenHalf);
      vboWriter.putVertex(vertices[vI],vertices[vI+1],     -zLenHalf);
      vboWriter.putVertex(vertices[vI-3],vertices[vI-2],   -zLenHalf);

      if(normalsMode==NORMALS_PER_VERTICES) {
```

```
          vboWriter.putNormal(-1f,-1f,-1f,true);
          vboWriter.putNormal(vertexNormal[vI],vertexNormal[vI+1],1f,true\
);
          vboWriter.putNormal(vertexNormal[vI-3],vertexNormal[vI-2],1f,\
true);
        }
        else {
          vboWriter.putNormal(0f,0f,-1f,false);
          vboWriter.putNormal(0f,0f,-1f,false);
          vboWriter.putNormal(0f,0f,-1f,false);
        }
        vI -= 3;
        vboWriter.closeFace();
      }
    }
}
```

Zugegeben, das Wedge-Objekt ist etwas anspruchsvoller als die Erzeugung eines einfachen Würfels, aber widerspenstige Problemstellungen sind meist auch besonders lehrreich. Der Quellcode für die Darstellung folgt weitgehend dem bekannten Muster, wobei hier eine perspektivische Projektion eingestellt wird. Eine Vorderansicht wird darübergelegt, um den Status der Tasten anzuzeigen.

```
package examples.wedge;

public class WedgeRender implements GLEventListener {
  public WedgeRender(Dimension canvasSize,JComponent component) {

    angle = 0d;
    wedge = new Wedge();
    setWegdeParameter(Wedge.NORMALS_PER_VERTICES);
    initializeProjection(canvasSize.width,canvasSize.height,component);
  }
  private WedgeRender() {}

  private void setWegdeParameter(int mode) {
    wedge.set(16,30f,120f,1f,2f,mode,true);
  }

  public void init(GLAutoDrawable drawable) {
    wedge.initialize(drawable.getGL().getGL2());
  }
```

Der Status der zugehörenden Taste wird mit der Methode `isNormalsPerVertices` mitgeteilt. Bei einer Umschaltung muss das Wedge-Objekt rekonfiguriert werden. Der aktuelle Zustand darf ja nicht in jedem Frame erneut eingestellt werden, denn jeder Aufruf `wedge.initialize(gl)` löscht die VBOs. Die Verwendung des Konzepts wäre dann sinnlos, es soll ja das Objekt bei OpenGL belassen werden, bis eben eine tatsächliche Umkonfiguration erfolgt oder das Objekt nicht mehr benötigt wird. Ansonsten folgt die Displaymethode dem Muster aus vorangangenen Programmbeispielen, gegebenenfalls empfiehlt es sich, einen Blick auf das Programmbeispiel *Interaktive Projektion* (Seite 124ff.) zu werfen.

```
public void display(GLAutoDrawable drawable) {

  frameCount++;
  GL2 gl = drawable.getGL().getGL2();

  gl.glMatrixMode(GL2.GL_PROJECTION);
  gl.glLoadIdentity();

  gl.glMatrixMode(GL2.GL_MODELVIEW);
  gl.glLoadIdentity();

  if(projection.isNormalsPerVertices()) {
    if(wedge.getNormalsMode()!=Wedge.NORMALS_PER_VERTICES) {
      setWegdeParameter(Wedge.NORMALS_PER_VERTICES);
      wedge.initialize(gl);
    }
  }
  else {
    if(wedge.getNormalsMode()!=Wedge.NORMALS_PER_FACE) {
      setWegdeParameter(Wedge.NORMALS_PER_FACE);
      wedge.initialize(gl);
    }
  }
  gl.glClear(GL2.GL_COLOR_BUFFER_BIT|GL2.GL_DEPTH_BUFFER_BIT);
  gl.glMatrixMode(GL2.GL_MODELVIEW);
  gl.glLoadIdentity();

  viewingWindow.apply(gl);

  projection.apply(gl);
  setLightAndLightModel(gl);

  if(projection.isStopRotation()==false) {

    angle += angleDelta;
    if(angle>=360d) {angle = 0d; }

  }
  gl.glRotated(-angle,0d,1d,0d);

  drawWedge(gl,projection);
  drawCoordinateSystemAxes(gl,projection);

  gl.glMatrixMode(GL2.GL_PROJECTION);
  gl.glLoadIdentity();

  projectionFront.apply(gl);
```

```
    drawFrontView(gl,projection);
  }
  public void reshape(GLAutoDrawable drawable, int x,
    int y,int width, int height) {
  }

  public void displayChanged(GLAutoDrawable drawable,
    boolean modeChanged, boolean deviceChanged) {
  }

  public void dispose(GLAutoDrawable drawable) {}
```

Die `drawWedge`-Methode kennt drei Darstellungsweisen des Wedge-Objektes: Solide, Linienmodus und Punktmodus. Zusätzlich kann die Vorderseite oder die Rückseite der Flächen verhüllt werden: `glCullFace`.

In OpenGL gibt es einige Funktionen und Einstellungen, die mit den Flächenseiten zu tun haben. Eine Änderung der Vorgaben von OpenGL, die Drehrichtung betreffend, erfolgt mit der Funktion `glFrontFace(mode)`. Das Argument `mode` darf hierbei `GL_CCW` oder `GL_CW` sein. `GL_CCW` bezeichnet das *Counter Clockwise Winding* und `GL_CW` entsprechend *Clockwise Winding*. Wird statt der Voreinstellung `GL_CCW` bei OpenGL eine andere Drehrichtung eingestellt – das kann an jeder Stelle erfolgen –, dann stellt OpenGL die Rückseite einer Fläche dar. Das hat natürlich Auswirkungen auf das Aussehen eines Objektes. Den Innenflächen wird in der Regel keine Farbe oder Material zugeordnet.

Bei der Darstellung eines Objektes werden aus der jeweiligen Sicht des Beobachters bestimmte Flächen verdeckt, auch ist es manchmal erwünscht, dass eine Fläche gar nicht erscheint. Die Funktion `glCullFace(mode)` kontrolliert, ob Flächen von OpenGL dargestellt werden. In dieser Funktion kann `mode` drei Werte annehmen: `GL_FRONT`, `GL_BACK` und `GL_FRONT_AND_BACK`. Die Voreinstellung ist `GL_BACK`, damit stellt OpenGL die Rückseiten nicht dar (*Back Face Culling*). Diese Einstellung ist sinnvoll bei Körpern, die vollständig von Flächen umgeben sind, die Innenseite ist dann ja völlig uninteressant. Die genannte Funktion sollte aber stets im Zusammenhang mit `glEnable(GL_CULL_FACE)` und der Partnerfunktion `glDisable(GL_CULL_FACE)` gesehen werden, da erst bei einem *Enable* die Verhüllung aktiviert wird. Bei einem teilweise transparenten Körper sollte ein Teil der Innenseite sichtbar sein, in diesem Falle wird vor der Übergabe der Objektdaten an OpenGL Culling abgeschaltet (*Disable*).

Eine dritte Funktion `glPolygonMode(face,mode)` hilft, wenn ein Körper nur durch die Edges oder Vertices der Hüllfläche dargestellt werden soll. Hier ist `face` ein Argument, das einen der Werte von `glCullFace` annehmen darf, und `mode` kontrolliert, ob eine Fläche gefüllt wird (`GL_FILL`), nur die Edges erscheinen sollen (`GL_LINE`) oder nur die Vertices (`GL_POINTS`). Es spricht auch nichts dagegen, eine Überlagerung herzustellen, indem ein Objekt zuerst mit `GL_FILL` und danach nochmal, im selben Frame bzw.

unmittelbar nach der Flächendarstellung, auf GL_LINE umgeschaltet und erneut gerendert wird.

Die Verhüllung der Flächen muss explizit ein- bzw. ausgeschaltet werden. Weil die CullFace-Flags, ebenso wie die Flags der Lichter, durch glPush-Attrib mit gesichert werden, ist es nicht nötig, diese nach dem Rendern des Objektes wieder einzuschalten.

```
private void drawWedge(GL2 gl,WedgeActor pf) {

  if(pf.isSolidMode()) {
    gl.glPushAttrib(GL2.GL_ENABLE_BIT|GL2.GL_HINT_BIT|
      GL2.GL_DEPTH_BUFFER_BIT|GL2.GL_POLYGON_BIT
    );
    gl.glEnable(GL2.GL_DEPTH_TEST);
    gl.glPolygonMode(GL2.GL_FRONT,GL2.GL_FILL);
    gl.glShadeModel(GL2.GL_SMOOTH);
    gl.glEnable(GL2.GL_LIGHTING);
    gl.glEnable(GL2.GL_LIGHT0);
    gl.glEnable(GL2.GL_LIGHT1);
    gl.glEnable(GL2.GL_LIGHT2);

    gl.glColor4f(0.5f,0.5f,0.5f,0.5f);

    if(pf.isCullFaceMode()==false) {
      gl.glCullFace(GL2.GL_FRONT);
      gl.glEnable(GL2.GL_CULL_FACE);
    }
    else {
      gl.glCullFace(GL2.GL_BACK);
      gl.glEnable(GL2.GL_CULL_FACE);
    }
    if(pf.isFrontFaceMode()==false) {
      gl.glFrontFace(GL2.GL_CCW);
    }
    else {
      gl.glFrontFace(GL2.GL_CW);
    }
    wedge.draw(gl);

    gl.glPopAttrib();
  }
  else {
    if(pf.isLineMode()) {
      gl.glPushAttrib(GL2.GL_ENABLE_BIT|GL2.GL_HINT_BIT|
        GL2.GL_LINE_BIT|GL2.GL_POLYGON_BIT
      );
      gl.glPolygonMode(GL2.GL_FRONT_AND_BACK,GL2.GL_LINE);

      wedge.draw(gl);
      gl.glPopAttrib();
    }
```

```
      else {
        gl.glPushAttrib(GL2.GL_ENABLE_BIT|GL2.GL_HINT_BIT|
          GL2.GL_POINT_BIT|GL2.GL_POLYGON_BIT
        );
        gl.glPolygonMode(GL2.GL_FRONT_AND_BACK,GL2.GL_POINT);
        gl.glPointSize(5);

        wedge.draw(gl);
        gl.glPopAttrib();
      }
    }
  }
```

Des Weiteren kann auch die Orientierung der Flächen verändert werden, wobei grundsätzlich alle Außenflächen des Objektes entgegen dem Uhrzeigersinn (CCW) orientiert sind. Wenn Sie das Programm ausführen, werden Sie sehen, dass die Verhüllung der Flächen den gleichen Effekt hat wie die Umdrehung des Orientierungssinns von CCW auf CW.

Beachten Sie auch, dass hier keine Transformation des Objektes stattfindet, denn Wedge ist von Haus aus um den Nullpunkt zentriert eingestellt. Diese Einstellung ist Ansichtssache, aber diese Lage ist ein Nebenprodukt der Grenzbox-Berechnung und so leicht herzustellen.

Wir überspringen hier zwei Methoden, denn diese dienen lediglich der Anzeige des Koordinatensystems und der Anzeige des Status der aktiven Tasten. Die Methode `initializeProjection` ist mit dem bereits genannten Programmbeispiel *Interaktive Projektion* identisch. Die Beleuchtung besteht auch hier aus einer Dreipunktbeleuchtung mit diffusen Lichtquellen. Diese senden im Wesentlichen die drei Primärfarben RGB aus, und die Lichtquellen sind im Beispiel die einzige Quelle der Farblichkeit des Objektes.

```
  private void drawCoordinateSystemAxes(GL2 gl,WedgeActor pf) { ... }
  private void drawFrontView(GL2 gl,WedgeActor pf) { ... }
  private void initializeProjection(
    int width, int height,JComponent component) { ... }
  private void setLightAndLightModel(GL2 gl) { ... }

}
```

Die Flächenliste

Von Haus aus liefert die Wedge-Klasse das Grenzvolumen mit einer Grenzbox als Implementierung. Damit kann in einem ersten Schritt ein Wedge-Objekt als Einheit angesprochen werden. Andere Anwendungen benötigen aber die Flächen des Wedge-Objektes, somit ist eine Flächenliste nötig, und da diese im engen Zusammenhang mit den Vertices steht, auch eine

Vertex-Liste. Ich werde hier aber nicht in die Problematik eines Szenengraphen und der Repräsentation von Objektelementen einsteigen, vielmehr eine einfache Flächenliste mit Elementen der `TFace`- und `QFace`-Klassen aufbauen, die durch die oben vorgestellte Wedge-Klasse bereitgestellt wird. Die Flächenklassen implementieren dann eine `intersection`-Methode, die Kollisionen und das Picking direkt unterstützt.

Die gestellte Aufgabe gliedert sich in die Teile: Zugriff auf die Face-/Vertex-Listen zum Beispiel für das Picking, Erstellung der Listen und einer damit verbundenen Datenhaltung. `FaceF` legt die minimalen Methoden fest. Zur Datenhaltung gehören die Zugriffsmethoden `getVertexCount` und die Methode `getVertices`, mit der Vertices der Fläche ausgelesen werden, ebenso wie `getPlane`. Den Quellcode der `intersects`-Methode werde ich im Abschnitt *Grenzbox* (siehe Seite 247) präsentieren. An die Methode werden zwei Punkte einer Linie p_0 und p_1 übergeben, mit der Blickrichtung von p_0 nach p_1. Gibt es einen Schnittpunkt mit der Fläche, dann soll die Methode `intersects` `true` zurückgeben und den Schnittpunkt im Argument `collision` ablegen.

```
package glib.storage;
import glib.math.PointF3;
import glib.math.PlaneF3;

public interface FacetF {
  int getVertexCount();
  PlaneF3 getPlane();
  PointF3[] getVertices();
  boolean intersects(PointF3 p0,PointF3 p1,PointF3 collision);
  int getFaceNumber();
```

`FaceDataModelF` ist die Schnittstelle zur Erstellung der Face-Listen. Der Aufbau ist durch die OpenGL `glBegin`-`glEnd`-Klammer geprägt. Die Vertices werden durch die `putVertex`-Methode an das Face übergeben. Die für Kollisionen und das Picking sehr wichtigen Flächennormalen sollen als Einheitsvektor mit `setFaceNormal` übergeben werden, es ist aber von der Implementation gefordert, diese selbst zu berechnen, wenn `setFaceNormal` nicht aufgerufen wurde.

```
package glib.storage;

public interface FaceDataModelF extends FacetF {

  void openFace();
  void closeFace();
  void putVertex(float x,float y, float z);
  void setFaceNormal(float x,float y, float z);
  void setFaceNumber(int faceNumber);
}
```

Da die `intersects`-Methode allgemein mit konvexen Polygonen umgehen kann, ist die Spezialisierung auf den Face-Typ (QFace, TFace) eher eine Optimerungsaufgabe. Die Grundfunktion für n-Polygone stellt die Klasse `FaceFDefault` bereit.

```
package glib.storage;

import glib.math.*;
import java.util.ArrayList;

public class FaceFDefault extends PlaneF3 implements FaceDataModelF {

  protected int faceNumber;
  protected int vertexCount;
  protected PointF3 vertices[];
  protected boolean normalSet;

  private static ArrayList<PointF3>tempVertices =
    new ArrayList<PointF3>(4);

  public FaceFDefault() { super(); }

  public int getVertexCount()    { return vertexCount; }
  public PlaneF3 getPlane()      { return (PlaneF3)this; }
  public PointF3[] getVertices(){ return vertices; }

  public boolean intersects(PointF3 p0,PointF3 p1,PointF3 collision) {
    // ...
  }
```

Die Implementierung der `FaceDataModelF`-Schnittstelle ist recht geradlinig, allerdings ist ein Zwischenspeicher nötig, denn die Zahl der Vertices ist vorab nicht bekannt, was dem Konzept geschuldet ist, das ein ähnliches Verhalten wie bei der OpenGL `glBegin`-`glEnd`-Klammer fordert. `tempVertices` gibt es nur einmal für alle Instanzen der `FaceFDefault`-Klasse. Die Berechnung der Normalen ist den Anforderungen der Schnittstelle entsprechend durch ein Flag (`normalSet`) gesteuert.

```
  public void openFace() {
    tempVertices.clear();
  }

  public void putVertex(float x,float y, float z) {
    tempVertices.add(new PointF3(x,y,z));
  }

  public void setFaceNormal(float x,float y, float z) {

    setNormal(x,y,z);
    normalSet = true;
  }
```

```
public int getFaceNumber() { return faceNumber; }

public void setFaceNumber(int faceNumber) {
  this.faceNumber = faceNumber;
}

public void closeFace() {

  vertexCount = tempVertices.size();

  if(vertexCount>2) {
    vertices = new PointF3[vertexCount];

    for(int n=0; n<vertexCount; n++) {
      vertices[n] = tempVertices.get(n);
    }
    if(normalSet==false) {
      set(vertices[0],vertices[1],vertices[2]); // Normale
    }
    setDistance(vertices[0].a1,vertices[0].a2,vertices[0].a3);
  }
  else {
    throw new IllegalArgumentException(
      "At least 3 vertices expected n=" +vertexCount
    );
  }
  tempVertices.clear();
}
```

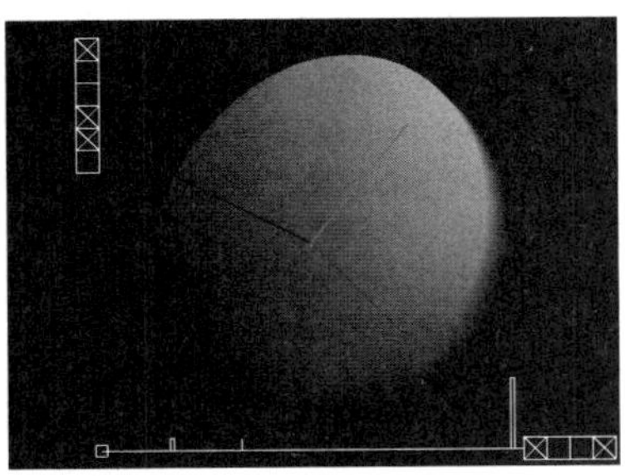
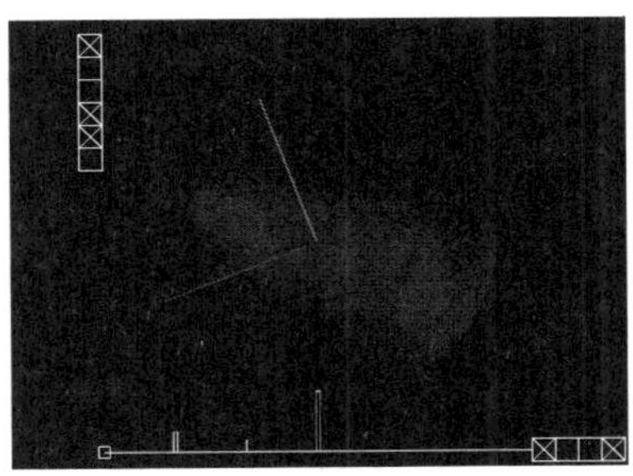

Abbildung 4.19

Mit `wedge.set(48,270f,330f,1f,0.3f,mode)` wurde das Wedge-Objekt im linken Bild erzeugt. Für die Darstellung im rechten Bild wurde mit `wedge.set(48,30f,30f,1f,2f,mode)` initialisiert. In beiden Einstellungen ist mit `mode` die Einrichtung der Normalen pro Vertex erzwungen.

4.3 Externe Objekte

4.3.1 Dateiformate

Das Wavefront-Format (.obj)

Ein einfaches und offenes Format, ursprünglich von Campell Barton und Jiří Hnídek spezifiziert. Es eignet sich nicht als Szenengraph, aber recht gut für einzelne Objekte bzw. Objektteile. Im Release 3.x werden neben elementaren Mesh-Daten auch diverse Kurven (Bezier, Nurbs) unterstützt. In den `.obj`-Dateien (Textdateien) werden Datenelemente durch sehr kurze Schlüsselworte eingeleitet. So ist eine Vertex-Angabe durch die Syntax

```
v x y z
```

festgelegt. Das Schlüsselwort ist der Buchstabe `v`, danach folgt die X-, Y-, Z-Koordinate im `float`-Format. Innerhalb einer Datei werden Vertex-Angaben (`v`-Schlüsselwort) fortlaufend nummeriert. Das erste Auftreten einer Vertex-Definition erhält den Index 1. Vertices müssen nicht in einer Gruppe zusammenstehen, sie dürfen auch von anderen Definitionen, etwa Normalen, unterbrochen werden. Das Wavefront-Format kennt zwar indirekt Edge-Listen, in der Regel müssen diese aber aus der Face-Liste erschlossen werden. Das Face-Element wird durch den Buchstaben `f` eingeleitet, danach folgen die Vertices, indiziert durch ihre Position in der Vertex-Liste.

```
f v v v ...
```

Die Reihenfolge der genannten Vertices spielt hier eine Rolle. Auch können Normale angegeben werden, die der gleichen Syntax folgen wie die Vertices, lediglich das Schlüsselwort `v` ist durch `vn` auszutauschen. Es lautet `vt` bei Texturkoordinaten. Materialien werden extern definiert.

```
usemtl materialname
```

Dem Schlüsselwort `usemtl` folgt der Name des Materials, das in einer anderen Datei `.mtl` festgelegt wird. Objektnamen können zwar im Wavefront-Format hinterlegt werden, jedoch ist das Format kaum für eine Verwaltung von Objekten geeignet, so dass besser ein anderes Format gewählt oder eine eigene Referenz-Datenbasis erstellt wird. In den Zeilenkommentaren, eingeleitet durch `#`, kann natürlich eine beliebige Information hinterlegt werden. Dem Wavefront-Format liegt eine Statusmaschine zugrunde. Das bedeutet, ein Statement ist so lange gültig und erzeugt einen bestimmten Zustand, bis ein anderes Statement diesen wieder aufhebt. Eine Blockstruktur mit einer beginnenden und endenden Klammerung gibt es nicht.

Da man sich darauf verlassen kann, dass das Wavefront-Format von jedem nennenswerten 3D-Grafikwerkzeug verstanden wird (Import `.obj`-Dateien), und wegen seiner Einfachheit, der guten Doku und weil in vielen Programmsprachen ein Loader verfügbar ist, eignet sich das Format recht gut für den Austausch einzelner Objekte. Die Spezifikation ist verfügbar unter `http://people.sc.fsu.edu`.

Tabelle 4.4: Auszug: Wavefront-Schlüsselworte

Key	**Parameter**	**Anmerkung**
`bmat`		Basismatrix
`b`	`groupname`	Gruppe
`call`	`filename`	Statement
`curv`		Kurve
`curv2D`		2D-Kurve
`l`		Linie
`mtllib`	`libname`	Materialbibliothek
`o`	`objName`	Objektname
`p`	`x y z`	Punkt
`s`	0 o. 1	Smoothing no/yes
`surf`		Oberfläche
`usemtl`	`materialname`	Material verwenden
`v`	`x y z`	Vertexangabe
`vn`	`x y z`	Normale
`vp`	`x y z`	Freiformkurven
`vt`	`x y`	Texture-Koordinaten
		In Materialdateien (`.mtl`)
`Ka`		Farbe ambient
`Kd`		Farbe diffuse
`Ks`		Farbe specular
`newmtl`	`materialname`	Materialdefinition

Hier ein Auszug aus einer Wavefront-Datei, die mit dem `.obj`-Export von Blender erzeugt wurde: ein Beispiel für das Anlegen einer Gruppe sowie die Zuordnung von Material zu einer bestimmten Fläche.

```
# Blender3D V249 OBJ File:

v 0.00000000 0.00000000 0.00000000
v 1.00000000 0.00000000 0.00000000
v 1.00000000 1.00000000 0.00000000
v 0.00000000 1.00000000 0.00000000

g front
usemtl red
f 1 2 3 4
```

Das FBX-Format und das Collada-Format

Einige Formate sind für das Real Time Rendering aufgrund der hohen Komplexität nicht geeignet, sie werden jedoch als Zwischenformate für den Austausch von Daten verwendet. Darunter fällt das FBX-Format von Autodesk und insbesondere das Collada-Format (`.dae`), das ursprünglich von Sony festgelegt wurde. Bei Letzterem handelt es sich um einen offenen, auf XML basierenden Standard, der heute von der Khronos Group verwaltet wird, derselben, die auch den OpenGL-Standard herausgibt.[6] Beide Standards decken den Import und Export von 3D-Modellen mit allen Attributen bis hin zu Lichtquellen ab. Die Dateien können sehr groß werden und einschließlich der Umwandlungszeiten in interne applikationsspezifische Formate zu hohen Ladezeiten führen.

Aus Effizienzgründen sollte beim Einlesen von 3D-Daten in einem XML-Format der SAX-Parser verwendet werden. In Java gibt es für das Laden von XML-Daten zwei Parser-Techniken: den DOM-Parser und den SAX-Parser. Der DOM-Parser erstellt ein komplettes Abbild des Datenbaums im Speicher und stellt Methoden zur Verfügung, die auf Elemente im Baum zugreifen. Der SAX-Parser ist sequentiell und meldet (Callback) während des Parsings Strukturelemente der übergeordneten Applikation. Der Overhead durch den DOM-Parser ist für viele Fälle, besonders bei umfangreichen 3D-Dateien, meist zu groß.

Für die Versorgung eines einfachen Szenengraphen habe ich einen XML-Reader (`glib.storage.SGXMLReader`) erstellt, der auf der Java-Klasse `XMLEventReader` basiert. Das Lesen der Daten ist damit recht einfach, da `XMLEventReader` die XML-Tags entsprechend ihrem Auftreten in der XML-Datei anliefert. Damit der `SGXMLReader` nicht zu viel über den Szenengraphen wissen muss, ist ihm ein Mediator `SGDataUpdater` zur Seite gestellt, der die Knoten des Graphen mit den XML-Daten initialisiert.

Das 3DS-Format

Ein von Max3D definierter, etwas älterer Firmenstandard. Das 3DS-Format ist ein binäres blockorientiertes Format, jeder Block besitzt einen Kopf, in dem unter anderem ein Blockkennzeichen und die Blocklänge kodiert ist. 3DS ist für große Objekte, mehr als 64 000 Vertices, nicht geeignet, auch bei den Dateinamen für Materialien bestehen Probleme (8.3DOS).

Das Stanford PLY-Format

Die Stanford University führt mehrere Projekte durch, bei denen 3D-Modelle (Statuen und Gebäude) mittels 3D-Scanner erzeugt werden: *The Stanford*

[6] `http://www.khronos.org/collada`

3D Scanning Repository.[7] Die frei verfügbaren und hoch aufgelösten Modelle werden auch im PLY-Dateiformat bereitgestellt, das ebenfalls von der Stanford University (1994, Greg Turk) definiert wurde. PLY liefert in einer ASCII-Textdatei die Daten eines Mesh und eignet sich auch für sehr große Objekte. So weist der Hase (Stanford-Bunny) etwa 70 000 Dreiecke auf und eine Statue (Stanford-Lucy) ca. 117 Millionen, dazwischen gibt es noch Figuren wie „Happy Buddha" und „Dragon". Eine PLY-Datei hat einen festgelegten Aufbau:

```
Dateikopf (Header)
Vertex-Liste
Flächenliste
Zusätzliche, auch benutzerspezifische Angaben
```

Einzelnen Angaben folgt stets ein Zeilenende-Zeichen. Im Header werden die Attibute der Vertex- und Face-Angaben festgelegt. Auszug:

```
ply
format ascii 1.0
comment Created by Blender 2.57 (sub 1) - www.blender.org, source file:\
 'SpindlerTris.blend'
element vertex 6911
property float x
property float y
property float z
property float nx
property float ny
property float nz
property float s
property float t
element face 12864
property list uchar uint vertex_indices
end_header
0.194675 0.947600 -0.065755 0.932249 0.096744 -0.348552 0.199345 \
0.167253
...
3 0 1 2
3 0 2 3
...
```

Im Beispiel enthält die Vertex-Liste 6911 Einträge: ein jeder, in der obigen Reihenfolge, die Vertex-Position (x y z), die Normale (nx, ny, nz) und Texturangaben (s, t). Die Flächenliste weist 12 864 Einträge auf, wobei in der Flächenliste die erste Angabe die Zahl der Vertices pro Face (`uchar`) angibt, danach folgen die Indizes der Vertices im Integerformat. Eine genauere Beschreibung des Dateiformates findet sich über die Stanford-Webseite.[8] Schneller geht es aber, wenn Sie nach „PLY" und „Greg Turk" suchen. Das PLY-Format ermöglicht die Angabe von Interleaved Arrays und liefert in

7 http://graphics.stanford.edu/data/3Dscanrep
8 http://www.cs.virginia.edu

einem Header Meta-Informationen über die nachfolgenden Daten. Die Bereitstellung der benötigten Ressourcen ist damit für einen Loader erheblich einfacher als beim Wavefront-Format.

Im Paket `glib.storage.mesh.ply` finden Sie die Klasse `PLYLoaderDefault`. Diese ist in der Lage, PLY-Dateien (ASCII) zu lesen, zum Beispiel den oben dargestellten Export von Blender. Der Loader erzeugt ein `MeshBufferSet` mit Interleaved VBOs.

```
plyLoader.openSourceFile(
  this.getClass().getResource(objectNode.getMeshURL())
);
plyLoader.load(gl);
meshBufferSet = plyLoader.getMesh();
if(meshBufferSet==null) {
  // report error
}
```

Da die Interleaved VBOs im engen Zusammenhang mit Vertex-Shadern stehen, muss ein PLY-Loader entsprechend angepasst werden oder eine anderweitige Übersetzung stattfinden. Das Problem liegt bei den Attributnamen, im PLY-Format die *Properties*, zum Beispiel:

```
// Vertexshader-Auszug
attribute vec3 vPosition;
attribute vec3 vNormal;
attribute vec3 vFrontColor;
attribute vec2 vTextureCoord;
```

`PLYLoaderDefault` fasst die x,y,z-Angaben, in dieser Reihenfolge, als Vertex-Position zusammen, schreibt diese in das Interleaved VBO und erzeugt den Attributnamen `vPosition`. Im Zusammenspiel mit Shadern kann eine PLY-Datei nicht, nach Angabe der Quelle, gänzlich automatisch gelesen werden, es ist schon ein Blick in die Datei nötig. Die oben gezeigen Properties-Namen sind durch den Standard vorgegeben, aber nicht jeder Export liefert alle Attribute, die im Shader benötigt werden, so dass gegebenenfalls ein anderer Shader ausgewählt werden muss. `PLYLoaderDefault` hat ein Flag, das, wenn `true`, den Loader dazu veranlasst, unbekannte Properties zu überspringen, anstatt eine Fehlermeldung auszugeben. Auch ist darauf zu achten, ob die Flächenliste nur Dreiecke enthält, andernfalls muss der Loader die Polygone umwandeln. `PLYLoaderDefault` führt dies nicht aus, es will Dreiecke sehen. Das ist in der Regel kein größeres Problem, da bei einem Export normalerweise die Umwandlung veranlasst werden kann.

Gameengine-Formate

Beinahe jede Gameengine, die Bedeutung erlangt hat, besitzt ein eigenes Format, um Szenen und Modelldaten einzulesen. Der Schwerpunkt liegt beim Lesen ganzer Szenen, einschließlich des Sounds, Skripten usw. Viele der Formate sind proprietäre Firmenstandards, die beim Kauf der Engine in Form von Loadern und Workshops zur Verfügung gestellt werden. Einigen Spielen liegen, aufgrund der freundlichen Bereitstellung von Szeneneditoren durch die Hersteller, halboffene Standards zugrunde. Die Hersteller dürfen sich im Gegenzug an einer regen Modder-Gemeinde erfreuen, die ein Spiel noch lange nach der Ersterscheinung im Markt aktiv hält. Ein Beispiel dafür ist das Spiel *Oblivion* mit dem Tess-Construction Set und das Nimmerse Gameengine Format, siehe auch Wiki-Seiten dazu. Die Java Monkey Engine (jME) verwendet intern ebenfalls ein eigenes Format und einen speziellen Loader, um damit den Szenengraphen zu versorgen. Konvertiert, zum Beispiel vom Collada Format, wird dort „offline".

Andere Formate

Eine zuverlässige Quelle für relevante Dateiformate im 3D-Umfeld ist das Import/Export-Menü von Blender. Dort finden sich auch das von der Quake-Engine definierte Format (`.map`), X3S, das DXF-Format von Autodesk (CAD-Daten) und weitere Formate wie das Lightwave-Format (`.lwo`). Im Java-Umfeld sollte auch das M3G-Format nicht unerwähnt bleiben. Die Java-Monkey-Engine (jME) legt ebenfalls, wie oben erwähnt, ein eigenes Format für den Aufbau ihres Szenengraphen fest und stellt entsprechende Konverter für andere Formate zur Verfügung.

Diese Vielfalt ist verständlich, denn einen standardisierten Szenengraphen gibt es nicht. Wenn dieser schnell versorgt bzw. aufgebaut werden soll, dann muss ein eigenes Format erstellt werden, das an diesen angepasst ist.

4.3.2 Objekte einlesen

Die Loader sind relativ komplizierte Bausteine der 3D-Computergrafik, sie verlängern die Grafik-Pipeline auf der Eingangsseite zu einer Datei.

Ein Loader ist eine Softwarekomponente, die Daten von einem persistenten Medium einliest (evtl. über ein Netzwerk), Datenstrukturen einer Applikation erzeugt und dort im Speicher die Daten ablegt. Ähnlich einem Compiler basiert die Arbeitsweise eines Loaders auf einer Quellsprache und einer Zielsprache, beide indirekt durch die Datenformate und dateibezogene Informationen (z. B. Blockoffsets, Blocklängen) vorgegeben. Ebenfalls wie beim Compiler ist die Quelle auf Fehler zu untersuchen und Versionsinformationen sind zu beachten.

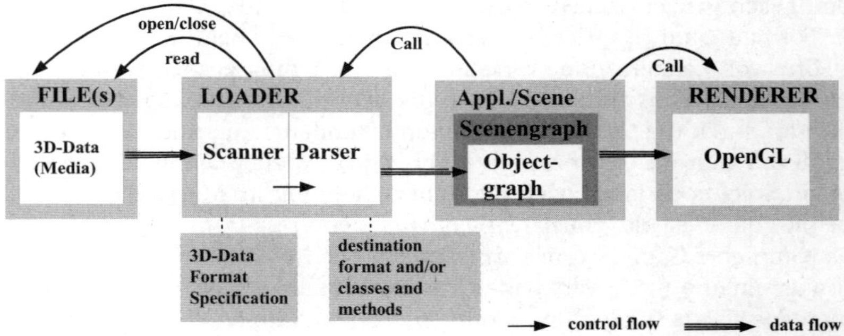

Abbildung 4.20 Darstellung der Rendering-Pipeline, die bis zu einer Datei (persistenter Speicher) verlängert wurde.

Ein Loader spaltet sich auf in einen *Scanner,*[9] einen *Parser* und die *Codegenerierung.*[10] Der Loader erzeugt auch Anweisungen, etwa wenn VBOs direkt zu OpenGL hochgeladen werden (Mapping) oder wenn ein Imageformat umgewandelt wird; auch die Umwandlung von Polygonen ($n > 3$) in Dreiecke kann Bestandteil eines Loaders sein. Ein Loader, der einen Szenengraphen versorgt, wird auch Knoten erzeugen und diese über Links verbinden. Dies soll keine abschließende Definition eines Loaders sein, eher eine Zusammenfassung der wesentlichen Elemente. Loader treten auch als Bestandteil von Konvertern auf, die als „Offline"-Vorstufe beim Realtime Rendering dienen.

David H. Eberly unterscheidet in seinem Buch[11] „3D Game Engine Design" zwischen dem Ressourcenmanagement und dem Laden eines Szenengraphen, mit Streaming als übergeordneter Begriff. Mit diesen Begriffen werden Konzepte angesprochen, keine Komponenten.

Das Ressourcenmanagment ist sehr weit gefasst und reicht vom Laden und Speichern bis hin zur Pufferverwaltung. Zum Beispiel möchte die Applikation ein Objekt rendern. Dann fordert sie beim Ressourcenmanagement u. a. Vertex-Daten an. Dieses erkennt, ob das benötigte VBO bereits bei OpenGL hochgeladen ist, und wenn nicht, ob die Daten in einem Speicher auf der Applikationsseite vorhanden sind. Wenn dies auch nicht der Fall ist, dann wird extern geladen. In einem solchen Konzept sind Loader die Komponenten, die eine Ressource im Speicher zur Verfügung stellen. Eberly erwähnt auch den Nachteil dieses Ressourcenmanagements. Da die Daten beim Rendern angefordert werden, kann es zu erheblichen Verzögerungen durch die Loader kommen.

9 Der Scanner wird auch als *Lexical Analyzer* bezeichnet.

10 Beim Compilerbau gibt es erheblich mehr Stufen und Anforderungen als hier benötigt, aber ein grundlegendes Verständnis hilft bei der Erstellung einer klaren Architektur der Loader-SW.

11 David H. Eberly: „3D Game Engine Design", 2nd ed., Morgan Kaufmann, 2007.

Überlegungen zum Bau eines Loaders

Der Bau eines Loaders ist ein recht umfangreiches Unterfangen; es sollte zuerst untersucht werden, ob nicht ein vorhandener Loader, etwa der Wavefront-Loader von JOGL, bereits die Anforderungen erfüllt. Einfache Loader gehen direkt auf das Ziel los (*Brute Force*). Scannen, Parsen und das Erzeugen der Zielstrukturen erfolgen zur Laufzeit der Applikation, und es werden meist nur rudimentäre Sprachelemente beachtet. Zum Beispiel kann ein Wavefront-Format relativ einfach eingelesen werden, wenn etwa die Gruppierung vernachlässigt wird und wenn der Speicherverbrauch keine Rolle spielt.

```
Open file
while lines
   read line
   if key=='v'  parse vertex and put into vertex buffer
   if key=='vn' parse normal and put into normal buffer
   if key=='f'  parse face and put into face buffer
close file
```

Das Problem ist das Fehlen eines Headers, in dem Meta-Informationen über die nachfolgenden Daten stehen. Die Puffergröße ist nicht genau vorhersagbar, Interleaved Arrays lassen sich mit einem Lauf nicht bilden u. v. m. Das PLY-Format ist in dieser Hinsicht besser konstruiert, damit ist auch das Einlesen von Interleaved Arrays möglich, und die Anzahl der Vertices und Faces ist ebenfalls vorab einlesbar. Beim Wavefront-Format können aber auch Materialien eingelesen werden, das PLY-Format ist hauptsächlich für das Einlesen der geometrischen Daten gedacht. Dennoch habe ich dem PLY-Format den Vorzug gegeben, wobei die Texturen und Shader getrennt verwaltet und geladen werden. Als Beispiel für eine solche Verwaltung nachfolgend ein Auszug aus einen einfachen Szenengraphen (`Tex2Configuration.xml`) im Programm `glib.src.examples.tex2`.

```
<object name="Spindler">
   <shaders>
     <shader name="VS" type="vertex">
       <url type="relative">/shader/SpindlerVShader.txt</url>
     </shader>
     <shader name="FS" type="fragment">
        <url type="relative">/shader/SpindlerFShader.txt</url>
     </shader>
   </shaders>
   <mesh name="SpindlerMesh">
     <url type="relative">/data/SpindlerTris.ply</url>
     <transform type="world">
        <scale type="uniform">3.0</scale>
     </transform>
     <loader name="PLYLoaderDefault"
        attributes-order="default"
        tangent-vector="compute"
```

```
        attributes-unknown="default">
      </loader>
    </mesh>
    <textures>
      <texture name="ColorTexture" type="image">
        <url type="relative">/data/SpindlerColorMap.png</url>
        <uniform type="sampler2D">colorMap</uniform>
      </texture>
      <texture name="DiffuseTexture" type="image">
        <url type="relative">/data/SpindlerDiffuseMap.png</url>
        <uniform type="sampler2D">diffuseMap</uniform>
      </texture>
      <texture name="SpecularMapTexture" type="image">
        <url type="relative">/data/SpindlerSpecularMap.png</url>
        <uniform type="sampler2D">specularMap</uniform>
      </texture>
      <texture name="WarningMapTexture" type="image">
        <url type="relative">/data/SpindlerWarnMap.png</url>
        <uniform type="sampler2D">warningMap</uniform>
      </texture>
      <texture name="NormalMap" type="image">
        <url type="relative">/data/SpindlerNormalMap.png</url>
        <uniform type="sampler2D">normalMap</uniform>
      </texture>
      <texture name="HeightMap" type="image">
        <url type="relative">/data/SpindlerHeightMap.png</url>
        <uniform type="sampler2D">heightMap</uniform>
      </texture>
    </textures>
</object>
```

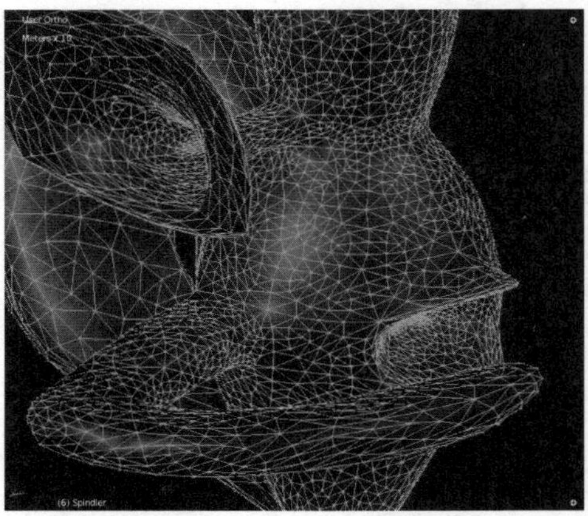

Abbildung 4.21 **Darstellung des Spindler-Objektes im Editmodus von Blender.**

Den Loader `PLYLoaderDefault` finden Sie, wie bereits oben erwähnt, im Paket `glib.storage.mesh.ply`, und die Klasse `SGXMLReader`, die den obigen Szenengraphen einliest, ist zu finden bei `glib.storage.sgraph`. Der Loader berechnet auch den Tangentenvektor, der an den Fragmentshader weitergegeben wird, siehe auch *Der Tangentenraum* (Seite 392ff.).

Der schnellste Ladevorgang ist gegeben, wenn von einer binären Datei blockweise direkt in Zielpuffer geschrieben wird, das sind für Vertices und deren Attribute in OpenGL die Interleaved VBOs; unabhängig davon, wie ein Szenengraph aufgebaut ist: für schnelles und ressourcenschonendes Rendern werden diese genau in der genannten Form benötigt. Im Abschnitt *Framework mit generischen Attributen* (Seite 189ff.) finden Sie eine Zieldatenstruktur, die an einen solchen schnellen Ladevorgang angepasst ist und darüber hinaus auch das Ressourcenmanagement unterstützt.

In der Softwareentwicklung ist es nicht ungewöhlich, von zwei Enden her zu denken – *Bottom up*: die elementaren und konkreten Strukturen im Blick, *Top down*: mit dem Blick auf das Grundkonzept. Das führt hier zu einer zweistufige Lösung mit Konvertern sowie Loadern, die elementare Strukturen direkt versorgen, zum Beispiel die genannten Interleaved VBOs. Der Szenengraph wird ebenfalls in einer Dateistruktur abgebildet, jedoch liegt der Schwerpunkt auf den strukturbildenden Elementen – den Knoten, Links sowie den Ressourcenreferenzen – und nicht bei den Daten selbst.

Mit einem solchen zweistufigen Konzept ist es möglich, die Quellen – unabhängig vom Rendern – zu scannen und zu parsen, nebst ausgefeilter Fehlererkennung, und in ein eigenes Zwischenformat zu schreiben. Dieses kann dann hocheffizient vom Loader eingelesen werden; außerdem ist es mit der Aufteilung möglich, auch wirklich große Datenmengen zu verarbeiten, mit Millionen von Vertices. Die Aufgabe wird dadurch zwar einfacher, denn beim Konverter spielt die Ausführungszeit und der Speicherverbrauch eine untergeordnete Rolle, aber auf der anderen Seite ist auch mehr an Software zu erstellen und das Zwischenformat zu dokumentieren.

Beispiel 4.9

Das nachstehende Zwischenformat eignet sich für die Speicherung von Vertices und Vertex-Attributen. Es ist „bottom up" konstruiert, im Hinblick auf eine maximale Lesegeschwindigkeit.

```
GeneralHeader BlockSetHeader {BlockSetHeader}

GeneralHeader: Info über alle Blöcke, Dateistruktur, Versionsinfo, \
magicNumber

BlockSetHeader: BlockPrefix BlockHeader {BlockHeader}

BlockHeader: BlockPrefix Attribute {Attribute} BlockInfo data
```

```
   Attribute: BlockPrefix name type offset stride ...

   BlockInfo: BlockPrefix dataOrdering dataReside dataSize

BlockPrefix: marker size
------------------------
{} keines oder mehrere Elemente

marker = 1: Attribute
       = 2: Buffer
       = 3: BufferSet
       usw.

size = nachfolgende Blockgröße in Bytes
data = Daten in der Form, die direkt in Zielpuffer geschrieben werden \
kann
name = String mit vorausgehender Längenangabe
dataSize = Länge des Datenblockes in Bytes
dataOrdering = Little, big-Endian.
dataReside = Art der Pufferung (mapped, client-side)
```

Erkennt der Loader das erste `BlockSetHeader`-Element, erzeugt er eine leere `MeshBufferSet`-Instanz und wertet als nächste die `BlockHeader`-Ebene aus. Dort wird ebenfalls eine zunächst leere `MeshBuffer`-Instanz erzeugt und die `Attribute`-Information eingelesen. Für jeden `Attribute`-Eintrag wird eine Instanz der `MeshBufferAttribute`-Klasse erzeugt, mit Daten versorgt (`name`, `type` usw.) und der `MeshBuffer`-Instanz hinzugefügt. Danach folgt die BlockInfo-Sequenz, die angibt, wie viele Bytes der nachfolgende Datenblock (ßospcmddata) enthält und auf welche Art und Weise der Datenblock zu erzeugen ist (`reside`), zum Beispiel direkt bei OpenGL (`glMapBuffer`). Die Daten folgen unmittelbar, das ist hier ein grundlegender Unterschied zu anderen Blockstrukturen.

Sind die Daten erfolgreich im Zielpuffer abgelegt, wird die `MeshBuffer`-Instanz zum `MeshBufferSet` hinzugefügt und die nächste `BlockHeader`-Sequenz eingelesen. Die Struktur bietet noch Raum für die Zusammenfassung von `MeshBufferSets`. Die Datei kann sequenziell eingelesen werden, und es ist keinerlei Übersetzung der Daten in Zielformate erwünscht. `name` ist ein Attributname, ein String mit vorausgehender Längenangabe. Alle anderen Angaben sind Integer bzw. Bytes bei den Datenfeldern.

Ende des Beispiels 4.9

Von den benötigen Puffern ausgehend, soweit diese für das Rendern erforderlich sind, können kleine Subloader erstellt werden. Diese können auch einfacher getestet werden, und die Zusammenfügung zu einem Ganzen ergibt sich nach und nach, wenn die Codebasis wächst, eine Form der agilen Softwareentwicklung.

4.4 Kollisionen

Auf der bisherigen Ebene, nahe der Hardware, ist der Computer ein ausgesprochen dummes und auch stures „Wesen“ – was ihm nicht explizit mitgeteilt und vorgegeben wird, wird nicht beachtet. So ist es dem Rechner völlig egal, wenn sich Objekte bei einer Bewegung gegenseitig durchdringen. Der Avatar verschwindet dann schon mal in einer Wand oder kann durch geschlossene Türen gehen. Generell ist das Wissen, wie Berühr- oder Durchstoßpunkte auf den Objektgrenzen berechnet werden, für alle Arten der 3D-Grafik, also nicht nur für 3D-Spiele, von großer Bedeutung.

Während die Berechnung selbst eine mathematische Frage ist, tritt noch ein Problem in den Vordergrund, und zwar die Vielzahl der Objekte. Denken Sie an eine einfache Situation, in der ein Avatar sich in der virtuellen Welt bewegt. Zur Vereinfachung sei dieser ein simples Rechteck in einer ebenen 2D-Welt. Zu einem bestimmten Zeitpunkt (in einem Frame) muss ermittelt werden, ob der Avatar in der eingeschlagenen Richtung weitergehen kann oder nicht. Für uns, als Mensch, ist das überhaupt kein Problem, denn wenn wir auf die Szene blicken, dann stellen wir unmittelbar fest, welche Objekte für die Kollision überhaupt in Frage kommen und genauer untersucht werden müssen. Wir werden auch sofort sehen, ob der Avatar nahe genug ist, um zu stoppen. Bei der Nachbildung dieser unserer Fähigkeiten in der Software sind dabei folgende Vorgänge zu betrachten.

Wahl der Geraden
: Geraden können parallel zu sich selbst verschoben werden. Es gibt aber, wohlgemerkt zu einem bestimmten Zeitpunkt, nur eine Gerade, die für eine Kollisionsberechnung in Frage kommt. Der Vektor der Geraden ist durch die jeweilige Bewegungsrichtung festgelegt, aber sie muss auch durch die, in Bewegungsrichtung, vorderste Fläche des Avatars gehen. Es muss jedoch nicht unbedingt eine Längsbewegung als Grundlage für eine Kollision vorliegen, kann doch auch eine Drehung zum Zusammenstoß mit einem anderem Objekt führen.

Objektauswahl
: Komplexe Szenen, selbst solche, die in Teilszenen eingeteilt wurden, können Tausende von Objekten beinhalten. Jedes Objekt muss herangezogen und ermittelt werden, ob es für einen Kontakt überhaupt in Frage kommt. Bei diesem Schritt ist die exakte Objektgrenze erst einmal nicht von Bedeutung, stellvertretend wird stattdessen eine Grenzbox (*Bounding Box*) oder eine Grenzkugel (*Bounding Sphere*) herangezogen und geprüft, ob es Berühr- oder Durchstoßpunkte mit deren Grenzflächen gibt. Ziel der Objektauswahl ist die Reduktion der Anzahl der Berechnungen, also der Geschwindigkeitsvorteil. Zur Objektauswahl gehört auch die Identifikation eines durch einen Namen oder eine Nummer gegebenen Objekts.

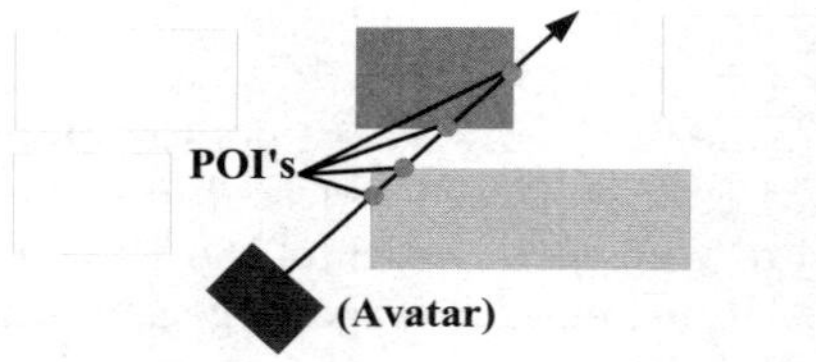

Abbildung 4.22 Aus der Vielzahl der Objekte einer Szene sind jene auszuwählen, bei denen sich ein Berühr- oder Durchstoßpunkt mit der Grenzbox (POI) ergibt.

Flächenauswahl

Gibt es für ein Objekt einen Berühr- oder Durchstoßpunkt (*Point of Interest*, POI), ist eine genauere Untersuchung angesagt. Für jede Fläche muss durch Vertices oder eine gegebene Funktion (Bezierflächen, Nurbs-Flächen) ein POC (*Point of Collision*) bestimmt werden.

Flächenfestlegung

Ein Berührungspunkt ergibt sich relativ selten, häufiger ist die Situation, bei der mindestens zwei Flächen eines gegebenen Objektes durchstoßen werden. Daher ist in einem dritten Schritt jene Fläche zu bestimmen, die aus einer bestimmten Richtung die vorderste Fläche ist und auf der dann der POC zu finden ist.

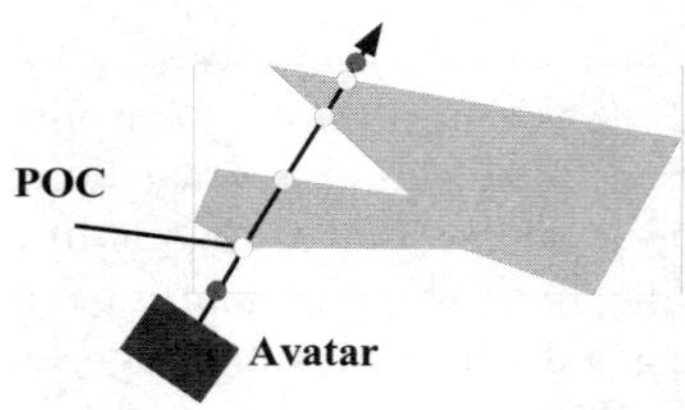

Abbildung 4.23 Die Grenzbox ist nur ein Anhaltspunkt für die Objektauswahl. Im Detail kann ein Objekt viele Flächen aufweisen, die von einer Geraden, welche die Bewegungsrichtung angibt, durchstoßen werden.

4.4.1 Grenzflächen

Die Berechnung der Durchstoßpunkte durch ein Grenzvolumen gibt noch keine Information über die durchstoßenen Flächen des in dem Volumen eingeschlossenen Objektes. Die Flächen eines Objektes müssen nicht unbedingt Dreiecke sein. Mit dem allgemeinen Fall, dem Vorliegen eines beliebigen, aber konvexen Polygons, befasse ich mich in diesem Abschnitt eingehender. Obwohl der Algorithmus relativ einfach ist, gibt es bei der

Umsetzung in die Software einige Sonderfälle zu beachten; insbesondere müssen diese in den Formeln erkannt und bewertet werden, eine der klassischen Aufgaben der Softwareentwicklung. Ein robustes Verfahren schließt nicht nur alle möglichen Fälle mit ein, es erfordert auch, bei der Annäherung an Grenzen, eine Vorstellung über eine geeignete kleinste Schranke *epsilon* (ϵ).

Zunächst ist es nötig, sich mit der Berechnung eines Durchstoßpunktes einer Geraden durch eine Ebene zu befassen. Siehe dazu auch den Abschnitt *Plane-Klasse* (Seite 562f.). Generell kann eine Ebene durch die Gleichungen

$$n_x\, x + n_y\, y + n_z\, z - d = 0 \qquad d = \hat{n}_e \cdot \vec{V}_0 \tag{4.1}$$

angegeben werden. Die Parameter n_x, n_y und n_z sind die Koordinaten des Normaleneinheitsvektors der Ebene, und $\vec{V}_0$ zeigt auf irgendeinen Punkt auf derselben. In der Regel wird ein Vertex der betreffenden Fläche ausgewählt.

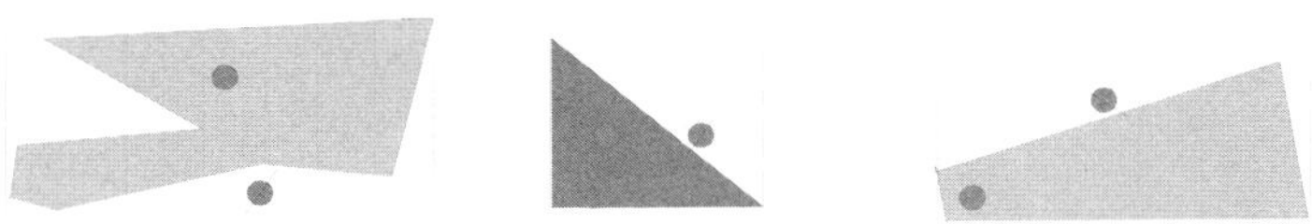

Abbildung 4.24 Beispiele für Punkte, die auf einer Ebene liegen, in der eine Fläche liegt. Wie zu sehen ist, hilft eine simple Min-/Max-Strategie hier nicht weiter.

Ersetzt man nun in (4.1) den durch x, y, z gegebenen Punkt durch die Punkte der Geraden $P_0 = (x_0, y_0, z_0)$, $P_1 = (x_1, y_1, z_1)$, dann kann der Abstand λ auf dieser leicht berechnet werden.

$$\begin{aligned} x &= x_0 + \lambda \Delta x \qquad & \Delta x &= x_1 - x_0 \\ y &= y_0 + \lambda \Delta y \qquad & \Delta y &= y_1 - y_0 \\ z &= z_0 + \lambda \Delta z \qquad & \Delta z &= z_1 - z_0 \end{aligned}$$

$$\lambda = -\frac{n_x x_0 + n_y y_0 + n_z z_0 - d}{n_x \Delta x + n_y \Delta y + n_z \Delta z} \tag{4.2}$$

Wegen $\vec{P} = \vec{P}_0 + \lambda\left(\vec{P}_1 - \vec{P}_0\right)$ ist bei bekanntem λ ein Schnittpunkt der Geraden mit einer Ebene festgelegt. Unbekannt ist aber, ob der betreffende Punkt P auch innerhalb einer Fläche liegt, die durch N-Vertices aufgespannt ist. Prinzipiell stehen Informationen zur Verfügung, um die Bestimmung zu vereinfachen. Es ist klar, dass P definitiv in der Ebene liegt, und die Richtung auf der Blickgeraden ist bekannt. Auch könnte die *Even/Odd-Regel* angewendet werden. Zählt man nämlich die Durchstoßpunkte auf einer Geraden in einer bestimmten Richtung, dann erhält man eine ungerade Anzahl, wenn der Ausgangspunkt sich innerhalb einer Fläche befindet.

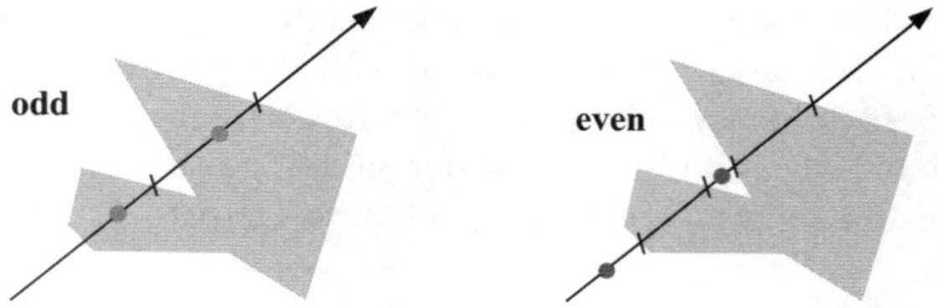

Abbildung 4.25 Punkte innerhalb von Flächen haben eine ungerade Anzahl, Punkte außerhalb eine gerade Zahl von Schnittpunkten.

Die Gerade, von der bei der Even/Odd-Regel die Rede ist, kann nicht die Gerade sein, auf der ein Durchstoßpunkt ermittelt wurde, denn Letztere verläuft meistens weiter ins Innere des Objektes. Liegt aber ein Punkt innerhalb einer gegebenen Fläche, dann lässt sich auch die Spurgerade in der Ebene finden. Eine solche Projektion ist leicht zu bewerkstelligen, wenn eine der Komponenten, etwa die Z-Komponente, weggelassen wird. Danach liegt dann eine zweidimensionale Situation vor.

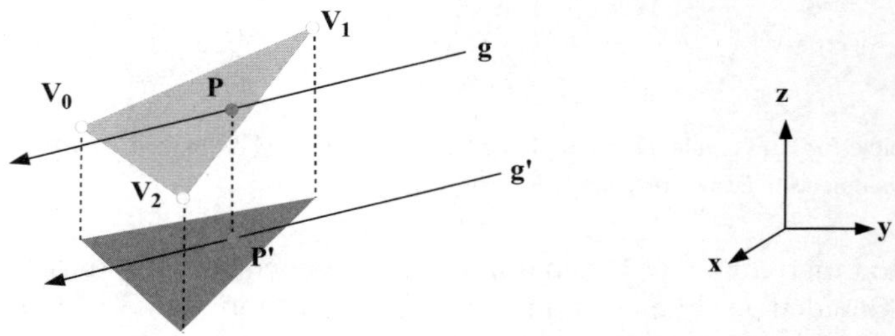

Abbildung 4.26 Projektion auf die X/Y-Ebene.

Welche der Komponenten weggelassen wird, ist nicht egal: Es sollte jene sein, die nach der Projektion eine möglichst große Fläche bewahrt. Das ist einzusehen, wenn man an eine Fläche denkt, die eine Parallele zur X/Y-Ebene ist. Weglassen der X-Koordinate bedeutet dann eine Projektion auf die Y/Z-Ebene, dort wird die Fläche aber zu einer Strecke. Weglassen der Z-Komponente zeigt hingegen die größtmögliche Fläche in der Projektion. Nachdem diese erfolgt ist, liegt ein Punkt P' und die Spurgerade g' vor, ebenso ist die Richtung auf der Geraden noch erhalten. Von P' ausgehend und der Even/Odd-Regel folgend, schneidet die Spurgerade g' die Fläche mit ungerader Punktzahl, wenn P' innerhalb der Fläche liegt, ansonsten liegt eine gerade Schnittpunktzahl vor.

Will man aber Schnittpunkte mit den Kanten einer Fläche zählen, dann müssen diese Kanten erst einmal bekannt sein. Wenn eine beliebige Fläche vollständig in einer Ebene liegt, dann sind N-Vertices gegeben und damit N-Geraden zu beachten. Die Gerade g' ist durch die vektorielle Geradengleichung gegeben, worin eine der Komponenten, zum Beispiel die Z-Komponente, nach dem im letzten Absatz beschriebenen Verfahren zu Null gesetzt ist. Die Hochkommata verweisen auf diese vorausgegangene Projektion.

$$\vec{g}' = \vec{P}'_0 + \lambda_g \left(\vec{P}'_1 - \vec{P}'_o\right) \tag{4.3}$$

Geraden g_i, die durch die Vertices der Fläche konstruiert werden, erfüllen die Gleichungen:

$$\begin{aligned} \vec{g}_i &= \vec{V}'_i + \lambda_i \left(\vec{V}'_{i+1} - \vec{V}'_i\right) && i = 0, 1, 2 \ldots i+1 < N \\ \vec{g}_{N-1} &= \vec{V}'_{N-1} + \lambda_{N-1} \left(\vec{V}'_{N-1} - \vec{V}'_0\right) \end{aligned} \quad . \tag{4.4}$$

Ist nun, nach Gleichsetzung von (4.3) und (4.4), die folgende Bedingung erfüllt:

$$\lambda_g \geq 0 \qquad \text{UND} \qquad 0 \leq \lambda_i \leq 1 \tag{4.5}$$

dann liegt ein Schnittpunkt mit der betreffenden Kante der Fläche vor. Ist dann die Anzahl der gefundenen Schnittpunkte ungerade, dann liegt P' und damit auch P in der Fläche. Die Schnittpunkte selbst brauchen bei diesem Verfahren nicht gespeichert zu werden, denn P ist ja vollständig bekannt.

Dieses Verfahren zur Bestimmung des Schnittpunktes ist relativ rechenintensiv, daher sollte vorab alles getan werden, um die betreffende Fläche möglichst einzugrenzen. Sie werden im Abschnitt *Grenzvolumen* (Seite 244ff.) mehr über die Flächenauswahl erfahren.

Exkurs 4.7

Denkt man sich eine Kugel um den aktuellen Standpunkt des Beobachters und berücksichtigt den Öffnungswinkel α des Blickfeldes, dann gilt grob $\alpha/360°$ für die Wahrscheinlichkeit, dass eine Fläche, die das gesamte Blickfeld ausfüllt, durchstoßen wird. Bei einem Öffnungswinkel von 40° sind das zirka 11%. Wenn nun der Öffnungswinkel – wiederum grob, es geht nur um eine Abschätzung, nicht um eine exakte Wahrscheinlichkeitsrechnung – durch 100 geteilt wird, um die kleinste darin vorkommende Fläche anzusprechen, dann sinkt die Wahrscheinlichkeit, diese auszuwählen, auf unter ein Zehntel Promille. Das gilt bei einem zufälligen Standpunkt und Blickrichtung des Beobachters in einer Szene. Würden naiv einfach alle Flächen herangezogen, um einen Schnittpunkt damit aufzufinden, dann wäre dies eine Verschwendung von Rechenzeit, denn die Wahrscheinlichkeit, die richtige zu treffen, beträgt nur 1:1000. Diese Abschätzung zeigt, dass ein Algorithmus, der eine frühe Entscheidung ermöglicht, ob eine weitere

Inspektion überhaupt nötig ist, erhebliche Vorteile für die Ausführungsgeschwindigkeit bringt. Eine genauere Berechnung der Wahrscheinlichkeit erhalten Sie, wenn Sie das Verhältnis einer Kalotte zur Kugeloberfläche ins Verhältnis setzen.

Ende des Exkurses 4.7

In den nachfolgenden Abschnitten gehe ich einen Bottom-up-Weg und befasse mich zuerst mit der elementarsten Funktion des Verfahrens: dem Auffinden eines Schnittpunktes mit einer Kante eines konvexen Polygons. Der hier vorgeschlagene Weg ist nicht der einzig mögliche, er führt aber ziemlich direkt zum Ziel.

Schnittpunkt mit einer Kante

Nach der Projektion auf eine der Koordinatenebenen liegen die Spurgerade $\vec{g}'$ und eine der projizierten Kanten eines Polygons vor. Der Richtungsvektor $\Delta\vec{V}$ der Kante (V_i, V_{i+1}) zeigt vom Vertex V_i zum folgenden Vertex V_{i+1}. Der Richtungsvektor der Spurgeraden zeigt in die Blickrichtung, von P_0 nach P_1.

$$\Delta\vec{u} = \vec{P}_1 - \vec{P}_0 \qquad \Delta\vec{V} = \vec{V}_{i+1} - \vec{V}_i \tag{4.6}$$

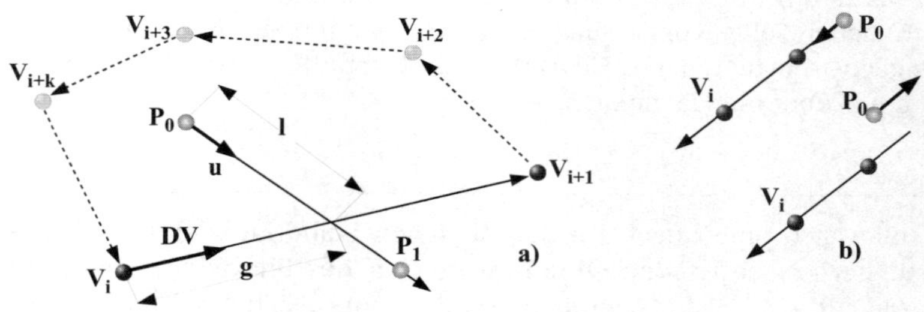

Abbildung 4.27 Schnittpunktermittlung einer Spurgeraden mit einer der Kanten eines Polygons. b) ist ein Sonderfall, bei dem der Richtungsvektor der Spurgeraden parallel zur Kante liegt.

Ein Schnittpunkt S ist gegeben, wenn:

$$\vec{P}_0 + \lambda\Delta\vec{u} = \vec{V}_i + \gamma\Delta\vec{V}. \tag{4.7}$$

Multipliziert man beide Seiten mit dem Vektor der Kante $\Delta\vec{V}$, dann kann der Parameter γ herausgeschält werden.

$$\gamma = \underbrace{(\vec{P}_0 - \vec{V}_i)\,\Delta\vec{V}}_{A} + \lambda\underbrace{(\vec{u}\cdot\Delta\vec{V})}_{B}$$

λ lässt sich finden, wenn beide Seiten mit dem Vektor der Blickgeraden $\Delta\vec{u}$ multipliziert werden.

$$\lambda = \underbrace{-(\vec{P}_0 - \vec{V}_i)\,\vec{u}}_{C} + \gamma\underbrace{(\vec{u}\cdot\Delta\vec{V})}_{B}$$

So kann nun sowohl λ als auch γ angegeben werden.

$$\gamma = \frac{A|\Delta\vec{u}|^2 + BC}{|\Delta\vec{V}|^2|\Delta\vec{u}|^2 - B^2} \qquad \lambda = C + \gamma B \tag{4.8}$$

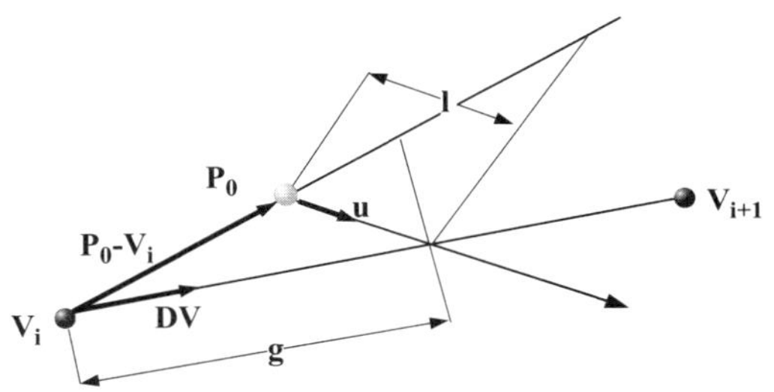

Bestimmung von Schnittpunktparametern.

Abbildung 4.28

Für die Bildung der Spurgeraden wird die Projektion auf eine geeignete Koordinatenfläche erfolgen. Anstatt aber für jede einen eigenen Satz von Gleichungen zu bilden, sei hier von einer Projektion auf die XY-Ebene ausgegangen. Eine übergeordnete Funktion wird die passende Umsetzung vollziehen.

$$\begin{aligned} A &= (P_{0x} - V_{ix})\,\Delta V_{ix} + (P_{0y} - V_{iy})\,\Delta V_{iy} \\ B &= \Delta u_x \Delta V_{ix} + \Delta u_y \Delta V_{iy} \\ C &= -(P_{0x} - V_{ix})\,\Delta u_x - (P_{0y} - V_{iy})\,\Delta u_y \end{aligned} \tag{4.9}$$

Durch den Term $1 - B^2$ muss dividiert werden, und dieser kann natürlich 0 sein. Das skalare Produkt $\vec{u}\cdot\Delta\vec{V}$ wird zu Eins, wenn die Vektoren parallel, gleich- oder entgegengerichtet stehen. Die Spurgerade verläuft somit parallel zu der gegebenen Kante, das heißt aber nicht, dass der Durchstoßpunkt P_0 auch auf der Kante liegt, erst mit der Winkelbestimmung zwischen dem Vektor, der auf P_0 zeigt, und der Kante ist eine Fallunterscheidung möglich.

$$\vec{P}_0 \cdot \Delta\vec{V} = |\vec{P}_0|\,cos(\alpha) \qquad \text{und } \alpha = 0 \tag{4.10}$$

Schnittpunkte mit der Kante liegen vor, wenn ein $\gamma = 0$ gegeben ist, dann ist P_0 mit V_i identisch; oder wenn $\gamma = 1$, dann ist P_0 mit V_{i+1} identisch. Jeder Wert dazwischen darf für γ ebenfalls akzeptiert werden, P_0 liegt dann auf der Kante.

$$0 \leq \gamma \leq 1 \tag{4.11}$$

Wenn hingegen durch den Nenner in (4.8) dividiert werden darf, dann kann auch λ und γ mit der Formel ausgerechnet werden. Bei einem Schnittpunkt auf der Kante gilt für γ der gleiche Wertebereich. Außerdem, da λ in positiver Richtung von $\vec{u}$ angelegt werden muss, ist auf jeden Fall $\lambda \geq 0$ zu fordern. Auch in dieser Verzweigung, Nenner ungleich Null, kann P_0 auf der Kante liegen ($\lambda = 0$).

$$\begin{pmatrix} V_{ix} \\ V_{iy} \end{pmatrix} + \gamma \begin{pmatrix} V_{ix} \\ V_{iy} \end{pmatrix} = \begin{pmatrix} S_x \\ S_y \end{pmatrix} = \begin{pmatrix} P_{0x} \\ P_{0y} \end{pmatrix} + \lambda \begin{pmatrix} u_x \\ u_y \end{pmatrix} \tag{4.12}$$

Implementierung

Eine Implementierung dieser Formeln ist die `intersects`-Methode, die in eine Face-Klasse integriert werden kann. Voraussetzung ist eine Liste der Vertices und evtl. eine Ableitung von der `PlaneF3`-Klasse, um die Flächennormale $\hat{n}$ und die Distanz zum Ursprung auszulesen. Die Methode erwartet zwei Punkte, die eine gerichtete Gerade definieren, mit der Blickrichtung von Punkt p_0 zu Punkt p_1. Liegt ein Schnittpunkt in dem Polygon, dann werden dessen Koordinaten im Argument `collision` abgelegt. Alle Punkte, einschließlich der Vertices, die das Polygon festlegen, müssen im selben Koordinatensystem liegen. Wenn Sie hier in diese Tiefen hinabsteigen, empfehle ich Ihnen, sozusagen „als Schutzzauber", den Formelsatz aus dem Programmcode herauszuziehen.

```
public boolean intersects(PointF3 p0,PointF3 p1,PointF3 collision) {

  float a,b,c,d,e,f,g;
  float eps = Constants.epsilonFloat; // Einstellbar

  int dropIndex = computeDropIndex();

  a = p1.a1-p0.a1;  // a1->x
  b = p1.a2-p0.a2;  // a2->y
  c = p1.a3-p0.a3;  // a3->z
```

Soll die Methode robust sein, ist zu klären, ob überhaupt eine Gerade vorliegt. Falls nicht, ist dennoch feststellbar, ob eine Kollision eines Punktes mit der Ebene vorliegt, und zwar mit der `lambda`-Methode der `PlaneF3`-Klasse (8.4); sie liefert den Abstand eines Punktes von einer Ebene.

```
d = (float)Math.sqrt(a*a+b*b+c*c);

if(d<=eps) {

  d = super.lambda(p0);
  e = (d<=0f?-d:d);

  if(e<=eps) {
    if(contains(p0,computeDropIndex())==true) {
      collision.set(p0);
      return true;
    }
  }
  return false;
}
```

Die nächsten Prüfungen befassen sich mit der grundsätzlichen Lage der gegebenen Gerade im Verhältnis zur Ebene. So kann die Gerade senkrecht zur Ebene liegen, das bedeutet, der Richtungseinheitsvektor der Geraden $\vec{u}/|\vec{u}|$, hier durch `a,b,c` wiedergegeben, ist parallel zum Normalenvektor der Ebene. Damit ist auch ein Kollisionspunkt mit der Ebene gegeben, wenn der Punkt P_0 auf die Ebene projiziert wird, und dafür stellt `PlaneF3` eine Methode `projectPoint` zur Verfügung (8.5). Im Ergebnis, hier p, steht dann der Kollisionspunkt, der auf der Ebene liegt.

```
e = (a*normal.a1+b*normal.a2+c*normal.a3)/d;

f = (e<=0f?-e:e);
if((1f-f)<=eps) {

  PointF3 p = new PointF3();
  super.projectPoint(p0,p);

  if(contains(p,computeDropIndex())==true) {
    collision.set(p);
    return true;
  }
  return false;
}
```

Ein weiterer Sonderfall liegt vor, wenn die Gerade parallel zur Ebene liegt, hier ist dann $|\hat{u}\cdot\hat{n}| <= \epsilon$: Es reicht aus, die Distanz zur Ebene mit dem Punkt P_0 auszurechnen, siehe e. Schwieriger ist der Sonderfall, wenn die Gerade bereits in der Ebene liegt, was ja nicht bedeutet, dass diese auch das Polygon schneidet. Über die `intersectLine`-Methode kann auch dieser Fall gelöst werden.

```
    if(f<=eps) {
      e = (normal.a1*p0.a1+normal.a2*p0.a2+normal.a3*p0.a3)-distance;
      f = (e<=0f?-e:e);

      if(f>eps) {
        return false;
      }
      return intersectLine(p0,p1,collision);
    }
```

Hier angekommen, liegt ein Normalfall vor, bei dem die Gerade irgendwie gegenüber der Ebene geneigt ist; auf der Basis von (4.2) ist es möglich, den Kollisionspunkt auszurechnen. `contains` wird dann feststellen, ob dieser auch innerhalb der Fläche des Polygons liegt.

```
    g = (distance-(normal.a1*p0.a1+normal.a2*p0.a2+normal.a3*p0.a3))/
        (a*normal.a1+b*normal.a2+c*normal.a3);

    collision.a1=p0.a1+g*a;
    collision.a2=p0.a2+g*b;
    collision.a3=p0.a3+g*c;

    if(contains(collision,computeDropIndex())==true) {
      return true;
    }
    return false;
  }
```

Die Projektion auf eine der Koordinatenflächen ist eine wesentliche Grundfunktion des Verfahrens. Dabei soll die projizierte Fläche möglichst groß erscheinen. Die Fläche eines konvexen Polygons, hier die X/Y-Ebene, das auf eine der Koordinatenebenen projiziert wurde, kann mit der nachstehenden Formel errechnet werden.

$$S = \frac{1}{2}\left[(x_0 - x_1)\left(y_0 + y_1\right) + (x_1 - x_2)\left(y_1 + y_2\right) + \ldots + (x_n - x_0)\left(y_n + y_0\right)\right] \quad (4.13)$$

Unter Einbeziehung aller drei Koordinatenflächen besetzt `computeDropIndex` ein Array, in dem ein Index direkt die „wegzuwerfende“ Koordinate angibt. Die Vertices müssen im Uhrzeiger- oder Gegenuhrzeigersinn die Knoten eines konvexen Polygons angeben, damit obige Formel angewendet werden darf. Abhängig vom Umlaufsinn wird S positiv, oder negativ, wenn dieser entgegen des Uhrzeigersinns gegeben ist. Die Methode könnte auch bei einer Flächenklasse eingebaut sein, und dort könnte die Indexberechnung vorab durchgeführt werden, das würde die Kollisionsberechnung beschleunigen. Die Fläche müsste nur den Index speichern.

```
protected int computeDropIndex( ) {

  float[] area = new float[3];

  for(int n=1; n<vertexCount; n++) {

    area[Constants.X] += (v[n-1].a2-v[n].a2)*(v[n-1].a3+v[n].a3);
    area[Constants.Y] += (v[n-1].a1-v[n].a1)*(v[n-1].a3+v[n].a3);
    area[Constants.Z] += (v[n-1].a1-v[n].a1)*(v[n-1].a2+v[n].a2);
  }
  int k = vertexCount-1;
  area[Constants.X] += (v[k].a2-v[0].a2)*(v[k].a3+v[0].a3);
  area[Constants.Y] += (v[k].a1-v[0].a1)*(v[k].a3+v[0].a3);
  area[Constants.Z] += (v[k].a1-v[0].a1)*(v[k].a2+v[0].a2);

  area[Constants.X] = 0.5f*Math.abs(area[Constants.X]);
  area[Constants.Y] = 0.5f*Math.abs(area[Constants.Y]);
  area[Constants.Z] = 0.5f*Math.abs(area[Constants.Z]);

  int index = Constants.X;
  float max = Float.MIN_VALUE;

  for(int n=0; n<3; n++) {
    if(area[n]>=max) { max = area[n]; index = n; }
  }
  return index;
}
```

Die `contains`-Methode ist das Arbeitspferd des Verfahrens. `contains` verwendet eine Menge an Variablen, die allesamt auf dem Stack liegen, das ist in Java die schnellste Methode, um auf Variable zuzugreifen. Zunächst ist der gegebene Punkt p_{c0} auf die passende Koordinatenebene abzubilden.

```
protected boolean contains(PointF3 pc0,int dropIndex) {

  boolean computeDeltaU = true;
  float p0x,p0y,ux,uy,a,b,c,d,e,f,v0x,
    v0y,v1x,v1y,dvix,dviy,ldv,lu,lambda,gamma;

  float eps = Constants.epsilonFloat;

  switch(dropIndex) {
    case Constants.Z:p0x = pc0.a1; p0y = pc0.a2; break;
    case Constants.Y:p0x = pc0.a1; p0y = pc0.a3; break;
    default:         p0x = pc0.a2; p0y = pc0.a3; break;
  }
  ux = uy = lu = 0f; // formally
```

Auch die Vertices müssen natürlich entsprechend auf eine Koordinatenebene projiziert und die benötigte Differenz der Vertices ausgerechnet werden.

```
int intersectionCount=0;
for(int n=0; n<vertexCount; n++) {

  a = vertices[n].a1;
  b = vertices[n].a2;
  c = vertices[n].a3;

  if(n+1==vertexCount) {
    d = vertices[0].a1;
    e = vertices[0].a2;
    f = vertices[0].a3;
  }
  else {
    d = vertices[n+1].a1;
    e = vertices[n+1].a2;
    f = vertices[n+1].a3;
  }
  switch(dropIndex) {
    case Constants.Z: v0x = a; v0y = b; v1x = d; v1y = e; break;
    case Constants.Y: v0x = a; v0y = c; v1x = d; v1y = f; break;
    default:          v0x = b; v0y = c; v1x = e; v1y = f; break;
  }
  dvix = v1x-v0x;
  dviy = v1y-v0y;
```

Die Berechnung des Differenzvektors $\Delta\vec{u}$ kann schiefgehen, dann ist dessen Betrag (`lu`) gleich 0. Konstruiert wird eine gerichtete Linie, die vom Punkt p_{c0} ausgeht und auf die Mitte der ersten Kante ausgerichtet ist. Liegt dabei der Punkt P_{c0} bereits auf der Kante, dann ist die Aufgabe erfüllt.

```
  if(computeDeltaU==true) {
    computeDeltaU = false;

    ux = v0x+dvix/2f-p0x;
    uy = v0y+dviy/2f-p0y;
    lu = (float)Math.sqrt(ux*ux+uy*uy);

    if(lu<=Constants.epsilonFloat) {
      return true;
    }
  }
```

Problematisch ist der Fall, bei dem *nach der Projektion* der Punkt P_{c0} auf dem ersten Vertex der Kante zu liegen kommt. Es empfiehlt sich, hier nicht abzubrechen.

```
  a = p0x-v0x;
  b = p0y-v0y;
  c = (a<=0f?-a:a);
  d = (b<=0f?-b:b);

  if(c<=eps&&d<=eps) {
```

```
      computeDeltaU = true;
      continue;
    }
```

Berechnung der Werte der Parameter A,B und C, siehe (4.9), und des Nenners. Der Betrag des Differenzvektors $\Delta\vec{V}$ wird später benötigt, und es schadet nicht, dessen Länge zu prüfen.

```
    ldv  = (float)Math.sqrt(dvix*dvix+dviy*dviy);

    if(ldv>eps) {

      a = (p0x-v0x)*dvix+(p0y-v0y)*dviy;
      b = ux*dvix+uy*dviy;
      c = -(p0x-v0x)*ux-(p0y-v0y)*uy;
      e = ldv*ldv*lu*lu-b*b;
      d = (e<=0f?-e:e);
```

Es folgt die Abtrennung des Sonderfalls, wenn der Nenner zu Null wird. Ist dieses Zwischenergebnis gegeben, dann wird auf der Grundlage von (4.10) und (4.11) eine weitere Schnittpunktbewertung vorgenommen.

```
      if(d<=eps) {

        a = p0x*dvix+p0y*dviy;
        b = (float)Math.sqrt(p0x*p0x+p0y*p0y)*ldv;
        c = a-b;
        d = (c<=0f?-c:c);

        if(d<=eps) {

          e = p0x-v0x;
          f = p0y-v0y;

          gamma = (float)Math.sqrt(e*e+f*f);

          if(gamma>=0f&&gamma<=1f) {
            return true;
          }
        }
      }
      else {
```

Hier ist nun der Nenner ungleich Null, und es darf ein entsprechendes λ und γ, siehe (4.8), ausgerechnet werden, ohne dass eine Division durch Null auftritt.

```
        gamma  = (a*lu*lu+b*c)/e;
        lambda = c+gamma*b;

        if(gamma>=0f&&gamma<=1f&&lambda>=0f) {
          if(lambda<=eps) {
```

```
                return true;
              }
              intersectionCount++;
            }
          }
        }
        if(intersectionCount>1) { return false; }
      }
      if(intersectionCount==0) { return false; }
      return true;
    }
```

`intersectLine` ist eine Hilfsmethode, die aufgerufen wird, wenn die Gerade (der Blickrichtung) in der Ebene liegt. Dabei ist keine Projektion mehr nötig, und die vorgestellten Formeln dürfen ohne komplizierte Fallunterscheidungen direkt angewendet werden.

```
  protected boolean intersectLine(PointF3 p0,PointF3 p1,PointF3 \
pCollision) {

    float eps = Constants.epsilonFloat;
    float ux,uy,uz,a,b,c,d,e,v0x,v0y,v0z,dvix,dviy,dviz,ldv,lu,lambda,\
gamma;

    ux = p1.a1-p0.a1;  uy = p1.a2-p0.a2; uz = p1.a3-p0.a3;

    lu  = (float)Math.sqrt(ux*ux+uy*uy+uz*uz);

    int intersectionCount=0;
    for(int n=0; n<vertexCount; n++) {

      v0x = vertices[n].a1; v0y = vertices[n].a2; v0z = vertices[n].a3;

      if(n+1==vertexCount) {
        d = vertices[0].a1; e = vertices[0].a2; f = vertices[0].a3;
      }
      else {
        d = vertices[n+1].a1; e = vertices[n+1].a2; f = vertices[n+1].a3\
;
      }
      dvix = d-v0x;  dviy = e-v0y;  dviz = f-v0z;
      ldv = (float)Math.sqrt(dvix*dvix+dviy*dviy+dviz*dviz);

      a = (p0.a1-v0x)*dvix+(p0.a2-v0y)*dviy+(p0.a3-v0z)*dviz;
      b = ux*dvix+uy*dviy+uz*dviz;
      c = (v0x-p0.a1)*ux+(v0y-p0.a2)*uy+(v0z-p0.a3)*uz;
      e = ldv*ldv*lu*lu-b*b;
      d = (e<=0f?-e:e);

      if(d>eps) {
        gamma  = (a*lu*lu+b*c)/e;
        lambda = c+gamma*b;
```

```
      if(gamma>=0f&&gamma<=1f&&lambda>=0f) {
        pCollision.a1 = vertices[n].a1 + dvix*gamma;
        pCollision.a2 = vertices[n].a2 + dviy*gamma;
        pCollision.a3 = vertices[n].a3 + dviz*gamma;
        return true;
      }
    }
  }
  return false;
}
```

Die dargestellte `intersets`-Methode kommt mit konvexen Flächen, aufgebaut aus N-Vertices (N-Polygon), klar. Für die häufig vorkommenden TFaces (Dreiecke) sollte aber eine Optimierung in Betracht gezogen werden. Die Schnittpunktbestimmung mit einer Fläche ist fundamental für viele Aufgaben in der 3D-Computergrafik, zu denen insbesondere auch das Picking gehört, das im Abschnitt *Picking* (Seite 277ff.) eingehender behandelt wird.

Spezialisierung auf Dreiecke

Eine Alternative für die Programmierung der `contains`-Methode basiert auf *baryzentrischen Koordinaten* (auf den Schwerpunkt, Baryzentrum, bezogen). Im Abschnitt *Baryzentrische Koordinaten* (Seite 482) finden Sie dazu die mathematischen Grundlagen.

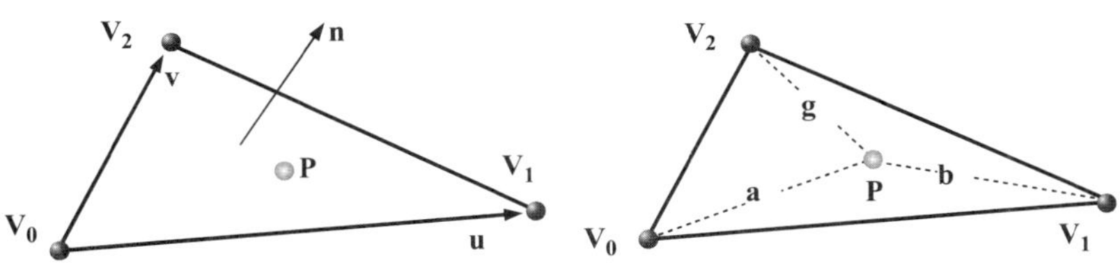

Bildung der baryzentrischen Koordinaten eines Punktes P für ein gegebenes Dreieck. Abbildung 4.29

Die baryzentrischen Koordinaten sind ein problembezogenes Koordinatensystem, das zuerst eine Transformation erfordert. Dafür ist aber die Bestimmung der Lage eines Punktes relativ zum Dreieck besonders einfach. Benötigt werden die Vertices der Eckpunkte des Dreiecks und dessen Flächennormale, und mit (7.73) werden die Parameter β, γ berechnet.

$$\vec{P} = \vec{V_0} + \beta\left(\vec{V_1} - \vec{V_0}\right) + \gamma\left(\vec{V_2} - \vec{V_0}\right) \quad (4.14)$$

Liegen nun β und γ im Bereich [0...1], dann liegt auch der Punkt P im Dreieck. Angenehm an diesem Verfahren ist auch, dass keine Projektion der Koordinaten nötig ist, der Punkt P muss aber in der Ebene des Dreiecks liegen.

Schnitt: Ebene-Dreieck

Der Schnitt eines Dreiecks mit einer Ebene ist ein grundlegendes Verfahren und eine Vorstufe für allgemeine Schnitte, etwa der eines Dreiecks mit einem Dreieck. Dies gilt natürlich besonders für virtuelle Welten, in denen ausschließlich Dreiecke die Elemente eines Mesh sind. Zuerst wird man sich einen Überblick über die Lage der Vertices v_i des Dreiecks relativ zur Ebene verschaffen, und auch dafür ist die Ebenengleichung eine ausgezeichnete Grundlage.

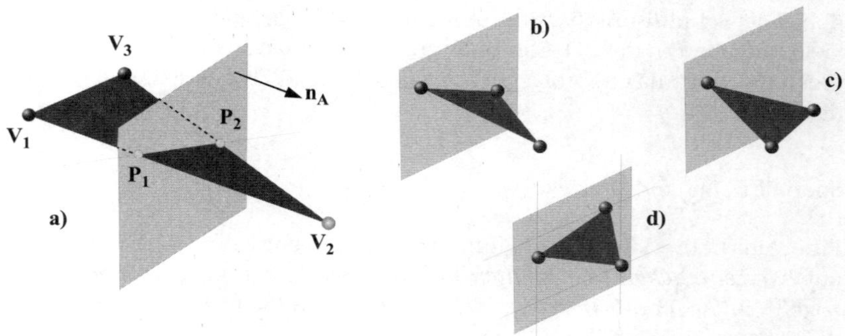

Abbildung 4.30 a) Eine Ebene trennt die Vertices eines Dreiecks in zwei Gruppen, eine Gruppe enthält den isolierten Vertex und die andere die restlichen Vertices. b) Das Dreieck berührt die Ebene an einer Kante und c) in einem Punkt. d) Das Dreieck liegt vollständig in der Ebene.

$$\vec{V}_i \cdot \hat{n}_A - d_A = \lambda_i \qquad (4.15)$$

$\hat{n}_A$ ist der Einheitsvektor der Normale der Ebene und d_A die Distanz zum Ursprung. Tragen alle λ_i das gleiche Vorzeichen, dann schneidet das Dreieck die Ebene nicht. Da die Null aber eine Vorzeichenchimäre ist, sollte man mit dem Abbruch des Verfahrens nicht zu voreilig sein und auch die Fälle $|\lambda_i| < \epsilon$ gleich mitbehandeln.

Tabelle 4.5: Schnitt Dreieck–Ebene

Fall	Bedingung	Bewertung	Rückgabewert
1	ein $\|\lambda_i\| < \epsilon$	Berührpunkt	`POINT`
2	zwei $\|\lambda_i\| < \epsilon$	Berührkante	`EDGE`
3	drei $\|\lambda_i\| < \epsilon$	in der Ebene	`PLANE`
4	zwei $\lambda_i > 0$ und ein $\lambda_i < 0$		

Fortsetzung:

Fall	Bedingung	Bewertung	Rückgabewert
	zwei $\lambda_i < 0$ und ein $\lambda_i > 0$	Schnittlinie	`LINE`
5	drei $\lambda_i > 0$ oder drei $\lambda_i < 0$	kein Schnitt	`NO_INTERSECTION`

Tritt der in der Tabelle gezeigte Fall 4 auf, dann liegt auch ein λ_k vor, das sich im Vorzeichen von den anderen beiden Lambdas unterscheidet. Der zugehörende Vertex ist auf einer Seite der Ebene isoliert, von ihm gehen Dreieckskanten aus, die zu den Schnittpunkten führen.

$$\vec{P}_1 = \vec{V}_k + \alpha_k \left(\vec{V}_k - \vec{V}_i\right) \qquad \vec{P}_2 = \vec{V}_k + \beta_k \left(\vec{V}_k - \vec{V}_j\right) \qquad i \neq j \neq k$$

Die Abstände vom Vertex k zu den beiden anderen Vertices ergeben sich aus den Gleichungen:

$$\alpha_k = \frac{-\lambda_i}{\left(\vec{V}_k - \vec{V}_i\right)\hat{n}_A} \qquad \beta_k = \frac{-\lambda_j}{\left(\vec{V}_k - \vec{V}_j\right)\hat{n}_A}$$

Ein Nenner, gleich Null angenommen, bedeutet den Sonderfall 2 oder 3 in der Tabelle, denn dann steht die Kante senkrecht zur Normalen der Ebene. Wenn diese Fälle (1, 2, 3) schon vorab behandelt werden, kann ohne weitere Prüfung geteilt werden.

Bei der Implementierung empfiehlt es sich, zwei Methoden bereitzustellen, denn in vielen Fällen wird lediglich die grundlegende Information über einen Schnitt benötigt. Die Methoden liefern eine der in der Tabelle aufgeführten Konstanten als Rückgabewert.

```
int intersects(VectorF3 planeNormal,float planeDistance);
int intersects(VectorF3 planeNormal,float planeDistance,PointF3 p1,\
PointF3 p2);
```

Exkurs 4.8

Die Gleichung (4.15), im Zusammenhang mit einem Dreieck, hat noch eine zweite Seite, die unter Umständen eine schnelle Berechnung über eine Matrix erlaubt. Setzt man die Vertices geeignet in eine 4×4-Matrix ein und multipliziert mit dem Normalenvektor, dann erscheinen auf der Ergebnisseite die λ_i.

$$\begin{pmatrix} V_{1x} & V_{1y} & V_{1z} & -d_A \\ V_{2x} & V_{2y} & V_{2z} & -d_A \\ V_{3x} & V_{3y} & V_{3z} & -d_A \\ 0 & 0 & 0 & 1 \end{pmatrix} \begin{pmatrix} n_{Ax} \\ n_{Ay} \\ n_{Az} \\ 1 \end{pmatrix} = \begin{pmatrix} \lambda_1 \\ \lambda_2 \\ \lambda_3 \\ 1 \end{pmatrix}$$

Das ist keine normale Multiplikation mit einem Vektor, da die W-Koordinate auf 1 statt auf 0 gesetzt ist. Hier wird der schnelle interne Cache eines Prozessors optimal genutzt, allerdings stehen dann auch keine Zwischenergebnisse mehr zur Verfügung, die bei einer nachfolgenden Schnittlinienberechnung womöglich noch gebraucht werden.

Ende des Exkurses 4.8

4.4.2 Grenzvolumen

Ein Grenzvolumen enthält eine Anzahl N_v von Vertices, die zusammengenommen als eine Einheit angesehen werden, ein Mesh, Modell oder ein Objekt. Die von den Vertices aufgespannten Flächenelemente (*Facets*) bilden eine Oberfläche, auf der bestimmte Punkte gesucht werden. Aufgrund der Vielzahl der Flächenelemente ist es ineffektiv, alle Flächenelemente zu betrachten, um dann festzustellen, dass keines davon einen Schnitt- oder Durchstoßpunkt mit anderen Flächen oder Linen gemeinsam hat. Die Bildung und Nutzung eines Grenzvolumens sorgt hingegen für eine erhebliche Beschleunigung.

Ein Grenzvolumen kann eine Grenzbox, eine Kugel oder ein anderweitiger Körper sein. Grenzvolumen umschließen mehr oder weniger ein gegebenes Objekt, so dass alle Vertices innerhalb oder auf der Grenzfläche liegen. Auch stehen die Grenzvolumen meist in einer Hierarchie. Die Wahl eines Grenzvolumens ist durch die Anforderungen einer Applikation bestimmt, Kompromisse sind die Regel.

Angenommen, das statische Modell eines menschlichen Körpers soll durch ein Grenzvolumen eingehüllt werden, so dass zuletzt ein Top-Level-Grenzvolumen vorliegt. Eine *konvexe Hülle* (*Convex Hull*) ist das am engsten anliegende Grenzvolumen. Stellen Sie sich einen Schnitt durch eine Ebene vor, die den Körper in eine linke und eine rechte Hälte teilt, die sogenannte Sagittalebene. Bei der Schnittline werden Sie, etwa vom Kinn zur Brust, eine Einbuchtung bemerken, die durch die konvexe Hülle nicht wiedergegeben wird. Im Zweidimensionalen wird zur Verdeutlichung gerne ein Gummiband herangezogen, das über ein Nagelbrett – die Vertices – gespannt wird, so dass keine Knicke entstehen. Im Dreidimensionalen müsste von einer Gummimembran ausgegangen werden. Abgesehen davon, dass die Konstruktion recht aufwändig ist, verbleiben für die Nutzung ja immer noch sehr viele Flächen. Die konvexe Hülle hat dennoch viele Anwendungen, im Zweidimensionalen gibt sie die Umrandung einer Fläche wieder. Dreidimensionale konvexe Hüllen sind als Zwischenschritte für die Bildung anderer Grenzvolumen anzutreffen, etwa in der Geologie oder der Medizintechnik, aber nicht beim Echtzeitrendern.

Eine *Grenzkugel* wird gewählt, wenn das gegebene Objekt ohnehin schon eine mehr oder weniger kugelförmige Gestalt besitzt. Da Kollisionen mit der Grenzkugel aber recht schnell ermittelbar sind, findet dieses Grenzvolumen häufig eine Anwendung, dabei wird um ein anderes Grenzvolumen zusätzlich die Kugel gelegt.

Ein interessantes Grenzvolumen stellt das *k-DOP* dar; die Abkürzung steht für *Discrete Oriented Polytope*, das k für die doppelte gerade Zahl der Ebenen. Die oben genannte konvexe Hülle ist eine Polytope. Hinter dem komplizierten Begriff steht die Projektion eines Körpers auf eine gewählte Ebene und eine anschließende Maximum/Minimum-Bildung, und zwar entlang der Normalen. Beim menschlichen Körper wird ein k-DOP nicht gut funktionieren, bzw. man wird bei einer Grenzbox landen. Aber bei einem Auto kann zum Beispiel die Windschutzscheibe als Ebene gewählt werden, dann die Kühlerhaube usw.

Mit der Ebene verbunden ist eine Normale und der Abstand d vom Ursprung, gemessen entlang der Normalen. Eine zweite, dazu parallele Ebene liegt im Abstand λ, so dass dann $d_2 = d_1 + \lambda$. Als minimale Information genügt dann die Normale $\hat{n}_i$ und zwei Abstände $d_{i,min}$ und $d_{i,max}$, um eine unendlich lange Platte (*Slab*) festzulegen. λ gibt die Dicke der Platte an. Das durch die k-DOP-Struktur gebildete Grenzvolumen ergibt sich durch den Schnitt mit allen Platten.

Grenzboxen sind spezielle Fälle der k-DOP, zum Beispiel ein Quader. Hier ist $k = 6$, es sind dann drei Normale gegeben. Kennt man die Form eines Objektes, wie beim Auto, dann sind k-DOPs relativ leicht zu bilden, und die Prüfung, ob zwei solche Volumina sich überlappen, geht sehr schnell. Andererseits sind dann beim Test wiederum weitere Flächen einzubeziehen, und so sind Grenzboxen oder Grenzkugeln, die auch einfacher zu erstellen sind, die schnelleren Grenzvolumina. Mit der Entwicklung der k-DOP-Struktur sind mehrere Personen verbunden, hier nur deren Namen für eine Suche im Internet: Timothy L. Kay und James T. Kajiya, J.T. Klosowski.

Grenzvolumina werden gebildet, um schnell eine erste Aussage bei Kollisionsprüfungen zu erhalten, vor allem um Objekte auszuschließen, die dafür nicht in Frage kommen. Schnellligkeit geht hierbei vor Genauigkeit, und deshalb sind Grenzboxen beim Echtzeitrendern die erste Volumenwahl. Für den menschlichen Körper wird hingegen häufig ein Zylinder gewählt, die Arme liegen am Körper an.

Grenzkugel

Die Grenzkugel ist invariant gegenüber Drehungen. Ist der Durchmesser der Kugel so groß gewählt, dass alle Vertices eines Objektes innerhalb der Kugel (*Bounding Sphere*) liegen, dann kann leicht bestimmt werden, ob eine Gerade, etwa ein Sehstrahl, die Kugel durchstößt oder berührt.

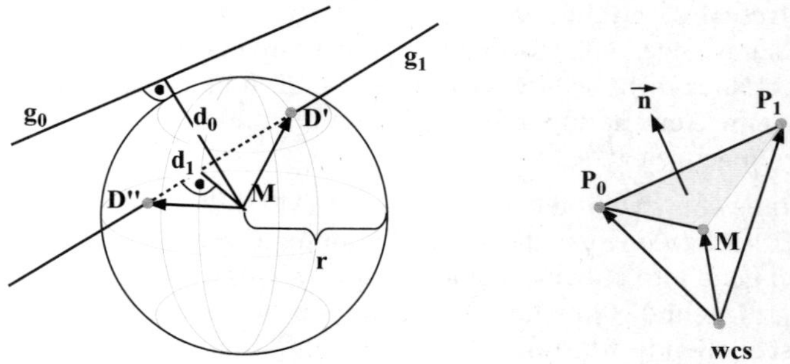

Abbildung 4.31 Im Bild dargestellt sind zwei Geraden g_0 und g_1, wobei letztere die Kugel an den zwei Punkten D' und D" durchstößt. Auf der Verbindungsgeraden, die senkrecht zu den Geraden liegt und durch den Mittelpunkt M der Kugel geht, wird der Abstand d gemessen. Die Differenzvektoren $\vec{P}_1 - \vec{P}_0$ und $\vec{M} - \vec{P}_0$ legen eine Fläche fest, mit der Normalen $\hat{n}$. Diese steht, erstellt mit dem Kreuzprodukt, garantiert senkrecht auf der durch $\vec{P}_1 - \vec{P}_0$ festgelegten Geraden.

Bei der Bestimmung des Abstandes d des Kugelmittelpunktes von einer Geraden ist das Kreuzprodukt nützlich, siehe auch (7.60). Der Abstand d von einer Geraden ist auf einem Vektor $\vec{M}$ gegeben, der auf den Mittelpunkt einer Kugel zeigt, und wenn $d \leq r$ ist, dann berührt oder durchstößt die Gerade die Kugel.

$$d = \frac{\left|(\vec{P}_1 - \vec{P}_0) \times (\vec{M} - \vec{P}_0)\right|}{\left|\vec{P}_1 - \vec{P}_0\right|} \tag{4.16}$$

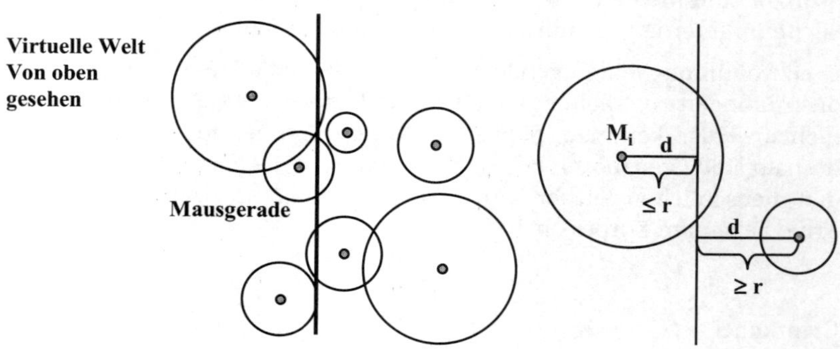

Abbildung 4.32 Dargestellt ist eine virtuelle Welt in der Draufsicht, bei der die einzelnen Objekte nur durch eine Grenzkugel erscheinen. Der Cursor, der die vom Anwender gegebene Position im Viewport angibt, ist in die virtuelle 3D-Welt transformiert und erscheint dort als Gerade.

Eine etwas andere Vorgehensweise geht von der Kreis- oder Kugelgleichung aus. Ein Punkt auf einem Kreis ist durch die Gleichung

$$(x - s_x)^2 + \left(y - s_y\right)^2 = r^2$$

bestimmt, wobei s_x, s_y den Kreismittelpunkt und r den Kreisradius angeben. Der Punkt (x, y) liegt auf einer vorgegebenen Geraden. Für die Erweiterung auf drei Dimensionen und damit auf die Grenzkugel genügt das Hinzufügen der Z-Koordinate.

$$(x - s_x)^2 + \left(y - s_y\right)^2 + (z - s_z)^2 = r^2 \tag{4.17}$$

Die Gerade selbst ist durch zwei Punkte $P_0 = (x_0, y_0, z_0)$, $P_1 = (x_1, y_1, z_1)$ und eine Laufvariable λ vorgegeben. Ein positives λ zeigt eine Richtung von P_0 nach P_1 an.

$$\begin{aligned} x &= x_0 + \lambda\Delta x & \Delta x &= x_1 - x_0 \\ y &= y_0 + \lambda\Delta y & \Delta y &= y_1 - y_0 \\ z &= z_0 + \lambda\Delta z & \Delta z &= z_1 - z_0 \end{aligned} \tag{4.18}$$

Ersetzt man in (4.17) die Variablen x, y, z durch die bei (4.18) gegebenen Funktionen, dann folgt, nach einigen Umformungen, eine quadratische Gleichung.

$$\begin{aligned} &a\lambda^2 + b\lambda + c = 0 \\ &\text{worin} \\ &a = \Delta x^2 + \Delta y^2 + \Delta z^2 \\ &b = 2\left[\Delta x\,(x_0 - s_x) + \Delta y\left(y_0 - s_y\right) + \Delta z\,(z_0 - s_z)\right] \\ &c = (x_0 - s_x)^2 + \left(y_0 - s_y\right)^2 + (z_0 - s_z)^2 - r^2 \end{aligned} \tag{4.19}$$

Dabei ist natürlich zu prüfen, ob die Bedingungen $a \neq 0, b \neq 0$ und $b^2 - 4ac \geq 0$ eingehalten werden, das bedeutet, das Geradenstück darf nicht zu kurz gewählt sein. Die Wahl der Punkte P_0, P_1 bestimmt die Richtung auf der Geraden. Liegt P_1 in der Bewegungsrichtung weiter entfernt als P_0, dann bestimmt das kleinere λ den nächstgelegenen Punkt auf der Grenzkugel.

Grenzboxen

Bevor wir zu den Grenzboxen kommen, noch einige Anmerkungen zum Thema Verhältnis von Strecken.

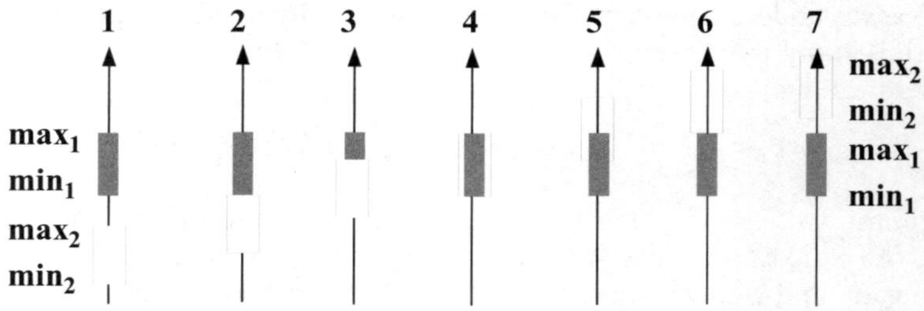

Abbildung 4.33 Lage zweier Strecken 1, 2 relativ zueinander. 1 und 7 kennzeichnen Positionen, bei denen die Strecken getrennt voneinander sind, bei allen allen anderen Konstellationen sind diese irgendwie miteinander verbunden.

Ein Test kann auf zweierlei Art und Weise erfolgen. Als Ausschlussverfahren (*Exclusion Test*) stellt der Test fest, ob eine angenommene Situation *nicht* gegeben ist. Beim Einschlussverfahren (*Inclusion Test*) steht eine bestimmte Konstellation im Zentrum der Betrachtung. Viele Verfahren, besonders wenn es um schnelles Rendern geht, nutzen zuerst das Ausschlussverfahren und schalten gegebenenfalls ein Einschlussverfahren nach, um die exakte Konstellation herauszufinden. Im konkreten Fall, bei den dargestellten Strecken, gibt es die beiden grundlegenden Fälle „getrennt" und „irgendwie überlappend". Der Fall „getrennt" liegt vor, wenn

$$min_1 > max_2 \text{ oder } min_2 > max_1,$$

Ansonsten überlappen oder berühren sich die Strecken. Wenn hingegen das Einschlussverfahren angewendet wird – berühren oder überlappen sich die Strecken? –, dann werden die Bedingungen aufwendiger.

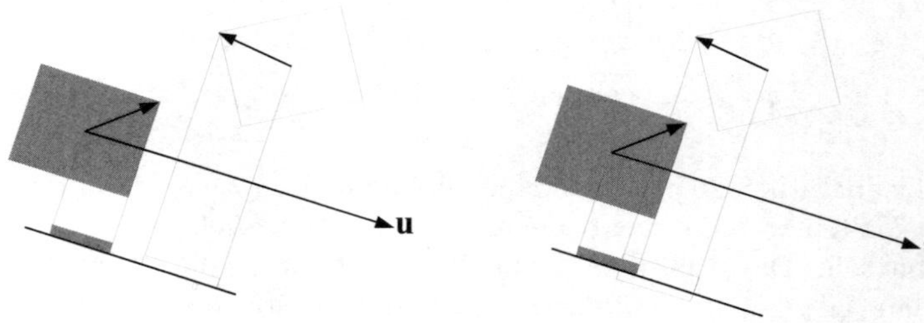

Abbildung 4.34 Streckenverhältnisse nach der Projektion eines Diagonalvektors auf eine der Koordinatenachsen einer Referenzbox. Die Anwendung dieser Beobachtung auf Probleme der 3D-Computergrafik wurde von S. Gottschalk im Jahr 2000 in einem Text präsentiert. Wenn keine Überlappung vorliegt, wird der Einheitsvektor $\hat{u}$ von Gottschalk als Separating Axis bezeichnet. Er ist die Normale einer Separating Plane.

Der einfachste Typ einer Grenzbox wird *Axis Aligned Bounding Box* (AABB) genannt. Bei diesem Boxtyp sind die Kanten parallel zu den Achsen des Weltkoordinatensystems, die Normalen zeigen in die Richtung der positiven bzw. negativen Koordinatenachsen. Die AABB ist ein häufig anzutreffendes Grenzvolumen, weil die Tests sehr einfach und schnell durchführbar sind und auch der Update schnell erfolgt. Als Parameter genügen die Koordinaten des rechten oberen und des linken unteren Punktes.

$$\left(x_{max}, y_{max}, z_{max}\right), \left(x_{min}, y_{min}, z_{min}\right)$$

Gelegentlich ist auch das Zentrum nötig, nebst Vektoren, die auf die genannten Ecken zeigen und am Zentrum angehaftet sind. Mit dem obigen Streckenbeispiel lässt sich ein Auschlussverfahren für die Kollisionserkennung zweier AABB angeben.

```
boolean isAABBIntersection(AABB b1, AABB b2) {
  if((b1.xmin>b2.xmax||b2.xmin>b1.xmax)&&
     (b1.ymin>b2.ymax||b2.ymin>b1.ymax)&&
     (b1.zmin>b2.zmax||b2.zmin>b1.zmax)) { return false; }
  }
  return true;
}
```

Auch der Fall der Kollision mit einer Ebene lässt sich einfach darstellen.

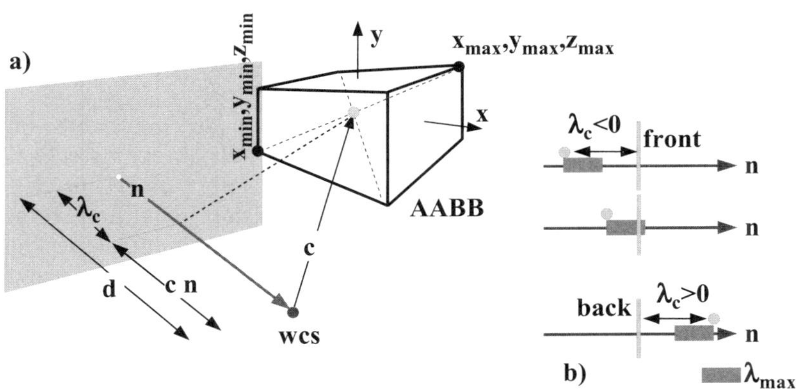

a) Darstellung der AABB relativ zu einer Ebene. b) Verhältnisse der Strecken nach der Projektion auf die Normale der Ebene. Abbildung 4.35

Die Idee des Verfahrens geht auf Ville Ilmani Mietten[12] zurück. Die Streckenverhältnisse entstehen hier durch die Projektion auf die Normale der Ebene. Gebildet wird die Länge λ_c und der Vektor $\vec{v}_{max}$ entsprechend:

$$\hat{n} \cdot \vec{c} + d = \lambda_c \qquad v_{max} = \begin{pmatrix} (x_{max} - x_{min})/2 \\ (y_{max} - y_{min})/2 \\ (z_{max} - z_{min})/2 \end{pmatrix}.$$

Wenn außerdem eine Länge λ_{max} bekannt ist, die die Ausdehnung der Box repräsentiert, dann liefert der Vergleich genaue Informationen über die Lage der Box relativ zur Ebene.

FRONT:	$\lambda_c - \lambda_{max} > 0$
BACK:	$\lambda_c + \lambda_{max} < 0$
andernfalls INTERSECTION	

Typisch für die AABB ist, dass die Komponenten des Vektors $\vec{v}_{max}$ immer positiv sind. Wie findet man nun λ_{max}? Theoretisch müssten alle Halbdiagonalen auf die Normale projiziert werden, um über einen Maximumtest die größte Länge aufzufinden. Dabei wird man feststellen, dass immer dann, wenn die Vorzeichen der Komponenten der so gebildeten Halbdiagonalvektoren das gleiche Vorzeichen wie die Komponenten der Normalen aufweisen, das Maximum der Länge vorliegt. Genauso gut kann aber ein spezielles Produkt gebildet werden. Das ist der Kern des Verfahrens, der auf Mietten zurückgeht.

$$\lambda_{max} = v_{max,x}|n_x| + v_{max,y}|n_y| + v_{max,z}|n_z|$$

Betrachtet man λ_{max} als den Betrag eines Vektors, dann ist die gebildete Summe die Manhattan Distance der Norm des Vektors, siehe dazu auch Seite 454f.

Eine angepasste Grenzbox (*Object Oriented Bounding Box*) nimmt eine beliebige Lage im Koordinatensystem der virtuellen Welt ein, entsprechend dem Mesh, das die Box enthält. Wenn Sie ein platziertes Objekt im Weltkoordinatensystem mit der Matrix $\mathbf{B_M}^{-1}$ zurücktransformieren und darum eine AABB legen, das Zentrum ermitteln und dann die Koordinatenvektoren der Box, plus Zentrum, mit $\mathbf{B_M}$ transformieren, dann haben Sie schon eine OOBB. Zusätzlich ist noch die Ausdehnung relativ zum Zentrum zu speichern, das sind weitere drei Variable. Da bei der Bildung eine Drehung

[12] Ville Ilmani Mietten wurde 1975 in der Schweiz geboren, ist aber finnischer Nationalität. Er ist mit der Khronos Group verbunden und hat auch an OpenGL-ES gearbeitet. Auch bei der Bindung von Java an OpenGL (JOGL bzw. JSR) ist sein Name zu nennen. Produkte seiner ehemaligen Firma Hybrid Graphics, die 2006 von NVIDIA übernommen wurde, sind in vielen Handys zu finden.

– bei der Platzierung des Objekts – nicht mit eingeht, passt sich die OOBB besser an die Objektform an.

In Weltkoordinatensystem (WCS) sind Kollisionspunkte mit der OOBB nur mit einem beträchtlichen Aufwand zu ermitteln. Transferiert man jedoch eine Linie in das Koordinatensystem der Box, dann vereinfacht sich die Aufgabe erheblich. Auch ist es nicht nötig, die genaue Position der Durchstoßpunkte im WCS auszurechnen, vielmehr reicht oft die Kenntnis, dass ein derartiger Durchstoßpunkt existiert; damit entfällt die Rücktransformation des Kollisionspunktes.

Die Transformation einer Linie auf das Koordinatensystem der Box erfolgt mit der Inversen $\mathbf{B_M}^{-1}$, der aktuellen für das Mesh gültigen Transformationsmatrix. Als Quelle für die Matrix käme, zumindest bei der fixierten Pipeline, OpenGL selbst in Frage (`glGet(GL_MODELVIEW_MATRIX)`), siehe Beschreibung bei `glMatrixMode` (Seite 676f.). Meist wird die Matrix aber dem Knoten entnommen, der in einem Szenengraphen die Transformation des Mesh kontrolliert.

$$\begin{aligned} &\vec{g}' = \mathbf{B_M}^{-1}\vec{g} \\ &\text{wobei} \\ &\vec{g} = \vec{P}_0 + \lambda\left(\vec{P}_1 - \vec{P}_0\right) \\ &\vec{g}' = \vec{P}'_0 + \lambda\left(\vec{P}'_1 - \vec{P}'_0\right) \end{aligned} \tag{4.20}$$

$\vec{g}'$ entspricht für ein bestimmtes λ einem Durchstoßpunkt P', die Linie selbst ist durch die `LineD3`- oder `LineF3`-Klasse vertreten und $\mathbf{B_M}^{-1}$ eine 4×4-Transformationsmatrix, siehe auch (2.1).

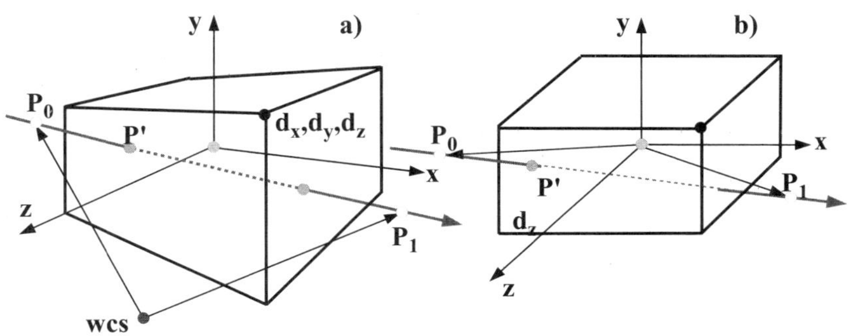

a) Bounding Box und Gerade $\vec{g}'$ nach der Transformation in das Koordinatensystem der Box. d_x, d_y und d_z gibt die Dimension der Box an (Ursprung im Zentrum der Box). Abbildung 4.36

Im Koordinatensystem der Grenzbox sind die Grenzflächen parallel zu den Basisebenen des Koordinatensystems.

Tabelle 4.6: Bounding Box, Parameter

i	**Ebene** E_i	**Normale** n_i	**Distanz** d_I	**Dimension**
1	right (E_1)	$n_1 = (1,0,0)$	d_x	$2d_y, 2d_z$
2	left (E_2)	$n_2 = (-1,0,0)$	$-d_x$	$2d_y, 2d_z$
3	near (E_3)	$n_3 = (0,0,1)$	d_z	$2d_x, 2d_y$
4	far (E_4)	$n_4 = (0,0,-1)$	$-d_z$	$2d_x, 2d_y$
5	top (E_5)	$n_5 = (0,1,0)$	d_y	$2d_x, 2d_z$
6	bottom(E_6)	$n_6 = (0,-1,0)$	$-d_y$	$2d_x, 2d_z$

Nun gilt es, für jede Ebene ein λ_i in der Geradengleichung $\vec{g}'$ zu finden. Grundlage für diese Berechnung ist die Gleichung der Ebene E_i.

$$\vec{g}'(\lambda_i) \cdot \vec{n}_i - d_i = 0 \tag{4.21}$$

Zum Beispiel folgt für die Ebenen E_1 und E_4:

$$\lambda_1 = \frac{d_x - P'_{0x}}{P'_{1x} - P'_{0x}} \qquad \lambda_4 = \frac{-d_z - P'_{0z}}{P'_{1z} - P'_{0z}}.$$

Beachten Sie, die Koordinaten P'_{0x} etc. sind die mit der Matrix $\mathbf{B_M}^{-1}$ transformierten Koordinaten der Geradenpunkte. Setzt man diese λ-Werte in die Geradengleichung ein, dann ergibt sich jeweils ein Durchstoßpunkt P''_i, zum Beispiel für die Ebene E_1:

$$\begin{pmatrix} P''_{1x} \\ P''_{1y} \\ P''_{1z} \end{pmatrix} = \begin{pmatrix} d_x \\ P'_{0y} + \lambda_1 \left(P'_{1y} - P'_{0y}\right) \\ P'_{0z} + \lambda_1 \left(P'_{1z} - P'_{0z}\right) \end{pmatrix}$$

Der Punkt P''_i liegt garantiert in der Ebene E_i, jedoch muss er auch innerhalb des Rechtecks liegen, das durch die Dimension der Box vorgegeben ist. Diese Bestimmung ist sehr einfach, da d_x, d_y und d_z von Haus aus positiv sind und die Symmetrie genutzt werden darf.

$$|P''_y| \leq d_y \qquad \text{und} \qquad |P''_z| \leq d_z \tag{4.22}$$

Bei einer Linie genügt es, einen Durchstoßpunkt auf diese Weise zu finden, um die Grenzbox für weitere Untersuchungen – des enthaltenen Mesh – in eine Liste aufzunehmen. Ist die Differenz, die im Nenner der Gleichung für das λ steht, kleiner als eine untere Schranke ϵ, dann liegt die Gerade $\vec{g}'$ in einer der Hauptebenen des Koordinatensystems der Box. In diesem Falle braucht die dazu passende Ebene nicht in die Prüfung miteinbezogen zu werden. Ist zum Beispiel $P'_{1x} - P'_{0x} \leq \epsilon$, dann kann der Test mit E_1 und E_2 übersprungen werden.

```
public boolean intersects(PointD3 p1, PointD3 p0) {

    double lambda;
    double diffP1 = p1.a1-p0.a1;
    double diffP2 = p1.a2-p0.a2;
    double diffP3 = p1.a3-p0.a3;

    if(Math.abs(diffP1)>Constants.EPS2D) {
      lambda = (dimension.a1-p0.a1)/diffP1; // right
      if((Math.abs(p0.a2+lambda*diffP2)<=dimension.a2)&&
         (Math.abs(p0.a3+lambda*diffP3)<=dimension.a3)) {
          return true;
      }
      lambda = (-dimension.a1-p0.a1)/diffP1;   // left
      if((Math.abs(p0.a2+lambda*diffP2)<=dimension.a2)&&
         (Math.abs(p0.a3+lambda*diffP3)<=dimension.a3))  {
          return true;
      }
    }
    if(Math.abs(diffP3)>Constants.EPS2D) {
      lambda = (dimension.a3-p0.a3)/diffP3;   // near
      if((Math.abs(p0.a1+lambda*diffP1)<=dimension.a1)&&
         (Math.abs(p0.a2+lambda*diffP2)<=dimension.a2))  {
          return true;
      }
      lambda = (-dimension.a3-p0.a3)/diffP3;   // far
      if((Math.abs(p0.a1+lambda*diffP1)<=dimension.a1)&&
         (Math.abs(p0.a2+lambda*diffP2)<=dimension.a2))  {
          return true;
      }
    }
    if(Math.abs(diffP2)>Constants.EPS2D) {
      lambda = (dimension.a2-p0.a2)/diffP2;   // top
      if((Math.abs(p0.a1+lambda*diffP1)<=dimension.a1)&&
         (Math.abs(p0.a3+lambda*diffP3)<=dimension.a3))  {
          return true;
        }
      lambda = (-dimension.a2-p0.a2)/diffP2;   // bottom
      if((Math.abs(p0.a1+lambda*diffP1)<=dimension.a1)&&
         (Math.abs(p0.a3+lambda*diffP3)<=dimension.a3))  {
          return true;
      }
    }
    return false;
  }
}
```

Die Bounding Box umhüllt ein bestimmtes Mesh. Das bedeutet, wenn dieses in seiner Ausdehnung verändert wird, dann ist auch die Bounding Box neu anzupassen. Die Ausdehnung eines Mesh wiederum ändert sich bei einer Skalierung und einer Scherung sowie durch direkte Manipulation der

Vertices. Wenn also eine Bounding Box verwendet wird, dann sind Manipulationen des Mesh der genannten Art vor dem Rendern vorzunehmen, und die Bounding Box muss neu berechnet werden. Die Transformationsmatrix **M** enthält dann keine Skalierung und keine Scherung.

Es verbleibt noch die Translation und Rotation des Mesh. Die Matrix **M** wird durch die Objekthierarchie zusammengebaut und enthält daher eine Abfolge von Translationen und Rotationen: $\mathbf{M} = \mathbf{R_1 T_1 ... R_n T_n}$, wobei $\mathbf{R_n}$ oder $\mathbf{T_n}$ auch eine Einheitsmatrix sein kann. Am Ende enthält sie aber einen Rotationsanteil und einen Translationsanteil, der herausgezogen werden kann. Danach verbleibt eine reine Rotationsmatrix, die orthogonal ist und ohne weitere Komplikationen – unter Nutzung der Transponierung – invertiert werden kann. Eine Matrix, die nur einen Rotations- und Translationsanteil hat, wird als *Rigid-Body-Matrixtyp* bezeichnet, weil sie ein Objekt bei der Transformation nicht verändert.

Im Abschnitt 8.2 (Seite 574) finden Sie die `TransformD4x4`-Klasse, in die eine smarte Matrix-Invertierung eingebaut ist. Wenn die Matrix $\mathbf{B_M}$ einem Knoten in einem Szenengraphen entnommen wird, dann muss man schon aufpassen, welche Transformationen dort enthalten sind, denn diese Matrix dient der Platzierung und gegebenenfalls der Umformung eines Mesh. Skalierungen, Scherungen und andere Transformationen, die die Form eines Objekts ändern, sollten in getrennten Parametern oder Matrizen vorrätig gehalten werden, so dass dem Knoten eine Rigid-Body-Matrix entnommen werden kann.

Nachfolgend als Beispiel die Implementation einer OOBB. Die Schnittstelle `BoundingBox` erweitert `BoundingVolume` um eine Methode, die einen Offset in den drei Koordinatenrichtungen zurückgibt. Dieser Offset kann auch die Position des Zentrums *relativ* zu einer anderen Bounding Box sein. Eine solche Positionierung ist nötig, wenn eine Bounding Box in einer anderen Box enthalten ist. In einem solchen Fall ist die umhüllende Bounding Box zentriert im Mesh, aber ein Teilmesh – mit einer eigenen Bounding Box – relativ dazu verschoben.

```
public interface BoundingVolume {
  int BOX = 0;
  int SPHERE = 1;
  int OTHER = 2;
  Double3 getDimension();
  int getType();
  boolean contains(PointF3 p);
  boolean intersects(PointF3 p1, PointF3 p0);
}

public interface BoundingBox extends BoundingVolume {
  PointD3 getOffset();
}
```

Eine Implementierung der Bounding-Box-Schnittstelle sollte zuerst eine Defaultklasse sein.

```
package glib.math;

public class BoundingBoxDefault implements BoundingBox {

  protected PointD3 offset;
  protected Double3 dimension;

  public BoundingBoxDefault() {
    offset = new PointD3();
    dimension = new Double3(1d,1d,1d);
  }

  public BoundingBoxDefault(Double3 dim) {}
  public BoundingBoxDefault(PointD3 offset, Double3 dim) {}
  public BoundingBoxDefault(double cX, double cY, double cZ,
    double dX, double dY, double dZ) {}

  public void setOffset(PointD3 offs) {}
  public void setOffset(double cX, double cY, double cZ) {}
  public void setDimension(Double3 dim) {}
  public void setDimension(double dX, double dY, double dZ) {}
  public void set(double cX, double cY, double cZ,
    double dX, double dY, double dZ) {}
```

Soweit ist die `BoundingBox` lediglich ein Datenmodell, das den Offset und die Dimension der Box vorrätig hält. Für die Übernahme von gerichteten Linien stellt die Defaultklasse noch zwei `intersects`-Methoden zur Verfügung (*Convenience*), mit der Voraussetzung, dass die Matrix `tM` eine Transformation in das Koordinatensystem der Box vornimmt, die Matrix $\mathbf{B_M}^{-1}$ also.

```
  public boolean intersects(LineD3 line,TransformD4x4 tM) {

    PointD3 p0 = new PointD3();
    PointD3 p1 = new PointD3();

    tM.multiply(line.getP0(),p0);
    tM.multiply(line.getP1(),p1);

    return intersects(p0,p1);
  }

  public boolean intersects(LineF3 line,TransformD4x4 tM) {

    PointD3 p0 = new PointD3();
    PointD3 p1 = new PointD3();

    tM.multiply(new PointD3(line.getP0()),p0);
    tM.multiply(new PointD3(line.getP1()),p1);
```

```
    return intersects(p0,p1);
  }
```

Von den Methoden der Schnittstelle BoundingBox ist die Methode `intersects` bereits oben vorgestellt worden. Die `contains`-Methode ist natürlich einfach zu implementieren, da ein mit der Matrix $\mathbf{B_M}^{-1}$ transformierter Punkt dann in der Box enthalten ist, wenn der Absolutbetrag seiner Koordinaten kleiner als die Dimension der Box ist.

```
  public int getType()          { return BoundingVolume.BOX; }
  public PointD3 getOffset()    { return offset; }
  public Double3 getDimension() { return dimension; }

  public boolean contains(PointD3 p) {
    if((Math.abs(p.a1)<=dimension.a1)&&
       (Math.abs(p.a2)<=dimension.a2)&&
       (Math.abs(p.a3)<=dimension.a3)) {

       return true;
    }
    return false;
  }
  public boolean intersects(PointD3 p1, PointD3 p0) {}
}
```

Wie zu sehen war, ist die OOBB aufwendiger und wegen der Transformation von Punkten und Linien langsamer als eine AABB. Die Kollisionserkennung zweier OOBBs folgt im Prinzip diesem Schema, d. h. es wird eine andere OOBB in das Koordinatensystem der gegebenen Box transformiert, und dort werden weitere Tests durchgeführt. Effiziente Verfahren finden sich im Internet unter den Begriffen „OOBB/OOBB Intersection“, auch verbunden mit Stefan Gottschalk, der einige Texte zu diesem Thema veröffentlicht hat.

Der Mehraufwand bei der OOBB sollte Sie nicht davon abhalten, diesen Boxtyp in Betracht zu ziehen, denn die OOBB verschwendet weniger Raum, während man bei einer AABB zu früh in die detaillierte und langsame Prüfung auf der Basis der Dreiecke eines Mesh einsteigt. In vielen Anwendungen sind beide Grenzboxtypen anzutreffen, die AABB für das Entfernen nicht sichtbarer Objekte (*Culling*) und die OOBB für Kollisionsprüfungen. In der Dissertation von Stefan Gottschalk[13] aus dem Jahr 2000 findet sich eine eingehende Untersuchung zur Effizienz von Grenzvolumen, mit dem Schwerpunkt der OOBB. Dort findet sich auch ein Programmbeispiel in C für den Test OOBB-OOBB.

13 Stefan Gottschalk: „Collision Queries using Oriented Bounding Boxes“, Universität North Carolina at Chapel Hill, 2000.

Reflektionen

Bei einer Grenzbox sind zwei Fälle unterscheidbar: Sie kann einen Raum oder das Volumen der virtuellen Welt umschließen, so dass Strahlen bzw. Geraden *innerhalb* der Box verlaufen. Im anderen Fall umschließt sie ein Mesh, und Strahlen treffen *außen* auf die Grenzflächen der Box. Beide Fälle lassen sich gleich behandeln, lediglich bei der Bewertung der Richtung muss man die genannte Situation berücksichtigen.

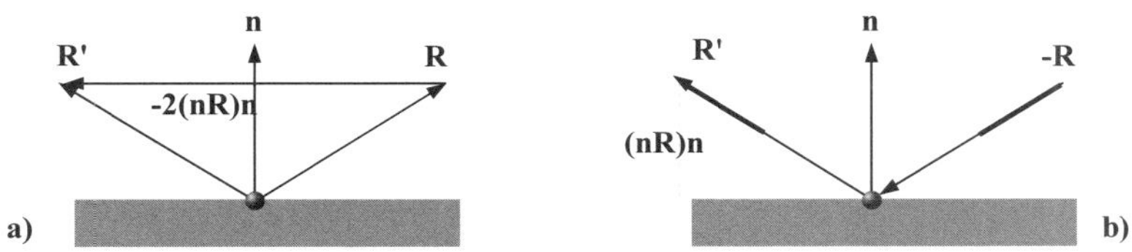

a) Reflektion an einer Ebene. b) Reflektion eines Impulses. Abbildung 4.37

Die Reflektion $\vec{R}'$ eines Vektors $\vec{R}$ an einer Oberfläche findet sich bei Kenntnis der Oberflächennormalen über die Formel:

$$\vec{R}' = \vec{R} - (\vec{R}\hat{n})\hat{n} \tag{4.23}$$

Grundlage für die Berechnung der reflektierten Geraden ist das Koordinatensystem der Grenzbox, es sind also alle Punkte auf dieses System bezogen, und die Flächen der Box sind Parallele der Koordinatenflächen. Im vorausgehenden Abschnitt sind die Grundlagen dargelegt, hier ist jedoch der Schnittpunkt P_S zu berechnen, an dem die Gerade die Box schneidet. Diese Rechnung liefert dann ein Lambda λ_S, das die Länge vom Ausgangspunkt einer Strecke zu dem Schnittpunkt angibt.

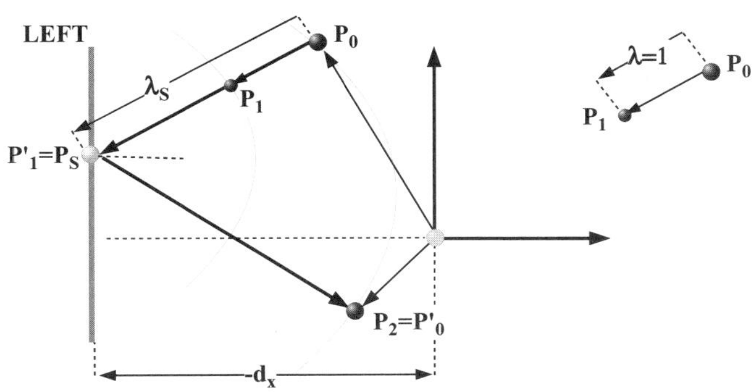

Reflektion an der linken Fläche der Grenzbox. Alle Punkte sind auf das Koordinatensystem der Box bezogen. Abbildung 4.38

$$\vec{P}_S = P_0 + \lambda_S \left(\vec{P}_1 - \vec{P}_0\right)$$

Bei der Reflektion wird eine neue Gerade erzeugt, deren Parameter von der einfallenden Gerade und dem Schnittpunkt abhängen; der Reflektionsregel folgend muss der Einfallswinkel gleich dem Ausfallswinkel sein.

$$\vec{P}_2 = \vec{P}_S - \lambda_S \left(\Delta\vec{P}\right)$$

Das Minuszeichen wird gesetzt, weil jetzt der Pfeil von $P_1 = P_S$ nach P_0' zeigt. In dieser Gleichung ist ΔP noch eine Unbekannte, jedoch: bei einer Spiegelung an einer der Koordinatenachsen drehen sich die Vorzeichen der anderen Koordinaten eines Punktes bzw. Vektors um.

$$\begin{pmatrix} \Delta P_x \\ \Delta P_y \\ \Delta P_x \end{pmatrix} = \begin{pmatrix} P_{1x} - P_{0x} \\ -(P_{1y} - P_{0y}) \\ -(P_{1z} - P_{0z}) \end{pmatrix}$$

Ersetzt man P_S entsprechend, so finden sich die gesuchten Koordinaten des Punktes P_2.

$$\begin{pmatrix} P_{2x} \\ P_{2y} \\ P_{2z} \end{pmatrix} = \begin{pmatrix} P_{0x} \\ P_{0y} + 2\,\lambda_S \left(P_{1y} - P_{0y}\right) \\ P_{0z} + 2\,\lambda_S \left(P_{1z} - P_{0z}\right) \end{pmatrix}$$

Bei Impulsen, Pfeilen oder Partikeln nähert sich der Kopf bzw. die Spitze der gegebenen Fläche, und P_1 sowie P_0 müssen erst bewertet werden. Wie erwähnt gibt es zwei Varianten der Annäherung an eine Fläche: im Innenbereich der Box an die Rückseite und im Außenbereich an die Vorder- bzw. Außenseite.

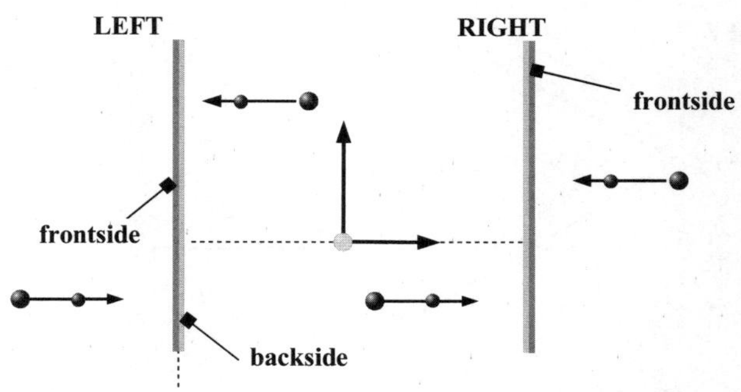

Abbildung 4.39 Die erweitere Grenzboxnutzung sollte auch Reflektionen an den Innenseiten berücksichtigen.

4.4.3 Von allen Seiten attackiert

Ein sich drehendes Objekt wird durch Impulse beschossen und diese werden entsprechend abgelenkt.

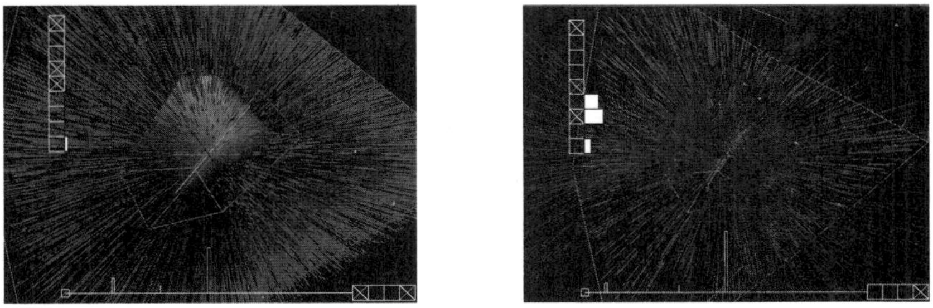

Abbildung 4.40

Die Impulszahl beträgt 10 000. Linkes Bild: Die Lebenszeit der Impulse ist so gering eingestellt, dass diese die innere Grenzbox nicht erreichen. Daher sind nur Impulse in der Expansions- und Flugphase zu sehen. Rechtes Bild: Hier sind nur Reflektionen an der inneren Box zugelassen, und die Lebenszeit ist so weit erhöht, dass reflektierte Impulse beobachtet werden (blau bzw. helle Farbe).

In diesem Beispiel sind mehrere Schwerpunkte zu erkennen. So werden die in diesem Abschnitt erarbeiteten Formeln zur Berechnung der Kollision von Linien in Software implementiert und zum Leben erweckt. Für die Rotation und die Erstellung der Matrix $\mathbf{B_M}^{-1}$ kommt die Transformations-Klasse `TransformD4x4` zum Einsatz (siehe dazu Seite 574ff.). Diese Klasse wurde im Rahmen der Mathematikbibliothek entwickelt. `TransformD4x4` stellt insbesondere die benötigte Invertierung zur Verfügung. Im Beispiel wird nicht die Modellmatrix von OpenGL verwendet, um die Rotation und Translation des Objektes im Einzelnen auszuführen, vielmehr werden die Transformationen mit `TransformD4x4` zusammengebaut.

Die Impulse sind Linien, die von einem zufälligen Startpunkt mit einer zufälligen Richtung ausgehen, daher sind Zufallszahlen zu generieren. Die Startpunkte, insbesondere aber die Richtungen der Linien, werde ich auf bestimmte Bereiche einschränken, die Erzeugung der Zufallszahlen unterliegt somit auch Bedingungen. In 3D-Spielen sind passende (bedingte) Zufallszahlen durchaus von Bedeutung, und Java stellt von Haus aus mit der `Math.random`-Methode, genauer: mit der `Random`-Klasse, ein solides Fundament dafür zur Verfügung. Wenn Sie mehr über den Zufallsgenerator von Java erfahren wollen, dann sollten Sie den Abschnitt *Zufallszahlen mit Java* (Seite 597) lesen. Schließlich werden Sie im Zusammenhang mit den Impulsen auch einiges über Zustandsmaschinen erfahren.

Tabelle 4.7: Bounding Box und Reflektionen, Steuerung

Typ	Control	Reaktion
Keyboard	[o]	Veränderung Öffnungswinkel auf Mausrad
	[n]	Verschiebung `near` auf Mausrad
	[f]	Verschiebung `far` auf Mausrad
	[w]	Verschiebung COP Richtung neg. Z-Achse
	[s]	Verschiebung COP Richtung pos. Z-Achse
	[a], Pfeil li	Verschiebung COP Richtung neg. X-Achse
	[d], Pfeil re	Verschiebung COP Richtung pos. X-Achse
	Pfeil auf	Verschiebung COP Richtung pos. Y-Achse
	Pfeil ab	Verschiebung COP Richtung neg. Y-Achse
	[m]	Änderung der Matrixkette
Mausrad		Abhängig von der Belegung, siehe oben
Maus	vor-/zurück	Rotation um die X-Achse
	seitlich	Rotation um die Y-Achse
Keyboard	Leertaste	Leertaste fixiert die Rotation bzw. gibt diese frei
	[l]	Objektdarstellung im Linenmodus
	[j]	Objektdarstellung im Punktmodus
	[k]	Objektdarstellung solide
	[c]	Reflektionen Szenegrenzbox ein/aus
	[v]	Reflektionen Objektgrenzbox ein/aus
	[t]	Maximumlänge der Impulse verändern
	[z]	Lebenszeit der Impule verändern
	[u]	Länge der Impulse verändern
	[i]	Geschwindigkeit der Impulse verändern

Die Zustandsmaschine: Impulse

Für die Demonstration muss ein Pfeil, Impuls oder Strahl in der Szene sichtbar sein, und folglich werden Klassen benötigt, die einen derartigen Effekt realisieren. Bei der Darstellung eines Impulses sind drei Phasen zu unterscheiden: Zunächst die Expansionsphase, in der der Impuls sich verlängert, bis er die gewünschte Länge erreicht hat. So wird die Illusion geschaffen, als würde der Impuls von einem Emitter abgesendet. Daran schließt sich die Flugphase an, die entweder endet, wenn die maximale Flugzeit abgelaufen ist, die maximale Distanz durchquert wurde oder es zu einer Kollision kam. Im Falle einer Kollision sollte der Impuls sichtbar verschwinden (*Vanishing*).

Ein Zustand ist eine Ansammlung von Variablen, die unter einem Namen zusammengefasst sind und deren Werte sich stets in einem bestimmten, vorher festgelegtem Wertebereich befinden. Eine der denkbar einfachsten Zustandsmaschinen, eine Türklingel, zeigt nach ihrem Einbau nur drei Zustände. Sie *wartet* auf eine Betätigung der Klingeltaste (Auslöser) und *klingelt*, wenn dieses Ereignis eintritt. Schließlich kann sie noch *kaputt* sein, ein Zustand, der für gewöhnlich nicht in die Betrachtungen miteinbezogen wird – es sei denn, man ist selbst von diesem Ereignis betroffen. Denken Sie sich Taste und Klingel im Computer simuliert, dann sind drei Bits (Variablen) nötig: das Flag für die Taste, eins für die Klingel und das Flag, das den Zustand „kaputt“ anzeigt.

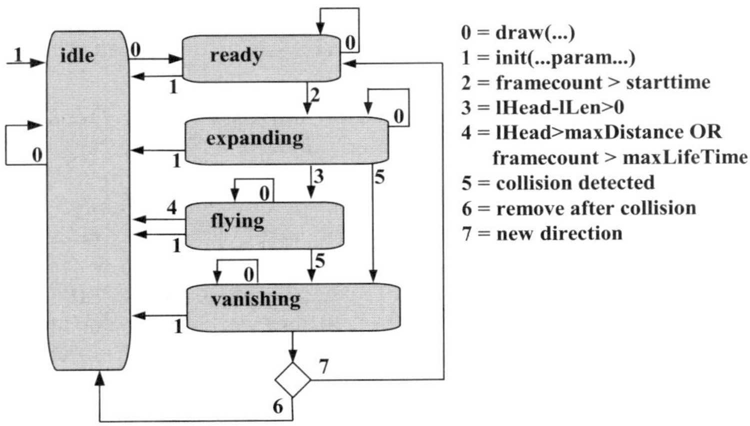

Abbildung 4.41 Zustandsdiagramm der Impuls-Zustandsmaschine. Die `draw`-Methode wird hier verwendet, um die Kopfposition des Impulses in Abhängigkeit von der Zeit (`framecount`) zu ändern.

Ein Renderer wie OpenGL ist eine Zustandsmaschine von ganz anderer Größe. Wenn Sie diese gedanklich zu einem bestimmten Zeitpunkt anhalten und seinen Zustand untersuchen, dann bekommen Sie es mit Hunderten von Variablen zu tun, die den Gesamtzustand wiedergeben. Die meisten Variablen haben allerdings – im Gegensatz zur Natur – keine Wirkung auf andere Zustandsvariablen. Zum Beispiel ist die Beleuchtung ein- oder ausgeschaltet, was den Renderer im Linienmodus nicht beeinflusst. Oder die Koeffizienten der Modellmatrix wirken nicht auf die der Projektionsmatrix ein u. v. m.

Zustandsautomaten wurden zuerst von Norbert Wiener (1894–1964) in mathematische Konzepte umgesetzt, die Kybernetik war geboren.[14] Auch John

14 Norbert Wiener: „Cybernetics or Control and Communications in the Animal and the Machine“, J. Wiley, 1948.

von Neumann (1903–1957) war auf diesem Gebiet ein Pionier. Er legte zusammen mit Alan Turing (1912–1954) die Grundlagen für das Computerzeitalter.

Schwierig wird es, wenn Zustandsmaschinen starke Rückkopplungen aufweisen; das ist in der Natur gang und gäbe. Auch zeitlich veränderliche Zustände, bei denen sich innere Variablen mit der Zeit ändern, obwohl kein äußerer Auslöser gegeben ist – etwa die Konzentration eines Stoffes –, können schnell extrem komplex werden. Zum Beispiel ist die Zelle eine derartige Zustandsmaschine, auch handelt es sich dabei um einen autonomen Automaten, der sich seiner Umgebung anpassen kann und mit anderen kommuniziert. Hochkomplex sind auch Messvorgänge in der Quantenphysik, denn dort beeinflusst die Messung stets auch den Zustand des gemessenen Objekts. Das ist also eine Art „Crazy-Computer", bei dem das Auslesen einer Variablen zugleich die Werte aller Variablen in der näheren Umgebung des Speicherorts ändert.

Es wird Sie überraschen, dass die kleine Impulssimulation bereits einige Merkmale eines autonomen Automaten aufweist. Es ist eine zeitliche Komponente vorhanden, denn der Impuls ändert selbständig seinen Zustand in Abhängigkeit von der abgelaufenen Zeit: die drei Phasen. Eine Rückkopplung liegt vor, denn der aktuelle Zustand des Impulses wird von Zeit zu Zeit ausgelesen und bei einer Kollision verändert. Zugleich wirkt der Impuls auf die virtuelle Welt, denn die Position seines vorderen Endes (Kopf) wird in der Szenenberechnung berücksichtigt. Schließlich reagiert der Impuls auf seine Umwelt. Dieser Zusammenhang ist im Programmcode, durch die Aufspaltung in verschiedene Teile, nicht unmittelbar zu erkennen, tatsächlich ist aber das Verhalten des Impulses sowohl von seinem inneren Zustand (Kopfposition) als auch von seiner Umgebung – den dort befindlichen Objekten – abhängig. Da Parameter auch vom Zufall abhängen, wie Startzeit, Startposition und Richtung des Impulses, kann nun nicht mehr exakt vorhergesagt werden, was als nächstes passiert. Bei einem sich um eine Achse drehenden Objekt ist das anders, die nächste Stellung ist vorhersehbar.

Der Bau und die Inbetriebnahme autonomer Automaten, seien sie klein oder groß, bedarf folglich schon einer sorgfältigen Untersuchung der zeitlichen Rahmenbedingungen und eines Entwurfs der Zustände. Eine darauf aufbauende Animation kann bösartig werden, Sie bekommen dann rein gar nichts zu sehen, oder schlimmer noch, alles läuft eine Weile ganz gut, bis dann nur noch Chaos herrscht. Dieses zu beseitigen wird Sie eine Menge Zeit kosten, die Sie besser für den Entwurf aufgewendet hätten.

Der hier vorgestellten Impulsanimation liegt ein abstraktes Konzept zugrunde, es ist eine gerichtete Gerade gegeben, auf der eine Strecke festgelegt ist, deren Anfang und Ende zeitlich veränderbar ist. Hinzu kommt das Rendering der Strecke, so dass die drei Phasen zu unterscheiden sind, die zusammen mit einem `IDLE`- und `READY`-Zustand eine Zustandsmaschine festlegen. Statt von einem „Impuls" kann daher auch von einem Partikel gesprochen werden, wenn das Rendering scharf von der Zustandsmaschine und der Datenhaltung abgetrennt wird; das *Model View Controller* (MVC) Muster. Diese Überlegungen zwingen geradezu ein Interface auf. Den `Pulse`-Namen habe ich dennoch beibehalten, einem „inneren Impuls“ folgend.

```
package glib.anim;
import glib.math.*;

public interface Pulse {

  int IDLE      = 0;
  int READY     = 1;
  int EXPANDING = 2;
  int FLYING    = 3;
  int VANISHING = 4;

  boolean isIdle();
  boolean isReady();
  boolean isExpanding();
  boolean isFlying();
  boolean isVanishing();
  boolean isVisible();
  int getState();

  void getPHead(PointD3 p);
  void getPEnd(PointD3 p);
  void getP0(PointD3 p);
  void getP1(PointD3 p);

  double getInitialLength();
  double getLambdaHead();
  double getLambdaEnd();

  void start(int sTime);
  void stop();

  void reflect(PointD3 reflectP0In,
    PointD3 reflectP1In,int sTime,boolean reflect);

  void processState(int ticks);
}
```

Die getter-Methoden dürften für sich sprechen, eine detaillierte Beschreibung finden Sie wie immer im Quellcode. Die `reflect`-Methode zeigt auf, dass hier weiter gedacht wurde, denn der Impuls sollte auch reflektiert werden, das ist ja eine der Anforderungen des Programmbeispiels. Das Verhalten der `reflect`-Methode hängt von dem Argument `reflect` ab. Wenn dieses `true` ist, dann wird der Impuls reflektiert, sonst nicht; die Reflektion bedeutet, dass eine neue Richtung der Linie einzustellen ist. Für gewöhnlich wird diese unmittelbar erfolgen, es ist aber auch möglich, sie mit `sTime` zu verzögern. `processState` ist die zentrale Methode der Zustandsmaschine, denn hier wird der Folgezustand ermittelt sowie der Ablauf von Impulskopf und Ende durchgeführt. Grundsätzlich muss vor dem Rendern `processState` aufgerufen werden.

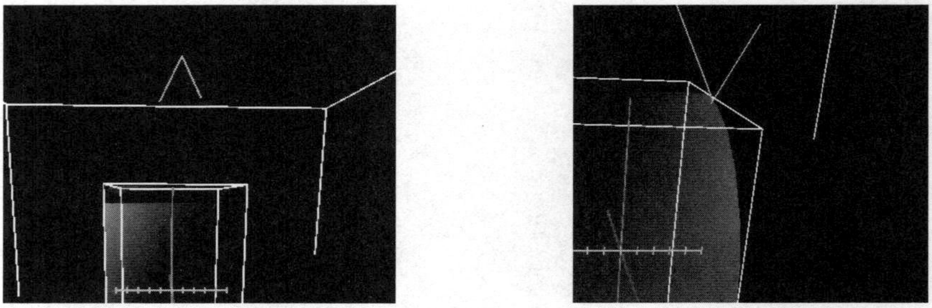

Abbildung 4.42 Die Impulszahl beträgt 1. Linkes Bild: Reflektion an der Grenzbox der Szene. Rechtes Bild: Reflektion an der inneren Grenzbox (gedrehtes Objekt).

Die Zustandsmaschine „Impuls" kann in Echtzeit laufen, wenn ein korrekter Wert mit der Methode `speed` angegeben wird.

```
public final void setSpeed(double value) {
  if(value<=0) {
    throw new IllegalArgumentException("invalid value must be > 0");
  }
  speed = value;
}
```

Angenommen, die maximale Distanz in einer Szene beträgt 7 Meter, und angenommen, ein Puls durchquert diese Distanz in einer Sekunde. In Echtzeit erfordert dies eine Geschwindigkeit von $7m/s$. Für die Berechnung in „Renderzeit" hängt der Wert von der Framerate ab, die angibt, wie viele Frames pro Sekunde gerendert werden. Bei einer geschätzten Framerate von $48 frame/s$ erfolgt bei jedem Aufruf der Zustandsmaschine (`processState`) eine Veränderung derselben, also in ca. 21 Millisekunden. Die Umrechnung von der Realzeitgeschwindigkeit auf die beim Rendern gültige erfolgt mit der nachstehenden Kalkulation.

$$\frac{v_E\,[m]}{[s]} \cdot \frac{[s]}{f_R\,[frame]} = v_R \frac{[m]}{[frame]} \tag{4.24}$$

Darin ist f_R der Wert, der in die Framerate eingeht, hier der Wert 48. Die Rechnung ergibt gerundet $0,146\,m/frame$. Das bedeutet, pro Tick schreitet die Kopfposition um diesen Wert voran, siehe `processState`-Methode.

```
    case FLYING:
      lHead += speed; // speed * 1 frame
      break;
```

Die Kopfposition hängt folglich von der Update-Rate und der Gestaltung des Rendervorgangs (`draw`-Methodenaufruf) ab. Bei komplexen Szenen ist es daher empfehlenswert, eine durchschnittliche Framerate auszurechnen, die dann in den Geschwindigkeitswert eingeht.

Die `PulseD3`-Klasse ist Datenmodell und Controller des Automaten. Konstruktoren und setter-Methoden folgen den Erfordernissen eines Datenmodells und bedürfen keiner besonderen Erklärung, ich lasse diese daher im Ausdruck weg. Zu den Methoden `getPHead` und `getPEnd` ist zu bemerken, dass die `LineD3`-Klasse stets die Distanz $p_1 - p_0$ vorrätig hält (`len`).

```
package glib.anim;
import glib.math.*;

public class PulseD3 extends LineD3 implements Pulse {

  // Reflection parameters

  private boolean reflection;
  private int reflectStartTime;
  private PointD3 reflectP0,reflectP1;

  // Geometry parameters, lambda values.

  private double lHead,lLen,initialLen,maxHeadLambda;

  // Time parameters.

  private double speed;
  private int state,startTime,maxLifeTime;

  // Pulse interface

  public final boolean isIdle()      { return state==IDLE; }
  public final boolean isReady()     { return  state==READY; }
  public final boolean isExpanding() { return  state==EXPANDING; }
  public final boolean isFlying()    { return  state==FLYING; }
  public final boolean isVanishing() { return  state==VANISHING; }
  public final boolean isVisible()   { return state>READY; }

  public final int getState() { return state; }

  public final void getPHead(PointD3 p) {

    double lForward = lHead/super.len;

    p.a1 = p0.a1 + lForward*(p1.a1-p0.a1);
    p.a2 = p0.a2 + lForward*(p1.a2-p0.a2);
```

```
    p.a3 = p0.a3 + lForward*(p1.a3-p0.a3);
  }

  public final void getPEnd(PointD3 p) {

    double delta = lHead-lLen;
    if(delta<0d) { delta = 0d; }
    delta /= super.len;

    p.a1 = p0.a1 + delta*(p1.a1-p0.a1);
    p.a2 = p0.a2 + delta*(p1.a2-p0.a2);
    p.a3 = p0.a3 + delta*(p1.a3-p0.a3);
  }

  public final void getP0(PointD3 p) {
    p.a1 = p0.a1;  p.a2 = p0.a2; p.a3 = p0.a3;
  }

  public final void getP1(PointD3 p) {
    p.a1 = p1.a1;  p.a2 = p1.a2; p.a3 = p1.a3;
  }

  public final double getInitialLength(){ return initialLen; }
  public final double getLambdaHead()   { return lHead; }
  public final double getLambdaEnd()    { return lLen; }
```

In den nachfolgenden Methoden findet sich die Zustandsmaschine wieder.

```
  public void start(int sTime) {
    reflection = false;
    startTime = sTime;
    state = READY;
  }

  public void stop() {
    state = IDLE;
  }

  public void reflect(PointD3 reflectP0In,PointD3 reflectP1In,
    int sTime,boolean reflect) {

    reflectStartTime = sTime;
    reflection = reflect;

    if(reflectP0In==null||reflectP1In==null) {
      reflectP0.set(p0);
      reflectP1.set(p1);
    }
    else {
      reflectP0.set(reflectP0In);
      reflectP1.set(reflectP1In);
    }
    state = VANISHING;
```

```
}

private void processPulse(int ticks) {

  switch(state) {

    case READY:
      if(ticks>=startTime) {
        lHead = 0d;
        state = EXPANDING;
        lLen = initialLen;
      }
      break;

    case EXPANDING:
      lHead += speed;
      if((lHead-lLen)>initialLen) {
        state = FLYING;
        lHead += speed;
      }
      break;

    case VANISHING:
      lLen -=speed;
      if(lLen<=0d) {
        if(reflection==true) {
          startTime = reflectStartTime;
          set(reflectP0,reflectP1);
          state = READY;
        }
        else {
          state = IDLE;
        }
      }
      break;

    case FLYING:
      lHead += speed;
      break;

    default: /* idle */ break;
  }
  if(state>READY) {
    if((ticks>=(startTime+maxLifeTime))||(lHead>=maxHeadLambda)) {
      state = IDLE;
      return;
    }
  }
}
```

Eine Klasse, die `PulseRenderer` implementiert, stellt zum Beispiel eine sich bewegende Linie in einer Szene dar. Da die gesamte Logik und Datenhaltung in PulseD3 steckt und nur einfache Linien gerendert werden, fällt auch nur minimaler und auf das Rendern konzentrierter Code an.

```
package glib.anim.pulse;

import javax.media.opengl.GL;
public interface PulseRenderer {
  Pulse getController();
  void draw(GL gl,int ticks);
}
```

PulseD3RendererDefault ist eine Basisimplementation des Renderer Interfaces. Die Klasse zeichnet eine Linie mit den Mitteln, die OpenGL zur Verfügung stellt. Anstelle dieser Klasse kann jede Animation eingesetzt werden, die auch nur entfernt mit einem Impuls zu tun hat.

```
package glib.anim.pulse;

import glib.math.PointD3;
import javax.media.opengl.GL;
public class PulseD3RendererDefault implements PulseRenderer {

  private PointD3 p;
  private PulseD3 pulseData;

  public PulseD3RendererDefault(PulseD3 data) {

    p = new PointD3();

    if(data==null) {
      throw new IllegalArgumentException("data==null)");
    }
    pulseData = data;
  }

  public final PulseD3 getDMC() { return pulseData; }

  // PulseRenderer interface
  public final Pulse getController() { return pulseData; }

  public void draw(GL gl,int ticks) {

    pulseData.processState(ticks);

    gl.glBegin(GL.GL_LINES);

    pulseData.getPEnd(p);
    gl.glVertex3d(p.a1,p.a2,p.a3);

    pulseData.getPHead(p);
    gl.glVertex3d(p.a1,p.a2,p.a3);
```

```
    gl.glEnd();
  }
}
```

Die Datenübergabe mit Vertex Arrays wird hier definitiv schneller sein, denn alle Linien – eines bestimmten Zustandes – können auf einmal übergeben werden. Die Organisation ist allerdings etwas aufwendiger, da sich Programmcode in die nachfolgend beschriebene Klasse verlagert. Ich habe davon abgesehen, um das Beispiel für den Leser durchschaubarer zu halten, der Schwerpunkt liegt hier nicht so sehr auf dem Rendering. Letztlich zeigt auch hier das MVC-Konzept seine Stärken, denn der Controller ist von einer solchen Änderung nicht betroffen.

`PulseD3RendererDefaultList` ist ein Cache für Impulse. Obwohl sie sehr simpel gebaut ist, erfüllt diese Klasse dennoch drei Ziele. Sie verwaltet `n` viele Impulse, die auch alle gleichzeitig aktiv sein können. Daneben sorgt sie dafür, dass nicht ständig Objekte der Impulsklasse erzeugt werden (Cache-Funktion) und hebt so auch die Ausführungsgeschwingkeit an, immerhin agieren die Impulsklassen in der `display`-Methode.[15] Zusätzlich wirkt sie auch als Verteiler, denn alle Impulse können über diese Klasse gleichzeitig angesprochen werden. Hier ist eine generische Liste wenig sinnvoll, denn diese Klasse trägt auch ihren Teil zum Rendern bei.

Modifikationen könnten zum Beispiel die Pulse farblich darstellen oder überhaupt andere Objekte rendern. `PulseD3RendererDefaultList` bietet auch einige setter-Methoden, mit denen alle Pulse angesprochen werden können, so kann zum Beispiel die maximale Laufzeit für alle Pulse gleich eingestellt werden. Diese Methoden habe ich hier im Ausdruck aber weggelassen.

```
package glib.anim.pulse;

import glib.math.*;
import javax.media.opengl.GL;

public class PulseD3RendererDefaultList {

  private int size;
  private PulseD3RendererDefault[] list;
  private PointD3 pH;
  private float cRed,cGreen,cBlue;

  private PulseD3RendererDefaultList() {}

  public PulseD3RendererDefaultList(int listSize) { ... }
  public int getSize() { return size; }
```

15 Ich habe auf einem Rechner (Laptop) zehntausend Impulse ohne einen Einbruch der Framerate (48) erzeugt, bei hunderttausend Impulsen ist allerdings ein starker Einbruch zu vermerken, die Applikation bleibt aber stabil.

```
  public PulseD3RendererDefault get(int index) { ... }
  public boolean isAnyPulseVisible() { ... }

  public void draw(GL gl,int ticks) {

    boolean pVisible = isAnyPulseVisible();

    if(pVisible==true) {
      gl.glPushAttrib(GL.GL_ENABLE_BIT|GL.GL_HINT_BIT|GL.GL_LINE_BIT|GL↘
.GL_POLYGON_BIT);
      gl.glPolygonMode(GL.GL_FRONT_AND_BACK,GL.GL_LINE);
      gl.glHint(GL.GL_LINE_SMOOTH_HINT,GL.GL_NICEST);
      gl.glEnable(GL.GL_LINE_SMOOTH);
      gl.glLineWidth(1);
    }
    PulseD3 pulseData;

    for(int n=0; n<size; n++) {

      pulseData = list[n].getDMC();

      switch(pulseData.getState()) {
        case Pulse.EXPANDING: cRed=0.33f;cGreen=0.50f;cBlue = 0.03f; ↘
break;
        case Pulse.FLYING   : cRed=0.50f;cGreen=0.13f;cBlue = 0.33f; ↘
break;
        case Pulse.VANISHING: cRed=0.23f;cGreen=0.31f;cBlue = 0.33f; ↘
break;
        default             : cRed=0.50f;cGreen=0.5f; cBlue = 0.5f;  ↘
break;
      }
      if(pulseData.isAReflectedPulse()==true) {
        cRed = 0.13f; cGreen = 0.13f; cBlue += 0.87f;
      }
      gl.glColor3f(cRed,cGreen,cBlue);
      list[n].draw(gl,ticks);
    }
    if(pVisible==true) {
      gl.glPopAttrib();
    }
  }
}
```

Eine Anwendung der oben entwickelten Klassen ist das Beispielprogramm `SimpleRaytraceRender` im Paket `examples.sray`. Von der `display`-Methode gebe ich hier nur den Kern wieder, bei dem die Pulsmaschine zum Leben erweckt wird. Die Klasse, die zufällige Impulse zufällig generiert, findet sich im Paket `glib.anim`.

```
package examples.sray;

public class SimpleRaytraceRender implements GLEventListener {
```

```
  // ...
public void display(GLAutoDrawable drawable) {
  // ...
  frameCount++;
  int randomTime;

  boolean resetFlag = projection.isResetMode(); // Pulse zurücksetzen
  setMaximumDistance(gl,projection,resetFlag);
  setLifeTime(gl,projection,resetFlag);
  setLength(gl,projection,resetFlag);
  setSpeed(gl,projection,resetFlag);

  for(int n=0; n<pulseList.getSize(); n++) {

    pulseRDefault = pulseList.get(n);
    pulse = pulseRDefault.getController();

    if(pulse.isIdle()==true) {
      rayGenerator.generateRay(p0,p1);
      randomTime = rayGenerator.randomIndex(24)+1;
      startTime = frameCount+randomTime;
      pulseRDefault.getDMC().set(p0,p1);
      pulse.start(startTime);
    }
    else {
      if(pulse.isFlying()==true||pulse.isExpanding()) {

        pulse.getPHead(p1);
        pulse.getPEnd(p0);

        if(projection.isReflectRayAtWorldBounds()==true&&
          rayGenerator.reflectRay(p0,p1)) {
          startTime = frameCount+1;
          pulse.reflect(p0,p1,startTime,true);
        }
        else {
          if(projection.isReflectRayAtBox()==true) {
            if(wedge.getBoundingBox().reflectRay(p0,p1,wedgeMatrix)) ↘
{
              startTime = frameCount+1;
              pulse.reflect(p0,p1,startTime,true);
            }
          }
        }
      }
    }
  }
}
```

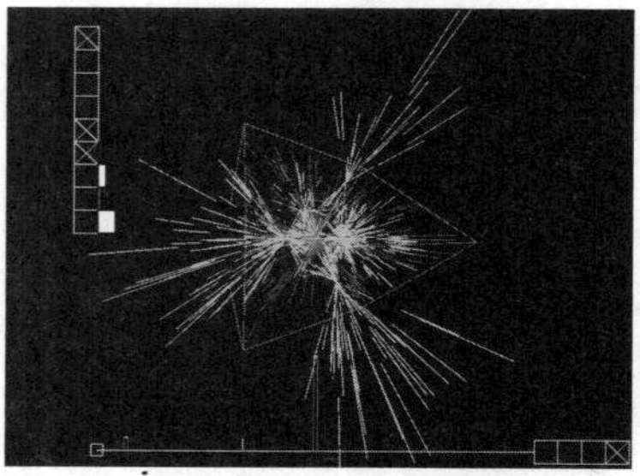
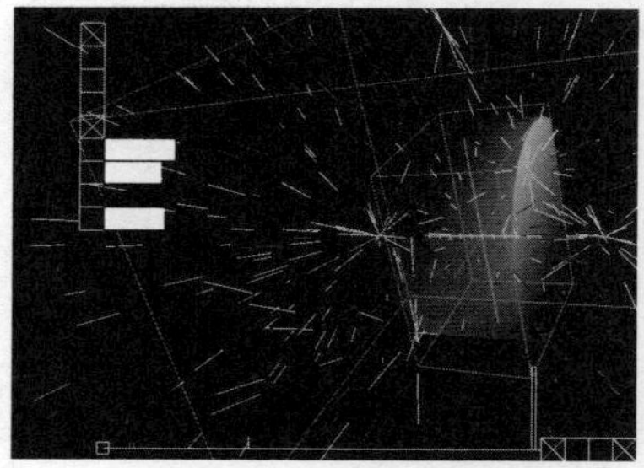

Abbildung 4.43 Die Impulszahl beträgt 1000 und in beiden Bildern wird nur an der Objektgrenzbox reflektiert. Linkes Bild: Kleine Lebenszeit, daher sind auch expandierende Impulse zu beobachten. Rechtes Bild: Ebenfalls kleine Lebenszeit, aber hohe Impulsgeschwindigkeit, hier sind Impulse in der Expansions- und Anflugphase sowie reflektierte Impulse zu beobachten.

4.5 Gitter und Raumteiler

Gitter und Raumteiler zerlegen im 3D-Raum ein übergeordnetes Volumen in kleinere Volumina, und allein das Wissen, dass ein solches Teilvolumen leer ist, verbessert die Suche nach nützlicher Information. Gitter sind ein Raster aus Wänden, Boden und Decke, das einer gegebenen Szene überlagert wird, während Raumteiler eine verschiebliche Ebene mit einer Vorder- und einer Rückseite darstellen. Wie bei allen Bauwerken gibt es auch bei den Gittern und Raumteilern eine Bau- und eine Nutzungsphase, und meist wird der Aufwand in der Bauphase, in der Form guter Datenstrukturen und Rechenzeit, durch eine bequeme, schnelle Nutzung belohnt.

Reguläre Gitter lassen sich schnell aufbauen, man nehme eine Szene und teile diese entlang der Achsen in kleine Zellen auf, jede ist dann ein quaderförmiges Volumen. Allerdings taucht dann schnell ein Problem auf, denn die Zahl der Zellen wächst extrem schnell an. Angenommen, eine Szene hat die Ausdehnung $100m \cdot 100m \cdot 100m$. Bei einem Raster von $1m$ folgen dann ca. 8 MByte Speicherbedarf, falls eine Zelle nur eine Referenz auf eine Liste von Daten enthält, die irgendwie mit der Zelle verbunden sind. Ein einziger Schritt weiter zu einer Auflösung von 10 cm und die Rechnung führt zu erschreckenden 800 MByte. Ein solches Raster wird womöglich noch nicht auf der Polygonebene angesiedelt sein, es sei denn, ein Mesh wird durch das Gitter unterteilt. Die Wahrscheinlichkeit, in einem dreidimensionalen Gitter mit k^3 Zellen ein Objekt aufzufinden, ist das Verhältnis

$$\frac{1}{k^3} = P(A) \qquad \frac{\text{Zahl der für A günstigen Fälle}}{\text{Zahl der für A möglichen Fälle}},$$

worin A das Ereignis „Ein Objekt wird in einer Zelle angetroffen“ ist. Da es egal ist, welches von N-Objekten angetroffen wird, addieren sich die Wahrscheinlichkeiten, so dass dann

$$\frac{N}{k^3} = \sum P(A) = 1$$

zutrifft. Wenn also die Wahl einer beliebigen Zelle zu einem Treffer führt, dann folgt bei einer gleichmäßigen Verteilung der Objekte nach der Auflösung nach k die Zahl der Unterteilungen.

$$k = \sqrt{N}_3$$

Bei 5000 Objekten mit der obigen Szenengröße findet sich ein Rastermaß $\Delta a \approx 6m$, wegen $100m/17$. Das ist eine reine Überschlagsrechnung, die jedoch brauchbare Rechenzeiten liefert, eine Optimierung kann dann auf später verschoben werden. Grids werden nicht nur in der Computergrafik verwendet, ihre urspüngliche Einführung in die Computertechnik (ca. 1981 mit J. Nievergelt und H. Hinterberger) hatte die Aufteilung eines beliebigen Datenbestandes auf ein 2D-Grid zur Grundlage. Bei den vorliegenden Daten müssen lediglich zwei Merkmale gegeben sein.

Wenn der Inhalt eines Grenzvolumens inspiziert werden muss, dann sind unter Umständen immer noch Hunderte, wenn nicht Tausende von Flächen heranzuziehen und dafür Durchstoßpunkte zu berechnen. Warum also nicht weiter Grenzboxen bilden und so den in Frage kommenden Bereich weiter eingrenzen? Diese Frage ist eher rhetorisch gemeint, denn Verfahren zur Eingrenzung sind essentiell, insbesondere in Szenen, in denen sich viele Objekte selbständig bewegen.

- Reduktion der Zahl der Objekte für das Rendern; basierend auf den Frustum-Flächen können Objekte ausgeschlossen werden, die aktuell nicht sichtbar sind, das sogenannte *Frustum Culling*.
- Ausschluss von Indoor-Objekten; die Einrichtung eines Hauses braucht nicht gerendert zu werden, wenn sich der Avatar außerhalb des Hauses befindet.
- *Occlusion Queries*; die Flächen von Objekten, die von anderen verdeckt werden, brauchen nicht gerendert zu werden.
- In der Wegfindung können erreichbare Positionen schnell ermittelt werden.
- Kollisionserkennung in Verbindung mit Grenzboxen.
- Objekthierarchien auf der Basis der Schnittflächen; damit im Zusammenhang stehen auch Selbstkollisionen.

- Wiedergabe von Objekten, als Alternative bzw. Ergänzung zu einem Mesh. Jede Fläche eines Objekts entspricht einem Knoten in einem Baum.

BSP-Tree

Eine Ebene ist, durch ihre unendliche Ausdehnung, so etwas wie ein gewaltiger Raumteiler, sie spaltet ein gegebenes Volumen in zwei kleinere Volumina. Aufgrund der Ebenenfestlegung, durch die Normale $\hat{n}$ und Distanz d zum Ursprung, gibt es auch ein Ordnungsmaß, das Punkte einem der beiden Volumina zuordnet. Das ist für die Softwareentwicklung eine vertraute Situation. Hält man die strukturgebenden Daten, hier $\hat{n}$ und d, fest, dann genügen zwei Kindelemente, um die Struktur weiter fortzusetzen, also auf das linke oder rechte Volumen zu verweisen. Führt man diesen Vorgang für jedes Teilvolumen fort, dann entsteht eine Baumstruktur, die als *Binary Spatial Partion Tree* (BSP-Tree),[16] bezeichnet wird.

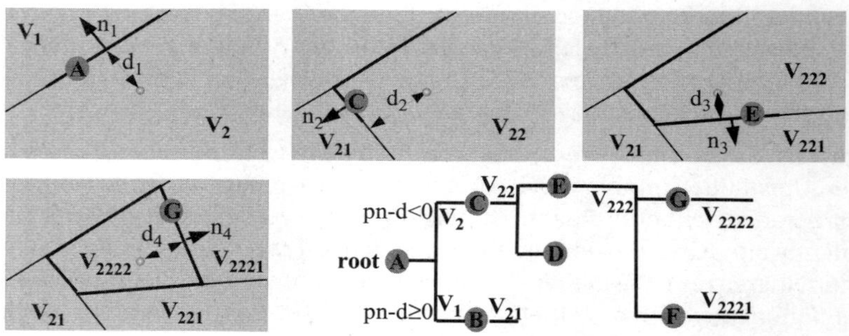

Abbildung 4.44 Unterteilung einer Szene auf der Grundlage der Viewing-Frustum-Flächen. Dargestellt sind der Übersichtlichkeit halber lediglich vier der insgesamt sechs Frustum-Flächen.

Die Ebenengleichung in der Hesseschen Normalform wirkt wie ein Verteiler eines Förderbandes, auf dem Punkte befördert werden. Ist $\lambda \geq 0$, dann geht es nach links weiter, ansonsten nach rechts.

$$\vec{P} \cdot \hat{n} - d = \lambda$$

Um jetzt herauszufinden, ob ein gegebener Punkt P innerhalb des Viewing Frustums liegt, sind sechs Verteiler zu durchlaufen. Liegt der Punkt im Frustum, dann gehört er zum Volumen V_{222222}, und der letzte durchlaufene Knoten trägt den Buchstaben J, wenn die Kennzeichnung wie im Bild 4.44 die Grundlage ist. Die Volumina überschneiden sich, daher gehört der

[16] Henry Fuchs, Zvi M. Kedem , Bruce F. Naylor: „On visible surface generation by a priori tree structures", in: Computer Graphics, 1980.

Punkt auch dem Volumen V_2 usw. an, das ist ja gerade eine der angenehmen Seiten der gebildeten Struktur.

Im BSP-Tree gibt es zu jedem Punkt einen Pfad und zu einem anderen Punkt denselben Pfad (gleiches Volumen) oder einen Pfad, der nur, bis zu einer gewissen Hierarchiestufe, gemeinsame Knoten aufweist (verschiedene Volumina). Da an einem Knoten nur eine 0/1-Entscheidung ansteht, lässt sich die Pfadangabe mehr oder weniger kompakt darstellen. Solche Übergänge vom mathematischen oder fachlichen Hintergrund in der Software abzubilden ist eine der grundlegenden Aufgaben der Softwareentwicklung. In den Bildern ist die Knotenbezeichnung, zum Beispiel *2221*, ein String, so dass von links nach rechts gelesen ein Abstieg im Baum erfolgt. Umgekehrt, von rechts nach links, erscheint dann der gemeinsame Knoten. Dieser Schlüssel lässt sich noch weiter komprimieren, da jeder Knoten nur zwei Kindelemente enthält.

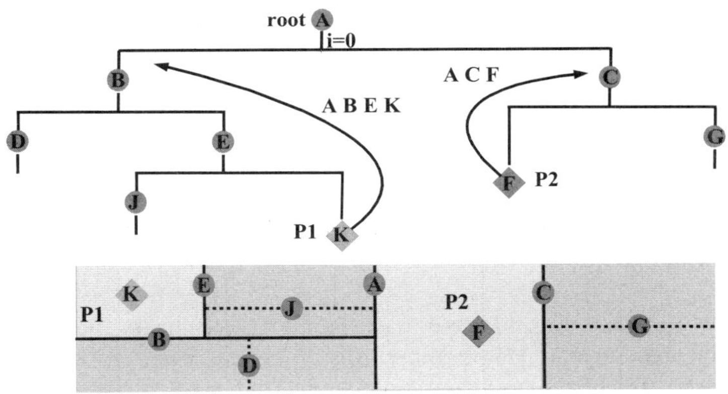

Ein beliebiger BSP-Tree, der zum Beispiel die statischen Objekte einer Szene unterteilt. A, B, C sind Knoten, aber sie sprechen tatsächlich Volumina in der Szene an, worin K zum Beispiel das linke Subvolumen des durch E bestimmten Volumens ist. K, F sind Volumina, die nur noch Elemente, etwa ein Dreieck, enthalten (Leaf). Die Einteilung ist hier ohne Rücksicht auf die Objekte der Szene vorgenommen.

Abbildung 4.45

Tatsächlich ist ein BSP-Tree weit vielseitiger, als die obige Bildfolge vermuten lässt, denn in einem Volumen können sich beliebige Elemente befinden, ganze Objekte, die Flächen derselben, Portale – das sind Sprungpunkte zwischen Szenarien – ja ganze virtuelle Teilwelten.

Octree

Bei einer Unterteilung von Grenzboxen in acht weitere Boxen spricht man von einem *Octree*. Dieser ist eine Erweiterung eines rekursiven Gitters auf drei Dimensionen, das Verfahren ist in der 2D-Variante unter dem Begriff Quadtree (ca. 1974, nach einem Vorschlag von Finkel und Bently) bekannt.

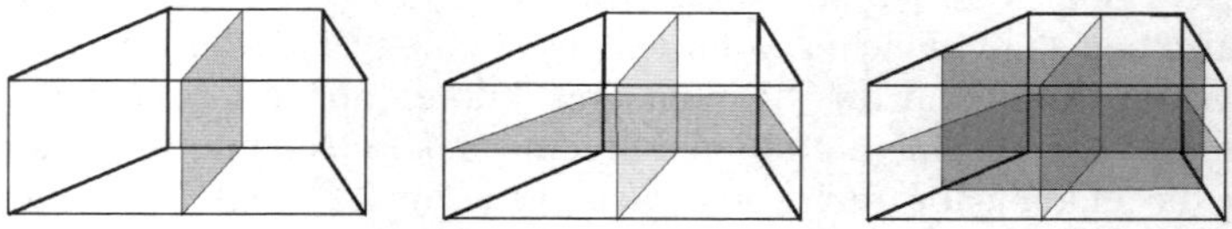

Abbildung 4.46 Ausgehend von einem Quader wird dieser in zwei Teile gespalten, wenn die Kante in X-Richtung genau in der Mitte geteilt wird. Jedes der beiden Teilvolumina wird dann in der Y-Richtung in zwei gleich große Teile unterteilt, die vier entstandenen Quader werden in der Z-Richtung unterteilt.

Beim Octree besitzt jeder Knoten – das übergeordnete Volumen – acht Kindelemente, und jedes Subvolumen ist wegen der gleichmäßen Unterteilung gleich groß. Damit ist auch ein Nachteil des Octree erkennbar, denn dieser passt sich nicht an eine Szene oder ein Objekt an. Zum Beispiel sei in einer Szene ein kleines Objekt rechts unten angelegt. Bis dieses durch die Unterteilungen erreicht und in seine Feinheiten aufgeteilt ist, sind viele Stufen des Octree erforderlich. Das Problem wird gelegentlich mit dem Spruch zusammenenfasst: „Eine Teekanne in einem Stadium".

kD-Tree

Der *k-Dimensional Tree* (kD-Tree, nach Bently 1975) umgeht diesen Nachteil durch seine flexible Unterteilung. Anstatt genau in der Mitte zu teilen, kann vorher eine Szene genauer untersucht und eine Anpassung vorgenommen werden. Zum Beispiel kann die Unterteilung an die lokale Dichte eines Mesh angepasst sein.

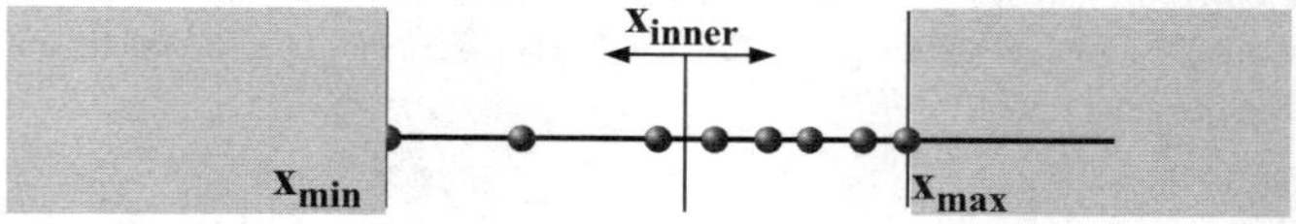

Abbildung 4.47 Im Bild liegen die meisten Vertices auf einer Seite der inneren Grenze einer umhüllenden Grenzbox. Die innere Grenze kann aber verschoben werden, so dass die Zahl der Vertices in beiden Hälften gleich wird.

Dichte ist ein Maß für die Zahl der Elemente in einem bestimmten Raumanteil. Betrachtet man, wie im Bild, eine eindimensionale Anordnung von Vertices und ordnet jedem Vertex eine Rechenzeit (Kosten) zu, die für die Berechnung der Flächendurchstoßpunkte steht, dann sollten die Kosten pro Volumenanteil etwa gleich verteilt, will heißen, die Dichte annähernd gleich sein. Dieser Aufwand steht den Kosten für die Untersuchung des Mesh oder einer Szene gegenüber. Der Aufwand kann für den Aufbau eines optimalen kD-Trees erheblich sein und ist nur für statische Szenen gerechtfertigt. Meist wird für den kD-Tree eine einfache Einordnung der Elemente gewählt, die Achsen für die Teilung werden abwechselnd gewählt.

Es gibt noch weitere Varianten, die, hauptsächlich in den 90er Jahren, für spezielle Zwecke entworfen wurden: R-Tree, R+-Tree, R*-Tree, um nur einige zu nennen. Robert Sedgewick schrieb mehrere Bücher, in denen Graphen und Bäume eine gewichtige Rolle spielen und die auch speziell auf Java eingehen.[17]

4.6 Picking

Picking ist der Schlüssel für den Eintritt des Nutzers in eine virtuelle Welt. Er ist dann kein passiver Beobachter mehr, vielmehr ein Teil dieser Welt oder zumindest jemand, der Objekte der virtuellen Welt manipulieren kann. Aus der Sicht des Nutzers gibt es zwei Picking-Varianten. Zuerst das Picking mit dem Cursor, der irgendwo am Canvas positioniert ist. Die andere Variante geht von einem Standort des Nutzers in der virtuellen Welt aus. Hier steht der Cursor – meist nicht sichtbar – im Zentrum des Canvas (Avatar- oder Kameraansicht). Technisch gesehen liegt in beiden Fällen eine Mausposition vor, die in eine Mausgerade umzuwandeln ist und in deren Umgebung Objekte bzw. Objektteile aufzulesen sind.

4.6.1 Picking mit OpenGL

Picking ist eigentlich keine Aufgabe eines Renderers, doch bietet OpenGL einen Modus, der dieses unterstützt. Stellt man den Selektionsmodus ein, dann erfolgt das Rendering zunächst normal, bis zur Raster-Stufe. Anstatt aber Pixel im Framebuffer abzuliefern, erzeugt OpenGL Elemente in einem Selektionspuffer. Der Trick dabei ist, das Viewingvolumen sehr klein zu machen, so dass nur noch die Umgebung der Mausgeraden erfasst wird, denn dadurch bleibt die Zahl der Elemente im Selektionspuffer begrenzt. Aus Anwendersicht – der Client – wird die Szene ein zweites Mal gerendert, mit minimalem Viewingvolumen und vorgeschaltetem Selektionsmodus.

Nun bedeutet Picking nicht nur das Aufsammeln von Objekten oder Objektelementen, es ist auch eine Identifizierung nötig, so dass eine übergeordnete Softwareschicht auch weiß, *welche* Elemente der Nutzer auswählen möchte. OpenGL bildet diese Anforderung durch den Name-Stack ab.

Angenommen, Sie rendern eine Kugel sowie einen Würfel und übergeben vor dem Rendern für die Kugel den Identifier 1 und für den Würfel den

[17] Robert Sedgewick: „Algorithmen in Java“, Pearson Studium, 2003.

Identifier 2 an OpenGL. Wird zuerst die Kugel im Selektionsmodus gerendert und liegen Teile derselben im Clipping-Bereich, dann erfolgt ein Eintrag im Selektionspuffer mit dem „Namen" 1. Ebenso findet der Vorgang für den Würfel mit dem Eintrag 2 statt. Das ist soweit das Prinzip.

Für das Verständnis, wie mit OpenGL im Selektionsmodus ein Picking erfolgen kann, ist ein Blick auf die Transformationsabfolge hilfreich.

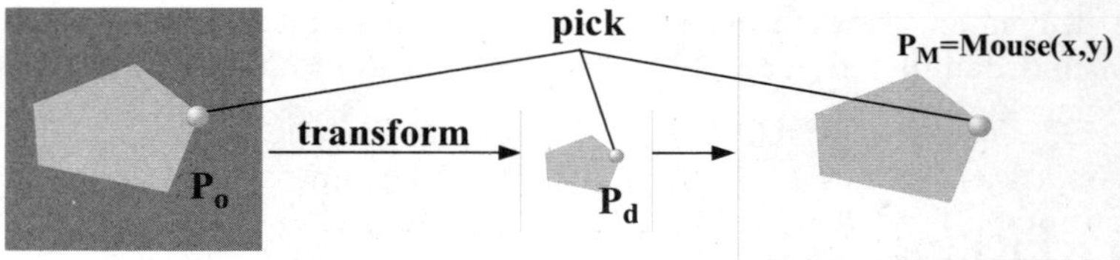

Abbildung 4.48 Der am Bildschirm sichtbare Punkt P_M soll ausgewählt werden: Position des Maus-Cursors. Der Punkt am Canvas entspricht dem Punkt P_o in der virtuellen Welt. Die Transformation erfolgt in zwei Schritten: Projektion in das Devicekoordinatensystem P_d und von dort in den Viewport.

Die Transformationskette beginnt mit der Transformation eines Objektes mit der Modellmatrix $\mathbf{M_M}P_o = P_e$. Dannach erfolgt die Transformation mit der Projektionsmatrix $\mathbf{M_P}P_e = P_d$ und die Abbildung in den Viewport mit den Gleichungen (2.21), hier rein formell als eine Transformation $\mathbf{M_V}P_d = P_M$ eingefügt. Nach der Rückwärtsersetzung der Zwischenergebnisse entsteht eine Matrixkette, in der die zuletzt ausgeführte Transformation *zuerst* erscheint. Genau diese Erkenntnis verwendet `GLUT` in der Funktion `gluPickmatrix`.

$$\mathbf{M_V}\mathbf{M_P}\mathbf{M_M}P_o = P_M$$

Durch Vorschalten einer weiteren Matrix $\mathbf{M_{Pick}}$ kann die gesamte Kette beeinflusst werden, ohne die beteiligten Matrizen selbst zu ändern.

$$\mathbf{M_{Pick}}\mathbf{M_V}\mathbf{M_P}\mathbf{M_M}P_0 = P_M$$

Die Matrix $\mathbf{M_{Pick}}$ muss sich aus einer Skalierung und einer Translation zusammensetzen, es soll ja ein winziger Ausschnitt (einige Pixel) verwendet werden und dieser an der Stelle der Mausposition liegen. Dabei ist ausgehend vom aktuellen Viewport dieser auf einen neuen Viewport umzurechnen, der nur einige Pixel weit und hoch ist, und es ist eine Verschiebung auf die Mausposition durchzuführen.

Problematisch ist dieses Verfahren, wenn einzelne Elemente, wie eine Fläche, Kante oder gar ein einzelner Vertex selektiert werden sollen. Im letzten Fall muss jeder Vertex mit einer Nummer versehen werden, und die Verwaltung der Nummern zur Laufzeit kann unangenehm werden. Dazu kommt noch, dass die gesamte Szene zweimal gerendert werden muss – die Rasterstufe entfällt einmal – und der Selektionsmodus ohne Hardwareunterstützung abläuft.

4.6.2 Picking Pipeline

Ich gebe hier ein Verfahren an, auf der Umkehrung der Transformationsabfolge basierend, das die Identifizierung beliebiger Objekte und sogar einzelner Vertices in einer Szene erlaubt. Die Szene wird nur einmal gerendert und es sind keine Identifier für die einzelnen Objekte oder deren Vertices zu vergeben. Das Verfahren beruht auf der schnellen Invertierung einer 4×4-Transformationsmatrix, die durch die Klasse `MatrixD4x4` erfolgt. Invertiert werden die aktuellen Transformationsmatrizen, die bei OpenGL eingestellt sind. Das Ergebnis ist eine Picking-Gerade, auf der mit den bereits dargestellten Methoden Objektpunkte gesucht werden. Mit der Picking Pipeline wird eine saubere Trennung der Softwareschichten möglich, denn die Objektnamen müssen nicht an den Renderer weitergegeben werden, außerdem ist das Verfahren sehr schnell.

Die Picking Pipeline ist eine Umkehrung der Transformationsfolge, beginnend mit $\mathbf{M_V}$, der Stellvertretermatrix der Transformation von den Devicekoordinaten in die Windowkoordinaten. Der Index P steht für die aktuelle Projektionsmatrix und M für die Modellmatrix.

$$\underbrace{\mathbf{M_V}\,\mathbf{M_P}\,\overbrace{\mathbf{M_M}\,P_{obj}}^{P_{eye}}}_{P_{device}} = P_{window}$$

Die Umkehrung dieser Transformation erfolgt mit den inversen Matrizen.

$$\underbrace{\mathbf{M_M^{-1}}\,\mathbf{M_P^{-1}}\,\overbrace{\mathbf{M_V^{-1}}\,P_{window}}^{P_{device}}}_{P_{eye}} = P_{obj}$$

Transformation der Mausgeraden

Die Picking Pipeline beginnt mit der Mausposition $M(x, y)$. Diese ist im Bildschirmkoordinatensystem gegeben, bei dem die Y-Achse nach unten zeigt. Mit der Viewport-Weite `height` dreht die Umrechnung `height`$-M_y = w_y$ die Y-Koordinate um, es liegen dann die Windowkoordinaten vor. Hierbei ist auch eine Tiefeninformation beteiligt, denn das Windowkoordinatensystem weist drei Achsen auf, mit dem Nullpunkt in der hinteren linken Ecke eines Kubus und den Einheitsvektoren $\vec{x}$ und $\vec{y}$, die nach rechts bzw. nach oben zeigen. Sämtliche Koordinaten sind positiv, wobei die Z-Komponente stets im Bereich [0...1] liegt.

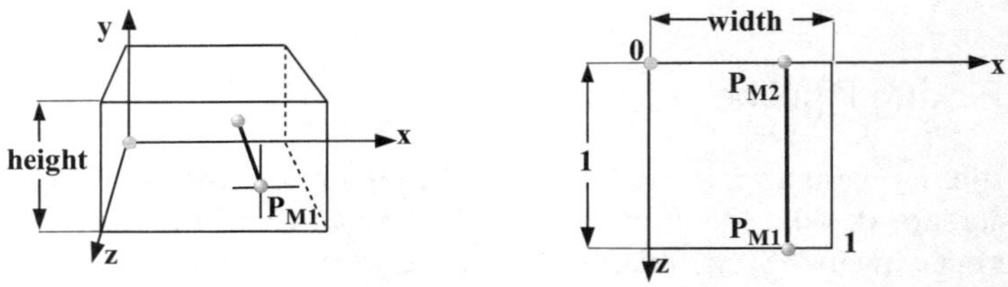

Abbildung 4.49 Das Windowkoordinatensystem ist ein dreidimensionales Koordinatensystem, bei dem die positive Z-Achse in die Richtung des Betrachters zeigt.

Mit den Umkehrgleichungen (2.21) ist es möglich, die Windowkoordinaten im Devicekoordinatensystem darzustellen, diese Umrechnung entspricht der oben angeführten Matrix $\mathbf{M_V}$.

$$\begin{aligned} d_x &= (w_x - t_x)\frac{2}{\texttt{width}} - 1 \\ d_y &= \left(\left(\texttt{height} - m_y\right) - t_y\right)\frac{2}{\texttt{height}} - 1 \\ d_z &= \left(w_z - \frac{f+n}{2}\right)\frac{2}{f-n} \end{aligned} \tag{4.25}$$

Die Mausgerade ist bestimmt durch die Koordinaten der Maus am Canvas und die gewählten Z-Koordinaten 1 und 0. Die Mausposition selbst ist, außer in einem Vollbildmodus, vom Bildschirmkoordinatensystem in die des Canvas umzurechnen, was in der Regel durch eine Laufzeitumgebung (Panel) automatisch erfolgt.

$$\vec{w}_1 = \begin{pmatrix} w_x \\ w_y \\ 1 \end{pmatrix} \qquad \vec{w}_2 = \begin{pmatrix} w_x \\ w_y \\ 0 \end{pmatrix} \tag{4.26}$$

Nach der Transformation in das Devicekoordinatensystem stellt sich die Mausgerade mit der Z-Position 1 und −1 dar; diese Transformation ändert nicht Richtung und Orientierung der Geraden.

$$\vec{d}_1 = \begin{pmatrix} d_x \\ d_y \\ 1 \end{pmatrix} \qquad \vec{d}_2 = \begin{pmatrix} d_x \\ d_y \\ -1 \end{pmatrix} \tag{4.27}$$

Was passiert nun mit dieser Geraden bei einer inversen Transformation mit der perspektiven Matrix $\mathbf{M_{Frustum}}$? Die Antwort liegt in der Umkehrgleichung (2.31), die ich hier in einer etwas anderen Form anschreibe, mit herausgezogenem Skalierungsfaktor.

$$\begin{pmatrix} P_x \\ P_y \\ P_z \end{pmatrix} = \begin{pmatrix} -(d_x + p_{13})/p_{11} \\ -(d_y + p_{23})/p_{22} \\ -1 \end{pmatrix} \frac{p_{34}}{d_z + p_{33}} \quad (4.28)$$

Die beiden Punkte unterscheiden sich nur durch die Z-Koordinate. Es stellt sich jeweils ein anderer Skalierungsfaktor ein, der aber sowohl die X-Koordinate als auch die Y-Koordinate skaliert. Die Mausgerade wird daher durch die inverse Transformation gedreht, so dass das Projektionszentrum (COP) ein Punkt auf der gedrehten Geraden wird.

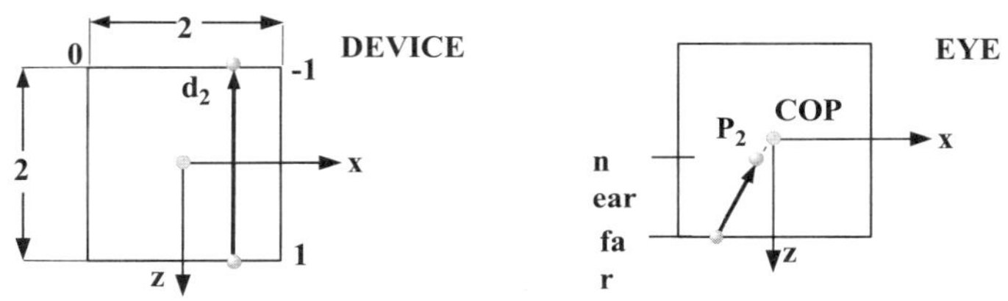

Bei der perspektivischen Projektion wird, bei der Transformation vom Devicekoordinatensystem in das Beobachtersystem, aus einer zur Z-Achse parallelen Geraden eine schräge Linie, die durch das Projektionszentrum geht.

Abbildung 4.50

Die Rücktransformation des Punktes P_2 sollte dennoch nicht eingespart werden, denn nicht bei allen Projektionen (orthogonal, schiefwinklig) liegt ein COP vor. Mit den beiden Punkten P_1 und P_2 ist die Picking-Gerade im Beobachterkoordinatensystem zu bilden.

$$\vec{g}_{Pick} = \vec{P}_1 + \lambda\left(\vec{P}_2 - \vec{P}_1\right) \quad (4.29)$$

Inverse Transformationpipeline

Mit der gegebenen Mausposition, deren Umrechnung (4.25) und den gewählten Z-Koordinaten 0 und 1 liegt die Mausgerade im Devicekoordinatensystem vor. Folgt man der inversen Transformationsabfolge weiter, so stößt man zunächst auf eine Transformationsmatrix $\mathbf{M_T}$, die nach der Frustum- oder Ortho-Matrix angelegt wurde. Ob $\mathbf{M_T}$ eine Einheitsmatrix oder eine Matrixkomposition ist, hängt vom Konzept ab, das bei der Projektion einer Szene verfolgt wird. Viele Softwareentwickler bevorzugen es, das Projektionszentrum im Ursprung zu belassen und alle Verschiebungen und Rotationen, die den Beobachterstandpunkt wiedergeben, mit der Modellmatrix durchzuführen. In diesen Fällen ist $\mathbf{M_T}$ tatsächlich eine Einheitsmatrix. Andere Programmierer führen explizit eine Matrix $\mathbf{M_T}$ ein, die von rechts an die Projektionsmatrix multipliziert wird, eine allgemeine Betrachtung der Picking-Pipeline sollte diese Matrix folglich berücksichtigen.

$$\begin{pmatrix} \mathbf{M}_{\mathbf{Ortho}} \searrow \\ \mathbf{M}_{\mathbf{Frustum}} \nearrow \end{pmatrix} \mathbf{M}_{\mathbf{T}} = \mathbf{M}_{\mathbf{Proj}} \tag{4.30}$$

Dabei darf davon ausgegangen werden, dass $\mathbf{M}_{\mathbf{Proj}}$ invertierbar ist; die damit durchgeführte Transformation kann so für die Punkte d_1 und d_2 rückgängig gemacht werden.

$$\vec{P}_1 = \mathbf{M}_{\mathbf{Proj}}^{-1} \begin{pmatrix} d_x \\ d_y \\ 1 \end{pmatrix} \qquad \vec{P}_2 = \mathbf{M}_{\mathbf{Proj}}^{-1} \begin{pmatrix} d_x \\ d_y \\ -1 \end{pmatrix} \tag{4.31}$$

Diese liegen dann im Beobachterkoodinatensystem vor und definieren die Picking-Gerade (siehe oben). Auf dieser Geraden liegen dann Grenzvolumen der Objekte bzw. die Flächen der Objekte. Ein positives λ liefert Punkte, die weiter weg vom Beobachter liegen.

Die Grundlage für die Picking-Pipeline ist in der `ProjectionFrustum`-Klasse des Pakets `gl.scene.proj` durch die Methode `transformInverse` implementiert. Diese erwartet die aktuelle Mausposition im Canvas bzw. dem Bildschirmkoordinatensystem – die Y-Achse zeigt nach unten – und gibt als Ergebnis zwei Punkte `mLP0` und `mLP1` zurück, die die Mausline im Objekt- oder Beobachtersystem definieren.

```
public void transformInverse(
  GL gl,int mx,int my,PointD3 mLP0,PointD3 mLP1) {

  PointD3 tPointA = new PointD3();
  PointD3 tPointB = new PointD3();

  int[] viewportValues = new int[4];
  double[] mValues = new double[16];

  gl.glGetIntegerv(GL.GL_VIEWPORT,viewportValues,0);
  gl.glGetDoublev(GL.GL_DEPTH_RANGE,mValues,0); // n,f in this order

  double deltaY = (double)(viewportValues[3]-my);

  tPointA.set(
    (double)((mx-viewportValues[0])*2d)/(double)viewportValues[2]-1d,
    (double)((deltaY-viewportValues[1])*2d)/(double)viewportValues\
[3]-1d,
    (0d-(mValues[0]+mValues[1]))/(mValues[1]-mValues[0])
  );
  tPointB.set(
    (double)((mx-viewportValues[0])*2d)/(double)viewportValues[2]-1d,
    (double)((deltaY-viewportValues[1])*2d)/(double)viewportValues\
[3]-1d,
    (2d-(mValues[0]+mValues[1]))/(mValues[1]-mValues[0])
```

```
    );
    gl.glGetDoublev(GL.GL_PROJECTION_MATRIX,mValues,0);
    tempAMatrix.setColumMajorOrdering(mValues);

    tempAMatrix.invert();
    tempAMatrix.transform(tPointA,mLP0);
    tempAMatrix.transform(tPointB,mLP1);

    gl.glGetDoublev(GL.GL_MODELVIEW_MATRIX,mValues,0);
    tempAMatrix.setColumMajorOrdering(mValues);

    tempAMatrix.invert();
    tempAMatrix.transform(mLP0,tPointA);
    tempAMatrix.transform(mLP1,tPointB);

    mLP0.set(tPointA);
    mLP1.set(tPointB);
  }
```

Invertiert wird zuerst die Mausposition nach (4.25), mit `tPointA` und `tPointB` als Ergebnis, beide geben dann die Mausline in Devicekoordinaten an. Danach erfolgt die Besetzung einer temporär genutzten Matrix `tempAMatrix` durch die aktuell bei OpenGL eingestellte Projektionsmatrix. Nach der Invertierung $\mathbf{M}_{\mathbf{proj}}^{-1}$ wird die Mausline in das Beobachterkoordinatensystem transformiert (4.31) und anschließend die Modellmatrix gelesen. Auch diese wird invertiert und mit dem Ergebnis die Mausline transformiert. Im Falle einer Shader-Programmierung ist die Methode `transformInverse` anzupassen. Die Projektions- und Modellmatrix sind dann dieser Methode zu übergeben, eventuell bereits invertiert.

4.6.3 Picking: Beispiel

Für ein nicht triviales Picking-Beispiel eignet sich das `Wedge`-Objekt aufgrund seiner relativ unregelmäßigen Form. Es soll hier möglich sein, auch einen einzelnen Vertex herauszupicken und diesen hervorzuheben. Damit ist auch eine der Flächen des Wedge-Objektes sowie natürlich dieses selbst identifiziert. Das Beispielprogramm stellt ein `Wedge`-Objekt dar, das wie bei den vorausgehenden Beispielen gedreht und verschoben werden kann.

Tabelle 4.8: Wedge Objektdarstellung, Steuerung

Typ	**Control**	**Reaktion**
Keyboard	[o]	Veränderung Öffnungswinkel auf Mausrad
	[n]	Verschiebung `near` auf Mausrad
	[f]	Verschiebung `far` auf Mausrad
	[w]	Verschiebung COP Richtung neg. Z-Achse
	[s]	Verschiebung COP Richtung pos. Z-Achse

Fortsetzung:

Typ	Control	Reaktion
	[a], Pfeil li	Verschiebung COP Richtung neg. X-Achse
	[d], Pfeil re	Verschiebung COP Richtung pos. X-Achse
	Pfeil auf	Verschiebung COP Richtung pos. Y-Achse
	Pfeil ab	Verschiebung COP Richtung neg. Y-Achse
	[m]	Änderung der Matrixkette
Mausrad		Abhängig von der Belegung, siehe oben
Maus	vor/zurück	Rotation um die X-Achse
	seitlich	Rotation um die Y-Achse
Keyboard	Leertaste	fixiert die Rotation bzw. gibt diese frei
	[c]	Ein-/Ausschalten Mausline und Kollisionspunkte
	[v]	Ein-/Ausschalten Vertex-Anzeige
	[b]	Ein-/Ausschalten Face-Anzeige

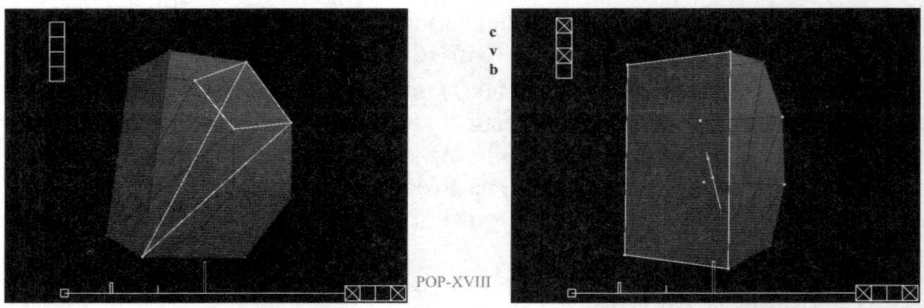

Abbildung 4.51 Screenshot des Picking-Programmes. Auf der linken Seite ist ein Picking aller Faces entlang der Mausline zu sehen. Bei dem Bild auf der rechten Seite ist nur das nächstliegende Face ausgewählt, die Darstellung der Mausline ist eingeschaltet.

Die Rotation des Objekts ist etwas eigenwillig, da lediglich die aktuelle Mausposition zur Berechnung der Drehwinkel herangezogen wird, siehe `PickingActor`-Klasse. Am besten dreht man das Objekt in die gewünschte Position und betätigt dann die Leertaste, um das Objekt zu fixieren. Dann ist die Maus frei und kann für die Auswahl eines Objektteiles eingesetzt werden. Die Darstellung und das Picking ist in der `PickingRender`-Klasse implementiert, die im Paket `examples.picks` zu finden ist. Das Picking in der `pick`-Methode erfolgt im Objektkoordinatensystem, das hier zugleich das Beobachterkoordinatensystem darstellt.

```
package examples.picks;

import java.util.Iterator;
```

```
import java.awt.Dimension;
import javax.media.opengl.GL;
import javax.media.opengl.GLAutoDrawable;
import javax.media.opengl.GLEventListener;
import javax.swing.JComponent;

import glib.anim.*;
import glib.math.*;
import glib.obj.Wedge;
import glib.scene.proj.*;
import glib.storage.*;

public class PickingRender implements GLEventListener {

  private float clearColor[]        = {0.25f,0.05f,0.15f,1f};
  private float faceDefaultColor[] = {0.55f,0.55f,0.65f,1f};
  private float lineDefaultColor[] = {0.30f,0.35f,0.35f,1f};
  private float pointDefaultColor[]= {0.70f,0.20f,0.65f,1f};

  private double left   = -2d;
  private double right  =  2d;
  private double bottom = -2d;
  private double top    =  2d;
  private double near   =  2d;
  private double far    = -2d;

  private PointD3 cop = new PointD3(0d,0d,-2d*near);
  private PointD3 lat = new PointD3(0d,0d,near);
  private PointD3 upp = new PointD3(0d,1d,0d);

  private double pNear= near;
  private double pFar = 3d*near;
  private double openAngle = 54d;

  private int frameCount;
  private Wedge wedge;
  private PickList pickList;
  private SelectionRenderer selectionRenderer;

  private PickingActor projection;
  private ViewingWindowDefault viewingWindow;
  private ProjectionOrthoFront projectionFront;
  private PointF3 mouseLineP0,mouseLineP1,collisionPoint;

  private PickingRender() {}

  public PickingRender(Dimension canvasSize,JComponent component) {

    wedge = new Wedge();

    initializeProjection(canvasSize.width,canvasSize.height,component);
```

```
  mouseLineP0    = new PointF3();
  mouseLineP1    = new PointF3();
  collisionPoint = new PointF3();

  pickList = new PickList();
  selectionRenderer = new SelectionRenderer();
}

public void init(GLAutoDrawable drawable) {

  GL gl = drawable.getGL();
  wedge.set(4,120f,300f,1f,1f,Wedge.NORMALS_PER_FACE);
  wedge.initialize(gl);
  wedge.generateFaceList();
}

public void display(GLAutoDrawable drawable) {

  frameCount++;
  GL gl = drawable.getGL();

  gl.glClearColor(clearColor[0],clearColor[1],clearColor[2],1f);
  gl.glClear(GL.GL_COLOR_BUFFER_BIT|GL.GL_DEPTH_BUFFER_BIT);

  gl.glMatrixMode(GL.GL_PROJECTION);
  gl.glLoadIdentity();

  gl.glMatrixMode(GL.GL_MODELVIEW);
  gl.glLoadIdentity();

  viewingWindow.apply(gl);
  projection.apply(gl);
  setLightAndLightModel(gl);

  gl.glPushMatrix();
  gl.glRotated(-90,0d,1d,0d);

  drawWedgeSolid(gl);
  drawWedgeWired(gl);
  drawWedgeVertices(gl);

  pick(gl);

  if(projection.isNearestFace()==false)
       { selectionRenderer.drawSelectedEdges(gl,pickList); }
  else { selectionRenderer.drawNearestFaceEdges(gl,pickList); }

  if(projection.isShowVertices()==false)
       { selectionRenderer.drawSelectedVertices(gl,pickList); }
  else {  selectionRenderer.drawNearestVertex(gl,pickList); }

  if(projection.isShowCollisionPoints()==true) {
```

```
    selectionRenderer.drawCollisionPoints(gl,pickList);
  }
  selectionRenderer.drawMouseLine(gl,pickList);

  gl.glPopMatrix();

  gl.glMatrixMode(GL.GL_PROJECTION);
  gl.glLoadIdentity();

  drawFrontView(gl,projection);
}

public void reshape(GLAutoDrawable drawable, int x,
  int y,int width, int height) {
}

public void displayChanged(GLAutoDrawable drawable,
  boolean modeChanged, boolean deviceChanged) {
}

private void pick(GL gl) {

  if(projection.isMouseLeftButtonClicked()==true) {

    PointD3 mouseLineDP0 = new PointD3();
    PointD3 mouseLineDP1 = new PointD3();

    int mX = projection.getMouseX();
    int mY = projection.getMouseY();

    ((ProjectionFrustum)projection).
      transformInverse(gl,mX,mY,mouseLineDP0,mouseLineDP1);

    mouseLineP0.set(mouseLineDP0);
    mouseLineP1.set(mouseLineDP1);

    FaceFDefault face;
    Iterator<FacetF> i = wedge.faceIterator();

    pickList.clear();
    pickList.setPickingLine(mouseLineP0,mouseLineP1);

    while(i.hasNext()) {
      face = (FaceFDefault)i.next();

      if(face.intersects(mouseLineP0,mouseLineP1,collisionPoint)) {
        pickList.append(face,collisionPoint);
      }
    }
  }
}
```

Die Methode `pick` führt das komplette Picking durch. Dazu wird zunächst aus der `PickingActor`-Klasse die aktuelle Mausposition ausgelesen, die noch im Koordinatensystem des Canvas gegeben ist. Die im vorausgehenden Abschnitt präsentierte `transformInverse`-Methode erzeugt die Mausline im gewünschten Koordinatensystem, anschließend wandeln die nachfolgenden beiden Zeilen die Mausline in einen float-Typ um. Für die Aufnahme der selektierten Flächen ist eine Liste `pickList` zuständig; dort wird auch die Mausline übergeben, die Flächen des Wedge-Objekts werden nacheinander ausgewählt und deren `intersects`-Methode aufgerufen, schließlich wird jede selektierte Fläche an die Liste angehängt.

Beim Picking ist zunächst noch nicht klar, welches Polygon der Oberfläche eines Objektes ausgewählt wurde, deshalb werden die Flächen erst einmal in `PickList` gesammelt und dann mit Kenntnis der geringsten Distanz zum Beobachter das nächstgelegene Polygon bestimmt.

```
package glib.storage;

import java.util.ArrayList;
import glib.math.*;
import glib.storage.FaceFDefault;

public class PickList {

  private PointF3 mP0,mP1;
  private ArrayList<PickedFace> pickList;

  public PickList() {
    mP0 = new PointF3();
    mP1 = new PointF3();
    pickList = new ArrayList<PickedFace>(4);
  }

  public void clear() { pickList.clear(); }

  public void setPickingLine(PointF3 mP0,PointF3 mP1) {
    this.mP0.set(mP0);
    this.mP1.set(mP1);
  }

  public void append(FaceFDefault face,PointF3 cP) {

    double lambda = mP0.distance(cP);
    pickList.add(new PickedFace(face,cP,lambda));
  }
  public boolean hasData() { return pickList.size()>0; }
  public int pickListSize() { return pickList.size();  }
  public PickedFace get(int n) {return pickList.get(n); }
  public PointF3 getMouseLineP0() { return mP0; }
  public PointF3 getMouseLineP1() { return mP1; }
```

Der Kern von `PickList` sind die beiden nachstehenden Methoden, die eine Fläche oder einen Vertex mit der geringsten Distanz zum Punkt P_0 auf der Mausline auffinden. `getNearestFace` muss daher lediglich die Fläche in der Liste heraussuchen, die den den kleinsten λ-Wert vorweist.

In der Methode `getNearestVertex` ist noch eine Distanz zur Mausline auszurechnen, die durch die Point-Klasse in der Methode `distance` ermittelbar ist.

```
public FaceFDefault getNearestFace() {

  double lambda;
  int index = -1;
  double minLambda = Double.MAX_VALUE;

  for(int n=0; n<pickList.size(); n++) {
    lambda = pickList.get(n).getLambda();
    if(lambda<=minLambda) {
      minLambda = lambda;
      index = n;
    }
  }
  if(index>=0) {
    return pickList.get(index).getFace();
  }
  return null;
}
public PointF3 getNearestVertex() {

  double lambda;
  int index = -1;
  double minLambda = Double.MAX_VALUE;

  for(int n=0; n<pickList.size(); n++) {
    lambda = pickList.get(n).getLambda();
    if(lambda<=minLambda) { minLambda = lambda; index = n; }
  }
  if(index>=0) {
    FaceFDefault face = pickList.get(index).getFace();
    PointF3 collisionPoint = pickList.get(index).getCollisionPoint();

    index = -1;
    PointF3[] vertices = face.getVertices();
    minLambda = Double.MAX_VALUE;

    for(int j=0; j<vertices.length; j++) {
      lambda = collisionPoint.distance(vertices[j]);
      if(lambda<=minLambda) { minLambda = lambda; index = j; }
    }
    if(index>=0) {
      return vertices[index];
    }
```

```
    }
    return null;
  }
```

Eine kleine innere Hilfsklasse speichert die benötigten Parameter, die an einer bestimmten Fläche hängen.

```
  public class PickedFace {

    FaceFDefault face;
    PointF3 collisionPoint;
    double lambda;

    private PickedFace() {}

    private PickedFace(FaceFDefault face,PointF3 cP,double lambda) {
      this.face = face;
      collisionPoint = new PointF3(cP);
      this.lambda = lambda;
    }
    public double getLambda() { return lambda; }
    public FaceFDefault getFace() { return face; }
    public PointF3 getCollisionPoint() { return collisionPoint; }
  }
}
```

Die `PickList`-Klasse ist sehr einfach ausgestattet, mit einer Pension vergleichbar – einfache Umgebung und freundliche Bedienung, aber gewiss kein Grandhotel. So sollte etwa eine Referenz auf die Objekte erscheinen, und bei vorhandenem Szenengraphen stellt sich die Frage, ob die Reise in die Gegend, in der die Pension liegt, überhaupt stattfinden wird. Denn dann werden die Objekte und ihre Flächen vom Szenengraphen geliefert, und die Identifizierung muss über die dort angelegte Hierarchie erfolgen.

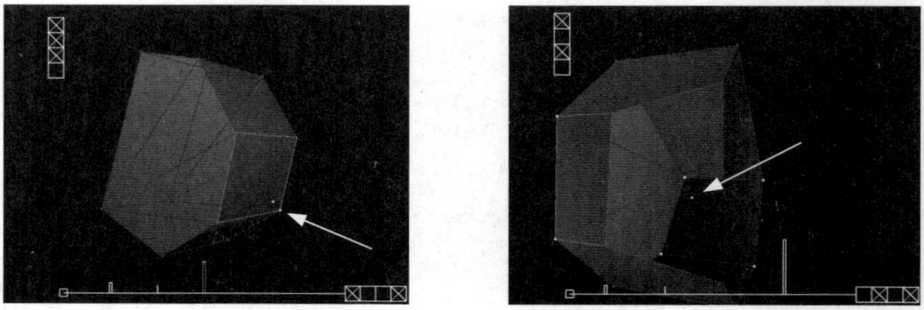

Abbildung 4.52 Screenshot mit Sonderfällen des Picking-Programms. Auf der linken Seite ist die Selektion des nächstgelegenen Vertex zu erkennen. Die rechte Seite zeigt, dass noch Handlungsbedarf besteht, denn hier ist ein Teil des Objekts abgeschnitten (Clipping), so dass der Beobachter ins Innere des Objekts blickt. Die Flächen werden zwar korrekt ausgewählt, aber die nächstgelegene Fläche darf nicht die abgeschnittene Fläche sein.

Für die Darstellung der selektierten Flächen, Vertices, Kollisionspunkte sowie der Mausline ist die Klasse `SelectionRenderer` zuständig, deren Code im Paket `glib.anim` zu finden ist.

4.7 Zusammenfassung

In diesem Kapitel standen die Objekte als geometrische Körper und der Umgang mit ihnen im Mittelpunkt. Objekte, die auch als Modelle angesprochen werden, müssen erzeugt und in die virtuelle Welt gebracht werden. Sie werden meist mit viel Liebe und jeder Menge Arbeit durch externe Werkzeuge, etwa Blender, gestaltet und durch einen Loader für eine Szene verfügbar. Objekte sieht ein Renderer indirekt durch die Vertices und daran hängende Attribute sowie durch die Abfolge bei der Übergabe derselben. Aufgrund der zum Teil enorm hohen Datenmengen stellen sich an die Speicherung und den Datentransport besondere Anforderungen. Eine effiziente Lösung haben Sie mit dem VBOs kennengelernt.

Mit der Erzeugung der Objekte verbunden sind eine Reihe von Fragestellungen, zum Beispiel die korrekte Einhaltung der Flächenorientierung und die Normalenerzeugung, die anhand eines nicht trivialen Objektes, des `Wedge`-Modells, besprochen wurden. In einem Beispielprogramm, das dieses Objekt darstellt, konnten Sie studieren, wie dieses an OpenGL übergeben, als solider Körper oder im Linien- und Punktmodus dargestellt wird und welche Auswirkungen die Flächenorientierung und die Normalen für die Präsentation haben.

Beim Import externer Objekte in eine Szene sind Loader zentrale Bausteine, deren Bau, genauso wie der einer Brücke, einer sorgfältigen Planung und Ausführung bedarf. Im Abschnitt *Externe Objekte* haben Sie mit dem Wavefront-Format ein älteres, aber immer noch viel genutztes Format kennengelernt, auch wurden einige Anforderungen und Zielsetzungen besprochen, die an einen Loader gestellt werden.

Im Abschnitt *Kollisionen* wurde ein zentrales Thema der 3D-Computergrafik behandelt. In vielen Anwendungen werden Objekte nicht nur für die Präsentation eines ansprechenden Bildes oder einer Animation gerendert, dort sind Objekte auch Körper, die einen Raum einnehmen, der von keinem anderen Objekt beansprucht werden darf. Auch ist ein Eingriff des Nutzers erwünscht, zum Beispiel um Objekte und Objektteile der virtuellen Welt auszuwählen oder einen Avatar virtuelle Gegenstände auflesen zu lassen. Grundlage für alle diese Vorgänge ist die Ermittlung von Kollisionspunkten, die sich ergeben, wenn Geraden durch Oberflächen stoßen.

Im Abschnitt *Grenzflächen* erfolgte die Darlegung der benötigten Mathematik zur Berechnung der Durchstoßpunkte und die etwas anspruchsvollere Bestimmung von Punkten relativ zu einem Polygon. Bei der nachfolgenden

Implementation zeigte sich, dass relativ einfache Grundgleichungen eine sorgfältige Untersuchung des Gegenstandes erfordern, denn der Computer verzeiht keine Nachlässigkeit in den Randbedingungen, die durch die Lage der Geraden zur betreffenden Fläche und den Kanten des Polygons gegeben sind. Eine Ebene höher findet sich das Grenzvolumen, das einen Körper umgibt und in erster Line genutzt wird, um die Auswahl von Objekten in einer Szene zu beschleunigen. Diese Auswahl ist essenziell für Anwendungen, die viele Objekte in Echtzeit darstellen, typische Vertreter sind 3D-Spiele. Als Einstieg in die Problematik habe ich die Auswahl auf der Basis einer Grenzbox behandelt. Ein vollständiges Programmbeispiel zu diesem Thema geht noch einen Schritt weiter und zeigt anhand von Reflektionen an einer Grenzbox eine Animation, bei der Tausende von Impulsen im Spiel sind. Der damit verbundene Zustandsautomat kann auch als eine Abstraktion für einen Partikelgenerator betrachtet werden.

Beim interaktiven Dialog des Nutzers mit der 3D-Grafiksoftware wird stets auch eine Form des Pickings benötigt, die je nach Anwendung einzelne Objekte, Flächen, aber auch einzelne Vertices beinhaltet. Damit befasste sich der Abschnitt *Picking*. Dort wurde zuerst kurz die Unterstützung des Pickings durch OpenGL angesprochen. Kurz deswegen, weil diese in vielen Fällen problematisch ist, insbesondere wenn die kleinsten Elemente die Vertices sind. Als Alternative haben Sie in den nachfolgenden Abschnitten ein fortgeschrittenes Picking kennengelernt, das auch in Spielen einsetzbar ist. Wenn Sie sich den Stoff des Kapitels *Der dreidimensionale Raum* erarbeitet haben, dann wird die Mathematik des Picking-Abschnitts für Sie keine große Hürde darstellen, geht es doch im Wesentlichen um eine Umkehrung der Transformationskette, vom Welt- zum Windowkoordinatensystem. Der Abschnitt zum Picking wird durch ein Programmbeispiel abgeschlossen, welches das `Wedge`-Objekt verwendet, um dessen Flächen und Vertices anzuwählen.

Kapitel

5 Licht und Farbe

In diesem Kapitel werden Sie viel über Licht, Farben und Materialien erfahren und wie diese Eigenschaften der physikalischen Welt mit OpenGL in der 3D-Computergrafik abgebildet werden. Ich werde einige bedeutende Farbmodelle vorstellen und auf die Einstellung einer bestimmten Farbe eingehen. Sie werden auch erfahren, wie in einer Szene durch Nebel eine Tiefenwirkung erzeugt wird. Der Abschnitt *Lichtquellen, Materialien* liefert den mathematischen Hintergrund für eine souveräne Einstellung der Lichtquellen bei OpenGL. Auch werden Materialeigenschaften als eine Reaktion auf einfallendes Licht behandelt. Für viele der möglichen Eigenschaften der Lichtquellen und Materialien liefern Bilder eine Vorstellung vom jeweiligen Effekt.

5.1 Farbe

Farbe entsteht im Gehirn, sie ist *kein Ding an sich*; die Wahrnehmung von Farbe ist stark abhängig von der Beschaffenheit des Sehapparates und lässt sich durch Training verbessern. Auch Emotionen verändern die Farbwahrnehmung: Man denke an Diskussionen über Wandfarben wie lila, violett oder rosa… Abgesehen von Nuancen sind Farbnamen aber nicht beliebig wählbar. Farbe ist für uns nicht nur eine Information über die Welt, sondern auch mit der Vorstellung von Harmonie verbunden, das macht die Diskussion auch nicht einfacher. Auf dem Gebiet der 3D-Grafik-Programmierung dürfen wir uns aber zum Glück weitgehend dem ästhetischen Diskurs entziehen und müssen lediglich das Werkzeug bereitstellen, das Szenen farblich gestaltet.

Die Wahrnehmung und Verarbeitung von Licht durch das Auge und das Gehirn ist ein wahres Meisterstück der Natur. Physikalisch gesehen existieren ja nur Photonen, also Teilchen in einem bestimmten Energiezustand. Die gleichwertige Betrachtungsweise als Welle einer bestimmten Frequenz ist hier zunächst nicht so wichtig. Photonen treffen auf die Netzhaut des Auges und lösen dort in den Empfängern (Rezeptoren) ein Signal aus. Beim Menschen gibt es vier Arten von Rezeptoren, die Stäbchen sowie die L- (long), M- (medium) und S- (short) Zapfen. Die Netzhaut hat etwa 130 Millionen solcher Empfängerzellen, wobei nur ca. 2% davon Zapfen sind. Alle Rezeptoren reagieren auf eintreffende Photonen des auf einen bestimmten Bereich fokussierten Lichtbündels. Stäbchen haben jedoch eine sehr hohe Empfindlichkeit (Faktor 1000 gegenüber den Zapfen) und gehen bei Tageslicht schnell in die Sättigung. Zapfen hingegen benötigen erst einmal eine minimale Menge von Photonen, um überhaupt anzusprechen, und sie sind bestimmten Wellenlängenbereichen zugeordnet. Die Verteilung über einen solchen Wellenlängenbereich ist jedoch nicht gleichmäßig. Nach dem Schwerpunkt der Empfindlichkeit werden die Zapfen in drei Grundtypen unterteilt, die den Grundfarben rot, grün und blau zugeordnet sind.

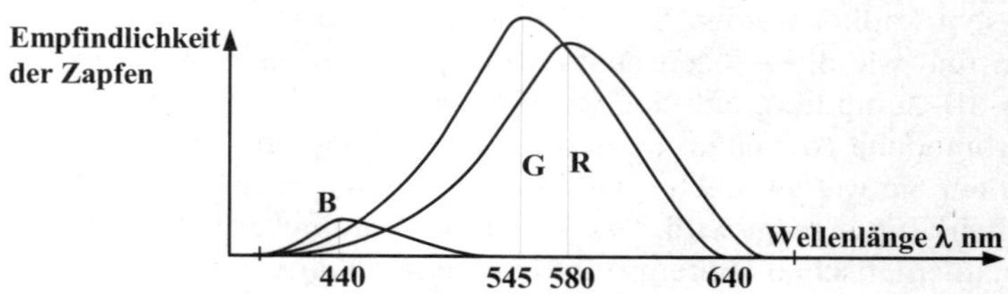

Abbildung 5.1 Prinzipielle Darstellung der Empfindlichkeit der einzelnen Zapfentypen. Die Wellenlängen der Maxima werden als Primärfarben (rot, grün, blau) bezeichnet. Die relative Empfindlichkeit ergibt sich aus der Überlagerung durch Summenbildung der drei Grundfunktionen.

Das bedeutet: Ein Zapfen liefert unterschiedliche Signalstärken, je nachdem, welche Wellenlänge den betreffenden Photonen zugeordnet ist. Das Auge ist für Wellenlängen im Bereich von 380 nm (blau), bis 800 nm (rot) empfänglich. Noch in den Nervenzellen des Auges findet dann eine Vorverarbeitung der Rezeptorsignale statt. Dabei werden die Zapfensignale in einen Buntwert und eine Sättigung umgerechnet, und aus der Summe der Zapfensignale wird ein Helligkeitswert errechnet. Dies erfolgt parallel zum zusätzlichen Helligkeitswert, den die Stäbchen liefern. Aufgrund der genannten hohen Empfindlichkeit liefern diese bei hellem Licht als Information aber nur ein Weiß, die Helligkeit wird deswegen allein aus der Zapfeninformation bezogen. Umgekehrt ist es in der Nacht bzw. bei geringem Lichteinfall. Weil dabei die Zapfen kaum ansprechen, steht keine Farbinformation zur Verfügung, sondern nur die Grauwerte, welche die Stäbchen liefern.

Erst nach der Vorverarbeitung wird das Signal über ein Nervenbündel an das Gehirn weitergeleitet. Im Übrigen findet auch eine Integration im Auge statt. Es wird das Signal von Hunderten von Rezeptoren gemittelt, denn es führen von den 130 Millionen Empfängerzellen „nur" ca. 2 Millionen Nervenstränge ins Gehirn. Die Vorgänge dort sind nun ausgesprochen komplex, und dieser Abschnitt reicht nicht, um näher darauf einzugehen. Aber um einen Eindruck zu vermitteln, sei an Farbverschiebungen erinnert, die durch unterschiedliche Beleuchtungen entstehen. Das Gehirn verstärkt oder schwächt dabei Farbanteile aufgrund von gelerntem Wissen. Eine Orange bleibt daher orangefarben, eine Zitrone gelb, egal ob bei Tages- oder Glühbirnenlicht (konstanter Farbeindruck). Bestimmte isolierte und schmalbandige Lichtanteile werden dagegen glattweg ignoriert u. v. m.

Der Übergangsbereich vom Tages- zum Nachtsehen muss heute auch von den Herstellern der Autoscheinwerfer auf LED-Basis beachtet werden, denn diese werden zum Teil mit blauen LEDs konstruiert, die eine chemische Substanz anstrahlen, welche für eine Konvertierung des blauen in weißes Licht zuständig ist. Allerdings gelingt diese Farbverschiebung nicht gänzlich, es verbleiben noch blaue Anteile. In der Dämmerung und natürlich in der Nacht übernehmen die Stäbchen das Helligkeitsempfinden, mit einem Maximum bei 505 nm (blau). Durch diesen von Punktjie entdeckten Effekt werden die Scheinwerfer als zu hell empfunden.[1]

5.1.1 Farbmodelle

Profile und das CIE-Farbmodell

Wenn also Farbe ein physiologisches Phänomen ist, wie kann sie dann bestimmt und damit gerechnet werden? Dieser Frage hat sich die *Commission Internationale de l'Éclairage* (CIE) bereits im Jahr 1931 gewidmet. Dabei wurde mit einer Vielzahl von Probanden für jede Wellenlänge und in Zehn-Nanometer-Schritten ein Farbeindruck bestimmt, basierend auf farbigen Normlichtquellen, deren Spektrum vorher vermessen wurde. Das Ergebnis ist ein umfangreiches Tabellenwerk sowie die CIE-Farbtafel, von den

[1] In: Markt&Technik, Nr. 39/2009, Seite 16ff.

Praktikern auch „Schuhsohle“ genannt.[2] Es ist bis heute das Farbreferenzmodell für die Umrechnung von Farbmodellen, die Kalibrierung und Beurteilung von Aufnahme- und Ausgabegeräten. In Deutschland ist dafür die DIN-Normfamilie (DIN 5033) zuständig.

Dem CIE-Modell liegt eine physikalische Definition der Farben zugrunde, das auch die Eigenschaften des Auges berücksichtigt. Würde man direkt eine rein weiße Lichtquelle – alle Wellenlängen sind in der gleichen Stärke vertreten – mit der Empfindlichkeit der Zapfen filtern, dann entsteht nicht mehr der Farbeindruck weißen Lichts, vielmehr ein eher gelblicher Farbeindruck, bestimmt durch die Summe der Signale aus den einzelnen Zapfentypen. Nun soll aber ein Farbmodell genau das Gegenteil bewirken, das Licht der weißen Quelle, die eine weiße Fläche bestrahlt, muss einen Farbwert erhalten, der weiß ergibt. Dabei ist eine Gewichtsfunktion anzubringen, die die unterschiedliche Empfindlichkeit der Zapfen ausgleicht; so muss im blauen Bereich die Korrekturkurve stärker ausgeprägt sein, während sie im gelben und roten Bereich zurückgenommen ist.

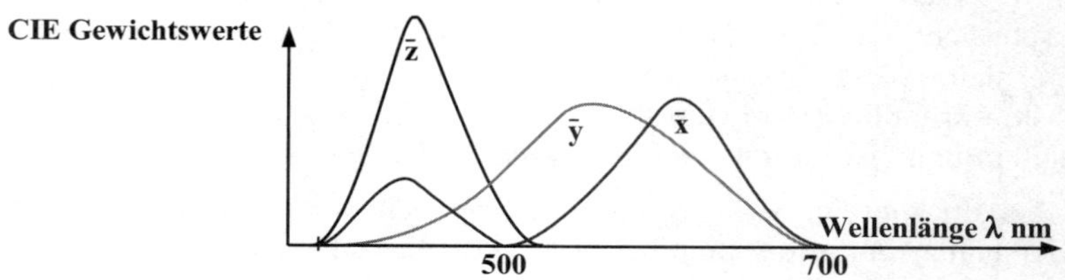

Abbildung 5.2 Prinzipielle Darstellung der CIE-Gewichtsfunktionen $\bar{x}$, $\bar{y}$, $\bar{z}$.

Das CIE hat für jede Primärfarbe eine solche Gewichtsfunktion tabellarisch aufgestellt, die mit der Intensität einer Lichtquelle bei einer bestimmten Wellenlänge multipliziert wird. Die Integration, d. h. eine Summenbildung über Tabellen über den Wellenlängenbereich von 400 nm bis 700 nm, ergibt für jede Gewichtsfunktion eine Position in einem dreidimensionalen Farbraum mit den Koordinaten X, Y bzw. Z.

$$X = k\int_{\lambda_1}^{\lambda_2} \phi(\lambda)\bar{x}(\lambda)d\lambda \qquad Y = k\int_{\lambda_1}^{\lambda_2} \phi(\lambda)\bar{y}(\lambda)d\lambda \qquad \text{Z entsprechend}$$

Darin ist k ein Normierungsfaktor und $\phi(\lambda)$ eine spektrale Funktion der Lichtquelle, multipliziert mit der spektralen Funktion einer beleuchteten Fläche (Reflektion): $\phi(\lambda) = S(\lambda)R(\lambda)$. Das bekannte CIE-Diagramm ergibt sich aus den X-, Y- bzw. Z-Koordinaten durch eine Projektion auf eine Ebene mit den Koordinaten x, y durch die nachstehenden Funktionen. Die Z-Koordinate kann entfallen, denn sie folgt vollständig aus den x- und y-Werten.

[2] Das Tabellenwerk kann auch von `http://cie.co.at` heruntergeladen werden.

$$x = \frac{X}{X+Y+Z} \qquad x = \frac{Y}{X+Y+Z} \qquad z = 1 - x - y$$

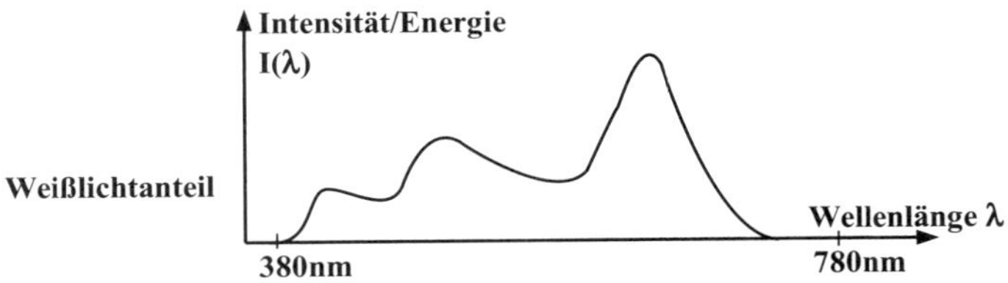

Abbildung 5.3

Skizziert ist hier die spektrale Verteilung der Intensität einer Lichtquelle. Ein Kurvenverlauf wie der dargestellte tritt bei zusammengesetzten Lichtquellen auf; jede Lichtquellenkomponente liefert einen Intensitätsbeitrag in einem sich in der Regel überlappenden Wellenlängenbereich.

Der durch das CIE definierte Farbraum CIEXYZ ist von einem Ausgabegerät unabhängig. Soll also eine Farbe exakt auf zwei unterschiedlichen Ausgabegeräten, zum Beispiel einem Monitor und einem Drucker, wiedergegeben werden, dann sind Matrizen nötig, die Farbangaben in RGB vom Monitor in die X,Y,Z-Koordinaten des CIE und von dort in das CMYK des Druckers umrechnen. Auf dem Computer werden Profildateien für die jeweilige Abbildung verwendet, sogenannte ICC-Profile (*International Colour Consortium*). Die Farbräume RGB und CMYK sind nicht exakt überlappend, eine in dem jeweiligen Farbraum nicht vorhandene Farbe wird dann irgendwie angenähert, resultierend in einer unter Umständen merklichen Farbänderung. Bei der Erstellung eines ICC-Profils ist ein Testbild auszugeben oder zu drucken und dann eine Messung der Abweichungen relativ zum CIEXYZ-Farbraum vorzunehmen. Die Verwaltung und Nutzung der ICC-Profile erfolgt durch die darstellenden Applikationen, unterstützt vom Betriebssystem. Auch für digitale Kameras, also für Aufnahmegeräte, werden ICC-Profile erstellt, und in Java2D können ICC-Profile über die `ColorSpace`-Klasse ausgewählt werden.

Das Farbreferenzmodell der CIE wurde von dem Konsortium im Jahre 1976 weiterentwickelt. Später – insbesondere um die Abhängkeit von der Grundfarbe zu beseitigen sowie für lineare Abstände bei der Mischung von Farben – wurde das heute vielfach verwendete Lab-Farbmodell geschaffen. Das Lab-Farbmodell[3] ist nach den Buchstaben der drei Achsen des zugrundeliegenden Koordinatensystems benannt. Die L-Achse mit dem Definitionsbereich [0...100] gibt die Luminanz einer Farbe an, die a-Achse [−127...127] Blau-Gelb-Werte und die b-Achse [−127...127] Grün-Rot-Werte. Im Lab-Farbraum entspricht die Angabe $(50, 0, 0)$ einem mittleren Grau.

[3] Exakt müsste die Abkürzung $L^* a^* b^*$ lauten.

Das RGB-Farbmodell

Das in der Computerwelt vorherrschende Farbmodell ist ein einfacher Farbwürfel (*RGB Cube*). Die Koordinatenachsen sind den Farben Rot, Grün und Blau zugeordnet, die Werte im Bereich [0...255] (Byte) annehmen dürfen. Dieser Wertebereich ist jedoch für viele Fälle ungünstig, denn die RGB-Werte sind Intensitäten, für die auch die Multiplikation möglich sein sollte. Was ist aber die Rot-Intensität $R = 127 \cdot 255$? Der Gedanke liegt nahe, die Farbwerte auf Gleitkommazahlen im Bereich [0...1] zu normieren, so dass 0 keine Intensität und 1 die maximale Intensität repräsentiert. Somit wird dann $R = 0{,}5 \cdot 1 = 0{,}5$, das Ergebnis der Mulitiplikation kann den Wertebereich nicht verlassen. So kann zum Beispiel 0,5 die Absorbtion von 50% durch ein Material angeben und 1 die Intensität einer Lichtquelle. Im RGB-Modell wird die *Farbe* Weiß durch die Addition der maximalen Stärke der Grundfarben Rot, Grün, Blau erzeugt. Es ist aber nicht absolut, die gleiche RGB-Angabe kann bei einem anderen Monitor durch eine andere Farbnuance angezeigt werden. Als Alternative zum CIEXYZ-Farbmodell wurde das einfachere sRGB (s für Standard) von HP und Microsoft eingeführt. Es ist wie CIEXYZ ein absolutes Farbmodell.[4]

OpenGL arbeitet ausschließlich mit dem RGBA-Farbmodell, das mit dem RGB identisch, jedoch um eine Alpha-Komponente erweitert ist – wichtig für die Transparenz und die Überlagerung von Farben. Da OpenGL als Schnittstelle ja kein eigenes Ausgabegerät definiert, stellt sich die Frage des Farbmodells für OpenGL nur im Zusammenhang mit der Pixelrepräsentation im Farbpuffer, also dem Format einer Farbkomponente.

In der ersten Hälfte des 19. Jahrhunderts beschäftigten sich die Gelehrten viel mit dem Phänomen Licht. Thomas Young (1783–1825) war der erste Wissenschaftler, der die Frequenzen und Intensitäten des Lichtes vermaß. In seinem Buch „A Course of Lectures on Natural Philosophy and the Mechanical Arts" (1807) stellte er erstmals eine Theorie der Primärfarben vor. Nach Young können alle anderen Farben aus den drei Grundfarben Rot, Grün und Violett gemischt werden. Hermann von Helmholtz (1821–1894) entwickelte die Theorie weiter. Das Violett von Thomas Young lag an der Grenze von Blau und Violett und wurde später als Blau definiert – das RGB-Farbmodell war geboren. Bis dahin gab es viele konkurrierende Modelle, die fast alle auf sechs Grundfarben basierten, etwa die „colori semplici" des Leonardo da Vinci. Erst ein tieferes Verständnis des Lichtes als Welle ermöglichte aber die Vereinfachungen, die für uns selbstverständlich sind.

Weitere Farbmodelle

Ein weiteres weit verbreitetes Farbmodell ist das HSV (*Hue – Saturation – Value*), das auch als HSB (B für „Brightness") bezeichnet wird. Dieses Mo-

[4] Siehe auch `http://www.w3.org/pub/WWW/Graphics/Color/sRGB.html`

dell kennt sechs Grundfarben, die in einem Sechseck angeordnet werden, wie es meist im künstlerischen Bereich erfolgt. Die V-Koordinate führt von einem reinen Weiß zum Schwarz, so dass ein sechseckiger Kegel gegeben ist. Eine Weiterentwicklung des HSV ist das HLS-Modell (*Hue – Lightness – Saturation*). Bei beiden, dem HSV und dem HLS, steht die einfache Vorhersagbarkeit einer Farbe im Vordergrund.

Hue
: Dieser Wert gibt die Farbe an sich an.

Saturation
: Die Sättigung der Farbe bezogen auf den Grauanteil. Je dumpfer oder verwaschener eine Farbe erscheint, desto weniger ist sie gesättigt. Reine Farben sind 100% gesättigt. Die Sättigung verringert sich durch Beigabe von weißem Licht oder, beim Malen, von weißer oder schwarzer Farbe.

Lightness, Brightness, Luminance
: Bei beleuchteten Materialien wird die Helligkeit mit *Lightness* angesprochen, bei Lichtquellen (Lampe, Sonne etc.) wird stattdessen *Brightness* verwendet. *Luminance* steht, übergeordnet, für den Wert der Intensität einer Farbe oder eines Farbanteiles. Beim Malen kann die Helligkeit durch Beigabe von Schwarz reduziert werden, was ein wahrer Künstler natürlich nie tun würde, da damit auch die Sättigung einer Farbe leidet, sie wird dumpf. In OpenGL ist der Wertbereich der Luminance auf 0...1 beschränkt.

  Von der Luminance eines Objektes oder einer Lichtquelle wird immer dann gesprochen, wenn die Intensität bzw. die Farbe unabhängig von der Umgebung betrachtet wird. Eine solche Situation ist in der Realität nur in einem Labor gegeben, denn stets steht eine Farbe in der Nachbarschaft anderer Farben und Formen. Brightness und Lightness sind durch den Betrachter bewertete Angaben.

Beim Druck spielt das CMYK (Cyan, Magenta, Yellow, K) eine große Rolle, da dieses die Farbmischung durch Subtraktion behandelt. Unbedrucktes weißes Papier reflektiert alle Farben. Papier mit einer aufgedruckten grünen Farbe absorbiert Rot und Blau bzw. Magenta, vom Weiß bleibt also Grün übrig. Reines Schwarz kann beim Druck allerdings nicht erreicht werden, indem alle Farben, Cyan, Magenta und Gelb, übereinander gedruckt werden, denn die Mischung ergibt nur ein dunkles Grau. Beim Vierfarben-Druck wird daher Schwarz als zusätzliche Komponente verwendet, außerdem ist Text ebenfalls meist schwarz. Der CMYK-Farbraum ist nicht absolut festgelegt.

Ein von Adobe im Jahr 1998 entwickeltes Farbmodell (Adobe RGB) wird bei hochwertigen Digitalkameras wegen des großen Gamuts[5] eingesetzt. Mo-

[5] Der Gamut ist ein Ausschnitt aus der CIE-Farbtabel; je größer der Gamut eines Geräts, desto mehr Farben werden von diesem erfasst oder dargestellt.

nitore, Scanner und einfachere Kameras verwenden hingegen den sRGB-Farbraum. Auch in Europa gibt es Initiativen zur Normierung von Farbräumen, die in der ECI (*European Colour Initiative*) gebündelt sind. Dort ist auch der RGBv2 (ECI-RGB) zu finden, eine europäische Entsprechung zum SWOP in der USA. SWOP ist die Vorgabeeinstellung bei Adobe Photoshop.

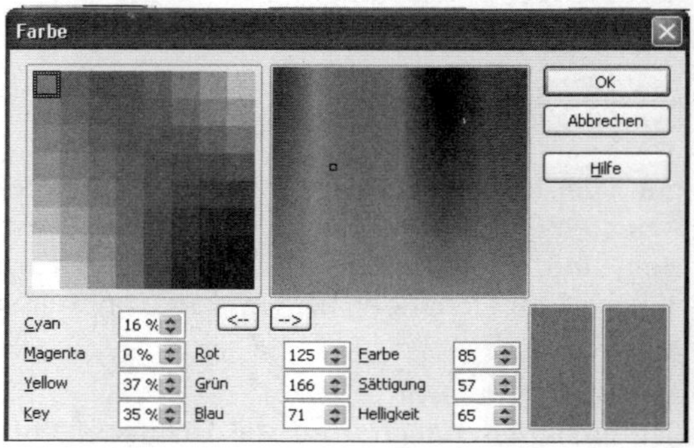

Abbildung 5.4 Die Einstellung einer Farbe kann in OpenOffice mittels des dargestellten Dialogs erfolgen. Dabei kann der Anwender sowohl mit dem CMYK-, dem RGB- als auch dem HSV-Farbmodell Einstellungen vornehmen. Experimente mit der Farbeinstellung bei diesem Dialog geben ein gutes Gefühl für die Werte, die sich bei den einzelnen Farbmodellen ergeben.

Obwohl der CIE schon ein älterer Standard ist, nimmt seine Bedeutung in der Zukunft eher zu. Hier sind insbesondere LEDs zu nennen, die als Ersatz für Lampen eingesetzt werden. Die Herausforderung besteht darin, eine bestimmte Mischfarbe, die im CIE definiert ist, durch die Kombination von LEDs herzustellen und Farbverschiebungen durch die Alterung und hohe Betriebstemperaturen vorauszusagen. So hat sich heute ein eigener Zweig der Messtechnik herausgebildet, der sich speziell mit der Vermessung von weißen LED befasst.

Weil für viele Anwendungen eine hohe Übereinstimmung mit dem Sonnenlicht angestrebt wird, wurde neben dem Farbort im CIE-Modell noch eine weitere Kennzeichnung eingeführt, der *Color Rendering Index* (CRI), also Farbwiedergabeindex des Weißlichtes. Eine LED-Leuchte mit einem hohen CRI lässt angestrahlte Objekte natürlicher erscheinen. Angetrieben durch die Klimaschutzdiskussion und die Vielfalt der gestalterischen Möglichkeiten, werden die LED-Leuchten im nächsten Jahrzehnt eine mit den Handys vergleichbare Verbreitung erleben. Firmen, die die mit Farbmessungen verbundene Messtechnik beherrschen, können auf ein gutes Geschäft in der Zukunft vertrauen.

5.1.2 Farbpuffer

Der Farbpuffer (*Color Buffer*) ist ein OpenGL-Begriff für einen Speicherbereich, in dem das berechnete Bild abgelegt ist. OpenGL kann unterschiedliche Farbpuffer bereitstellen, die mit der Funktion `glDrawBuffer(mode)` voreingestellt werden. Die Einstellung ist von der Applikation abhängig. Im Normalfall besitzt diese nur ein Ausgabegerät: den Bildschirm. Es ist aber auch möglich, etwa für Helmsets eine Stereoausgabe vorzunehmen, dann werden auch zwei Farbpuffer benötigt, je für links und rechts.

Aber auch bei einem Bildschirm können zwei Farbpuffer nötig sein, und zwar dann, wenn doppelt gepuffert wird (*Double Buffering*), was in der Regel der Fall ist. Bei diesem Modus erfolgt das Rendering in den *Back Buffer*, während der Inhalt des anderen Puffers (*Front Buffer*) dargestellt wird. Ist das Rendering beendet, werden die Puffer vertauscht (*Swap*). Doppeltes Puffern vermeidet das Flackern der dargestellten Szene. Jedesmal wenn ein neuer Frame erzeugt wird, ist es unsere Aufgabe, den Farbpuffer auf eine Grundfarbe einzustellen. Ohne eine Farbangabe wird der Farbpuffer mit 0 überschrieben, was im RGB-Modell das Fehlen von Farbe, also Schwarz bedeutet. Die Alpha-Komponente, d. h. die Transparenz, wird ebenfalls mit 0 angegeben, der Hintergrund soll nicht durchscheinend sein.

```
public void initialize(GL gl) {
  // ...
  gl.glClearColor(0.2f,0.65f,0.15f,0f);
}
public void display(GL gl) {
  gl.glClear(GL.GL_COLOR_BUFFER_BIT);
  // ...
}
```

Im obigen Programmbeispiel wird OpenGL (einmalig) bei der Initialisierung die gewünschte Farbe bekannt gegeben, hier ein sattes Grasgrün. Am Beginn der Frameberechnung löscht `glClear` den Farbpuffer unter Verwendung der voreingestellten Farbe.

5.1.3 Nebel

Dem Imaging werde ich ein eigenes Kapitel widmen und an dieser Stelle auf die Erzeugung von Nebel eingehen. Nun ja, die Formulierung ist so nicht ganz korrekt, es wird lediglich Nebel *simuliert*. Aber was hat dies mit Farbe zu tun? In der Simulation ist Nebel eine Farbe, die, abhängig von der Tiefe der Szene, mit den dort vorhandenen Farben überlagert wird. Angenommen, die Nebelfarbe ist ein dunkles Grau $RGBA = (0.1, 0.1, 0.1, 1)$. Dieses Grau soll voll wirksam sein, wenn die maximale Tiefe der Szene erreicht ist. Je weiter ein Punkt vom Betrachter entfernt ist, desto stärker wird die aktuelle Farbe abgeschwächt und die Nebelfarbe entfernungsbedingt verstärkt.

```
public void initialize(GL gl) {

  float maxDepthColor[] = {0.1f,0.15f,0.30f};
  gl.glClearColor(maxDepthColor[0],maxDepthColor[1],maxDepthColor[2],0f\
);

  gl.glEnable(GL_FOG);
  gl.glFogfv(GL_FOG_COLOR,maxDepthColor,0);
  gl.glFogf(GL_FOG_START,sceneMinZ);
  gl.glFogf(GL_FOG_END,sceneMaxZ);
  gl.glFogi(GL_FOG_MODE,GL.LINEAR);
  gl.glHint(GL_FOG_HINT,GL.GL_NICEST);
}
```

Stellt man den Nebel einmal in einer Initialisierungroutine ein, so wird für die ganze Szene die Tiefenwirkung verstärkt. Die Nebelparameter werden durch die Varianten der `glFog`-Funktion eingestellt, eine nähere Beschreibung dieser Funktion finden Sie im OpenGL-Kapitel (Seite 657ff.). Der Nebel muss eingeschaltet werden und die Nebelfarbe wird in der fixierten Rendering Pipeline als letzte Farbe mit der Farbe eines Fragmentes mulipliziert. Nebel wird ab einer bestimmten Startposition `GL_FOG_START` bis zu einer Endposition `GL_FOG_END` wirksam, dazwischen interpoliert OpenGL die Farbe in Abhängigkeit von der Position eines Objektes in Beobachterkoordinaten.

Neben dem oben genannten linearen Nebenmodus `LINEAR` sind noch zwei weitere Modi auswählbar, `EXP` und `EXP2`, die eine exponentielle Interpolation der Nebelfarbe in Abhängigkeit von der Entfernung gestatten. OpenGL legt im linearen Modus und im Exponentenmodus verschiedene Funktionen für die Kalkulation der Entfernung an. Nur beim linearen Modus wird die Start-End-Position berücksichtigt und nur im Exponentenmodus die Intensität. Näheres zur Kalkulation finden Sie bei der Beschreibung der `glFog`-Funktion.

Nebel-Beispielprogramm

Für Experimente mit Nebelparametern und deren Auswirkungen auf eine Szene habe ich ein kleines Beispielprogramm erstellt. Die Szene zeigt ein Grid, aufgebaut mit Kuben – das an eine Großstadt erinnert –, damit wird das Nebelfeld gut sichtbar. Sie können die Start- und Endposition verschieben, die aktuellen Positionen sind mit kleinen Dreiecken auf der unteren Achse markiert. Weitere Tasten schalten den Nebelmodus um, auch kann die Nebeldichte, die nur im Exponentenmodus wirksam ist, sowie die Nebelfarbe eingestellt werden. Das Beispielprogramm finden Sie im Paket `examples.fog` und den Kern, das Rendering, in der Klasse `FogRender`.

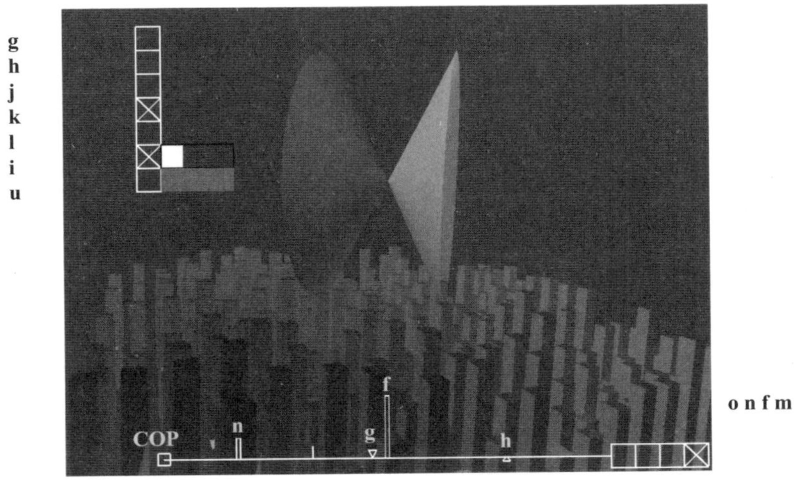

Screenshot des Nebel-Beispielprogrammes.

Abbildung 5.5

Tabelle 5.1: Nebelsimulation, Steuerung

Typ	Control	Wirkung
Keyboard	[o]	Veränderung Öffnungswinkel auf Mausrad
	[n]	Verschiebung `near` auf Mausrad
	[f]	Verschiebung `far` auf Mausrad
	[w]	Verschiebung COP Richtung neg. Z-Achse
	[s]	Verschiebung COP Richtung pos. Z-Achse
	[a], Pfeil li	Verschiebung COP Richtung neg. X-Achse
	[d], Pfeil re	Verschiebung COP Richtung pos. X-Achse
	Pfeil auf	Verschiebung COP Richtung pos. Y-Achse
	Pfeil ab	Verschiebung COP Richtung neg. Y-Achse
	[m]	Änderung der Matrixkette
Mausrad		Abhängig von der Belegung, siehe oben
Maus	vor/zurück	Rotation um die X-Achse
	seitlich	Rotation um die Y-Achse
Keyboard	Leertaste	fixiert die Rotation bzw. gibt diese frei
	[g]	Verschiebung Nebel-Satartposition, auf Mausrad
	[h]	Verschiebung Nebel-Endposition, auf Mausrad
	[j]	Wählt den LINEAR-Modus
	[k]	Wählt den EXP-Modus

Fortsetzung:

Typ	Control	Wirkung
	[l]	Wählt den EXP2-Modus
	[i]	Einstellung der Nebeldichte auf Mausrad
	[u]	Einstellung der Nebelfarbe auf Mausrad

5.2 Licht

Feuer, Wasser, Erde und Luft waren, bis in die jüngste Geschichte des Menschen, die einzigen für Betrachtungen über die Welt zugänglichen Elemente. Das Licht hingegen war selbst noch, bis Mitte des 19. Jahrhunderts, eine unbegreifliche Eigenschaft, die sich jeder Erklärung auf raffinierte Art und Weise entziehen konnte. Heute wissen wir, dass Licht eine elektromagnetische Strahlung ist, deren Träger die Photonen sind. Auch ist uns bekannt, dass die Photonen, als Teilchen betrachtet, absorbiert, in ihrer Bahn abgelenkt, an Oberflächen reflektiert und, als Welle betrachtet, sich überlagern können. Für den romantischen Menschen hingegen ist Licht das Gegenteil von Schatten und das Zusammenspiel beider in einer Szene macht diese interessant, geheimnisvoll oder schlicht schön.

In der virtuellen wie auch in der realen Welt sehen wir rein gar nichts, wenn diese nicht beleuchtet wird. Dazu werden Lichtquellen benötigt, und diese können in der virtuellen Welt natürlich nur Nachbildungen der Quellen der physikalischen Welt sein. Tatsächlich werden selten die Quellen selbst nachgebildet, vielmehr die Eigenschaften des Lichts, das von den Quelle ausgeht. So liefert die Sonne, aufgrund der großen Entfernung zur Erde, praktisch ein parallel einfallendes Licht.

Photonen sind elementare Austauschteilchen, die Energie $E_0 = hv$ von einem Ort zu einem anderen transportieren. In dieser Gleichung ist h die Plancksche Konstante $h \approx 6.62 \cdot 10^{-34} Js$ und v die Frequenz in Hertz. Die Zahl der Photonen ist enorm hoch, so sendet eine Energiesparlampe (750 lm) zirka $3 \cdot 10^{18}$ Photonen pro Sekunde aus.

Beispiel 5.10

Die auf der Packung einer Energiesparlampe angegebene Größe in Lumen ist der Lichtstrom $\phi_v = I_v \Omega$, das Produkt aus der Intensität $I_v\,[cd]$ und dem Raumwinkel $\Omega\,[sr]$. Zum Raumwinkel siehe *Drehungen und Winkel* (Seite 490). Das Candela [cd] ist eine definierte SI-Basiseinheit:[6]

[6] Internationales Einheitensystem, siehe auch: Wolfgang Trapp, Heinz Wallerus: „Handbuch der Maße, Zahlen, Gewichte und der Zeitrechnung“, 5. Aufl., Reclam, 2006.

$$1\,cd = \frac{1}{683}\left[\frac{W}{sr}\right]\Bigg|_{v=550\cdot 10^{12}\,Hz}$$

Die Quelle emittiert Energie pro Zeiteinheit, den Lichtstrom (*Luminous Flux*), der sich aus der Summe der Energiebeträge der einzelnen Photonen ergibt.

$$\phi_v = \left(\frac{dN}{dt}\right) hv\,[W/sr] \qquad N = \text{Zahl der Photonen}$$

Die Umstellung der Gleichung führt auf die Photonenrate, jedoch muss die Norm für das Candela in die Rechnung eingehen.

$$750\,lm \frac{cd\,sr}{lm}\frac{W}{cd\,sr}\frac{1}{683} = \frac{750}{683}[W] \qquad [W = J/s]$$

Setzt man für die Frequenz die Normangabe $v = 550\cdot 10^{12}\,[1/s]$ (gelbes Licht), dann folgt aus

$$\left(\frac{dN}{dt}\right) = \frac{750}{683}\frac{J}{s}\frac{1}{hv} \approx 3\cdot 10^{18}\left[\frac{\text{Photonen}}{\text{Sekunde}}\right]$$

eine Abschätzung der Photonenzahl, die von der Energiesparlampe im Mittel ausgesendet wird.

Ende des Beispiels 5.10

Techniken in der 3D-Computergrafik, die physikalische Wechselwirkungen sehr genau nachbilden, sind unter den Begriffen Strahlverfolgung (*Ray Tracing*) und *Radiosity* bekannt. Sie liefern hochwertige Bilder, jedoch zu einem Preis, der für viele Anwendungen nicht akzeptiert werden kann. Der Preis ist die Rechenzeit, die selbst durch Hardware unterstützt noch zu hoch sein kann. Selbst Rechenzeiten von einigen Sekunden kommen, zum Beispiel für Spiele oder Echtzeit-Simulationen, nicht in Frage, dort sollten es schon mehr als 24 berechnete Bilder pro Sekunde (Frames) sein. Dennoch wird dem Ray Tracing eine glorreiche Zukunft vorausgesagt, denn das Verfahren kommt den neuen Computertechnologien mit einer Vielzahl von Prozessoren, die gleichzeitig eine Szene berechnen, sehr entgegen. Ray Tracing erzeugt Bilder von hoher Qualität und ist ein gängiges Verfahren, damit werden zum Beispiel Texturen für virtuelle Welten erzeugt. Professionelle Renderer wie „Renderman" von Pixar sind für die Filmindustrie von hoher Bedeutung, ein freier Renderer ist „POV-Ray". Blender verwendet einen eigenen Renderer, kann aber auch YafaRay einsetzen.

Der Unterschied zum Ray Tracing ist leichter zu verstehen, wenn ein einzelner Lichtstrahl – der auch der einzige sein soll – betrachtet wird. Angenommen, dieser trifft auf ein Objekt, das Licht vollständig absorbiert; dann trifft auch kein Licht mehr im Auge ein, die Szene bleibt dunkel. Selbst wenn Objekte, die vorher getroffen wurden, den Lichtstrahl reflektiert haben, erreicht dieser nicht mehr das Auge. Wenn der Strahl über mehrere Objekte hinweg verfolgt wird, dann nennt man diese spezielle Form *Recursive Ray Tracing*. Bei OpenGL erfahren vorausgehende Objekte dennoch eine Beleuchtung, das heißt, sie zeigen eine Farbe, jedenfalls solange die Objekte für den Betrachter auch sichtbar sind.

5.3 Lichtquellen, Materialien

Die Gleichungen der Physik, die die Eigenschaften und Ausbreitung von Licht – elektromagnetische Wellen bzw. Photonen – sowie die Interaktion mit Materialien und Oberflächen beschreiben, liefern heute ein genaues Modell für die Nachbildung der Vorgänge in der virtuellen Welt. Bei der Umsetzung in 3D-Grafiksoftware und der Darstellung der Ergebnisse auf den Ausgabegeräten sind zwei Zielsetzungen maßgeblich. Bei der *möglichst realistischen* Darstellung müssen alle bekannten Vorgänge und Effekte berücksichtigt werden, hier ist eine präzise Umsetzung der Gleichungssysteme gefragt. Die 3D-Computergrafik ist hier ein Hilfsmittel für die Forschung und Technik. Im anderen Fall geht es um eine *möglichst glaubhafte* Darstellung der Vorgänge. Immer im Konflikt mit der begrenzten Rechengeschwindigkeit, besonders beim Echtzeitrendern, werden einfachere Licht- und Materialmodelle entworfen.

Zum Glück lassen sich Auge und Gehirn gerne täuschen, bei aktionsgeladenen Situationen sind uns Feinheiten bei der Beleuchtung von Objekten der virtuellen Welt unwichtig. Auf der anderen Seite lassen wir uns nur in „Stimmung versetzen", wenn es keine störenden Effekte gibt. *Glaubhaft* reduziert sich beim Rendern auf die korrekte Bestimmung der Farbe eines Pixels, und zwar mit minimaler Rechenzeit. Neben der Rechengeschwindigkeit gibt es aber eine Reihe weiterer Einschränkungen. Die Oberflächen bestehen in einer virtuellen Welt ja nicht aus einer Anordnung von Atomen, viemehr aus Flächen, die zwischen den einzelnen Vertices aufgespannt sind. Im besten Falle ist der Feinheitsgrad eines Mesh so hoch, dass einer Fläche, auch bei Nähe betrachtet, nur noch wenige Pixel entsprechen. Je nachdem, ob eine Fläche näher oder weiter vom Beobachter entfernt ist, wird sie in der Rasterstufe der Grafikpipeline auf ein Pixel reduziert oder als eine Ansammlung von Pixeln dargestellt. Falls keine besonderen Maßnahmen getroffen wurden oder dies als modus operandi gewünscht ist, erhalten alle Pixel einer Fläche die gleiche Farbe (*Flat Shading*).

Bui Tuong-Phong, Professor an der Universität in Utah, später in Stanford, der die Unterteilung der Licht- und Materialeigenschaften in den ambienten, diffusen und reflektiven Anteil vorgeschlagen hat, formulierte den Anspruch der Computergrafik so:

> We do not expect to be able to display the object exactly as it would appear in reality, with texture, overcast shadows etc. We hope only to display an image that approximates the real object closely enough to provide a certain degree of realism.[7]

In der Rendering Pipeline sind Normale und Farbangaben an die Vertices gebunden, zusammen ergeben sie die Information über das Material und die Form der Oberflächen. Die Farbe eines Vertex wird mit der Farbe eines der Pixel einer Textur kombiniert, auch hier ist eine höhere Oberflächenunterteilung von Vorteil. Je feiner diese unterteilt sind, desto genauer werden die Normale die Oberflächenkrümmung wiedergeben und desto mehr Feinheiten einer Textur können berücksichtigt werden. Den richtigen Kompromiss zwischen der verfügbaren Rechenpower und dem Grad der Unterteilung zu finden ist allerdings nicht ganz einfach.

Bei der Darstellung von Farbübergängen auf Oberflächen wird die Farbe zwischen den Vertices interpoliert, das Prinzip des *Gouraud Shading*. Dieser Vorgang findet nach der Berechnung der Beleuchtung und unabhängig von dieser statt. Verwendet werden die an die Vertices gebundenen Farbangaben. Das Gouraud Shading ist die bei OpenGL verwendete Standardprozedur, im Vergleich zum *Phong Shading* ist es schneller in der Ausführung und einfacher zu implementieren. Beim Shading wird eine Farbe an einem Oberflächenpunkt berechnet, dessen Materialeigenschaften bekannt sind und der von einer oder mehreren Lichtquellen beleuchtet wird.

Beim Spotlicht ist das Gouraud Shading manchmal zu erkennen, wenn die Grenze zwischen Dreiecken aufscheint. Der Effekt ist durch die Bindung der Intensität des Lichtes an die Vertices verursacht, nur dort, wo ein Vertex vorliegt, kann auch die Intensität höchstmöglich sein, während im Dreieck, d. h. an einer Interpolationstelle, die Intensität immer geringer sein wird. Eine Alternative sind Phong-basierende Berechnungen, denn diese erfolgen per Pixel durch Fragmentshader.

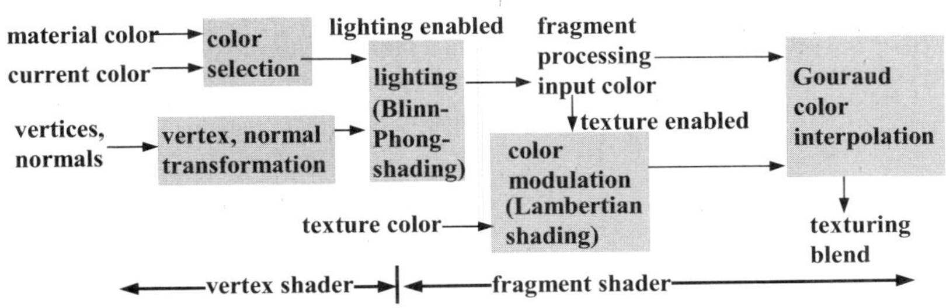

Abbildung 5.6 Erweiterung der Rendering Pipeline um die Beleuchtungsstufe. Die Doppellinie kennzeichnet die Grenze zwischen Vertex-Verarbeitung und der Rasterstufe. Unten die ungefähren Grenzen bei der Beleuchtungsrechnung mit Shadern.

7 „Computer Graphics Researchers", Books LLC, Memphis, TN, 2010, Seite 12.

Ist die Beleuchtung eingeschaltet (`glEnable(GL_LIGHTING)`), dann wird die Beleuchtungsstufe als Teil der Geometriepipeline aktiv. Dabei sind dann einzelne Lichtquellen in einer Szene vorhanden, gegebenenfalls ist noch, für eine Grundbeleuchtung, ein ambientes Umgebungslicht eingestellt.

Lichtquellen sind in zwei Kategorien unterteilt: gerichtete Lichtquellen oder Positionslichter. *Gerichtete Lichtquellen* senden – aus der Sicht des Beobachters – parallele Lichtstrahlen in eine bestimmte Richtung, die Position der Lichtquelle ist im Unendlichen gedacht.

$$\hat{L}_d = \frac{\vec{P}_L}{|\vec{P}_L|} \tag{5.1}$$

Die Lichtrichtung ist in OpenGL indirekt durch die Positionsangabe $\vec{P}_L$ bestimmt. Entscheidend ist dabei die vierte Komponente (w) der Position, die auf 0 gesetzt ist. Dadurch wird aus der Punktangabe ein Vektor. Gerichtetes Licht unterliegt keiner Abschwächung ($f_{att} = 1$).

```
float lightPosition[] = {10f,0f,-10f,0f}; // directional light
gl.glLightfv(GL.GL_LIGHT0,GL.GL_POSITION,lightPosition,0);
```

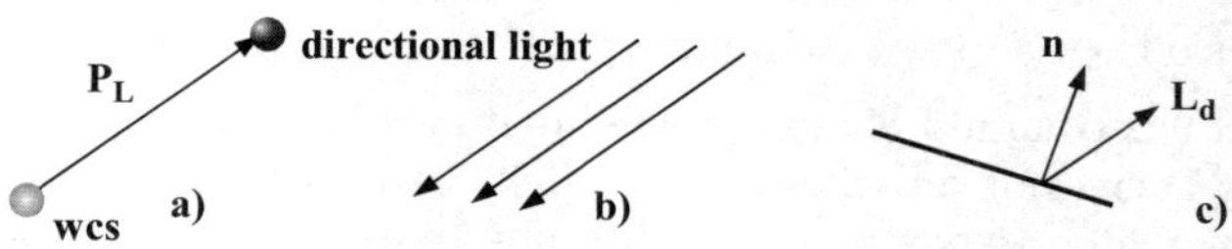

Abbildung 5.7 Gerichtetes Licht (Directional Light). a) Die Position einer Lichtquelle $\vec{P}_L$ wird in einen Lichtvektor umgewandelt $\hat{L}_d$. b) Die Lichtstrahlen verlaufen in umgekehrter Richtung, wie der Lichtvektor angibt. c) Der Lichtvektor relativ zu einer Objektoberfläche.

Bei den *Positionslichtern*, auch Punktlichter genannt, berechnet sich der Lichtvektor abhängig von der Position der Lichtquelle und relativ zu einem Oberflächenpunkt $\vec{P}_V$. Der Lichtvektor $\hat{L}_d$ ist nun ein Differenzeinheitsvektor, der vom Oberflächenpunkt zur Lichtquelle zeigt.

$$\hat{L}_d = \frac{\vec{P}_L - \vec{P}_V}{|\vec{P}_L - \vec{P}_V|} \tag{5.2}$$

In OpenGL ist ein Punktlicht durch die W-Komponente gleich 1 gekennzeichnet.

```
float lightPosition[] = {10f,0f,-10f,1f}; // point light
gl.glLightfv(GL.GL_LIGHT0,GL.GL_POSITION,lightPosition,1);
```

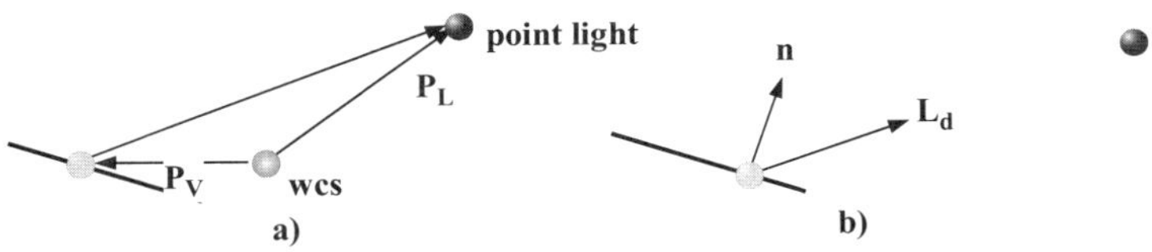

Der Lichtvektor bei Punktlichtquellen. a) Positionsangaben des Lichtes $\vec{P}_L$ und eines Vertex $\vec{P}_V$ bzw. Oberflächenpunktes. b) Der Lichtvektor zeigt hier vom Oberflächenpunkt zur Lichtquelle. WCS: Ursprung des Koordinatensystems der virtuellen Welt. Abbildung 5.8

Punktlichtquellen unterliegen einer Abschwächung, die bei der Berechnung durch einen Faktor f_{att} (*Attenuation*) auftritt, der wiederum mehrere Terme berücksichtigt: Einen konstanten Anteil f_c, den linearen Faktor f_d, der mit der Entfernung E von der Lichtquelle zum Oberflächenpunkt multipliziert wird, und einen quadratischen Faktor f_q, der mit dem Quadrat der Entfernung multipliziert wird. Der letzte Anteil entspricht dem bekannten Entfernungsgesetz in der physikalischen Welt.

$$f_{att} = \frac{1}{f_c + f_d \cdot E + f_q \cdot E^2} \qquad E = |\vec{P}_V - \vec{P}_L| \tag{5.3}$$

Die einzelnen Subfaktoren müssen größer oder gleich 0 sein, eine obere Grenze ist nicht definiert, aber da f_{att} nur in einem Bereich [0...1] sinnvoll ist – der Faktor wirkt als Gewichtungsfunktion für eine Farbintensität, die ihrerseits in diesem Bereich definiert ist –, wird die Null praktisch schnell erreicht werden. Ist die Entfernung E zwischen einem Oberflächenpunkt und der Lichtquelle gleich 3,6 Einheiten der virtuellen Welt und alle Subfaktoren gleich 1, dann folgt daraus ein $f_{att} = 0,06$. Objekte, die in dieser Entfernung von der Lichtquelle liegen, werden kaum noch beleuchtet. In OpenGL wird der Abschwächungsfaktor über drei Funktionen angegeben, hier ein Beipiel:

```
gl.glLightf(GL.GL_LIGHT0,GL.GL_CONSTANT_ATTENUATION,0.5f);
gl.glLightf(GL.GL_LIGHT0,GL.GL_LINEAR_ATTENUATION,0f);
gl.glLightf(GL.GL_LIGHT0,GL.GL_QUADRATIC_ATTENUATION,0.1f);
```

Die Beleuchtungsrechnung hängt, neben den Material- und Lichtfarben, von vielen Faktoren ab: der Art der Lichtquelle, deren Position und der Position des Oberflächenpunkts, dem Lichtvektor und beim Spotlicht auch von der Position des Beobachters.

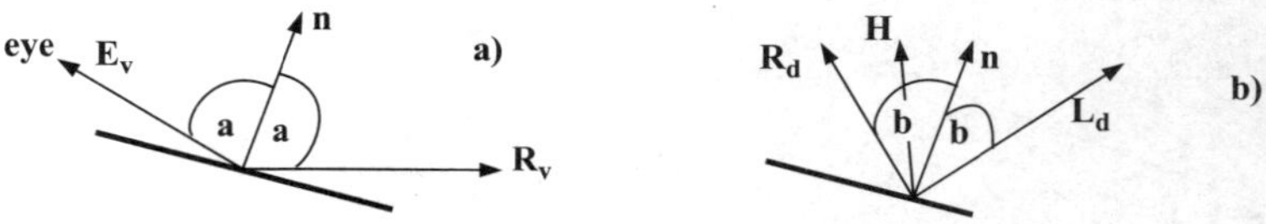

Abbildung 5.9 Beleuchtungsvektoren, ($\hat{n}$) ist die Oberflächennormale: a) Der Vektor vom Oberflächenpunkt zum Beobachter $\hat{E}_V$ und sein reflektierter Partner $\hat{R}_V$. b) Der Lichtvektor $\hat{L}_d$ und ebenfalls seine Reflektion $\hat{R}_d$. $\hat{H}$ ist der Halfway-Vektor, der im Blinn-Shading-Modell anstelle des $\hat{R}_d$ verwendet wird.

Lichtquellen in der virtuellen Welt haben eine Intensität, pro Farbkomponente zwischen 0 und 1, negative Intensitäten sind jedoch auch möglich, mit der unteren Grenze bei -1, siehe Abschnitt *Dunkelquellen* (Seite 323). Die Intensitäten aller *an einem Punkt* wirksamen Lichtquellen werden zu einer Farbsumme zusammengefasst.

$$I = I_{a,s} + M_{em} + \sum_{i=1}^{L} \sum_{k=1}^{3} I_{ik} \tag{5.4}$$

I ist die Intensität einer Farbkomponente, zum Beispiel des roten Lichtanteils. In der Gleichung verweist der Index i auf die 1, 2 ... L-te Lichtquelle, die an dem Punkt P wirksam ist. In der Intensität I_{ik} sind die Intensität der Lichtquelle, die Materialeigenschaft und weitere Faktoren enthalten. Der Index k entspricht den von Phong vorgeschlagenen Anteilen: 1=ambient, 2=diffus und 3=spot light. Das Umgebungslicht einer Szene und die Reaktion des Materials darauf ist in $I_{a,s}$ zusammengefasst, dazu kommt noch der Term für die Emission von Licht durch das Material M_{em}. Jeder Term in der Gleichung kann 0 sein, wenn das betreffende Licht nicht eingeschaltet ist und ambientes Umgebungslicht der Szene nicht berücksichtigt wird $I_{a,s} = 0$. In der Regel ist $M_{em} = 0$.

Der Wertebereich der Gesamtintensität I ist auf 0...1 begrenzt, bei vielen Lichtern und/oder hohen Intensitäten bzw. Materialfaktoren kann eine Sättigung eintreten ($I > 1$), was mit einem Verlust des dynamischen Bereichs bei der Ausleuchtung einer Szene einhergeht. Die Materialkoeffizienten sollten sich soweit wie möglich denen realer Materialien annähern und damit eher, mit Ausnahme des Reflexionsgrades auf Spotlicht, niedrige Werte aufweisen. Die Arbeitsteilung beim Erstellen einer Szene erfordert dann eine Anpassung der Beleuchtung, und zwar im Zusammenhang mit der Helligkeit der gesamten Szene, ohne die Materialfaktoren zu ändern.

Die Materialeigenschaften sind für den *Beleuchter* eine fixe Größe, ebenso wie die Form der Objekte. Für die Helligkeitsanpassung gibt es dann mehrere Möglichkeiten. Einmal die Anpassung der Intensität der Lichtquellen zueinander, die Reduktion durch höhere Abschwächungsfaktoren und beim Spotlicht die Begrenzung durch den *Cutoff*-Winkel oder den Spotlicht-Exponenten. Trickreicher ist die Abschwächung durch *Dunkelquellen*, die sehr vorsichtig eingesetzt werden sollte. Bei Material- und Intensitätsangaben ist eine Genauigkeit von fünf Stellen nach dem Komma auf jeden Fall ausreichend.

Erwähnt werden muss noch, dass Lichtquellen, gemessen an Rechenzeit, sehr teure Elemente sind. In OpenGL gibt es auch eine Obergrenze für die Anzahl der Lichtquellen, die mit der Funktion `glGet(MAX_LIGHTS)` abgefragt werden kann. Garantiert wird, dass wenigstens acht Lichtquellen eingestellt werden können.

In der obigen Gleichung (5.4) gibt I die Intensität einer Farbkomponente (R, G oder B) an. Für die simultane Ausführung der Berechnung aller Farbkomponenten ist in der Literatur auch das Zeichen ⊗ gebräuchlich, so bedeutet dann $I_{ambient} \otimes M_{ambient}$ die komponentenweise Multiplikation der Farbanteile.

```
vec3 colorLightAmbient = vec3(0.1,0.5,1.0);
vec3 colorMaterialAmbient = vec3(0.1,0.5,1.0);
vec3 colorAmbient = colorLightAmbient*colorMaterialAmbient;
```

In einem Shader liegt die Farbe des Materials als Vektor vor, ebenso wie die Intensität des Lichts, die obige Rechnung ergibt den ambienten Farbanteil: $(0.01, 0.25, 1.0)$.

Die *Materialeigenschaften* sind wie die Lichtquellen in die drei Anteile (ambient, diffuse, specular) eingeteilt und grundsätzlich als eine Reaktion auf das eintreffende Licht definiert. Da Licht durch die Materialeigenschaften nie verstärkt wird – sonst läge ja eine Lichtquelle vor –, besteht die Reaktion im Wesentlichen darin, die Intensität einer Farbkomponente des eintreffenden Lichts abzuschwächen. Die ambiente Farbe eines Materials besteht aus drei Faktoren (R, G, B), auch als Materialkoeffizient bezeichnet: ein jeder wird mit der Intensität der entsprechenden Farbkomponente des eintreffenden Lichtes multipliziert. Ebenso ist eine diffuse Farbe und eine Farbe gegeben, die als Reaktion auf das Spotlicht festgelegt ist. Neben diesen Materialeigenschaften ist eine Emissionsfarbe definiert, deren Farbkomponenten als Konstante in der Intensitätsrechnung betrachtet werden können, siehe (5.4), dort der Term M_{em}. Die Emissionsfarbe simuliert selbstleuchtende Materialien, sie ist lediglich eine beim Material gesetzte Farbe ohne Einfluss auf die Beleuchtung anderer Objekte einer Szene.

Flächen haben eine Vorderseite und eine Rückseite. Es besteht die Möglichkeit, diesen getrennte Materialkoeffizienten zuzuordnen. Denken Sie an einen offenen Kegel, dem stehe eine Kugel gegenüber, die eine geschlossene Oberfläche aufweist. Wenn sich beide in einer Szene drehen, dann erscheint beim Kegel immer wieder die Rückseite der Kegelfläche, bei der Kugel hingegen stets die Vorderseite. Rückseite und Vorderseite sind durch die Normalen der Flächen bzw. der Abfolge der Vertices bei der Übergabe an den Renderer festgelegt, siehe dazu *Meshes* (Seite 145f.). Solange der Beobachter sich nicht innerhalb der Kugel befindet, genügt es, dafür lediglich Material für die Vorderseite zuzuweisen. Beim Kegel hingegen ist gegebenenfalls beidseitig Material anzugeben.

OpenGL bietet drei Konstanten an, die in den Materialfunktionen verwendet werden, um eine Kontrolle über die Zuordnung zur Fläche auszuüben. Mit `GL_FRONT` wird Material für die Vorderseite zugewiesen, `GL_BACK` weist Material der Rückseite zu. `GL_FRONT_AND_BACK` ist eine Kombination, die Materialangabe gilt sowohl für die Vorder- als auch die Rückseite. Diese Angaben stehen in engem Zusammenhang mit dem Lichtmodell. `GL_LIGHT_MODEL_TWO_SIDE` ist ein Argument der Funktion `glLightModeli`. Wird als zweiter Parameter 0 (false) übergeben, wie im nachstehenden Beispiel, dann bezieht OpenGL die Materialangaben aus der Vorderseite, die Rückseite wird mit der Materialangabe der Vorderseite beleuchtet.

```
gl.glLightModeli(GL.GL_LIGHT_MODEL_TWO_SIDE,0); // OpenGL default
```

Die beidseitige Beleuchtung mit dem zweiten Parameter 1 (true) nutzt getrennte Materialangaben. Dieser Modus muss eingestellt werden, wenn mit `GL_BACK` ein eigenes Material festgelegt wird. Bei der Berechnung der Rückseiten wird die Normale $\hat{n}$ automatisch umgedreht.

```
gl.glLightModeli(GL.GL_LIGHT_MODEL_TWO_SIDE,1);
```

Die Materialeigenschaften selbst kontrollieren Funktionen aus der `glMaterialf`-Familie. Eine Einstellung der Materialeigenschaften, ambient, diffus und die Reaktion auf Spotlicht, plus dem Hinzufügen eines Emissionsanteiles, erfolgt mit nachstehendem Programmcode. Die ambienten und diffusen Materialkoeffizienten werden hier auf den gleichen Wert eingestellt.

```
gl.glMaterialfv(faceMode,GL.GL_EMISSION,m.emssionColor,0);
gl.glMaterialfv(faceMode,GL.GL_AMBIENT_AND_DIFFUSE,m.ambientColor,0);
gl.glMaterialfv(faceMode,GL.GL_SPECULAR,m.specularColor,0);
```

Darin ist `faceMode` die oben angeführte Konstante, `GL_FRONT` etc. Will man auf diese Weise Material getrennt für die Vorder- und Rückseite zuweisen, dann muss der Programmcode wiederholt werden, mit entsprechendem `faceMode` und Materialeigenschaften der zugehörenden Seite. Anfänglich etwas verwirrend kann die alternative Methode zur Zuweisung der Materialeigenschaften sein. OpenGL ist wie viele andere Renderer auch eine „gewachsene Software", da entstehen schon mal Redundanzen, evtl. mit subtilen Unterschieden. Normalerweise stellen Sie in OpenGL eine bestimmte Farbe durch ein Mitglied der `glColor`-Funktionsfamilie ein. Damit dieser Modus auch für Material möglich ist, hat OpenGL eine weitere Funktion eingeführt, welche die ersten beiden Parameter der `glMaterialfv` übergibt.

```
gl.glEnable(GL.GL_COLOR_MATERIAL);
// ....
gl.glColor4fv(m.diffuseColor,0);
gl.glColorMaterial(faceMode,GL.GL_DIFFUSE);
```

Bei der Nutzung dieser Alternative ist zu beachten, dass zuerst die Farbe gesetzt und dann der Modus mit `glColorMaterial` eingestellt wird. OpenGL ersetzt nun die Materialfarbe auf der Grundlage der aktuellen Farbe, übergeben durch `glColor`. Auch ist dieser Weg explizit freizugeben, was durch den Funktionsaufruf `glEnable(GL_COLOR_MATERIAL)` erfolgt. Von Haus aus ist die Übergabe durch `glMaterialfv` eingeschaltet.

Als eine Reaktion auf Spotlicht ist noch einer weiterer Materialfaktor vorgesehen, der als *Shininess*-Faktor bezeichnet wird. Dieser ist ein Exponent, der bei hohen Werten einen glänzenden Effekt hervorruft. Der Shininess-Faktor wird beim Spotlicht genauer beschrieben. Um diesen einzustellen, ist die `glMaterialf`-Funktion zu verwenden.

```
gl.glMaterialf(faceMode,GL.GL_SHININESS,shininessFactor);
```

5.3.1 Umgebungslicht

Umgebungslicht (*Ambient Light*) erzeugt, wenn es das alleinige Licht in einer Szene ist, matte, ja stumpfe Oberflächen. Genau genommen liegt eigentlich keine Lichtquelle vor, die Objekte haben lediglich eine gesetzte Farbe, die unabhängig vom Betrachtungswinkel gleiche Stärke besitzt.

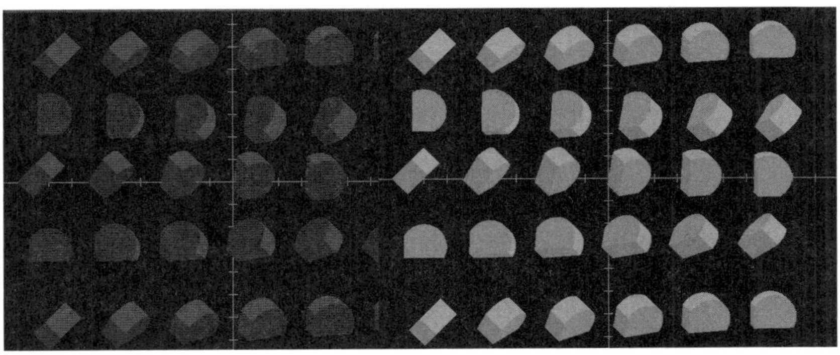

Abbildung 5.10

Darstellung eines Objektes unter verschiedenen Blickwinkeln. Die Szene enthält nur ambientes Licht. Links ist die Lichtstärke auf den Vorgabewert (0.2, 0.2, 0.2, 1) von OpenGL gesetzt. Rechts ist die Intensität des Umgebungslichts auf die Stärke (0.7, 0.7, 0.7, 1) erhöht worden. Die einzelnen Flächen des Testobjekts besitzen leicht unterschiedliche Graustufen.

Umgebungslicht wird verwendet, um eine Szene zu beleuchten, ohne dass weitere Lichtquellen angegeben werden, oder um die Gesamthelligkeit bei einer vorhandenen Lichtquelle zu erhöhen. Beim Umgebungslicht handelt es sich um die Simulation von stark gestreutem Tageslicht. Die Streuung erfolgt nicht nur an den Oberflächen, sondern auch an den Luftmolekülen.

Beim ambienten Licht ist zwischen einem generellen, auf die gesamte Szene bezogenen Licht und einem ambienten Anteil bei einer bestimmten Lichtquelle zu unterscheiden. Auf eine Szene bezogenes Umgebungslicht wird durch die Funktionsfamilie `glLightModel(type,param)` eingestellt. Bei einer einzelnen Lichtquelle kann auch ein ambienter Anteil – als Grundausleuchtung – hinzugeschaltet werden. Wird weißes Licht als Umgebungslicht eingesetzt, dann wird die Reaktion des Materials auf dieses Licht auch als Grundfarbe angesehen.

Da Betrachtungswinkel keine Rolle spielen, ist der Beitrag des Umgebungslichtes zur aktuellen Materialfarbe eine einfache Kalkulation, die Alpha-Komponente wird dabei vollständig ignoriert. Ambientes Umgebungslicht *einer Szene* $I_{ambient}$ wird über die Funktion `glLightModelfv` eingestellt.

```
float ambientColor[] = {0.2f,0.2f,0.2f,1f};
gl.glLightModelfv(GL.GL_LIGHT_MODEL_AMBIENT,ambientColor,0);
```

Dabei ist $f_{att} = 1$, so dass die Kalkulation der Intensität dieses Lichtanteils eine Multiplikation mit dem Materialreflektionsfaktor M_a bezogen auf ambientes Licht ist.

$$I_{a,s} = I_{ambient} M_a \tag{5.5}$$

Beim ambienten Anteil *einer Lichtquelle* ist zu unterscheiden, ob es sich um ein Positionslicht oder eine gerichtete Lichtquelle handelt. Die Lichtquelle strahlt Licht mit der Intensität $I_{ambient,light,directional}$ ab. Bei der gerichteten Lichtquelle ist der Abschwächungsfaktor gleich 1.

$$I_{i,a} = I_{ambient,light,directional} M_a \tag{5.6}$$

```
float ambientLightColor[] = {0.35f,0.35f,0.35f,1f};
float lightPosition[] = {0f,10f,10f,0f}; // <-- w=0
gl.glLightfv(GL.GL_LIGHT0,GL.GL_AMBIENT,ambientLightColor,0);
gl.glLightfv(GL.GL_LIGHT0,GL.GL_POSITION,lightPosition,0);
```

Handelt es sich um ein Positionslicht, dann ergibt sich die gleiche Kalkulation wie oben, jedoch mit zusätzlichem Abschwächungsfaktor f_{att}.

$$I_{i,a} = f_{att} I_{ambient,light,point} M_a \tag{5.7}$$

```
float ambientLightColor[] = {0.35f,0.35f,0.35f,1f};
float lightPosition[] = {0f,10f,10f,1f}; // <-- w=1
gl.glLightfv(GL.GL_LIGHT0,GL.GL_AMBIENT,ambientLightColor,0);
gl.glLightfv(GL.GL_LIGHT0,GL.GL_POSITION,lightPosition,0);
gl.glLightf(GL.GL_LIGHT0,GL.GL_CONSTANT_ATTENUATION,0.5f);
gl.glLightf(GL.GL_LIGHT0,GL.GL_LINEAR_ATTENUATION,0f);
gl.glLightf(GL.GL_LIGHT0,GL.GL_QUADRATIC_ATTENUATION,0f);
```

Die Vielzahl der Parameter und ihre Wirkung aufeinander kann sehr herausfordernd bei der Beleuchtung einer Szene oder eines Objektes sein, und es ist nicht einfach, dafür Regeln anzugeben. Materialien haben meist niedrige Faktoren als Reaktion auf ambientes Licht. Bei Experimenten sollte daher mit Faktoren unter 0,25 begonnen werden, es sei denn, es handelt sich um Kreide und ähnliche Materialien, die wenig auf diffuses und gar nicht auf Spotlicht reagieren. Bei den ambienten Lichtquellen hängt es davon ab, ob auch diffuses Licht und Spotlicht vorgesehen ist. Wenn dies der Fall ist, dann sollte auch bei dieser Lichtart mit niedrigen Werten angefangen werden, möglichst auch mit Weiß- bzw. Grautönen, denn so bleibt die Grundfarbe des Materials erhalten. Bei stimmig ausgeleuchteten Szenen werden Sie oft feststellen, dass diese relativ dunkel sind, nur an den Stellen, denen Sie Ihre Aufmerksamkeit zuwenden sollen, ist dann diffuses oder Spotlicht vorhanden.

Ambientes Licht ist neutral, das heißt, Sie kommentieren eine Szene nicht, dies ist bei technischen Darstellungen durchaus angebracht. Hier kann auch der Einsatz der Emissionsfarbe eine Alternative sein. Dabei wird die Beleuchtung eingeschaltet, ohne weitere Lichtquellen hinzuzufügen, auch kein globales Umgebungslicht. Das ist dann die schnellste Berechnung der Beleuchtung, siehe (5.4). Die Angaben sind allerdings lediglich Richtwerte oder, besser ausgedrückt, Startangaben für eine feinere Einstellung; Künstler sind ja dafür bekannt, genau solche Grenzen zu überschreiten.

5.3.2 Diffuses Licht

Bei den diffusen Lichtquellen (*Diffuse Light*) wird der Einfallswinkel des Lichtes an der Oberfläche berücksichtigt. Diese Winkelabhängigkeit hat gravierende Auswirkungen, denn die Oberfläche wird nicht mehr gleichmäßig beleuchtet, auch wirft ein Objekt, das mit einer diffusen Lichtquelle beleuchtet wird, einen Schatten. Typische Vertreter diffuser Lichtquellen in der realen Welt sind Glühlampen, Kerzen, Feuer usw. Inbesondere ausgedehnte Lichtquellen, eine Bürolampe etwa, sind diffuse Lichtquellen.

Die Winkelabhängigkeit der Ausleuchtung ist durch den Lichtvektor $\hat{L}_d$ und die Normale $\hat{n}$ der Oberfläche bestimmt. Die Bestimmung des Lichtvektors hängt davon ab, ob es sich um eine gerichtete Lichtquelle (5.1) handelt oder ob ein Positionslicht vorliegt (5.2). Für die Intensitätsberechnung wird das skalare Produkt der beiden Einheitsvektoren gebildet.

$$f_{Lambert} = \hat{n} \cdot \hat{L}_d = cos(\alpha) \qquad 0 \leq f_{Lambert} \leq 1 \tag{5.8}$$

Diese Rechnung hat einen physikalischen Hintergrund, der durch Johann Heinrich Lambert (1728–1777) beschrieben wurde. Man spricht heute vom Lambertschen Gesetz: $I_\alpha = I_0 \, cos(\alpha)$ und nennt diffuse Lichtquellen auch Lambert-Strahler. Generell werden Lichtquellen, die dieser Abhängigkeit genügen, so bezeichnet, zum Beispiel ist die Sonne annähernd ein Lambert-Strahler. Beim idealen Lambert-Strahler – die diffusen Lichtquellen der virtuellen Welt – hängt die Intensität nicht von der Ausdehnung der Lichtquelle ab. Das trifft auf die Sonne wiederum nicht genau zu, da diese in den Randzonen ca. 10% weniger Licht abgibt. J.H. Lambert ist hier in diesem Buch ein zweites Mal zu erwähnen, siehe auch den Abschnitt *Projektionsarten* (Seite 72f.).

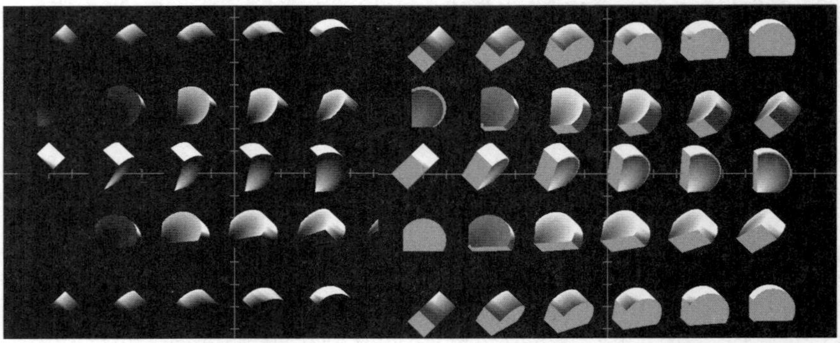

Abbildung 5.11 Links im Bild eine Szene, die nur diffuses Licht enthält. Rechts ist diffuses und ambientes Licht kombiniert. In beiden Bildern ist die Intensität des diffusen Lichts auf die Stärke (0.5,0.5,0.5) eingestellt. Die ambiente Lichtstärke ist auf den Vorgabewert (0.2,0.2,0.2) von OpenGL gesetzt. Man beachte die Ausleuchtung der Seiten- und Bodenflächen im rechten Bild, die durch den ambienten Anteil erreicht wurde.

In der Literatur findet sich für ein skalares Produkt $a \cdot b$, wenn das Ergebnis anschließend auf den Wertebereich [0...1] begrenzt werden soll (clamp), auch die Schreibweise $a \odot b$, oder die Cosinusangabe wird überstrichen ($\overline{cos}$). In der Shaderprogrammierung wird eine Begrenzung mit der `max`- oder der `clamp`-Funktion durchgeführt.

```
fLambert = max(0.0,normal*lightVector);          // nicht negativ
oder
fLambert = clamp(normal*lightVector,0.0,1.0);    // im Bereich 0...1
```

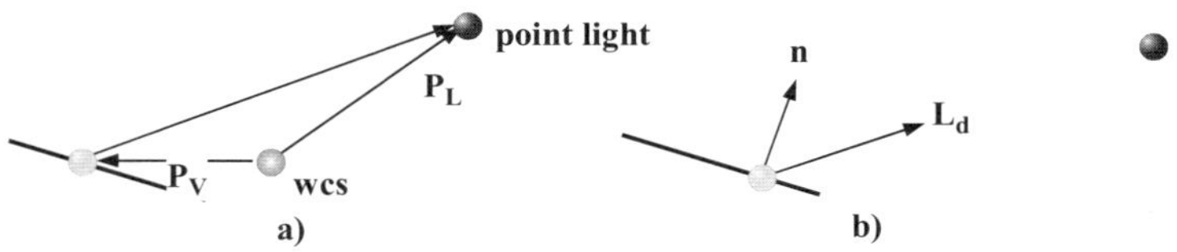

Vektoren, die bei der Kalkulation von diffusem Licht eine Rolle spielen. Der Lichtvektor L_d ist beim Punktlicht der Differenzeinheitsvektor, der von einem Oberflächenpunkt zur Lichtquelle zeigt.

Abbildung 5.12

Die Winkelabhängigkeit ist beim Positionlicht und beim gerichteten Licht als Faktor in die Intensitätsrechnung einzubeziehen. Liegt $f_{Lambert}$ außerhalb des genannten Wertebereiches (5.8), dann ist dieser Faktor gleich 0, respektive 1, zu setzen. Das ergibt unter Umständen eine scharfe Grenze, besonders auf einem runden Objekt, ein Merkmal, anhand dessen auch die Lambert-Funktion bei einer Beleuchtung zu erkennen ist.

Beim gerichteten Licht entfällt wieder der Abschwächungsfaktor. M_d ist der Materialkoeffizient, der die Reaktion auf diffuses Licht kontrolliert.

$$I_{i,d} = f_{Lambert} I_{diffuse,light,directional} M_d \tag{5.9}$$

```
float diffuseLightColor[] = {0.35f,0.35f,0.35f,1f};
float lightPosition[] = {0f,10f,10f,0f}; // <-- w=0
gl.glLightfv(GL.GL_LIGHT0,GL.GL_DIFFSUE,diffuseLightColor,0);
gl.glLightfv(GL.GL_LIGHT0,GL.GL_POSITION,lightPosition,0);
```

Handelt es sich um ein Positionslicht, dann ergibt sich die gleiche Kalkulation, jedoch mit zusätzlichem Abschwächungsfaktor f_{att}.

$$I_{i,d} = f_{att} f_{Lambert} I_{diffuse,light,point} M_d \tag{5.10}$$

```
float ambientLightColor[] = {0.35f,0.35f,0.35f,1f};
float lightPosition[] = {0f,10f,10f,1f}; // <-- w=1
gl.glLightfv(GL.GL_LIGHT0,GL.GL_AMBIENT,ambientLightColor,0);
gl.glLightfv(GL.GL_LIGHT0,GL.GL_POSITION,lightPosition,0);
gl.glLightf(GL.GL_LIGHT0,GL.GL_CONSTANT_ATTENUATION,0.5f);
gl.glLightf(GL.GL_LIGHT0,GL.GL_LINEAR_ATTENUATION,0f);
gl.glLightf(GL.GL_LIGHT0,GL.GL_QUADRATIC_ATTENUATION,0f);
```

Materialien mit rauen Oberflächen reagieren nur sehr wenig auf diffuses Licht. In den Grenzzonen an der Oberfläche wird Licht durch die zerklüftete Oberflächenstruktur stark gestreut, und damit geht die Winkelabhängigkeit des Lichtes verloren. Dieser Effekt lässt sich mit dem obigen Modell so nicht genau nachbilden, denn mit einem kleineren Faktor M_d nimmt auch die Intensität ab; das ist aber nicht bei allen Materialien der Fall, denken

Sie einmal an Kreide. Hier muss durch eine Erhöhung des ambienten Anteils M_a nachgeholfen werden. Es gibt auch Shader, die die Rauigkeit einer Oberfläche nachbilden, hier ist der Oren-Nayar-Shader zu erwähnen.

5.3.3 Spotlicht

Solche Lichtquellen (Spot, Specular Light) strahlen nicht mehr in alle Richtungen mit gleicher Stärke ab, auch nimmt mit der Entfernung deren Stärke ab. Typische Vertreter sind Lichtkegel mit einem gleichförmigen Öffnungswinkel oder komplexere Lichtquellen, die einen eiförmigen Lichtkegel aufweisen.

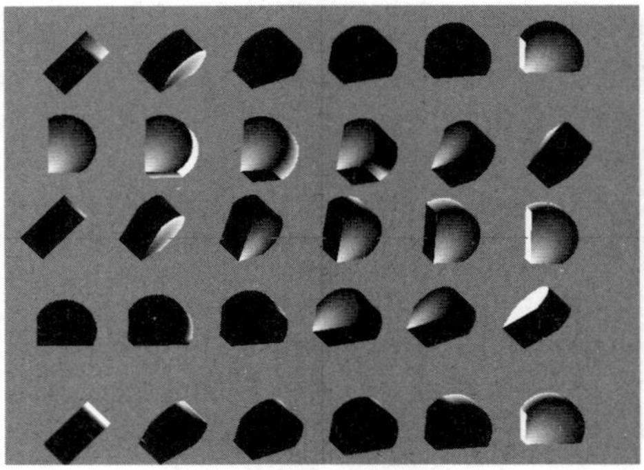

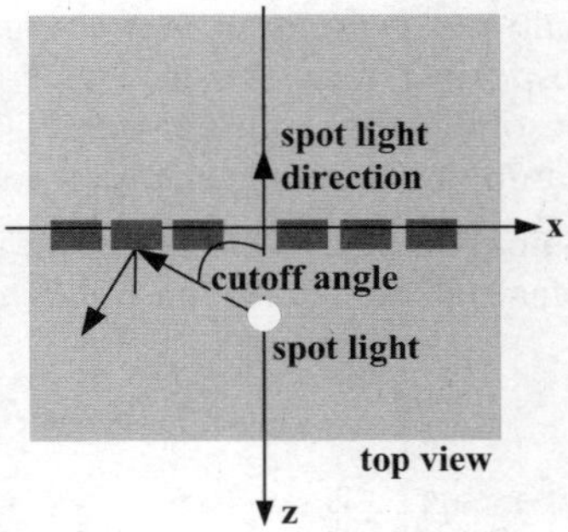

Abbildung 5.13 Links im Bild eine Szene, die durch ein Spotlicht mit einem kleinen Anteil von Umgebungslicht (OpenGL-Vorgabe) beleuchtet ist. Das Material reflektiert Spotlicht zu 100%. Rechts eine Skizze der Szene.

Spotlicht wird nur wirksam, wenn der Cosinus des Winkels zwischen der Oberflächennormalen und dem Lichtvektor größer 0 ist, das ist der Faktor $f_{Lambert}$, der beim diffusen Licht bereits eingeführt wurde (5.8). Der Faktor selbst tritt aber lediglich als Schalter auf, in der Intensitätsrechnung wird er nicht einbezogen. Er kann aber als ein Vorfaktor eingehängt werden, der nur die Werte 0 oder 1 annehmen kann.

$$f_v = \begin{cases} 1 & \text{wenn } f_{Lambert} \geq 0 \\ 0 & \text{ansonsten} \end{cases} \tag{5.11}$$

Spiegelnde Oberflächen reflektieren Licht, dem Reflektionsgesetz entsprechend, das reflektierte Licht ist durch den Reflektionsvektor $\hat{R}_d$ angegeben. OpenGL verwendet das Modell von James F. Blinn (*Blinn-Shading-Modell*), das die Summe der Vektoren $\hat{L}_d$ und $\hat{V}$ verwendet. $\hat{V}$ ist der Vektor (*View Vector*), der vom Oberflächenpunkt zum Betrachter zeigt.

$$\hat{H} = \frac{\hat{L}_d + \hat{V}}{|\hat{L}_d + \hat{V}|} \qquad \text{Halfway-Vektor} \qquad (5.12)$$

Ist das Spotlicht eine gerichtete Lichtquelle, dann ist $\hat{V}$ nicht von den Objekten abhängig und $\hat{L}_d$ konstant, $\hat{H}$ und der darauf basierende Faktor kann in diesem Fall schnell errechnet werden. Mit dem *Halfway-Vektor* ist das skalare Produkt mit der Oberflächennormalen zu bilden, um den Faktor f_{eye} auszurechnen.

$$f_{eye} = \hat{n} \cdot \hat{H} = cos(\gamma) \qquad 0 \leq f_{eye} \leq 1 \qquad (5.13)$$

Dieser Faktor muss im Bereich 0...1 liegen, ansonsten wird er gleich 0 bzw. 1 gesetzt und, wenn 0, das Spotlicht nicht berücksichtigt. f_{eye} ist maximal, wenn der Beobachter genau in die Richtung der Reflektion des einfallenden Lichtes blickt $\hat{V} = \hat{R}_d$, denn dann fällt der Halfway-Vektor mit der Oberflächennormalen zusammen und das skalare Produkt wird zu eins.

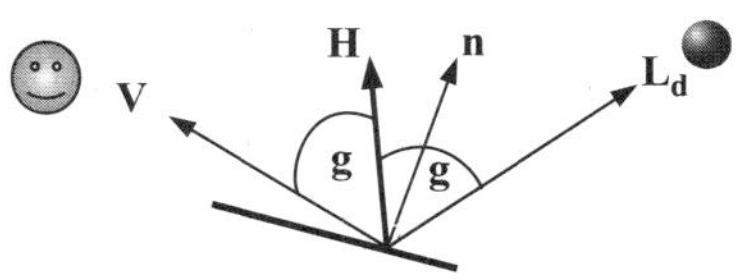

Der Halfway-Vektor beim Spotlicht.

Abbildung 5.14

Der so gebildetet Faktor f_{eye} wird dann mit dem Materialfaktor *Shininess* (ms) moduliert. Der Shininess-Faktor hat in der Regel hohe Werte, größer 10 bis zirka 90, zulässig sind Werte im Bereich 0..128.

$$f_{eye,shininess} = \left(f_{eye}\right)^{ms} = cos(\gamma)^{ms} \qquad (5.14)$$

Wenn Sie nun einen großen Winkel zwischen der Normalen und dem Halfway-Vektor, zum Beispiel 60°, als Argument nehmen und $ms = 20$ einsetzen, dann folgt daraus schnell ein Nahe-Null-Ergebnis. Bei einem Winkel von 20° ergibt sich hingegen ein Wert von ca. 0.37. Ein hoher Shininess-Faktor erzeugt so einen kleineren Spot, ein niedriger Wert verbreitert diesen.

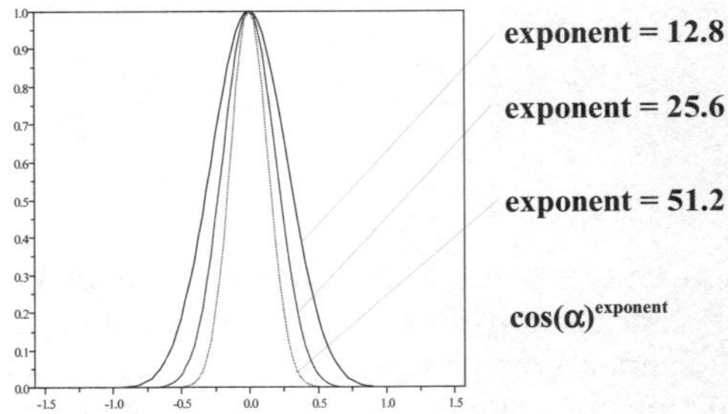

Abbildung 5.15 Auswirkung des Exponenten bei einer Cosinusfunktion

Bei den Materialangaben sollte der Shininess-Faktor keinesfalls vernachlässigt werden, er hat einen großen Einfluss auf die Glaubwürdigkeit des Materials, insbesondere ob dieses eine glatte oder eine polierte Oberfläche hat.

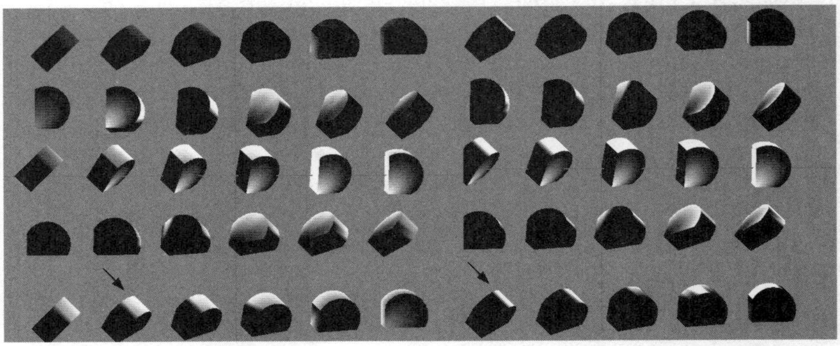

Abbildung 5.16 In diesen beiden Bildern ist neben dem Spotlicht ein ambienter Lichtanteil vorhanden, der für die Darstellung der Grundfarben des Objektes sorgt. Links ist der Shininess-Faktor gleich 0, die Vorgabe von OpenGL. Rechts ist er auf das Maximum 128 gesetzt worden.

Spotlicht hat noch eine weitere Eigenschaft, die Intensität des Lichtes ist im Lichtkegel nicht gleichmäßig verteilt. Daher ist ein weiterer Faktor zu bilden, der diesen Effekt berücksichtigt. Das Punktlicht stahlt in einer bestimmten Richtung ab, vorgegeben durch den Richtungsvektor $\hat{D}_s$ (*Spot Light Direction*). Das skalare Produkt dieses Vektors mit der Oberflächennormalen ergibt einen weiteren Cosinus, der dieses Mal zur Potenz p genommen wird. p ist der Exponent des Spotlichtes, der bei dieser Lichtquelle extra angegeben wird. Hier ist der Lichtvektor $\hat{L}_d$ umgekehrt einzusetzen, denn der Fußpunkt der beiden Vektoren liegt bei der Lichtquelle.

$$f_{exp} = cos(\beta)^p \qquad \text{wobei } cos(\beta) = -\hat{L}_d \cdot \hat{D}_s \tag{5.15}$$

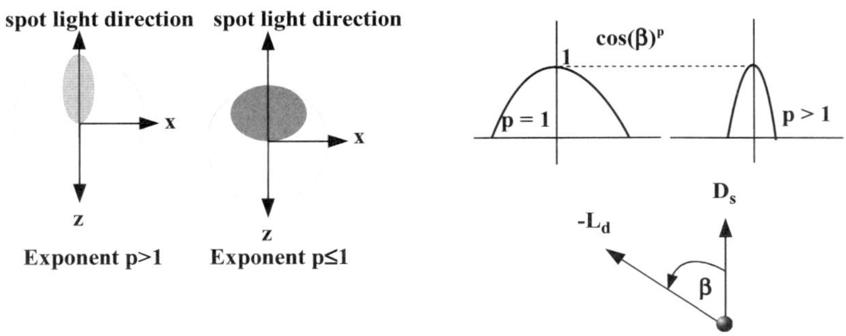

Abbildung 5.17

Der Einfluss des Exponenten p auf die Form des Lichtkegels ist eine Eigenschaft der Cosinus-Funktion. Rechts unten der Lichtvektor bei Punktlichtquellen und der Richtungsvektor der Lichtquelle.

Wenn der Richtungsvektor $\hat{D}_s$ zunächst genau entgegengesetzt zum Lichtvektor weist, dann erfährt der Oberflächenpunkt eine hohe Intensität des Spotlichtes, die anderen Faktoren seien mal gleich eins genommen. Bewegt sich die Spotlichtquelle nur wenig relativ zum Oberflächenpunkt, merkt man die Auswirkung des Exponenten, denn die Intensität des Spotlichtes nimmt dann ab, und zwar in Abhängigkeit von diesem Faktor. Hat p hohe Werte, zulässig ist 0...128, dann bewegt sich der Lichtkegel bereits merklich bei kleinen Richtungsänderungen. Ist der Exponent niedrig, werden Sie diese Bewegung weniger wahrnehmen, denn bei niedrigen p-Werten ist der Spot weniger ausgeprägt.

Schließlich hat der Lichtkegel noch eine Ausdehnung, simuliert durch den Öffnungswinkel. Dessen zulässiger Bereich wird ebenfalls bei der Festlegung des Spotlichtes angegeben. Der Öffnungswinkel (5.15) ist erneut durch ein skalares Produkt zweier Vektoren bestimmt.

$$f_{cuttoff} = \begin{cases} 0 & cos(\beta) \geq cos(\texttt{cutoff}) \\ 1 & cos(\beta) < cos(\texttt{cutoff}) \\ 1 & \texttt{cutoff} = 180^\circ \text{ und } f_{exp} = 1 \end{cases} \tag{5.16}$$

Ist der Winkel β größer als der maximale Wert `cutoff`, dann wird außerhalb des Winkelbereiches die Beleuchtung durch das Spotlicht komplett abgeschaltet, daher der Ausdruck *Cutoff.* OpenGL legt noch einen besonderen Wert für `cutoff` fest. Wird dafür 180° angegeben, dann gilt $f_{cuttoff} = 1$ und $f_{exp} = 1$, sowohl der Exponent als auch der Öffnungswinkel haben dann keinen Einfluss auf die Intensitätsrechnung.

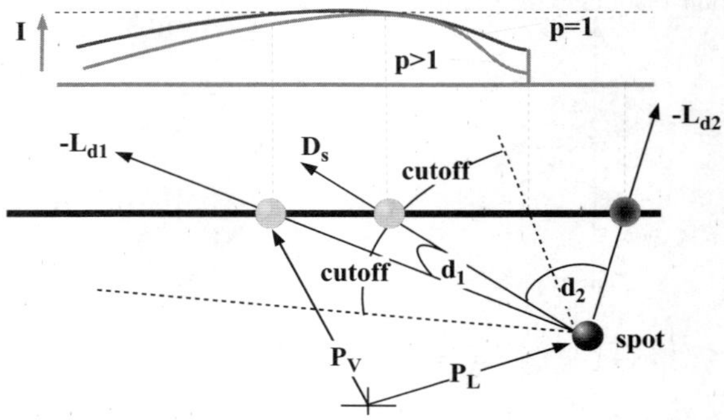

Abbildung 5.18 Prinzipielle Darstellung bei der Beleuchtung durch ein Spotlicht. Die Intensität (I) wird maximal, wenn der Richtungsvektor mit dem umgekehrten Lichtvektor übereinstimmt. Nach beiden Seiten fällt diese ab, entsprechend dem eingestellten Exponenten p. Der Cutoff-Winkel kontrolliert den beleuchteten Bereich. Der ganz rechts liegende Oberflächenpunkt wird daher nicht mehr beleuchtet.

Wie eine diffuse Lichtquelle kann auch Spotlicht gerichtetes Licht oder ein Positionslicht sein, dementsprechend ist die Abschwächung des Lichtes anzuwenden.

$$I_{i,s} = f_v f_{eye,shininess} f_{exp} f_{cuttoff} I_{spot,light,directional} M_s \tag{5.17}$$

Handelt es sich um ein Positionslicht, dann ergibt sich die gleiche Kalkulation, jedoch mit zusätzlichem Abschwächungsfaktor f_{att}.

$$I_{i,s} = f_{att} f_v f_{eye,shininess} f_{exp} f_{cuttoff} I_{spot,light,point} M_s \tag{5.18}$$

Beispiel für die Einstellung eines Spotlichtes, hier als Punktlicht angegeben.

```
float specularLightColor[] = {0.85f,0.85f,0.85f,1f};
float lightPosition[] = {0f,10f,10f,1f}; // <-- w=1
gl.glLightfv(GL.GL_LIGHT0,GL.GL_SPECULAR,specularLightColor,0);
gl.glLightfv(GL.GL_LIGHT0,GL.GL_POSITION,lightPosition,0);
gl.glLightf(GL.GL_LIGHT0,GL.GL_SPOT_EXPONENT,12.6f);
float spotDirection[] = {0.707f,0f,0.707f}; // unit vector
gl.glLightfv(GL.GL_LIGHT0,GL.GL_SPOT_DIRECTION,spotDirection,0);
gl.glLightf(GL.GL_LIGHT0,GL.GL_SPOT_CUTOFF,60f);
gl.glLightf(GL.GL_LIGHT0,GL.GL_CONSTANT_ATTENUATION,0.5f);
```

```
gl.glLightf(GL.GL_LIGHT0,GL.GL_LINEAR_ATTENUATION,0f);
gl.glLightf(GL.GL_LIGHT0,GL.GL_QUADRATIC_ATTENUATION,0f);
```

Auch ein Spotlicht kann einen ambienten und einen diffusen Anteil aufweisen, der jedoch nicht zu hoch eingestellt werden sollte, sonst läge ja kein Spotlicht mehr vor.

5.3.4 Ausgedehnte Lichtquellen

In der realen Welt ist jede Lichtquelle ein ausgedehntes Objekt; ihre Abbildung auf die virtuelle Welt ist nicht einfach. Prinzipiell gibt es zwei Möglichkeiten: Eine Lichtquelle wird in das Innere eines transparenten Objektes gesetzt, oder ein ausgedehntes Objekt sendet selbst Licht aus, indem dies bei den Materialeigenschaften entsprechend eingestellt wird. Mit OpenGL ist die erste Variante zu realisieren, was vollständig durch die Software der Anwenderseite erfolgen muss. Beim Material kann zwar eine Emissionsfarbe eingestellt werden, jedoch verhält sich das Material nicht wie eine Lichtquelle, andere Objekte bleiben unbeeinflusst. Ein einzelnes Licht reicht auch nicht aus, um die ausgedehnte Lichtquelle abzubilden, es müssen mehrere sein, die die Ausdehnung repräsentieren. Mit vielen Lampen wird die Grenze der Zahl der Lichter bei Weitem überschritten. Mit einem Shader pro Licht lässt sich die Berechnung zwar prinzipiell im Multipass durchführen, aber diese erfordert „Lichter mal Objekte“ viele Durchgänge. Eine Lösung stellt ein Verfahren dar, das auch bei der Schattenberechnung verwendet wird: *Deferred Lighting*, auch *Deferred Shading* genannt.

5.3.5 Dunkelquellen

In der virtuellen Welt können „Lichtquellen“ auch eine negative Intensität aufweisen. Das ist gleichbedeutend mit der Aussendung von Dunkelheit.

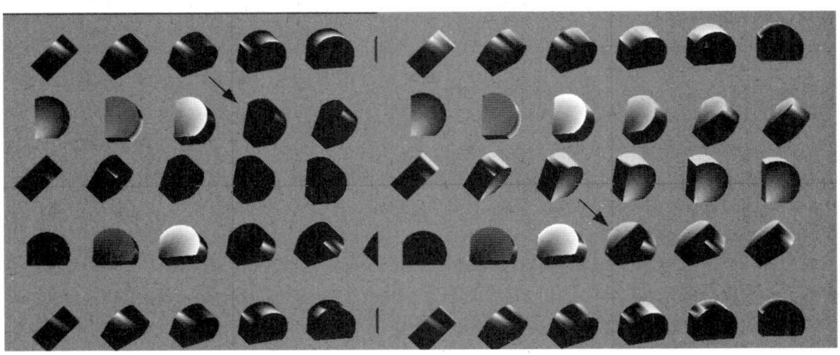

Interessante Effekte können durch die Hinzufügung von Dunkelquellen erzeugt werden. **Abbildung 5.19**

Solche Dunkelquellen sind bei einigen Szenen nützlich, um ungewollte Effekte durch zu viel Licht zu kompensieren oder, salopp gesprochen, um Stimmung zu machen.

5.3.6 Lichtmodelle

Das grundlegende Verhalten von OpenGL, das Licht betreffend, wird durch die Funktionsfamilie `glLightModel(type,param)` beeinflusst. Im nachfolgenden Programmauschnitt, der noch ein Teil einer Initialisierungssequenz[8] ist, sind die möglichen Einstellungen aufgezeigt. Diese geben die Vorgabeeinstellung von OpenGL wieder. Die Funktionen müssten somit eigentlich nur dann aufgerufen werden, wenn eine andere Einstellung gewünscht ist.

```
float ambientLightColor[] = {0.2f,0.2f,0.2f,1f};
gl.glLightModelfv(GL.GL_LIGHT_MODEL_AMBIENT,ambientLightColor,0);

gl.glLightModelf(GL.GL_LIGHT_MODEL_TWO_SIDE,0f);
gl.glLightModelf(GL.GL_LIGHT_MODEL_LOCAL_VIEWER,0f);
gl.glLightModeli(GL.GL_LIGHT_MODEL_COLOR_CONTROL,GL.GL_SINGLE_COLOR);
```

Mit dem Aufruf bei gesetztem `GL_LIGHT_MODEL_AMBIENT`-Argument kann das Umgebungslicht verändert werden. `GL_LIGHT_MODEL_TWO_SIDE` kennt zwei Varianten. Einmal kann der zweite Parameter auf $0f$ gesetzt sein, dann wird nur *eine Seite* (Front) beleuchtet, das ist die Vorgabe. Wird der zweite Parameter jedoch auf $1f$ eingestellt, dann werden *beide Seiten* (Front, Back) beleuchtet, und bei einigen Flächen werden die Normalen umgedreht.

Die Konstante `GL_LIGHT_MODEL_COLOR_CONTROL` steht im Zusammenhang mit dem Spotlicht. Normalerweise wird dieses wie die anderen Lichtarten mit den Materialreflektionsfaktoren multipliziert und dann die einzelnen Beiträge aufsummiert. Im Zusammenspiel mit Texturen kann dabei der Spotlichtanteil untergehen. Mit `GL_LIGHT_MODEL_COLOR_CONTROL` und dem zweiten Parameter `GL_SEPARATE_SPECULAR_COLOR` wird das Spotlicht als *Zweitfarbe* getrennt und *nach* dem Anlegen der Textur der Rendering Pipeline präsentiert.

Die zusätzliche Einstellung `GL_LIGHT_MODEL_LOCAL_VIEWER` kontrolliert die Berechnung des Spotlichts bezüglich des Reflektionswinkels. Wird der zweite Parameter statt auf 0 auf den Wert 1 gesetzt, dann wird auch die Position des beleuchteten Punktes berücksichtigt, siehe Vektor $\hat{V}$ bei (5.2). Die Vorgabeeinstellung geht von einem Vektor parallel zur Z-Achse und in deren negativer Richtung ($-z$) aus, unabhängig von der Position des Vertex.

[8] Die Einstellung des Lichtmodells kann auch an beliebiger Stelle erfolgen, so werden gezielt bestimmte Effekte erzeugt.

5.4 Programmbeispiel

Dieses Programmbeispiel demonstriert nicht nur die beschriebenen Beleuchtungseffekte, es ist auch ein weites Experimentierfeld. Sämtliche Material- und Lichtparameter und alle Lichtarten können eingestellt werden, auch gibt es die Möglichkeit, verschiedene Objekte und voreingestellte Materialien auszuprobieren. Das Beispiel demonstriert auch die Programmierung der Beleuchtung mit Vertex- und Fragmentshadern. Im Hauptmenü ist auch ein Schalter eingebaut, der eine Umschaltung zwischen fixierter Pipeline und der Shadernutzung erlaubt. Da die Shader von einer Datei geladen werden, können Sie auch eigene Shader erstellen und mit den umfassenden Lichter- und Materialdialogen die Auswirkungen studieren.

Den Quellcode finden Sie im Paket `examples.light` mit der Rendererklasse `LightingRender`. Das Programm nutzt intensiv das *Picking* (siehe Seite 277ff.), um die vielfältigen Parameter auszuwählen sowie für die Anzeige von einfachen Tooltips.

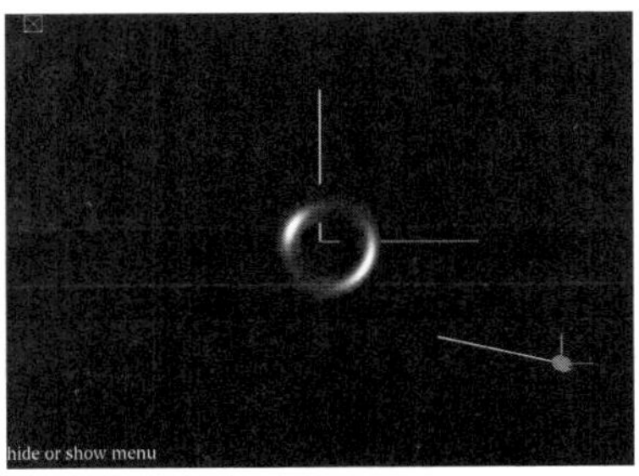

Abbildung 5.20 Links der Startzustand des Programms – rechts ein anderes Objekt als Drahtmodell. Links oben in diesem Bild die Zuordnung von Tasten zu den Elementen des Hauptmenüs.

Generell werden im Programm Schalter und Slider durch die Maus (Picking) angewählt bzw. verändert. Für die Elemente des Hauptmenüs gibt es zusätzlich einen Zugriff mittels des Keyboards.

Tabelle 5.2: Beleuchtungsprogramm, Tasten des Hauptmenüs

Typ	Control	Wirkung
Keyboard	[2]	Auswahl des Szene-Subdialoges
	[3]	Auswahl der Lichtparameter
	[4]	Auswahl der Materialparameter
	[5]	perspektivische Darstellung
	[6]	Darstellung in der Draufsicht
	[7]	Darstellung in der Vorderansicht
	[8]	Darstellung in der Seitenansicht

Der Szenendialog ermöglicht eine Einstellung der Hintergrundfarbe mittels der OpenGL-Funktion `glClearColor`. Die Objekte können „versteckt" werden, nützlich, wenn die Lichtposition genauer justiert werden soll. Daneben lässt sich in diesem Subdialog ein Objekt aus einer Liste auswählen und die Objekte in solider Darstellung oder als Drahtmodell konfigurieren. Die Möglichkeit der Anzeige einer Grenzbox besteht derzeit nur, wenn das Wedge-Objekt ausgewählt ist. Die rechts stehenden Schalter ermöglichen eine Rotation des aktuellen Objektes um die jeweiligen Achsen. Der Szenendialog kann jederzeit über die [2]-Taste oder mittels der Maus nach einem Klick auf den betreffenden Schalter im Hauptmenü erreicht werden.

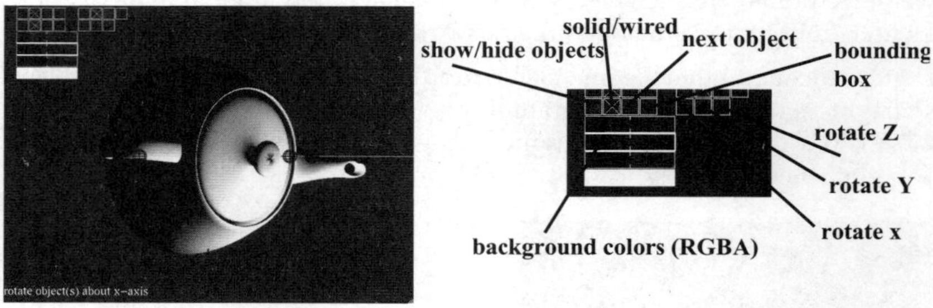

Abbildung 5.21 Darstellung des Szenendialogs. Die Teekanne ist durch ein rein diffuses Licht beleuchtet.

Mit dem Lichterdialog können bis zu acht Lichter konfiguriert werden, das jeweilige Licht wird in der Schalterleiste rechts oben ausgewählt. Daneben findet sich der Resetschalter für den Fall, dass Sie sich im Konfigurationswald verlaufen haben. Aber Vorsicht, der Schalter setzt alle Lichter zurück. Jede Lichtquelle kann ein- oder ausgeschaltet werden, das gilt auch für die Lichtanteile.

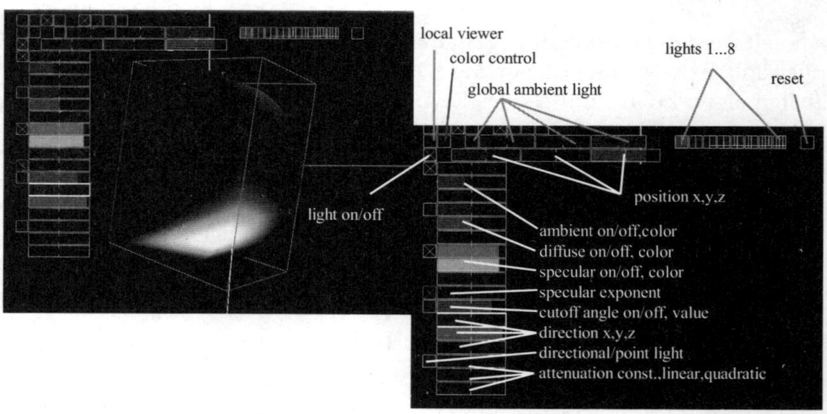

Abbildung 5.22 Darstellung des Lichterdialoges.

Es ist nicht nötig, eine Farbe auf 0 einzustellen, um etwa den ambienten Lichtanteil zu unterdrücken; vielmehr genügt es, den betreffenden Schalter auf „aus“ zu stellen, das ist ein großer Vorteil, wenn Sie die einzelnen Effekte und ihre Kombination studieren wollen. Der Lichtertyp (gerichtetes oder Positionslicht) liegt neben den Abschwächungsfaktoren, da beim gerichteten Licht (Schalter „ein“) die Abschwächungsfaktoren ignoriert werden. Der *Cutoff*-Winkel hat einen getrennten Schalter, der, wenn eingeschaltet, gleich `cutoff` = 180° bedeutet. Wenn „aus“, wird der eingestellte Winkel (0...90°) berücksichtigt. Jedes Licht kann beliebig in der Szene positioniert und sein Richtungsvektor passend eingestellt werden. Der Vektor wird durch eine weiße Linie in der Szene angedeutet.

Der Materialdialog ist nicht ganz so umfangreich wie der Lichterdialog, dennoch bietet er alle Möglichkeiten, ein Material zu konfigurieren. Im Beispielprogramm gibt es ca. 20 verschiedene vorkonfigurierte Materialien; mit einem der rechts stehenden Schalter (**next**) kann das jeweils nächste aus einer Liste angewählt werden.

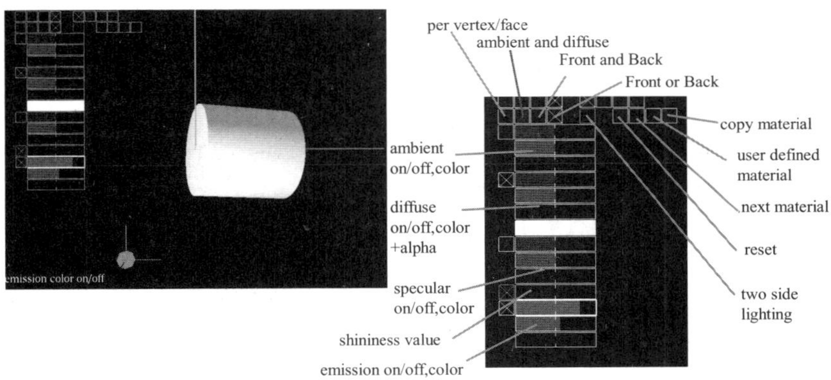

Darstellung des Lichterdialoges. **Abbildung 5.23**

Wenn Sie bei einem vorgegebenen Material etwas verändern, wird automatisch eine Kopie erzeugt und auf das benutzerdefinierte Material umgeschaltet. Diesen Vorgang können Sie auch manuell mit dem Copy-Schalter durchführen. Benutzerdefiniertes Material ist jederzeit getrennt von den anderen Materialien verfügbar und wird mit dem Schalter **user defined material** angewählt. Der Reset-Schalter setzt auf eine Voreinstellung zurück. Die Materialkoeffizienten können getrennt für ambient, diffuse, specular und dem Emissionsanteil eingestellt und jeweils ein- oder ausgeschaltet werden. Der Shininess-Faktor ist natürlich auch vorhanden, die Marke daneben zeigt nur an, ob diese den Schwellenwert 0,25 unterschritten hat.

OpenGL bietet die Möglichkeit, das ambiente und diffuse Material gemeinsam einzustellen, was hier im Dialog durch den Schalter **ambient and diffuse** erzwungen wird. Die Zuweisung von Material an die Vorderseite, Rückseite oder an beide ist im Dialog durch zwei Schalter abgebildet. **front and back** weist Material beiden Seiten zu, wenn dieser Schalter „aus" ist, entscheidet **front or back**, ob die Vorderseite oder die Rückseite gemeint ist. Die Auswahl, ob `glColorMaterial` oder `glMaterialColor` verwendet wird, bestimmt der Schalter **per vertex/face**.

Ich empfehle Ihnen, am Anfang erst einmal nur sehr wenig an den Voreinstellungen zu ändern, die Einstellung guter Materialien und der Beleuchtung ist nicht ganz einfach.[9] Alle Lichter, mit Ausnahme des ersten, bilden einen Kreis und zeigen alle eine weiße Farbe, aber die anderen Parameter variieren. Indem Sie Lichter ein-/ausschalten und Materialien durchgehen, erhalten Sie einen Überblick über die Vielfalt der Beleuchtung und Materialien. Tauschen Sie dann die Objekte aus. Die Umschaltung der Ansicht erlaubt einen schnellen Überblick über die Position der Lichter, ist der **Hide**-Schalter im Hauptmenü aktiv und die perspektivische Darstellung eingeschaltet, dann ist auch ein Zoom mit dem Mausrad zugänglich. Die Wirkung der Schalter für die Vorder- und Rückseiten lässt sich sehr gut mit dem Kegelobjekt aufzeigen.

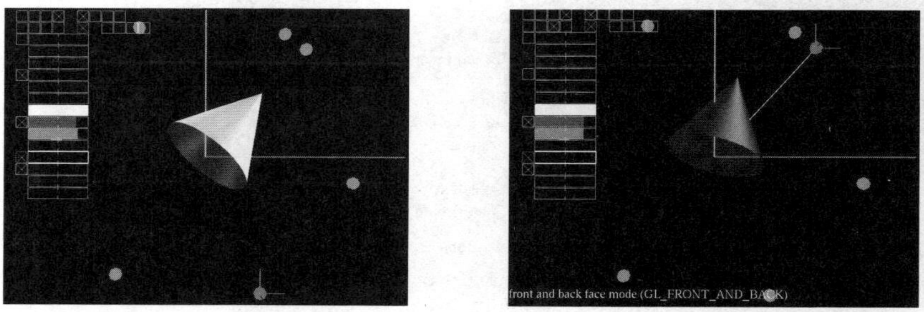

Abbildung 5.24 Darstellung des Kegels mit `GL_BACK`-Einstellung (links). Rechts die normale Einstellung mit beidseitiger Beleuchtung.

Jeder Schalter und Slider gibt über einen Tooltip Auskunft über seine Stellung und seinen Wert, eine persistente Speicherung gibt es allerdings nicht. Wenn Sie wollen, können Sie eine solche Speicherung auf der Festplatte programmieren. Da Sie dabei alle Variablen durchgehen müssen, werden Sie so nebenbei auch vertrauter mit den Möglichkeiten, die OpenGL in diesem Bereich bietet.

Das Programmbeispiel zeigt auch die Wirkung des Shininess-Faktors. Hierzu wurde das vordefinierte Material kopiert und dann der Shininess-Faktor

9 Unter `http://blender.org` finden Sie Videotutorials zur Beleuchtung, zum Beispiel dem Aufbau einer Dreipunktbeleuchtung.

entsprechend angepasst. Je höher der Faktor, desto mehr erscheinen Glanzlichter, während ein niedriger Wert das Material weicher erscheinen lässt.

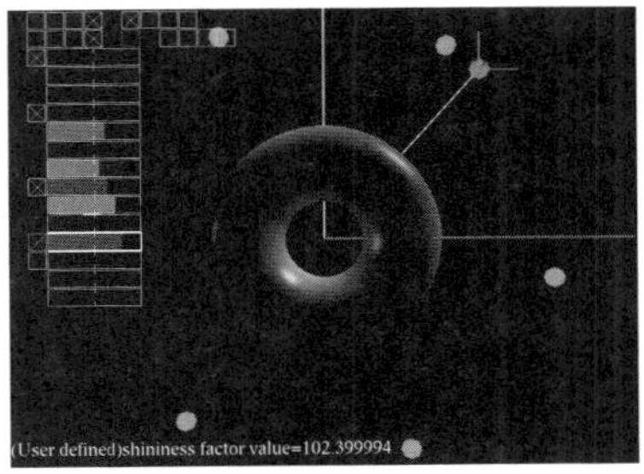

Links das Objekt mit einem geringen Shininess-Faktor, rechts bei hohem Faktor. Abbildung 5.25

Der Cutoff-Winkel beschneidet die vom Lichtkegel überdeckte Fläche. Dieser Effekt lässt sich mit den Grundeinstellungen leicht demonstrieren. In diesem Fall gehen Sie gleich nach dem Start in den Lichterdialog und manipulieren beim ersten Licht den Cutoff-Wert. Das Programm verwendet kein Antialiasing oder Multisampling, insbesondere ist die Auflösung der Objekte relativ grob, daher sieht die Wirkung des Cutoff-Winkels bei der fixierten Pipeline nicht besonders ansprechend aus. Die Shaderprogrammierung mit einem Fragmentshader vermeidet den gezackten Übergang.

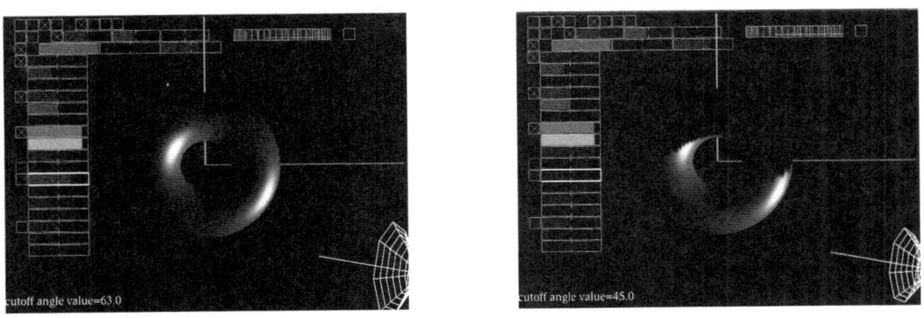

Einzelnes Positionslicht. Links bei weitem Öffnungswinkel, rechts mit kleinem Cutoff-Winkel. Abbildung 5.26

Das Beispiel ist typisch für die Programmierung in der 3D-Computergrafik. Der mathematische Hintergrund liefert einen Orientierungsrahmen, ein Denkmodell, wie die Vorgänge der realen in die virtuelle Welt übertragen werden. Die verfügbare Basissoftware, hier der OpenGL-Renderer, bietet in diesem Rahmen eine Sammlung von Funktionen, Parametern und Abläufen an, und eine mehr oder weniger aufwendige Applikation liefert die Benutzerschnittstelle. In einem Spiel wird diese Komplexität möglichst verborgen, der Avatar wandert durch die Spielewelt, klickt hier und da ein Objekt an etc. Hier bei dem Beispielprogramm ist es umgekehrt, die Vielfalt der Einstellungen ist der Kern der Applikation. Dementsprechend verwirrend kann die Nutzung sein, und es empfiehlt sich eine andere Herangehensweise, eine Abfolge kleiner, kontrollierter Schritte.

Es gibt ein empfehlenswertes Buch von T. Hintz und I. Günthner,[10] das sich zwar an den Grafiker bzw. Animateur wendet, der mit Blender Materialien gestaltet, die Genauigkeit der Beobachtung und Umsetzung ist aber eine interessante Leseerfahrung auch für den 3D-Programmierer. Im Buch finden sich auch Anwendungsbeispiele zu alternativen Shadern, etwa dem Oren-Nayar.

5.4.1 Quellcode

Licht und Material haben jeweils ein Datenmodell, das auf die Belange des Programmbeispiels zugeschnitten ist, was in erster Linie die zusätzlichen Flags betrifft. Vor dem Hintergrund der vorausgegangenen Abschnitte dürften die Elemente der `Light`- und `Material`-Klasse selbsterklärend sein. Daneben ist noch ein Standardkonstruktor vorhanden und eine Reihe von setter-Methoden, die auch eine Grenzprüfung durchführen. Beide Klassen sind im Paket `glib.scene.lima` angelegt.

```
public class Light {
  public int lightID = GL.GL_LIGHT0;
  public boolean enabled = false;
  public boolean directionalLight = false;
  public float[] position = {-1.5f,1.5f,1.5f,1f};
  public float[] ambientColor = {0.2f,0.2f,0.2f,1f};
  public float[] diffuseColor = {0.8f,0.8f,0.8f,1f};
  public float[] specularColor = {1f,1f,1f,1f};
  public float[] specularDirection = {0f,0f,-1f};
  public float specularExponent = 10f;
  public float cutoffAngle = 90f;
  public boolean cutoffIgnore = false;
  public boolean ambientEnabled = true;
  public boolean diffuseEnabled = true;
  public boolean specularEnabled = true;
  public float constAttenuation = 1f;
  public float linearAttenuation = 0f;
  public float quadraticAttenuation = 0f;
}

public class Material {
  public float[] emissionColor = {0f,0f,0f,1f};
  public float[] ambientColor = {0.2f,0.2f,0.2f,1f};
  public float[] diffuseColor = {0.8f,0.8f,0.8f,1f};
  public float[] specularColor = {0f,0f,0f,1f};
  public float shininessFactor = 0f;
  public boolean ambientEnabled = true;
```

10 Thomas Hintz, Immanuel Günther: „Materialgestaltung mit Blender – Grundlagen, Planung, Umsetzung", Open Source Press, München, 2011.

```
    public boolean diffuseEnabled = false;
    public boolean ambientAndDiffuseEnabled = false;
    public boolean specularEnabled = false;
    public boolean emissionEnabled = false;
    public boolean useForBackAndFrontFace = true;
    public boolean useForFrontFaceOnly = true;
    public boolean preferColorMaterial = false;
}
```

Logik und Übergabe der Lichteinstellungen sind in der Klasse `LightRenderer` verkapselt (`glib.render`). Bei der Beschreibung des Quellcodes werde ich mich auf die Shaderprogrammierung beschränken und auf andere Programmteile nur Hinweise geben. Bevor Sie sich aber eingehender mit dem Quelltext beschäftigen, sollten Sie sich mit der Shaderprogrammierung, den OpenGL-Funktionen dazu und der Übergabe von applikationsspezifischen Variablen (`uniform`) vertraut machen, siehe Abschnitt *Shader* (Seite 537ff.) und im Referenzteil 9.4 (Seite 721ff.).

Bei der Shaderprogrammierung stellt sich, abgesehen vom mathematischen Hintergrund, erst einmal die Frage: was im Vertex- und was im Fragmentshader berechnen? Berechnungen im Fragmentshader führen für gewöhnlich zu besser aussehenden Darstellungen, weil aber, bei naheliegenden Objekten, erheblich mehr Fragmente (Pixel) anfallen, als Vertices gegeben sind, sinkt die Framerate. Umgekehrt, werden die Berechnungen in den Vertexshader verlagert, dann ist die Framerate höher, aber mit einer geringen Auflösung der Modelle nimmt die Qualität der Darstellung ab. Einen guten Kompromiss zu finden ist eine der Aufgaben der Shaderprogrammierung. Im Beispiel habe ich mich dafür entschieden, die Berechnung der Beleuchtung im Fragmentshader durchzuführen. Mit dem Button, der zwischen der fixierten Pipeline und den Shadern umschaltet, kann dann der Qualitätsunterschied betrachtet werden.

Als nächstes ist zu klären, welche Variable benötigt werden und wie diese mit der Applikation und dem Formelsatz verbunden sind. Sie sind jetzt in der Situation eines Softwareentwicklers, der einen Algorithmus vorliegen hat – hier die Formeln der Lichtberechnung – und damit Shader erstellen soll.

Tabelle 5.3: Variablenliste eines Vertex- und Fragmentshaders

Var.	**V/F**	**Herkunft/Berechnung**
v_i	V	aktueller Vertex: `gl_Vertex` oder über `attribute vec4 myVertex`
M_M	V	aktuelle Modelviewmatrix: upload per uniform
M_P	V	aktuelle Projektionsmatrix: upload per uniform
$\hat{n}$	V	aktuelle Normale: `gl_Normal` oder über `attribute vec3 myNormal` Transformation in das Beobachterkoordinatensystem (eye)

Fortsetzung:

Var.	V/F	Herkunft/Berechnung
	V	Interpolation über `varying nEye`
P_V	V	Oberflächenpunkt: v_i, Transformation in das Beobachterkoordinatensystem (eye)
	V	Interpolation über `varying vEye`
P_L	F	Lichtposition, Lichtdaten: `position`
$\hat{L}$	F	Lichtvektor: wird im Shader berechnet
$I_{ambient}$	F	Intensität ambient: Upload, Lichtdaten: `ambientColor`
f_{att}	F	Abschwächungsfaktor: wird im Shader berechnet
f_c	F	Abschwächungsfaktor. Upload, Lichtdaten: `constantAttenuation`
f_d	F	Abschwächungsfaktor. Upload, Lichtdaten: `linearAttenuation`
f_q	F	Abschwächungsfaktor. Upload, Lichtdaten: `quadricAttenuation`
$f_{Lambert}$	F	Lambertfaktor, wird im Shader berechnet
$I_{diffuse}$	F	Intensität diffuse: Upload, Lichtdaten: `diffuseColor`
I_{spot}	F	Intensität specular: Upload, Lichtdaten: `specularColor`
f_v	F	Vorfaktor wird im Shader berechnet
$\hat{H}$	F	Halfvektor: wird im Shader berechnet $P_V - P_L$
$\hat{V}$	F	Viewvektor: wird im Shader berechnet
f_{eye}	F	Lichtreflexionsfaktor: wird im Shader berechnet
$f_{eye,shininess}$	F	Glanzlichtfaktor: wird im Shader berechnet
p	F	Lichtexponent: Lichtdaten: `specularExponent`
$\hat{D}$	F	Lichtrichtung: Upload, Lichtdaten: `specularDirection`
f_{cuttof}	F	Cutoff-Faktor: wird im Shader berechnet
`cutoff`	F	Cutoff-Vorgabe: Lichtdaten: cutof, Upload als cosin(cutof)
E	F	Distanz Oberflächenpunkt, Lichtquelle: wird im Shader berechnet
M_a	F	Material ambient color. `gl_FrontMaterial` bzw. für die Rückseite `gl_BackMaterial`
M_d	F	Material diffuse color. `gl_FrontMaterial` bzw. für die Rückseite `gl_BackMaterial`

Fortsetzung:

Var.	V/F	Herkunft/Berechnung
M_s	F	Material diffuse color. `gl_FrontMaterial` bzw. für die Rückseite `gl_BackMaterial`
M_{em}	F	Material emission color. `gl_FrontMaterial` bzw. für die Rückseite `gl_BackMaterial`
M_{ms}	F	Material shininess factor. `gl_FrontMaterial` bzw. für die Rückseite `gl_BackMaterial`
`ff`	F	Front Facing: `gl_FrontFacing`

Der Vertexshader

Der aktuelle Vertex wird durch die OpenGL-Pipeline dem Vertexshader am Eingang übergeben, das heißt auch, dass der Vertexshader nur diesen einen Vertex sehen kann, außerdem ist die Reihenfolge unbestimmt. Die dem Vertexshader vorgeschalteten Stufen optimieren die Verarbeitung und verteilen diese auf n-viele Vertexshader, die parallel zueinander aufgerufen werden. Die Verteilung ist stark von der eingesetzten GPU abhängig. Die Übergabe kann noch im Kompatibilitätsmodus erfolgen oder – zwingend bei OpenGL-ES – über generische Attribute und VBOs. Beim Programmbeispiel kommen Objekte aus GLU zum Einatz, die nicht per VBO übergeben werden, daher verwendet der Vertexshader die Variable `gl_Vertex`, siehe dazu *Vordefinierte Variable* (Seite 722f.).

```
#version 150

uniform mat4 modelViewMatrix,projectionMatrix;

varying  vec3 nECS;
varying  vec4 vEye;

void main(void) {

   nECS = transpose(inverse(mat3(modelViewMatrix)))*gl_Normal;
   vEye = modelViewMatrix*gl_Vertex;

   gl_FrontColor = gl_Color;
   gl_Position=(projectionMatrix*modelViewMatrix)*gl_Vertex;
}
```

Die Versionsangabe ist zwingend, sonst schaltet der Compiler in einen Defaultmodus, und Sie erhalten Fehlermeldungen. Angegeben wird die minimale Version, die der Shader benötigt. Für die Lichtberechnung ist eine Normale notwendig, die vom Weltkoordinatensystem in das Beobachterkoordinatensystem transformiert werden muss, denn die Lichtberechnung erfolgt in letzterem System. Normale ($\hat{n}$) werden mit der Transponierten der

Inversenmatrix transformiert, siehe dazu *Normale und Matrizen* (Seite 464). Vor der Übergabe an den Fragmentshader wird die Normale interpoliert, sie gibt dann die Normale eines Punktes in einem Polygon an. Auch die Vertex-Position muss im Beobachterkoordinatensystem interpoliert vorliegen, im Formelsatz mit P_V bezeichnet.

Die Übergabe der Licht- und Materialdaten

Die Daten der Lichter werden über die Klasse `LightRenderer` an OpenGL übergeben, zu finden in `glib.render`. Dort finden sich eine `apply`-Methode, die `fillBuffers` und eine weitere Methode für die Darstellung der Lichter in der Szene.

```
public final class LightRenderer {

  public static void apply(GL gl,Light[] lArray) { ... }

  public static void fillBuffers(Light[] lArray, IntBuffer liMetaData,
   FloatBuffer liData, boolean initBuffers,
   boolean isLightModelLocalViewer, boolean useColor) { ... }

  public static void drawLights(GL gl,GLUT glut,Light lightData[],
    int index,float sceneLeft,float sceneRight,
    float sceneBottom,float sceneTop,float sceneNear,
    float sceneFar,float[] ambientDefault) { ... }
}
```

Alle Methoden übernehmen die aktuellen Lichterdaten und rufen, mit Ausnahme der `fillBuffers`-Methode, die passenden OpenGL-Funktionen auf. Bei der Übergabe von Daten an den Fragmentshader werden zwei direkte Puffer gefüllt (`IntBuffer`, `FloatBuffer`), die im Shader dann als `uniform liMeta` und `liData` auftauchen.

Das zentrale Problem bei dem hier erstellten Fragmentshader ist die Zahl der Lichter, bedingt durch die Art der Applikation sowie das Verbot von benutzerdefinierten Strukturen für die Übergabe als `uniform`. Es ist daher nicht möglich, die oben aufgeführte Klasse `Light` im Shader nachzubilden (struct) und dann eine Variable `uniform Light[] lights` anzuschreiben. Der Compiler akzeptiert eine solche Definition, denn in GLSL dürfen sehr wohl Strukturen deklariert und mit Uniforms verbunden werden. Das Problem tritt erst beim Aufruf der `glUniform1fv`-Funktion auf, denn der Typ der Uniform passt dann nicht zu diesem Übergabetyp (`float[]`). Die Lösung besteht darin, einen flachen Puffer aufzubauen und dann im Shader über Offsets auf die Elemente zuzugreifen. Für die Zahl der Elemente gibt es eine Obergrenze, laut Standard müssen mindestens 1024-Floats über Uniforms an Shader übergebbar sein.

Die Einstellung des Materials erfolgt ebenfalls mit einer `apply`-Methode, hier in der Rendererklasse `MaterialRenderer`.

Der Fragmentshader

Der Fragmentshader besteht aus zwei Teilen, dem Zugriff auf die Lichtdaten und der Lichtberechnung selbst. Der Datenzugriff ist mehr ein Problem der korrekten Offsetberechnung, die hier durch `define`-Deklarationen vereinfacht und vor allem sicherer ist.

```
#version 150

varying vec3 nECS;
varying vec4 vEye;

uniform mat4 modelViewMatrix;

#define NUM_OF_LIGHTS   8  // total lights
#define LM_HEADER_SIZE  5  // light meta data header size
#define LM_BLOCK_SIZE   3  // light meta data block size
#define LD_BLOCK_SIZE  28  // light data block size

#define LD_SIZE  LD_BLOCK_SIZE*NUM_OF_LIGHTS
#define LM_SIZE  LM_HEADER_SIZE+NUM_OF_LIGHTS*LM_BLOCK_SIZE

#define LI_OFF_CATT 25    // const attenuation offset
#define LI_OFF_LATT 26    // linear attenuation offset
#define LI_OFF_QATT 27    // quatric attenuation offset
#define LI_OFF_AMB   0    // ambient vec4
#define LI_OFF_DIFF  4    // diffuse vec4
#define LI_OFF_SPEC  8    // specular vec4
#define LI_OFF_SDIR 13    // light direction vector vec3
#define LI_OFF_SEXP 12    // specular exponent
#define LI_OFF_COFF 16    // cossin(cutoffAngle)
#define LI_OFF_LPOS 17    // light position world space

uniform int[LM_SIZE] liMeta;    // light meta data
uniform float[LD_SIZE] liData; // light source data

vec4 eyeSpaceLightPosition(const in int bOffset) {
   return modelViewMatrix*vec4(
     liData[bOffset+LI_OFF_LPOS],
     liData[bOffset+LI_OFF_LPOS+1],
     liData[bOffset+LI_OFF_LPOS+2],1.0
   );
}
vec3 eyeSpaceSpotDirection(const in int bOffset) {
   return normalize(
     (mat3(modelViewMatrix)*
     vec3(
       liData[bOffset+LI_OFF_SDIR],
       liData[bOffset+LI_OFF_SDIR+1],
       liData[bOffset+LI_OFF_SDIR+2]
     )).xyz
   );
```

```
}
vec3 lightAmbientColor(const in int bOffset) {
   return vec3(
     liData[bOffset+LI_OFF_AMB],
     liData[bOffset+LI_OFF_AMB+1],
     liData[bOffset+LI_OFF_AMB+2]
   );
}
vec3 lightDiffuseColor(const in int bOffset) {
   return vec3(
     liData[bOffset+LI_OFF_DIFF],
     liData[bOffset+LI_OFF_DIFF+1],
     liData[bOffset+LI_OFF_DIFF+2]
   );
}
vec3 lightSpecularColor(const in int bOffset) {
   return vec3(
     liData[bOffset+LI_OFF_SPEC],
     liData[bOffset+LI_OFF_SPEC+1],
     liData[bOffset+LI_OFF_SPEC+2]
   );
}
float lightSpecularExponent(const in int bOffset) {
  return liData[bOffset+LI_OFF_SEXP];
}
float lightCuttoffCosSin(const in int bOffset) {
  return liData[bOffset+LI_OFF_COFF];
}
bool isLightOn(const in int mOffset) {
  return liMeta[LM_HEADER_SIZE+mOffset]==1;
}
bool isPointLight(const in int mOffset) {
  return liMeta[LM_HEADER_SIZE+mOffset+2]==1;
}
bool isSpotLight(const in int mOffset) {
  return liMeta[LM_HEADER_SIZE+mOffset+1]==1;
}
```

Der Kern des Fragmentshaders ist die Lichtberechnung, auf die hier näher eingegangen wird. Die einzelnen Faktoren werden in Funktionen berechnet. Die Berechnung des Abschwächungsfaktors f_{att} greift auf die Lichtdaten des aktuellen Lichtes zu (`bOffset`) und die Entfernung E steht im zweiten Argument `liLen`.

```
const vec3 BLACK_COLOR = vec3(0.0,0.0,0.0);

float attenuationFactor(const in int bOffset,const in float liLen) {
  return 1.0/(liData[bOffset+LI_OFF_CATT]+
              liData[bOffset+LI_OFF_LATT]*liLen+
              liData[bOffset+LI_OFF_QATT]*liLen*liLen);
}
```

Der Spotlichtfaktor berücksichtigt den Öffnungswinkel und dessen Sonderwert 180° Grad, die Übergabe aus den Lichtdaten erfolgt bereits als berechneter Cosinuswert. Liegt der Winkel (`cutOffCosin`) innerhalb der Grenzen, dann wird $f_{exp}f_{cuttof}$ zurückgegeben. Mit der `max`-Funktion von GLSL wird sichergestellt, dass der Cosinus des Winkels positiv ist. Die auftretenden `pow`-Funktionen machen den Fragmentshader, gemessen an der Ausführungsgeschwindigkeit, besonders teuer.

```
float spotFactor(const in int bOffset,const in float cutOffCosin) {

  float retValue = 1.0;
  float fCutoff=lightCuttoffCosSin(bOffset);

  if(fCutoff!=-1.0) {
    if(cutOffCosin>=fCutoff) {
      retValue = pow(max(0.0,cutOffCosin),lightSpecularExponent(bOffset\
));
    }
    else {
      retValue = 0.0;
    }
  }
  return retValue;
}
```

Die Berechnung des Halfvektors ($\hat{H}$) von James F. Blinn berücksichtigt das eingestellte Lichtmodell (`GL_LIGHT_MODEL_LOCAL_VIEWER`). Das benötigte Flag steht in den Licht-Metadaten (`liMeta[3]`). Der Rest der Lichtrechnung folgt weitgehend dem Formelsatz, ausgehend von (5.4).

```
vec3 halfVector(vec3 liVec) {
  return (liMeta[3]==1)?
    normalize(liVec+vec3(0.0,0.0,1.0)):
    normalize(liVec-vEye.xyz);
}

vec3 ambientColorPerLight(const in int bOffset,const in vec3 mAmbient) \
{
  return lightAmbientColor(bOffset)*mAmbient;
}

vec3 diffuseColorPerLight(const in int bOffset,
  const in vec3 mDiffuse, const in float fL) {
  return lightDiffuseColor(bOffset)*mDiffuse*fL;
}

vec3 specularColorPerLight(const in int mOffset,const in int bOffset,
  const in vec3 mSpecular,const in vec3 liVec,
  const in vec3 eNormal, const in float sNess,const in float fL) {

  if((isSpotLight(mOffset)==true)&&(fL>0.0)) {
    return lightSpecularColor(bOffset)*mSpecular*
```

```
      pow(max(0.0,dot(halfVector(liVec),eNormal)),sNess);
  }
  return BLACK_COLOR;
}

vec4 lightPosition;
float shininess,fAtt,fLambert,cutOffCosin,fSpot;
vec3 sceneColor,matAmbient,matDiffuse,matSpecular,
  colorSum,lightVector,normalEyeSpaceN;

void main(void) {

  if(gl_FrontFacing) {
    sceneColor  = gl_FrontLightModelProduct.sceneColor.rgb;
    matAmbient  = gl_FrontMaterial.ambient.rgb;
    matDiffuse  = gl_FrontMaterial.diffuse.rgb;
    matSpecular = gl_FrontMaterial.specular.rgb;
    shininess   = gl_FrontMaterial.shininess;
  }
  else {
    sceneColor  = gl_BackLightModelProduct.sceneColor.rgb;
    matAmbient  = gl_BackMaterial.ambient.rgb;
    matDiffuse  = gl_BackMaterial.diffuse.rgb;
    matSpecular = gl_BackMaterial.specular.rgb;
    shininess   = gl_BackMaterial.shininess;
  }
  colorSum = sceneColor;

  normalEyeSpaceN = normalize(nECS);

  float numberOfLights = liMeta[0];
  for(int i=0; i<numberOfLights; i++) {

    int metaBO = i*LM_BLOCK_SIZE;
    int dataBO = i*LD_BLOCK_SIZE;

    if(isLightOn(metaBO)==true) {

      lightPosition=eyeSpaceLightPosition(dataBO);

      if(isPointLight(metaBO)==true) {

        lightVector = (lightPosition-vEye).xyz;
        float lenLightVector = length(lightVector);
        fAtt = attenuationFactor(dataBO,lenLightVector);
        lightVector /= lenLightVector;
      }
      else {
        fAtt = 1.0;
        lightVector = normalize(lightPosition.xyz);
      }
```

```
      cutOffCosin = max(0.0,dot(-lightVector,eyeSpaceSpotDirection(\
dataBO)));
      fSpot = spotFactor(dataBO,cutOffCosin);
      fLambert = max(0.0,dot(lightVector,normalEyeSpaceN));

      colorSum +=
        (ambientColorPerLight(dataBO,matAmbient)+
         diffuseColorPerLight(dataBO,matDiffuse,fLambert)+
         specularColorPerLight(metaBO,dataBO,matSpecular,
           lightVector,normalEyeSpaceN,shininess,fLambert))*fAtt*fSpot;
    }
  }
  gl_FragColor.rgb = colorSum;
  gl_FragColor.a = gl_Color.a;
}
```

Dies ist kein simpler Fragmentshader mehr, aber er erfüllt die gestellte Aufgabe – Nachbildung der OpenGL-Beleuchtung – recht gut und demonstriert den Einsatz einiger Sprachelemente der Shadersprache.

Der dargestellte Shader entspricht einer Kombination eines Lambertshaders für den diffusen Anteil und eines Phong-Blinn-Shaders für das Spotlicht. Die Antwort von Materialien auf einfallendes Licht ist zwar bei weitem komplexer, die genannten Shader eignen sich aber recht gut für das Realtime-Rendering und einfache Materialien. Weitergehende Modelle, wie der Oren-Nayar-Shader, der auch die Rauigkeit der Oberfläche berücksichtigt, sind genauer, deren Algorithmen und Theorie würden aber den Rahmen dieses Buches sprengen.

Exkurs 5.9

Erwähnt sei noch der Fresnel-Faktor (sprich Freh-nel), der bei (5.17) oder (5.18) als zusätzlicher Faktor $f_{Fresenel}$ auftreten darf.

$$f_{Fresenel} = \frac{1}{2}\left[\frac{(\mu_L - n_L c_L)^2}{(\mu_L + n_L c_L)^2}\right]\left[1 + \frac{(\mu_L c_L - n_L + n_L c_L^2)^2}{(\mu_L c_L + n_L - n_L c_L^2)^2}\right]$$

wobei

$$\mu_L = n_T cos(\vartheta_T) = \sqrt{n_T^2 + c_L^2 - n_L^2} \qquad c_L = cos(\vartheta_L)$$

und n_L die Brechzahl der Luft ≈ 1 ist. Die zweite vorkommende Brechzahl n_T ist die Brechzahl eines beleuchteten Materials. Physikalisch korrekt ist es, den Winkel zwischen dem Lichtvektor und der Oberflächennormalen zu verwenden ($cos(\vartheta_L) = -\hat{n} \cdot \hat{L}_d$), gebräuchlich ist aber auch der Winkel zwischen dem Halfway-Vektor und dem View-Vektor ($cos(\vartheta_L) = \hat{H} \cdot \hat{V}$). Der Winkel ϑ_T ist der Brechungswinkel der vom Material absorbierten oder durchgelassenen Lichtwelle.

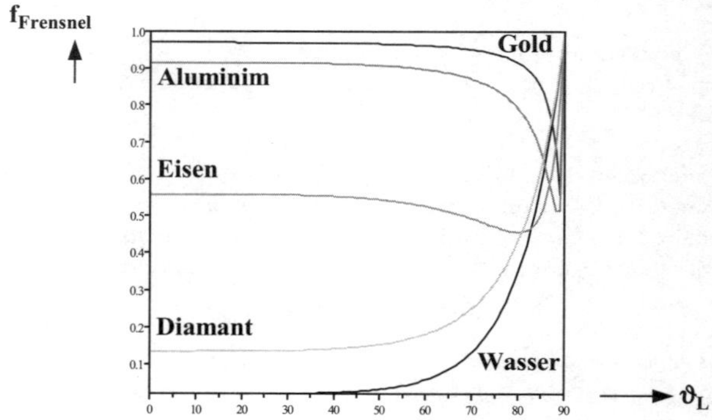

Abbildung 5.27 $f_{Fresnel}$ in Abhängigkeit vom Einfallswinkel ϑ_L. Ein Wert von 0 bedeutet senkrechten Einfall des Lichts.

Der Fresnel-Faktor ist ein Reflektionsgrad, dem das Snellsche Reflektionsgesetz – Einfallswinkel gleich Ausfallswinkel – zugrunde liegt. Ein flacher Einfallswinkel entspricht einem flachen Reflektionswinkel, dort ist der Reflektionsgrad maximal. Blickt man annähernd senkrecht auf eine Wasseroberfläche, dann scheint dort der Boden durch, das Wasser reflektiert in dieser Richtung kein Licht; bei flachen Winkeln, in den Kurven > 60°, treten hingegen zunehmend Reflektionen auf. Dieser Effekt kann auch bei anderen glatten bzw. polierten Materialien beobachtet werden, bei Lacken, Glas oder Plastik, zum Beispiel auch bei Zeitschriften, deren Einband aus Hochglanzpapier besteht. Halten Sie diese etwa auf Augenhöhe vor Ihrem Monitor und kippen Sie dann die Zeitschrift in Richtung des Monitors. Sie werden nun bemerken, dass bei flachen Einfallswinkeln die Intensität der Reflektion auf der Zeitschrift zunimmt. Ein leichtes Neigen des Kopfes verstärkt oder vermindert die Intensität.

Tabelle 5.4: Brechungszahlen ausgewählter Materialien

Material	n_T
Luft	n_L =1,000294
Wasser	1,333
Aluminium	45
Silber	128
Eisen	6,9
Diamant	2,7

Typisch für leitfähige Materialien (Metalle) ist auch der ausgeprägte Rückgang und Wiederanstieg des Faktors bei Einfallswinkeln größer 70°. Einige

Metalle, Kunststoffe, aber auch Gewebe wie Seide haben Brechungszahlen, die zusätzlich von der Wellenlänge abhängen, es findet dann auch eine Farbverschiebung (*Dispersion*) statt. Die Brechungszahlen für die dargestellten Materialien können der Tabelle entnommen werden.

In der Literatur zur 3D-Computergrafik findet sich die Formel meist in einer einfacheren Form, da dort die Brechungszahl η_L gleich der Brechungszahl im Vakuum $\eta_L = 1$ gesetzt wird.

Ende des Exkurses 5.9

Koordinatensysteme bei der Beleuchtung

Die Beleuchtungrechnung erfolgt in einem vorher festgelegten Koordinatensystem, dabei müssen sowohl die Applikation als auch die beiden Shader zusammenspielen.

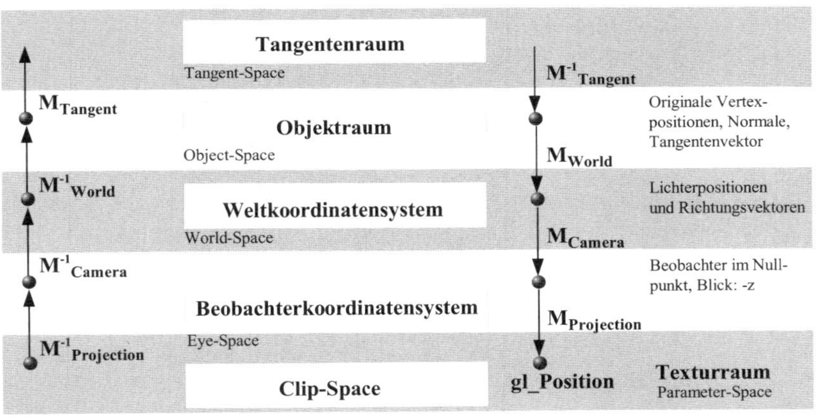

Koordinatensystem und Matrizen bei der Beleuchtungsrechnung mit Shadern. Abbildung 5.28

Im obigen Beispiel erfolgt die Beleuchtungsrechnung im Beobachterkoordinatensystem. Welches System gewählt wird, hängt davon ab, welche Matrizen die Applikation bereitstellt, aber auch von der gestellten Aufgabe und der Lösung mit den Shadern. Ich werde nachfolgend einige Beispiele liefern für die Beleuchtung eines einfachen Objekts in den Shadern auf der Grundlage verschiedener Koordinatensysteme.

Weltkoordinatensystem

Da Positionen und Richtungsvektoren der Lichter bereits in diesem System vorliegen, ist ihre Transformation nicht nötig. Die Applikation muss jedoch die Matrix $\mathbf{M}_{\mathbf{World}}$ bereitstellen, die vom Objektraum in das Weltkoordinatensystem transformiert. Das ist die Matrix, mit der die Objekte einer Szene platziert werden, sie ist für jedes Objekt verschieden. Normale und die originalen Vertexpositionen werden mit $\mathbf{M}_{\mathbf{World}}$ transformiert.

```
Vertexshader
============
in vec3 vPosition;
in vec3 vNormal;
in vec2 vTextureCoord;

uniform mat4 worldMatrix,cameraMatrix,projectionMatrix;

out vec2 tCoord;
out vec3 normalWorld;
out vec4 vertexWorld;

void main(void) {
   normalWorld = transpose(inverse(mat3(worldMatrix)))*vNormal;
   vertexWorld = worldMatrix*vec4(vPosition,1.0);
   tCoord = vTextureCoord;
   gl_Position=(projectionMatrix*cameraMatrix)*vertexWorld;
}

Fragmentshader(Skizze)
=====================
in vec3 normalWorld;
in vec4 vertexWorld;
in vec2 tCoord;
...
  normalN = normalize(normalWorld);
  ...
  lightVector = (lightPosition-vertexWorld).xyz;
  lightVector   = normalize(lightVector);
  spotDirection = normalize(getSpotDirection(dataBO));
```

Beobachterkoordinatensystem

Bei der Rechnung im Beobachterkoordinatensystem werden die genannten Elemente zusätzlich mit der Kameramatrix transformiert: $\mathbf{M}_{\mathbf{Modelview}} = \mathbf{M}_{\mathbf{Camera}}\mathbf{M}_{\mathbf{World}}$. Die Lichter werden nur mit der Kameramatrix in das Beobachterkoordinatensystem gebracht. Im Beispiel (Seite 335f.) wird noch die Modelviewmatrix verwendet; das funktioniert, weil die Objekte im Ursprung verbleiben, Objekt und Weltkoordinatensystem fallen zusammen.

```
Vertexshader
============
in vec3 vPosition;
in vec3 vNormal;
in vec2 vTextureCoord;
```

```
uniform mat4 worldMatrix,cameraMatrix,projectionMatrix;

out vec2 tCoord;
out vec3 normalEye;
out vec4 vertexWorld;

void main(void) {
   normalEye = transpose(inverse(mat3(cameraMatrix*worldMatrix)))*\
vNormal;
   vertexWorld = worldMatrix*vec4(vPosition,1.0);
   tCoord = vTextureCoord;
   gl_Position=(projectionMatrix*cameraMatrix)*vertexWorld;
}

Fragmentshader (Skizze)
======================
in vec3 normalEye;
in vec4 vertexWorld;
in vec2 tCoord;

uniform mat4 cameraMatrix;
...
   normalN  = normalize(normalEye);
   mat3 liTransform = mat3(cameraMatrix);
  ...                                              // Rechnung noch
  lightVector   = (lightPosition-vertexWorld).xyz; // in \
Weltkoordinaten

  lightVector   = normalize(liTransform*lightVector);
  spotDirection = normalize(liTransform*getSpotDirection(dataBO));
```

Objektkoordinatensystem

Eine weitere Variante ist die Berechnung im Objektkoordinatensystem. In diesem System liegen die originalen Normalen und die Vertexpositionen vor, eine Transformation durch den Vertexshader ist nicht nötig. Die Lichterpositionen und Richtungsvektoren der Lichter müssen aber vom Weltkoordinatensystem in den Objektraum gebracht werden, das erfolgt mit der Inversen der Matrix $\mathbf{M}_{\mathbf{World}}$.

```
Vertexshader
============
in vec3 vPosition;
in vec3 vNormal;
in vec2 vTextureCoord;

uniform mat4 worldMatrix,cameraMatrix,projectionMatrix;

out vec2 tCoord;
```

```
out vec3 normalObj;
out vec4 vertexWorld;

void main(void) {
   normalObj = vNormal;
   vertexWorld = worldMatrix*vec4(vPosition,1.0);
   tCoord = vTextureCoord;
   gl_Position=(projectionMatrix*cameraMatrix)*vertexWorld;
}

Fragmentshader (Skizze)
=======================
in vec3 normalObj;
in vec4 vertexWorld;
in vec2 tCoord;

uniform mat4 worldMatrix;
...
  normalN  = normalize(normalObj);
  mat3 liTransform = transpose(mat3(worldMatrix));
  ...
  lightVector   = (lightPosition-vertexWorld).xyz;

  lightVector   = normalize(liTransform*lightVector);
  spotDirection = normalize(liTransform*getSpotDirection(dataBO));
```

Tangentenraum

Ein für das Normalen-, Paralax-, Reliefmapping und andere Verfahren wichtiges Koordinatensystem ist der Tangentenraum. Darüber werden Sie im Abschnitt *Der Tangentenraum* (Seite 392ff.) mehr erfahren, hier sei dieser der Vollständigkeit halber erwähnt. Benötigt wird eine spezielle Matrix $\mathbf{M}_{\mathbf{Tangent}}$, die vom Objektraum in den Tangentenraum transformiert.

```
Vertexshader
============
in vec3 vPosition;
in vec3 vNormal;
in vec3 vTangent;
in vec2 vTextureCoord;

uniform mat4 worldMatrix,cameraMatrix,projectionMatrix;

out vec2 tCoord;
out vec3 normalObj;
out vec4 vertexWorld;
out vec3 tangentObj;

void main(void) {
   normalObj  = vNormal;
```

```
    vertexWorld = worldMatrix*vec4(vPosition,1.0);
    tangentObj = vTangent;
    tCoord      = vTextureCoord;
    gl_Position=(projectionMatrix*cameraMatrix)*vertexWorld;
}

Fragmentshader (Skizze)
=======================
in vec3 normalObj;
in vec4 vertexWorld;
in vec3 tangentObj;
in vec2 tCoord;

uniform mat4 worldMatrix;
...
  normalN  = normalize(normalObj);
  tangentN = normalize(tangentObj);
  vec3 bitangent = cross(normalN,tangentN);

  mat3 tangentSpaceMatrix = mat3(
    tangentN.x,  bitangent.x,  normalN.x,
    tangentN.y,  bitangent.y,  normalN.y,
    tangentN.z,  bitangent.z,  normalN.z
  );
  mat3 liTransform = tangentSpaceMatrix*transpose(mat3(worldMatrix));
  ...
  normalN = vec3(0.0,0.0,1.0);  // Normale im Tangentenraum!
  lightVector   = (lightPosition-vertexWorld).xyz;

  lightVector   = normalize(liTransform*lightVector);
  spotDirection = normalize(liTransform*getSpotDirection(dataBO));
```

Wenn Sie mit Shadern programmieren, sollten Sie sich anhand von Skizzen oder Tabellen festhalten, welches Koordinatensystem Sie an welcher Stelle verwenden und welche Elemente davon beeinflusst werden. Die Verteilung auf die Applikation, den Vertexshader und den Fragmentshader kann für viel Verwirrung sorgen. Zum Beispiel können die Lichterpositionen und Vektoren durch die Applikation in das Beobachterkoordinatensystem gebracht werden, am Fragmentshader ist dann nur noch schwer zu erkennen, dass dieser nicht im Weltkoordinatensystem rechnet. Anhand der Beipiele sehen Sie auch, dass die Aufteilung auf drei Matrizen, wie bei DirectX, für eine Entkopplung der Shaderprogrammierung von der Applikation sorgt. Die vollständigen Shader finden Sie im Paket `examples.tex2.shader`.

5.5 Zusammenfassung

Die Beleuchtung ist, neben den Texturen, wesentlich für die Stimmigkeit einer Szene. Denken Sie an einen Avatar, der nur mit einer Fackel ausgerüstet eine Höhle erforscht. Die Effekte basieren auf dem Zusammenspiel zwischen Lichtquellen und den Materialeigenschaften der Objektoberflächen, letztlich eine Form der Farbmischung. Die Beleuchtungsrechnung geht von physikalischen Modellen aus, wobei eine möglichst hohe Annäherung an die Wirklichkeit angestrebt wird. Die hier vorgestellten Gleichungen gelten für OpenGL ohne den Einsatz von Shadern und speziellen Texturen.

Ausgehend von der Summengleichung (5.4), habe ich in den vorausgegangenen Abschnitten die einzelnen Intensitäten in ihre drei Faktoren zerlegt: den Anteil der Lichtquelle, den Materialeinfluss und eine Reihe von speziellen Einflussfaktoren, wie der Abschwächungsfaktor, die Spotlichtexponenten u. v. m. Die Fülle der Gleichungen und der Parameter kann am Anfang überwältigend und schwer erfassbar sein. Mit dem Beispielprogramm werden diese aber konkret und die Effekte sichtbar. Die hier vorgestellten Vorgänge, gekleidet in die mathematischen Gleichungen, gelten auch für weiterführende Techniken der Beleuchtung, insbesondere der Shaderprogrammierung. Dort ist eine noch genauere Annäherung an die Wirklichkeit das Ziel.

In der 3D-Computergrafik ist Farbe zunächst eine Kombination dreier Zahlen, die den Farbanteilen Rot, Grün und Blau zugeordnet sind. Damit im Gehirn des Betrachters der Farbeindruck Magenta entsteht, muss dem Ausgabegerät eine bestimmte Zahlenkombination übergeben werden. Leider ist nicht gewährleistet, dass die gleiche Kombination auch bei einem anderen Ausgabegerät denselben Farbeindruck hervorruft. Aus diesem Grund waren Farbmodelle zu beschreiben, die eine Referenz darstellen und die Korrekturen durchführen. Die Art der Ausgabegeräte – Drucker, Bildschirm – beeinflusst auch die Wahl des Farbmodells. Werden beim Druck Farben reduziert, dann erscheint zunehmend das Weiß des Papiers, während der Bildschirm schwarz erscheint.

Kapitel

6

Images, Texturen und Text

Bilder sind gefrorene Zeit. Als technische Zeichnung geben sie uns das Wissen und den Willen eines Konstrukteurs wieder, und als Bildfolge legen sie uns die reale oder eine fiktive Welt zu Füßen, mehr oder weniger zu unserer Unterhaltung. Am anderen Ende steht der Computer, für den ein Bild lediglich eine zweidimensionale Anordnung von Bits ist. Die Bedeutung der Bits erschließt sich erst bei der Ausgabe, denn dort soll zum Beispiel eine Bitfolge einen blauen Punkt erzeugen, eine örtliche Farbinformation also.

6.1 Images

6.1.1 Grundbegriffe

Image Sequence
: eine zeitlich organisierte Abfolge einzelner Bilder.

Image
: eine Anordnung von Pixeln. Ein Image besitzt eine Weite und eine Höhe sowie ein Layout, das vorgibt, wie die Anordnung von Pixeln zu interpretieren ist. Jedem Image liegt ein Farbmodell und ein Koordinatensystem zugrunde. Aus Platzgründen und für einen schnellen Transport ist ein Image in der Regel komprimiert – ein weites Feld. Auch eine indizierte Farbangabe über passende Tabellen ist bei Images üblich.

Pixel (Picture Element)
: die Farbinformation an einer bestimmten Stelle im Image. Ein Pixel ist aus ein oder mehreren Komponenten zusammengesetzt, deren Abfolge im Pixel über eine Layoutvorschrift fixiert sein muss. So kann die erste Komponente ein Rot sein, in einer anderen Anordnung aber auch ein Blau. Die Farbanteile eines Pixels können gepackt sein, das bedeutet, alle Farbanteile sind in einem Datentyp, etwa einem `unsigned int`, untergebracht.

Komponenten
: Dies sind die kleinsten Informationseinheiten, die meist als Intensitäten in einem bestimmten Wertebereich interpretiert werden. Eine Intensität kann eine Angabe zwischen 0 und 1.0 sein, aber auch eine Ganzzahl, bestehend aus n-Bits. So können, zum Beispiel, 5 Bits für die Farbe Rot, 6 Bits für Grün und wiederum 5 Bits für Blau vorgesehen sein. Heute üblich sind meist 8 Bit für jeden Farbanteil. OpenGL rechnet intern mit der `float`-Darstellung und rechnet daher alle Farbangaben auf den Wertebereich 0 bis 1.0 um. Komponenten werden auch als Farbkanal bezeichnet, sie sind aber nicht auf Farben beschränkt; es kann auch der Transparenzanteil (Alpha) gemeint sein oder eine Spektrallinie.

Sample
: Die Darstellung einer oder mehrerer Komponenten im Speicher wird als Sample bezeichnet. Zum Beispiel kann die Farbinformation in einer positiven Ganzzahl (*Unsigned Integer*) gepackt sein. Es liegt dann ein 32-Bit-Sample vor, das in drei Komponenten R, G, B und den Alpha-Anteil, jeweils 8 Bit, umgewandelt wird. Gebräuchlich sind auch Samples, in die mehrere Pixel gepackt sind. Das ist bei einem Schwarz-Weiß-Bild der Fall, dort enthält ein `unsigned byte` 8 Pixel. Tiefenpufferwerte sind bei OpenGL als `unsigned integer` abgelegt (Sample), und sie sind als `float`-Komponente (z) einem Pixel zugeordnet, siehe auch den Abschnitt *Tiefenpuffer* (Seite 78).

6.1.2 Vom Sample zum Image

Die Anordnung der Bytes in einem Sample ist nicht auf allen Rechnern dieselbe. Wir haben als Kinder (mühsam) gelernt, die höchste Stelle einer Zahl ganz links anzusetzen, also 1002 als „eintausend – zwei" auszusprechen und nicht „zwei Einer und 1 Tausender". Andererseits heißt es aber „sechs – und – zwanzig", also 6 (Einer), 2 (Zehner). Sind in der Computertechnik Varianten möglich, werden diese auch genutzt, hier die Reihenfolge der Bytes in einem Short, Integer, Float oder Double. In der Zahl *F1 E2 D3 C4* ist *F1* das höchstwertige Byte.[1] Die gerade dargestellte Leserichtung wird *Big Endian* genannt, die Umkehrung der Reihenfolge *Little Endian*.

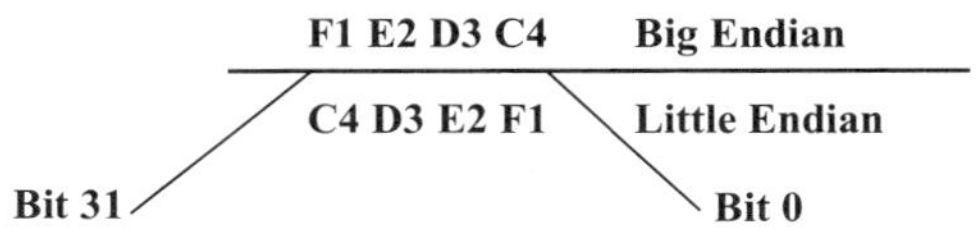

Die Abfolge der Bytes in einem Datenwort wird durch die Begriffe Big Endian und Little Endian angegeben. Abbildung 6.1

Die Darstellungsform Big Endian ist das interne Datenformat der Java Virtual Machine, Little Endian das auf Intel-Rechnern und damit auf PCs vorherrschende Format. Beim Einlesen der Daten aus einer Datei ist daher zu prüfen, ob die Beachtung der Reihenfolge wichtig ist oder ob ein Image Loader dieses Detail versteckt. In Java ist die Byte-Reihenfolge dann von Bedeutung, wenn Sie selbst einen Image Loader für ein spezielles Image-Dateiformat erstellen, oder bei der Verwendung eines direkten Puffers, siehe dazu *Puffer in Java* (Seite 581ff.). Dort ist ebenfalls auf die Anordnung des Betriebssystems umzuschalten: `ByteOrder.nativeOrder()`.

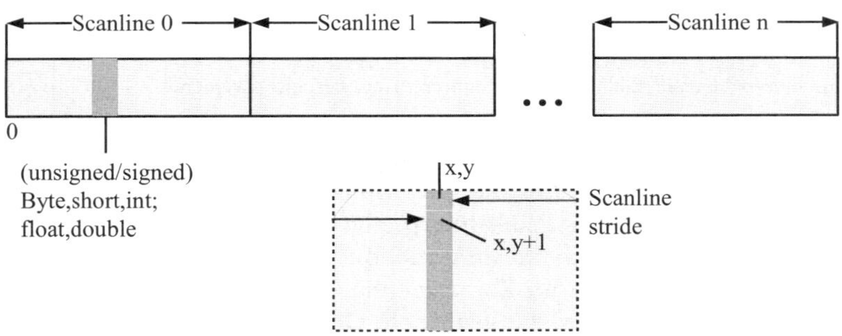

Der Abstand innerhalb eines Datenpuffers von einem Element (x,y) zu einem Element (x,y+1) ist der Scanline-Abstand. Abbildung 6.2

Ein grundsätzlicher Unterschied zu anderen Darstellungsformen, zum Beispiel einem Text, ist bei Bildern durch die zweidimensionale Interpretation

[1] Nicht zu verwechseln mit dem höchstwertigen Bit (MSB, *Most Significant Bit*).

der Daten gegeben. Damit ist auch eine Schrittweite (*Scanline Stride*) festgelegt, die von der Spalte (x) in der Zeile (y) zur gleichen Spalte (x), jedoch in einer darauffolgenden Zeile (y+1) führt.

Die Schrittweite basiert auf dem Typ der Samples im Datenpuffer, nicht auf der Pixelzahl. Zum Beispiel sind im OpenGL-Format `GL_UNSIGNED_SHORT_5_6_5` drei Komponenten (R, G, B) in einem Short Sample gepackt. Der Scanline-Abstand in Bytes beträgt zweimal Pixelanzahl pro Zeile. Im Format `GL_RGB` sind die drei Komponenten in ein Sample vom Typ `GL_UNSIGNED_INT` gepackt, ein Byte ist ungenutzt. Der Scanline-Abstand ist hier nicht dreimal Pixelzahl, sondern vielmehr vier Byte mal Pixelanzahl.

Wenn die Farbanteile in getrennten Arrays vorgehalten werden, ist ein anderes Layout gegeben. Bei Messdaten aus wissenschaftlichen Experimenten, medizinischen Geräten oder Satellitendaten ist ein Image eine spektrale, räumliche Information. Jedes Bild enthält die Daten der Messungen für eine bestimmte Frequenz, also einer Farbe im weitesten Sinn.

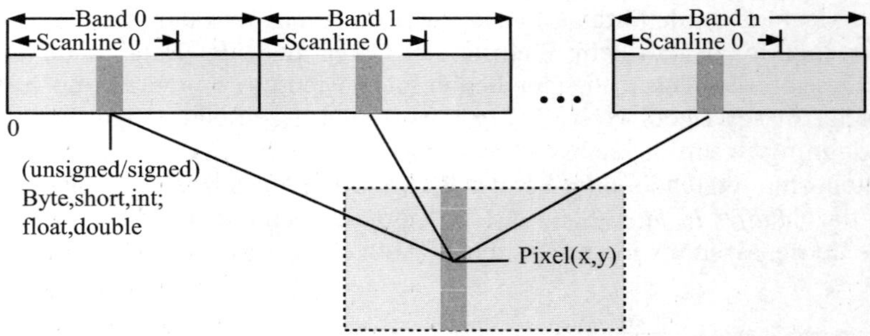

Abbildung 6.3 Bands sind Farbkanäle, die meist in getrennten Arrays gespeicht werden.

Die Daten in einem einzelnen Band können, müssen aber nicht zu einem Pixel kombiniert werden. Eine Kombination liegt vor, wenn die RGB-Kanäle direkt als die Farbe eines Pixels interpretiert werden. Bei einem Falschfarbenbild hingegen werden die Informationen eines Bandes zuerst in den Farbraum transformiert. Im Zusammenhang mit Bands sind *Banks* (also „Reihen") zu sehen, eine übergeordnete Organisation der Samples. Meist wird nur eine Bank vorliegen, getrennte Farbkanäle (Satellitendaten, Medizindaten) werden hingegen in getrennten Banks angelegt.

6.1.3 Images und Image-Dateien

Begrenzter Speicherplatz und begrenzte Übertragungskapazitäten waren schon immer eine große Herausforderung an die Ingenieure der Computertechnik. Mit dem Aufkommen der Mobilfunktelefone, der digitalen Kameras und natürlich des Internets ist eine möglichst kleine Datenmenge bei Bilddaten nach wie vor erwünscht. Es gibt nur wenige Bildformate, die in einer Datei oder bei einer Übertragung nicht komprimiert sind. Der Bildkomprimierung liegen Algorithmen zugrunde, die von einem einfachen *Run Length Encoding* bis hin zur JPEG2000-Kodierung reichen. Letztere erfordert den mathematischen Hintergrund der *Wavelets*.

Die Verfahren der Bildkomprimierung unterscheiden sich grundsätzlich: Bei der *verlustfreien Komprimierung* gehen keine Informationen des Originalbildes durch die Kompression verloren. *Verlustbehaftete* Kompressionsverfahren hingegen können dazu führen, dass feine Farbunterschiede entfernt werden oder sogar harte Kanten verschwinden.

Run Length Encoding (RLE)
: Ein einfaches Verfahren, das Marker-Bytes im Image vorsieht. Diese geben an, dass eine bestimmte Anzahl von Bytes folgt, die alle den gleichen Wert haben. Da dann statt der n-stelligen Bytefolge nur zwei Bytes stehen – der Marker und das markierte Byte –, kann die Kompression bei Bildern, die große Flächen gleicher Farbe aufweisen, erheblich sein. Das Marker-Byte steht natürlich nicht mehr selbst als Datum für einen Farbanteil zur Verfügung, daher sind zusätzliche Maßnahmen getroffen worden, um einen kontextfreien Lesefluss möglich zu machen. Ein typischer Vertreter ist das Microsoft-BMP-Bildformat. Ausgefeilte RLE-Verfahren analysieren die Bilddaten und kodieren bestimmte darin vorkommende Muster statt gleicher Bytefolgen.

Huffman Encoding
: Der „Urahn" von weiteren Verfahren der verlustfreien Kompression, etwa des ZIP-Formats. Bei diesem Verfahren wird die Datei untersucht, die vorkommenden Zeichen werden in einer Tabelle festgehalten. Die Zeichen können in einem binären Baum angeordnet werden, dessen Kanten eine Bitfolge ergeben, etwa *011*. Statt des Zeichens selbst steht dann die Bitfolge und die Tabelle im Datenstrom. Gesteuert wird das Verfahren noch durch die Häufigkeit der vorkommenden Zeichen.

LZW
: Benannt nach ihren Erfindern Lempel, Ziv und Welch. Das Verfahren geht über das Huffman-Verfahren hinaus, weil es ganze Muster und nicht nur einzelne Zeichen als Grundlage verwendet. Ein typischer Vertreter ist das GIF-Format, das lange Zeit in der Kritik stand, weil die LZW-Kompression (bis 2006) nicht lizenzfrei war.

Deflate
: Eine weitere Abwandlung des Huffman-Verfahrens, vor allem als Alternative zum LZW-Verfahren entwickelt. Typische Vertreter sind das PNG-Bildformat und ZLIB-Dateien.

JPEG, JPEG-2000

Diese Kompression ist nicht verlustfrei und ausgesprochen kompliziert. Dabei wird das vorliegende Bild Block für Block (i. d. R. 8×8 Bits) durch einen Sonderfall der diskreten Fourier-Transformation in den Frequenzbereich umgerechnet (DCT, *Discrete Cosinus Transformation*). Den einzelnen Frequenzen sind Koeffizienten zugeordnet, die einer Bewertung mittels Gewichten unterworfen werden (*Quantization*). Damit sind dann weniger Bits pro Koeffizient nötig; hierin ist auch eine weitere Quelle des Informationsverlustes zu sehen. Das Ergebnis dieses Schrittes wird durch das Run Length Encoding-Verfahren weiter verkleinert; dann wird noch – in der Regel – das Huffman-Verfahren angelegt. Ein Problem bei der JPEG-Kompression ist die Einteilung in 8×8-Bit-Blöcke, welche zu sichtbaren Fragmenten in den Bildern führen kann. Mit dem JPEG-2000-Verfahren ist diese Einschränkung aufgehoben worden, außerdem werden *Wavelets* statt der DCT-Transformation verwendet. JPEG-2000 verkleinert die Dateien nicht weiter, aber die Bildqualität ist höher.

Während der Entwickler von Grafik-Software die oben angeführten Details verstehen und als Entwickler eines Image-Loaders auch beherrschen muss, ist für den Anwender eine Grafikdatei hauptsächlich durch ihre Dateiendung gekennzeichnet. Die nachstehende Liste gibt einen Überblick der Imageformate (mit einer Beschränkung auf Rastergrafik).

BMP

Das Windows-Bitmap-Format ist gut als Zwischenformat geeignet, weil es die verlustfreie Run-Length-Komprimierung verwendet. Ein Nachteil ist das Fehlen der Alpha-Komponente, also der Transparenz. Die Farbanteile können Wertebereiche von 1 bis 24 Bits umfassen.

PNG

Das Portable-Network-Graphics-Format ist verlustfrei und enthält auch Transparenz. Farbanteile umfassen 1 bis 16 Bits. Das PNG wurde als Alternative zum lizenzpflichtigen GIF entwickelt und ist bis heute ein weit verbreitetes Image-Format. PNG-Dateien können direkt mit Java2D geladen werden.

TGA

Das Targa Image File ist ein unkomprimiertes oder durch Run Length komprimiertes Bildformat. Es war früher in der Spieleindustrie als Alternative zum BMP vorherrschend. Es kann 8 bis 32 Bits pro Komponente darstellen, ebenso wie Transparenz durch einen Alpha-Kanal. TGAs sind Vertreter der Little-Endian-Darstellung. Das TGA-Format erzeugt zwar große Dateien, ist aber nach wie vor ein gern benutztes Austauschformat.

GIF

Das Grafik Interchange Format von CompuServe war lange Zeit aufgrund seiner hohen Kompression von großer Bedeutung. Während das Lesen und Dekodieren von GIF-Dateien jedermann erlaubt war, war die Erzeugung (write) aufgrund der LZW-Komprimierung lizenzpflichtig. Das heftig bekämpfte LZW-Patent ist seit 2006 (garantiert) ausgelaufen, so dass GIF-Dateien heute frei sind. Das GIF-Format hat aber stark an Bedeutung verloren, obwohl es noch immer das einzige Format ist, das auch Animationen (Animated GIF) anbietet. GIF reserviert 1 bis 8 Bit pro Komponente, kennt aber nur Transparenz oder keine Transparenz (1 Bit-Alpha). Java2D stellt einen Loader für GIF-Dateien bereit.

JPG, JP2

JPEG, die Abkürzung für Joint Photographic Experts Group, ist ein sehr weit verbreitetes, verlustbehaftetes Format, das sich vor allem für Fotos eignet. JPG kennt keinen Alpha-Kanal, dieser wurde erst mit JP2 (JPEG-2000) eingeführt. JP2 bietet bei gleich hoher Kompression wie JPG-Dateien eine erheblich höhere Bildqualität. Das Dekodieren von JPEG-Dateien stellt hohe Anforderungen an den Entwickler eines Loaders, zum Glück ist diese Arbeit bereits in Java2D geleistet worden, so dass JPEG-Bilder mit wenigen Zeilen Programmcode geladen werden können.

TIFF

Das Tagged Image File Format von Adobe ist ein großer Standard, das bedeutet, es ist sehr aufwendig. Es ist sogar dermaßen aufwendig, dass kaum ein Produkt das volle TIFF abbildet, so dass ein kleineres TIFF (Baseline TIFF) definiert werden musste, das dann aber garantiert von jedem Produkt, das TIFF liest oder schreibt, implementiert werden muss. Die Komplexität entsteht bei diesem Format weniger durch den erforderlichen mathematischen Hintergrund als vielmehr durch die Fülle der Möglichkeiten, die in TIFF eingebaut sind. TIFF ist ein in der Regel verlustfreies Format; es unterstützt mehrere Farbmodelle, von denen CMYK das wichtigste ist. Es können verschiedene Komprimierungsalgorithmen (auch LZW, JPEG) vorkommen. Unkomprimiert und mit dem CMYK-Farbmodell spielt das TIFF eine große Rolle bei der Druckvorstufe. Außerdem ist TIFF unkomprimiert, als verlustfreies Format, von Bedeutung für das Zwischenspeichern und den Austausch von Bildern, wenn auch weniger über das Internet. TIFF kennt Little und Big Endian-Darstellung, die Farbanteile können 1 bis 24 Bits aufweisen, der Alpha-Kanal 8 Bit. Möglich ist auch Gleitkomma (Float) als Farbintensität. Ein wichtiges Merkmal ist auch die Multipage-Eigenschaft, das heißt, TIFFs können Vorschaubilder und insbesondere Midmaps enhalten. Die Grenze für eine TIFF-Datei liegt bei 4 Gigabyte.

XCF, PDB, PDD

Dabei handelt es sich um proprietäre Bildformate. Das Open-Source-Produkt GIMP verwendet als eigenes Format XCF, das auch die Layout-Ebenen speichern kann. Deswegen eignet sich XCF als Austauschformat für die Bildbearbeitung im laufenden Prozess. PDB sowie PDD sind spezielle Formate von Adobe Photo Deluxe.

DDS

Ein ebenfalls proprietäres Format, US-Patent von Microsoft, das in der Spieleindustrie eine dominierende Rolle spielt. DDS (Direct Draw Surface) ist allerdings weniger für allgemeine Bilddaten gedacht als vielmehr für die Speicherung von Texturen, incl. Mipmaps. Das DDS-Format dürfte das am meisten verwendete Dateiformat für Texturen, Normalmaps und andere Informationen für das Rendern von Szenen sein. Im Prinzip ist das Format ein Behälter, dessen Inhalt über einen Header spezifiziert wird; der Inhalt selbst ist ein nachgestellter binärer Block von Daten.

```
DWORD              magicNumber // "DDS"
DDS_HEADER         topLevelHeader
DDS_HEADER_DXT10 formatInfo
BYTE               surfaceData[]
BYTE               mipMappLevelsAndOther[]
```

Im zweiten Header wird die Komprimierung der Daten festgelegt, die ab DirextX10 mit den Buchstaben „BC“ (*Block Compression*) und einer Nummer angezeigt wird. Zum Beispiel kennzeichnet „BC1“ je 8-Bit RGB-Farben und ein Bit für den Alphakanal, „BC3“ erweitert dies auf eine 8-Bit-Alphawertangabe. Die Komprimierung ist blockorientiert, je 16 Texel (4×4) bilden einen Block. Innerhalb des Blocks findet die Kodierung statt, so dass die einzelnen Elemente des Formats unabhängig von anderen Elementen sind. Bezogen auf eine Farbkomponente werden im Block zwei Referenzwerte (max, min) gespeichert und der Farbwert der 16 Texel als 3-Bit-Kombination angegeben. Über die Referenzwerte wird interpoliert, der Kompressionsfaktor beträgt daher pro Farbkomponente fünfzig Prozent.

6.1.4 Images manipulieren und analysieren

Die Programmierung von 2D-Grafik in Java kann ziemlich verwirrend sein, denn es gibt in den Java-Bibliotheken eine große Anzahl an Möglichkeiten, manchmal auch für die ansonsten selbe Aufgabe; außerdem spielt die Entwicklungsgeschichte von Java ebenfalls eine Rolle. Die frühesten Versionen von Java brachten das Java-AWT (*Abstract Windowing Toolkit*) mit. Die `Image`-Schnittstelle, die `Color`-Klasse sowie die `Grafic`-Klasse sind Elemente des frühen AWT, die auch heute noch eine Rolle spielen. Andere, wie die MediaTracker-Klasse, werden nicht mehr verwendet, AWT-Grafik ist einfach in vieler Hinsicht veraltet.

Mit Java2D ist die Grafik bei Java erwachsen geworden. Die Grafic-Klasse wurde zur Grafic2D-Klasse erweitert, BufferedImage eingeführt, nebst Transformationen durch AffineTransform und der Bildmanipulation durch BufferedOp. Java2D tritt nicht als eigenes Paket in den Java-Bibliotheken auf, vielmehr sind die betreffenden Klassen in Erweiterungspaketen des Java-AWT-Pakets enthalten, so findet sich BufferedImage im Paket java.awt.image.

Nach Java2D folgte JAI (*Java Advanced Imaging*), und der Term „Advanced" ist nicht nur ein Marketingausdruck. JAI ist ein riesiges API, es bildet die gesamte Palette an Grafikfunktionen ab, bis hin zu Bildern, die aufgrund ihrer Größe nicht als Ganzes in den Speicher geladen werden können. Obwohl JAI ein stabiles und genutztes Produkt ist, wird es leider nicht mehr gewartet und weiterentwickelt (Stand 2012).

Mit JAI werden wir uns hier nicht weiter befassen und bei Java2D lediglich die zentrale BufferedImage-Klasse nebst Image Loadern (etwa für JPEG) näher betrachten. Wer wissenschaftliche oder medizinische Bilddaten bearbeiten möchte, sollte die flache Lernkurve von JAI akzeptieren, es lohnt sich auf jeden Fall. Java2D und JAI, jedes API für sich wohlgemerkt, könnten leicht ein ganzes Buch füllen. Die Beschränkung auf die Themen BufferedImage sowie Laden und Speichern von Bildern ist getrieben von der Notwendigkeit, auch mit OpenGL Bilder von Dateien abzuholen und dort zu speichern. Als Zwischenpuffer dient dafür eben BufferedImage.

Es gibt viele Gründe, ein Image nach dem Laden in den Speicher zu verändern, und sie lassen sich grob in drei Kategorien einteilen. Da ist zum einen ein Anwender, der direkt in das Bild eingreifen möchte, ein Mediziner etwa, der weitere Informationen benötigt, die im Bild leichter aufzufinden sind, wenn dessen Kontrast verändert wird oder bestimmten Strukturen Farben zugeordnet werden. Oder der Fotograf, dem das Blau in den Augen der Titelschönheit nicht strahlend genug ist und der das Bild retuschiert. In beiden Fällen steht die interaktive Bildmanipulation im Vordergrund. Bei der zweiten Kategorie liegt der Schwerpunkt bei den Effekten, so soll sich ein Bild zum Beispiel allmählich aus einzelnen Pixeln aufbauen (Zapping, Blending). Die dritte Kategorie gehört der Bildanalyse, denken Sie beispielsweise an eine Maschine zur Sortierung von Früchten. Dabei geht es darum, jede am Bildscanner vorbeilaufende Frucht nach ihrer Farbe (grünlicher, gelblicher) zu beurteilen und auf entsprechende Bänder zu schleusen.

Allen Kategorien gemeinsam ist die Umwandlung eines Bildes aus einer Quelle (*Source*) in ein neues Zielbild (*Sink*) oder, mathematisch gesprochen, die Abbildung einer Definitionsmenge auf eine Wertemenge durch eine Abbildungsvorschrift, eine Funktion also. Sämtliche Abbildungen können auch eine Überlagerung mehrerer Bilder beinhalten.

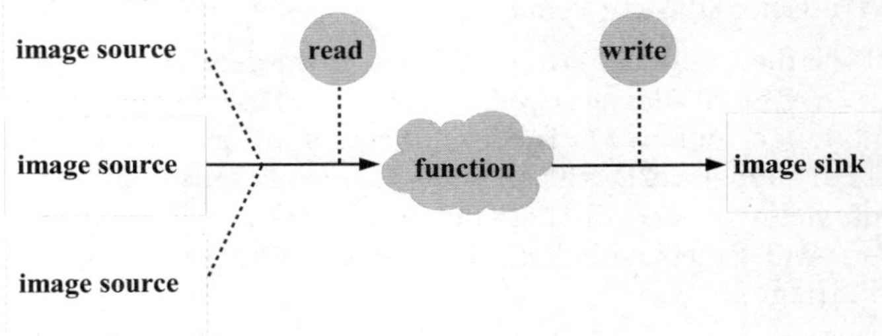

Abbildung 6.4 Die Bildverarbeitung (Image Processing) ist die Generierung eines neuen Bildes auf der Grundlage einer Abbildungsvorschrift.

Sowohl OpenGL, noch mehr Java2D und erst recht JAI kennen eine Reihe von Funktionen zur Bildmanipulation, die in der folgenden Aufzählung näher beschrieben werden. Dabei werde ich mich auf die zugrundeliegenden Prinzipien konzentrieren.

Transformationen der Bildpositionen, Ausschnitte

Abgesehen von der Ausschnittswahl lassen sich die Bildpositionen der Pixel, genauso wie Vektoren, durch eine Abbildungsmatrix verändern. Da das Bild zweidimensional ist, genügt für alle Arten von Abbildungen eine homogene 3×3-Matrix $\mathbf{M_a}$.

$$\begin{pmatrix} P_x^* = P'_x / P'_w \\ P_y^* = P'_y / P'_w \end{pmatrix} = \begin{pmatrix} P'_x \\ P'_y \\ P'_w \end{pmatrix} = \begin{pmatrix} a_{11} & a_{12} & a_{13} \\ a_{21} & a_{22} & a_{23} \\ a_{31} & a_{32} & a_{33} \end{pmatrix} \cdot \begin{pmatrix} P_x \\ P_y \\ 1 \end{pmatrix}$$

Java2D stellt dafür die Klasse `AffineTransform` im Paket `java.awt.geom` zur Verfügung. Tatsächlich arbeitet die Klasse intern mit der obigen Matrix, wobei $a_{31} = 0$ und $a_{32} = 0$ gilt. Es sei auch daran erinnert, dass Matrizen miteinander multipliziert werden dürfen, um eine mehr oder weniger komplizierte Transformation herzustellen. Bei der `AffineTransfrorm`-Klasse kann eine solche Komposition durch die `concatenate`-Methodenfamilie erreicht werden.

Bildausschnitt erzeugen

Ein Rechteck in einem Bild auszuwählen scheint trivial, es sollte aber verstanden worden sein, wie im Image von einer Position (x_n, y_n) zu nächsten (x_{n+1}, y_{n+1}) fortgeschritten wird. Die interaktive Auswahl (Lassoband) eines Bildausschnitts nebst einem gleitenden Bildausschnitt (Sliding Window) ist schon etwas aufwendiger.

Zoom

Dabei wird ein Bild vergößert oder verkleinert, eine Aufgabe, die heute niemand mehr direkt auf der Pixelebene durchführt. In OpenGL steht dafür die Funktion `glPixelZoom` zur Verfügung. Zoom kann in Java2D unter Verwendung der `AffineTransform`-Klasse durchgeführt werden, dort ist eine Methode `scale(sx,sy)` bzw. `setToScale(sx,sy)` definiert. Das entspricht einer Einstellung der allgemeinen Matrix, bei der $a_{11} = sx$, $a_{22} = sy$ und $a_{33} = 1$ gesetzt wird und alle anderen Elemente gleich 0 gesetzt sind.

Scheren, Spiegeln

Dabei handelt es sich um weitere Funktionen, die die Bildfarben unbeeinflusst lassen, aber die Bildposition verändern. In der `AffineTransform`-Klasse steht für das Scheren die Methode `shear(sx,sy)` zur Verfügung.

Drehen

Mit der allgemeinen Matrix (a_{ij}) kann natürlich auch eine Drehung des Bildes durchgeführt werden; die passende Methode in `AffineTransform` lautet erwartungsgemäß auch `rotate(theta)`. Der Sonderfall, nämlich die Rotation um einen beliebigen Punkt, ist über die Funktion `rotate(theta,x,y)` programmierbar. Man beachte bei Rotationen immer die unterschiedliche Behandlung der Winkelangabe in den Funktionen, die Klasse `AffineTransform` erwartet Winkel in Radiant. Bei Rotationen ist, falls das rotierte Bild nicht mehr in das Bildformat passt, stets auch ein Clipping im Spiel. Durch eine sorgfältige Planung kann das Clipping aber vermieden werden, ein umschriebener Kreis um das zu drehende Bild passt dann gänzlich in das Rechteck des Zielbildes.

Transformationen der Bildkomponenten

Dabei handelt es sich um die Farbanteile, gegebenenfalls ergänzt um die Transparenz, also den Alpha-Anteil eines Pixels. Die Veränderung wiederum kann *kontextfrei* oder *kontextgebunden* erfolgen.

Kontextfreie Transformationen

Bei der kontextfreien Transformation wird die Farbe eines Pixels umgewandelt, ohne weitere Bildinformationen heranzuziehen. Es können aber Pixel – der gleichen Adresse – eines anderen Bildes berücksichtigt werden, ein Beispiel dafür ist das Blending.

Look-up Tabellen, Invertierung, Schwellenwerte

Gegeben ist eine Tabelle für einen Farbanteil, die so groß wie der Definitionsbereich sein muss. Bei einem RGB-Bild wären das dann drei Tabellen, jede mit 256 Einträgen. Nun kann mit einem gegebenen Rot = 64 eine Position aufgesucht werden. In der Rot-Tabelle, an der Position 63 (Zero indexed Table), steht dann etwa die Farbe (255-64) = 191, ein helleres Rot, das dann die aktuelle Farbe ersetzt.

Die Funktion $255-c=c'$ ist zugleich eine Farbinvertierungsvorschrift. In Java2D stellt die `LookupOp`-Klasse in `java.awt.image` solche Funktionen zur Verfügung. Wie bereits bei der Invertierung gezeigt, kann die Tabelle auch auf der Basis einer beliebigen mathematischen Funktion berechnet werden. Denkt man sich einen Graphen, der auf der X-Achse den Eingangswert und auf der Y-Achse den Ausgangswert der Tabelle darstellt, und legt man eine in der positiven Y-Achse verschobene Gerade an, dann wird eine Schwellenfunktion realisiert. Der Fantasie sind bei der Erstellung eigener Farbtabellen kaum Grenzen gesetzt, mittels quadratischen oder Wurzelfunktionen können Bilder auch mit Lookup-Tabellen nichtlinear aufgehellt oder verdunkelt werden. Die Grenzen zeigen sich allerdings in der Bildqualität, häufig führt die Verwendung von nichtlinearen Lookup-Tabellen zu einem verwaschenen Bildeindruck. Eine Alternative zur `LookupOp`-Klasse ist die `RescaleOp`-Klasse. Hier wird eine Funktion der Form $c_{out} = f_c \cdot c_{in} + c_{offset}$ angelegt.

Beim Einsatz von Lookup-Tabellen können ungewollte Effekte auftreten, unter Umständen ist bei bestimmten Bildern aber auch das Gegenteil der Fall, nämlich kein Effekt. Ein helles Bild wird dann zum Beispiel vollends gesättigt (Farbkomponenten gleich 255), und obwohl im Bild noch viel Information verfügbar ist, geht diese verloren. Dynamische Lookup-Tabellen sind an die vorliegende Bildinformation angepasst, das können Max.-/Min.-Werte, besser aber Mittelwerte und Standardabweichungen sein. Gegebenenfalls wird der Eingriff des Nutzers nötig, um die Parameter einer Lookup-Tabelle zu trimmen.

Farbmatrix

Wie bei der Transformation von Punkten und Vektoren kann auch eine homogene Matrix für die Transformation von Farbanteilen mit oder ohne Alpha verwendet werden. Weil ein Pixel bei einem ARGB-Bild vier Komponenten enthält, ist eine homogene 5×5-Matrix die allgemeinste Form, die dann auf bestimmte Fälle spezialisiert werden kann.

$$\begin{pmatrix} R'/W' \\ G'/W' \\ B'/W' \\ A'/W' \end{pmatrix} \Leftarrow \begin{pmatrix} R' \\ G' \\ B' \\ A' \\ W' \end{pmatrix} = \begin{pmatrix} c_{11} & c_{12} & c_{13} & c_{14} & c_{15} \\ c_{21} & c_{22} & c_{23} & c_{24} & c_{25} \\ c_{31} & c_{32} & c_{33} & c_{34} & c_{35} \\ c_{41} & c_{42} & c_{43} & c_{44} & c_{45} \\ c_{51} & c_{52} & c_{53} & c_{54} & c_{55} \end{pmatrix} \begin{pmatrix} R \\ G \\ B \\ A \\ 1 \end{pmatrix}$$

In Java2D kann eine 4×4-Matrix an die Klasse `BandCombineOp`, im Paket `java.awt.image`, übergeben werden. Das entspricht der obigen Matrix (c_{ij}), aber ohne Alpha-Anteil, und damit wird die entsprechende Filterung ausgeführt. Eine Invertierung der roten Farbe erfolgt mit dieser Matrix durch:

$$\begin{pmatrix} -R+255 \\ G \\ B \\ 1 \end{pmatrix} = \begin{pmatrix} -1 & 0 & 0 & 255 \\ 0 & 1 & 0 & 0 \\ 0 & 0 & 1 & 0 \\ 0 & 0 & 0 & 1 \end{pmatrix} \begin{pmatrix} R \\ G \\ B \\ 1 \end{pmatrix}$$

Fehlfarbenkonstruktion

Das Prinzip hier ist die Zuordnung einer Farbe (RGB) zu einem Datenwert. Die Daten stehen dabei in einer zweidimensionalen Anordnung, und die Datenwerte liegen in einem bestimmten Definitionsbereich. Der einfachste Fall ist bei einem Graustufenbild gegeben, mit dem Bereich 0...255 bzw. 0...1 im Gleitkommaformat.

Alpha-Compositing

Ein Bild oder ein Bildteil wird mehr oder weniger sichtbar, wenn der Alpha-Anteil, also die Transparenz, verändert wird. Gelegentlich ist auch ein zeitlicher Aspekt im Spiel, etwa wenn das Bild langsam verschwinden und ein anderes Bild aufscheinen soll, typisch ist aber die Überlagung mehrerer Bilder, wovon eines den Hintergrund für das andere Bild darstellt. Beim Alpha-Compositing ist eine Regel[2] festgelegt, nach der ein gegebener Wert auf das eine oder das andere Bild angewendet wird. Zum Beispiel kann mit einer Regel `source-over` und einem Wert von 0.8 eine Quelle über das Zielbild gelegt werden, wobei die Anteile der Quellenpixel mit 0.8 multipliziert werden. Wer hierfür eine Funktion in Java2D sucht, der wird bei `AlphaComposite` fündig. Dort ist aber auf die Begrifflichkeit zu achten, als *Destination* wird das zweite Quellbild bezeichnet, während das Zielbild (*Sink*) als *New Destination* angesprochen wird. Bei OpenGL wird Alpha-Compositing mit den Blendingfunktionen ausgeführt.

Blending

Blending ist eine Mischung von Farben bzw. Alphawerten nach bestimmten Regeln (Porter und Duff). In der allgemeinen Form werden die vorliegenden Farben c_A und c_B über Faktoren oder Gewichtsfunktionen miteinander gemischt.

$$c_{blend} = f_A c_A + f_B c_B$$

Zum Beispiel, wenn $f_A = f_B = 1$, dann werden die Farben addiert, wenn $f_A = 1$ und $f_B = -1$, voneinander subtrahiert. Beim Alpha-Blen-

2 Die Regeln wurden zuerst von Porter und Duff in einem Artikel der SIGGRAPH von 1984 erwähnt.

ding wird der Alpha-Wert (α) als Gewichtsfunktion verwendet. Wenn $f_A = \alpha_A$ und $f_B = 1 - \alpha_B$, dann mischen sich die Farben der Summe entsprechend. Die Gewichtsfunktionen sind bei OpenGL getrennt voneinander einstellbar, siehe `glBlendEquation`-Funktionen. Die Regeln finden eine Anwendung bei der Überlagerung von Images, Texturen, speziell bei der Shaderprogrammierung, sie sind aber auch Bestandteil der verbleibenden fixierten Rendering Pipeline. OpenGL verwendet eine voreingestellte Blendfunktion bei der Übernahme eines Pixel in den Framepuffer, siehe auch Abschnitt *Fragmentverarbeitung und FramebufferO* (Seite 32f.). Eine Beschreibung der Blendfunktionen finden Sie im Referenzteil.

Dithering
: Beim Dithering wird durch die Mischung von Farben ein Farbeindruck im Auge bzw. dem Gehirn erzielt. Benachbarte Pixel erhalten dabei eine vom System darstellbare Farbe. Dithering spielt heute aus technischen Gründen keine Rolle mehr, es ist aber in der Computerkunst als zufallsbedingte Farbgebung durchaus reizvoll (zum Thema Aleatorik siehe auf den Abschnitt *Zufallszahlen mit Java*, Seite 597).

Kontextgebundene Transformationen

Die Farbe eines neuen Pixels hängt vom Inhalt oder von Teilen des Bildes der Quelle ab, in der Regel wird lediglich die Nachbarschaft eines Pixels im Originalbild betrachtet. Komplexe Vertreter dieser Gruppe führen eine Transformation in den Frequenzbereich durch und manipulieren das Bild dort, anschließend wird zurücktransformiert. Die JPEG-Bildkompression basiert auf einer solchen kontextgebundenen Transformation.

Interpolation
: Die Interpolation ist in der Mathematik ein Vorgang, bei dem ein Funktionswert an einer Stelle berechnet wird, die in der Wertetabelle (Stützpunkte) nicht vorhanden ist. Eine Farbinterpolation liegt vor, wenn der Wert einer Farbe über zwei Farbstützpunkte in einem Farbraum bestimmt wird.

Convolution
: Die Kunst der Bildfilterung. Auf einen Teilbereich, i. d. R. ein 3×3-Pixelausschnitt, wird ein Raster aus Gewichten gelegt und anschließend eine Summe gebildet. Die Farbe des neuen, so berechneten Pixels hängt daher auch von der Farbe dessen Umgebung in der Quelle ab. Aus diesem Prozess resultieren diverse Effekte wie das Bluring.

Der Convolution-Kern ist eine quadratische Matrix der Größe $n \cdot n$, worin n ungerade und gleich 3, 5, 7 etc. ist. Jeder Farbanteil ergibt sich aus dem gewichteten Mittel des Quellpixels und seiner Nachbarn. Die Summe der Gewichte im Kern, die vom Typ `float` sein müssen, sollte stets gleich 1 sein. Der Kern wird für jedes Pixel im Original angewendet, wobei für die Ecken verschiedene (einstellbare) Strategien gebräuchlich sind. Die Position (x,y) des Pixels in der Quelle und im Ziel ist gleich.

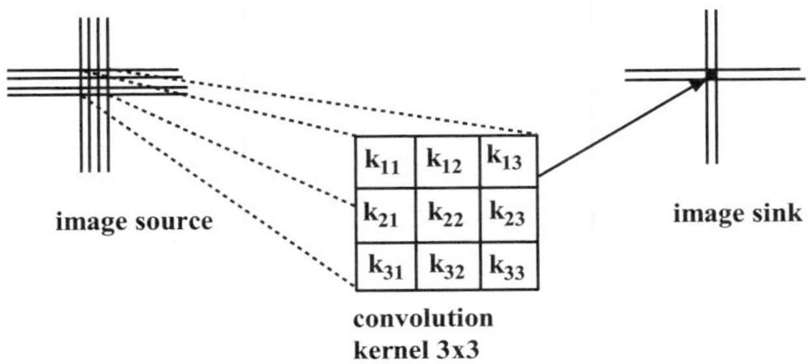

Zwischen einem Pixel in der Quelle und der Senke ist ein Raster aus Gewichten geschaltet, der Convolution-Kern. Abbildung 6.5

Bluring, Sharpening

Das Verwischen und Schärfen eines Bildes ist ein Spezialfall des Convolution-Verfahrens.

$$\begin{pmatrix} 1/9 & 1/9 & 1/9 \\ 1/9 & 1/9 & 1/9 \\ 1/9 & 1/9 & 1/9 \end{pmatrix} \quad \text{Blurring Kernel, Beispiel}$$

$$\begin{pmatrix} -1 & -1 & -1 \\ -1 & 9 & -1 \\ -1 & -1 & -1 \end{pmatrix} \quad \text{Sharpening Kernel, Beispiel}$$

Embossing

Embossing erzeugt kupferstichartige Effekte.

$$\begin{pmatrix} 2 & 0 & 0 \\ 0 & -1 & 0 \\ 0 & 0 & -1 \end{pmatrix} \quad \text{Embossing Kernel, Beispiel}$$

Edge Detection

Eine in der Bildverarbeitung bedeutsame Methode, um die Kanten bzw. die Silhouetten von dargestellten Objekten aufzufinden. Die Anwendungen reichen bis hin zur künstlichen Intelligenz: beispielsweise einem Auto, das sich selbsttätig im Straßenverkehr bewegt.

Beim Einsatz von Convolution-Kernen stellt sich die Frage nach dem Verhalten in den Randgebieten eines Bildes, und wie meist hängen Lösungsansätze von der Aufgabenstellung ab. Bei großen Bildern kann etwa der unbearbeitete Rand einfach abgeschnitten, unbearbeitet belassen oder mit einer Farbe gefüllt werden, auch eine Verbindung der Bildränder (Donat-Welt) ist gebräuchlich. Convolution erfolgt pro Komponente, ein RGB-Bild mit der Größe 1024×1024 erfordert dann ca. 3 Millionen Rechnungen mit dem Convolution-Kern. Im Buch von Klaus Tönnes[3] findet sich eine weitergehende Behandlung der oben angesprochenen Themen, bis hin zur zweidimensionalen diskreten Fouriertransformation.

6.1.5 Images laden und speichern

Mit der Einführung der `ImageIO`-Klasse ist es besonders einfach geworden, ein Bild von einer externen Quelle in den Speicher zu laden. Auch die umgekehrte Richtung, vom Speicher in eine Datei, ist durch einen einzigen Methodenaufruf abgedeckt. Allerdings verarbeitet `ImageIO` nur bestimmte Bildformate, die anhand der Dateiendung erkannt werden, darunter JPEG und das Windows-Bitmapformat, auch werden GIF und PNG unterstützt. Die Read- und Write-Methoden der Klasse haben alle die `IOException` in ihrer Signatur, daher ist der Methodenaufruf in einen `try-catch`-Block zu packen.

`ImageIO` sucht mit Hilfe von `ImageReader` auf der Grundlage der angegebenen Dateiendung nach einem passenden Objekt, das Images des mit der Dateiendung verbundenen Typs laden und in ein `BufferedImage`-Objekt umwandeln kann.

```
import javax.imageio.ImageIO;
import java.awt.image.BufferedImage;

BufferedImage image = ImageIO.read(getClass().getResource(resourceName)\
);
```

Die `getResource`-Methode der Klasse `Class` sucht nach einer Dateiquelle, die durch das Argument `resourceName` angegeben ist, und erzeugt ein URL-Objekt. In der obigen Methodenkette wird dieses an die read-Methode von `ImageIO` weitergereicht. Der dargestellte Aufruf `ImageIO.read` führt auf eine bestimmte read-Methode der Klasse, es gibt aber auch andere Ausprägungen.

```
public static BufferedImage read(File input) throws IOException;
public static BufferedImage read(InputStream input) throws IOException;
public static BufferedImage read(URL input) throws IOException;
public static BufferedImage read(ImageInputStream stream) throws \
IOException;
```

[3] Klaus D. Tönnies: „Grundlagen der Bildverarbeitung“, Pearson Studium, 2005.

Die Konstruktion einer URL ist zweifellos die flexibelste Variante, denn damit kann auch auf Quellen zugegriffen werden, die auf einem anderen Rechner liegen, auch im Internet. Meist werden Images aber in ein JAR-File gepackt, und dessen Ort wird der jeweiligen Applikation durch die CLASSPATH-Variable bekannt. Images, die in einem JAR liegen, werden durch einen Paketbezeichner – letztlich eine Verzeichnisstruktur – angesprochen. Anstelle der Punkte sind hier aber Schrägstriche (/) sowie eine Dateiendung anzugeben, zum Beispiel `/paket/subpaket/image.png`. Tatsächlich delegiert `Class` den Methodenaufruf an den aktuellen `ClassLoader`, der seine Suche mit der Auswertung der CLASSPATH-Variable beginnt.

```
PROJECT_HOME=someDirectory
CLASSPATH=$PROJECT_HOME$/gBook/bin/examples/images.jar
```

Oder bezogen auf das aktuelle Verzeichnis, in dem eine Applikation liegt:

```
set CLASSPATH=.\images.jar
```

Da der `ClassLoader` auch Sicherheitsfragen behandelt, kann ein verbotener Zugriff oder eine ungültige Signatur des JAR-Files die Ursache dafür sein, wenn ein Image nicht geladen wird, meistens ist jedoch lediglich eine der Angaben falsch geschrieben, achten Sie auf den ersten Schrägstrich und die Groß-/Kleinschreibung.

`getResource` wandelt die erwähnte Struktur in einen Dateinamen oder Netzwerk-Ressourcennamen um, der seinerseits in dem URL-Objekt verkapselt ist. Über die `getFile`-Methode dieser Klasse ist es dann möglich, für eine Überprüfung den Namen auszulesen. Die Methode `getContent` liefert den Inhalt des URL. Dies erfolgt implizit in der `ImageIO.read`-Methode und ist hier nur zum Verständnis erwähnt.

`ImageIO` ist vergleichbar mit dem Warenversand einer Produktion, bestellte Ware – die Imagedatei – wird schnell und unkompliziert nach der Bestellung ausgeliefert. Die Produktion (*Factory Pattern*) stellt für gewöhnlich Standardware her, sie ist jedoch auch flexibel genug, um auch fremde Produzenten einzubinden, ohne dass die Bereitstellung der Ware komplizierter wird. Konkret bedeutet diese Analogie, dass auch andere Bildformate durch einen Plug-In-Mechanismus unterstützt werden, allerdings kein einfaches Unterfangen. Wer weitere Details sucht, beginnt seine Suche am besten mit der `ImageReader`-Klasse.

Das Speichern eines Bildes ist mit `ImageIO` ebenfalls eine einfache Aufgabe. Die Klasse stellt drei Write-Methoden zur Verfügung, die sich lediglich in der Angabe des Zieles unterscheiden.

```
public static boolean write(RenderedImage im,String formatName,
  ImageOutputStream output) throws IOException;

public static boolean write(RenderedImage im,String formatName,
```

```
File output) throws IOException;

public static boolean write(RenderedImage im,String formatName,
OutputStream output) throws IOException;
```

Die Schnittstelle `RenderedImage` wird von `BufferedImage` implementiert. Es genügt daher, für das Argument (`im`) ein Objekt dieser Klasse zu übergeben. Das zweite Argument gibt die Dateiendung an, zum Beispiel JPEG, PNG usw., und im dritten Argument steht das Ziel der Ausgabe.

6.1.6 BufferedImage

Die Klasse `BufferedImage` aus der Java2D-Bibliothek ist ein kraftvolles Werkzeug für den Umgang mit Images. `BufferedImage` ist nicht nur eine Schnittstelle für den Zugriff auf Pixeldaten, vielmehr enthält die Klasse auch alle nötigen Strukturen und die Daten selbst. Die Klasse ist auch eine Art Drehscheibe, die zwischen dem Image-Loader, der Ausgabe der Bilddaten auf einem Grafikdevice-Kontext oder eben OpenGL steht. Auch ist sie der Ausgangspunkt für die Bildmanipulation.

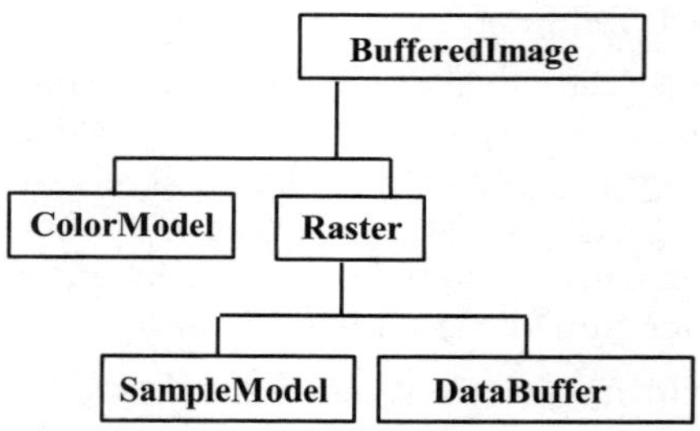

Abbildung 6.6 Innerer Aufbau der Klasse BufferedImage.

ColorModel

Diese Klasse ist eine Schnittstelle, deren Implementierungen an die Repräsentation der Pixel angepasst sind, wozu auch die Alpha-Komponente gehört. Eine der wichtigen Implementierungen ist die Klasse `PackedColorModel`, von der `DirectColorModel` abgeleitet ist. Daneben gibt es noch das `ComponentColorModel`, das ungepackte Bildformate unterstützt, und schließlich noch das `IndexColorModel` für Bildformate, die auf einer Farbpalette basieren. Farbmodelle in Java unterstützen auch die Vorverarbeitung der Alpha-Komponente (*Alpha Premultiplication*), dabei sind die Farben mit dem Alpha-Wert multipliziert.

Raster, Sample und Databuffer

`Raster` ist eine Grundklasse, die innerhalb der `BufferedImage`-Hierarchie Stellvertreter für die zweidimensionale Anordnung der Pixel ist und Methoden für Zugriffe (`getPixel`, `setPixel`) bereitstellt. Der Zugriff auf einzelne Pixel ist aber recht ineffizient und wird eher selten benötigt, während blockweise Zugriffe häufiger sind. So kann etwa mit der `Raster`-Klasse ein Rechteck innerhalb eines Bildes ausgewählt werden (`getDataElements`), wobei dann alle Pixel-Elemente, die Sample, in einem Array geliefert werden. Neben diesen Zugriffsmethoden ist Raster auch eine Factory, die vordefinierte Raster erstellt (`createInterleavedRaster`) oder die Erstellung eigener Raster unterstützt (`createRaster`).

Die `SampleModel`-Klassen liefern Layoutangaben über die Organisation des Speichers `DataBuffer`, sie wissen daher, wie ein Pixel zu adressieren ist, welche Schrittweite gültig ist und wie die Sample gepackt sind. Der Speicher für die Bilddaten wird durch ein Objekt der `DataBuffer`-Klasse bereitgestellt, und für diverse Datentypen (Byte, Short und Integer) sind abgeleitete Klassen vorhanden, etwa `DataBufferInt`. Intern organisiert die Klasse die Daten zwar in sogenannte Banks, aber mit diesem Detail muss sich ein Anwender nur in speziellen Fällen befassen. Für die meisten Fälle genügt es, die `getData`-Methode aufzurufen (keine Argumente), die ein Array des betreffenden Datentyps, zum Beispiel ein int-Array, zurückgibt.

`DataBufferByte`, `DataBufferInt` etc. halten die Bilddaten in einfachen Arrays und liegen damit als nicht direkte Puffer vor. Hier ist es zwingend, bei der Übergabe an OpenGL diese Arrays in direkte Puffer umzuwandeln. Details zur dieser Pufferart finden sich im Abschnitt *Puffer in Java* (Seite 581).

Imagetyp

Die Angaben des Bildtyps durch `BufferedImage` steht für eine Mischung von Komponenten und Sample-Parametern. Neben den vorgegebenen Bildformaten kann mit `BufferedImage` auch ein eigenes Format aufgebaut werden, was aber einen Abstieg in die Tiefen der Klasse erfordert. Der Imagetyp ist der Ausgangswert für die Analyse eines gelesenen Bildes und für die Bestimmung der passenden OpenGL-Parameter. OpenGL rechnet intern mit Float-Farbangaben (RGBA) und nimmt eine entsprechende Konvertierung von anderen Angaben vor. Der folgende Programmausschnitt stammt aus der `TextureUnit`-Klasse, die Texturen einliest und zu OpenGL hochlädt.

```
 public boolean upload(GL2 gl,int textureCount,boolean checkOGLErrors)\
{

   errorString=NO_ERROR;
   BufferedImage textureImage = null;

   try {
     if(unitState==TEXTURE_UNIT_IDLE) {

       textureImage = ImageIO.read(getURL(this.getClass()));

       gl.glActiveTexture(GL2.GL_TEXTURE0+textureCount);
       gl.glBindTexture(oglTextureType,oglTextureID);

       gl.glTexParameteri(oglTextureType,
         GL2.GL_TEXTURE_MIN_FILTER,GL2.GL_LINEAR);

       gl.glTexParameteri(oglTextureType,
         GL2.GL_TEXTURE_MAG_FILTER,GL2.GL_LINEAR);

       gl.glTexParameteri(oglTextureType,
         GL2.GL_TEXTURE_WRAP_S,GL2.GL_REPEAT);

       if(samplerType==SAMPLER_2D) {
         gl.glTexParameteri(oglTextureType,
           GL2.GL_TEXTURE_WRAP_T,GL2.GL_REPEAT);
       }
       if(uploadTexture(gl,textureImage)) {
         unitState = TEXTURE_UNIT_UPLOADED;
       }
       gl.glBindTexture(oglTextureType,0);

       if((unitState==TEXTURE_UNIT_UPLOADED)&&checkOGLErrors) {
         StringBuffer sBuf = new StringBuffer(512);
         if(OGLError.instance().isError("\n",gl,sBuf)) {
           sBuf.append("OpenGL reports error after glTexture2D()\n");
           sBuf.append(ImageUtil.getImageInfo(textureImage));
           setError(sBuf.toString());
           return false;
         }
       }
     }
   }
   catch(IOException ioex) {
     setError("Texture IO-Exception:(missing texture image):"+
       "\nURL="+textureBaseURL+textureURL+"\n"+ioex.getMessage()
     );
   }
   catch(TextureException tex) {
     setError("Texture-Exception Class not found:\n"+tex.getMessage())\
;
   }
```

```
    catch(Throwable t) {
      setError("Unsupported texture-image format."+
        "\nURL="+textureBaseURL+textureURL+"\n"+t.getMessage()+
        "\nFormat Data:"+ImageUtil.getImageInfo(textureImage)
      );
    }
    return unitState==TEXTURE_UNIT_UPLOADED;
  }
```

Die Analyse des Imagetyps erfolgt in der nachstehenden Methode. Es werden nicht alle möglichen Varianten verstanden, die in die `BufferedImage`-Klasse eingebaut sind. Implementiert ist die Übersetzung von RGB-Formaten mit und ohne Alpha-Anteil sowie Graustufenbilder.

```
  private boolean analyseAndSetOpenGLParameters(BufferedImage image) {

    boolean retValue = true;

    try {
      switch(image.getType()) {
        case BufferedImage.TYPE_4BYTE_ABGR:
          openGLImageFormat= GL2.GL_RGBA;
          openGLImageType   = GL2.GL_UNSIGNED_INT_8_8_8_8; // OK!
          openGLImageInternalFormat = GL2.GL_RGBA;
          break;

        case BufferedImage.TYPE_3BYTE_BGR:
          openGLImageFormat= GL2.GL_RGB;
          openGLImageType   = GL2.GL_UNSIGNED_BYTE;
          openGLImageInternalFormat = GL2.GL_RGB;
          break;

        case BufferedImage.TYPE_CUSTOM:
          ColorModel colorModel = image.getColorModel();
          ColorSpace colorSpace = colorModel.getColorSpace();
          if(colorSpace.getType()==ColorSpace.TYPE_GRAY) {
            if(colorModel.hasAlpha()==true) {
              openGLImageFormat= GL2.GL_LUMINANCE_ALPHA;
              openGLImageType   = GL2.GL_UNSIGNED_BYTE;
              openGLImageInternalFormat = GL2.GL_LUMINANCE_ALPHA;
            }
            else {
              openGLImageFormat= GL2.GL_LUMINANCE;
              openGLImageType   = GL2.GL_UNSIGNED_BYTE;
              openGLImageInternalFormat = GL2.GL_LUMINANCE;
            }
          }
          else {
            setError("Unsupported image format."+
              "\nURL="+textureBaseURL+textureURL+"\n"+
              "\nFormat Data:"+ImageUtil.getImageInfo(image)
            );
```

```
            retValue = false;
          }
          break;
        }
      }
      catch(Throwable t) {
        setError("Exception during image analyzing."+
          "\nURL="+textureBaseURL+textureURL+"\n"+t.getMessage()+
          "\nFormat Data:"+ImageUtil.getImageInfo(image)
        );
        retValue = false;
      }
      return retValue;
    }
```

Vor dem Hochladen muss noch der Puffer angepasst werden, dafür wird der bei der Klasse `DataBuffer` gespeicherte Puffertyp ausgewertet.

```
  private boolean uploadTexture(GL2 gl,BufferedImage image) {

    int width  = image.getWidth();
    int height = image.getHeight();

    if(analyseAndSetOpenGLParameters(image)) {

      DataBuffer imageData = image.getRaster().getDataBuffer();
      int dataType = imageData.getDataType();

      Buffer buffer = null;
      if(dataType==DataBuffer.TYPE_BYTE) {
         buffer = ByteBuffer.wrap(((DataBufferByte)imageData).getData()\
);
      }
      else {
        setError("DataBuffer type "+
          ImageUtil.dataTypeToString(dataType)+" not supported yet."
        );
        return false;
      }
      gl.glTexImage2D(oglTextureType,0,openGLImageInternalFormat,
        width,height,0,openGLImageFormat,openGLImageType,buffer
      );
    }
    return true;
  }
```

6.2 Texturen

Wenn Sie einmal die Oberflächen in Ihrer Umgebung oder Ihre Handfläche aus der Nähe betrachten, werden Sie mit Sicherheit die enorme Vielfalt der Muster bemerken und im Kleinen, auf Ihrer Handfläche, eine Reflektion, eine Fortsetzung der Vielfalt und Fülle der Details. Sie werden zustimmen in der Beobachtung, dass es zweierlei Arten dieser Muster gibt. Zum Beispiel zufällige Muster, das Muster einer Holzoberfläche, die porenartige oder von feinen Linen durchzogene Hautoberfläche, symmetrische und sich wiederholende Muster. Daneben einmalige Muster, die es nur an einer ganz bestimmten Stelle gibt, Landschaftsbilder, Stadtsilhouetten oder das Gesicht des Gegenübers. Noch näher betrachtet lösen sich viele Muster in noch kompliziertere Mischformen auf, wie zum Beispiel die Augen, deren Iris einerseits symmetrisch, aber auch chaotisch und zusammen mit der Farbgebung absolut einmalig ist.

Vom Standpunkt des Grafikers aus gesehen, der Form und Oberfläche kombiniert, gibt es noch weitere Kategorien von Mustern, solche, die sich auf einer Schnittfläche zeigen, Baumringe oder Tortenstücke, durch eine Oberflächenbearbeitung entstandene Muster und die Oberflächen von Lebewesen. Haare, Fell, Partikel, Flüssigkeiten und spiegelnde Oberflächen sind Kategorien, die jeweils für sich stehen und zusätzlicher Anstrengungen bedürfen, will man sie in einer virtuellen Welt glaubhaft darstellen.

Von all den Mustern lassen sich Abbilder beschaffen, entweder durch Algorithmen, eventuell unter Einsatz von Zufallsgeneratoren, mittels Software-Werkzeugen – oder durch schlichtes Fotografieren der realen Welt. Aber betrachten Sie nochmals Ihre Hand, dieses Wunderwerk der Natur: Als ein dreidimensionales Gebilde muss das Abbild der Oberfläche *rundherum* erzeugt werden, ein Vorgang, der *Abwickeln einer Oberfläche* oder *UV-Unwrapping* genannt wird; U und V sind die Koordinateneinheitsvektoren der abgewickelten Oberfläche, hier sind auch die Buchstaben S und T gebräuchlich.

Tatsächlich resultiert aus diesem Verfahren zunächst nur ein zweidimensionales Abbild der Hand, ohne Oberflächen und Farben, aber mit einer Zuordnung der Polygone des dreidimensionalen Gebildes mit den abgewickelten zweidimensionalen Polygonen. Dieser Vorgang der Abbildung des dreidimensionalen Raumes auf eine zweidimensionale Oberfläche ist keineswegs eine Erfindung des Computer-Zeitalters, denn schon seit Jahrhunderten beschäftigten sich Mathematiker und Kartographen mit diesem Thema. Nicht zu vergessen auch Handwerker wie Schneider oder Schuhmacher – diese fügen nämlich abgewickelte Flächenstücke zu einem dreidimensionalen Gebilde zusammen, und um Material zu sparen, arrangieren sie die Flächen erst einmal, zum Beispiel auf dem Leder. *Bevor* aber die Flächenstücke gezeichnet werden, muss eine Abwicklung, nebst der Fixierung von Maßpunkten, der Hand oder des Fußes im Kopf der Schneiderin oder des Schuhmachers stattgefunden haben.

Ziel des UV-Unwrappings ist es, die Vertices eines gegebenen Mesh mit zusätzlichen Koordinaten anzureichern, die jeden Vertex mit einem Punkt in der abgewickelten Oberfläche verbinden. Die in Abbildung 6.7 verwendete Form des Unwrapping erfolgte ohne manuellen Eingriff. Mehr Kontrolle über das Resultat ist für gewöhnlich gegeben, wenn eine Reihe von Vertices vorgegeben wird, die als Schnittlinie(n) (*Seam*) dienen.

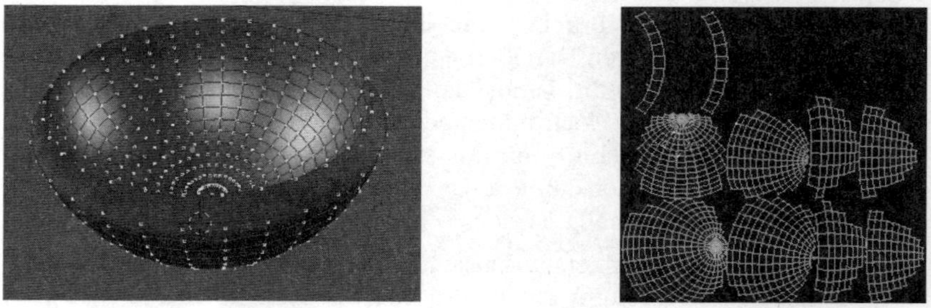

Abbildung 6.7 Beispiel für das UV-Unwrapping, hier vom Autor mit Blender durchgeführt. Links im Bild eine einfache Schale als Beispiel-Mesh. Rechts die abgewickelte Oberfläche.

Beim nächsten Schritt werden die UV-Koordinaten mit einem Informationsgehalt versehen. Das kann eine Farbe sein, aber auch andere Informationen, solange diese beim Rendering ausgewertet werden. Zum Beispiel werden beim Normal-Mapping die Normalenvektoren der Oberflächen beeinflusst. Das Displacement-Mapping geht noch weiter, hier wird eine Höheninformation angegeben, die, direkt auf die Vertices angewendet, deren Position leicht verändert. Mit diesem Verfahren können zum Beispiel die Poren von Hautoberflächen simuliert werden, vorausgesetzt, das Mesh gibt den dafür benötigten Feinheitsgrad her.

Andere Varianten greifen in den Beleuchtungsvorgang ein und beeinflussen das Reflektionsverhalten einer Oberfläche, denken Sie an die Glanzlichter auf der menschlichen Haut, fettige oder feuchte Stellen. Überhaupt ist für die realistische Darstellung der menschlichen Haut ein großer Aufwand nötig. Bei *Sub-Surface Scattering* (SSS) wird die Eindringtiefe des Lichts in einen Körper simuliert, denn ein Teil des Lichts durchdringt die Oberfläche und wird von tieferen Schichten gestreut. SSS darf nicht verwechselt werden mit der Beeinflussung der Transparenz einer Oberfläche. Letztere lässt die Hintergrundfarbe aufscheinen, während SSS eine zusätzliche Farbe ins Spiel bringt, etwa die bei Gegenlicht aufscheinende rötliche Farbe des Blutes.

Textur (vom lateinischen „textura“, also „Gewebe“) ist auch in technischen und wissenschaftlichen Bereichen ein Fachwort. In der Geologie oder der Werkstoffkunde ist Textur eine Bezeichnung für die dreidimensionale Verteilung der Stoffe, auch im Kleinen, der kristallinen Anordnung. Die Bezeichnung in der 3D-Computergrafik ist nicht eindeutig und meist von der Vorstellung Textur-Koordinaten plus Image geprägt. Für den praktischen Umgang ist diese Definition auch ausreichend, denn in der Tat sind es diese beiden Elemente, die in der Software auftauchen.

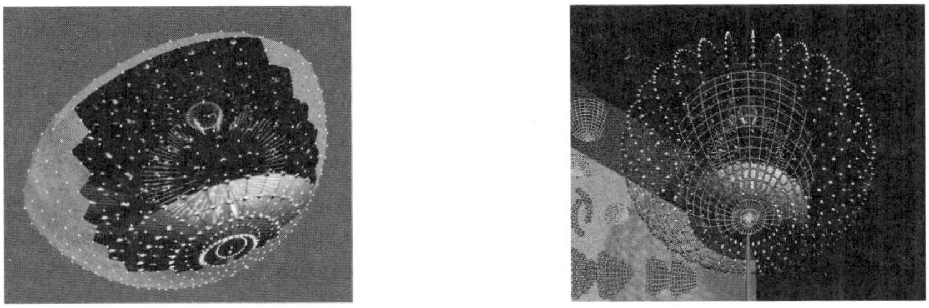

Abbildung 6.8
Die oben bereits gezeigte Schale, diesmal aber von unten gesehen und mit der Selektion aller Vertices. Rechts: Ansicht des UV-Editors von Blender, damit wurden einige Flächen anders angeordnet und verkleinert.

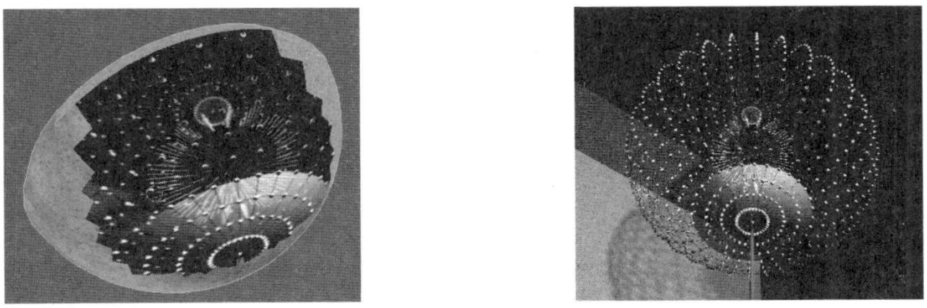

Abbildung 6.9
Die Schale fertig gerendert; auf der rechten Seite ist das unterlegte Image zu sehen.

Die Verfahren zur Erzeugung von Texturen werden in imagebasierende und in prozedurale Verfahren unterteilt. Das oben genannte UV-Unwrapping ist als Zwischenstufe eines der genauesten Verfahren, denn dem abgewickelten Mesh kann ein Image unterlegt werden – das auch prozedural erzeugt wurde – und es ist sowohl eine Bearbeitung der UV-Koordinaten als auch eine Modifikation des Basisimages möglich. Die Entscheidung, welche Verfahren in einer Anwendung zum Einsatz kommen, wird in enger Abstimmung mit dem permanenten und unsichtbaren Begleiter der 3D-Softwareentwickler getroffen. Dieser flüstert im Hintergrund: „Erhöhter Speicherverbrauch oder mehr Rechengeschwindigkeit?"

Mit den neuesten Entwicklungen im GPU-Bereich, kombiniert mit der Shaderprogrammierung, ist die prozedurale Texturerzeugung heute aber effektiv mit imagebasierten Texturen kombinierbar. Erstere wird allgemein für die Umgebung, häufig vorkommende Objekte, Wandstrukturen, Bäume, Gras, Wasser- und Partikeleffekte verwendet, Letztere für individuelle Objekte, zum Beispiel Personen oder Kleidung. Prozedurale Texturerzeugung während des Ablaufes einer 3D-Szene kann in der komplizierteren Form ja auf die gesamte Information zugreifen, die zu einem Zeitpunkt verfügbar ist, und das erlaubt die Alterung von Objekten, Spuren im Staub u. v. m.

Die Generierung prozeduraler Texturen ist ein weites Feld, das auch viel Spielraum lässt für eigene Experimente und Erfindungen. Viele dieser Texturen sind durch gezieltes Experimentieren entstanden, und es gibt auch einen Markt für sehr hochwertige Texturgeneratoren, die in professionellen Anwendungen bei den Film- und Spieleherstellern zum Einsatz kommen.

Wenn Sie selbst das Gebiet erforschen wollen, dann ist Java2D ein guter Ausgangspunkt, um erst einmal den betreffenden Algorithmus aufzufinden, seine Stabilität zu prüfen und die Parameter zu etablieren. Für die Suche im Internet ist auch der Begriff der *Textursynthese* hilfreich; seien Sie aber gewappnet, einige der Verfahren erfordern durchaus Kenntnisse der höheren Mathematik, schneller und zweidimensionaler Fourieranalyse und stochastischer Methoden. Im wissenschaftlichen Bereich ist auch die *Texturanalyse* zu nennen, mit dem Ziel der Mustererkennung und von hohem wirtschaftlichen Wert, man denke nur an die Interpretation von geologischen Daten zur Erkundung von Rohstoffvorkommen.

Bei den imagebasierenden Texturen steht heute die Einmaligkeit im Vordergrund, zum Beispiel ist der Umschlag des Buches, das Sie gerade in den Händen halten, ein einmaliges Image. Hier geht es nicht um die Zahl der Vervielfältigung, vielmehr um die Art der Erzeugung. Der Unterschied zwischen den prozeduralen und imagebasierenden Texturen kann auch anhand der Art des Schutzes verdeutlicht werden. Bei den prozeduralen Texturen wird der Algorithmus geschützt, gegebenenfalls patentiert, im anderen Fall die Textur selbst.

6.2.1 Texturarten

Von den prozeduralen Texturen abgesehen sind Texturen letztlich ein-, zwei- oder dreidimensionale Arrays eines bestimmten Datentyps, und als solche können sie beliebige Informationen speichern. Der Zugriff auf ein Element erfolgt – aus der Anwendersicht – aber nicht mit den ganzzahligen Arrayindizes, sondern vielmehr über Gleitkommazahlen (float) im Bereich 0...1.

Texturkoordinaten werden meist mit `u,v,w` bzw. in der OpenGL-Schreibweise, als `s,t,r,q` bezeichnet, `s` entspricht der X- und `t` der Y-Koordinate, die Tiefe wird durch `r` angegeben. Mit der vierten Koordinate `q` liegen bei OpenGL tatsächlich homogene Texturkoordinaten vor, wobei OpenGL jede nicht verwendete Koordinate auf Null und $q = 1$ setzt.

Ein *Texel* (*Texture Element*) ist ein Element des Texturbildes, ausgewählt durch die ganzzahlige Texturadresse $s_{tex,n}$, $t_{tex,n}$ und evtl. $r_{tex,n}$. Allgemein gesehen stellen Texturen eine Abbildung vom Textur-Raum auf Informationseinheiten beliebiger Art dar, wobei die Interpretation als Farbe im Vordergrund steht. Die Übersetzung in die ganzzahligen Koordinaten des Texturimages erfolgt, bei dieser Interpretation in der Rasterstufe, beim Texture-Mapping.

$$\text{information,texel} \longleftarrow f(s,t,r,q)$$

Dreidimensionale Texturen werden zum Beispiel von einem Computertomographen erzeugt; damit kann ein beliebiger Schnitt durch das eingescannte Volumen die Gewebestruktur im Innern aufzeigen. Ein anderes Konzept ist das eines Stapels von Images, wobei die dritte Koordinate (r) irgendwie interpretiert wird. Das kann auch eine Zeitachse sein und so eine zeitliche Änderung einer Oberflächentextur festlegen.

Eindimensionale Texturen geben häufig eine Farbskala an. Der Index (s) ist dann zum Beispiel eine Farbe, abhängig von der Höhe einer Landschaft. Beim *Toon Shading*, in Anlehnung an die Farbgebung beim Zeichentrick (Cartoon), wird ein Index aus einem skalaren Vektorprodukt gewonnen. Der mit dem Lichtvektor L_d, siehe (5.1) und (5.2), und der Oberflächennormale gebildete Cosinus liegt von Haus im Bereich 0..1 der Texturkoordinate. Beim Toon Shading wird die eindimensionale Textur dann so aufgeteilt, dass erst ab einem bestimmten Index, sprich dem Cosinuswert, eine Farbänderung erfolgt, das bedeutet, es wird eine sehr grobe Stufung in der Textur hinterlegt.

Die weitaus häufigste Texturart sind *zweidimensionale Texturen*. Texturen werden in der Rasterstufe auf die sichtbare Oberfläche „geklebt“. Dort geht es darum, einem Fragment bzw. einem Pixel eine Farbe zuzuordnen, wobei durch vorausgehende Stufen, insbesondere der Beleuchtung, eine Farbe bereits vorliegt. Diese Eingangsfarbe kann dann durch die Textur ersetzt (`GL_REPLACE`) oder, bei der Einstellung `GL_MODULATE`, mit der Texturfarbe multipliziert werden. Es kann auch eine Blendingfunktion (`GL_BLEND`) angelegt werden. Neben diesen gibt es noch andere Varianten, eingestellt durch die OpenGL-Funktion `glTextEnv` in der fixierten Rendering Pipeline. Die Programmierung mit einem Fragmentshader folgt im Prinzip einer der genannten Varianten, eine Einschränkung darauf besteht aber nicht. Zum Beispiel können dort auch Werte einer Textur von einer anderen Textur abhängen.

Mathematisch gesehen wird eine Funktion f ausgewählt, deren Eingangsparameter die Koordinaten `(s,t)` sind und deren interner Parametersatz durch die Textur gegeben ist.

$$\text{Color(R,G,B,A)} \longleftarrow f(s,t)$$

2D-Texturen dienen dazu, den Objekten eine Oberfläche zu geben, wie sie sie auch in der realen Welt zeigen, das bedeutet, zusammen mit anderen Materialeigenschaften wird die Farbinformation der Textur verwendet. Diese ist ja im Prinzip pro Oberflächenpunkt angegeben, und so erscheint dann ein Mauerwerk, eine Pflanze oder die Kleidung eines Charakters. Texturen werden auch für ergänzende Verfahren eingesetzt, die nur indirekt mit der Farbe eines Oberflächenpunktes im Zusammenhang stehen, denn generell steht in einer 2D-Textur eine Information, die durch die Texturkoordinaten ausgewählt wird. In der *Fixed Function Pipeline* sind allerdings die Verwendungsmöglichkeiten stark eingeschränkt, erst mit der Shaderprogrammierung wurde das Tor für erweiterte Anwendungen aufgestoßen, siehe dazu den Abschnitt *Texturen als Datenquelle bei Shadern* (Seite 386).

6.2.2 Texture Images

Die Quelle für Texturen ist der Speicherbereich auf der Clientseite, dort wurde von der Anwendersoftware das Texturbild erzeugt und zwischengespeichert, gegebenenfalls von einer externen Quelle geladen. Mit Java2D liegt dann ein durch `BufferedImage` verwaltetes Bild vor. Die Übergabe des Bildes erfolgt durch `glTexture`-Funktionen, basierend auf einer Reihe von Argumenten, die den Bildtyp, die Größe und das Datenformat angeben.

```
glTexture1D(...)
glTexture2D(...)
glTexture3D(...)
```

Die Texturen werden von OpenGL in einen speziellen Speicherbereich übertragen (*Texture Memory*), der einen sehr schnellen Zugriff gestattet. Meist werden dafür schnelle, aber auch teure Speicherchips auf der Grafikkarte adressiert, und folglich ist dieser Speicherbereich auch nicht sehr groß. Texturen, die in einen solchen Speicher geladen sind, werden *Resident Textures* genannt. Ist dieser Speicherbereich voll, dann verwendet OpenGL den normalen Speicher und es werden Umlagerungen vorgenommen, damit häufig benutzte Texturen im schnellen Speicher stets verfügbar sind. Es ist möglich, diesen Mechanismus genauer zu kontrollieren, auch abzufragen, ob eine Texture resident ist. Das gehört aber in den Bereich der fortgeschrittenen Optimierung.

Die `glTexture`-Funktionen kopieren den Bildinhalt und sind daher zeitaufwendig. Um mehrere Texturen, in der Regel während der Initialierungsphase eines Programmes, an OpenGL zu übergeben, ist ein Mechanismus implementiert, der wie das Display-List-Konzept funktioniert. Auch hier wird eine Reihe von Bezeichnern (IDs) erzeugt (`glGenTextures`), die dann mit den Texturbildern verbunden werden (`glBindTexture`). Die letztgenannte Funktion wählt auch eine Textur aus, die an einer bestimmten Stelle des Programms verwendet werden soll, die gewählte Textur wird so zur *aktiven* Textur. Ohne diesen Mechanismus überschreibt die zuletzt übergebene die jeweils aktive Textur.

Im Zusammenspiel mit einem Shader sollte ein anderer Weg gewählt werden, denn im Shader hat die Textur einen Namen, der für die Übergabe in einen Index umgewandelt werden muss.

```
Fragmentshader (Auszug)
-----------------------
uniform sampler2D colorMap;
...
vec4 baseMaterial = texture2D(colorMap,textureCoord);
```

Der Zugriff im Shader erfolgt im Beispiel über den Namen: `colorMap`. Beim Shaderprogramm (`programID`) wird der Name abgefragt und der erhaltene Index gespeichert. Die Funktion `glGetUniformLocation` funktioniert wie `glGetAttribLocation`, nur auf Uniforms bezogen; das Programm muss erfolgreich übersetzt und gebunden sein (link).

```
int oglTextureID = gl.glGetUniformLocation(programID,"colorMap");
```

Der Index `oglTextureID` ist negativ, wenn dies nicht zutrifft oder wenn im Shader die Textur nicht verwendet wird (*Active Uniform*). Wenn nicht schon erfolgt, dann sollte jetzt die Textur geladen werden.

```
BufferedImage textureImage = ImageIO.read(getURL(this.getClass()));
```

Ähnlich wie beim Vertexarray-Konzept stellt OpenGL auch für Texturen Objekte zur Verfügung, die einen Status speichern. Die maximale Anzahl der Objekte, ausgewählt mit `GL_TEXTUREx`, ist von der Implementation von OpenGL abhängig (typisch 8). Im vorliegenden Fall speichert das Textur-Objekt das Textur-Image und damit verbundene Parameter. `glActiveTexture` aktiviert das Textur-Objekt, folgende Texturfunktionen sind darauf bezogen. `glBindTexture` bindet die Textur an das genannte Objekt.

```
gl.glActiveTexture(GL2.GL_TEXTURE0+textureCount);
gl.glBindTexture(GL2.GL_TEXTURE_2D,oglTextureID);
```

Auf das Verhalten von OpenGL beim Umgang mit Texturen – die `glTexParameter`-Funktionen – werden die nachfolgenden Abschnitte noch näher eingehen, hier sei eine typische Einstellung vorgenommen.

```
gl.glTexParameteri(GL2.GL_TEXTURE_2D,
  GL2.GL_TEXTURE_MIN_FILTER,GL2.GL_LINEAR);

gl.glTexParameteri(GL2.GL_TEXTURE_2D,
  GL2.GL_TEXTURE_MAG_FILTER,GL2.GL_LINEAR);

gl.glTexParameteri(GL2.GL_TEXTURE_2D,
  GL2.GL_TEXTURE_WRAP_S,GL2.GL_REPEAT);

gl.glTexParameteri(GL2.GL_TEXTURE_2D,
   GL2.GL_TEXTURE_WRAP_T,GL2.GL_REPEAT);
```

Unter der Voraussetzung, dass das Format des Textur-Images bekannt ist, hier RGBA, erfolgt als nächster Schritt die Übergabe der Textur.

```
int width  = textureImage.getWidth();
int height = textureImage.getHeight();

gl.glTexImage2D(GL2.GL_TEXTURE_2D,0,GL2.GL_RGBA,
  width,height,0,GL2.GL_RGBA,GL2.GL_UNSIGNED_INT_8_8_8_8,
  ByteBuffer.wrap(((DataBufferByte)textureImage).getData()
);
gl.glBindTexture(GL2.GL_TEXTURE_2D,0);
```

Die oben dargestellten Vorgänge können Bestandteil der Initialisierung sein, d. h. die Texturen werden vorab zu OpenGL hochgeladen. Für die Darstellung eines Objektes muss dann die benötigte Textur erneut aktiviert werden. `glUniform1i` verbindet das ausgewählte Textur-Objekt mit der aktuellen Textur, damit weiß der Shader, wo der Sampler `colorMap` abzuholen ist.

```
gl.glActiveTexture(GL2.GL_TEXTURE0+textureCount);
gl.glBindTexture(GL2.GL_TEXTURE_2D,oglTextureID);
gl.glUniform1i(oglTextureID,textureCount);
```

6.2.3 Texture Mapping

Das Aufbringen von Texturen auf Oberflächen der virtuellen Welt ist ein Vorgang, der als *Texture Mapping* bezeichnet wird.

Um die Zuordnung der Texturen zu den Vertices und den durch die Vertices aufgespannten Oberflächen zu verstehen, ist ein weiterer Blick auf die Rendering Pipeline nötig.

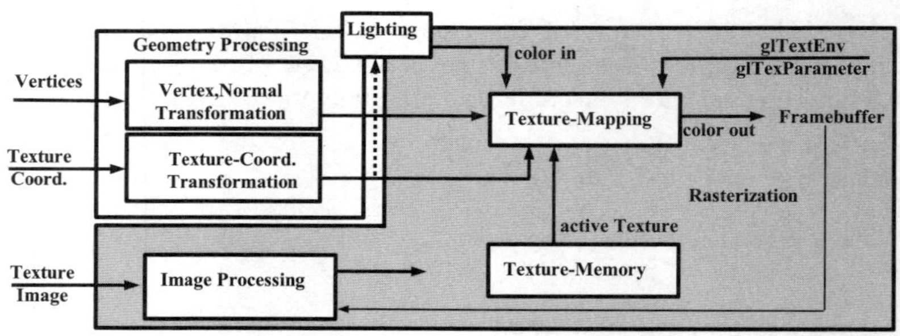

Abbildung 6.10 Verarbeitung der Vertex- und Texturkoordinaten, Texture Image.

Vertices durchlaufen die Geometrie-Stufe, dort werden ihre Koordinaten mit der Modellmatrix in das Beobachterkoordinatensystem (Eye) umgerechnet. Anschließend erfolgt die Projektion, das Clipping und die Abbildung in das Window-Koordinatensystem. Ein Polygon wird daher gedreht, verschoben und durch die Projektion, je nach Lage, auch perspektivisch verzerrt, möglich ist auch, dass ein Teil abgeschnitten wurde (Clipping). Während dieses Prozesses bleiben die Texture-Koordinaten mit den Vertices verbunden, werden aber nicht durch die genannten Matrizen verändert, den Texturkoordinaten ist eine eigene Matrix zugeordnet (`glMatrixMode(GL_TEXTURE)`).

Aus der Beleuchtungsstufe, die auch die Materialfarben der Oberflächen einschließt, folgt eine Farbe (C_{in}), die mit der Farbe der Textur an einer bestimmten Stelle verrechnet wird. In OpenGL ist eine Handvoll Algorithmen eingebaut, von denen einer durch die `glTextEnv`-Funktion ausgewählt wird.

```
glTexEnvi(GL.GL_TEXTURE_ENV,GL.GL_TEXTURE_ENV_MODE,cmd);
```

Das Argument `cmd` bestimmt dann, ob die eingehende Farbe verworfen und ausschließlich die Texturfarbe ausgegeben wird (`GL_DECAL`). Typisch ist die `GL_MODULATE`-Einstellung, bei der die eingehende Farbe mit der Texturfarbe multipliziert wird. Mit der Einstellung `GL_BLEND` wird wird die Texturfarbe invertiert, bevor sie mit der eingehenden Farbe multipliziert wird, und eine einfache Summation erfolgt mit `GL_ADD`. Die genaue Beschreibung der Algorithmen findet sich im Referenzteil bei der `glTextEnv`-Funktion (Seite 708). Mit einem Fragmentshader ergeben sich darüber hinausgehende Möglichkeiten der Verknüpfung.

Filtering

Multipliziert mit der Weite und Höhe eines Texturbildes ergibt sich die exakte Adresse s_{tex}, t_{tex} eines Texels im Gleitkommaformat:

$$s_{tex} = s \cdot \texttt{width}$$

$$t_{tex} = t \cdot \texttt{height}$$

Die Umrechnung auf die ganzzahlige Adresse eines Texels erfolgt durch eine Rundung zur nächsten niederen Ganzzahl, nach der Addition eines Rundungsterms (0.5). Werden diese Koordinaten direkt verwendet, um das betreffende Texel auszulesen, dann spricht man vom *Nearest Neighbour Texturing.*

$$s_{tex,n} = \texttt{int}(s_{tex} + 0.5)$$

$$t_{tex,n} = \texttt{int}(t_{tex} + 0.5)$$

Das Problem bei dieser Art, die Texel auszulesen, entsteht, wenn ein Texel nicht genau einem Fragment bzw. Pixel entspricht, was in der Regel der Fall ist. Fallen mehrere Pixel auf ein Texel, dann erhalten alle diese Pixel die Farbe des Texels, die Folge sind blockartige Strukturen im dargestellten Bild. *Nearest Neighbour Texturing* ist die Vorgabe von OpenGL, kontrolliert wird diese Einstellung über die `glTexParameter`-Funktion. Die Punkte im Argument der Funktion stehen für weitere Parameter, die der Auswahl des Texturtyps und speziellen Modi dienen.

```
glTexParameteri(...,GL_NEAREST);
```

Nearest Neighbour Texturing ist heute nicht mehr Standard, denn mit dem *bilinearen Filtern* steht eine bessere Methode zur Verfügung, die aufgrund der Hardwareunterstützung auch keinen Flaschenhals bei der Rasterstufe darstellt.

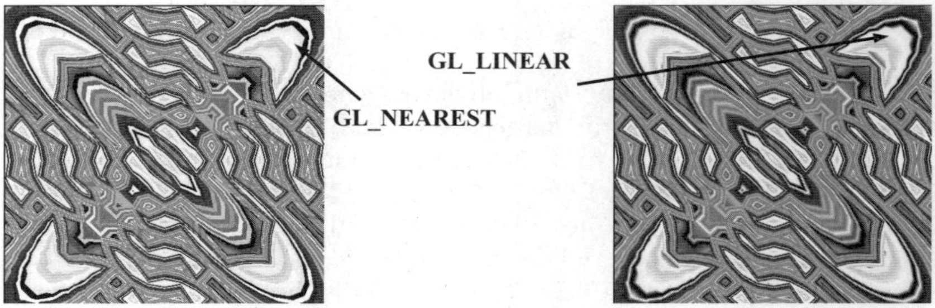

Abbildung 6.11 Beispiel einer Texturierung mit verschiedenen Filtermethoden. Links wurde die Einstellung Nearest Neighbour Texturing verwendet. Rechts das bilineare Filtering. Das Bild wurde mit dem Beispielprogramm `tex1` erzeugt.

Hinter diesem Begriff verbirgt sich eine Interpolation in zwei Dimensionen. Anstatt gerade das Texel zu nehmen, das zu den Koordinaten s und t passt, werden beim bilinearen Filtern Texel in der Nachbarschaft miteinbezogen. Das Ergebnis sind weichere Farbübergänge zwischen den einzelnen Pixeln, im texturierten Bild erscheinen keine blockartigen Strukturen mehr. Im Texturbild werden beim bilinearen Filtern zunächst die vier Ecken eines Texelblocks berechnet und daraus vier Farbangaben (C...) bestimmt.

$$s_{tex,min} = s_{tex,n} \quad s_{tex,max} = s_{tex,n} + 1$$
$$t_{tex,min} = t_{tex,n} \quad t_{tex,max} = t_{tex,n} + 1$$

$$C_1 = C_{texel}\left(s_{tex,min}, t_{tex,min}\right)$$
$$C_2 = C_{texel}\left(s_{tex,max}, t_{tex,min}\right)$$
$$C_3 = C_{texel}\left(s_{tex,max}, t_{tex,max}\right)$$
$$C_4 = C_{texel}\left(s_{tex,min}, t_{tex,max}\right)$$

Prinzip des bilineares Filterns.

Abbildung 6.12

Der Abstand zum Minimum ist die Differenz der exakten Texeladresse im Gleitkommaformat zum Integerwert.

$$s_\lambda = s_{tex} - s_{tex,n}$$
$$t_\lambda = t_{tex} - t_{tex,n}$$

In einem weiteren Zwischenschritt werden zwei Farbwerte in horizontaler Richtung berechnet:

$$C_{s1} = C_1\left(1 - s_\lambda\right) + C_2$$
$$C_{s2} = C_4\left(1 - s_\lambda\right) + C_3$$

und mit der abschließenden Interpolation die resultierende Texelfarbe.

$$C_{out} = C_{s1}\left(1 - s_\lambda\right) + t_\lambda C_{s2}$$

Das bilineare Filtern muss bei OpenGL explizit eingeschaltet werden.

```
glTexParameteri(...,GL_LINEAR);
```

Wrapping

OpenGL gibt die Implementierung für das bilineare Filtern nicht im Detail vor; für das Verhalten der Implementation, wenn die Texturkoordinaten nicht im Bereich [0...1] liegen, sind jedoch zusätzliche Parameter eingeführt. Das Verhalten kann für jede Koordinate (s,t,r) unabhängig von den anderen eingestellt werden, zum Beispiel:

```
glTexParameteri(...,GL_TEXTURE_WRAP_S,GL_CLAMP);
glTexParameteri(...,GL_TEXTURE_WRAP_S,GL_REPEAT);
```

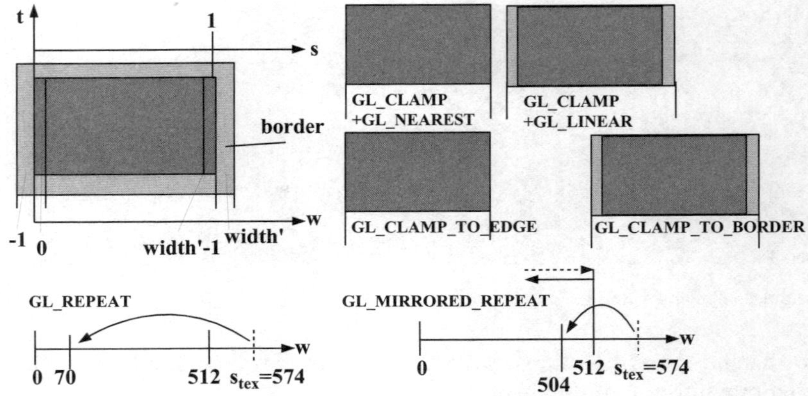

Abbildung 6.13 Texture-Wrapping-Modi. Links oben eine schematische Darstellung der Textur mit einer Border. Daneben und darunter eine prinzipielle Darstellung der einzelnen Modi, jeweils für die s-Koordinatenrichtung.

Ohne Eingriff der Anwendung werden die Texturkoordinaten auf den Bereich [0...1] beschränkt (`GL_CLAMP`). In einem Texture Image kann ein Randbereich festgelegt werden, der bei der Kalkulation von Texturkoordinaten ausgeklammert wird. Auf diesen Randbereich wird nur bei der bilinearen Filterung zugegriffen, denn nur dabei werden Pixel rechts und links vom Zentrumspixel verwendet.

Texture Magnify

Wird ein Objekt aus der Nähe betrachtet, dann kann schon mal ein einziges Polygon große Teile des Darstellungsbereiches einnehmen. Eine Textur muss dann eine sehr große Auflösung haben, das heißt sehr groß sein, wenn noch jedes Pixel eine andere Texturfarbe erhalten soll.

Texture Minify

Objekte in großer Distanz oder kleine Texturen führen zu einer Abbildung, bei der mehrere Texel auf ein Pixel abgebildet werden. Im Prinzip wäre dann eine Interpolation über einen großen Textur-Bereich durchzuführen, was aber wegen des damit verbundenen erheblichen Rechenaufwands nicht erfolgt. Stattdessen wird heute das Mipmap-Verfahren verwendet.

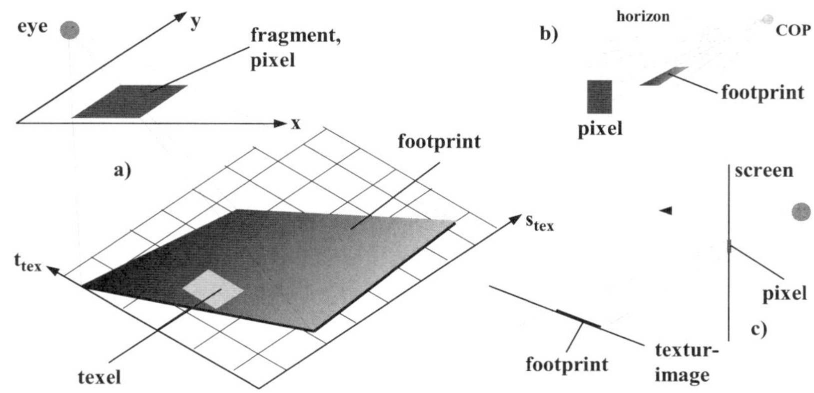

Abbildung 6.14

Der Bobachter – vor dem Bildschirm – betrachtet ein einzelnes quadratisches Pixel, auf das eine Textur gemappt wird. a) Bei einer gleichwertigen Blickweise wird das Pixel auf eine Textur projiziert. Diese kann eine beliebige Lage relativ zur Bildschirmebene einnehmen. Das Bild der Pixelprojektion nennt man den Footprint. Wenn Sie eine Kante des Pixels und des „Fußabdrucks" verfolgen, dann sehen Sie, dass bei einer Änderung nur der x-Koordinate sich sowohl die s_{text} als auch die t_{tex}-Koordinate im Texturbild ändern. Bei c) wird die Szene von der Seite betrachtet, b) zeigt eine räumliche Darstellung. Zum Beispiel kann es sich um eine Bodentextur handeln.

6.2.4 Mipmapping

Mipmaps[4] sind eine Serie von Texturen, gebildet aus einer Original- oder Referenztextur, die mit einem Mipmaplevel (ML) gleich 0 angesprochen wird, sowie den verkleinerten Ausgaben des Originals (ML=1,2,3...). Das höchstmögliche Level entspricht einer Textur mit der Größe 1×1, es liegt dann nur noch eine einzelne Farbe vor. Die Verkleinerung der Referenztextur erfolgt durch eine fortlaufende Halbierung der Weite und Höhe. Beim Anlegen einer Textur wählt OpenGL, basierend auf einer berechneten Kennzahl, dem λ-LOD, und mit nachfolgender Umrechnung auf den ganzzahligen ML eine der Texturen der Serie. OpenGL erwartet in der Voreinstellung, dass für alle Levels eine passende Textur geladen ist.

Der Grund für die Einführung des Mipmappings ist, wie so oft beim Rendern, in der Performance der Rendering Pipeline zu suchen, auch ist das Mipmapping flexibler. Die Erzeugung der Mipmaps kann durch den Renderer selbst erfolgen, häufig wird die entsprechende Serie aber vom Erzeuger der Ausgangstextur zur Verfügung gestellt. Diese extern generierten Mipmaps haben in der Regel eine höhere Qualität. OpenGL kann aber die Mipmaps nicht als einziges Bild übernehmen, stattdessen müssen diese als

[4] MIP steht für lateinisch „multum in parvo", also „viel im Kleinen".

Einzelbilder an OpenGL übergeben werden. Jedes Bild wird mit einem passenden Mipmaplevel, als Argument der `glTexImage`-Funktion, übergeben.

LOD

Level of Detail (LOD) ist allgemein eine reelle Kennzahl, die der Beschleunigung des Rendervorgangs dient. Ein LOD gleich 0 verweist auf ein Referenzobjekt bzw. eine Textur, die ohne Vergrößerung oder Verkleinerung verwendet werden soll. Je größer das positive LOD, desto weniger Details sind erwünscht. Bezieht man das LOD auf Objekte, dann bedeutet dies eine niedrigere Auflösung des Mesh und damit weniger Vertices, die an die Rendering Pipeline gesendet werden.

Auf das LOD bei Objekten werde ich im Rahmen dieses Kapitels nicht weiter eingehen, es gibt eine Fülle von Verfahren, um die Auflösung von Objekten in Abhängigkeit von einer Kennzahl zu steuern. Das LOD bei Texturen ist im Zusammenhang mit dem Mipmapping zu sehen, dabei ist dann zwischen dem ganzzahligen Mipmaplevel (ML) und dem reellen LOD zu unterscheiden, Letzteres auch mit λ-LOD bezeichnet.

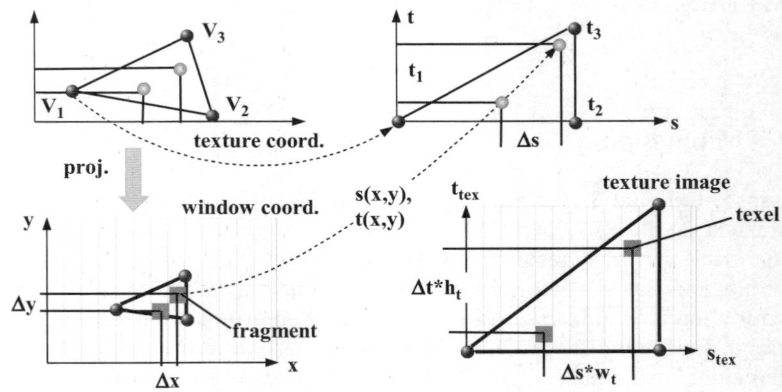

Abbildung 6.15 Prinzipielle Darstellung der Zusammenhänge für die Ermittlung des LOD. Mit den Vertices eines Dreiecks (V_i) verbunden sind die Texturkoordinaten (s_i, t_i). Bei der Abbildung auf die Window-Koordinaten wird das Dreieck verändert, hier verkleinert und in die Fragmente zerlegt. Auf der anderen Seite führen die Texturkoordinaten auf einen Bereich innerhalb des Textur-Images. Im Beispiel wird ein großer Bereich der Textur auf wenige Fragmente abgebildet. Beachten Sie: Alle gegebenen Parameter sind Gleitpunktzahlen (floats).

Die Berechnung des LOD ist durch die OpenGL-Spezifikation nicht exakt vorgeschrieben, angeben ist aber eine ideale Berechnung, die als Grundlage für die LOD-Ermittlung dienen soll. Betrachten Sie den Abstand zweier Fragmente, die hier ohne Einschränkung der Funktion auch als die Pixel des sichtbaren Bildes angesehen werden dürfen. Dieser Abstand ist über die Window-Koordinaten Δx und Δy gegeben. Im Texturraum liegen analog dazu die Abstände Δs und Δt vor. Die Funktionen $u(x,y)$, $v(x,y)$ geben die Abbildung eines Punktes im Texelraum und dem zugehörenden Fragment wieder.

Wie diese Funktion für das Rendern aufgebaut ist, bleibt dem Hersteller überlassen, grundsätzlich sind aber, auch bei dieser Stufe der Rendering Pipeline, alle Bestimmungstücke bekannt, da ja mit den einzelnen Vertices auch die Texturkoordinaten verbunden bleiben. Die Abbildung der Texturkoordinaten auf das Textur-Image ist durch eine Multiplikation mit der Textur-Weite w_t und -Höhe h_t gegeben. Allerdings muss auch die perspektivische Verzerrung eines Polygons in die Funktionen eingehen. Einen möglichen Offset und die dritte Texturkoordinate (r) lasse ich hier weg.

$$s_{tex}(x,y) = w_t \cdot s(x,y)$$
$$t_{tex}(x,y) = h_t \cdot t(x,y)$$

Störend an diesen Differenzen ist die indirekte Abhängigkeit vom Mipmaplevel, denn w_t und h_t sind ja erst bekannt, wenn dieses Level ermittelt wurde. Wenn Sie etwas mit der Differentialrechnung vertraut sind, dann sehen Sie, dass dies Gleichungen zweier Variablen sind, der Grenzübergang führt auf die Schreibweise der partiellen Ableitungen. Statt des Zeichens für die partielle Ableitung (∂) können Sie auch vereinfacht das Differenzzeichen (Δ) schreiben.

$$\frac{\partial s_{tex}(x,y)}{\partial x} \qquad \frac{\partial s_{tex}(x,y)}{\partial y}$$
$$\frac{\partial t_{tex}(x,y)}{\partial x} \qquad \frac{\partial t_{tex}(x,y)}{\partial y}$$

Eine Änderung der x-Koordinate bei festem y bildet sich im Texturraum und damit auch im Textur-Image durch eine Länge $d_{s,tex}$ bzw. $d_{t,tex}$ ab. Dies sind Längen der Kanten des *Footprints*, siehe auch Abbildung 6.14.

$$d_{s,tex} = \sqrt{\left(\frac{\partial s_{tex}(x,y)}{\partial x}\right)^2 + \left(\frac{\partial t_{tex}(x,y)}{\partial x}\right)^2}$$

Ebenso für die y-Richtung:

$$d_{t,tex} = \sqrt{\left(\frac{s_{tex}(x,y)}{\partial y}\right)^2 + \left(\frac{t_{tex}(x,y)}{\partial y}\right)^2}$$

Die größere dieser beiden Längen liefert den Skalierungsfaktor ϱ.

$$\varrho = \mathtt{max}\left(d_{s,tex}, d_{t,tex}\right)$$

Mit dem Skalierungsfaktor ist nun eine Kennzahl gewonnen, die nicht von der Größe der Mipmap-Textur abhängt, außerdem gibt die Zahl an, ob eine Verkleinerung oder eine Vergrößerung stattfindet. Der Logarithmus von ϱ zur Basis 2 ist der λLOD.

$$\lambda\mathtt{LOD} = log_2(\varrho)$$

OpenGL definiert zwei Schwellenwerte c_L und c_N, die für die Erkennung herangezogen werden. Die Schwelle $c_L = 0.5$ gilt, wenn das bilineare Filtern eingeschaltet ist, in allen anderen Fällen ist $c_N = 0$ zu verwenden. Wenn die Schwelle überschritten ist, zum Beispiel, wenn $\lambda\mathtt{LOD} > c_N$, dann muss die Textur verkleinert werden. Das wäre hier bei der Mipmap $w_t = 256$ der Fall. Der λ-LOD kann durch den Parameter `GL_TEXTURE_LOD_BIAS` von außen erhöht oder verringert und begrenzt werden: `GL_TEXTURE_MIN_LOD` sowie `GL_TEXTURE_MAX_LOD`.

Exkurs 6.10

Angenommen, es wird ein einzelnes Quadrat orthogonal abgebildet. Dieses habe nach der Projektion die Kantenlänge 200 Pixel (w_s). Die Referenztextur sei mit $h_t = w_t = 1024$ vorgegeben. Gesucht ist die angelegte Mipmap.

Im Texturraum ist der obere rechte Eckpunkt bei $s = 1, t = 1$ zu suchen, ergo ist $s_{tex} = 1024$ und $t_{tex} = 1024$. Diese Weite und Höhe bezieht sich auf die Referenztextur. Die Funktionen s_{tex} und t_{tex} sind im Beispiel sehr einfach, denn das Quadrat ist nicht gedreht.

$$s_{tex}(x,y) = w_t(x_1 - x_0)$$
$$t_{tex}(x,y) = h_t\left(y_1 - y_0\right)$$

Die partiellen Ableitungen, durch Differenzen ersetzt, führen für die Referenztextur auf:

$$\frac{\Delta s_{tex}(x,y)}{\Delta x} = w_t \quad \frac{1024}{200} = 5.12$$
$$\frac{\Delta t_{tex}(x,y)}{\Delta x} = h_t \quad \frac{1024}{200} = 5.12$$

Die in der Rechnung verwendete Weite und Höhe sind noch nicht die Maße der angelegten Textur, sie lassen sich aber wegen der Halbierung der Referenztextur tabellarisch ausrechnen. Als Nächstes werde ϱ und daraus der λ-LOD ausgerechnet. Zum Logarithmus zur Basis 2 siehe (7.29).

$$\varrho = \mathtt{max}(5.12, 5.12)) = 5.12$$
$$\lambda LOD = log_2(5.12) = 2.36$$

Die Schwelle sei $c_N = 0$, vergleicht man dazu den λ-LOD, dann müsste die Textur verkleinert werden. Wenn also Mipmaps gegeben sind, dann liegen Texturen in absteigender Größe vor, siehe nachstehende Tabelle.

$w_t =$	1024	512	256	128	64	32	16	8	4	2	1
$log_2(w)$	10	9	8	7	6	5	4	3	2	1	0
ML	0	1	2	3	4	5	6	7	8	9	10
w_t/w_s	5.12	2.56	1.28	0.64	0.32	0.16	...	...	...	...	...
λLOD	2.36	1.35	0.35	−0.64	...	...	...	...	...	...	...

Tabelle 6.1: LOD-Beispiel

Für jede Textur kann der λ-LOD ausgerechnet werden, so dass dann bei 256/200, woraus $\lambda LOD = 0.35$ und 128/200 mit $\lambda LOD = -0.64$ folgt, der Umschlag erfolgt. Mit der Wahl der nächstgrößeren Textur ergibt sich ein Mipmaplevel von 2.

Es würde nun hier zu weit führen, alle Verzweigungen zu verfolgen, die sich durch weitere Kontrollparameter wie `GL_LINEAR_MIPMAP_LINEAR` ergeben und wie daraus letzlich der Zugriff auf die passende Mipmap errechnet wird. Die obige Tabelle erlaubt aber eine grobe Abschätzung des λ−LOD.

Ende des Exkurses 6.10

Eine Applikation kann sowohl das Mipmaplevel als auch den λ-LOD bei OpenGL beeinflussen. `GL_BASE_LEVEL` gibt das kleinste Mipmaplevel an und `GL_MAX_LEVEL` den größten Wert, mit der Vorgabe -1000 und +1000. Eine derartige Kontrolle des Mipmappings ist sinnvoll, wenn eine Applikation feststellt, dass sie auf einer langsamen Hardware oder mit wenig verfügbarem Texturspeicher läuft. Da OpenGL Texturen außerhalb des gegebenen Bereichs nicht verwendet, brauchen diese auch nicht geladen und an OpenGL übergeben zu werden. Die genannte Kontrolle des Mipmaplevels wird ergänzt durch eine Einschränkung des λ-LOD. Dieser ist eine reelle Zahl, eine Begrenzung auf den maximalen und minimalen Wert erfolgt durch die Parameter `GL_TEXTURE_MAX_LOD` und `GL_TEXTURE_MIN_LOD`. OpenGL berechnet zuerst den λ-LOD und begrenzt diesen danach auf die Grenzwerte.

Angenommen, es wird ein λ-LOD ermittelt, das eigentlich auf eine größere Textur verweist, aber die Begrenzung verhindert dies, dann legt OpenGL eine kleinere Textur an, die auch weniger Details aufweist, also unschärfer ist. Umgekehrt kann verhindert werden, dass OpenGL niedriger aufgelöste Texturen verwendet. Damit werden Effekte möglich, insbesondere bei Multi-Texturing, wenn mehrere Texturen übereinandergelegt werden. Weitere Details zu diesen Parametern siehe die Beschreibung der `glTexParameter`-Funktion.

Exkurs 6.11

Der nachstehende Programmauszug demonstriert, wie in einem Fragmentshader die Berechnung des Mipmaplevels erfolgen kann. Die Bestimmung der Ableitungen führt der Shader simultan für die beiden Koordinaten aus.

```
uniform float lambaLODScale;

vec2 deltaS = dFdx(gl_texCoord[0].st);
vec2 deltaT = dFdy(gl_texCoord[0].st);
```

Die maximale Änderung der s- bzw. t-Koordinate nach der Ableitung liegt im Bereich 0..1. Als Nächstes werden die Quadrate unter der Wurzel ermittelt und die Maximumberechnung vorgezogen.

```
deltaS *= deltaS;
deltaT *= deltaT;
float maxValue = max(deltaS.s+deltaS.t,deltaT.s+deltaT.t);
```

Berechnung des λ-LOD, mit einer Skalierung, um negative Werte zu vermeiden, sowie für eine Anpassung an einen vorbestimmten Bereich, zum Beispiel die Weite w_t der originalen Textur (Level 0):

```
lambaLOD = log2(sqrt(maxValue)*lambaLODScale);
```

Hier kann nun der Vergleich stattfinden mit einer Schwelle, die ebenfalls an den Fragmentshader übergeben wurde.

Ende des Exkurses 6.11

6.2.5 Texturen als Datenquelle bei Shadern

Oberflächen zeigen nicht nur ein Farbmuster, sie haben auch eine fühlbare Struktur. Was sich glatt, rau, wellig oder porenartig anfühlt, lässt sich technisch für die 3D-Computergrafik in drei Kategorien einteilen. Wenn Sie mit den Fingern einer Hand über die Innenseite der anderen streichen, spüren Sie zuerst die Wölbungen und Vertiefungen, Daumenballen und andere Muskelstrukturen. Ein 3D-Animateur wird diese Formen auf jeden Fall über die Vertices, also über das Mesh wiedergeben. Diese Ausprägungen der Oberfläche eines Körpers werden als Makrostruktur bezeichnet. Dann sind feinere Strukturen zu sehen und zu fühlen, die Handrillen, Adern am Handgelenk sowie die Poren der Haut. Solche Details – die Mesostrukturen – sind für eine realistische, zumindest glaubhafte Darstellung wichtig, aber wegen der ernormen Erhöhung der Vertexzahl werden Mesostrukturen beim Realtime Rendering nicht durch Vertices abgebildet. Nicht mehr zu fühlen sind Mikrostrukturen, aber Sie sehen sofort den Unterschied zwischen einem geschliffenen und einem ungeschliffenen Glas.

Alle diese Details können mit einem Renderer, unter Nutzung der programmierbaren Renderer Pipeline, nachgebildet werden, und Texturen sind dabei häufig die Datenquelle. Von großer Bedeutung ist die Beeinflussung der Oberflächennormalen. Sie hat den gleichen Effekt wie eine raue Oberfläche, die durch ein feines Raster von Polygonen aufgebaut ist. Je nach der Richtung des einfallenden Lichts wird die Intensität am Oberflächenpunkt mehr oder weniger abgeschwächt, siehe dazu die Intensitätsberechnung bei einem Lambertstrahler (5.8). Das Ergebnis sieht dann so aus, als ob die eigentlich flache Oberfläche Erhöhungen und Vertiefungen aufwiese. Zum Beispiel erzeugt ein verrauschtes Bild Strukturen, die wie Haut aussehen. In der Textur stehen dann nicht mehr Farben, vielmehr – in kodierter Form – die Normalen der betreffenden Oberflächenpunkte.

Grundfarben- und Spotlicht-Texturen

Materialien zeigen eher selten eine einheitliche Farbe, selbst bei technischen Produkten wie Plastik sind nach kurzer Zeit Gebrauchsspuren zu erkennen. Solche Farbschattierungen tragen viel zur Glaubhaftigkeit des Materials bei. Natürliche Materialien haben meistens Mesodetails, die auf die Beleuchtung reagieren, die eigentliche Grundfarbe ist dabei nicht immer eindeutig zu erkennen. Sie tritt zutage, wenn Materialien durch diffuses oder ambientes weißes Licht beleuchtet werden, auch wenn Sie Materialien bei diesem Licht von Weitem sehen, denn dann verschwinden viele Mesodetails.

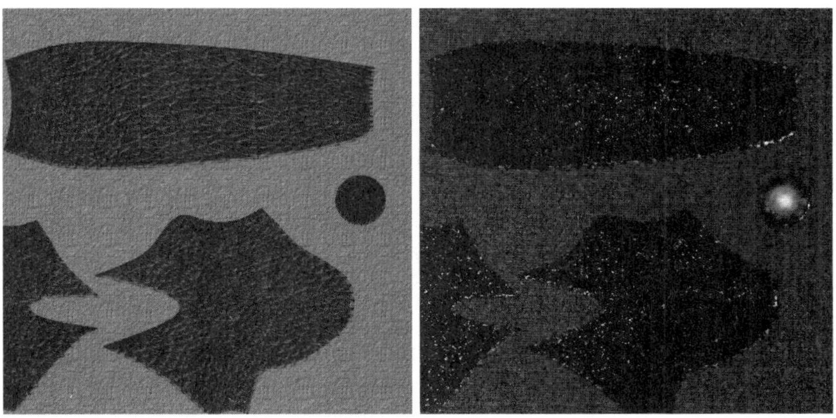

Im Bild links ist das Grundmaterial eines vom Autor erstellten Objektes, des Spindlers, zu erkennen. Rechts im Bild eine zusätzliche Textur, die mit dem Grundmaterial gemischt wird. Die Texturen finden Sie im Paket `examples.tex2.data`.

Abbildung 6.16

Oftmals werden Fotos von realen Materialien verwendet, die dann mit Werkzeugen zur Bildbearbeitung, wie etwa dem freien GIMP, nachbearbeitet werden. Eine Beschreibung der dabei verwendeten Techniken würde alleine ein Buch vom Umfang des vorliegenden füllen. Eine Herausforderung bei der Berabeitung ist es, die Ausgangsbilder an das abgewickelte Mesh anzupassen. In der Regel liegt nach dem Abwickeln ein Texturatlas vor, und bei der Bearbeitung gilt es Säume und Verzerrungen zu vermeiden.

Die Bezeichnung der erstellten Texturen richtet sich nach deren Verwendung im Shader. Eine Textur, die der ambienten und diffusen Beleuchtung unterlegt wird, bezeichnet man als *Diffuse Map*, aber auch als *Color Map*. Solche Texturen kontrollieren die Reaktion des Materials (M_d, M_a) auf ambientes und/oder diffuses Licht. Es ist üblich, auch mehrere Texturen dieses Typs übereinanderzulegen.

```
Fragmentshader (Auszug)
-----------------------
uniform sampler2D colorMap,warningMap;
...
vec4 baseMaterial = texture2D(colorMap,textureCoord);
...
fLambert = clamp(dot(lightVector,normalN),0.0,1.0);
...
vec4 blendMaterial = mix(texture2D(warningMap,textureCoord),
  baseMaterial,fLambert
);

vec3 diffuseColor = lightDiffuseColor*blendMaterial.rgb*fLambert;
```

Hier werden zwei Texturen verwendet, die Grundtextur (`colorMap`) und eine zusätzliche Textur, die nur bei bestimmten Gegebenheiten aufscheint. Hier ist ein einfacher Zusammenhang gewählt, der vom Lambertfaktor (5.8) abhängt. `fLambert` geht gegen 1, wenn das Licht annähernd senkrecht zur Oberfläche einfällt, nach obigem Algorithmus (`mix`) erscheint dann zunehmend das Grundmaterial. Die Diffuse Map ist hier eigentlich das überblendete Material `blendMaterial`. Das Beispiel liefert auch einen Hinweis auf die Fehlersuche bei Fragmentshadern, so könnte statt `fLambert` eine beliebige Variable verwendet werden, die mit `clamp` eingeschränkt wird. Sowie deren Wert im festgelegten Bereich liegt, lässt man dann eine andere markante Textur aufscheinen.

Ursprünglich war der Fragmentshader des Spindlerobjekts anders programmiert. Statt `fLambert` wurde eine Variable verwendet, die den Teil der Oberfläche hervorhebt ($V_{eye,z}$), der dem Betrachter zugewendet ist. Dort zeigt der Spindler dann eine Warnfarbe, daher der Name der zweiten Textur. Der Effekt mit dem Lambertfaktor ergab aber eine viel lebendigere Oberfläche. Die Shaderprogrammierung bietet viele Möglichkeiten, schwieriger ist es schon, einen gewollten Effekt zu realisieren.

Eine zusätzliche Textur kontrolliert die Reaktion auf diffuses Licht auf eine andere Weise. Diese Verwendung entspricht der Einflussnahme der Textur auf ein Element der Beleuchtung, nur dort, wo die diffuse Textur helle

Stellen zeigt, reagiert das Objekt auf diffuses Licht. Damit einher geht eine zusätzliche Abdunkelung des Objekts, die hier gewollt ist, in der Regel wird diese Form aber nicht gewählt.

```
Fragmentshader (Auszug)
-----------------------
uniform sampler2D diffuseMap;
...
float diffuseFactor = texture2D(diffuseMap,textureCoord).r;
...
colorSum += ambientColor+diffuseColor*diffuseFactor+spotColor;
```

Häufiger anzutreffen ist die Textur (*Specular Map*), die als Reaktion auf Spotlicht angelegt wird. Hierbei gibt es drei Varianten. Bei der klassischen Variante wird die Textur als weitere Farbtextur eingesetzt. Da Spotlicht oft hohe Intensitäten aufweist, zeigt das Objekt dann überwiegend die in der Specular Map angegebene Farbe.

```
Fragmentshader (Auszug)
-----------------------
uniform sampler2D specularMap;
...
float spotColor = specularColorPerLight(metaBO,dataBO,specularMap,
   lightVector,halfVector,normalN,26,fLambert)*fAtt*fSpot;
..
colorSum += ambientColor+diffuseColor*diffuseFactor+spotColor;
```

Bei der zweiten Variante wird das Grundmaterial angegeben und die Reaktion auf Spotlicht kontrolliert.

```
Fragmentshader (Auszug)
-----------------------
uniform sampler2D specularMap;
...
float fSpot = spotFactor(
  dataBO,cutOffCosin)*texture2D(specularMap,textureCoord
).r;

float spotColor = specularColorPerLight(metaBO,dataBO,blendMaterial,
   lightVector,halfVector,normalN,26,fLambert)*fAtt*fSpot;
...
colorSum += ambientColor+diffuseColor*diffuseFactor+spotColor;
```

In diesem Fall wird das Material durch das Spotlicht aufgehellt, ohne seine Farbe zu ändern. Die dritte Variante mischt (`mix`) Spotlicht und diffuses Licht, das Spotlicht behält seine Farbe, es verändert aber die Materialfarbe nicht zu stark. Es kommt halt sehr drauf an, welchen Effekt ein Objekt zeigen soll, der Spindler soll zum Beispiel ein eher dunkles Lebewesen verkörpern, das in Sümpfen lebt. Die richtige Abstimmung kann aber viel Zeit kosten, und Sie sollten die Kontrolle nicht verlieren. Diese behalten Sie, indem Sie mit den Basistexturen (`colorMap`, `specularMap`) beginnen und erst dann zusätzliche Effekte einbauen. Die aufgerufenen Funktionen finden Sie beim Shader `SpindlerFShader.txt` und weitere Beispiele im Paket `examples/tex2/shader`.

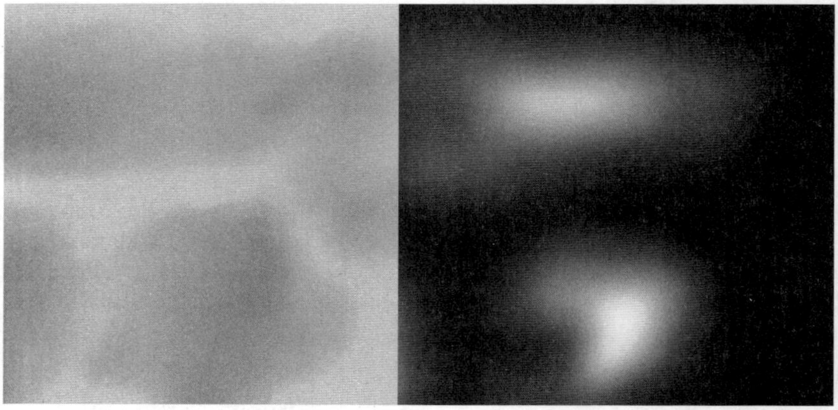

Abbildung 6.17 Im Bild links ist eine Map zu sehen, die die Reaktion auf diffuses Material zusätzlich moduliert. Rechts im Bild die Specular Map. Die Texturen finden Sie im Paket `examples.tex2.data`. Die Texturen zeigen den gleichen Ausschnitt wie die beiden vorausgegangenen Texturen.

Normalen-Texturen

James F. Blinn erkannte um 1976, dass Mesodetails durch die Veränderung der Normalen an einem Punkt darstellbar sind. Auf diese Weise wird in die Beleuchtung eingegriffen, denn alle Produkte, bei denen die Normale ein Bestandteil ist, werden beeinflusst, siehe (5.8) und folgende. Die technische Problemstellung verbirgt sich hinter der Forderung „an einem Punkt", denn Mesodetails werden nicht durch die Vertices abgebildet, die Steuerung muss über eine Textur erfolgen, in der die Oberflächennormalen kodiert abgelegt sind. Eine solche Textur wird *Normal Map* genannt.

Die Normale ist ein Einheitsvektor, dessen Komponenten im Bereich −1...1 liegen, die Texel enthalten aber Farbangaben jeweils im Bereich 0...255.

$$\text{color}_i = int(255((n_i + 1)/2)) \qquad i = x, y$$

Die n_z-Komponente kann mit einer höheren Genauigkeit abgebildet werden, da sie positiv sein muss, sie zeigt von der Oberfläche nach außen. Schließlich bedarf es noch einer Übereinkunft, welche Komponente der Normale in welcher Farbkomponente abgelegt wird. Die gängigste Ablage ist die Zuordnung:

$$R \leftarrow n_x \quad G \leftarrow n_y \quad B \leftarrow n_z$$

mit einem rechtshändischen Koordinatensystem als Grundlage (x zeigt nach rechts etc.). Manchmal wird die n_y Koordinate umgedreht (Linkssystem), und beim DXT5-Format findet sich auch eine Kompression, denn die Z-Komponente ist von den beiden anderen abhängig.

$$n_z = \sqrt{1 - n_x^2 - n_y^2}$$

Genutzt wird bei diesem Format der Alpha-Kanal:

$$R = 0 \quad G = 0 \quad B \leftarrow n_y \quad A \leftarrow n_x$$

Beim Auslesen der Textur in einem Fragmentshader muss die Umkehrung der Rechnung und Kodierung erfolgen, gegebenenfalls mit einer gesonderten Behandlung der n_z-Koordinate. Für die Kodierung gibt es jedoch keinen Standard, gegebenenfalls muss die Dokumentation des Werkzeuges herangezogen werden, das die Textur erzeugt hat.

```
vec3 normal = normalize(texture2D(normalmap,texcoord).xyz*2-1);
```

Die erwähnte Forderung „an einem Punkt" wäre damit im Prinzip erfüllt, denn die Oberflächennormale steht, über die Textur, beim Shader zur Verfügung. Unklar ist aber an dieser Stelle, in welchem Koordinatensystem diese denn vorliegt. Für das Verständnis hilft ein Blick auf den Erzeugungsprozess weiter, der *Normal Map Baking* genannt wird.

Grundsätzlich gibt es verschiedene Wege, die Normal Map in einem 3D-Werkzeug wie etwa Blender zu erzeugen. Bei Charakteren, Tieren, Monstern und anderen Figuren wird ein sogenanntes Low-Poly-Mesh erzeugt, abgewickelt, gespeichert und dieses dann durch Subdivision in ein High-Poly-Mesh umgewandelt. Der Faktor der Vertexzahl kann dabei 100 und mehr betragen, aus einem Charakter mit 10.000 wird dann ein hoch aufgelöstes Modell mit 1.000.000 Dreiecken. Dieses wird nun mit diversen Werkzeugen, zum Beispiel zum Formen und Schnitzen (Skulping Tools), weiterbearbeitet, bis die gewünschten Details durch die Vertices wiedergegeben sind. Das High-Poly-Mesh wird dann „gebacken" und dabei eine Normal Map als erwünschtes Ergebnis angegeben. Hierbei erfolgt auch die Auswahl des Koordinatensystems, ob auf den Objektraum oder den Tangentenraum abgebildet werden soll. Bei diesem Prozess berechnet das 3D-Werkzeug die Differenz zwischen dem hoch und dem niedrig aufgelösten Mesh und errechnet daraus die Veränderung der Normalen. Die erzeugte Normal Map wird gespeichert und als spezielle Textur beim Low-Poly-Mesh importiert.

Das niedrig aufgelöste Modell erbt also die Mesodetails des hoch aufgelösten Modells. Eine andere Methode, die für Reliefs, Kleidersäume und andere sehr filigrane Details angewendet wird, ist, von einer Textur (monochromatisch) auszugehen und diese in eine Normal Map umzuwandeln. Dabei muss eine Kopie in die X,Y,Z-Farbkanäle erfolgen, entsprechend der oben genannten Zuordnung. Auch eine Mischung der Verfahren und mehrere gemischte Texturen sind üblich, ebenso Überlagerungen mit prozeduralen Texturen für Textilien, Poren der Haut und vieles mehr.

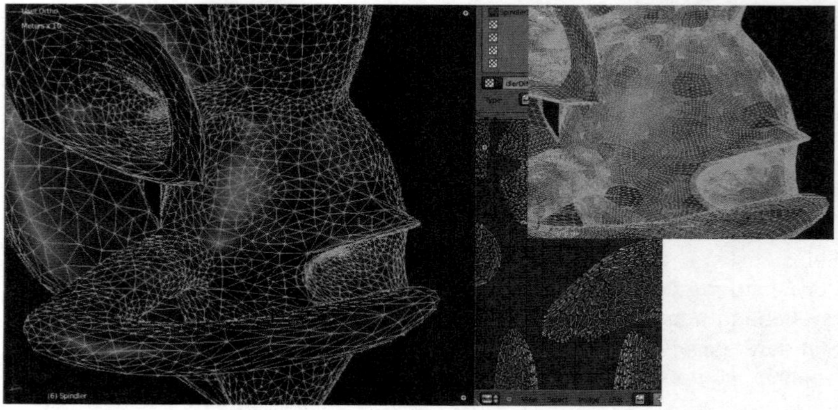

Abbildung 6.18 Im Bild links sehen Sie das Spindlermodell in der niedrigen Auflösung. Rechts unten ist ein Ausschnitt aus der abgewickelten Oberfläche zu erkennen (Texturatlas). Darüber der Spindler in der hohen Auflösung vor der Bearbeitung.

Tangentenraum und Objektraum

Der Objektraum ist durch ein Koordinatensystem aufgespannt, auf das die originalen Vertices eines Mesh bezogen sind, jedes Objekt hat seinen eigenen Objektraum. Der Tangentenraum gilt nur für einen Punkt eines Objektes, das zugehörende Koordinatensystem besteht aus der Oberflächennormalen, der Tangente und der Bitangente an dem betreffenden Punkt.

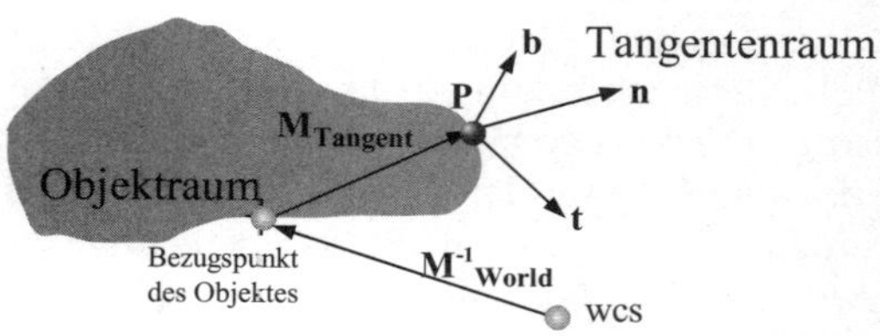

Abbildung 6.19 Tangentenraum an einem Objektpunkt. Der Punkt P ist im Objektkoordinatensystem gegeben.

Die Bildung der Tangentenvektoren und der Tangentenmatix ist nicht nur für die Verwendung einer Normalen-Map nützlich, generell kann damit ein gegebener Vektor in das Koordinatensystem eines Oberflächenpunktes transformiert werden. Rechnungen, die mit den transformierten Vektoren durchgeführt werden, sind dann unabhängig von der Lage, Form und Orientierung des gegebenen Objektes. Der Tangentenraum gilt jedoch nur für einen Punkt der Oberfläche, daher ist eine Arbeitsteilung nötig. Von der Applikation bzw. dem 3D-Werkzeug wird die Tangente an den Vertexpositionen eines Polygons berechnet und mit den Meshdaten an die Shader weitergereicht (VBOs). Vom Vertexshader zum Fragmentshader findet eine Interpolation der Tangente und der Normale statt, diese werden auf den Punkt gebracht. Im Fragmentshader erfolgt dann die Konstruktion der Tangentenmatrix.

Ausgehend von einem Dreieck, das durch die Vertices V_0, V_1 und V_2 aufgespannt ist, findet sich ein Punkt im Dreieck durch die bilineare Interpolation mit λ_s, λ_t.

$$\vec{P} - \vec{V_0} = \lambda_s\left(\vec{V_1} - \vec{V_0}\right) + \lambda_t\left(\vec{V_2} - \vec{V_0}\right)$$

Ebenso erfolgt die Interpolation im Texturraum, in dem die entsprechenden Texturkoordinaten T_0, T_1 und T_2 vorliegen.

$$\begin{pmatrix} T_s \\ T_t \end{pmatrix} = \begin{pmatrix} T_{0s} \\ T_{0t} \end{pmatrix} + \lambda_s \begin{pmatrix} T_{1s} - T_{0s} \\ T_{1t} - T_{0t} \end{pmatrix} + \lambda_t \begin{pmatrix} T_{2s} - T_{0s} \\ T_{2t} - T_{0t} \end{pmatrix}$$

Die Interpolationsvariablen sind daher von den Texturkoordinaten T_s und T_t abhängig.

$$\lambda_t = \frac{(T_s - T_{0s})(T_{1t} - T_{0t}) - (T_t - T_{0t})(T_{1s} - T_{0s})}{(T_{2s} - T_{0s})(T_{1t} - T_{0t}) - (T_{2t} - T_{0t})(T_{1s} - T_{0s})}$$

$$\lambda_s = \frac{(T_t - T_{0t})(T_{2s} - T_{0s}) - (T_s - T_{0s})(T_{2t} - T_{0t})}{(T_{2s} - T_{0s})(T_{1t} - T_{0t}) - (T_{2t} - T_{0t})(T_{1s} - T_{0s})}$$

Die Tangente gibt die Änderung von $\vec{P}$ bei einer Änderung der T_s-Koordinate in der Textur an. Wegen der Abhängigkeit $\lambda_s(T_s, T_t)$ und $\lambda_t(T_s, T_t)$ muss bei der partiellen Ableitung die Kettenregel beachtet werden.

$$\frac{\partial \vec{P}}{\partial T_s} = \frac{\partial \vec{P}}{\partial \lambda_s}\frac{\partial \lambda_s}{\partial T_s} + \frac{\partial \vec{P}}{\partial \lambda_t}\frac{\partial \lambda_t}{\partial T_s} \tag{6.1}$$

Bildet man die Ableitungen und setzt den Differentiationsregeln entsprechend ein, dann ist das Ergebnis der partiellen Ableitung der nicht normalisierte Tangentenvektor $\vec{t}$.

$$\vec{t} = \frac{(T_{1t} - T_{0t})(\vec{V_2} - \vec{V_0}) - (T_{2t} - T_{0t})(\vec{V_1} - \vec{V_0})}{(T_{2s} - T_{0s})(T_{1t} - T_{0t}) - (T_{2t} - T_{0t})(T_{1s} - T_{0s})} \tag{6.2}$$

Mit der Normalisierung des Tangentenvektors $\vec{t}$ und der Normalen $\hat{n}$ wird die Bitangente $\hat{b}$ durch ein Kreuzprodukt berechnet und dann die Tangentenmatrix $\mathbf{M_T}$ gebildet.

$$\mathbf{M_{Tangent}} = \begin{pmatrix} t_x & t_y & t_z & -p_z \\ b_x & b_y & b_z & -p_z \\ n_x & n_y & n_z & -p_z \\ 0 & 0 & 0 & 1 \end{pmatrix}$$

Da in den Anwendungen überwiegend nur Vektoren mit der Matrix transformiert werden, genügt es, nur den Rotatationsanteil der Matrix zu bilden, dieser Teil der Matrix findet sich dann in den Shadern. Eine Implementation der obigen Formeln finden Sie in der Methode `computeTangentVectorPerVertex` der Klasse `PLYLoaderDefault` im Paket `glib.storage.mesh.ply`. Die Berechnung der Tangentenmatrix im Fragmentshader ist recht einfach, beachten Sie aber die Column-major-Anordnung der Matrix.

```
Fragmentshader (Skizze)
----------------------
in vec3 normalObj;
in vec4 vertexWorld;
in vec3 tangentObj;
in vec2 tCoord;

uniform mat4 worldMatrix,cameraMatrix;
...
void main(void) {

    normalN   = normalize(normalObj);
    tangentN  = normalize(tangentObj);
    vec3 bitangentN = cross(normalN,tangentN);

    mat3 tangentSpaceMatrix = mat3(
      tangentN.x,  bitangentN.x,  normalN.x,
      tangentN.y,  bitangentN.y,  normalN.y,
      tangentN.z,  bitangentN.z,  normalN.z
    );
    mat3 liTransform = tangentSpaceMatrix*transpose(mat3(worldMatrix));
    ...
}
```

Im Abschnitt *Koordinatensysteme bei der Beleuchtung* (Seite 341ff.) ist der Tangentenraum im Zusammenhang mit anderen Koordinatensystem schon vorgestellt worden. Im obigen Beispiel wird eine Matrix `liTransform` gebildet, die in den Tangentenraum transformiert, die Beleuchtungsrechnung erfolgt also dort.

Eine alternative Variante besteht darin, die Rechnung komplett im Fragmentshader durchzuführen, diese ist dann auch exakt, da mit einem interpolierten Oberflächenpunkt gerechnet wird, ebenso mit den interpolierten Texturkoordinaten. Die Berechnung mit den Shaderfunktionen dFdx, dFdy entspricht 6.1, siehe auch *Ableitungen berechnen im Fragmentshader* (Seite 729). Bei diesem Beispiel erfolgt die Konstruktion relativ zu einer Position im Beobachterkoordinatensystem, also nicht zum Objektkoordinatensystem.

```
Fragmentshader (Skizze)
----------------------
in vec3 normalEye;
in vec4 vertexEye;
in vec2 tCoord;
...

void main(void) {
    normalN  = normalize(normalObj);
    vec3 posDeltaX    = dFdx(vertexEye);
    vec3 posDeltaY    = dFdx(vertexEye);
    vec3 tCoordDeltaX = dFdy(tCoord);
    vec3 tCoordDeltaY = dFdy(tCoord);

    vec3 tangentN = normalize(
      posDeltaY*tCoordDeltaX.t-posDeltaX*tCoordDeltaY.t
    );
    vec3 bitangentN = cross{t,normalInterpolated};
    mat3 tangentSpaceMatrix = mat3(tangentN,bitangentN,normalN);
    ...
}
```

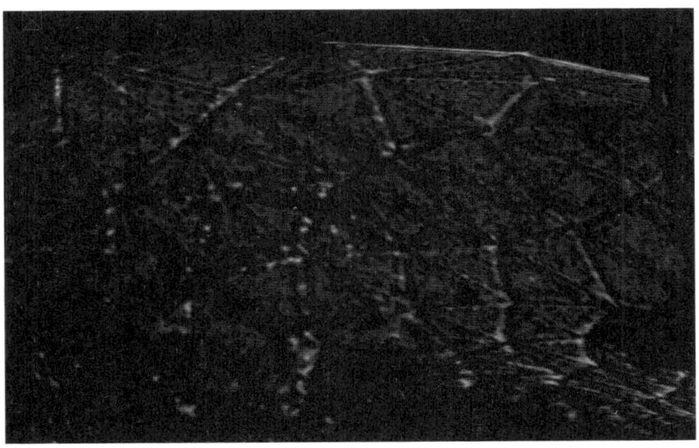

Im Bild ist eine scheinbare Vertiefung der Adern des Spindlers zu erkennen. Sie ist nicht sehr stark ausgeprägt, dennoch wirkt die Oberfläche lebendiger. Abbildung 6.20

Diese Rechnung ist jedoch recht teuer, da die dFd-Funktionen auf die Daten eines benachbarten Fragmentshaders zugreifen. Normal Maps gehen auf das *Bump Mapping* zurück, das jedoch heute in seiner ursprünglichen Form an Bedeutung verloren hat. Der Begriff *Bump Mapping* wird heute als Überbegriff für alle Methoden verwendet, die Einfluss auf die Mesodetails nehmen. In 3D-Spielen sind Normal Maps zusammen mit dem nachfolgend beschriebenen Parallax Mapping der Standard; neben der Oberflächentextur für die Farbgebung werden sowohl Normal Maps als auch Height Maps für die Oberflächenbeschaffenheit erzeugt und verwendet.

Height Maps, Parallax Mapping

Das *Parallax Mapping* beruht auf der Erfahrung, dass sich fixierte Objekte scheinbar verschieben, wenn sie unter einem verschiedenen Blickwickel betrachtet werden. Davon kann man sich schnell selbst überzeugen, indem man einen Finger vor sich hält und abwechselnd ein Auge zukneift.

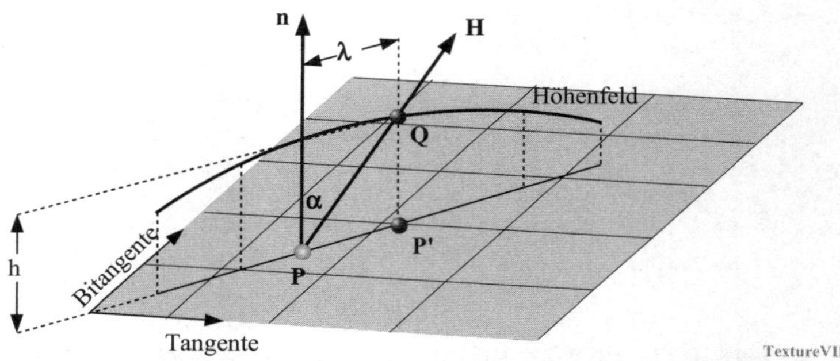

Abbildung 6.21 Beim Parallax Mapping gilt es den Punkt P' zu finden.

Das Ergebnis des Parallax Mappings ist eine neue Texturkoordinate T', ausgehend von der aktuellen Koordinate T, der Höhenangabe h und dem Halfvektor beim Blinn-Phong-Verfahren, bei anderen Beleuchtungen wird auch der Viewvektor eingesetzt. Der Punkt P' liegt im Tangentenraum auf einem Vektor ΔP, der senkrecht auf $\hat{H}$ und der Oberflächennormalen $\hat{n}$ am Punkt P steht. Der Halfvektor ist in den Tangentenraum transformiert, siehe Programmbeispiel oben: `liTransform`.

$$\frac{\Delta P}{|\Delta P|} = \frac{\hat{H} - (\hat{H}\hat{n})\hat{n}}{|\hat{H} - (\hat{H}\hat{n})\hat{n}|} = \frac{\hat{H} - H_n\hat{n}}{\sqrt{1 - H_n^2}}$$

Die Rechnung erfolgt im Tangentenraum, dort gilt für die Normale $\hat{n} = (0,0,1)^T$. Der Abstand von P zu P' ist eine Interpolationsvariable λ, die sich über den Tangens findet: $\lambda = h\,tan(\alpha)$. Damit kann im Texturraum die gesuchte neue Texturkoordinate gefunden werden.

$$\vec{T}' = \vec{T} + h\frac{\sqrt{1-H_n^2}}{H_n} \cdot \frac{\hat{H} - (\hat{H}\hat{n})\hat{n}}{|\hat{H} - (\hat{H}\hat{n})\hat{n}|} = \vec{T} + \frac{h}{H_n}(\hat{H} - H_n\hat{n})$$

Ausgeschrieben ergibt sich:

$$\begin{pmatrix} T'_u \\ T'_v \end{pmatrix} = \begin{pmatrix} T_u \\ T_v \end{pmatrix} + h\begin{pmatrix} H_t/H_n \\ H_b/H_n \end{pmatrix}.$$

Für die Komponenten der Texturkoordinaten wird hier u, v verwendet, um diese von den Komponenten des Halfvektors unterscheiden zu können, die sich auf die Tangente t und die Bitangente b beziehen. Problematisch ist die Division durch die H_n-Komponente; ist nämlich der Winkel $(90° - \alpha)$ zwischen der Oberfläche und dem Halfvektor sehr klein, dann wächst der Versatz über alle Maßen. Der Fragmentshader greift dann auf Bereiche der Textur zu, die sehr weit von T entfernt liegen, und es entstehen fraktal-ähnliche Artefakte. Diese zeigen noch kompliziertere Formen, wenn `REPEAT` über `glTexParameter` eingestellt ist. Probieren Sie die Rechnung mit der Division aber ruhig aus, vielleicht findet sich damit der magische Effekt, den Sie gerade suchen. Für das mehr realistische Rendern sollte eine Begrenzung eingebaut sein, die am besten durch $H_n = 1$ erreicht wird. Damit gilt dann für die neue Texturkoordinate:

$$\vec{T}' = \vec{T} + h\begin{pmatrix} H_t \\ H_b \end{pmatrix}.$$

```
Fragmentshader (Auszug)
----------------------
uniform sampler2D heightMap;
...
float heightFromMap = texture2D(heightMap,tCoord).r;
float height = heightFromMap*HEIGHT_SCALE+HEIGHT_BIAS;
vec2 newTCord = tCoord + height* halfVector.xy;
```

Das Verfahren geht auf ein Papier von Terry Welsh zurück.[5] Der Faktor h ist die in der Höhenmap kodierte Erhöhung oder Vertiefung der ansonsten glatten Oberfläche. Diese Angabe muss im Bezug zur Größe des dargestellten Objektes stehen. Angenommen, es werden die Details (Meso) der Haut wiedergegeben, dann liegt h im Bereich 0,1 bis 1 mm, bei einer durchschnittlichen Größe des Menschen von 1,6 m. Daraus folgt dann ein Größenverhältnis von $6 \cdot 10^{-5}$ bis $6 \cdot 10^{-4}$. Da die Höhe in einer Farbkomponente abgelegt wird – auch der Alpha-Kanal ist üblich –, steht nur ein Bereich von 0...255 zur Verfügung, der dann auf -1 bis $+1$ abgebildet wird. 1 gibt dann die maximale Höhe an, -1 die maximale Tiefe, und die Oberfläche selbst

5 Terry Welsh: „Parallax Mapping with Offset Limiting“, Infiscape Corporation, 2004.

liegt bei 0 bzw. dem Grauwert 128. Die Interpretation findet jedoch im Shader statt, dieser sieht die normalisierte Farbkomponente, also den Bereich 0..1.

Hinter der Skalierung steckt auch ein Problem, das dann auftaucht, wenn das Objekt beim Rendern skaliert wird. Diese Skalierung passt dann nicht mehr zum Verhältnis Höhe/Objektgröße, daher wird `HEIGHT_SCALE` meist als Uniform-Variable dem Shader übergeben und die Skalierung des Objektes auch für die Höhe nachvollzogen. Mit dem Bias-Wert `HEIGHT_BIAS` findet eine Verschiebung der Nulllinie statt, bezogen auf den Grauwert 128, der von `texture2D` als 0,5 zurückgegeben wird (`heightFromMap`). Für eine korrekte Einstellung der beiden Parameter muss ggf. die Höhen-Map inspiziert werden, oder man spricht dieses Detail mit den 3D-Designern ab. Beim Spindlerobjekt liegen diese Werte in der Map zwischen 0,39 und 0,24. Dargestellt werden nur Erhöhungen, daher ist im Shader `HEIGHT_BIAS=0`. Die Bounding-Box (AABB) des Spindlers liefert eine maximale Ausdehnung von 1,5. Mit der Annahme, dass die Mesodetails in der Größenordnung von 1/1000 liegen, findet sich ein Schätzwert für die Skalierung: `HEIGHT_SCALE= 0,0005`.

Abbildung 6.22 Ausschnitt aus der Height Map des Spindlerobjektes. Die Textur ist vom Autor mittels GIMP erzeugt worden, ausgehend von der Basistextur (colorMap) des Spindlers.

Mit dem Höhenfeld als Grundlage liegt es durchaus nahe, direkt die Vertices einer Oberfläche zu verändern. Damit wird tatsächlich die mehr oder weniger raue Oberfläche abgebildet. Da dieser Vorgang, das *Displacement Mapping*, in der Geometriestufe durch einen Shader erfolgt, basiert die nachfolgende Beleuchtung auf der so veränderten Oberfläche, einschließlich der Selbstabschattung. Allerdings muss die Auflösung der Geometrie eines Objektes hinreichend fein sein. Angenommen, die menschliche Haut mit ihren Poren und Adern soll mit dem Verfahren dargestellt werden, dann wäre ein Mesh eben so fein, dass es eine Pore noch wiedergeben kann, was für das Modell eines Avatars einen Sprung von zehntausend zu ein oder zwei Millionen Vertices bedeuten kann. Dies erscheint zunächst als eine nicht erfüllbare Anforderung, mit moderner automatischer Unterteilung (*Tesselation on the Fly*) jedoch ist das *Displacement Mapping* ein gängiges Verfahren in der 3D-Computergrafik geworden, zumindest bei 3D-Filmen und bei hochwertigen Spielen.

Weitere Texturen

Texturen ermöglichen es, Parameter für jeden Punkt der Oberfläche eines Objektes einzustellen. Der Zugriff auf Texturen durch die Shader ist sehr schnell, auch aus diesem Grunde werden, insbesondere beim Realtime Rendering, Lösungen mit Texturen gesucht. Im Rahmen dieser Einführung konnten nur einige Varianten näher betrachtet werden. Wenn Sie sich nochmals die Tabelle *Variablenliste eines Vertex- und Fragmentshaders* (Seite 331) vor Augen führen, dann finden Sie dort weitere Parameter, die sich über eine Textur verändern lassen. Die Modulierung des Shininess-Faktors (M_{ms}) des Materials führt zum Beispiel auf *Glossy Maps* (glänzend). Die Emissionsfarbe (M_{em}) kann als zusätzlicher Term hinzugefügt werden, um zum Beispiel helle Fenster, Leuchtreklame u. a. in die Szene einzubringen. *Cube Maps* bestehen aus sechs Texturen, jede für eine Seite des Würfels, sie werden hauptsächlich für das Environment Mapping verwendet, um so die Spiegelung der Umgebung bei einem Objekt abzubilden. Eine Weiterführung des oben dargestellten Parallax Mapping ist das *Relief Mapping*.

6.2.6 Beispielprogramm 2D-Texturen

In dieses Programmbeispiel sind viele Konzepte eingegangen, auch solche, die im vorausgegangenen Kapiteln nur angeschnitten wurden.

- Objektdaten werden über das Stanford PLY-Format eingelesen, siehe Abschnitt *Dateiformate* (Seite 216ff.). Mesh-Daten werden in eine `MeshBufferSet`-Struktur umgewandelt, siehe *Shader und generische Attribute* (Seite 185ff.), und als Interleaved VBOs zu OpenGL hochgeladen.
- Ein einfacher Szenengraph dient mit seinen Knoten dazu, Objekte mit ihren Transformationen und Materialdaten zu strukturieren. Der Szenengraph wird über eine XML-Datei aufgebaut (`Tex2Configuration.xml`), zu finden im Beispielprogramm `glib.src.examples.tex2`. Dort finden Sie auch eine ausführliche Beschreibung der einzelnen XML-Tags und ihrer Attribute. Der Szenengraph wird von der Klasseninstanz `SGXMLReader` im Paket `glib.src.storage.sgraph` erstellt.
- Vom Menü abgesehen, basiert die interne Verarbeitung und das Rendering ausschließlich auf dem Szenengraphen und Shadern. Auch diese las-

sen sich, ebenso wie die Objekte, die Kamera und Lichter über die XML-Datei austauschen bzw. konfigurieren.

Das Programmbeispiel ist naturgemäß recht umfangreich. Im Konstruktor der `Tex2Renderer`-Klasse wird der Szenengraph mithilfe des *SGXMLReader* erstellt. Später, in der `init`-Methode, bei der nun ein OpenGL-Kontext zur Verfügung steht, werden die Mesh-Daten mit dem PLYLoader eingelesen. Ebenfalls in der `init`-Methode werden die Shader initialisiert, von OpenGL kompiliert und hochgeladen. Der Szenengraph wird um Render-Knoten ergänzt, über die ausschließlich die Versorgung für das nachfolgende Rendern in der `display`-Methode erfolgt. In den Render-Knoten stehen dann auch die benötigten Matrizen.

Abbildung 6.23 Das Spindlerobjekt fertig gerendert.

Auf den Quellcode im Einzelnen einzugehen ist hier aus Platzgründen nicht möglich, ich möchte aber einige Schwerpunkte herausgreifen, die eine Orientierung erlauben. Auch sollte nicht mein Programm im Mittelpunkt stehen, vielmehr die Stellen, bei denen eine Verbindung zu OpenGL besteht. So kann sich der Leser die Stellen heraussuchen, in denen das Know-how bzgl. des Renderers steckt.

Ein Grundprinzip bei der Entwicklung ist es, das Ressourcenmanagement in eigene Klassen zu verpacken und so auf der Applikationsseite ein Gedächtnis zu schaffen, das über den Verbleib und den Status Auskunft gibt.

Die Meshdaten, d. h. die Vertices und ihre Attribute, werden über Vertexbuffer-Objekte (VBOs) transportiert und verwaltet. In der Software liegt eine weitere Schicht darüber, das `MeshBuffer`-Framework (`glib.storage.mesh`). Die Kopplung mit OpenGL erfolgt über die Klasse `MeshRenderController` im Paket `glib.render.mesh`. Siehe dazu auch den Abschnitt *Framework mit generischen Attributen* (Seite 189ff.). Eingelesen wird das Mesh über den PLY-Loader, der auch die Tangentenvektoren berechnet.

Für ein Stanford-Bunny mit ca. 40.000 Vertices benötigt der Loader etwa 300 ms, um eine Größenordung für die Ladezeiten eines Mesh anzugeben.

```
<object name="Spindler">
   <mesh name="myMesh">
     <url type="relative">/data/SpindlerTris.ply</url>
     <transform type="world">
        <scale type="uniform">3.0</scale>
     </transform>
     <loader name="PLYLoaderDefault"
        attributes-order="default"
        tangent-vector="compute"
        attributes-unknown="default">
     </loader>
  </mesh>
...
```

Die zweite Ressource sind die Texturen, deren Verwaltung in der Klasse `TextureUnit` angelegt ist (`glib.render.textures`). Dort werden Texturen auch von den Dateien eingelesen. `TextureUnit` kennt und liefert auch den Namen der Textur für die Shaderprogrammierung. Eine Textur ist entweder zu OpenGL hochgeladen (uploaded) oder noch als Datei extern vorliegend (idle), sie liegt nur temporär im Speicher der Applikation.

```
<object name="Spindler">
...
  <textures>
   <texture name="ColorTexture" type="image">
      <url type="relative">/data/SpindlerColorMap.png</url>
      <uniform type="sampler2D">colorMap</uniform>
    </texture>
...
```

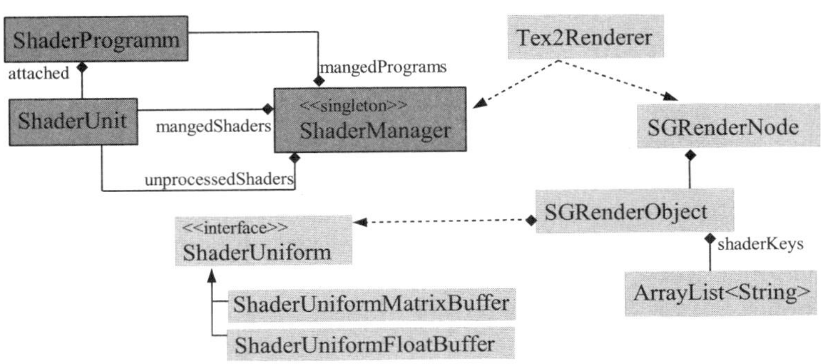

Klassen im Umfeld des Shadermanagements. Abbildung 6.24

Die dritte Ressource sind die Shader. Die Klasse `ShaderUnit` verwaltet einen einzelnen Shader, der sich in den Zuständen „idle", „created", „compiled" und evtl. auch in einem Fehlerzustand befinden kann. In ShaderUnit sind auch die Vorgänge zu finden, die einen Shader von der Datei einlesen und die Übersetzung anstoßen. Die Verbindung der Shader zu einem Programm wird in der Klasse ShaderProgram vorgenommen. Diese kann „idle", „created", „ready" und „active" sowie ebenfalls im Fehlerzustand sein. In der Klasse finden sich auch die Methoden zum Einfügen und Entfernen eines Shaders sowie die Link-Methode. Mehr der Bequemlichkeit dient die Klasse ShaderManager, die Shaderprogramme und die Shader in HashMaps verwaltet. Die Übergabe von uniform-Variablen an die Shader ist über ShaderUniform-Klassen organisiert.

Während der Initialisierung werden von den Objekten (SGRenderObjektNode) die ShaderUnits erzeugt und beim Shadermanager abgelegt (unprocessedShader). Danach werden die Shader in Managed-Shader umgewandelt. Der Shadermanager prüft dabei, ob eine ShaderUnit schon kompiliert und in ein Programm gebunden (link) wurde. Doppelte Units werden verworfen. Im Renderobjekt-Knoten wird der Programmname vorgehalten, zusammen mit den Uniform-Instanzen. Wird später das betreffende Objekt gerendert, dann kann über den Shadermanager das Programm gesucht und aktiviert werden, Matrizen können übergeben (Uniforms) sowie Texturen aktiviert werden.

```
<object name="Spindler">
...
   <shaders>
     <shader name="VS" type="vertex">
       <url type="relative">/shader/SpindlerVShader.txt</url>
     </shader>
     <shader name="FS" type="fragment">
        <url type="relative">/shader/SpindlerFShader.txt</url>
     </shader>
   </shaders>
...
```

Das Beispielprogramm Tex2Renderer schließt mit den genannten Klassen und dem Szenengraphen eine Lücke. Damit ist es möglich, ein Objekt in einem externen Werkzeug (hier wurde Blender verwendet) zu erstellen, dieses im PLY-Format zu exportieren und in das Beispielprogramm über Tex2Configuration.xml zu importieren. Das Gleiche gilt für die Texturen. Im Szenengraph sind das Mesh, die Texturen und Shader einem Objekt zugeordnet, das wiederum zu einer Szene gehört. In der Konfigurationsdatei ist ein Tag für die Auswahl der Szene vorgesehen, damit können Szenen ausgetauscht werden.

```
   <use type="scene">Spindler-Example</use>
```

Wenn Sie einen eigenen Shader ausprobieren wollen, dann kopieren Sie die betreffende Szene, benennen die Kopie anders und geben dort Ihren Shader an. Das kann alles extern ohne Eingriff in den Programmcode erfolgen. Sie können auch mehrere Objekte pro Szene angeben. Der Vertexshader ist denkbar einfach, da mit Ausnahme von `vertexWorld` die `varying`-Variablen im Objektkoordinatensystem an den Fragmentshader übergeben werden.

```
in vec3 vPosition;
in vec3 vNormal;
in vec3 vTangent;
in vec2 vTextureCoord;

uniform mat4 worldMatrix,cameraMatrix,projectionMatrix;

out vec2 tCoord;
out vec3 normalObj;
out vec4 vertexWorld;
out vec3 tangentObj;

void main(void) {

   normalObj   = vNormal;
   vertexWorld = worldMatrix*vec4(vPosition,1.0);
   tangentObj  = vTangent;
   tCoord      = vTextureCoord;

   gl_Position=(projectionMatrix*cameraMatrix)*vertexWorld;
}
```

Nachfolgend der Fragmentshader des Spindlerobjekts. Er führt die Rechnung im Tangentenraum aus. Er ist mit seinen sechs Texturen schon am oberen Ende anzusiedeln, die Lichter mussten bereits auf maximal vier reduziert werden. Die Zahl der Texturen wird normalerweise reduziert, indem die Height Map in den Alpha-Kanal der Normal Map gepackt wird und die Specular Map in den Alpha-Kanal der Color Map.

```
in vec3 normalObj;
in vec4 vertexWorld;
in vec3 tangentObj;
in vec2 tCoord;

uniform mat4 worldMatrix,cameraMatrix;
uniform sampler2D warningMap,normalMap,heightMap;
uniform sampler2D colorMap,diffuseMap,specularMap;

// -----------------------------------------------------
vec4 lightPosition;    // Position der Lichtquelle
vec3 lightVector;      // Lichtvektor
vec3 halfVector;       // Blinns Half-Vektor
vec3 normalN;          // Normalisierte Normale
vec3 tangentN;         // Normalisierte Tangente
float fAtt;            // Aktueller Abschwächungsfaktor
float fLambert;        // Aktueller diffuser Faktor(Lambert)
float cutOffCosin;     // Kosinus des Winkels zwischen dem Lichtvektor
```

```
                     // und dem Spotlichtvektor (Cuttoff
                     // berücksichtigend)
float fSpot;         // Spotlichtfaktor
vec3 spotDirection;  // Richtungsvektor Spotlicht
vec4 baseMaterial;   // Farben des Grundmaterials aus Textur: colorMap
vec4 warningMaterial; // Farben aus Textur: waringMap
vec3 colorSum;       // Farbsumme aller Lichter
vec3 ambientColor;   // Ambienter Farbanteil pro Lichtquelle
vec3 diffuseColor;   // Diffuser Farbanteil pro Lichtquelle
vec3 spotColor;      // Spotlichtanteil pro Lichtquelle
float heightFromMap; // Höhenangabe aus Textur: heightMap
float height;        // Wie oben mit Scale+Bias
float fSpec;         // Spotlichtfaktor über Textur: specularMap
float diffuseFactor; // Faktor Diffuse über Textur: diffuseMap
vec4 blendMaterial;  // Für die Mischung Grundfarbe--Warnfarbe

const float HEIGHT_SCALE = 0.0005;
const float HEIGHT_BIAS  = 0.0;
const vec3 BLACK_COLOR = vec3(0.0,0.0,0.0);
// -----------------------------------------------------------
// Lichtdaten, Zugriffsmethoden hier nicht dargestellt
// ...
// Beleuchtungsrechnung
// -----------------------------------------------------------

// Berechnung eines Abschwächungsfaktors aus dem Abstand
// vom Oberflächenpunkt zur Lichtquelle (liLen) und den
// Abschwächungsfaktoren einer Lichtquelle.

float attenuationFactor(const in int bOffset,const in float liLen) {
  return 1.0/(liData[bOffset+LI_OFF_CATT]+
              liData[bOffset+LI_OFF_LATT]*liLen+
              liData[bOffset+LI_OFF_QATT]*liLen*liLen);
}

//  Berechnung des Spotlichtfaktors (fSpot). Es wird 1 zurückgegeben,
//  wenn der cutoff-angle gleich 180 ist. In den Lichtdaten steht
//  nicht der Winkel, vielmehr der Kosinus, als das skalare Produkt
//  des neg. Lichtvektors (-lightVector) und des
//  Spotlicht-Richtungsvektors.

float spotFactor(const in int dataBO,const in float cutOffCosin) {

  float retValue = 1.0;
  float fCutoff=lightCuttoffCosSin(dataBO);

  if(fCutoff!=-1.0) {
    if(cutOffCosin>=fCutoff) {
      retValue = pow(max(0.0,cutOffCosin),lightSpecularExponent(dataBO)\
);
    }
    else {
```

```
      retValue = 0.0;
    }
  }
  return retValue;
}
//  Liefert den ambienten Farbanteil. Berechnet als komponentenweise
//  Multiplikation der Materialfarbe (ambient) und des ambienten
//  Lichtanteils einer Lichtquelle.

vec3 ambientColorPerLight(const in int bOffset,const in vec3 mAmbient) \
{
  return lightAmbientColor(bOffset)*mAmbient;
}
//  Liefert den diffusen Farbanteil. fL ist der Lambert-Faktor.

vec3 diffuseColorPerLight(const in int bOffset,
  const in vec3 mDiffuse, const in float fL) {

  return lightDiffuseColor(bOffset)*mDiffuse*fL;
}

// Liefert den Spotlicht-Anteil.

vec3 specularColorPerLight(const in int mOffset,const in int bOffset,
  const in vec3 mSpecular,const in vec3 liVec,const in vec3 halfVect,
  const in vec3 eNormal, const in float sNess,const in float fL) {

  if((isSpotLight(mOffset)==true)&&(fL>0.0)) {
    return lightSpecularColor(bOffset)*mSpecular*
     pow(max(0.0,dot(halfVect,eNormal)),sNess);
  }
  return BLACK_COLOR;
}
// **********************************************************************
void main(void) {

  if(gl_FrontFacing) {

    normalN   = normalize(normalObj);
    tangentN  = normalize(tangentObj);
    vec3 bitangent = cross(normalN,tangentN);

    mat3 tangentSpaceMatrix = mat3(
      tangentN.x,  bitangent.x,  normalN.x,
      tangentN.y,  bitangent.y,  normalN.y,
      tangentN.z,  bitangent.z,  normalN.z
    );
    mat3 liTransform = tangentSpaceMatrix*transpose(mat3(worldMatrix));

    colorSum = vec3(BLACK_COLOR);

    float numberOfLights = liMeta[0];
```

```
for(int i=0; i<numberOfLights; i++) {

  int metaBO = i*LM_BLOCK_SIZE;
  int dataBO = i*LD_BLOCK_SIZE;

  if(isLightOn(metaBO)==true) {

    lightPosition=getLightPosition(dataBO);

    if(isPointLight(metaBO)==true) {

      lightVector = (lightPosition-vertexWorld).xyz;
      float lenLightVector = length(lightVector);
      fAtt = attenuationFactor(dataBO,lenLightVector);
    }
    else {
      fAtt = 1.0;
      lightVector = lightPosition.xyz;
    }
    halfVector     = lightVector-vertexWorld.xyz;
    lightVector    = normalize(liTransform*lightVector);
    spotDirection = normalize(liTransform*getSpotDirection(dataBO))\
;
    halfVector     = normalize(liTransform*halfVector);

    heightFromMap = texture2D(heightMap,tCoord).r;
    height   = heightFromMap*HEIGHT_SCALE+HEIGHT_BIAS;
    vec2 newTCord = tCoord + height* halfVector.xy;

    baseMaterial = texture2D(colorMap,newTCord);
    fSpec = texture2D(specularMap,newTCord).r;

    normalN = texture2D(normalMap,newTCord).rgb*2.0-1.0;
    diffuseFactor = texture2D(diffuseMap,newTCord).r;

    cutOffCosin = max(0.0,dot(-lightVector,spotDirection));
    fSpot = spotFactor(dataBO,cutOffCosin)*fSpec;

    fLambert = clamp(dot(lightVector,normalN),0.0,1.0);
    blendMaterial = mix(texture2D(warningMap,newTCord),baseMaterial\
,fLambert);

    ambientColor = ambientColorPerLight(dataBO,blendMaterial.rgb);

    diffuseColor = diffuseColorPerLight(dataBO,
      blendMaterial.rgb,fLambert)*fAtt;

    spotColor = specularColorPerLight(metaBO,dataBO,baseMaterial,
      lightVector,halfVector,normalN,26,fLambert)*fAtt*fSpot;

    colorSum += ambientColor+diffuseColor*diffuseFactor+spotColor;
  }
```

```
    }
  }
  else {
    colorSum = vec3(0.1, 0.1, 0.05);
  }
  gl_FragColor.rgb = colorSum;
  gl_FragColor.a = baseMaterial.a;
}
```

Ebenso wie die Shader werden in der Regel auch Texturen wiederverwendet. Dies wird im Beispielprogramm über ein zweites Objekt (Ozean) demonstriert, das mit den gleichen Shadern wie der Spindler gerendert wird. Eine solche Wiederverwendung ist durch Klassen wie `TextureUnit` möglich, die die OpenGL-IDs und den Ressourcenstatus vorrätig halten. Typisch ist auch die Verwendung mehrerer Texturen pro Fragmentshader. Die Verwaltung mag zwar nicht schwierig sein, aber die betreffenden Stellen in der Bibliothek aufzufinden ist nicht so ohne Weiteres möglich. Im Spindler-Fragmentshader werden sechs Texturen verwendet.

```
uniform sampler2D warningMap,normalMap,heightMap;
uniform sampler2D colorMap,diffuseMap,specularMap;
```

Am Anfang eines Programms werden in der Regel möglichst viele Texturen zu OpenGL hochgeladen, und daher benötigen diese einen OpenGL-Identifier für die spätere Auswahl einer bestimmten Textur. Die Erstellung der Bezeichner erfolgt in der Klasse `SGRenderObjectNode` über die OpenGL-Funktion `glGenTextures`.

```
package glib.storage.sgraph;
public class SGRenderObjectNode extends SGNode {
...
  public boolean uploadTextures(GL2 gl,ShaderProgram sProgram) {

    boolean successfully = true;

    try {
      ByteBuffer bb = ByteBuffer.allocateDirect(
        textureUnits.length*GlibC.SIZE_OF_INT
      );
      bb.order(ByteOrder.nativeOrder());
      IntBuffer textureOGLIDs = bb.asIntBuffer();
      gl.glGenTextures(textureUnits.length,textureOGLIDs);

      for(int n=0; n<textureUnits.length; n++) {
        if(!sProgram.getSamplerLocation(gl,textureUnits[n])) {
          successfully = false;
          break;
        }
        textureUnits[n].setOGLTextureID(textureOGLIDs.get(n));
        if(!textureUnits[n].upload(gl,n,true)) {
          successfully = false;
```

```
          break;
        }
      }
    }
    catch(ShaderException sEx) {
      successfully = false;
    }
    return successfully;
  }
```

Nebenbei werden in der Methode auch die IDs für die Sampler-Variablen erzeugt (`glGetUniformLocation`), diese IDs gelten nur für ein bestimmtes Shaderprogramm. Wenn Sie also Texturen in verschiedenen Shaderprogrammen wiederverwenden, dann müssen Sie eine Crossreferenztabelle erstellen: `Shaderprogram -> Texture.UniformID(k)`. Hier werden mehrere Texturen für dasselbe Shaderprogramm verwendet.

```
package glib.render.shader;
public class ShaderProgram {
...
  public boolean getSamplerLocation(GL2 gl,
    TextureUnit textureUnit) throws ShaderException {
    ...
    if(programState==SHADER_PROGRAM_READY) {

      int idx = gl.glGetUniformLocation(
        oglProgramID,textureUnit.getUniformSamplerName()
      );
      if(idx>=0) {
        textureUnit.setOGLUniformID(idx);
        textureUnit.setUniformState(true);
        return true;
      }
      textureUnit.setError("name("+textureUnit.getUniformSamplerName()+
        ") not found in linked program ("+programKey+
        ") glGetUniformLocation() returns "+idx
      );
      return false;
    }
    textureUnit.setError("Invalid state: not SHADER_PROGRAM_READY"+
      "Have you sucessfully linked this program?"
    );
    return false;
  }
  ...
```

Bis zum jetzigen Zeitpunkt ist noch keine Textur erzeugt und zu OpenGL hochgeladen worden. Erzeugung plus Upload der Texturen erfolgt in der Klasse `TextureUnit`. `oglTextureType` gibt den Typ der Textur an: `GL_TEXTURE_2D` etc.

```
package glib.render.textures;
public class TextureUnit {
...
  public boolean upload(GL2 gl,int textureCount,boolean checkOGLErrors)\
 {
    textureImage = ImageIO.read(getURL(this.getClass()));
    gl.glBindTexture(oglTextureType,oglTextureID);
    ...
    gl.glTexImage2D(oglTextureType,0,openGLImageInternalFormat,
      width,height,0,openGLImageFormat,openGLImageType,buffer
    );
    ...
  }
  ...
```

Damit liegt die Textur bei OpenGL und kann über die ID (`oglTextureID`) jederzeit angesprochen werden. Die Nutzung einer Textur beim Rendervorgang erfolgt normalerweise durch eine Bindung (`glBindTexture`), bei mehreren Texturen pro Shader muss eine zusätzliche Aktivierung erfolgen.

```
package glib.render.textures;
public class TextureUnit {
..
  public final void activateTexture(GL2 gl) {
    gl.glActiveTexture(oglTextureCount);
    gl.glBindTexture(oglTextureType,oglTextureID);
    gl.glUniform1i(oglUniformID,oglTextureCount-GL2.GL_TEXTURE0);
  }
  ...
```

Die Variable `oglTextureCount` gibt für jeden Samplereintrag eine Nummer an, deren Basis durch `GL_TEXTURE0` gegeben ist. Hinter `glActiveTexture` steht ein Container, genauer ein Objekt, das den Status einer Textur mit allen Modifikationen enthält. So ist es möglich, verschiedene Objekte zu erstellen (`GL_TEXTURE0+n`), die sich etwa nur durch die Art der Filterung unterscheiden, siehe `glTexParameteri`.

Im obigen Fall wird pro Textur eine Nummer erzeugt (`oglTextureCount=GL_TEXTURE0+n`), für die eine Aktivierung mit `glBindTexture` vorgenommen wird. Auch wird danach die ID der Variablen im Shader über `glUniform1i` eingestellt. Da OpenGL bei einer Textur im Shader automatisch die Aktivierung mit `GL_TEXTURE0` verwendet, erscheint in vielen Beispielen nur die Bindung mit (`glBindTexture`). Nachdem ein Objekt gerendert wurde, muss eine Deaktivierung stattfinden.

```
  gl.glBindTexture(oglTextureType,0);
```

Mit den WASD-Tasten und der Maus ist eine Bewegung in der Szene wie in einem Spiel möglich, ergänzt durch eine Ausschnittsvergößerung über das Mausrad. Letzteres kann auch mit Shift- und Control-Taste kombiniert werden, um damit eine Ausschnittsverschiebung vorzunehmen. Diese Form der Bewegung nennt man auch *Flying Camera View*. Der Mauscursor ist nicht abgekoppelt (hidden), lassen Sie sich davon nicht irritieren.

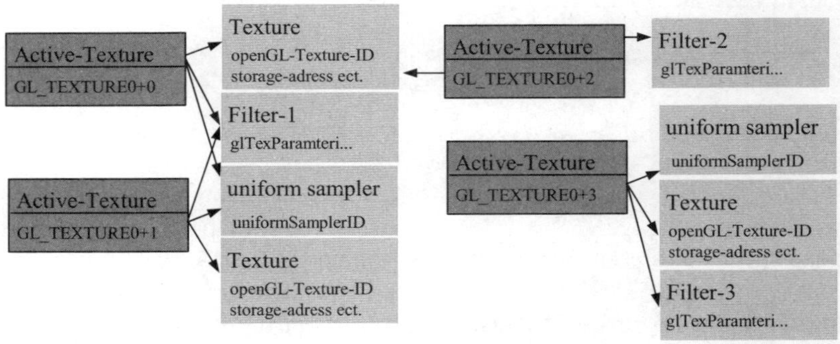

Abbildung 6.25 Einige Beispiele, wie mit der `glActiveTexture`-Funktion verschiedene Konstellationen von Texturen, Filtereinstellungen und Sampler-Uniforms erzeugt werden.

6.2.7 Beispielprogramm 1D-Texturen

Abschließend greife ich hier nochmals auf die fixierte Pipeline zurück und verwende im Beispielprogramm eine eindimensionale Textur als Farbskala, um damit einen Funktionswert farblich darzustellen. Es demonstriert die Programmierung eindimensionaler Texturen, darüber hinaus ist es auch ein Texturgenerator und Experimentierfeld, eine Variante prozeduraler Texturerzeugung. Der Quelltext des Programms findet sich bei `examples.tex1`.

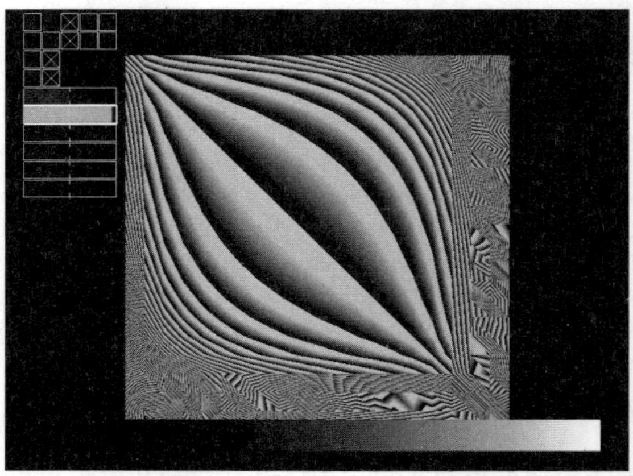

Abbildung 6.26 Screenshot des Beispielprogramms. Hier wurde die eine kontinuierliche Farbtabelle verwendet, im Zusammenspiel mit dem Filter `GL_BLEND`. Die im Menübaum eingestellte Farbe wird im Programm mit `glColor` für die Vertices des Mesh gesetzt (C_{in}).

In der Klasse FunctionValueSupplierDefault sind ein paar Funktionen implementiert, die abhängig von beliebigen X,Y-Koordinaten einen Funktionswert berechnen, der als s-Koordinate einer eindimensionalen Textur verwendet wird, zum Beispiel

$$s=\left(\sqrt{x^2+y^2}\right)\texttt{modulo}\left(\frac{\pi}{2}\cdot\texttt{randomX}\right)\qquad -\pi/2\le x,y\le\pi/2.$$

Ideen für solche Funktionen finden sich auch in dem Buch von Georg Nees.[6] Die gelieferte Texturkoordinate (s) muss nicht im Bereich 0...1 liegen, viele ansprechende Bilder entstehen erst, wenn OpenGL angewiesen wird, s nicht auf diesen Bereich zu beschneiden (GL_CLAMP), vielmehr die Textur zu wiederholen (GL_REPEAT). Die Auswahl einiger Funktionen erfolgt über den Dialog FunctionTypeDialog, beide, der Supplier und der Dialog, sind sehr einfach aufgebaut und können um eigene Funktionen bereichert werden.

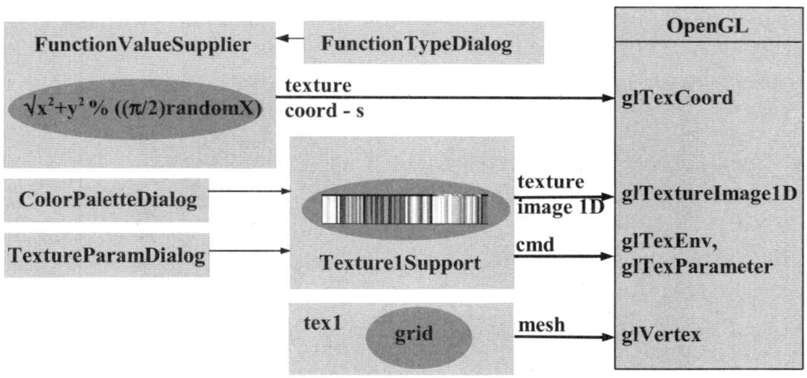

Zusammenspiel der Bausteine des tex1-Beispielprogramms. Abbildung 6.27

Die Klasse Texture1Support erzeugt eine eindimensionale Textur auf der Grundlage von vorbereiteten Farbtabellen. Die Wahl der Farbtabelle erfolgt mit ColorPaletteDialog. Die 1D-Textur wird direkt als Array (256) von Float-Werten (RGB) in einem FloatBuffer erzeugt. Die Texturkoordinate s selektiert eine der Farben, abhängig von einer X,Y-Position in einer Ebene. Die dritte Komponente ist ein Mesh, auf das die Textur gemappt wird. Im Beispiel ist dies ein Gitter, aufgebaut mit der GL_QUAD_STRIPES-Methode.

Ein weiterer Sub-Dialog TextureParamDialog bietet die Möglichkeit, verschiedene Einstellungen von OpenGL beim Texture-Mapping auszuprobieren.

6 Georg Nees: „formel, farbe, form. Computerästhetik für Medien und Design“, Springer Verlag, 1995.

```
glTexEnvi(GL_TEXTURE_ENV,GL_TEXTURE_ENV_MODE,cmd);
                                            cmd = GL_DECAL
                                            cmd = GL_MODULATE
                                            cmd = GL_BLEND
                                            cmd = GL_REPLACE
                                            cmd = GL_ADD

glTexParameteri(GL_TEXTURE_1D,GL_TEXTURE_MAG_FILTER,cmd);
glTexParameteri(GL_TEXTURE_1D,GL_TEXTURE_MIN_FILTER,cmd);
                                                   cmd=GL_NEAREST
                                                   cmd=GL_LINEAR

glTexParameteri(GL_TEXTURE_1D,GL_TEXTURE_WRAP_S,cmd)
                                              cmd=GL_CLAMP
                                              cmd=GL_REPEAT
```

Die Steuerung des Programms erfolgt mit der Maus (Menüwahl) und der Leertaste, die die Bildfolge anhält und weiter fortsetzt. Wie anhand der Bilder zu sehen ist, erweisen sich die eindimensionalen Texturen, im Zusammenspiel mit einer raffiniert gewählten Funktion, als ein ausgesprochen nützliches Element.

Abbildung 6.28 Screenshot des Beispielprogramms. Hier wurde die X-Windows-Farbtabelle verwendet und das bilineare Filtern eingeschaltet. Für Bilder dieser Art ist die Modulo-Funktion (%) wichtig, die insbesondere die Symmetrie des Bildes bewirkt.

Der Kern des Beispielprogramms findet sich in der `drawGrid`-Methode, worin einige Variable vorher berechnet wurden. `funcDeltaX,Y` und `dX,Y` sind die kleinsten Einheiten in der X- und Y-Richtung, jeweils der Funktion und des erzeugten Grids.

```
private void drawGrid(GL gl,FunctionValueSupplier fS,
  int nX,int nY, float dX,float dY) {
```

```
  double funcX,funcY;
  float gridX,gridY;

  for(int j=0; j<nX; j++) {

    funcY = funcYMin + (double)j*funcDeltaY;
    gridY = cubeMinY + (float)j*dY;

    gl.glBegin(GL.GL_QUAD_STRIP);

    for(int i=0; i<=nY; i++) {

      funcX = funcXMin + (double)i*funcDeltaX;
      gridX = cubeMinX + (float)i*dX;

      if(fS!=null) { computeFunctionAndSetTexCoord(gl,fS,funcX,funcY+\
funcDeltaY); }
      gl.glVertex3f(gridX,gridY+dY,0f);

      if(fS!=null) { computeFunctionAndSetTexCoord(gl,fS,funcX,funcY); \
}
      gl.glVertex3f(gridX,gridY,0f);
    }
    gl.glEnd();
  }
}
```

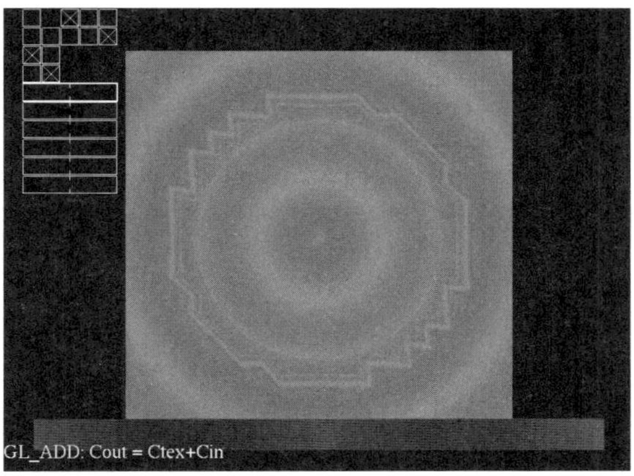

Screenshot des Beispielprogramms. Hier wurde eine kontinuierliche Farbtabelle mit mehreren Grundfarben verwendet. Die Intensität der roten Grundfarbe ist überGL_ADD leicht erhöht. Abbildung 6.29

Vor der Übergabe eines Vertex wird die Texturkoordinate errechnet und an OpenGL übergeben. Die Skalierung durch die Differenz des maximalen und minimalen Funktionswertes (`funcDelta`) sorgt im Prinzip für einen Wertebereich 0...1, jedoch darf s jeden Wert annehmen.

```
private void computeFunctionAndSetTexCoord(GL gl,
  FunctionValueSupplier fS,double fX,double fY) {

  double functionValue,textureS;

  functionValue = fS.getFunctionValueAt(fX,fY);

  textureS = functionValue/funcDelta;
  gl.glTexCoord1f((float)textureS);
}
```

Die Übergabe der Textur an OpenGL ist eine Aufgabe, die in `Texture1Support` angelegt ist. Die Vorgabeparameter werden dann durch `TextureParamDialog` verändert. `colorTable` ist ein `FloatBuffer`, in dem die Farbtabelle erzeugt wurde.

```
public void setTextureImage(GL gl) {

   setDefaultParam(gl);
   gl.glPixelStorei(GL.GL_UNPACK_ALIGNMENT,1);

   gl.glTexImage1D(
     GL.GL_TEXTURE_1D,0,GL.GL_RGB,
     COLOR_TABLE_SIZE,0,GL.GL_RGB,
     GL.GL_FLOAT,colorTable
   );
}

public void setDefaultParam(GL gl) {
  gl.glTexEnvi(GL.GL_TEXTURE_ENV,GL.GL_TEXTURE_ENV_MODE,GL.GL_DECAL);
  gl.glTexParameteri(GL.GL_TEXTURE_1D,GL.GL_TEXTURE_MIN_FILTER,GL.\
GL_NEAREST);
  gl.glTexParameteri(GL.GL_TEXTURE_1D,GL.GL_TEXTURE_MAG_FILTER,GL.\
GL_NEAREST);
  gl.glTexParameteri(GL.GL_TEXTURE_1D,GL.GL_TEXTURE_WRAP_S,GL.GL_CLAMP)\
;
}
```

Die `ImageManager`-Klasse enthält eine Methode, die den Framebuffer komplett ausliest (`screenshot`). Ausgerufen wird die Methode nach einem Klick auf den Schalter rechts oben. Eine Implementierung der `screenshot`-Methode finden Sie im OpenGL-Teil bei der Beschreibung der `glReadPixels`-Funktion (siehe Seite 701).

6.3 Text und Fonts

Wenn Sie Text in einem Menü oder Textfeld ausgeben, dann machen Sie sich normalerweise keine Gedanken über die Hintergründe – Sie übergeben einen String und selektieren einen Font. Soll der Text aber in einer

2D-Grafik oder gar einer 3D-Szene erscheinen, ist schon etwas mehr Aufmerksamkeit erforderlich, und Sie sollten mehr über die Vorgänge wissen, die sich bei der Textausgabe abspielen.

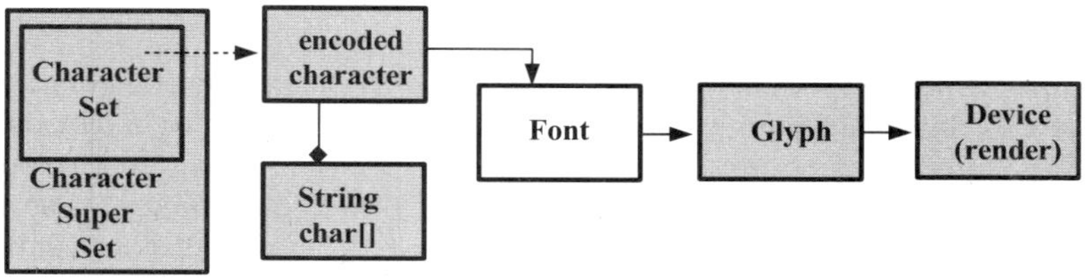

Elemente, die an der Ausgabe von Text am Bildschirm beteiligt sind. Abbildung 6.30

Der Prozess vom *Character* (als Fachbegriff für kodierte Zeichen) zum dargestellten Zeichen kann in drei Stufen unterteilt werden. Zunächst ist eine Bitfolge, die einem Character unterliegt, zu interpretieren. Wir befinden uns in der Welt der Character Sets bzw. der Character-Kodierung. Hier gibt es drei Arten von kodierten Zeichen: solche, die etwas kontrollieren oder steuern ($0D_H$), andere, die darstellbare Zeichen kodieren (41_H oder $C4_H$), und Character, die Zeichen modifizieren bzw. ergänzen sollen (0308_H). Hinter dem Wörtchen „sollen" versteckt sich der wandelbare Geist der Zeicheninterpretation. Wenn Sie nochmals einen Blick auf die Zeichenfolgen werfen, werden Sie sehen, dass $0D_H$ und 41_H noch in ein 7-Bit Wort passen, $C4_H$ schon acht Bit benötigt und 0308_H eine 16-Bit-Angabe ist. Um herauszufinden, was im System später mit dem Character passiert, ist zuerst die Frage zu stellen: Welches Character Set liegt vor bzw. wird verwendet?

„Früher war alles einfacher" – übertragen auf die Computerwelt stimmt der Spruch ausnahmsweise, denn es gab nur ein Character Set, die 7-Bit ASCII-Kodierung. $0D_H$ und 41_H haben in dieser Kodierung die Bedeutungen Carriage Return bzw. Großbuchstabe A. Der 7-Bit-Rahmen war schnell gesprengt, und es folgten 8-Bit- (ISO 8859-1 bzw. Latin-1) und 16-Bit-Kodierungen, die besser an Landessprachen angepasst sind, wie Greek, Cyrillic und weitere ISO-8859-Kodierungen. Mit dem Unicode-Standard (das Komitee wurde 1991 gegründet) begann sich die Situation zu verbessern, denn es wurde auch möglich, asiatische Sprachen einheitlich in einem Character Set unterzubringen.

Unicode war aber nicht der erste Standard, der ein Character Superset definierte. Der ISO/IEC-10646-Standard war bereits auf dem Weg, aber es wurde erkannt, dass miteinander konkurrierende Standards für den Austausch von elektronischen Texten schädlich sind, und so wurde der ISO/IEC-Standard mit Unicode verschmolzen.

Java setzte von vorneherein auf diesen Standard, und so ist es mit der Sprache relativ einfach, beliebige Landessprachen auszugeben. Auch die Internationalisierung von Anwendungen wird in Java stark unterstützt, wozu auch eine korrekte Sortierung von Ziffern, Währungsangaben und Wörtern gehört. Andere Sprachen wie C und C++ tun sich aufgrund ihrer Rückwärtskompatibilität schon schwerer. Der `wchar_t`-Typ ist vom Compiler abhängig, und gegebenenfalls muss explizit sichergestellt werden, dass sich darin auch wirklich die Unicode-Kodierung findet.

Mit dem Unicode Character Set ist es auch möglich, die Bedeutung der Zeichen $C4_H$ und 0308_H anzugeben. $C4_H$ entspricht dem deutschen Ä (ISO 8859-1 Untermenge), und 0308_H ist ein Modifizierer, der einen Doppelpunkt über einem Zeichen erzeugt. Unicode gibt es in mehreren Ausprägungen. UTF-8, eine 8-Bit-Kodierung, mit der Sie normalerweise zu tun haben, entspricht genau dem ISO-8859-1-Standard. UTF-16 kodiert praktisch alle neuen und viele alten Sprachen der Welt, einschließlich Sonderzeichen. Es stehen ja 65.535 Nummern zu Verfügung; dennoch gibt es im asiatischen Sprachraum Zeichen, die eine Erweiterung auf 32 Bit erfordern. Möglich ist es auch, eigene Zeichen zu kodieren – dafür ist ein Bereich $E000_H$ bis $F8FF_H$ reserviert. Wenn Sie in Java ein Unicode-Zeichen verwenden, genauer, ein Zeichen, das den 8-Bit-Rahmen des ISO 8859-1 sprengt, dann schreiben Sie zum Beispiel `\u308` in der betreffenden Stringfolge.

Eine verlockende Idee, ein eigenes Zeichen? Wenn Sie dieses im reservierten Bereich anlegen, haben Sie zumindest die Gewissheit, nicht in Konflikt mit anderen Zeichencodes zu kommen, aber dann? Mit OpenGL könnten Sie tatsächlich ein Stück Software schreiben, das Ihre Zeichen rendert, das Problem der Größe ist ja einfach eine Skalierung Ihres Objektes. Es wäre sogar möglich, dass Sie Ihr Zeichen mit Blender gestalten und über einen Loader nach OpenGL bringen, darüber hinaus in einer Liste vorrätig halten – bei mehreren Zeichen – und über Unicode ansprechen. In diesem Falle wären Sie in der Tat dabei, einen Font herzustellen.

Fonts sind die nächste Stufe im eingangs erwähnten Prozess. Ein Font ist eine Sammlung von Angaben, wie ein Zeichen gerendert werden soll, und zwar in verschiedenen Größen und Ausprägungen. Dieser Satz gilt zumindest für True-Type Fonts; es existieren auch Rasterfonts, bei denen direkt entsprechende Bitmaps hinterlegt sind, aber diese sehen in der Regel nicht gut aus und werden eher vermieden. True-Type Fonts sind Vektorgrafik, Kontrollpunkte steuern die Form der Linien. Damit ist auch das Größenproblem entschärft, wenngleich bestimmte Größen einfach besser aussehen als andere.

Die Erstellung von Fonts ist eine riesige Arbeit, schließlich umfasst die UTF-8- bzw. ISO-8859-1-Tabelle schon ca. 200 darstellbare Zeichen. Auch sind Fonts eine gestalterische Aufgabe, die einer jahrhundertealten Tradition und deren Gestaltungsrichtlinien folgt. Begegnen Sie also einem Fontgrafiker mit Respekt und vergessen Sie nicht die entsprechende Bezahlung für jahrelange Arbeit, denn gute Fonts sind eine kostbare Ressource. Für die meisten Aufgaben genügen aber die vom Betriebssystem bereitgestellten und kostenlosen Fonts.

Mit der Fontauswahl geben Sie auch Ausprägungen vor, wie die fette Darstellung oder die Schrägschrift (*Italic*). In Java steht für die Selektion die Fontklasse zur Verfügung, und damit kann ein auf einem Rechner installierter Font gewählt werden. Eine Liste liefert die `GraficEnvironment`-Klasse (`java.awt`) mit ihrer `getAllFonts`-Methode. Mit Java2D wäre dann der Font im aktuellen Grafikkontext (`Grafics2D`) einzustellen und schließlich der darzustellende String in einer `draw`-Methode zu übergeben. `Grafics2D` weiß, wie die einzelnen Fontelemente, die Glyphs, darzustellen, will heißen, zu rendern sind.

Das Rendern der Glyphs ist die letzte Stufe im Prozess. Glyphs sind im Grunde genommen zweidimensionale Objekte, und als solche sind auch alle Modifikationen möglich, die die 2D-Grafik zu bieten hat: Skalierungen, Rotationen, Farbzuweisungen, bis hin zu Convolution-Filtern, auch Beleuchtung und andere Effekte. Um aber die einzelnen Glyphs anzusprechen, muss ein Glyph-Vektor aus `java.awt.Font` angefordert werden. Stellen Sie sich das mit der Glyphs-Darstellung aber nicht zu einfach vor. Im arabischen Schrifttum werden zum Beispiel verschiedene Glyphs ausgewählt, je nachdem ob das Zeichen am Anfang oder am Ende eine Wortes steht, und Arabisch ist eine Sprache, die von rechts nach links gelesen wird. Auch gibt es die Ligaturen, bei denen Buchstaben eng aneinander gesetzt oder gar verändert werden, um ein schönes Schriftbild zu erzeugen.

Neben den Zeichen muss auch die Position, Weite und Höhe des Fonts bekannt sein, das ist der Bereich der Font-Metrik. Die Positionierung eines Strings erfolgt entlang einer Grundlinie (*Roman Baseline*). Relativ zur Grundlinie werden die anderen Abstände gemessen. Der Abstand zur oberen Grenze eines Zeichens ist der Ascent und zur unteren Grenze der Descent. Zusätzlich ist noch ein Zwischenabstand (*Leading*) gegeben, und als Summe dieser Werte ergibt sich die Zeichenhöhe.

```
height = ascent + descent + leading
```

Java2D stellt diese Information über die `LineMetrics`-Klasse zur Verfügung.

```
Graphics2D offScreenImage =
  new BufferedImage(width,height,BufferedImage.TYPE_4BYTE_ABGR);

offScreenImage = templateImage.createGraphics();

offScreenImage.setFont(font);
FontRenderContext frc = offScreenImage.getFontRenderContext();
Rectangle2D stringBounds = font.getStringBounds(text,frc);
LineMetrics metrics = font.getLineMetrics(text,frc);

float width  = (float)stringBounds.getWidth();
float height = (float)stringBounds.getHeight();
float ascent = metrics.getAscent();
float descent = metrics.getDescent();
```

```
// draw ...

offScreenImage.dispose();
```

OpenGL besitzt kein eingebautes Fontsystem. Um Text in einer OpenGL-Szene darzustellen, muss ein Bild erzeugt werden, das dann an OpenGL übergeben wird. Akzeptiert man gewisse Einschränkungen der Fontgröße und des nutzbaren Character Sets, dann bietet `glutBitmapString` eine einfache Lösung.

```
private void renderToolTip(GL gl, String toolTip) {

  if(toolTip!=null) {
    gl.glColor3f(1f,1f,1f);
    gl.glRasterPos3f((float)left+0.01f,(float)bottom+0.6f,0f);
    glut.glutBitmapString(GLUT.BITMAP_TIMES_ROMAN_24,toolTip);
  }
}
```

Intern erzeugt die Funktion für jedes Zeichen eine kleine Bitmap und versieht diese mit zusätzlichen Angaben wie dem Zeichenabstand, Höhe der Zeichen entsprechend dem gegebenen String. Sie nutzt dann die OpenGL-Funktion `glBitmap` für die Ausgabe der erstellten Bitmaps. Das heißt, es wird Zeichen für Zeichen als Bild an OpenGL gesendet. `glBitmap` schreibt die Rasterposition um einen angegebenen Abstand fort, was die Ausgabe eines Strings erheblich erleichtert. Die Stringposition ist die linke untere Ecke der ersten Bitmap, gebunden an die Rasterposition; für weitere Details siehe die Beschreibung der Funktion im OpenGL-Referenzteil.

Fonts, die als Bitmap dargestellt werden, sehen auch deshalb nicht so gut aus, weil kein Antialiasing möglich ist. Hier bietet sich die `glDrawPixels`-Funktion an, bei Pixel-Images muss aber die Zeichenpositionierung manuell vorgenommen werden. Die oben genannten Funktionen stehen aber nur im Kompatibilitätsmodus zur Verfügung.

Die zweite Variante, die auch flexibler ist, besteht darin, Texturen für die Ausgabe von Text einzusetzen. Dann ist es auch möglich, auf das vollständige Fontsystem zurückzugreifen, das einer Applikation zur Verfügung steht, inklusive Internationalisierung derselben. Ein String wird dann komplett mit Java2D in einem Offscreen-Image gerendert und dieses dann an OpenGL als Textur übergeben. Der Hintergrund des Bildes muss transparent sein, für den jeweiligen Textabschnitt sind dann Texturkoordinaten zu berechnen, und damit gekoppelt eine zusätzliche Verwaltungsstufe in einer Applikation. Denkbar ist es auch, für bestimmte Fonts und einen Teil des Unicodes eine Textur aufzubauen, die alle benötigten Glyphs enthält. Je nach Spracheinstellung der Applikation wird dann eine der vorbereiteten Texturen geladen, das Kerning muss dann durch die Applikationssoftware in Objektkoordinaten erfolgen. *Kerning* nennnt man die Positionierung der einzelnen Glyphs, abhängig vom Vorgänger- und Nachfolgerzeichen sowie der gewählten Landessprache.

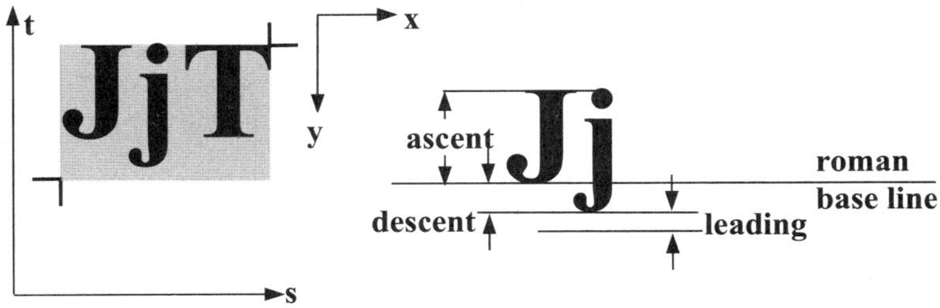

Abbildung 6.31

Links eine Darstellung eines Strings in einer Textur. Die Schnittmarken geben die Texturkoordinaten vor. Zu beachten ist die Orientierung der Koordinatensysteme beim Zeichnen (x, y) und der Texturkoordinaten. Rechts Fontmetrikangaben.

Das Mapping der Text-Texturen auf Objekte hängt sehr stark von der Applikation ab. Die Bandbreite reicht von einem einfachen Mapping auf ein Rechteck über das Mapping auf gekrümmte, perspektivisch dargestellte Objektoberflächen, bis hin zu Applikationen wie Blender, die die komplette Benutzeroberfläche mit OpenGL rendern, einschließlich der Eingabefelder.

Bevor Sie sich aber auf ein solches Unterfangen einlassen, sollten Sie zuerst die Möglichkeiten ausloten, die in der Kombination mit JOGL, Swing und Java2D stecken. Dabei wird JOGL über die Canvas und die Renderfunktionen die Kopplung mit OpenGL bereitstellen und Swing die Benutzeroberfläche darstellen. Die Grafik des Swing-Frameworks kann, für eine Anpassung an ein bestimmtes Design, komplett geändert werden. Wenn der Text auf einem Objekt erscheinen und zum Beispiel erhaben oder anderweitig hervorgehoben sein soll, dann kommen Normal Maps und spezielle Texturen für die Beleuchtungsrechnung in Frage.

In der realen Welt sind dreidimensionale Zeichen selten anzutreffen (Schriftzüge an Gebäuden). Die virtuelle Entsprechung ist Text, bei dem jedes Zeichen ein eigenes 3D-Mesh ist. Grundlage für die Umwandlung eines Fonts in 3D-Objekte ist der Zeichenumriss, dem ein zweidimensionales Mesh eingebettet wird. Es kann dann in die dritte Dimension extruiert werden.

Bei einem TrueType-Font, auch *Outline-Font* genannt, liegt bereits eine Abfolge von Liniensegmenten vor, die beim Rendern zusammengesetzt ein Zeichen ergeben. Diese weit verbreiteten Fonts sind Vektorgrafik und daher beliebig skalierbar. TrueType-Fonts wurden Anfang der 90er Jahre von Apple entwickelt und mit Windows 95 von Microsoft in der 32-Bit-Version implementiert worden. Die Webseiten von Microsoft[7] oder Apple[8] sind An-

[7] `http://www.microsoft.com/typography`
[8] `http://developer.apple.com/Fonts/TTRefMan`

laufstellen im Internet für diejenigen, die tiefer in das TrueType-Format einsteigen wollen. TrueType-Fonts wurden von Microsoft weiterentwickelt, zu *OpenType* und später *Open Font Format*, und ab Windows 7 in das Betriebssystem integriert. Die neueste Entwicklung geht vom Mozilla-Team aus, dessen Vorschläge vom World Wide Web Consortium (W3C) im Spätherbst 2009 aufgegriffen wurden. Der daraus resultierende Standard *WOFF* (*Web Open Font Format*) wird auch zu Fonts führen, die auf Flachbildschirmen besser lesbar sind.[9]

Steht Text als 3D-Objekt zur Verfügung, können Sie auch mit einem Zug aus 3D-Buchstaben durch Ihre Szene fahren, einschließlich angelegter Texturen, Kollisionskontrolle und Beleuchtungseffekten. 3D-Text-Objekte werden am besten mit Werkzeugen wie Blender erstellt, schwierig ist auch hier die Internationalisierung. Sie erfordert eine ausgefeilte Software-Architekur und ein gutes Konzept für Software-Pflege und Installation.

Im Zusammenhang mit Text wird man Entscheidungen sehr früh treffen müssen, wenn sich das Vorhaben noch in der konzeptionellen Phase befindet, der Aufwand für eine nachträgliche Umstellung ist sehr hoch.

6.4 Zusammenfassung

Ohne eine Gestaltung der Oberflächen wären die Szenen der virtuellen Welt langweilig und öde. Unser Sehapparat ist darauf spezialisiert, Muster zu erkennen und diese zu deuten, bei einer hinreichenden Informationsdichte verschwindet für das Gehirn der Unterschied zwischen realer und virtueller Welt und es stellt sich ein „Flow“ ein, der uns die Zeit vergessen lässt. Ein wesentlicher Träger der Informationen sind Texturen, die sorgfältig entworfen und platziert sein wollen, denn das Gehirn erkennt auch kleinste Abweichungen.

In der 3D-Computergrafik sind Texturen zu einem Teil Bilder und müssen als solche erst einmal bereitgestellt werden, daher wurde der Abschnitt über die Images vorangestellt, wo Techniken für den Umgang und die Modifikation derselben beschrieben werden, wobei in Java die `BufferedImage`-Klasse der Lagerplatz für diverse Bildformate ist.

Der abschließende Abschnitt befasste sich mit Text und Fonts, für die es in OpenGL keine Unterstützung gibt. Letzlich wird der Entwickler Text über Texturen in einer Szene erscheinen lassen; dies bedeutet eine etwas eingehendere Beschäftigung mit den Fontelementen und der Fontmetrik.

[9] Siehe auch `http://www.w3.org/Submission/2010/03`

Kapitel

7

Mathematische Grundlagen

Im Grunde genommen ist die Programmierung und Entwicklung von 3D-Grafiksoftware eine Anwendung purer Mathematik. Ohne einen soliden mathematischen Unterbau werden Sie über die Ausführung von Beispielen, die andere für Sie vorbereitet haben, wenig hinauskommen. Ein solcher, rein spielerischer Umgang mit 3D-Grafiksoftware ist durchaus reizvoll, und auch ich habe erst einmal die Beispiele von anderen Entwicklern zum Laufen gebracht und ein Gefühl dafür entwickelt, was da eigentlich passiert. Mit vielen der Beispiele in diesem Buch können Sie auf genau diese Weise umgehen, auch dafür sind sie gedacht. Nach einiger Zeit stellte sich aber der Wunsch nach einem souveränen Umgang mit der Software ein und auch nach der Realisierung eigener Vorstellungen. Mein eigener Hintergrund – ich habe auch Software im Bereich der Thermodynamik erstellt – hat vieles erleichtert, aber die Zusammenstellung des essentiellen Materials folgte dennoch einem verschlungenen Pfad. Diesen Umweg möchte ich Ihnen mit diesem Kapitel ersparen.

Vielen Lesern wird das meiste des hier Dargebotenen vertraut sein, so dass für sie erst der Abschnitt *Quaternionen* oder die Matrixinvertierung eine

Herausforderung darstellen. Die Umsetzung der mathematischen Grundlagen in Software erfolgt im Kapitel *Programmierung* (Seite 537), dort werde ich die für die 3D-Computergrafik wesentlichen Grundklassen wie `Point`, `Vector` und `Matrix` entwickeln. Von besonderer Bedeutung ist insbesondere die Transformationsklasse `TransformD4x4`.

7.1 Mengen und Gruppen

7.1.1 Algebraische Struktur

Wenn bestimmte Grundregeln zusammengefasst betrachtet werden, so besitzt das durch logisches Schließen entstandene Gebilde eine bestimmte Struktur. Beschränkt man sich auf algebraische Objekte wie Zahlen, Zahlenbereiche, aber auch Polynome, Funktionen, Vektoren usw., so spricht man von einer *algebraischen Struktur.*

Als Beispiel für eine einfache algebraische Struktur sei eine Gruppe angeführt. Diese wird später ausführlich behandelt. Um das Prinzip zu verdeutlichen, möge hier eine Aufzählung der für eine Gruppe benötigten Eigenschaften genügen. Bei der Zusammenfassung von Elementen einer Struktur gelte das *Assoziativgesetz.*

$$(a+b)+c = a+(b+c)$$

Die Struktur besitzt ein *neutrales Element.* Dieses ist zum Beispiel die Zahl 0. Die Verknüpfung eines Elementes mit einem *inversen Element* erzeugt das neutrale Element.

$$-a + a = 0$$

Eine Struktur wird als Gruppe bezeichnet, wenn alle oben genannten Bedingungen zutreffen. Beim Vorliegen einer algebraischen Struktur können eine Reihe von Sätzen abgeleitet werden, die zusammen dann eine *Theorie* darstellen.

> Algebraische Strukturen bilden eine ordnende Kraft.[1]

Morphismen

Der Begriff *Struktur* ist ein sehr allgemeiner Begriff, und es darf niemand wundern, wenn es viele abgeleitete Begriffe in der Mathematik gibt, die auf dem griechischen Ursprung „morphé“ (Struktur) beruhen.

[1] Roland Matthes: „Algebra, Kryptologie und Kodierungstheorie – Mathematische Methoden der Datensicherheit“, Carl Hanser Verlag, 2003.

7.1.2 Funktion A nach B

$$f : A \to B \tag{7.1}$$

ist eine Schreibweise für eine Funktion von A nach B, also einer Relation mit der Eigenschaft: zu jedem $x \in A$ steht ein eindeutig bestimmbares y aus der Menge B in Beziehung.

Ergebnis einer Abbildung

$$\diamond : G \times G \to G \tag{7.2}$$

Das Ergebnis einer Abbildung liegt wiederum in G. Das Symbol $\diamond$ werde ich im Weiteren als allgemeines Verknüpfungssymbol verwenden. In der Literatur ist dafür auch das Symbol $\top$ oder $\circ$ gebräuchlich, jedoch hat $\diamond$ keine sonstigen Nebenbedeutungen und ist als Symbol in den Formeln kräftiger.

Logische Symbole

$\wedge$ Die *UND*-Verknüfung wird durch ein umgekehrtes V-Zeichen dargestellt.

$\vee$ Die *ODER*-Verknüfung wird durch ein kleines V-Zeichen dargestellt.

7.1.3 Mengen

> Die gegenwärtige Art und Weise, Mathematik zu betreiben, ist ohne Verwendung mengentheoretischer Begriffe nicht möglich. Man kann sagen, daß die Mengenlehre einen begrifflichen Rahmen darstellt, in dem sich die moderne Mathematik entfaltet.[2]

Die Grundlage der Mengenlehre wurden von Georg Cantor (1845–1918) im engen Kontakt mit anderen mathematischen Denkern und Gelehrten seiner Zeit gelegt, darunter Leopold Kronecker, Karl Weierstraß und Richard Dedekind. Die Beziehung zwischen Cantor und Kronecker steht in der Geschichte der Wissenschaften auch als Beispiel dafür, wie theoretische Diskussionen mit großer Leidenschaft und Härte geführt werden. Kronecker, der etablierte und einflussreiche Übervater, war mit der Mengenlehre nicht einverstanden („keine ordentliche Mathematik") und nutzte seinen Einfluss, um die aufkommende Denkweise bereits im Keim zu ersticken. Cantor, dem einige ungelöste Fragen seiner Theorie ohnehin schon erheblich zu schaffen machten, geriet durch die äußerlichen Anfechtungen zusätzlich so unter psychischen Druck, dass er mehrmals eine Nervenheilanstalt aufsuchen musste. Auch Kronecker nahm die Auseinandersetzung sehr persönlich und soll ebenfalls darunter gelitten haben.

2 Arnold Oberschelp: „Allgemeine Mengenlehre", BI Wissenschaftsverlag, 1994, Seite 13.

Nach diesen Anfängen entwickelte sich die Mengenlehre durch Beiträge von Felix Hausdorff („Grundzüge der Mengenlehre", 1914) und Bertrand Russell weiter hin zur axiomatischen Mengenlehre des Ernst Zermelo, die um 1922 von Abraham Fraenkel ergänzt zum heute verwendeten System der *Zermelo-Fraenkelsche Mengenlehre* wurde. Meilensteine auf dem Weg zur modernen Mengenlehre sind auch die Arbeiten von Kurt Gödel (um 1938) und insbesondere Paul Cohen (um 1967). Die heutige Mathematik betrachtet die Mengenlehre als ein viel zu enges Korsett und spricht auch von Klassen, die Individuen als Elemente haben, zwischen denen Relationen bestehen.

Während viele Begriffe der Mengenlehre durchaus als Teil der Allgemeinbildung anzusehen sind, ist die Komplexität derselben eigentlich nur von ausgebildeten Mathematikern beherrschbar; zum Glück vieler Schüler hat die moderne Schulpädagogik diese Erkenntnis heute umgesetzt. In diesem Buch wird auch nur sehr wenig Mengenlehre präsentiert, hauptsächlich als Zusammenfassung des benötigten Grundwissens.

Vereinigung

Die Vereinigung zweier Mengen $A \cup B$, lies: A vereinigt mit B, ist durch die Anweisung

$$A \cup B = \{x | x \in A \vee x \in B\} \tag{7.3}$$

gegeben. Ein beliebiges Element x ist entweder Element der Menge A oder Element der Menge B.

Abbildung 7.1 Vereinigung zweier Mengen.

Für die Vereinigung wird manchmal auch das Summenzeichen verwendet $A+B$, das zwar keine *definierte* Mengenoperation darstellt, jedoch ebenfalls verwendet werden kann, da die Bedeutung meist klar ist. Die im englischen Sprachraum verwendete Bezeichung *Union* ist auch eine gute Gedächtnisstütze: **U**nion = ∪.

Relatives Komplement

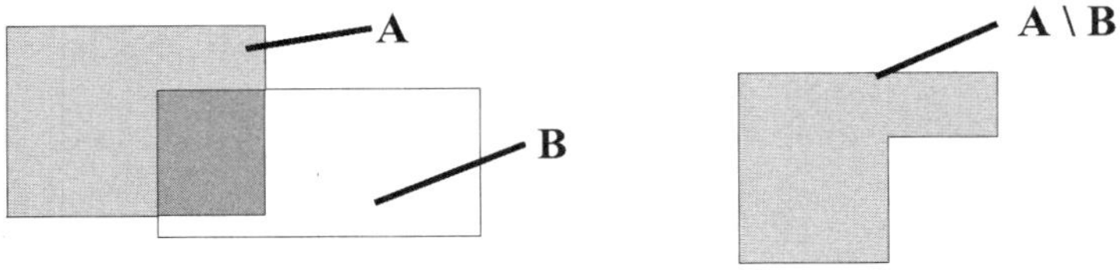

Relatives Komplement zweier Mengen.

Abbildung 7.2

Diese auch als Differenz zweier Mengen $A - B$ bezeichnete Beziehung ist durch die Anweisung:

$$A \setminus B = \{x | x \in A \wedge x \notin B\} \tag{7.4}$$

definiert. Ein Element des relativen Komplementes ist ein Element der Menge A, es darf aber nicht in der Menge B enthalten sein. Angenommen, die Vertices eines Mesh sind in zwei Gruppen aufgeteilt. Die Gruppe a enthält die Vertices $(v_{1a}...v_{na})$, plus solche, die das Teilmesh mit dem anderen verbinden: $(v_{v1}...v_{vk})$, somit ist die Gruppe a die Menge

$$V_a = \{v_{1a}, v_{2a}, v_{3a}, ..., v_{na}, v_{v1}, v_{v2}, ..., v_{vk}\}.$$

Die Gruppe b ist analog aufgebaut.

$$V_b = \{v_{1b}, v_{2b}, v_{3b}, ..., v_{nb}, v_{v1}, v_{v2}, ..., v_{vk}\}.$$

Das relative Komplement $V_a \setminus V_b$ liefert dann die Vertices, die zur Gruppe a gehören, ohne die Verbindungsvertices: $V_a \setminus V_b = \{v_{1a}, v_{2a}, v_{3a}, ..., v_{na}\}$.

Das relative Komplement hat noch eine weitere Ausprägung, die sich dann zeigt, wenn die Menge B gänzlich in A enthalten ist.

Spezielles relatives Komplement.

Abbildung 7.3

Das Resultat wird auch die zu A komplementäre Menge $\tilde{A}$ genannt. Zum Beispiel seien die Augenzahlen eines Würfels in der Menge A zusammengefasst: $A = \{1,2,3,4,5,6\}$. Bei einem Wurf liege die Augenzahl 2 oben, $B = \{2\}$, dann ist $\tilde{A} = \{1,3,4,5,6\}$ die komplementäre Menge. Sie enthält alle Elemente, die zu A gehören, jedoch nicht in B vorkommen. Es muss gelten:

$$A \cup \tilde{A} = A$$
$$A \cap \tilde{A} = \tilde{A}$$
$$A \setminus \tilde{A} = B$$

Symmetrische Differenz

Dafür sind zwei Symbole gebräuchlich: $\triangle$ oder $\oplus$. Die symmetrische Differenz wählt aus zwei Mengen A, B jene Elemente aus, die nur in der Menge A oder in der Menge B vorkommen.

$$A \oplus B = \{x | (x \in A \wedge x \notin B) \vee (x \in B \wedge x \notin A)\} \tag{7.5}$$

Angenommen, zwei Meshes sind durch Vertices an einigen Stellen verbunden – siehe dazu auch das Beispiel weiter oben im Abschnitt *Relatives Komplement.* Diesmal sollen aber alle Vertices ausgewählt werden, die keine Verbindungsvertices sind. Genau dies liefert die symmetrische Differenz: $V_a \oplus V_b = \{v_{1a}, v_{2a}, v_{3a}, ..., v_{na}, v_{1b}, v_{2b}, v_{3b}, ..., v_{nb}\}$. Die Verbindungsvertices werden durch den Durchschnitt ausgewählt. Aufgrund der Beziehung mit dem Durchschnitt ist eine andere Form der Definition ebenfalls anzutreffen.

$$A \oplus B = \{x | (x \in A \vee x \in B) \wedge (x \notin A \cap B)\} \tag{7.6}$$

Durchschnitt

Die Menge $A \cap B$ enthält nur Elemente, die zu A als auch zu B gehören.

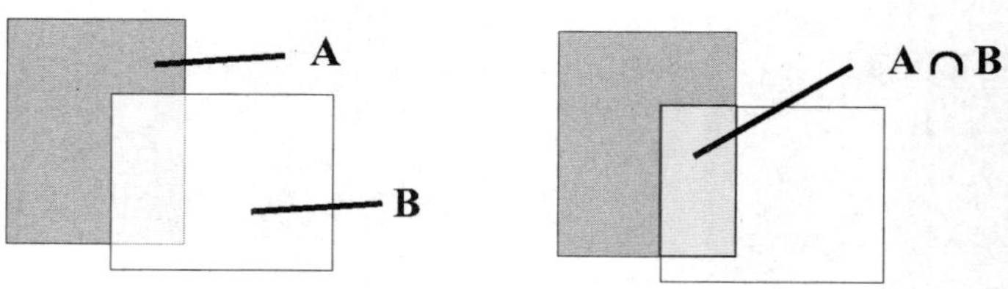

Abbildung 7.4 Durchschnitt zweier Mengen.

Der Beziehung $A \cap B$, für die auch $A \cdot B$ gebräuchlich ist, liegt die Anweisung, lies: A geschnitten mit B, zugrunde.

$$A \cap B = \{x | x \in A \wedge x \in B\} \tag{7.7}$$

Kartesisches Produkt

Das kartesische Produkt ist ein Produkt zweier Mengen, festgelegt durch die Anweisung

$$A \times B = \{(a, b);\ a \in A \wedge b \in B\}. \tag{7.8}$$

Die Verallgemeinerung auf beliebig viele Mengen führt zu den Begriffen Tupel und Kombinationen. Letztere wurden von René Descartes eingeführt, um Punkte in einer Ebene zu definieren. Mit dem kartesischen Produkt werden geordnete Paare (a, b, c, ...) erzeugt.

$$A_1 \times A_2 ... \times A_n = \{(x_1, x_2, ... x_n) | x_1 \in A_1 \wedge x_2 \in A_2 \wedge ... x_n \in A_n\} \tag{7.9}$$

Aus einem kartesischen Produkt entstehen so viele Kombinationen, wie die Multiplikation der Elementanzahlen (Mächtigkeit) der beteiligten Mengen angibt.

$$|A \times B| = |A| \cdot |B| \tag{7.10}$$

Die beteiligten Mengen müssen nicht verschieden sein. Handelt es sich um die gleiche Menge, so wird von der kartesischen Potenz gesprochen.

$$A^n = \underbrace{A \times ... \times A}_{n-fach} \tag{7.11}$$

7.1.4 Kombinationen, Permutationen, Tupel

Eine Anordnung von Elementen ist eine *Permutation.* Während an Permutationen keine weiteren Anforderungen gestellt werden, gibt es bei *Tupeln* zumindest die Vergleichbarkeit der Elemente unter Einbeziehung der Position in der Anordnung. Bei *Kombinationen* wiederum spielt die Reihenfolge keine Rolle. Jede Anordnung von k Elementen aus n Elementen ist eine Kombination. Zweistellige Tupel sind in der Welt der Mathematik als geordnete Paare von Werten bekannt, und n-Tupel werden durch Linksklammerung definiert.

$$< x_1, x_2, ... x_n, x_{n+1} >=<< x_1, x_2 ... x_n > x_{n+1} > \tag{7.12}$$

Die $x_1 \dots x_n$ nennt man die Koordinaten des Tupels. Die Koordinaten gehören zu bestimmten Mengen und sind zum Beispiel der reellen X-Zahlenachse bzw. der reellen Y-Zahlenachse zugeordnet.

Exkurs 7.12

Gegeben sei eine Menge $\Omega = \{A, B, C\}$. Das kartesische Produkt $\Omega \times \Omega \times \Omega$ ist die Menge:

$$\begin{array}{llll} \Omega \times \Omega \times \Omega = \{ & (AAA), & (AAB), & (AAC), \\ & (ABA), & (ABB), & (ABC), \\ & (ACA), & (ACB), & (ACC), \\ & (BAA), & (BAB), & (BAC), \\ & (BBA), & (BBB), & (BBC), \\ & (BCA), & (BCB), & (BCC), \\ & (CAA), & (CAB), & (CAC), \\ & (CBA), & (CBB), & (CBC), \\ & (CCA), & (CCB), & (CCC) \quad \} \end{array}$$

Wenn keine Wiederholungen zulässig sind, lässt sich nur eine Auswahl von drei Elementen aus der 3-elementigen Menge Ω gewinnen.

$$\binom{3}{3} = \frac{3!}{3!\,(3-3)!} = 1$$

ABC

Unter den Paaren (genauer: Tupel) des kartesischen Produkts $\Omega \times \Omega \times \Omega$ finden sich sechs Permutationen, bei denen ein Element aus Ω nur einmal vorkommt.

—	—	—
—	—	ABC
—	ACB	—
—	—	BAC
—	—	—
BCA	—	—
—	CAB	—
CBA	—	—
—	—	—

Das sind $3! = 1 \cdot 2 \cdot 3 = 6$ Permutationen. Für die Auswahl des ersten Elements stehen drei Möglichkeiten zur Verfügung, eben die aus $|\Omega|$. Da sich das gewählte Element nicht mehr wiederholen soll, sind nur noch zwei Möglichkeiten $|\Omega| - 1$ bei der folgenden Auswahl der Elemente freigestellt. Allgemein:

$$n! = n(n-1)(n-2)(n-3)\cdots \tag{7.13}$$

Mit der gleichen Menge Ω sind auch Folgen aus je zwei Elementen möglich (k=2). Die Anzahl der Folgen ist dabei nicht k!, denn Kombinationen mit den verbleibenden Elementen sind ja ebenfalls zulässig. Die Anzahl der verbleibenden Elemente ist n-k, weil jede Permutation der k-Elemente mit allen restlichen Elementen n-k erzeugt wird, folglich:

$$k!(n-k)! \tag{7.14}$$

Im Beispiel mit k=2 und n=3 gilt daher $2! = (3-2)! = 2$.

Die Anzahl der Kombinationen aus je k Elementen aus einer Menge mit n Elementen, bei der sich Elemente nicht wiederholen, ist das Verhältnis *n über k*.

$$\binom{n}{k} = \frac{n!}{k!(n-k)!}$$

$$\binom{3}{2} = \text{AB AC BC}$$

Ende des Exkurses 7.12

7.1.5 Gruppen

Um Gruppen zu bilden, geht man von der Verknüpfung $\diamond$ aus und wendet diese auf die Elemente einer Menge G an. Das Stellvertretersymbol $\diamond$ steht zum Beispiel für eine Addition oder Multiplikation.

$$g_3 = g_1 \diamond g_2 \tag{7.15}$$

So wird je zwei Elementen g_1 und g_2 aus G ein drittes Element g_3 zugeordnet. Eine alternative Schreibweise für den gleichen Sachverhalt wäre:

$$g_3 = \diamond\left(g_1, g_2\right) \tag{7.16}$$

Dieses Grundverständnis erlaubt es, die Verknüfung $\diamond$ zu definieren.

$$\diamond : G \times G \longrightarrow G \tag{7.17}$$

Das Ergebnis einer Verknüpfung $\diamond$, angewendet auf eine Menge G, liegt wiederum in G. Das kartesische Produkt $G \times G$ wählt Elemente g_x aus G und verbindet diese mit anderen Elementen aus G.

$$G \times G = \{(g_x, g_y);\ g_x \in G \land g_y \in G\} \tag{7.18}$$

Dieses Produkt stellt sicher, dass die ausgewählten Elemente in G liegen. Zusätzlich fordert aber die Vorschrift (7.17), dass die Verknüpfung $\diamond$ auch ein Ergebnis in G liefert. Angenommen, eine Menge X sei wie folgt gegeben:

$$X = \{1, 2, 3\},$$

zusammen mit der Abbildungsvorschrift $\diamond$ gleich +, der Addition. Für die Menge X gilt die Definition (7.18) nicht, denn $3+3=6$ und 6 ist kein Element von X. Somit stellt die Definition (7.18) auch implizite Anforderungen an die Menge G. Selbstverständlich darf G auch keine leere Menge sein.

Halbgruppen

Zu der Verknüpfungsvorschrift gesellt sich nun das Assoziativgesetz hinzu. Für alle $a, b, c \in G$ gelte:

$$(a \diamond b) \diamond c = a \diamond (b \diamond c) \tag{7.19}$$

Monoid

Hier ist noch das neutrale Element $\sqcup$ eingeführt.

$$a \diamond \sqcup = a \lor \sqcup \diamond a = a \tag{7.20}$$

Gruppe

Eine Gruppe ist ein Monoid, wobei zusätzlich ein inverses Element eingeführt ist. Das zu a inverse Element sei mit a^{-1} bezeichnet. Es gelte:

$$a \diamond a^{-1} = \sqcup \lor a^{-1} \diamond a = \sqcup. \tag{7.21}$$

Abelsche Gruppe

Gilt für eine Gruppe auch das Kommutativgesetz, dann heißt die Gruppe kommutative Gruppe oder Abelsche Gruppe.

$$b \diamond a = a \diamond b. \tag{7.22}$$

Exkurs 7.13

Die *natürlichen Zahlen* $\mathbf{N} = \{1, 2, 3...\}$ bilden eine Halbgruppe bezüglich der Addition, denn es gibt kein neutrales Element. Betrachtet man hingegen die Multiplikation, so bilden sie eine Abelsche Gruppe. Das neutrale Element ist 1, für das inverse Element gilt die Division 1/a und außerdem ist $a \cdot b = b \cdot a$.

Die *ganzen Zahlen* $\mathbf{Z} = \{... -3, -2, -1, 0, 1, 2, 3...\}$ bilden eine Abelsche Gruppe bezüglich der Addition und Multiplikation. Inverse Elemente sind $-a, 1/a$ und neutrale Elemente die 0 und 1.

Matrizen sind zunächst nur Monoide, denn eine Invertierbarkeit kann nicht vorausgesetzt werden. Das neutrale Element ist die Einheitsmatrix. Wenn die Matrizen invertierbar sind, dann bilden sie eine Gruppe, jedoch niemals eine Abelsche Gruppe, denn sie sind nicht kommutativ.

Ende des Exkurses 7.13

7.2 Zahlen

Die heute in Europa vorherrschende Schreibweise der Ziffern hat sich mit der Einführung eines weiterentwickelten Abakus ab 1000 n.Chr. etabliert. Zu diesem gehörten Hornplättchen, auf denen die Ziffern 1 bis 9 eingeritzt waren. So gewöhnten sich die Menschen des Mittelalters nebenbei an die Ziffernschreibweise, deren Ursprünge im indischen und später im arabischen Sprachraum zu suchen sind. Leonard Fibonacci schrieb Anfang des 13. Jahrhunderts das „Buch vom Abakus“.

> Das Abakusrechnen bestand aus den arithmetischen Grundlagen, Fingerrechnen, Buchführung, Zinsberechnung, dem Auswendiglernen des Einmaleins, etwas Geometrie und, als Kern des Ganzen, der Behandlung von rund zweihundert mathematischen Problemlösungen aus Bereichen, die in jedem Betrieb

> zum Tragen kamen: Maße und Gewichte, Währungsumrechnungen, Anteilsberechnungen bei Geschäftspartnern, Beteiligungen, Hypotheken und schließlich doppelte Buchführung.[3]

Für das Abakusrechnen war die Null nicht nötig, erst ab dem 12. Jahrhundert werden Rechenverfahren verwendet, die „Algorismus" genannt wurden.

> Nach und nach wurde der Abakus des Geberet und seiner Schüler durch Rechnungen mit Hilfe der Null durch Aufschreiben der Ziffern auf Sand oder Staub ersetzt.[4]

Diese Form des Rechnens war auf eine kleine Elite beschränkt, für die Mehrzahl der Menschen genügten die Grundrechenarten und damit der Abakus allemal. Die Römer kannten bereits einen mobilen Abakus, ein kleines metallisches Wunderwerk mit Schiebern, das auf Reisen eine Rolle spielte. Im asiatischen Raum war bis weit ins zwanzigste Jahrhundert hinein das Kugelbrett vorherrschend. Eine Variante mit einer horizontalen Anordung der Stäbe war im 18. und 19. Jahrhundert in Europa vorwiegend in Frankreich gebräuchlich. Das asiatische Kugelbrett mit seinen vertikalen Stäben gab es für spezielle Zwecke auch für eine höhere Stellenzahl (20, 30), üblich waren zwölf Stellen.

Alle diese Hilfsmittel, das gilt auch für den später aufkommenden logarithmischen Rechenschieber, hatten mehrere Nachteile. Es war nicht nur eine gewisse Fingerfertigkeit und Konzentration nötig, um schnell und fehlerfrei zu rechnen, man musste auch die Grenzen und Verfahren genau kennen, damit sich zuverlässige Resultate ergaben – zum Beispiel sind Zwischenergebnisse nach der Rechnung nicht mehr verfügbar.

Als „moderne Abakusse" sind der Taschenrechner und die elektronische Registrierkasse anzusehen, der Computer stellt eine völlig neue Qualität dar. Das ist leicht einzusehen, wenn Sie die Aufgaben betrachten, die Sie mit dem Computer bewältigen. Hier stehen Text- und Bildverarbeitung und neue Formen der Kommunikation im Vordergrund. Der Entwickler in der Computergrafik wird sich hingegen auch um die Details des Rechnens kümmern, Fehler, die sich aufgrund der begrenzten Stellenzahl einschleichen, können zu unangenehmen und sichtbaren Effekten führen. Die Entwicklung der Hardware läuft auch nicht geradlinig von 16- über 32- zu 64-Bit-Systemen, denn die mobilen Endgeräte haben aufgrund des hohen Stromverbrauchs eben nicht diese hohen numerischen Kapazitäten.

[3] Peter Watson: „Ideen. Eine Kulturgeschichte von der Entdeckung des Feuers bis zur Moderne", Goldmann Verlag, München, 2008, Seite 627.

[4] Georges Ifrah: „Universalgeschichte der Zahlen", Campus Verlag 1991, Seite 533f.

7.2.1 Binäre Darstellung einer Zahl

Im Binärsystem wird eine beliebige positive ganze Zahl durch die Summe

$$z = \sum_{n=0}^{N} 2^n \cdot b_n \qquad \text{Horner-Schema} \tag{7.23}$$

dargestellt, wobei b_n nur die Werte 0 oder 1 annehmen kann. Zum Beispiel stellen sich die Zahlen 14 und 989 binär wie folgt dar:

$$(14)_{10} = (1110)_2 \qquad (989)_{10} = (1111011101)_2$$

7.2.2 Gleitkommazahlen

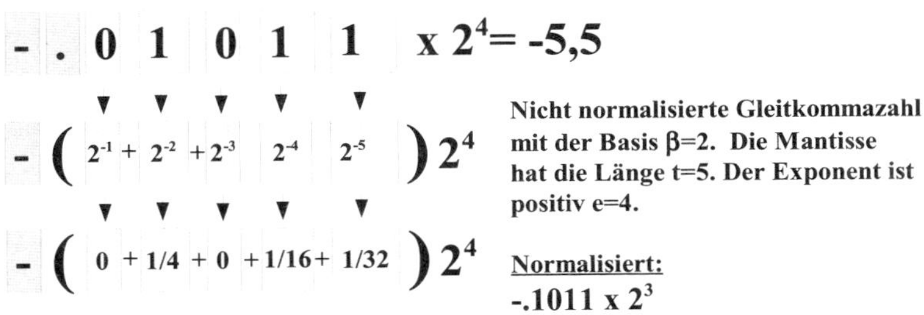

Im Bild dargestellt ist eine negative Gleitkommazahl zur Basis 2 und deren Berechnung. Abbildung 7.5

Gleitkommazahlen sind eine Teilmenge der reellen Zahlen.

$$F^* = \{d | d = \pm .d_1 d_2 d_3 \cdots d_t \times \beta^e\}$$

Die *Ziffern* $d_1 \cdots d_t$ sind alle Elemente der natürlichen Zahlen und müssen zwischen 0 und $\beta - 1$ liegen, darin ist β die *Zahlenbasis*, zum Beispiel 2, 10 oder 16. Die *Mantisse* $d_1 \cdots d_t$ kann die Länge $1 \leq t \leq \infty$ aufweisen und der *Exponent* e positiv, 0 oder negativ sein.

Die Menge F^* definiert eine nicht normalisierte Gleitkommazahl, denn d_1 darf auch 0 sein. Nun kann aber die Mantisse, mit entsprechender Korrektur im Exponenten, stets so verschoben werden, dass $d_1 \neq 0$ zutrifft. Damit ergibt sich die Menge der *normalisierten Gleitpunktzahlen.* Diese Zahl darf auch 0 sein, daher die Vereinigung $\cup$ mit der Zahl 0.

$$F = \{d | d \in F^* \wedge d_1 \neq 0\} \cup \{0\} \tag{7.24}$$

Der Zahlenwert ist vereinbarungsgemäß:

$$d = \pm\left(d_1\beta^{-1} + d_2\beta^{-2} + d_3\beta^{-3} \cdots + d_t\beta^{-t}\right)$$

Nach einer Normalisierung werden alle Ziffern hinter dem Gleitpunkt (*Floating Point*) erscheinen.

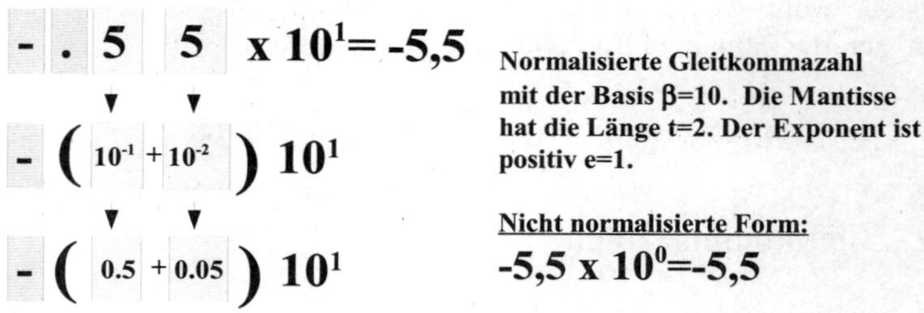

Abbildung 7.6 Im Bild dargestellt ist eine negative Gleitkommazahl zur Basis 10 und deren Berechnung.

Im täglichen Leben ist 10 die Zahlenbasis. Bei Rechnern hingegen ist die gebräuchliche Zahlenbasis 2 und manchmal 16, wobei für $\beta = 16$ Großbuchstaben A=10, B=11, C=12, D=13, E=14, F=15 verwendet werden.

$$(.7AF2C9E)_{16} \cdot 10^4 =$$
$$10^4\left(7 \cdot 16^{-1} + A \cdot 16^{-2} + F \cdot 16^{-3} + 2 \cdot 16^{-4} + 9 \cdot 16^{-5} + E \cdot 16^{-6}\right)$$

Da die Anzahl der Bits auf einem Rechner begrenzt ist, entsteht ein Konversionsfehler.[5] Die Zahl 1/10 lässt sich nicht mehr genau darstellen.

$$\frac{1}{10} = (.1)_{10} \cdot 10^0 = 2^{-3}(.1100110011001\cdots)_2$$

Das ist ein gravierender Unterschied zwischen der realen (analogen) und der virtuellen, digitalen Welt. Ein Rechner, der nur eine Mantisse der Länge $t = 4$ verwendet, wird bei der Zahl 1/10 einen erheblichen Fehler erzeugen.

$$\frac{1}{10} \neq 2^{-3}(.1100)_2 = 2^{-3}\left(1 \cdot 2^{-1} + 1 \cdot 2^{-2}\right) = 0{,}09375$$

Bei der Darstellung einer reellen Zahl auf einem Rechner gibt es zwei Möglichkeiten, diese Zahl anzunähern. Die *Approximation durch Runden* ist das Aufsuchen einer Zahl, die der reellen Zahl am nächsten liegt. Von einer *Approximation durch Abschneiden* spricht man, wenn die nächstliegende

5 Die Verwandlung (Konvertierung) findet auf einem Rechner immer zur Basis 2 statt.

kleinste Zahl gewählt wird. Bei dem obigen Beispiel findet ein Abschneiden auf eine 4-Bit-Mantisse statt. Ist x eine reelle Zahl und f_R die gerundete Zahl, so gilt für den relativen Fehler:

$$\delta = \frac{|x - f_R|}{|x|} = \frac{\text{absoluter Fehler}}{\text{Betrag der wahren Zahl}} \tag{7.25}$$

Im Beispiel beträgt der relative Fehler:

$$\delta = \frac{|0,1 - 0,09375|}{|0,1|} = 0,0625 \qquad \text{bzw. } 6.25\%$$

Da nur t Stellen für die Mantisse zur Verfügung stehen, kann eine untere Grenze,

$$\frac{1}{2} 2^{1-t} = \epsilon_m \tag{7.26}$$

die *Maschinengenauigkeit*, eingeführt werden.

$$\begin{aligned} & f_R = x(1 \pm \epsilon) \\ & |\epsilon| \le \mu \qquad \text{Abschneiden} \\ & |\epsilon| < 2\mu \qquad \text{Runden} \end{aligned}$$

Dies lässt sich mit der Zahl 1/10 und dem Rechner mit der 4-Bit-Mantisse nachvollziehen, denn:

$$f_R = 0,09375 = 0,1 \cdot (1 - 0,0625)\,.$$

Die Gleitkommazahlen bilden keine Gruppe, denn die Ergebnisse der Operationen $\diamond = +, -, \cdot, /$ liegen nicht unbedingt in F.

$$\text{nicht immer gilt} \qquad \diamond : F \longrightarrow F$$

Zum Beispiel kann die Addition zweier großer Zahlen eine Zahl ergeben, die nicht mehr auf einem Rechner darstellbar ist (Überlauf). Oder eine ungewollte Division durch Null ergibt überhaupt keine definierte Gleitkommazahl mehr (not a number). Bei der Addition $x + y$ und $x, y > 0$ liegen die x bzw. y in der Form

$$\begin{aligned} f_x &= x(1 \pm \epsilon) \\ f_y &= y(1 \pm \epsilon) \end{aligned}$$

vor, das heißt, jede der Zahlen ist mit einem Fehler behaftet. Dies kann der bereits erwähnte Konversionsfehler sein, aber auch, wenn das Epsilon weiter aufgefasst wird, ein Fehler in den Eingabedaten. Die Addition bzw. eine Subtraktion $f_x \pm f_y$ ist dann

$$\hat{s} = f_x \pm f_y = \left(x \pm y\right)(1 \pm \epsilon)$$

mit dem absoluten Rundungsfehler.

$$|\hat{s} - s| = (x \pm y)\epsilon$$

Die Addition ebenso wie die Subtraktion erfordert, dass die Zahlen normalisiert werden und beide Exponenten gleich sind. Die Exponentenangleichung besagt darüber hinaus, dass es günstiger ist, zuerst die kleineren x_i zu addieren und dann das Ergebnis zur größeren Zahl hinzuzuaddieren. Zum Beispiel sei $x_i = 1/i$, mit $i \leq 1 \cdots n$. Das Ergebnis wird genauer, wenn, statt den Index i von 1 ... n laufen zu lassen, umgekehrt verfahren wird. Bei längeren Summationen kann es also von Vorteil sein, die x_i vorher nach der Größe zu sortieren und mit der kleinsten Zahl zu beginnen. Zum Beispiel kann eine Summe kritisch sein, auch wenn alle in die Summe eingehenden Werte annähernd gleich groß sind, denn in der Summenvariable hat sich nach n Summationen ein großer Wert gebildet, zu dem dann kleine Werte hinzuaddiert werden.

Die Normalisierung spielt auch eine Rolle bei der *Auslöschung*. Subtrahiert man zwei nahezu gleiche Mantissen, so ist ein Zwischenergebnis auf die letzten Stellen begrenzt.

$$(.7132514)_{10} \cdot 10^{-2} - (.7132728)_{10} \cdot 10^{-2} = (.0000214)_{10} \cdot 10^{-2}$$

Nach der Normalisierung wird daraus:

$$-\left(.214 \quad \underbrace{0000}_{\text{Eingeschleppt}}\right)_{10} \cdot 10^{-6}$$

Die letzten Nullen sind nicht signifikant und durch Auslöschung entstanden. Erhebliche Fehler können bei der Berechnung von Polynomen der Form:

$$a_n x^n + a_{n-1} x^{n-1} + ... + a_2 x^2 + a_1 x^1 + a_0$$

entstehen. Das Ergebnis wird exakter, wenn eine Klammerung durchgeführt wird.

$$s = a_0 + x(a_1 + x(a_2 + x(a_3 ... + x(a_n ...))))$$

Exkurs 7.14

Auch bei Polynomen mit wenig Gliedern kann sich bereits durch falsche Klammerung ein Fehler einschleichen. Gegeben sei die Summe $ax^2 + bx + c$ einer quadratischen Gleichung. Um zu zeigen, dass tatsächlich nur durch die Art der Berechnung Fehler entstehen, ist die Stellenzahl auf vier Stellen begrenzt. Die Berechnung basiert auf $x = 0,1234$ und den Koeffizienten $a = 3456$, $b = 0,789$, $c = 0,1234$.

Die exakte Lösung lautet $0,2260$. Die direkte Programmierung mit der vormaligen Berechnung von x^2 liefert den fehlerhaften Wert $0,2559$. Wird hingegen mit der Klammerung $x(ax + b) + c$ gerechnet, dann folgt auch eine exakte Lösung.

Ende des Exkurses 7.14

7.2.3 IEEE 754

IEEE 754 (*Standard for Binary Floating-Point Arithmetic*) definiert Gleitkommazahlen mit einfacher Genauigkeit (32 Bit, float, 4 Byte) und doppelter Genauigkeit (64 Bit, double, 8 Byte) und gibt Regeln für die Rundung, Überlauf, Unterlauf und spezielle Werte vor. Grundlage ist das Dokument ANSI/IEEE 754-1985, das einen Rahmen für die Implementierung vorgibt, für den Anwender jedoch weniger hilfreich ist.

In der Programmiersprache Java sind die Gleitkommazahlen `float` (32 Bit) und `double` (64 Bit) definiert, deren Bitdarstellung durch die Methoden `floatToIntBits` bzw. `doubleToIntBits` über die Klassen `Float` und `Double` abgeholt werden kann.

Tabelle 7.1: Gleitkommazahlen in Java

	`float`	`double`	
Vorzeichen s	1	1	Bit-Position 31 bzw. 63
Exponent e	8	11	Bits 20-23 bzw. 62-52
Mantisse m	23	52	Bits 22-0 bzw. 51-0
	$f = sm2^{e-150}$	$d = sm2^{e-1075}$	

Für den Umgang mit Gleitkommazahlen ist diese interne Darstellung eher von untergeordneter Bedeutung, kommt es doch mehr auf das Verhalten der eingesetzten Sprache bei mathematischen Operationen an. Selbstverständlich darf man davon ausgehen, dass die Additionen, Multiplikationen usw. korrekt implementiert sind, aber was ist mit der Division durch 0? Dem Standard entsprechend, wird in Java bei Operationen mit Gleitkommazahlen niemals eine Ausnahme ausgeworfen. Eine Division durch 0 erzeugt einen speziellen Gleitkommawert $\pm\infty$, der in den Klassen `Float` und

Double durch POSITIVE_INFINITY sowie NEGATIVE_INFINITY deklariert ist. Wenn Sie nun mit diesem Wert bewusst oder unbeabsichtigt weiterrechnen, $a*\infty$, dann ist das Ergebnis ein anderer spezieller Wert NaN (Not a Number). Damit wird jedes nachfolgende Ergebnis ebenfalls NaN und jeder Vergleich mit NaN liefert `false`. Gleiches Verhalten gilt für den Überlauf $+\infty$ und den Unterlauf $-\infty$. Beachten Sie jedoch, dass bei den Ganzzahlen eine Division durch 0 immer eine Ausnahme auslöst.

Das Verhalten der IEEE-Gleitkommazahlen sollte Sie aber nicht dazu verleiten, Rechnungen mit Gleitkommazahlen lässig auszuführen und lediglich das Endergebnis an den Nutzer weiterzugeben, denn fast immer hat eine Division durch 0 eine bestimmte Bedeutung, und der Nutzer kann nicht mehr beurteilen, was denn nun die Ursache für das unbrauchbare Ergebnis war. Zum Beispiel kann das skalare Produkt zweier Vektoren $s = \vec{a} \cdot \vec{b}$ gleich 1 sein, mit der Bedeutung, dass die Vektoren parallel zueinander liegen ($cos(0) = 1$). Enthält Ihr Algorithmus dann den Term $a/(1-s)$, so liegt ein Sonderfall vor, der vorher untersucht werden sollte und einen getrennten Verarbeitungszweig in der Software erfordert. Sie könnten lediglich diese Verarbeitung unter Nutzung des oben genannten Verhaltens bei Gleitkommazahlen nachschalten. Auf jeden Fall sollten Sie derartige „Tricks“ in Ihrer Software kommentieren, denn diese sehen zunächst wie Programmfehler aus.

Die größten und kleinsten Gleitkommazahlen in Java sind ebenfalls in den Klassen Float und Double als Konstante deklariert.

Tabelle 7.2: Größte und kleinste Gleitkommazahlen in Java

	float	double	
MAX_VALUE	$3.4028235e+38$	$1.7976931348623157e+308$	gr. pos. Zahl
MIN_VALUE	$1.4e-45$	$5e-324$	kl. pos. Zahl

Die kleinste positive Zahl darf nicht mit der Maschinengenauigkeit verwechselt werden, denn diese bezieht sich auf die Mantisse. Bei der Einstellung `float` beträgt die Maschinengenauigkeit

$$\frac{1}{2} \cdot 2^{1-23} \approx 1,1921 \cdot 10^{-7} \tag{7.27}$$

Meist ist es nicht nötig, diese Genauigkeit auszureizen, und statt von einer 23-Bit-Mantisse sollte von einer 22-Bit-Mantisse ausgegangen werden.

$$\frac{1}{2} \cdot 2^{1-22} \approx 0,24 \cdot 10^{-6} = \epsilon_f. \tag{7.28}$$

Bei Vergleichen und Rechnungen kann dann ϵ_f eingesetzt werden, wobei die Skalierung durch die beteiligten Zahlen berücksichtigt werden sollte, hier ein Java-Beispiel:

```
final static double EPSILON = 0.24e-6d;

if(Math.abs(x-y)<=Math.max(Math.abs(x),Math.abs(y))*EPSILON) {

  // x ist praktisch gleich y
}
```

Diese Formel vereinfacht sich, wenn eine der beiden Zahlen eine Konstante, zum Beispiel 1, und die andere kleiner ist, etwa $cos(\alpha)$.

Die Entscheidung, ob ein `float`-Format ausreicht oder `double` verwendet werden sollte, hängt von der Aufgabenstellung ab. Bei 32-Bit-Prozessoren kann eine float-Zahl komplett in ein Register geladen werden und die prozessorinternen Rechenpfade passen ebenfalls zu diesem Format. Der Zugriff auf den Speicher erfolgt schneller als bei einem double-Format, das auch den doppelten Speicherplatz beansprucht. In der 64-Bit-Technologie ist dies weniger ein Thema. Dennoch kann es sein, dass tiefer liegende Softwareschichten nur im float-Format rechnen, wie etwa bei OpenGL.

Bei Anwendungen im Grafikumfeld ist das float-Format als Grundlage eine gute Wahl, ansonsten muss ja jedesmal, wenn auf die Grafikfunktionen zugegriffen wird, eine Typumwandlung[6] von double auf float stattfinden, was weitere Rechenzeit kostet. Auf der anderen Seite sind die meisten mathematischen Funktionen in den Softwarebibliotheken auf double ausgelegt. Mit dem float-Format als Basis muss dann eine doppelte Konvertierung, einmal die Erweiterung zu double bei Argumenten und dann der Cast auf float bei dem Ergebnis, erfolgen. Überwiegen die mathematischen Funktionsaufrufe oder droht eine Auslöschung, ist das double-Format zu verwenden. Der Programmierer wird, auf absehbare Zukunft, mit einer Mischung aus beiden Formaten leben müssen.

Manche Softwarepakte in der 3D-Grafikwelt verwendeten ein Format, bei dem eine Gleitkommazahl mit einem festen Wert multipliziert wurde, etwa `long`(0.19·65535) = 12451, und so eine Festkommazahl (*Fixed Point*) vorlag. Damit konnte auf den früheren Rechnern effizienter gerechnet werden, da deren Integerarithmetik schneller war als die Gleitkommarechnung. Heute führt ein Prozessor eine 32-Floating-Point-Multiplikation praktisch genauso schnell wie eine Integerrechnung durch. Mobile Endgeräte verwenden teilweise ebenfalls die Festkommarechnung, diese ist also noch nicht aus der Welt. Neuere FPUs (*Floating Point Units*) ermöglichen die Ausführung mehrerer Gleitkommaoperationen zur gleichen Zeit (*Vector Processor*). Um solche FPUs optimal auszulasten, ist es günstiger, möglichst viele Gleitkommaoperationen in einem „Paket" zusammenzuhalten, anstatt eine Optimierung vorzunehmen, die dann auf vielen zwischengeschalteten if-Abfragen beruht.

[6] Die Typumwandlung wird bei den Softwaresprachen als *Cast* bezeichnet.

Mit den GPUs (*Graphical Processor Units*) ist auch ein 16-Bit-Gleitkommaformat (fp16) attraktiv geworden, das eine 10-Bit-Mantisse, aber nur einen Exponenten aufweist, der nur 5 Bit umfasst. Damit sind natürlich erhebliche Einschränkungen für die Rechnung mit diesen Zahlen verbunden. In der Rendering Pipeline, speziell in der Rasterstufe (Fragment Shader), ist jedoch intensiv mit Farbwerten und Einheitsvektoren zu rechnen, deren Definitionsbereich lediglich zwischen -1 und 1 liegt. Das fp16-Format erspart dort nicht nur eine Menge an Speicherplatz, kombiniert mit der massiv parallelen Verarbeitung durch die GPUs führt dieses Format auch zu einem sehr hohen Durchsatz an Rechenoperationen. GPUs mit 32-Bit-Vektorprozessoren haben jedoch einen größeren Anwendungsbereich, nicht nur in der 3D-Computergrafik, und sie sind dabei, den Kampf um Marktanteile zu gewinnen.

7.2.4 Hinweise

Beim Vergleich von float- und double-Werten darf man sich nicht immer auf die automatische Konvertierung des Compilers verlassen. Im folgenden Beispiel ist ein vierdimensionaler Vektor mit den Werten 1, 2, 3 und 4 belegt, das heißt, die vierte Komponente, auch W-Koordinate genannt, ist 4. Die Länge dieses Vektors muss gleich der Wurzel aus 30 sein.

```
// Berechnet die Länge des Vektors (float Typ) a4=w

public final float length() {
  return (float)Math.sqrt(a1*a1+a2*a2+a3*a3+a4*a4);
}
// Die Maschinengenauigkeit für einen Float-Wert
// ist hier vordefiniert.

public final static float EPSF = 1.1921e-7f;

// Es folgt der Vergleich: Dieser ist falsch.

if(Math.abs(vA.length()-Math.sqrt(30f))>Constants.EPSF) { // 1
  // ERROR Diffenz ist nicht kleiner epsilon
}

// So wäre es richtig.
// -----------------
if(Math.abs(vA.length()-(float)Math.sqrt(30f))>Constants.EPSF) { // 2
  // OK Differenz ist 0
}

// Dieser Versuch scheitert, denn length() hat
// bereits auf float abgeschnitten.

if(Math.abs((double)vA.length()-Math.sqrt(30f))>Constants.EPSF) { // 3
  // ERROR Differenz ist nicht kleiner epsilon
```

```
}

// Auszug aus einem Logbuch

vector.length()==5.477226       // float format
sqrt(30)=5.477225575051661      // double format
delta 1==2.054353993585778E-7   // Differenz abs(float-double) Wert
                                // bei 1
delta 2==0.0                    // Korrekter Vergleich bei 2
```

Der eigentliche Fehler, der hier gemacht wurde, besteht darin, die Längenfunktion mit einer kleineren Genauigkeit zurückzugegeben, als angebracht ist. Korrekt ist es, die Längenmethode mit `double` als Rückgabewert anzugeben.

```
// Berechnet die Länge des Vektors (float Typ) a4=w

public final double length() {
  return Math.sqrt(a1*a1+a2*a2+a3*a3+a4*a4);
}
```

Wenn in Methoden Berechnungen durchgeführt werden, die ein `double`-Resultat haben und dieses unmittelbar nach außen, also zurückgegeben wird, sollte auch der Rückgabewert das `double`-Format aufweisen, das ist für den Anwender sicherer, als das Resultat durch einen Cast abzuschneiden.

Logarithmus zur Basis 2

$$\mathtt{log}_2(x) = \mathtt{log}_2(10)\mathtt{log}_{10}(x) = \frac{\mathtt{log}_{10}(x)}{\mathtt{log}_{10}(2)} \approx \frac{\mathtt{log}_{10}(x)}{0.3} \qquad (7.29)$$

Mit Hilfe dieser Grundformel kann die nächste Potenz zur Basis 2 gefunden werden,

```
int exponent = (int)Math.ceil(Math.log(value)/Math.log(2d)); // (1)
int powerOfTwo = (int)Math.pow(2d,exponent);

exponent = (int)Math.floor(Math.log(value)/Math.log(2d));  // (2)
powerOfTwo = (int)Math.pow(2d,exponent);
```

Je nachdem, ob die obere Grenze oder die untere Grenze gewünscht ist, wird (1) oder (2) verwendet, zum Beispiel ergibt die Berechnung mit `value=1013,4` die Potenz zur Basis 2 gleich: 1024 oder 512.

7.3 Matrizen

Die Anordnung irgendwelcher Elemente, gruppiert nach Zeilen und Spalten, dürfte eine sehr alte Arbeitsweise des Menschen sein. Eine Matrix ist nichts anderes als eine solche Gruppierung, jedoch sind mit Matrizen auch wohldefinierte Rechenvorschriften verbunden.

In diesem Abschnitt werde ich mich im Wesentlichen mit quadratischen Matrizen mit vier Zeilen und vier Spalten befassen, da diese im 3D-Grafikbereich eine dominante Rolle spielen.

7.3.1 Darstellung

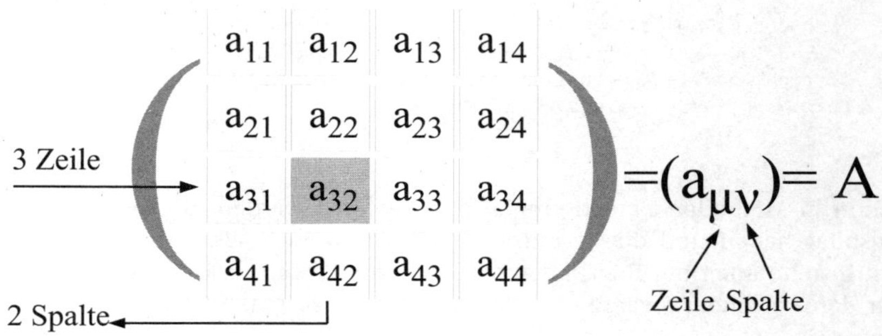

Abbildung 7.7 Im Bild dargestellt ist eine quadratische Matrix mit $\mu = 4$ Zeilen und $\nu = 4$ Spalten. Das ist die grundlegende (nicht transponierte) Form der Matrix.

Im Rechner kann eine Matrix als ein *Array eines Array* abgebildet werden.

```
float m[][] = { // [Zeilen][Spalten] 0-Indexarray
  {11f,12f,13f,14f},
  {21f,22f,23f,24f},
  {31f,32f,33f,34f},
  {41f,42f,43f,44f}
};
if(m[2][1]==32f) { // Zugriff
}
```

Diese Darstellungsart kann nachteilig sein, da im Programm nicht garantiert werden kann, dass die Abfolge der Gleitkommazahlen kontinuierlich ist. So könnte etwa das Zeilenarray lediglich aus Zeigern auf die einzelnen Zeilen bestehen. Eine Alternative, die auch einen schnelleren Zugriff erlaubt, ist die Deklaration als ein Array mit 16 Werten.

```
float unitMatrix[] = { // [index] row major ordering
  11f,12f,13f,14f,          // 1 - Zeile, index 0..3
```

```
  21f,22f,23f,24f,          // 2 - Zeile, index 4..7
  31f,32f,33f,34f,          // 3 - Zeile, index 8..11
  41f,42f,43f,44f           // 4 - Zeile, index 12..15
};
if(m[9]==32f) { // Zugriff auf die 3. Zeile, 2. Spalte.
}
```

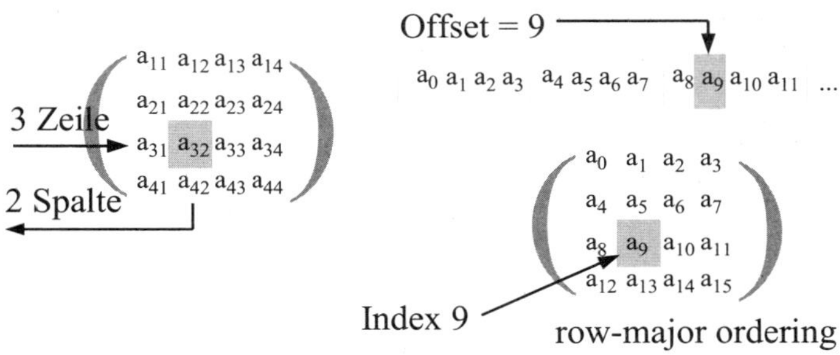

Abbildung 7.8 In der Zeile-zuerst-Anordnung (Row-major Ordering) ändert sich die logische Position eines Elementes nicht, jedoch erfolgt der Zugriff mit einem bestimmten Index. Solche Details sollten in höheren Ebenen eines Programms verborgen bleiben.

Bei hardwarenahen Funktionen, die Matrizen übergeben, wird auch eine andere Indexierung verwendet, wie zum Beispiel bei OpenGL, dort wird von einem `Column-major Ordering` gesprochen.

```
float unitMatrix[] = { // [index]
  11f,21f,31f,41f,          // 1 - Spalte, index 0,1,2,3
  12f,22f,32f,42f,          // 2 - Spalte, index 4,5,6,7
  13f,23f,33f,43f,          // 3 - Spalte, index 8,9,10,11
  14f,24f,34f,44f           // 4 - Spalte, index 12,13,14,15
};
if(m[6]==32f) { // Zugriff auf die 3. Zeile, 2. Spalte.
}
```

Die „Spalte-zuerst-Anordnung" entspricht einer Transponierung der Matrix **A**. Die Zeilen sind mit den Spalten vertauscht worden.

$$\mathbf{A}^T \quad \text{Transponierte Matrix} \tag{7.30}$$

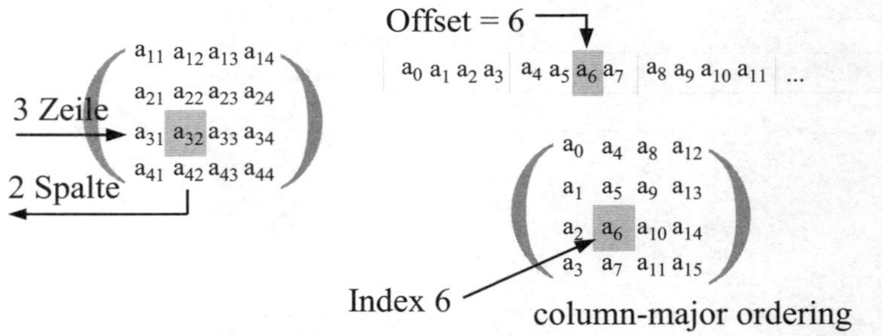

Abbildung 7.9 Spalte-zuerst-Anordnung (Column-major Ordering).

Die genannten Anordnungen der Elemente sind vor allem für die Übergabe bzw. Übernahme einer Matrix als Array von Bedeutung, die Koeffizienten kleiner Matrizen (3×3,4×4) werden in der Regel durch Membervariablen m_{11}, m_{12} usw. im Rechner angelegt. Das ist effizienter, insbesondere in Java, da dann die Prüfung auf eine Verletzung der Arraygrenzen entfällt, siehe dazu auch *Grundklassen* (Seite 548).

7.3.2 Rechnen mit Matrizen

Einfache Rechnungen mit Matrizen erklären sich durch den elementweisen Zugriff, ebenso wie die Gleichheit von Matrizen. Dabei spielt die Reihenfolge, in der die Operation durchgeführt wird, keine Rolle.

$\mathbf{A} = \mathbf{B}$	$(a_{\mu\nu}) = (b_{\mu\nu})$	Gleichheit
$\mathbf{A} \pm \mathbf{B}$	$(a_{\mu\nu} \pm b_{\mu\nu})$	Addition, Subtraktion
$\alpha\mathbf{A}$	$\alpha(a_{\mu\nu}) = (\alpha a_{\mu\nu})$	Multipl. mit einem Skalar

Beim *Produkt* zweier Matrizen ist allerdings in der Regel $\mathbf{AB} \neq \mathbf{BA}$. Die Multiplikation zweier quadratischer 4×4-Matrizen ist durch die Vorschrift

$$\mathbf{AB} = \mathbf{C} = \left(\sum_{\nu=1}^{4} a_{\mu\nu} \cdot b_{\nu\lambda} \right) = (c_{\mu\lambda}) \tag{7.31}$$

erklärt. Bei der Multiplikation von Matrizen dürfen diese zusammengefasst werden.

$$(\mathbf{AB})\,\mathbf{C} = \mathbf{A}\,(\mathbf{BC}) \tag{7.32}$$

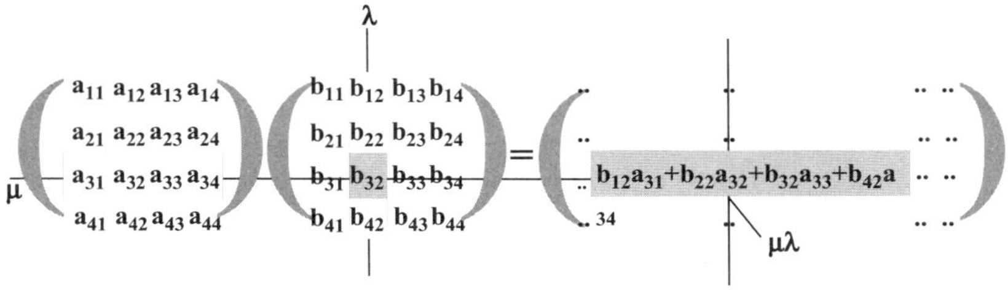

Das Bild zeigt ein Schema für die Multiplikation zweier Matrizen. Zunächst wird eine Position in der Matrix bestimmt, die mit $(c_{\mu\lambda})$ korrespondiert. Damit ist in der Matrix **B** eine Spalte gegeben (Index λ) und in der Matrix **A** eine Zeile (Index μ). Summiert wird über v.

Abbildung 7.10

In der 3D-Computergrafik treten häufig orthogonale Matrizen auf. Derartige Matrizen ergeben bei ihrer Multiplikation mit ihrer transponierten Matrix die Einheitsmatrix und enthalten Einheitsvektoren im Rotationsanteil.

$$\mathbf{A}\mathbf{A}^T = \mathbf{A}^T\mathbf{A} = \mathbf{I} \qquad \text{und } \left(\mathbf{A}^T\right)^T = \mathbf{A} \tag{7.33}$$

Die im Abschnitt *Rotation um eine beliebige Achse* (Seite 62ff.) erstellten Vor- und Nachtransformationsmatrizen sind orthogonale Matrizen und jeweils die Transponierte der anderen Matrix.

$$\mathbf{M_v} = \begin{pmatrix} z & y & -x & 0 \\ \frac{-xy}{1-z^2} & 1-z^2 & \frac{xy}{1-z^2} & 0 \\ x & 0 & z & 0 \\ 0 & 0 & 0 & 1 \end{pmatrix} \qquad \mathbf{M_n} = \begin{pmatrix} z & -\frac{-xy}{1-z^2} & x & 0 \\ y & 1-z^2 & 0 & 0 \\ -x & \frac{xy}{1-z^2} & z & 0 \\ 0 & 0 & 0 & 1 \end{pmatrix}$$

Auch ergeben Produkte von orthogonalen Matrizen wiederum eine orthogonale Matrix. Bei der Multiplikation von orthogonalen Matrizen darf die Transponierte des Resultats zerlegt werden, und zwar in das umgekehrte Produkt der Transponierten der miteinander multiplizierten Matrizen.

$$(\mathbf{AB})^T = \mathbf{B}^T\mathbf{A}^T \tag{7.34}$$

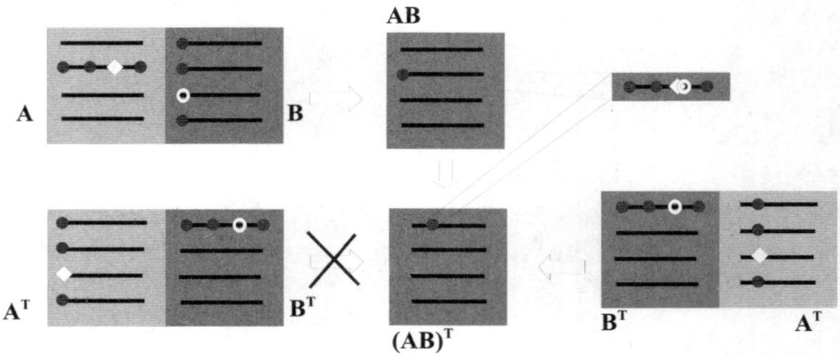

Abbildung 7.11 Bei der Multiplikation von transponierten Matrizen $\mathbf{A}^T$ und $\mathbf{B}^T$ muss die Reihenfolge umgedreht werden, damit das Ergebnis $(\mathbf{AB})^T$ lautet.

7.3.3 Inverse Matrix

Eine Matrixinvertierung sollte, wenn möglich, vermieden werden, denn sie ist rechenintensiv und anfällig für Rundungsfehler. Leider wird in der 3D-Computergrafik die Inverse einer 4×4-Matrix auf jeden Fall benötigt. Das ist die schlechte Nachricht. Die gute Nachricht: Es handelt sich nur um eine 4×4-Matrix, und mit etwas Buchhaltung lässt sich die volle Invertierung umgehen. Im Abschnitt *Mathematikbibliothek* (Seite 544ff.) wird eine Transformationsklasse vorgestellt, die durch eine Statusvariable die volle Matrixinvertierung auf Sonderfälle beschränkt. Die Invertierung einer Matrix entspricht der Umkehrung der Multiplikation.

$$\mathbf{AA}^{-1} = \mathbf{A}^{-1}\mathbf{A} = \mathbf{I} \qquad \text{und } (\mathbf{AB})^{-1} = \mathbf{B}^{-1} \cdot \mathbf{A}^{-1} \tag{7.35}$$

Bei orthogonalen Matrizen ist die Transponierte gleich der Inversen der Matrix. Ist zu einem bestimmten Zeitpunkt bekannt, dass die vorliegende Matrix orthogonal ist, dann kann die Invertierung mit einem großen Geschwindigkeitsgewinn durchgeführt werden. Diese Eigenschaft wird in der oben bereits erwähnten Transformationsklasse intensiv genutzt.

$$\mathbf{A}^T = \mathbf{A}^{-1} \qquad \text{und A ist eine orthogonale Matrix} \tag{7.36}$$

Die Invertierung einer 4×4-Matrix überschreitet eine Schwelle, sie ist *erheblich* komplizierter als die einer 3×3-Matrix. Es ist nicht mehr möglich, einfach in ein Mathematikbuch zu schauen und dort die passende Formel zu entnehmen. Stattdessen muss man sich mit Verfahren befassen, die auch für große, ja sehr große Matrizen angebracht sind. Probleme entstehen bei Operationen mit solchen Matrizen durch die Anhäufung lokaler Rundungsfehler, die unter Umständen das Ergebnis unbrauchbar machen. Die 4×4-

Matrix ist allerdings weit entfernt von dem, was Mathematiker „große" Matrizen nennen: 50×50 oder 1000×1000 oder noch größer. Es ist viel Erfahrung nötig, um ein zur Aufgabenstellung passendes Verfahren anzuwenden, wobei in der Regel ein System von Gleichungen gelöst wird, ohne dabei die Matrix zu invertieren.

Der Invertierung der 4×4-Matrix liegt ein Gleichungssystem zugrunde, das entsteht, wenn die Matrix **A** mit ihrer Inversen multipliziert wird. Das Ergebnis der Multiplikation muss die Einheitsmatrix **I** ergeben.

$$\underbrace{\begin{pmatrix} a_{11} & a_{12} & a_{13} & a_{14} \\ a_{21} & a_{22} & a_{23} & a_{24} \\ a_{31} & a_{32} & a_{33} & a_{34} \\ a_{41} & a_{42} & a_{43} & a_{44} \end{pmatrix}}_{\mathbf{A}} \underbrace{\begin{pmatrix} b_{11} & b_{12} & b_{13} & b_{14} \\ b_{21} & b_{22} & b_{23} & b_{24} \\ b_{31} & b_{32} & b_{33} & b_{34} \\ b_{41} & b_{42} & b_{43} & b_{44} \end{pmatrix}}_{\mathbf{A}^{-1}} = \underbrace{\begin{pmatrix} 1 & 0 & 0 & 0 \\ 0 & 1 & 0 & 0 \\ 0 & 0 & 1 & 0 \\ 0 & 0 & 0 & 1 \end{pmatrix}}_{\mathbf{I}}$$

Führt man die Multiplikation aus, dann ergeben sich 16 Gleichungen, die ich hier als Orientierung anschreibe. Die Gleichungen können auch als ein Beispiel für die Matrixmultiplikation (7.31) angesehen werden, wenn man statt der Elemente der Einheitsmatrix diejenigen der Ergebnismatrix c_{ij} auf der rechten Seite der Gleichungen anschreibt.

(1)	1	1	$a_{11}b_{11} + a_{12}b_{21} + a_{13}b_{31} + a_{14}b_{41} = 1$
(2)		2	$a_{11}b_{12} + a_{12}b_{22} + a_{13}b_{32} + a_{14}b_{42} = 0$
(3)		3	$a_{11}b_{13} + a_{12}b_{23} + a_{13}b_{33} + a_{14}b_{43} = 0$
(4)		4	$a_{11}b_{14} + a_{12}b_{24} + a_{13}b_{34} + a_{14}b_{44} = 0$
(5)	2	1	$a_{21}b_{11} + a_{22}b_{21} + a_{23}b_{31} + a_{24}b_{41} = 0$
(6)		2	$a_{21}b_{12} + a_{22}b_{22} + a_{23}b_{32} + a_{24}b_{42} = 1$
(7)		3	$a_{21}b_{13} + a_{22}b_{23} + a_{23}b_{33} + a_{24}b_{43} = 0$
(8)		4	$a_{21}b_{14} + a_{22}b_{24} + a_{23}b_{34} + a_{24}b_{44} = 0$
(9)	3	1	$a_{31}b_{11} + a_{32}b_{21} + a_{33}b_{31} + a_{34}b_{41} = 0$
(10)		2	$a_{31}b_{12} + a_{32}b_{22} + a_{33}b_{32} + a_{34}b_{42} = 0$
(11)		3	$a_{31}b_{13} + a_{32}b_{23} + a_{33}b_{33} + a_{34}b_{43} = 1$
(12)		4	$a_{31}b_{14} + a_{32}b_{24} + a_{33}b_{34} + a_{34}b_{44} = 0$
(13)	4	1	$a_{41}b_{11} + a_{42}b_{21} + a_{43}b_{31} + a_{44}b_{41} = 0$
(14)		2	$a_{41}b_{12} + a_{42}b_{22} + a_{43}b_{32} + a_{44}b_{42} = 0$
(15)		3	$a_{41}b_{13} + a_{42}b_{23} + a_{43}b_{33} + a_{44}b_{43} = 0$
(16)		4	$a_{41}b_{14} + a_{42}b_{24} + a_{43}b_{34} + a_{44}b_{44} = 1$

Die Gleichungen zeigen, dass nicht nur *ein* Ergebnisvektor bestimmt werden muss, vielmehr vier solcher Vektoren. Bei der Lösung von Gleichungssystemen dürfen einige Regeln angewendet werden.

- Je zwei Zeilen einer Matrix dürfen miteinander vertauscht werden. Die Vertauschung ist sowohl beim Ergebnisvektor (rechte Seite) als auch bei Matrizen und Vektoren nachzuvollziehen, die an der Gleichung beteiligt sind. Wenn in der Matrix **A** zwei Zeilen vertauscht werden, dann ist dies auch in **B** und der Einheitsmatrix **I** durchzuführen. In der Regel wird die Vertauschung nur in der Matrix **A** direkt durchgeführt und ein Array als eine Art Buchhaltung über die Vertauschung mitgeführt `rowChangedIndices[]`, initialisiert mit `{1,2,3,4, ...}`. Auch können Spalten getauscht werden, was aber die Buchhaltung komplizierter macht. Der Aufwand lohnt sich nur bei großen Matrizen, wenn volles Pivoting das Ergebnis verbessert.
- Eine Zeile einer Matrix darf mit einer beliebigen Zahl (Skalar) multipliziert werden.
- Eine Zeile einer Matrix darf zu einer anderen addiert bzw. von dieser subtrahiert werden.

Pivotsuche

Bei der Pivotsuche wird ein Element einer Matrix gesucht, das nicht Null ist, durch das also garantiert geteilt werden darf. Dabei hat es sich in der Praxis bewährt, das jeweils betragsmäßig größte Element einer Spalte (Spalten-Pivotisierung) oder einer Matrix (volle Pivotisierung) aufzusuchen. Warum gerade das betragsmäßig größte Element verwendet wird, hat mit der Skalierung einer Matrix und damit gekoppelten Rundungsfehlern zu tun. Der Nachweis, warum genau das so ist, übersteigt jedoch bei Weitem den Rahmen dieses Buches. Bei der Pivotsuche findet sich ein Pivotelement, die zugehörende Zeile wird Pivotzeile und die Spalte Pivotspalte genannt.

7.3.4 Verfahren zur Matrixinvertierung

Bei den im Folgenden beschriebenen Verfahren steht nicht die Matrixinvertierung im Vordergrund, sie stellen vielmehr Lösungen für bestimmte Gleichungssysteme dar. Wenn aber ein Gleichungssystem und damit die dazugehörende Matrix in eine bestimmte Form gebracht ist, dann kann auch die Invertierung leicht durchgeführt werden. Bei einigen Verfahren fällt die inverse Matrix als Nebenprodukt an.

Invertierung über die Berechnung der Determinanten

Die Erstellung einer zu **A** *inversen Matrix* $\mathbf{A}^{-1}$, basierend auf der Cramerschen Regel, erfolgt in drei Schritten. Zuerst ist die adjunkte Matrix $\mathbf{A_{adj}}$ zu bilden. Dann muss deren Determinate `detA` berechnet werden; die inverse Matrix ergibt sich über die Transponierte der Adjunkten $\left(\mathbf{A_{adj}}\right)^{\mathrm{T}}$ gemäß:

$$\mathbf{A}^{-1} = \frac{\left(\mathbf{A_{adj}}\right)^{\mathrm{T}}}{\mathtt{det}\mathbf{A}}. \tag{7.37}$$

Die Adjunkte der Matrix $\mathbf{A_{adj}}$ wird mit der Vorschrift

$$\mathbf{A_{adj,ij}} = (-1)^{i+j} \cdot |\mathbf{U_{ij}}| \tag{7.38}$$

berechnet; bei der 4×4-Matrix ergibt sich für das Vorzeichen der Unterdeterminante das Schema:

$$\mathbf{A_{adj}} = \begin{pmatrix} +|U_{11}| & -|U_{12}| & +|U_{13}| & -|U_{14}| \\ -|U_{21}| & +|U_{22}| & -|U_{23}| & +|U_{24}| \\ +|U_{31}| & -|U_{32}| & +|U_{33}| & -|U_{34}| \\ -|U_{41}| & +|U_{42}| & -|U_{43}| & +|U_{44}| \end{pmatrix}.$$

Die Unterdeterminante $\mathbf{U_{ij}}$ entsteht, indem in der Ausgangsmatrix die i-te Zeile und die j-te Spalte gestrichen werden und vom verbleibenden Rest die Determinante berechnet wird. Eine manuelle Erstellung der Inversen der 4×4-Matrix ist jedoch mit einem erheblichen Aufwand verbunden. Es gibt 16 Unterdeterminanten, die weiter in 2×2-Unterdeterminanten zerlegt werden müssen, also jeweils 9 Unterdeterminanten. Daher sind dann 16*9 = 144 Gleichungen für die Unterdeterminanten zu bilden. In einem weiteren Schritt muss dann die adjunkte Matrix $\mathbf{A_{adj}}$ transponiert werden.

$$\left(\mathbf{A_{adj}}\right)^{T} = \begin{pmatrix} +|U_{11}| & -|U_{21}| & +|U_{31}| & -|U_{41}| \\ -|U_{12}| & +|U_{22}| & -|U_{32}| & +|U_{42}| \\ +|U_{13}| & -|U_{23}| & +|U_{33}| & -|U_{43}| \\ -|U_{14}| & +|U_{24}| & -|U_{34}| & +|U_{44}| \end{pmatrix}.$$

Nun kann nach (7.37) die inverse Matrix berechnet werden, wobei die Determinante `detA` wegen der Division ungleich 0 sein muss. Dieses Verfahren ist sehr rechenintensiv und anfällig für Rundungsfehler und kommt für die Invertierung der 4×4-Matrix in der 3D-Computergrafik nur bedingt in Frage. Prinzipiell kann das Verfahren aber praktisch ohne Verzweigungen implementiert werden; solche Rechnungen eignen sich gut für die Ausführung mit spezieller Hardware (GPU) oder anderweitigem parallelen Ablauf. Damit verbunden ist jedoch ein gewisser Verwaltungsaufwand und insondere in Java der Datentransport über das JNI (Java Native Interface). Diese

Laufzeitkosten werden den Vorteil mit hoher Wahrscheinlichkeit wieder zunichtemachen, dazu ist die Matrix wiederum zu klein.

Aber auch Prozessoren mit mehreren Rechenwerken (Vektorprozessoren) können durch den Compiler unterbrechungsfrei (keine if-Klauseln) versorgt und damit die Rechengeschwindigkeit für den Anwender unsichtbar gesteigert werden. Eine if-Klausel leert den schnellen Cache eines Prozessors, der dann wieder Daten aus dem langsamen Speicher nachladen muss. Auf der anderen Seite werden größere Matrizen mit diesem Verfahren grundsätzlich nicht invertiert, weil dabei die Rundungsfehler zu stark ansteigen, das Ergebnis wird unbrauchbar.

Eine ausgezeichnete Alternative zur Berechnung der Determinante einer Matrix und deren Invertierung ist die LU-Zerlegung (siehe unten). In einer Anwendung, bei der es wirklich auf eine hohe Ausführungsgeschwindigkeit ankommt, sollten beide Verfahren zunächst implementiert werden und dann geprüft werden, welches der Verfahren tatsächlich in der gegebenen Umgebung einen Vorteil hat.

Gaußsches Eliminationsverfahren

Dieses erzeugt eine Dreiecksmatrix, die dann eine einfache Lösung eines Gleichungssystems erlaubt. Das Gaußsche Verfahren liefert jedoch nur das Ergebnis für einen Vektor x_i; $i = 1...4$ bzw. $\mathbf{x}' = \mathbf{A} \cdot \mathbf{x}$. Bei der Matrixinvertierung sind aber 16 Unbekannte, eben die Koeffizienten der inversen Matrix, zu bestimmen, daher muss es mehrfach angewendet werden, um eine Lösung zu finden. Die Lösungsvektoren $\mathbf{x}'_\mathbf{k}$ sind jedoch durch die Einheitsmatrix bekannt. Damit das Gaußsche Eliminationsverfahren stabil abläuft, ist auf jeden Fall eine Pivotsuche und eine Zeilenvertauschung auf der Basis der Pivotzeile einzubauen.

Gauß-Jordan-Verfahren

Dieses ist eine Erweiterung des obigen Verfahrens. Das Verfahren erzeugt die Inverse der Matrix als Teil der Lösung eines Gleichungssystems. Auch hier ist Pivotisierung und Zeilenvertauschung nötig. Das Gauß-Jordan-Verfahren ist von der Performance her gesehen dem Gaußschen Eliminationsverfahren gleichwertig, da die Invertierung der Matrix eingeschlossen ist.

LU-Zerlegung

Eine Matrix wird in zwei Dreiecksmatrizen Left(L) und Upper(U) zerlegt. Mit der LU-Matrix kann dann die Invertierung der Matrix leicht durchgeführt werden.

$$\underbrace{\begin{pmatrix} 1 & 0 & 0 & 0 \\ l_{21} & 1 & 0 & 0 \\ l_{31} & l_{32} & 1 & 0 \\ l_{41} & l_{42} & l_{43} & l_{44} \end{pmatrix}}_{\mathbf{L}} \cdot \underbrace{\begin{pmatrix} u_{11} & u_{12} & u_{13} & u_{14} \\ 0 & u_{22} & u_{23} & u_{24} \\ 0 & 0 & u_{33} & u_{34} \\ 0 & 0 & 0 & u_{44} \end{pmatrix}}_{\mathbf{U}} = \underbrace{\begin{pmatrix} a_{11} & a_{12} & a_{13} & a_{14} \\ a_{21} & a_{22} & a_{23} & a_{24} \\ a_{31} & a_{32} & a_{33} & a_{34} \\ a_{41} & a_{42} & a_{43} & a_{44} \end{pmatrix}}_{\mathbf{A}}$$

Führt man die Matrixmultiplikation aus, dann ergeben sich 16 Gleichungen für 16 Unbekannte.

$$\begin{aligned} a_{11} &= u_{11} & a_{12} &= u_{12} \\ a_{21} &= u_{11} \cdot l_{21} & a_{22} &= u_{12} \cdot l_{21} + u_{22} \\ a_{31} &= u_{11} \cdot l_{31} & a_{32} &= u_{12} \cdot l_{31} + u_{22} \cdot l_{32} \\ a_{41} &= u_{11} \cdot l_{41} & a_{42} &= u_{12} \cdot l_{41} + u_{22} \cdot l_{42} \end{aligned}$$

$$\begin{aligned} a_{13} &= u_{13} & a_{14} &= u_{14} \\ a_{23} &= u_{13} \cdot l_{21} + u_{23} & a_{24} &= u_{14} \cdot l_{21} + u_{24} \\ a_{33} &= u_{13} \cdot l_{31} + u_{23} \cdot l_{32} + u_{33} & a_{34} &= u_{14} \cdot l_{31} + u_{24} \cdot l_{32} + u_{34} \\ a_{43} &= u_{13} \cdot l_{41} + u_{23} \cdot l_{42} + u_{33} \cdot l_{43} & a_{44} &= u_{14} \cdot l_{41} + u_{24} \cdot l_{42} + u_{34} \cdot l_{43} + u_{44} \end{aligned}$$

Solch ein Gleichungssystem lässt sich mit Pivotisierung und Zeilenvertauschung lösen (Crout-Algorithmus), das Ergebnis wird in einer Matrix, der LU-Matrix, zusammengefasst.

$$(\mathbf{LU}) = \begin{pmatrix} u_{11} & u_{12} & u_{13} & u_{14} \\ l_{21} & u_{22} & u_{23} & u_{24} \\ l_{31} & l_{32} & u_{33} & u_{34} \\ l_{41} & l_{42} & l_{43} & u_{44} \end{pmatrix} \tag{7.39}$$

Nach der LU-Zerlegung kann die Determinante aus dem Produkt der Diagonalelemente der LU-Matrix errechnet werden.

$$det(\mathbf{LU}) = \prod_{i=1}^{N} a_{ii} = a_{11} \cdot a_{22} \cdot a_{33} \cdot a_{44} \tag{7.40}$$

Mit der LU-Matrix wird nun genauso gerechnet wie mit der Matrix **A**, denn $\mathbf{A} = (\mathbf{LU})$, somit gilt auch $(\mathbf{LU}) \cdot \mathbf{p} = \mathbf{p}'$; wobei **p** ein Punkt und $\mathbf{p}'$ der transformierte Punkt ist. Bei der Matrixinvertierung liegt jedoch auf der Ergebnisseite kein einzelner Vektor mehr vor, vielmehr stehen dort die Vektoren E_j der Einheitsmatrix. Für jede Spalte (j) der Einheitsmatrix ist daher die genannte Multiplikation auszuführen. Nun ist allerdings das Ergebnis bekannt, während der Spaltenvektor $\mathbf{x_j}$ der invertierten Matrix gesucht wird.

$$\begin{aligned} \mathbf{L} \cdot \mathbf{v_j} &= \mathbf{E_j} \quad \text{Vorwärtseinsetzung} \\ \mathbf{U} \cdot \mathbf{x_j} &= \mathbf{v_j} \quad \text{Rückwärtseinsetzung} \end{aligned} \tag{7.41}$$

Denn mit (7.32):

$$(\mathbf{LU}) \cdot \mathbf{x_j} = \mathbf{L} \cdot \underbrace{(\mathbf{U} \cdot \mathbf{x_j})}_{\mathbf{v_j}} = \mathbf{E_j}$$

Da nun die $\mathbf{E_j}$ nur in jeweils einer Zeile eine 1 enthalten, ergeben sich recht einfache Gleichungen auf der Basis des Gleichungssystems (7.41). Diese Gleichungen, spezialisiert für die 4×4-Matrix, werden im Abschnitt *Transformations-Klasse* (Seite 564ff.) präsentiert.

Einzelschrittverfahren

Solche Verfahren, wie zum Beispiel das *Gauß-Seidel-Verfahren*, nähern eine Lösung über Iterationen an. Sie sind sehr rechenintensiv, liefern aber dafür die genauesten Lösungen, da sie weitgehend gegen Rundungsfehler unempfindlich sind. Ein Problem dieser Verfahren ist die Konvergenz der Lösung. Für den Einsatz in der 3D-Grafik, speziell bei der 4×4-Matrix, kommen Einzelschrittverfahren nicht in Frage.

SVD-Verfahren

Die Abkürzung SVD steht für *Singular Value Decomposition*. Das Verfahren ist ausgeprochen kompliziert, auch in der Theorie, nicht nur bei der Implementierung in Software. Beim SVD-Verfahren wird die Matrix $\mathbf{M}$ in drei Matrizen zerlegt: $\mathbf{M} = \mathbf{L} \cdot \mathbf{W} \cdot \mathbf{R}^T$, wobei $\mathbf{L}$ und $\mathbf{R}$ beide orthogonale Matrizen sind und $\mathbf{W}$ eine Skalierungsmatrix, in der nur die Diagonalen mit Gewichten besetzt sind. Das Verfahren ist rechenintensiv und kann nicht „mal eben so“ angewendet werden.

Neben den genannten Verfahren existieren noch weitere Lösungswege, die in der Regel eine bestimmte Form einer Matrix (symmetrisch, Bandmatrizen etc.) oder einen Besetzungsgrad (z. B. dünn besetzte Matrizen) voraussetzen. Die Anwendung der meisten der genannten Verfahren auf die 4×4-Matrix ist mit dem „Schießen mit Kanonen auf Spatzen“ zu vergleichen. Es genügt die LU-Zerlegung, kombiniert mit einer Spalten-Pivotisierung, selbst wenn mit einfacher (float) statt mit der doppelten Genauigkeit (double) gerechnet wird.

Die beste Strategie besteht jedoch gerade darin, die volle Invertierung einer Matrix zu vermeiden. In der 3D-Grafik kommen bei Koordinatentransformationen fast nur Rotationsmatrizen oder Translationsmatrizen, gegebenenfalls eine Kombination beider vor. Bei den Rotationen liegen orthogonale Matrizen vor, und die Translation kann leicht invertiert werden.

7.4 Vektoren

Ein *Vektor* ist im allgemeinen mathematischen Sinne lediglich eine geordnete Anordnung (Tupel) von Zahlen.

$$\vec{a} \leftarrow < a_1, a_2, a_3, ..., a_n >$$

Die $a_1, a_2, a_3, ..., a_n$ sind die Koordinaten bzw. Komponenten des Vektors. Zwei Vektoren sind *gleich*, wenn die Komponenten, jede für sich genommen, gleich sind.

$$\vec{a} = \vec{b} \quad \text{wenn} \qquad a_1 = b_1, a_2 = b_2, a_3 = b_3, ..., a_n = b_n$$

Alleine auf dieser Basis lassen sich die grundlegenden Regeln für Vektoren ableiten. Bei der *Multiplikation mit einem Skalar* $\alpha \cdot \vec{a}$ werden die Komponenten mit dem Skalar α multipliziert, also $\alpha a_1, \alpha a_2, \alpha a_3, ...\alpha a_n$. Daher spielt es auch keine Rolle, ob von links $\alpha\vec{a}$ oder von rechts $\vec{a}\alpha$ an den Vektor heran multipliziert wird.

$$\begin{aligned} &1 \cdot \vec{a} = \vec{a} && \text{skalares Produkt mit 1} \\ &\alpha(\beta \cdot \vec{a}) = (\alpha\beta)\,\vec{a} = \alpha\beta\vec{a} && \text{assoziatives skalares Produkt} \end{aligned}$$

Ein besonderer Vektor, der *Nullvektor*, entsteht, wenn mit der 0 multipliziert wird.

$$0 \cdot \vec{a} = \vec{0} \quad \text{Nullvektor}$$

Die *Summe zweier Vektoren* ist ein Vektor, der aus der Summe der Komponenten hervorgegangen ist.

$$\vec{a} + \vec{b} = \vec{c} \qquad \vec{c} \leftarrow < a_1 + b_1, a_2 + b_2 +, ...a_n + b_n >$$

Da die Komponenten Zahlen sind, ist auch bei der Summe die Reihenfolge der Summation nicht von Bedeutung.

$$\begin{aligned} &\vec{a} + \vec{b} = \vec{b} + \vec{a} && \text{kommutative Regel} \\ &\vec{a} + \vec{0} = \vec{a} && \text{Nullvektor} \\ &-1 \cdot \vec{a} + \vec{a} = \vec{0} && \\ &\vec{a} + \vec{b} + \vec{c} = \vec{a} + (\vec{b} + \vec{c}) = (\vec{a} + \vec{b}) + \vec{c} && \text{assoziative Regel bei Summen} \end{aligned}$$

Die bisher vorgestellten Regeln gelten für alle Arten von Vektoren. *Affine Vektoren* sind ungebundene Vektoren, es gibt keinen gemeinsamen Ursprung. Bei *euklidischen Vektoren* ist ein Punkt als Ursprung ausgezeichnet.

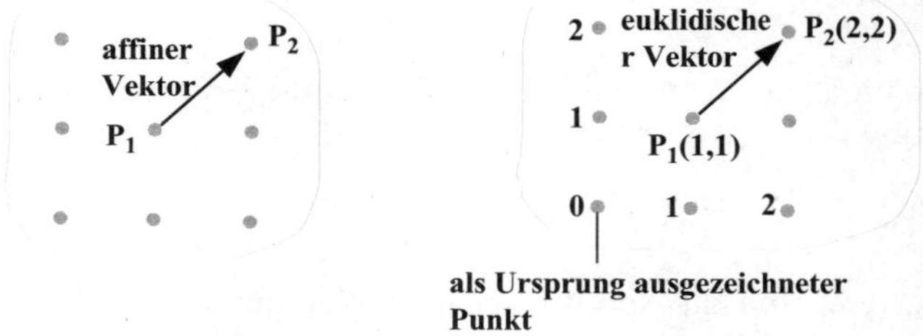

Abbildung 7.12 Bei affinen Vektoren sind die Punkte im Prinzip Objekte, die irgendwie benannt und angeordnet sind. Bei euklidischen Vektoren gibt es einen Punkt, der als Ursprung für ein Koordinatensystem dient.

Eine Anordnung von Punkten nennt sich *Punktraum*. Er kann beliebig viele Dimensionen aufweisen. Mit jedem Punktraum ist auch eine *Metrik* verbunden. Diese gibt für jede Dimension an, um wie viele Male ein Abstand größer oder kleiner ist als ein vorgegebener Abstand.

Im Alltag verwenden wir wie selbstverständlich Metriken und auch affine Vektoren, die in höchstem Maße kompliziert sind. Wir sagen z. B., mit der U-Bahn dauert es eine halbe Stunde, um von A nach B zu gelangen, unter der Woche mit dem Auto eine Stunde und am Wochenende nur 20 Minuten.

7.4.1 Einheitsvektor, Betrag eines Vektors

Bei der euklidischen Geometrie liegen einfachere Verhältnisse vor. Hier gibt es einen Einheitsmaßstab (1), der als 1 Meter, 1 Sekunde usw. interpretiert werden kann. Als *Einheitvektor* ist weiter ein Vektor definiert, dessen Länge 1 ist. Dabei kommt der Satz von Pythagoras ins Spiel: Er bestimmt ja den Abstand zweier Punkte eines Dreiecks, die Anfang und Ende der längsten Seite (Hypotenuse) des Dreieckes angeben. Für die *Länge eines Vektors*[7] wurde eine eigene Schreibweise eingeführt ($|\vec{a}|$), die sich aus einer allgemeinen Form des pythagoräischen Satzes errechnet.

$$|\vec{a}| = \sqrt{(a_1)^2 + (a_2)^2 + (a_3)^2 + \ldots(a_n)^2} \tag{7.42}$$

[7] Die Länge eines Vektors wird als dessen Betrag bezeichnet. Im Englischen werden für den Betrag die Ausdrücke *Modulus, Magnitude* oder *Length* verwendet.

Nun ist es an der Zeit, die Schreibweise des Vektors als Tupel zu ergänzen um die für Punkte gewohnte Darstellung. Wenn P und Q zwei Punkte sind, dann ist $P \rightarrow Q$ eine gerichtete Strecke, eben der Pfeil, der von P nach Q zeigt.

$$P = \begin{pmatrix} p_1 \\ p_2 \\ p_3 \end{pmatrix} \quad Q = \begin{pmatrix} q_1 \\ q_2 \\ q_3 \end{pmatrix} \tag{7.43}$$

Die Differenz $Q - P$ schreibt man als Vektor an.

$$\vec{a} = \begin{pmatrix} q_1 - p_1 \\ q_2 - p_2 \\ q_3 - p_3 \end{pmatrix} = \begin{pmatrix} a_1 \\ a_2 \\ a_3 \end{pmatrix}$$

Ein Vektor $\beta\vec{a}$ zeigt daher von P nach Q, jedoch, wenn $\beta > 1$, über Q hinaus. Offensichtlich wird $\vec{a}$ zu einem *Einheitsvektor*, wenn ein passendes β gefunden wird, die Länge von $\vec{a}$ muss dann gleich eins werden.

$$\beta = \sqrt{(q_1 - p_1)^2 + (q_2 - p_2)^2 + (q_3 - p_3)^2 + ...(q_n - p_n)^2}$$

So kann zu jedem beliebigen Vektor der zugehörende Einheitsvektor gefunden werden, indem jede Komponente von $\vec{a}$ durch β geteilt wird.

$$\mathbf{\hat{a}} = \frac{\vec{a}}{\beta} = \begin{pmatrix} a_1/\beta \\ a_2/\beta \\ a_3/\beta \end{pmatrix} \tag{7.44}$$

Als Kurzschreibweisen sind die Formen $||\vec{a}||$ oder $\hat{a}$, Einheitsvektor von $\vec{a}$ und für den Betrag $|\vec{a}|$ gebräuchlich.

$$\mathbf{\hat{a}} = ||\vec{a}|| = \frac{\vec{a}}{|\vec{a}|} = \frac{\vec{a}}{\sqrt{a_1^2 + a_2^2 + a_3^2 + ...a_n^2}}$$

Der Ausdruck $||\vec{a}||$ besitzt eine allgemeinere Bedeutung, er ist eine Schreibweise für die *Norm eines Vektors.* Wie diese gebildet wird, ist nicht direkt vorgegeben, vielmehr durch drei Bedingungen definiert.

$$||\vec{a}|| \geq 0 \qquad \text{und nur 0 wenn } \vec{a} = \vec{0}$$

$$||\lambda\vec{a}|| = |\lambda|||\vec{a}||$$

$$||\vec{a} + \vec{b}|| \leq ||\vec{a}|| + ||\vec{a}||$$

Die oben dargelegte *euklidische Norm* erfüllt diese Bedingungen. In der 3D-Computergrafik tritt gelegentlich auch eine andere Norm auf, die L1-Norm oder *Manhattan Distance.*

$$||\vec{a}||_{l1} = \sum |a_n|_n$$

Wenn Sie in Manhattan mit dem Taxi von A nach B fahren, dann sind die Distanzen eben die Summe der Blocklängen eines unregelmäßigen Grids. Wird hingegen das Maximum einer Komponente

$$||\vec{a}||_{l\infty} = \mathtt{max}|a_n|$$

gewählt, dann liegt die L_∞ oder Tschebyscheff-Distanz vor.

7.4.2 Vorstoß in die vierte Dimension

Es gibt in der Mathematik keine Einschränkung, die eine Erweiterung der Punktangaben auf vier oder mehr Dimensionen verbietet. Bei einer Punktangabe auf einer Linie reicht es aus, eine Länge *s*, eine Richtung und einen Maßstab anzugeben. Damit kann der Punkt, von einem Startpunkt ausgehend, leicht aufgefunden werden: gehe in diese Richtung und lege den Maßstab x-mal an. Die zweite Dimension erschließt sich, indem ein rechter Winkel festgelegt und dann wieder eine Länge, Richtung und Maßstab für diese Dimension bestimmt wird. Mit der Erschließung der zweiten Dimension wird das mathematische Spiel aber schon erheblich interessanter, denn jetzt kann ja auch ein Kreis gezeichnet werden.[8] Lassen Sie uns noch die dritte Dimension hinzufügen und eine Fläche betrachten, die um die Länge *w* vom Ursprung entfernt ist.

$$P = \begin{pmatrix} P_x \\ P_y \\ w \end{pmatrix} \quad Q = \begin{pmatrix} Q_x \\ Q_y \\ w \end{pmatrix} \tag{7.45}$$

Jeder Vektor, der als Differenz zweier Punkte gebildet wird, die beide in einer Ebene liegen, liegt dann ebenfalls in dieser Ebene. Die dritte Dimension tritt bei diesen Vektoren nicht auf, denn deren Komponente ist stets 0.

[8] Ein vergnügliches Buch von einer Reise in eine zweidimensionale Welt und den Kontakt mit Aliens (genauer: die Aliens sind wir, die dreidimensionalen Wesen) stammt von Alexander K. Dewdney: „Das Planiversum. Computerkontakt mit einer zweidimensionalen Welt“, Paul Zsolnay Verlag, Wien/Hamburg 1985.

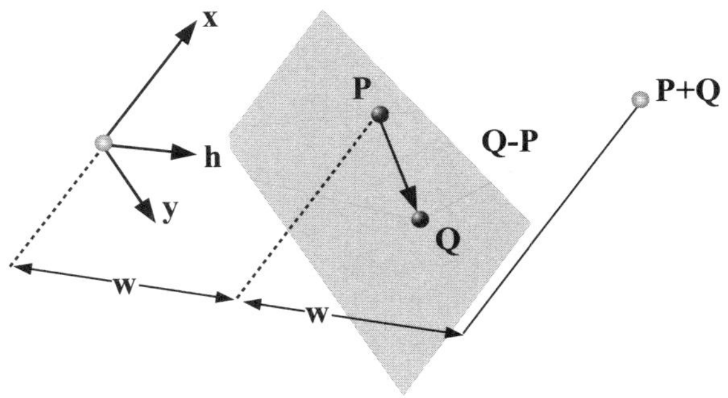

Vektoren im Raum sind als Differenz zweier Punkte definiert. Die Summe von zwei Punkten $P+Q$ ergibt einen Punkt, der nicht mehr in der Fläche liegt, die P und Q enthält. Im Bild dargestellt ist eine Fläche im Abstand w vom Ursprung in einem dreidimensionalen Punktraum (n=3). Gültige Punkte liegen allesamt auf der Fläche, und für die Darstellung der Vektoren genügen zwei Komponenten (n-1).

Abbildung 7.13

$$\vec{a} = \begin{pmatrix} Q_x - P_x \\ Q_y - P_y \\ w - w \end{pmatrix} \tag{7.46}$$

Natürlich ist es möglich, die Addition der Punkte indirekt durchzuführen, indem irgendein anderer Punkt als der Ursprung verwendet wird.

$$P + Q = \vec{v}_P + \vec{v}_Q = \begin{pmatrix} (P_x - 0) + (Q_x - 0) \\ (P_y - 0) + (Q_y - 0) \\ 2w \end{pmatrix}$$

Das Ergebnis ist jedoch ein Vektor, der nicht mehr in der zweidimensionalen Fläche liegt, er ist ein dreidimensionaler Vektor und gehört zu einem übergeordneten Vektorraum. Betrachtet man einen n-dimensionalen Punktraum, dann lässt sich durch Differenzbildung ein Vektorraum gewinnen, der $n-1$ Dimensionen aufweist, denn die Differenzbildung wählt aus der Menge der Punkte jene aus, bei denen eine Koordinate gleich groß ist. Ist $n = 3$, dann werden Punkte mit der dritten Dimension gleich $P_h = w$ gewählt. Dass diese Koordinate als letzte angeschrieben wird, ist eine reine Konvention. Der ausgewählte Punktraum besitzt keinen ausgezeichneten Punkt, keinen Ursprung, er ist ein affiner Punktraum und deswegen gibt es auch kein absolutes Koordinatensystem, denn jeder Punkt darf als Ursprung herausgegriffen werden. Den uns geläufigen dreidimensionalen Vektoren liegt ein vierdimensionaler Punktraum zugrunde, bei dem die W-Komponente auf den Betrag 1 festgelegt ist.

$$P = \begin{pmatrix} P_x \\ P_y \\ P_z \\ 1 \end{pmatrix}$$

Im Zusammenspiel mit der 4×4-Transformationsmatrix kann es vorkommen, dass ein Ergebnispunkt nicht mehr in der Ebene $w = 1$ liegt. Andersherum ausgedrückt: Indem zugelassen wird, dass $w \neq 1$ wird, können Punkte mit Matrizen multipliziert werden, die Operationen im n-dimensionalen Punktraum zusammenfassen. Zu erinnern ist hierbei an die Matrix (2.1). Betrachten Sie zum Beispiel einen dreidimensionalen Würfel, der durch eine perspektivische Projektion auf eine Ebene abgebildet wird. Im Dreidimensionalen kann der Würfel beliebig skaliert, gedreht und verschoben werden; sein zweidimensionales Abbild wird für einen Bewohner der zweidimensionalen Welt seltsame und verwirrende Formwandlungen zeigen. Einige mathematisch begabte Bewohner werden die Formänderungen durchschauen, eine homogene 3×3-Matrix aufstellen und damit rechnen, so wie wir es mit der 4×4-Transformationsmatrix tun.

Damit aber nach der Rechnung das Ergebnis im festgelegten Punktraum liegt, muss wieder $w = 1$ hergestellt werden. Aus diesem Grunde wird nach einer Multiplikation eines Punktes mit einer 4×4-Transformationsmatrix anschließend durch die homogene Koordinate geteilt.

$$P" = \begin{pmatrix} P'_x / w \\ P'_y / w \\ P'_z / w \\ 1 \end{pmatrix}$$

Jetzt kann wieder die Differenz zweier Punkte genutzt werden, um einen gültigen Vektor aufzufinden. Da ein Punkt im kartesischen Koordinatensystem als Ursprung gewählt wurde

$$O = \begin{pmatrix} 0 \\ 0 \\ 0 \\ 1 \end{pmatrix}, \quad \text{exakt} \begin{pmatrix} O_x \\ O_y \\ O_z \\ 1 \end{pmatrix}$$

darf ein Vektor durch einen Punkt P und den Ursprung O gebildet werden. Angeschrieben sieht der Resultatsvektor dann so aus wie ein dreidimensionaler Punkt, aber das ist unserer Bequemlichkeit zuzuschreiben.

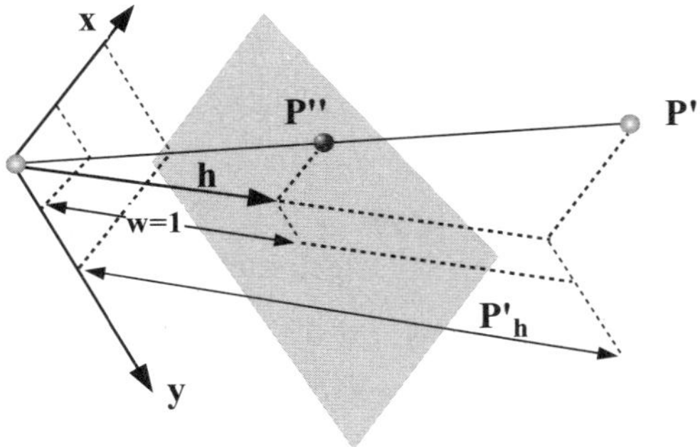

Die Homogenisierung eines Punktes, dessen vierte Koordinate ungleich 1 ist, entspricht einer gleichartigen Skalierung der anderen Koordinaten.

Abbildung 7.14

7.4.3 Vektoren und Matrizen

Die Schreibweise

$$\vec{a} = \begin{pmatrix} a_1 \\ a_2 \\ a_3 \end{pmatrix}$$

für einen Vektor legt nahe, dass es sich um eine Matrix (n:1) handelt (Zeilen:Spalten), was auch der Fall ist. Ein Zeilenvektor $\vec{a}^T = (a_1, a_2, a_3)$ stellt sich entsprechend als eine (1:n)-Matrix (n=3) dar. So sind Matrixoperationen (Addition, Multiplikation usw.) auch für Vektoren gültig. Für gewöhnlich werden zwei Matrizen, wie nachfolgend die 2:2-Matrizen, multipliziert.

$$\begin{pmatrix} a_{11} & a_{12} \\ a_{21} & a_{22} \end{pmatrix} \begin{pmatrix} b_{11} & b_{12} \\ b_{21} & b_{22} \end{pmatrix} = \begin{pmatrix} a_{11}b_{11} + a_{12}b_{21} & a_{11}b_{12} + a_{12}b_{22} \\ a_{21}b_{21} + a_{22}b_{21} & a_{21}b_{21} + a_{22}b_{22} \end{pmatrix}$$

Bei der Multiplikation von einspaltigen Matrizen, also Vektoren, entstehen für die 3D-Computergrafik nützliche Ergebnisse jedoch nur, wenn einer der beiden Vektoren transponiert wird. Aus einem Spaltenvektor entsteht so ein Zeilenvektor und umgekehrt.

$$\vec{a}^T = (a_1, a_2, a_3 \ldots a_n)$$

Die Umkehrung ist die erneute Transponierung.

$$\vec{a} = \left(\vec{a}^T\right)^T = \begin{pmatrix} a_1 \\ a_2 \\ a_3 \end{pmatrix} = (a_1\,, a_2\,, a_3 \ldots a_n)^T$$

Wie Sie gleich sehen werden, spielt es eine Rolle, von welcher Seite her multipliziert wird. Zunächst sei $\vec{a}^T \cdot \vec{b}$ gebildet.

$$(a_1, a_2)\begin{pmatrix} b_1 \\ b_2 \end{pmatrix} = a_1 b_1 + a_2 b_2 \qquad \text{Skalares Produkt}$$

Das Ergebnis ist eine Zahl, das *skalare Produkt* zweier Vektoren. Als Nächstes werde $\vec{b}$ transponiert und mit $\vec{a}$ multipliziert.

$$\begin{pmatrix} a_1 \\ a_2 \end{pmatrix}(b_1, b_2) = \begin{pmatrix} a_1 b_1 & a_1 b_2 \\ a_2 b_1 & a_2 b_2 \end{pmatrix} = \begin{pmatrix} a_1 & 0 \\ a_2 & 0 \end{pmatrix}\begin{pmatrix} b_1 & b_2 \\ 0 & 0 \end{pmatrix}$$

Diese mathematische Operation ergibt eine Matrix. Diese Art der Multiplikation wird *dyadisches Produkt* oder äußeres Produkt genannt. Das dyadische Produkt spielt eine Rolle in der Tensoralgebra; als Schreibweise für diese Art des Produktes ist das Zeichen $\otimes$ üblich. Weil dieses Produkt eine Matrix erzeugt, kann damit auch ein Produkt dreier Vektoren umgeschrieben werden.

$$\left(\vec{a} \cdot \vec{b}\right)\vec{c} = \left(\vec{c} \otimes \vec{b}\right)\vec{a} \tag{7.47}$$

Wenn vom *skalaren Produkt* oder vom inneren Produkt zweier Vektoren die Rede ist, dann ist immer die Multiplikation $\vec{a}^T \cdot \vec{b}$ gemeint. Da das zu einer unhandlichen Schreibweise führt, wird die Transponierung von $\vec{a}$ nur im Hintergrund durchgeführt, ohne diese explizit zu erwähnen.

Beim Zusammenspiel von Vektoren mit Matrizen finden sich in der Literatur zwei unterschiedliche, aber gleichwertige Konventionen. Die in diesem Buch und meist auch in der Mathematik verwendete Konvention multipliziert Spaltenvektoren von rechts an eine Matrix.

$$P_c = \mathbf{M}\,P \qquad P = \begin{pmatrix} P_x \\ P_y \\ P_z \\ 1 \end{pmatrix}$$

Die zweite Form multipliziert einen Zeilenvektor von links an eine Matrix.

$$P_r = P^T\,\mathbf{M} \qquad P^T = \left(P_x, P_y, P_z, 1\right)$$

Jede dieser Varianten hat Vor- und Nachteile, es handelt sich halt um eine Konvention. Es muss nur stets klar sein, welches System aktuell gültig ist. Hier im Buch und in der OpenGL-Welt gilt das Rechtssystem, in der Microsoft-Welt (DirectX) das Linkssystem. Das Ergebnis der Multiplikation ist nicht gleich, daher sind die obigen Ergebnisvektoren mit einem entsprechenden Index versehen. Bei gleicher Matrix **M** gilt: P_r ist ein Zeilenvektor, dessen Komponenten nicht gleich den Komponenten des Spaltenvektors P_c sind.

$$P_r \neq P_C \qquad \text{und auch } P_r^T \neq P_c$$

Ist **M** eine 4×4-Transformationsmatrix und P eine beliebige dreimensionale Position eines Punktes, dann gilt für die Multiplikation eines Spaltenvektors mit der Matrix:

$$\begin{pmatrix} m_{11} & m_{12} & m_{13} & m_{14} \\ m_{21} & m_{22} & m_{23} & m_{24} \\ m_{31} & m_{32} & m_{33} & m_{34} \\ m_{41} & m_{42} & m_{43} & m_{44} \end{pmatrix} \begin{pmatrix} P_x \\ P_y \\ P_z \\ 1 \end{pmatrix} = \begin{pmatrix} m_{11}P_x + m_{12}P_y + m_{13}P_z + m_{14} \\ m_{21}P_x + m_{22}P_y + m_{23}P_z + m_{24} \\ m_{31}P_x + m_{32}P_y + m_{33}P_z + m_{34} \\ m_{41} + m_{42} + m_{43} + m_{44} \end{pmatrix}$$

Denken Sie daran, dass nach der Multiplikation der Ergebnisvektor wieder normalisiert, also durch die vierte Komponente geteilt werden muss. Im Falle der Multiplikation eines Zeilenvektors von links an die Matrix gilt:

$$\begin{matrix} (m_{11}P_x + m_{21}P_y + m_{31}P_z + m_{41}, \\ m_{12}P_x + m_{22}P_y + m_{32}P_z + m_{42}, \\ m_{13}P_x + m_{23}P_y + m_{33}P_z + m_{43}, \\ m_{14} + m_{24} + m_{34} + m_{44}) \end{matrix} = (P_x, P_y, P_z, 1) \begin{pmatrix} m_{11} & m_{12} & m_{13} & m_{14} \\ m_{21} & m_{22} & m_{23} & m_{24} \\ m_{31} & m_{32} & m_{33} & m_{34} \\ m_{41} & m_{42} & m_{43} & m_{44} \end{pmatrix}.$$

Offensichtlich ergibt sich nur dann dasselbe Ergebnis, wenn die verwendete Matrix entsprechend transponiert wird.

$$P_c = P_r^T = \begin{cases} P^T\mathbf{M}^T \\ \mathbf{M}P \end{cases}$$

oder

$$P_c = P_r^T = \begin{cases} P^T\mathbf{M} \\ \mathbf{M}^T P \end{cases}$$

Die hier angesprochende Konvention hat auch einen Einfluss auf die Reihenfolge von Matrizen bei einer Komposition.

$$P_c = \mathbf{CBA}P$$

$$P_r = P^T\mathbf{ABC}$$

Das ist leicht nachzuvollziehen, wenn passende Klammern gesetzt werden:

$$P_c = (\mathbf{CB})\underbrace{\mathbf{A}P}_{P_c^*} = \mathbf{C}\underbrace{(\mathbf{B}P_c^*)}_{P_c^{**}} = \mathbf{C}P_c^{**}$$

$$P_r = \underbrace{P^T\mathbf{A}}_{P_r^*}\mathbf{BC} = \underbrace{(P_r^*\mathbf{B})}_{P_r^{**}}\mathbf{C} = P_r^{**}\mathbf{C} \qquad P_c \neq P_r$$

Wenn Sie einen mathematischen Text studieren, bei dem Vektoren und Matrizen eine Rolle spielen, sollten Sie zuerst klären, welche Konvention der Autor verwendet. Bei der Softwareentwicklung ist die Kenntnis der verwendeten Konvention nicht so kritisch, denn dort werden Sie Grundklassen wie „Vector", „Point" und „Matrix" vorfinden, die selbst wissen, wie die entsprechende Multiplikation durchzuführen ist. Aber auch dort gilt, zum Beispiel in Foren, zur Sicherheit nachzufragen, denn wir neigen dazu, gewohntes Verhalten als Selbstverständlichkeit anzusehen und dann darüber kein Wort zu verlieren.

Eine 4×4-Transformationsmatrix wird mit einem dreidimensionalen Punkt multipliziert, indem die vierte Koordinate zuerst auf 1 gesetzt wird.

$$\begin{pmatrix} 1 & 0 & 0 & t_x \\ 0 & 1 & 0 & t_y \\ 0 & 0 & 1 & t_z \\ 0 & 0 & 0 & 1 \end{pmatrix} \begin{pmatrix} p_x \\ p_y \\ p_z \\ 1 \end{pmatrix} = \begin{pmatrix} p_x + t_x \\ p_y + t_y \\ p_z + t_z \\ 1 \end{pmatrix}$$

Multiplizieren Sie hingegen einen Vektor, dann ist die vierte Koordinate gleich 0 zu setzen. Wäre die vierte Komponente bei einer 4×4-Matrixmultiplikation nicht 0, dann ginge der Translationsanteil in den neuen Vektor ein, was einer unerwünschten Vektoraddition entspricht.

Exkurs 7.15

Matrizen sind eine Art Transportnetzwerk für den Punkttransport. Bei der Bildung der Matrixabfolgen, der Klammerung und im Umgang mit den Inversen bzw. Transponierten ist etwas Sorgfalt angebracht.

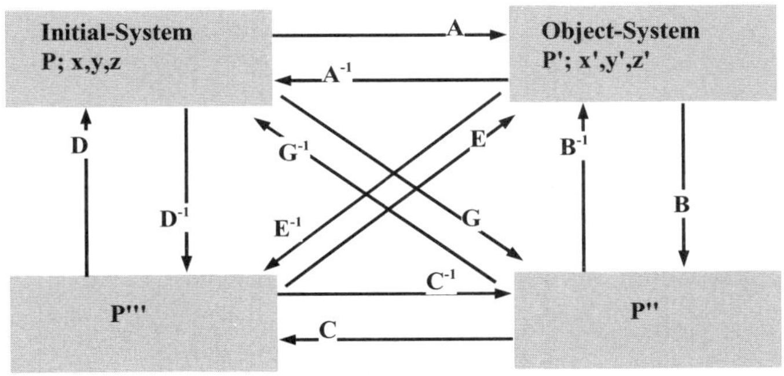

Abbildung 7.15

Das Bezugssystem ist durch die Koordinatenvektoren **x**,**y** und **z** angegeben. Ein objektbezogenes Koordinatensystem mit den Vektoren **x**′,**y**′ und **z**′ ist aus dem Bezugssystem durch eine Transformation mit der Matrix **A** hervorgegangen. Weitere Matrizen transformieren Punkte in dem dargestellten Netzwerk.

Rotiert man einen Punkt P mit der Matrixkette **ABC**, dann ergibt sich daraus der Punkt P'''. Damit durch eine weitere Rotation wiederum der Punkt P als Ergebnis erscheint, muss die Matrix **D** die Inverse der genannten Transportkette sein.

$$\mathbf{D} = (\mathbf{ABC})^{-1} = \mathbf{C}^{-1}\mathbf{B}^{-1}\mathbf{A}^{-1}$$

Die inverse Matrix von **D** transformiert den Punkt P direkt vom Bezugssystem in den Punkt P'''. Wie muss nun diese Matrix beschaffen sein?

$$\mathbf{D}^{-1} = \left(\mathbf{C}^{-1}\mathbf{B}^{-1}\mathbf{A}^{-1}\right)^{-1} =$$
$$\left(\mathbf{A}^{-1}\right)^{-1}\left(\mathbf{C}^{-1}\mathbf{B}^{-1}\right)^{-1} = \left(\mathbf{A}^{-1}\right)^{-1}\left(\mathbf{B}^{-1}\right)^{-1}\left(\mathbf{C}^{-1}\right)^{-1} = \mathbf{ABC}$$

Nun sei ein neues Koordinatensystem erstellt, das durch die Transformation der Vektoren **x**,**y** und **z** mit der Matrix **A** entsteht. In diesem System wird der Punkt P' nach P'' transformiert.

$$\mathbf{B}P' = P\text{“} \qquad \mathbf{B}(\mathbf{A}P) = (\mathbf{BA})\,P = P\text{“}$$

Als Nächstes soll P'' über die Matrizen **C** und **E** wieder in P' übergehen.

$$(\mathbf{EC})\,P\text{“} = P'$$

Um die Matrix **E** herauszuschälen, ersetzt man P' auf der rechten Seite durch **A**P und auf der linken Seite den Punkt P'' durch **AB**P. Da dann nach der Klammerung auf der linken und rechten Seite dasselbe Ergebnis entsteht, darf die Multiplikation mit P entfallen.

$$\mathbf{ECAB} = \mathbf{A}$$

Jetzt wird auf der linken Seite die Matrix B beseitigt:

$$\mathbf{ECA}\underbrace{\mathbf{BB}^{-1}}_{\mathbf{I}} = \mathbf{AB}^{-1}$$

und das geht so weiter, bis auf der linken Seite nur noch **E** steht.

$$\mathbf{E} = \mathbf{AB}^{-1}\mathbf{A}^{-1}\mathbf{C}^{-1}$$

Diese Transformationen gelten für alle Arten von Matrizen, solange die Inversen der Matrizen existieren. Bei den bisher vorgestellten Matrizen ist bei der Punkttransformation die w-Komponente immer 1. Sie werden aber Matrizen kennenlernen, bei denen dies nicht mehr der Fall ist. Aber auch dann gelten die hier dargestellen Abfolgen, wenn die Punkte innerhalb der Transformationskette nicht normalisiert werden, d. h. vierdimensionale Punkte bleiben, und die Berechnung der Inversen die komplette 4×4-Transformationsmatrix einbezieht.

Ende des Exkurses 7.15

7.4.4 Normale und Matrizen

Bei einer Rotation durch den oberen 3×3-Anteil der Matrix wird lediglich die Richtung des Vektors verändert, aber nur dann, wenn in der Rotation keine Skalierung enthalten ist.

$$\begin{pmatrix} \cos(\alpha) & -A\sin(\alpha) & 0 & 0 \\ \sin(\alpha) & \cos(\alpha) & 0 & 0 \\ 0 & 0 & 1 & 0 \\ 0 & 0 & 0 & 1 \end{pmatrix} \begin{pmatrix} a_x \\ a_y \\ a_z \\ 0 \end{pmatrix} = \begin{pmatrix} a_x cos(\alpha) - a_y A\sin(\alpha) \\ a_x sin(\alpha) + a_y \cos(\alpha) a_z \\ 0 \end{pmatrix}$$

Wenn Sie nun das Quadrat des Betrags des gedrehten Vektors $\vec{a}'$ bilden, dann ist nur im Falle $A = 1$ dessen Betrag gleich dem Ausgangsvektor $\vec{a}$.

$$|\vec{a}'|^2 = a_x^2 \underbrace{\left(s^2 + c^2\right)}_{1} + 2 a_x a_y cs(1 - A) + a_y^2 \left(A^2 s^2 + c^2\right) + a_z^2 \neq |\vec{a}|^2$$

Angenommen, der Vektor $\vec{a}$ ist die Normale (Einheitsvektor) einer Fläche, die einer Rotation unterworfen wird. Die obige Rotationsmatrix um die Z-Achse wäre für diesen Zweck ungeeignet, sie verzerrt die Normale.

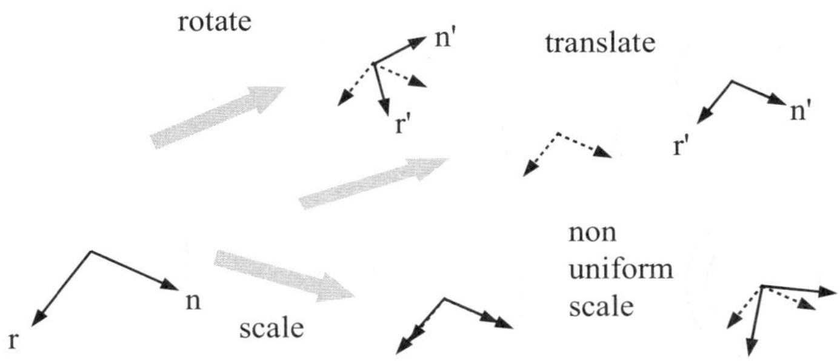

Normale sind besondere Vektoren, die Transformationen mit der gleichen Matrix können die 90°-Beziehung der Normalen zu einem Vektor zerstören.

Abbildung 7.16

Die Multiplikation von Normalen mit der 4×4-Transformationsmatrix unterliegt besonderen Regeln. Normale sind an Vektoren oder Flächen gebunden und sollen ihre relative Lage nach der Transformation beibehalten.

Beispiel 7.11

Zum Beispiel sei der Vektor $\vec{n}$ eine Normale, die an einen Richtungsvektor $\vec{r}$ gebunden ist. Beide werden zunächst mit der Matrix $\mathbf{M_1}$ transformiert. Um das Beispiel einfach zu halten, sei $\mathbf{M_1}$ eine Skalierungsmatrix mit ungleichen Skalierungsfaktoren.

$$\mathbf{M_1} = \begin{pmatrix} s_x & 0 & 0 & 0 \\ 0 & s_y & 0 & 0 \\ 0 & 0 & 1 & 0 \\ 0 & 0 & 0 & 1 \end{pmatrix} \qquad s_x \neq s_y$$

In einer zweidimensionalen Situation lässt sich die Bindung der Normalen an den Richtungsvektor $\vec{r}$ durch eine Addition von 90° leicht ausdrücken.

$$\vec{r}\,' = \mathbf{M_1}\vec{r} = \begin{pmatrix} s_x\,cos(\alpha) \\ s_y\,sin(\alpha) \\ 0 \\ 0 \end{pmatrix} \qquad \vec{n}\,' = \mathbf{M_1}\vec{n} = \begin{pmatrix} s_x\,cos(\alpha+90^\circ) \\ s_y\,sin(\alpha+90^\circ) \\ 0 \\ 0 \end{pmatrix}$$

Wenn $s_x \neq s_y$, dann ist auch das skalare Produkt $\vec{r}\,'\cdot\vec{n}\,'$ nicht mehr 0, die Normale darf also so nicht transformiert werden. Wird hingegen die Normale mit der Inversen der Matrix $\mathbf{M_1}$ transformiert, dann kürzen sich die ungleichen Skalierungsfaktoren, im Produkt bleibt die 90°-Beziehung erhalten.

Ende des Beispiels 7.11

Für alle Punkte P einer Ebene gilt die Grundgleichung, siehe auch (7.68):

$$\hat{n}P + d = 0,$$

die auch in einer speziellen Form angeschrieben werden darf.

$$\underbrace{(n_x, n_y, n_z, d)}_{(\hat{n}_p)^T} \begin{pmatrix} P_x \\ P_y \\ P_z \\ 1 \end{pmatrix} = 0$$

Da es hier nur auf die Normale ankommt, darf die Ebene auch durch den Ursprung gehen $d = 0$. Der Zeilenvektor der Normalen wird mit der Matrix $\mathbf{M_n}$ und die Punkte mit der Matrix $\mathbf{M_P}$ transformiert.

$$\left[(\hat{n}_p)^T \mathbf{M_n}\right] \cdot [\mathbf{M_P} P] = 0$$

Beachten Sie die Stellung der Matrix $\mathbf{M_n}$, da ja mit dem Zeilenvektor $\hat{n}_p^T$ multipliziert wird. Offensichtlich ist die Gleichung nur dann erfüllt, wenn

$$\mathbf{M_n M_P} = \mathbf{I} \qquad \mathbf{I} = \left(\delta_{ij}\right) \text{ Einheitsmatrix},$$

das heißt, wenn die Matrix $\mathbf{M_n}$ die Inverse der Matrix $\mathbf{M_P}$ ist, woraus dann folgt:

$$\underbrace{\left((\hat{n}_p)^T (\mathbf{M_p})^{-1}\right)}_{\hat{n}^T} \cdot \underbrace{\mathbf{M_P} P}_{P'} = 0$$

Gefordert war $\hat{n}' \cdot P' = 0$, folglich

$$\hat{n}' = \left(\mathbf{M_P}^{-1}\right)^T \hat{n}$$

Wenn Sie einen Vertexshader programmieren, der die Normale, die an einen Vertex gebunden ist, an nachfolgende Stufen weitergibt, dann muss diese Form der Transformation beachtet werden.

```
in vec3 normal;
uniform mat4 modelViewMatrix;
out vec3 normalInterpolated;

void main(void) {
   normalInterpolated = transpose(inverse(mat3(modelViewMatrix)))*\
normal;
   ...
```

Häufig kann angenommen werden, dass der obere linke 3×3-Anteil der Modelview-Matrix nur einen orthogonalen Rotationsanteil enthält, d. h. die Vektoren, die die Matrix bilden, stehen senkrecht aufeinander und es handelt sich um Einheitsvektoren. In solchen Fällen kann dann, um Zeit zu sparen, direkt mit der Modellmatrix multipliziert werden (`mat3(modelViewMatrix)`).

7.4.5 Skalares Produkt zweier Vektoren

Das skalare Produkt (*Dot Product*) zweier euklidischer Vektoren $\vec{a}$ und $\vec{b}$ schreibt sich mit dem Punkt gemäß:

$$\vec{a} \cdot \vec{b} = \sum a_i b_i \qquad \text{skalares Produkt zweier Vektoren} \qquad (7.48)$$

Was passiert nun, wenn $\vec{a}$ oder $\vec{b}$ mit einem Skalar multipliziert wird? Durch Ausrechnen der Summe auf der rechten Seite kann man sich leicht davon überzeugen, dass:

$$(\beta \vec{a}) \cdot \vec{b} = \vec{a} \cdot (\beta \vec{b}) = \beta (\vec{a} \cdot \vec{b}) \qquad \text{assoziatives Skalarprodukt}$$

Außerdem wäre es noch interessant zu wissen, ob das skalare Produkt auch kommutativ ist, ob die Vektoren also vertauscht werden dürfen.

$$(a_1, a_2) \cdot \begin{pmatrix} b_1 \\ b_2 \end{pmatrix} = a_1 b_1 + a_2 b_2$$
$$(b_1, b_2) \cdot \begin{pmatrix} a_1 \\ a_2 \end{pmatrix} = b_1 a_1 + b_2 a_2$$

Die einzelnen Terme haben bei der Vertauschung den gleichen Wert, denn es ist ja $\sum a_i b_i = \sum b_i a_i$. Daher:

$$\vec{a} \cdot \vec{b} = \vec{b} \cdot \vec{a} \qquad \text{kommutatives Skalarprodukt}$$
$$\vec{a} \cdot (\vec{b} + \vec{c}) = \vec{a} \cdot \vec{b} + \vec{a} \cdot \vec{c} \qquad \text{assoziatives Skalarprodukt}$$
$$\left(\vec{a} \cdot \vec{b}\right) \cdot \vec{c} = \left(\vec{c} \otimes \vec{b}\right) \cdot \vec{a} \qquad \text{siehe 7.47}$$

7.4.6 Längen- und Winkelmessung

Das skalare Produkt zweier Vektoren ist ein Mehrzweckwerkzeug, nützlich für viele Zwecke, je nachdem, welches Werkzeug „eingespannt" ist. Die Werkzeuge sind hier die beiden Vektoren $\vec{a}$ und $\vec{b}$, die am skalaren Produkt beteiligt sind. Es gibt sie jeweils in zwei Ausprägungen, als beliebiger Vektor und als Einheitsvektor. Bei der Projektion eines Vektors auf einen

Einheitsvektor entsteht eine Länge, gemessen in der Richtung des Einheitsvektors.

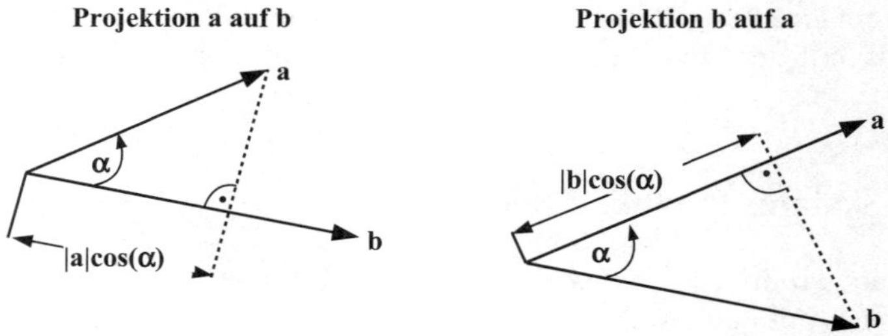

Abbildung 7.17 Bei der Projektion von Vektoren aufeinander entsteht ein rechtwinkliges Dreieck, das die Bestimmung des Winkels α zwischen den Vektoren erlaubt.

$|\vec{a}|cos(\alpha) = \vec{a}\frac{\vec{b}}{|\vec{b}|} = a_b$ Richtungskoeffizient a_b oder Projektion von $\vec{a}$ auf $\vec{b}$

$|\vec{b}|cos(\alpha) = \vec{b}\frac{\vec{a}}{|\vec{a}|} = b_a$ Richtungskoeffizient a_b oder Projektion von $\vec{b}$ auf $\vec{a}$

Durch eine einfache Umstellung findet sich eine allgemeine Form, die wiederum ein Lösungsansatz für die Winkelmessung über den Cosinus ist.

$$\vec{a}\cdot\vec{b} = |\vec{a}|\,|\vec{b}|\,cos(\alpha) \qquad \text{Skalare Multiplikation zweier Vektoren} \qquad (7.49)$$

Dies ist die skalare Multiplikation zweier Einheitsvektoren, denn:

$$\hat{a}\cdot\hat{b} = \frac{\vec{a}}{|\vec{a}|}\frac{\vec{b}}{|\vec{b}|} = cos(\alpha)$$

Die Länge der Einheitsvektoren ist Eins, und so liegen die Spitzen der beiden Einheitsvektoren auf einem Einheitskreis. Wenn Vektoren senkrecht aufeinander stehen, gilt allgemein:

$$\vec{a}\cdot\vec{b} = 0 \qquad \text{wenn } \vec{a} \text{ senkrecht auf } \vec{b}.$$

Sind die Vektoren parallel, $\cos(\alpha) = \pm 1$, dann besagt das positive Vorzeichen, dass die Vektoren gleichgerichtet sind, bei einem negativen Vorzeichen zeigen sie in die entgegengesetzte Richtung. Auch aus dem Kreuzprodukt (7.57), jedoch nur im dreidimensionalen Raum, kann der Winkel zwischen den Vektoren bestimmt werden. Daneben gilt noch der Satz des Pythagoras in der Form $sin^2(\alpha) + cos^2(\alpha) = 1$.

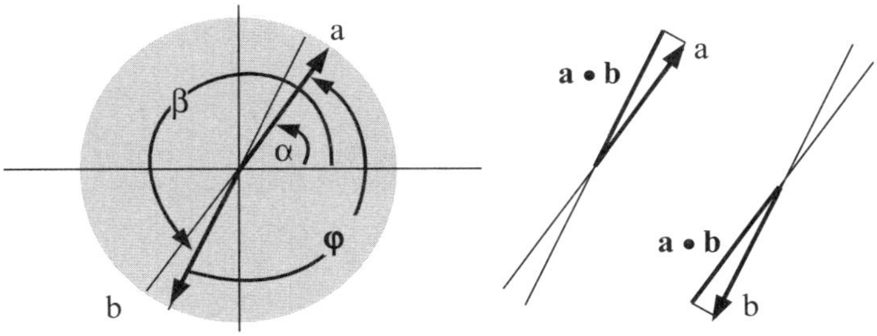

Abbildung 7.18 Auf der linken Seite: Darstellung der Lage der Ausgangsvektoren. Rechts die Projektion der Vektoren aufeinander. Bei dieser Anordnung ergibt sich ein negativer Wert durch das skalare Produkt. Die rechts dargestellte Projektion gibt nicht den tatsächlichen Winkel φ zwischen den Vektoren wieder.

Der Arkuscosinus *acos* ist gültig im Definitionsbereich −1...1, der immer dann direkt vom skalaren Produkt eingehalten wird, wenn mit Einheitsvektoren gerechnet wird. Standard ist auch, dass die Arkusfunktionen den Hauptwert zurückgeben. Das ist bei der Java-Methode `Math.acos` der Fall, auch Taschenrechner geben den Hauptwert zurück. Im Fall der acos-Funktion ist das der Wertebereich $0 \le \varphi \le \pi$.

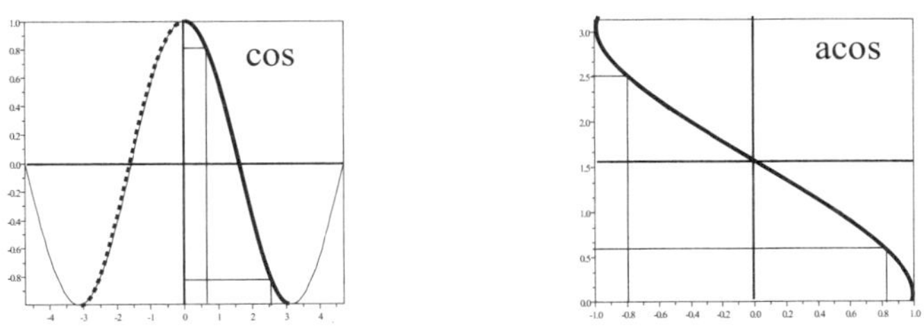

Abbildung 7.19 Links die Cosinus-Funktion, rechts Darstellung des Hauptwertebereichs der Arkuscosinusfunktion.

Mit dem Richtungskosinus kann ein Vektor $\vec{a}$ in zwei Vektoren zerlegt werden, wobei einer der Vektoren $\vec{c}$ die Richtung des Referenzvektors $\vec{b}$ besitzt und der andere Vektor $\vec{d}$ ein dazu senkrechter Vektor ist.

$$|a| cos(\varphi) = \vec{a}\frac{\vec{b}}{|b|}$$

Diese Gleichung gibt die Länge der Projektion von $\vec{a}$ auf $\vec{b}$ an; multipliziert mit dem Einheitsvektor von $\vec{b}$ erhält man damit den gewünschten Vektor $\vec{c}$.

$$\vec{c} = \frac{\vec{a}\cdot\vec{b}}{|b|}\cdot\frac{\vec{b}}{|b|} = \frac{\vec{a}\cdot\vec{b}}{|b|^2}\vec{b} \qquad \vec{c}\,||\,\vec{b}$$

Der dazu senkrechte Vektor $\vec{d}$ findet sich über die Vektorsumme $\vec{a}-\vec{d}-\vec{c}=\vec{0}$.

$$\vec{d} = \vec{a} - \frac{\vec{a}\cdot\vec{b}}{|b|^2}\vec{b} \qquad \vec{d}\perp\vec{b}$$

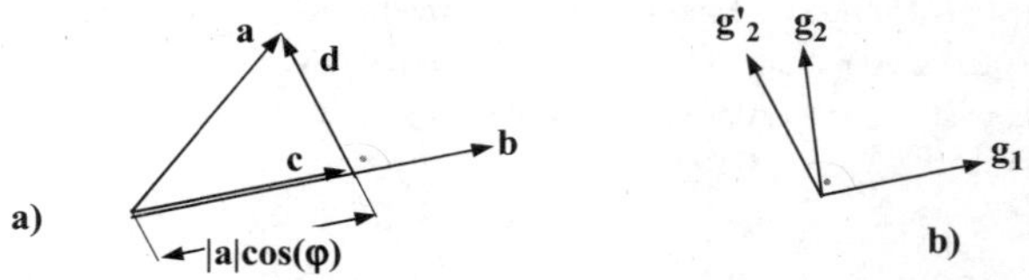

Abbildung 7.20 Zerlegung eines Vektors: a) Prinzip; b) Der Vektor $\vec{g}_2$ ist bereits annähernd senkrecht auf dem Vektor $\vec{g}_1$ stehend.

7.4.7 Gram-Schmidt-Verfahren

Angenommen, die Vektoren $\vec{g}_1$, $\vec{g}_2$ und $\vec{g}_3$ sind aus einer Rotationskette hervorgegangen. Die damit verbundenen Rundungsfehler haben dafür gesorgt, dass die ursprünglich orthogonalen Vektoren nicht mehr senkrecht aufeinander stehen. Mit der Gram-Schmidt-Methode[9] ist es dann möglich, die orthogonale (gestrichene) Basis wiederherzustellen. Dazu muss einer der Basisvektoren ausgewählt werden, hier $\vec{g}_1 = \vec{g}_1'$, und mit den obigen Richtungskosinusmethoden wird ein dazu senkrechter Vektor konstruiert.

$$\vec{g}_2' = \vec{g}_2 - \frac{\vec{g}_2\cdot\vec{g}_1}{|g_1|^2}\vec{g}_1 \qquad \vec{g}_2\perp\vec{g}_1$$

Das gleiche Verfahren, angewendet auf $\vec{g}_3$, liefert einen weiteren Vektor $\vec{g}_3^*$, der auf $\vec{g}_1$ senkrecht steht.

$$\vec{g}_3^* = \vec{g}_3 - \frac{\vec{g}_3\cdot\vec{g}_1}{|g_1|^2}\vec{g}_1 \qquad \vec{g}_3^*\perp\vec{g}_1$$

9 Jorgen Peterson Gram (1850–1916), Kopenhagen, Erhard Schmidt (1876–1959), dt. Mathematiker, ein Lehrer von John von Neumann (1903–1957).

Dieser Vektor zeigt noch nicht in die gewünschte Richtung, projiziert man noch auf $\vec{g}_2'$

$$\vec{g}_3^{**} = \frac{\vec{g}_3^* \cdot \vec{g}_2'}{|g_2'|^2}\vec{g}_2' \qquad \vec{g}_3^{**} \,||\, \vec{g}_2'$$

dann ist der Differenzvektor $\vec{g}_3^* - \vec{g}_3^{**}$ der gesuchte Vektor.

$$\vec{g}_3' = \vec{g}_3 - \frac{\vec{g}_3 \cdot \vec{g}_1}{|g_1|^2}\vec{g}_1 - \frac{\vec{g}_3 \cdot \vec{g}_2'}{|g_2'|^2}\vec{g}_2' \qquad \vec{g}_3' \perp \vec{g}_2' \perp \vec{g}_1$$

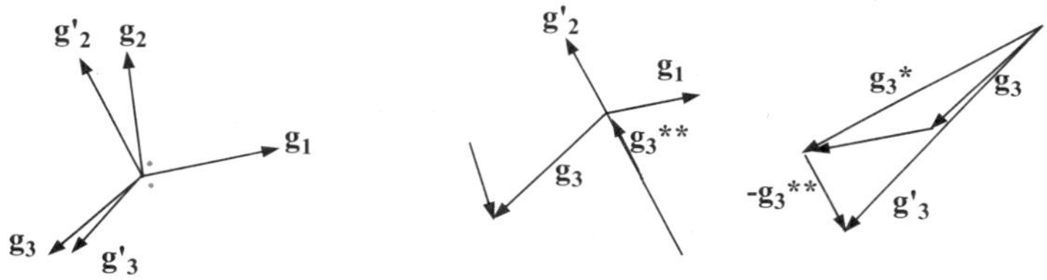

Beispiel zum Gram-Schmidt-Verfahren.

Abbildung 7.21

Die Vektoren sind noch keine Einheitsvektoren, meist ist auch $\vec{g}_1$ kein solcher Vektor mehr, daher muss im Nachhinein oder bei Zwischenschritten normalisiert werden. In vielen Fällen wird statt des zweiten Schritts das Kreuzprodukt angewendet, ein Beispiel dafür ist die Konstruktion eines Kamerasystems, wie dies bei `gluLookAt` erfolgt, (siehe auch Seite 119f.). Das Gram-Schmidt-Verfahren ist aber nicht auf drei Dimensionen beschränkt, es kann iterativ angewendet werden.

Beispiel 7.12

Bei falscher Ausführung der Rotation eines Koordinatensystems kommt es zu einem Effekt, bei dem die Koordinatenachsen zu schrumpfen beginnen und schließlich zu einem Punkt kollabieren. Der Fehler, der dabei gemacht wird, besteht in Rotationen auf der Grundlage von Differenzwinkeln, es entsteht eine Kette $\mathbf{R_R}(\Delta\varphi, \hat{r})\mathbf{R_R}(\Delta\varphi, \hat{r})$.... Pro Vektor sind dann 15 mathematische Operationen (Mult. Add.) erforderlich, jede davon erzeuge eine Abweichung ϵ. Man beachte: Die Werte liegen mit Einheitsvektoren im Bereich -1...+1 und die Multiplikationen sind genauer als die Additionen, hier ist aber nur eine grobe Schätzung gefragt. Die Abweichung der Basis beträgt dann im Mittel $(15 \cdot 3)n\epsilon$. Weiter angenommen, sobald die Abweichung eine Größenordnung ϵ_R übersteigt, wird der oben erwähnte Effekt sichtbar, zum Beispiel nach $t = 4sec$. Jede Rotation erfolgt in einem Frame bei einer Framerate von $F = 48$.

$$\underbrace{tF}_{n}\ 45\epsilon = \epsilon_R = 4[sec]\frac{(15\cdot 3)}{[Frame]}48\frac{[Frame]}{[sec]}0{,}24\cdot 10^{-6} \approx 0.002$$

Dieses Ergebnis kann grob in eine Winkelabweichung umgerechnet werden. Das skalare Produkt zweier Koordinatenvektoren ist im Idealfall gleich 0, tatsächlich entsteht nach n Frames ein Fehler von ungefähr $6\epsilon_R$. In der Summe des skalaren Produkts ist der Term $3\epsilon_R^2$ vernachlässigt, und die mit ϵ_R verknüpften Komponenten der Koordinatenvektoren wurden gleich 1 gesetzt. Die Winkelabweichung des Koordinatensystems beträgt dann zirka $\pm 0{,}7°$. Korrekt wäre es, jeweils $\Delta\varphi_n$ von einem Anfangswinkel φ_0 und $\hat{r}$ von einer Anfangsstellung aus zu berechnen, so dass sich die Abweichungen nicht aufschaukeln können.

Ende des Beispiels 7.12

7.4.8 Gerade im Raum

Eine *Gerade im Raum* lässt sich mit Vektoren einfach darstellen. Gegeben ist ein Anfangspunkt P_1, mit dem zugehörenden Anfangsvektor $\vec{P}_1$. Ein zweiter Vektor $\vec{\Delta P}$, dessen Anfangspunkt mit P_1 übereinstimmt, zeigt auf einen weiteren Punkt P_2 auf der Geraden. Die Differenz $\vec{\Delta P} = \vec{P}_2 - \vec{P}_1$ ist ein Vektor, der eine Richtung auf der Geraden angibt. Der Fußpunkt des Vektors wird mit $\vec{P}_1$ fixiert, und mit einer Laufvariablen λ folgt dann die Geradengleichung in der Vektorschreibweise.

$$\vec{g} = \vec{P}_1 + \lambda\left(\vec{P}_2 - \vec{P}_1\right) \qquad \text{Geradengleichung} \qquad (7.50)$$

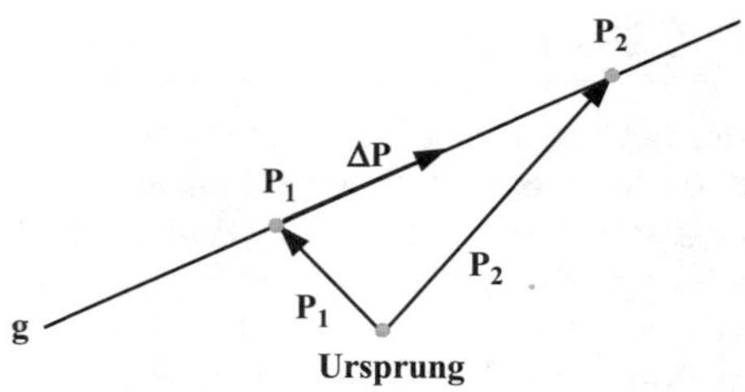

Abbildung 7.22 Der Vektor $\vec{\Delta P}$ gibt die Richtung der Geraden im Raum vor. Durch eine passende Wahl der Länge dieses Vektors wird jeder Punkt auf der Geraden erreicht.

Auf die gleiche Weise wie bei (7.50) kann eine zweite Gerade $\vec{g}_2$ konstruiert werden. Wenn diese einen gemeinsamen Punkt mit der anderen Geraden $\vec{g}_1$ besitzt, dann schneiden sich die Geraden eben dort.

$$\vec{g}_1 = \vec{g}_2 = \vec{P}_{11} + \lambda_1 \left(\vec{P}_{12} - \vec{P}_{11}\right) = \vec{P}_{21} + \lambda_2 \left(\vec{P}_{22} - \vec{P}_{21}\right)$$

Die Lösung für λ_1 und λ_2 dieser *Vektorgleichung* wird durch die Gleichungen der Koordinaten gefunden, zum Beispiel:

$$P_{11x} + \lambda_1 (P_{12x} - P_{11x}) = P_{21x} + \lambda_2 (P_{22x} - P_{21x})$$

$$P_{11y} + \lambda_1 \left(P_{12y} - P_{11y}\right) = P_{21y} + \lambda_2 \left(P_{22y} - P_{21y}\right)$$

Das sind zwei Gleichungen für zwei Unbekannte. Der Vektor des Schnittpunktes ist dann durch:

$$\vec{S} = \vec{P}_{11} + \lambda_1 \left(\vec{P}_{12} - \vec{P}_{11}\right) \quad \text{oder}\, \vec{P}_{21} + \lambda_2 \left(\vec{P}_{22} - \vec{P}_{21}\right)$$

gegeben. Welcher Lösungsweg im Einzelnen gewählt wird, das heißt, ob die X- und Y-Komponente dem Gleichungssystem zugrunde liegt oder x, z usw., hängt von der Problemstellung und den dortigen Randbedingungen ab.

Die Geradengleichung finden Sie häufig auch in einer anderen Form vor. Diese ist genauer, da in der Regel die Punktkoordinaten relativ groß gegenüber dem λ sind und die Rechnung nicht so empfindlich gegenüber einer kleinen Differenz $P_2 - P_1$ ist.

$$\vec{g} = (1 - \lambda)\, \vec{P}_1 + \lambda\, \vec{P}_2$$

Lot auf einer Geraden

Die Geradengleichung (7.50) ist für viele Lösungsansätze nützlich, darunter auch die Bestimmung des Lotes auf einer Geraden.

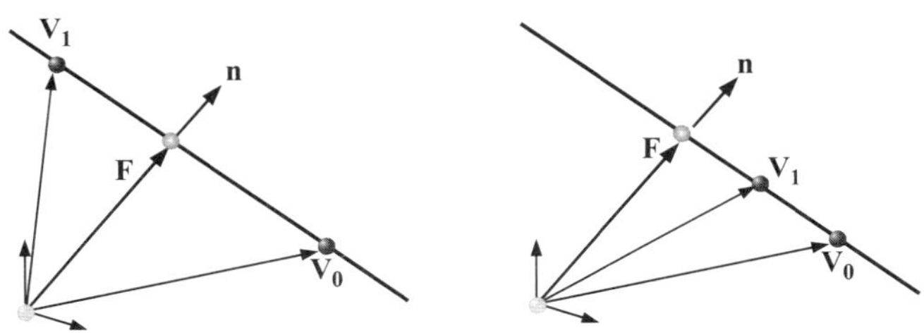

Bestimmung des Lotvektors $\hat{n}$ (Einheitsvektor von $\vec{F}$) bei einer durch zwei Punkte gegebenen Geraden. Abbildung 7.23

Zur Kante, die zwei Vertices V_0 und V_1 verbindet, ist ein Lot zu finden, das durch den Ursprung und einen Punkt auf der Kante geht. Der Lotvektor $\vec{F}$ steht dann senkrecht auf der Kante.

$$\vec{F} = \vec{V}_0 + \lambda\left(\vec{V}_1 - \vec{V}_0\right) \qquad \vec{V}_1 - \vec{V}_0 = \Delta\vec{V}$$

Multipliziert mit $\Delta\vec{V}$ folgt aus dieser Gleichung:

$$\underbrace{\vec{F}\Delta\vec{V}}_{0} = \vec{V}_0\Delta\vec{V} + \lambda|\Delta\vec{V}|^2$$

Mit der Auflösung nach λ findet sich der gesuchte Vektor $\hat{n} = \vec{F}/|\vec{F}|$.

$$\vec{F} = \vec{V}_0 - \frac{\vec{V}_0\Delta\vec{V}}{|\Delta\vec{V}|^2}\Delta\vec{V} \tag{7.51}$$

7.4.9 Vektorprodukt in 3D

Ein weiteres Produkt, das *Vektorprodukt* (*Cross Product* oder *Outer Product*), meist *Kreuzprodukt* genannt, ist nur im dreidimensionalen Raum definiert.

$$\vec{a} \times \vec{b} = \vec{c} \qquad \text{Vektorprodukt} \tag{7.52}$$

Das Vektorprodukt liefert einen Vektor, keinen Skalar. Das Ergebnis, der Vektor $\vec{c}$, steht stets senkrecht auf den Vektoren $\vec{a}$ und $\vec{b}$.

$$\vec{a} \times \vec{b} = \begin{pmatrix} a_1 \\ a_2 \\ a_3 \end{pmatrix} \times \begin{pmatrix} b_1 \\ b_2 \\ b_3 \end{pmatrix} = \begin{pmatrix} a_2 b_3 - a_3 b_2 \\ a_3 b_1 - a_1 b_3 \\ a_1 b_2 - a_2 b_1 \end{pmatrix} \tag{7.53}$$

Setzt man den Vektor $\vec{a}$ an die Stelle des abgespreizten Daumens, den Vektor $\vec{b}$ an die des Zeigefingers, dann zeigen die übrigen Finger in Richtung von $\vec{c}$, und dieser Vektor ragt aus der Handfläche heraus. In der Mathematik wird das Rechtssystem verwendet; wenn Sie also obige Zuordnung der Finger und des Daumes vornehmen und auf die Fläche Ihrer rechten Hand blicken, dann zeigt $\vec{c}$ zu Ihnen.

In der Software-Literatur wird neben dem rechtshändischen auch ein linkshändisches System zugrunde gelegt, und es stellt sich die Frage, wie man das verwendete System herausfindet. Es gibt nur eine Möglichkeit, die Vektoren $\vec{a}$ und $\vec{b}$ so aneinanderzulegen, dass die Spitze von $\vec{a}$ mit dem Fußpunkt von $\vec{b}$ verbunden ist. Beide Vektoren, in dieser Anordnung auf ein Blatt Papier gezeichnet, geben die Orientierung des dritten Vektors an, der dann vom Papier zu Ihnen oder entgegengesetzt von Ihnen weg zeigt. Gibt die Anordnung der Vektoren $\vec{a}$ und $\vec{b}$ auf dem Papier eine Drehung entgegen dem Uhrzeigersinn an und zeigt $\vec{c}$ zu Ihnen, dann liegt ein rechtshändisches System vor, zeigt $\vec{c}$ von Ihnen weg, ein linkshändisches. Ordnen sich die Vektoren im Uhrzeigersinn an, dann zeigt bei einem rechtshändischen System der Vektor $\vec{c}$ von Ihnen weg. Mit einer kleinen Skizze können Sie also jederzeit entscheiden, welches System ein Autor verwendet. Die Berechnung des Vektorproduktes mit obiger Formel ist allerdings unabhängig vom verwendeten System.

Das Vektorprodukt ist nicht kommutativ, stattdessen ist das negative Vorzeichen anzubringen.

$$\vec{a} \times \vec{b} = -\left(\vec{b} \times \vec{a}\right), \tag{7.54}$$

Daher gilt auch das Assoziativgesetz nicht.

$$\vec{a} \times \left(\vec{b} \times \vec{c}\right) \neq \left(\vec{a} \times \vec{b}\right) \times \vec{c}. \tag{7.55}$$

Wohl aber gelten Distributivgesetze.

$$\begin{aligned} \vec{a} \times \left(\vec{b} + \vec{c}\right) &= \vec{a} \times \vec{b} + \vec{a} \times \vec{c} \\ \left(\lambda \vec{a}\right) \times \vec{b} &= \lambda \left(\vec{a} \times \vec{b}\right) \end{aligned} \tag{7.56}$$

Der Betrag des Vektorproduktes $|\vec{a} \times \vec{b}|$ ist gleich dem Flächeninhalt des durch die Vektoren $\vec{a}$ und $\vec{b}$ aufgespannten Parallelogrammes

$$|\vec{a} \times \vec{b}| = |\vec{a}|\,|\vec{b}|\, sin(\varphi) \tag{7.57}$$

worin φ der Winkel zwischen den Vektoren $\vec{a}$ und $\vec{b}$ ist. Der Flächeninhalt wird dann maximal, wenn diese beiden Vektoren senkrecht zueinander stehen. Für einige Rechnungen ist es nützlich – in einer Matrixkette –, das Vektorprodukt als antisymmetrische Matrix (*Skew Symmetric Matrix*) anzuschreiben.

$$\begin{pmatrix} c_x \\ c_y \\ c_z \end{pmatrix} = \begin{pmatrix} 0 & -a_z & a_y \\ a_z & 0 & -a_x \\ -a_y & a_x & 0 \end{pmatrix} \cdot \begin{pmatrix} b_x \\ b_y \\ b_z \end{pmatrix} \tag{7.58}$$

Die Eigenschaft des Betrages und der Distributivgesetze kann genutzt werden, um den *Abstand eines Punktes von einer Geraden* zu bestimmen.

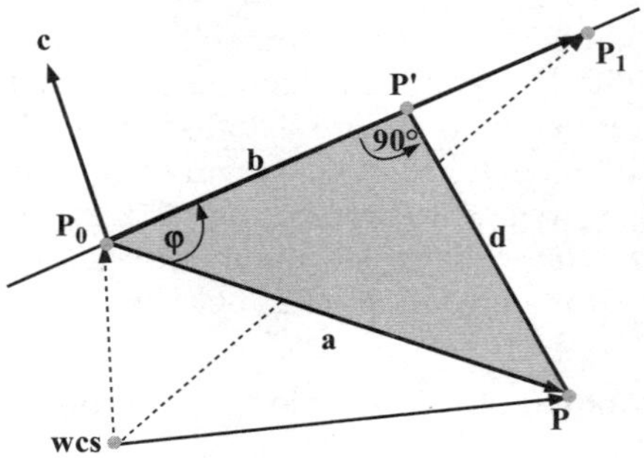

Abbildung 7.24 Der Abstand d eines Punktes P von einer Geraden, die durch zwei Punkte P_0 und P_1 bestimmt ist. $\vec{b}$ ist der Richtungsvektor der Geraden und $\vec{a}$ zeigt von P_0 auf den Punkt P. wcs ist der Ursprung des Weltkoordinatensystem bzw. allgemein eines Bezugsystems.

Der Vektor $\vec{b}$ ist der Richtungsvektor der Geraden und $\vec{a}$ der Differenzvektor zwischen dem Geradenstartpunkt P_0 und dem Punkt P, dessen Abstand d zur Geraden gesucht wird.

$$\begin{aligned} \vec{b} &= \vec{P}_1 - \vec{P}_0 \\ \vec{a} &= \vec{P} - \vec{P}_0 \end{aligned} \tag{7.59}$$

In dem rechtwinkligen Dreieck, dessen Seiten durch $|\vec{a}|$,$|\vec{b}|$ und d gegeben sind, ist $d = |\vec{a}| sin\varphi$, und mit (7.57) kann d direkt mit dem Kreuzprodukt bestimmt werden.

$$d = \frac{|\vec{a} \times \vec{b}|}{|\vec{b}|} = \frac{|(\vec{P}_1 - \vec{P}_0) \times (\vec{P} - \vec{P}_0)|}{|\vec{P}_1 - \vec{P}_0|} \tag{7.60}$$

Exkurs 7.16

Die Herleitung des Vektorproduktes ist ein interessantes Beispiel für die Art, wie in der Mathematik ein Spiel auf der Basis eines Grundgedankens oder einer Frage durchgeführt wird. Ist es möglich, zu zwei Vektoren, die eine Ebene aufspannen, einen dritten Vektor zu finden, der senkrecht auf der Ebene steht? Die Frage führt auf zwei Grundbedingungen, die auf dem Skalarprodukt basieren.

$$\vec{a} \perp \vec{c} \qquad \vec{b} \perp \vec{c}$$

Mit dem Skalarprodukt folgen dann zwei Gleichungen für zwei der Komponenten von $\vec{c}$.

$$\vec{a} \cdot \vec{c} = 0 \qquad \vec{b} \cdot \vec{c} = 0$$

Die dritte Komponente muss durch eine Zusatzforderung festgelegt werden.

$$|\vec{c}| = |\vec{a}|\,|\vec{b}|\, sin(\varphi)$$

Der Betrag, also die Länge von $\vec{c}$, soll gleich dem Flächeninhalt des Parallelogramms sein, das durch die Länge von $\vec{a}$ und $\vec{b}$ gegeben ist. φ ist der Winkel zwischen $\vec{a}$ und $\vec{b}$. Für die Lösung des nun vollständig bestimmten Gleichungssystems lässt sich nach Quadrierung der letzten Gleichung und mit $sin^2(\varphi) + cos^2(\varphi) = 1$ die Gleichung

$$|\vec{c}|^2 = c_x^2 + c_y^2 + c_z^2 = |\vec{a}|^2 |\vec{b}|^2 - \left(\vec{a} - \vec{b}\right)^2$$

gewinnen. Multipliziert man die rechte Seite aus und fasst geeignet zusammen, folgt noch

$$\left(a_x b_y - a_y b_x\right)^2 + (a_z b_x - a_x b_z)^2 + \left(a_y b_z - a_z b_y\right)^2 = c_x^2 + c_y^2 + c_z^2$$

Dabei erscheinen bereits die Ergebnisterme. Es wäre jetzt jedoch eine Verletzung der Spielregeln, wenn die Zuordnung zu den c_i mit Hilfe des bekannten Vektorproduktes durchgeführt würde.

$$c_y = \frac{a_x b_z - a_z bx}{b_x a_y - a_x b_y} c_z$$

$$c_x = \left(\frac{a_y}{a_x}\left(\frac{a_z b_z - a_z bx}{a_y b_x - a_x b_y}\right) + \frac{a_z}{a_x}\right) c_z$$

Aus diesen Beziehungen findet sich dann, durch Einsetzen in die Betragsgleichung, die gesuchte Zuordnung.

$$c_x = a_y b_z - a_z b_y$$

$$c_y = a_z b_x - a_x b_z$$

$$c_z = a_x b_y - a_y b_x$$

Ende des Exkurses 7.16

7.4.10 Mehrfachprodukte

Die Verkettung von Kreuzprodukten liefert eine orthonormale Basis. Bei der Bildung einer solchen Basis ist häufig von zwei Vektoren $\vec{a}$ und $\vec{b}$ auszugehen, die *nicht* senkrecht zueinander stehen, aber auch nicht identisch sind.

Nach der Bildung des Kreuzproduktes findet sich ein Vektor $\vec{c}$, der senkrecht auf $\vec{a}$ und $\vec{b}$ steht.

$$\vec{c} = \vec{a} \times \vec{b}$$

Die nochmalige Anwendung des Kreuzproduktes liefert einen weiteren Vektor $\vec{d}$, der sowohl senkrecht zu $\vec{c}$ als auch zu $\vec{b}$ steht.

$$\vec{d} = \vec{b} \times \vec{c} = \vec{b} \times \left(\vec{a} \times \vec{b}\right)$$

Ein typisches Beispiel für diese Form des Mehrfachproduktes ist die Bildung eines orthogonalen Kamerasystems, siehe dazu die Abschnitte *Die Blickrichtung* (Seite 117) und *Die Orientierung* (Seite 119).

Das *Spatprodukt* (*Scalar Triple Product*) ist eine Zahl, die angibt, wie groß das durch die Vektoren $\vec{u}$, $\vec{v}$ und $\vec{n}$ eingeschlossene Volumen ist.

$$V^* = \vec{u} \cdot \left(\vec{v} \times \vec{n}\right) \tag{7.61}$$

Der Stern zeigt hier an, dass das Volumen, wie oben ausgerechnet, mit einem negativen Vorzeichen behaftet sein kann, das tatsächliche Volumen ist jedoch $|V^*|$. Nützlich ist das Spatprodukt in der 3D-Computergrafik für einige Tests. Ein rechtshändisches Koordinatensystem liegt vor, wenn das Spatprodukt d der drei orthogonalen Vektoren eine positive Zahl ergibt, andernfalls ist ein linkshändisches System gegeben. Auch für die Bestimmung von Drehrichtungen ist das Spatprodukt nützlich.

Regeln für Mehrfachprodukte:

$$\begin{aligned}
&\vec{a} \times \left(\vec{b} \times \vec{c}\right) = \left(\vec{a} \cdot \vec{c}\right)\vec{b} - \left(\vec{a} \cdot \vec{b}\right)\vec{c} \\
&\left(\vec{a} \times \vec{b}\right) \times \vec{c} = \left(\vec{a} \cdot \vec{c}\right)\vec{b} - \left(\vec{b} \cdot \vec{c}\right)\vec{a} \\
&\vec{a} \cdot \left(\vec{b} \times \vec{c}\right) = \vec{c} \cdot \left(\vec{a} \times \vec{b}\right) = \vec{b} \cdot \left(\vec{c} \times \vec{a}\right) \\
&\vec{a} \cdot \left(\vec{a} \times \vec{b}\right) = 0 \\
&\vec{b} \cdot \left(\vec{a} \times \vec{b}\right) = 0
\end{aligned} \tag{7.62}$$

Exkurs 7.17

Drehrichtung. Gegeben seien die Einheitsvektoren:

$$\hat{a} = cos(30°)\hat{e}_x + sin(30°)\hat{e}_y \qquad \text{und}$$

$$\hat{b} = cos(245°)\hat{e}_x + sin(245°)\hat{e}_y.$$

Das skalare Produkt $\hat{a} \cdot \hat{b}$ liefert den Wert $-0,8227$ und der Arkuscosinus den Winkel 145°, das ist der kleinste Winkel zwischen den Vektoren. Unklar ist beim skalaren Produkt die Drehrichtung, um etwa den Vektor $\hat{b}$ in die Lage des Vektors $\hat{a}$ zu drehen. Beim skalaren Produkt können die Vektoren ja vertauscht und die gesamte Anordnung gedreht werden, ohne dass sich das Ergebnis ändert, schließlich gibt es noch mehrere Konstellationen, die dasselbe Ergebnis erbringen. Zum Beispiel ist der Winkel zwischen den Vektoren ebenfalls 145°, wenn $\hat{a}(330°)$ und $\hat{b}(115°)$ gegeben ist.

Kreuzprodukt, skalares Produkt und die Winkeldefinition zusammen bieten allerdings den Service für eine Einstellung der Drehrichtung. Positive Winkel sind durch eine Drehung entgegen dem Uhrzeigersinn festgelegt. Blickt man also von der Spitze der Normalen der Drehebene – in der die beiden Ausgangsvektoren liegen – auf die Ebene, dann zeigt zum Beispiel der kleinste Winkel von $\hat{b}$ nach $\hat{a}$. Das trifft für die oben genannten Vektoren zu, bei einer Konstellation $\hat{a}(30°)$ und $\hat{b}(60°)$ zeigt der kleinste Winkel aber von $\hat{a}$ nach $\hat{b}$.

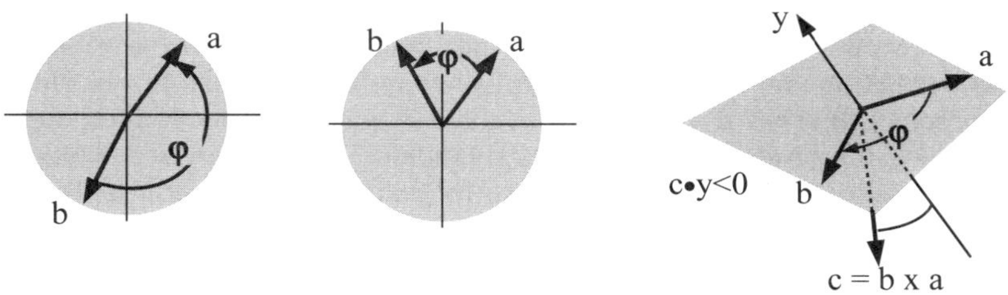

Abbildung 7.25 Positive Winkel geben eine Drehrichtung entgegen dem Uhrzeigersinn an. Die Abfolge der Vektoren bei einer solchen Drehung kann damit bestimmt werden. Rechts die Bildung des Kreuzproduktes mit dem Resultatsvektor $\vec{c}$. Das skalare Produkt mit dem Koordinatenvektor $\vec{y}$ liefert hier einen negativen Wert. Um den Vektor $\vec{a}$ in den Vektor $\vec{b}$ zu drehen, muss im Uhrzeigersinn gedreht werden.

Das Spatprodukt $(\vec{a} \times \vec{b})\vec{y}$ hat einen positiven Wert, wenn die Normale der Drehebene in die Richtung von $\vec{y}$ zeigt. Der erste Vektor des Kreuzproduktes ist der Ausgangsvektor für die Drehung. Wird dieses Spatprodukt negativ, dann ist die Drehung in umgekehrter Reihenfolge, also im Uhrzeigersinn durchzuführen, damit $\vec{a}$ in den Vektor $\vec{b}$ dreht.

Ende des Exkurses 7.17

Exkurs 7.18

Koordinatensystem über einer Geraden. Kollisionsfragen, bei denen der Durchstoßpunkt einer Line mit einer Fläche gesucht wird, lassen sich erheblich einfacher berechnen, wenn ein passendes Koordinatensystem gewählt wird. Das kann auch ein System sein, das auf der Festlegung einer Geraden durch zwei Punkte, siehe oben (7.50), basiert. Die Punkte P_0 und P_1 geben einen Richtungsvektor vor, der als Z-Achse oder allgemeiner als N-Vektor dienen wird.

$$\hat{n} = \frac{\vec{P}_1 - \vec{P}_0}{|\vec{P}_1 - \vec{P}_0|} \tag{7.63}$$

Ein zweiter Vektor findet sich durch das Kreuzprodukt der Vektoren, die vom Ursprung des Koordinatensystems (wcs) zu den beiden Punkten zeigen. P_0, P_1 und der Ursprung sind ja die Eckpunkte eines Dreiecks, für das eine Normale konstruiert werden kann, die dann auch senkrecht auf der Geraden steht.

$$\hat{v} = \frac{\vec{P}_0 \times \vec{P}_1}{|\vec{P}_0 \times \vec{P}_1|} \tag{7.64}$$

Wenn sowohl P_0 als auch P_1 auf einer der Koordinatenachen liegen, dann wird der Betrag von $\hat{v}$ gleich Null (Winkel zwischen den Vektoren ist Null). In diesem Fall muss nachgeholfen und für $\hat{v}$ ein passender Koordinateneinheitsvektor gewählt werden. Ist zum Beipiel $P_{0y} = 0$, dann ist $\vec{v} = (0, 1, 0)$ eine gute Wahl. Der dritte Vektor soll sowohl auf $\hat{v}$ als auch auf $\hat{n}$ senkrecht stehen, und dafür ist ja das Kreuzprodukt wieder ein nützliches Werkzeug.

$$\hat{u} = \frac{\vec{v} \times \vec{n}}{|\vec{v} \times \vec{n}|} \tag{7.65}$$

Das so gewonnene System der Einheitsvektoren sollte an den Punkt P_0 angeheftet werden, denn damit bleibt auch ein λ erhalten, wie jenes der gerichteten Geraden, siehe (7.50).

$$\mathbf{M_{Line}} = \begin{pmatrix} u_x & u_y & u_z & 0 \\ v_x & v_y & v_z & 0 \\ n_x & n_y & n_z & 0 \\ 0 & 0 & 0 & 1 \end{pmatrix} \cdot \begin{pmatrix} 1 & 0 & 0 & P_{0x} \\ 0 & 1 & 0 & P_{0y} \\ 0 & 0 & 1 & P_{0z} \\ 0 & 0 & 0 & 1 \end{pmatrix} \tag{7.66}$$

Transformiert man die Eckpunkte eines Dreiecks oder auch eines anderen Polygons in das so erstellte Koordinatensystem, dann findet sich auf der Linie $\lambda\hat{n}$ der Durchstoßpunkt. Allerdings ist noch einiges an Prüfungen nötig, um sicherzustellen, dass der Durchstoßpunkt auch in der Fläche des Polygons liegt.

Ende des Exkurses 7.18

7.4.11 Flächenberechnung

Der Betrag eines Vektors $\vec{c}$ als das Ergebnis eines Kreuzproduktes der Vektoren $\vec{a}$ und $\vec{b}$ gibt zugleich die Fläche des durch $\vec{a}$ und $\vec{b}$ aufgespannten Parallelogramms an. $|\vec{c}| = |\vec{a} \times \vec{b}| = |\vec{a}|\,|\vec{b}|\,sin(\phi)$, siehe auch (7.57). Auf dieser Grundlage ist es möglich, die Fläche eines konvexen Polygons auszurechnen, das durch N-Vertices festgelegt ist.

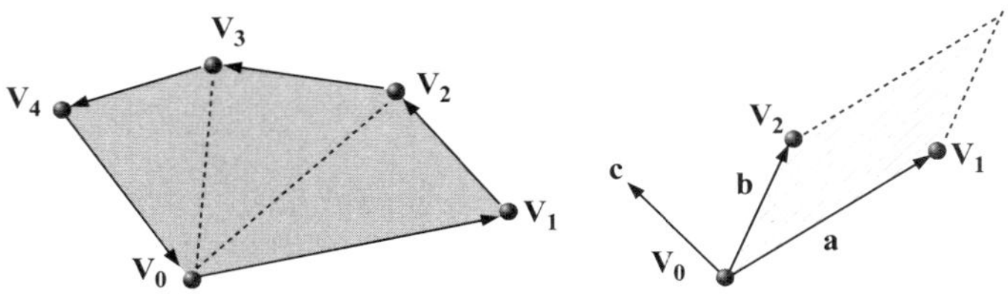

Skizze zur Flächenberechnung eines Polygons. Abbildung 7.26

$$A = \frac{1}{2} \sum_{n=1}^{n \leq N} |(\vec{V}_n - \vec{V}_0) \times (\vec{V}_{n+1} - \vec{V}_0)| \qquad (7.67)$$

Bei dieser Form der Flächenberechung kann das Ergebnis A, je nach Umlaufsinn, auch negativ werden (*Signed Area*).

7.4.12 Ebenen im Raum

Schneiden sich zwei Geraden im Raum, dann spannen diese eine Ebene auf. Die Angabe eines Punktes auf der Ebene ist, insbesondere bei Maßstabsfragen, etwas mühsam, daher werden Einheitsvektoren $\hat{u}$ und $\hat{v}$ für die Ebene festgelegt. Diese müssen einen gemeinsamen Anfangspunkt, hier S, haben.

$$\hat{u} = \frac{\vec{P}_{12} - \vec{S}}{|\vec{P}_{12} - \vec{S}|} \qquad \hat{v} = \frac{\vec{P}_{22} - \vec{S}}{|\vec{P}_{22} - \vec{S}|}$$

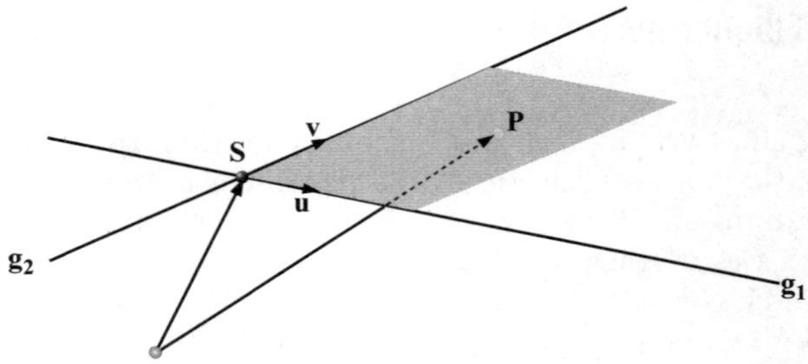

Abbildung 7.27 Vom Schnittpunkt zweier Geraden ausgehend, geben die beiden Geradenvektoren $\hat{u}$ und $\hat{v}$ die Ebene vor.

Jeder Punkt auf der Ebene ist durch die Vektorsumme $\vec{S}+\lambda\hat{u}+\gamma\hat{v}=\vec{P}$ gegeben, wobei $\vec{S}$ ein beliebiger Vektor, auch der Nullvektor, sein darf. Solange λ und γ noch frei gewählt werden dürfen, kann $\vec{S}$ bei feststehendem $\vec{P}$ verändert und so ein ganz bestimmter Vektor – der Normalenvektor der Ebene – gewählt werden, d. h. $\vec{S}=\hat{n}$. Die Projektion von $\vec{P}$ auf $\hat{n}$ ergibt dann den Abstand der Ebene vom Ursprung.

$$\vec{P}\cdot\vec{n}=\underbrace{|\vec{P}|cos(\phi)}_{d}$$

So findet sich nach Umstellung die *Hessesche Normalform* in der vektoriellen Schreibweise.

$$\vec{P}\cdot\vec{n}-d=0 \qquad \text{Hessesche Normalform} \tag{7.68}$$

Diese Gleichung ist die Grundlage für viele Lösungsansätze in der 3D-Computergrafik. Das Koordinatensystem der so festgelegten Ebene muss nicht unbedingt orthogonal sein, das heißt, die Einheitsvektoren $\hat{u}$ und $\hat{v}$ stehen senkrecht aufeinander, denn auch mit schiefen Vektoren kann eine Basis für ein Koordinatensystem konstruiert werden. Derartige Koordinatensysteme, die sogar eine krummlinige Basis aufweisen dürfen, sind in der 3D-Computergrafik Grundlage spezieller Anwendungen und werden allgemein in der Tensorrechnung benutzt, um Probleme der Technik und Physik zu lösen.

7.5 Baryzentrische Koordinaten

Sicher haben Sie schon einmal ein Möbiusband auf einer Abbildung gesehen oder gar ein solches aus Papier hergestellt. Das Hauptwerk des Mathematikes Ferdinand Möbius[10] befasst sich allerdings mit einem anderem Untersuchungsgegenstand, den baryzentrischen Koordinaten als ein Hilfsmittel zur analytischen Geometrie. Möbius steht, in der ersten Hälfte des 19. Jahrhunderts, am Anfang einer Entwicklung hin zur nicht-euklidischen Geometrie und der Topologie. Vorausgegangen waren in Frankreich Forschungen durch Gaspard Monge (siehe auch *Projektionsarten*, Seite 72) und insbesondere Jean Victor Poncelet (1788–1867). Neben der Untersuchung, welche Eigenschaften eines Objekts bei einer Projektion unverändert bleiben, stand im Zentrum der Arbeiten auch die Suche nach Alternativen zu den kartesischen Koordinaten, und zwar hin zu beliebigen Basen, auch solche mit gekrümmten Kurven.

Ungefähr ein Jahrhundert später, mit Einsteins Vorstellung des gekrümmten Raumes, werden diese Forschungen auf dem Gebiet der Geometrie die Grundlagen der Physik und das Weltbild der Menschen verändern. Die baryzentrischen Koordinaten (von griech. „baros", schwer bzw. Schwerpunkt) sind in diesem Entwicklungzweig der Mathematik nur ein kleiner Meilenstein, aber sie zeigten auf, dass andere Koordinatensysteme für bestimmte Aufgabenstellungen sinnvoll sind und mit einem souveränen Wechsel nach Bedarf Probleme einfacher und schneller lösbar werden, so auch in der 2D/3D-Computergrafik. Sie werden dort den baryzentrischen Koordinaten immer wieder begegnen, wenn Aufgaben mit Dreiecken gelöst werden.

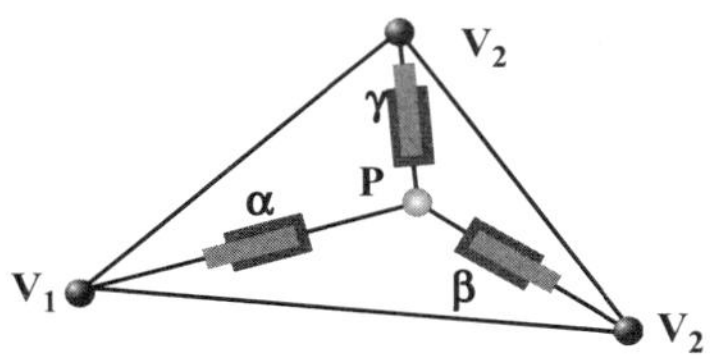

Abbildung 7.28 Die baryzentrischen Koordinaten ändern die Stellung der Kolben im System und verändern so die Lage des Punktes *P*. Wird einer der Kolben bewegt, dann ändern sich auch die Stellungen der anderen Kolben, die baryzentrischen Koordinaten sind daher nicht unabhängig voneinander.

Die baryzentrischen Koordinaten geben die Lage eines Punktes an, bezogen auf ein System, das durch die Vertices eines Dreiecks aufgespannt wird. Sie sind Gewichtsfaktoren, die den Einfluss der Eckpunkte auf die Lage des Punktes angeben. Man stelle sich die Vertices als Planeten vor, die mit ihrer Schwerkraft auf den „Mond" *P* einwirken, oder wie im Bild als Kräfte, die die Stellung der Kolben beeinflussen.

10 August Ferdinand Möbius: „Der barycentrische Calcul: ein neues Hülfsmittel zur analytischen Behandlung der Geometrie", Leipzig, 1827.

$$\vec{P} = \alpha \begin{pmatrix} V_{1x} \\ V_{1y} \\ V_{1z} \end{pmatrix} + \beta \begin{pmatrix} V_{2x} \\ V_{2y} \\ V_{2z} \end{pmatrix} + \gamma \begin{pmatrix} V_{3x} \\ V_{3y} \\ V_{3z} \end{pmatrix} \tag{7.69}$$

Die Gewichte α, β und γ verändern die Masse der „Vertex-Planeten", diese darf, entgegen den Naturgesetzen, auch Null oder negativ sein. Angenommen, $\alpha = 1$, $\beta = \gamma = 0$, dann liegt P genau im Vertex V_1. Die baryzentrischen Koordinaten sind normiert:

$$\alpha + \beta + \gamma = 1 \tag{7.70}$$

Damit liegt P genau im Mittelpunkt, wenn $\alpha = \beta = \gamma = 1/3$. Die Normierung macht die die Koordinaten voneinander abhängig, so dass auch

$$\vec{P} = (1 - \beta - \gamma)\vec{V}_1 + \beta\vec{V}_2 + \gamma\vec{V}_3 \tag{7.71}$$

angeschrieben werden darf, was also die Zahl der der freien Variablen auf zwei reduziert. Wie kann man nun einen dreidimensionalen Punkt P auf die baryzentrischen Koordinaten transformieren?

$$\vec{n} = (\vec{V}_2 - \vec{V}_1) \times (\vec{V}_3 - \vec{V}_1) = \vec{u} \times \vec{v} \qquad |\vec{n}| = 2 \cdot A_T \tag{7.72}$$

Der Betrag der Normale des Dreiecks, aufgespannt durch die Vertices V_1, V_2 und V_3, entspricht der doppelten Fläche des Dreiecks.

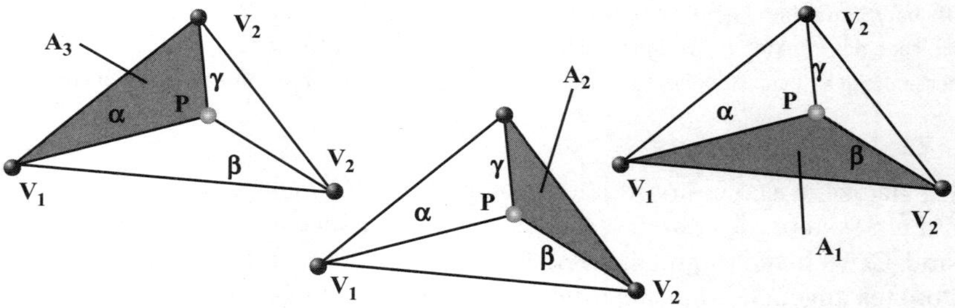

Abbildung 7.29 Teilflächen eines Dreiecks.

Die baryzentrischen Koordinaten geben das Verhältnis der Teilflächen eines Dreiecks zur gesamten Fläche an. Die Flächenwerte dürfen auch negativ sein (Signed Area), ebenso wie das Spatprodukt, siehe (7.61), das im Zähler berechnet wird.

$$
\begin{aligned}
\alpha &= \vec{n}\left[\left(\vec{V}_2-\vec{V}_1\right)\times\left(\vec{P}-\vec{V}_1\right)\right]\frac{1}{|\vec{n}|^2} &= \frac{A_1}{A_T}\\
\beta &= \vec{n}\left[\left(\vec{V}_3-\vec{V}_1\right)\times\left(\vec{P}-\vec{V}_2\right)\right]\frac{1}{|\vec{n}|^2} &= \frac{A_3}{A_T}\\
\gamma &= \vec{n}\left[\left(\vec{V}_3-\vec{V}_1\right)\times\left(\vec{P}-\vec{V}_1\right)\right]\frac{1}{|\vec{n}|^2} &= \frac{A_2}{A_T}
\end{aligned}
\tag{7.73}
$$

Exkurs 7.19

Gegeben sind die Vertices $V_1 = (-5, 7, 1)$, $V_2 = (5, 5, 1)$ und $V_3 = (5, 12, 1)$, die in einer Ebene paralell zur XY-Ebene liegen. Für den Punkt $P = (4, 7, 1)$ werden die baryzentrischen Koordinaten gesucht.

Die Normale zeigt in Richtung der positiven Z-Achse und ergibt sich zu $\vec{n} = (0, 0, 70)$, mit dem Betrag $|\vec{n}| = 70$. Für die baryzentrischen Koordinaten erhält man die gerundeten Werte $\alpha = 0.26$, $\beta = 0.1$ und $\gamma = 0.64$, die sich tatsächlich zur 1 summieren. Mit diesem Wissen (7.70) hätte man sich auch die direkte Berechnung von α aus den obigen Gleichungen sparen können. Wichtig für die Berechnung in der 3D-Computergrafik ist auch, dass die Rechnung nur das Quadrat des Normalenbetrages benötigt, keine teure Wurzelziehung.

Ende des Exkurses 7.19

Die baryzentrischen Koordinaten haben einen entscheidenden Vorteil; liegt nämlich der Punkt P innerhalb eines Dreiecks, dann liegen die Koordinaten im Bereich 0..1. Ein Punkt P liegt also im Dreieck, wenn:

$$
0 \le \alpha \le 1,\, 0 \le \beta \le 1,\, 0 \le \gamma \le 1 \qquad \beta + \gamma \le 1 \tag{7.74}
$$

Neben dem Punkt P kann auch ein Pixel, ein Texel, eine Intensität oder eine Normale gegeben sein. Kennt man die baryzentrischen Koordinaten eines Elementes in einer Fläche, etwa einem Image, dann lässt sich allgemein eine Funktion bilden:

$$
f(\beta, \gamma) = \left(1 - \beta - \gamma\right) f_1 + \beta f_2 + \gamma f_3. \tag{7.75}
$$

Exkurs 7.20

Zum Beispiel sei f_1 die Farbe c_2 (RGB) an der Stelle x_1, y_1, f_2 die Farbe c_2 an der Stelle x_2, y_2 und f_3 die Farbe c_3 bei x_3, y_3. Gesucht ist ein linear interpolierter Farbwert an einem beliebigen Punkt des Dreiecks. Eine solche Problemstellung liegt beim Gaurand-Shading vor, die c_i sind dort die den Vertices mitgegebenen Farbangaben (Vertex-Attribute). Ebenso können Normale, die an die Vertices angehängt wurden, interpoliert werden. Jede Komponente der Normale wird dann im Dreieck für sich mit den baryzentrischen Koordinaten interpoliert, zum Beispiel für die X-Koordinate:

$$n_x = \left(1 - \beta - \gamma\right) n_{x,1} + \beta\, n_{x,2} + \gamma\, n_{x,3}$$

Bei den Texturen liegt ein ähnliches Problem vor, hier geht es darum, auf der Basis der Texturkoordinaten Farben aufzusuchen, um diese dann den einzelnen Pixeln zuzuordnen.

Ende des Exkurses 7.20

Alternativ zur Bestimmung der baryzentrischen Koordinaten mittels (7.73) kann auch ein Gleichungssystem gelöst werden.

$$\begin{aligned}
P_x &= \alpha\, V_{1x} + \beta\, V_{2x} + \gamma\, V_{3x} \\
P_y &= \alpha\, V_{1y} + \beta\, V_{2y} + \gamma\, V_{3y} \\
P_z &= \alpha\, V_{1z} + \beta\, V_{2z} + \gamma\, V_{3z} \\
\alpha &+ \beta + \gamma = 1
\end{aligned} \tag{7.76}$$

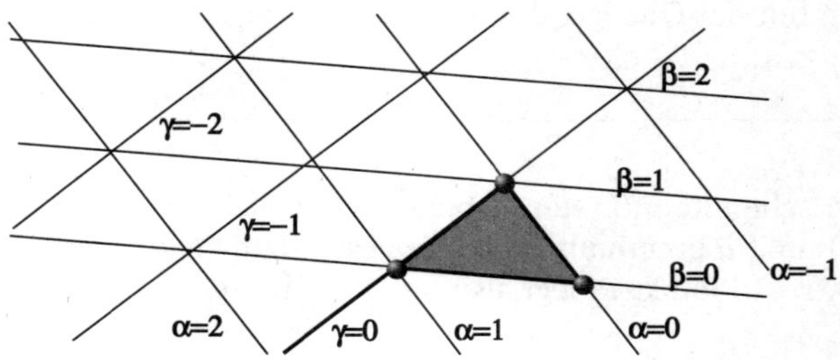

Abbildung 7.30 Die baryzentrischen Koordinaten teilen eine Ebene in Dreiecke, die gleich groß wie das Basisdreieck sind.

7.6 Basiswechsel

Einen Basiswechsel haben Sie in diesem Buch schon mehrfach durchgeführt, zum Beispiel wenn eine Transformation von Vertices vom Weltkoordinatensystem in das Beobachterkoordinatensystem erfolgt. Das hier vorgestellte Verfahren ermöglicht es, auch komplizierte Fälle zu behandeln, etwa die Konstruktion einer schiefen Basis, bei der die Koordinatenvektoren nicht senkrecht aufeinander stehen. Auch bewegte Koordinatensysteme, bei denen sich die Basisvektoren des Ausgangssystems mit der Zeit ändern, und krummlinige Systeme lassen sich mit dem Basiswechselverfahren herstellen. Ich werde im Rahmen der Einführung jedoch nicht allzu tief in dieses Gebiet vordringen, in dem sich auch die Tensorrechnung findet; Sie sollten aber das Konzept kennen.

Beim Basiswechsel wird von einem Ausgangskoordinatensystem, hier mit den Vektoren $\hat{e}_i$ gekennzeichnet, in ein Zielsystem gewechselt.

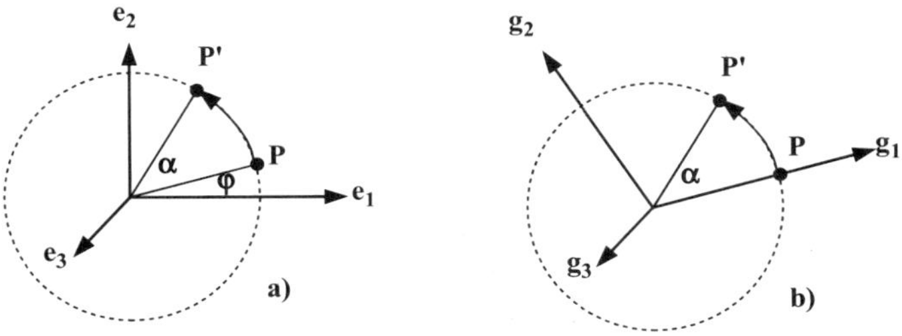

Beispiel für einen Basiswechsel. Das Koordinatensystem wird um die Z-Achse gedreht, so dass die g_1-Achse mit der Linie, die durch P und den Ursprung geht, zusammenfällt.

Abbildung 7.31

Im gegebenen Fall zeigt der Basisvektor $\vec{g}_1$ in die Richtung des anfänglichen Punktes P im Ausgangssystem, der Vektor $\vec{g}_2$ folgt in einem 90°-Abstand. Anstatt der Behandlung einer zusammengesetzten Drehung $(\varphi + \alpha)$ wird das Problem in zwei Teile zerlegt und eine neue Basis erstellt, in der dann die Drehung um α erfolgt. Das Zielsystem, mit dem Basisvektor $\vec{g}_i$, geht über Vektorgleichungen aus dem Ausgangssystem hervor.

$$\begin{aligned}
\vec{g}_1 &= \cos(\varphi)\hat{e}_1 + \sin(\varphi)\hat{e}_2 + 0\cdot\hat{e}_3 + 0\cdot\hat{e}_4 \\
\vec{g}_2 &= -\sin(\varphi)\hat{e}_1 + \cos(\varphi)\hat{e}_2 + 0\cdot\hat{e}_3 + 0\cdot\hat{e}_4 \\
\vec{g}_3 &= 0\cdot\hat{e}_1 + 0\cdot\hat{e}_2 + 1\cdot\hat{e}_3 + 0\cdot\hat{e}_4 \\
\vec{g}_4 &= 0\cdot\hat{e}_1 + 0\cdot\hat{e}_2 + 0\cdot\hat{e}_3 + 1\cdot\hat{e}_4
\end{aligned} \tag{7.77}$$

Beachten Sie hier die Schreibweisen, das Ausgangssystem wird orthogonal angenommen, die Basisvektoren $\hat{e}_i$ sind Einheitsvektoren und stehen senkrecht aufeinander, beim Zielsystem werden diese Annahmen nicht getroffen. Offensichtlich kann das obige Gleichungssystem auch als eine Matrixmultiplikation angeschrieben werden.

$$\begin{pmatrix} \vec{g}_1 \\ \vec{g}_2 \\ \vec{g}_3 \\ \vec{g}_4 \end{pmatrix} = \underbrace{\begin{pmatrix} \cos(\varphi) & \sin(\varphi) & 0 & 0 \\ -\sin(\varphi) & \cos(\varphi) & 0 & 0 \\ 0 & 0 & 1 & 0 \\ 0 & 0 & 0 & 1 \end{pmatrix}}_{\mathbf{R_1}} \begin{pmatrix} \hat{e}_1 \\ \hat{e}_2 \\ \hat{e}_3 \\ \hat{e}_4 \end{pmatrix}$$

Benötigt wird auch die Umkehrung, das bedeutet die Darstellung der Basisvektoren $\hat{e}_i$ im neuen, gedrehten System der $\vec{g}_i$. Dazu müsste (7.77) nach den Vektoren $\hat{e}_i$ aufgelöst werden. Hier wird aber der Weg über die Invertierung der Matrix $\mathbf{R_1}$ gewählt, und vielleicht ist auch eine Transponierung möglich. Diese wiederum ist nur zulässig, wenn die Matrix orthogonal ist, das kann für alle Kombinationen der $\vec{g}_i$ mit der Metrikmatrix überprüft werden. Um diese Matrix zu finden, werden die Basisvektoren miteinander multipliziert.

$$\begin{aligned}
\vec{g}_1 \cdot \vec{g}_1 = &\quad \cos^2(\varphi) + \sin^2(\varphi) \\
\vec{g}_1 \cdot \vec{g}_2 = &\quad \left[cos(\varphi)\hat{e}_1 + \sin(\varphi)\hat{e}_2\right]\left[-\sin(\varphi)\hat{e}_1 \cos(\varphi)\hat{e}_2\right] \\
\vec{g}_1 \cdot \vec{g}_3 = &\quad 0 \\
\vec{g}_2 \cdot \vec{g}_1 = &\quad 0... \\
\vec{g}_2 ... = &
\end{aligned}$$

Die skalaren Produkte werden zur Metrikmatrix zusammengefasst.

$$\left(g_{ij}\right) = \mathbf{M}_{Metrik} = \begin{pmatrix} 1 & 0 & 0 & 0 \\ 0 & 1 & 0 & 0 \\ 0 & 0 & 1 & 0 \\ 0 & 0 & 0 & 1 \end{pmatrix}$$

Hier ist die Metrikmatrix $\left(g_{ij}\right)$ eine Identitätsmatrix **I**, daher stehen die $\vec{g}_i$ senkrecht aufeinander und es handelt sich um Einheitsvektoren, folglich darf $\mathbf{R_1}$ auch transponiert werden.

$$\begin{pmatrix} \hat{e}_1 \\ \hat{e}_2 \\ \hat{e}_3 \\ \hat{e}_4 \end{pmatrix} = \underbrace{\begin{pmatrix} cos(\varphi) & -sin(\varphi) & 0 & 0 \\ sin(\varphi) & cos(\varphi) & 0 & 0 \\ 0 & 0 & 1 & 0 \\ 0 & 0 & 0 & 1 \end{pmatrix}}_{\mathbf{R_1}^{-1}} \begin{pmatrix} \vec{g}_1 \\ \vec{g}_2 \\ \vec{g}_3 \\ \vec{g}_4 \end{pmatrix}$$

Wie transformiert sich nun der Punkt P? Die Ausgangsgleichungen für diesen können in beiden Basen angeschrieben werden.

$$\vec{P} = (P_{e1}, P_{e2}, P_{e3}, P_{e4}) \begin{pmatrix} \hat{e}_1 \\ \hat{e}_2 \\ \hat{e}_3 \\ \hat{e}_4 \end{pmatrix} = \left(cos(\varphi), sin(\varphi), 0, 1\right) \begin{pmatrix} \hat{e}_1 \\ \hat{e}_2 \\ \hat{e}_3 \\ \hat{e}_4 \end{pmatrix}$$

$$\vec{P} = \left(P_{g1}, P_{g2}, P_{g3}, P_{g4}\right) \begin{pmatrix} \vec{g}_1 \\ \vec{g}_2 \\ \vec{g}_3 \\ \vec{g}_4 \end{pmatrix} (1,0,0,0) \begin{pmatrix} \vec{g}_1 \\ \vec{g}_2 \\ \vec{g}_3 \\ \vec{g}_4 \end{pmatrix}$$

Hier wird ein Zeilenvektor von links an die Matrix multipliziert. Die Schreibweise wird gleich verständlich, denn im nächsten Schritt werden die Basisvektoren durch die Matrizen $\mathbf{R_1}$ sowie $\mathbf{R_1}^{-1}$ ersetzt.

$$(cos(\varphi), sin(\varphi), 0, 1) \begin{pmatrix} \cos(\varphi) & -\sin(\varphi) & 0 & 0 \\ \sin(\varphi) & \cos(\varphi) & 0 & 0 \\ 0 & 0 & 1 & 0 \\ 0 & 0 & 0 & 1 \end{pmatrix} \begin{pmatrix} \vec{g}_1 \\ \vec{g}_2 \\ \vec{g}_3 \\ \vec{g}_4 \end{pmatrix} = (1,0,0,0) \begin{pmatrix} \vec{g}_1 \\ \vec{g}_2 \\ \vec{g}_3 \\ \vec{g}_4 \end{pmatrix}$$

$$(1,0,0,0) \begin{pmatrix} \cos(\varphi) & \sin(\varphi) & 0 & 0 \\ -\sin(\varphi) & \cos(\varphi) & 0 & 0 \\ 0 & 0 & 1 & 0 \\ 0 & 0 & 0 & 1 \end{pmatrix} \begin{pmatrix} \hat{e}_1 \\ \hat{e}_2 \\ \hat{e}_3 \\ \hat{e}_4 \end{pmatrix} = (cos(\varphi), sin(\varphi), 0, 1) \begin{pmatrix} \hat{e}_1 \\ \hat{e}_2 \\ \hat{e}_3 \\ \hat{e}_4 \end{pmatrix}$$

In kurzer Schreibweise gilt also allgemein:

$$\begin{aligned} P_g &= P_e^T \mathbf{R_1}^{-1} & P_e &= P_g^T \mathbf{R_1} \quad \text{bzw.} \\ P_g &= \mathbf{R_1} P_e & P_e &= \mathbf{R_1}^{-1} P_g \end{aligned} \tag{7.78}$$

Die Punkte transformieren sich wie die Basisvektoren. Die Drehung erfolgt um die Z-Achse, und damit ist $\mathbf{R_1} = \mathbf{R_z}$.

Um die Bedeutung der Metrikmatrix aufzuzeigen, sei ergänzend eine schiefe Basis erstellt. Dabei empfiehlt es sich, einige Kurzschreibweisen einzuführen, denn sonst wird die Rechnung sehr unübersichtlich.

$$\hat{u} = \frac{\vec{V}_1 - \vec{V}_0}{|\vec{V}_1 - \vec{V}_0|} \qquad \hat{v} = \frac{\vec{V}_2 - \vec{V}_0}{|\vec{V}_2 - \vec{V}_0|} \qquad \hat{n} = \hat{u} \times \hat{v}$$

$$u_1 = \frac{V_{1x} - V_{0x}}{|\vec{V}_1 - \vec{V}_0|} \qquad u_2 = \ldots$$

Die Konstruktion der schiefen Basis erfolgt über die Zuordnung:

$$\begin{aligned} \hat{g}_1 &= \hat{u} = u_1 \hat{e}_x + u_2 \hat{e}_y + u_3 \hat{e}_z \\ \hat{g}_2 &= \hat{v} = v_1 \hat{e}_x + v_2 \hat{e}_y + v_3 \hat{e}_z \\ \hat{g}_3 &= \hat{n} = n_1 \hat{e}_x + n_2 \hat{e}_y + n_3 \hat{e}_z \end{aligned}$$

Damit findet sich auch die Metrikmatrix. Diese ist keine Identitätsmatrix mehr, eine Transponierung nicht mehr zulässig.

$$(g_{ij}) = \mathbf{M}_{SBasis} = \begin{pmatrix} \hat{u} \cdot \hat{u} & \hat{v} \cdot \hat{u} & \hat{n} \cdot \hat{u} \\ \hat{u} \cdot \hat{v} & \hat{v} \cdot \hat{v} & \hat{n} \cdot \hat{v} \\ \hat{u} \cdot \hat{n} & \hat{v} \cdot \hat{n} & \hat{n} \cdot \hat{n} \end{pmatrix}$$

Der Winkel zwischen den Kantenvektoren eines Dreiecks tritt in der Metrikmatrix durch das Produkt $\hat{u} \cdot \hat{v} = cos(\alpha)$ auf. Bildet man in dieser Basis den Betrag eines Punktes P, dann erscheinen dort die Koeffizienten der Metrikmatrix.

$$|P|^2 = [P_{g1}\hat{g}_1 + P_{g2}\hat{g}_2 + P_{g3}\hat{g}_3]^2 = \sum_i \sum_j g_{ij} P_j P_i$$

Der Betrag eines Vektors, hier $\vec{P}$, ist eine Abstandsangabe, die angibt, wie weit der Punkt P im gewählten Koordinatensystem vom Urprung desselben entfernt ist. Wenn sich die Zielbasis gegenüber einer orthogonalen Ausgangsbasis verzerrt, dann gilt diese Änderung auch für Abstände, daher hat die Metrikmatrix ihren Namen, sie gibt an, welche Maßeinheiten für die gegebene Basis gelten.

Die Betragsbildung hat noch eine weitere Konsequenz, wenn Winkel gemessen werden. Betrachten Sie dazu (7.49). Da hier der Betrag anders gemessen wird, muss die Metrik auch beim skalaren Produkt berücksichtigt werden.

$$\vec{a} \cdot \vec{b} = \sqrt{\sum_i \sum_j g_{ij} a_j a_i} \sqrt{\sum_k \sum_l g_{kl} b_l b_k} cos(\alpha)$$

Der Rahmen dieses Buches ist an dieser Stelle sicherlich gesprengt, tatsächlich sind diese Formeln aber gar nicht so kompliziert, wie sie aussehen. Die gezeigten Gleichungen gelten auch für beliebige Basen, auch zweidimensionale.

7.7 Drehungen und Winkel

Im Abschnitt *Koordinatensysteme* (Seite 37) werden Drehungen im Hinblick auf die Erstellung einer Rotationsmatrix – wie sie OpenGL verwendet – behandelt. In diesem Abschnitt werde ich Drehungen in einem größeren Zusammenhang untersuchen.

Sowohl die Astronomie, die Geografie als natürlich auch die Mathematik haben ihre eigenen Winkelbezeichnungen und Definitionen für Drehbewegungen hervorgebracht. Allen Vorstellungen gemeinsam ist die Festlegung eines Bezugs- oder Inertialsystems K, aus dem durch eine Abfolge von Drehungen ein neues Koordinatensystem K' hervorgeht. Auch ist die Bestimmung des positiven Drehsinns ein gemeinsames Vorgehen. Dabei blickt man von einer positiven Achse oder der Spitze eines Vektors auf dessen Ursprung bzw. Fußpunkt. Eine Drehung im positiven Sinne, damit verbunden der positive Winkel, ist gegeben, wenn die Drehung entgegen dem Uhrzeigersinn erfolgt.

Als eine der ältesten Wissenschaften hat die Astronomie gleich eine Reihe von Koordinatensystemen hervorgebracht. Die Form und Bewegung der Erde führt auf das recht einfache geografische Winkelsystem. Die *geografische Breite* ψ ist der Winkel zwischen der Spurgerade eines Vektors in der Äquatorebene und dem Vektor selbst. Die *geografische Länge* ϕ ist eigentlich eine zeitliche Größe, denn die Erde dreht sich, von Westen nach Osten, einmal innerhalb von 24 Stunden um ihre Achse. 360° entsprechen also 24 h oder eine Stunde entspricht 15°. Die Messung der geografischen Länge war eine große Herausforderung für die Seefahrt und erst mit einer präzisen Zeitmessung möglich.[11] Die geografische Länge wird von einem Großkreis aus gemessen (Nullmeridian). Für die Bestimmung der Sternenpositionen kennt die Astronomie weitere, zum Teil aufgrund der Null- oder Fixpunktproblematik komplizierte Systeme. Diese seien hier nur namentlich erwähnt: Horizontalsystem, Äquatorsystem, Ekliptiksystem, bis hin zu galaktischen Koordinatensystemen.

Das *Bogenmaß* (mit der Einheit *Radiant*) ist das Verhältnis eines Kreisbogens zum Radius. Ein Bruchteil von 360° ist das *Gradmaß*.

$$\begin{aligned}
&1\,rad = \tfrac{b}{r} = \tfrac{360^\circ}{2\pi} && 1^\circ = \tfrac{1}{360^\circ} = 0{,}01745rad \\
&x[rad] = \varphi[^\circ]\tfrac{\pi}{180^\circ} && \varphi[^\circ] = \tfrac{180^\circ}{\pi}x[rad] \\
&1\,gon = \tfrac{1}{400} && \varphi[gon] = 400gon
\end{aligned} \tag{7.79}$$

In der Vermessungstechnik wird mit Neugrad gerechnet, deren Einheit ein *gon* ist.

$$1\,gon = \frac{1}{400} \qquad \varphi[gon] = 400gon$$

Winkel können spitz (< 90°), rechte Winkel (90°), stumpf (> 90°) sein. Sehr stumpf sind Winkel größer 120° und überstumpfe Winkel liegen vor, wenn das Winkelmaß > 180° ist.

Trigonometrische Funktionen sind zyklisch.

$$\begin{aligned}
sin(2\pi k + \alpha) &= sin(\alpha) \\
cos(2\pi k + \alpha) &= cos(\alpha) \\
sin(-\alpha) &= -sin(\alpha) \\
cos(-\alpha) &= cos(\alpha)
\end{aligned} \tag{7.80}$$

[11] Zu diesem Thema gibt es ein spannendes Buch von Dava Sobel: „Längengrad – Die wahre Geschichte eines einsamen Genies, welches das größte wissenschaftliche Problem seiner Zeit löste“, Bt Bloomsbury, 2005.

Mit diesen Formeln lassen sich Winkel, die größer als 360° bzw. 2π sind, auf Winkelangaben zwischen $-2\pi \leq \alpha \leq 2\pi$ zurückführen. Zum Beispiel entspricht einer Winkelangabe $\beta = 1024°$ der verkürzte Drehwinkel 304°.

```
double shortAngle(double angleIN) { // angleIN in radiant!
  int k = int(angleIn/(2d*Math.PI));
  return angleIn-(double)k;
}
```

Der Cast zum Integer ist hier wesentlich, und man muss gegebenenfalls dafür sorgen, dass ein Compiler diesen nicht wegoptimiert. In vielen Fällen reicht eine solche Verkürzung noch nicht, stattdessen ist der kürzeste Drehwinkel gefragt. Eine Drehung um $\beta = 1024°$ kann auch reduziert werden auf eine Drehung um $360° - 304° = -56°$. Beachten Sie die umgekehrte Drehrichtung, die nicht immer zulässig ist.

```
double shortestAngle(double angleIN) { // angleIN in radiant!
  int k = int((angleIn+Math.PI)/(2d*Math.PI));
  return angleIn-2d*Math.PI(double)k;
}
```

7.7.1 Richtungskosinus

Bei der Projektion eines gedrehten Einheitsvektors $\hat{e}$ auf jeden der drei Koordinaten-Einheitsvektoren eines orthogonalen Koordinatensystems ergeben sich drei Winkel oder Kosinusse.

$$\begin{aligned} \hat{e} \cdot \hat{x} &= cos(\alpha) &= e_x \\ \hat{e} \cdot \hat{y} &= cos(\beta) &= e_y \\ \hat{e} \cdot \hat{z} &= cos(\gamma) &= e_z \end{aligned} \tag{7.81}$$

Da $\hat{e}$ wie auch die Basisvektoren des Bezugssystems Einheitsvektoren sind, gilt: $cos(\alpha)^2 + cos(\beta)^2 + cos(\gamma)^2 = 1$. Die Summe der Kosinusse zeigt auch, dass die Festlegung durch die drei Winkel überbestimmt ist, denn einer der drei Winkel ist von den anderen abhängig.

Beispiel 7.13

Die Richtungskosinusse geben unabhängig von der Art der Drehung die Lage eines Koordinatensystems gegenüber einem Bezugssystem an. Da dann der obige Vektor $\hat{e}$ durch die drei Einheitsvektoren des Koordinatensystems ersetzt werden muss, ergeben sich neun Richtungskosinusse. Die Basisvektoren des Bezugssystems seien mit $\hat{e}_1$, $\hat{e}_2$ und $\hat{e}_3$ bezeichnet und die des gedrehten Systems mit $\vec{g}_1$, $\vec{g}_2$ und $\vec{g}_3$, auch soll eine beliebige 3×3-Drehmatrix $\mathbf{R}$ gelten. Die Basisvektoren sind Einheitsvektoren $\hat{e}_1 \hat{e}_1 = 1$ und stehen senkrecht aufeinander $\hat{e}_1 \hat{e}_2 = 0$ usw.

$$\begin{pmatrix} \vec{g}_1 \\ \vec{g}_2 \\ \vec{g}_3 \end{pmatrix} = \begin{pmatrix} r_{11} & r_{12} & r_{13} \\ r_{21} & r_{22} & r_{23} \\ r_{31} & r_{32} & r_{33} \end{pmatrix} \cdot \begin{pmatrix} \hat{e}_1 \\ \hat{e}_2 \\ \hat{e}_3 \end{pmatrix}$$

Ausgerechnet folgt das Gleichungssystem:

$$\begin{aligned} \vec{g}_1 &= r_{11}\hat{e}_1 + r_{12}\hat{e}_2 + r_{13}\hat{e}_3 \\ \vec{g}_2 &= r_{21}\hat{e}_1 + r_{22}\hat{e}_2 + r_{23}\hat{e}_3 \\ \vec{g}_3 &= r_{31}\hat{e}_1 + r_{32}\hat{e}_2 + r_{33}\hat{e}_3 \end{aligned}$$

Die Richtungskosinusse ergeben sich aus dem skalaren Produkt der Basisvektoren des neuen Koordinatensystems und den Basisvektoren des Bezugssystems.

$$\begin{aligned} \vec{g}_1\hat{e}_1 &= r_{11} = cos(\alpha_{11}) \\ \vec{g}_2\hat{e}_1 &= r_{21} = cos(\alpha_{21}) \\ \vec{g}_3\hat{e}_1 &= r_{31} = cos(\alpha_{31}) \\ &\ldots \end{aligned}$$

Bildet man die Matrix $(\vec{g}_i\hat{e}_k)$, dann zeigt sich, dass die Koeffizienten der Drehmatrix **R** identisch mit den gebildeten Richtungskosinussen sind. Um zu prüfen, ob die Vektoren des neuen Koordinatensystems senkrecht aufeinander stehen, ist eine Kombination bzw. Matrix $(\vec{g}_i\vec{g}_k)$ zu bilden, die auch Metrikmatrix genannt wird. Bei einem orthogonalen Koordinatensystem, also gebildet mit Einheitsvektoren, muss sich dann die Einheitsmatrix ergeben: $\vec{g}_1\vec{g}_1 = 1, \vec{g}_1\vec{g}_2 = 0$ etc.

Ende des Beispiels 7.13

7.7.2 Kugelkoordinaten

Die *Breitenkoordinate* ist der Winkel ϑ zwischen der positiven Z-Achse und dem gegebenen Vektor. Damit liegt der Vektor in der Äquatorebene, wenn $\vartheta = 90°$. Üblich ist auch, insbesondere in der Geografie, eine Angabe $\lambda = 90° - \vartheta$; die Breitenkoordinate wird dann vom Äquator aus gezählt. Diese ist gültig im Bereich $0 \leq \vartheta \leq \pi$. Die *Längenkoordinate* φ ist der Winkel zwischen der positiven X-Achse und der Projektion des Vektors auf die Äquatorebene, die XY-Ebene, $0 \leq \varphi \leq 2\pi$.

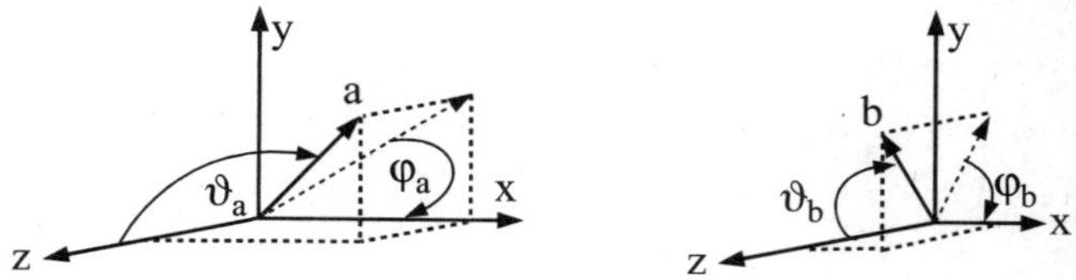

Abbildung 7.32 Darstellung der Vektoren $\vec{a}$ und $\vec{b}$ in Kugelkoordinaten. Das Basissystem ist hier wie in OpenGL gedreht, in der Geografie und Mathematik zeigt die Z-Achse meist nach oben.

Mit der Länge 1 eines Vektors liegt der von der Vektorspitze angegebene Punkt auf einer Einheitskugel mit Radius 1, für die Darstellung zweier Einheitsvektoren $\hat{a}$ und $\hat{b}$ gelten dann die Kugelkoordinaten:

$$\hat{a} = \begin{pmatrix} sin(\vartheta_a)cos(\varphi_a) \\ sin(\vartheta_a)sin(\varphi_a) \\ cos(\vartheta_a) \end{pmatrix} \qquad \hat{b} = \begin{pmatrix} sin(\vartheta_b)cos(\varphi_b) \\ sin(\vartheta_b)sin(\varphi_b) \\ cos(\vartheta_b) \end{pmatrix}.$$

7.7.3 Rotationsmatrizen

Rotationsmatrizen werden erstellt, indem vektorielle Gleichungen aufgestellt werden, die Punkte von einem Koordinatensystem zu einem anderen transformieren. Aus den Gleichungen ergeben sich dann die drei grundlegenden Rotationsmatrizen. Diese Matrizen sind gültig für die Multiplikation mit Spaltenvektoren von rechts. Wenn mit Zeilenvektoren multipliziert wird, die links neben der Matrix stehen, dann muss die transponierte Form verwendet werden. Welche der beiden Konventionen gilt, kann recht gut an der Position des Minuszeichens erkannt werden.

$$\mathbf{R_x} = \begin{pmatrix} 1 & 0 & 0 & 0 \\ 0 & \cos(\alpha) & -\sin(\alpha) & 0 \\ 0 & \sin(\alpha) & \cos(\alpha) & 0 \\ 0 & 0 & 0 & 1 \end{pmatrix}. \tag{7.82}$$

$$\mathbf{R_y} = \begin{pmatrix} \cos(\alpha) & 0 & \sin(\alpha) & 0 \\ 0 & 1 & 0 & 0 \\ -\sin(\alpha) & 0 & \cos(\alpha) & 0 \\ 0 & 0 & 0 & 1 \end{pmatrix}. \tag{7.83}$$

$$\mathbf{R_z} = \begin{pmatrix} \cos(\alpha) & -\sin(\alpha) & 0 & 0 \\ \sin(\alpha) & \cos(\alpha) & 0 & 0 \\ 0 & 0 & 1 & 0 \\ 0 & 0 & 0 & 1 \end{pmatrix}. \qquad (7.84)$$

Die Drehung um einen beliebigen Vektor $\hat{r}$ ist eine Komposition von Drehmatrizen.

$$\mathbf{R_R}(\varphi, \hat{r}) = \begin{pmatrix} x^2(1-c)+c & xy(1-c)-sz & xz(1-c)+sy & 0 \\ xy(1-c)+sz & y^2(1-c)+c & yz(1-c)-xs & 0 \\ xz(1-c)-sy & yz(1-c)+sx & z^2(1-c)+c & 0 \\ 0 & 0 & 0 & 1 \end{pmatrix} \qquad (7.85)$$

Darin sind die Sinus- und Cosinusfunktionen abgekürzt worden, $c = cos(\varphi)$ und $s = sin(\varphi)$, und x, y, z sind die Komponenten des Drehvektors $\hat{r}$, der ein Einheitsvektor sein muss.

Bei einem Blick auf andere Darstellungsformen für die Rotation erweist sich die Matrix $\mathbf{R_R}$ als eine Art Drehscheibe. Rotationen können nicht nur durch $\mathbf{R_R}$ dargestellt werden, es sind auch andere Systeme anzutreffen. Euler-Winkelsysteme erweisen sich in der Praxis als nützlich, wenn Drehungen mit dem Nutzer zu kommunizieren sind. Quaternionen eignen sich hervorragend für die Interpolation von Drehungen. Ich werde beide Systeme in nachfolgenden Abschnitten näher betrachten.

Auf dem Weg zu den genannten Aussichtspunkten ist aber die Matrix $\mathbf{R_R}$ ein weiteres sehenswürdiges Gebäude, das eine eingehende Betrachtung verdient hat. In einem Szenengraphen wird diese Rotationsmatrix bei jedem Knoten angetroffen, denn sie liefert eine allgemeine Drehung um eine beliebige Achse, und zwar bei vergleichsweise geringem Speicherverbrauch. Bei der Umwandlung von verschiedenen Euler-Winkelsystemen wird in die Rotationsmatrix konvertiert, dann in das gewünschte Zielsystem, auch die Umwandlung zu Quaternionen läuft über diese Matrix.

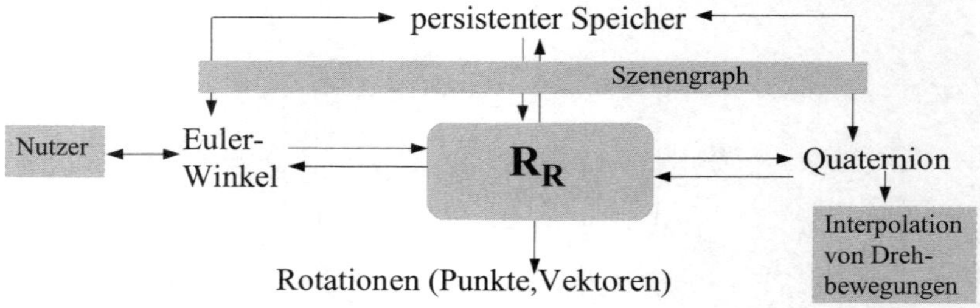

Abbildung 7.33 Die Rotationsmatrix $\mathbf{R_R}$ ist nicht nur für die Transformation von Punkten nützlich, sie ist auch eine Drehscheibe bei der Konvertierung in Euler-Winkelsysteme und Quaternionen.

In einem Aufsatz von David H. Eberly[12] heißt es:

> What is the best representation to use for rotations? As with most computer science topics, there is no answer to this question, only trade offs to consider.[13]

In dem Dokument finden sich auch detaillierte Untersuchungen, die sich mit den Kosten beim Einsatz der genannten Systeme befassen. Die Matrix $\mathbf{R_R}$ erweist sich im Ergebnis in den meisten Fällen als eine kostengünstige Struktur. Beim Speicherverbrauch schneidet sie nicht so gut ab, es sind ja neun Koeffizienten zu speichern, gegenüber drei bei den Euler-Winkelsystemen oder vier bei den Quaternionen. Für die Transformation von Massendaten, den Vertices der Objekte, ist aber dann doch wieder in $\mathbf{R_R}$ umzuwandeln, so dass der Speicherbedarf ohnehin anfällt.

Das „Gebäude“ $\mathbf{R_R}$, so unscheinbar es von außen erscheinen mag, hat auch einen Zugang zu einem weit verzweigten Höhlensystem, mathematisch betrachtet der eigentlich interessante Teil. Aber vielleicht wollen Sie diese Höhlen erst einmal alleine erkunden: Finden Sie auf der Grundlage des inneren Aufbaus der Matrix $\mathbf{R_R}$ die beiden Ausgangselemente: den Drehwinkel φ und den Rotationsvektor $\hat{r}$, dessen Komponenten die X-, Y- und Z-Variablen in der Matrix sind. Denken Sie an die Gefahren, die da in der Dunkelheit lauern: das „Biest der irrationalen Wurzel“ und natürlich der hinterhältige „Nulldivisionsteufel“. Dann gibt es da noch den „Genauigkeitsvampir“, der unachtsame Mathematiker besonders gerne überfällt.

[12] David Eberly: „Rotation Representations and Performance Issues“, 2002-2008, `http://geometrictools.com/Documentation/RotationIssues.pdf`

[13] Vom Autor frei übersetzt: Was ist für Rotationen die beste Darstellungsform? Wie so oft in der Computerwissenschaft gibt es keine eindeutige Antwort auf diese Frage, nur Vor- und Nachteile, die abzuwägen sind.

Auf dem Weg kommt man erst einmal schnell voran, wenn man die Summe der Diagonalelemente bildet, die sogenannte *Spur einer Matrix* (*Trace*). Da $x^2 + y^2 + z^2 = 1$, findet sich der Drehwinkel indirekt über den Kosinus.

$$\texttt{trace} = \texttt{trace}(R_R) = m_{11} + m_{22} + m_{33} = 2cos(\varphi) + 1 \tag{7.86}$$

Der zugehörende Sinus kann über die Formeln

$$sin(\varphi) = \frac{1}{2}\sqrt{4 - (\texttt{trace} - 1)^2} = \sqrt{1 - cos^2(\varphi)}$$

ausgerechnet werden. Bei einem Blick auf die Koeffizienten der Matrix, die nicht zur Diagonalen gehören, finden sich Paare, die direkt auf eine Komponente des Rotationsvektors führen, zum Beispiel:

$$z = \frac{m_{21} - m_{12}}{2sin(\varphi)}.$$

Allgemeiner betrachtet steckt dahinter eine Subtraktion der Transponierten $\mathbf{R_R^T}$ von der Matrix $\mathbf{R_R}$ selbst. Dabei wird nur der obere 3×3-Rotationsanteil beachtet.

$$\mathbf{R_R} - \mathbf{R_R^T} = 2\,sin(\varphi)\underbrace{\begin{pmatrix} 0 & -z & y \\ z & 0 & -x \\ -y & x & 0 \end{pmatrix}}_{S}$$

Für den Drehwinkel φ genügt ein Wertebereich im Intervall $[0...\pi]$, bzw. $[0°...180°]$, denn eine Drehung mit der Matrix $\mathbf{R_R}$ erfolgt um den Drehvektor $\hat{r}$ mit dem kürzesten Drehwinkel. Schneller ist es natürlich, die Fallunterscheidung auf der Grundlage des Kosinus aus dem *Trace* durchzuführen. Wenn dieser sich nur noch um ein gewähltes Epsilon von 1 unterscheidet, dann wird nicht gedreht $\varphi = 0$, und eine beliebige Drehachse, etwa $\hat{r} = \hat{z}$, darf gewählt werden. Ist dieser Fall berücksichtigt, dann kann für den Bereich $0 < \varphi < \phi$ oder wenn $cos(\varphi) \neq -1$ nach dem oben dargestellten Verfahren gerechnet werden. Die Normalisierung, um $\hat{r}$ zu gewinnen, erfolgt durch die Division mit $2\sin(\varphi)$.

$$x' = m_{32} - m_{23} \quad y' = m_{13} - m_{31} \quad z' = m_{21} - m_{12}$$

Es verbleibt noch der Fall $\varphi = 180°$. Wenn Sie diesen Wert für den Drehwinkel in $\mathbf{R_R}$ einsetzen, dann bieten sich wiederum die Diagonalglieder für einen Lösungsansatz an. Bei der Bildung der Rotationsachse, etwa über ein Kreuzprodukt, können sich aber Rundungsfehler einschleichen. Eine Kompensation ist jedoch möglich, indem bei der Rechnung, über die Diagonalelemente der Matrix, alle Komponenten des Drehvektors eingerechnet werden.

$$x^2 = \frac{2m_{11} - \mathtt{trace} + 1}{3 - \mathtt{trace}} \qquad x = \frac{1}{2}\sqrt{m_{11} - m_{22} - m_{33} + 1}$$

Setzt man dieses Ergebnis beim Koeffizienten m_{12} ein ($sin(\varphi) = 0$), dann folgt daraus die Y-Komponente.

$$y = \frac{m_{12}}{2x}$$

Auf diese Weise lassen sich auch die anderen Komponenten ausrechnen. Das Resultat kann noch weiter verbessert werden, wenn zuerst der dem Betrag nach größte Koeffizient in der Diagonale gesucht wird.

$$\begin{array}{llll}
m_{11}: & x = \frac{1}{2}\sqrt{m_{11} - m_{22} - m_{33} + 1} & y = \frac{m_{12}}{2x} & z = \frac{m_{13}}{2x} \\
m_{22}: & y = \frac{1}{2}\sqrt{m_{22} - m_{11} - m_{33} + 1} & x = \frac{m_{12}}{2y} & y = \frac{m_{23}}{2y} \\
m_{33}: & z = \frac{1}{2}\sqrt{m_{33} - m_{11} - m_{22} + 1} & x = \frac{m_{13}}{2z} & y = \frac{m_{23}}{2z}
\end{array}$$

Im oben erwähnten Dokument von Eberly findet sich statt der Rechnung mit dem **trace** eine Zwischenmatrix: $\mathbf{I} + 2\mathbf{S}^2$, das Ergebnis bleibt aber dasselbe. **I** ist die Einheitsmatrix und **S** die oben gebildete Differenzmatrix.

Exkurs 7.21

Der genannte Sonderfall $\varphi = \pm 180°$ ist sicherlich relativ selten, er führt aber auch in die Tiefen der Numerik. Angenommen, der Fehler ϵ sei etwa gleich groß für die Komponenten des Rotationsvektors und m_{11} die größte Komponente.

$$m_{11} - m_{22} - m_{33} = 2x^2 - 2\left(y^2 + z^2\right) \pm 4\epsilon\left(x - y - z\right) + \underbrace{6\epsilon^2}_{\approx 0}$$

Vergleichen Sie nun diese Fehlerbetrachtung mit dem direkten Ansatz: $x^2 = (m_{11} + 1)/2$. Dort geht der Fehler auch direkt ein ($\pm 2\epsilon x$), bei der obigen Lösung wird der Fehler kompensiert, denn x, y und z hängen voneinander ab. Wenn x größer wird, dann wird auch eine oder beide anderen Komponenten kleiner. Zum Beispiel sei $\vec{r} = (0.5, 0.4, 0.1)$ mit dem Betrag $|\vec{r}| = 0.64807....$ Eingesetzt in die Fehlerbetrachtung, kompensieren sich die Fehler der Komponenten vollständig, während beim direkten Ansatz der Fehler $\pm 2 \cdot 0,5/|\vec{r}|$ verbleibt.

Ende des Exkurses 7.21

Das Ergebnis φ und $\hat{r}$ ist vor allem für die Erstellung eines Quaternions von Bedeutung, siehe dort: *Von der Matrix zum Quaternion* (Seite 533). $\hat{r}$ ist die Normale einer Drehebene, kennt man einen weiteren Vektor, der in der Ebene liegt, dann ist es auch möglich, mit dem Gram-Schmidt-Verfahren (siehe Seite 470f.) ein komplettes Koordinatensystem zu erstellen.

Exkurs 7.22

Bei erneuter Besichtigung des „Gebäudes" $\mathbf{R_R}$ stehe Ihnen nun ein „Fremdenführer" zur Seite. Die Tour führt an den Stationen vorbei, die im oben genannten Papier von David Eberly aufgezeigt werden, wir werden aber einen etwas anderen Weg bei der Herleitung des Ergebnisses gehen.

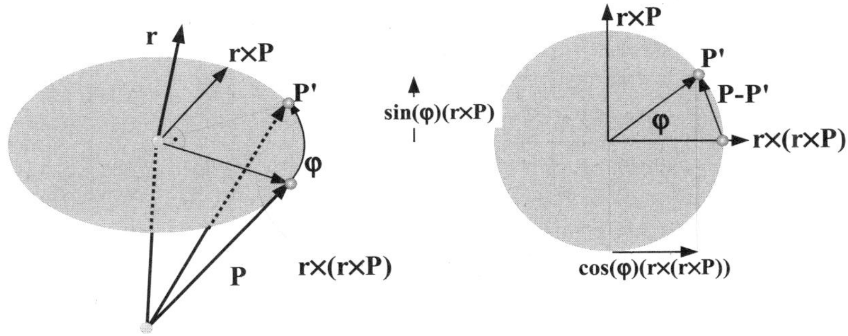

Abbildung 7.34

Zur Konstruktion der Rotationsmatrix $\mathbf{R_R}$.

Das Kreuzprodukt zweiter Vektoren lässt sich auch als Matrix anschreiben, siehe auch (7.58).

$$\hat{r} \times P = \begin{pmatrix} 0 & -r_z & r_y \\ r_z & 0 & r_x \\ -r_y & r_x & 0 \end{pmatrix} \begin{pmatrix} P_x \\ P_y \\ P_z \end{pmatrix} = \mathbf{S}P$$

$\mathbf{S}P$ ist ein Vektor der Drehebene, der sowohl auf $\hat{r}$ als auf P senkrecht steht. Ein weiterer Ebenenvektor, der auf P zeigt, findet sich durch ein erneutes Kreuzprodukt, siehe auch (7.62).

$$\hat{r} \times (\hat{r} \times P) = (\hat{r} \cdot P)\,\hat{r} - P$$

Wiederum in der Matrixschreibweise ausgeführt, entspricht das einer Multiplikation der Matrix $\mathbf{S}$ mit sich selbst oder $\mathbf{S}^2$.

$$\hat{r} \times (\hat{r} \times P) = \begin{pmatrix} r_x^2 - 1 & r_x r_y & r_x r_z \\ r_x r_y & r_y^2 - 1 & r_y r_z \\ r_x r_z & r_y r_z & r_z^2 - 1 \end{pmatrix} \begin{pmatrix} P_x \\ P_y \\ P_z \end{pmatrix} = \mathbf{S}(\mathbf{S}P) = \mathbf{S}^2 P$$

Die Rotation, die P in P' überführt, gehorcht der Gleichung $\mathbf{R_R} P = P'$. Mit den Vorarbeiten gilt es noch einen Ausdruck für P' zu finden. Schreibt man für den Moment $\hat{r} \times P = v$ und $r \times (\hat{r} \times P) = u$, dann ergibt sich für den Differenzvektor $P - P' = sin(\varphi) v + (1 - cos(\varphi)) u$ oder:

$$\mathbf{R_R} P = P + sin(\varphi)(\hat{r} \times P) + (1 - cos(\varphi))(\hat{r} \times (\hat{r} \times P))$$

Mit der Identitätsmatrix I und auf die oben entwickelten Matrizen umgeschrieben, folgt schließlich die von Eberly aufgestellte Gleichung.

$$\mathbf{R_R} = I + P + sin(\varphi)\mathbf{S} + (1 - cos(\varphi))\mathbf{S}^2$$

In dem eingangs verwendeten Bild wurde die Matrix $\mathbf{R_R}$ mit einem Gebäude verglichen; tatsächlich handelt es sich aber um eine Fabrik, die gedrehte Punkte oder Vektoren produziert. Es sind mehrere Wege gangbar, die zur Maschinenhalle führen. Einen eher technischen Ansatz haben Sie im Abschnitt *Rotation um eine beliebige Achse* (Seite 62ff.) kennengelernt; „technisch" aufgrund der Zerlegung in nacheinander ausgeführte Rotationen, nach dem Baukastenprinzip. Die oben dargelegte Herleitung folgt den Gedankengängen eines Mathematikers, dichter am eigentlichen Geschehen. Einen weiteren Ansatz, der letztlich ebenfalls auf $\mathbf{R_R}$ führt, werden Sie bei den Quaternionen kennenlernen, siehe dazu (7.112).

Ende des Exkurses 7.22

7.7.4 Ausrichtung eines Koordinatensystems

Die Rotationsmatrix (7.85) eignet sich sehr gut, um eine gelegentlich vorkommende Aufgabe zu lösen. Zum Beispiel soll eine bewegte Kamera so ausgerichtet werden, dass deren Sichtvektor stets in eine bestimmte Richtung zeigt. In Computerspielen ist es für die Ausführungsgeschwindigkeit von Vorteil, bestimmte Objekte, etwa die Blätter von Bäumen, oder Text nicht im Detail zu erstellen. Sie werden stattdessen über ein oder mehrere Polygone, sogenannte Billboards, in eine Szene gesetzt, auf die eine Textur (Blätter, Blüten) projiziert wird. In älteren Spielen verwendete man nur ein Billboard, das dann automatisch zum Betrachter gedreht wurde; es zeigte immer nur eine bestimmte Seite, die durch ihren Normalenvektor und die Richtung zum Betrachter fixiert war. Heute reicht die Kapazität aus, um mehrere solcher Billboards ineinanderzustecken, eine Ausrichtung ist dann nicht immer notwendig. Texte, die an Objekte oder Pickpositionen geheftet sind, werden allerdings immer noch durch Billboards dargestellt.

Grundlage für derartige Anwendungen ist die Ausrichtung eines Koordinatensystems auf der Basis eines anderen Systems. Gegeben sei das auszurichtende Koordinatensystem durch die orthogonalen Basisvektoren $\hat{u}$, $\hat{v}$ und $\hat{n}$. Die Normale $\hat{n}$ soll dann so gedreht werden, dass sie nach der Drehung mit dem Z-Basisvektor $\hat{z}$ eines anderen Koordinatensystems übereinstimmt. In einigen Fällen ist auch eine zweite Drehung nötig, die den Vektor $\hat{v}$ in den Y-Basisvektor der anderen Basis überführt. Gesucht ist eine Komposition von Transformationsmatrizen, die die Drehungen abbildet.

Die beiden Koordinatensysteme haben eine beliebige Ausgangsstellung zueinander, die Übereinstimmung der Normalenvektoren $\hat{n}$ und $\hat{z}$ ist vorrangig. Auf der Grundlage der Rotationsmatrix (7.85) gilt es einen Drehwinkel φ und einen Drehvektor $\hat{r}$ zu finden, wobei $\hat{n}$ und $\hat{z}$ als die Vektoren einer Ebene – die Drehebene – betrachtet werden. Mit dem Kreuzprodukt steht der Drehvektor senkrecht auf der Drehebene, und für das Einsetzen in die Rotationsmatrix ist ein Einheitsvektor nötig.

$$\hat{\mathbf{r}} = \frac{\hat{n} \times \hat{z}}{|\hat{n} \times \hat{z}|} \qquad |\hat{\mathbf{r}}| = sin(\varphi)$$

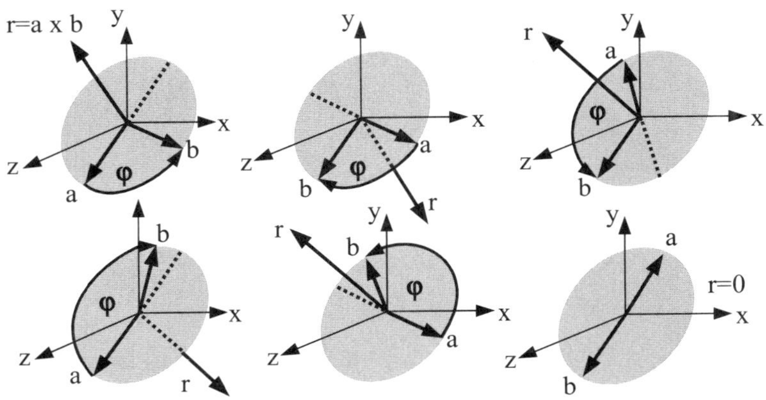

Beispiele zur Lage eines Rotationsvektors aus dem Kreuzprodukt zweier Vektoren.

Abbildung 7.35

Der Drehwinkel ist der kürzeste Winkel zwischen den beiden Vektoren – beide sind Einheitsvektoren – und durch das skalare Produkt aufzufinden.

$$cos(\varphi) = \hat{n} \cdot \hat{z} \qquad \varphi = acos(\hat{n} \cdot \hat{z})$$

Die Ausgangsvektoren können auch parallel zueinander ausgerichtet sein, der Drehvektor ist dann ein Nullvektor.

$$1 - |cos(\varphi)| < \epsilon$$

Sind die Ausgangsvektoren gleich, dann ist auch keine Drehung durchzuführen, die Ergebnismatrix $\mathbf{R_1}$ ist dann die Einheitsmatrix **I**. Wenn die Vektoren gegengerichtet sind $1 - |cos(\varphi)| < \epsilon$ und $cos(\varphi) < 0$, dann wird die X- oder Y-Achse verwendet, je nachdem, welche der beiden Achsen durch die Drehung unverändert bleiben soll.

In allen anderen Fällen kann der Drehvektor als Einheitvektor berechnet werden, und die Drehrichtung ist, entgegen dem Uhrzeigersinn, immer die vom Vektor $\hat{n}$ zum Vektor $\hat{z}$, und zwar relativ zur Lage der Drehachse, die der Drehvektor angibt. Zusammengefasst ergeben sich drei mögliche Transformationsmatrizen als Ergebnis der bisherigen Überlegungen.

$$\mathbf{R_1} = \begin{cases} cos(\varphi) = 1 & \mathbf{I} \\ cos(\varphi) = -1 & \mathbf{R_R}(\varphi, \mathbf{\hat{y}}) \\ \text{ansonsten} & \mathbf{R_R}(\varphi, \mathbf{\hat{r}}) \end{cases}$$

Die Drehung mit der Matrix $\mathbf{R_1}$ ist die erste Drehung, die den Ausgangsvektor $\hat{n}$ mit dem Vektor $\hat{z}$ des anderen Koordinatensystems in Übereinstimmung bringt.

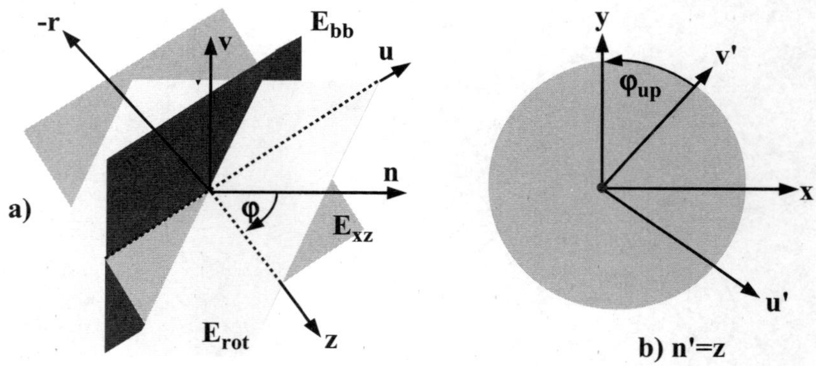

Abbildung 7.36 Beispiel für die Drehung eines Billboards. a) Lage des Billboards vor der Drehung (E_{bb}), Ebene (E_{xz}), die den Zielvektor $\hat{z}$ enthält, und die Drehebene (E_{rot}). Der Drehvektor $\hat{r}$ ist hier, für eine bessere Darstellung, gegengerichtet dargestellt. b) Situation nach der ersten Drehung mit $\mathbf{R_1}$, die Normale $\hat{n} = \hat{z}$ zeigt zum Betrachter.

Oft genügt diese Drehung, eine Übereinstimmung der Koordinatensysteme bedarf aber noch einer weiteren Drehung, die die beiden Up-Vektoren ineinander überführt. Nötig ist dann eine Drehung mit dem Z-Vektor, so dass der durch die erste Drehung gedrehte Vektor $\hat{v}'$ in $\hat{y}$ übergeht. Es gilt dann eine Rotationmatrix $\mathbf{R_z}$ aufzufinden, so dass:

$$\mathbf{R_z}(\delta)\,\hat{v}' = \hat{y} \qquad \mathbf{R_1}\,\hat{v} = \hat{v}' \qquad \hat{v}' \cdot \hat{y} = cos(\delta).$$

Diese Gleichungen zeigen auch, dass bei der Komposition die Matrix $\mathbf{R_z}$ der Transformationsmatrix $\mathbf{R_1}$ vorangestellt werden muss.

$$\mathbf{R_z}(\delta)\mathbf{R_1} = \mathbf{R}$$

Man denke auch daran: Die Rotationen setzen voraus, dass beide Koordinatensysteme im Ursprung des virtuellen Weltkoordinatensystems liegen bzw. sich allgemein auf die gleiche Basis beziehen.

7.7.5 Bezugssystem und objekteigenes System

Wenn Sie eine Seitenbeugung ausführen, dann ist dies eine Drehung um eine Körperachse, und es spielt dabei keine Rolle, ob Sie sich vorher nach links oder nach rechts gedreht haben. Bei der Seitenbeugung haben Sie eine Drehung um eine objekteigene Achse durchgeführt, diese, zum Beispiel die Z-Achse, ist für Sie stets gleich. Von einem feststehenden Bezugssystem aus gesehen spielt es aber eine große Rolle, ob Sie sich vorher nach links oder rechts gedreht haben, denn dann erscheint die Seitenbeugung als eine Drehung um eine beliebige Achse, die nicht mehr mit einer Bezugssystemachse übereinstimmt.

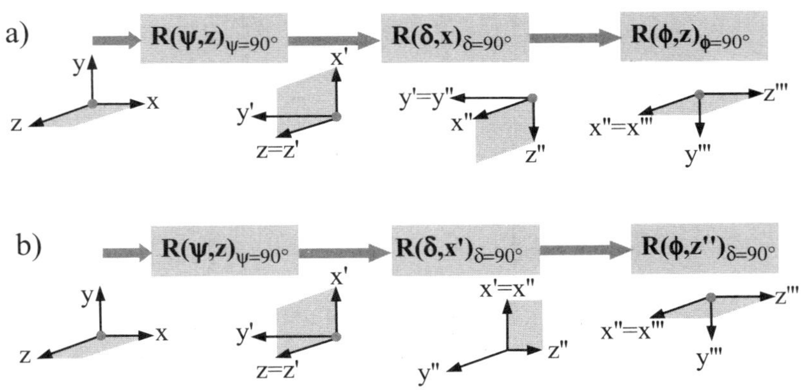

Abbildung 7.37 Drei Drehungen um gleiche Winkel, jeweils aus der Sicht zweier Bezugssysteme. a) Die Drehungen erfolgen um die feststehenden Achsen des Weltkoordinatensystems. b) Drehungen um objekteigene Achsen. Hier ist zwar die resultierende Stellung gleich, jedoch eine der Zwischenstellungen verschieden.

Koordinatensysteme werden nach praktischen Gesichtspunkten gewählt. In der 3D-Computergrafik sind das Rechtssystem von OpenGL und das Linkssystem von DirectX vorherrschend. Der Unterschied bei gleichen Drehwinkeln besteht in der Wahl des Drehvektors. Bei einer Drehung um die Achsen des Bezugssystems kann durch eine Multiplikation der Matrizen leicht eine Drehmatrix erstellt werden.

$$\mathbf{R_R}\left(\psi, z\right)\mathbf{R_R}\left(\delta, x\right)\mathbf{R_R}\left(\phi, z\right)$$

Die Berechnung der Drehvektoren – die gestrichenen Vektoren – bei den Drehungen mit dem objekteigenen System (*Object's Local Frame*), relativ zu einem Bezugssystem, unterbricht eine einfache Matrixkette, da die Drehvektoren jeweils zu berechnen sind.

$$\begin{aligned} &\mathbf{R_R}\left(\psi, \hat{z}\right) \\ &\qquad\qquad \mathbf{R_R}\left(\psi, \hat{z}\right)\hat{\mathbf{x}} = \mathbf{x}' \\ &\mathbf{R_R}\left(\delta, \hat{x}'\right) \\ &\qquad\qquad \mathbf{R_R}\left(\delta, \hat{x}'\right)\hat{\mathbf{z}} = \mathbf{z}" \\ &\mathbf{R_R}\left(\phi, \hat{z}"\right) \end{aligned}$$

Diese Berechnung lässt sich aber vermeiden. Angenommen, ein Koordinatensystem K' sei durch eine Drehung mit der Matrix $\mathbf{R_0}$ entstanden, danach werde um die objekteigene Achse x' gedreht ($\mathbf{R_R}(\varphi_x, \hat{x}')$). Da $\mathbf{R_0^{-1}}$ in die globale Achse x zurückdreht, gilt auch:

$$\mathbf{R_R}\left(\varphi_x, \hat{x}'\right) = \mathbf{R_0}\mathbf{R_x}(\varphi_\mathbf{x})\mathbf{R_0^{-1}} \qquad \text{bzw.}$$

$$\mathbf{R_x}(\varphi_\mathbf{x}) = \mathbf{R_0^{-1}}\mathbf{R_R}\left(\varphi_x, \hat{x}'\right)\mathbf{R_0}$$

Zur Erinnerung: Die Matrizen sind von rechts nach links zu lesen, die zuletzt angelegte Drehung erscheint ganz links. Als Nächstes sei eine Drehung um eine zweite objekteigene Achse ($\hat{y}'$) hinzugefügt. Um diese Drehung auf eine globale Achse ($\hat{y}$) zurückzuführen, muss die erste Drehung komplett rückgängig gemacht werden.

$$\mathbf{R_R}\left(\varphi_x, \hat{x}'\right)\mathbf{R_y}(\varphi_\mathbf{y})\mathbf{R_R^{-1}}\left(\varphi_x, \hat{x}'\right)\mathbf{R_R}\left(\varphi_x, \hat{x}'\right) = \mathbf{R_R}\left(\varphi_y, \hat{y}'\right)\mathbf{R_R}\left(\varphi_x, \hat{x}'\right) \cdot$$

$$\text{somit: } \mathbf{R_0}\mathbf{R_x}(\varphi_\mathbf{x})\mathbf{R_0^{-1}}\mathbf{R_y}(\varphi_\mathbf{y}) = \mathbf{R_R}\left(\varphi_y, \hat{y}'\right)\mathbf{R_R}\left(\varphi_x, \hat{x}'\right)$$

Ist speziell $\mathbf{R_0} = \mathbf{I}$, die Identitätsmatrix, dann zeigt sich hier bereits: Drehungen um die objekteigenen Achsen entsprechen Drehungen um globale Achsen, jedoch mit umgekehrter Drehreihenfolge. Beim Nachweis für die dritte Drehung müssen beide vorausgegangenen Drehungen rückgängig gemacht werden.

$$\left[\mathbf{R_R}(\varphi_y,\hat{y}')\,\mathbf{R_R}(\varphi_x,\hat{x}')\right]\mathbf{R_z}(\varphi_z)\left[\mathbf{R_R}(\varphi_y,\hat{y}')\,\mathbf{R_R}(\varphi_x,\hat{x}')\right]^{-1}$$
$$\mathbf{R_R}(\varphi_y,\hat{y}')\,\mathbf{R_R}(\varphi_x,\hat{x}') = \mathbf{R_R}(\varphi_z,\hat{z}')\,\mathbf{R_R}(\varphi_y,\hat{y}')\,\mathbf{R_R}(\varphi_x,\hat{x}')$$

Nach den entsprechenden Kürzungen und mit $\mathbf{R_0} = \mathbf{I}$ folgt daraus die gesuchte Beziehung zwischen Drehungen um globale und um objekteigene Achsen.

$$\mathbf{R_x}(\varphi_x)\,\mathbf{R_y}(\varphi_y)\,\mathbf{R_z}(\varphi_z) = \mathbf{R_R}(\varphi_z,\hat{z}')\,\mathbf{R_R}(\varphi_y,\hat{y}')\,\mathbf{R_R}(\varphi_x,\hat{x}') \tag{7.87}$$

Dreht sich ein Flugzeug um seine objekteigene Achsen, dann entspricht dies Drehungen im Bezugssystem mit gleichen Winkeln, aber in der umgekehrten Drehreihenfolge. Statt das Frustum zu einem Szenenausschnitt zu drehen, wird die Szene umgekehrt gedreht.

System	+x	+y	+z	positive Drehung (Winkel)
Rechts	rechts	oben	zum	entgegen Uhrzeigersinn
Links	rechts	oben	vom	
			Betrachter	im Uhrzeigersinn

Tabelle 7.3: Computergrafik – Bezugssysteme

7.7.6 Cardan-Winkelsystem

Ein intuitives Winkelsystem stellt das *Cardan-System* dar. Dort wird an drei Stellschrauben gedreht, jede einer Achse des feststehenden oder eingebauten Koordinatensystems zugeordnet. Eine Drehung an der Z-Stellschraube dreht die bewegliche X-, Y-Ebene etc. Die Winkel α, β und γ sind der X-, Y- und Z-Achse zugewiesen, mit den positiven Drehrichtungen wie eingangs erwähnt. Ein *Gyroskop* misst diese Winkel sowie ihre zeitlichen Änderungen, die Winkelgeschwindigkeiten.

$$\begin{aligned}\omega_\alpha &= \tfrac{\Delta\alpha}{\Delta t} \text{ bzw. } \tfrac{d\alpha}{dt}\\ \omega_\beta &= \tfrac{\Delta\beta}{\Delta t} \text{ bzw. } \tfrac{d\beta}{dt}\\ \omega_\gamma &= \tfrac{\Delta\gamma}{\Delta t} \text{ bzw. } \tfrac{d\gamma}{dt}\end{aligned} \tag{7.88}$$

Das Cardansche Winkelsystem gibt nicht so ohne Weiteres Auskunft über die tatsächliche Lage relativ zu einem Bezugssystem, es ist ein mitgeführtes Koordinatensystem. Eine separate Buchhaltung ist nötig, um die absolute Raumposition im Bezugssystem zu messen. Cardan-Winkel gelten im Bereich 0...360°.

Das Cardan-System ist nach Gerolamo Cardano (1501–1576) benannt, einem Mailänder Arzt und Gelehrten, der sich vor allem mit kubischen Gleichungen befasste und der das Cardansche Kreuzgelenk[14] erfand. Cardano bemerkte bei seinen Lösungen eine merkwürdige negative Größe unter einer Wurzel – die imaginäre Zahl –, konnte zu seiner Zeit jedoch nicht viel damit anfangen. Lösungen, die auf einer „unmöglichen Zahl" basierten, schied er kurzerhand aus. Erst später wurden, auf den Erkenntnissen von Cardano aufbauend, die komplexen Zahlen gefunden und von Leonhard Euler die Schreibweise $i = \sqrt{-1}$ eingeführt.

7.7.7 Andere Winkelsysteme

Um ein Koordinatensystem durch Drehungen in eine bestimmte Stellung zu bringen, gibt es zwölf Möglichkeiten für die Abfolge der Drehungen, wenn keine zwei Drehungen unmittelbar nacheinander mit der gleichen Achse durchgeführt werden. Das lässt sich leicht zeigen, wenn ausgehend von $\Omega = \{x, y, z\}$ das kartesische Produkt $\Omega \times \Omega \times \Omega$ gebildet wird und die sinnlosen Drehungen gestrichen werden, zum Beispiel xxy. Bei einer solchen Vielfalt ist es in der Wissenschaft und Technik immer ein Problem, einen Standard zu etablieren. Dazu kommt noch, dass ein linkshändisches oder rechtshändisches Koordinatensystem zugrunde liegen kann und eine beliebige Achse für die Kennzeichnung der Vorwärtsrichtung möglich ist. Man muss daher schon genau hinsehen, wenn ein Winkelsystem in einem Text oder einer Software verwendet wird.

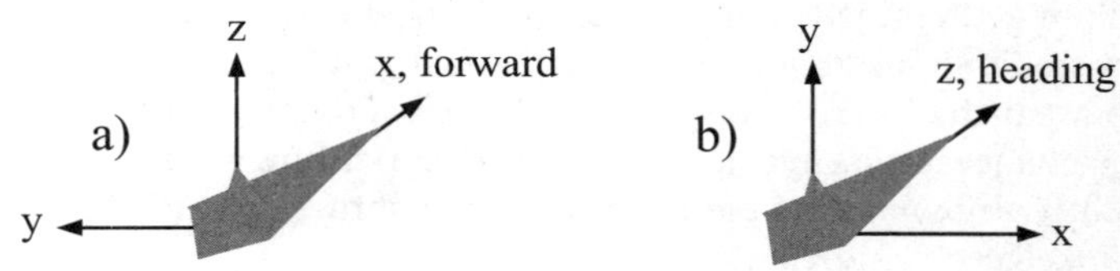

Abbildung 7.38 Beispiele für die Orientierung der Achsen bei Winkelsystemen b) Head-Pitch-Bank-System

Tait-Bryan-Winkelsysteme, benannt nach Peter Guthrie Tait und George H. Bryan, sind Systeme, die bei Flugapparaten, Landfahrzeugen und in der Nautik verwendet werden, mit den Winkeln: *Yaw*, *Pitch* und *Roll*. Es sind Euler-Winkelsysteme, aber zusätzlich gilt noch die Bedingung, dass verschiedene Achsen für die Drehreihenfolge verwendet werden. Ein XYZ-System ist ein Tait-Bryan-Winkelsystem, ein ZXZ-System ist es nicht.

[14] Das Cardansche Kreuzgelenk sollte sich wenige Jahrzehnte nach Cardanos Tod bei den kardanisch aufgehängten Magnetkompassen als nützlich für die Schifffahrt erweisen; vgl. Robert Bohn: „Geschichte der Seefahrt", Verlag C.H.Beck, 2011, Seite 64.

Roll
: Die Rotation um die Längsache im Bereich $-\pi, +\pi$, meistens die X-Achse. Bei einer Kamera ist die Längsachse die optische Achse, es wird häufig die Z-Achse gewählt. Bei OpenGL in der Vorgabeeinstellung wird die Blickrichtung entlang der negativen Z-Achse eingestellt.

Nick, Yaw
: Die Rotation um die Querachse im Bereich $-\pi/2, +\pi/2$ erzeugt eine Nickbewegung.

Pitch
: Die Rotation um die vertikale Achse im Bereich $-\pi, +\pi$. Die positive vertikale Achse wird bei Kameras auch als UP-Richtung bezeichnet, dafür wird die Y-Achse gewählt.

System	Roll	Pitch	Yaw	Bemerkung
NED	x,heading	y,rechts	z,unten	Luft-, Wasserfahrzeuge, NED=nord,east,down
ENU	x,heading	y,links	z,oben	Landfahrzeuge, ENU=east,nord,up
Kamera	-z	links	y,oben	OpenGL-Default
	z	rechts	y,oben	Alternative

Tabelle 7.4: Winkelsysteme

Anzutreffen ist auch das *Head-Pitch-Bank*-System, dem ein linkshändisches Koordinatensystem zugrunde liegt, mit der positiven Z-Achse als Vorwärtsrichtung und der positiven Y-Achse, die nach oben zeigt. Gedreht wird zuerst die Y-Achse, dann um die sich ergebende X-Achse und schließlich um die Z-Achse, ein YXZ-Ablauf. In Deutschland gibt die Luftfahrtnorm DIN 9300 ein ZYX-System vor.

7.7.8 Euler-Winkelsystem

Das Euler-Winkelsystem ist ein übergeordnetes Winkelsystem, auch hier wird an den einzelnen Achsen nacheinander gedreht, allerdings unterscheiden sich Euler-Winkelsysteme vom Cardan-System durch die Einschränkung der Winkelbereiche. Die obigen Roll-Pitch-Yaw oder Head-Pitch-Bank sind ebenfalls Euler-Winkelsysteme, denn die Drehung der Achsen erfolgt nicht um 360°, daher sind die Systeme besser beherrschbar. Aber auch hier verbleibt ein Makel, der allen Euler-Winkelsystemen anhaftet, denn eine beliebige Stellung kann durch unterschiedliche Drehfolgen und Winkel eingestellt werden.

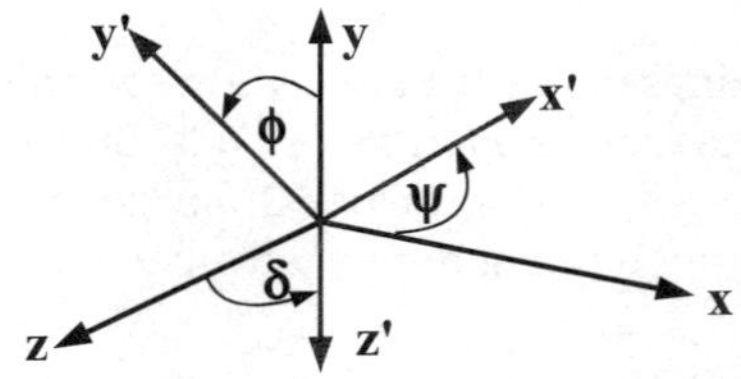

Abbildung 7.39 Euler-Winkel geben die Drehwinkel eines gedrehten Koordinatensystems gegenüber einem Ausgangssystem an. Die Benennung und die Abfolge der Drehungen wird in der Literatur nicht einheitlich gehandhabt.

Für Leonhard Euler war das vorgestellte Winkelsystem eine Grundlage für die Eulerschen Kreiselgleichungen, die wiederum Teil einer Himmelsmechanik waren, denn die Erde ist auch ein Kreisel. Das nachfolgend vorgestellte Euler-Winkelsystem folgt dem Schema z-x-z und benötigt lediglich zwei Rotationsmatrizen. Zugrunde liegt ein rechtshändisches Koordinatensystem, dessen Z-Achse nach oben zeigt. Als Vorwärtsrichtung sei ebenfalls die positive Z-Achse verwendet.

Nutationswinkel δ

Der Nutationswinkel wird von der positiven Z-Achse des Bezugssystems zur positiven z-Achse des gedrehten Systems gemessen. Der Begriff „Nutation“ stammt aus der Astronomie und kennzeichnet eine Kipp- oder Pendelbewegung der Erdachse (Z-Achse), mit einer Periode von 18,6 Jahren. Der Nutationswinkel ist gültig im Bereich $0 \leq \delta < 180°$. Um den Nutationswinkel einzustellen, muss an der X-Achse x gedreht werden.

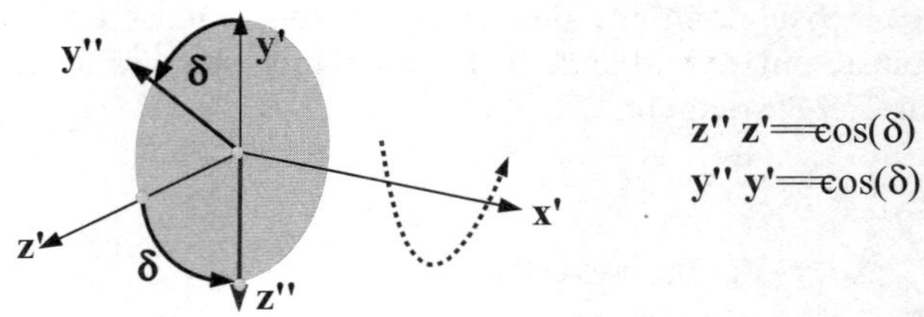

Abbildung 7.40 Nutationswinkelangabe

Präzessionswinkel ψ

Der Präzessionswinkel wird von der positiven X-Achse des Bezugssystems zur positiven X-Achse des gedrehten Systems gemessen. Die Präzession der Erde ist eine Kreisbewegung der Erdachse, die sich alle 26.000 Jahre wiederholt. Der Präzessionswinkel ist gültig im Bereich $0 \leq \psi < 180°$ und liegt der ersten Drehung um die Z-Achse zugrunde.

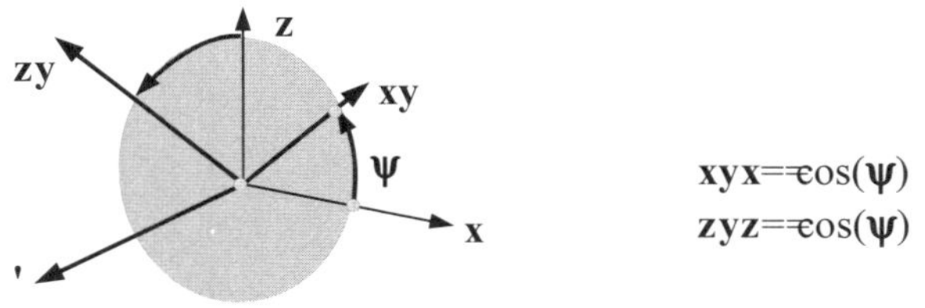

Präzessionswinkelangabe

Abbildung 7.41

Drehwinkel ϕ

Der Drehwinkel ($0 \leq \phi < 360°$) wird von der positiven Y-Achse des Bezugssystems zur positiven Y-Achse des gedrehten Systems gemessen. Der Drehwinkel ist die Grundlage für die dritte Drehung um die Z-Achse.

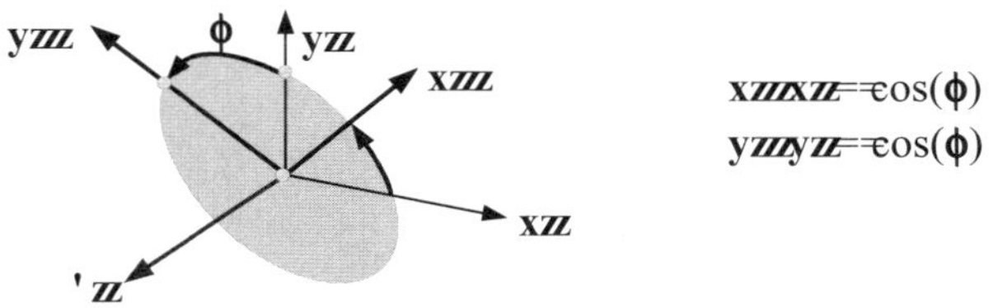

Drehwinkelangabe

Abbildung 7.42

Die Abfolge der Drehungen ist eigentlich beliebig durchführbar, hier sei mit der Rotation um die Z-Achse begonnen. Die Drehungen erfolgen um die objekteigenen Achsen, und die Betrachtung der Koordinatensysteme, die bei den einzelnen Drehungen entstehen, erfolgt von außen. Dreht man den x- und y-Vektor des Ausgangssystems um die Z-Achse, so dass der Winkel zwischen $\vec{x}'$ und $\vec{x}$ dem Präzessionswinkel entspricht, dann gilt für diese Drehung die Rotationsmatrix $\mathbf{R_z}$ (2.7).

$$\vec{x}' = \mathbf{R_z}(\psi)\,\vec{x}$$

$$\vec{y}' = \mathbf{R_z}(\psi)\,\vec{y}$$

$$\vec{z}' = \mathbf{R_z}(\psi)\,\vec{z} = \vec{z}$$

Auf diese Weise ist ein neues objekteigenes Koordinatensystem K' entstanden. Die folgende Drehung um die x'-Achse mit dem Drehwinkel δ lässt $\vec{x}'$ unverändert, überführt jedoch $\vec{z}'$ nach $\vec{z}$“ und $\vec{y}'$ nach $\vec{y}$“. Zur Matrix $\mathbf{R_x}$ siehe (2.8).

$$\vec{x}" = \mathbf{R_x}(\delta)\,\vec{x}' = \vec{x}'$$
$$\vec{y}" = \mathbf{R_x}(\delta)\,\vec{y}'$$
$$\vec{z}" = \mathbf{R_x}(\delta)\,\vec{z}'$$

Es verbleibt noch die Rotation um die Z-Achse, diesmal mit dem Winkel ϕ.

$$\vec{x}"' = \mathbf{R_z}(\phi)\,\vec{x}"$$
$$\vec{y}"' = \mathbf{R_z}(\phi)\,\vec{y}"$$
$$\vec{z}"' = \mathbf{R_z}(\phi)\,\vec{z}" = \vec{z}"$$

Die Komposition der Rotationsmatrizen sei hier anhand des Vektors $\vec{x}$ gezeigt.

$$\vec{x}"' = \mathbf{R_z}(\phi)\,\underbrace{\left[\mathbf{R_x}(\delta)\,\vec{x}'\right]}_{\vec{x}"}$$
$$\vec{x}"' = \mathbf{R_z}(\phi)\left[\mathbf{R_x}(\delta)\,\mathbf{R_z}(\psi)\,\vec{x}\right]$$

Die Klammern dürfen entfernt werden (7.32).

$$\vec{x}"' = \mathbf{R_z}(\phi)\,\mathbf{R_x}(\delta)\,\mathbf{R_z}(\psi)\,\vec{x}$$

Der Basiswechsel von einem Koordinatensystem K in ein neues Koordinatensystem K^* ergibt sich hier, bei der z-x-y-Abfolge, mittels der Drehmatrix $\mathbf{R_K}$.

$$\mathbf{R_K} = \mathbf{R_z}(\phi)\,\mathbf{R_x}(\delta)\,\mathbf{R_z}(\psi) \tag{7.89}$$

Die Umkehrung erfolgt mit der inversen Matrix $\mathbf{R_K}^{-1}$, die zugleich die Transponierte $\mathbf{R_K}^T$ ist. Beachten Sie, dass dabei das Vorzeichen der Winkel ebenso wie die Reihenfolge der Transformationen umgekehrt wird.

$$\mathbf{R_K}^{-1} = \mathbf{R_z}(-\psi)\,\mathbf{R_x}(-\delta)\,\mathbf{R_z}(-\phi) \tag{7.90}$$

Somit transformieren sich die Basisvektoren in beide Richtungen:

$$\begin{aligned} \vec{x}^* &= \mathbf{R_K}\vec{x} & \vec{x} &= \mathbf{R_K}^T\vec{x}^* \\ \vec{y}^* &= \mathbf{R_K}\vec{y} & \vec{y} &= \mathbf{R_K}^T\vec{y}^* \\ \vec{z}^* &= \mathbf{R_K}\vec{z} & \vec{z} &= \mathbf{R_K}^T\vec{z}^* \end{aligned} \tag{7.91}$$

Zusätzlich kann vorher noch eine Spiegelung der Achsen durchgeführt werden, falls ein Wechsel von einem rechtshändischen in ein linkshändisches

Koordinatensystem erforderlich ist. Die Grundlage dafür ist die Skalierungsmatrix (2.4), mit allen Skalierungsfaktoren gleich 1, jedoch einer Vorzeichenumkehr bei der betreffenden Achse, zum Beispiel für die x-Achse:

$$\vec{x}^L = \mathbf{S}(-1,1,1)\,\vec{x}^R \tag{7.92}$$

Wenn andere Verfahren eingesetzt werden, sollten Sie zuerst die Festlegung der Vorwärtsrichtung klären. Welche Achse ist dieser zugeordnet? Dann wäre zu ermitteln, ob ein rechtshändisches oder linkshändisches Koordinatensystem zugrunde liegt. Mit diesem Wissen können Sie schon mal eine Skizze anfertigen. Nun ist die Abfolge der Drehungen und die positive Drehrichtung nebst den gültigen Winkelbereichen anzuschreiben. An welchen Achsen wird gedreht und in welcher Reihenfolge? Damit sind die Rotationsmatrizen und ihre Komposition bekannt.

Beispiel 7.14

Beim Head-Pitch-Bank-System ist die Vorwärtsrichtung durch die Richtung der positiven Z-Achse festgelegt und es wird ein linkshändisches Koordinatensystem zugrunde gelegt. Die Abfolge der Drehungen folgt dem Schema y-x-z. Die positiven Drehrichtungen sind für den Heading-Winkel und den Pitch-Winkel im Uhrzeigersinn und für den Bank-Winkel entgegen dem Uhrzeigersinn zu nehmen. Head- und Bank-Winkel gelten für den Winkelbereich $-\pi...\pi$ und der Pitch-Winkel für $-\pi/2...\pi/2$. Es ergibt sich eine Komposition der Rotationsmatrizen entsprechend:

$$\mathbf{R_x}(\texttt{roll})\mathbf{R_y}(\texttt{pitch})\mathbf{R_z}(\texttt{bank})$$

Um dieses in eine Rotationsmatrix zu überführen, die im Rechtshandsystem gilt, ist die Skalierung voranzustellen und die Drehrichtung gegebenenfalls umzudrehen.

$$\mathbf{R_k} = \mathbf{S(1,1,-1}\,\mathbf{R_x}(-\texttt{roll})\mathbf{R_y}(-\texttt{pitch})\mathbf{R_z}(\texttt{bank})$$

Ende des Beispiels 7.14

7.7.9 Gimbal Lock

Zur Zeit von Apollo 11 und auch bei Apollo 13 hatten die Raumfahrer noch einen höllischen Respekt vor einem *Gimbal Lock*, führte doch ein solcher Zustand zum Trudeln des Raumschiffes, und ein Raumschiff aus dem Trudeln herauszuholen ist ein äußerst schwieriges, wenn nicht unmögliches Unterfangen. Die Ursache für ein Gimbal Lock waren die verwendeten mechanischen Gyroskope, die für bestimmte Drehungen in einen Beharrungszustand gelangen, in dem keine Rückmeldungen über eine Drehachse mehr vorliegen. Die Abhilfe bestand darin, mit dem Raumschiff nur Drehungen durchzuführen, bei denen mit Sicherheit kein Gimbal Lock zu befürchten ist.

Leider ist das Gimbal-Lock-Problem kein mechanisches, sondern vielmehr ein prinzipielles Problem, das mit der Drehung um drei Winkel zusammenhängt. Bei einer virtuellen Kamerafahrt entlang einer Raumkurve soll die Kamera stets so ausgerichtet sein, dass der Blick in Fahrrichtung – der Tangente an die Bahn – möglich ist. Greift man nun einige Stationen auf der Bahn heraus und betrachtet dort die Euler-Winkel, d. h. die vorausgehende Station ist das Bezugssystem, dann kann auch dort unter bestimmten Umständen das Gimbal-Lock-Problem auftreten.

Entsprechend der vorgestellten $z-x-z$-Abfolge findet zuerst eine Drehung um die Z-Achse statt, die hier zugleich die Vorwärtsrichtung anzeigt; die entsprechende Matrix ist $\mathbf{R_z}(\psi)$. Als Nächstes sei eine Drehung um $\delta = 90°$ fällig, also $\mathbf{R_x}(\mathbf{90}°) = \mathbf{I}$, es ergibt sich die Einheitsmatrix. Die Bodenstation würde spätestens jetzt eingreifen und eine dringende Warnung an die Raumschiffbesatzung senden: „Sie beabsichtigen ein Manöver, das zum Gimbal Lock führt, wir schlagen vor, Sie suchen eine andere Abfolge der Drehungen“. Was ist passiert?

Die nächste (dritte) Drehung erfolgt wieder um die Z-Achse $\mathbf{R_z}(\phi)$, diese Achse hat sich aber nicht verändert! Egal ob nun ψ oder ϕ verändert wird, die Kamera dreht nur noch um die aktuelle Z-Achse, aber die beiden Winkel sind für eine dreidimensionale Drehung gedacht. Gimbal Lock heißt, ein Freiheitsgrad ist verloren, die Komposition $\mathbf{R_z}(\psi) \cdot \mathbf{I} \cdot \mathbf{R_z}(\phi)$ ist das Gleiche wie $\mathbf{R_z}(\psi - \phi)$, d. h. mit den Koeffizienten $sin(\psi - \phi)$ und $cos(\psi - \phi)$. Im Head-Pitch-Bank oder anderen Systemen passiert das Gleiche, wenn `pitch` $= \pm 90°$. Würde man in diesem Zustand einfach weiterrechnen, Winkel ψ und ϕ liefern, dann würde die Kamera um eine Lage pendeln; es wäre nicht mehr möglich, mit ϕ einen Winkel einzustellen, der wie gewünscht eine neue Lage der Y-Achse angibt, ein Gimbal-Lock-Zustand eben.

Die früheren mechanischen Gyroskope mussten manuell aus dem Gimbal Lock gebracht werden, und es musste eine neue Lagebestimmung durchgeführt werden. Kein Zweifel, dass dieser Zustand auf jeden Fall zu vermeiden war, selbst Winkel zwischen 80° und 100° durften zur Sicherheit nicht als Präzessionswinkel verwendet werden.

In der virtuellen Welt der Kamera ist die Drehung $\mathbf{R_x}(\mathbf{90}°)$ legal, aber die nachfolgende Drehung um ϕ ist es nicht, denn eben diese führt zum Gimbal Lock. Ein „Workaround“ besteht darin, $\delta = \pm 90°$ zu erkennen und statt ψ den Wert $\psi' = \psi - \phi$ und $\delta = 0$ einzusetzen und damit die Pendelbewegung zu vermeiden. Auf die Matrixkomposition hat dies keinen Einfluss, die Komposition $\mathbf{R_k}$ bleibt gleich. Das ist auch der Grund, warum das Gimbal-Lock-Problem in Foren gelegentlich nicht erkannt oder akzeptiert wird.

Ein Gimbal Lock tritt auf, wenn die genannten Drehungen *nacheinander explizit* ausgeführt werden und die Drehwinkel vorher ausgerechnet werden. Das ist zum Beispiel der Fall, wenn ein 3D-Animateur die Drehungen für die Kamerafahrt vorgibt und diese, aufgrund der leicht verständlichen Form – mit nur drei Gleitkommazahlen –, der Software übergibt. Der Animateur muss nicht über das Gimbal-Lock-Problem Bescheid wissen, das ist definitiv nicht sein Problem. Da heute nicht mehr derart extrem mit dem Speicherplatz geknausert werden muss, sind auch hier die Quaternionen (4 Gleitkommazahlen) zur Vermeidung des Gimbal-Lock-Problems eine hilfreiche Alternative. Diese haben allerdings einen anderen Nachteil, sie sind weit weniger anschaulich und einfacher zu nutzen.

Euler-Winkel bei Animationen

Euler-Winkel geben, genau genommen, ohne Hinweis auf Drehungen und Drehachsen nur die Endlage an, was bei einer Animation etwas problematisch sein kann. Angenommen, eine solche gibt die Endlage mit $\psi = 0$, $\delta = 120°$ und $\phi = 0$ an und die Zwischenschritte sollen mit einer Winkeländerung von $\Delta\delta = 10°$ pro Zeitheitheit interpoliert werden. Ein Algorithmus, der obiger Rotationskette folgt, wird dann Drehungen um die X-Achse mit der Matrix $\mathbf{R_x}\left(\delta^*\right)$ durchführen.

Vielleicht möchte der Animateur aber nicht, dass um die X-Achse *in dieser* Richtung gedreht wird, auch kann die Drehung zu einer Kollision führen – denken Sie etwa an einen Roboter, der an einer Wand steht –, und schließlich kann die Rotation, wenn die Winkeländerungen falsch durchgeführt werden, zu Ungenauigkeiten der Endlage führen. Fatal ist auch eine Berechnung der Zwischenpositionen, die jeweils um $\Delta\delta$ gedreht sind, denn dies hat eine n-malige Multiplikation der Rotationsmatrizen $\mathbf{R_x}(\Delta\delta)$ zur Folge, und Rundungsfehler erhalten die Chance, sich gegenseitig zu verstärken. Korrekt ist es, den Zwischenwinkel vorher auszurechnen und dann zu drehen: $\delta^* = n \cdot \Delta\delta$. Kollisionen durch Drehungen können vom Animateur nicht vorhergesehen werden, denn dieser weiß ja nicht, in welcher Lage sein Objekt in einer Szene platziert sein wird, sie müssen in der Szene aufgelöst werden. Das Problem der Drehrichtung ist aber durch die Euler-Winkelangabe nicht direkt auflösbar.

Exkurs 7.23

In der Physik werden die Euler-Winkel noch präziser definiert. Ausgehend vom Bezugssystem (x y z) wird die Schnittlinie – als Knotenlinie bezeichnet – mit dem gedrehten Koordinatensystem (x' y' z') aufgesucht ($\vec{z} \times \vec{z}' = \vec{e}$). Der Vektor $\vec{e}$ der Knotenlinie wird in einer bestimmten Weise orientiert. Eine Drehung um diesen Vektor muss eine positive Drehung (entgegen dem Uhrzeigersinn) des Vektors $\vec{z}$ nach $\vec{z}'$ um den Nutationswinkel, hier mit ϑ bezeichnet, ergeben.

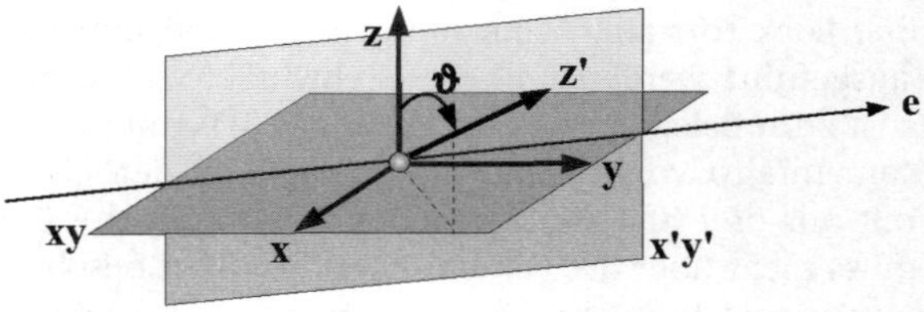

Abbildung 7.43 Euler-Winkel in der Physik, Aufsuchen des Vektors $\vec{e}$ der Knotenlinie.

Der Präzessionswinkel ψ ist ein Winkel, der von der X-Achse des Bezugssystems zur Knotenlinie zeigt. Dreht man um die Z-Achse mit Winkel ψ, dann kommt die gedrehte X-Achse mit der Knotenlinie zur Deckung. Das bedeutet eine Transformation des x-Vektors nach dem Vektor $\vec{e}$.

$$\vec{e} = \mathbf{R_z}(\psi)\,\vec{x}$$

$$\vec{y}' = \mathbf{R_z}(\psi)\,\vec{y}$$

Danach erfolgt die Drehung mit dem Nutationswinkel ϑ um den Knotenvektor $\vec{e}$, die $\vec{z}$ in $\vec{z}'$ überführt. Diese Drehung verändert auch den Vektor $\vec{y}'$.

$$\vec{y}“ = \mathbf{R_x}(\vartheta)\,\vec{y}'$$

$$\vec{z}“ = \mathbf{R_x}(\vartheta)\,\vec{z}$$

Die letzte Drehung um den Drehwinkel, hier als φ angeschrieben, wird um den Vektor $\vec{z}$“ durchgeführt, wobei der Drehwinkel von der Knotenlinie zur X-Achse des gedrehten Systems zeigt.

$$\vec{y}“' = \mathbf{R_z}(\varphi)\,\vec{y}'$$

$$\vec{x}“' = \mathbf{R_z}(\varphi)\,\vec{e}$$

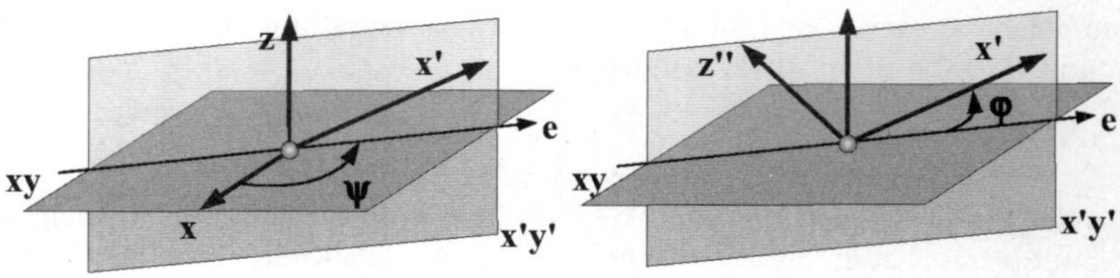

Abbildung 7.44 Euler-Winkel in der Physik, zweite und dritte Drehung.

Auch hier wird der X-Vektor des Bezugssystems zwei Rotationen unterworfen, der Unterschied zur obigen Winkeldefinition ist allerdings sehr subtil.

Durch die Bindung an die Knotenlinie ist die Winkelfestlegung eindeutig. Diese Erkenntnis führt auch auf den ursprünglichen Kern der Euler-Winkel, denn gemeint ist eine Winkelfestlegung *zwischen* den Achsen und nicht eine Drehwinkelangabe *um* Achsen.

$$\vec{e}\,\vec{x} = cos(\psi)$$

$$\vec{e}\,\vec{x}' = cos(\varphi)$$

$$\vec{z}\,\vec{z}' = cos(\vartheta)$$

Ende des Exkurses 7.23

7.8 Quaternionen

Quaternionen (lat. „quaternio", eine Einheit aus vier Teilen) wurden 1843 von Sir William Rowan Hamilton in die Mathematik eingeführt. Es sind mathematische Strukturen zur Erweiterung der komplexen Zahlen im vierdimensionalen Raum. Hamilton wurde 1805 in Dublin geboren. Seine wissenschaftliche Karriere begann mit 15 Jahren, als er in einer Abhandlung von Pierre-Simon Laplace einen Fehler nachwies. Hamilton war ein Meister der Vektorrechnung, die Einführung der Operatoren ∇ (Nabla), Δ (Laplace), Gradient und Divergenz geht auf ihn zurück. Ein bis zum Jahr 1843 ungelöstes Problem der Mathematik war die Frage, ob Drehungen im Dreidimensionalen, ähnlich wie Drehungen mit komplexen Zahlen, im Zweidimensionalen durchgeführt werden können. Die Frage wurde schließlich durch Hamilton gelöst. Die von ihm eingeführten Strukturen heißen heute Hamilton'sche oder hyperkomplexe Zahlen, eben die Quaternionen.

Quaternionen fristeten lange Zeit ein Schattendasein, bis ein Nutzen für die Quantenphysik (Pauli-Spinoren) und die Bewegung von Flugzeugen, später Satelliten und Raumfahrzeugen erwiesen wurde. In der 3D-Grafik sind Quaternionen bei der Animation im Spiel, denn dabei sind zeitlich veränderliche Funktionen von Winkeln zu berechnen. Zum Beispiel verwendet Blender Quaternionen für die Erstellung einer Animation eines Objekts. Der Trend zur Verwendung der Quaternionen ist nicht mehr aufzuhalten, kaum eine Software im 3D-Grafikbereich, die ohne Quaternionen auskommt.

Zur Zeit Hamiltons bildete sich eine Schule heraus, die schlichtweg die gesamte Mathematik und Physik, gegen heftigen Widerstand, auf Quaternionen umstellen wollte. Heute sind auf Quaternionen basierende Berechnungen allgegenwärtig bei Satelliten, Robotern, bei Operationen in der Medizintechnik und seit ca. 1985 auch in der 3D-Computergrafik.[15]

15 Seit einem Artikel von Ken Shoemake: „Animating rotation with quaternion curves", in: SIGGRAPH 1985, S. 245-254.

$$q = q_1 i + q_2 j + q_3 k + q_4 \cdot 1 \qquad (7.93)$$

Die Symbole 1, i, j und k werden Basiselemente genannt, mit 1, dem Identity-Element. q_1, q_2, q_3 und q_4 sind reelle Zahlen. Bei den Quaternionen haben die Elemente i, j und k eine doppelte Bedeutung. Einerseits sind es imaginäre Zahlen $ii = -1$, $jj = -1$, $kk = -1$. Andererseits dürfen sie als Einheitsvektoren eines orthogonalen Koordinatensystems im eingebetteten dreidimensionalen Raum verstanden werden. Der zu zwei Vektoren senkrechte Vektor wird mit dem Kreuzprodukt konstruiert, daher ist $i \times j = k$, $j \times k = i$ usw. Bei Quaternionen ist streng auf die Reihenfolge der Multiplikation zu achten (wie bei Matrizen), Quaternionen sind nicht kommutativ $q \cdot p \neq p \cdot q$. Die nachstehende Tabelle gibt an, wie die Produkte $i \cdot j$, $i \cdot k$ etc. umzuwandeln sind, dabei entspricht die Angabe in der Zeile dem linksstehenden Element.

Tabelle 7.5: Quaternionen, Produktbildung der Basiselemente

	i	j	k
i	-1	k	-j
j	-k	-1	i
k	j	-i	-1

Quaternionen spalten sich in zwei Anteile, den Realanteil q_4 und den Imaginäranteil $q_1 i + q_2 j + q_3 k$. Der Imaginäranteil wird einem Vektor $\vec{v}$ im 3D-Raum gleichgesetzt, wobei q_1, q_2, q_3 die Komponenten dieses Vektors darstellen. Die Zuordnung zu den x, y, z-Koordinaten kann beliebig erfolgen, muss jedoch im Verlauf der Rechnung beibehalten werden. Die Erweiterung der komplexen Zahlen ist leicht zu erkennen, wenn in einem Quaternion $q_2 = 0$ und $q_3 = 0$ gesetzt wird. Wie bei den komplexen Zahlen gibt es auch zu jedem Quaternion q ein konjungiertes Quaternion $\bar{q}$, wie bei den komplexen Zahlen auch geschrieben als: q^{-1} oder $\bar{q}$.

$$\bar{q} = -q_1 i - q_2 j - q_3 k + q_4 \qquad (7.94)$$

Bevor wir zu den Eigenschaften der Quaternionen kommen, sei die Multiplikation $h = p\,q$, das Hamilton-Produkt, ausgeführt.

$$h = q\,p = (q_1 i - q_2 j - q_3 k + q_4) \cdot (p_1 i - p_2 j - p_3 k + p_4) \qquad (7.95)$$

$$h = h_1 i - h_2 j - h_3 k + h_4 =$$
$$q_4 p_4 - q_1 p_1 - q_2 p_2 - q_3 p_3 +$$
$$\left(q_1 p_4 + q_4 p_1 - q_3 p_2 + q_2 p_3\right) i+ \tag{7.96}$$
$$\left(q_2 p_3 + q_4 p_2 + q_3 p_1 - q_1 p_3\right) j+$$
$$\left(q_3 p_4 + q4 p_3 - q_2 p_1 + q_1 p_2\right) k$$

Aus dem Produkt zweier Quaternionen entsteht also kein Skalar – wie bei Vektoren –, sondern vielmehr ein weiteres Quaternion. Wenn man das Ergebnis näher untersucht, dann findet sich eine alternative Schreibweise als Matrix.

$$\begin{pmatrix} h_1 \\ h_2 \\ h_3 \\ h_4 \end{pmatrix} = \left(q_{nn}\right) \begin{pmatrix} p_1 \\ p_2 \\ p_3 \\ p_4 \end{pmatrix} \tag{7.97}$$

Die Quaternion-Matrix $\left(q_{nn}\right)$ ergibt sich unmittelbar aus der Ausmultiplikation (7.95). Sie sollten die Multiplikation und Umwandlung in nachstehende Matrix selbst auf dem Papier nachvollziehen, denn so bekommen Sie ein Gefühl für die Quaternionen. Dazu suchen Sie sich in (7.96) die zu h_i passende Zeile und ordnen diese wie bei der Multiplikation mit dem Punkt P_k erforderlich, zum Beispiel $h_1 = q_4 p_1 - q_3 p_2 + q_2 p_3 + q_1 p_4$.

$$Q = \left(q_{ij}\right) = \begin{pmatrix} q_4 & -q_3 & q_2 & q_1 \\ q_3 & q_4 & -q_1 & q_2 \\ -q_2 & q_1 & q_4 & q_3 \\ -q_1 & -q_2 & -q_3 & q_4 \end{pmatrix} \tag{7.98}$$

In der Vektorrechnung erhält man das Quadrat des Vektorbetrags aus dem skalaren Produkt eines Vektors mit sich selbst $|v|^2 = \vec{v} \cdot \vec{v}$. Bei den Quaternionen gibt es ebenfalls ein skalares Produkt, es ist aber nicht der Multiplikation entsprechend (7.96). Im Weiteren werden diese Produkte durch den Multiplikationspunkt $(\cdot)$ unterschieden. Das *skalare Produkt* zweier Quaternionen liefert einen Skalar.

$$d = q \cdot p = q_1 p_1 + q_2 p_2 + q_3 p_3 + q_4 p_4 \qquad \text{skalares Produkt} \tag{7.99}$$

Der Betrag eines Vektors ist ein Abstand vom Ursprung zur Spitze des Vektors, und es muss sich um eine reelle, positive Zahl handeln. Im Raum der Quaternionen muss es ebenfalls einen solchen Abstand geben, sonst wäre das ganze Konstrukt mathematisch sinnlos. Die Multipikation (7.95) zeigt aber nun, dass bei dem Produkt eines Quaternions mit sich selbst wieder ein Quaternion, aber keine reelle Zahl entsteht. Erst wenn ein Quaternion mit seinem konjungierten Partner multipliziert wird, erhält man den *Betrag eines Quaternions.*

$$|q| = q\,\bar{q} = \sqrt{q\,\bar{q}} = \sqrt{q_1^2 + q_2^2 + q_3^2 + q_4^2} \tag{7.100}$$

Nun kann ein Quaternion und das konjugierte Quaternion normalisiert werden, es entstehen Einheitsquaternionen.

$$\hat{q} = ||q|| = \frac{q}{|q|} = \frac{q}{\sqrt{q\,\bar{q}}} \qquad ||\bar{q}|| = \frac{\bar{q}}{|q|} = \frac{\bar{q}}{\sqrt{q\,\bar{q}}} \tag{7.101}$$

Die *Norm eines Quaternions* liegt vor, wenn das Produkt $q\,\bar{q} = 1$ gesetzt wird bzw. $q_1^2 + q_2^2 + q_3^2 + q_4^2 = 1$. Die skalare Multiplikation eines normalisierten Quaternions mit seinem konjugierten Partner ergibt 1.

$$||q||\,||\bar{q}|| = 1 = \left(\frac{q}{\sqrt{q\cdot\bar{q}}}\right)\cdot\left(\frac{\bar{q}}{\sqrt{q\cdot\bar{q}}}\right)$$

Die Verlängerung bzw. Verkürzung und Vorzeichenumkehr, entsprechend $\lambda||q||$, funktioniert bei einem Einheitsquaternion, wenn die Multiplikation mit einem Skalar λ auch beim konjugierten Einheitsquaternion nachvollzogen wird.

$$\lambda||q|| = \frac{\lambda q}{\sqrt{(\lambda q)(\lambda\bar{q})}} \tag{7.102}$$

In der 3D-Computergrafik rechnet man ausschließlich mit normalisierten Quaternionen, gegebenenfalls muss bei den Rechnungen vorher und bisweilen auch nachträglich das Ergebnis normalisiert werden. Mit der Normalisierung wird eine Komponente gewählt q_4, diese wird so von den anderen abhängig.

$$q_4 = \pm\sqrt{1 - \left(q_1^2 + q_2^2 + q_3^2\right)} \tag{7.103}$$

Beispiel 7.15

Angenommen, der Einheitsvektor $\hat{\mathbf{n}}$ sei mit einer Länge $sin(\varphi/2)$ moduliert. Dann ergibt sich für q_4:

$$q_4 = \sqrt{1 - |\mathbf{n}|^2\,sin^2(\varphi/2)} = cos(\varphi/2), \qquad |\mathbf{n}| = 1$$

Ende des Beispiels 7.15

In der Regel wird q_4 weiter eingeschränkt, indem lediglich das positive Vorzeichen bei der Wurzel gewählt wird.

Exkurs 7.24

Die Normierung ist eine Randbedingung. Wenn zum Beispiel garantiert werden soll, dass alle betrachteten Punkte auf einem Einheitskreis liegen, dann lautet sie $x^2 + y^2 = 1$. Damit ist beim Kreis nur ein freier Parameter verfügbar, in der Theorie wird der Kreis auch als S^1 (S=Sphäre) bezeichnet. Die Kugel S^2 hat zwei und die Quaternionen S^3 (Hypersphäre) drei freie Parameter.

Die Vektorrechnung bietet eine Alternative, um Punkte auf einem Kreis anzugeben, die Kreisbedingung fordert dabei, dass der Betrag der Vektoren gleich r sein muss. In polaren Koordinaten und für beliebige Längen der Vektoren gelten die Gleichungen:

$$\begin{aligned} x &= r\,cos(\delta) & 0 \le \varphi \le 2\pi \\ y &= r\,sin(\varphi) & x^2 + y^2 = r^2. \end{aligned}$$

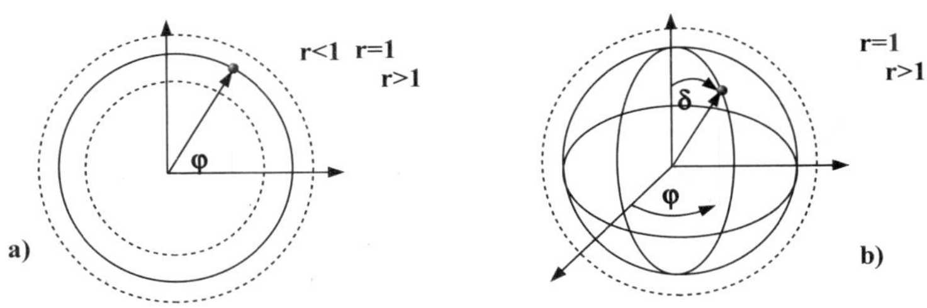

Die Normierung als Randbedingung beim Kreis a) und der Kugel b).

Abbildung 7.45

Erweitert um eine Dimension auf die Kugel lauten die Gleichungen:

$$\begin{aligned} x &= r\,cos(\varphi)\,sin(\delta) & 0 \le \varphi \le 2\pi \\ y &= r\,sin(\varphi)\,sin(\delta) & 0 \le \delta \le \pi \\ z &= r\,cos(\delta) & x^2 + y^2 + z^2 = r^2, \end{aligned}$$

um schließlich bei den Quaternionen eine Hypersphäre zu beschreiben.

$$\begin{aligned} q_1 &= r\,cos(\varphi)\,sin(\delta)\,sin(\alpha/2) & 0 \le \varphi \le 2\pi \\ q_2 &= r\,sin(\varphi)\,sin(\delta)\,sin(\alpha/2) & 0 \le \delta \le \pi \\ q_3 &= r\,cos(\delta)\,sin(\alpha/2) & 0 \le \alpha \le 4\pi \\ q_4 &= r\,cos(\alpha/2) & q_1^2 + q_2^2 + q_3^2 + q_4^2 = r^2 \end{aligned}$$

Die Begründung, warum hierbei ein Winkel $\alpha/2$ gewählt wird, führt in die Tiefen der Topologie und übersteigt den Rahmen dieses Buches. Der praktische Nutzen dieser Wahl erschließt sich jedoch später in diesem Kapitel. Mit der Norm für $r^2 = 1$ stellt sich ein Quaternion durch einen Eigenvektor $\hat{\mathbf{r}}$ und den Drehwinkel $\alpha/2$ vor: $q = (\hat{\mathbf{r}} sin(\alpha/2), cos(\alpha/2))$. Damit gekoppelt ist auch die Forderung, dass es sich bei dem Eigen- bzw. Drehvektor um einen Einheitsvektor handeln muss.

Ende des Exkurses 7.24

Ein Quaternion kann auf unterschiedliche, aber gleichwertige Art und Weise angeschrieben werden. Je nach Erfahrung im Umgang mit Quaternionen und der Aufgabenstellung werden auch (legale) Vereinbarungen im „Hinterzimmer" getroffen, die dazu führen, dass Texte über Quaternionen teilweise schwierig zu verstehen sind, der feine Unterschied bei der Multiplikation ist ein Beispiel dafür. Die grundlegende Darstellung habe ich bereits bei (7.93) vorgestellt. Möglich ist auch eine Aufspaltung in einen Realteil (q_4) und Imaginär- oder Vektoranteil ($\mathbf{q}$). Diese Aufteilung führt zu einer sehr effizienten Schreibweise.

$$q = \mathbf{q}(\mathbf{i}, \mathbf{j}, \mathbf{k}) + q_4 \qquad \text{bzw. } q = \left(\mathbf{q}, q_4\right) \qquad \text{sowie } \bar{q} = \left(-\mathbf{q}, q_4\right) \tag{7.104}$$

Ein Quaternion, das eine reelle Zahl wiedergibt, stellt sich dann, mit dem Nullvektor $\mathbf{0}$, durch $q_{re} = \left(\mathbf{0}, q_4\right)$ dar. Ist hingegen $q_4 = 0$, dann hat das Quaternion eine Vektorform $q_v = \left(\mathbf{q}, 0\right)$. Bei der Schreibweise als geordnetes Paar des vektoriellen und reellen Anteils eines Quaternions ist beim Produkt zweier Quaternionen allerdings Vorsicht angebracht.

$$q\,p = \left(\mathbf{q}, q_4\right) \cdot \left(\mathbf{p}, p_4\right) \tag{7.105}$$

Sowohl der vektorielle Anteil von q als auch von p muss nach den Regeln der Quaternionen miteinander multipliziert werden, siehe (7.95). Ist jedoch das skalare Produkt gemeint $(q \cdot p)$, dann gilt in der Tat $d = q\,p = \mathbf{q} \cdot \mathbf{p} + q_4 p_4$.

Die Quaternionen sind keine gewöhnlichen Vektoren, die Zeilen- oder Spaltenform ist weniger von Bedeutung, dennoch können Quaternionen auch mit Matrizen multipliziert werden, daher sollte die Spaltenform extra gekennzeichnet werden.

$$q^T = \begin{pmatrix} q_1 \\ q_2 \\ q_3 \\ q_4 \end{pmatrix} \tag{7.106}$$

In der Literatur findet man gelegentlich statt q_4 die Bezeichnung q_w, wie bei homogenen Koordinatenangaben. Da aber bei der Normalisierung nicht durch q_4 geteilt wird, schließe ich mich dieser Schreibweise nicht an. Um die Matrixschreibweise anzuzeigen, wird ein Großbuchstabe Q, siehe (7.98), oder (q_{nn}) geschrieben. Aufgrund der gewählten Position des Realteils als vierte Komponente erscheinen die q_4 in der Diagonale der Matrix. Das Quaternionenprodukt wird zu einer Matrixmultiplikation mit einem transponierten Quaternion, und das Ergebnis ist ebenfalls ein transponiertes Quaternion.

$$h^T = Q\,p^T \tag{7.107}$$

Wenn die Matrix Q das Quaternion p in h überführt, dann erwarten Sie mit Recht auch eine Umkehrfunktion mit einer zu Q inversen Matrix Q^{-1}, die h zurück nach p transformiert. Der Kandidat für das Aufstellen der inversen Matrix ist das zu q konjugierte Quaternion $\bar{q}$, und so kann dann die inverse Matrix unmittelbar aus Q, siehe (7.98), erzeugt werden. Man braucht nur das Vorzeichen der Komponenten des vektoriellen Anteils umzudrehen – ein erheblicher Vorteil der Quaternionen gegenüber der Erzeugung einer inversen 4×4-Matrix!

$$Q^{-1} = \left(\bar{q}_{ij}\right) = \begin{pmatrix} q_4 & q_3 & -q_2 & -q_1 \\ -q_3 & q_4 & q_1 & -q_2 \\ q_2 & -q_1 & q_4 & -q_3 \\ q_1 & q_2 & q_3 & q_4 \end{pmatrix} \tag{7.108}$$

Multipliziert man Q mit Q^{-1}, dann muss eine Einheitsmatrix $\mathbf{I}$, bzw. (δ_{ij}) folgen, aber nur dann, wenn sowohl q als auch $\bar{q}$ Einheitsquaternionen sind, ansonsten ergibt sich $\mathbf{I}|q|^2$.

Es folgt nun eine Gleichung, die recht bedeutend für den Umgang mit Quaternionen ist.

$$h = q\,p = \underbrace{q_4\mathbf{p} + p_4\mathbf{q} + \mathbf{q}\times\mathbf{p}}_{h_1 i + h_2 j + h_3 k} + \underbrace{q_4 p_4 - \mathbf{q}\cdot\mathbf{p}}_{h_4} \tag{7.109}$$

Dieser Ausdruck lässt sich finden, wenn die Multiplikation $h^T = Q\,p^T$ durchgeführt und über die Komponenten von h der passende vektorielle und reelle Anteil identifiziert wird. So ist etwa $q_4\mathbf{p} = q_4\left(p_1\,i + p_2\,j + p_3\,k\right)$, sowie $\mathbf{q}\times\mathbf{p} = \left(q_2 p_1 - p_2 q_1\right) i + \left(q_3 p_1 - p_3 q_1\right) j + \left(q_1 p_2 - p_1 q_2\right) k$.

Die Gleichung (7.109) kann nun wie eine Schablone verwendet werden, zusammen mit der verkürzten Schreibweise als geordnetes Paar, siehe (7.105). Bei der Verwendung von (7.109) ist aber daran zu denken, dass jetzt *die Vektorrechnung gilt,* ein Produkt $\mathbf{n}\cdot\mathbf{n}$ ist tatsächlich das Betragsquadrat $|\mathbf{n}|^2$ oder 1, wenn $\mathbf{n}$ ein Einheitsvektor ist. Bei der Berechnung muss man höllisch aufpassen, daher empfiehlt sich, zumindest für den Anfang, eine tabellarische Vorgehensweise.

Für eine Demonstration sei das skalare Produkt dreier Quaternionen $(q\,p)\,\bar{q}$ berechnet. Als erstes ist die Multiplikation in der Klammer durchzuführen, mit den Ausgangsquaternionen q und p. Das Drehquaternion mit dem Drehvektor ist durch $q = (\mathbf{n} sin(\alpha/2), cos(\alpha/2))$ gegeben, und gedreht wird das Quaternion $p = (\mathbf{n}, 0)$.

Tabelle 7.6: Zuordnungstabelle Quaternion-Multiplikation

	Vektoranteil	**Realanteil**
q	$\mathbf{n}\, sin(\alpha/2)$	$cos(\alpha/2)$
p	$\mathbf{n}$	0

Als Nächstes ist dann Term für Term von (7.109) auszurechnen, das Ergebnis füllt eine weitere Tabelle.

Tabelle 7.7: Rechentafel Quaternion-Multiplikation

Term	**Ergebnis**	**Bemerkungen**
$q_4\mathbf{p}$	$\mathbf{n}\, cos(\alpha/2)$	
$p_4\mathbf{q}$	0	
$\mathbf{q}\times\mathbf{p}$	$\mathbf{0}$	$(\mathbf{n}\times\mathbf{n})\, sin(\alpha/2) = \mathbf{0}$
$q_4 p_4$	0	
$-\mathbf{q}\cdot\mathbf{p}$	$-\mathbf{n}\cdot\mathbf{n}\, sin(\alpha/2)$	

Schließlich werden die einzelnen Terme wieder zum Ergebnis zusammengefasst, dort wo ein Vektor in einem Term stehenbleibt, wird der passende Term zum Eintrag in der vektoriellen Ergebnisspalte addiert.

Tabelle 7.8: Rechentafel Quaternion-Multiplikation

	Vektoranteil	**Realanteil**
$q\,p$	$\mathbf{n}\, cos(\alpha/2)$	$-sin(\alpha/2)$

Für die weitere Multiplikation erweist sich die Zuordnungstabelle als sehr nützlich, denn die Bezeichnung der Ausgangsquaternionen ändert sich. Für p ist dann das konjugierte Quaternion $\bar{q}$ einzusetzen.

Tabelle 7.9: Zuordnungstabelle zweite Quaternion-Multiplikation

	Vektoranteil	**Realanteil**
q	$\mathbf{n}\, cos(\alpha/2)$	$-sin(\alpha/2)$
p	$-\mathbf{n}\, sin(\alpha/2)$	$cos(\alpha/2)$

Nun kann ohne Weiteres wiederum die Rechentabelle ausgefüllt werden, ohne dass im Kopf die Bezeichnung der Elemente in den Termen von (7.109) geändert werden muss.

Term	Ergebnis	Bemerkungen
$q_4\mathbf{p}$	$sin^2(\alpha/2)\mathbf{n}$	
$p_4\mathbf{q}$	$cos^2(\alpha/2)\mathbf{n}$	
$\mathbf{q}\times\mathbf{p}$	$\mathbf{0}$	siehe erste Tabelle
$q_4 p_4$	$-sin(\alpha)cos(\alpha/2)$	
$-\mathbf{q}\cdot\mathbf{p}$	$\mathbf{n}\cdot\mathbf{n}\,cos(\alpha/2)sin(\alpha/2)$	

Tabelle 7.10: Rechentafel zweite Quaternion-Multiplikation

Wenn nun $\mathbf{n}$ ein Einheitsvektor ist, also $\mathbf{n}{\cdot}\mathbf{n} = 1$, und da $sin^2(\alpha)+cos^2(\alpha) = 1$, entsteht ein einfaches Ergebnis; dafür lasse ich die Ergebnistabelle mal weg. Der Leser möge den hier betriebenen Aufwand vergleichen mit der Berechnung der Matrix $\mathbf{R_R}(\varphi,\mathbf{x},\mathbf{y},\mathbf{z})$, siehe (2.19); mehr oder weniger schablonenhaft ausgeführt, ist die Multiplikation von Quaternionen sogar einfacher durchzuführen.

Das Ergebnis $(q\,p)\,\bar{q} = (\mathbf{n},0)$ ist bemerkenswert, denn die dargestellte Quaternion-Multiplikation lässt den Vektor $\mathbf{n}$ unverändert. Ich werde nachstehend zeigen, dass $\mathbf{n}$ ein Drehvektor ist und die Quaternion-Multiplikation genau das gewünschte Ergebnis liefert, denn der Drehvektor selbst muss identisch aus Drehungen hervorgehen.

In diesem Dreiklang gibt q den Drehvektor und den Winkel an, vergleichbar mit der Rotationsmatrix $\mathbf{R_R}(\varphi,\vec{\mathbf{r}})$, $\bar{q}$ ist das konjugierte Quaternion und p das vektorielle Quaternion, das rotiert wird.

$$h = (q\,p)\,\bar{q} \tag{7.110}$$

Gegeben sei eine Ebene mit den drei Einheitsvektoren $\hat{n}$, $\hat{u}$ und $\hat{v}$. Letztere schließen den Winkel β ein, der nicht unbedingt gleich 90° sein muss ($\hat{n}\cdot\hat{v} = cos(\beta)$).

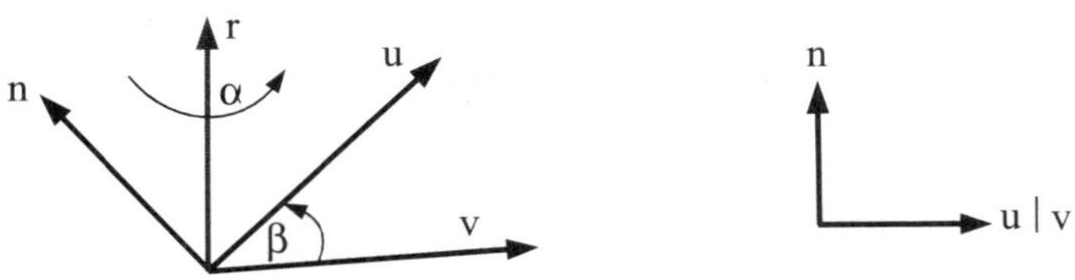

Die Ebene ist gegeben durch die Einheitsvektoren $\hat{u}$ und $\hat{v}$. Der Winkel β darf ungleich 90° sein, so kann die Ebene durch ein Dreieck eines Mesh gegeben sein. Rotiert wird ebenfalls die Normale der Ebene $\hat{n}$. Die Drehung erfolgt um $\hat{r}$ mit dem Winkel α.

Abbildung 7.46

Die ganze Anordnung wird um den Drehvektor $\hat{r}$ mit dem Winkel α gedreht. Bei der Ausführung der Drehung mit Quaternionen verbleibt der Drehvektor $\hat{r}$, wie oben zu sehen war, unverändert.

Es seien nun alle drei Vektoren der Ebene mit Quaternionen gedreht und dabei das bereits eingeführte Verfahren mit den Berechnungstabellen verwendet. Die Vektoren dürfen zunächst als unabhängig voneinander betrachtet und ein Stellvertreter $\hat{e}$ eingesetzt werden. Anschließend wird $\hat{e}$ entsprechend durch $\hat{u}$, $\hat{v}$ und $\hat{n}$ ersetzt.

Tabelle 7.11: Erste Zuordnungstabelle Rotation um $\hat{r}$

	Vektoranteil	**Realanteil**
q	$\mathbf{r}\, sin(\alpha/2)$	$cos(\alpha/2)$
p	$\mathbf{e}$	0

Die erste Berechnungstabelle gibt wiederum das Ergebnis des Quaternionenproduktes $q\,p$ an. Die Multiplikation dreier Quaternionen lautet hier:

$$\underbrace{[(\hat{r}\, sin(\alpha/2), cos(\alpha/2))\ (\hat{e},0)]}_{q\,p}\ \underbrace{[(-\hat{r}\, sin(\alpha/2), cos(\alpha/2))]}_{\bar{q}} = \left(q\,p\right)\bar{q} \qquad (7.111)$$

Tabelle 7.12: Rechentafel Rotation um $\hat{r}$

Term	**Ergebnis**
$q_4\mathbf{p}$	$\mathbf{e}\, cos(\alpha/2)$
$p_4\mathbf{q}$	0
$\mathbf{q}\times\mathbf{p}$	$(\mathbf{r}\times\mathbf{e})\ sin(\alpha/2)$
$q_4 p_4$	0
$-\mathbf{q}\cdot\mathbf{p}$	$-(\mathbf{r}\cdot\mathbf{e})\ sin(\alpha/2)$

Das Ergebnis der Multiplikation $q\,p$ ist im weiteren Durchlauf als Eingangsgröße für die Multiplikation $\left(q\,p\right)\bar{q}$ einzusetzen.

Tabelle 7.13: Zweite Zuordnungstabelle Rotation um $\hat{r}$

	Vektoranteil	**Realanteil**
q	$\mathbf{e}\, cos(\alpha/2)$ $(\mathbf{r}\times\mathbf{e})\ sin(\alpha/2)$	$-(\mathbf{r}\cdot\mathbf{e})\ sin(\alpha/2)$
p	$-\mathbf{r}\, sin(\alpha)$	$cos(\alpha)$

Tabelle 7.14: Zweite Rechentafel Rotation um $\hat{r}$

Term	Ergebnis
$q_4\mathbf{p}$	$\mathbf{r}\,(\mathbf{r}\cdot\mathbf{e})\; sin^2(\alpha/2)$
$p_4\mathbf{q}$	$\mathbf{e}cos^2(\alpha/2) + (\mathbf{r}\times\mathbf{e})\; sin(\alpha/2)cos(\alpha/2)$
$\mathbf{q}\times\mathbf{p}$	$[\mathbf{e}\,cos(\alpha/2) + (\mathbf{r}\times\mathbf{e})\; sin(\alpha/2)] \times [-\mathbf{r}sin(\alpha/2)]$ $= (\mathbf{r}\times\mathbf{e})\; sin(\alpha/2)cos(\alpha) + [\mathbf{r}\times(\mathbf{r}\times\mathbf{e})]\; sin^2(\alpha/2)$
$q_4 p_4$	$-(\mathbf{r}\cdot\mathbf{e})\; sin(\alpha)cos(\alpha)$
$-\mathbf{q}\cdot\mathbf{p}$	$-[\mathbf{e}\,cos(\alpha) + (\mathbf{r}\times\mathbf{e})\; sin(\alpha/2)]\cdot[-\mathbf{r}sin(\alpha/2)]$ $= (\mathbf{r}\cdot\mathbf{e})\; sin(\alpha)cos(\alpha) + \mathbf{r}\cdot(\mathbf{r}\times\mathbf{e})\; sin^2(\alpha/2)$

Für die Vereinfachung der Ausdrücke habe ich die Regeln (7.54) sowie (7.56) verwendet. Das Spatprodukt $\mathbf{r}\cdot(\mathbf{r}\times\mathbf{e})$ ist 0, weil der Vektor $\mathbf{r}\times\mathbf{e}$ senkrecht zum Vektor $\hat{r}$ und zu $\hat{e}$ steht. Außerdem gilt noch $\mathbf{r}\times(\mathbf{r}\times\mathbf{e}) = \mathbf{r}\,(\mathbf{r}\cdot\mathbf{e}) - \mathbf{e}\,(\mathbf{r}\cdot\mathbf{r})$ und $\mathbf{r}\cdot\mathbf{r} = 1$.

Bei der kombinierten Multiplikation $(q\,p)\,\bar{q}$ bleibt der Realteil von p im Ergebnis stets erhalten, wovon man sich auch bei der Auswertung der obigen Ergebnistabelle überzeugen kann. Im vorliegenden Falle ist der Realteil von p gleich 0. Die Drehung um $\hat{r}$ mit dem Winkel α, ausgeführt mit der Quaternionen-Multiplikation $(q\,p)\,\bar{q}$, erzeugt das rein vektorielle Quaternion h.

$$h = (\mathbf{e}', 0) = (\mathbf{e}\,cos(\alpha) + \mathbf{r}\,(\mathbf{r}\cdot\mathbf{e})\,(1 - cos(\alpha)) + (\mathbf{r}\times\mathbf{e})\; sin(\alpha), 0) \qquad (7.112)$$

Der Betrag des Ergebnisquaternions h ist $|e|$, wovon man sich durch die Multiplikation $h\,\bar{h}$ überzeugen kann.

Exkurs 7.25

Schreibt man den vektoriellen Teil anders an, dann zeigt sich, wie die Drehung konstruiert ist.

$$\mathbf{e}' = \mathbf{r}\,(\mathbf{r}\cdot\mathbf{e}) + (\mathbf{e} - \mathbf{r}\,(\mathbf{r}\cdot\mathbf{e}))\; cos(\alpha) + (\mathbf{r}\times\mathbf{e})\; sin(\alpha)$$

Die Vektoren $\mathbf{e} - \mathbf{r}\,(\mathbf{r}\cdot\mathbf{e})$ und $\mathbf{r}\times\mathbf{e}$ bilden ein Koordinatensystem, das die Drehebene festlegt. Die Ebene befindet sich im Abstand $\mathbf{r}\cdot\mathbf{e}$ vom Ursprung $\mathbf{e}'\cdot\mathbf{r} - \mathbf{e}\cdot\mathbf{r} = 0$

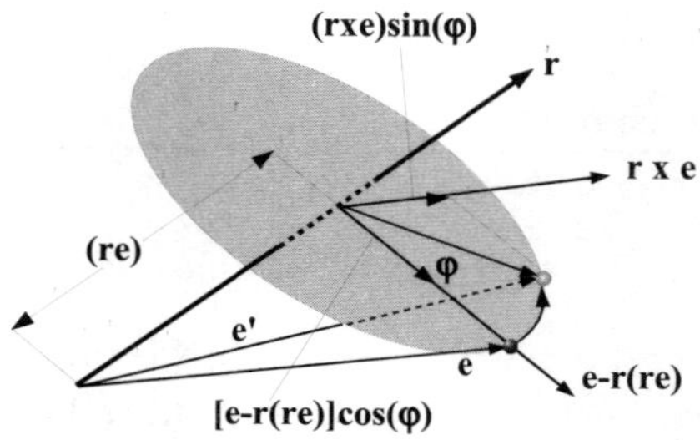

Abbildung 7.47 Konstruktion des gedrehten Vektors $\mathbf{e}'$

Ende des Exkurses 7.25

Exkurs 7.26

Setzt man zur Überprüfung $\mathbf{e} = \mathbf{r}$, also eine Drehung um den Drehvektor selbst, dann ergibt sich das bereits oben abgeleitete Ergebnis $(\mathbf{r}, 0)$. Ein etwas aufwendigerer Beweis für die Richtigkeit des Ergebnisses kann geführt werden, wenn man komponentenweise die Gleichung, die im vektoriellen Anteil von h gegeben ist, durchrechnet. Es erscheinen dann nämlich jene Terme, die bei einer Multiplikation der Rotationsmatrix $\mathbf{R_R}(\alpha, \hat{\mathbf{r}})$, siehe (2.19), mit dem Vektor von $\hat{e}$ entstehen.

$$\begin{pmatrix} e'_x \\ e'_y \\ e'_z \\ 0 \end{pmatrix} = \mathbf{R}(\alpha, \mathbf{r}) \cdot \begin{pmatrix} e_x \\ e_y \\ e_z \\ 0 \end{pmatrix}$$

Die Abfolge $(q\mathbf{e})\,\bar{q}$ hat also den gleichen Effekt, sie überführt den Vektor $\mathbf{e}$ durch eine Rotation um eine beliebige Achse in einen Vektor $\mathbf{e}'$. Das Drehquaternion wird mit dem halben Drehwinkel der Rotationsmatrix erstellt.

Statt eines beliebigen Drehvektors $\mathbf{r}$ darf auch die Normale $\mathbf{n}$ der gegebenen Fläche eingesetzt werden, siehe Abbildung 7.46. Für den Vektor $\mathbf{e}$ kann dann $\mathbf{u}$ oder $\mathbf{v}$ stehen. Im Falle $\mathbf{u}$ folgt:

$$h = \left(\mathbf{u} cos(\alpha) + \mathbf{e_{uy}} sin(\alpha), 0\right).$$

Der Vektor $\mathbf{e_{uy}}$ taucht hier aufgrund des Kreuzproduktes in (7.112) auf, es handelt sich nicht um den Vektor $\hat{v}$, weil nicht vorausgesetzt ist, dass $\mathbf{u}$ und $\mathbf{v}$ senkrecht aufeinander stehen.

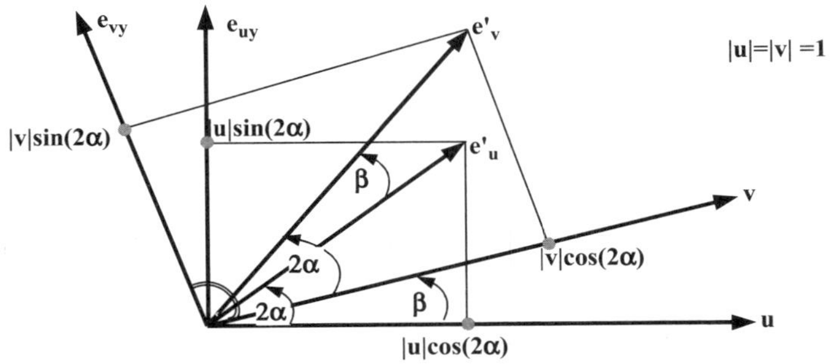

Abbildung 7.48

Mit der Normalen, die senkrecht zur Zeichenebene steht und zum Betrachter zeigt, werden die Einheitsvektoren $\hat{u}$ und $\hat{u}$ um den Winkel 2α entgegen des Uhrzeigersinns gedreht. Die Vektoren sind nicht exakt als Einheitsvektoren dargestellt, um die Verhältnisse besser zu zeigen.

Bei einer Drehung des Vektors **u** um den Winkel 2α und der n-Achse geht dieser in $\mathbf{e}'_u$ über. Unter der Voraussetzung, dass mit Einheitsvektoren gerechnet wurde, ist $|\mathbf{e}'_u| = |u| = 1$. Analog ergibt sich der Vektor $\mathbf{e}'_v$, und schließlich sei zur Überprüfung noch das skalare Produkt der Vektoren $\mathbf{e}'_u$ und $\mathbf{e}'_v$ gebildet.

$$\vec{e'}_u \cdot \vec{e'}_v = cos(\beta) =$$

$$\left[\hat{u}\,cos(\alpha) + \left(\vec{n} \times \hat{u}\right) sin(\alpha)\right] \cdot \left[\hat{v}\,cos(\alpha) + \left(\vec{n} \times \hat{v}\right) sin(\alpha)\right]$$

Ende des Exkurses 7.26

Die Multiplikation $\left(q\,p\right)q$ mit einem Rotationsquaternion dreht einen beliebigen Vektor $p = (\mathbf{e}, 0)$ um Winkel α, und zwar entgegen des Uhrzeigersinns. Alle Vektoren müssen Einheitsvektoren sein. Es zeigt sich erneut, dass die Rechnung mit Quaternionen (7.112) gleichwertig zur Aufstellung von Rotationsmatrizen ist.

7.8.1 Alternative schnelle Berechnung

Die Gleichung (7.112) ist noch nicht optimal für die Berechnung der Rotation mit den Quaternionen in der Software. Gegeben ist dort das Rotationsquaternion durch

$$q = \left(\hat{\mathbf{r}} sin(\frac{\varphi}{2}), cos(\frac{\varphi}{2})\right) = \left(\hat{\mathbf{n}}, cos(\frac{\varphi}{2})\right)$$

mit den Komponenten $q_1 = n_x sin(\frac{\varphi}{2})$, $q_2 = n_y sin(\frac{\varphi}{2})$ und $q_3 = n_z sin(\frac{\varphi}{2})$ sowie $q_4 = cos(\frac{\varphi}{2})$. Es sollte möglich sein, diese Werte direkt aus dem Quaternion auszulesen, der Vektor $\hat{e}$ ist als Funktionsargument gegeben. Da

$$\begin{aligned}
&\alpha = \tfrac{\varphi}{2}\\
&cos(2\alpha) = 2cos^2(\tfrac{\varphi}{2}) - 1\\
&sin(2\alpha) = 2sin(\tfrac{\varphi}{2})cos(\tfrac{\varphi}{2})\\
&1 - cos(2\alpha) = 2sin^2(\tfrac{\varphi}{2})\\
&\hat{r} = \hat{n}\tfrac{1}{sin(\varphi/2)}
\end{aligned}$$

findet sich für das Kreuzprodukt bereits der passende Term

$$\left(\hat{r}\,sin(\frac{\varphi}{2}) \times \hat{e}\right) cos(\frac{\varphi}{2}) = (\hat{n} \times \hat{e})\,cos(\frac{\varphi}{2})$$

und nach Umstellung der verbleibenden Terme die gewünschte Form der Gleichung.

$$h = \left(\mathbf{\hat{e}}\left(2cos^2(\frac{\varphi}{2}) - 1\right) + 2\mathbf{\hat{n}}\,(\mathbf{\hat{n}} \cdot \mathbf{\hat{e}}) + (\mathbf{\hat{n}} \times \mathbf{\hat{e}})\,2\,cos(\frac{\varphi}{2}), 0\right) \qquad (7.113)$$

Der Programmcode kann nun direkt abgelesen werden; vorausgesetzt, dass das `this`-Quaternion normalisiert ist, genügen 20 Multiplikationen und 12 Additionen für die Berechnung.

```
void rotate(VectorD3 e,VectorD3 result) {
  if(e.unitVector()==false) { e.unitVector(); }
  double dotProd   = q1*e.x+q2*e.y+q3*e.z;
  double cosSin2   = q4*2d;
  double cosSinSM1 = cosSin2*q4-1d;
  result.x=e.x*cosSinSM1+q1*dotProd+cosSin2*(q2*e.z-q3*e.y);
  result.y=e.y*cosSinSM1+q2*dotProd+cosSin2*(q3*e.x-q1*e.z);
  result.z=e.z*cosSinSM1+q3*dotProd+cosSin2*(q1*e.y-q2*e.x);
}
```

Das ist auf den ersten Blick etwas schneller als die Erstellung der Rotationsmatix $\mathbf{R_R}(\varphi, \mathbf{\hat{n}})$, aber wenn diese erst einmal erfolgt ist, dann benötigt die Berechnung damit weniger Operationen. Bei der Transformation von vielen Vektoren bzw. Vertices ist die Multiplikation mit der Matrix schneller.

7.8.2 Rechenregeln für Quaternionen

Schreibweisen

$$
\begin{aligned}
q &= (\mathbf{q}, q_4) = \underbrace{q_1 + q_2 + q_3}_{\text{vector.}} + \underbrace{q_4}_{\text{reel.}} \\
p &= (\mathbf{p}, p_4) \\
\bar{q} = q^{-1} &= (-\mathbf{q}, q_4) \quad \text{konjugiertes Quaternion} \\
q_I &= (\mathbf{0}, 1) \quad \text{Einheitsquaternion}
\end{aligned}
\tag{7.114}
$$

Summe und Multiplikation mit einem Skalar

$$
\begin{aligned}
\lambda q &= (\lambda \mathbf{q}, \lambda q_4) = (\lambda q_1, \lambda q_2, \lambda q_3, \lambda q_4) \\
-q &= (-q_1, -q_2, -q_3, -q_4) = \text{inverses Quaternion} \\
q \pm p &= (\mathbf{q} \pm \mathbf{p}, q_4 + p_4) = (q_1 \pm p_1, q_2 \pm q_2, q_3 \pm p_3, q_4 \pm p_4)
\end{aligned}
\tag{7.115}
$$

Addition, Subtraktion und Multiplikation mit einem Skalar ergeben kein normalisiertes Quaternion.

Produkte von Quaternionen

$$
\begin{aligned}
q \cdot p &= (q_1 p_1, q_2 p_2, q_3 p_3, q_4 p_4) \quad \text{skalares Produkt} \\
q\, p &= (\mathbf{q}, p_4)(\mathbf{p}, p_4) = (q_4 \mathbf{p} + p_4 \mathbf{q} + \mathbf{q} \times \mathbf{p}, q_4 p_4 - \mathbf{q} \cdot \mathbf{p}) \\
q_a\, q_b &\neq q_b q_a \\
q_a\, q_b &\neq -q_b q_a \\
(q_a\, q_b)\, q_c &= q_a (q_b q_c) \quad \text{assoziatives Produkt,} \\
q_0 \bar{q}_1 = q_1 \bar{q}_0 & \quad (q_0 \bar{q}_1)(q_1 \bar{q}_0) = 1
\end{aligned}
\tag{7.116}
$$

Das Produkt $(q\,p)\,\bar{q}$ ist eine Rotation des Quaternions p, wobei der Realteil von p und der Betrag des vektoriellen Anteils erhalten bleiben.

$$
(q\,p)\,\bar{q}: \qquad (\mathbf{p}, p_4) \longrightarrow (\mathbf{p}', p_4) \qquad \text{und } |\mathbf{p}| = |\mathbf{p}'|
$$

Eine Rotation erfolgt mit dem Rotationsquaternion q um den Winkel α, entgegen dem Uhrzeigersinn, wenn $q = (\hat{\mathbf{r}}\, sin(\alpha/2), cos(\alpha/2))$. Eine Negation des Drehwinkels $(-\alpha)$ führt auf eine Rotation im Uhrzeigersinn. Das ist, wegen $sin(-\alpha/2) = -sin(\alpha/2)$, das Gleiche wie eine Negation des vektoriellen Anteils. Somit stellen q und $\bar{q}$ entgegengesetzte Rotationsquaternionen dar.

Rotationen dürfen aneinandergehängt werden (*Concatenation*).

$$...q_2\left[\left(q_1\,p\right)\bar{q}_1\right]\bar{q}_2...$$

Und bei einer anderen Zusammenfassung der Klammern:

$$...\left(q_2\,q_1\right)p\left(\bar{q}_1\,\bar{q}_2\right)...$$

Das sind Rotationen von p um q_1 und dann um q_2.

Potenzen von Quaternionen

Der Logarithmus zur Basis 2 ist bei den Quaternionen durch eine Definition festgelegt.

$$ln(q) = ln\left[(\hat{\mathbf{r}}sin(\alpha/2), cos(\alpha/2))\right] = \left(\frac{\alpha}{2}\hat{\mathbf{r}}, 0\right)$$

Die Umkehrung entspricht der Exponentenform.

$$e^q = exp\left[\frac{\alpha}{2}\hat{\mathbf{r}}, 0\right] = (\hat{\mathbf{r}}sin(\alpha/2), cos(\alpha/2))$$

Die Potenz, mit beliebigem λ, führt auf:

$$\begin{aligned} q^\lambda &= exp\left[\lambda\, ln(q)\right] = exp\left[\lambda\frac{\alpha}{2}\hat{\mathbf{r}}, 0\right] \\ &= (\hat{\mathbf{r}}sin(\lambda\alpha/2), cos(\lambda\alpha/2))\,. \end{aligned}$$

Zum Beispiel:

$$\begin{aligned} q^{1/10} &= exp\left[\frac{1}{10}ln(\hat{\mathbf{r}}sin(\alpha/2), cos(\alpha/2))\right] \\ &= exp\left[\frac{1}{10}\cdot\frac{\alpha}{2}\hat{\mathbf{r}}, 0\right] = \left(\hat{\mathbf{r}}sin(\frac{\alpha}{20}), cos(\frac{\alpha}{20})\right) \end{aligned}$$

7.8.3 Drehungen und Interpolation mit Quaternionen

In den vorausgehenden Abschnitten wurde gezeigt, wie mit Quaternionen eine Drehung durchgeführt werden kann, basierend auf der Multiplikation zweier Quaternionen $(q\,p)\bar{q}$. Das Ergebnis ist die Gleichung des gedrehten Quaternions (7.112). In dieser Gleichung ist für $\hat{\mathbf{r}}$ der Rotationsvektor einzusetzen und anstelle von $\mathbf{e}$ ein beliebiger Vektor, um den gedreht werden soll. Auch haben Sie erfahren, dass (7.112) eine alternative Schreibweise für die Rotationsmatrix $\mathbf{R_R}(\varphi, \mathbf{x}, \mathbf{y}, \mathbf{z})$ (2.19) ist. In beiden Fällen genügt die Angabe eines Winkels und des Rotationsvektors, um eindeutig ein Quaternion vorzugeben.

Bei Quaternionen ist die Drehung immer eindeutig. Um dies zu beweisen, sei eine Drehung um den Z-Einheitsvektor ($\hat{\mathbf{r}}$) eines gegebenen Koordinatensystems gezeigt. Die Drehung erfolge einmal mit dem Drehwinkel 120° und alternativ dazu mit dem Drehwinkel −240°. Gedreht wird die X-Achse, $\mathbf{e} = \mathbf{x}$.

$$\mathbf{e}cos(\psi) = \begin{pmatrix} 0 \\ 0 \\ 1 \end{pmatrix} cos(\psi) = \mathbf{z}cos(\psi)$$

$$\mathbf{r}(\mathbf{re})\left(1 - cos(\psi)\right) = \begin{pmatrix} 0 \\ 0 \\ 1 \end{pmatrix}\left[\begin{pmatrix} 0 \\ 0 \\ 1 \end{pmatrix}\begin{pmatrix} 0 \\ 1 \\ 0 \end{pmatrix}\right]\left(1 - cos(\psi)\right) = \mathbf{0}$$

$$(\mathbf{r} \times \mathbf{e})\, sin(\psi) = \left[\begin{pmatrix} 0 \\ 0 \\ 1 \end{pmatrix} \times \begin{pmatrix} 0 \\ 1 \\ 0 \end{pmatrix}\right] sin(\psi) = \mathbf{y}sin\psi$$

Ausgerechnet ergeben sich die Quaternionen h_{120} und h_{240}.

$$h_{120} = h_{240} = \left(-\frac{\mathbf{z}}{2} + 0{,}866 \cdot \mathbf{y}, 0\right)$$

Die Drehung muss den gleichen Vektor $\vec{x}'$ herstellen, daher ist das Ergebnis, dass also dasselbe Quaternion entstanden ist, nicht überraschend. Aber achten Sie nun auf die Quaternionangabe: $p_{120/2} = \left(\mathbf{z}sin(\frac{120°}{2}), cos(\frac{120°}{2})\right)$. Das ist ein anderes Quaternion als $p_{240} = \left(-\mathbf{z}sin(\frac{240°}{2}), cos(\frac{240°}{2})\right)$!

Bei einer Implementation der Software kann die Schreibweise weiter verkürzt und auf die Angabe des Drehvektors nebst Winkelangabe ($\alpha/2$) reduziert werden. Das ist ein Vorteil gegenüber der Angabe dreier Euler-Winkel, denn die Drehrichtung ist eindeutig festgelegt.

Interpolation

Die Interpolation von Punkten bei einer Längsbewegung ist unproblematisch, will man aber Drehungen interpolieren, dann ist etwas mehr Aufwand nötig. Im Dreidimensionalen findet die Drehung auf einem Großkreis einer Kugel statt, der durch den Drehvektor ausgewählt wird.

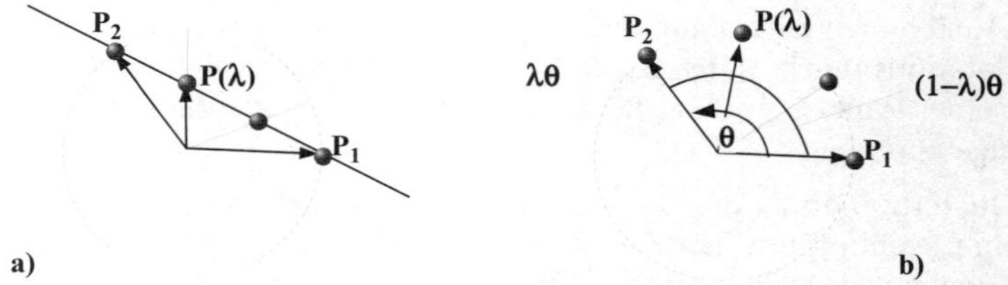

Abbildung 7.49 a) Vektorielle Interpolation entlang einer Geraden. b) Gewünschte Interpolation, der Drehvektor zeigt zum Betrachter.

Der benötigte Zwischenwinkel muss vorher ausgerechnet werden, was über den acos des skalaren Poduktes der Ausgangsvektoren erfolgen kann. Die Funktion liefert einen positiven Winkel, der zugleich die kürzeste Drehung angibt. Die Interpolation gibt dann die nachstehende Formel vor.

$$\psi = (1 - \lambda)\psi_0 + \lambda\psi_1$$

Es ist nun möglich, die Rotationsmatrix $\mathbf{R_R}(\psi, \hat{\mathbf{v}})$ zu verwenden, allerdings muss die komplette Matrix für jeden Zwischenschritt neu berechnet werden. Auch hier bieten die Quaternionen eine bessere Lösung an, die von Shoemake mit dem Namen *Slerp* bezeichnet wurde. Der Name steht für *Spherical Linear Interpolation.* Die Funktion dreht einen Vektor $\vec{P}_1$ in den Vektor $\vec{P}_2$ und garantiert, dass die Drehung in der Ebene erfolgt, die durch die beiden Vektoren bestimmt ist, der Drehvektor ist also die Normale der Ebene. Die Ausgangsvektoren müssen Einheitsvektoren sein, und *Slerp* sorgt dafür, dass die Länge 1 sich während der Drehung nicht verändert. Der Ansatz für die Lösung erfordert einen Griff in die mathematische Werkzeugkiste; anstatt lineare Faktoren mit $q(\lambda) = (1 - \lambda)q_0 + \lambda q_1$ anzulegen, werden zwei – noch unbekannte – Funktionen von λ eingesetzt.

$$q(\lambda) = f_1(\lambda)q_0 + f_2(\lambda)q_1$$

Die Quaternionen der Anfangs- und Endlage q_0 und q_1 sind vektorielle, normalisierte Quaternionen:

$$q_0 = (\mathbf{q_0}, 0) \qquad q_1 = (\mathbf{q_1}, 0)$$

und indem abwechselnd mit $\mathbf{q_0}$ und $\mathbf{q_1}$ multipliziert wird, erhält man zwei Gleichungen.

$$\mathbf{q}(\lambda)\mathbf{q_0} = f_1(\lambda)\mathbf{q_0}\mathbf{q_0} + f_2(\lambda)\mathbf{q_1}\mathbf{q_0}$$

$$\mathbf{q}(\lambda)\mathbf{q_1} = f_1(\lambda)\mathbf{q_0}\mathbf{q_1} + f_2(\lambda)\mathbf{q_1}\mathbf{q_1}$$

Es liegen Einheitsquaternionen bzw. Einheitsvektoren vor, daher können, mit Bezug auf Abbildung 7.49, die skalaren Produkte aufgelöst werden.

$$\mathbf{q}(\lambda)\mathbf{q_0} = cos(\lambda\theta)$$
$$\mathbf{q}(\lambda)\mathbf{q_1} = cos((1-\lambda)\theta)$$
$$\mathbf{q_0}\mathbf{q_0} = 1$$
$$\mathbf{q_1}\mathbf{q_1} = 1$$
$$\mathbf{q_0}\mathbf{q_1} = cos(\theta)$$

Die Auflösung der Gleichungen liefert

$$f_1(\lambda) = \frac{sin((1-\lambda)\theta)}{sin(\theta)}$$
$$f_2(\lambda) = \frac{sin(\lambda\theta}{sin(\theta)}$$

Eingesetzt in die Ausgangsgleichung erhält man die gewüschte *Slerp*-Funktion.

$$q(\lambda) = \texttt{slerp}(\theta, \mathbf{q_0}, \mathbf{q_1}, \lambda) = \frac{sin((1-\lambda)\theta)}{sin(\theta)}\mathbf{q_0} + \frac{sin(\lambda\theta)}{sin(\theta)}\mathbf{q_1} \tag{7.117}$$

Mit der Betragsbildung $q(\lambda)\bar{q}(\lambda)$ lässt sich mit etwas Rechenaufwand nachweisen, dass $q(\lambda)$ tatsächlich ein normalisiertes Quaternion ist.

7.8.4 Von der Matrix zum Quaternion

In vielen Fällen ist die Matrix $\mathbf{R_R}(\varphi, \hat{r})$, siehe (7.85), die Quelle bzw. die Ausgangslage für eine Interpolation von Drehbewegungen. Im Abschnitt *Rotationsmatrizen* (Seite 494ff.) ist die Extraktion des Drehwinkels und des Rotationsvektors bereits dargelegt. Mit diesen beiden Elementen liegen die Voraussetzungen für die Erstellung eines Quaternions bereits vor, denn der Drehvektor $\hat{r}$ ist auch der Drehvektor, der direkt bei der Bildung des Quaternions eingesetzt wird, und der Winkel ist zu halbieren. Mit Kenntnis der trigonometrischen Formel, siehe *Doppelte und halbe Winkel* (Seite 734), lässt sich die Spur der Matrix (7.86), $trace$ auch direkt verwenden.

$$sin(\varphi/2) = \frac{1}{2}\sqrt{2-(\texttt{trace}-1)^2}$$
$$cos(\varphi(/2) = \frac{1}{2}\sqrt{2+(\texttt{trace}-1)^2}$$
$$-1 \leq \texttt{trace} \leq 3$$

7.9 Zusammenfassung

Diese Kapitel war ein Streifzug durch die Welt der Mathematik, orientiert an den Belangen der 3D-Computergrafik.

Die ersten Abschnitte, von den algebraischen Strukturen bis zu den Gruppen, insbesondere der Abschnitt über die Mengen, sind als eine Art theoretisches Rüstzeug gedacht; es wird Ihnen helfen, nachfolgende Abschnitte besser zu verstehen, vor allem aber, dem Formalismus weiterführender Texte in der Literatur schneller zu folgen.

3D-Computergrafik findet auf Computern statt, und diese Rechenknechte haben eine begrenzte Zahl der Stellen nach dem Komma. Über die damit verbundenen Fehler sollte ein 3D-Programmierer einigermaßen Bescheid wissen, steht doch – immer noch – eine höhere Genauigkeit einer geringeren Rechengeschwindigkeit gegenüber. Die Mathematik der 3D-Computergrafik ist immer numerische Mathematik und sehr sensibel für Rundungsfehler. Der Abschnitt *Zahlen* sollte Ihnen ein Gefühl dafür vermitteln, worum es dabei überhaupt geht.

Matrizen gleichen in der numerischen Mathematik einer Gletscherüberquerung, man kann leicht ausrutschen und in eine tiefe Spalte fallen. Zum Glück ist die 4×4-Matrix ein relativ kleiner Gletscher, tiefe Spalten weist er nicht auf. Im Wesentlichen sollten Sie nach dem Lesen dieses Abschnitts verstanden haben, wie Matrizen multipliziert und in einem Array übergeben bzw. übernommen werden.

Leser dieses Buches haben sicherlich eine mehr oder weniger ausgeprägte Vorstellung von Vektoren und Punkten als Grundelemente der 3D-Computergrafik. Der Abschnitt *Vektoren* fasste die wichtigsten Grundregeln zusammen, die Sie beim Umgang mit den genannten Elementen benötigen. Im Abschnitt *Vorstoß in die vierte Dimension* konnten Sie auch erfahren, wie Vektoren und Punkte miteinander zusammenhängen und warum Punkte nach Matrixmultiplikationen normalisiert werden. Der Abschnitt *Vektoren und Matrizen* ging noch einmal auf das Zusammenspiel von Vektoren und Matrizen ein. Wichtig in diesem Abschnitt ist das Verständnis der Rechts- und Linkssysteme, die in der 3D-Computergrafik verwendet werden (OpenGL, DirektX etc.). Darüber hinaus sind die Grundgleichungen der Geraden und Ebenen und das Vektorprodukt fundamentale Werkzeuge, die in keinem Werkzeugkasten eines Grafikentwicklers fehlen dürfen.

In der 3D-Computergrafik werden Sie häufig Objekte platzieren und drehen, allerdings ist die präzise Angabe der Lage eines Objekts keineswegs trivial, vor allem wenn die Orientierung eindeutig vorgegeben werden muss. Der Abschnitt *Drehungen und Winkel* ging auf diese Problematik ein, und er befasste sich auch mit dem mysteriösen Gimbal-Lock-Problem.

Quaternionen werden in der Zukunft der 3D-Computergrafik sicherlich eine größere Rolle spielen, vielleicht wird es auch Hardware geben, die direkt mit Quaternionen umgehen kann. Ich habe lange überlegt, ob ich diesen Abschnitt in das Buch aufnehme, denn die damit verbundene Mathematik entspricht einer sehr schwierigen Bergtour. Aber der Weg lohnt sich, denn die Quaternionen erweisen sich als ausgesprochen nützlich bei Animationen, wo es um die Interpolation von Drehungen geht, auch als Alternative zu Rotatationsmatrizen und bei Lageangaben sind Quaternionen effiziente und stabile Elemente. Sie erfordern aber einen souveränen Umgang mit Vektoren und Matrizen. Dennoch: Bleiben Sie an diesem Thema mittelfristig dran und werden Sie selbst ein Experte, der Fragen zu Quaternionen in Foren beantworten kann. Sie können den Abschnitt auch als Übungsgelände für den Umgang mit Vektoren ansehen und so selbst herausfinden, wo Sie mit Ihren Kenntnissen stehen. Auch bei diesem Thema ist noch kein Meister vom Himmel gefallen.

8 Programmierung

8.1 Shader

Seit OpenGL 2.0 und den Embedded-Versionen OpenGL-ES ist die Shaderprogrammierung ein fester Bestandteil der OpenGL-Programmierung. Davor war es sehr schwierig, ja sogar unmöglich, neue oder verbesserte Algorithmen der komplexer werdenden Grafikprogrammierung effizient in die Rendering Pipeline einzubauen. Vieles musste durch die Applikationen selbst berechnet und die Parameter und Funktionen von OpenGL ständig an die neuen Anforderungen angepasst werden. Mit einem Shader stellt zwar die jeweilige Anwendung ebenfalls den nötigen Programmcode zur Verfügung, jedoch wird dieser im Treiber und teilweise in Hardware (Microcode der GPU) ausgeführt, eine erhebliche Effizienzsteigerung ist die Folge. Die Programmierung der Shader erfolgt mit einer an C angelehnten Programmiersprache namens GLSL (*Graphics Library Shading Language*). Eine ähnliche Shadersprache ist Cg von NVIDIA, die nachfolgende Darlegung bezieht sich aber auf die GLSL.

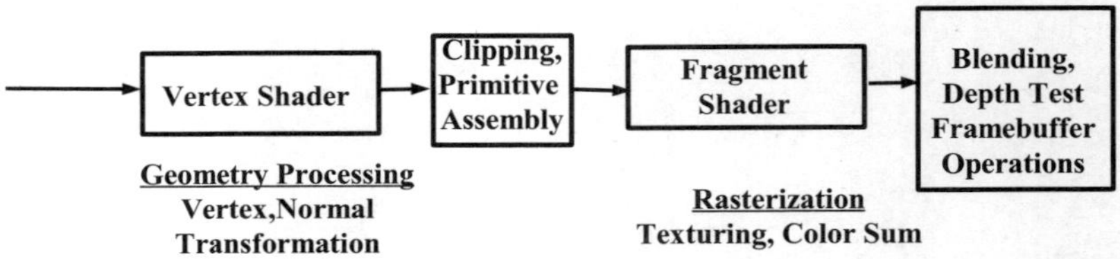

Abbildung 8.1 Darstellung der beiden Shadertypen und ihrer Einbettung in die fixierte Pipeline.

Die Shaderprogrammierung fügt sich nahtlos in die Programmierung der fixierten Pipeline ein. Eine Anwendung kann selbst bestimmen, bis zu welchem Grad sie Shader einsetzt, allerdings kann eine Nutzung von Funktionen der fixierten Pipeline, aufgrund der Umschaltung in einen Kompatibilitätsmodus, auf einigen Systemen zur Software-Emulation führen. Eingriffe in die Rendering Pipeline sind an zwei Stellen möglich:

Vertex Shader
: also bei der Geometriestufe, dort wo die Vertices und gegebenenfalls ihre Attribute transformiert werden. Die Transformation schließt die gesamte Kette ein, ausgehend vom Weltkoordinatensystem, über das Beobachterkoordinatensystem zum Devicekoordinatensystem (NDC), unter Nutzung der Modelviewmatrix und der Projektionsmatrix. Die Division durch die W-Koordinate (Normalisierung), das Clipping und die Erzeugung der Fragmente ist weiterhin ein Bestandteil der fixierten Pipeline. Im Kern erzeugt ein Vertex Shader aus einer Vertexposition am Eingang eine Position am Ausgang des Shaders, außerdem können alle Attribute, die an einem Vertex hängen, gelesen und gegebenenfalls veränderte Werte ausgegeben werden. Ein Vertex Shader erzeugt keine neuen Vertices und kann auch die originalen Vertices und deren Attribute nicht modifizieren.

Mit der Versionen 3.2 von OpenGL ist auch ein *Geometry Shader* verfügbar. Dieser erhält ein Dreieck – allgemeiner ein Primitive – am Eingang und erzeugt daraus weitere Dreiecke. Dieser Shader ist dem Vertexshader nachgeschaltet. Tesselation ist ein Vorgang, bei dem ein Polygon unterteilt wird (Subdivision), woraus in der Regel Dreiecke erzeugt werden. Auch für diesen Prozess sind ab der Version 4.0 zwei neue Shader verfügbar: der *Tesselation Control Shader* und der *Tesselation Evaluation Shader*. Die beiden teilen sich die Aufgabe. Auf die Programmierung mit den Tesselation Shadern und dem Geometry Shader wird hier im Rahmen der Einführung nicht weiter eingegangen.

Fragment Shader
: Dieser beeinflusst die einem Fragment zugeordnete Farbe und bildet die Farbsumme. In diese gehen auch die von Texturen gelieferten Farben ein (*Texturing*), die Anwendungen reichen bis hin zu pro-

zeduraler Texturerzeugung. Häufig werden Beleuchtungsmodelle erst beim Fragmentshader angewendet (per Fragment Lighting), denn dabei liegen bereits interpolierte Normalen vor. Am Ausgang eines Fragmentshaders liegt die für das gegebene Fragment berechnete Farbe vor. Fragmente können weder erzeugt noch direkt gelöscht werden, jedoch kann ein Fragmentshader die Übernahme in den Framepuffer bzw. Tiefenpuffer verhindern (discard).

Der grundsätzliche Umgang mit Shadern, deren Programmierung und Einbindung in die Applikationen folgt weitgehend dem aus anderen Programmiersprachen bekannten Muster. Shader liegen zunächst als Quelltext in einer Textdatei oder inline als ein String vor. Nach dem Laden der Quelle übersetzt ein Compiler den Quellcode in ein binäres Format, und ein Linker bindet diverse Shader zu einem für OpenGL ausführbaren Programm. Allerdings gibt es auch zum Teil subtile Unterschiede, sowohl auf der Verwaltungsebene als auch bei der Programmierung eines Shaders selbst.

Programm-Lebenszyklus

Auf der Verwaltungsebene sind Shader keine eigenständigen Elemente, vielmehr Bestandteil eines Shaderprogramms, das als ein Behälter für Shader anzusehen ist.

```
int programID = gl.glCreateProgram();
```

Mit dieser Anweisung erzeugt OpenGL ein leeres Programmobjekt und gibt dafür einen Bezeichner als Stellvertreter zurück. Hier zeigt sich bereits ein Unterschied zur sonstigen Programmerzeugung, denn der Einsprungpunkt (Main) ist bei der Shaderprogrammierung nicht durch das Programmobjekt selbst gegeben, stattdessen hat jeder Shadertyp (Vertex, Fragment) eine eigene Main-Funktion. Das über `programID` gegebene Programm ist eher mit einen Jar-File oder einer Projektdatei zu vergleichen. Dem Programmbehälter werden nach Bedarf die kompilierten Shader hinzugefügt, und auf der Programmebene erfolgt dann die Bindung.

```
gl.glLinkProgram(programID);

int[] linkFlag = new int[1];
gl.glGetProgrammiv(programID,GL2.GL_LINK_STATUS,linkFlag);
if(linkFlag[0]==GL2.GL_FALSE) {
  // report error.
}
```

Beim Linken findet, abgesehen von der Bindung, auch eine Prüfung der kompilierten Shader statt. So muss zum Beispiel eine Main-Funktion für den Vertex- und/oder den Fragmentshader vorhanden sein, auch werden Shadervariable mit 0 initialisiert u. v. m. Vertexshader und Fragmentshader verständigen sich über bestimmte Variablen (*Varying Qualifier*), und auch diese Verbindung wird beim Linken überprüft. Die Applikation sollte den Status nach dem Linken daher unbedingt feststellen. War das Binden erfolgreich, dann sind das Programmobjekt und die darin enthaltenen Shader bereit für die Nutzung.

```
gl.glUseProgram(programID);
```

Dies entspricht der Initialisierungsphase eines Programms, erst jetzt finden sich in der Rendering Pipeline die entsprechenden Eingriffe für die Shaderprogrammierung. Die Konsequenzen sind erheblich und abhängig davon, ob ein Vertex- und/oder ein Fragmentshader gegeben ist. Details hierzu finden Sie bei der Beschreibung der Funktion im Referenzteil, hier mögen zwei Hinweise genügen. Ist ein Vertexshader gegeben, dann werden Vertices weder mit der Modelview- noch mit der Projektionsmatrix multipliziert, die Transformationskette ist dann abgeschaltet. Aus diesem Grunde muss ein Vertexshader auch mindestens die Abbildung vom Weltkoordinatensystem zum Devicekoordinatensystem (NDC) durchführen. Ist ein Fragmentshader gegeben, dann werden Texturen nicht automatisch angelegt und keine Farbsumme berechnet. Nach `glUseProgram` ist der Renderer bereit für die Ausführung der dem Programm hinzugefügten Shader, alle in einer `display`-Methode gerenderten Objekte werden von den Shadern beeinflusst.

Oben wurde erwähnt, dass ein Programmobjekt im Grunde ein Behälter für die Shader ist, diese sind darin durch eine Refererenz auf den Objektcode vertreten. Die Referenz kann zur Laufzeit (*Relink*) auch ausgetauscht werden. Das bedeutet, nach dem `glUseProgram`-Aufruf können Shader gelöscht, neue hinzugefügt oder bestehende modifiziert werden. Die Aktivierung der Shaderprogrammierung erfordert, wie erwähnt, erhebliche Statusveränderungen bei OpenGL, daher ist eine dynamische Rekonfiguration natürlich schneller, verglichen mit einer Reinstallation. Eine solche liegt vor, wenn ein Programm gelöscht wird und ein anderes erzeugt und aktiviert wird.

```
gl.glDeleteProgram(programID);
```

Die Löschung eines Programms wird nicht unmittelbar durchgeführt, der Funktionsaufruf kann ja an beliebiger Stelle erfolgen, auch während ein Frame noch gerendert wird. In den objektorientierten Softwaresprachen ist es bekanntlich gar nicht so einfach, ein Objekt ohne Fehler zu entfernen, und die gleiche Problematik (*Garbage Collection*) findet sich auch in diesem Falle. OpenGL verzögert die Ausführung der Löschung nach `glDeleteProgram`, bis interne Referenzen auf die Shader auflösbar sind. Der Programmbezeichner `programID` wird aus Applikationssicht jedoch unmittelbar ungültig.

Shader-Lebenszyklus

Im Softwareentwicklungsprozess entstehen durch Anwendung der einzelnen Werkzeuge diverse Artefakte, die der Leser als Projektdatei, Quellcode, Objektcode und ausführbare Programme (*Executables*) kennt. Bei der Shaderprogrammierung mit OpenGL ist das ähnlich, aber einige der Artefakte sind nicht extern verfügbar. Der Projektebene entspricht die Szenenebene, dort sind verschiedene Shader für das Rendern der Objekte vorgesehen. Zum Beispiel bedarf ein verformbares Objekt eines dafür erstellten Vertexshaders, während andere Objekte lediglich durch Fragmentshader entsprechend beleuchtet werden. Durch die Applikation werden daher ein Reihe von Shaderquellen verwaltet und bereitgestellt. Diese können bereits kompiliert sein (Objektcode) oder noch als Textdateien vorliegen. Die Nutzung von vorkompiliertem Shadercode ist erst mit höheren Versionen (ab 4.2) eingeführt worden, der folgende Text bezieht sich auf die Versionen ab OpenGL 2.0.

Auch bei den Shadern selbst muss zuerst ein Bezeichner (das Handle) des Shaders von OpenGL bezogen werden. Das Handle ist jedoch etwas mehr als eine Nummer, denn es begrenzt auch einen Namensraum, der die Variablennamen und Funktionen der Shader umschließt.

```
int vertexShader   = gl.glCreateShader(GL2.GL_VERTEX_SHADER);
int fragmentShader = gl.glCreateShader(GL2.GL_FRAGMENT_SHADER);
```

Der Quellcode eines Shaders wird OpenGL über die Funktion `glShaderSource` übergeben. Aus der Sicht von OpenGL ist die Quelle ein Array von Strings mit einer Elementanzahl, jeder String von einer bestimmten Länge. Um das Einführungsbeispiel einfach zu halten, gebe ich hier den Quellcode inline und jeweils als einzelnen String an.

```
String[] vertexShaderSource = "void main(void) {" +
"gl_Position = gl_ModelViewProjectionMatrix*gl_Vertex" + "}";

String[] fragmentShaderSource = "void main(void) {" +
"gl_FragColor = gl_Color" + "}";

gl.glShaderSource(vertexShader,1,vertexShaderSource,
  vertexShaderSource.length,0
);
gl.glShaderSource(fragmentShader,1,fragmentShaderSource,
  fragmentShaderSource.length,0
);
```

Die Kompilierung als der nächste Schritt wird bei den obigen Shadern nicht fehlschlagen, aber wie Sie sicherlich aus eigener Erfahrung wissen, ist es mehr als hilfreich, wenn die Ursache für einen Fehler auch angezeigt wird. Mit den Bordmitteln von OpenGL gelingt dies auch mit einem Aufruf der Funktion `glGetShaderInfoLog`. Sobald Sie aber ernsthaft in die Shaderprogrammierung einsteigen, sollten Sie sich ein Werkzeug beschaffen, das die Kompilierung extern (offline) vornimmt und mehr Komfort bei der Programmierung bietet; Beispiele sind ShaderDesign und Render Monkey.

```
gl.glCompileShader(vertexShader);
gl.glCompileShader(fragmentShader);
```

Die kompilierten Shader müssen jetzt einem Programm hinzugefügt werden: `glAttachShader`. Ein Programm darf mehrere Shaderfunktionen enthalten, jedoch nur einen Einsprungspunkt (Main) pro Shadertyp. Hier wird der Shader-Begriff etwas unscharf, als Shader werden auch Unterfunktionen bzw. Methoden bezeichnet, die zusammengenommen einen vollständigen Shader bilden (Complete Shader).

```
gl.glAttachShader(programID,vertexShader);
gl.glAttachShader(programID,fragmentShader);
```

Die Umkehrung des Vorgangs ermöglicht die `glDetachShader`-Funktion. Damit wird ein Shader oder eine Shader-Funktion aus dem Programmbehälter entfernt.

```
gl.glDetachShader(programID,vertexShader);
gl.glDetachShader(programID,fragmentShader);
```

Im Zusammenspiel ist so eine hochdynamische Programmierung möglich, nach Möglichkeit wird ein Programm wegen der Umstellung des OpenGL-Status weiterverwendet, während die Funktionalität ausgetauscht wird. Unwiderruflich entfernt wird ein Shader durch die `glDeleteShader`-Funktion, für die auch analog die Aussagen gelten, die bei `glDeleteProgram` getroffen wurden.

```
gl.glDeleteShader(programID,vertexShader);
gl.glDeleteShader(programID,fragmentShader);
```

Die oben angeführte Sammlung von OpenGL-Funktionen dient der Verwaltung und Aktivierung von Shadern, für die Shaderprogrammierung selbst stellt OpenGL einen Rahmen sowie vordefinierte Namen und Variablen zu Verfügung. Im Paket `glib.render` finden Sie eine Anzahl von Klassen im Umfeld der Shaderprogrammierung. `ShaderUnit` repräsentiert einen einzelnen Shader (Vertex- oder Fragmentshader), `ShaderProgram` ein Programm, und ein `ShaderManager` verwaltet eine Sammlung von Programmen und Shadern. Für die Übergabe von Variablen an die Shader (Uniform Variable) gibt es weitere spezialisierte Klassen, zum Beispiel `ShaderUniformMatrixBuffer`.

Besonders bei Computerspielen gibt es eine Fülle von Shadern, die für bestimmte Objekte erstellt wurden, dazu kommt noch die Versionsvielfalt und die Anforderung, die Shader möglichst klein zu halten. Wenn der Viewport 1024×758 groß ist, dann wird ein Fragmentshader unter Umständen über eine Million Mal ausgeführt! Das Shadermanagement ist daher recht kompliziert, und häufig wird der Shader-Quellcode erst zur Laufzeit zusammengebaut. Für solche Anforderungen wird auch an Shader-Metasprachen geforscht.

Shader und die Elemente der fixierten Pipeline

Die Anwendungsmöglichkeiten der Shaderprogrammierung reichen von minimalen Eingriffen in den Ablauf, der bei der fixierten Pipeline gilt, bis hin zu umfangreichen Shadern, die jede der Grundfunktionen austauschen und/oder auf eine andere Weise programmieren. Zum Beispiel kann ein Vertexshader eine spezielle Kamera nachbilden und so die Modelview- und Projektionsmatrix durch eigene Matrizen ersetzen. Diese enthalten dann auch keine simple Nachbildung der Standardmatrizen mehr. Ein Fragmentshader kann, im Zusammenspiel mit einem Vertexshader, ein besonderes Beleuchtungsmodell nachbilden, auch beim prozeduralen Texturing den Mechanismus des Texturmappings komplett ersetzen. Mit der Übergabe von Variablen durch die Applikation ist auch eine zeitgesteuerte oder, allgemein gesprochen, kontextgebundene Programmierung durchführbar.

Die Abgrenzung zur fixierten Pipeline ist fließend, für die Kopplung stellt OpenGL vordefinierte Variablen und Funktionen zur Verfügung. Im obigen Programmbeispiel haben Sie bereits solche Elemente gesehen, erkennbar an dem Präfix `gl_`. Diese Variablen basieren auf einfachen Strukturen. Eine Liste der Datentypen und Variablen finden Sie im Referenzteil 9.4 (Seite 721ff.). `gl_Vertex` gibt zum Beispiel den aktuellen Vertex an, mit dem Datentyp `vec4`.

Shader-Sprachelemente

Eine bessere Sicht auf die Datentypen erhält man, wenn diese als einfache Klassen betrachtet werden. So gibt es Konstruktoren und Methoden, etwa `length`, die die Zahl der Elemente angibt.

```
vec3 aV = vec3(0.1,0.2,0.3);  // x,y,z
int len = aV.length; // gibt 3 aus
vec3 bV = vec3(0.4,0.5,0.6);

vec2 cV = vec2(aV);     // Copy-constructor

mat3 m = mat3(aV,bV);  // --> | 0.1 0.4 |
                              | 0.2 0.5 |
                              | 0.3 0.5 | column major!
```

In der letzten Programmzeile wird eine Matrix erzeugt und initialisiert, dabei wird ein besonderes Merkmal der Shaderprogrammierung verwendet. Elemente einer Struktur werden durch den Punktoperator angesprochen, etwa `aV.x`. Möglich sind aber auch Kombinationen `aV.xy`, die einen

Subvektor auswählen (Selektoren). Indirekt wird eine solche Kombination auch in der vorletzten Zeile verwendet, der Konstruktor wählt die ersten beiden Komponenten von `aV`. Unzulässig wäre aber eine Zuweisung `float f=aV.xy;`, eine Zuweisung `cV=aV.xy` jedoch nicht. Alternativ dürfen die Elemente auch über Arrayklammern ausgewählt werden: `float f=aV[0];` – auf diese Weise wird auch auf Matrixelemente zugegriffen. Typumwandlungen (Cast) erfolgen ebenfalls über Konstruktoren, zum Beispiel `int i=int(aFloat);`

In der Shaderprogrammierung stehen alle Operatoren wie in C zur Verfügung, jedoch kennt ein Shaderprogramm keine Zeiger und daher weder & noch den Dereferenzierungsoperator `*`. Der Modulooperator `%` ist nicht verfügbar, Bitoperationen sind erst in höheren Versionen verfügbar. Der Modulooperator wird stattdessen über die Funkion `modf` nachgebildet.

Schleifen und `if`-Anweisungen sind wie in C zu betrachten, als Java-Entwickler müssen Sie hierbei auch nicht umdenken. Einzige Ausnahme ist die `discard`-Anweisung. Diese beendet die Ausführung eines Fragmentshaders, egal an welcher Stelle sie auftritt. `discard` beendet das Leben eines Fragments, nachfolgende Stufen der Rendering Pipeline sehen dieses Fragment nicht mehr, daher ist es ja auch sinnvoll, den Fragmentshader zu beenden (`terminate`, `return`).

Funktionen können Rückgabewerte ausweisen, die dann durch ein `return`-Statement angegeben werden; Funktionsüberladen ist möglich. Wie in Java muss dafür die Signatur einer Funktion verschieden sein, d. h. mindestens einer der Rückgabetypen oder Argumenttypen muss unterschiedlich sein. Rekursive Funktionen sind nicht zulässig. Der Einsprungpunkt eines Shadertyps ist die Main-Funktion `void main(void)`. Dabei kann zwar der Qualifizierer im Argument weggelassen werden, aber gewöhnen Sie sich bei der Shaderprogrammierung besser an exakte Angaben, das gilt besonders für Qualifizierer. Eine Liste der Qualifizierer finden Sie ebenfalls im Referenzteil 9.4 (Seite 724ff.). Funktionen werden entweder deklariert oder definiert, eine Verschachtelung ist nicht erlaubt. Zur Übergabe von generischen Attributen siehe *Shader und generische Attribute* (Seite 185ff.).

8.2 Mathematikbibliothek

Bei einer Mathematikbibliothek handelt es sich um die „Worker"-Klassen, die „Stahlarbeiter", ohne die es keine Eisenbahnen, Schiffe und Maschinen gäbe. Einige Leser mögen der Meinung sein, dass das Material, welches hier bearbeitet wird, genauso hart und zäh ist wie Stahl. In der Tat, aber die Belohnung besteht in der Erfahrung, wie auf der elementaren Ebene Material – die Konzepte, Punkte, Vektoren, Matrizen etc. – in Software gegossen wird; und da hier die Komplexität noch relativ gering ist, können Sie wie Stahlarbeiter unmittelbar den Gussvorgang beobachten. Und ebenso können Sie das Material auch umformen und wiederverwenden.

Ich werde hier also ein kleines Mathematikpaket vorstellen, als Basis für viele Beispiele, die in diesem Buch erscheinen. Die erstellten Klassen sind in erster Linie an den Erfordernissen der 3D-Computergrafik orientiert. Genau genommen spreche ich hier nicht von einem „Mathematikpaket", vielmehr von einer Klassensammlung (`glib.math`) mit dem Schwerpunkt auf Objekte, die, wie der Punkt und der Vektor, mehr oder weniger eine direkte Implementierung mathematischer Konzepte sind. Richtige Mathematikpakete sind hingegen sehr groß und erlauben es, auch hochkomplexe Problemstellungen mit dem Computer anzugehen. Ihre Beschreibung erfordert alleine Bücher mit vierstelligen Seitenzahlen.

`Commons-Math`
: Dabei handelt es sich um eine freie Mathematikbibliothek, in Java geschrieben, die allgemein als eine Erweiterung des Mathematikpakets `java.math` gedacht ist. `Commons-Math` bezeichnet sich selbst als eine „leichtgewichtige" Bibliothek, will heißen, die Integration in Applikationen ist nicht besonders schwierig. Für den 3D-Grafikbereich finden sich durchaus Grundklassen (Vektor, Matrix), aber keine spezialisierten Klassen, etwa eine Transformationsklasse. `Commons-Math` ist zu finden unter `commons.apache.org.math`. Die Bibliothek setzt mit den Versionen 2.x mittlerweile auf Java 5 auf (Generics).

`JScience`
: Bereits im Namen dieser Bibliothek ist die Zielgruppe angedeutet. `JScience` ist eine Bibliothek für Berechnungen, die im wissenschaftlichen Bereich benötigt werden. Dementsprechend anspruchsvoll ist die Integration in eigene Applikationen und die Auswahl der passenden Module. `JScience` ist zu finden unter `jscience.org`, sie ist keine freie Bibliothek.

`NAG` und `IMSL`
: Wenn die oben genannten Bibliotheken als groß bezeichnet werden, dann handelt es sich bei diesen um gigantische Mathematikbibliotheken. NAG (*Numerical Algorithm Group*) und IMSL (*International Mathematical and Statistical Library*) sind Konkurrenzprodukte, beide sind nicht freie Software, weder was Kosten noch was den Quellcode anbelangt. Die Anbindung an Java erfolgt durch das Native Interface von Java, was allerdings bei den rechenintensiven Aufgaben, die in der Regel mit solchen Bibliotheken bewältigt werden, keine große Einschränkung bedeutet. IMSL ist zu finden über die Homepage der Visual Numerics International GmbH (`visual.numerics.de`) und NAG über `nag.co.uk`.

`Numerical Recipes`
: Eine C++-Bibliothek die auf dem Buch von William Press und anderen Autoren[1] basiert. Wer sich ernsthaft in die numerische Mathematik einarbeiten möchte, kommt an diesem Buch nicht vorbei, die anderen seien gewarnt, das Niveau ist sehr hoch. Die Homepage hat die Adresse `numerical-recipes.com`.

FH, Uni-Bibliotheken
: Diese sind eine gute Quelle für Mathematikbibliotheken, wenn spezielle Anforderungen erfüllt werden sollen. Es handelt sich meist um Bibliotheken, die auf den Schwerpunkt der betreffenden Fachhochschule oder Uni angepasst sind. Viele setzen auf NAG oder IMSL auf.

Softwaresprachen liefern Basisbibliotheken für einfache mathematische Funktionen, etwa die Berechnung der trigonometrischen Funktionen mit `java.math`. Eine Erweiterung der Grundfunktionen findet sich im Grafikbereich bei Java2D, zum Beispiel die Transformationsklasse `AffineTransform` in `java.awt.image`. Ein weiteres Grundpaket für 3D-Grafik findet sich bei Java-3D. Die Hierarchie folgt der mathematischen Abstraktion, mit dem Tupel auf der obersten Ebene. Leider ist diese Bibliothek nicht getrennt vom Java-3D Framework verfügbar und auch nicht ganz frei von Rechten der Firma Sun, jetzt Oracle.

Bei den ersten Überlegungen zu einem 3D-Mathematikpaket stößt man auf Einschränkungen, die vor allem eine generische Vorgehensweise in Java (Java-Generics, Template bei C++) bei bestimmten Teilen ausschließen. Die zentrale und alles beherrschende Einschränkung ist das Verbot der Verwendung von Wrapper-Klassen wie `Float`, `Integer` etc. Das ständige Verpacken und Entpacken kann die Performance in unerträgliche Zonen treiben. Die verbleibenden „primitiven Datentypen" `float`, `int` usw. beißen sich mit Generics, und damit ist eine Klasse `Point<T>` unmöglich, wenn dann für T `double` oder `float` eingesetzt werden soll. In C++ ist dies umsetzbar, weil Templates eben Schablonen sind, der C++-Compiler ersetzt das Vorkommen von <T> durch die jeweilige Deklaration, etwa `int`. Trifft ein C++-Compiler dann auf eine Klassendeklaration wie `Buffer<float>`, dann generiert er eine eigene Klasse, ebenso wie für `Buffer<double>`, was zum sog. *Code Blow* führt. In Java ist `MyClass<T>` eine Typ-parametrisierte Klasse, man beachte: T muss ein Objekt sein. Solche Klassen werden nur einmal erzeugt, die Typ-Variable ist auch der Java VM bekannt.

Die erwähnte Einschränkung auf primitive Datentpyen als Grundlage für die 3D-Grafiksoftware ist ein Grund dafür, dass hier nicht ein abstrakter Baum mit Grundklassen gebildet werden kann, von denen dann Lärchen, Ulmen und Tannen abgeleitet werden. Die Klassen eines 3D-Mathematikpaketes werden für drei Einsatzzwecke benötigt.

1 William H. Press et al.: „Numerical Recipes – The Art of Scientific Computing", 3. Auflage, Cambridge University Press, 2007.

- Für die Übergabe als Argument sowie als Rückgabewert von Methoden. Die Übergabe als Referenz auf ein Objekt ist bei der Anzahl der Variablen (eine `PointD3`-Klasse hat drei double-Variablen) auf jeden Fall schneller als drei double-Argumente, die einzeln übergeben werden. Bei der Rückgabe müsste dann ein `double[]`-Array erzeugt werden, also doch wieder eine Objekterzeugung. Bei der Array-Rückgabe muss die Anwendung auch noch die eingebaute Prüfung auf die Array-Grenzen in Kauf nehmen.

- Für Berechnungen wie das skalare Produkt zweier Vektoren, die Ermittlung einer Distanz bei Punkten, Matrixoperationen und Ähnliches. Die Berechnungen unterscheiden im Grunde genommen eine `PointD3`- von einer `VectorD3`-Klasse. Für zwei Punkte ergibt das skalare Produkt keinen Sinn, für Vektoren sehr wohl, obwohl beide lediglich drei double-Variablen für die Berechnung benötigen.

- Die Speicherung in einem Array, nebst Übergabe an tieferliegende Schichten, insbesondere den Renderer. Bei der zum Teil sehr großen Zahl an gleichartigen Objekten, etwa Vertices, kommt die einzelne Übergabe an den Renderer nicht in Frage. Aus der Sicht eines Renderers ist ein Objekt auch nur ein „Wrapper" um die eigentlichen Variablen. Gesteuert wird der Renderer mittels Funktionen, die entlang der Rendering Pipeline angesiedelt sind. An bestimmten Stellen werden dann massenweise Daten übergeben (`float`, `int`), die, dem eingestellten Status des Renderers entsprechend, Farbwerte, Positionen oder Vektoren etc. bedeuten. Für eine derart massenweise Übergabe von primitiven Datentypen werden Puffer benötigt, die garantiert kontinuierlich Daten enthalten, also nicht durch Objektgrenzen unterbrochen sind.

Die Übergabe/Rückgabe und die Puffer passen nicht so recht zusammen, es wäre ein Unsinn, für die Rückgabe dreier Positionen (drei double) ein Pufferobjekt zu erzeugen, dessen Klasse auch für die massenhafte Übergabe von double-Werten an einen Renderer verwendet wird. Damit sind dann auch Brücken und Adaptoren nötig, die einen Übergang zwischen der gepufferten Massendatenhaltung und der feinen objektorientierten Gesellschaft vermitteln.

Wie Sie anhand der nachfolgenden Grundklassen sehen werden, ist die Anforderung, die im Satz „Don't repeat yourself" zusammengefasst wird, in Java nicht immer sauber realisierbar. Das soll aber nicht bedeuten, dass solche Grundsätze falsch sind, sie sind nur in der 3D-Computergrafik der Forderung nach einer schnellen Ausführung der betreffenden Programmsequenzen unterzuordnen. Allerdings darf man heute die Situation etwas entspannter betrachten, denn intensive Rechenaufgaben lassen sich in die Shader mit ihren Vektorprozessen auslagern.

8.2.1 Grundklassen

An eine Klasse, die eine Implementierung des Konzeptes „Punkt" ist, stellen sich, nach den Ausführungen den obigen Abschnittes, zwei grundlegende Anforderungen. Da ist zuerst die reine Datenhaltung von zwei, drei oder vier primitiven Datenelementen des Typs `double`, `float` oder `int`, neun Varianten also. Die Datenhaltung soll sehr schnell sein, daher werden die Variablen ungeschützt der Umgebung ausgesetzt. Auf der Ebene der Datenhaltung befinden sich auch die Vermittler, die auf spezielle Puffer zugreifen können, die für die Übergabe an den Renderer gedacht sind. Das mathematische Punktkonzept erscheint als Methode (Distanz), also eine Operation auf den Daten.

Die Datenhaltung kann auf Arrays oder Membervariablen basieren; Sie werden feststellen, dass die Grundklassen durchweg auf Membervariablen basieren. Dafür gibt es gute Gründe: In Java steht die Zuverlässigkeit der Programme stets an erster Stelle. Bei den Arrays, etwa `double[]`, hat dies Konsequenzen. Es darf der reservierte Bereich, die Array-Länge, nicht überschritten werden, daher führt die Java Virtual Machine (JVM) eine Bereichssowie eine Nullpointerprüfung beim indizierten Zugriff auf ein Array durch. Aus diesen Gründen ist der Zugriff auf eine Variable, die in einem Array liegt, ca. 2- bis 3-mal langsamer als die Alternative, bei der diese direkt als Membervariable zur Verfügung steht. Auch wenn Java sicherstellt, dass kein Zugriff auf einen Speicher außerhalb der Arrays erfolgen kann, wird bei einem Indexfehler eine Ausnahme ausgelöst. In diesem Verhalten ist ein weiterer Nachteil der Implementierung mit Arrays zu sehen.

Derartige Ausnahmen sind in der 3D-Software sehr schwer aufzufinden und zu beheben, da die Ursache oft tief im Programm vergraben liegt. Membervariablen haben hingegen nur einen Nachteil: Wenn nämlich ein Array benötigt wird, etwa eine Matrixübergabe an OpenGL, muss das Array explizit erzeugt und gefüllt werden. Beachten Sie, diese Aussagen gelten für die Programmierung einer Grundklassenbibliothek, für vielbenutzte „Worker-Klassen", es soll nicht heißen, dass Arrays per se schlecht sind.

8.2.2 Datenhaltung

Stellvertretend für die einzelnen Varianten spreche ich hier nur die Grundklasse `Float3` an, das ist im Prinzip eine Wrapperklasse um vier `float`-Werte, die mit $a1$,$a2$ und $a3$ bezeichnet werden, somit ohne Bezug auf eine spätere Verwendung als Farbwert, Punkt- oder Vektorkoordinate. Nun wäre es in der objektorientierten Welt angebracht, den Sachverhalt auch präzise auszudrücken und die Datenhaltung in das Objekt einzubetten (`PointF3 contains Float3`), aber dann zwickt es an zwei anderen Stellen. Da dann das Objekt `Float3` ein Member von `PointF3` ist, ist der Zugriff `float3.a1` ineffizient. Außerdem sollte es möglich sein, dass einem `VectorF3` drei Koordinaten übergeben werden, ohne die Klasse `PointF3` explizit zu erwähnen, es genügt ja `Float3` als Argument. Spätestens wenn auch `PointF4` ein Vektor zum Auslesen der Koordinaten übergeben werden soll, stellt sich heraus, dass sich dann die beiden Klassen stark wechselweise bedingen, das ist dann zwar objektorientiert, aber von der Architektur her gesehen strukturell unschön.

Ich werde hier aber eine andere Sünde begehen, indem ich `PointF3` von `Float3` ableite: PointF3 is a special Float3. Java-3D umgeht dieses semantische Problem durch die Einführung des mathematischen Tupel mit der Klasse `Tuple3f`.[2] Tatsächlich steht aber die Datenhaltung im Mittelpunkt der Überlegungen, mathematisch beinhaltet ein Vektor bereits das Konzept des Tupel. Aber `Tuple3f` ist schon in Ordnung, wenn dies eben als Anordnung von vier `float`-Werten verstanden wird.

```
package glib.math;

import java.lang.Float;
import java.nio.FloatBuffer;

public class Float3 {
  public float a1,a2,a3;

  public final static int NUMBER_OF_ELEMENTS = 3;
  public final static int ELEMENT_SIZE = 4;

  public Float3() {
    a1=0; a2=0; a3=0;
  }
  public Float3(float a1, float a2, float a3) {
    this.a1=a1; this.a2=a2; this.a3=a3;
  }

  public Float3(Float3 cpySrc) {
    a1 = cpySrc.a1; a2 = cpySrc.a2; a3 = cpySrc.a3;
  }

  public void get(FloatBuffer fBuffer) {

     float[] cpy = new float[NUMBER_OF_ELEMENTS];
     fBuffer.get(cpy,0,NUMBER_OF_ELEMENTS);
     a1 = cpy[0]; a2 = cpy[1]; a3 = cpy[2];
  }

  public void put(FloatBuffer fBuffer) {

     float[] cpy = new float[NUMBER_OF_ELEMENTS];
     cpy[0] = a1; cpy[1] = a2; cpy[2] = a3;
     fBuffer.put(cpy,0,NUMBER_OF_ELEMENTS);
```

2 Zu Tupel siehe auch *Kartesisches Produkt* und *Kombinationen, Permutationen, Tupel* (Seite 427).

```
  }

  public boolean equals(Float3 value) {

    if(this==value) { return true; }

    if(Math.abs(a1-value.a1)<=Constants.epsilonFloat&&
       Math.abs(a2-value.a2)<=Constants.epsilonFloat&&
       Math.abs(a3-value.a3)<=Constants.epsilonFloat) {

       return true;
    }
    return false;
  }

  public boolean equals(Object obj) {

    if(obj instanceof Float3) {
      return equals((Float3)obj);
    }
    return false;
  }

  public int hashCode() {
    return new Float(a1+a2+a3).hashCode();
  }
}
```

Abgesehen von der Adaption an `FloatBuffer` ist die Klasse einfach und direkt, daher werde ich nicht näher darauf eingehen. Dem Thema *Puffer in Java* sind eigene Abschnitte gewidmet (siehe Seite 581ff.). Eine Beschreibung der einzelnen Funktionen und Argumente finden Sie im Quelltext bzw. der Java-Dokumentation. Für Vergleiche wird die globale Variable der `Constants`-Klasse eingesetzt, so ist es möglich, gegebenenfalls auf eine andere Genauigigkeit umzuschalten, denn für bestimmte Berechnungen kann das ϵ, als Reaktion auf Rundungsfehler, vergrößert werden. Jede Klasse gibt in der `toString()`-Methode Auskunft über den aktuellen Status, ich lasse diese Methode in den Ausdrücken aber weg.

Mit der Überlegung, welche Objekte eine derartige Grundklasse benötigen, kann die nächste Hierarchieebene leicht gefunden werden. Konzeptionell sind hier auf jeden Fall der Punkt und der Vektor angesiedelt, die Farbe (inkl. Alpha-Wert) gehört aber nicht dazu, denn diese ist kein mathematisches Objekt, vielmehr eine Spezialisierung für einen eng begrenzten Einsatz. Auf dieser Hierarchiestufe spielt die Datenhaltung keine Rolle, es ist egal, ob ein Vektor durch Integer- oder Float-Zahlen dargestellt wird. Hier geht es um die Methoden, also die Operationen, die auf Objekte der jeweiligen Klassen angewendet werden können. Die Zahl der Koordinaten (2, 3 oder 4) ist spätestens dann von Bedeutung, wenn bei einem vierdimensionalen Punkt eine Division durch die W-Koordinate vorgenommen wird oder bei einem Vektor das Kreuzprodukt gebildet werden soll. Die getter- und setter-Methoden erhalten nun ebenfalls eine Berechtigung, denn sie drücken einen semantischen Sachverhalt aus. `a1` erhält die Bedeutung der X-Koordinate bei Punkten und Vektoren.

Eine Bibliothek hat stets zwei Konsumenten, den Entwickler von anderen Bibliotheken oder der Erweiterung der gegebenen Bibliothek sowie den Anwendungsentwickler, der Bibliotheksteile in seinen Programmen nutzt. Vom Bibliotheksentwickler kann durchaus verlangt werden, dass er den Quelltext studiert, soweit dieser zur Verfügung steht. Ich arbeite zum Beispiel gerne direkt mit dem Quelltexten von Java, ein Hoch auf Open Source. Ein Anwendungsentwickler hat aber andere Probleme, Optimierungen können später erfolgen, und er möchte sich stets auf der sicheren Seite bewegen.

8.2.3 Point

Die `PointF3`-Klasse hat drei Dimensionen bzw. Komponenten x, y, z. Die Point-Klassen implementieren allesamt das `Point`-Interface, das lediglich verlangt, dass `isPoint` `true` zurückgibt. Vektor-Klassen implementieren ein `Vector`-Interface. Mit diesen Interfaces ist es möglich, bei einer generischen Programmierung eine Einschränkung vorzunehmen und so mehr Sicherheit bereits mit dem Compiler herzustellen. Angenommen, eine Vertexklasse möchte sicherstellen, dass für die Normale nur eine VectorXX-Klasse und für die Vertexposition nur eine PointXX-Klasse als Typ eingesetzt werden kann.

```
public class Vertex<TP extends Point,TV extends Vector> {
  private TP vertex;
  private TV normal;
}
```

Hier nun die `PointF3`-Klasse, stellvertretend für die PointXX-Familie.

```
package glib.math;

public class PointF3 extends Float3 implements Point {

  public PointF3() { super(); }
  public PointF3(float x, float y, float z) { super(x,y,z); }

  public PointF3(PointF3 cpySrc) {
    super(cpySrc.a1,cpySrc.a2,cpySrc.a3);
  }
  public PointF3(PointD3 cpySrc) {
    super((float)cpySrc.a1,(float)cpySrc.a2,(float)cpySrc.a3);
  }

  public final boolean isPoint() { return true; }
```

Zwei Punkte haben einen Abstand *d* voneinander, der durch nachstehende Gleichung gebildet wird.

$$d = \sqrt{(x - p.x)^2 + (y - p.y)^2 + (z - p.z)^2}$$

Die Distanz muss hier als `double` zurückgegeben werden, da sonst Vergleiche subtil werden. Eine Untersuchung der Fallgrube, die hier mit einem `float` als Rückgabe gebaut wird, findet sich beim Kapitel *Zahlen, Hinweise* (Seite 440f.). Die quadratischen Terme sind ausmultipliziert, da dies, insbesondere bei kleinen Differenzen, die Genauigkeit verbessert.

```
public final double distance(PointF3 p) {

  float v1 = (a1-2f*p.a1)*a1+p.a1*p.a1;
  float v2 = (a2-2f*p.a2)*a2+p.a2*p.a2;
  float v3 = (a3-2f*p.a3)*a3+p.a3*p.a3;

  return Math.sqrt(v1+v2+v3);
}
```

Die getter- und setter-Methoden sind hier nur eine kleine Auswahl aus den möglichen Varianten. Gegebenenfalls kann die Sammlung ja ergänzt werden, das ist der Vorteil einer eigenen Bibliothek.

```
public final float getX() { return a1; }
public final float getY() { return a2; }
public final float getZ() { return a3; }

public final void setX(float value) { a1=value; }
public final void setY(float value) { a2=value; }
public final void setZ(float value) { a3=value; }

public final void set(float x, float y, float z) {
  a1 = x; a2 = y; a3 = z;
}
public final void set(PointF3 p) {
  a1 = p.a1;  a2 = p.a2; a3 = p.a3;
}
public final void set(PointD3 p) {
  a1 = (float)p.a1;  a2 = (float)p.a2; a3 = (float)p.a3;
}
```

Die `divideLine`-Methode ist eine Bequemlichkeitsmethode, nützlich, wenn eine Linie, gegeben durch zwei Punkte, unterteilt werden soll. Man kann vortrefflich darüber streiten, was denn noch an solchen Methoden in Klassen wie `PointF3` eingebaut werden sollte, aber der Performanceverlust durch den Methodenaufruf und die Parameterübergabe muss stets gegenüber den Vorteilen abgewogen werden.

```
  public void divideLine(PointF3 p,float lambda,PointF3 result) {

    result.a1 = a1+(p.a1-a1)*lambda;
    result.a2 = a2+(p.a2-a2)*lambda;
    result.a3 = a3+(p.a3-a3)*lambda;
  }
}
```

8.2.4 Vector

Der zweite Kandidat auf der Hierarchieebene sind die Vektor-Klassen. Vektoren haben eine Länge, es gibt Einheitsvektoren der Länge 1. Zwei Vektoren können einen Winkel α einschließen, und es ist noch das skalare Produkt sowie bei dreidimensionalen Vektoren das Kreuzprodukt einzufügen.

Die Erstellung einer eigenen Vektor-Klasse neben einer Point-Klasse ist ein in der Literatur durchaus umstrittenes Unterfangen. Wenn es nämlich, bei Echtzeitspielen oder Simulatoren, darum geht, das Äußerste an Performance aus einer Implementierung herauszuquetschen, dann ist eine klare und verständliche Klassensammlung nicht von Bedeutung. Davon betroffen sind insbesondere die genannten Klassen und natürlich auch die Matrix-Klasse, denn diese werden oft verwendet und können bei einer falschen Implementierung durchaus zu einer Engstelle (Bottleneck) werden, siehe dazu auch *Programme beschleunigen* (Seite 600).

Es gibt aber auch zwei gute Gründe, die eine getrennte Implementation empfehlen. Punkt und Vektor sind nicht identisch, ein Punkt ist ein Punkt und ein Vektor eine gerichtete Distanz zwischen Punkten, und die Multiplikation mit einer 4×4-Transformationsmatrix ist daher auch verschieden. Bei einem Vektor ist die vierte Komponente (w) vor der Matrixmultiplikation auf Null zu setzen, bei einem Punkt ist das nicht der Fall, hier ist nach der Multiplikation durch die w-Komponente zu dividieren.

Der zweite Grund ist ein didaktisches Argument: Hoch optimierte Klassen sind fast ausschließlich nur noch einem kleinen Kreis von Experten verständlich. Dennoch gibt es einige Grundsätze, die bei der Implementation durchaus schon beim Design einer 3D-Grafikklasse einzuhalten sind, egal ob die Implementierung in Java oder einer anderen Sprache erfolgt. Hier steht an erster Stelle die Vermeidung von unnötigen Kopien bei der Übergabe von Argumenten und der Übernahme des Ergebnisses. Die `final`-Kennzeichnung ist notwendig, und in C++ wären virtuelle Methoden ein Tabubruch.

```
package glib.math;
import java.lang.ArithmeticException;

public class VectorF3 extends Float3 implements Vector {
```

```
public boolean unitVector;

public VectorF3() { super(); }
public VectorF3(float x, float y, float z) {  super(x,y,z); }

public VectorF3(VectorF3 cpySrc) {
  super(cpySrc.a1,cpySrc.a2,cpySrc.a3);
  unitVector = cpySrc.unitVector;
}

public VectorF3(VectorD3 cpySrc) {
  super((float)cpySrc.a1,(float)cpySrc.a2,(float)cpySrc.a3);
  unitVector = cpySrc.unitVector;
}

public boolean isVector() { return true; }
```

Die zusätzliche Variable `unitVector` vermeidet eine unnötige Berechnung des Einheitsvektors, insbesondere bei Funktionen, die ein Vektorobjekt verwenden.

```
public final double length() {

  if(unitVector==false) {
    return Math.sqrt(a1*a1+a2*a2+a3*a3);
  }
  return 1f;
}

public final void unitVector() {

  float sRoot = (float)Math.sqrt(a1*a1+a2*a2+a3*a3);

  if(sRoot>Constants.EPS2F) {
    a1 /= sRoot; a2 /= sRoot; a3 /= sRoot;
    unitVector = true;
  }
}

public final void unitVector(VectorF3 v) {

  float sRoot = (float)Math.sqrt(a1*a1+a2*a2+a3*a3);

  if(sRoot>Constants.EPS2F) {
    v.a1 = a1/sRoot; v.a2 = a2/sRoot; v.a3 = a3/sRoot;
    v.unitVector = true;
  }
}

public final boolean isUnitVector() { return unitVector; }
```

Berechnung des skalaren Produktes zweier Vektoren, hier `this * v`, und des Cosinus, des Winkels zwischen zwei Vektoren. Im Vergleich zur Projektion eines Vektors auf einen anderen Vektor (siehe Seite 467) wird der Winkel α selbst relativ wenig benötigt, er kann bei Bedarf ja leicht über eine `arccos`-Funktion bestimmt werden.

```
public final float dotProduct(VectorF3 v) {
  return a1*v.a1+a2*v.a2+a3*v.a3;
}

public final float cosAlpha(VectorF3 v) {

  float value = a1*v.a1+a2*v.a2+a3*v.a3;
  float sRT = (unitVector?1f:(float)Math.sqrt(a1*a1+a2*a2+a3*a3));
  float sRV = (float)Math.sqrt(v.a1*v.a1+v.a2*v.a2+v.a3*v.a3);
  float dTV = sRT*sRV;

  if(Math.abs(dTV)>Constants.EPS2F&&
     Math.abs(dTV-1f)>Constants.EPS2F) {

    return value/dTV;
  }
  return value;
}
```

Für das Kreuzprodukt, siehe (7.53), sind zwei Methoden implementiert, von denen eine den aktuellen Vektor `this` nicht überschreibt.

```
public final void crossProduct(VectorF3 v) {

  a1 = a2*v.a3-a3*v.a2;
  a2 = a3*v.a1-a1*v.a3;
  a3 = a1*v.a2-a2*v.a1;
}

public final void crossProduct(VectorF3 v,VectorF3 result) {

  result.a1 = a2*v.a3-a3*v.a2;
  result.a2 = a3*v.a1-a1*v.a3;
  result.a3 = a1*v.a2-a2*v.a1;
}
```

Die Vektorklasse bietet noch die Möglichkeit, einen Lotvektor zu berechnen, der auf einer Geraden senkrecht steht. Die Entwicklung der nötigen Formel ist im Abschnitt *Lot auf einer Geraden* (Seite 473) dargelegt (7.51). Die Methode erwartet die Angabe zweier Punkte, deren Abstand nicht 0 sein darf, und berechnet den Lot-Einheitsvektor.

```
public void plumblineUnitVector(PointF3 p0, PointF3 p1) {

  float v1 = (p0.a1-2f*p1.a1)*p0.a1+p1.a1*p1.a1;
  float v2 = (p0.a2-2f*p1.a2)*p0.a2+p1.a2*p1.a2;
```

```
    float v3 = (p0.a3-2f*p1.a3)*p0.a3+p1.a3*p1.a3;

    float d = (float)Math.sqrt(v1+v2+v3);
    float s = p0.a1*p1.a1+p0.a2*p1.a2+p0.a3*p1.a3;

    a1 = p0.a1-s*(p0.a1-p1.a1)/d;
    a2 = p0.a2-s*(p0.a2-p1.a2)/d;
    a3 = p0.a3-s*(p0.a3-p1.a3)/d;

    d = (float)Math.sqrt(a1*a1+a2*a2+a3*a3);

    a1 /= d;
    a2 /= d;
    a3 /= d;
  }
```

Die getter-Methoden sind hier eher formal vorhanden, denn es ist ja möglich und wird sogar empfohlen, direkt auf die Membervariablen der Basisklasse zuzugreifen. Bei den setter-Methoden ist die Vorgehensweise nur empfehlenswert, wenn der Anwender auch gegebenenfalls das `unitVector`-Flag nach einer Änderung korrekt einstellt. Bei anderen Anwendungen, etwa in der Finanzmathematik, wo es durchaus auch um schnelle Ausführung der Programme geht, steht hingegen der Sicherheitsaspekt im Vordergrund, dort wären die Membervariablen a_1 etc. nicht zugänglich.

```
  public final float getX() { return a1; }
  public final float getY() { return a2; }
  public final float getZ() { return a3; }

  public final void setX(float value) { a1=value; unitVector = false; }
  public final void setY(float value) { a2=value; unitVector = false; }
  public final void setZ(float value) { a3=value; unitVector = false; }

  public void set(float x, float y, float z) {
    a1 = x; a2 = y; a3 = z;
    unitVector = false;
  }
}
```

8.2.5 Line

Die „Linien"-Klassen, wie zum Beispiel `LineD3`, sind in Wahrheit gerichtete Strahlen (*Ray*). Da eine derart gerichtete Linie eine Ebene durchstoßen kann und `PlaneD3` ebenfalls Bestandteil des Math-Paketes ist, wird die Implementierung der Schnittpunktbestimmung logisch. Der häufig benötigte Ray ist so gesehen eine reine Kennzeichnung, und das wiederum ist in der 3D-Grafiksoftware, aufgrund des Overheads, kritisch zu betrachten. Diese Art und Weise, in einer Basisklasse viel (abstrakte) Funktionalität bereitzustellen und auf Klassen zu verzichten, die keine weiteren Funktionen bieten, ist typisch für die 3D-Grafiksoftware. Ich möchte betonen, dass dies ein Kompromiss ist, eine „Demutshaltung" der Performance gegenüber. Wann immer möglich, sollte eine Klasse mit einen Namen versehen werden, der möglichst genau Auskunft über die Berechtigung der Klasse gibt. Das ist auch der Grund, warum hier zwischen `PointD3` und `VectorD3` unterschieden wird.

Die Gerade, bestimmt durch zwei Punkte (Linie), besitzt bereits einige Grundfunktionen für Strahlen, Kollisionsanfragen u. v. m. Zur Gerade siehe Seite 472f sowie (7.60).

$$\vec{g} = \vec{P}_0 + t(\vec{P}_1 - \vec{P}_0) \tag{8.1}$$

```
package glib.math;
import java.lang.ArithmeticException;

public class LineF3 {

  protected PointF3 p0,p1;
  protected double len;

  private final static String ERR_LEN =
    "The points p0,p1 are to close to each other (len approx. zero)";

  public LineF3() {

    p0 = new PointF3(0,0,0);
    p1 = new PointF3(1,1,1);
    len = 1d;
  }

  public LineF3(PointF3 p0, PointF3 p1) {

    this.p0 = new PointF3(p0);
    this.p1 = new PointF3(p1);

    len = p0.distance(p1);

    if(Constants.avoidTests==false) {
      if(Math.abs(len)<=Constants.epsilonFloat*10f) {
        throw new ArithmeticException(ERR_LEN);
      }
    }
  }
  public LineF3(float p0X,float p0Y,float p0Z,float p1X,float p1Y,float\
p1Z) {

    p0 = new PointF3(p0X,p0Y,p0Z);
    p1 = new PointF3(p1X,p1Y,p1Z);
```

```
      len = p0.distance(p1);

      if(Constants.avoidTests==false) {
        if(Math.abs(len)<=Constants.epsilonFloat*10f) {
          throw new ArithmeticException(ERR_LEN);
        }
      }
    }

    public LineF3(LineF3 cpySrc) {

      p0 = new PointF3(cpySrc.p0);
      p1 = new PointF3(cpySrc.p1);

      len = cpySrc.len;

      if(Constants.avoidTests==false) {
        if(Math.abs(len)<=Constants.epsilonFloat*10f) {
          throw new ArithmeticException(ERR_LEN);
        }
      }
    }
```

Die `distance`-Methode berechnet den Abstand zweier Punkte `this` und `p`, siehe dazu auch (7.60).

```
  public final double distance(PointF3 p) {

    float vX = (p1.a2-p0.a2)*(p.a3-p0.a3)-(p1.a3-p0.a3)*(p.a2-p0.a2);
    float vY = (p1.a3-p0.a3)*(p.a1-p0.a1)-(p1.a1-p0.a1)*(p.a3-p0.a3);
    float vZ = (p1.a1-p0.a1)*(p.a2-p0.a2)-(p1.a2-p0.a2)*(p.a1-p0.a1);

    return Math.sqrt(vX*vX+vY*vY+vZ*vZ)/len;
  }
```

Die folgende `distance`-Methode bestimmt den Abstand einer Linie `this` und einer Ebene, die durch den Normaleneinheitsvektor und die Ebenendistanz gegeben ist. Wenn die Linie parallel zur Ebene liegt, wird `Float.POSITIVE_INFINITY` zurückgegeben.

$$\lambda = \frac{d - n_x x_0 + n_y y_0 + n_z z_0}{n_x \Delta x + n_y \Delta y + n_z \Delta z}$$

```
public final float distance(VectorF3 planeNormal,float planeDistance) {

    float divisor =
     (p1.a1-p0.a1)*planeNormal.a1 +
     (p1.a2-p0.a2)*planeNormal.a2 +
     (p1.a3-p0.a3)*planeNormal.a3;

    if(Math.abs(divisor)<=Constants.epsilonFloat) {
```

```
        return Float.POSITIVE_INFINITY;
      }
      return(planeDistance-(planeNormal.a1*p0.a1+
        planeNormal.a2*p0.a2+planeNormal.a3*p0.a3))/divisor;
    }
```

Die Methode `getDirectionVector` liefert den Richtungseinheitsvektor der Linie und `getPointAt` einen Punkt auf der Linie, der vom Linienstartpunkt P_0 in der Entfernung λ bzw. t liegt, siehe oben (8.1).

```
    public final VectorF3 getDirectionVector() {

      VectorF3 retVal = new VectorF3(
        p1.a1-p0.a1,p1.a2-p0.a2,p1.a3-p0.a3
      );
      retVal.unitVector();
      return retVal;
    }

    public final PointF3 getPointAt(float t) {

      return new PointF3(
        p0.a1*(1f-t)+ t*p1.a1,
        p0.a2*(1f-t)+ t*p1.a2,
        p0.a3*(1f-t)+ t*p1.a3
      );
    }
```

Die Line-Klasse erlaubt keinen freien Zugriff auf ihre Membervariable, daher ist es auch möglich, die Länge stets bei einer Änderung zu berechnen; so können dann viele Berechnungen etwas schneller ablaufen.

```
    public final PointF3 getP0() { return new PointF3(p0); }
    public final PointF3 getP1() { return new PointF3(p1); }

    public final void setP0(PointF3 p) {

      p0.set(p);
      len = p0.distance(p1);
    }

    public final void setP1(PointF3 p) {

      p1.set(p);
      len = p0.distance(p1);
    }

    public final void set(PointF3 p0,PointF3 p1) {

      this.p0.set(p0);
      this.p1.set(p1);
```

```
    len = this.p0.distance(this.p1);
  }
}
```

8.2.6 Plane

Mit den PlaneD3-, PlaneF3-Klassen stoßen wir in die Welt der Ebenen, Oberflächen und Faces vor. Eine Ebene ist nicht gekrümmt und hat keine Begrenzung, so trennt sie eine dreidimensionale Welt in zwei Hälften (*Halfspaces*) und die Punkte, die in der Ebene liegen. Je nach Blickwinkel gibt es dann eine darunterliegende oder darüberliegende Welt oder eine rechte und linke Hälfte. Eine Ebene ist per se drehungsinvariant, daher lässt sie sich durch lediglich zwei Elemente festlegen, die Normale n der Ebene und eine Distanz d, gemessen entlang der Normalen. Die Distanz entfernt die Ebene vom Ursprung, und die Normale muss ein Einheitsvektor($\hat{n}$) sein.

```
package glib.math;

public class PlaneF3 {
  protected float distance;
  protected VectorF3 normal;

  public PlaneF3() {
    this.normal = new VectorF3(0f,0f,1f);
    this.distance = 0f;
  }

  public PlaneF3(VectorF3 normal, float distance) {
    this.normal = new VectorF3(normal);
    this.normal.unitVector();
    this.distance = distance;
  }

  public PlaneF3(PlaneF3 cpySrc) {
    normal = new VectorF3(cpySrc.normal);
    distance = cpySrc.distance;
  }
```

Bei der Festlegung durch drei Punkte ist es die Aufgabe eines der Konstruktoren der PlaneD3-Klasse, die Normale und die Distanz auszurechnen.

```
  public PlaneF3(PointF3 p0, PointF3 p1, PointF3 p2) {

    float uA1 = p1.a1-p0.a1;
    float uA2 = p1.a2-p0.a2;
    float uA3 = p1.a3-p0.a3;

    VectorF3 u = new VectorF3(uA1,uA2,uA3);
    normal = new VectorF3();
```

```
    u.crossProduct(new VectorF3(p2.a1-p0.a1,p2.a2-p0.a2,p2.a3-p0.a3),\
normal);
    normal.unitVector();

    distance = normal.a1*p0.a1+normal.a2*p0.a2+normal.a3*p0.a3;
  }
```

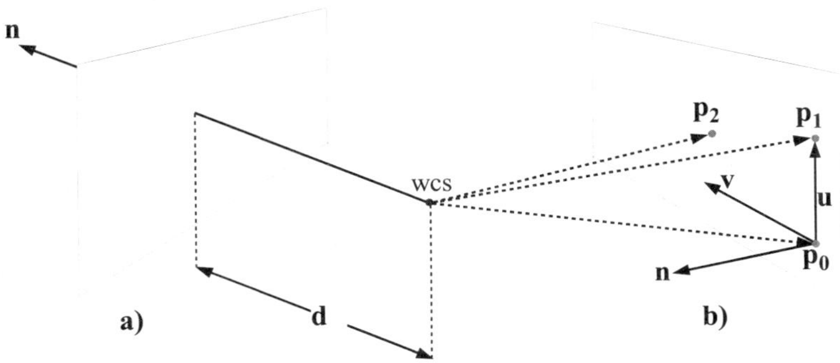

Abbildung 8.2 Es gibt mehrere Möglichkeiten, eine Ebene festzulegen. In a) ist diese durch einen Normalenvekor $\hat{n}$ und eine Distanz d bestimmt. Bei b) legen drei Punkte die Ebene fest. Dabei ist durch das Kreuzprodukt die Normale und dann der Vektor $\hat{v}$ zu bilden.

Berechnung des Winkels α zwischen zwei Ebenen. Wie bei der `VectorF3`-Klasse werde ich auch hier statt des Winkels den Cosinus angeben

$$\hat{n}_1 \cdot \hat{n}_2 = cos(\alpha) \tag{8.2}$$

```
  public final float cosAlpha(PlaneF3 e2) {

    float value =
        normal.a1*e2.normal.a1+
        normal.a2*e2.normal.a2+
        normal.a3*e2.normal.a3;

    return value;
  }
```

Bildet man das Kreuzprodukt der Ebenenvektoren, dann ist das Resultat ein Richtungsvektor einer Geraden, die beiden Ebenen gemeinsam ist (`intersectionLine`-Methode). Der Richtungsvektor steht senkrecht sowohl auf der Normalen der Ebene 1 als auch der Ebene 2, zur Gerade siehe auch (8.1).

$$\hat{n}_1 \times \hat{n}_2 = \Delta r \tag{8.3}$$

```
public final void intersectionLine(PlaneF3 e2,VectorF3 result) {

  result.a1 = normal.a2*e2.normal.a3-normal.a3*e2.normal.a2;
  result.a2 = normal.a3*e2.normal.a1-normal.a1*e2.normal.a3;
  result.a3 = normal.a1*e2.normal.a2-normal.a2*e2.normal.a1;
}
```

Eine weitere Methodengruppe verbindet die Ebenen mit Punkten. Mit der Gleichung

$$\hat{n} \cdot \vec{P} - d = \lambda \tag{8.4}$$

kann ein Lambda (`lambda`-Methode) errechnet werden, das Auskunft über die Lage des Punktes relativ zur Ebene gibt. Wenn $\lambda = 0$, dann liegt der Punkt in der Ebene. $\lambda > 0$ bedeutet, der Punkt liegt „vor“ der Ebene bzw. mit $\lambda < 0$ „hinter“ der Ebene. „Vor“ und „hinter“ ist durch die Richtung der Normalen bestimmt. Rechnet man das λ zweier Ebenen bezüglich eines Punktes aus, dann liegt dieser zwischen den beiden Ebenen, wenn beide λ_1 und λ_2 negativ sind.

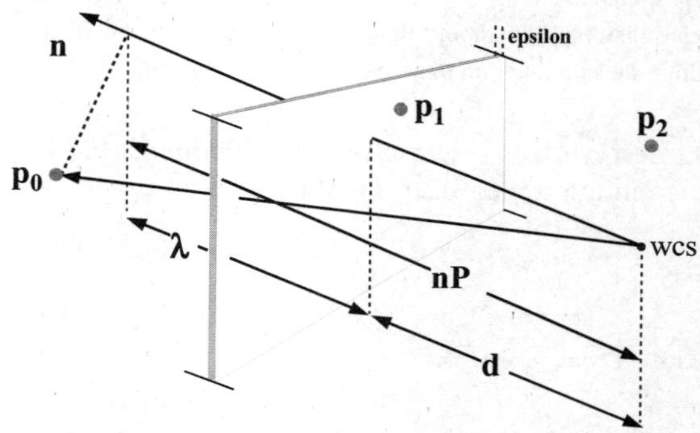

Abbildung 8.3 Dargestellt sind drei Punkte. P_0 liegt vor der Ebene, P_1 in der Ebene und P_2 hinter dieser. Für Anwendungen in der 3D-Computergrafik sollte ein Epsilon (ϵ) einstellbar sein, das einen Punkt als in der Ebene liegend anerkennt, auch wenn dies mathematisch nicht exakt der Fall ist.

```
public final float lambda(PointF3 p) {

  float value = normal.a1*p.a1+normal.a2*p.a2+normal.a3*p.a3;
  return value - distance;
}
```

Die `projection`-Methode projiziert einen Punkt auf die Ebene und liefert das Ergebnis in `pProj` zurück. Die Projektion erfolgt entlang der Normalen der Ebene. Die Projektion eines Punktes auf eine Ebene ergibt sich ebenfalls aus der Grundgleichung der Ebene (8.4).

$$\vec{P}' = \vec{P} - \left(\vec{P} \cdot \hat{n} - d\right)\hat{n} \tag{8.5}$$

```
public final void projectPoint(PointF3 p,PointF3 pProj) {

  float value = (normal.a1*p.a1+normal.a2*p.a2+normal.a3*p.a3);

  pProj.a1 = p.a1-(value-distance)*normal.a1;
  pProj.a2 = p.a2-(value-distance)*normal.a2;
  pProj.a3 = p.a3-(value-distance)*normal.a2;
}
```

Die setter-Methoden berechnen gegebenenfalls die Distanz der Ebene vom Ursprung neu, auch wird die Normale nur als Einheitsvektor vorgehalten.

```
public final float getDistance() { return distance; }
public final VectorF3 getNormal() { return normal; }

public final void setDistance(float value)  { distance=value; }

public final void setDistance(float x,float y,float z)  {
  distance = normal.a1*x+normal.a2*y+normal.a3*z;
}

public final void setNormal(VectorF3 value) {

  normal = new VectorF3(value);
  normal.unitVector();
}

public final void setNormal(float x, float y, float z) {

  normal = new VectorF3(x,y,z);
  normal.unitVector();
}

public void set(PointF3 p0, PointF3 p1, PointF3 p2) {

  float uA1 = p1.a1-p0.a1;
  float uA2 = p1.a2-p0.a2;
  float uA3 = p1.a3-p0.a3;

  VectorF3 u = new VectorF3(uA1,uA2,uA3);
  normal = new VectorF3();

  u.crossProduct(new VectorF3(p2.a1-p0.a1,p2.a2-p0.a2,p2.a3-p0.a3),\
normal);
  normal.unitVector();

  distance = normal.a1*p0.a1+normal.a2*p0.a2+normal.a3*p0.a3;
 }
}
```

8.2.7 Matrix und Transformationsklasse

Matrix 4x4

Die Implementierung von Matrizen in Matrix-Klassen ist im Prinzip eine einfache Aufgabe, eher eine Fleißarbeit. Wie gesagt, „im Prinzip", denn die Matrixinvertierung ist eine harte Nuss. Auch andere Aspekte wie die Performance und Rundungsfehler sollten sorgfältig untersucht werden. Die 4×4-Matrix ist zwar eine kleine Matrix, gerade so an der Grenze, bei der noch eine Matrixmultiplikation auf dem Papier nachvollzogen werden kann, aber Rundungsfehler sind auch hierbei nicht zu unterschätzen, besonders bei der Matrixinvertierung.

Der Programmcode einer Matrix-Klasse ist zu groß – über 700 Programmzeilen –, um ihn hier darzustellen. Ich werde daher lediglich die Methoden angeben und diese kurz beschreiben. Den vollständigen und kommentierten Quellcode finden Sie im Paket `glib.math`.

Die zentralen Methoden sind natürlich die Multiplikation von Matrizen und der Matrix mit einem Punkt und einem Vektor. Die Matrixtransponierung ist hingegen mehr eine formale Methode. Die Matrixinvertierung und die LU-Zerlegung werde ich in einem nachfolgenden Abschnitt eingehender besprechen. Die Methode `getLUDecomposition()` liefert als Ergebnis auch die Determinante der Matrix.

```
public final void multiply(MatrixD4x4 r,MatrixD4x4 d);
public final void multiply(PointD3 pS,PointD3 pD);
public final void multiply(VectorD3 vS,VectorD3 vD);
public final void transpose(MatrixD4x4 d);
public double invert(MatrixD4x4 r);
public double getLUDecomposition(MatrixD4x4 lu,int[] pivotSwapIndices);
```

Einige Hilfsmethoden unterstützen die Verwendung der Matrix sowie die Prüfung, ob eine Einheitsmatrix vorliegt oder ob zwei Matrizen gleich sind. Bei Matrixoperationen, wie der Multiplikation zweier Matrizen und der LU-Zerlegung, insbesondere aber bei der Berechnung der inversen Matrix entstehen Rundungsfehler. Wer dann das Ergebnis einer Matrixinvertierung mit der Ausgangsmatrix durch eine Multiplikation $\mathbf{A}\mathbf{A}^{-1} = \mathbf{I}^*$ überprüfen möchte und Elemente in $\mathbf{I}^*$ naiv auf 0 oder 1 vergleicht, etwa `m11==1`, darf sich nicht wundern, wenn die Prüfung nicht erfolgreich verläuft: $\mathbf{I}^* \neq \mathbf{I}$.

Für eine obere Abschätzung von Rundungsfehlern multiplizieren Sie das betragsmäßig größte Element der Matrix mit der Maschinengenaugigkeit, siehe (7.28), dann erhalten Sie einen passenden Wert für das Epsilon bei den Prüfungen, den Sie bei `setEpsilon()` vor der Prüfung übergeben können. Im Zusammenhang mit Rundungsfehlern steht auch die `cleanup()`-Methode. Diese setzt Elemente auf 0 oder 1, die nur einen Epsilon-Abstand von diesen Werten haben, und erlaubt so die Vermeidung weiterer Rundungsfehler durch Elemente, die eigentlich 0 oder 1 sein sollten. Eine leichte Beschleunigung der Berechnungen erlaubt die Mitführung eines Flags `wIsOne`. Dieses ist `true`, wenn $m_{41} = m_{42} = m_{43} = 0$ und $m_{44} = 1$ ist.

`getRowPivotElements()` liefert die betragsmäßig größten Elemente einer Zeile (Zeilenpivot) in einem Array, und daraus kann dann das größte Element der Matrix leicht ermittelt werden.

```
public final boolean isIdentity();
public boolean equals(MatrixD4x4 obj) {
public final static void setEpsilon(double eps);
public final static double getEpsilon();
public final void cleanup();
public final boolean isWIsOne();
public final void setWIsOne(boolean value);
public int getRowPivotElements(double[] pElements);
```

Eingebaut sind noch eine Reihe von getter/setter-Methoden für die Übergabe bzw. Übernahme von Koeffizienten aus Arrays. Dabei sind die Methoden mit der Spalte-zuerst-Anordung von Bedeutung für die Übergabe an OpenGL-Matrizen. Die getter/setter-Methoden haben neben der funktionalen noch eine weitere Bedeutung. Eine konsequente Nutzung erlaubt es, Objekte der `MatrixD4x4` wiederzuverwenden, denn die Objekterzeugung ist eine teure Angelegenheit. Ich denke an ein Cache, das Objekte der Matrixklasse verwaltet und diese dann, vor einer Rückgabe, nicht durch einen Konstruktoraufruf initialisieren kann. Für die Funktion der Cache-Klasse ist dann die `setToIdentity()` von hoher Bedeutung.

```
public final void setToIdentity();
public final void setRowMajorOrdering(double[] values);
public final void setColumMajorOrdering(double[] values);
public final void getRowMajorOrdering(double[] values);
public void getColumMajorOrdering(double[] values);
```

In der `MatrixD4x4`-Klasse finden sich keine Methoden, wie die Einstellung der Matrix als Translations- oder Rotationsmatrix usw. Solche Methoden sind abgeleiteten Klassen überlassen, die die Matrix für den Einsatz als Transformationsklasse spezialisieren.

Matrixinvertierung

Die Invertierung einer Matrix (vgl. Abschnitt *Verfahren zur Matrixinvertierung*, Seite 448ff.) ist keineswegs eine triviale Aufgabe. Sie ist aufwendig und auch vergleichsweise rechenintensiv. In der 3D-Computergrafik wird allerdings für mehrere Berechnungen die Inverse einer Transformationsmatrix benötigt. Eine solche Matrix wird verwendet, um Objekte in der vituellen Welt zu bewegen bzw. an ihre vorgesehenen Plätze zu setzen. Kennt man die Inverse dieser Transformation, dann ist es möglich, den Rest der virtuellen Welt auf das Koordinatensystem des Objektes zu beziehen. Das ist zum Beispiel von Bedeutung für die Kollision mit dem Grenzvolumen des genannten Objektes, siehe hierzu auch den Abschnitt *Grenzvolumen*, Seite 244 bzw. (4.20).

Invertierung basierend auf einer LU-Zerlegung

$$(\mathbf{LU}) = \begin{pmatrix} u_{11} & u_{12} & u_{13} & u_{14} \\ l_{21} & u_{22} & u_{23} & u_{24} \\ l_{31} & l_{32} & u_{33} & u_{34} \\ l_{41} & l_{42} & l_{43} & u_{44} \end{pmatrix}$$

In der Literatur, insbesondere bei der Dokumentation von Mathematikbibliotheken (siehe dazu Seite 544ff.) finden sich Algorithmen für eine LU-Zerlegung einer beliebigen n-x-m-Matrix. Die LU-Zerlegung besteht aus vier Schritten.

1. Hierbei wird ein Array erzeugt, das die Pivotelemente einzelner Zeilen enthält. Diese Pivotelemente werden indirekt als Skalierungsfaktor für eine Zeile verwendet. Die Division durch den Skalierungsfaktor nähert Werte der Zeilenelemente einander an. Das kann insbesondere bei Matrizen von Vorteil sein, bei denen die Koeffizienten große Wertabweichungen aufweisen. Zum Beispiel liegt bei den Matrizen der 3D-Computergrafik der Rotationsanteil der Matrix im Wertebereich $-1 \ldots +1$, während der Translationsanteil große Werte annehmen kann. Das Verfahren wird LU-Zerlegung mit vollem Pivoting genannt, wenn sowohl Zeilenpivotelemente als auch Spaltenpivotelemente gesucht und berücksichtigt werden. Bei der Größe der vorliegenden Matrix ergibt das volle Pivoting jedoch nur eine minimale Verbesserung.
2. Ab diesem Schritt wird zeilenweise vorgegangen. Es liegt ein bestimmter Index i vor, der die aktuelle Zeile angibt: `for(int i=1; i<=N; i++) { ... }`. In der aktuellen Spalte j wird ein lokales Pivotelement gesucht, dessen Zeilenindex für eine Zeilenvertauschung gemerkt wird.
3. Hier werden zwei Zeilen der Matrix vertauscht. Getauscht wird die i-te Zeile mit der Pivotzeile, die natürlich von i verschieden sein muss.
4. Das ist der Gaußsche Eliminationsschritt. Durch die obige Pivotsuche und Umordnung der Matrix landet das Pivotelement, wenn $i = 1$, in der ersten Zeile und ersten Spalte. Die restlichen Elemente, unter der Voraussetzung $j = i + 1 \ldots N$, werden neu berechnet.

$$\begin{aligned} &\text{für } j = i+1 \ldots N; \qquad k = i+1 \ldots N; \\ &m_{ji} = \frac{m_{ji}}{m_{ii}} \\ &m_{jk} = m_{jk} - m_{ik} m_{ji} \end{aligned} \tag{8.6}$$

Wenn $m_{ji} = 0$, kann die Sequenz übersprungen werden. Nach der Berechnung der Elemente wird mit einem um eins erhöhten i ab dem zweiten Schritt fortgefahren.

Als Ergebnis der Umstellung der Matrix **A** erhält man nicht nur die Matrix (**LU**), sondern auch das Vorzeichen der Determinante `signDet` und ein Vertauschungsarray. Die Determinante wird nach der Gleichung (7.40) mit Berücksichtigung des Vorzeichens berechnet.

Die Inverse ist eigentlich einfach zu errechnen, jedoch muss die Zeilenvertauschung in die Rechnung einbezogen werden. Bei der Invertierung der Matrix **LU** ist das Ergebnis eines Gleichungssystems bekannt, dies ist die Einheitsmatrix. Gesucht sind die Koeffizienten der inversen Matrix. Das Lösungsprinzip besteht darin, eine Vorwärtseinsetzung und danach eine Rückwärtseinsetzung auszuführen, und zwar für jeden Spaltenvektor der inversen Matrix sowie der Einheitsmatrix. Die Grundgleichungen wurden bereits bei (7.41) angeschrieben, seien aber hier für eine schnelle Orientierung nochmals präsentiert.

$$\begin{aligned} \mathbf{L} \cdot \mathbf{v_j} &= \mathbf{E_j} \qquad \text{Vorwärtseinsetzung} \\ \mathbf{U} \cdot \mathbf{x_j} &= \mathbf{v_j} \qquad \text{Rückwärtseinsetzung} \end{aligned}$$

Die *Vorwärtseinsetzung* ist eine Multiplikation der Matrix **L** mit einem noch unbekannten Hilfsvektor $\mathbf{v_j}$. Bei den daraus sich ergebenden Gleichungen kann die Dreiecksform genutzt werden, denn der obere rechte Teil der **L**-Matrix enthält nur Nullen. Außerdem ist auch in der Einheitsmatrix nur jeweils eine Zeile von 0 verschieden, eben dort wo die 1 steht.

$$\underbrace{\begin{pmatrix} 1 & 0 & 0 & 0 \\ l_{21} & 1 & 0 & 0 \\ l_{31} & l_{32} & 1 & 0 \\ l_{41} & l_{42} & l_{43} & l_{44} \end{pmatrix}}_{\mathbf{L}} \underbrace{\begin{pmatrix} v_1 \\ v_2 \\ v_3 \\ v_4 \end{pmatrix}}_{\mathbf{V_1}} = \underbrace{\begin{pmatrix} 1 \\ 0 \\ 0 \\ 0 \end{pmatrix}}_{\mathbf{E_1}}$$

Um das Prinzip zu zeigen, führe ich hier die Multiplikation mit dem ersten Spaltenvektor (j=1) aus.

$$\begin{aligned} &v_1 = 1 \\ &l_{21}\, v_1 + v_2 = 0 \\ &l_{31}\, v_1 + l_{32}\, v_2 + v_3 = 0 \\ &l_{41}\, v_1 + l_{42}\, v_2 + l_{43}\, v_3 + v_4 = 0 \end{aligned}$$

Wenn die Gleichungen in der gegebenen Reihenfolge durchlaufen werden, dann liefert jede Gleichung ein v_j. Diese Koeffizienten werden direkt bei der *Rückwärtseinsetzung* verwendet.

$$\underbrace{\begin{pmatrix} u_{11} & u_{12} & u_{13} & u_{14} \\ 0 & u_{22} & u_{23} & u_{24} \\ 0 & 0 & u_{33} & u_{34} \\ 0 & 0 & 0 & u_{44} \end{pmatrix}}_{\mathbf{U}} \underbrace{\begin{pmatrix} x_{11} \\ x_{21} \\ x_{31} \\ x_{41} \end{pmatrix}}_{\mathbf{X_j}} = \underbrace{\begin{pmatrix} v_1 \\ v_2 \\ v_3 \\ v_4 \end{pmatrix}}_{\mathbf{V_j}}$$

Wiederum für die erste Spalte $j = 1$:

$$\begin{aligned} &u_{11}x_{11} + u_{12}x_{21} + u_{13}x_{31} + u_{14}x_{41} = v_1 \\ &u_{22}x_{21} + u_{23}x_{31} + u_{24}x_{41} = v_2 \\ &u_{33}x_{31} + u_{34}x_{41} = v_3 \\ &u_{44}x_{41} = v_4 \end{aligned}$$

Wie zu sehen ist, durchläuft man diese Gleichungen am besten in der umgekehrten Reihenfolge und löst nach x_{41} zuerst auf. Durch u_{44} etc. darf garantiert dividiert werden, dafür hat die LU-Zerlegung, wegen der Pivotisierung, schon gesorgt. Da die Matrixinvertierung nur durchführbar ist, wenn die Determinante ungleich Null ist und die Determinante eh zur Verfügung gestellt wird, kann eine weitere Prüfung durch die Berechnung eben derselben erfolgen, somit ist noch eine zusätzliche Sicherheit eingebaut.

Welchen Einfluss hat nun die Vertauschung der Zeilen? Angenommen, die erste Zeile wurde mit der dritten Zeile vertauscht.

$$\underbrace{\begin{pmatrix} l_{31} & l_{32} & 1 & 0 \\ l_{21} & 1 & 0 & 0 \\ 1 & 0 & 0 & 0 \\ l_{41} & l_{42} & l_{43} & l_{44} \end{pmatrix}}_{\mathbf{L}} \underbrace{\begin{pmatrix} v_3 \\ v_2 \\ v_1 \\ v_4 \end{pmatrix}}_{\mathbf{V_1}} = \underbrace{\begin{pmatrix} 0 \\ 0 \\ 1 \\ 0 \end{pmatrix}}_{\mathbf{E'_1}}$$

Die Vertauschung muss auch bei der Einheitsmatrix durchgeführt werden! Es entstehen genau dieselben Gleichungen wie oben angeführt, das bedeutet, v_1 ist immer geich 1. Wenn Sie die Lösung mit anderen Matrizen anstelle der Einheitsmatrix anwenden, dann gilt diese Aussage allerdings nicht; Sie müssen dann das Vertauschungsarray verwenden, um den passenden Eintrag zu finden. Die Rückwärtseinsetzung ist von der Vertauschung nicht betroffen, erst wenn die Matrix berechnet wurde, muss diese berücksichtigt werden. Durch die Invertierung wird aus der Zeilenvertauschung eine Spaltenvertauschung, was mit der Methode `exchangeColumns()` auf der Basis des Vertauschungsarrays eine einfache Aufgabe ist.

Die nachstehenden Programmausschnitte zeigen den Quellcode einer Methode der `MatrixD4x4`-Klasse, die eine LU-Zerlegung der Matrix vornimmt.

Die Methode überschreibt nicht die aktuelle Matrix, stattdessen speichert sie das Ergebnis in der Matrix des Arguments `lu`. Rückgabewert der Methode ist die Determinante, die Zeilenvertauschung wird in einem int-Array zurückgegeben. Die Programmfunktion ist sehr schnell, auch wenn die Länge des Programmcodes dies auf den ersten Blick nicht vermuten lässt. Diese Länge ist der direkten Programmierung geschuldet, denn die Matrix erlaubt auf die einzelnen Koeffizienten einen unmittelbaren Zugriff von außen (`public`), und dies schließt Schleifen aus.

Die Kopie der aktuellen Matrix mit den Koeffizienten m_{ij} ist hier nötig, denn die Matrix soll nicht überschrieben werden.

```
public double getLUDecomposition(MatrixD4x4 lu,int[] pivotSwapIndices )\
 {
  lu.m11 = m11; lu.m12 = m12; lu.m13 = m13; lu.m14 = m14;
  lu.m21 = m21; lu.m22 = m22; lu.m23 = m23; lu.m24 = m24;
  lu.m31 = m31; lu.m32 = m32; lu.m33 = m33; lu.m34 = m34;
  lu.m41 = m41; lu.m42 = m42; lu.m43 = m43; lu.m44 = m44;
```

Beginnend mit der ersten Zeile $i = 1$, wird das Pivotelement der ersten Spalte gesucht. Dieses muss das betragsmäßig größte Element dieser Spalte sein. Das Vorzeichen der Determinante wird eingestellt und wechselt seinen Wert jedes Mal, wenn eine Zeile vertauscht wird. Findet sich ein Pivotelement in einer der Spalten 2,3 oder 4, dann erfolgt ein Zeilentausch, zusammen mit einem Update der Zeilentauschungsvariablen. Die Klasse `MatrixD4x4` besitzt `get/set`-Methoden zur Einstellung eines ϵ (`epsilon`), das bei Vergleichen auf Null usw. verwendet wird. Sind nun alle Elemente der ersten Spalte „epsilon-Null“, dann kann die LU-Zerlegung nicht durchgeführt werden. Dieses Problem wird durch eine Rückgabe einer Determinante gleich Null angezeigt. Bevor daher das Ergebnis weiterverwendet wird, etwa für eine Invertierung, ist auf jeden Fall der Rückgabewert der `getLUDecomposition`-Methode zu prüfen.

```
  int pivotRow,pValue;
  double pivot1,pivot2,pivot3,pivot4,pivot,value,signDet;

  int pivotSwapIndex1 = 1; int pivotSwapIndex2 = 2;
  int pivotSwapIndex3 = 3; int pivotSwapIndex4 = 4;

  pivot1 = Math.abs(m11); pivot2 = Math.abs(m21);
  pivot3 = Math.abs(m31); pivot4 = Math.abs(m41);

  pivot = pivot1; pivotRow = 1;

  if(pivot<pivot2) { pivot = pivot2; pivotRow = 2; }
  if(pivot<pivot3) { pivot = pivot3; pivotRow = 3; }
  if(pivot<pivot4) { pivot = pivot4; pivotRow = 4; }

  if(pivot<epsilon) { return 0d; }
```

```
signDet = 1d;

switch(pivotRow) {
  case 2: value = lu.m11; lu.m11=lu.m21; lu.m21=value;
          value = lu.m12; lu.m12=lu.m22; lu.m22=value;
          value = lu.m13; lu.m13=lu.m23; lu.m23=value;
          value = lu.m14; lu.m14=lu.m24; lu.m24=value;
          signDet = -signDet;
          pivotSwapIndex1 = 2; pivotSwapIndex2 = 1;
          break;
  case 3: value = lu.m11; lu.m11=lu.m31; lu.m31=value;
          value = lu.m12; lu.m12=lu.m32; lu.m32=value;
          value = lu.m13; lu.m13=lu.m33; lu.m33=value;
          value = lu.m14; lu.m14=lu.m34; lu.m34=value;
          signDet = -signDet;
          pivotSwapIndex1 = 3; pivotSwapIndex3 = 1;
          break;
  case 4: value = lu.m11; lu.m11=lu.m41; lu.m41=value;
          value = lu.m12; lu.m12=lu.m42; lu.m42=value;
          value = lu.m13; lu.m13=lu.m43; lu.m43=value;
          value = lu.m14; lu.m14=lu.m44; lu.m44=value;
          signDet = -signDet;
          pivotSwapIndex1 = 4; pivotSwapIndex4 = 1;
          break;
  default:break; // no swap neccessary.
}
```

Nach der Pivotsuche und einer eventuellen Vertauschung erfolgt der Gauß-Eliminationsschritt, mit $i = 1$; $j = 2,3,4$ und einem $k = 2,3,4$, siehe (8.6).

```
if(lu.m21!=0d) {
  value = lu.m21/lu.m11;
  lu.m21 = value;
  lu.m22 -= value*lu.m12;
  lu.m23 -= value*lu.m13;
  lu.m24 -= value*lu.m14;
}
if(lu.m31!=0d) {
  value = lu.m31/lu.m11;
  lu.m31 = value;
  lu.m32 -= value*lu.m12;
  lu.m33 -= value*lu.m13;
  lu.m34 -= value*lu.m14;
}
if(lu.m41!=0d) {
  value = lu.m41/lu.m11;
  lu.m41 = value;
  lu.m42 -= value*lu.m12;
  lu.m43 -= value*lu.m13;
  lu.m44 -= value*lu.m14;
}
```

Die LU-Zerlegung funktioniert von links oben nach rechts unten, die erste Zeile, erste Spalte wird daher nicht mehr angefasst. Hier ist $i = 2$, und damit wird in der zweiten Spalte das Pivotelement gesucht. Beim Tausch der Indizes der Vertauschungsvariablen kann keine direkte Einstellung mehr erfolgen, denn just die zweite Zeile könnte schon mit der ersten Zeile getauscht worden sein. Der Gauß-Eliminationsschritt erfolgt hier, mit $i = 2$; $j = 3,4$ und einem $k = 3,4$.

```
pivot2 = Math.abs(m22);
pivot3 = Math.abs(m32); pivot4 = Math.abs(m42);

pivot = pivot2; pivotRow = 2;

if(pivot<pivot3) { pivot = pivot3; pivotRow = 3; }
if(pivot<pivot4) { pivot = pivot4; pivotRow = 4; }

if(pivot<epsilon){ return 0d; }

switch(pivotRow) {
  case 3: value = lu.m21; lu.m21=lu.m31; lu.m31=value;
          value = lu.m22; lu.m22=lu.m32; lu.m32=value;
          value = lu.m23; lu.m23=lu.m33; lu.m33=value;
          value = lu.m24; lu.m24=lu.m34; lu.m34=value;
          signDet = -signDet;
          pValue = pivotSwapIndex2;
          pivotSwapIndex2 = pivotSwapIndex3;
          pivotSwapIndex3 = pValue;
          break;
  case 4: value = lu.m21; lu.m21=lu.m41; lu.m41=value;
          value = lu.m22; lu.m22=lu.m42; lu.m42=value;
          value = lu.m23; lu.m23=lu.m43; lu.m43=value;
          value = lu.m24; lu.m24=lu.m44; lu.m44=value;
          signDet = -signDet;
          pValue = pivotSwapIndex2;
          pivotSwapIndex2 = pivotSwapIndex4;
          pivotSwapIndex4 = pValue;
          break;
  default:break;
}
if(lu.m32!=0d) {
  value = lu.m32/lu.m22;
  lu.m32 = value;
  lu.m33 -= value*lu.m23;
  lu.m34 -= value*lu.m24;
}
if(lu.m42!=0d) {
  value = lu.m42/lu.m22;
  lu.m42 = value;
  lu.m43 -= value*lu.m23;
  lu.m44 -= value*lu.m24;
}
```

Angelangt bei $i = 3$ wird der Programmcode schon kürzer. Der Gauß-Eliminationsschritt erfolgt hier, mit $i = 3$; $j = 4$ und einem $k = 4$.

```
  pivot3 = Math.abs(m33); pivot4 = Math.abs(m43);
  pivot = pivot3; pivotRow = 3;

  if(pivot<pivot4) { pivot = pivot4; pivotRow = 4; }

  if(pivot<epsilon) { return 0d; }

  if(pivotRow==4) {
    value = lu.m31; lu.m31=lu.m41; lu.m41=value;
    value = lu.m32; lu.m32=lu.m42; lu.m42=value;
    value = lu.m33; lu.m33=lu.m43; lu.m43=value;
    value = lu.m34; lu.m34=lu.m44; lu.m44=value;
    signDet = -signDet;
    pValue = pivotSwapIndex3;
    pivotSwapIndex3 = pivotSwapIndex4;
    pivotSwapIndex4 = pValue;
  }
  if(lu.m43!=0d) {
    value = lu.m43/lu.m33;
    lu.m43 = value;
    lu.m44 -= value*lu.m34;
  }
```

Zum Abschluss ist das Vertauschungsarray passend einzustellen und die Determinante zu berechnen. Die Determinante berechnet sich nach einer LU-Zerlegung einfach, indem die Diagonalelemente miteinander multipliziert werden, wobei das Vorzeichen mitzunehmen ist.

```
  pivotSwapIndices[0] = pivotSwapIndex1;
  pivotSwapIndices[1] = pivotSwapIndex2;
  pivotSwapIndices[2] = pivotSwapIndex3;
  pivotSwapIndices[3] = pivotSwapIndex4;

  return signDet*lu.m11*lu.m22*lu.m33*lu.m44;
}
```

Die hier vorgestellte Methode `getLUDecomposition` zur LU-Zerlegung wird hauptsächlich für die Matrixinvertierung benötigt, sie kann aber auch verwendet werden, um schnell die Determinante zu erlangen. Durch die Pivotsuche ist die LU-Zerlegung stabil und Rundungsfehler werden minimiert.

Mit der LU-Zerlegung stehen nun zwei Dreiecksmatrizen zur Verfügung, die eine Invertierung erheblich vereinfachen. Wie bereits oben dargestellt, erfolgt die Invertierung durch eine Kombination einer Vorwärts- und Rückwärtseinsetzung.

```
public double invert(MatrixD4x4 r) {

  MatrixD4x4 lu = new MatrixD4x4();
```

```
double value,v1b,v2b,v3b,v4b;
int[] pivotSwapIndices = new int[4];

double det = getLUDecomposition(lu,pivotSwapIndices);
if(Math.abs(det)<epsilon) { return 0d; }
```

Die Vorwärts- und Rückwärtselimination mit dem Spaltenvektor (1 0 0 0) der Einheitsmatrix **I**.

```
v1b = 1d;
v2b = -lu.m21;
v3b = -lu.m31-lu.m32*v2b;
v4b = -lu.m41-lu.m42*v2b-lu.m43*v3b;

r.m41 = v4b/lu.m44;
r.m31 = (v3b-lu.m34*r.m41)/lu.m33;
r.m21 = (v2b-lu.m23*r.m31-lu.m24*r.m41)/lu.m22;
r.m11 = (v1b-lu.m12*r.m21-lu.m13*r.m31-lu.m14*r.m41)/lu.m11;
```

Die Vorwärts- und Rückwärtselimination mit dem Spaltenvektor (0 1 0 0) der Einheitsmatrix **I**.

```
v1b = 0d;
v2b = 1d;
v3b = -lu.m32;
v4b = -lu.m42-lu.m43*v3b;

r.m42 = v4b/lu.m44;
r.m32 = (v3b-lu.m34*r.m42)/lu.m33;
r.m22 = (v2b-lu.m23*r.m32-lu.m24*r.m42)/lu.m22;
r.m12 = (v1b-lu.m12*r.m22-lu.m13*r.m32-lu.m14*r.m42)/lu.m11;
```

Die Vorwärts- und Rückwärtselimination mit dem Spaltenvektor (0 0 1 0) und der Spalte (0 0 0 1) der Einheitsmatrix **I**. Dabei sind die Vektoren der Vorwärtselimination, bis auf den letzten Vektor `v4b=-lu.m43` bzw. `v4b=1`, stets 0.

```
r.m43 = -lu.m43/lu.m44;
r.m33 = (1d-lu.m34*r.m43)/lu.m33;
r.m23 = (-lu.m23*r.m33-lu.m24*r.m43)/lu.m22;
r.m13 = (-lu.m12*r.m23-lu.m13*r.m33-lu.m14*r.m43)/lu.m11;

r.m44 = 1d/lu.m44;
r.m34 = (-lu.m34*r.m44)/lu.m33;
r.m24 = (-lu.m23*r.m34-lu.m24*r.m44)/lu.m22;
r.m14 = (-lu.m12*r.m24-lu.m13*r.m34-lu.m14*r.m44)/lu.m11;
```

Es verbleibt noch die Korrektur `exchangeColumns()` der Vertauschung und die Einstellung des `wIsOne`-Flags.

```
    r.wIsOne = false;
    return r.exchangeColumns(pivotSwapIndices,det);
}
```

Die Rundungsfehler sind abhängig von den Werten der Koeffizienten, somit darf keine Genauigkeit des Ergebnisses erwartet werden, die in der Größenordnung des ϵ der Double-Gleitkommazahlen liegt, siehe (7.28). Rundungsfehler richten sich nach dem größten Element der Ausgangsmatrix; wenn dieses zum Beispiel den Wert 4000 hat, dann ist mit Rundungsfehlern kleiner $4000 \cdot \epsilon$ zu rechnen.

TransformD4x4

Die oben beschriebene Matrixklasse kann bereits für die Belange der 3D-Computergrafik genutzt werden, jedoch bietet sie dafür nicht viel Komfort, und die Performance der Matrixoperationen kann auch noch weiter erhöht werden. Beide Anforderungen hängen eng miteinander zusammen, denn wenn es möglich ist, bequem die Matrix einzustellen, zum Beispiel als reine Translationsmatrix (2.3), dann erhöht sich die Performance mit einer passenden Buchhaltung indirekt. Dazu wird die Matrixklasse mit einer Zustandsvariable versehen, die bei allen Matrixoperationen ausgewertet wird und unötige Rechnungen einspart. Denken Sie an die Einheitsmatrix, liegt diese vor, dann werden glattweg alle Multiplikationen mit den Koeffizienten der Matrix eingespart. Eine fast genauso einfache Situation liegt vor, wenn nur der Translationsanteil m_{14}, m_{24}, m_{34} gesetzt und ansonsten eine Einheitsmatrix gegeben ist. Die Invertierung einer solchen Matrix besteht dann darin, die Vorzeichen der Translationsanteile umzukehren.

Beim nächsten Typ, der orthogonalen Matrix, sind die Voraussetzungen nicht mehr ganz so einfach herzustellen. Grundsätzlich gelten (7.33) und (7.36). Bei einer orthogonalen Matrix ergibt die Multiplikation der Transponierten mit dem Original eine Einheitsmatrix, ebenso ist die Transponierte gleich der Inversen. Auch ist die Determinante bei einer orthogonalen Matrix gleich plus/minus eins: $det(\mathbf{A}) = \pm 1$.

Es stellt sich die Frage: Wie kann dafür gesorgt werden, dass die Vektoren der Rotationsmatrix orthogonal sind?

- Die einfachste und sicherste Variante besteht darin, die Erzeugung der Vektoren erst gar nicht dem Anwender zu überlassen. Die *Rotationsmatrizen* $\mathbf{R_x}$ (2.8), $\mathbf{R_y}$ (2.9) und $\mathbf{R_z}$ (2.7) sind von Haus aus orthogonale Matrizen. Auch die Rotationsmatrix $\mathbf{R_R}(\varphi, \mathbf{x}, \mathbf{y}, \mathbf{z})$, die aus einer Drehung um einen beliebigen Vektor $\vec{D}$ entsteht (2.19), ist dann eine orthogonale Matrix, wenn der Drehvektor ein Einheitsvektor ist. Es bedarf daher nur der Implementierung eines entsprechenden Satzes von Methoden.
- Mit dem *Kreuzprodukt* kann auf der Basis von zwei gegebenen Vektoren stets ein orthogonales System dreier Vektoren konstruiert werden.

Dieses Verfahren ist zuverlässig, allerdings, wegen der Differenzen, die im Kreuzprodukt vorkommen, stark von Rundungsfehlern betroffen. Eine Untervariante ist das *Gram-Schmidt*-Orthogonalitätsverfahren. Dieses konstruiert aus drei Ausgangsvektoren ein orthogonales Koordinatensystem. Im 3D-Raum bringt dieses Verfahren aber keine großen Vorteile, auch keine geringeren Rundungsfehler.

- Mit dem SVD-Verfahren (*Singular Value Decomposition*), das bereits im Abschnitt *Verfahren zur Matrixinvertierung* (Seite 448f.) vorgestellt wurde, kann die obere linke 3x3-Matrix nachträglich orthonormalisiert werden. Das Verfahren ist sehr stabil und erzeugt nur sehr geringe Rundungsfehler, es ist aber auch sehr rechenintensiv.

Mit diesen Überlegungen kann der Motor – die Methoden – der Transformationsklasse gebaut werden. An einem solchen Motor wird ein Experte für Tuning seine helle Freude haben, besteht doch ein erheblicher Spielraum für die Leistungssteigerung. In der Software ist eine nicht durchgeführte Berechnung ein Leistungsgewinn, und bei der Transformation eines Punktes, der Matrixmultiplikation oder Invertierung entfallen Berechnungen, wenn der Typ der Matrix bekannt ist.

`IDENTITY`
: Liegt eine Einheitsmatrix vor, sind keine Matrixrechnungen durchzuführen.

`TRANSLATE`
: Liegt eine reine Translationsmatrix vor, kann die Rechnung auf den Translationsanteil beschränkt werden.

`ROTATE`
: Liegt eine reine Rotationsmatrix vor, kann die Rechnung auf die linke obere 3x3-Matrix beschränkt werden.

`ROTATE_AND_TRANSLATE`
: Auch die Mischform, bei der ein Rotations- und Translationsteil vorliegt, erlaubt es noch, die Berechnung zu optimieren. Diese Konstante wird auch RIGID genannt, weil eine damit gekennzeichnete Matrix bei der Transformation einen Körper nicht verformt.

`GENERAL`
: Das ist der allgemeine Zustand, der auch eine unbekannte Besetzung der Matrix angibt. Optimierungen wären nur noch möglich, wenn der Zustand der Matrix untersucht wird, was aber dann keinen Vorteil bei der Berechnung mehr erbringt.

Die genannten Konstanten sind die zulässigen Werte einer Typ-Variablen, welche auch von außen über eine `get`-Methode einstellbar sein muss. Auch hier beschränke ich mich auf die Darstellung der wichtigsten Methoden. Die Transformationsklasse findet sich ebenfalls im Paket `glib.math`, sie ist von der Matrixklasse abgeleitet. Der Wert der Variablen `type` wird auf eine der Konstanten gesetzt, die der oben genannten Buchhaltung dienen.

```
public class TransformD4x4 extends MatrixD4x4 {

  public final static int IDENTITY = 0;
  public final static int TRANSLATE = 1;
  public final static int ROTATE = 2;
  public final static int ROTATE_AND_TRANSLATE= 3;
  public final static int GENERAL = 4;
  public final static int OPENGL_ORTHO = 5;
  public final static int OPENGL_FRUSTUM = 6;
  public final static int SCALE = 7;

  private int type;
```

Die Konstruktoren und setter-Methoden bedürfen keiner weiteren Erklärung. Alle Methoden sorgen dafür, dass `type` entsprechend eingestellt wird.

```
  public TransformD4x4();
  public TransformD4x4(TransformD4x4 cpy);

  public void setToIdentity();
  public int getType();
  public void setType(int value);

  public void setToTranslation(double x, double y, double z);
  public void setToRotateX(double angle);
  public void setToRotateY(double angle);
  public void setToRotateZ(double angle);
  public void setToRotate(double angle, double x, double y, double z);
  public void setToRotate(double angle,VectorD3 rVec);
  public void setToRotateXYZ(double angleX,double angleY,double angleZ)\
;
  public void setToScale(double sx, double sy, double sz);
  public void set(TransformD4x4 cpy);
  public void setUpper3x3(TransformD4x4 cpy);
```

Die `TransformD4x4`-Klasse ist auch in der Lage, mit OpenGL-Matrizen umzugehen; zur Belegung der Koeffizienten siehe (2.23) und (2.28).

```
  public void setToOpenGLFrustum(double left,double right,
    double bottom,double top,double near,double far,float aspectX,
    float aspectY);

  public void setToOpenGLOrtho(double left,double right,double bottom,
    double top,double near,double far,float aspectX,float aspectY);
```

Anhand der Invertierung können Sie den Vorteil der Buchhaltung erkennen. Die volle Invertierung der Transformationsmatrix wird auf Fälle beschränkt, die bei den meisten Anwendungsfällen weniger häufig zu erwarten sind. Die Komposition von Matrizen ist durch die `multiply`-Methode implementiert. Spezielle Methoden erlauben eine effiziente Programmierung; sie erlauben anstelle der Rotationswinkel direkt den Cosinus und Sinus der entprechenden Rotationsmatrizen als Argument.

```
public void multiply(TransformD4x4 r);
public void multiply(TransformD4x4 r,TransformD4x4 d);

public void multiplyScale(double sx, double sy, double sz);
public void multiplyTranslation(double tx, double ty, double tz);
public void multiplyRotationX(double c, double s);
public void multiplyRotationY(double c, double s);
public void multiplyRotationZ(double c, double s);

public void invert(TransformD4x4 res) {

  res.type = type;

  if(type==IDENTITY) {
    if(res.type!=IDENTITY) {
      res.setToIdentity();
    }
    return;
  }

  if(type==TRANSLATE) {
    if(res.type!=IDENTITY) {
      res.setToIdentity();
    }
    res.m14 = -m14;
    res.m24 = -m24;
    res.m34 = -m34;
    res.type=TRANSLATE;
    return;
  }

  if(type==SCALE) {
    if(res.type!=IDENTITY) {
      res.setToIdentity();
    }
    if(Math.abs(m11)>Constants.EPS2D) {
      res.m11 = 1d/m11;
    }
    if(Math.abs(m22)>Constants.EPS2D) {
      res.m22 = 1d/m22;
    }
    if(Math.abs(m33)>Constants.EPS2D) {
      res.m33 = 1d/m33;
    }
    res.type=SCALE;
    return;
  }
```

```
    if(type==OPENGL_ORTHO) {
      if(res.type!=IDENTITY) {
        res.setToIdentity();
      }
      res.m11 = 1d/m11; res.m14 = -m14;
      res.m22 = 1d/m22; res.m24 = -m24;
      res.m33 = 1d/m33; res.m34 = -m24;
    }

    if(type==ROTATE) {
      res.m11 = m11;  res.m12 = m21; res.m13 = m31;  res.m14 = 0d;
      res.m21 = m12;  res.m22 = m22; res.m23 = m32;  res.m24 = 0d;
      res.m31 = m13;  res.m32 = m23; res.m33 = m33;  res.m34 = 0d;
      res.m41 = 0d;   res.m42 = 0d ; res.m43 = 0d;   res.m44 = 1d;
      res.wIsOne = true;
      res.type=ROTATE;
      return;
    }

    if(type==ROTATE_AND_TRANSLATE) {
      res.m11 = m11;  res.m12 = m21; res.m13 = m31;
      res.m21 = m12;  res.m22 = m22; res.m23 = m32;
      res.m31 = m13;  res.m32 = m23; res.m33 = m33;

      res.m14 = -(m11*m14+m21*m24+m31*m34);
      res.m24 = -(m12*m14+m22*m24+m32*m34);
      res.m34 = -(m13*m14+m23*m24+m33*m34);

      res.m41 = 0d; res.m42 = 0d; res.m43 = 0d; res.m44 = 1d;

      res.wIsOne = true;
      res.type=ROTATE_AND_TRANSLATE;
      return;
    }

    super.invert((MatrixD4x4)res);
    res.type=GENERAL;
  }
```

Auch bei der Transformation eines Punktes wird einiges an Rechenzeit eingespart, denn es entfällt zumindest die Prüfung auf Null und die Division durch die W-Komponente.

```
    double x,y,z;

    if(type==IDENTITY) {
      pR.set(pS.a1,pS.a2,pS.a3);
      return;
    }
    if(type==TRANSLATE) {
      x = pS.a1+m14;
```

```
      y = pS.a2+m24;
      z = pS.a3+m34;
      pR.set(x,y,z);
      return;
    }
    if(type==SCALE) {
      x = pS.a1*m11;
      y = pS.a2*m22;
      z = pS.a3*m33;
      pR.set(x,y,z);
      return;
    }
    if(type==ROTATE) {
      x = m11*pS.a1+m12*pS.a2+m13*pS.a3;
      y = m21*pS.a1+m22*pS.a2+m23*pS.a3;
      z = m31*pS.a1+m32*pS.a2+m33*pS.a3;
      pR.set(x,y,z);
      return;
    }
    if(type==ROTATE_AND_TRANSLATE||type==OPENGL_ORTHO) {
      x = m11*pS.a1+m12*pS.a2+m13*pS.a3+m14;
      y = m21*pS.a1+m22*pS.a2+m23*pS.a3+m24;
      z = m31*pS.a1+m32*pS.a2+m33*pS.a3+m34;
      pR.set(x,y,z);
      return;
    }
    if(type==OPENGL_FRUSTUM) {
      if(Math.abs(pS.a3)<=Constants.EPS2D) {
        throw new IllegalArgumentException("type=OPENGL_FRUSTUM and Pz \
is zero");
      }
      x = -(m11*pS.a1/pS.a3+m13);
      y = -(m21*pS.a2/pS.a3+m23);
      z = -(m33+m34/pS.a3);
      pR.set(x,y,z);
      return;
    }
    super.multiply(pS,pR);
  }

  public void transform(VectorD3 pS,VectorD3 pR);
}
```

8.2.8 Klassenübersicht

Mit den vorgestellten Grundklassen sind Sie bereits in der Lage, die meisten geometrischen Aufgaben, die sich in der 3D-Computergrafik stellen, zu lösen. Nun ja, Sie werden schon noch Schwert und Schild benötigen, um sich in die Schlacht zu stürzen, aber die Rüstung haben Sie angelegt.

Tabelle 8.1: Tabelle Klassen Math-Bibliothek

Klasse	Extends	Uses	Bemerkung
Double2		DoubleBuffer	
Double3		DoubleBuffer	
Double4		DoubleBuffer	
Float2		FloatBuffer	
Float3		FloatBuffer	
Float4		FloatBuffer	
PointD2	Double2		
PointD3	Double3		
PointD4	Double4		
PointF2	Float2		
PointF3	Float3		
VectorD2	Double2	PointD2	
VectorD3	Double3	PointD3	
VectorD4	Double4	PointD4	
VectorF2	Float2	PointF2	
VectorF3	Float3	PointF3	
QuaternionD4	Double4		
QuaternionF4	Float4		
MatrixD4x4		PointD3, VectorD3	4x4-Transformationsmatrix
MatrixF4x4		PointF3, VectorF3	4x4-Transformations-matrix
TransformD4x4	MatrixD4x4	PointD3, VectorD3	Transformationsklasse
TransformF4x4	MatrixF4x4	PointF3, VectorF3	Transformationsklasse
			Linien, Flächen, Körper
LineD3		PointD3	
		VectorD3	Richtungsvektor
LineF3		PointF3	
		VectorF3	Richtungsvektor
PlaneD3		PointF3	Ursprung
		VectorD3	Normal, $\vec{u}$, $\vec{v}$
PlaneF3		PointF3	Ursprung
		VectorF3	Normal, $\vec{u}$, $\vec{v}$

In der Tabelle treten Klassen wie `ColorRGBA` nicht auf, da ich diese nicht als mathematische Objekte betrachte. Andere Objekte wiederum, zum Beispiel der Kreis, tauchen ebenfalls nicht auf, denn diese werden selten benötigt. Die Gerade allerdings, bestimmt durch zwei Punkte (Linie), tritt hier sogar als Schwergewicht auf, besitzt sie doch bereits die Grundfunktionen für Strahlen, Kollisionsanfragen u. v. m. (zur Gerade siehe Seite 472f. sowie (7.60)). `VectorF4` und `VectorD4` erweisen sich in diesem Umfeld als nicht besonders sinnvoll, denn Vektoren sind Differenzen von Punkten und `PointF5` bzw. `PointD5` sind nicht implementiert.

8.3 Java

In diesem Buch werden Grundlagen der Programmierung in Java vorausgesetzt. Java ist aber nicht nur eine Programmiersprache, sondern auch eine sehr große Softwarebibliothek. Einige Bausteine der Bibliothek befassen sich mit speziellen Anforderungen, die grundlegende Kenntnisse übersteigen, aber für die Entwicklung professioneller Software durchaus von Bedeutung sind.

In dieses Kapitel habe ich die Beschreibung von Software-Bausteinen ausgelagert, wenn dies im Haupttext zu viel Platz beanspruchen und so die Konzentration auf das Wesentliche – die 3D-Computergrafik – stören würde. Zum Beispiel werden an einigen Stellen im Haupttext spezielle Datenpuffer in Java benötigt, siehe etwa Vertex-Datenpuffer (Seite 166ff.), deren Beschreibung dort den Blick auf den Umgang mit OpenGL verstellen würde.

Das Kapitel gibt auch Hinweise und Techniken an, die nicht unbedingt spezifisch für die Programmiersprache Java, aber nützlich für die 3D-Grafikprogrammierung im Allgemeinen sind. Beispiele dafür sind Überlegungen zur Beschleunigung von Berechnungen.

8.3.1 Puffer in Java

Gewöhnlich werden Puffer für Daten direkt durch das eingebaute Sprachkonstrukt `array` bereitgestellt. Ein `float`-Puffer ist dann schnell durch `float[] fArray = new float[capacity]` bereitgestellt. Ein solches Array ist jedoch vollständig unter der Kontrolle des Java-Interpreters (JVM, Java Virtual Machine) und kann nicht effektiv mit anderen Anwendungen oder Treibern geteilt werden (Native I/O). Puffer dieser Art bezeichnet Java als *Non-direct Buffers*, weil bei der Übergabe eine Kopie erzeugt wird, ein externer Treiber hat also keinen direkten Zugriff auf das Original. Die andere Art der Puffer sind die *Direct Buffers*, bei denen Java keine Kopien anfertigt. Java empfiehlt direkte Puffer für große Arrays, die möglichst auch eine lange Lebensdauer haben. Die Erzeugung erfolgt mit einer der `allocateDirect`-Methoden, Näheres hierzu siehe weiter hinten im Abschnitt *FloatBuffer*.

Beim Zusammenspiel mit OpenGL kommt es auch darauf an, ob es sich um kleine Arrays handelt, das ist der Fall bei einfachen Farbangaben, Kontrollparametern und Ähnlichem. Hier ist es nicht nötig, einen direkten Puffer zu übergeben. Bei Bilddaten und anderen großen Datenpuffern ist das oben genannte Kopieren der Daten durch die JVM jedoch unangenehm, und es lohnt sich, einen direkten Puffer zu verwenden. Zwingend ist ein direkter Puffer bei Vertex-Buffer-Objekten (VBOs).

Buffer

`Buffer` ist eine abstrakte Basisklasse des `java.nio`-Pakets. Von `Buffer` werden spezielle Klassen abgeleitet, zum Beispiel die `ByteBuffer`-Klasse. Der Entwickler muss sich eigentlich nicht direkt mit der `Buffer`-Klasse befassen, jedoch gibt diese Klasse einige Variablen und Methoden an, deren Funktion und Bedeutung für die Nutzung der abgeleiteten Klassen durchaus wichtig ist. Die `Buffer`-Klasse definiert einen zusammenhängenden Bereich von Daten eines bestimmten Typs (*Primitive Type*). Neben dem Puffer selbst (*Backing Store*), dessen Adresse in `Buffer` vorrätig gehalten wird, gibt es einige Grundfunktionen `clear`, `flip`, `reset` und `rewind` sowie die Variablen `capacity`, `position`, `limit` und `mark`. Zunächst ein Blick auf die Variablen und deren Bedeutung:

`capacity`
: Diese Variable gibt die maximale Puffergröße an. Jeder Versuch, über diese Grenze hinaus zu schreiben, zu lesen oder die Position zu ändern, wird mit einer schweren Ausnahme bestraft. `capacity` ist ein vorzeichenbehafteter Integer, daher ist die maximale Puffergröße auf ca. 2 Gigabyte beschränkt.

`position`
: Die nächste Position (Index) im Puffer, an der geschrieben oder gelesen wird. `position` muss selbstverständlich stets kleiner `capacity` und kleiner oder gleich `limit` sein. Die Position kann innerhalb dieser Grenzen beliebig eingestellt und ausgelesen werden (*Random Access*).

`limit`
: Das Limit kann von außen eingestellt werden; es ist eine Grenze, ab der nicht gelesen oder geschrieben werden soll. Direktes Einstellen des Limits ist nicht die Regel, vielmehr erfolgt dies automatisch durch die `flip`-Methode.

`mark`
: Eine Position im Puffer kann markiert werden, so dass bei einem `reset` die Position auf den markierten Index zurückkehren kann. Da die Position jederzeit zugänglich ist, sind Anwendungen, die mit `mark` agieren, sehr selten anzutreffen.

Mit dem Verständnis der Variablen ist die Wirkungsweise der Methoden leicht erklärt.

`clear`
: Nach einem `clear` steht die interne Variable `position` auf dem Anfangsindex (0) und `limit` ist gleich `capacity`. `mark` wird ungültig. Die Methode sollte aufgerufen werden, wenn nach einem vorausgegangenen Füllvorgang einer neuer gestartet wird (put, write).

`flip`
: Die `flip`-Methode wird häufig benötigt, denn sie setzt `limit` gleich der zuletzt erreichten Position und dann `position` auf den Anfangsindex (0). `mark` wird ungültig. Da nachfolgende Leseoperationen nicht über `limit` hinausgehen, wird somit der gefüllte Pufferbereich festgelegt. `flip` ist angebracht vor einer `get`,`read`-Sequenz, nach einem vorangegangenen sequenziellen Füllvorgang.

`rewind`
: Die `rewind`-Methode ist ähnlich wie `flip` einzusetzen, sie verändert jedoch nicht das `limit`. Anders gesagt, `rewind()` lässt das Limit dort stehen, wo es zuletzt direkt oder indirekt durch einen `flip`-Call eingestellt wurde. `position` wird auf den Anfangsindex (0) gestellt. Auch nach einem `rewind`-Aufruf wird `mark` ungültig. Die Methode sollte verwendet werden nach einer `get`,`read`-Sequenz, zum Beispiel wenn mehrmals gelesen wird.

`reset`
: Die `reset`-Methode setzt voraus, dass eine Position vorausgehend markiert wurde (Exception, wenn nicht!). `reset()` beeinflusst nur die Position, die auf den durch `mark` eingestellten Index gesetzt wird. Eine Markierung wird durch die Methode `mark()` eingestellt.

Die `reset`-`mark`-Kombination ist weniger nützlich, stattdessen sollten die direkten Methoden `limit(value)` und `position(value)` verwendet werden. Eine weitere Methode (`remaining`) liefert die Differenz zwischen dem Limit und der aktuellen Position. Als Komfort gibt es noch die Abfrage `hasRemaining()`. Von `Buffer` verwaltete Puffer können read-only markiert sein, diese Einstellung kann dann über die Methode `isReadOnly()` abgefragt werden. Beachten Sie auch, `Buffer` und davon abgeleitete Klassen sind nicht „Thread safe“. Des weiteren fällt auf, dass keine Schreib- und Leseoperationen deklariert werden, dies ist den abgeleiteten Klassen überlassen, die dann auch wissen, welche Elementtypen im Puffer abgelegt werden.

ByteBuffer

Mit der ByteBuffer-Klasse wird ein direkter Puffer angelegt, der vom Betriebssystem angefordert wird. Die ByteBuffer-Klasse muss hier nicht in allen Einzelheiten besprochen werden, die wichtigsten Methoden seien aber genannt.

`allocateDirect(int capacity)`
: Fordert einen direkten Puffer mit der im Argument `capacity` gegebenen Zahl an Bytes an.

`order(ByteOrder bo)`
: Legt die Abfolge der Bytes pro Element des Puffers fest. Es gibt zwei Möglichkeiten: `ByteOrder.BIG_ENDIAN` oder die Variante `ByteOrder.LITTLE_ENDIAN`, die Vorgabeeinstellung entspricht der `ByteOrder.BIG_ENDIAN`-Konstanten. Die Abfolge der Bytes sollte, nach einer Anforderung des Puffers, auf den benötigten Einsatzzweck eingestellt werden. Java ist eine von der Plattform unabhängige Sprache, aber hier an der Schnittstelle zum unterliegenden Betriebssystem ist es notwendig, eine Anpassung manuell vorzunehmen `byteBuffer.order(ByteOrder.nativeOrder());`. Diese Programmsequenz ist Pflicht, wenn Sie Puffer erstellen, eine Nichtbeachtung der Regel kann zu schweren Ausnahmen führen (Out of Memory).

`get()/put()`
: Die `ByteBuffer`-Klasse stellt eine Reihe von Lese- und Schreibmethoden bereit. `ByteBuffer` erweitert die oben besprochene `Buffer`-Klasse, ein Zugriff erfolgt daher an der aktuellen Position, siehe oben `position`, die dann entsprechend nach einem `get()` oder `put()` fortgeschrieben wird. Es sind drei `put()`-Methoden vorhanden, die sich in den Argumenten unterscheiden. `ByteBuffer put(ByteBuffer src)` kopiert den Inhalt von `src` in den `this`-Puffer, der auch zurückgegeben wird. Ein Bytearray kann man mit `ByteBuffer put(byte[] src,int offset,int length)` kopieren, wobei `offset` den Startindex in `src` angibt. `length` ist, wie erwartet, die Zahl der zu kopierenden Bytes. Soll der gesamte Byte-Inhalt kopiert werden, dann genügt es, die dritte put-Methode aufzurufen: `ByteBuffer put (byte[] src)`.

  Die beiden get-Methoden kopieren Bytes vom `this`-Puffer in das angebene Bytearray `dst`. Mit `get(byte[] dst,int offset,int length)` werden `length` viele Bytes aus dem `this`-Puffer herauskopiert. `offset` bezieht sich auf den Startindex innerhalb `dst`. Die zweite get-Methode, `get(byte[] dst)`, setzt in `dst` den Startoffset auf 0 und liest `dst.lenght`-Bytes. Beachten Sie, dass auch die get-Methoden die `position`-Variable von `Buffer` verändern.

  Bei jeder Operation werden die Bedingungen, die die Variablen von `Buffer` verknüpfen, überprüft. Es führt daher zu einer Ausnahme, wenn versucht wird, mehr Bytes zu lesen oder zu schreiben, als `limit` oder `capacity` zulässt.

`slice()`
Damit kann ein Puffer geteilt werden, wobei die Aufteilung an der aktuellen Position erfolgt. Von dieser Position an beginnt der neue, unabhängige Puffer, der aber den Speicherbereich mit dem Hintergrundspeicher teilt. Änderungen am neuen Pufferinhalt werden auch im Ausgangspuffer sichtbar.

In einen `ByteBuffer` können auch Variablen unterschiedlichen Typs geschrieben werden, wobei die Position, in Bytes gemessen, fortgeschrieben wird; das muss beim Lesezugiff beachtet werden. Mit dem `ByteBuffer` können, bei korrekter Berechnung der Offsets und Strukturgrößen, beliebige Strukturen angelegt und als Array verwaltet werden. Dabei kann es sinnvoll sein, eine Klasse anzulegen, die dann Schreib- und Lesevorgänge auf der Strukturebene durchführt.

FloatBuffer

Die `FloatBuffer`-Klasse steht stellvertretend für `ByteBuffer`, `DoubleBuffer` oder `IntBuffer` und andere Klassen. Ein `FloatBuffer` kann nicht direkt erzeugt werden, und es hängt von der Erzeugungsmethode ab, welche Art von Speicher damit belegt wird. Wird die statische Methode `FloatBuffer.allocate(int capacity)` aufgerufen, erhält man einen gewöhnlichen Puffer, der für die Übergabe von Daten bzw. das Mapping nicht geeignet ist. Ziel dieser Ausführungen sind Puffer für eine große Zahl von Elementen (auch zig Megabyte), die problemlos an OpenGL übergeben werden können, so dass sich der damit eingekaufte Overhead auch lohnt.

Nachfolgend ein Programmfragment für die Erzeugung einer `FloatBuffer`-Instanz. Darin ist `nFloats` die Anzahl der Floats im Puffer. Wie zu sehen ist, wird tatsächlich ein `ByteBuffer` mit der passenden Größe angelegt. Der Aufruf `asFloatBuffer()` findet sich nicht bei `ByteBuffer`, vielmehr ist er bei der Hilfsklasse `DirectByteBuffer` zu finden. Die `DirectByteBuffer`-Klasse ist eher ein Fall für Spezialisten, daher wurde auf eine Darstellung verzichtet. Der Leser möge gegebenenfalls den Quellcode heranziehen, der ebenfalls im `java.nio`-Paket zu finden ist.

```
import java.nio.ByteBuffer;
import java.nio.FloatBuffer;

private FloatBuffer floatBuffer;
private final static int SIZE_OF_FLOAT = 4; //number of bytes per float

private void createFloatBuffer(int nFloats)
  ByteBuffer byteBuffer = ByteBuffer.allocateDirect(nFloats*\
SIZE_OF_FLOAT);
```

```
    byteBuffer.order(ByteOrder.nativeOrder());
    floatBuffer = byteBuffer.asFloatBuffer();
}
```

Neben der direkten Erzeugung der Puffer besteht auch die Möglichkeit, vorhandene Arrays in direkte Puffer umzuwandeln. Das ist sogar besonders einfach, weil die Pufferklassen eine statische `wrap`-Methode bereitstellen. Beachten Sie aber: Die `wrap`-Methoden erzeugen keine direkten Puffer; Bindungen an OpenGL, wie JOGL, prüfen die Voraussetzung (Direct Buffer) und werfen einen Fehler aus.

```
public static FloatBuffer wrap(float[] array);
public static FloatBuffer wrap(float[] array,int offset,int length);
```

8.3.2 Die Object-Klasse und 3D-Grafiksoftware

Mitte der 1990er Jahre steckte die Gemeinde der C- und C++-Softwareentwickler in einer ernsthaften Krise. Ihre Programme waren zu häufig instabil, teuer und undokumentiert. Aus dieser Zeit stammt auch die Zahl, dass 90% der Softwareentwicklungen nicht zur Anwendung kommen. C++ war auch die „Killersoftware", die vorausgehenden Softwaresprachen wie Pascal und Modula (beide von Niklaus Wirth, TH-Zürich) sowie Smalltalk den Garaus machte. Zudem begann auch Java im Markt Fuß zu fassen, mit dem Versprechen, die Situation erheblich zu verbessern, denn Java verzichtet bewusst auf komplizierte Sprachkonstrukte, bietet eine automatische Speicherverwaltung und ein eingebautes Dokumentationssystem.

So um 1997 habe auch ich den Umstieg auf Java vollzogen, nachdem ich ca. zehn Jahre zuvor ausschließlich mit C und C++ Software entwickelt hatte, wiederum von einer langjährigen Entwicklung mit Modula kommend. Parallel zu dieser Entwicklung vollzog sich der Paradigmenwechsel hin zur objektorientierten Denkweise und später der Erkennung von Mustern (*Patterns*) in der Struktur von Softwareprogrammen. Auch auf diesem Gebiet zeigte Java seine Stärken, denn die Software-Bibliotheken von Java sind konsequent von diesen, Anfang der Neunziger noch neuen Ideen durchzogen.

In diesem Abschnitt werde ich, ausgehend von den Methoden dieser Klasse, untersuchen, in welchem Maße einige Prinzipien der Softwareentwicklung mit Java auch bei der 3D-Grafiksoftware anzuwenden sind und welche Probleme dabei auftreten. Die grundlegendste Bibliotheksklasse ist die in `java.lang` aufzufindende Klasse `Object`. Die Klasse `Object` ist die letzte Superklasse eines jeden Objektes in Java und gibt einige Methoden vor, die von Subklassen überschrieben werden können.

```
// Auszug aus dem Quelltext von java.lang.Object
public native int hashCode();

public boolean equals(Object obj) {
  return (this == obj);
}

protected native Object clone() throws CloneNotSupportedException;

public String toString() {
  return getClass().getName() + "@" + Integer.toHexString(hashCode());
}

protected void finalize() throws Throwable { }
```

Alle anderen Methoden von `Object` sind mit `final` gekennzeichnet. Im Zusammenhang mit der Erstellung von 3D-Computergrafik-Software sei nun die Frage gestellt, welche Bedeutung diese Methoden haben und ob eine Klasse diese implementieren sollte.

Vergleiche

Der Vergleich von Elementen findet auf drei Ebenen statt. Da ist die Ebene der „Primitiven", der `double`, `int` usw. Diese treten als Komponenten von Vertices, Normalen, Farben und Materialien, Methodenargumenten, Flags, Variablen zur Kontrolle und Kennzeichnung auf, und dafür sind die die Sprachkonstrukte `==, != , <, > usw.` zuständig.

Auf der nächsten Ebene finden sich die Objekte, und dort sind bestimmte Vergleichsoperatoren bereits mehrdeutig oder schlicht sinnlos. So können zwei Objekte gleich sein, obwohl sie verschiedene Referenzen haben. Wie am obigen Programmauszug anhand der Implementierung von `equals()` zu erkennen ist, vergleicht `Object` lediglich die Referenzen zweier Objekte. Nimmt man aber ein Original und seinen Klon, unmittelbar nach der Erzeugung eines kopierten Klons, dann ist sofort zu sehen, dass die Referenzen verschieden sein können, obwohl doch der Inhalt gleich ist. Angenommen, die Klasse des Originals und seines Klons repräsentiert einen Vertex, dann wären die Vertices verschieden, obwohl sie doch den gleichen Punkt anzeigen. Was ist nun das Besondere an dieser (fikiven) Vertex-Klasse? Sie enthält ähnlich wie ein String keine Referenzen auf andere Objekte und darf als eine einfache Elementsammlung betrachtet werden. Solche Objekte sind gleich, wenn ihre Elemente gleich sind, der reine Referenzvergleich reicht also nicht aus.

Auf der obersten Ebene liegen strukturbildende Objekte. Das sind Arrays, Tabellen, Bäume, verkettete Listen und andere Container. Sie sind zwar ebenfalls eine Datensammlung, aber der Schwerpunkt liegt auf der Abfolge bzw. Ordnung der Objekte, die referiert werden. Sie sind von den Nekromanten, die tote Hardware zur Simulation von lebender Materie in den 3D-Welten veranlassen, ins Leben gerufen worden, um eine klar überschaubare Struktur innerhalb einer Software darzustellen. Solche Objekte sind gleich, wenn *alle* ihre referierten Objekte gleich sind.

Anwendungsfälle, bei denen es wichtig ist, zwei Tabellen in allen ihren Teilen zu vergleichen oder zu prüfen, ob von zwei Bäumen einer größer ist als der andere, sind speziell und ausgesprochen selten. Sie taugen daher nicht als Argument für ein allgemeines Prinzip. Sehr wohl ist es nötig zu wissen, ob eine Referenz `null` ist oder ob „diese Tabelle" bereits enthalten ist, aber dafür genügt der in `Object` bereits eingebaute Mechanismus, der die Referenzen vergleicht. Bei den anderen oben genannten Objekten sollte das Überschreiben der `equals`-Methode ernsthaft in Betracht gezogen und, wenn sinnvoll, sogar das Interface `Compareable` implementiert werden. Man denke auch an Tests, die ein Objekt modifizieren, wobei danach eine Prüfung ansteht, ob das Objekt, evtl. durch Seiteneffekte, nicht wie vorgesehen verändert wurde. In der 3D-Computergrafik müssen Sie bei elementaren Vergleichen vorsichtig sein, weil durch Rundungsfehler praktische keine Gleichheit vorliegt, siehe Abschnitt *Gleitkommazahlen* (Seite 433ff.).

hashCode

Die Methode `hashCode` erzeugt einen Identifier für ein Objekt, wobei dieser lediglich mit großer Wahrscheinlichkeit eindeutig sein muss. Ein Hashcode sollte kürzer sein als die Quelldaten, die für seine Erzeugung verwendet wurden, sonst wäre es sinnlos, einen solchen zu erzeugen bzw. ein rein kryptographisches Problem. Es muss daher bei der Hashcode-Erzeugung Information weggeworfen werden, aber das weggeworfende Stück Information kann just der Aspekt sein, der zwei Objekte voneinander unterscheidet. Nach Möglichkeit sollten daher alle Elemente eines Objekts einbezogen werden, mit Blick auf die Rechengeschwindigkeit genügt es aber, die Eindeutigkeit mit einer gewissen Wahrscheinlichkeit zu erzeugen. Meist muss man sich über die Implementierung der Hash-Methode keine Gedanken machen, denn diese wird lediglich bei speziellen Containern wie HashMaps benötigt.

toString

Die Dokumentation im Quelltext von `Object` empfiehlt, die Methode zu überschreiben, um eine eigene String-Repräsentation der erstellten Klasseninstanz zu erzeugen. Sinn ergibt das für das Logging und Debugging der Anwendung. Bei der Entwicklung einer Klasse mache ich am Anfang davon sogar extensiv Gebrauch, entferne dann aber den Code wieder, es sei denn, die Klasse hat eine aussagefähige Variable, etwa einen Namen oder Identifier. In der 3D-Computergrafik kommt man mit der `toString`-Methode an den Inhalt der Daten selten heran, denn oft handelt es sich um Massendaten, wie zum Beispiel Vertices. Das Festhalten von Zuständen, auch gespiegelten OpenGL-Status, ist aber nützlich. Die `toString`-Methode kann auch ein Sicherheitslücke sein, das ist aber in der 3D-Computergrafik weniger ein Problem.

finalize

Wenn diese Methode aufgerufen wird, dann ist das betreffende Objekt für andere Programmteile nicht mehr erreichbar. Sie sollte nur überschrieben werden, wenn es einiges zur Sicherheit aufzuräumen gilt (Clean up). Es gibt keine Möglichkeit vorauszusagen, wann und ob überhaupt die Methode aufgerufen wird. Immer dann wenn *externe* Ressourcen im Spiel sind und ein Aufruf einer `close`- oder `release`-Methode nicht sicher garantiert werden kann, sollte `finalize` zur Sicherheit und des guten Programmstils wegen überschrieben werden und dort die Freigabe der Ressourcen zusätzlich erfolgen; werfen Sie aber keine Ausnahme in der Methode aus. Im Beispiel wird ein gepufferter Datenstrom erzeugt (`reader`), dessen Referenz in der `close`-Methode explizit auf `null` gesetzt wird, so denn diese Methode aufgerufen wurde. In diesem Falle tut dann `finalize` rein gar nichts.

```
protected void finalize() throws Throwable {
  try {
    if(reader!=null) { reader.close(); }
  }
  catch(Throwable ie) {}
}
```

In einigen Fällen ist OpenGL eine externe Ressource. Angenommen, ein Knoten in einem Szenengraphen wird gelöscht, das damit verbundene Objekt (Mesh) wird nicht mehr gerendert. Weiter angenommen, die Übergabe der Vertices und ihrer Attribute erfolgte mit Vertex-Buffer-Objekten (VBOs). Damit liegen die Daten noch auf der OpenGL-Seite vor. Wird nun der Knoten gelöscht, bevor er die Gelegenheit erhält, einen `glDeleteBuffers`-Aufruf durchzuführen, dann wäre dies theoretisch ein Fall für `finalize`. An die `finalize`-Methode kann kein Devicekontext übergeben werden, und eine Zwischenspeicherung desselben ist, speziell für die `finalize`-Methode, völlig ausgeschlossen. Der Kontext kann sich ändern, nachdem der Knoten gelöscht wurde, eine Verwendung danach führt mit Sicherheit zu einem Programmabsturz.

Damit in solchen Fällen bei OpenGL aufgeräumt wird, sind zwei Lösungen sinnvoll. So kann etwa eine `dispose`-Methode bei dem Knoten eingeführt und dort ein Pufferstatus festgehalten werden. Der Knoten kann dann jederzeit Auskunft über den Status geben, zum Beispiel: „uploaded“, damit kann dann ein Szenengraph travesiert und entsprechende Freigaben ausgelöst werden. Siehe dazu auch die dispose-Methode im Abschnitt *Bindung an OpenGL* (Seite 603ff.).

Klonen

Die Klonmethode clone habe ich hier an den Schluss der Liste gestellt, denn darüber gibt es mehr zu sagen, insbesondere im Hinblick auf einen sauber entwickelten Szenengraphen. Ein Klon kann eine simple Referenz auf das Original sein oder eine tiefe Kopie aller Elemente. Grundsätzlich ist eine tiefe Kopie anzustreben, denn damit wird clone so überschrieben, wie es von den Java-Entwicklern vorgesehen ist. Eine Implementierung der clone-Methode zwingt Sie dann fast immer zu einer Implementierung eines Standardkonstruktors und den Nutzer Ihrer Klasse zu einem try-catch-Block.

```
public class MyClass implements Clonable {

public String member;

public MyClass() {
  member = "aMember";
}

public Object clone() throws CloneNotSupportedException {

   MyClass clonedObject = new MyClass();
   //clonedObject.member = member; nicht nötig siehe Konstruktor
   return clonedObject;
}
```

Hier wird nur eine Variable member stellvertretend für alle Mitglieder eines Objektes geklont. Sie müssen natürlich alle Objekte, die vom Original referiert werden, ebenfalls klonen, einschließlich einer Superklasse, wenn dies nicht die Klasse Object ist. Wenn externe Ressourcen, eine Datei etwa, vorhanden sind, sollten Sie das Klonen nicht unterstützen, das bedeutet, Sie implementieren weder das Clonable Interface noch die clone()-Methode.

Warum sollte man in einer 3D-Software überhaupt klonen? Gibt es dafür gute Gründe? Häufig werden gleiche Modelle, die gegebenenfalls leicht modifiziert werden, über eine Szene verteilt, das kann bis zur Nutzung von Figuren gehen, die lediglich anders gekleidet werden. Wiederverwendet wird dann mit Sicherheit die Form eines Modells, also Vertices, Normale, Faces. Diese können ja transformiert werden, ohne die Vertices selbst zu ändern. Sie müssen sogar transformiert werden, denn das geklonte Modell soll ja an anderen Orten der Szene erscheinen als das Original. Die Daten des Klons müssen aber auch in Teilen verändert werden, zumindest der Identifier – das geklonte Objekt soll ja in einer Szene individuell erkennbar sein.

Nun ist Klonen bei Laufzeit und Speicherverbrauch recht teuer. Wenn eine Szene aufgebaut wird, dann wächst nebenbei ein riesiger Baum heran. Kopiert man nun einen Ast dieses Baumes, sind durchaus mal ein paar Megabyte zu kopieren und einige zig Objekte für einen Klon anzufragen. Anwender sind ungeduldige Personen, nie ist die Sofware schnell genug. Damit ist das Konzept der tiefen Kopie weiter zu hinterfragen. Braucht man eine solche, und wann kann darauf verzichtet werden? Wer entscheidet, wann eine zurückgegebene Referenz ausreicht und wann die tiefe Kopie nötig wird? Die oben angeführte Klonmethode gibt offensichtlich nicht genug Spielraum, denn es ist kein Argument vorhanden, das die Kontrolle über die Art der Kopie feiner steuern könnte. Damit ist auch schon die erste Entscheidung getroffen: eine gesonderte Methode muss erstellt werden.

```
public MyClass duplicate(boolean deepCopy) {
}
```

Das `Clonable` Interface darf nicht verwendet werden, das wäre eine Vertragsverletzung, denn es bezieht sich auf die Implementierung der `clone`-Methode der Superklasse `Object`. Es ist auch wenig sinnvoll, die Implementierung der Methode durch ein Interface anzuzeigen, denn dies zwingt den Anwender zu einem Cast, weil in einem solchen Interface eine generische `duplicate`-Methode deklariert ist (`Object duplicate(boolean deepCopy)`), und eventuell sogar zum Auffangen einer Ausnahme, wenn die Methode zusätzlich, wie `clone`, eine Exception in der Signatur hat. Stattdessen kann man sich auf den Compiler verlassen, der zur Übersetzungszeit feststellt, wenn die `duplicate`-Methode aufgerufen wird, obwohl sie gar nicht implementiert ist. Damit ist die erste Hürde genommen, es ist nun möglich, dem Entwickler, der `MyClass` verwendet, die Steuerung der Kopie zu überlassen. Es wird halt eine tiefe Kopie erzeugt, wenn dies so gewollt ist. Wie gleich zu sehen ist, verbleibt jedoch noch ein Problem, das auch bei der tiefen Kopie noch zu lösen ist. Zunächst aber zum Vorgang, der bei `deepCopy==false` durchzuführen ist. In diesem Fall genügt es, eine Referenz abzuliefern.

```
public MyClass duplicate(boolean deepCopy) {
  if(deepCopy==false) {
    return this;
  }
  return // ... deep copy
}
```

Das ist die schnellste Form der Erzeugung eines Klones. Nun ist es vollständig in der Verantwortung des Nutzers, ob er die Auswirkungen seiner Tat versteht oder nicht. Unkenntnis schützt aber nicht vor Strafe. Jede Veränderung, die nun an der „Kopie" von `MyClass` vorgenommen wird, wirkt sich unmittelbar auf das Original aus. Das gilt selbstverständlich auch, wenn nur an Teilen der von `MyClass` ausgehenden Struktur „geschraubt" wird, was durchaus sinnvoll sein kann.

Es verbleibt noch ein Problem, das unter dem Stichwort „hängende Referenzen“ (*Dangling References*) bekannt ist.

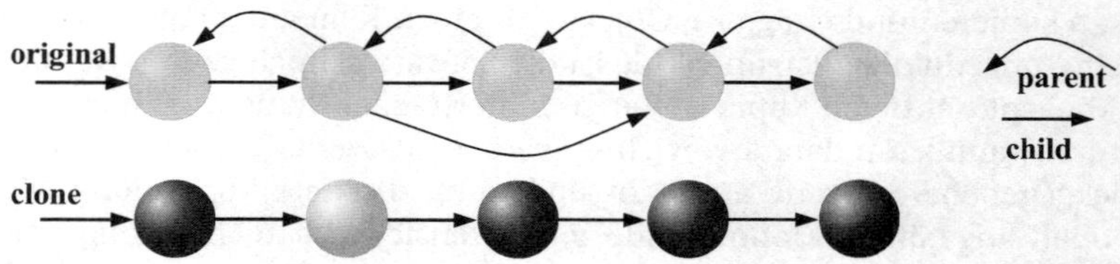

Abbildung 8.4 Im Bild dargestellt ist ein Teil eines Objektbaumes (oben), der anschließend kopiert wurde. Nachdem die Objekte kopiert wurden (unten), stellte sich aber heraus, dass bestimmte Referenzen während des Kopierens nicht so ohne Weiteres auflösbar waren. Bei der Kopie eines Objektes sind hängende Referenzen aufgetreten.

Der einfache Fall, um eine hängende Referenz aufzulösen, genauer, um diese überhaupt zu verhindern, bezieht sich auf den Rückverweis auf den Vorgänger oder `parent`. Es sei eine Klasse angenommen, die nur einen Container für weitere Objekte aufweist (`children`), eine Referenz auf den Vorgänger sowie eine Referenz auf ein Objekt, das weiter unten im Baum steht.

```
public MyClass duplicate(boolean deepCopy) {
  if(deepCopy==true) {
    MyClass clonedClass = new MyClass();
    clonedClass.parent = null;  // ??

    MyChild child = child.duplicate(deepCopy);
    child.setParent(clonedClass);
    clonedClass.children.add(child);

    clonedClass.referenceToANodeDownTheTree =
      referenceToANodeDownTheTree; // 1) ??

    // referenceToANodeDownTheTree = null; // 2) ??

    return clonedClass;
  }
  return this;
}
```

Die Kopie kann den Verweis auf den Vorgänger nicht auflösen, es bleibt nur die Anweisung `clonedClass.parent = null;`. Die Auflösung erfolgt aber durch den Vorgänger selbst `child.setParent(clonedClass);` und ist daher kein weiteres Problem mehr.

Es ist aber auch möglich, dass eine Referenz im Objekt vorhanden ist, die auf ein Objekt zeigt, das noch nicht geklont wurde. Die Anweisung in 1) ist nicht korrekt, denn sie verweist nach wie vor auf ein Objekt im originalen Datenbaum. Diese zu `null` zu setzen wäre schon gar nicht korrekt, denn beim originalen Verweis handelt es sich ja um eine gültige Referenz, die aus bestimmten Gründen auch notwendig ist. Was ist zu tun?

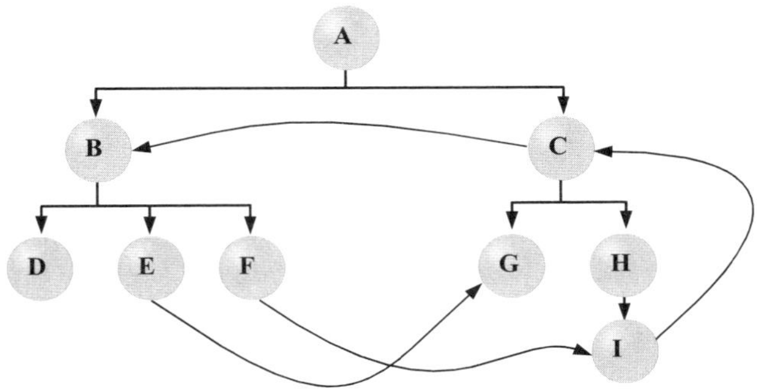

Im Bild dargestellt ist ein Objektbaum mit Querverweisen und zyklischen Referenzen. Abbildung 8.5

Das Problem einer Klasse beim tiefen Kopieren (`deepCopy==true` besteht darin, nicht zu wissen, ob eine solche Kopie von ihr bereits erzeugt wurde. Wenn sie hingegen in einer Liste nachschauen kann, ob sie bereits besucht wurde, dann ist es möglich, über diese Liste auch die vormalig und einmalig erzeugte Referenz auf eine Kopie von sich selbst zurückzugeben.

Referenzliste
: Beim Kopieren wird eine Tabelle mitgeführt, die in der Spalte 1 die originale Referenz einer besuchten Klasse enthält. In der Spalte 2 trägt das Original die Referenz seiner Kopie ein.

Regel A
: Wenn eine Klasse eine Kopie von sich erzeugen soll, dann schaut sie zuerst in der mitgeführten Referenzliste nach. Findet sie sich dort bereits in der Spalte 1, dann wird keine Kopie erzeugt und stattdessen die in der Spalte 2 eingetragene Referenz zurückgegeben.

Regel B
: Beim Besuch trägt eine Klasse sich in die Referenzliste dann als Original ein, wenn Regel A nicht zutrifft, also noch kein Referenzeintrag der Klasse in der Spalte 1 existiert. Die Klasse erzeugt nun eine Kopie von sich selbst, was auch Kopien aller sonstigen Elemente und Kinder einschließt.

Regel C
: Die Referenztabelle wird vom Startknoten erzeugt, keine andere Klasse erzeugt eine lokale Kopie dieser Tabelle.

Zusatz
: Direkte Referenzen (`parent`) auf Elternknoten werden von diesen aufgelöst.

Der Baum sei mit einer Klasse `Node` erstellt, die hier im nachfolgenden Programmbeispiel auf das Nötigste reduziert wurde. Die Klasse implementiert das Interface `Duplicate`, mit dem die spezielle Kopiermethode angezeigt wird.

```
package glib.topo;

public interface Duplicate {
  Duplicate duplicate(boolean deepCopy, DuplicateRefTable dTable);
}
```

Die Knotenklasse enthält die erwarteten Methoden, die sich um die Subknoten ranken. Die Kopiermethode hat zwei Argumente, die Kontrolle der Art der Kopie `deepCopy` und die Referenztabelle `DuplicateRefTable`. Die Methode `printTree` demonstriert die Wiederverwendung der `DuplicateRefTable` beim Traverse des Baumes, ausgehend von einem `this`-Knoten. Da der Baum zyklische Referenzen aufweisen kann, wäre eine einfache Programmierung der rekursiven `printTree`-Methode fatal, denn diese würde nicht mehr abbrechen. Im nachstehenden Beispiel ist `Node` ein Stellvertreter einer Basisklasse eines Szenengraphen, die `printTree`-Methode finden Sie ebenfalls in dieser Klase.

```
package glib.topo;
import java.util.ArrayList;
import java.util.Iterator;

public class Node implements Duplicate {

  public Duplicate duplicate(boolean deepCopy, DuplicateRefTable dTable\
) {

    Node newNode = this;

    if(deepCopy==true) {

      newNode = new Node();
      newNode.setName(getName()+".Copy");

      DuplicateRefTable refTable = dTable;
      if(refTable==null) { refTable = new DuplicateRefTable(); }

      Duplicate copyReference = refTable.getCopyReference(this);
      if(copyReference!=null) {
        newNode = (Node)copyReference;
      }
      else {
        refTable.putReferences(this,newNode);
        if(subNodes!=null) {
          Iterator iter = getSubNodeIterator();
          if(iter!=null) {
            Node node;
```

```
            while(iter.hasNext()) {
              node = (Node)iter.next();
              newNode.addSubNode((Node)node.duplicate(deepCopy,refTable\
));
            }
          }
        }
      }
    }
    return newNode;
  }
}
```

Der Programmcode der Referenztabelle ist einfach gehalten. `copy` darf auch `null` sein, diese Eigenschaft wird zum Beispiel in der `printTree`-Methode genutzt.

```
package glib.topo;
import java.util.ArrayList;

public class DuplicateRefTable {

  private ArrayList<DRefTableElement>table;
  public DuplicateRefTable() { table = new ArrayList<DRefTableElement\
>(20);}
  public void clear() { table.clear(); }

  public void putReferences(Duplicate original,Duplicate copy) {
    table.add(new DRefTableElement(original,copy));
  }

  public boolean hasOriginal(Duplicate original) {
    int tableSize = table.size();
    for(int n=0; n<tableSize; n++) {
      if(table.get(n).original==original) { return true; }
    }
    return false;
  }

  public Duplicate getCopyReference(Duplicate original) {

    DRefTableElement value;
    Duplicate copy = null;

    int tableSize = table.size();

    for(int n=0; n<tableSize; n++) {
      value = table.get(n);
      if(value.original==original) {
        copy = value.copy;

        break;
```

```
      }
    }
    return copy;
  }

  // ***************************************************************
  //                                                  inner classes

  protected class DRefTableElement {
    protected Duplicate original,copy;
    protected DRefTableElement(Duplicate original,Duplicate copy) {
      this.original=original;
      this.copy = copy;
    }
  }
}
```

Der im Bild dargestellte Baum wird mit dem folgenden Programmcode erzeugt.

```
Node root = new Node(); root.setName("A");
Node b = new Node();    b.setName("B");  root.addSubNode(b);
Node c = new Node();    c.setName("C");  root.addSubNode(c);
Node d = new Node();    d.setName("D");  b.addSubNode(d);
Node e = new Node();    e.setName("E");  b.addSubNode(e);
Node f = new Node();    f.setName("F");  b.addSubNode(f);
Node g = new Node();    g.setName("G");  c.addSubNode(g);
Node h = new Node();    h.setName("H");  c.addSubNode(h);
Node i = new Node();    i.setName("I");  h.addSubNode(i);

StringBuffer nameBuffer = new StringBuffer(256);
root.printTree(null,0,nameBuffer);
doLog(nameBuffer.toString());                    // --1--

e.addSubNode(g);
f.addSubNode(i);
i.addSubNode(c);
c.addSubNode(b);

nameBuffer.setLength(0);
root.printTree(null,0,nameBuffer);
doLog(nameBuffer.toString());

Node copy = (Node)root.duplicate(true,null);

nameBuffer.setLength(0);
copy.printTree(null,0,nameBuffer);
doLog(nameBuffer.toString());                    // --2--
```

Die Ausgabe des Baumes und seiner Kopie ist nachfolgend zusammengestellt. Die mit 1 gekennzeichnete Ausgabe zeigt den Baum ohne Querverweise und die Ausgabe 2 zeigt den kopierten Baum. Daneben steht noch ein Auszug aus einem Logbuch, im Programmcode nicht gezeigt. Man achte dabei auf die Einträge put, bei denen eine tiefe Kopie erzeugt wurde. Jedes Element im Knoten ist nur ein einziges Mal kopiert worden.

```
--1--  --2--           Node - duplicate A
                       DuplicateRefTable - put: A::A.Copy
A       A.Copy         Node - duplicate B
 B       B.Copy        DuplicateRefTable - put: B::B.Copy
  D       D.Copy       Node - duplicate D
  E       E.Copy       DuplicateRefTable - put: D::D.Copy
  F        G.Copy      Node - duplicate E
 C        F.Copy       DuplicateRefTable - put: E::E.Copy
  G        I.Copy      Node - duplicate G
  H         C.Copy     DuplicateRefTable - put: G::G.Copy
   I         G.Copy    Node - duplicate F
             H.Copy    DuplicateRefTable - put: F::F.Copy
              I.Copy   Node - duplicate I
             B.Copy    DuplicateRefTable - put: I::I.Copy
         C.Copy        Node - duplicate C
                       DuplicateRefTable - put: C::C.Copy
                       Node - duplicate G
                       DuplicateRefTable - getCopyReference: G.Copy
                       Node - duplicate H
                       DuplicateRefTable - put: H::H.Copy
                       Node - duplicate I
                       DuplicateRefTable - getCopyReference: I.Copy
                       Node - duplicate B
                       DuplicateRefTable - getCopyReference: B.Copy
                       Node - duplicate C
                       DuplicateRefTable - getCopyReference: C.Copy
```

8.3.3 Zufallszahlen mit Java

31415926535, was wie eine zufällige Abfolge von Ziffern erscheint, ist bisweilen das Ergebnis eines wohlbekannten Algorithmus: „Teile den Umfang durch den Durchmesser." Die Bedeutung der Abfolge 483238798 zu erkennen ist mit Sicherheit schon eine große Herausforderung; tatsächlich habe ich nur die Zahlenfolge umgedreht, welche der erstgenannten bei der Berechnung von π folgt.

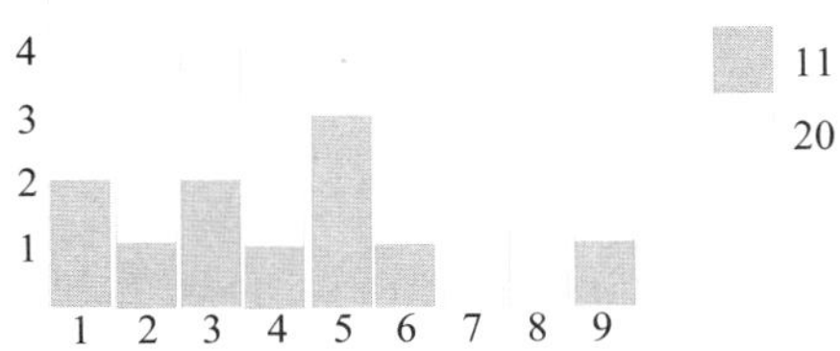

Verteilung der ersten 11 und der ersten 20 Ziffern der Kreiszahl π. Abbildung 8.6

Die Idee, die irrationale Zahl π als Grundlage für einen Zufallsgenerator zu nehmen, ist gar nicht so falsch, auch wenn die Verteilung der ersten Ziffern nicht dafür spricht. Aber erst, wenn man 10.000 und mehr Stellen von π einbezieht, treten die einzelnen Ziffern in der Tat gleich verteilt auf. Es gibt nur ein, allerdings gravierendes Problem, die Berechnung von derart vielen Stellen der Kreiszahl π ist sehr langsam und erfordert viel Speicherkapazität.

Das Beispiel demonstriert jedoch zwei Anforderungen, die an einen Zufallsgenerator gestellt werden. Der Generator muss wohldefinierte Ergebnisse liefern, er darf nicht auf einem anderen Rechner oder mit einer anderen Applikation ein anderes Ergebnis erzeugen. Falls eine solche Kopplung erkennbar ist, dann können die Ziffernfolgen nicht mehr zufällig sein. Die Berechnung der Kreiszahl ist ein solcher wohldefinierter und robuster Algorithmus, diese Bedingung wäre durchaus erfüllt.

Es muss aber auch die Wahrscheinlichkeit für jede Ziffer gleich verteilt sein. Wie im Bild aus der Verteilung der ersten Ziffern von π erkennbar ist, erfüllt der π-Generator die zweite Bedingung zunächst nicht. Nimmt man weitere Ziffern hinzu, wird das Ergebnis erst einmal schlechter, um dann erst bei einer großen Stellenzahl (> 1000) gleich verteilt zu werden. Bei einer Nebenbedingung schneidet die Kreiszahl hingegen wieder gut ab. Sie ist nicht periodisch, es gibt keine Wiederholungen von Ziffernfolgen. Diese Nebenbedingung ist jedoch nicht unwichtig, nehmen Sie zum Beispiel einen „ganz miesen“ Generator, der einfach die Ziffern von 1 bis 9 nacheinander zurückliefert. Beim zehnten Aufruf folgt dann wieder die 1. Interessant daran ist nun, dass die Ziffern gleich verteilt sind und der Algorithmus garantiert die erste Bedingung erfüllt. Allerdings sind die Ereignisse (die Ziffern) nicht unabhängig voneinander, es ist ja klar, dass auf die Ziffer 3 eine 4 folgt. Für den Nutzer des Generators ist die Ziffernfolge sogar absolut vorhersagbar, was bei einem komplizierteren Algorithmus und insbesondere, wenn Primzahlen im Spiel sind, nicht mehr der Fall ist.

Der Zufall ist schon eine vertrackte Sache. Zufällig sind Ereignisse, die nicht vorhersagbar sind, derartige Situationen sind jedoch das Letzte, was wir beim Einsatz eines Computers erwarten. Dennoch ist es möglich, mit diesem Zufallszahlen zu erzeugen: zufällig für die Applikation, die den Generator aufruft. Eine Variante besteht darin, die Natur zu nutzen, denn wahre Zufälligkeit findet sich in der Natur zum Beispiel beim Zerfall von Atomen oder beim Hintergrundrauschen des Universums. Zeichnet man diese Ereignisse auf, etwa mit einem Strahlenmessgerät, und erstellt passende Tabellen, dann erhält man eine hervorragende Grundlage für Zufallsgeneratoren. Allerdings müssen die Tabellen riesig groß sein: die Nebenbedingung!

Programmierte Generatoren werden als *Pseudo Random-Number Generator* bezeichnet, zum einen weil sie nach n Aufrufen die Zahlenfolge wiederholen, und zum anderen, um sie von physikalischen Generatoren zu unterscheiden. Schließlich können Sie sich auch eigene Ereignisse erzeugen, indem Sie Würfel verwenden, mindestens 10.000 Mal würfeln und die Ziffern gewissenhaft aufschreiben. Je präziser der Würfel gefertigt ist, um so zufälliger wird die damit erzeugte Ziffernfolge. So ist das mit dem Zufall: Im täglichen Leben passieren ständig zufällige Ereignisse, will man aber solche gezielt produzieren, dann ist dies ein komplizierter und arbeitsaufwendiger Vorgang. Zufallsgeneratoren werden auch als *Aleatoren* (lat. für Würfelspieler), auf Zufallsfolgen basierende Verfahren als *aleatorische Verfahren* bezeichnet.

Es geht aber auch weniger speicherintensive Verfahren, dazu wird bei jedem Aufruf des Generators eine andere große Zahl (long oder long-array) erzeugt und dann davon ein Stück ab- oder herausgeschnitten. Die Kunst besteht darin, Parameter zu wählen, die verhindern, dass Folgen wie 11123, 22246 etc. entstehen. Der Generator von Java basiert auf den Arbeiten von Donald Knuth in seinem Buch *The Art of Computer Programming*; er lässt sich extrem einfach mit einem Methodenaufruf `Math.random()` nutzen. Zurückgegeben wird ein `double`, dessen Wert zwischen 0 und 1.0 liegt. Durch die Normierung auf den Wertebereich [0...1] kann die zurückgegebene Zahl leicht skaliert und umgewandelt (cast) werden.

```
float uWidth  = (float)(Math.random()*scale);
```

Die Zufallszahl wird nicht in der `Math`-Klasse erzeugt, vielmehr delegiert die Klasse den Aufruf an die Klasse `java.util.Random`.

```
public static double random() {

  if (randomNumberGenerator==null) {
    randomNumberGenerator=new Random();
  }
  return randomNumberGenerator.nextDouble();
}
```

Die Erzeugung des Zufallsgenerators ist ein klassisches Beispiel für eine späte (lazy) Initialisierung. Wenn Sie den Programmcode weiter verfolgen, werden Sie sehen, dass eine `next(int bits)`-Methode der `Random`-Klasse aufgerufen wird, die die Hauptarbeit erledigt. Neben der `nextDouble` stellt `Random` noch weitere Methoden zu Verfügung: `nextInt`, `nextFloat`, auch `nextBoolean`. Die `nextInt`-Methode hat noch eine Variante, bei der eine obere Grenze (positiver Wert) angegeben werden kann. Auch eine Bytesequenz von Zufallszahlen `nextBytes(byte[] bytes)` ist möglich. Um die `Random`-Klasse direkt zu verwenden, muss ein Objekt der Klasse erzeugt werden, dazu ruft man einfach den Standardkonstruktor auf. Es gibt die Möglichkeit, eine Zahl anzugeben, die als Startwert (*Seed*) verwendet wird, dies ist aber nur zu empfehlen, wenn Sie weitergehende Kenntnisse über Zufallsgeneratoren besitzen.

```
import java.util.Random;

int value;
Random generator = new Random();

for(int n=0; n<10; n++) {
   value = generator.nextInt(100);
   // ...
}
```

`Random` liest bei der Initialisierung des Standardkonstruktors die Systemzeit ein und addiert den erhaltenen Long-Wert zum voreingestellten Startwert. Man erhält also niemals die gleiche Zahlenfolge, wenn man ein Objekt der `Random`-Klasse neu erzeugt.

8.3.4 Programme beschleunigen

Nachfolgend einige Tipps zur Performance-Optimierung:

- Schätzen Sie die voraussichtliche maximale Anzahl an Elementen einer Kollektion ab und passen Sie dann die Kapazität entsprechend an, denn bei der Kapazitätserweiterung erzeugen Kollektionen ein neues Array und kopieren bestehende Daten in dieses.

  ```
  list = new ArrayList(capacity_estimated);
  ```

  Seien Sie aber nicht zu großzügig mit der Kapazität, denn es wird natürlich entsprechend Speicher belegt. Bei einfachen Listen ist eine feinere Kontrolle auch durch die Methoden `trimToSize()` und `ensureCapacity(int minCapacity)` möglich. Die erste der beiden Methoden ist nützlich, wenn Sie ein Array gefüllt haben und dieses an lesende Klassen weitergeben. Mit der zweiten Methode erweitern Sie die Kapazität, so wie es ein Konstruktor bereits ermöglicht. `minCapacity` muss größer als die Länge (size) der Liste sein, ansonsten wird der Methodenaufruf ignoriert. Bei der `HashMap` lautet die entsprechende Methode `resize(int newCapacity)`.
- Vermeiden Sie es, Objekte zu erzeugen, besonders wenn es sich um kleine Objekte handelt, und ganz besonders innerhalb von Schleifen.

  ```
  ParamObj someMethod{ParamObj p} {
    p.member = value;
    return p;
  }
  ```

  Anstelle von:

  ```
  ParamObj someMethod{} {
    return new ParamObj(value);
  }
  ```

Wenn Sie vorab wissen, dass eine bestimmte Zahl von gleichen Objekten verwendet wird, dann ist es möglich, bereits mit einer einfachen Liste einen Cache aufzubauen. Die Objekte darin werden mit `initialize`- oder `set`-Methoden umkonfiguriert, und die Erzeugung der Liste erfolgt außerhalb von zeitkritischen Methoden. Ein Cache ist aber kein Allheilmittel, insbesondere wenn er für den Anwender unsichtbar, im Hintergrund implementiert ist. In solchen Fällen werden Annahmen getroffen, die dann zu viel Speicherverbrauch führen, oder die allgemein gehaltene Schnittstelle erzeugt einen großen Verwaltungsaufwand.

- Verwenden Sie `Singletons`, wenn nur ein Objekt dieser Klasse benötigt wird, typisch für `PoolManager, Factories`. Ermöglichen Sie die Identitätsprüfung, indem Sie unveränderbare, am besten Integer-Konstanten einführen.

```
public final static int GROUP = 1;
oder
public final static Integer GROUP = new Integer(1);
```

ist schneller als

```
public final static String GROUP = "GROUP";
```

Alle können aber sehr schnell verglichen werden.

```
if(value==GROUP) { ... }
```

- Vermeiden Sie die doppelte Initialisierung. Java initialisiert die Mitglieder einer Klasse bei der Konstruktion automatisch.

```
Objekt-Referenzen mit null
float, double mit 0.0
sonstige Ganzzahlen mit 0
booleans mit false
```

- Vermeiden Sie `null`-Tests aufgrund später Initialisierung. Die `lazy Initialitation` scheint auf den ersten Blick günstig zu sein, da ja Speicher erst angefordert wird, wenn benötigt. Tatsächlich erkaufen Sie sich aber einen permanenten `null`-Test, und zwar in allen Methoden, die dann nicht sicher sein können, dass der Speicher existiert.

```
public void addChild(ParsingNode child) {

  if(children==null) { // <----------------
    children = new ArrayList<ParsingNode>();
  }
  // ...
}
public boolean hasChild(ParsingNode child) {

  if(children!=null) { // <-----------------
    int cSize = children.size();
```

```
    for(int k=0; k<cSize;k++) {
      if(children.get(k)==child) { return true; }
    }
  }
  return false;
}
```

Der Grund für die späte Initialisierung ist bei Objekten zu suchen, die wahrscheinlich wirklich selten, womöglich gar nicht – in einer bestimmten Anwendung – benötigt werden. Zum Beispiel wird der in Java vorhandene Zufallsgenerator nur bei einigen Anwendungen benötigt.

```
public static double random() {
  if (randomNumberGenerator==null) {
    randomNumberGenerator=new Random();
  }
  return randomNumberGenerator.nextDouble();
}
```

- Verwenden Sie die `StringBuffer`-Klasse, wenn Sie einen String dynamisch aus mehreren Elementen zusammensetzen. Diese Klasse ist jedoch Thread-sicher und damit wiederum langsamer. Gegebenenfalls müssen Sie Ihre eigene Klasse schreiben, die dann zwar nicht Thread-sicher ist, aber dafür schneller. JOGL bietet für diesen Zweck eine Klasse `StringBuild` an. Vermeiden Sie die `StringTokenizer`-Klasse.
- Manchmal kann eine kleine Buchhaltung Wunder bewirken. Zum Beispiel verlagert das Flag `unitVector` in der Klasse `VectorD3` die rechenintensive Berechnung (Wurzel) der Länge eines Vektors in setter-Methoden. Der Aufwand für die Buchhaltung muss aber im Verhältnis zur Geschwindigkeitserhöhung stehen, denn Sie müssen auch dafür sorgen, dass der Anwender diese Buchhaltung nicht aus Versehen umgehen kann. In der Regel wird der Zugriff nur noch über setter-Methoden und Konstruktoren zugelassen, in der Annnahme, dass die Objekterzeugung zu einem weniger kritischen Zeitpunkt erfolgt. Auf keinen Fall sollte eine Beschleunigung auf Kosten der Zuverlässigkeit gehen – oder was halten Sie von folgendem Fall, bei dem ein Autor die Prüfung auf 0 und das Auswerfen einer Ausnahme vermeiden will?

```
public void unitVector() { // asking for problems.
  double value = Math.sqrt(x*x+y*y+z*z)+0.001f;
  x /= value;
  y /= value;
  z /= value;
}
```

Eine IEEE-754-Maschine, das gilt weitgehend für Java, erzeugt bei einer Gleitkommadivison durch 0 keine Ausnahme, stattdessen erhält das Ergebnis den Wert plus/minus `Double.INFINITY`. Solche Fälle lassen sich auf einer tiefen Ebene fast gar nicht sinnvoll lösen, aber eine geeignete Buchhaltung erlaubt zumindest dem Anwender, bei speziellen Fällen einen Fehlerzustand schnell im Nachhinein zu ermitteln.

- Gehen Sie nicht den Weg über eine Multithread-Anwendung, es sei denn, Sie haben sehr viel Erfahrung damit und einen tiefen Einblick in den Devicekontext der jeweiligen Plattformen. Multithreading kann in der 3D-Computergrafik eine Performancebremse sein, und wenn nicht richtig ausgeführt, eine stete Quelle von Problemen.

Gute Performance erreichen Sie immer durch eine gut durchdachte Architektur der Software und im Zusammenspiel mit Tests. Inbesondere bei ernsthaften Projekten, die schnell groß und unübersichtlich werden können, spielt die Architektur eine gravierende Rolle. Es ist keine verschenkte Zeit, wenn Sie sich vor der Programmierung erst einmal vor einen Skizzenblock setzen und überlegen: Welche Strukturen stehen mir zur Verfügung, welche sollte ich verwenden oder neu erzeugen? Wie oft werden Daten wo angefasst und an wen übergeben? Wie kann ich einen Programmteil testen und die Performance herausfinden? Achten Sie dabei auf den Aufwand, ein langsames Programm wird im Anfangsstadium fast immer akzeptiert, aber ein fehlerhaftes nicht, der Zeitaufwand sollte daher besser in die Funktionsprüfung gesteckt werden.

Tests zeigen immer wieder, dass Engpässe in einem sehr kleinen Anteil (ca. 2%) einer Software auftreten, und diese zu finden und zu isolieren benötigt einiges an Investitionen in Zeit und Werkzeuge. Wer versucht, eine Klasse oder eine Klassensammlung von vornherein zu optimieren, investiert an der falschen Stelle, denn so wird Arbeit in die 98% der Software gesteckt, die gar nicht problematisch sind. Bei Einhaltung der oben genannten Regeln sind Sie in Java schon auf der sicheren Seite. Sollte sich Ihre Software dann als ein wertvolles Stück Arbeit herausstellen, dann können Sie immer noch Optimierungen durchführen; Sie haben dann jedenfalls schon mal in einem Markt Fuß gefasst.

Sehr schwierig ist es, ein Programm unter Ausnutzung der Hardwarekonfiguration (Cache-Größe, Zahl der FPUs usw.) zu beschleunigen, insbesondere weil dann eine neue Generation von Prozessoren (GPUs, CPU) bei einer auch nur leicht geänderten Konfiguration die Arbeit wieder zunichtemachen kann. Auf der anderen Seite sind dabei auch große Trophäen zu gewinnen, Beschleunigungen im zigfachen Bereich und wertvolle Produkte. Im Abschnitt *Vertex Buffer Objects (VBO)* (Seite 181) finden Sie einige Hinweise auf eine Optimierung von Arrayinhalten, bezogen auf die Hardware.

8.3.5 Bindung an OpenGL

Aus der Sicht von Java ist OpenGL eine artfremde Schnittstelle, der Zugang auf Funktionen der OpenGL-Implementation – unter Windows die Bibliothek `opengl32.dll` – erfolgt über eine Brücke. Solche Anforderungen werden in Java durch das Java Native Interface (JNI) erfüllt. Damit ist es dann möglich, OpenGL-Funktionen auf eine statische Klasse in Java abzubilden sowie den benötigten Datentransport durchzuführen. Aus der Sicht des Anwenders liegt dann eine Bindung an OpenGL vor, die noch durch die Kopplung an die Laufzeitumgebung ergänzt werden muss. OpenGL benötigt eine Verbindung mit dem Fenster, das einer Applikation vom Betriebssystem zugewiesen wurde, allgemein gesprochen dem Devicekontext. Entsprechend den dort verfügbaren Informationen, zum Beispiel dem eingestellten Pixelformat, richtet OpenGL den Framepuffer und andere Bausteine ein. Innerhalb der Applikation gibt es einen für den Renderer vorgesehenen Darstellungsbereich – die Canvas –, die zum Beispiel unter Java-Swing ein JPanel bereitstellt. Ich beschreibe diese Kopplung etwas abstrakt, denn Sie werden sich nicht mit den damit verbundenen Problemen und Aufgabestellungen herumschlagen müssen, dafür gibt es JOGL (Java Open GL) oder LWGL (Light Weight GL). Beide Bindungen an OpenGL sind Open Source und Konkurrenten am Markt.

JOGL

ist ein Applikations-Interface, das zunächst unabhängig von SUN und der Konkurrenz entstanden ist, mit dem Ziel, eine bessere Integration für Java-Swing herzustellen als die LWGL. Mit der Spezifikation JSR-231 hat SUN eine eigene Bindung an OpenGL definiert, deren Referenzimplementation heute JOGL darstellt. Die Verbindung zwischen der SUN-Referenz und JOGL drückt sich in dem Hauptpaket `javax.media.opengl` aus, es gibt also kein JOGL-Paket.

JOGL hat, diplomatisch ausgedrückt, eine bewegte Historie. Es gab mehrere Umzüge der Homepage, in Foren wurde JOGL immer wieder mal als ein totes Projekt bezeichnet. Tatsächlich ist JOGL jedoch quicklebendig und in vielen Anwendungen präsent, wenn auch die Software wahrscheinlich nicht in einer zukünftigen Version der JSR enthalten sein wird. Diese Integration wurde immer wieder mal angekündigt, aber mit der Übernahme von SUN durch Oracle ist der Status erneut unklar (Stand Anfang 2012).[3]

Die Spezialität von JOGL ist die einfache Kopplung mit dem Swing-Framework und ein erweiterter Satz von Klassen und Methoden, die über die reine Bindung an OpenGL hinausgehen. Auch stellt JOGL diverse Loader zur Verfügung. Für dieses Buch liefert JOGL lediglich die Bindung an OpenGL und, wie ich nachher beschreiben werde, eine einfache Umgebung für eigene Anwendungen. Als Referenz für JOGL ist das Nasa-Projekt „World-Wind"[4] zu nennen, von dem beim Abschnitt *Warum Java und OpenGL?* (Seite 23) die Rede war.

[3] Ausgangspunkt ist die Webseite `http://www.jogamp.org`. Dort muss dann für die jeweilige Plattform die passende und stabile Version gesucht werden.

[4] `http://goworldwind.org/demos/`

LWGL

präsentiert sich mit einer klaren, sauber aufgebauten Homepage,[5] für eine bestimmte Plattform gibt es auch nur ein JAR-File (`lwgl.jar`), das alle benötigten Bausteine enthält. LWGL legt den Schwerpunkt auf die Spieleentwicklung, das drückt sich u. a. durch ein eigenes Eingabesystem aus (Mouse-Keyboardhandler), das jedoch stark an der Java-AWT orientiert ist. Als Referenz für LWGL ist die Java Monkey Engine (JME) zu nennen, die LWGL für die Bindung an OpenGL verwendet.

Die Entscheidung, welche der beiden Bindungen Sie in Ihren Anwendungen verwenden, muss nicht unbedingt sehr früh getroffen werden, der Umstieg kann aber eine Menge an Arbeit bedeuten, wenn die Anwendung sich schon in einem fortgeschrittenen Stadium befindet. Wenn Java-Swing in Ihrem Anforderungskatalog steht, dann ist JOGL die erste Wahl, ansonsten erledigen beide Bausteine die anstehenden Aufgaben gleichermaßen. Der Einstieg ist nicht schwierig, es sind vielmehr die Anforderungen durch OpenGL, die bewältigt sein wollen. Auch weil ich keiner der beiden Bindungen den Vorzug geben möchte, habe ich im Referenzteil die OpenGL-Funktionen als C-Prototypen dargestellt, die Umsetzung ist recht einfach auf der Grundlage der Java-Dokumentation der betreffenden Bindungssoftware.

Erst wenn Sie darüber hinausgehen und erweiterte Funktionen verwenden, werden Sie spezielle Tutorials benötigen, die Sie auf den Homepages oder über Foren finden. Bei der Umsetzung müssen Sie auch auf die Versionen von OpenGL achten, denn sowohl JOGL als auch LWGL bilden die Versionshistorie über zusätzliche Schnittstellen ab. Konkret bedeutet das, wenn Sie eine Konstante oder Funktion von OpenGL suchen, dann müssen Sie gegebenenfalls in den Klassen `GLxx` suchen, `xx` steht hier für eine ungefähre Versionsnummer. Die jeweiligen Schnittstellen sind voneinander abgeleitet, so erweitert bei JOGL die Schnittelle `GL3` eine `GL2` um Funktionen, die OpenGL ab den Versionen 3.x bereitstellt.

Bei LWGL gibt es eine eigene Umgebung, die ein Fenster sowie das Eingabesystem liefert, hier kann der Entwickler sich an der Java-AWT orientieren. JOGL bietet zwei Umgebungen an: einmal die Kopplung an Java-Swing, diese startet dann mit einem `JFrame` und dem `GLJPanel`. Die andere Umgebung basiert auf dem AWT-Framework, und JOGL bietet dann ähnlich wie LWGL entsprechende Komponenten an.

Generell ist die Kopplung der eigenen Applikationen an das jeweilige Betriebssystem eine verwirrende Aufgabe, die es gerade am Anfang zu bewältigen gilt; insbesondere weiß ein Anfänger ja noch nicht, was denn nun benötigt wird und warum. Der Ausdruck „plattformübergreifend“ gilt in diesem Bereich nur bedingt, denn plattformübergreifend ist die Spezifikation

[5] `http://www.lwgl.org`

von OpenGL, nicht deren Implementation. Bindungen an OpenGL für Java, JavaScript, Python, aber auch C++ müssen letztlich auf einen Treiber zugreifen, der tief im Betriebssystem sitzt, und es ist kompliziert, diesen von einer Applikation aus zu erreichen. Sie werden sich folglich je nach Plattform, ob PC, Apple, Linux, Android oder Browser (WebGL), in die jeweilige Laufzeitumgebung einarbeiten müssen. Die eigentliche OpenGL-Programmierung bleibt jedoch im Wesentlichen gleich, auch wenn im einen oder anderen Falle zusätzliche Klassen und Methoden zur Verfügung stehen, die die Arbeit erleichtern. Versuchen Sie am Anfang nicht zu viel auf einmal, die Darstellung eines einfachen Dreiecks genügt zunächst, um herauszufinden, wie sich die Bindung von OpenGL an die Sprache und Plattform aus der Sicht der Programmierung anfühlt.

JOGL

In diesem Buch verwende ich JOGL als Bindungssoftware an OpenGL; für die ersten Schritte und Demonstrationen genügt mit JOGL eine erstaunlich kleine Laufzeitumgebung.

Für dieses Buch benötigen Sie einige JAR-Files und im Falle von Windows einige DLLs. Für den Anfang genügt die Version, die Sie im Programmverzeichnis `gbook.lib.jogl` vorfinden. Wenn Sie eine andere Entwicklungsumgebung verwenden, müssen Sie die passenden Dateien zusammen von der Webpage herunterladen.

```
jogl.all.jar
nativwindow.all.jar
gluegen-rt.jar
```

Zusätzlich mit eigenem Fenstersystem (ohne Swing-Framework):

```
newt.jar
```

Die ersten beiden JAR-Dateien enthalten die JOGL-Klassen und `gluegen` die Klassen, die die Bindung an die Laufzeitumgebung herstellen. Wenn Sie statt der Swing-Klassen auf der Basis von AWT programmieren, dann ist noch das `newt` JAR-File nötig. Daneben sind einige DLLs vonnöten:

```
jogl.all.dll
gluegen-rt.dll
```

sowie andere im `lib`-Verzeichnis der JOGL-Distribution.

Wichtig ist es, die Versionen der JAR-Files und DLL nicht zu mischen. Wenn Sie eine neuere Version von JOGL einspielen, müssen die älteren Dateien aus der Laufzeitumgebung entfernt werden. Wenn etwas nicht funktioniert, erhalten Sie schwere Ausnahmen durch Java, diese sind fast immer Hinweise auf eine fehlende oder unsichtbare JAR oder DLL. `ClassPath` muss auf alle JOGL-JARs zeigen, und die DLLs müssen über eine Pfadangabe erreichbar sein oder im Startverzeichnis der Applikation liegen.

Da ich viel Erfahrung mit dem Swing-Framework habe, war es für mich naheliegend, auf dieser Grundlage meine Beispiele aufzubauen. Wenn Sie die Beispiele ausprobiert haben und Ihre eigene Entwicklung starten, sollten Sie auf jeden Fall aber auch vorher die Alternative anschauen; am OpenGL-Anteil ändert sich dadurch nichts, aber das Swing-Framework ist langsamer und nicht für alle Plattformen zu empfehlen.

Ausgehend von der `main`-Methode wird ein Darstellungsbereich (`GLJPanel`) benötigt, der Teil eines übergeordneten Rahmenfensters (`JFrame`) ist. Dazu gehört noch ein `Animator`-Objekt, das im Wesentlichen ein Zeitgeber ist, der in bestimmten Zeitabständen die Methoden zur Darstellung (`viewing`) einer Szene aufruft.

Diese drei Elemente stehen stellvertretend für die Anforderungen an die Laufzeitumgebung für die 3D-Computergrafik. Zudem benötigen Sie noch ein Eingabesystem, das im Falle von Java durch das AWT-Framework, zum Beispiel das `MouseListener`-Interface u. a., geliefert wird. `JFrame` steht für den Darstellungsbereich der Applikation selbst, benötigt wird ja ein Fenster auf dem Bildschirm für die Ausgabe, das gilt auch für den Vollbildmodus. `GLJPanel` ist der Ausschnitt aus dem Applikationsfenster: die Canvas. Dahinter steht mehr, als Sie vielleicht auf den ersten Blick vermuten, denn die Canvas ist letztlich mit der Einstellung (Devicekontext) der Grafikumgebung auf Ihrem Rechner gekoppelt. Zum Beispiel wird dort das Pixelformat und die Größe des Framepuffers festgelegt, auch ob der Alpha-Kanal (Transparenz) zur Verfügung steht, ist hier fixiert. Der Zeitgeber ist nötig, damit Ihre OpenGL-Applikation nicht exklusiv läuft, Sie würde sonst die gesamte CPU-Zeit verbrauchen und andere Anwendungen blockieren. Der Zeitgeber kann auf eine gewünsche Framerate eingestellt werden, wenn Ihre Anwendung also schnell genug ist, verbleibt noch Zeit pro Frame für andere Aufgaben. Auch steht der Zeitgeber für ein grundlegendes Ereignissystem, das in vier Phasen eingeteilt wird. In JOGL sind die Phasen in der Schnittstelle `GLEventListener` abgebildet.

`initialize`

Für gewöhnlich läuft diese Phase einmalig nach dem Öffnen des Canvas ab. In der damit verbundenen Methode werden Datenstrukturen initialisiert und grundlegende Einstellungen bei OpenGL vorgenommen.

```
public void init(GLAutoDrawable drawable) { ... }
```

Übergeben wird im Argument `drawable` der aktuelle OpenGL-Kontext, der entsprechend weitergegeben wird. Vergegenwärtigen Sie sich, dass mit dem Kontext *alle* Daten bei OpenGL verbunden sind, bei einem Wechsel werden geladene Texturen, Vertexpuffer und vieles mehr ungültig.

Allgemein betrachtet wird eine `init`-Methode immer dann aufgerufen, wenn ein Devicekontext stabil eingerichtet wurde. Das gilt auch, wenn ein solcher zerstört wurde und ein neuer Kontext gilt. Ein solcher Fall ist gegeben, wenn der Nutzer die Bildschirmauflösung verändert oder zur Vollbilddarstellung übergeht, während Ihre Anwendung noch läuft. Es kann aber bereits eine Veränderung der Fenstergröße des Canvas einen Aufruf der `init`-Methode nach sich ziehen, das ist in JOGL jedoch in der Regel nicht der Fall, siehe den folgenden Absatz *canvasChanged*.

`display`

Der Name deutet auf die Anzeige einer Szene, tatsächlich werden hier die Berechnungen vorgenommen, die für die Ausgabe eines weiteren Frames nötig sind, ein alternativer Name wäre `nextFrame`.

```
public void display(GLAutoDrawable drawable) { ...  }
```

Am Anfang der `display`-Methode stehen Sie am Beginn eines neuen Frames, wobei konzeptionell etwas weiter gedacht werden muss. Dieses Ereignis gilt für alle Berechnungen, die irgendwie mit dem kompletten Aufbau des Frames zu tun haben. Das bedeutet: Die Nutzer-Eingabe muss verarbeitet, eine Szene neu berechnet und gerendert werden. Eine Game-Engine wird etwa auch Kollisionsberechnungen vornehmen, ein Teil der Wegfindung und weitere höhere Funktionen werden ablaufen. Diese werden allerdings in Abschnitte aufgeteilt werden, das heißt, sie müssen nicht in diesem Frame fertig werden. Die Szene muss jedenfalls so weit durchgerechnet sein, dass das Rendern derselben möglich ist.

`canvasChanged`

Hier liegt ein Ereignis vor, das durch die Änderung des Darstellungsbereiches ausgelöst wird. Da sich die Größe des Darstellungsbereichs ändert, wird eine Anpassung des Viewports ausreichen.

```
public void reshape(GLAutoDrawable drawable, int x,
  int y,int width, int height) {
}
```

`contextChanged`

Hier liegt ein grundlegendes Ereignis vor, das im Detail schwierig zu behandeln ist. Beim Anzeigeformat kann sich vieles ändern, das Pixelformat, die Screengröße die Pufferungsart u. v. m. JOGL macht hier einen feinen Unterschied, der sich in den zusätzlichen Argumenten ausdrückt, letztlich wird eine schwergewichtige Anwendung mit den grundlegenden Einstellungen stark verzahnt sein, so dass eine neue Initialisierung nötig sein wird. Denkbar ist es allerdings, nur den Rendering-Anteil neu zu initialisieren und hier lediglich ein Flag zu setzen, falls die Szenenberechnung im Allgemeinen nicht betroffen ist. Einige Spiele hängen jedoch so sehr vom Devicekontext ab, dass ein Neustart erforderlich ist. In solchen Fällen ist die Verarbeitung des Ereignisses ein guter Ansatz, um überhaupt den Problemfall aufzudecken.

```
public void displayChanged(GLAutoDrawable drawable,
  boolean modeChanged, boolean deviceChanged) {
}
```

Soll die Anwendung weiterlaufen, dann müssen Ressourcen, Shaderprogramm, Vertex Buffer Objects (VBOs) und hochgeladene Texturen bei OpenGL entfernt werden. Der `displayChanged`-Methode folgt ein `init`.

`dispose`

Von JOGL-2 neu eingeführt, ist dieses Ereignis prinzipiell ein Hinweis auf das bevorstehende Ende eines Devicekontextes. Gedacht ist die Methode für die Freigabe von Ressourcen, in erster Linie ja den OpenGL-Teil betreffend. Grundsätzlich gilt: Wenn die Anwendung beendet wird, dann wird auch der Devicekontext ungültig, und OpenGL löscht die betreffenden Ressourcen automatisch. Da wäre eigentlich nichts zu tun. Jedoch bedeutet eine `dispose`-Nachricht lediglich, dass der aktuelle Devicekontext ungültig werden wird, es ist nicht gesagt, dass die Anwendung deswegen beendet werden muss, sie kann mit einem neuen Devicekontext weiterlaufen. So gesehen ist eine ähnliche Situation wie oben bei `displayChanged` gegeben, mit einer gleichwertigen Reaktion. Tatsächlich habe ich beim Umschalten von Bildschirmeinstellungen auch eine `dispose`-Nachricht anstelle einer `displayChanged`-Nachricht beobachtet, es empfiehlt sich daher, beide Methoden gleich auszustatten und Ressourcen bei OpenGL freizugeben. Der `dispose`-Methode folgt ein `init`; wenn die Anwendung lediglich geschlossen wird, dann wird `dispose` nicht aufgerufen.

```
public void dispose(GLAutoDrawable drawable) { ... }
```

In den Programmbeispielen wende ich meist das gleiche Schema an. Eine Hauptklasse mit der `main`-Methode erstellt den Frame und initialisiert die Laufzeitumgebung.

```
package examples.wedge;

import java.awt.Dimension;

import javax.media.opengl.GLProfile;
import javax.media.opengl.awt.GLJPanel;
import javax.media.opengl.GLCapabilities;
import javax.media.opengl.GLEventListener;
import com.jogamp.opengl.util.FPSAnimator;
import com.jogamp.opengl.util.Animator;
```

```
import glib.gui.GFrame;
import glib.util.RunSupport;

public class WedgeMain  {

  private static GLEventListener view;
  private static GLJPanel canvas;
  private static RunSupport runSupport;
  private static GLCapabilities capabilities;

  public WedgeMain() {}

  public static void main(String args [])  {

    GLProfile.initSingleton(true);
    runSupport = RunSupport.instance();

    try  {
      if(initialize()==true) {

        WedgeMain application = new WedgeMain();
        final FPSAnimator animator = new FPSAnimator(canvas,48);

        GFrame frame = new GFrame(
          "WedgeMain 1.0.2",canvas,false,animator
        );
        canvas.addGLEventListener(
          new WedgeRender(canvas.getPreferredSize(),canvas)
        );
        canvas.requestFocus();
        frame.setVisible(true);

        animator.start();
      }
      else {
        System.exit(RunSupport.EXIT_CODE_RUNTIME_ERROR);
      }
    }
    catch (Throwable e) {
      runSupport.doErrorLog("main() error occured",e);
      System.exit(RunSupport.EXIT_CODE_RUNTIME_ERROR);
    }
  }

  private final static boolean initialize() {

    try  {
      // runSupport configuration ...

      capabilities = new GLCapabilities(GLProfile.get(GLProfile.GL2));
      canvas = new GLJPanel(capabilities);
```

```
            Dimension canvasSize = new Dimension(800,600);
            canvas.setPreferredSize(canvasSize);

            return true;
        }
        catch (Throwable e) {
            runSupport.doErrorLog("main() error occured",e);
        }
        return false;
    }
}
```

Die Anbindung an die gewünschte Version von OpenGL erfolgt über die Auswahl eines Profils, `GLProfile.get(GLProfile.GL2)`. Wenn Sie höhere Versionen von OpenGL verwenden wollen, dann geben Sie stattdessen `GL3` oder `GL4` an. Die erste Zeile, `GLProfile.initSingleton(true)`, gehört in den Magie-Bereich einer Software, hauptsächlich für Linux gedacht, aber sie sollte auch bei Windows nicht fehlen. Nach der Registrierung als Listener `addGLEventListener` beginnt der Zeitgeber mit dem `start`-Aufruf zu laufen, der Rest der Verarbeitung findet in einer anderen Klasse statt, hier `WedgeRender`. Dort finden sich dann die einzelnen Methoden, die die Schnittstelle `GLEventListener` fordert. Die Klasse `Runsupport` stammt aus meinem Werkzeugkasten und unterstützt neben dem Logging auch die Internationalisierung einer Anwendung.

```
public class WedgeRender implements GLEventListener {

  public WedgeRender(Dimension canvasSize,JComponent component) {
  }

  public void init(GLAutoDrawable drawable) {
  }

  public void display(GLAutoDrawable drawable) {
  }

  public void reshape(GLAutoDrawable drawable, int x,
    int y,int width, int height) {
  }
  public void displayChanged(GLAutoDrawable drawable,
    boolean modeChanged, boolean deviceChanged) {
  }
  public void dispose(GLAutoDrawable drawable) {}
}
```

In der `init`- und `display`-Methode können Sie sich auf OpenGL konzentrieren. Da bei `init` auch der Devicekontext vorliegt, findet dort auch die Initialisierung eines Szenengraphen statt, denn beim Start gilt es meist auch Anpassungen, die OpenGL-Umgebung betreffend, vorzunehmen. Bei Problemen sollten Sie zuerst die Schreibweisen (groß, klein) in Ihren Skripten überprüfen und sich dann dem Klassenpfad (ClassPath) zuwenden. Hier lautet die Frage: Sind alle Bibliotheken zugreifbar? Dazu gehören auch – unter Windows – die DLL-Dateien, die entweder im Arbeitsverzeichnis der Anwendung liegen oder über einen Pfad zugänglich sein müssen. Wenn dies alles in Ordnung ist, dann ist ein Scan im System nach dem OpenGL-Treiber (`opengl32.dll`) angebracht. Das Ziel dabei ist es, herauszufinden, ob dieser vorhanden ist und ob es diverse Versionen davon gibt. Letzteres sollte eigentlich nicht der Fall sein. Hier hilft dann nur noch ein Update des Treibers Ihrer Grafikkarte, löschen Sie auf keinen Fall selbst die überflüssigen Treiberdateien.

8.3.6 Programmierumgebung einrichten

Java und andere Bauteile

Mit der Java-Einrichtung werden Sie sicherlich vertraut sein, der Vollständigkeit halber gebe ich hier dennoch einige Quellen an. Auf der von Oracle einrichteten Homepage[6] finden Sie die benötigte JRE mit dem jeweiligen freigegebenen Update. Bevor Sie der Empfehlung folgen, frühere Versionen zu deinstallieren, sollten Sie sich noch einmal überlegen, ob Anwendungen auf Ihrem Rechner nicht eine der Versionen voraussetzen, mindestens ist dann der Classpath anzupassen. Auf der Homepage laden Sie bei einer Windows-Umgebung die Anwendung `jxpiinstall.exe`, die dann die eigentliche Installation durchführt. Achten Sie auf Toolbar-Schalter, denn es wird sonst – bei einer Java-Installation – ungefragt die Yahoo-Toolbar in Ihren Browser geladen. Source Code und/oder die Java-Dokumentation finden Sie zum Download auf der Oracle-Seite.[7]

Falls Sie Eclipse als Programmierumgebung verwenden, dann werden Sie ANT nicht direkt herunterladen und gegebenenfalls die Beispiele in diese Umgebung als Projekte aufnehmen. In den Beispielen verwende ich jedoch ANT für die Übersetzung.[8] Darüber hinaus benötigen Sie JOGL, das ich bereits oben beschrieben habe.[9] Für das Logging kommen Sie mit den in Java einbauten Logging-Klassen gut aus, eine professionelle Alternative ist `LOG4j`, die Mutter des Java-Loggings.[10] Auch das Buch von Ceki Gülcü, dem Hauptentwickler von `LOG4j`, ist empfehlenswert.[11] Als Nachfolger für LOG4j ist das Logback-Projekt vorgesehen.[12]

6 `http://www.java.com`
7 `http://www.oracle.com/technetwork/java/javase/downloads`
8 `http://ant.apache.org`
9 `http://www.jogamp.org`
10 `http://logging.apache.org/log4j/1.2/download`
11 Ceki Gülcü: „The complete log4j manual", 2010.
12 `http://logback.gob.ch`

Programmierumgebung der Beispiele

Die Einrichtung der Programmierumgebung dauert nur wenige Minuten. Auf der Webseite des Verlages stehen die Quelldateien als ZIP-Datei zum Download zur Verfügung.[13] Entpacken Sie das Archiv in ein Verzeichnis Ihrer Wahl auf Ihrem Rechner.

Anschließend müssen Sie die Programmierumgebung an Ihre Umgebung anpassen. Diese Einstellungen sind nur einmalig vorzunehmen, gegebenenfalls ist aber ein Update nötig, falls Sie auf eine andere Java- oder ANT-Version umsteigen.

Die Datei `build.start` liegt im Verzeichnis `gBook.scripts`. Die Umgebungsvariable `JAVA_HOME` verweist auf die gewünschte Java-Version. Alle Beispiele dieses Buches erfordern eine Java-Version gleich oder höher als Java 6. Setzen Sie bei `JAVA_HOME` das Verzeichnis ein, auf dem Ihre bevorzugte Java-Version installiert ist.

```
set JAVA_HOME=c:\Programme\Java\jre6
```

Bei `PROJECT_HOME` geben Sie das Verzeichnis an, in das Sie `gBook` kopiert haben. Relativ zu diesem Verzeichnis wird das Verzeichnis `gBook` bei allen Übersetzungsvorgängen erwartet.

```
set PROJECT_HOME=c:\Projects
```

Sie haben die Wahl, ob Sie lediglich eine Übersetzung des Beispielprogramms durchführen oder ob Sie auch die Dokumentation erzeugen. Voreingestellt ist die Übersetzung ohne Dokumentation (`make_prog_only`). Kommentieren Sie diese Zeile aus und aktivieren Sie die nachstehende Zeile `make_all`, um auch die Dokumentation zu generieren. Diese wird in `gBook.gen` (generated) erzeugt. Dort findet sich dann ein Unterverzeichnis `manuals` und die `index.html`-Datei, mit der die Java-Dokumentation in einem Browser angezeigt wird. Java-Dokumentation wird nur für die Bibliothek `gLib` erzeugt, nicht für die Programmbeispiele.

```
set TARGET=make_prog_only
rem set TARGET=make_all
```

Schließlich benötigen Sie ANT für die Steuerung der Übersetzung und der Erzeugung der Manuals mit JavDoc. Die ANT-Version (ab 1.8) geben Sie über die Umgebungsvariable `ANT_HOME` an.

```
set ANT_HOME=c:\ThirdParty\apache\ant\apache-ant-1.8.2
```

Das war es schon, Sie haben nun eine lauffähige Umgebung für die Beispiele und die Bibliotheken auf Ihrem Rechner eingerichtet. Speichern Sie nun `build.start` und gehen Sie zu einem Beispielverzeichnis, etwa dem

[13] `https://www.opensourcepress.de/fileadmin/osp/download/gBook.zip`

Multiport-Beispiel unter `examples.mvp`. In jedem Beispielverzeichnis finden Sie eine Datei `build.bat`, die nach Doppelklick die Ausführung startet. Damit erfolgt die Übersetzung der Beispielapplikation und gegebenenfalls auch der `glib`-Bibliothek, falls dort Änderungen vorgenommen wurden. Das Ergebnis der Übersetzung sind `jar`-Dateien und je nach eingestelltem `TARGET` auch die `JavaDoc`-Dokumentation.

Erzeugt wird ein Beispiel im `bin`-Verzeichnis, wobei dort die gleiche Struktur wie im Quellverzeichnis `src` angelegt wird. Um ein Beispiel auszuführen, gehen Sie in das entsprechende Verzeichnis und doppelklicken die Datei `run.bat`. Damit wird, vorausgesetzt, Sie haben die obigen Schritte zur Einrichtung der Programmumgebung durchgeführt, das betreffende Beispiel gestartet.

8.3.7 Verzeichnisstrukur

Das Hauptverzeichnis der Beispiele und der Bibliothek ist gBook. Von dort aus verzweigt die Struktur zu den Grundverzeichnissen:

```
gBook
  ---- bin
  ---- gen
  ---- lib
  ---- src
```

`bin` steht für *Binary*, dort finden sich lauffähige Programme. `gen` für *Generated* enthält in einem Unterverzeichnis `manuals` die erzeugte Java-Dokumentation und in `classes` die Zwischenprodukte der Übersetzung. Das `lib`-Verzeichnis enthält Quellen von anderen Herstellern, die für die Programme nötig sind. Schließlich liegen im Verzeichnis `src` die Programmquellen.

Quelldateien

Alle Quelldateien befinden sich im Verzeichnis `src`. Dieses ist unterteilt in die Beispiele `examples`, die von mir zur Verfügung gestellte Programmbibliothek `glib`, ein Script-Verzeichnis für die Übersetzung und die Konfiguration der Programme sowie das Testverzeichnis.

```
gBook
  ---- src
  --------- examples
  --------- glib
  --------- scripts
  --------- test
```

Die Quellen der ausführbaren Programme finden Sie unter `examples` und `test`. Programmbeispiele sind im Buch im Einzelnen besprochen und auszugsweise auch abgedruckt. Jedes Programmbeispiel steht für sich, mit eigenen Übersetzungsdateien.

Testprogramme

Die Testprogramme sind zunächst Nebenprodukte der Entwicklung der Programmbibliothek. Sie sind aber auch als Anschauungsmaterial nützlich, wenn Sie sich ein tieferes Verständnis der Programmbibliothek erarbeiten wollen. Testprogramme werden mit einem Übersetzungsvorgang erzeugt, die dazu nötigen Steuerdateien (build) finden Sie direkt unter `test`. Die Testprogrammquellen sind nach den Paketen der `glib`-Programmbibliothek weiter unterteilt.

```
gBook
  ---- src
  -------- test
  ------------ mathClasses
  ------------ topoClasses
  ------------ etc
```

In der Klasse `TestSuiteMain` findet sich eine Initialisierungsmethode, in der einzelne Tests eingehängt werden. Die Testklassen haben den Anhang `Usage`, denn es wird auch die Verwendung gezeigt. Wenn Sie sich über die API-Dokumentation (JavaDoc) mit einer Klasse bekannt gemacht haben und tiefer einsteigen wollen, dann ist die passende `Usage`-Klasse eine gute Anlaufstelle für weitere Informationen.

Externe Programmbibliotheken

Das `lib`-Verzeichnis enthält getrennt nach der Herkunft Quellen von anderen Herstellern, die für die Programme nötig sind. Diese Bausteine müssen gegebenenfalls auf den neuesten Stand gebracht werden.

```
gBook
  ---- lib
  --------- jogl
  --------- logging
```

8.3.8 Programmliste

In diesem Abschnitt erhalten Sie eine Liste der Softwarebestandteile, die komplette, voll ablauffähige Programme sind. Alle Beispielprogramme sind im Paket `examples` aufzufinden.

`cube`

mit der Hauptklasse `CubeMain`. Darstellung eines einfachen Würfels. Der Schwerpunkt liegt bei diesem Beispiel bei der Übergabe von generischen Attributen an Shader in der Verbindung mit VBOs. Es ist ein Test- und Demonstrationsprogramm zum Abschnitt *Framework mit generischen Attributen* (Seite 189ff.). `Cube` ist eher ein anspruchsvolles Beispiel, das viele Konzepte vereint.

`fmvp`

mit der Hauptklasse `PerspectiveFVPMain`. Das Beispiel wird im Abschnitt *Interaktive Projektion* (Seite 124ff.) im Detail besprochen. Gezeigt werden die Auswirkungen einer Veränderung der Frustum-Parameter, auch ist eine Umschaltung der Rotation von Objekten mittels der Projektionsmatrix bzw. alternativ mit der Modellmatrix möglich. `fmvp` ist eine interaktive Anwendung, die Frustum-Parameter, etwa der Öffnungswinkel, können durch die Maus und das Keyboard beeinflusst werden. Das Frustum und die Größe der virtuellen Welt ist schematisch dargestellt.

`fog`

mit der Hauptklasse `FogMain`. Interaktive Demonstration von Nebeleinstellungen. Näheres zum Programmbeispiel im Abschnitt *Nebelbeispielprogramm* (Seite 302ff.).

`light`

mit der Hauptklasse `LightingMain`. Dieses Programmbeispiel ermöglicht es, Lichtquellen und das Material diverser Objekte einzustellen; so kann der Einfluss der einzelnen Parameter der Lichter und des Materials betrachtet werden. Sämtliche Parameter der Lichter und das Objektmaterial können selektiert und verändert werden. Im Programm werden mehrere Projektionsarten verwendet, wobei die Vorderansicht genutzt wird, um die einzelnen Dialoge darzustellen. Es ist ein Dialog wählbar, bei dem Szenenlicht und unterschiedliche Objekte (Sphere, Torus, Teapot, Wedge usw.) eingestellt werden. Der Materialdialog kennt vordefinierte Materialien (Gold, Gummi, Bronze etc.), alle Materialeigenschaften können auch in einem benutzerdefinierten Modell interaktiv festgelegt werden. Im umfangreichen Lichterdialog sind bis zu acht Lichter möglich, ein jedes kann eine oder alle Lichteigenschaften aufweisen (ambient, diffuse, specular). Die Lichter sind frei positionierbar und können als Positionslicht oder gerichtetes Licht eingestellt werden. Zusätzliche Projektionen (perspektivisch, Draufsicht, Seiten- und Vorderansicht) vereinfachen die Positionierung der Lichtquellen und des Richtungsvektors beim Spotlicht. Die Lichtquellen erscheinen ebenfalls schematisch in der Szene. Die Beleuchtung erfolgt ausschließlich mit einem Fragmentshader. Näheres dazu im Abschnitt *Programmbeispiel* (Seite 325ff.).

`mvp`

mit der Hauptklasse `MultiViewportMain`. Darstellung einer Szene aus verschiedenen Blickwinkeln mit mehreren Viewports. Das Beispiel wird im Abschnitt *Multiviewport-Orthogonal* (Seite 105ff.) im Detail besprochen. Gezeigt wird eine Vorder-, Seiten- und Draufsicht sowie eine schräge Projektion in einer Kavalierperspektive.

`picks`

mit der Hauptklasse `PickingMain` im Paket `examples.pick`. In diesem Programmbeispiel wird ein fortgeschrittenes Picking präsentiert, das auf der Invertierung der Transformationskette vom Objektkoordinatensystem zum Windowkoordinatensystem basiert. Dargestellt wird die Mausposition als Mauslinie im Beobachtersystem, und dort werden Schnittpunkte mit einem Objekt gesucht. Die Berechnung der Schnitt- bzw. Kollisionspunkte erfolgt in zusätzlichen Klassen, die in den Abschnitten entwickelt wurden, die dem Picking vorausgehen, siehe *Grenzflächen* (Seite 228ff.). Das Pickingbeispiel erlaubt neben der Objektauswahl insbesondere die Selektion der Flächen eines Objektes, bis hin zum Picking eines einzelnen Vertex.

`pmvp`

mit der Hauptklasse `PerspectiveMVPMain`. Darstellung einer Szene mit rotierenden Objekten aus verschiedenen Blickwinkeln mit mehreren Viewports, ähnlich wie beim `mvp`-Beispiel. Hier werden aber drei perspektivische Projektionen eingestellt. Zum Vergleich ist eine Frontansicht mit eingebaut. Zur Beschreibung siehe *Multiviewport-Perspektive* (Seite 110ff.).

`sray`

mit der Hauptklasse `SimpleRaytraceMain`. Darstellung einer Szene mit dem Wedge-Object. Dieses wird aus zufälligen Richtungen mit Impulsen „beschossen“, die am Objekt reflektiert werden. Das Programmbeispiel wird im Abschnitt *Von allen Seiten attackiert* (Seite 259ff.) im Detail besprochen. Das Beispiel verwendet eine Zustandsmaschine für die Impulse, BoundingBox und Kollisionsmethoden.

`srot`

mit der Hauptklasse `SimpleRotationMain`. Ein Programmbeispiel zum Einstieg. Demonstriert die Rotation eines Objektes bei gleichzeitiger Verschiebung im Zusammenhang mit den Transformationsmatrizen von OpenGL. `srot` zeigt auch auf, wie Vertexarrays erzeugt und verwendet werden. Das Programmbeispiel wird im Abschnitt *Objekteigene Koordinatensysteme* (Seite 54ff.) im Detail besprochen. Sollten Sie mit den Pufferklassen `FloatBuffer` u. a. noch nicht vertraut sein, dann finden Sie im Abschnitt *Buffer* (Seite 582ff.) weitere Informationen dazu.

`tex1`

mit der Hauptklasse `Tex1Main`. Ein Programmbeispiel für eine prozedurale Texturerzeugung. Das Programm zeigt auch den Umgang mit diversen Texturfunktionen, zum Beispiel `glTexParameteri`.

`tex2`

mit der Hauptklasse `Tex2Main`. Ein umfangreiches Beispiel für 2D-Texturen, Einlesen eines Szenengraphen u. v. m. Das Programmbeispiel ist nicht einfach zu durchschauen, da sehr viele Vorgänge mit den im Buch entwickelten Bibliotheksklassen durchgeführt werden. Eine Beschreibung finden Sie im Abschnitt *Beispielprogramm 2D-Texturen* (Seite 399).

`szoom`

mit der Hauptklasse `SimpleZoomMain`. Demonstration einer Projektion mittels `glOrtho` im Zusammenhang mit einer einfachen Zoomfunktion. Wie bei `srot` werden Vertices mit dem Vertexarray an OpenGL übergeben, zusätzlich mit demselben Konzept Farben übergeben, die an die einzelnen Vertices gebunden sind. Das Programmbeispiel wird auf den Seiten 80ff. näher besprochen.

`wedge`

mit der Hauptklasse `WedgeMain`. Dieses Programmbeispiel wird im Abschnitt *Objekte erzeugen* (Seite 193ff.) im Detail besprochen. Erzeugt wird ein „Klotz“, der aus verschiedenen Richtungen perspektivisch betrachtet werden kann, auch ist ein Zoom eingebaut. Das Beispiel demonstriert auch diverse Renderingeffekte, wie die facettenhafte oder geglättete Darstellung, Flächenorientierung sowie den Linien- und Punktmodus.

8.3.9 Nützliche Hilfsklassen

OpenGL Vendor-Informationen

Am Anfang der Software-Entwicklung mit OpenGL ist es nützlich, zumindest beim eigenen Rechner, die OpenGL-Version und OpenGL-Erweiterungen zu kennen. Ob die verfügbaren Informationen auch in einem Programm ausgewertet werden, das in die weite Welt geht, hängt von der Art der Anwendung ab. Zum Beispiel können Sie eine OpenGL-Version voraussetzen, auch wenn dadurch viele Nutzer ausgesperrt werden. Auf der anderen Seite steht weniger die Ausführungsgeschwindigkeit und die einfachere Programmierung im Vordergrund, vielmehr der Aspekt, möglichst vielen Nutzern die Anwendung zugänglich zu machen.

Grundlage dafür ist die von OpenGL festgelegte Vendor-Information, die durch vordefinierte Konstanten und die `glGetString`-Funktion von einer Applikation abgerufen wird. Die Klasse `OpenGLVendorInfo` stellt die Information auch einer Java-Anwendung zur Verfügung; sie ist als `Singleton` implementiert. Weitere Details siehe Abschnitt *glGetString* (Seite 665).

Die Anwendung der Klasse ist denkbar einfach. Nachdem eine Instanz der Klasse erzeugt wurde (`instance()`), muss die Methode `sampleVendorInfo` aufgerufen werden, denn dann werden die verfügbaren Informationen abgeholt. In der Regel erfolgt dieser Vorgang am Anfang eines Programmes, allerdings wird der OpenGL-Kontext benötigt. Für einen Überblick am Anfang der Entwicklung kann die `toString`-Methode verwendet werden.

Bounding Box anzeigen

Für einige Untersuchungen und Demonstrationen ist es nützlich, einen Blick auf die Grenzbox zu werfen. Wenn Ihr Objekt eine solche Box bereitstellt, siehe Interface `BoundingBox` bzw. `BoundingBoxDefault`, beide im Paket `glib.math` aufzufinden, dann können Sie diese zusätzlich oder alternativ zu Ihrem Objekt in der Szene darstellen. Im Paket `glib.render` finden Sie die Klasse `BoundingBoxView`, die eine gegebene Box darstellt.

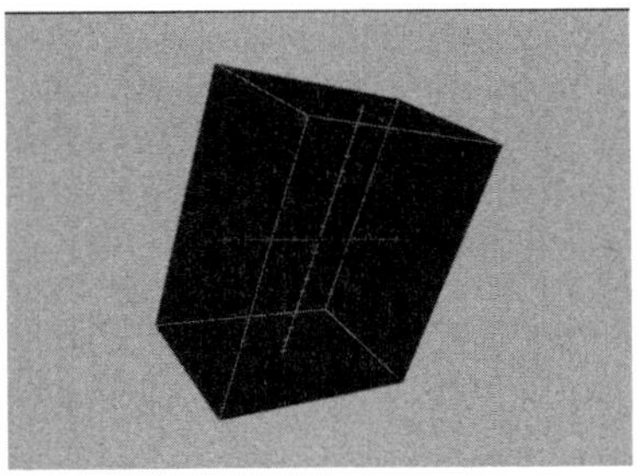

Screenshot einer Bounding Box im soliden und Border-Modus. Abbildung 8.7

Die Darstellung kann durch drei Flags beeinflusst werden: `showBorder`, `showSolid`, `showCenter`. Im Border-Modus wird ein Drahtmodell der Box dargestellt und gegebenenfalls die Achsen der Box (`showCenter==true`). Im soliden Modus präsentiert sich die Box als solider Körper, dieser Modus kann mit den anderen kombiniert werden, siehe Bild.

Der nachfolgende Programmauszug gibt eine Übersicht über die Einstellmöglichkeiten, `drawMyObject` ist hier auskommentiert, da im soliden Modus gewöhnlich Aliasing-Effekte auftreten. Diese treten dann dort auf, wo die Box-Flächen mit den Objektflächen übereinstimmen.

```
import glib.render.BoundingBoxView;

private BoundingBoxView boundingBoxView;

axisUnit = right/20d;
boundingBoxView = new BoundingBoxView();
```

```
boundingBoxView.setSolidDraw(true);
boundingBoxView.setBorderDraw(true);
boundingBoxView.setCenterDraw(true);
boundingBoxView.setAxesUnit(axisUnit,axisUnit,axisUnit);

// drawMyObject(gl);
boundingBoxView.draw(gl,myObject.getBoundingBox());
```

Im Linienmodus `showSolid==false`, `showBorder==true` sind störende Effekte nicht zu befürchten, und die Box kann gleichzeitig mit dem Objekt dargestellt werden. Die Farbe der Boxdarstellung und der Boxachsen ist unabhängig voneinander beeinflussbar, ebenso wie die Achsenunterteilung. Letztere gibt Hinweise auf die Größe von Objektteilen der Box relativ zum gesamten Objekt bzw. einer Szene. Beachten Sie: Die Box muss im gleichen Kontext wie das Objekt selbst gezeichnet werden, das bedeutet, mit den gleichen Abbildungsmatrizen, die auch für das Objekt zu einem bestimmten Zeitpunkt gelten.

Projektionen untersuchen

Im Paket `glib.util` findet sich die `ProjectionLog`-Klasse, die ein prima Hilfsmittel für eine Untersuchung der Projektionskette ist. Die Klasse liest die aktuellen, bei OpenGL gesetzten Matrizen und transformiert damit vorgegebene Punkte. Nach dem Logging liegt das Ergebnis als formatierter String vor, kann abgeholt und mit einem Logger beliebiger Wahl ausgegeben werden. Das nachfolgende Beispiel zeigt ein solches Ergebnis; es ist für eine bessere Darstellung in der Breite verkürzt worden.

```
inital P    |-1.0     0.0     1.0      1.0|
-------------------------------------------------------------
Modelview   |0.5      0.0     0.0      1.0 |wIsOne = true
            |0.0      6.0839 -0.5     -1.0|epsilon = 4.440892098E-16
            |0.0      0.5     6.0839  -1.0|type = GENERAL
            |0.0      0.0     0.0      1.0 |
-------------------------------------------------------------
Eye P       |0.5     -1.5    -0.999    1.0 |
-------------------------------------------------------------
Projection  |1.96261  0.0     0.0      0.0 |wIsOne = false
            |0.0      2.6168  0.0      0.0 |epsilon = 4.440892098E-16
            |0.0      0.0    -2.0      2.0 |type = GENERAL
            |0.0      0.0    -1.0      4.0 |
-------------------------------------------------------------
Device P    |0.19626 -0.785   0.7999   1.0 |
-------------------------------------------------------------
Viewport    |0.0      0.0     800.0   600.0|
-------------------------------------------------------------
Window P    |478.504  64.486  0.8999   1.0 |
-----------------------------------------------------------------
```

Das Ergebnis ist durch die Methode projectionLog erzeugt worden. Neben dieser Methode ist auch die umgekehrte Transformation bei gegebenen Windowkoordinaten mit der Methode projectionInverseLog möglich. Auch können die Eckpunkte einer Bounding Box transformiert (bounding-BoxLog) werden, und beliebige Punkte dürfen dem Log mit einer Reihe von weiteren Methoden (logPoint) hinzugefügt werden. Darunter findet sich auch eine Methode für das Logging einer Matrix (logMatrix). Die einfache enableLog-Methode ermöglicht noch ein verfeinertes Logging.

Images untersuchen

Die ImageUtil-Klasse, im Paket glib.storage, hilft bei einer genaueren Betrachtung einer Instanz der Klasse BufferedImage oder allgemein für das Debugging und Logging. getImageInfo liefert bei Übergabe eines BufferedImage-Objektes die gesamte verfügbare Information. Dazu wird das Farbmodell (ColorModel) ausgelesen, der Farbraum (ColorSpace), dann SampleModel untersucht, das Raster und schließlich die DataBuffer-Instanz. Eine Reihe von toString-Methoden wandelt Typ- oder Formatangaben in aussagekräftige Strings um.

```
public final class ImageUtil {

  // BufferedImage

  public final static String getImageInfo(BufferedImage image) {

  public final static String bufferedImageTypeToString(int iType) {
  public final static String colorSpaceTypeToString(int type) {
  public final static String dataTypeToString(int type) {

  // OpenGL type, format

  public final static String openGLImageFormatToString(int format) {
  public final static String openGLImageTypeToString(int type) {
```

Beispiel für die Ausgabe mittels getImageInfo:

```
INFO glib.util.RunSupport - image=/data/Oceanplace.png

       BufferedImage info: BufferedImage.TYPE_3BYTE_BGR
       --ColorSpace info: ColorSpace.TYPE_RGB
       --numComponents()=3

       --ColorModel info:
       --hasAlpha()=false
       --isAlphaPremultiplied()=false
       --getPixelSize()=24
       --numComponents()=3
       --numColorComponents()=3
```

```
--SampleModel info:
--getWidth()=640
--getHeight()=480
--getNumBands()=3
--getNumDataElements()=3
--getDataType()=DataBuffer.TYPE_BYTE

--Raster info:
--getMinX()=0
--getMinY()=0
--getWidth()=640
--getHeight()=480
--getNumBands()=3
--getSize()=921600
--getNumBanks()=1
--banks getOffsets()=[0]=0;
```

OpenGL-Fehler anfragen und ausgeben

Eine Implementation von OpenGL darf als recht robust bezeichnet werden, denn falsche Argumente von Funktionen werden ignoriert und die Funktion nicht ausgeführt; der Renderervorgang läuft weiter ab, wenn auch das Ergebnis nicht wie erwartet ausfällt. Eine solche Programmierung ist nur möglich, weil das Fehlverhalten keine Konsequenzen nach sich zieht. Aber angenommen, eine Applikation zeigt den Zustand einer Maschine oder eines Krans an, und ein menschlicher Beobachter leitet Handlungsanweisungen aus der Darstellung ab, dann liegt eine ganz andere Situation vor. Irgendwo dazwischen liegen die meisten Applikationen, denn bei Fehlern wird zumindest ein unzufriedener Nutzer vor dem Bildschirm sitzen, nämlich Sie selbst. Kritischer sind Fehler, die Sie nicht bemerken, zum Beispiel weil die Szene recht komplex ist und Ihre Aufmerksamkeit woanders liegt oder weil ein bestimmter Pfad im Programm beim Test nicht angesprochen wird. Im letzteren Fall hilft nur eine ausgefeilte Testsuite, aber im anderen Fall wird Ihnen die Klasse `OGLError` nützlich sein.

Generell ist es keine gute Idee, häufig Fehlerabfragen bei OpenGL durchzuführen, denn diese verursachen erhebliche Performanceeinbrüche. Dennoch wollen Sie natürlich ein fehlerfreies Programm. Das grundlegenden Verhalten von OpenGL hilft schon mal weiter, denn ein Fehlerflag bleibt gesetzt, bis es durch die `glGetError`-Funktion ausgelesen wird. Es genügt daher, einmal pro Frame den Fehlerzustand abzufragen, damit wird zumindest klar, ob die Applikation fehlerfrei rendert oder nicht.

Mit der Methode `isError` lässt sich die Fehlerstelle zunächst grob ermitteln, indem die Methode im Frame zuerst am Ende und von da an in groben Schritten zum Frame-Anfang verlagert wird, eine Art Approximation. Wenn Sie dann einen Funktionsaufruf im Verdacht haben, folgt die zweite Stufe.

```
OGLError.instance().clearError(gl);
// Hier der verdächtige Funktionsaufruf oder Block
log.log(OGLError.instance().toString("Nach xxx",gl));
```

Beim Umgang mit Vertex Buffer Objects (VBOs) kann die Methode `vboInfo` hilfreich sein. Diese liest Informationen, die über die Puffer verfügbar sind, unter anderem unter Nutzung der OpenGL-Funktion `glGetBufferParameteriv`. Bei Funktionsaufrufen dieser Art muss darauf geachtet werden, dass nicht durch die Fehleranfrage selbst ein Fehler produziert wird, denn manche `glGet`-Funktionen erzeugen Fehler, wenn seitens OpenGL die Voraussetzungen nicht gegeben sind.

Die oben angesprochenen Methoden geben Typen und Parameter im Klartext aus, zum Beispiel den String `GL_INVALID_VALUE` oder `GL_INT`, und mit dem ersten Parameter kann die Stelle im Programmcode näher angegeben werden.

Zeitmessungen

Für die Messung von Zeitdifferenzen stellt Java die Methode `System.nanoTime()` zur Verfügung. Diese liefert eine Zeitangabe in Nanosekunden, jedoch ist die tatsächliche Genauigkeit von der Implementation, d. h. dem Betriebssystem abhängig; unter Windows ist sie kleiner als eine Mikrosekunde.

```
long starttime = System.nanoTime();
... Programmcode
long deltatime = System.nanoTime()-startTime;
```

Mit einer solchen eingestreuten Programmsequenz ist es schon einmal möglich, sich einen Überblick zu verschaffen, bequemer und aussagekräftiger ist die Messung aber mit der Klasse `DeltaTimeLog`, die Sie im Paket `glib.util` finden. Angenommen, Sie wollen wissen, wie lange der Durchlauf einiger Routinen in der `display`-Methode dauert, nebst Taktung der Methode selbst.

```
public void display(GLAutoDrawable drawable) {

  DeltaTimeLog deltaTimeLog = DeltaTimeLog.instance();

  if(frameCount==0) {
    deltaTimeLog.overheadMeasure();
  }
  if(frameCount%100==0&&frameCount>0) {
    deltaTimeLog.computeStatistics(1,2);
    RunSupport.instance().doInfoLog(deltaTimeLog.toString());
    deltaTimeLog.computeStatistics(2,3);
    RunSupport.instance().doInfoLog(deltaTimeLog.toString());
    deltaTimeLog.computeStatistics(1,3);
```

```
    RunSupport.instance().doInfoLog(deltaTimeLog.toString());
    deltaTimeLog.computeStatistics(1,1);
    deltaTimeLog.clear();
  }
  frameCount++;
  ...

  deltaTimeLog.sample(1);
  ... code
  deltaTimeLog.sample(2);
  ... code
  deltaTimeLog.sample(3);
}
```

Mit den drei eingebauten `sample`-Methoden können einige sinnvolle Zeitdifferenzen gemessen werden: `1-2`, `2-3`, `1-3` und die Taktung der `display`-Methode über `1-1`. Das Besondere an der `DeltaTimeLog`-Klasse ist die statistische Messung. `DeltaTimeLog` schreibt die Zeiten in ein Array und setzt den angegebenen Marker. Diese Kombination erlaubt es dann, bei `computeStatistics`, einfache statistische Werte zu errechnen: den Mittelwert (mean) sowie die Maximum- und Minimumzeitdifferenz.

Kapitel 9

OpenGL-Funktionen

Dieses Kapitel bietet eine Beschreibung der im Buch verwendeten OpenGL-Funktionen, die für die meisten Zwecke ausreichend sein sollte. Keinesfalls kann die Übersicht aber die von OpenGL auf der Website bereitgestellte Referenz ersetzen. Ich werde auch nicht immer alle möglichen Prototypen präsentieren, vielmehr nur einen Stellvertreter, und im Text erwähnen, dass es Ausprägungen für diverse primitive Typen gibt. Auch erscheinen die OpenGL-Funktionen in ihrer originalen Form, die Wrapper-Methoden von JOGL etc. sind daraus ja leicht abzuleiten.

9.1 Versionsübersicht

Nachfolgende Versionsangaben orientieren sich am Ausgabedatum der Spezifikationen. Einige markante Fähigkeiten werden in der Spalte „Bemerkungen" aufgeführt. GLSL gibt die zugehörende Shaderversion an (*GL Shading Language*).

Tabelle 9.1: OpenGL/GLSL-Versionsübersicht

Version	Jahr	GLSL	Bemerkungen
1.1	1992		
1.2	1998		3D-Texturen
1.3	2001		Cube-Maps, Multitexture
1.4	2002		Mipmap-Erzeugung
1.5	2003		VBOs, Occlusion Queries
2.0	2004	1.0	Shader-Einführung, Non-Power-Of-Two-Texturen
2.1	2005	1.1	PBOs
3.0	2008	1.2	Deprecation-Modell, Einführung der Profile
3.1	2009	1.4	Uniform-Buffer-Object, keine fixierte Pipeline mehr
3.2	2009	1.5	Geometrie-Shader
3.3	2010	3.3	GLSL nun gleiche Versionsnr. wie OpenGL
4.0	2010	4.0	Tesselation-Shader, 64-Bit bei Vertex u. Matrizen
4.1	2010	4.1	gleiche Funktionen kompatibel mit OpenGL ES
4.2	2010	4.2	binäre Shader, 64-Bit bei Vertexshadern

Die Entfernung einer veralteten Funktion ist eines der Probleme bei der Standardisierung, denn besonders ein großer Standard wie OpenGL muss davon ausgehen, dass hohe Investitionen für die Erstellung von Software auf der Grundlage der aktuellen Spezifikationen getroffen werden. Wenn eine Funktion entfernt wird und die Hersteller der Grafikkarten der Anforderung folgen, dann kann es passieren, dass Software auf bestimmten Rechnern nicht mehr läuft. Die Anwender folgen im zeitlichen Abstand, denn sie setzen auf Versionen auf, die nach der Erstellung der Software auch auf den meisten Rechnern verfügbar sind.

Zum Beispiel die Situation Anfang 2012: Die Version des Standards ist 4.2, die bei den Grafikkarten verbreitetste Version 3.2 (PCs). Eine Neuentwicklung von 3D-Software wird auf 4.2 aufsetzen, aber mit Sicherheit auch den Standard 3.2 unterstützen. Aufgrund der mit der Zweigleisigkeit verbundenen Kosten werden die Entwickler allerdings zuerst prüfen, ob die Merkmale der höheren Version überhaupt benötigt werden. Dabei dürfen sie natürlich darauf vertrauen, dass die Hersteller ältere Versionen eine Zeitlang weiter unterstützen (*Compatibility Mode*), auch wenn in diesem Modus keine Hardwareunterstüzung verfügbar ist. Wenn Sie, für kleinere Beispiele, mal schnell die `glVertex`-Funktionen nutzen, dann wird Ihre Software mit einer OpenGL 4.x-Version noch laufen, aber nicht weil der Standard dies zulässt, sondern weil der Hersteller Ihrer Grafikkarte die Unterstützung bereitstellt.

Mit der Version 3.0 ist ein Verfahren (*Deprecation Model*) eingeführt worden, das OpenGL eine bessere Kontrolle über die Zeitfenster erlaubt, die mit bestimmten Merkmalen der Software verbunden sind. Funktionen wie `glVertex` werden zuerst als „deprecated" (veraltet) markiert und in späteren Versionen endgültig entfernt. Zum Beispiel wurden Funktionen der fixierten Pipeline, wie die Displaylisten, bei 3.0 als „deprecated" markiert und mit der Version 3.1 entfernt. Die Anwendungssoftware soll nun ein bestimmtes Profil – grob gesagt: eine Version – wählen und kann dann darauf aufsetzen. Der Compatibility Mode sorgt jedoch dafür, dass Software, die auf Funktionen vor 3.0 aufsetzt, dennoch läuft. Im Standard wird zwischen den Core-Profilen und den Compatibility-Profilen unterschieden.

Die Herstellung von Computergrafik-Hard- und Software erfolgt in einem harten Wettbewerb, und die Unterstützung älterer Funktionen erzeugt nicht nur zusätzliche Kosten, sie kann auch verhindern, dass neue SW/HW-Architekturen entstehen. Eine solche Situation drohte im Embedded-Markt (z. B. Android-Handys) und bei den Browsern (WebGL). Die Antwort von OpenGL war ein neuer Standard: OpenGL ES. Die nachfolgende Tabelle erhebt nicht den Anspruch auf eine vollständige Übersicht.

Tabelle 9.2: Ergänzende Standards/Profile/SW

Bezeichnung	**Merkmale**
OpenGL ES 1.0	OpenGL Embedded Standard
OpenGL ES 1.5	
OpenGL ES 2.0	Android, QNX, WebGL, Apple iOS
Common Lite	Sicherheitsrelevante Anwendungen.
	Festkommaformat (16 Bit), glVertex
Open AL	Audio, ebenfalls von der Khronos Group
Collada	Dateiformat 3D-Computergrafik
	Pflege durch die Khronos Group
WebGL	OpenGL mit dem Browser
GLX	Bindung an X-Windows
WGL	Bindung an MS-Windows
AGL,CGL	Bindung an MAC-OS
GLUT	Hilfsfunktionen, Modelle
free GLUT	GLUT wird nicht mehr gewartet, daher free GLUT
GLFW	ähnlich GLUT
SDL,SFML	OpenGL-Kontext, plattformunabhängig

Im Shaderquellcode sollte stets die minimale GLSL-Version angegeben werden, die für die Funktion notwendig ist. Die Angabe erfolgt ohne einen Punkt nach der Hauptversion, zum Beispiel:

```
#version 150
```

Mit der Wahl eines bestimmten Profils entfällt in der Regel das Hantieren mit Extensions. Mit der Bindungssoftware JOGL erfolgt die Profilwahl durch:

```
capabilities = new GLCapabilities(GLProfile.get(GLProfile.GL3));
```

Mit dem so erhaltenen Profil wird dann der Device-Kontext indirekt durch die Bindungssoftware erzeugt. Da dann auch alle Funktionen dieses Profils verfügbar sind, ist auch keine Abfrage einer bestimmten Erweiterung nötig. Aus eigener Erfahrung weiß ich aber, dass zumindest bei Windows und mit JOGL wenigstens eine Prüfung einer der Funktionen des jeweiligen Profils sinnvoll ist, um am Programmanfang auch die Verfügbarkeit des benötigten Treibers sicherzustellen, siehe dazu auch die Anmerkungen im Abschnitt *Vertex Buffer Objects (VBO)* (Seite 174). So ist es möglich, zu einem frühen Zeitpunkt dem Benutzer einen Hinweis zu geben, ob es ein Problem bei seinem System gibt und wo es liegt.

9.2 Typ- und Formatangaben

Wichtig ist es festzuhalten, dass, abgesehen von Tiefenpuffer- und den Stanzenangaben, OpenGL intern mit dem `float`-Datentyp rechnet. Ein Pixel im Farbpuffer besteht stets aus den Komponenten R, G, B und dem Alpha-Anteil. Gegebenenfalls wird eine nicht angegebene Farbe zu 0 und Alpha geich 1.0 (opaque) gesetzt. Die Anpassung auf den Wertebereich 0 ... 1.0 nennt man „Normalisieren" einer Komponente. Mit `GL_STENCIL_INDEX` ist ein spezieller Puffer verbunden, bei dem Schablonen angelegt sein können, um Farben zu filtern, das kann zum Beispiel eine Schattenfilterung sein.

Tabelle 9.3: OpenGL-Konstante für Typangaben

Typ	Merkmale
GL_BYTE	Byte 8 Bit, ein Bit Vorzeichen
GL_UNSIGNED_BYTE	Byte 8 Bit, 0..255
GL_SHORT	Integer 16 Bit, ein Bit Vorzeichen
GL_UNSIGNED_SHORT	Integer 16 Bit
GL_INT	Integer 32 Bit, ein Bit Vorzeichen
GL_UNSIGNED_INT	Integer 32 Bit
GL_FLOAT	Gleitkommazahl, Float 32 Bit

Tabelle 9.4: OpenGL-Konstante für Formatangaben

Typ	Merkmale
GL_RGB	R G B, ohne Transparenz
GL_BGR	B G R, ohne Transparenz
GL_RGBA	R G B A, incl. Transparenz
GL_BGRA	B G R A, incl. Transparenz
GL_RED	nur Rot
GL_GREEN	nur Grün
GL_BLUE	nur Blau
GL_ALPHA	nur Alpha (Transparenz)
GL_LUMINANCE	R,G,B = Luminanzwert, Alpha=1.0
GL_LUMINANCE_ALPHA	wie oben, aber Alpha=Luminanzwert
GL_COLOR_INDEX	Index in einer Farbtabelle
GL_DEPTH_COMPONENT	Tiefenpufferwert
GL_STENCIL_INDEX	Stanzen-Index
GL_UNSIGNED_INT_8_8_8_8	R(8) G(8) B(8) Alpha(8)
GL_UNSIGNED_INT_8_8_8_8_REV	B(8) G(8) R(8) Alpha(8)
GL_UNSIGNED_INT_10_10_10_2	R(10) G(10) B(10) Alpha(2)
GL_UNSIGNED_INT_2_10_10_10_REV	B(10) G(10) R(10) Alpha (2)

Soll eine umgekehrte Reihenfolge gelten, steht das Kennzeichen _REV am Ende der Kennung.

9.3 Funktionsliste

glAttachShader

```
void glAttachShader(GLuint programID, GLuint shaderID)
void glDetachShader(GLuint programID, GLuint shaderID)
```

Ein Shader, dessen Referenz im Argument `shaderID` angegeben ist, wird einem Programm `programID` hinzugefügt. Damit wird der übergebene Shader bei einem Link `glLinkProgram` berücksichtigt. `glAttachShader` ebenso wie `glDetachShader` agieren auf Referenzenebene, Shader müssen nicht unbedingt kompiliert sein, selbst eine Übergabe des Quellcodes muss noch nicht erfolgt sein.

Zur Shaderprogrammierung siehe auch die Abschnitte *Shader, Programm-Lebenszyklus* (Seite 539), *Shader und generische Attribute* (Seite 185ff.) und *Shaderprogrammierung* (Seite 721).

glBegin

```
void glBegin(GLenum mode)
```

Die Funktionen `glBegin` und `glEnd` bilden eine Klammer um eine Abfolge von Vertexangaben. Innerhalb der Klammer dürfen auch andere Elemente erscheinen, etwa Normale, Farbangaben, Texturkoordinaten, die mit einem bestimmten Vertex verbunden sind. So werden im nachstehenden Beispiel zwei Dreiecke erzeugt, wobei einigen Vertices eine andere Farbe zugeordnet ist. Die Farbe (`c2R,c2G,c2B`) gilt für alle Vertices 1 bis 5.

```
glBegin(GL_TRIANGLES)
glColor(c1R,c1G,c1B);
glVertex3f(v1x,v1y,v1z);       // 0 v = 0
glColor(c2R,c2G,c2B);
glVertex3f(v2x,v2y,v2z);       // 1
glVertex3f(v3x,v3y,v3z);       // 2

glVertex3f(v4x,v4y,v4z);       // 3 v = 1
glVertex3f(v5x,v5y,v5z);       // 4
glVertex3f(v6x,v6y,v6z);       // 5
glEnd()
```

Durch den Parameter `mode` wird ein Kontext angegeben, der eine Sequenz von Funktionen von anderen abgrenzt und innerhalb dessen bestimmte Regeln einzuhalten sind. Der Kontext im obigem Beispiel ist mit `mode == GL_TRIANGLES` auf eine Abfolge unabhängiger Dreiecke eingestellt. Es gilt die Regel: Je drei aufeinander folgende Vertices legen ein Dreieck fest. OpenGL ist eine Zustandsmaschine, das bedeutet, ein Kommando gilt solange, bis es durch ein anderes der gleichen Art – im Beispiel die Farbanweisung – oder durch eine Disable-Funktion aufgehoben wird. Während im Beispiel die Vertexzahl ein Vielfaches von 3 sein muss, gilt dies nicht für die anderen Anweisungen.

Innerhalb einer `glBegin()`- und `glEnd()`-Klammer dürfen nur bestimmte Anweisungen stehen. Dies sind:

- `glArrayElement`
- `glColor`
- `glEdgeFlag`
- `glEvalCoord`
- `glEvalPoint`
- `glFogCoord`

- glIndex
- glMulitTextCoord
- glNormal
- glSecondaryColor
- glTexCoord
- glVertex

Die Display-List-Funktionen glCallList oder glCallLists sind erlaubt, wenn sie keine glBegin- und glEnd-Klammer einschließen. Der Parameter mode darf einen in der nachstehenden Liste aufgeführten Wert annehmen:

GL_POINTS
: OpenGL stellt die angegebenen Vertices als Punkte dar. Die Punktgröße kann vor der glBegin-Funktion durch glPointSize eingestellt werden.

GL_LINES
: Je zwei Vertices stellen eine Linie (Strecke) dar. Linien sind unabhängig voneinander. Die Dicke der Linie kann durch glLineWidth beeinflusst werden. Auch ist es möglich, unterbrochene Linien zu erzeugen; diese werden durch glLineStripple eingestellt.

GL_LINE_STRIP
: Die Abfolge der Vertices gibt die Stützpunkte einer Linie an. Da die Verbindung zwischen den Stützpunkten eine Gerade ist, spricht man auch von einer Verbindung 1. Ordnung ($a \cdot x + b$). Der erste angegebene Vertex bestimmt den Startpunkt der Linie, der zweite wird mit diesem durch eine Linie verbunden, dann der dritte mit dem zweiten usw.

GL_LINE_LOOP
: Funktioniert wie GL_LINE_STRIP, der letzte und der erste Vertex werden dabei zusätzlich durch eine Linie verbunden.

GL_TRIANGLES
: Erwartet wird eine Abfolge von Vertices, wobei je drei ein Dreieck festlegen. Ist D die Zahl der Dreiecke, dann geben die Vertices $3d$, $3d+1$ und $3d+2$ die Ecken der Dreiecke vor. Das Dreieck ist hier durch den Index d angegeben, und es gilt: $d = 0, 1, 2 \ldots (D-1)$.

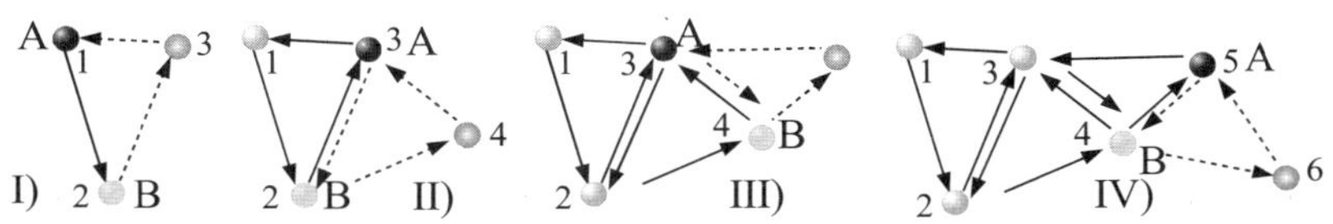

Abbildung 9.1 Die Orientierung eines Dreiecks wird durch die Abfolge der Vertices in der glBegin- und glEnd-Klammer bestimmt.

`GL_TRIANGLE_STRIP`

Bei der Erzeugung eines Triangle-Strips zählt OpenGL die Vertices und versieht diese mit zwei Buchstaben. Der erste Vertex bekommt den Buchstaben A zugewiesen und der zweite den Buchstaben B. Wird der dritte Vertex übergeben, dann erstellt OpenGL ein Dreieck, beginnend mit A dann B und dann zu dem neuen Vertex.

Nach der Übergabe des vierten Vertex erhält dieser den Buchstaben B, so dass mit einem weiteren Vertex (5) wieder ein Dreieck von A nach B usw. konstruiert werden kann. Da (5) ein ungerader Vertex ist, bekommt er nun den Buchstaben A, und das Spiel geht weiter. Für die Orientierung der Dreiecke (im oder entgegen dem Uhrzeigersinn) ist die Übergabe der ersten zwei Vertices entscheidend.

Beachten Sie: OpenGL betrachtet Flächen, die entgegen dem Uhrzeigersinn orientiert sind, als vordere Flächen. Gegebenenfalls kann die betreffende Sequenz mit einem Funktionspaar `glFrontFace(GL_CW)` – `glFrontFace(GL_CCW)` eingekleidet werden.

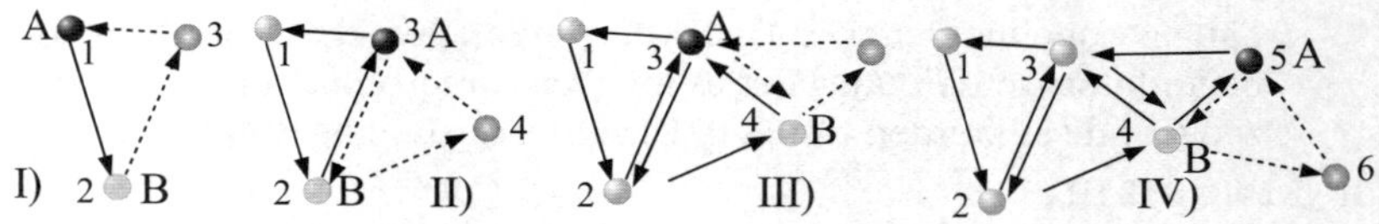

Abbildung 9.2 Erzeugung eines Triangle-Strips.

`GL_TRIANGLE_FAN`

Die Erzeugung läuft ähnlich wie oben bei `GL_TRIANGLE_STRIP` ab. Nachdem die ersten beiden Vertices, ebenfalls mit A und B bezeichnet, übergeben wurden, erfolgt mit dem dritten Vertex die Erzeugung des ersten Dreiecks. Nun wird aber nicht mehr abhängig von der Vertexzahl zwischen A und B gewechselt, vielmehr erhält der vorausgehende Vertex immer den Buchstaben B.

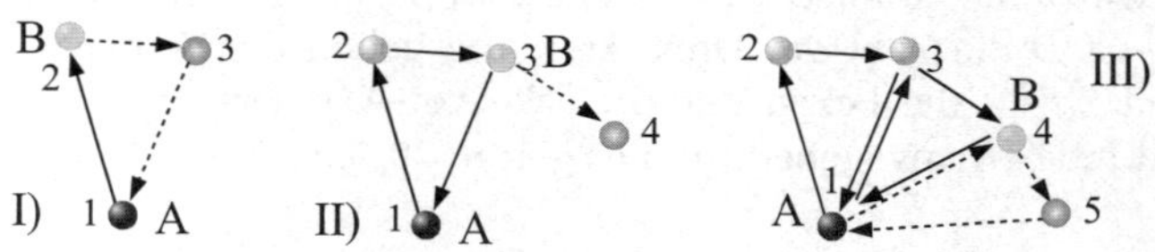

Abbildung 9.3 Erzeugung eines Triangle-Fan.

`GL_QUADS`

Erwartet wird eine Abfolge von Vertices, wobei je vier ein Rechteck (Quadrilateral oder Quad) festlegen. Ist R die Zahl der Rechtecke, dann geben die Vertices $4v$, $4v+1$, $4v+2$ und $4v+3$ die Ecken der Rechtecke vor, $v = 0, 1, 2..(R-1)$.

GL_QUAD_STRIP

OpenGL verbindet den ersten Vertex mit dem zweiten, den zweiten mit dem vierten und schließlich den vierten mit dem dritten Vertex. Die Umrandung wird geschlossen durch die Verbindung des dritten mit dem ersten Vertex. Erster, zweiter, dritter etc. gibt hier die Reihenfolge an, in der die Vertices an OpenGL übergeben werden.

Übergibt man die Vertices in der Reihenfolge (a, b, c, d), dann erhält man kein gültiges Quad, denn b wird mit d verbunden. Richtig ist es, die Reihenfolge (a, b, d, c) einzuhalten. Danach gelten die Sequenzen (d, c, f, e), (f, e, g, h) etc. Fasst man diese zu einer Abfolge zusammen, so folgt: $(a, b, d, c, f, e, h, g, ...)$. Man beachte die veränderte Reihenfolge, wenn eine Orientierung im Uhrzeigersinn erzeugt werden soll.

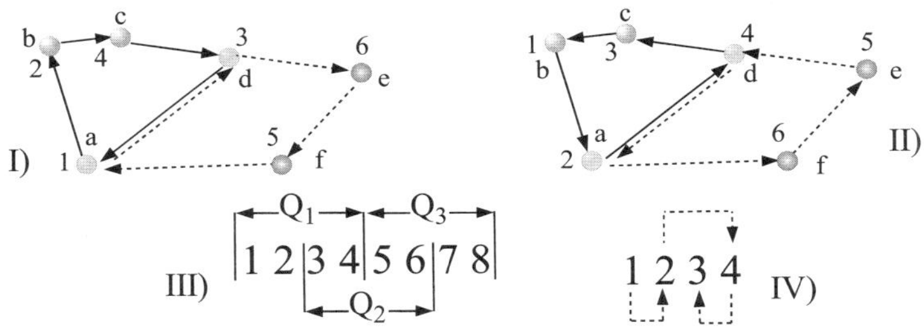

Abbildung 9.4 Erzeugung eines Quad-Strips. Die Vertices sind durch Kleinbuchstaben gekennzeichnet, ihre Abfolge bei der Übergabe an OpenGL durch die Zahlen 1, 2 usw. angegeben. Die Pfeile zeigen das Ergebnis nach der Übergabe an OpenGL. I) erzeugt ein CC (siehe `glFrontFace`-Funktion) und II) ein CCW. Bei IV) wird das Verhalten von OpenGL bei der Erzeugung eines Quads dargestellt. Hier ist 1,2,3,4 ein Index, der die Abfolge der Vertices angibt (3 = der dritte übergebene Vertex). III) Stellt die Zuordnung zu den einzelnen Quads dar.

GL_POLYGON

Hierbei werden Vertices angegeben, wie im Falle `GL_LINE_LOOP`. Die Reihenfolge ist aber für die Orientierung der Fläche von Bedeutung, auch muss es sich um ein konvexes Polygon handeln.

Ab OpenGL 3.0 (2008) wird diese Form der Vertexübergabe nicht mehr unterstützt (deprecated), sie ist nur noch bei dem Profil OpenGL ES SC vorhanden (Embedded System, Safety-critical). Verwenden Sie Vertexarrays oder VBOs. Der `mode`-Parameter und die damit verbundene interne Verarbeitung ist aber weiterhin von Bedeutung, siehe `glDrawElements`.

glBindAttribLocation

```
void glBindAttribLocation(GLuint shaderProgram,
  GLuint attributeIndex, const GLchar *attributeName)
```

Mit dieser Funktion wird ein benutzerdefinierter Index (`attributeIndex`) an eine Attributvariable mit dem Namen (`attributeName`) gebunden. Das Argument `shaderProgram` muss der Bezeichner eines von OpenGL erzeugten Shaderprogramms sein (`glCreateProgram`). Der Attributindex muss positiv und kleiner sein, als `glGet(GL_MAX_VERTEX_ATTRIBS)` angibt. OpenGL fordert, dass die genannte Konstante mindestens 16 Vertexattribute zulässt.

Der im Argument `attributeName` angegebene Name eines Attributs wird von OpenGL beim Aufruf der `glBindAttribLocation` kopiert und an den übergebenen Index gebunden. Die Bindung ist auch zulässig, wenn noch kein Shader dem Shaderprogramm hinzugefügt wurde, und es ist auch zulässig, eine Bindung für einen Namen vorzunehmen, der in einem Shader nicht vorkommt. Durch einen erfolgreichen `glLinkProgram`-Aufruf wird die Bindung fixiert, die `glGetAttribLocation`-Funktion liefert in diesem Fall den Wert von `attributeIndex`. Das bedeutet auch, dass die Bindung vor einem Link durch einen erneuten Aufruf von `glBindAttribLocation` jederzeit wieder geändert werden darf.

Anstelle einer expliziten Bindung findet sich in Foren gelegentlich die Anwendung der `glGetAttribLocation` für diesen Zweck. Das funktioniert auch, weil OpenGL eine Standardbindung beim Linken eines Shaderprogramms durchführt, falls bis zu diesem Zeitpunkt noch keine explizite Bindung durch `glBindAttribLocation` vorgenommen wurde. Vom Konzept her gesehen ist `glGetAttribLocation` aber eine Abfragefunktion (*Query*) und `glBindAttribLocation` eine Funktion, die einen Status bei OpenGL verändert. Die OpenGL-Spezifikation schreibt die Standardbindung aber vor.

Bei der Vergabe von Attributindizes muss der Typ der Attributvariable berücksichtigt werden. Ein Attribut vom Typ `float`, `vec2`, `vec3` oder `vec4` beansprucht einen Index; wenn aber eine Matrix gebunden wird, dann muss für jede Spalte ein Index eingerechnet werden, eine 3×3-Matrix konsumiert daher drei Indizes. Der Zugriff im Shader auf eine Matrix, übergeben als Attribut, erfolgt spaltenweise mit i der ersten Spalte, $i+1$ der zweiten Spalte usw.

glBindBuffer

```
void glBindBuffer(GLenum target, GLuint bufferID)
```

Eine Puffer-ID (`bufferID`) wird mit einem Pufferobjekt (`target`) verbunden. Ein Pufferobjekt kann man sich als ein Instanz einer Klasse vorstellen, die mehrere indirekte Referenzen auf existierende Puffer enthält. Die Referenzen werden durch die Puffernamen bzw. IDs abgebildet, die Puffer durch die Funktion `glBufferData` erzeugt. Bei OpenGL sind vier solcher Pufferobjekte definiert.

`GL_ARRAY_BUFFER`
Dieses Pufferobjekt wird für die Übergabe von Vertices, Normalen und Texturkoordinaten verwendet. Die Nutzung erfolgt im Rahmen des Vertexbuffer-Konzepts (VBO). Siehe auch `glBufferData` für eine Übersicht verwandter Funktionen.

`GL_ELEMENT_ARRAY_BUFFER`
Nutzung im Rahmen des Vertexbuffer-Konzepts (VBO); damit werden, bei der indirekten Adressierung, Verweise auf Vertexdaten gebunden. Das Rendern erfolgt mit der Funktion `glDrawElements`.

`GL_PIXEL_PACK_BUFFER` / `GL_PIXEL_UNPACK_BUFFER`
Bindung im Rahmen des PBO-Konzepts (Pixel Buffer Objects). PBOs sind mit der OpenGL-Version 2.1 eingeführt worden.

Die Bindung bleibt aktiviert, bis zu einem Aufruf der `glDeleteBuffers` oder bis eine andere Bindung vorgenommen wird. Wird eine Null im Argument `bufferID` übergeben, dann entfernt OpenGL eine bestehende Bindung.

glBindTexture

```
void glBindTexture(GLenum target,GLUInt id)
```

OpenGL besitzt einen Mechanismus, der mehrere Texturen in einem Speicher vorrätig hält und eine bestimmte Textur für nachfolgende Rendervorgänge aktiviert. Die Anwendung holt sich zuerst eine Liste von Bezeichnern – einfache Nummern – mittels der `glGenTextures`-Funktion und nutzt, in einem zweiten Schritt, einen dieser Bezeichner im Argument `id` der `glBindTexture`-Funktion. Wird anschließend ein Texturbild (`glTexImage`) an OpenGL übergeben, dann verbindet OpenGL dieses Bild *und* alle nachfolgenden Zustandsänderungen, etwa durch `glTexParameter`, mit dem Bezeichner. Man kann sich den Mechanismus als ein Objekt vorstellen, für das ein Hash-Key, ein eindeutiger Schlüssel, erzeugt wurde und das Zustandsflags und Parameter sowie einen Zeiger auf das Texturimage enthält. Mit `glBindTexture` aktivieren Sie das Objekt und können damit bzw. daran Operationen vornehmen.

```
gl.glActiveTexture(GL2.GL_TEXTURE0+textureCount);
gl.glBindTexture(oglTextureType,oglTextureID);

gl.glTexImage2D(oglTextureType,0,openGLImageInternalFormat,
  width,height,0,openGLImageFormat,openGLImageType,buffer
);
gl.glBindTexture(oglTextureType,0);
```

Nachdem die Textur übergeben wurde, erfolgt die Nutzung der Textur, indem Texturkoordinaten übergeben werden oder die Textur beim Rendern verwendet wird. OpenGL aktiviert mit einem Aufruf der glBindTexture-Funktion die durch id angesprochene Textur, alle nachfolgende Vorgänge werden damit durchgeführt. So ist es auch möglich, auf andere Texturen umzuschalten. Diese Umschaltung ist erheblich schneller, als die Texturen jeweils neu an OpenGL zu übergeben, Beispiel:

```
gl.glActiveTexture(GL2.GL_TEXTURE0+count);
gl.glBindTexture(oglTextureType,oglTextureID);
gl.glUniform1i(oglTextureID,count);
```

Das Argument target gibt den Grundtyp der Textur an: GL_TEXTURE_1D, GL_TEXTURE_2D, GL_TEXTURE_3D, GL_TEXTURE_1D_ARRAY, GL_TEXTURE_2D_ARRAY oder GL_TEXTURE_CUBE_MAPP. Die Bindung erfolgt an den Grundtyp, es ist nicht zulässig, den gleichen Bezeichner zuerst für eine eindimensionale Textur, dann eine zweidimensionale zu verwenden.

Im Argument id muss ein Bezeichner übergeben werden, der in der Regel mittels glGenTextures erzeugt wurde. Die Nummer 0 ist bei OpenGL reserviert für aktive Texturen, insbesondere wenn eine Textur übergeben und verwendet wird, ohne glGenTextures und glBindTexture zu nutzen.

glBitmap

```
void glBitmap(GLsizei width,GLsizei height,GLfloat scrX,GLfloat scrY,
GLfloat updateX,GLfloat updateY,const GLbyte *bitmap)
```

Ein binäres Bild besteht aus gepackten Bits (0,1). Die Bitmap-Funktion wirkt direkt auf den Framepuffer und setzt dort Pixel auf die aktuell voreingestellte Farbe (glColor), falls in der Bitmap eine 1 erscheint; wenn dies nicht der Fall ist (0), wird das Pixel nicht verändert. Die nachfolgenden Rasterstufen werden nicht außer Kraft gesetzt, also Farbänderungen durch Texturen, die Beleuchtung, Blending, bis hin zum Nebel. Positioniert wird durch die glRasterPos, aus der nach den Transformationen durch die Modellmatrix und Projektionsmatrix die Windowkoordinaten folgen. Die Bitmap, als ein Rechteck von Pixeln, verändert sich durch die Transformation nicht, sie bleibt senkrecht dem Betrachter zugewandt.

Die Funktion erwartet die Weite und Höhe der Bitmap und danach die Startposition in der Bitmap, relativ zur unteren linken Ecke. updateX und updateY wirken auf die aktuelle Rasterposition. Zu dieser wird am Ende der Funktion der gegebene Abstand hinzuaddiert, eine sehr nützliche Eigenschaft für die Übergabe von Zeichenketten, umgewandelt in eine Bitmap. Die Z-Koordinate wird nicht verändert.

```
glBitmap(
  characterWidth, characterHeight,
  characterStartOffsetX,characterStartOffsetY,
  characterAdvance,0,characterBitmap
);
```

Im Beispiel wird ein bestimmter Zeichensatz vorausgesetzt, dessen Zeichen, abhängig vom Font und dessen Größe, auf kleine Bitmaps (`characterBitmap`) abgebildet sind, siehe `glutBitmapString` für eine Implementation. Mit jedem Zeichen verbunden ist dessen Weite und Höhe, der Start-Offset und der Abstand zum nächsten Zeichen. Durch einen wiederholten Aufruf der Funktion kann so ein kompletter String ausgegeben werden, der nur einmal vor dem Aufruf der Funktion positioniert wird.

Auf die Interpretation der Bitmapdaten kann durch `glPixelStore` Einfluss genommen werden. Abgesehen von der Fortschreibung der Rasterposition entspricht die Bitmap-Funktion einem `glDrawPixels`-Aufruf, wenn dort für das Argument `format` die Konstante `GL_COLOR_INDEX` und für `type` `GL_BITMAP` übergeben wird. Sind d_x und d_y die aktuellen Windowkoordinaten (aktuelle Rasterposition), dann berechnet sich die tatsächliche Position im Framepuffer gemäß:

$$x_{fb} = |d_x - \texttt{scrX}| \qquad y_{fb} = |d_y - \texttt{scrY}|$$

`glBitmap` ist ab der Version 3.0 nur noch im Compatibility-Modus verfügbar (deprecated).

glBlendColor

```
void glBlendColor(GLclampf red, GLclampf green, GLclampf blue)
```

Mit den `glBlendEquation`-Funktionen ist es möglich, auch eine konstante Farbe in die Berechnung mit einzubeziehen (`GL_CONST_COLOR` oder `GL_CONST_ALPHA`). Diese Farbe wird mit `glBlendColor` voreingestellt.

glBlendEquation

```
void glBlendEquation(GLenum algorithm)
```

Mit der `glBlendEquation`-Funktion ist es möglich, den Algorithmus einzustellen, der beim Blending verwendet werden soll.

Tabelle 9.5: `glBlendFunc`-Parameter

Name	Algorithmus
GL_FUNC_ADD	$\vec{S}+\vec{D}$
GL_FUNC_SUBTRACT	$\vec{S}-\vec{D}$
GL_FUNC_REVERSE_SUBTRACT	$-\vec{S}+\vec{D}$
GL_FUNC_MIN	$\texttt{min}(\vec{S},\vec{D})$
GL_FUNC_MAX	$\texttt{max}(\vec{S},\vec{D})$
GL_LOGIC_OP	$\vec{S}\texttt{op}\vec{D}$

Die Funktion op bezieht sich auf eine der Funktionen der `glLogicOp`-Funktion.

glBlendFunc

```
void glBlendFunc(GLenum sourceFactor, GLenum destinationFactor)
```

Mit dieser Funktion werden zwei Faktoren ausgewählt, die vor der Übernahme eines Pixels in den Framepuffer angelegt werden. Mit der Vorgaberegel (Add) werden beim Blending zwei Farben (evtl. mit Alpha-Anteil) addiert, wobei jede Farbe mit einem Faktor gewichtet wird. Neben der Vorgaberegel besteht noch die Möglichkeit, mit `glBlendEquation` eine andere arithmetische Funktion zu wählen.

$$\vec{C}_{blend} = \begin{pmatrix} f_{S,R} S_R \\ f_{S,G} S_G \\ f_{B,R} S_B \\ f_{A,R} S_A \end{pmatrix} + \begin{pmatrix} f_{D,R} D_R \\ f_{D,G} D_G \\ f_{D,R} D_B \\ f_{D,R} D_A \end{pmatrix}$$

Die Argumente der `glBlendFunc` beziehen sich auf die Faktoren der obigen Gleichung, die komponentenweise angelegt werden.

Tabelle 9.6: glBlendFunc-Parameter

Name	RGB-Anteil, $\vec{S}$, $\vec{D}$	Alpha
GL_ZERO	$(0,0,0)$	0
GL_ONE	$(1,1,1)$	1
GL_SRC_COLOR	(S_R, S_G, S_B)	S_A
GL_ONE_MINUS_SRC_COLOR	$(1,1,1)-(S_R, S_G, S_B)$	$1-S_A$
GL_DST_COLOR	(D_R, D_G, D_B)	D_A
GL_ONE_MINUS_DST_COLOR	$(1,1,1)-(D_R, D_G, D_B)$	$1-D_A$
GL_SRC_ALPHA	(S_A, S_A, S_A)	S_A
GL_ONE_MINUS_SRC_ALPHA	$(1,1,1)-(S_R, S_G, S_B)$	$1-S_A$
GL_DST_ALPHA	(D_A, D_A, D_A)	D_A
GL_ONE_MINUS_DST_ALPHA	$(1,1,1)-(D_A, D_A, D_A)$	$1-D_A$
GL_CONSTANT_COLOR	(C_R, C_G, C_B)	C_A
GL_ONE_MINUS_CONSTANT_COLOR	$(1,1,1)-(C_R, C_G, C_B)$	$1-C_A$
GL_CONSTANT_ALPHA	(C_A, C_A, C_A)	C_A
GL_ONE_MINUS_CONSTANT_ALPHA	$(1,1,1)-(C_A, C_A, C_A)$	$1-C_A$
GL_SRC_ALPHA_SATURATE	(m_A, m_A, m_A)	1

Worin $m_A = (min(S_A, 1-D_A)$ und mit C_i die mittels `glBlendColor` gesetzte Farbe gemeint sind.

Blending muss ein- oder ausgeschaltet werden. Die Vorgabe ist ausgeschaltetes Blending, anstehende Pixel überschreiben das Pixel im Framepuffer.

```
void glEnable(GL_BLEND);
...Einstellung der Blending-Parameter
...Zeichnen der Objekte
void glDisable(GL_BLEND);
```

Eine für die Transparenz nützliche Einstellung ist zum Beispiel:

```
void glBlendFunc(GL_SRC_ALPHA, GL_ONE_MINUS_SRC_ALPHA);
```

Eine Farbe $\vec{S} = (0.5, 0.5, 0.5, 0.75)$ wird dann mit $\vec{D} = (0.5, 0.25, 0.125, 1)$ zur gemischten Farbe $\vec{C}_{blend} = (0.625, 0.5625, 0.5313, 1)$. Das Alpha-Ergebnis ist hier $0.75 + 0.25 \cdot 1 = 1$, generell werden Zwischenwerte und das Ergebnis auf den Bereich 0...1 angepasst (*Clamp*). Die gleiche Rechnung sei nun mit der Einstellung

```
void glBlendFunc(GL_SRC_COLOR, GL_ONE_MINUS_DST_COLOR);
```

vorgenommen: $\vec{C}_{blend} = (0.75, 0.6875, 0.61, 0.75)$.

glBufferData

```
void glBufferData(
  GLenum target,GLsizei bufferSize,const GLvoid *buffer,Glenum hint)
```

Die Funktion erzeugt und initialisiert einen Puffer auf der OpenGL-Seite (Server Side). Der Puffer wird an ein Objekt gebunden, dessen Name im Argument `target` angegeben ist.

`GL_ARRAY_BUFFER`
: Im Rahmen des Vertexbuffer-Konzepts (VBO) werden mit dieser Konstante Puffer für Vertices, Normale und Texturkoordinaten erzeugt.

`GL_ELEMENT_ARRAY_BUFFER`
: Im Rahmen des Vertexbuffer-Konzepts (VBO) werden mit dieser Konstante Puffer für Indizes (`glDrawElements`) erzeugt.

`GL_PIXEL_PACK_BUFFER` und `GL_PIXEL_UNPACK_BUFFER`
: Damit werden im Rahmen des PBO-Konzepts (Pixel Buffer Objects) Puffer erzeugt und initialisiert, die Pixeldaten enthalten.

Die Adresse der Quelle wird im Argument `buffer` übergeben, die Puffergröße, gemessen in Bytes, wird im Argument `bufferSize` angegeben. Bestehen die Pufferdaten aus n Vertices mit drei Float-Koordinaten, dann ist `bufferSize=`n*3*size(float). Nach dem Aufruf von `glBufferData` sind `bufferSize` Bytes vom Quellpuffer (Client Side) in den Zielpuffer (Server Side) kopiert. Werden die Quelldaten nicht für andere Zwecke benötigt, kann der Quellpuffer gelöscht werden. Der serverseitige Puffer ist nicht ohne Zugriffsfunktionen verfügbar, siehe `glMapBuffer` und `glUnmapBuffer`.

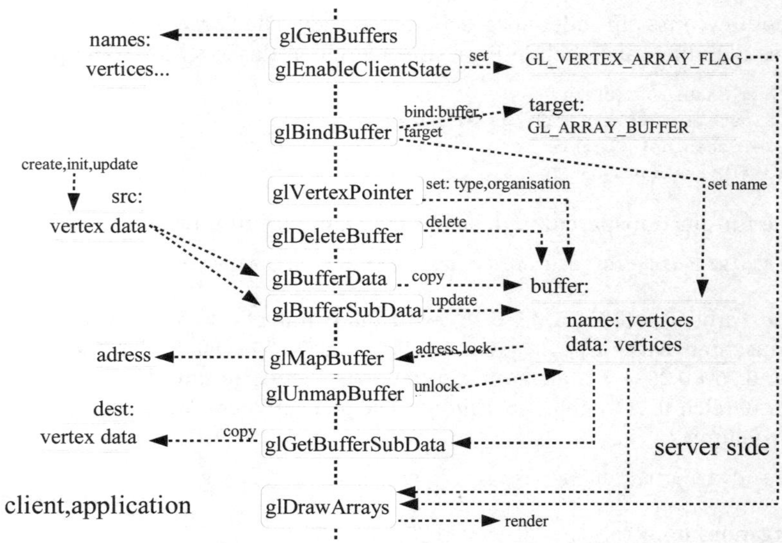

Abbildung 9.5 Im Bild dargestellt sind die im Umfeld des Vertexarray- und Vertexbuffer-Konzepts verfügbaren OpenGL-Funktionen und ihre Wirkung auf die Datenstrukturen.

Die VBOs sind von OpenGL mit der Version 1.5 eingeführt worden, um das Rendern zu beschleunigen, denn Puffer, die der Kontrolle von OpenGL unterliegen, können effizienter verwaltet und auf sie kann schneller zugegriffen werden. Eine gute Pufferverwaltung ist von der Art des Zugriffs abhängig, eine Feststellung, die sich im Argument `hint` widerspiegelt. Die für `hint` gültigen Konstanten setzen sich aus zwei Teilen zusammen. Der erste Anteil bezieht sich auf die Häufigkeit des Zugriffs durch die Clientseite (`DYNAMIC`, `STREAM`, `STATIC`) und der zweite Teil auf die Nutzung der Pufferdaten (`DRAW`, `READ`, `COPY`). Die Nutzung des Hinweises überlässt OpenGL der jeweiligen Implementation.

`GL_DYNAMIC_DRAW`
: Hier wird angenommen, dass eine häufige Veränderung der Quelldaten erfolgt und sich daher auch der Pufferinhalt häufig ändert. Die Pufferdaten werden in erster Linie für das Rendern (`glDrawArray`) verwendet, sie werden also häufig und hauptsächlich von OpenGL zur Darstellung gelesen. Die Clientseite schreibt viel und die Serverseite liest viel.

`GL_DYNAMIC_READ`
: Wie oben, aber hier wird angenommen, dass die Pufferdaten häufig von der Clientseite ausgelesen werden (`glMapBuffer` bzw. `glReadPixels`).

GL_DYNAMIC_COPY
: Wie oben, aber hier wird noch zusätzlich angenommen, dass die Pufferdaten als eine direkte Quelle für Renderfunktionen dienen, die Daten werden innerhalb von OpenGL kopiert.

GL_STREAM_DRAW
: ist eine strengere Anforderung als DYNAMIC, es wird angenommen, dass die Pufferdaten sehr schnell – nach dem Rendern eines Frames – bereits ungültig werden und sich verändern. Die Pufferdaten werden in erster Linie für das Rendern, zum Beispiel glDrawArray, verwendet, sie werden also weniger, aber hauptsächlich von OpenGL gelesen. Die Clientseite schreibt viel und die Serverseite liest – nach einem Update – wenig.

GL_STREAM_READ
: Wie oben bei GL_STREAM_DRAW, aber hier wird angenommen, dass die Pufferdaten häufig von der Clientseite ausgelesen werden (glMapBuffer bzw. glReadPixels).

GL_STREAM_COPY
: Wie oben bei GL_STREAM_DRAW, aber hier wird noch zusätzlich angenommen, dass die Pufferdaten als eine direkte Quelle für Renderfunktionen dienen, die Daten werden innerhalb von OpenGL kopiert.

GL_STATIC_DRAW
: Der STATIC-Hinweis bedeutet: „Write-once" und „Read-many". Die Clientseite wird die Daten selten oder gar nicht ändern, es ist daher nicht wichtig, den Puffer für Updates zu optimieren, aber der Lesezugriff durch OpenGL-Renderfunktionen sollte möglichst schnell erfolgen. Die Pufferdaten werden in erster Linie für das Rendern, zum Beispiel glDrawArray, verwendet, sie werden häufig und hauptsächlich von OpenGL zur Darstellung gelesen.

GL_STATIC_READ
: Wie oben bei GL_STATIC_DRAW, aber hier wird angenommen, dass die Pufferdaten häufig von der Clientseite ausgelesen werden (glMapBuffer bzw. glReadPixels).

GL_STATIC_COPY
: Wie oben bei GL_STATIC_DRAW, aber hier wird noch zusätzlich angenommen, dass die Pufferdaten als eine direkte Quelle für Renderfunktionen dienen, die Daten werden innerhalb von OpenGL kopiert.

GL_STATIC_DRAW oder GL_DYNAMIC_DRAW sind die typischen Einstellungen bei den VBOs.

glBufferSubData

```
void glBufferSubData(
  GLenum target,GLintptr offset,GLsizeptr size,const GLvoid *buffer)
```

Eine nicht zu unterschätzende Bremse bei der Datenpufferung durch die Funktion `glBufferData` ist die Bereitstellung des Puffers (Pufferanforderung). OpenGL stellt, um diesen Engpass zu umgehen, diese Funktion zur Verfügung. Die Argumente `offset` und `size` geben einen Ausschnitt in der Quelldaten an, beginnend mit `offset` und der Länge `size`. Beide Argumente beziehen sich auf die Byteabstände in den Quelldaten und müssen einen Ausschnitt angeben, der innerhalb des ursprünglich durch `glBufferData` gegebenen Puffers liegt. Ein Geschwindigkeitsvorteil bei der Nutzung dieser Funktion ergibt sich auch, wenn der gesamte Pufferinhalt kopiert wird, eben weil eine erneute Pufferanforderung wegfällt. Eine Alternative ist die Verlagerung des Puffers auf die OpenGL-Seite, siehe auch `glMapBuffer`.

glCallList

```
void glCallList(GLuint listIdentifier)
```

Mit einem Aufruf von `glCallList` wird die durch `listIdentifier` angesprochende Display-List ausgeführt. Das Argument `listIdentifier` muss aus einem Funktionsaufruf von `glGenLists` stammen. Mehr Details zu Display-Lists siehe `glNewList`.

glCallLists

```
void glCallLists(GLsizei numberOfElements,
  GLenum elementType, const GLvoid *list)
```

`glCallLists` gestattet die Ausführung von `numberOfElements` Display-Lists. Das Argument `elementType` spezifiziert den Typ der übergebenen Liste `list`, das kann ein Byte, Short, Integer oder andere Typen sein, wobei die Einstellung `GL_UNSIGNED_INT` vorzuziehen ist, denn dies ist der Typ, den `glGenLists` zurückgibt. Bei der Funktion `glListBase` kann ein Offset angegeben werden, der zu jedem Wert in der Liste hinzuaddiert wird. Mehr Details zu Display-Lists siehe `glNewList`.

glClear

```
void glClear(GLbitfield mask)
```

`glClear` ist eine Initialisierungsfunktion, die am Anfang eines Frames für einen eindeutigen Grundzustand sorgt. Voreingestellt werden bestimmte Puffer von OpenGL, der Farbpuffer, der Tiefenpuffer sowie spezielle, weniger häufig benötigte Puffer, wie der Akkumulationspuffer und der Stencil-Puffer. Das Argument von `glClear` nimmt eine Oder-verknüfte Abfolge von Flags entgegen.

`GL_COLOR_BUFFER_BIT`
: initialisiert den Farbpuffer. Dieser wird auf eine vorgegebenen Farbe, siehe `glClearColor`, gesetzt.

`GL_DEPTH_BUFFER_BIT`
: initialisiert den Tiefenpuffer. Dieser wird auf einen vorgegebenen z-Wert, siehe `glClearDepth`, gesetzt.

`GL_ACCUM_BUFFER_BIT` und `GL_STENCIL_BUFFER_BIT`
: Ausgewählt und initialisiert werden der Akkumulationspuffer und der Stencil-Puffer.

Bei 3D-Programmen wird in der Regel der Farbpuffer und der Tiefenpuffer mit einem Aufruf der `glClear`-Funktion initialisiert. Im Beispiel wird der Hintergrund – gleich dem gesamten Farbpuffer – auf ein sattes Grün eingestellt. Eine Initialisierung des Tiefenpuffers ist nur sinnvoll, wenn dieser auch eingeschaltet wird, daher der enable-Aufruf am Ende des Programmabschnitts. Der Farbpuffer ist von Haus aus eingeschaltet.

```
glClearColor(0.075f,0.1f,0.15f,0f);
glClear(GL_COLOR_BUFFER_BIT|GL_DEPTH_BUFFER_BIT);
glEnable(GL_DEPTH_TEST);
```

glClearColor

```
void glClearColor(GLclampf red,GLclampf green,GLclampf blue,
  GLclampf alpha)
```

Überschreibt den Farbpuffer mit der angegebenen Farbe und dem bestimmten Alpha-Wert. Die Übernahme der Farbe erfolgt bei einem Aufruf der `glClear`-Funktion, wenn dort das Flag für den Farbpuffer angegeben ist. Die Argumente `red`, `green` und `blue` sind Farbangaben im Floating-Point-Format. `alpha` gibt die Transparenz an. Die Werte sind auf den Wertebereich [0...1] beschränkt. Voreingestellt ist Schwarz und keine Transparenz $(0f, 0f, 0f, 0f)$.

glClearDepth

```
void glClearDepth(GLclampf zValue)
```

Überschreibt den Tiefenpuffer mit dem angegebenen z-Wert `zValue`. Der Wert ist auf den Wertebereich [0...1] beschränkt, die Voreinstellung ist 1.

glColor

Mit der `glColor`-Funktion wird die aktuelle Farbeinstellung bei OpenGL geändert, was jederzeit erfolgen darf. Die Farbeinstellung bleibt solange gültig, bis eine Änderung durch die `glColor`-Funktion erfolgt. Intern rechnet OpenGL stets mit dem Gleitkommaformat, andere Formate werden entsprechend umgerechnet, so dass jede Farbkomponente in dem Bereich $[-1...1]$ zulässig ist. Für die Alpha-Komponente gilt der Bereich [0...1], wobei 0 maximale Transparenz bedeutet. Auch bei den Farbkomponenten wird letztlich aber der Wert auf den Bereich [0...1] eingeschränkt. Negative Farbangaben werden, im Float-Format, vom Akkumulationspuffer unterstützt.

Die Funktion `glColor` gibt es in vielen Ausprägungen, deren Vielfalt durch den Alpha-Kanal und durch die unterschiedlichen Datentypen hervorgerufen wird. Byte-Typen werden in Java auf Byte-Typen abgebildet, unabhängig davon, ob der OpenGL-Typ unsigned oder signed ist. Das gilt auch für short und int, die beide auf den int-Typ von Java abgebildet werden.

```
void glColor3b  (GLbyte red,GLbyte green,GLbyte blue)
void glColor3ub (GLubyte red,GLubyte green,GLubyte blue)
void glColor4b  (GLbyte red,GLbyte green,GLbyte blue,GLbyte alpha)
void glColor3bv (const GLbyte *colorArray)
void glColor4bv (const GLbyte *colorArray)
void glColor3ubv(const GLubyte *colorArray)
void glColor4ubv(const GLubyte *colorArray)

void glColor3s  (GLshort red,GLshort green,GLshort blue)
void glColor3us (GLushort red,GLushort green,GLushort blue)
void glColor4s  (GLshort red,GLshort green,GLshort blue,GLshort alpha)
void glColor3sv (const GLshort *colorArray)
void glColor4sv (const GLshort *colorArray)
void glColor3usv(const GLushort *colorArray)
void glColor4usv(const GLushort *colorArray)

void glColor3i  (GLint red,GLint green,GLint blue)
void glColor3ib (GLuint red,GLuint green,GLuint blue)
void glColor4i  (GLint red,GLint green,GLint blue,GLint alpha)
void glColor3iv (const GLint *colorArray)
void glColor4iv (const GLint *colorArray)
void glColor3uiv(const GLuint *colorArray)
void glColor4uiv(const GLuint *colorArray)

void glColor3f  (GLfloat red,GLfloat green,GLfloat blue)
void glColor4f  (GLfloat red,GLfloat green,GLfloat blue,GLfloat alpha)
void glColor3fv (const GLfloat *colorArray)
void glColor4fv (const GLfloat *colorArray)

void glColor3d  (GLdouble red,GLdouble green,GLdouble blue)
void glColor4d  (GLdouble red,GLdouble green,GLdouble blue,GLdouble \
alpha)
void glColor3dv (const GLdouble *colorArray)
void glColor4dv (const GLdouble *colorArray)
```

Farbangaben werden mit diesen Funktionen eher selten übergeben, denn mit den VBOs ist die Farbangabe ein Attribut, das – wie Normale etc. – an Vertices gebunden wird. OpenGL interpoliert die Farbe zwischen Punkten, dabei wird auch das Clipping berücksichtigt: $c = c_1\lambda + (\lambda - 1)c_2$, wobei λ der Abstand des Punktes ist, der beim Clipping erzeugt wurde.

glColorMaterial

Diese Funktion kontrolliert das Verhalten von OpenGL bei der Beleuchtung von Objekten. Es sind zwei Quellen für die Materialfarbe möglich: die aktuell eingestellte Farbe durch `glColor` übergeben oder eine Farbe, die durch einen Aufruf der Funktion `glMaterial` eingestellt wurde.

```
void glColorMaterial(GLenum face,GLenum mode)
```

`face` bestimmt die Berücksichtigung der Flächenseite, das kann `GL_FRONT`, `GL_BACK` oder `GL_FRONT_AND_BACK` sein. Voreingestellt ist die beidseitige Beleuchtung `GL_FRONT_AND_BACK`. Das zweite Argument gibt an, welche Materialeigenschaft aktuell einzustellen ist. Zulässig sind die Werte `GL_AMBIENT`, `GL_DIFFUSE`, `GL_AMBIENT_AND_DIFFUSE`, `GL_SPECULAR` oder `GL_EMISSION`. Voreinstellung ist `GL_AMBIENT_AND_DIFFUSE`.

Die Auswahl der Quelle wird auch beeinflusst durch das Flag `GL_COLOR_MATERIAL`, das über die Funktion `glEnable` gesetzt bzw. über `glDisable` gelöscht wird.

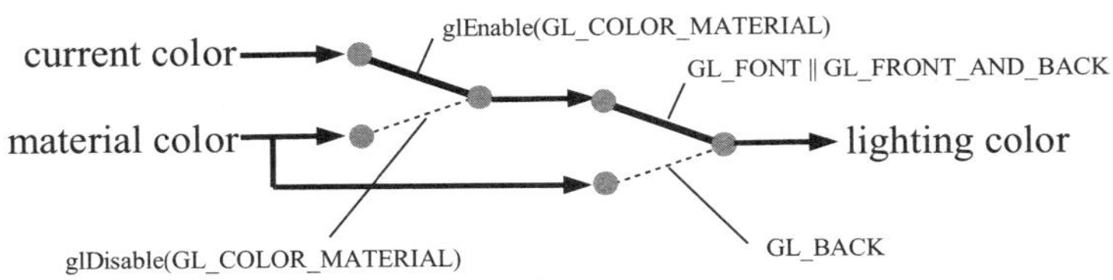

Einfluss des Flags `GL_COLOR_MATERIAL` und der Flächenauswahl auf die bei der Beleuchtung als Materialfarbe verwendete Farbe. **Abbildung 9.6**

glColorPointer

```
void glColorPointer(GLint size,GLenum type,
  GLSizei stride, const GLvoid* buffer);
```

Die `ColorPointer`-Funktion ist Bestandteil des Vertexarray-Konzepts, dort dient sie der Übergabe von Farbangaben, gebunden an einen Vertex. Ein Element *i* des Farbarrays wird mit dem Vertex *i* in einem Vertexarray verbunden. Das Argument `size` kann drei oder vier Komponenten anzeigen, je nachdem, ob RGB- oder RGBA-Farbangaben vorliegen. `type` gibt den Datentyp an, zulässig ist: `GL_BYTE`, `GL_UNSIGNED_BYTE`, `GL_SHORT`, `GL_UNSIGNED_SHORT`, `GL_INT`, `GL_UNSIGNED_INT`, `GL_FLOAT` oder `GL_DOUBLE`, siehe auch die Ausprägungen der `glColor`-Funktion. `stride` spezifiziert die Zahl der Bytes zwischen zwei Farbangaben und `buffer` die Adresse des Puffes auf der Clientseite. Weitere Angaben zur Funktion siehe *Standard-Vertexattribute* (Seite 717). Die Funktion ist im Core-Profil ab Version 3.0 nicht mehr vorhanden.

glCompileShader

```
void glCompileShader(GLuint shaderID)
```

Erzeugt aus einem Shaderquellcode den Objektcode des Shaders, der als Teil eines Shaderprogrammes ausgeführt wird. Warnungen und Fehlermeldungen können mittels `glGetShaderInfoLog` abgefragt werden.

Zur Shaderprogrammierung siehe auch die Abschnitte *Shader, Programm-Lebenszyklus* (Seite 539), *Shader und generische Attribute* (Seite 185ff.) und *Shaderprogrammierung* (Seite 721).

glCopyPixels

```
void glCopyPixels(GLint x,GLint y,GLsizei width,GLsizei height,
  GLenum type)
```

Die Funktion `glCopyPixels` dient der Umlagerung von Pixelblöcken im Frame-, Stencil- oder Tiefenpuffer. Kopiert wird ein Rechteck, dessen linke untere Ecke in den Argumenten `x` und `y` spezifiziert ist. Die Rechteckgröße gibt `width` und `height` an. Der Ausschnitt wird an die Stelle kopiert, die durch die aktuelle Rasterposition angegeben ist. Das Argument `type` spezifiziert den Puffertyp. Mit `GL_COLOR` ist der Framepuffer ausgewählt, mit `GL_DEPTH` der Tiefenpuffer und mit `GL_STENCIL` der Stencilpuffer. Einfluss auf die Umlagerung üben auch die Funktionen `glPixelMap`, `glPixelTransfer` und `glPixelZoom` aus. Durch den Übergang von der fixierten Pipeline auf die Shaderprogrammierung gibt es die Funktion seit OpenGL 3.0 nicht mehr.

glCreateShader

```
GLuint glCreateShader(GLuint type)
```

Die Funktion erzeugt eine Referenz für einen Shader des angegebenen Typs. Im Argument `type` muss `GL_VERTEX_SHADER` übergeben werden, um einen Vertexshader zu erzeugen. Für einen Fragmentshader ist `GL_FRAGMENT_SHADER` anzugeben. Die zurückgegebene Referenz legt, ähnlich einem Devicekontext, auch einen Namensraum fest. Zur Shaderprogrammierung siehe auch die Abschnitte *Shader, Programm-Lebenszyklus* (Seite 539), *Shader und generische Attribute* (Seite 185ff.) und *Shaderprogrammierung* (Seite 721).

glCreateProgram

```
GLuint glCreateProgram(void)
```

Die Funktion erzeugt einen Behälter (Programm) für Shader, dem mittels `glAttachShader` ein oder mehrere Shader hinzugefügt werden. Zurückgegeben wird eine Null, wenn die Erzeugung nicht möglich war, ansonsten ein Bezeichner für das Programm. Der Bezeichner oder die Referenz auf das Programm legen einen Bereich für Namen (Name Space) fest, vergleichbar mit einem Devicekontext. Zur Shaderprogrammierung siehe auch die Abschnitte *Shader, Programm-Lebenszyklus* (Seite 539), *Shader und generische Attribute* (Seite 185ff.) und *Shaderprogrammierung* (Seite 721).

glCullFace

```
void glCullFace(GLenum mode)
```

Bei einem soliden Körper, der nicht transparent ist, sind die Innenseiten der Körperflächen nicht sichtbar. Bei OpenGL ist das anders, denn der Lichtstrahl einer Lichtquelle geht durch den Körper hindurch, beleuchtet also auch die Innenseite und weitere Objekte, die hinter dem Körper liegen. Tatsächlich wird kein Lichtstrahl „verfolgt", vielmehr eine Fläche oder Vertices und deren Normalen betrachtet. Am aktuellen Ort spielt dann lediglich die Lichtstärke und die Richtung zur Lichtquelle eine Rolle. Die Berechnung der Innenflächen eines Körpers ist für gewöhnlich nicht notwendig, ja sogar ein „Performancekiller", daher ist OpenGL von Haus aus so eingestellt, dass es Vorderflächen und Rückseiten erkennt und Rückseiten gar nicht in die Berechnung bei der Beleuchtung einbezieht. Diese Voreinstellung ist gleichbedeutend mit einem Funktionsaufruf `glCullFace(GL_BACK)`, es wird also die Rückseite verhüllt. Zur Orientierung der Flächen siehe die `glFrontFace`-Funktion sowie die Modi bei `glBegin`.

Für bestimmte Effekte ist diese Voreinstellung nicht sinnvoll, und OpenGL bietet dafür mit dem Parameter `mode` die Möglichkeit, ein anderes Verhalten zu erzwingen. Neben dem genannten `GL_BACK` kann auch die Konstante `GL_FRONT` oder `GL_FRONT_AND_BACK` übergeben werden. Die Einstellungen dürfen aber nicht isoliert gesehen werden, erst in der Kombination mit anderen OpenGL-Funktionen ergeben sich die gewünschten Effekte. Die Funktionen `glEnable(GL_CULL_FACE)` und `glDisable(GL_CULL_FACE)` schalten das Verhüllen ein oder aus. Bei der Darstellung solider Körper sollte daher Culling eingeschaltet sein (enable), die Voreinstellung von OpenGL sorgt dafür, dass die Innenseiten nicht dargestellt werden.

Aufruf mit mode =	Verhüllen	Verhüllt	Bemerkung
`GL_FRONT`	enabled	V	Spezialfälle
	disabled	R	Solide Körper
`GL_BACK`	enabled	R	Solide Körper
	disabled	R	Solide Körper
`GL_FRONT_AND_BACK`	enable	beide	Spezialfälle
	disabled	R	Solide Körper

Tabelle 9.7: Tabelle glCullFace. V=Vorderseiten, R=Rückseiten

Die Tabelle zeigt, dass auch mit `glDisable(GL_CULL_FACE)` die Rückseiten nicht dargestellt werden. Diese Einstellung ist ebenfalls Vorgabe bei OpenGL. Alternativ dazu kann auch `glCullFace(GL_BACK)` aufgerufen werden und dann `glEnable(GL_CULL_FACE)`, auch dann werden die Rückseiten nicht dargestellt. Um also Vorderseiten zu verhüllen, muss `glCullFace(GL_FRONT)` aufgerufen werden und ein `glEnable(GL_CULL_FACE)` erfolgen.

Da das Verhalten auch durch `glFrontFace` beeinflussbar ist, kann mit der Vorgabeeinstellung und einer Umschaltung der Orientierung auch erreicht werden, dass Rückseiten dargestellt und Vorderseiten verhüllt werden. Dazu wird lediglich `glFrontFace(GL_CW)` aufgerufen, wenn die normale Vorderseite durch CCW bestimmt ist.

Transparente Körper
: Angenommen, Sie wollen ein Auto darstellen, dessen Inneres durch die Scheiben sichtbar sein soll. In diesem Fall wird zuerst das Auto nebst Innerem gerendert. Dann die Glasscheiben, wobei diese zweimal gerendert werden müssen, denn die Heckscheibe wird ja von der Frontscheibe aus gesehen von der Rückseite betrachtet und umgekehrt. Dazu ist vor der Darstellung mittels `glFrontFace(GL_CW)` die Orientierung der Flächen einzustellen. Danach wird wieder mittels `glFrontFace(GL_CCW)` auf die Normaldarstellung der Scheiben umgeschaltet und die Scheiben nochmal gerendert. Das ist natürlich nur sinnvoll, wenn die Scheiben transparent sind, was durch einen entsprechenden Alpha-Wert beim Material der Scheiben erreicht wird. Blend erfolgt dann in einem Fragmentshader. Bei einer Glaskugel ist ein Vorgehen wie bei den Scheiben angebracht, der Schlüssel für Transparenz ist also nicht die `glCullFace`-Funktion, vielmehr die passende Einstellung der Vorder- und Rückseiten, der Wert des Alpha-Kanals und das Blending.

Linien-, Punktmodus
: Hierbei werden die Flächen eines Körpers „verhüllt“ und nur die Linien, die Vertices verbinden, oder die Vertices selbst als Punkte dargestellt. Dazu ist es nicht nötig, `glCullFace` mit dem Parameter `GL_FRONT_AND_BACK` vorher aufzurufen.

Solide Körper
: Um diese effizient zu rendern, sollte das Culling eingeschaltet sein, die Innenseiten werden dann verhüllt, denn `GL_BACK` ist die Vorgabeeinstellung von OpenGL. Gegebenenfalls muss explizit die Funktion `glCullFace(GL_BACK)` aufgerufen werden, wenn nicht garantiert ist, dass die vorausgehenden Objektdarstellungen die Vorgabe verändert haben.

Beidseitig sichtbare Flächen
: Diese Fälle treten auf, wenn ein Objekt offene Seiten besitzt. Durch diese kann das Innere gesehen werden und daher muss Culling eingestellt werden.

glDeleteTextures

```
void glDeleteTextures(GLsizei size,GLUInt *idArray)
```

Löscht einen oder mehrere Bezeichner, die durch die `glGenTextures`-Funktion erzeugt wurden. Damit wird auch jede Bindung eines Bezeichners in der Liste `idArray` aufgehoben. Wenn in der Liste auch eine aktive Bindung enthalten ist, dann wird diese wie eine Vorgabebindung mit dem Bezeichner 0 behandelt.

glDepthFunc

```
void glDepthFunc(GLenum mode)
```

Der Tiefenpuffer enthält die z-Werte (w_z-Koordinate) der dargestellten Pixel. Er wird verwendet, um Pixel auszusortieren, die von weiter im Vordergrund liegenden Pixeln verdeckt werden (z-Culling). Im Vordergrund liegen Pixel, die den kleineren Abstand (z-Wert) zum Betrachter haben. Eine Beschreibung des Tiefenpuffers finden Sie im Abschnitt *Tiefenpuffer* (Seite 78). Zur Bedeutung der w_z-Koordinate siehe Abschnitt *Darstellungsbereiche* (Seite 74). `mode` kann einen der Werte der nachstehenden Liste annehmen, der eingestellte Modus ist aber nur wirksam, wenn der Tiefenpuffer eingeschaltet ist, was durch `glEnable(GL_DEPTH_TEST)` erfolgt. Auch hat die Funktion `glDepthMask` einen Einfluss.

`GL_NEVER`
: Pixel werden nicht in den Farbpuffer geschrieben.

`GL_LESS`
: Die Voreinstellung von OpenGL. Ein Pixel muss einen kleineren z-Wert vorweisen, damit es in den Farbpuffer übernommen wird.

`GL_EQUAL`
: Ein Pixel wird in den Farbpuffer übernommen, wenn es den gleichen z-Wert wie das Pixel im Tiefenpuffer aufweist. Die Voreinstellung des Tiefenpuffers ist 1.

`GL_LEQUAL`
: Ein Pixel wird in den Farbpuffer übernommen, wenn es einen kleineren oder den gleichen z-Wert wie das Pixel im Tiefenpuffer aufweist.

`GL_GREATER`
: Ein Pixel wird in den Farbpuffer übernommen, wenn es einen größeren z-Wert als das Pixel im Tiefenpuffer aufweist.

`GL_NEQUAL`
: Not equal, ein Pixel wird in den Farbpuffer übernommen, wenn es einen z-Wert ungleich dem Pixel im Tiefenpuffer aufweist.

`GL_GEQUAL`
: Greater than equal, ein Pixel wird in den Farbpuffer übernommen, wenn es einen z-Wert größer oder gleich dem Pixel im Tiefenpuffer aufweist.

`GL_ALWAYS`
: Überschreibt ein Pixel im Farbpuffer mit dem nächsten anstehenden Pixel, praktisch ein Abschalten des Tiefenpuffertests.

glDepthMask

```
void glDepthMask(GLboolean flag)
```

Die Übernahme von Pixeln in den Tiefenpuffer kann gänzlich oder zeitweilig abgeschaltet werden. Voreinstellung ist `flag=true`, das bedeutet, die Übernahme ist eingeschaltet. Näheres zum Tiefenpuffer siehe bei der Beschreibung der `glDepthFunc`- sowie der `glClear`-Funktion.

glDepthRange

```
void glDepthRange(GLclampd n,GLclampd f)
```

Die Transformation der Devicekoordinaten auf die des Viewports bzw. des Viewing Windows erfolgt mit den nachstehenden Gleichungen. d_x, d_y und d_z sind die normalisierten Devicekoordinaten, die durch die Projektion und das nachfolgende Clipping errechnet wurden (siehe auch die Abbildung bei `glViewport` auf Seite 719). w_x, w_y und w_z entsprechen den Viewing Window bzw. Viewport-Koordinaten, wobei w_z die Tiefeninformation angibt, die das Pixel an der Position w_x und w_y beim Wettbewerb um die Darstellung im Tiefenpuffer vorweist. Siehe dazu auch `glDepthFunc`.

$$\begin{aligned} w_x &= (d_x+1)\tfrac{w}{2} + t_x \\ w_y &= (d_y+1)\tfrac{h}{2} + t_y \\ w_z &= \tfrac{f-n}{2} d_z + \tfrac{n+f}{2} \end{aligned}$$

Die Parameter n und f in den Gleichungen können durch die `glDepthRange`-Funktion beeinflusst werden. Voreingestellt ist $n = 0$ und $f = 1$. Die Tiefenangabe in Devicekoordinaten liegt immer im Intervall $-1 \leq d_z \leq 1$ und daher mit den Vorgabeeinstellungen $0 \leq w_z \leq 1$. Ein Punkt, der tiefer in der Szene liegt, hat einen kleinen oder negativen d_z-Wert. Mit $d_z = -1$ ergibt sich $w_z = 0$. Soll im Tiefenpuffer eine umgekehrte Reihenfolge gelten, also Flächen, die weiter hinten liegen, eine größere Chance erhalten, dargestellt zu werden, als weiter vorn liegende, dann kann auch $n = 1$ und $f = 0$ gewählt werden. Eine derartige Einstellung dreht eine perspektivische Projektion um, so wird dann ein weiter entfernter Punkt nach der Projektion näher erscheinen. Die Parameter n und f dürfen nicht mit den Werten `near` und `far` verwechselt werden. Mehr Details zum Viewport und der Transformation auf dessen Koordinaten finden sich im Abschnitt *Darstellungsbereiche* (Seite 74).

glDeleteBuffers

Siehe `glGenBuffers`.

glDeleteLists

```
void glDeleteLists(GLunint beginIdentifier,GLsizei range)
```

Display-Listen, die nicht mehr benötigt werden, sollten so früh wie möglich mit `glDeleteLists` bei OpenGL freigegeben werden. Das Argument `beginIdentifier` gibt die erste Nummer der freizugebenden Display-Liste an. Es werden so viele Display-Listen freigegeben, wie `range` angibt. Die Verwendung von freigegebenen Display-Listen ist ungültig. Mehr Details zu Display-Listen siehe `glNewList`.

glDeleteProgram

```
void glDeleteProgram(GLuint programID)
```

Die Funktion löscht ein Shaderprogramm und gibt damit verbundene Ressourcen frei. Alle mit dem Programm verbundenen Shader werden daraufhin überprüft, ob sie ebenfalls zum Löschen markiert wurden: `glDeleteShader`. Ist dies der Fall, dann löscht die Funktion den betreffenden Shader, ansonsten werden Shader lediglich aus dem Programm entfernt.

Zur Shaderprogrammierung siehe auch die Abschnitte *Shader, Programm-Lebenszyklus* (Seite 539), *Shader und generische Attribute* (Seite 185ff.) und *Shaderprogrammierung* (Seite 721).

glDeleteShader

```
void glDeleteShader(GLuint shaderID)
```

Die Funktion löscht den im Argument `shaderID` referierten Shader und gibt damit verbundene Ressourcen frei. Vor dem Löschen eines Shaders sollte dieser aus Programmen entfernt werden (`glDetachShader`). Wenn ein Shader noch Teil eines Programmes oder mehrerer Programme ist, dann markiert OpenGL den betreffenden Shader lediglich für eine Löschung. Erfolgt danach ein `glDetachShader`- oder `glDeleteProgram`-Aufruf, dann wird der Shader aus dem betreffenden Programm entfernt und, wenn es keine weiteren Programme gibt, die den Shader enthalten, auch gelöscht.

Zur Shaderprogrammierung siehe auch die Abschnitte *Shader, Programm-Lebenszyklus* (Seite 539), *Shader und generische Attribute* (Seite 185ff.) und *Shaderprogrammierung* (Seite 721).

glDetachShader

Siehe `glAttachShader`.

glDisableClientState

Siehe Beschreibung der `glEnableClientState`-Funktion.

glDrawArrays

```
void glDrawArrays(GLenum mode,GLint startindex,GLsizei count)
```

Die Funktion rendert Objekte, deren Vertices und Vertexattribute im Rahmen des Vertexarray- oder VBO-Konzepts an OpenGL übergeben wurden. Der Ablauf innerhalb der Funktion ist vergleichbar mit einer `glBegin`-`glEnd`-Klammer, in der eine Schleife abläuft. Diese entnimmt Daten aus den angemeldeten Arrays, deren Adresse durch eine Pointer-Funktion übergeben und die durch einen `glEnableClientState`-Aufruf aktiviert wurden (siehe auch *Standard-Vertexattribute*, Seite 717). Die Klammer zeigt sich auch im `mode`-Argument, das dieselben Werte, etwa `GL_TRIANGLES`, entgegennimmt wie die `glBegin`-Funktion. Eine eingehende Beschreibung zu den möglichen Werten siehe bei dieser Funktion (Seite 630ff.). Das Argument `startIndex` gibt den ersten Index in den angemeldeten Arrays an und `count` die Zahl der zu lesenden Elemente.

Innerhalb des Vertexarray- und VBO-Konzepts steht die `glDrawArrays`-Funktion für die direkte Übergabe der Daten, im Gegensatz zur indirekten über ein Indexarray.

Werden Vertexattribute übergeben, zum Beispiel eine Farbangabe, gebunden an einen Vertex, dann verändert die Ausführung der `glDrawArrays`-Funktion `count` Mal die aktuell bei OpenGL gesetzte Farbe (*Current Color*). Welche Farbe dann aktuell gesetzt ist, kann, insbesondere bei der indirekten Übergabe, nicht mehr vorhergesagt werden. Generell sind Vertexattribute nach einer Ausführung der `glDrawArrays`-Funktion, aber auch der `glDrawElements`-Funktion undefiniert. Wird daher nach dem Funktionsaufruf eine Farbe definitiv benötigt, dann muss sie etwa über einen `glColor`-Aufruf (wieder) eingestellt werden.

glDrawElements

```
void glDrawElements(
 GLenum mode,GLsizei count,GLenum indexType, const GLvoid *indexBuffer)
```

Die Funktion rendert Objekte, deren Vertices und Vertexattribute im Rahmen des Vertex-Array oder VBO-Konzeptes an OpenGL übergeben wurden, sie ist aber für die indirekte Übergabe der Daten gedacht. Im Argument `indexBuffer` werden Indizes übergeben, die auf Elemente in den angemeldeten Arrays verweisen, siehe auch die Beschreibung zur `glVertexAttribPointer`-Funktion. Das Indexarray darf einen von drei Datentypen aufweisen, angegeben im Argument `indexType`: `GL_UNSIGNED_BYTE`, `GL_UNSIGNED_SHORT` oder `GL_UNSIGNED_INT`. Die Argumente `mode` und `count` haben dieselbe Bedeutung wie bei der `glDrawArray`-Funktion. Wenn die Indizes (Face-Liste) als Integerwerte angelegt sind, muss die Konstante `GL_UNSIGNED_INT` verwendet werden. Ein Fehler bei der Zuordnung führt in der Regel zu einem Out-of-Memory-Fehler und zu einem damit verbundenen Programmabsturz.

glDrawPixels

```
void glDrawPixels(GLsizei width,GLsizei height,
  GLenum format, GLenum type, const *GLvoid *data)
```

Diese Funktion überträgt ein Bild oder Teilbild in den Framebuffer. Die Schreibposition dort ist durch `glRasterPos` oder `glWindowPos` bestimmt und die Größe des Bildes durch die Argumente der `glDrawPixels`, `width` und `height`, spezifiziert. `format` und `type` geben das Bildformat und den Datentyp der Quelle an sowie `data` den Speicherblock, in dem das Bild auf der Clientseite abgelegt ist.

Direkten Einfluss auf die Interpretation der gegebenen Bilddaten haben die Funktionen `glPixelStore` und `glPixelZoom`, wenn die damit möglichen Einstellungen vor einem Aufruf von `glDrawPixels` erfolgen. Weitere Funktionen sind `glPixelMap`, für eine Übersetzung der Komponenten auf der Grundlage von gegebenen Tabellen, sowie `glPixelTransfer`, zum Beispiel für eine Skalierung der Komponenten, bevor diese in den Framepuffer geschrieben werden. Die Funktion `glReadPixels` liest Pixel aus dem Framepuffer. Verlagerungen von Pixelblöcken im Famepuffer erfolgen durch die `glCopyPixel`-Funktion.

Das Argument `format` gibt die Bedeutung und Abfolge der Komponenten in einem Sample an, siehe dazu auch *Vom Sample zum Image* (Seite 348ff.).

`GL_BGR`, `GL_RGB`
: Angabe der Reihenfolge der Komponenten, wobei von OpenGL die Alpha-Komponente zu 1 (opaque) gesetzt wird. Intern konvertiert OpenGL zu einem RGBA-Wert.

GL_BGRA, GL_RGBA
: Angabe der Reihenfolge der Komponenten mit Angabe der Alpha-Komponente. Intern konvertiert OpenGL zu einem RGBA-Wert.

GL_COLOR_INDEX
: Gibt einen Index in einer Farbtabelle vor.

GL_DEPTH_COMPONENT
: Interpretiert die Pixel als eine Tiefenangabe.

GL_LUMINANCE_INDEX
: Angabe eines Grauwertes. Dieser wird zuerst in die interne Rotkomponente übernommen, dann von dort aus nach Blau und Grün. Mit einem Alpha-Wert von 1 ergibt sich die interne Darstellung als RGBA-Angabe.

GL_LUMINANCE_ALPHA
: Angabe eines Grauwertes plus einem nachfolgenden getrennten Alpha-Anteil. Bis auf diesen Anteil wird wie oben verfahren.

GL_RED, GL_GREEN, GL_BLUE oder GL_ALPHA
: Gibt an, dass eine einzelne Komponente vorliegt. Intern konvertiert OpenGL zu einem RGBA-Wert, wobei hier nicht gegebene Farben auf 0 und der Alpha-Anteil auf 1 gesetzt werden.

GL_STENCIL_INDEX
: Gibt einen Index in einer Stencil-Tabelle vor.

Das Argument type gibt den Sampletyp an, das ist die Darstellung einer Komponente bzw. eines Pixels im Speicher, siehe auch dazu *Vom Sample zum Image* (Seite 348ff.). Nicht alle Typangaben können mit allen Formaten kombiniert werden. Die meisten der gepackten Typen sind heute nicht mehr aktuell und hier nur der Vollständigkeit halber angegeben.

GL_BYTE und GL_UNSIGNED_BYTE
: Jede Komponente ist durch ein einzelnes Byte gegeben, wobei der Variante ohne Vorzeichen der Vorzug zu geben ist. Diese Darstellung der Komponenten im Speicher ist typisch für RGB/BRG- und RGBA/BGRA-Formate.

GL_BITMAP
: Jede Komponente ist ein Bit in einem unsigned Byte.

GL_SHORT und GL_UNSIGNED_BYTE
: Jede Komponente ist ein 16-Bit-Integer, wobei der Variante ohne Vorzeichen der Vorzug zu geben ist.

GL_INT und GL_UNSIGNED_INT
: Jede Komponente ist ein 32-Bit-Integer, wobei der Variante ohne Vorzeichen der Vorzug zu geben ist.

GL_FLOAT
: Jede Komponente ist eine Gleitkommazahl.

GL_UNSIGNED_BYTE_3_3_2
: Die Komponenten sind in einem Byte gepackt, mit der Abfolge, die `format` angibt.

GL_UNSIGNED_BYTE_2_3_3_REV
: Die Komponenten sind in einem Byte gepackt, mit der umgekehrten Abfolge, die `format` angibt.

GL_SHORT_5_5_6
: Die Komponenten sind in einem 16-Bit-Integer gepackt, mit der Abfolge, die `format` angibt.

GL_UNSIGNED_SHORT_5_5_6_REV
: Die Komponenten sind in einem 16-Bit-Integer gepackt, mit der umgekehrten Abfolge, die `format` angibt.

GL_SHORT_4_4_4_4
: Die Komponenten sind in einem 16-Bit-Integer gepackt, mit der Abfolge, die `format` angibt.

GL_SHORT_4_4_4_4_REV
: Die Komponenten sind in einem 16-Bit-Integer gepackt, mit der umgekehrten Abfolge, die `format` angibt.

GL_SHORT_5_5_5_1
: Die Komponenten sind in einem 16-Bit-Integer gepackt, mit der Abfolge, die `format` angibt. Für die Alpha-Komponente ist 1 Bit vorgesehen.

GL_SHORT_1_5_5_5_REV
: Die Komponenten sind in einem 16-Bit-Integer gepackt, mit der umgekehrten Abfolge, die `format` angibt. Für die Alpha-Komponente, die an erster Stelle steht, ist 1 Bit vorgesehen.

GL_INT_8_8_8_8
: Die Komponenten sind in einem 32-Bit-Integer gepackt, mit der Abfolge, die `format` angibt.

GL_INT_8_8_8_8_REV
: Die Komponenten sind in einem 32-Bit-Integer gepackt, mit der umgekehrten Abfolge, die `format` angibt.

GL_INT_8_8_8_8
: Die Komponenten sind in einem 32-Bit-Integer gepackt, mit der Abfolge, die `format` angibt. Die Alpha-Komponente weist nur 2 Bit auf.

GL_INT_2_10_10_10_REV
: Die Komponenten sind in einem 32-Bit-Integer gepackt, mit der umgekehrten Abfolge, die `format` angibt. Die Alpha-Komponente weist nur 2 Bit auf.

Die Funktion wurde ab OpenGL 3.0 entfernt und ist nur noch im Compatibility-Modus verfügbar. Die dargelegten Parameter behalten jedoch für die Alternative, die `glTexImage...`-Funktionen, ihre Gültigkeit.

glEnd

```
void glEnd(void)
```

Siehe glBegin(mode).

glEndList

```
void glEndList(void)
```

glEndList ist die schließende Klammer einer Display-Liste. Mehr Details zu Display-Listen siehe glNewList.

glEnableClientState

```
void glEnableClientState(GLenum arrayName)
void glDisableClientState(GLenum arrayName)
```

Im Rahmen des Vertexarrays, aber auch des Vertexpuffer-Konzepts (VBO), werden die speziellen Quellen, das sind Vertices und Vertexattribute, mit dieser Funktion bei OpenGL angemeldet. Zum Beispiel wird OpenGL ein Vertexarray, das durch die glVertexPointer-Funktion angegeben wird, nach dem Aufruf der Funktion berücksichtigen, wenn in arrayName der Wert GL_VERTEX_ARRAY übergeben wurde. Im Vorgabezustand wird ein Aufruf der glVertexPointer-Funktion ignoriert, ein Zustand, der durch einen nachfolgenden Aufruf glDisableClientState wiederhergestellt wird.

Gültige Konstanten für das Argument arrayName sind:

GL_COLOR_ARRAY
: Mit dieser Konstante wird ein Array angemeldet, das an Vertices gebundene Farbangaben enthält. Die Quellangabe erfolgt durch die glColorPointer-Funktion.

GL_EDGE_FLAG_ARRAY
: Mit dieser Konstante wird ein Array angemeldet, das Flags zur Kennzeichung von Vertices enthält, die Teil einer Außen- oder Innengrenze in einem Mesh sind.

GL_FOG_COORD_ARRAY
: Nebelkoordinaten, gebunden an Vertices, werden mit dieser Konstante als Vertexattribut angemeldet.

GL_INDEX_ARRAY
: Farbindexangaben, gebunden an Vertices, werden mit dieser Konstante als Vertexattribut angemeldet.

GL_NORMAL_ARRAY
: Anmeldung von an Normalen gebundenen Vertices.

`GL_SECONDARY_COLOR_ARRAY`
Mit dieser Konstante wird ein Array angemeldet, das an Zweitfarben gebundene Vertices enthält. Diese Farben werden beim Spotlicht verwendet, wenn die Spotlichtfarbe *nach* dem Anlegen einer Textur in die Farbsumme einbezogen werden soll, siehe auch `glLightModel`.

`GL_TEXTURE_COORD_ARRAY`
Anmeldung von an Vertices gebundenen Texturkoordinaten.

`GL_VERTEX_ARRAY`
Anmeldung von Vertexarrays, VBOs.

glFog

```
void glFogf(GLenum parameterName,GLfloat parameter)
void glFogi(GLenum parameterName,GLint parameter)
void glFogfv(GLenum parameterName,const GLfloat *parameter)
void glFogfi(GLenum parameterName,const GLint *parameter)
```

Die `glFog`-Funktion stellt Parameter für eine Nebelsimulation ein. Nebel wird von OpenGL durch eine Nebelfarbe entfernungsbedingt dargestellt.

$$c = f_{fog} \cdot c_{obj} + \left(1 - f_{fog}\right) c_{fog} \qquad (9.1)$$

In der Gleichung ist c die resultierende Farbe, c_{obj} die aktuelle Farbe eines Fragments, nachdem alle anderen Einflüsse berücksichtigt sind, und c_{fog} ist die Nebelfarbe. Nebel wird ganz am Ende der Rendering Pipeline angelegt.

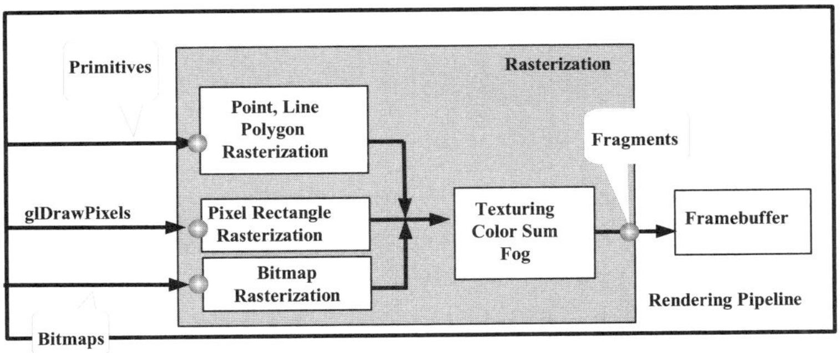

Abbildung 9.7 Am Ende der Rasterstufe, bevor die dort erzeugten Fragmente an den Farbpuffer übergeben werden, erfolgt die Modifikation der aktuellen Farbe durch die Nebelentfernungsfunktion und die Nebelfarbe.

Die Entfernungsberechnung steckt in dem Faktor f_{fog}, für den es drei Varianten zur Einstellung gibt. Nur im Modus `LINEAR` wird die Start- (`start`) und Endposition (end) berücksichtigt, während nur im Exponentenmodus die Intensität I des Nebels in die Kalkulation eingeht. E ist die Entfernung einer Oberfläche vom Ursprung im Beobachterkoordinatensystem. Der Faktor f_{fog} wird nach der Berechnung auf den Wertebereich [0...1] begrenzt.

$$f_{fog} = \begin{cases} e^{-I \cdot E} \\ e^{(-I \cdot E)^2} \\ \frac{\texttt{end}-D}{\texttt{end}-\texttt{start}} \end{cases} \tag{9.2}$$

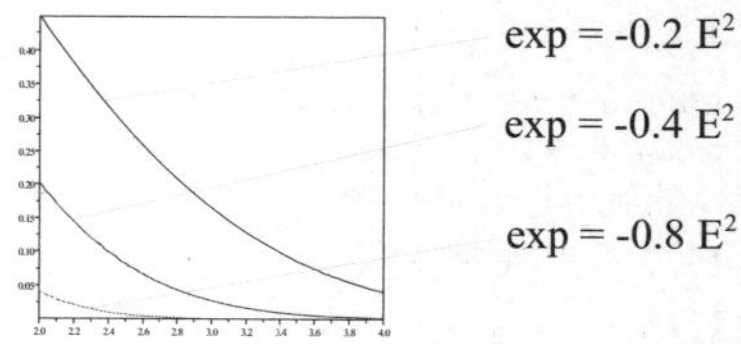

Abbildung 9.8 Plot verschiedener Nebelfaktoren (GL_EXP2) in Abhängigkeit von der Intensität I und der Entfernung E.

Die Funktion glFog kennt eine Reihe von Parameternamen (parameterName), mit denen eine bestimmte Einstellung ausgewählt wird.

GL_FOG_MODE

Einstellung der Entfernungskalkulation. Es sind drei Angaben zulässig: GL_LINEAR, GL_EXP und GL_EXP2.

```
glFogi(GL_FOG_MODE,GL_LINEAR);
glFogi(GL_FOG_MODE,GL_EXP);
glFogi(GL_FOG_MODE,GL_EXP2);
```

GL_FOG_DENSITIY

Einstellung der Nebeldichte I, wirksam im Exponentenmodus. Die Dichte ist nur im Bereich [0...1] zulässig, mit der Vorgabe 1.

```
float fogCurrentDensity = 0.36f;
glFogf(GL_FOG_DENSITY,fogCurrentDensity);
```

GL_FOG_COLOR

Einstellung der Nebelfarbe c_{fog}. Eine dunkle Nebelfarbe führt zu einer Verdunkelung einer Szene, während eine helle Nebelfarbe Teile der Szene aufhellt, bis zur Weißeinfärbung. Wie der obigen Gleichung zur Bestimmung der resultierenden Farbe zu entnehmen ist, schwächt der Faktor f_{fog} die aktuelle Farbe ab und verstärkt die Nebelfarbe entfernungsbedingt.

```
float fogCurrentColor[] = {0.1f,0.2f,0.1f,1f};
glFogfv(GL_FOG_COLOR,fogCurrentColor);
```

`GL_FOG_END` und `GL_FOG_START`
Im linearen Modus die Einstellung der Start- und Endparameter. Die Startentfernung enthält 0 als Initialwert und der Endparameter die 1.

```
float fogCurrentColor[] = {0.1f,0.2f,0.1f,1f};
float fogEndPosition = 20f;
float fogStartPosition = 0.5f;
glFogf(GL_FOG_START,fogStartPosition);
glFogf(GL_FOG_END,fogEndPosition);
```

Die Nebelkalkulation ist nur wirksam, wenn sie eingeschaltet wird. Das Ein- oder Ausschalten der Kalkulation kann an jeder beliebigen Stelle in einem Programm erfolgen. Die Funktion ist nur noch im Compatibility-Modus zu verwenden, Vertexattribute und Shaderprogrammierung sind ab OpenGL 3.0 erforderlich. Die Bedeutung der Parameter ist weiterhin gültig, die Berechnung wird in einem Shader mehr oder weniger ausgefeilt nachgebildet.

glFrontFace

```
void glFrontFace(GLenum mode)
```

`glFrontFace` setzt ein Statusflag, das OpenGL bei der Bestimmung der Vorder- und Rückseiten einer Fläche auswertet. Der Parameter `mode` darf den Wert `GL_CCW` (*Counter Clockwise Winding*) oder `GL_CW` (*Clockwise Winding*) annehmen. Die Voreinstellung ist `GL_CCW`. Flächen (Facets, TFaces, QFaces, Polygone), deren Vertices entgegen dem Uhrzeigersinn übergeben wurden, werden von OpenGL als Vorderflächen betrachtet. Rückseiten weisen eine Vertexabfolge im Uhrzeigersinn auf und werden normalerweise nicht dargestellt. Allerdings kann die `glCullFace`-Funktion auf die Darstellung von Vorder- und Rückseiten Einfluss nehmen.

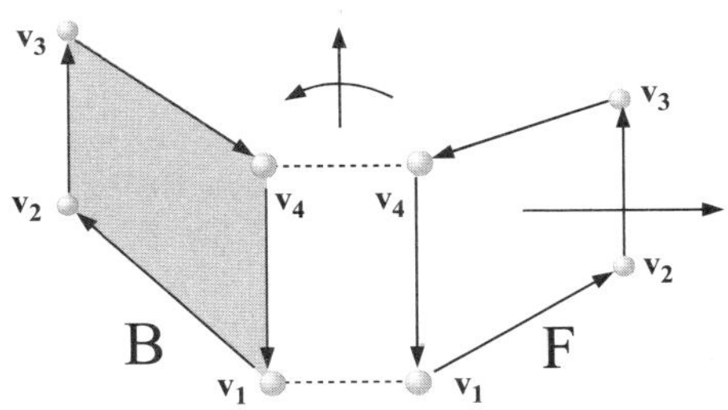

Abbildung 9.9 Im Bild ist die Fläche F um 90° gedreht worden, so dass deren Rückseite B ebenfalls sichtbar wird. Die Vertices wurden in der Abfolge v_1, v_2, v_3 und v_4 übergeben, damit wurde eine Orientierung entgegen dem Uhrzeigersinn hergestellt. Modus: `glBegin(GL_QUADS)`.

Es kommt wesentlich darauf an, in welcher Reihenfolge Vertices an OpenGL übergeben werden. Bei einem TFace (Dreieck) verbindet OpenGL die Vertices in der Reihenfolge der Übergabe: ersten mit zweitem, diesen mit dem dritten Vertex und schließlich den letzten mit dem ersten Vertex. Daraus ergibt sich die CCW-Anordnung. Vertauscht man bei der Übergabe den vorletzten mit dem letzten Vertex, dann stellt sich CW ein. Das oben Gesagte gilt für unabhängige Dreiecke, bei anderen Flächentypen gelten besondere Regeln. Siehe hierzu die `glBegin`-Funktion.

glFrustum

```
void glFrustum(GLdouble left,GLdouble right,GLdouble bottom,
  GLdouble top,GLdouble near,GLdouble far)
```

Das Frustum ist ein Pyramidenstumpf, dessen kleinere Fläche durch `near` und dessen größere Fläche durch das Argument `far` bestimmt ist. Die Funktion `glFrustum` wird für perspektivische Projektionen verwendet.

Näheres zu den mit `glFrustum` einstellbaren Projektionsarten findet sich im Abschnitt *Perspektivische Projektionen* (Seite 88ff.). Die Projektionsmatrix findet sich bei (2.28) und die Bedeutung der Parameter bei (2.30).

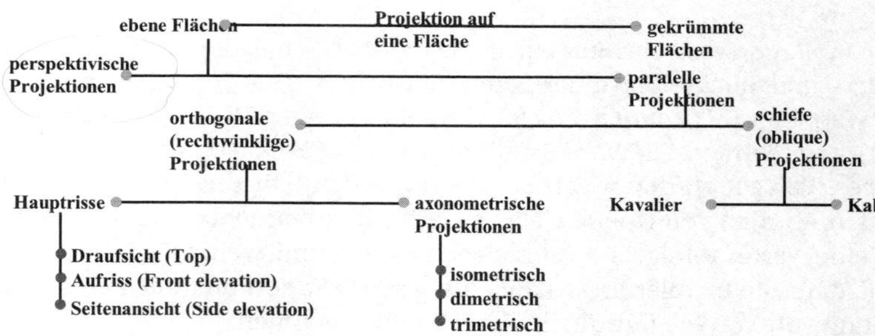

Abbildung 9.10 Die eingekreisten Projektionsarten können durch passende Wahl der Parameter von `glFrustum` eingestellt werden.

Im Beispiel wird ein Objekt dargestellt, dessen Grenzvolumen ein Würfel mit der Kantenlänge zwei ist. Das Objekt ist um den Nullpunkt zentriert. Die Viewportgröße ist 600×800 Pixel, was auf die Aspektfaktoren $aspectX = 1$, $aspectY = 0.75$ führt. Grundlage für die Einstellung des Frustums ist ein Weltvolumen, das ebenfalls ein zentrierter Würfel ist, jedoch mit der Kantenlänge 20.

```
gl.glViewport(0,0,800,600);
gl.glMatrixMode(GL.GL_PROJECTION);
gl.glLoadIdentity();
```

```
gl.glFrustum(-10f*0.5f,10f*0.5f,-10f*0.75f*0.5f,10f*0.75f*0.5f,10f,30f)\
;
gl.glTranslatef(0f,0f,-20f);
```

Mit der Shaderprogrammierung und ab OpenGL 3.0 muss die Projektionsmatrix als `uniform` an den Vertexshader übergeben werden. `glFrustum` ist „deprecated" markiert.

glGetAttribLocation

```
GLuint glGetAttribLocation(GLuint shaderProgram, const GLchar
  *attributeName)
```

Die Funktion liefert den Attributindex, der mit einem Attributnamen verbunden ist. Das Argument `shaderProgram` muss der Bezeichner eines von OpenGL erzeugten und erfolgreich gelinkten Shaderprogramms sein, siehe `glCreateProgram` und `glLinkProgram`. Im Shaderprogramm wird nach einem gebundenen Index für ein aktives Attribut gesucht und dieser zurückgegeben. Wenn die Suche nicht erfolgreich war oder das Attribut nicht aktiv ist, dann wird −1 zurückgegeben. Compiler und Linker optimieren Shaderprogramme in einem hohen Maße. Sie erkennen Attributvariablen, die nicht im Gebrauch sind (*Active Attribute*). Auch Standardattribute von OpenGL, erkennbar an dem Präfix `gl_`, werden von `glGetAttribLocation` ignoriert (Rückgabe: −1). Zur Bindung von Attributen siehe `glBindAttribLocation`. Ein Fehlerflag `GL_INVALID_OPERATION` wird gesetzt, wenn das Shaderprogramm noch nicht gelinkt worden ist.

glGetBufferSubData

```
void glGetBufferSubData(GLenum target,
  GLUintptr offset, GLSizeptr size, GLvoid* data)
```

Diese Funktion erzeugt eine Kopie des über `target` angesprochenen Puffers, der auf der Serverseite liegt. `offset` gibt den Abstand gemessen in Bytes und `size` die Anzahl der Bytes an, die bei einem Aufruf der Funktion gelesen werden. Die Zieladresse auf der Clientseite gibt das Argument `data` an. Der angesprochene Puffer darf nicht durch einen Aufruf `glMapBuffer` gesperrt sein; siehe auch `glBufferData` für eine Übersicht verwandter Funktionen.

glGenBuffers

```
void glGenBuffers(GLsizei range, GLuint *bufferID)
void glDeleteBuffers(GLsizei range, GLuint *bufferID)
```

Die Funktion erzeugt im Rahmen des Vertexbufferkonzepts (VBO) eine Liste von Bezeichnern für Datenpuffer. `range` gibt an, wie viele Nummern bei

OpenGL für die Puffer-IDs reserviert werden; die erzeugten Nummern werden im Array bufferID abgelegt. Von einer zusammenhängenden Nummerfolge darf nicht ausgegangen werden. Die Puffer-IDs werden einer glBindBuffer übergeben und damit bei OpenGL angemeldet. Die korrespondierende Funktion ist die glDeleteBuffers-Funktion. Diese löscht die in bufferID übergebenen Nummern, und damit wird auch eine noch vorhandene Bindung aufgehoben. Weitere Details siehe glBindBuffer.

Hinter glGenBuffers steht ein weitergehendes Konzept, das der objektorientierten Denkweise entspringt. Der durch die Funktion erhaltene Bezeichner bufferID[i] ist eine Referenz auf eine Sammlung von Zuständen, auf die andere Funktionen einwirken, etwa glBindBuffer. glGenBuffers erzeugt so gesehen ein leeres Objekt mit definierten Anfangszuständen, vergleichbar mit einem Standardkonstruktor in Java. Ein über glGenBuffers bezogener Bezeichner referiert dieses Objekt indirekt, das selbst keine Methoden aufweist, und der Bezeichner wird an Methoden der „Klasse" OpenGL weitergereicht. Diese Analogie lässt sich noch etwas ausdehnen, denn eine Instanz der „Klasse" OpenGL ist durch den Devicekontext erzeugt worden; Applikationen nutzen verschiedene Instanzen dieser Klasse.

Wie dieses Konzept realisiert wird, überlässt die OpenGL-Spezifikation der Implementation. Vor OpenGL 3.0 durfte eine Applikation auch einen freien Bezeichner wählen, das ist ab dieser Version verboten. Wenn das erhaltene Objekt nicht mehr benötigt wird, muss die glDeleteBuffers-Funktion aufgerufen werden (OpenGL kennt keinen Garbage Collector). Es ist daher angebracht, die mit den Bezeichnern verbundenen Objekte als externe Ressourcen anzusehen, die entsprechend verwaltet werden wollen (create, dispose oder cleanup).

glGenLists

```
void glGenLists(GLsizei range)
```

Die Bezeichner von Display-Lists muss OpenGL mit der Funktion glGenLists beziehen. range gibt an, wie viele Nummern bei OpenGL für die Display-Listen reserviert werden. Zurückgegeben wird die erste freie Nummer n, so dass n ... n+range-1 freie Display-Lists erzeugt werden können. Angenommen, die erste Reservierung in einem Programm erfolgt mit range=1. Dann wird in der Regel n=1 sein. Die tatsächliche Startnummer n ist durch OpenGL allerdings nicht spezifiert, man kann sich nur darauf verlassen, dass, beginnend mit n, range viele Nummern reserviert sind, die in einer kontinuierlichen monotonen Reihenfolge stehen. Mehr Details zu Display-Lists siehe glNewList.

```
int listID = glGenLists(1);
```

glGenTextures

```
void glGenTextures(GLsizei size,GLUInt *idArray)
```

Analog zur `glGenLists` erzeugt die `glGenTextures`-Funktion eine Liste von Bezeichnern (Nummern). Das Argument `size` gibt die Anzahl der Bezeichner an, `idArray` ist ein Array, in dem OpenGL diese ablegt. OpenGL entnimmt die Nummern einer internen Freispeicherliste, die Anwendung darf sich nicht auf einen zusammenhängenden Nummernblock verlassen. Nach einem Aufruf der `glGenTextures`-Funktion sind die Bezeichner bei OpenGL für die Verknüpfung durch `glBindTexture` mit Texturobjekten reserviert.

glGetError

```
GLenum glGetError(void);
```

Die Funktion `glGetError` liefert den Zustand der Fehlerflags von OpenGL zurück. `GL_INVALID_ENUM`, `GL_INVALID_VALUE`, `GL_INVALID_OPERATION` sowie `GL_STACK_OVERFLOW`, `GL_STACK_UNDERFLOW`, `GL_OUT_OF_MEMORY`, `GL_TABLE_TOO_LARGE` und `GL_NO_ERROR`. Es können mehrere Fehlerflags gleichzeitig gesetzt sein. OpenGL konserviert Fehlerflags, sie bleiben solange gesetzt, bis sie durch die `glGetError`-Funktion abgefragt werden, wobei dann jeweils ein Fehlerflag zurückgegeben wird.

```
boolean isError = glGetError()!=GL_NO_ERROR;
while(glGetError()!=GL_NO_ERROR) {}
```

Im Programmbeispiel interessiert man sich seltener für die Art des Fehlers, mehr dafür, *ob* einer aufgetreten ist. Nach der Fehleranfrage erfolgt die Rücksetzung anderer Fehlerflags, bis OpenGL `GL_NO_ERROR` meldet. OpenGL verhält sich sehr tolerant, was Fehler anbelangt. Wird ein falsches Funktionsargument oder ein falscher Parameter erkannt, führt OpenGL die Funktion einfach nicht aus und setzt ein entsprechendes Fehlerflag. Bei fehlerhaften Speicherzugriffen sieht die Sache jedoch anders aus, hier muss auch ein Java-Programmierer mit einen Crash der Applikation, aufgrund der Treiberfunktion womöglich mit einem Crash des Betriebssystems rechnen.

glGetProgramiv

```
void glGetProgramiv(GLuint programID,GLenum pName,GLint *values)
```

Diese Funktion liefert einzelne Status bezogen auf ein Shaderprogramm. Im Argument `programID` ist der Bezeichner des Shaderprogramms anzugeben, `pName` gibt eine Konstante aus der nachfolgenden Liste an und `values` enthält das Ergebnis.

GL_DELETE_STATUS
: Wenn ein Shaderprogramm für die Löschung markiert wurde, dann steht in `value[0]` die Konstante `GL_TRUE`, ansonsten `GL_FALSE`.

GL_LINK_STATUS
: Wird nach einem Link eines Shaderprogramms angegeben, um den Status des Vorgangs abzufragen: `GL_TRUE`, wenn erfolgreich.

GL_VALIDATE_STATUS
: Wird nach einem Validate eines Shaderprogramms angegeben, um den Status des Vorgangs abzufragen: `GL_TRUE`, wenn erfolgreich.

GL_INFO_LOG_LENGTH
: Gibt die Größe des Informationspuffers in Zeichen (char) gerechnet an.

GL_ATTACHED_SHADERS
: Gibt die Anzahl der Shader an, die aktuell dem Shaderprogramm hinzugefügt sind.

GL_ACTIVE_ATTRIBUTES
: Gibt die Anzahl der aktiven Attribute im Shaderprogramm an.

GL_ACTIVE_ATTRIBUTE_MAX_LENGTH
: Gibt die Länge (in Zeichen) des längsten aktiven Attributs im Shaderprogramm an.

GL_ACTIVE_UNIFORMS
: Gibt die Anzahl der aktiven, `uniform`-qualifizierten Variablen im Shaderprogramm an.

GL_ACTIVE_UNIFORM_MAX_LENGTH
: Gibt die Länge (in Zeichen) des längsten aktiven Uniforms im Shaderprogramm an.

glGetProgramInfoLog

```
void glGetProgramInfoLog(GLuint programID, GLsizei bSize,
  const GLsizei *len, const GLint *info)

void glGetShaderInfoLog(GLuint shaderID, GLsizei bSize,
  const GLsizei *len, const GLint *info)
```

Nach der Kompilation eines Shaders oder einem Link eines Shaderprogramms aufgerufen, übergibt die Funktion Warnungen und Fehlermeldungen an die aufrufende Applikation. Das Argument `shaderID` gibt eine Referenz auf einen Shader an, die durch einen Aufruf `glCreateShader` ermittelt wurde. Ebenso gibt `programID` eine Referenz auf ein Shaderprogramm an, das gelinkt wurde (`glLinkProgramm`). `bSize` legt fest, wie viele Zeichen der zurückgegebene String enthalten darf. `len` wird von OpenGL nach der Erstellung des Info-Strings `info` belegt. In der Variablen steht dann die tatsächlich belegte Zahl der Zeichen.

Zur Shaderprogrammierung siehe auch die Abschnitte *Shader, Programm-Lebenszyklus* (Seite 539), *Shader und generische Attribute* (Seite 185ff.) und *Shaderprogrammierung* (Seite 721).

glGetShaderInfoLog

Siehe `glGetProgramInfoLog`.

glGetString

```
const GLubyte* glGetString(GLenum pName);
```

Die Funktion liefert Informationen über die OpenGL-Version, die Grafikkarte, Shader und OpenGL-Erweiterungen. Zurückgegeben wird ein String (Array of Bytes), in dem die einzelnen Elemente durch Leerzeichen getrennt sind. Zur Verwendung in Java-Anwendungen siehe die Klasse `OpenGLVendorInfo` (Seite 618). Das Argument `pName` kann die folgende Konstanten enthalten:

`GL_VENDOR`
: Geliefert wird der Name der Firma, die die OpenGL-Implementierung auf einem bestimmten Rechner zur Verfügung stellt.

`GL_RENDERER`
: In der Regel steht hier der Typ der Grafikkarte.

`GL_VERSION`
: Die Version ist eine zusammengesetzte Information, bestehend aus einer Abfolge von durch Punkte getrennte Zahlen: `major.minor.release` sowie evtl. einem folgenden Text, etwa `WinXP Release`.

`GL_SHADING_LANGUAGE_VERSION`
: Die Version des Shaders. Auch hier ist eine Abfolge: `major.minor.release` angegeben.

`GL_EXTENSIONS`
: OpenGL befindet sich, wie in der Software-Welt üblich, in ständiger Bewegung, die aus der Anpassung an neue Entwicklungen und an die Konkurrenz entsteht. Die Integration neuer Entwicklungen erfolgt bei OpenGL über einen Erweiterungsmechanismus. Ein Produzent kann jederzeit eine neue Idee implementieren und dafür entsprechende Funktionen in seinen OpenGL-Treibern einbauen. Solche Erweiterungen sind mit einem Kurzzeichen versehen, zum Beispiel `SGI`, `ATI` oder `NV`. Sollte sich herausstellen, dass diese auch von einer breiten Mehrheit getragen werden, dann definiert OpenGL eine offizielle Erweiterung, die in der Regel auch von den Konkurrenten unterstützt wird: `ARB` oder `EXT`. Diese Erweiterungen sind auch eine Vorwegnahme von Funktionen, die in der nächsten Version von OpenGL bereitgestellt werden. Die Liste der Erweiterungen besteht aus einer durch Leerzeichen getrennten Abfolge der einzelnen Elemente.

glGetShaderiv

```
void glGetShaderiv(GLuint shaderID,GLenum pName,GLint *values)
```

Diese Funktion liefert einzelne Status, bezogen auf einen Shader. Im Argument `shaderID` ist der Bezeichner des Shaders anzugeben, `pName` gibt eine Konstante aus der nachfolgenden Liste an und `values` enthält das Ergebnis.

`GL_DELETE_STATUS`
: Wenn ein Shader für die Löschung markiert wurde, dann steht in `values[0]` die Konstante `GL_TRUE`, ansonsten `GL_FALSE`.

`GL_COMPILE_STATUS`
: Wird nach der Kompilierung eines Shaders angegeben, um den Status des Vorgangs abzufragen: `GL_TRUE`, wenn erfolgreich.

`GL_INFO_LOG_LENGTH`
: Gibt die Größe des Informationspuffers in Zeichen (char) gerechnet an, siehe `glShaderInfoLog`.

`GL_SHADER_TYPE`
: Liefert den Typ des Shaders: `GL_VERTEX_SHADER` oder `GL_FRAGMENT_SHADER`.

`GL_SHADER_SOURCE_LENGTH`
: Gibt die Größe des Shaderquellcodes in Zeichen (char) gerechnet an. Dabei werden die einzelnen Strings zusammengesetzt und 0 zurückgegeben, wenn noch kein Shaderquellcode hinzugefügt wurde.

glInitNames

Stellt den Grundzustand eines Name-Stacks ein. Nach dem Aufruf dieser Funktion ist der Stack leer – siehe auch `glPushName` (Seite 698).

glIsList

```
GLboolean glIsList(GLunint identifier)
```

Eine Anfrage, ob die durch `identifier` bezeichnete Display-Liste gültig ist. Wenn dies der Fall ist, wird `true` zurückgegeben. Mehr Details zu Display-Lists siehe `glNewList`.

glLight

```
void glLightf(GLenum lightName,GLenum pName,GLfloat value);
void glLighti(GLenum lightName,GLenum pName,GLint value);

void glLightfv(GLenum lightName,GLenum pName,const GLfloat
  *values,GLint offset);
void glLightiv(GLenum lightName,GLenum pName,const GLint
  *values,GLint offset);
```

Einzelne Lichtquellen werden in OpenGL mit der glLight-Funktion eingestellt. Die Bezeichnung der Lichtquelle ist etwas ungewöhnlich, denn OpenGL besitzt vordefinierte Konstanten GL_LIGHT0 bis GL_LIGHTn, die im Argument lightName eingesetzt werden. Garantiert werden acht verschiedene Lichter $n = 7$, bestimmte Implementationen von OpenGL dürfen aber mehr Lichtquellen zulassen. Die maximale Zahl $n+1$ kann mit einer glGetIntegerv-Funktion abgefragt werden, wenn das Argument GL_MAX_LIGHTS angegeben wird.

Das zweite Argument (pName) der glLight-Funktionsfamilie ist der Name eines Parameters, für den im dritten Argument ein Wert oder ein Wertearray übergeben wird. Bei den glLightiv-, glLightfv-Funktionen kann noch ein Offset angegeben werden, der den Startindex im übergebenen Array liefert.

Lichtquellen müssen ein- und gegebenenfalls ausgeschaltet werden; sie sind auch nur dann wirksam, wenn die Beleuchtung insgesamt eingeschaltet ist.

```
float lColor0[] = {0.7f,0.7f,0.7f,1f};
float lColorPosition0[] = {(float)left,(float)top,(float)near,1f};

gl.glLightfv(GL.GL_LIGHT0,GL.GL_DIFFUSE,lColor0,0);
gl.glLightfv(GL.GL_LIGHT0,GL.GL_POSITION,lColorPosition0,0);

gl.glEnable(GL.GL_LIGHTING);   <--
gl.glEnable(GL.GL_LIGHT0);     <--

// Hier: Rendering der Szene mit dem Licht.

gl.glDisable(GL.GL_LIGHTING);
gl.glDisable(GL.GL_LIGHT0);
```

GL_AMBIENT

Eingestellt wird die Farbe bzw. Intensität einer Lichtquelle, die Umgebungslicht abstrahlt. Tatsächlich handelt es sich nicht um eine Lichtquelle im typischen Sinn, denn das Umgebungslicht ist dann überall vorhanden, auch spielt ein Betrachtungswinkel keine Rolle. Körper zeigen bei weißem Umgebungslicht und ohne sonstige Beleuchtung die Grundfarbe. Normalerweise ist Umgebungslicht auch nicht entfernungsabhängig; wenn jedoch Umgebungslicht mit diffusem Licht kombiniert wird, dann gilt auch für das Umgebungslicht ein Abschwächungsfaktor f_{att}. Näheres zum Umgebungslicht siehe Abschnitt *Umgebungslicht* (Seite 313). Die Komponenten der Lichtfarbe müssen in der Reihenfolge R,G,B,A einer glLightiv- oder glLightfv-Funktion übergeben werden. Voreinstellung bei OpenGL ist Schwarz (0,0,0,1). Es kann durch negative Farbangaben auch Dunkelheit abgestrahlt werden.

```
float ambientLightColor[] = {0.5f,0.5f,0.5f,1f}; // r,g,b,a
gl.glLightfv(GL.GL_LIGHT0,GL.GL_AMBIENT,ambientLightColor,0);
```

`GL_CONSTANT_ATTENUATION`

Angegeben wird ein konstanter Abschwächungsfaktor f_c, der das Licht einer Lichtquelle generell abschwächt.

$$f_{att} = \frac{1}{f_c + f_d \cdot E + f_q \cdot E^2} \tag{9.3}$$

Zum Einfluss des Abschwächungsfaktors auf eine Lichtquelle siehe Abschnitt *Diffuses Licht* (Seite 315), siehe auch `GL_LINEAR_ATTENUATION` und `GL_QUADRATIC_ATTENUATION`.

```
gl.glLightf(GL.GL_LIGHT0,GL.GL_CONSTANT_ATTENUATION,0.5f);
gl.glLightf(GL.GL_LIGHT0,GL.GL_LINEAR_ATTENUATION,0f);
gl.glLightf(GL.GL_LIGHT0,GL.GL_QUADRATIC_ATTENUATION,0.1f);
```

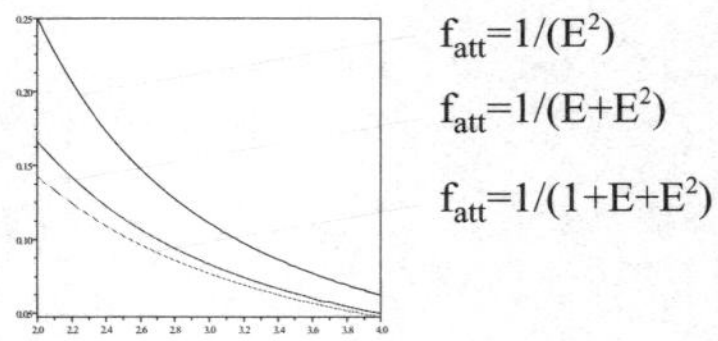

Abbildung 9.11 Plot verschiedener Abschwächungsfaktoren in Abhängigkeit von der Entfernung E.

`GL_DIFFUSE`

Eingestellt wird die Farbe bzw. Intensität einer Lichtquelle, die diffuses Licht abstrahlt. Diffuses Licht ist entfernungsabhängig, der Winkel zwischen einer Vertexangabe und der Lichtquelle wird ebenfalls berücksichtigt. Näheres zu diffusen Lichtquellen siehe Abschnitt *Diffuses Licht* (Seite 315). Angegeben wird, wie oben beim ambienten Licht, die Lichtfarbe und Intensität. Diffuse Lichtquellen dürfen auch einen ambienten Lichtanteil enthalten. Voreinstellung bei OpenGL ist Weiß (1,1,1,1).

```
float diffuseLightColor[] = {0.5f,0.5f,0.5f,1f};
gl.glLightfv(GL.GL_LIGHT0,GL.GL_DIFFUSE,diffuseLightColor,0);
```

`GL_LINEAR_ATTENUATION`

Angegeben wird ein linearer Abschwächungsfaktor f_d, der mit der Entfernung der Lichtquelle zum beleuchteten Punkt multipliziert wird. Siehe `GL_CONSTANT_ATTENUATION`.

`GL_POSITION`

Legt die Position einer Lichtquelle im Weltkoordinatensystem fest. Die Positionsangabe erfordert vier Parameter (x,y,z,w), wobei die W-Komponente besonders ausgewertet wird.

Der vierte Parameter kontrolliert, ob es sich um eine gerichtete Lichtquelle ($w = 0$) handelt oder um ein Positionslicht bzw. Punktlicht ($w = 1$). Siehe dazu auch den Abschnitt *Lichtquellen, Materialien* (Seite 306f.). Ist $w = 0$ eingestellt, dann erfolgt keine Abschwächung des Lichtes durch einen der Abschwächungsfaktoren, die Position des Lichtes wird nicht beachtet, der Vektor zur Lichtquelle, bzw. beim Spotlicht zusätzlich die Spotlicht-Richtung hingegen schon. Ist $w = 1$, wie bei einer Punktangabe, dann werden alle Angaben in die Berechnung mit einbezogen. Die W-Komponente wird wegen der Multiplikation mit einer 4×4-Transformationsmatrix wie ein Vektor $w = 0$ oder ein Punkt $w = 1$ behandelt. Wegen $w = 0$ wird bei einer Multiplikation eines Vektors mit der homogenen Matrix nur der obere 3×3-Anteil der Matrix verwendet. Die Voreinstellung bei OpenGL ist die Position (0,0,1,0). Die Position einer Lichtquelle unterliegt den Transformationen durch die aktuelle Modellmatrix, die Lichtquelle liegt danach im Beobachterkoordinatensystem.

```
float diffuseLightPosition[] = {0f,10f,10f,0f};
gl.glLightfv(GL.GL_LIGHT0,GL.GL_POSITION,diffuseLightPosition,0);

float spotLightPosition[] = {0f,0f,5f,1f};
gl.glLightfv(GL.GL_LIGHT1,GL.GL_POSITION,spotLightPosition,0);
```

`GL_QUADRATIC_ATTENUATION`

Angegeben wird ein Abschwächungsfaktor f_d, der mit dem Quadrat der Entfernung der Lichtquelle zum beleuchteten Punkt multipliziert wird. Siehe auch oben bei `GL_CONSTANT_ATTENUATION`.

`GL_SPECULAR`

Eingestellt wird die Farbe bzw. Intensität einer Spotlichtquelle. Angegeben wird wie oben beim ambienten Licht die Lichtfarbe und Intensität. Näheres zu Spotlichtquellen siehe *Spotlicht* (Seite 318). Voreinstellung bei OpenGL ist Weiß (1,1,1,1).

```
float spotLightColor[] = {0.2f,0.4f,0.1f,1f};
gl.glLightfv(GL.GL_LIGHT1,GL.GL_SPECULAR,spotLightColor,0);
```

`GL_SPOT_CUTOFF`

Spotlicht ist nur wirksam, wenn der Winkel zwischen der Spotlicht-Richtung und dem Vektor vom Spotlicht zum beleuchteten Punkt im Bereich 0° und 90° liegt (Vorgabe). Der Winkelbereich kann weiter durch den Parameter `GL_SPOT_CUTOFF` eingeschränkt werden. Zulässig ist es auch, einen Winkel von 180° anzugeben. In diesem Falle wird der genannte Winkel überhaupt nicht berechnet $f_{spot} = 1$, (5.16).

```
gl.glLightf(GL.GL_LIGHT1,GL.GL_SPOT_CUTOFF,54f);
```

`GL_SPOT_DIRECTION`

Legt den Richtungsvektor des Spotlichts fest. Die Angabe erfordert drei Parameter (x,y,z). Näheres zu Spotlichtquellen siehe *Spotlicht* (Seite 318). Voreinstellung bei OpenGL ist(0,0,-1). Der Richtungsvektor ist nur von Bedeutung, wenn GL_SPOT_CUTOFF ungleich 180° eingestellt ist.

```
float spotLightDirection[] = {-1f,1f,-1f};
gl.glLightfv(GL.GL_LIGHT1,GL.GL_SPOT_DIRECTION,spotLightDirection\
,0);
```

`GL_SPOT_EXPONENT`

Der Exponent kontrolliert die Breite des Spotlichtkegels, siehe (5.15).

```
gl.glLightf(GL.GL_LIGHT1,GL.GL_SPOT_EXPONENT,40f);
```

Mit der Shaderprogrammierung und ab OpenGL 3.0 wird die Beleuchtung durch Vertex- und/oder Fragmentshader durchgeführt. Sämtliche Lichtfunktionen sind als „deprecated" markiert und stehen nur noch über den Compatibility-Modus zur Verfügung. Die Bedeutung der Parameter als Grundlage für die Berechnung bleibt weiterhin erhalten, sie werden pro Lichtquelle an die Shader übergeben (uniform).

glLightModel

```
void glLightModelf(GLenum pName,GLfloat value);
void glLightModeli(GLenum pName,GLint value);

void glLightModelfv(GLenum pName,const GLfloat *values,GLint offset);
void glLightModeliv(GLenum pName,const GLint *values,GLint offset);
```

Mit den glLightModel-Funktionen wird das grundlegende Verhalten von OpenGL bei der Berechnung der Beleuchtung kontrolliert. Die Funktionen sind als Ergänzung zu den Einstellungen der einzelnen Lichtquellen zu sehen, außerdem kann ein ambientes Licht voreingestellt werden. pName erwartet die Angabe eines Parameternamens, davon ist die Wahl der jeweiligen Funktion abhängig. Weitere Details zum Lichtmodell finden Sie im Abschnitt *Lichtmodelle* (Seite 324ff.).

`GL_LIGHT_MODEL_AMBIENT`

OpenGL stellt automatisch eine ambiente Lichtquelle bereit, deren Intensität bzw. Farbe auf (0.2f, 0.2f, 0.2, 1f) eingestellt ist. Diese Einstellung kann überschrieben werden. Die Farbe wird als R,G,B,A-Angabe erwartet.

```
float ambientLightOff[] = {0f,0f,0f,1f}; // r,g,b,a
gl.glLightModelfv(GL.GL_AMBIENT,ambientLightOff,0);
```

`GL_LIGHT_MODEL_COLOR_CONTROL`
Hier darf `value` nur zwei Werte annehmen. `GL_SEPARATE_SPECULAR_COLOR` beeinflusst das Verhalten von OpenGL, wenn eine Textur anliegt und gleichzeitig ein Spotlicht an einem Punkt wirksam ist. Bei dieser Einstellung wird der Spotlichtanteil an dem Punkt hinzugefügt, nachdem die Texturfarbe berechnet wurde. Die Vorgabeeinstellung bei OpenGL ist `GL_SINGLE_COLOR`, das bedeutet, die genannte Aufteilung in zwei Farbanteile bzw. Intensitäten erfolgt nicht.

```
gl.glLightModeli(GL.GL_LIGHT_MODEL_COLOR_CONTROL,
  GL.GL_SEPARATE_SPECULAR_COLOR
);
```

`GL_LIGHT_MODEL_LOCAL_VIEWER`
Bei eingeschaltetem Spotlicht wird normalerweise die Richtung, aus der ein Beobachter auf einen bestimmten Punkt blickt, nicht berücksichtigt. Es wird ein Betrachter angenommen, der in Richtung der negativen Z-Achse blickt. Dies ist die Voreinstellung von OpenGL; sie entspricht einem Aufruf der Lichtmodellfunktion mit dem `value`-Argument gleich Null. Soll hingegen die Reflektion auch vom Beobachterstandpunkt abhängig sein, dann ist bei `value` eine 1 zu setzen, siehe dazu (5.17).

```
gl.glLightModelf(GL.GL_LIGHT_MODEL_LOCAL_VIEWER,1f);
```

`GL_LIGHT_MODEL_TWO_SIDE`
Mit der Voreinstellung `value` gleich 0 werden lediglich die Vorderseiten von Flächen beleuchtet. Übergibt man für `value` den Wert 1, dann wird sowohl die Rückseite als auch die Vorderseite beleuchtet. OpenGL dreht dabei die Normale der Rückseiten um und verwendet das Material, das für die Rückseite angegeben wurde.

```
gl.glLightModelf(GL.GL_LIGHT_MODEL_TWO_SIDE,1f);
```

Mit der Shaderprogrammierung und ab OpenGL 3.0 wird die Beleuchtung durch Vertex- und/oder Fragmentshader durchgeführt. Sämtliche Lichtfunktionen sind als „deprecated“ markiert und stehen nur noch über den Compatibility-Modus zur Verfügung. Die Bedeutung der Parameter als Grundlage für die Berechnung bleibt weiterhin erhalten, sie werden pro Lichtquelle an die Shader übergeben (`uniform`).

glLinkProgram

```
void glLinkProgram(GLuint programID)
```

Die Funktion bindet Shader zu einem ausführbarem Shaderprogramm. Das Argument `programID` muss über einen `glCreateProgram`-Aufruf bezogen werden. Beim Linken findet eine Initialisierung von Variablen mit 0 statt, und es werden Adressen zugewiesen. `uniform`-qualifizierte Variablen erhalten einen Speicherblock, der über `glGetUniformLocation` angesprochen werden kann. Der Link-Status sollte durch `glGetProgrammiv` abgefragt werden, denn es wird überprüft, ob `main`-Funktionen, je für einen Vertex- und einen Fragmentshader, angegeben wurden. Auch wird überprüft, ob `varying`-Variablen beim Vertex- und Fragmentshader vom gleichen Typ sind und in beiden Shadern angegeben wurden, und allgemein, ob Referenzen auflösbar sind u. v. m. Warnungen und Fehlermeldungen nach dem Linken können auch mittels `glGetProgramInfoLog` abgefragt werden.

Die Funktion kann auch im Sinne eines Relinks aufgerufen werden, in diesem Falle werden Shader, die neu hinzugefügt, modifiziert oder gelöscht wurden, berücksichtigt und es wird ein neues Programm erzeugt. Ist der Link-Status nach einem Relink `false`, dann bleibt das vorausgehende Programm weiterhin aktiv. Ist der Status `true`, dann wird das neue Shaderprogramm ausgeführt, als ob ein `glUseProgram`-Aufruf erfolgte.

Zur Shaderprogrammierung siehe auch die Abschnitte *Shader, Programm-Lebenszyklus* (Seite 539), *Shader und generische Attribute* (Seite 185ff.) und *Shaderprogrammierung* (Seite 721).

glLoadIdentity

```
void glLoadIdentity(void)
```

Die Einheitsmatrix ist eine 4×4-Matrix, die anstelle der aktuell gültigen Matrix von OpenGL nach diesem Aufruf eingesetzt wird. Die Funktion wird in der Regel am Anfang eines neuen Frame aufgerufen, als Startzustand für die nachfolgenden Transformationen.

$$\begin{pmatrix} 1 & 0 & 0 & 0 \\ 0 & 1 & 0 & 0 \\ 0 & 0 & 1 & 0 \\ 0 & 0 & 0 & 1 \end{pmatrix} = \mathbf{I}. \tag{9.4}$$

Mit der Shaderprogrammierung und ab OpenGL 3.0 muss sowohl die Modelviewmatrix als auch die Projektionsmatrix als `uniform` an den Shader übergeben werden, ein Vertexshader führt die Transformation durch.

glLoadMatrix

```
void glLoadMatrixf(const GLfloat *m);
void glLoadMatrixd(const GLdouble *m);

void glLoadTransposeMatrixf(const GLfloat *m);
void glLoadTransposeMatrixd(const GLdouble *m);
```

Die Funktion glLoadMatrix überschreibt die aktuell ausgewählte Matrix mit den Koeffizienten der angegebenen Matrix m. OpenGL erwartet diese Matrix im Column-major Ordering, siehe dazu auch *Darstellung von Matrizen* (Seite 442ff.).

```
float unitMatrix[] = { // [index]
11f,21f,31f,41f,       // 1 - Spalte, index 0,1,2,3
12f,22f,32f,42f,       // 2 - Spalte, index 4,5,6,7
13f,23f,33f,43f,       // 3 - Spalte, index 8,9,10,11
14f,24f,34f,44f        // 4 - Spalte, index 12,13,14,15
};

glLoadMatrixf(unitMatrix,0);
```

Die Column-major-Anordnung entsteht durch die Transponierung einer Matrix, siehe (7.30), indem die Spalten und Zeilen einer Row-major-Matrixanordnung vertauscht werden – siehe auch glMultMatrix und glMatrixMode. Eine Alternative, wenn auf der Client-Seite eine Row-major-Matrix vorliegt, bietet die Funktion glLoadTransposeMatrixf.

Die mit glLoadMatrix korrespondierende Funktion glGetDoublev liefert die Projektionsmatrix oder die Modelviewmatrix zurück. Solche Aufrufe sind sehr langsam und, wenn öfter benötigt, sollte eine Kopie der aktuellen OpenGL-Matrizen auf der Clientseite vorrätig gehalten werden.

```
void glGetDoublev(GLenum pName, const GLdouble *m,GLint offset);
void glGetFloatv(GLenum pName, const GLfloat *m,GLint offset);
```

Die Projektionsmatrix wird adressiert mit pName=GL_PROJECTION_MATRIX und die Modelviewmatrix mit pName=GL_MODELVIEW_MATRIX. Im zweiten Argument stehen dann die 16 Koeffizienten der Matrix. offset erlaubt einen relativen Bezug im übergebenen Array.

```
double[] matrixValues = new double[16];
glGetDoublev(GL_PROJECTION_MATRIX,matrixValues,0);
```

Mit der Shaderprogrammierung und ab OpenGL 3.0 muss sowohl die Modelviewmatrix als auch die Projektionsmatrix als uniform an den Shader übergeben werden, gegebenenfalls wird durch einen Vertexshader erst die Transformation durchgeführt. Über den Compatibility-Modus ist die Funktion weiterhin verfügbar.

glLoadName

Überschreibt den Namenseintrag an der Spitze des Name-Stack mit dem im Argument angebenen Namen. Siehe auch glPushName (Seite 698).

```
void glLoadName(GLint name)
```

glLogicOp

```
void glLogicOp(GLenum algorithm)
```

Die glLogicOp-Funktion wählt einen Verknüpfungsalgorithmus aus, der beim Blending verwendet werden soll. Auch kann damit für den letzten Schritt in der Rendering Pipeline die Übernahme der hereinkommenden Pixel in den Framepuffer beeinflusst werden. Vorgabe ist GL_COPY.

Tabelle 9.8: glBlendFunc-Parameter

	op.		**op.**
GL_CLEAR	0	GL_AND	$S \wedge D$
GL_COPY	S	GL_OR	$S \vee D$
GL_NOOP	D	GL_NAND	$\neg(S \wedge D)$
GL_SET	1	GL_NOR	$\neg(S \vee D)$
GL_COPY_INVERTED	$\neg S$	GL_XOR	$S \mathrm{XOR} D$
GL_INVERT	$\neg D$	GL_EQUIV	$\neg(S \mathrm{XOR} D)$
GL_AND_REVERSE	$S \wedge \neg D$	GL_AND_INVERTED	$\neg S \wedge D$
GL_OR_REVERSE	$S \vee \neg D$	GL_OR_INVERTED	$\neg S \vee D$

glMapBuffer

```
void *glMapBuffer(GLenum target,GLUenun readWritePolicy)
```

Die Funktion gibt im Rahmen des VBO-Konzepts die Adresse eines Buffers zurück. Der Puffer muss vorausgehend mit der Funktion glBufferData erzeugt und durch glBindBuffer an das target gebunden sein. Mit glMapBuffer ist es möglich, auf die Daten der Serverseite zuzugreifen. Nachdem eine Änderung erfolgt ist, muss eine Freigabe (Unlock) der Daten durchgeführt werden, dies erfolgt durch die glUnmapBuffer-Funktion.

```
glBindBuffer(GL_ARRAY_BUFFER,vertices);
glBufferData(GL_ARRAY_BUFFER,byteCount,vertexData,GL_STATIC_DRAW);
data = (BufferType)glMapBuffer(GL_ARRAY_BUFFER,GL_WRITE_ONLY);
// .. select and change vertices
if(!glUnmapBuffer(GL_ARRAY_BUFFER) { /* report memory error */ }
```

Das Argument readWritePolicy gibt die Zugriffsart vor, die für den Puffer zulässig ist: GL_READ_ONLY, GL_WRITE_ONLY oder GL_READ_WRITE. Eine andere Verwendung der Pufferdaten kann zu einen Crash der Applikation führen, auch ein fehlerhafter Cast (BufferType) kann schwere Ausnahmen zur Folge haben. In Java und mit der Bindungssoftware JOGL ist der Cast nicht nötig, denn JOGL gibt einen ByteBuffer zurück. Das Argument readWritePolicy muss auch zum Argument hint der glBufferData-Funktion passen: _STATIC_ und GL_WRITE_ONLY, _DYNAMIC_ und GL_READ

_WRITE. Eine Rekonfiguration oder Löschung des Puffers erfordert ein erneutes Mapping.

Die Prüfung des Rückgabewerts der glUnmapBuffer-Funktion ist nötig, denn während der Puffer gemappt ist, kann ein Wechsel des Devicekontextes stattfinden. Bei vielen Anwendungen kann eine Applikation ja keinen Wechsel zu einer anderen Applikation bzw. zum Betriebssystem verhindern. Dort kann der Nutzer den Screen-Modus verändern und damit die Puffereinstellungen beschädigen. glUnmapBuffer liefert dann einen Fehler.

glMaterial

glMaterial übergibt für die nachfolgenden Vertices oder Flächen eine Menge von Materialparametern, wobei die Einstellung nur wirksam ist, wenn auch eine Beleuchtung aktiv ist.

```
void glMaterialfv(GLenum faceMode,GLenum pName,const GLfloat *values)
void glMaterialiv(GLenum faceMode,GLenum pName,GLint values)
```

Material kann einer Vorderseite, der Rückseite oder auch beiden zugleich zugewiesen werden, dies wird durch das Argument faceMode kontrolliert. Zulässig ist GL_FRONT, GL_BACK oder GL_FRONT_AND_BACK als Wert dieses Arguments.

Vom Argument pName hängt die Materialeigenschaft ab, die als Reaktion auf einfallendes Licht gesehen werden sollte.

GL_AMBIENT
: Wenn ein ambienter Lichtanteil in einer Szene vorhanden ist, dann kann die Reaktion einer Oberfläche durch die vier Farbangaben, inklusive des Alpha-Anteils, übergeben im Array values, kontrolliert werden. Der Alpha-Anteil wird jedoch nicht in die Berechnung der Kombinationsfarbe einbezogen. Die Voreinstellung von OpenGL ist $(0.2, 0.2, 0.2, 1)$.

GL_AMBIENT_AND_DIFFUSE
: Wirkt wie eine Kombination der Funktion jeweils mit dem Argument GL_AMBIENT und GL_DIFFUSE.

GL_DIFFUSE
: Übergibt die Farbangaben und den Alpha-Anteil für die Reaktion auf diffuses Licht, mit der Voreinstellung $(0.8, 0.8, 0.8, 1)$. OpenGL berücksichtigt den Alpha-Anteil nur bei diesem Materialparameter.

GL_EMISSION
: Material kann auch für ein leuchtendes Objekt eingestellt werden, Voreinstellung: $(0, 0, 0, 1)$. Das Material wird damit aber nicht zu einer Lichtquelle, denn der damit erzeugte Lichtanteil wird in einer Szene nicht berücksichtigt, auch wird der Alpha-Anteil nicht beachtet.

GL_SPECULAR
Übergibt die Farbangaben und den Alpha-Anteil für die Reaktion auf Spotlicht, mit der Voreinstellung (0, 0, 0, 1). Alpha wird bei Spotlicht ignoriert.

GL_SHININESS
Ähnlich wie der Exponent beim Spotlicht ist auch ein Exponent beim Material definiert, Voreinstellung 0. Der Ausleuchtungsfaktor ist nur zulässig im Bereich [0...128]. Für die Übergabe des Faktors ist eine eigene Gruppe der glMaterial-Funktion definiert.

```
void glMaterialf(GLenum faceMode,GLenum paramterName,GLfloat
  value)
void glMateriali(GLenum faceMode,GLenum paramterName,GLint value)
```

glMatrixMode

```
void glMatrixMode(GLenum mode)
```

Diese Funktion aktiviert eine Matrix, auf die sich nachfolgende Matrixoperationen auswirken. Der Parameter mode kann vier unterschiedliche Werte annehmen. Mit mode gleich GL_MODELVIEW wird die Modellmatrix als Ziel für die Einstellung von Transformationmatrizen gewählt. Durch den Aufruf von glMatrixMode(GL_PROJECTION) wird die Projektionsmatrix als Ziel ausgewählt. Erlaubt sind noch die Parameter GL_TEXTURE und GL_COLOR, die sich auf die aktive Texturmatrix bzw. die Colormatrix auswirken.

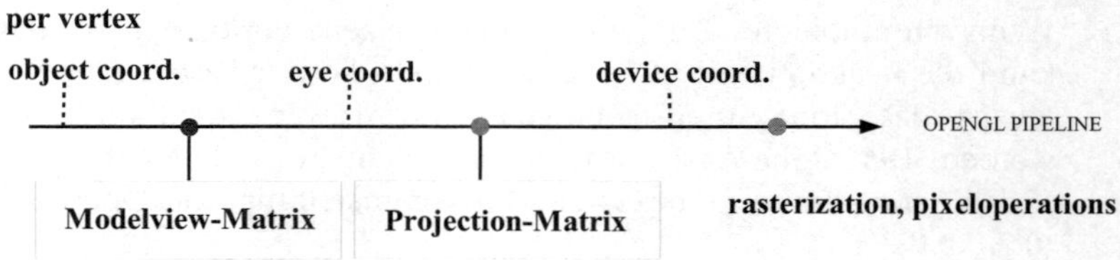

Abbildung 9.12 Mit der Modellmatrix werden Objekte in einer Szene platziert und gegebenenfalls animiert. Die Projektionsmatrix transformiert die Szene in die Devicekoordinaten. Nachfolgende Stufen erzeugen das am Bildschirm sichtbare Image einer Szene.

Ein Aufruf der glMatrixMode-Funktion innerhalb einer glBegin-glEnd-Klammer ist unzulässig. Matrizen können in einem Stack zwischengespeichert werden, siehe dazu glPushMatrix und glPopMatrix.

```
glMatrixMode(GL_PROJECTION);
glLoadIdentity();
glViewport(0,0,600,600);
glOrtho(-10f,10f,-10f,10f,1f,-1f);
```

```
glClear(GL_COLOR_BUFFER_BIT);
glMatrixMode(GL_MODELVIEW);
glLoadIdentity();
```

Mit der Shaderprogrammierung und ab OpenGL 3.0 muss sowohl die Modelviewmatrix als auch die Projektionsmatrix als `uniform` an den Shader übergeben werden. Matrizen und Stack-Operationen sind über den Compatibility-Modus weiterhin verfügbar.

glMultMatrix

```
void glMultMatrixf(const GLfloat *m);
void glMultMatrixd(const GLdouble *m);

void glMultTransposeMatrixf(const GLfloat *m);
void glMultTransposeMatrixd(const GLdouble *m);
```

Die Funktion `glMultMatrix` erwartet wie `glLoadMatrix` eine Matrix im `Column-major Ordering`. Der Funktionsname weist bereits auf den Unterschied hin, `glLoadMatrix` überschreibt die aktuelle Matrix, während `glMultMatrix` eine Matrixmultiplikation durchführt. Dabei wird die in `m` angebene Matrix von rechts an die aktuelle Matrix heranmultipliziert. Zur Matrixmultiplikation siehe Abschnitt *Matrizen* (Seite 442), sowie das Kapitel zu Koordinatensystemen, Translations- und Rotationsmatrizen (Seite 37ff.). Alternativ kann beim Vorliegen einer `Row-major`-Matrix die Transpose-Funktion verwendet werden.

Angenommen, die Java-Klasse `MatrixF4x4` enthält die Matrixkoeffizienten als einzelne `float`-Elemente m_{ij}, und es ist eine Methode `getColumMajorOrdering` eingebaut.

```
public void getColumMajorOrdering(float[] values) {

  values[0]  = m11; values[1]  = m21; values[2]  = m31; values[3]  = m41;
  values[4]  = m12; values[5]  = m22; values[6]  = m32; values[7]  = m42;
  values[8]  = m13; values[9]  = m23; values[10]= m33; values[11]= m43;
  values[12]= m14; values[13]= m24; values[14]= m34; values[15]= m44;
}
```

Mit einer Instanz `MatrixF4x4`, hier `matrix`, wird dann wie nachfolgend dargestellt von rechts an die aktuell bei OpenGL eingestellte Matrix multipliziert.

```
float[] matrixValues = new float[16];
matrix.getColumMajorOrdering(matrixValues);
gl.glMultMatrixf(matrixValues,0);
```

Bei langen Ketten zusammengesetzter Matrizen kann das Ergebnis völlig unbrauchbar werden. Solche Ketten entstehen bei der falschen Programmierung animierter Drehungen und sind zu erkennen, wenn ein Objekt oder eine Szene erst am Bildschirm erscheint und dann schnell zu einem Punkt zusammenschrumpft. Der Fehler ist entweder ein vergessener Aufruf von `glLoadIdentity` am Anfang eines Frames, oder die Winkeleinstellung ist nicht korrekt. Die Animation erfordert ja eine kleine Winkeldrehung, dann ein Rendern, den Winkel wieder ein wenig weiter verändern, Rendern usw. Wenn diese kleine Winkeländerung an eine bestehende Matrix fortlaufend heranmultipliziert wird, dann entsteht genau eine solche Kette. So ist es richtig:

```
glMatrixMode(GL.GL_MODELVIEW);
glLoadIdentity();

// .... init scene

glRotatef(-angle,0f,1f,0f);

// ... render scene

angle += angleDelta;
if(angle>=360f) {angle = 0f; }
```

Mit der Shaderprogrammierung und ab OpenGL 3.0 muss sowohl die Modelviewmatrix als auch die Projektionsmatrix als `uniform` an den Shader übergeben werden, gegebenenfalls wird durch einen Vertexshader erst die Transformation durchgeführt. Die Funktion ist über den Compatibility-Modus weiterhin verfügbar.

glNewList

```
void glNewList(GLunint identifier,GLenum mode)
```

Eine Display-List ist eine vom Anwender zusammengestellte Sammlung von OpenGL-Kommandos, die mit einem Namen, dem Display-List Identifier, versehen ist. Der Vorteil bei der Verwendung von Display-Lists besteht in der Kompilierung und Übernahme der Kommandoabfolge auf die OpenGL-Seite (Server-Seite). Die Erstellung der Kommandofolge kann so zu einem Zeitpunkt erfolgen, an dem die Performance eines Programms nicht kritisch ist. Die Ausführung der Kommandoabfolge zu einem späterem Zeitpunkt wird durch einen einzigen Aufruf `glCallList` angestoßen; sie ist auch der schnellste Modus, den OpenGL bereitstellt.

Display-Lists haben eigentlich nur wenig Nachteile, am gravierendsten ist mit Sicherheit der beschränkte Speicherplatz auf der OpenGL-Seite. Da es eine Reihe von Funktionen gibt, die nach der Übergabe in eine Display-List sofort ausgeführt werden, kann die Zusammenstellung nicht beliebig und ausschließlich nach Kriterien der Client-Seite durchgeführt werden. Die häufigste Anwendung dürften vordefinierte Meshdaten sein, die in einer Szene wiederverwendet werden.

`glNewList` öffnet eine Display-Liste für die Übernahme von OpenGL-Kommandos. `identifier` ist der Bezeichner der Display-Liste. Das Argument `mode` kontrolliert das Verhalten von OpenGL während der Übergabe einer Kommandofolge. Wird `GL_COMPILE` angegeben, dann werden die Kommandos kompiliert, aber nicht ausgeführt. `GL_COMPILE_AND_EXECUTE` führt gleichzeitig die Kommandos aus.

Es gibt eine Reihe von Funktionen, die bei der Übergabe an OpenGL nach einer öffnenden `glNewList` sofort ausgeführt werden, unabhängig davon, ob der Modus gleich `GL_COMPILE` gesetzt wurde. Hier sei nur auf einige Funktionen hingewiesen, für eine detaillierte Liste bitte die Referenz von OpenGL heranziehen. Die Display-Liste kann Funktionen enthalten wie:

- `GenLists`, `DeleteLists`
- Funktionen, die mit Vertex-Arrays zu tun haben, etwa `VertexPointer`, `BindBuffer`
- Rendermodusfunktionen, `RenderMode`
- Image- und Texture-Funktionen, etwa `PixelStore`, `GenTextures`
- Occlusion Queries (`GenQueries`)
- `Framebuffer` und Shader-Kommandos wie `CreateProgramm`, zum Beispiel `CreateShader` etc.
- Schließlich noch `Finish` und `Flush` und alle Funktionen, die mit `Get` oder `Is` beginnen.

Innerhalb einer Display-Liste kann auch eine andere Liste aufgerufen, ja erstellt werden. Unter Umständen führt dies zu einem rekursiven Aufruf von Display-Listen. OpenGL wird jedoch die Abfolge abbrechen, wenn ein bestimmter Zählerstand (64) erreicht wurde.

Wie Sie ein Objekt programmieren und in eine Display-Liste stellen, erfahren Sie im Abschnitt *Objekte erzeugen* (Seite 193ff.). Jedoch werden die Display-Listen mit der Shaderprogrammierung und ab OpenGL 3.0 nicht mehr unterstützt, stattdessen sind VBOs zu verwenden. Der genannte Abschnitt befasst sich mit beiden Konzepten, wobei die Display-Listen als ein „Fall Back“-Mechanismus eingebaut sind.

glNormal

```
void glNormal3b(GLbyte  x,GLbyte y,GLbyte z);,
void glNormal3s(GLshort x,GLshort y,GLshort z);,
void glNormal3i(GLint   x,GLint y,GLint z);,
void glNormal3f(GLfloat x,GLfloat y,GLfloat z);,
void glNormal3d(GLdouble x,GLdouble y,GLdouble z);,

void glNormal3bv(const GLbyte *cord);,
void glNormal3sv(const GLshort *cord);
```

```
void glNormal3iv(const GLint *cord);
void glNormal3fv(const GLfloat *cord);
void glNormal3dv(const GLdouble *cord);
```

Normale geben die Orientierung einer Fläche an und werden für viele Zwecke benötigt, hauptsächlich aber für die Beleuchtung von Objekten. Sie dürfen an beliebigen Stellen stehen, wobei die gesetzte Normale solange gültig bleibt, bis eine andere Normale mit `glNormal` an OpenGL übergeben wird. Inbesondere ist es so auch möglich, die Normale mit einem Vertex zu verbinden, wenn bei jeder Vertexübergabe auch vorausgehend eine Normale gesetzt wird.

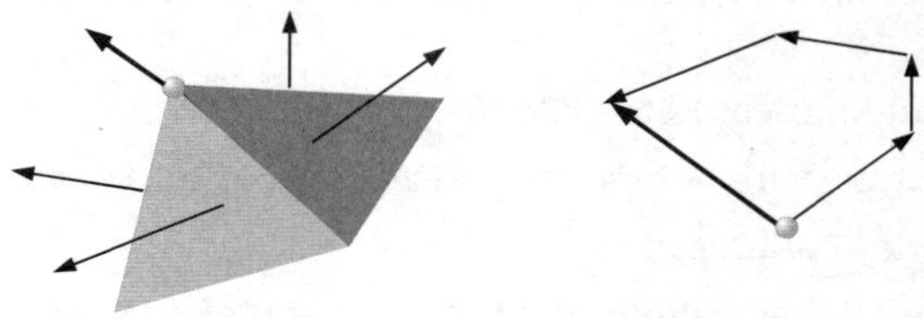

Abbildung 9.13 Die Vertexnormale ist der Resultatseinheitsvektor der Summen der Flächennormalen. Diese werden meist als Einheitsvektoren in der Summe berücksichtigt, sinnvoll ist aber auch eine Gewichtung mit der Flächengröße.

Normale werden von OpenGL als Zeilenvektoren durch die Inverse der Modellmatrix in das Beobachterkoordinatensystem transformiert und stehen dann für die Beleuchtung zur Verfügung, mehr dazu siehe *Normale und Matrizen* (Seite 464f.).

Die Normale sollten als Einheitsvektoren übergeben werden, und falls dies nicht gewährleistet ist, kann durch OpenGL eine Berechnung von Einheitsvektoren erzwungen werden. Dafür ist vor der Transformation `glEnable( GL_NORMALIZE)` aufzurufen, besser aber `glEnable(GL_RESCALE_NORMAL)`, denn so wird nach der Transformation durch die Modellmatrix ein Skalierungsfaktor errechnet und damit normalisiert. Wegen der Wurzelberechnung ist die Normalisierung rechenintensiver als die nachträgliche Skalierung, die aber bei einer ungleichförmigen Skalierung der Koordinatenachsen versagt.

Normale sind an Vertices gebundene Attribute und müssen ab OpenGL 3.0 über VBOs an Shader übergeben werden, die Funktion `glNormal` ist als „deprecated" markiert und nur im Compatibility-Modus verfügbar. Wenn Flächennormale erwünscht sind, müssen die Vertices der Fläche die gleiche Normale (die der Fläche) aufweisen. Gegebenenfalls sind Vertices der Fläche getrennt, eventuell doppelt, an die Shader zu übergeben.

glNormalPointer

```
void glNormalPointer(GLenum type, GLSizei stride, const GLvoid*
  buffer);
```

Die Normal-Pointer-Funktion ist Bestandteil des Vertexarray-Konzepts, dort dient sie der Übergabe von Normalen, gebunden an Vertices. Ein Element i des durch `glNormalPointer` angegebenen Arrays wird mit dem Vertex i in einem Vertexarray verbunden. Die Normalen müssen stets drei Komponenten aufweisen, daher gibt die Funktion auch kein `size`-Argument vor. `type` gibt den Datentyp an, zulässig ist: `GL_BYTE`, `GL_SHORT`, `GL_INT`, `GL_FLOAT` oder `GL_DOUBLE`, siehe auch die Ausprägungen der `glNormal`-Funktion. `stride` spezifiziert die Zahl der Bytes zwischen zwei Normalen (i und $i+1$) und `buffer` die Adresse des Puffes auf der Clientseite. Weitere Angaben zur Funktion siehe *Standard-Vertexattribute* (Seite 717). Normale sind an Vertices gebundene Attribute und müssen ab OpenGL 3.0 über VBOs an Shader übergeben werden, die Funktion `glNormalPointer` ist als „deprecated" markiert und nur im Compatibility-Modus verfügbar.

glOrtho

```
void glOrtho(GLdouble left,GLdouble right,GLdouble bottom,
  GLdouble top,GLdouble near,GLdouble far)
```

`glOrtho` stellt eine Projektionsmatrix für parallele Abbildungen ein. Die Projektion mit `glOrtho()` erzeugt ein kubisches Volumen, innerhalb dessen Objekte dargestellt werden (*Clipping Volume*). `left`, `right`, `bottom` und `top` sowie `near` und `far` bestimmen die Größe des Volumens. Parallele Projektionen werden auf Seite 80ff. beschrieben. Informationen zur Matrix, die bei `glOrtho` eingestellt wird, finden sich bei (2.23) und (2.24). Die Funktionsargumente `near` und `far` treten in der Projektionsmatrix im Nenner von Matrixelementen auf. Sind diese gleich groß und haben verschiedene Vorzeichen, tritt eine unerlaubte Division durch 0 auf.

Im Beispiel wird eine orthogonale Projektion eingestellt, die auch eine verschiedene Weite und Höhe des Viewing Window (Canvas) berücksichtigt.

```
double aspectX = 1d;
double aspectY = 1d;

if(canvasSize.height<canvasSize.width) {
  aspectY = (double)canvasSize.height/(double)canvasSize.width;
}
else {
  aspectX = (double)canvasSize.width/(double)canvasSize.height;
}
glViewport(0,0,canvasSize.width,canvasSize.height);
glMatrixMode(GL.GL_PROJECTION);
glLoadIdentity();
```

```
glOrtho(-aspectX,aspectX,-aspectY,aspectY,1d,-1d);
```

Mit der Shaderprogrammierung und ab OpenGL 3.0 muss die Projektionsmatrix als `uniform` an den Shader übergeben werden. `glOrtho` ist als „deprecated" markiert.

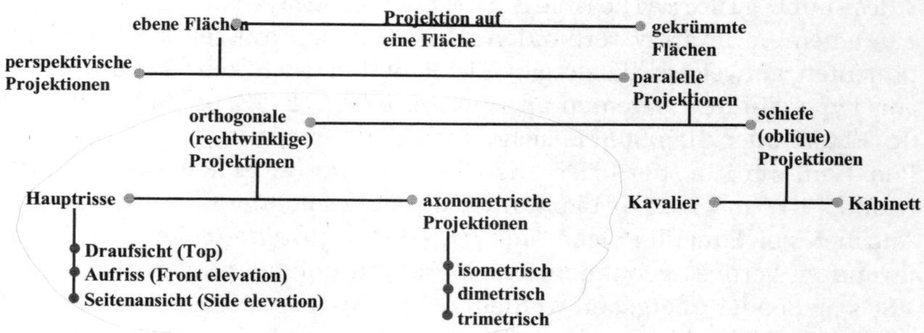

Abbildung 9.14 Die eingekreisten Projektionsarten können durch eine passende Wahl der `glOrtho`-Parameter eingestellt werden. Bei einigen Projektionen ist jedoch noch eine zusätzliche Rotation nötig.

glPixelMap

```
glPixelMapfv(GLenum type,GLsizei size, const GLfloat *table)
glPixelMapiv(GLenum type,GLsizei size, const GLuint *table)
glPixelMapsv(GLenum type,GLsizei size, const GLushort *table)
```

Die Funktion `glPixelMap` übergibt eine Lookup-Tabelle an OpenGL, die verwendet wird, wenn die Verwendung durch `glPixelTransfer` eingeschaltet ist. Zu Lookup-Tabellen siehe auch Abschnitt *Kontextfreie Transformationen* (Seite 357). Es ist möglich, auch Stencil-Angaben mit der Funktion zu übersetzen: Buchstabe S im Argument `type`. Indizes: Buchstabe I, diese Modi werden hier aber nicht näher betrachtet. Typisch ist die Verwendung der Funktion für die direkte Übersetzung der Komponenten Rot, Grün, Blau oder Alpha. Die nachstehende Aufzählung gibt gültige Werte für das Argument `type` an.

`GL_PIXEL_MAP_A_TO_A`
: Mapping der Alphakomponente

`GL_PIXEL_MAP_B_TO_B`
: Mapping der blauen Farbe

`GL_PIXEL_MAP_G_TO_G`
: Mapping der grünen Farbe.

`GL_PIXEL_MAP_I_TO_A`
: Mapping eines Farbindex n den Alpha-Anteil

`GL_PIXEL_MAP_I_TO_B`
Mapping eines Farbindex in die Farbe Blau

`GL_PIXEL_MAP_I_TO_G`
Mapping eines Farbindex in die Farbe Grün

`GL_PIXEL_MAP_I_TO_I`
Mapping eines Farbindex in einen anderen Farbindex

`GL_PIXEL_MAP_I_TO_R`
Mapping eines Farbindex in die Farbe Rot

`GL_PIXEL_MAP_R_TO_R`
Mapping der roten Farbe

Abhängig davon, welche Form der `glPixelMap`-Funktion für die Übergabe der Lookup-Tabelle gewählt wurde, gilt ein bestimmter Datentyp der Tabellenelemente. OpenGL konvertiert die Angaben in der Tabelle entsprechend, um die Ergebnisfarbe als Float-Gleitkommazahl einzustellen. Die Funktion muss vor einer Übergabe von Bilddaten an den Framepuffer erfolgen, also vor einem `glDrawPixels`- oder `glCopyPixels`-Aufruf.

```
float[] colorLookupTableInvert = new float[LOOKUP_TABLE_SIZE];
for(int n=0; n<LOOKUP_TABLE_SIZE; n++) {
  colorLookupTableInvert[n] = (float)(255-n)/255f;
}

gl.glPixelTransferi(GL.GL_MAP_COLOR,1);

gl.glPixelMapfv(GL.GL_PIXEL_MAP_B_TO_B,255,colorLookupTableInvert,0);
gl.glPixelMapfv(GL.GL_PIXEL_MAP_G_TO_G,255,colorLookupTableInvert,0);
gl.glPixelMapfv(GL.GL_PIXEL_MAP_R_TO_R,255,colorLookupTableInvert,0);

gl.glDrawPixels(...);
gl.glPixelTransferi(GL.GL_MAP_COLOR,0);
```

Die Funktion ist mit dem Wegfall der `glDrawPixels`-Funktion ebenfalls obsolet geworden.

glPixelStore

```
glPixelStorei(GLenum name,GLint parameter)
glPixelStoref(GLenum name,GLfloat parameter)
```

`glPixelStore` setzt Parameter bei OpenGL für die nachfolgende Übergabe oder Übernahme von Bildern und Texturen (Interpretation der Speicherdaten).

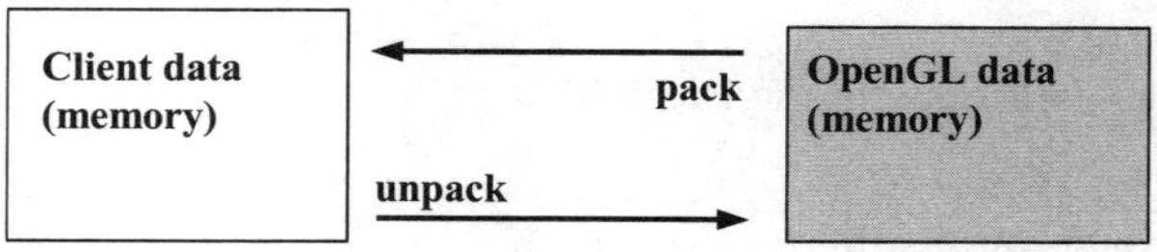

Abbildung 9.15 Wenn Bilddaten vom Client gelesen werden, kennzeichnet OpenGL die Parameter durch UNPACK und durch PACK, wenn OpenGL solche Daten an den Client übergibt.

Berechnung des Zeilenlänge: Steht n_c für die Zahl der Komponenten, c_L für die Länge gemessen in Bytes einer einzelnen Komponente und a für das Alignment, dann kann der Scanline-Abstand nach der folgenden Formel berechnet werden:

$$s_L = \mathtt{int}\left(\frac{a}{c_L}\right)\beta \qquad \beta = \mathtt{int}\left(\frac{c_L\, n_c\, \mathtt{width}}{a}\right) \qquad c_L < a \tag{9.5}$$

In der Berechnung steht `int` für eine Rundung zur nächsten kleineren ganzen Zahl; der Zähler im Term β sollte zuerst errechnet werden, bevor durch a geteilt wird.

$$s_L = n_c \mathtt{width} \qquad c_L \geq a \tag{9.6}$$

Sind hingegen acht Pixel in einem Byte gepackt, dann gelten die obigen Formel nicht. Hier ist hingegen die Zeilenlänge:

$$s_L = 8\,a\beta \qquad \beta = \mathtt{int}\left(\frac{n_c \mathtt{width}}{8\,a}\right) \qquad \text{8 Pixel pro Byte} \tag{9.7}$$

GL_UNPACK_SWAP_BYTES, GL_PACK_SWAP_BYTES
: Hier handelt es sich um die OpenGL-Übersetzung des Big- und Little-Endian-Formats. Wenn *eine* Komponente, das kann auch ein Index sein, aus mehreren Bytes besteht, dann dreht (swap) OpenGL gegebenenfalls die Abfolge der Bytes, siehe auch *Vom Sample zum Image* (Seite 348ff.). Die Abfolge der Komponenten in einem Pixel bleibt davon unberührt. Ist das zweite Argument `parameter` ungleich 0, dann vertauscht OpenGL die gegebenen Bytes einer Komponente.

GL_UNPACK_ROW_LENGTH / GL_PACK_ROW_LENGTH
: Definiert den Scanline-Abstand durch die Angabe von s_L im zweiten Argument, siehe obige Formeln.

GL_UNPACK_ALIGNMENT / GL_PACK_ALIGNMENT
: Angabe des Alignments im Argument `parameter`, gemessen in Bytes. Eine 1 gibt ein Byte-Alignment vor, 2 ein Zweibyte-Alignment, 4 das Word und 8 das Double-Word-Alignment, andere Alignments sind nicht zulässig.

Die Funktion `glPixelStore` kennt noch weitere Parameter, zum Beispiel für dreidimensionale Texturen, dafür sollte die Referenz von OpenGL herangezogen werden. `glPixelStore` darf nicht in einer `glBegin`-`glEnd`-Klammer erscheinen, und der Status kann auch nicht mit `glPushAttrib` gesichert werden, es ist stattdessen `glPushClientAttrib` und `glPopClientAttrib` einzusetzen.

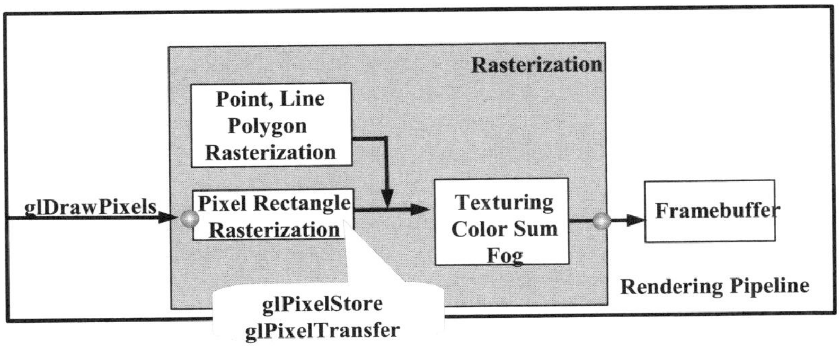

Die Funktionen `glPixelStore` und `glPixelTransfer` sind Bestandteil der Rasterization-Stufe.

Abbildung 9.16

Images und Texture-Images, außer Bitmaps, durchlaufen die Rectangle-Rasterization- Stufe. Die Funktion `glPixelStore` besteht aus drei Phasen: `unpack` entpackt gegebene Pixel abhängig von den vorgegebenen Datentypen und Formaten. Danach werden Byte, Integer und Short-Komponenten in das interne RGBA-Float-Format umgewandelt (`conversion to float`) und gegebenenfalls eine Luminanzangabe in ein RGBA-Pixel umgewandelt. Farbindizes werden hier ausgepackt, aber sonst erfolgt keine weitere Modifikation.

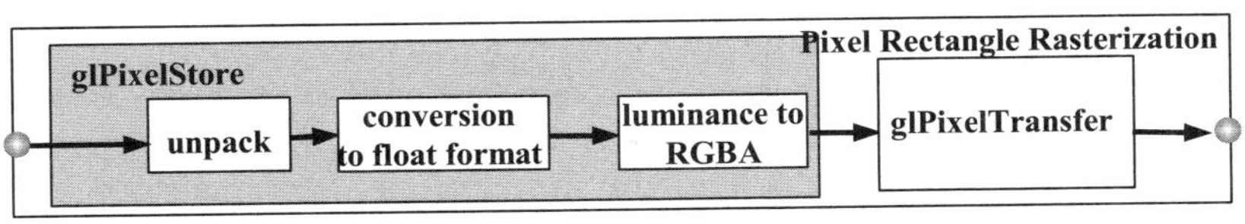

Details der `glPixelStore`-Funktion.

Abbildung 9.17

glPixelTransfer

```
glPixelTransferf(GLenum mode,GLfloat parameter)
glPixelTransfei(GLenum mode,GLint parameter)
```

`glPixelTransfer` ist im Wesentlichen eine Funktion für die Skalierung der Komponenten eines eingehenden Pixels, auch kann ein Farboffset

(Bias) hinzugefügt werden. Eine Skalierung bzw. der Offset ist an verschiedenen Stufen der Rendering Pipeline möglich und ist Teil einer Stufe, die bei OpenGL als *Pixel Transfer Operations* angesprochen wird.

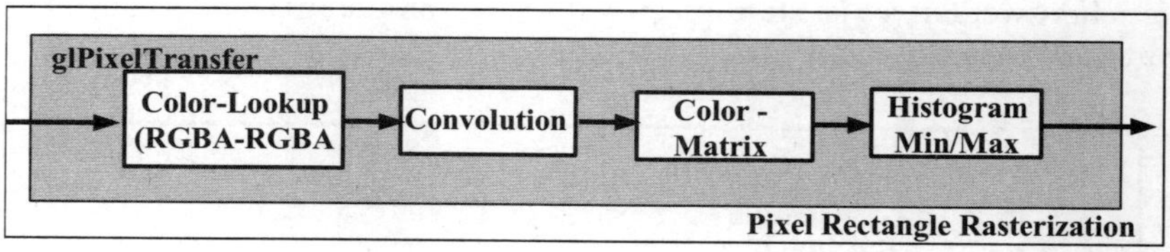

Abbildung 9.18 Details der `glPixelTransfer`-Funktion.

Als erster Schritt erfolgt die Ausführung des Pixel-Mappings, auch als *Color Lookup, RGBA-RGBA* bezeichnet, Details siehe nachstehende Auflistung der `glPixelTransfer`-Parameter, dort `GL_MAP_COLOR`. Danach wird ein Convolution-Filter angelegt, gefolgt von der eingestellten Farbmatrix. Am Ende der Sub-Pipeline steht die Berechnung eines Farbhistogrammes und die Ermittlung der kleinsten und größten Farbwerte. Alle Stufen werden entweder ein- oder ausgeschaltet, oder es ist eine Vorgabeeinstellung gegeben, bei der Farbmatrix zum Beispiel die Einheitsmatrix.

`GL_MAP_COLOR`

Ein- oder Ausschalten einer Pixel-Map-Tabelle, die durch `glPixelMap` angegeben wird. Das Argument `parameter` ist dann entsprechend `true` (1) oder `false` (0). Als Stufe der Sub-Pipeline betrachtet, zerfällt diese in drei Teile: Zuerst wird eine Skalierung (s) der eingehenden Pixelkomponenten, gegebenenfalls unter Hinzufügung eines Farboffsets (b), durchgeführt. Dafür sind die Parameter der `glPixelTransfer`-Funktion, wie zum Beispiel `GL_RED_SCALE` und `GL_RED_BIAS`, vorgesehen: $c_{out} = c_{in} \cdot s + b$

Ist Pixel-Mapping eingeschaltet, dann bestimmt `glPixelMap`, wie diese Abbildung vorgenommen wird. Danach ist es möglich, eine Lookup-Tabelle nachzuschalten, die das Ergebnis der vorausgehenden Farboperationen gegebenenfalls auf andere Werte abbildet (Color Lookup). Hierzu muss die passende Farbtabelle freigeschaltet und natürlich eine gültige Farbtabelle angegeben sein.

Mit der Funktion `glPixelTransfer` kann eine Komponente vor der Übernahme bzw. Übergabe in den Framepuffer skaliert (s) und mit einem Basiswert *b* versehen werden.

`GL_RED_SCALE` und `GL_RED_BIAS`

Stellt einen Skalierungsfaktor *s* oder einen Basiswert *b* ein, für eine Veränderung der roten Farbkomponente. Die damit verbundenen Modifikationen erfolgen zuerst, siehe Bild.

GL_GREEN_SCALE und GL_GREEN_BIAS
Wie oben, aber mit Auswirkung auf die grüne Farbe.

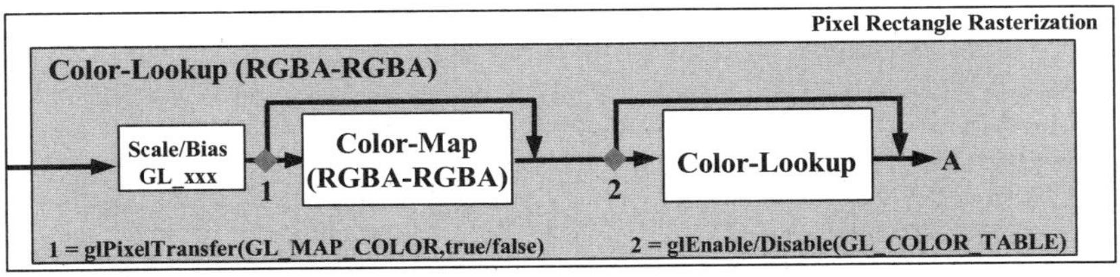

Details der glPixelTransfer-Rendering Pipeline. Der durch xxx gekennzeichnete Anhang ist durch RED_SCALE, RED_BIAS zu ersetzen, wobei statt RED jede Komponente (GREEN, BLUE, ALPHA) stehen darf. Abbildung 9.19

GL_BLUE_SCALE und GL_BLUE_BIAS
Wie oben, aber mit Auswirkung auf die blaue Farbe.

GL_ALPHA_SCALE und GL_ALPHA_BIAS
Stellt einen Skalierungsfaktor *s* oder einen Basiswert *b* ein, für eine Veränderung des Alpha-Wertes.

GL_MAP_STENCIL
Ein- oder Ausschalten einer Stencil-Lookup-Tabelle, die durch glPixelMap angegeben wird. Das Argument parameter ist dann entsprechend true (1) oder false (0).

GL_INDEX_SHIFT
Führt einen Links-Shift oder Rechts-Shift eines Index durch. Von der jeweiligen Seite werden Nullen nachgezogen. Die Zahl und Richtung der Verschiebung wird im Argument parameter angegeben. Negative Werte erzeugen einen Rechts-Shift.

GL_INDEX_OFFSET
Zu einem gegebenen Index wird ein Offset addiert.

GL_DEPTH_SCALE und GL_DEPTH_BIAS
Stellt einen Skalierungsfaktor *s* oder einen Basiswert *b* ein, für eine Veränderung einer Tiefenpufferangabe.

Die Funktion glPixelTransfer kennt eine Reihe von POST-Parametern, die eine Skalierung und Addition nach einer bestimmten Operation erlauben.

GL_POST_COLOR_MATRIX_xxx
Hier steht xxx für eine Farb- und/oder eine Farbvektorangabe (Bias), so dass für jede Komponente eine Skalierung durchgeführt und ein Farboffset hinzugefügt werden kann – *nach* dem Anlegen einer Farbmatrix. Die Farbmatrix ist entweder die Einheitsmatrix oder

eine durch den Anwender eingestellte bzw. modifizierte Farbmatrix. Diese wird durch glMatrixMode ausgewählt, in Verbindung mit Matrixoperationen wie glLoadMatrix und glMultMatrix.

Auch hier kann eine nachfolgende Abbildung durch eine Color-Lookup-Tabelle erfolgen, und zwar mit einer eigenen Tabelle.

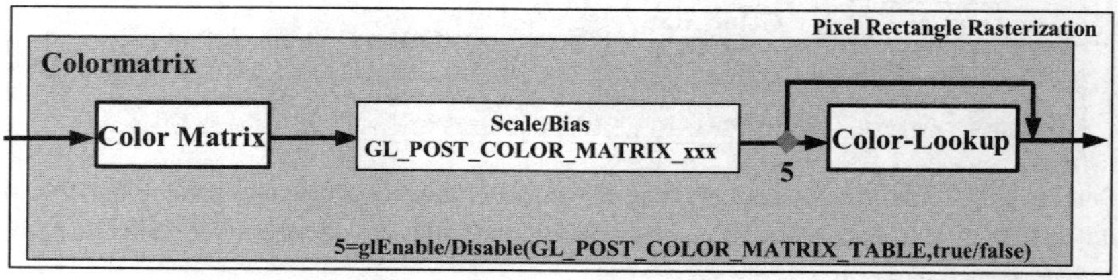

Abbildung 9.20 Details der glPixelTransfer-Rendering Pipeline.

GL_POST_CONVOLUTION_xxx

Hier steht xxx für eine Farb- und/oder eine Farbvektorangabe (Bias), so dass für jede Komponente eine Skalierung durchgeführt und ein Farboffset hinzugefügt werden kann – *nach* dem Anlegen eines Convolution-Filters.

Ein Convolution-Filter muss ein- oder ausgeschaltet werden, und der passende Kern muss bei OpenGL eingestellt sein. Wiederum kann eine nachfolgende Abbildung durch eine Color-Lookup-Tabelle erfolgen.

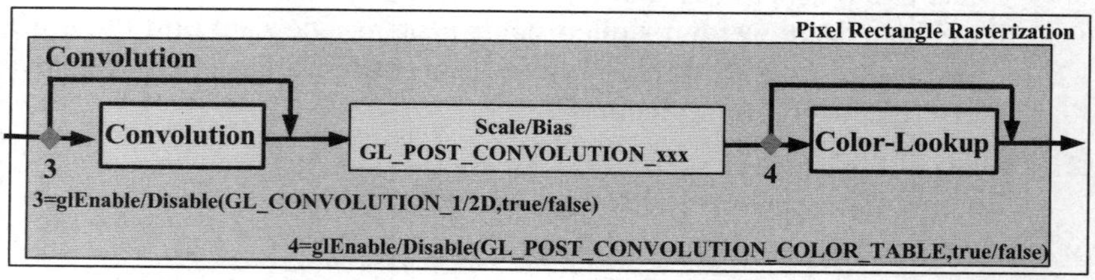

Abbildung 9.21 Details der glPixelTransfer-Funktion.

Die Funktion ist mit dem Wegfall der glDrawPixels-Funktion ebenfalls obsolet geworden.

glPixelZoom

```
glPixelZoom(GLfloat sx,GLfloat sy)
```

Die Funktion glPixelZoom dient der Vergößerung, Verkleinerung oder Spiegelung eines Bildes, bevor dieses durch glDrawPixels oder glCopyPixels in den Framepuffer übernommen wird. Die Argumente sx und sy dürfen auch negativ sein.

```
glPixelZoom(1f,-1f);
```

Diese Zoom-Einstellung wird häufig benötigt, um ein Bild an der X-Achse zu spiegeln. OpenGL orientiert die Y-Achse im Window-Koordinatensystem nach oben zeigend, während Bilder mit der BufferedImage-Klasse als Quelle in Screen-Koordinaten gegeben sind. Dort zeigt die Y-Achse nach unten. Ein Problem mit der glPixelZoom-Funktion besteht in der zusätzlichen Veränderung der Rasterposition, denn glPixelZoom skaliert die Window-Koordinaten.

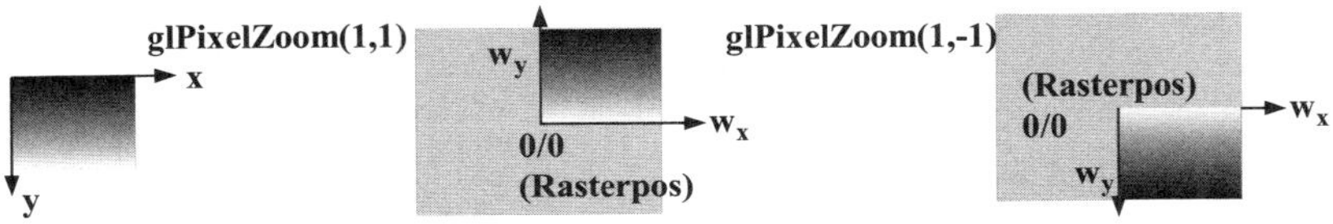

Auswirkungen der glPixelZoom-Funktion auf die Bildposition im Framepuffer. Die Rasterposition muss allerdings nachkorrigiert werden, nur so erscheint das gespiegelte Bild in der rechten oberen Ecke.

Abbildung 9.22

Die Funktion ist mit dem Wegfall der glDrawPixels-Funktion ebenfalls obsolet geworden.

glPolygonMode

```
void glPolygonMode(GLenun face, GLenum mode)
```

Diese Funktion erlaubt es, Polygone gefüllt, umrandet oder nur durch die Darstellung der Vertices zu präsentieren. OpenGL akzeptiert für den Parameter face die Werte GL_BACK, GL_FRONT oder GL_FRONT_AND_BACK, siehe auch glCullFace. Damit wird die Fläche vorgegeben, auf die glPolygonMode angewendet wird, in der Regel sind dies die Vorderflächen. Der zweite Parameter mode bestimmt die Darstellungsart.

GL_FILL

Damit wird ein Polygon gefüllt. Die Füllmethode kann auch ein Muster sein, das mit glPolygonStripple übergeben wurde. Im Beispiel wird für die Vorderflächen der GL_FILL-Modus eingestellt. Die glPushAttrib- und glPopAttrib-Funktionen stellen sicher, dass die nach glPopAttrib folgenden Programmabschnitte nicht durch die Veränderung der Einstellung beeinflusst werden.

```
glPushAttrib(GL_ENABLE_BIT|GL_POLYGON_BIT);
glPolygonMode(GL_FRONT,GL_FILL);

// Übergabe der Objekte
glPopAttrib();
```

GL_POINT

Die Vertices, die das Polygon bestimmen, werden als Punkte dargestellt. Die Darstellung der „Punkte" kann durch weitere Einstellungen verfeinert werden. Im Beispiel wird die bestmögliche Präsentation angestrebt, die „Punkte" werden mit einem Radius von 3 Pixeln angezeigt.

```
glPushAttrib(GL_ENABLE_BIT|GL_HINT_BIT|GL_POINT_BIT|↘
GL_POLYGON_BIT);
glPolygonMode(GL_FRONT_AND_BACK,GL_POINT);
glHint(GL_POINT_SMOOTH_HINT,GL_NICEST);
glEnable(GL_POINT_SMOOTH);
glPointSize(3);

// Übergabe der Objekte

glPopAttrib();
```

GL_LINE

Polygone werden durch ihre Umrandung präsentiert. Die Linien können weiter spezifiziert werden, indem ein Muster angegeben und/oder die Liniendicke verändert wird.

```
glPushAttrib(GL_ENABLE_BIT|GL_HINT_BIT|GL_LINE_BIT|GL_POLYGON_BIT↘
);
glPolygonMode(GL_FRONT_AND_BACK,GL_LINE);

// Übergabe der Objekte

glPopAttrib();
```

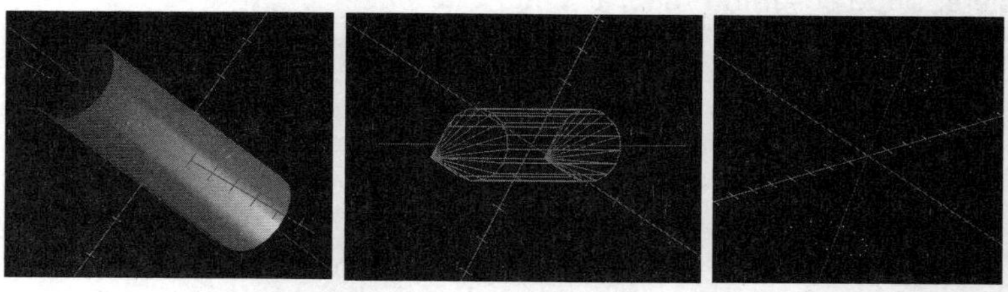

Abbildung 9.23 Präsentation eines Objekts: massiv, Linienmodus, Punktmodus.

Eine Abfolge verschiedener Aufrufe von `glPolygonMode` und jeweils nachfolgendes Rendern desselben Objektes ermöglichen auch eine Überlagerung der einzelnen Effekte.

glPopAttrib

```
void glPopAttrib(void)
```

Siehe glPushAttrib.

glPushAttrib

```
glPushAttrib(GLbitfield flagMask)
```

glPushAttrib sichert eine Reihe von OpenGL Flags, die unter einem Gruppennamen zusammengefasst sind. Im Argument flagMask muss eine Bitkombination, bestehend aus den in der nachfolgenden Liste aufgeführten Gruppennamen, übergeben werden. OpenGL garantiert, dass der Stack, in dem die Attribute gepusht werden, wenigstens 16 Einträge zulässt. Mit glPushAttrib gekoppelt ist die glPopAttrib-Funktion. Bei den einzelnen Gruppen kann es auch Überschneidungen geben.

Tabelle 9.9: Tabelle glPushAttrib

GL_ACCUM_BUFFER_BIT	
	sichert die Farbe, mit der ein Accumulation-Puffer gelöscht wurde.
GL_COLOR_BUFFER_BIT	
GL_BLEND	sowie die Blendfunktionen, Quelle und Zielfunktionen
GL_DITHER	
GL_DRAW_BUFFER	
GL_COLOR_LOGIC_OP	sowie die LogicOp-Funktionen
GL_COLOR_INDEX_OP	
	Farbmodus- und Farbindexwerte
GL_CURRENT_BIT	
	Gesichert wird damit die aktuelle Farbe, Farbindex, Normale und Texturkoordinate und aktuelle Rasterwerte.
GL_DEPTH_BUFFER_BIT	

Fortsetzung:

GL_ACCUM_BUFFER_BIT	
	sichert das GL_DETPH_TEST-Flag, die eingestellte Tiefenpufferregel und Tiefenpufferinitialisierung sowie das GL_DEPTH_WRITEMASK-Flag
GL_ENABLE_BIT	
	sichert Flags, die bestimmte Elemente von OpenGL ein- bzw. ausschalten.
GL_ALPHA_TEST	
GL_AUTO_NORMAL	
GL_GL_BLEND	
GL_COLOR_MATERIAL	
GL_CULL_FACE	
GL_DEPTH_TEST	
GL_DITHER	
GL_FOG	
GL_LIGTHENING	
GL_LIGTHx	die Flags, die den Lichtquellen zugeordnet sind, wobei x die Nummer der Lichtquelle angibt.
GL_LINE_SMOOTH	
GL_LINE_STRIPPLE	
GL_INDEX_LOGIC_OP	
GL_COLOR_LOGIC_OP	
GL_MAP1_x	und GL_MAP2_x, wobei x den Typ der Map angibt.
GL_MULTISAMPLE	
GL_NORMALIZE	
GL_POLYGON_SMOOTH	
GL_POLYGON_OFFSET_LINE	
GL_POLYGON_OFFSET_FILL	
GL_POLYGON_OFFSET_POINT	
GL_POLYGON_STRIPPLE	
GL_SAMPLE_ALPHA_TO_COVERAGE	
GL_SAMPLE_ALPHA_TO_ONE	
GL_SAMPLE_COVERAGE	

Fortsetzung:

GL_ACCUM_BUFFER_BIT	
GL_SCISSOR_TEST	
GL_STENCIL	
GL_TEXTURE_1D	
GL_TEXTURE_2D	plus GL_TEXTURE_3D
GL_TEXTURE_GEN_c	wobei hier c den Koordinatentyp angibt (S, T, R oder Q).

GL_EVAL_BIT	
GL_MAP1_x	
GL_MAP2_x	wobei x den Typ der Map angibt. Eindimensionale und zweidimensionale Gridwerte plus das GL_AUTO_NORMAL-Flag.

GL_HINT_BIT	
GL_PERSPECTIVE_CORRECTION_HINT	
GL_POINT_SMOOTH_HINT	
GL_POLYGON_SMOOTH_HINT	
GL_LINE_SMOOTH_HINT	
GL_FOG_HINT	
GL_GENERATE_MIPMAP_HINT	
GL_TEXTURE_COMPRESSION_HINT	

GL_FOG_BIT	
	Nebelparameter und Flags: Nebelfarbe, Dichte, Start- und Endwert des Nebels und der Nebelindex.

GL_LIGHTENING_BIT	
	Damit können alle Einstellungen des Lichtmodells, der Lichtquellen und der aktuellen Materialien gesichert werden.
GL_COLOR_MATERIAL	sowie die Materialfarben
GL_COLOR_MATERIAL_FACE	
GL_LIGHT_MODEL_LOCAL_VIEWER	

Fortsetzung:

GL_ACCUM_BUFFER_BIT	
GL_LIGHT_MODEL_TWO_SIDE	
GL_LIGHTENING	Alle Flags, die Lichtquellen ein- oder ausschalten, und die aktuellen Parameter der Lichtquellen, wie zum Beispiel die Lichtposition, Richtung, Farbe usw. Die aktuelle Farbe des Umgebungslichts.
GL_SHADE_MODEL	
GL_LINE_BIT	
	Linienparameter und Flags: Linienmuster und die Liniendicke.
GL_LINE	
GL_LINE_STRIPPLE	
GL_LIST_BIT	
	gesichert wird das GL_LIST_BASE Flag.
GL_MULTISAMPLE_BIT	
GL_MULTISAMPLE	
GL_SAMPLE_ALPHA_TO_COVERAGE	
GL_SAMPLE_ALPHA_TO_ONE	
GL_SAMPLE_COVERAGE	
GL_SAMPLE_COVERATE_VALUE	
GL_SAMPLE_COVERATE_INVERT	
GL_PIXEL_MODE_BIT	
GL_c_BIAS	
GL_c_SCALE	Hier ist für c RED, GREEN, BLUE oder ALPHA einzusetzen.
GL_DEPTH_SCALE	
GL_INDEX_OFFSET	
GL_INDEX_SHIFT	
GL_MAP_COLOR	

Fortsetzung:

GL_ACCUM_BUFFER_BIT	
GL_MAP_STENCIL	
GL_ZOOM_X	
GL_ZOOM_Y	
GL_READ_BUFFER	
GL_POINT_BIT	
GL_POINT_SMOOTH	und die eingestellte Größe.
GL_POLYGON_BIT	
GL_CULLFACE	
GL_CULLFACE_MODE	
GL_FRONT_FACE	
GL_POLYGON_MODE	
GL_POLYGON_SMOOTH	
GL_POLYGON_STRIPPLE	
GL_POLYGON_OFFSET_FILL	
GL_POLYGON_OFFSET_LINE	
GL_POLYGON_OFFSET_POINT	
GL_POLYGON_OFFSET_FACTOR	
GL_POLYGON_OFFSET_UNITS	
GL_POLYGON_STRIPPLE_BIT	
	sichert das Polygon-Stipple Image.
GL_SCISSOR_BIT	
	sichert das GL_SCISSOR_TEST Flag und die Scissorbox.
GL_STENCIL_BUFFER_BIT	
	sichert das GL_STENCIL_TEST Flag und die Stencil-Einstellungen.
GL_TEXTURE_BIT	

Fortsetzung:

GL_ACCUM_BUFFER_BIT	
	sichert Texture-Parameter und die aktuellen Bindungen.
GL_TEXTURE_1D	
GL_TEXTURE_2D	
GL_TEXTURE_3D	
GL_TEXTURE_GEN_c	wobei c den Koordinatentyp angibt (S, T, R oder Q).
GL_TRANSFORM_BIT	
	sichert die Koeffizienten der sechs Clipping-Flächen.
GL_MATRIX_MODE	
GL_NORMALIZE	
GL_RESCALE	
GL_VIEWPORT_BIT	
	sichert die Tiefenpufferwerte (n und f), die bei glDepthRange angegeben werden, plus den Ursprung und die Höhe und Weite des Viewports.

In diesem Programmbeispiel wird ein Zylinder als Drahtmodell und alternativ als solider Körper gerendert. Für die Darstellung des soliden Körpers sind drei Lichtquellen spezifiziert worden, deren Parameter hier nicht gesichert werden, denn es ist ausreichend, diese lediglich ein- oder auszuschalten. Der Ein- oder Auszustand wird bereits beim GL_ENABLE_BIT berücksichtigt, daher entfällt die Sequenz für das anschließende Ausschalten nach der Nutzung.

```
private void drawSomeObject(GL gl,int mode,float red,
  float green,float blue) {

  gl.glColor3f(red,green,blue);

  gl.glPushMatrix();
  gl.glTranslatef(0f,0f,-(float)cylHeight/2f);

  if(mode==DRAW_SOLID) {
    gl.glPushAttrib(GL.GL_ENABLE_BIT|GL.GL_HINT_BIT|
      GL.GL_DEPTH_BUFFER_BIT|GL.GL_POLYGON_BIT
    );
```

```
      gl.glEnable(GL.GL_DEPTH_TEST);
      gl.glPolygonMode(GL.GL_FRONT,GL.GL_FILL);
      gl.glShadeModel(GL.GL_SMOOTH);
      gl.glEnable(GL.GL_LIGHTING);
      gl.glEnable(GL.GL_LIGHT0);
      gl.glEnable(GL.GL_LIGHT1);
      gl.glEnable(GL.GL_LIGHT2);

      glut.glutSolidCylinder(cylRadius,cylHeight,cylSlices,cylStacks);

      gl.glPopAttrib();
    }
    else {
      gl.glPushAttrib(GL.GL_ENABLE_BIT|GL.GL_HINT_BIT|
        GL.GL_LINE_BIT|GL.GL_POLYGON_BIT
      );
      gl.glPolygonMode(GL.GL_FRONT_AND_BACK,GL.GL_LINE);
      gl.glHint(GL.GL_LINE_SMOOTH_HINT,GL.GL_NICEST);
      gl.glEnable(GL.GL_LINE_SMOOTH);
      gl.glLineWidth(1);

      gl.glColor3f(red,green,blue);

      glut.glutWireCylinder(cylRadius,cylHeight,cylSlices,cylStacks);

      gl.glPopAttrib();
    }
    gl.glPopMatrix();
  }
```

glPopMatrix

`void glPopMatrix(void)`

Siehe `glPushMatrix()`.

glPopName

Siehe `glPushName`.

glPushMatrix

`void glPushMatrix(void)`

OpenGL verwaltet jeweils einen Stack für die einzelnen Matrixmodi, siehe `glMatrixMode`; das bedeutet, mit einem Aufruf der `glMatrixMode`-Funktion wird auch der jeweilige Stackpointer eingestellt (Zustandsmaschine OpenGL). Wie bei allen Stack-Operationen sollte das Funktionspaar `glPushMatrix` und `glPopMatrix` immer übereinstimmen, auch wenn OpenGL einen ungültigen Stack-Pop ignoriert, falls der Stack nur noch die

Einheitsmatrix enthält – ein Fehlerflag wird jedoch gesetzt. Der jeweilige Stack enthält mindestens eine Einheitsmatrix. Im Modus GL_MODELVIEW ist eine Stackgröße von 32 Einträgen garantiert, in anderen Modi können nur zwei Einträge aufgenommen werden, ansonsten wird ein Push ignoriert. Die tatsächliche Stacktiefe ist implementationsabhängig und kann mit get-Funktionen abgefragt werden, etwa glGet(MODELVIEW_STACK_DEPTH).

```
glPushMatrix();

glScalef(2f,1f,1f);
glTranslatef(0f,0f,3f);

glBegin(GL_QUADS);
glVertex3f(0f,0f,0f);
glVertex3f(0f,1f,0f);
glVertex3f(1f,1f,0f);
glVertex3f(1f,0f,0f);
glEnd();

glPopMatrix();
```

Mit der Shaderprogrammierung und ab OpenGL 3.0 muss sowohl die Modelviewmatrix als auch die Projektionsmatrix als uniform an den Shader übergeben werden. Die Funktion ist über den Compatibility-Modus weiterhin verfügbar.

glPushName

glPushName ist ein Bestandteil des Selektionsmodus von OpenGL. In diesem wird eine Szene gerendert, jedoch werden „Primitives" nicht zu Fragmenten weiterverarbeitet. Stattdessen werden Einträge in einem Selektionspuffer erzeugt, mit denen Kommandoabfolgen identifiziert werden können.

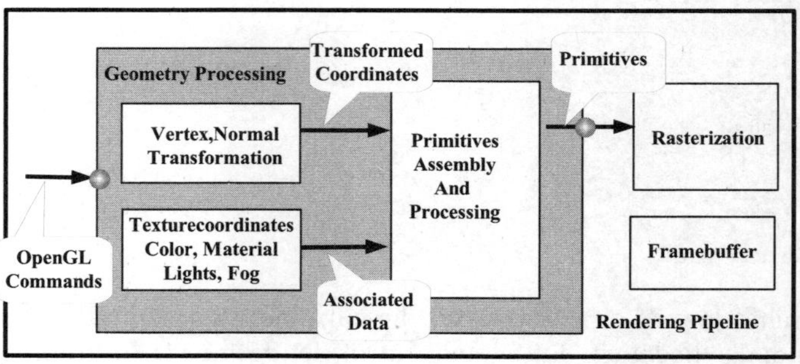

Abbildung 9.24 Nach dem Durchlaufen der Geometriepipeline stehen „Primitives" für die Weiterverarbeitung zur Verfügung. Im Selektionsmodus erfolgt diese Weiterverarbeitung nicht, stattdessen werden „Hits" generiert.

Grob gesagt sind „Primitives" die Linien, Polygone und Vertices, die nach dem Durchlaufen der Geometriepipeline von den übergebenen Objekten übrig bleiben. Bei eingeschaltetem Selektionsmodus bricht OpenGL hier die Verarbeitung ab und erzeugt stattdessen Einträge (Hits) in einem Selektionspuffer, es wird also kein Bild erzeugt.

Ergänzend ermöglicht OpenGL die Übergabe von Bezeichnern (Names). Angenommen, eine Szene besteht aus den drei Objekten Kugel (1), Würfel (2) und Torus (3). Während des Renderns im Selektionsmodus werden die Bezeichner mit der `glPushName`-Funktion an OpenGL übergeben. Nun hängt es von der Position der Objekte ab, ob sie für einen Beobachter sichtbar sind (*Eye Coordinates*). Nach der Projektion in den Viewport sei die Kugel vollständig sichbar und der Würfel teilweise abgeschnitten, der Torus außerhalb des Blickfelds. Damit erzeugen die Kugel und der Würfel einen Treffer, der im Selektionspuffer vermerkt wird, und zwar in der umgekehrten Reihenfolge der Übergabe.

Der gesamte Mechanismus basiert auf drei Elementen: dem Selektionsmodus und dem Selektionspuffer sowie dem Name-Stack.

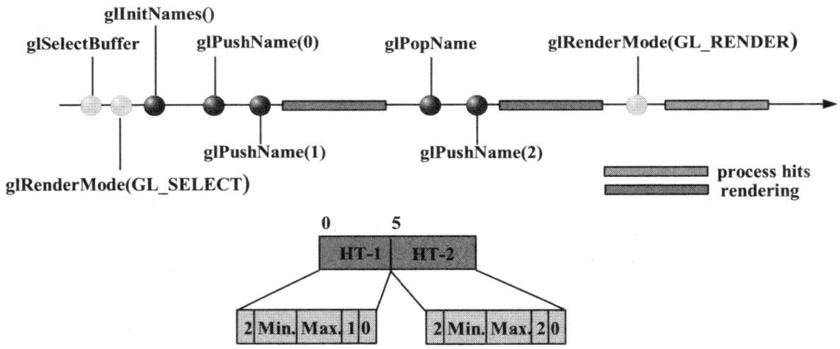

Abbildung 9.25

Betrachtet man den Rendervorgang im Selektionsmodus anhand des Aufrufs der Funktionen, dann ist es einfacher, die Hits im Selektionspuffer vorauszusagen. Der Ablauf beginnt mit der Übergabe des Selektionspuffers und dem Einschalten des Selektionsmodus sowie der nachfolgenden Initialisierung des Name-Stacks (clear). Im Beispiel wird angenommen, dass zwei Objektteile (1), (2) nacheinander gerendert werden. Beide sind mit einem Namen verbunden (0), der das übergeordnete Objekt markiert. Dieser Name erscheint als Stack-Top-Eintrag bei allen Hits.

Im Selektionsmodus wird die Szene gerendert wie im Normalmodus, allerdings wird zuvor meist ein anderer Viewport eingestellt. Bei dessen Einstellung wird als Zentrum die aktuelle Mausposition gewählt, Weite und Höhe entsprechen um wenige Pixel dieser Position, siehe auch `glViewport`. Je nach angelegter Projektionsart entspricht dies einem schmalen Kanal oder einem langgezogenen Frustum im Beobachterkoordinatensystem.

Die Vorgabeeinstellung des Name-Stacks ist von der Implementation abhängig. Garantiert wird eine Stackgröße von 64, die Abfrage der tatächlichen Größe kann mittels glGet(GL_NAME_STACK_DEPTH) erfolgen.

glRasterPos

```
glRasterPos2s(GLshort x,GLshort y)
glRasterPos2i(GLint x,GLint y)
glRasterPos2f(GLfloat x,GLfloat y)
glRasterPos2f(GLdouble x,GLdouble y)
glRasterPos3s(GLshort x,GLshort y, GLshort z)
glRasterPos3i(GLint x,GLint y, GLint z)
glRasterPos3f(GLfloat x,GLfloat y, GLfloat z)
glRasterPos3d(GLdouble x,GLdouble y, GLdouble z)
glRasterPos4s(GLshort x,GLshort y, GLshort z,GLshort w)
glRasterPos4i(GLint x,GLint y, GLint z,GLint w)
glRasterPos4f(GLfloat x,GLfloat y, GLfloat z,GLfloat w)
glRasterPos4d(GLdouble x,GLdouble y, GLdouble z,GLdouble w)

glRasterPos2sv(GLshort *value)
glRasterPos2iv(GLint *value)
glRasterPos2fv(GLfloat *value)
glRasterPos2fv(GLdouble *value)
glRasterPos3sv(GLshort *value)
glRasterPos3iv(GLint *value)
glRasterPos3fv(GLfloat *value)
glRasterPos3dv(GLdouble *value)
glRasterPos4sv(GLshort *value)
glRasterPos4iv(GLint *value)
glRasterPos4fv(GLfloat *value)
glRasterPos4dv(GLdouble *value)
```

Die Funktion glRasterPos legt eine Position für nachfolgende Pixel-Lese- und Schreiboperationen fest. Eine Rasterposition ist eine dreidimensionale Position im Windowkoordinatensystem, siehe dazu auch *Darstellungsbereiche* (Seite 74f.). glRasterPos gibt jedoch die Koordinaten eines Rasterpunktes nicht unmittelbar an, vielmehr wird ebenso wie bei glVertex eine Transformation durchgeführt: Modell- und Projektionsmatrix, Clipping und die Projektion in das Windowkoordinatensystem. Tatsächlich sind die Koordinaten, die in den Argumenten der Funktion stehen, Koordinaten des Weltkoordinatenystems.

Die Analogie zur Verarbeitung mit Vertexdaten reicht auch noch weiter, weil mit der Rasterposition ebenfalls weitere Daten wie die Farbe und Texturkoordinaten verbunden sind. Eine Alternative für die Übergabe von Bilddaten sind die Funktionen der glWindowPos-Familie, bei Texturen muss jedoch wegen der Bindung glRasterPos verwendet werden. Ist die Z-Koordinate nicht angegeben, dann wird 0 eingesetzt und nach dem Clipping durch die vierte Koordinate w geteilt. Ist auch diese nicht angegeben, dann erfolgt eine automatische Einstellung auf 1. Durch die Transformationen wird die Rasterposition verändert, jedoch nicht das damit verbundene Objekt.

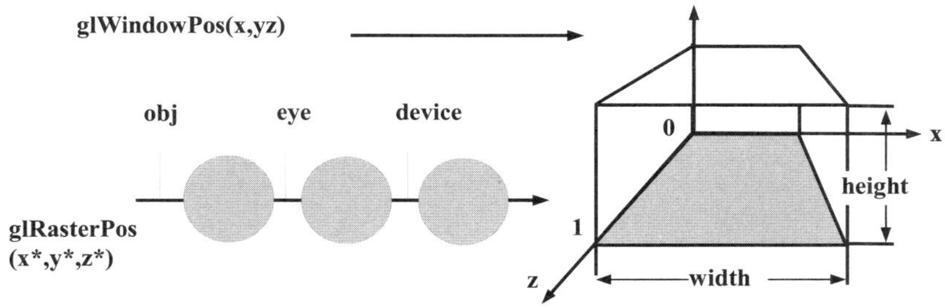

Die Rasterposition ist im Windowkoordinatensystem definiert. Während `glWindowPos` diese Koordinate direkt angibt, unterliegt die Angabe mittels `glRasterPos` der Transformationskette wie bei einer Vertexangabe, sie ist also im Weltkoordinatensystem (*) gegeben.

Abbildung 9.26

Sowohl die `glRasterPos`- als auch die `glWindowPos`-Funktion ist durch die Shaderprogrammierung und ab OpenGL 3.0 obsolet geworden, über den Compatibility-Modus aber weiterhin verfügbar.

glReadPixels

```
void glReadPixels(GLint x,GLint y,GLsizei width,GLsizei height,
  GLenum format, GLenum type, const *GLvoid *data)
```

Diese Funktion überträgt ein Bild oder Teilbild vom Framebuffer in den Speicherbereich, der durch `data` angegeben ist. Die ersten vier Parameter geben ein Fenster im Framebuffer an, dessen Inhalt ausgelesen werden soll. Bei OpenGL ist der Nullpunkt in der linken unteren Ecke fixiert, die Y-Achse zeigt nach oben.

Einfluss auf die Interpretation der gegebenen Bilddaten hat die Funktion `glPixelStore`, wenn die damit möglichen Einstellungen vor einem Aufruf von `glReadPixels` erfolgen, vor OpenGL 3.0 auch die Funktionen `glPixelMap` sowie `glPixelTransfer`.

Das Argument `format` gibt die Bedeutung und Abfolge der Komponenten in einem Sample an und `type` den Sampletyp. Eine Beschreibung dieser Argumente findet sich bei der `glDrawPixels`-Funktion (siehe Seite 653).

Als Beispiel für das Auslesen des Framepuffers ist hier die `screenshot`-Methode der `glib.storage.ImageManger`-Klasse dargestellt. Da sich der Screenshot neutral verhalten soll, d. h. keine Veränderung des OpenGL-Status, müssen veränderte Flags gesichert und wiederhergestellt werden. Für die `glPixelStore`-Funktion gibt es aber keine passende Gruppe bei der `glPushAttrib`, und daher muss die Sicherung hier manuell erfolgen.

```
public boolean screenshot(GL gl,File file,String formatName) {

  int readBufferName[],pixelStoreSwapBytes[],pixelStoreLength[],
    pixelStoreRows[],pixelStorePixels[],pixelStoreAlignment[];

  readBufferName      = new int[1];
  pixelStoreAlignment= new int[1];
  pixelStoreRows      = new int[1];
  pixelStorePixels    = new int[1];
  pixelStoreSwapBytes= new int[1];
  pixelStoreLength    = new int[1];

  try {
    gl.glGetIntegerv(GL.GL_READ_BUFFER,        readBufferName,0);
    gl.glGetIntegerv(GL.GL_PACK_ALIGNMENT,    pixelStoreAlignment,0);
    gl.glGetIntegerv(GL.GL_PACK_SKIP_ROWS,    pixelStoreRows,0);
    gl.glGetIntegerv(GL.GL_PACK_SKIP_PIXELS,pixelStorePixels,0);
    gl.glGetIntegerv(GL.GL_PACK_SWAP_BYTES, pixelStoreSwapBytes,0);
    gl.glGetIntegerv(GL.GL_PACK_ROW_LENGTH, pixelStoreLength,0);

    int[] viewportValues = new int[4];
    gl.glGetIntegerv(GL.GL_VIEWPORT,viewportValues,0);
    int width = viewportValues[2];
    int height = viewportValues[3];

    int numOfBytes = width*height*3;
    BufferedImage image = new BufferedImage(
      width,height,BufferedImage.TYPE_3BYTE_BGR
    );
    ByteBuffer data = ByteBuffer.allocate(numOfBytes);

    gl.glReadBuffer(GL.GL_FRONT);
    gl.glPixelStorei(GL.GL_PACK_ALIGNMENT, 1);
    gl.glPixelStorei(GL.GL_PACK_SKIP_ROWS, 0);
    gl.glPixelStorei(GL.GL_PACK_SKIP_PIXELS,0);
    gl.glPixelStorei(GL.GL_PACK_SWAP_BYTES,GL.GL_FALSE);
    gl.glPixelStorei(GL.GL_PACK_ROW_LENGTH,width);

    gl.glReadPixels(0,0,width,height,GL.GL_BGR,GL.GL_UNSIGNED_BYTE,data\
);

    gl.glPixelStorei(GL.GL_PACK_ROW_LENGTH, pixelStoreLength[0]);
    gl.glPixelStorei(GL.GL_PACK_SWAP_BYTES, pixelStoreSwapBytes[0]);
    gl.glPixelStorei(GL.GL_PACK_SKIP_PIXELS,pixelStorePixels[0]);
    gl.glPixelStorei(GL.GL_PACK_SKIP_ROWS,  pixelStoreRows[0]);
    gl.glPixelStorei(GL.GL_PACK_ALIGNMENT,  pixelStoreAlignment[0]);
    gl.glReadBuffer(readBufferName[0]);

    byte[] bImageData =
      ((DataBufferByte)image.getRaster().getDataBuffer()).getData();

    int srcOffset  = 0;
```

```
    int numOfBytesPerRow = width*3;
    int destOffset = numOfBytesPerRow*(height-1);

    for(int y=0; y<height; y++) {
      System.arraycopy(
        data.array(),srcOffset,bImageData,destOffset,numOfBytesPerRow
      );
      srcOffset  += numOfBytesPerRow;
      destOffset -= numOfBytesPerRow;
    }
    ImageIO.write(image,formatName,file);
  }
  catch(Throwable t) {
    error = "screenshot, formatName="+formatName+
    "\n\tresolved to "+file.getPath()+"\n\t"+t.toString();
    return false;
  }
  return true;
}
```

Die Framebuffer-Größen (width, height) werden über den Viewport von OpenGL ermittelt und danach ein `BufferedImage`-Objekt erstellt. Dieses ist hier ein 3-Byte-RGB-Image ohne Transparenz, so kann das Bild auch als JPEG gespeichert werden, und das Argument `formatName` muss nicht weiter untersucht werden. Die Clientseite für das Image, aus der Sicht von OpenGL, stellt ein `ByteBuffer`-Objekt dar.

Es ist auch möglich, den Bytepuffer direkt aus dem `BufferedImage`-Objekt zu erstellen (`wrap`) und nachträglich die Bildspiegelung vorzunehmen. Eine solche Implementierung ist wahrscheinlich effizienter. Das nachstehende Beispiel zeigt einen Aufruf der `screenshot`-Methode.

```
imageManager = new ImageManager();

File dir = new File(System.getProperty("user.home")+
  File.separator+"gBook"+File.separator+"output");

if(dir.exists()==false) {
  dir.mkdirs();
}
screenshotFile = new File(dir,File.separator+"Screenshot-1.JPEG");

...

if(imageManager.screenshot(gl,screenshotFile,"JPEG")==false) {
  // report error: imageManager.getError();
}
```

glRect

```
void glRectf(GLfloat x1,GLfloat y1,GLfloat x2,GLfloat y2)
```

Übergibt Vertices an OpenGL, entsprechend der nachstehenden Programmsequenz.

```
glBegin(GL_POLYGON);
glVertex3f(x1,y1,0f);
glVertex3f(x2,y1,0f);
glVertex3f(x2,y2,0f);
glVertex3f(x1,y1,0f);
glEnd();
```

Die Programmsequenz wird jedoch nicht tatsächlich von OpenGL ausgeführt, vielmehr wird eine interne Routine aufgerufen, die eine erhebliche Beschleunigung bewirkt. Die Vertices werden counter clockwise übergeben und sogleich dargestellt. Neben dem oben dargestellten Prototyp gibt es eine ganze Familie von `glRect`-Funktionen. Die Zeigerfunktionen erwarten jeweils eine X- und Y-Komponente in dieser Reihenfolge.

```
void glRectd(GLdouble x1,GLdouble y1,GLdouble x2,GLdouble y2)
void glRectf(GLfloat x1,GLfloat y1,GLfloat x2,GLfloat y2)
void glRecti(GLint x1,GLint y1,GLint x2,GLint y2)
void glRects(GLshort x1,GLshort y1,GLshort x2,GLshort y2)

void glRectdv(const GLdouble *v1,const GLdouble *v2)
void glRectfv(const GLfloat *v1,const GLfloat *v2)
void glRectiv(const GLint *v1,const GLint *v2)
void glRectdv(const GLshort *v1,const GLshort *v2)
```

Die `glRect`-Funktion ist nur noch im Compatibility-Modus weiterhin verfügbar.

glRenderMode

```
GLint glRendermode(GLenum mode)
```

Diese Funktion kontrolliert das Verhalten von OpenGL in der Rasterstufe. Mit dem Argument `GL_RENDER` wird das normale Verhalten eingestellt (Voreinstellung von OpenGL). Der Selektionsmodus folgt nach einem Aufruf mit `mode` gleich `GL_SELECT`. Beim dritten Modus `GL_FEEDBACK` erzeugt OpenGL Einträge in einem Feedback-Puffer.

`glRendermode` gibt einen Wert zurück, der entweder Null ist oder die Zahl der Einträge in einem der Puffer angibt. Dabei ist festzuhalten, dass in diese Puffer erst geschrieben wird, wenn vom Selektionsmodus oder Feedback-Modus in den normalen Rendermodus zurückgeschaltet wird.

```
glRendermode(GL_SELECT);
// Rendering der Szene im Selektionsmodus
hits = glRendermode(GL_RENDER);
// Auswertung der Hits.
```

Der Rendermodus darf nicht in einer `glBegin`-`glEnd`-Klammer gewechselt werden; es *muss vorher* ein Puffer bereitgestellt werden, siehe `glSelectBuffer` bzw. `glFeedbackBuffer`.

glRotate

```
void glRotatef(GLfloat angle, GLfloat x, GLfloat y, GLfloat z)
```

OpenGL erzeugt eine Rotationsmatrix R und multipliziert diese (von rechts) an die aktuelle Matrix, die dann durch das Ergebnis ersetzt wird. Die Ergebnismatrix wird nach dem Funktionsaufruf sofort gültig. Es gibt Ausprägungen für float und double (`glRotated`). Siehe auch (2.19).

$$\mathbf{R} = \begin{pmatrix} x^2(1-c)+c & xy(1-c)-sz & xz(1-c)+sy & 0 \\ xy(1-c)+sz & y^2(1-c)+c & yz(1-c)-xs & 0 \\ xz(1-c)-sy & yz(1-c)+sx & z^2(1-c)+c & 0 \\ 0 & 0 & 0 & 1 \end{pmatrix} \tag{9.8}$$

In der Matrix steht c für $c = cos(angle)$ und s für $s = sin(angle)$. x, y und z sind die Komponenten eines Drehungsvektors, der ein Einheitsvektor sein sollte, gegebenenfalls führt OpenGL eine Normalisierung durch. Der Winkel wird in Grad erwartet, ein positiver Wert entspricht einer Drehung entgegen dem Uhrzeigersinn (rechtshändisches Koordinatensystem).

Mit der Shaderprogrammierung und ab OpenGL 3.0 muss sowohl die Modelviewmatrix als auch die Projektionsmatrix als `uniform` an den Shader übergeben werden. Entweder führt die Applikation (Client-Seite) die Transformation durch oder ein Vertexshader. Über den Compatibility-Modus ist die Funktion weiterhin verfügbar.

glScale

```
glScalef(GLfloat sx, GLfloat sy, GLfloat sz)
```

OpenGL erzeugt eine Skalierungsmatrix S und multipliziert diese (von rechts) an die aktuelle Matrix, die dann durch das Ergebnis ersetzt wird. Die Ergebnismatrix wird nach dem Funktionsaufruf sofort gültig. Es gibt Ausprägungen für float (`glScalef`) und double (`glScaled`). Siehe auch (2.4).

$$\begin{pmatrix} s_x & 0 & 0 & 0 \\ 0 & s_y & 0 & 0 \\ 0 & 0 & s_z & 0 \\ 0 & 0 & 0 & 1 \end{pmatrix} = \mathbf{S}. \tag{9.9}$$

Mit der Shaderprogrammierung und ab OpenGL 3.0 muss sowohl die Modelviewmatrix als auch die Projektionsmatrix als `uniform` an den Shader übergeben werden. Entweder führt die Applikation (Client-Seite) die Transformation durch oder ein Vertexshader. Über den Compatibility-Modus ist die Funktion weiterhin verfügbar.

glShaderSource

```
void glShaderSource(GLuint shaderID, GLsizei numOfElements,
  const GLchar **str, const GLint *len)
```

Mit dieser Funktion wird der Quellcode eines Shaders an OpenGL übergeben. Die übergebenen Strings werden von OpenGL kopiert. Das Argument `shaderID` gibt eine Referenz auf einen Shader an, die durch einen Aufruf `glCreateShader` ermittelt wurde. `numOfElements` enthält die Zahl der Arrayelemente, wenn nur ein String übergeben wird, eine 1. `str` ist ein Zeiger auf ein Array von Strings (`String[]`), ein jeder mit der Länge `len` angegeben.

Zur Shaderprogrammierung siehe auch die Abschnitte *Shader, Programm-Lebenszyklus* (Seite 539), *Shader und generische Attribute* (Seite 185ff.) und *Shaderprogrammierung* (Seite 721).

glTexCoord

Mit der `glTexCoord`-Funktion wird die aktuelle Einstellung der aktiven Texturkoordinaten bei OpenGL geändert, was jederzeit erfolgen darf. Die Einstellung bleibt solange gültig, bis eine Änderung durch die Funktion `glTexCoord` erfolgt. Texturkoordinaten können ein, zwei, drei oder vier Komponenten aufweisen – (s), (s,t), (s,t,r) oder (s,t,r,q) – und als short-, float- oder double-Typen vorliegen. Nicht angegebene Komponenten werden auf 0 gesetzt, mit Ausnahme der q-Komponente, die auf 1 gesetzt wird. Vorgabe: (0,0,0,1).

```
void glTexCoord1s(GLshort s);
void glTexCoord1i(GLint s);
void glTexCoord1f(GLfloat s);
void glTexCoord1d(GLdouble s);

void glTexCoord2s(GLshort s,GLshort t);
void glTexCoord2i(GLint s,GLint t);
void glTexCoord2f(GLfloat s,GLfloat t);
void glTexCoord2d(GLdouble s,GLdouble t);

void glTexCoord3s(GLshort s,GLshort t,GLshort r);
void glTexCoord3i(GLint s,GLint t,GLint r);
void glTexCoord3f(GLfloat s,GLfloat t,GLfloat r);
void glTexCoord3d(GLdouble s,GLdouble t,GLdouble r);

void glTexCoord4s(GLshort s,GLshort t,GLshort r,GLshort q);
void glTexCoord4i(GLint s,GLint t,GLint r,GLint q);
void glTexCoord4f(GLfloat s,GLfloat t,GLfloat r,GLfloat q);
void glTexCoord4d(GLdouble s,GLdouble t,GLdouble r,GLdouble q);
```

```
void glTexCoord1sv(const GLshort *values);
void glTexCoord1iv(const GLint *values);
void glTexCoord1fv(const GLfloat *values);
void glTexCoord1dv(const GLdouble *values);

void glTexCoord2sv(const GLshort *values);
void glTexCoord2iv(const GLin *values);
void glTexCoord2fv(const GLfloat *values);
void glTexCoord2dv(const GLdouble *values);

void glTexCoord3sv(const GLshort *values);
void glTexCoord3iv(const GLint *values);
void glTexCoord3fv(const GLfloat *values);
void glTexCoord3dv(const GLdouble *values);

void glTexCoord4sv(const GLshort *values);
void glTexCoord4iv(const GLint *values);
void glTexCoord4fv(const GLfloat *values);
void glTexCoord4dv(const GLdouble *values);
```

Texturkoordinaten sind an Vertices gebundene Attribute und müssen ab OpenGL 3.0 über VBOs an Shader übergeben werden. Die Funktion `glTexCoordxxx` ist als „deprecated" markiert und nur im Compatibility-Modus verfügbar.

glTexCoordPointer

```
void glTexCoordPointer(GLint size,
  GLenum type, GLSizei stride, const GLvoid* buffer);
```

Die `glTexCoordPointer`-Funktion ist Teil des Vertexarray-Konzepts, dort dient sie der Übergabe von Texturkoordinaten gebunden an einen Vertex. Ein Element i des durch `glTexCoordPointer` angegebenen Arrays wird mit dem Vertex i in einem Vertexarray verbunden. Das Argument `size` kann drei oder vier Komponenten anzeigen, je nachdem, ob die Texturkoordinaten s,t oder s,t,r oder s,t,r,q vorliegen. `type` gibt den Datentyp an, zulässig ist: `GL_SHORT`, `GL_INT`, `GL_FLOAT` oder `GL_DOUBLE`, siehe auch die Ausprägungen der `glTexCoord`-Funktion. `stride` spezifiziert die Zahl der Bytes zwischen zwei TexCoord-Angaben (i und $i+1$) und `buffer` die Adresse des Puffes auf der Clientseite. Weitere Angaben zur Funktion siehe *Standard-Vertexattribute* (Seite 717).

Texturkoordinaten sind an Vertices gebundene Attribute und müssen ab OpenGL 3.0 über VBOs an Shader übergeben werden. Die Funktion `glTexCoordPointer` ist als „deprecated" markiert und nur im Compatibility-Modus verfügbar.

glTexEnv

```
void glTexEnvi(GLenum target,GLenum param, GLint value)
void glTexEnvf(GLenum target,GLenum param, GLfloat value)

void glTexEnviv(GLenum target,GLenum param, const GLint *values)
void glTexEnvfv(GLenum target,GLenum param, const GLfloat *values)
```

Diese Funktion wählt einen Algorithmus, der beim Mapping der Textur aufgerufen wird. Das Argument `target` nimmt die Werte `GL_TEXTURE_ENV` oder `GL_TEXTURE_FILTER_CONTROL` an. Nur für die erste Gruppe ist auch das Argument `GL_POINT_SPRITE` zulässig.

Mit `GL_TEXTURE_LOD_BIAS` kann der λLOD direkt beeinflusst werden, siehe dazu auch Abschnitt *LOD* (Seite 382f.).

```
glTexEnvfv(GL_TEXTURE_FILTER_CONTROL,GL_TEXTURE_LOD_BIAS, lodBiasValue)
```

Die Funktion gehört zur fixierten Pipeline und ist ab OpenGL 3.0 als „deprecated“ markiert.

glTexImage

Eine Textur wird von OpenGL als ein Image verarbeitet, dessen Ziel aber nicht der Framepuffer ist, vielmehr ein spezieller Speicherbereich, in dem die Texturen für die Shader bzw. das Texture-Mapping zur Verfügung gehalten werden.

```
void glTexImage1D(GLenum target,GLint level, GLint iFormat,
  GLint width, GLint border,
  GLenum format, GLenum type, const *GLvoid *data)

void glTexImage2D(GLenum target,GLint level, GLint iFormat,
  GLint width, GLint height, GLint border,
  GLenum format, GLenum type, const *GLvoid *data)

void glTexImage2D(GLenum target,GLint level, GLint iFormat,
  GLint width, GLint height, GLint depth, GLint border,
  GLenum format, GLenum type, const *GLvoid *data)
```

Die Verwandtschaft mit normalen Bildern zeigt sich anhand der Parameter `format`, `type`, die mit den Parametern der Funktion `glDrawPixel` identisch sind. Für weitere Details siehe diese Funktion.

Das Argument `target` gibt den Grundtyp der Textur an: `GL_TEXTURE_XX` sowie die Proxyvarianten `GL_PROXY_TEXTURE_XX`. Die Buchstaben `XX` stehen hierbei für `1D`, `2D` und `3D`. Nur bei zweidimensionalen Texturen sind auch Angaben für das Cube-Mapping zulässig: `GL_TEXTURE_CUBE_MAPP_sign_axis`. Für `sign` sind dann die Konstanten `POSITIVE` oder `NEGATIVE` und für `axis` die Kennzeichen `X`, `Y` oder `Z` erlaubt.

`width`, `heigth` und `depth` geben die Bildweite, -höhe oder -tiefe der Textur an. Diese Werte sollten eine Potenz von 2 sein, also 2, 4, 8, 16 usw., auch wenn ab OpenGL 2.0 andere Größen zugelassen sind. Mit anderen Größenangaben sind aber immer noch – wenn auch leichte – Performanceverluste verbunden. Die Angabe der Weite etc. schließt auch die Border mit ein, so dass generell zum Beispiel für die Weite $w = 2^n + 2\texttt{border}$ gilt.

Texturen dürfen eine Border enthalten, die beim Wrapping der Textur eine Rolle spielt. Für das Argument `border` sind derzeit nur die Werte 0 oder 1 zulässig. Es gibt zwei Möglichkeiten, bei OpenGL den Randbereich einzustellen. Wird bei der Übergabe eines Texturbildes im Argument `border` der Wert 0 angegeben, dann sollte eine Randfarbe getrennt durch die Funktion `glTexParameter` übergeben werden. Andernfalls enthält die Textur selbst einen Randbereich, `border` > 0. Bei den OpenGL ES-Versionen muss stets ein Wert Null übergeben werden (keine Border).

Im Zusammenspiel mit dem Mipmapping ist ein *Level of Detail* (LOD) anzugeben, das ist ein Wert, der hier angibt, welchem Mipmap-Level die übergebene Textur zuzuordnen ist. `level` ist 0, wenn es sich um eine Basistextur handelt, das sind einfache Texturen ohne Mipmapping oder die erste Textur beim Mipmapping.

`iFormat` gibt die Anzahl und Abfolge der Komponenten in einem Texel an.

Positive Festpunktangaben, die von OpenGL intern auf den Bereich 0..1 übersetzt werden:

```
GL_ALPHA, GL_ALPHA4, GL_ALPHA8, GL_ALPHA12, GL_ALPHA16,
GL_COMPRESSED_ALPHA
```

Komprimierte Texturen mit Festpunktangaben, die von OpenGL intern auf den Bereich 0..1 übersetzt werden:

```
GL_COMPRESSED_LUMINANCE, GL_COMPRESSED_LUMINANCE_ALPHA,
GL_COMPRESSED_LUMINANCE_ALPHA, GL_COMPRESSED_INTENSITY,
GL_COMPRESSED_RGB, GL_COMPRESSED_RGBA
```

```
GL_DEPTH_COMPONENT, GL_DEPTH_COMPONENT16, GL_DEPTH_COMPONENT24,
GL_DEPTH_COMPONENT32, GL_DEPTH_STENCIL
```

```
GL_INTENSITY, GL_INTENSITY4, GL_INTENSITY8, GL_INTENSITY12,
GL_INTENSITY32
```

Die Luminiance-Gruppe ist für monochrome graue Images (Grey Scale) gedacht:

```
GL_LUMINANCE, GL_LUMINANCE4, GL_LUMINANCE8, GL_LUMINANCE12,
GL_LUMINANCE16, GL_LUMINANCE_ALPHA, GL_LUMINANCE4_ALPHA4,
GL_LUMINANCE6_ALPHA2, GL_LUMINANCE8_ALPHA8, GL_LUMINANCE12_ALPHA4,
GL_LUMINANCE12_ALPHA12, GL_LUMINANCE16_ALPHA16
```

```
GL_RED, GL_R8, GL_R16, GL_RG, GL_RG8, GL_RG16, GL_RGB, GL_R3_G3_B2,
```

```
GL_RGB4, GL_RGB5, GL_RGB8, GL_RGB10, GL_RGB12, GL_RGB16, GL_RGBA,
GL_RGBA2, GL_RGBA4, GL_RGB5_A1, GL_RGBA8, GL_RGB10_A2, GL_RGBA12,
GL_RGB5A16
```

Festpunktangaben vorzeichenbehaftet, die von OpenGL intern auf den Bereich 0..1 übersetzt werden:

```
GL_SCOMPRESSED_SRGB, GL_SCOMPRESSED_SRGB_ALPHA,
GL_SCOMPRESSED_SLUMINANCE, GL_SCOMPRESSED_SLUMINANCE_ALPHA, GL_SRGB,
GL_SRGB8, GL_SRGB_ALPHA, GL_SRGB8_ALPHA8, GL_SLUMINANCE,
GL_SLUMINANCE8, GL_SLUMINANCE_ALPHA, GL_SLUMINANCE8_ALPHA8
```

Gleitkommaangaben (ab OpenGL 3.0) werden intern von OpenGL normalisiert:

```
GL_R16F, GL_R32F, GL_RG16F, GL_RG32F, GL_RGB16F, GL_RGB32F,
GL_RGBA16F, GL_RGBA32F, GL_R11F, GL_R11F_G11F_B10F, GL_RGB9_E5
```

Es gibt weitere Angaben für vorzeichenbehaftete Gleitkomma- und für Integerangaben, die der OpenGL-Referenz im Web zu entnehmen sind. Bei den Angaben ist auch daran zu denken, dass die Imagedatei zuerst geladen werden muss, das betreffende Format muss entsprechend vom Imagereader erkannt werden.

```
Programmbeispiel:
...
        case BufferedImage.TYPE_4BYTE_ABGR: // alpha,B,G,R
          openGLImageFormat= GL2.GL_RGBA;
          openGLImageType  = GL2.GL_UNSIGNED_INT_8_8_8_8;
          openGLImageInternalFormat = GL2.GL_RGBA;
          break;
 ...

gl.glTexImage2D(oglTextureType,0,openGLImageInternalFormat,
   width,height,0,openGLImageFormat,openGLImageType,buffer
);
```

glTexParameter

```
void glTexParameteri(GLenum target,GLenum name, GLint parameter);
void glTexParameterf(GLenum target,GLenum name, GLfloat parameter);
```

GL_TEXTURE_BORDER_COLOR

Mit dieser Konstante kann eine einheitliche Farbe für die Randbereiche einer Textur eingestellt werden. Beim Textur-Wrapping wird auf diese Farbe zugegriffen, wenn das Argument `border` auf 0 eingestellt wird und eine Grenze des Texturbildes über- oder unterschritten wird.

```
void glTexParameterfv(GL_TEXTURE_BORDER_COLOR,bordercolor);
```

Texture Wrapping

Für jede Koordinate der Texturen (s, t, r) kann das Verhalten von OpenGL bei einer Überschreitung oder Unterschreitung des Koordinatenbereichs eingestellt werden. Die Koordinate wird durch eine der Konstanten GL_TEXTURE_WRAP_x ausgewählt, wobei für x das Kennzeichen der Koordinate einzusetzen ist, S, T oder R, zum Beispiel:

```
glTexParameteri(GL.GL_TEXTURE_2D,GL.GL_TEXTURE_WRAP_S,
  GL.GL_CLAMP_TO_EDGE);
```

Das Wrapping wird auf der Ebene der Bildkoordinaten durchgeführt, die einen evtl. vorhandenen Randbereich einschließen. Die Breite des Randbereichs wird durch das Argument border bei der Übergabe des Texturbildes festgelegt, siehe glTexImage.

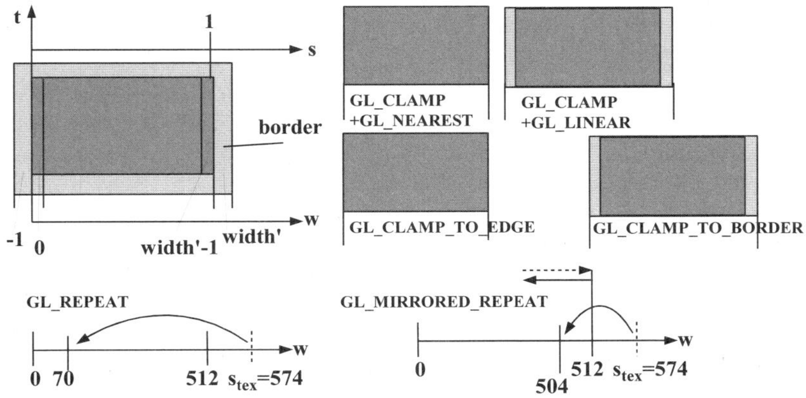

Abbildung 9.27 Texture Wrapping-Modi. Links oben eine schematische Darstellung der Textur mit einer Border. Daneben und darunter eine prinzipielle Darstellung der einzelnen Modi, jeweils für die s-Koordinatenrichtung.

Für die nachfolgenden Formeln sei mit width die tatsächliche Breite des Bildes angesprochen, also einschließlich der Border. Analog gelten die Formeln für die anderen Richtungen. width$'$ sei die Weite des Bildes ohne die Border, daher ist eine Koordinate -1 oder width$'$ möglich, im Bild dann 0 oder width. Eine Textur kann auch ohne Rand angegeben werden border $= 0$, in diesem Fall sind die genannten Werte gleich; liegt das Ergebnis der nachstehenden Berechnungen außerhalb 0...width, dann wird auf eine voreingestellte Borderfarbe zugegriffen, siehe oben.

Die Voreinstellung von OpenGL ist die Einstellung GL_CLAMP. Die damit berechneten Bildkoordinaten hängen noch von der Filterart ab. Im Falle GL_NEAREST wird bei einer Über- oder Unterschreitung immer das Randpixel gelesen, 0 oder width$'$. $s_{tex,n}$ ist die tatsächliche Koordinate (Integer) im Texturbild und s_{tex} der aktuell berechnete Wert, siehe auch *Texture-Mapping* (Seite 376f.).

$$s_{tex,n} = \begin{cases} \mathtt{width}' & \text{wenn} \quad s_{tex} > \mathtt{width}' \quad \text{bzw. } s > 1 \\ 0 & \text{wenn} \quad s_{tex} < 0 \quad \text{bzw. } s < 0 \end{cases}$$

Ist bilineares Filtering einschaltet (GL_LINEAR), dann müssen Randpixel gelesen werden, GL_CLAMP geht dann auch in den Randbereich.

$$s_{tex,n} = \begin{cases} \mathtt{width}' + 1 & \text{wenn} \quad s_{tex} > \mathtt{width}' \quad \text{bzw. } s > 1 \\ -1 & \text{wenn} \quad s_{tex} < 0 \quad \text{bzw. } s < 0 \end{cases}$$

Mit zwei anderen Konstanten kann die Abhängigkeit von GL_CLAMP von der Filterart beseitigt werden. Das Verhalten bei der Einstellung GL_CLAMP_TO_EDGE ist identisch mit GL_CLAMP und der Filterart GL_NEAREST. Das Verhalten bei GL_CLAMP_TO_BORDER entspricht GL_CLAMP und eingeschaltetem bilinearem Filtern.

Für einige Anwendungen ist es sinnvoll, die Textur auf irgendeine Weise zu wiederholen. GL_REPEAT schneidet im Prinzip den Integeranteil einer Texturkoordinate ab und verwendet den verbleibenden fraktionellen Anteil, um die Position in der Textur zu errechnen.

$$s_{tex,n} = int\left(\frac{(s_{tex} - \mathtt{width}')\, s_{tex}}{\mathtt{width}'}\right)$$

Zum Beispiel sei die Koordinate $s_{tex} = 574$ und die Bildweite $\mathtt{width}' = 512$. Die Wiederholungsfunktion ergibt nach obiger Rechnung $s_{tex,n} = 70$. Eine Spiegelung an der Grenze ist mit der Einstellung GL_MIRRORED_REPEAT ebenfalls möglich.

$$a = int\left(\frac{(s_{tex} - 2 \cdot \mathtt{width}')\, s_{tex}}{\mathtt{width}'}\right)$$

$$b = \begin{cases} a & \text{wenn} \quad a \geq 0 \\ -(1 + a) & \text{wenn} \quad a < 0 \end{cases}$$

$$s_{tex,n} = (\mathtt{width}' - 1) - b - \mathtt{width}'$$

Bei gleicher Koordinate und Bildweite erzeugt die Spiegelfunktion den Wert $s_{tex,n} = 504$; die Randgrenze wirkt so wie eine Spiegelachse.

Mipmapping und LOD

Die Wahl einer bestimmten Mipmap-Textur basiert auf der Berechnung des Wertes λLOD, siehe Abschnitt *LOD* (Seite 382f.). Bevor daraus ein Mipmaplevel (ML) errechnet wird, ist bereits eine Begrenzung möglich. Dazu wird mit GL_TEXTURE_MIN_LOD und GL_TEXTURE_MAX_LOD eine untere bzw. obere Grenze, beides Gleitkommazahlen, angegeben. Vorgaben sind die Werte $-1000f$ und $+1000f$.

Die Begrenzung des LOD setzt im Prinzip voraus, dass die Mipmaps vorhanden sind, es ist aber auch möglich, das Mipmaplevel direkt einzugrenzen. Es müssen dann nur Mipmaps in dem eingeschränkten Bereich an OpenGL übergeben werden. Die Integerangaben GL_TEXTURE_BASE_LEVEL, mit der Vorgabe 0, und GL_TEXTURE_MAX_LEVEL, mit der Vorgabe 1000, erlauben diese Einschränkung.

Aber auch wenn alle Mipmaps gegeben sind, kann mit diesen Parametern die Darstellung beeinflusst werden. OpenGL geht nicht über die genannten Grenzen hinaus, und damit wird dann unter Umständen eine kleinere – mit weniger Details versehene – Textur angelegt, obwohl eine größere Textur besser aussehen würde, das Ergebnisbild erscheint verwischt. Umgekehrt kann durch die Erhöhung des Basis-Levels OpenGL zu einer besseren Auflösung gezwungen werden, auch wenn eine kleinere Textur schneller berechnet werden kann und ansonsten angelegt würde.

Entsprechend dem bilinearen Filter ohne Mipmapping sind weitere Parameter festgelegt, die nur beim Mipmapping wirksam sind. Hier gibt es vier Gruppen: GL_NEAREST_MIPMAP_xxx und GL_LINEAR_MIPMAP_xxx, wobei für xxx dann wieder LINEAR oder NEAREST vorgegeben ist. Die Stellung der Filtermethode ist bei dieser Namensgebung auf die Mipmap-Wahl bezogen oder auf das Verhalten, nachdem eine oder zwei Mipmaps ermittelt sind.

GL_NEAREST_MIPMAP_NEAREST und GL_NEAREST_MIPMAP_LINEAR wählen nur die Mipmap, die am ehesten den benötigten Texturbereich abdeckt, zum Beispiel bei einem 200 Pixel großen Polygon eine 256 Pixel große Mipmap. GL_LINEAR_MIPMAP_NEAREST und GL_LINEAR_MIPMAP_LINEAR wählen zwei Mipmaps, die beide am nähesten am benötigten Texturbereich liegen, zum Beispiel bei einem 200 Pixel großen Polygon eine 256 Pixel große Mipmap und eine 128 Pixel große Mipmap.

Die zweite Angabe der Filterung bestimmt, ob Pixel aus der Mipmap oder aus zwei gegebenen Mipmaps bilinear gefiltert werden oder nicht. Im letzteren Fall ...LINEAR ist dies dann eine Gewichtung der Pixelfarben zweier Texturen.

glTranslate

```
void glTranslatef(GLfloat tx, GLfloat ty, GLfloat tz)
```

OpenGL erzeugt eine Verschiebungsmatrix T und multipliziert diese (von rechts) an die aktuelle Matrix, die durch das Ergebnis ersetzt wird. Die Ergebnismatrix wird nach dem Funktionsaufruf glTranslate gültig. Es gibt Ausprägungen für float und double (glTranslated), siehe auch (2.3).

$$\begin{pmatrix} 1 & 0 & 0 & t_x \\ 0 & 1 & 0 & t_y \\ 0 & 0 & 1 & t_z \\ 0 & 0 & 0 & 1 \end{pmatrix} = \mathbf{T}. \tag{9.10}$$

Mit der Shaderprogrammierung und ab OpenGL 3.0 muss sowohl die Modelviewmatrix als auch die Projektionsmatrix als `uniform` an den Shader übergeben werden, gegebenenfalls wird durch einen Vertexshader erst die Transformation durchgeführt. Die Funktion ist über den Compatibility-Modus weiterhin verfügbar.

glSelectBuffer

```
void glSelectBuffer(GLsizei, GLuint *buffer)
```

Der Selektionspuffer muss an OpenGL übergeben werden, bevor der Selektionsmodus eingeschaltet wird. In diesem Puffer legt OpenGL die Namen (Treffer) ab, die mittels `glPushName` übergeben wurden. Der Selektionspuffer unterteilt sich in drei Bereiche. Der erste Bereich ist ein Integer, der angibt, wie viele Namenseinträge zurückgegeben werden. Der zweite Bereich besteht aus zwei Integerwerten, die die Tiefe der Szene angeben. Dafür wird die maximale und minimale Tiefenangabe – intern im float-Format – in einen Integerwert umgewandelt (Multiplikation mit $2^{32}-1$). Die Tiefenangabe bezieht sich auf das Minimum und Maximum der „Primitives“, die im Selektionspuffer angezeigt werden. Das Minimum wird zuerst angegeben, der Maximalwert hat daher den Index 2. Danach erscheint der Inhalt des Name-Stack, wobei der Name, der zuletzt auf den Stack gelegt wurde (`glPush`), zuerst erscheint.

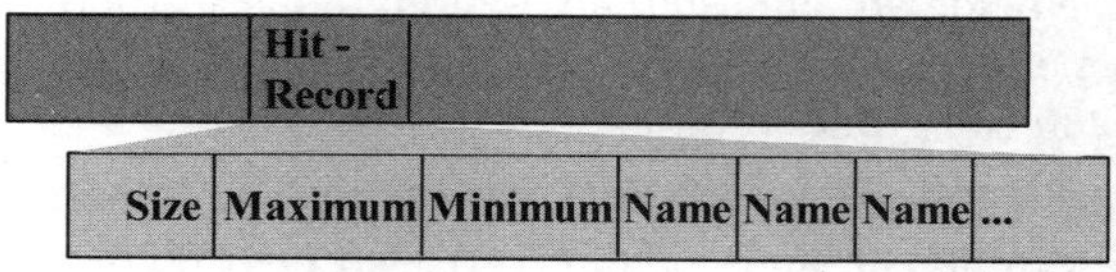

Abbildung 9.28 Aufbau des Selektionspuffers.

glShadeModel

```
void glShadeModel(GLenunm mode)
```

Mit der Funktion `glShadeModel` wird eingestellt, ob eine Fläche eine einheitliche Farbe erhält oder durch die Farben der Eckpunkte interpoliert wird. Der Parameter `mode` kann zwei Werte annehmen: `GL_FLAT` oder `GL_SMOOTH` (Default).

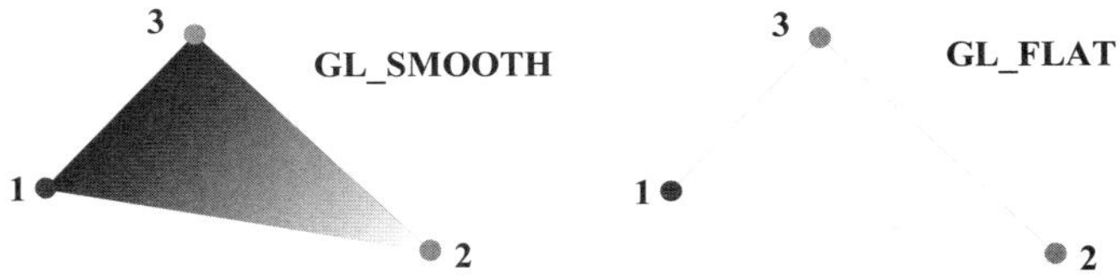

Auswirkungen des Shade-Modells auf die Darstellung eines Dreiecks.

Abbildung 9.29

Die Funktion ist mit dem Wegfall der fixierten Pipeline durch die Shaderprogrammierung und ab OpenGL 3.0 obsolet geworden, über den Compatibility-Modus weiterhin verfügbar.

glUnmapBuffer

```
GLboolean glUnmapBuffer(GLenum target)
```

Siehe `glMapBuffer`, Seite 674.

glUseProgram

```
void glUseProgram(GLuint programID)
```

Die Funktion aktiviert ein Shaderprogramm und verändert damit die fixierte Pipeline. Die Statusänderungen hängen noch davon ab, ob das Shaderprogramm einen Vertex- und/oder einen Fragmentshader enthält. Wird als Argument eine Null übergeben, dann schaltet OpenGL die fixierte Pipeline wieder ein.

Ist ein Vertexshader gegeben, dann werden die Transformationen der fixierten Pipeline außer Kraft gesetzt. Vertices werden nicht mit der Modelview- und Projektionsmatrix multipliziert, ebenso keine Texturkoordinaten mit einer Texturmatrix. Normale bleiben unangetastet, sie werden weder normalisiert noch mit der Normalenmatrix in das Beobachtersystem transformiert. Die Normalenmatrix ist die Transponierte der Inversen der Modelviewmatrix. An Vertices hängende Farben oder Materialangaben werden lediglich in vordefinierten Variablen abgelegt.

Ist ein Fragmentshader gegeben, dann erfolgt kein Texturmapping, alle damit zusammenhängenden Funktionen werden nicht ausgeführt. Es wird keine Farbsumme berechnet und kein Nebel angelegt.

Die mittels Funktionen der fixierten Pipeline übergebenen Parameterwerte speichert OpenGL in vordefinierten Variablen (siehe *Vordefinierte Variable*, Seite 722), führt aber die Funktion selbst nicht aus.

Zur Shaderprogrammierung siehe auch die Abschnitte *Shader, Programm-Lebenszyklus* (Seite 539), *Shader und generische Attribute* (Seite 185ff.) und *Shaderprogrammierung* (Seite 721).

glValidateProgram

```
void glValidateProgram(GLuint programID)
```

Die Funktion überprüft ein Shaderprogramm und speichert das Ergebnis im Info-Log, siehe `glGetProgramInfoLog`. Sie liefert mehr Informationen über das Shaderprogramm als `glLinkProgram` und wird meist nur während der Entwicklungsphase eines Programmes verwendet. Java-Beispiel:

```
gl.glValidateProgram(oglProgramID);

int values[] = new int[1];
gl.glGetProgramiv(oglProgramID,GL2.GL_VALIDATE_STATUS,values,0);

if(values[0]==GL2.GL_FALSE) {
  // Report Error
}
```

glVertex

```
void glVertex3f(GLfloat x,GLfloat y, GLfloat z)
```

`glVertex` übergibt die Koordinaten eines Vertex an OpenGL innerhalb einer `glBegin`-`glEnd`-Klammer. OpenGL verwaltet Punkte in einem vierdimensionalen Raum, mit der vierten Komponente gleich $w = 1$. Entsprechend der gewählten Funktion wird die Z-Komponente gleich 0 und $w = 1$ eingestellt.

```
void glVertex2s(GLshort x,GLshort y);
void glVertex2i(GLint x,GLint y);
void glVertex2f(GLfloat x,GLfloat y);
void glVertex2d(GLdouble x,GLdouble y);
void glVertex3s(GLshort x,GLshort y, GLshort z);
void glVertex3i(GLint x,GLint y, GLint z);
void glVertex3f(GLfloat x,GLfloat y, GLfloat z);
void glVertex3d(GLdouble x,GLdouble y, GLdouble z);
void glVertex4s(GLshort x,GLshort y, GLshort z,GLshort w);
void glVertex4i(GLint x,GLint y, GLint z, GLint w);
void glVertex4f(GLfloat x,GLfloat y, GLfloat z,GLfloat w);
void glVertex4d(GLdouble x,GLdouble y, GLdouble z,GLdouble w);
```

Neben diesen Funktionen sind noch solche verfügbar, die, statt der Komponenten als Argumente, Zeiger auf Arrays entgegennehmen. Die Groß- und Kleinbuchstaben stehen für eine der obigen Typvarianten.

```
void glVertexXXsv(const GLxxx *v);
```

Wenn eine der Funktionen aufgerufen wird, dann bindet OpenGL bestimmte Angaben an den gegebenen Vertex. Solche Angaben sind die aktuelle Farbe, Normale, Textur-Koordinate oder eine Fog-Koordinate. Mit dem Wegfall der fixierten Pipeline durch die Shaderprogrammierung und ab OpenGL

3.0 ist die Funktion obsolet geworden, über den Compatibility-Modus aber weiterhin verfügbar. Verwenden Sie Vertexarrays oder VBOs.

glVertexPointer

```
void glVertexPointer(
  GLint size,GLenum type, GLSizei stride, const GLvoid* buffer)
```

Die Vertexpointer-Funktion ist Bestandteil des Vertexarray-Konzepts, dort dient sie der Übergabe eines Puffers, der die Komponenten der Vertices enthält. Die Argumente der Funktion geben, neben der Pufferadresse `buffer`, Auskunft über die Organisation des Buffers. `size` spezifiziert die Anzahl der Koordinaten eines Vertex, das können zwei, drei oder vier Komponenenten sein. Der Datentyp einer Komponente wird durch das `type`-Argument angegeben, wobei es sich um eine vordefinierte Konstante handelt, `GL_SHORT`, `GL_INT`, `GL_FLOAT` oder `GL_DOUBLE`. OpenGL konvertiert die Koordinaten zum float-Vorgabeformat. Mit diesen beiden Angaben kann OpenGL die Zahl der Bytes ausrechnen, die im Puffer von einem Vertex i zum nächsten Vertex $i+1$ führen. Dieser Offset kann mit dem `stride`-Argument vergrößert werden. `stride` gibt die Zahl der Bytes an, die nach einer Vertexangabe übersprungen werden sollen.

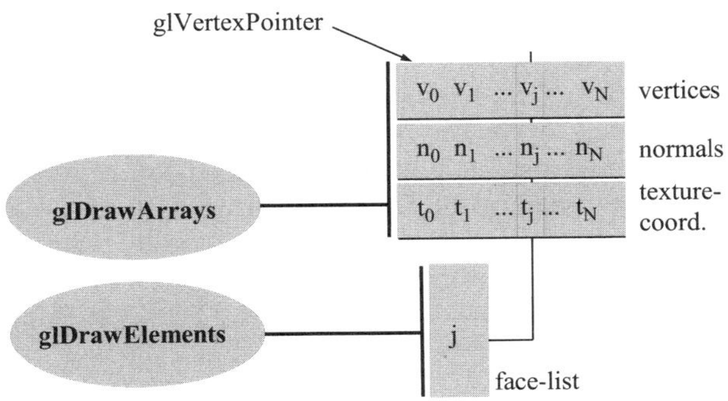

Abbildung 9.30 Darstellung des Vertex-Array-Konzepts. Dargestellt ist der direkte Zugriff ((`glDrawArrays`-Funktion) und der indirekte Zugriff über eine Flächenliste (`glDrawElements`-Funktion).

Standard-Vertexattribute

Die Vertexpointer-Funktion folgt einem Muster das, entsprechend angepasst, auch für Vertexattribute gilt. Dies sind an Vertices gebundene Parameter wie Texturkoordinaten, Normale, Farbangaben, siehe auch die Funktion `glEnableClientState`. Bei einigen Funktionen fehlt das `size`- und evtl. auch das `type`-Argument, da die Zahl der Komponenten oder ihr Typ festliegen, zum Beispiel werden bei den Normalen stets drei Koordinaten benötigt.

```
void glColorPointer(
  GLint size,GLenum type, GLSizei stride, const GLvoid* buffer);

void glNormalPointer(
  GLenum type, GLSizei stride, const GLvoid* buffer);

void glTexCoordPointer(
  GLint size,GLenum type, GLSizei stride, const GLvoid* buffer);
```

Pointer-Funktionen dürfen innerhalb einer Display-Liste erscheinen, siehe auch `glNewList`, worin sie unmittelbar ausgeführt werden, sie dürfen aber nicht innerhalb einer `glBegin`-`glEnd`-Klammer stehen. Alle Argumente rechnet OpenGL der Client-Seite zu, das bedeutet, eine Sicherung ist nicht mit `glPushAttrib` möglich, stattdessen sind die Funktionen `glPushClientAttrib` und das Pop-Gegenstück zu verwenden. Eine Pointer-Funktion bzw. das zugehörende Vertexattribut muss bei OpenGL angemeldet sein, ansonsten wird diese nicht berücksichtigt. Im Vorgabezustand sind Vertexarray und Vertexattribute abgeschaltet, siehe auch `glDisableClientState`. Die obige Liste ist nicht vollständig, die folgenden Funktionen werden im Buch nicht weiter behandelt.

```
void glEdgeFlagPointer(GLSizei stride, const GLvoid* buffer);
void glFogCoordPointer(GLenum type, GLSizei stride, const GLvoid*
  buffer);
void glIndexPointer(GLenum type, GLSizei stride, const GLvoid* buffer);
```

Die Pointer-Funktionen werden auch beim Vertexpuffer-Konzept (VBO) verwendet. Dort geben sie ebenfalls die Organisation der Daten an, das `buffer`-Argument hat jedoch eine andere Bedeutung. Es gibt in diesem Falle einen Offset vom Pufferanfang an, gemessen in Bytes.

glVertexAttribPointer

```
void glVertexAttribPointer(
  GLint attributeIndex, GLint components, GLenum type,
  GLbool normalize, GLSizei stride,const GLvoid *pointer)
```

Mit der Funktion wird ein generisches Attribut für die Übergabe an OpenGL definiert. Das Argument `attributeIndex` muss aus einer vorausgegangenen expliziten Bindung durch `glBindAttribLocation` stammen oder über die Funktion `glGetAttribLocation` bezogen werden. `components` gibt die Zahl der Komponenten eines Attributs an, dafür gültige Werte sind die Angaben 1, 2, 3 oder 4. Der Typ eines Attributs ist der bei der Übergabe der Attribute im Puffer verwendete Typ: `GL_BYTE`, `GL_SHORT`, `GL_INT`, `GL_HALF_FLOAT`, `GL_FLOAT` oder `GL_DOUBLE`, ebenso die vorzeichenlosen Größen `GL_UNSIGNED_BYTE`, `GL_UNSIGNED_SHORT` und `GL_UNSIGNED_INT`.

Der Typ des Arguments und der Typ des Attributs im Shader muss nicht übereinstimmen, da eine automatische Umwandlung in den Basistyp des Shaders erfolgt, in der Regel in einen Float-Typ.

Die Normalisierung bezieht sich auf die Umwandlung von Integertypen auf Gleitkommazahlen. Wenn `true`, dann erfolgt eine Transformation von positiven Integerzahlen (`_UNSIGNED_`) auf eine Gleitkommazahl im Bereich [0..1] und von vorzeichenbehafteten Integerzahlen auf den Bereich [−1..1]. Wenn das Argument `normalize` auf `false` gesetzt wurde, dann wird nicht normalisiert, aus einem Integer 123 wird dann eine Float-Zahl 123.0 im Shader.

Das Argument `stride` gibt die Anzahl der Bytes an, die gezählt werden müssen, wenn von einer Komponente im Array zur selben Komponente des nachfolgenden Elements gesprungen wird. Zum Beispiel seien in einem Vertexarray die Vertices mit drei Komponenten (x,y,z) angegeben, gefolgt von Texturkoordinaten mit zwei Komponenten (s,t). Der Sprung von der Vertexkomponente `x` des ersten Vertex zur gleichen Komponente im zweiten Vertex umfasst dann 5 Floats, multipliziert mit der Zahl der Bytes pro Float (4) ergibt sich `stride=20`. Wenn im Puffer nur ein Attribut steht, dann muss `stride=0` eingestellt werden, die Attribute sind dicht gepackt (Non-interleaved Arrays).

Der in C gegebene Prototyp der Funktion gibt im sechsten Argument eine Adresse an, tatsächlich ist aber ein Offset anzugeben (`GLSizei offset`). Bei Non-interleaved Arrays ist das Argument `offset` dann gleich 0. Ansonsten gibt es die Anzahl der Bytes an, die gezählt werden müssen, um die erste Komponente des ersten Attributelements im Puffer anzusprechen.

glViewport

```
void glViewport(GLint x,GLint y, GLsizei width, GLsizei height)
```

Die Viewport-Transformation bildet Devicekoordinaten (d) auf Windowkoordinaten (w) ab. Die Funktionen, die der Umrechnung zugrunde liegen, wurden im Abschnitt *Darstellungsbereiche* vorgestellt, siehe (2.21). Die Parameter `x`, `y` geben einen Offset in Windowkoordinaten vor (Y-Achse zeigt nach oben) und `width`, `height` die Ausdehnung des Viewing Windows.

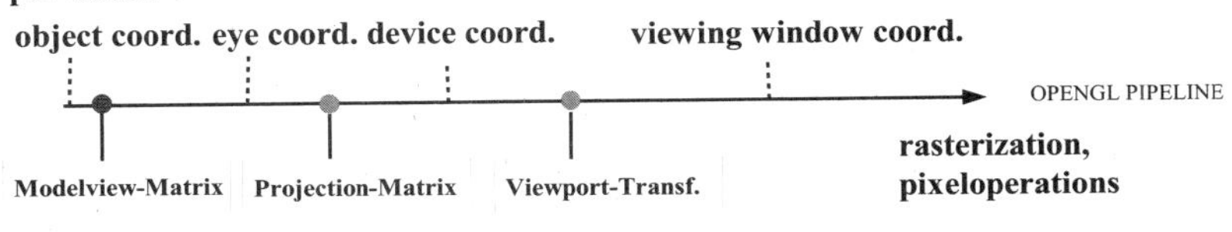

Abbildung 9.31 Nach der Projektion auf die Beobachteransicht liegen die Devicekoordinaten vor. Diese werden durch die Viewport-Funktion auf die Viewing-Window-Koordinaten transformiert.

In diesem Programmauszug wird das Viewing Window auf eine Weite von 600 und einen Höhe von 600 Pixeln eingestellt. Der Offset beträgt: ($x = 0$, $y = 0$).

```
glMatrixMode(GL_PROJECTION);
glLoadIdentity();
glViewport(0,0,600,600);
glOrtho(-10f,10f,-10f,10f,1f,-1f);
```

Die maximal mögliche Weite und Höhe des Viewports kann über eine get-Funktion mit dem Argument `GL_MAX_VIEWPORT_DIMS` abgefragt werden.

```
public final static Dimension getMaxViewportDimension(GL gl) {

  int[] dim = new int[2];
  gl.glGetIntegerv(GL.GL_MAX_VIEWPORT_DIMS,dim,0);
  return new Dimension(dim[0],dim[1]); // width,height
}
```

Die aktuellen Parameter des Viewports können ebenfalls ausgelesen werden. Im Beispiel werden die Window-Koordinaten (wX,wY,wZ) eines Punktes, gegeben in Devicekoordinaten (dX,dY,dZ), ausgerechnet. Die Rechnung berücksichtigt auch eine Modifikation der n- und f-Parameter durch die `glDepthRange`-Funktion.

```
  int[] viewportValues = new int[4];
  double[] nfValues = new double[2];

  gl.glGetIntegerv(GL.GL_VIEWPORT,viewportValues,0);

  wX = (dX+1d)*viewportValues[2]+viewportValues[0];
  wY = (dY+1d)*viewportValues[3]+viewportValues[1];

  gl.glGetDoublev(GL.GL_DEPTH_RANGE,nfValues,0); // n,f in this order

  wZ = ((nfValues[1]-nfValues[0])*dZ)/2d+(nfValues[0]+nfValues[1])/2d;
```

glWindowPos

```
glWindowPos2s(GLshort x,GLshort y)
glWindowPos2i(GLint x,GLint y)
glWindowPos2f(GLfloat x,GLfloat y)
glWindowPos2f(GLdouble x,GLdouble y)
glWindowPos3s(GLshort x,GLshort y, GLshort z)
glWindowPos3i(GLint x,GLint y, GLint z)
glWindowPos3f(GLfloat x,GLfloat y, GLfloat z)
glWindowPos3d(GLdouble x,GLdouble y, GLdouble z)

glWindowPos2sv(GLshort *value)
glWindowPos2iv(GLint *value)
```

```
glWindowPos2fv(GLfloat *value)
glWindowPos2fv(GLdouble *value)
glWindowPos3sv(GLshort *value)
glWindowPos3iv(GLint *value)
glWindowPos3fv(GLfloat *value)
glWindowPos3dv(GLdouble *value)
```

Die Funktion `glWindowPos` wurde von OpenGL mit der Version 1.4 eingeführt und ermöglicht die direkte Angabe einer Position im Windowkoordinatensystem, siehe auch `glRasterPos`. Die Z-Koordinate ist auf den Bereich n und f beschränkt, siehe `glDepthRange`, das heißt, wenn $z \leq 0$ wird n und wenn $z \geq 1$, wird f eingesetzt. Ansonsten gilt:

$$z_W = n + z \cdot (f - n)$$

Die Z-Koordinate wird auf 0 gesetzt, bei den Funktionen, die diese nicht angeben. Die `glWindowPos`-Funktion ist durch die Shaderprogrammierung und ab OpenGL 3.0 obsolet geworden, über den Compatibility-Modus aber weiterhin verfügbar.

9.4 Shaderprogrammierung

Eine Einführung in die Shaderprogrammierung findet sich im Abschnitt *Shader* (Seite 537). Zur Übergabe von generischen Attributen siehe *Shader und generische Attribute* (Seite 185ff.). Die Beschreibung bezieht sich auf GLSL 2.x, sie ist nicht vollständig und als Einführung gedacht, damit der Leser einfache Shaderbeispiele nachvollziehen und schreiben kann.

Shaderquellcode wird durch Carriage Return oder Line Feed, auch beide Zeichen hintereinander, in Zeilen umgebrochen. Als Zeichensatz ist eine Untermenge des UTF-8-Zeichensets definiert. Wie in den meisten Programmiersprachen wird die Groß-/Kleinschreibung unterschieden (Case Sensitive), und Präprozessorkommandos funktionieren wie in C++. Kommentare (Zeilen, Block) sind wie in Java spezifiziert.

Noch eine Bemerkung zur Namensgebung: Diese ist eben nicht „C"-ähnlich, wenn man von bekannten Funktion wie `sin` absieht. Es heißt `reflect` und nicht `ref` oder `inverse` und nicht `inv` etc. Die hinter einem Shader stehende Mathematik kann sehr anspruchsvoll sein, aber die Namensgebung steht einem Verständnis nicht im Wege.

Gleitkommazahlen und Operationen damit folgen dem IEEE 754-Standard. Bei OpenGL ES muss die gewünschte Präzession je Variable oder am Anfang des Shaders definiert werden: (`highp`, `mediump`, `low`). Diese Angaben haben bei den Desktop-Ausführungen keinen Einfluss, dort wird immer mit 32- bzw. 64-Bit-Gleitkommazahlen gerechnet.

Tabelle 9.10: Shader-Datentypen

Typ	Anmerkung
`bool`	Basistyp: Boolean
`bvecN`	Boolscher Vektor: N=2,3,4
`float`	Basistyp: float. Floats können wie bei Java angegeben werden (1.0f), auch mit wissenschaftlicher Notation (1e-2) stets $f = 1.0$ statt $f = 1$ angeben.
`int`	Basistyp: int, mindestens 16 Bits
`ivecN`	Integer Vektor: N=2,3,4
`matCxR`	Floating Point Matrix: C=columns, R=rows; erlaubt sind die Kombinationen: 2x2, auch mit mat2 ansprechbar; 2x3, 2x4, 3x2 und 3x3, auch mit mat3 ansprechbar; 3x4, 4x2 und 4x4, auch mit mat4 ansprechbar
`samplerND`	referenziert eine Textur; N steht für 1,2,3; darf nur mit dem Qualifizierer `uniform` verwendet werden
`samplerCube`	referenziert eine Cube Map-Textur
`uint`	Basistyp: unsigned integer, mindestens 16 Bits
`vecN`	Float Vektor: N=2,3,4

9.4.1 Vordefinierte Variablen

Die nachstehende Liste gibt die wichtigsten durch OpenGL GLSL vordefinierten Variablen an, die die Kopplung mit der fixierten Pipeline herstellen. Damit ist einerseits die Verbindung mit der weiterhin bestehenden Pipeline gemeint, aber auch mit Funktionen, die beim Einsatz von Shadern nicht mehr aktiv sind. Bei der Shaderprogrammierung werden Vertices und ihre Attribute durch die Pipeline an die Vertexshader geliefert, diese Elemente erscheinen dann zum Beispiel in `gl_Vertex`, `gl_Normal`. Wurden Funktionen der fixierten Pipeline aufgerufen, zum Beispiel `glRotate`, dann wird damit die Modelviewmatrix verändert. Diese erscheint dann beim Shader in einer Variable: `gl_ModelViewMatrix`. Aufgrund des Compatibility-Modus können die Variablen gemischt werden, dieser Modus sollte jedoch nach Möglichkeit vermieden werden. Das bedeutet, Sie verwenden nur Variablen, die eine Bindung an die weiter bestehende fixe Pipeline herstellen (Kern), zum Beispiel `gl_FrontFacing`. Variablen, die nur für Geometry- und Tesselation Shader verfügbar sind, erscheinen nicht in der nachfolgenden Liste.

`gl_Color` und `gl_SecondaryColor`, (vec4)
: Die aktuelle, an einen Vertex gebundene Farbe (r,g,b,a), primäre und Zweitfarbe. Vertex- und Fragmentshader (read-only).

`gl_FragColor`, (vec4)
: Das Ergebnis eines Fragmentshaders muss mindestens die neue errechnete Farbsumme (r,g,b,a) sein. Im einfachsten Fall, ohne den Einfluss von Texturen und Beleuchtung, wird lediglich die hereinkommende Farbe `gl_Color` weitergegeben. Die Variable gehört zum Kern der weiterhin bestehenden fixierten Pipeline.

`gl_FragCoord`, (vec4)
: Gibt am Eingang eines Fragmentshaders die Koordinate des Fragments im Windowkoordinatensystem an (x,y,z,1/w). Die vierte Koordinate enthält die Inverse der W-Koordinate. Die Variable gehört zum Kern der weiterhin bestehenden fixierten Pipeline.

`gl_FragDepth`, (float)
: Kann das Ergebnis eines Fragmentshaders sein. Wenn diese Tiefenangabe für ein Fragment nicht ausgegeben wird, dann wird die Fragmenttiefe durch die fixierte Pipeline berechnet, ansonsten dieser Wert verwendet. Die Variable gehört zum Kern der weiterhin bestehenden fixierten Pipeline.

`gl_FrontColor` und `gl_BackColor`, (vec4)
: Diese Farbangaben sind das Ergebnis eines Vertexshaders, sie geben die Farbe der Vorderseite bzw. der Rückseite einer Fläche an. Nur mit dem `varying`-Qualifizierer. Auch für die Zweitfarbe verfügbar: `gl_FrontSecondaryColor` und `gl_BackSecondaryColor`.

`gl_FrontFacing` (bool)
: Gibt am Eingang eines Fragmentshaders an, ob das Fragment zu einer Fläche gehört, die zum Betrachter zeigt (`true`). Der Wert kann zum Beispiel für die Auswahl von Material verwendet werden. Die Variable gehört zum Kern der weiterhin bestehenden fixierten Pipeline.

`gl_ModelViewProjectionMatrix`, (mat4)
: Die Komposition der Modelviewmatrix und der Projektionsmatrix. Beide Matrizen liegen auch getrennt voneinander vor, ansprechbar über `gl_ModelViewMatrix`, respektive `gl_ProjectionMatrix`. Matrizen werden durch OpenGL in der „Spalte-zuerst-Anordnung“ vorgegeben (Column-major Order).

`gl_MultiTexCoordn`, (vec4)
: Die an einen Vertex gebundenen Texturkoordinaten (s,t,p,q), Vertexshader. Das kleine n steht hier für die Nummer der Texturkoordinate: 0,1 bis 7. Liegt nur eine Texturkoordinate an, dann kann diese mit `gl_MultiTexCoord0` angesprochen werden.

`gl_Normal`, (vec3)
: Die aktuelle an einen Vertex gebundene Normale (x,y,z). Diese ist nicht in das Beobachtersystem transformiert. Eine solche Transformation kann durch die Multiplikation von rechts mit der Normalma-

trix `gl_NormalMatrix` durchgeführt werden, siehe dazu auch *Normale und Matrizen* (Seite 464f.).

`gl_PointSize`, (float)
: Größe eines Punktes, gemessen in Pixel, berechnet in einem Vertexshader. Die Variable gehört zum Kern der weiterhin bestehenden fixierten Pipeline.

`gl_Position`, (vec4)
: Das Ergebnis eines Vertexshaders muss mindestens die Berechnung der neuen Position (x,y,z,w) eines Vertex sein. In der fixierten Pipeline steht zwischen dem hereinkommenden Vertex `gl_Vertex` und diesem berechneten Wert die Multiplikation mit der Modelviewmatrix und danach mit der Projektionsmatrix. Die Variable gehört zum Kern der weiterhin bestehenden fixierten Pipeline.

Die Angaben von `gl_Position` müssen im Clipping-Koordinatensystem vorliegen, das Clipping und die Division durch die W-Komponente erfolgt durch OpenGL. Es spricht auch nichts dagegen, die Vertices am Eingang (`gl_Vertex`) direkt in nicht normalisierten Devicekoordinaten an einen Vertexshader zu übergeben, was bei wissenschaftlich-technischen Anwendungen (Plot) sinnvoll sein kann. Die Vertices am Eingang des Vertexshaders sind dann Stützpunkte, die im Shader skaliert, gegebenenfalls auch verschoben werden.

`gl_TextCoord[n]`, (vec4)
: Die bei einem Fragmentshader hereinkommenden Texturkoordinaten. Das kleine n steht hier für die Nummer der Texturkoordinate: 0,1 bis 7. Liegt nur eine Texturkoordinate an, dann kann diese mit `gl_TextCoord[0]` angegeben werden. Die Koordinate kann auch durch einen Vertexshader erzeugt werden.

`gl_Vertex`, (vec4)
: Diese Variable (x,y,z,w) enthält den aktuellen Vertex. Ein Vertexshader bekommt von OpenGL am Eingang des Shaders den aktuell anstehenden Vertex angeboten. Dabei darf nicht davon ausgegangen werden, dass Vertices in der Reihenfolge der Übergabe an OpenGL erscheinen. Denn es ist möglich, dass vorausgehende Optimierungen (parallele Verarbeitung), unterstützt durch spezielle Hardware, die anstehenden Vertices in einer anderen Abfolge verarbeiten. Ein Shader kann auch nicht auf benachbarte Vertices zugreifen. Der anstehende Vertex wurde von OpenGL nicht transformiert.

9.4.2 Qualifizierer

`attribute`
: Innerhalb von Vertexshadern werden damit Vertexattribute gekennzeichnet, z. B. `attribute vec4 gl_Color;`, aber auch anwender-

spezifische Attribute: `attribute float weight;`. `attribute`-qualifizierte Variablen müssen außerhalb (global) von Funktionen deklariert werden. Dieser Qualifizierer sollte in neuen Anwendungen nicht mehr verwendet werden, stattdessen sollte mit `in` gekennzeichnet werden.

`const`
Kennzeichnet Konstanten oder Argumente, die nicht verändert werden. Mit `const` qualifizierte Elemente müssen, als Teil der Deklaration, initialisiert werden.

`in`
Kennzeichnet Argumente, die innerhalb einer Funktion nicht verändert werden. Alle Argumente, für die kein Qualifizierer angegeben wurde, werden implizit mit `in` versehen.

`out`
Kennzeichnet ein Argument, das lediglich für die Ausgabe vorgesehen ist.

```
in vec3 vPosition;
in vec3 vNormal;
in vec3 vTangent;
in vec2 vTextureCoord;

uniform mat4 worldMatrix,cameraMatrix,projectionMatrix;

out vec2 tCoord;
out vec3 normalObj;
out vec4 vertexWorld;
out vec3 tangentObj;
```

`uniform`
In der Regel werden applikationsspezifische Angaben mit `uniform` qualifiziert. `uniform`-gekennzeichnete Variablen sind während der Ausführung eines Shaders konstant, auf der Quellcodeebene bzw. während der Kompilation ist der Wert der Konstante jedoch nicht bekannt. `attribute` und `uniform` schließen sich gegenseitig aus, wenn eine Variable an einen Vertex gebunden ist, dann ist mit `attribute` zu qualifizieren. `uniform`-qualifizierte Variable müssen außerhalb (global) von Funktionen deklariert werden. Die Zahl der `uniform`-Variablen in einem Shader ist begrenzt, bei einer Überschreitung erfolgt eine Compiler- oder Linkerwarnung.

Strukturen und Arrays von Strukturen dürfen als Typ einer `uniform`-Variable auftreten, allerdings nicht in der Verbindung mit den `glUniform`-Funktionen. Das bedeutet, es kann keine benutzerdefinierte Struktur oder ein Array von Strukturen von der Applikation an den Shader übergeben werden. Möglich ist es aber, ein Array von eingebauten Typen zu übergeben, denn dafür stehen die passenden `glUniform`-Funktionen, etwa `glUniformMat4f`, zur Verfügung.

Compiler und Linker optimieren Shaderprogramme in einem hohen Maße. Sie erkennen `uniform`-, aber auch `attribute`-Variablen, die nicht im Gebrauch sind (non-active uniform, non-active attribute). Eine `uniform`-qualifizierte Variable muss einen Einfluss auf ausgegebene Werte (*Output Variables*) haben. Wenn dies nicht der Fall ist, dann findet `glGetLocation` den passenden Variablennamen nicht und gibt den Wert -1 zurück.

`varying`

Als Ergebnis eines Vertexshaders wird ein so gekennzeichneter Wert an den Fragmentshader weitergegeben und ist dort eine Eingangsgröße (`in`). Auf dem Wege dorthin erfolgt eine perspektiv korrekte Interpolation durch OpenGL. `varying`-qualifizierte Variablen müssen außerhalb (global) von Funktionen deklariert werden, und es darf keine Struktur damit gekennzeichnet werden. Zur Interpolation siehe auch *Baryzentrische Koordinaten*, speziell (7.75). Der Platz für `varying`-Variablen ist noch geringer als der für die `uniform`-Variablen. Dieser Qualifizierer sollte in neuen Anwendungen nicht mehr verwendet werden, stattdessen sollte mit `out` gekennzeichnet werden.

Die Zahl der Komponenten der mit `attribute`, `uniform` oder `varying` gekennzeichneten Variablen ist begrenzt, so konsumiert ein Vektor `vec3` bereits drei Komponenten, eine Matrix `mat4` schon 16 Komponenten. Die Obergrenzen sind je nach Implementation unterschiedlich, minimale Grenzen sind durch den Standard gegeben. Ein Crash der Applikation während des Linkens eines Shaders kann seine Ursache in der Überschreitung dieser Grenzen haben. Es ist aber auch möglich, dass der Shader noch läuft, aber dabei seltsame Erscheinungen auftreten.[1] Eine Abfrage erfolgt durch die Applikation über `glGet`-Funktionen mit den Argumenten (Klammerangaben entsprechen dem Minimum des Standards):

```
GL_MAX_VARYING_FLOATS                  (60)
GL_MAX_VERTEX_UNIFORM_COMPONENTS       (1024)
GL_MAX_FRAGMENT_UNIFORM_COMPONENTS     (1024)
```

9.4.3 Shaderfunktionen

Die Shadersprache stellt die bekannten trigonometrischen Funktionen (`sin`, `asin`, `sinh` etc.) zur Verfügung, ebenso die Potenzfunktionen (`pow`, `exp`). Der Logarithmus kann zur Basis (e, log) gebildet werden, die Funktion `log2` liefert diesen aber auch zur Basis 2. Die Wurzel wird mit `sqrt` ermittelt, für einige Fälle steht auch eine schnelle Inverse `invsqrt` ($1/\sqrt{x}$) bereit. Die Funktionen `abs`, `sign` sowie `floor` und `ceil` sind aus Java bekannt. Der

[1] In einer meiner Anwendungen kam es zunächst zu starkem Flimmern der Szenenobjekte. Nach dem Hinzufügen einer weiteren `in`-Variable wurden die Objekte nur noch zweidimensional gerendert, eine Dimension fehlte komplett.

Modulooperator ist nicht vorhanden, dafür ist eine Funktion `mod(a,b)` gegeben, die $a - b * floor(a/b)$ zurückgibt. Die gewohnte Modulofunktion ist jedoch die Funktion `modf(a,out i)`, das Resultat wird zurückgegeben (factional part), und im Argument i steht der Integeranteil.

Sämtliche Funktionen nehmen sowohl Variablen mit Basistypen entgegen als auch zusammengesetzte Variablen, zum Beispiel einen Vektor `vec3`. GPUs haben eingebaute Vektorprozessoren, daher werden alle Komponenten eines Vektors gleichzeitig berechnet, einer der Gründe, warum die Ausführung in einem Shader erheblich schneller sein kann als auf einer CPU.

Auch die Funktionen `min(a,b)` und `max(a,b)` sind wohlbekannt, um eine Variable auf einen bestimmten Bereich zu begrenzen ist die `clamp(a,b,c)`-Funktion nützlich, das Resultat ist `min(max(a,b),c)`. Eine lineare Interpolation führt die Funktion `mix(a,b,float c)` aus: $\mathbf{a}(1-c)+\mathbf{b}c$.

```
vec3 a  = vec3(1.0,1.0,1.0);
vec3 b  = vec3(2.0,3.0,4.0)-a;
vec3 c = mix(a,b, 0.5); // 1.0, 2.0, 3.0
```

Neben der linearen Interpolation sind weitere Funktionen definiert, die analoge Aufgaben erfüllen. `step(float a, b)` prüft für jede Komponente von b, ob diese kleiner ist als a, und liefert dann 0 im Ergebnis: `a<=b?0:1`, wenn b ein float ist. Der Funktion `smothstep(a,b,c)` liegt ein Polynom dritter Ordnung (Herminite) zugrunde.

```
smothstep(a,b,c) --->
 lambda = (c-a)/(b-a);
 lambda = clamp(a,0.0,1.0);
 return lambda*lambda(3-2 lambda);
```

Naturgemäß sind Vektorfunktionen gegeben. Die Länge eines Vektors wird mittels der Funktion `float length(v)`[2] berechnet, die Länge des Differenzvektors über `float distance(v1,v2)`, gleich einer Berechnung: `length(`$v1 - v2$`)`. Das skalare Produkt zweier Vektoren liefert die Funktion `float dot(v1,v2)`, und für Vektoren mit drei Komponenten ist auch das Kreuzprodukt gegeben: `vec3 cross(v1,v2)`, entprechend $v1 \times v2$. Für die Normalisierung eines Vektors sollte die Funktion `vecN normalize(vecN a)` verwendet werden. Der Buchstabe N steht für die Zahl der Komponenten. Mit Vektoren können auch – komponentenweise – Vergleiche durchgeführt werden. Das Ergebnis ist ein Boolscher Vektor gleicher Länge, zum Beispiel:

```
vec3 a  = vec3(1.0,1.0,5,0);
vec3 b  = vec3(2.0,3.0,4,0);
bvec3 b = lessThan(a,b); // true,true,false
```

2 Nicht zu verwechseln mit `v.length()`, denn diese liefert die Zahl der Komponenten des Vektors v.

Neben `lessThan` sind noch andere Vergleiche möglich: `lessThanEqual`, `greaterThan`, `greaterThanEqual` sowie `equal` und `notEqual`, die letzten beiden sind wegen der Epsilon-Problematik wohl weniger nützlich. Für eine Aussage über den gesamten Rückgabewert sind die Funktionen `any`, `all` und `not` hilfreich.

```
any(lessThan(a,b));              // irgendeine Komponente ist kleiner
all(lessThan(a,b));              // alle Komponenten sind kleiner
bvec3 b = not(lessThan(a,b)); // Invertierung: false,false,true
```

In der Shaderprogrammierung unterbrechen `if`-Statements den Datenfluss zu den Vektorprozessoren und zur parallelen Verarbeitung. Darum sind einige Funktionen vorhanden, die bereits das Result von `if`-Statements liefern. Die Funktion `vec3 faceforward(vec3 a,vec3 b, vec3 c)` berechnet das skalare Produkt $(c \cdot b)$ und liefert dann a, wenn das Produkt kleiner 0 ist, ansonsten den negierten Wert von a. Für die Beleuchtungsrechnung nützlich ist auch die Funktion `vec3 reflect(vec3 a,vec3 b)`.

$$\mathbf{a} - 2(\mathbf{a} \cdot \hat{\mathbf{b}})\hat{\mathbf{b}}$$

Ist **a** der auf einen Oberflächenpunkt zeigende Vektor und **b** die Normale der Oberfläche (Einheitsvektor), dann steht im Ergebnis von `reflect` der reflektierte Vektor von **a**.

Matrizen werden mit dem Multiply-Operator (*) multipliziert, daneben ist noch die Transponierung `transpose` und die Matrixinvertierung `inverse` für quadratische Matrizen (mat2, mat3, mat4) sowie die Berechnung der Determinate `determinant` definiert. Um auf den oberen linken 3×3-Anteil einer 4×4-Matrix zuzugreifen, kann die Funktion `mat3(m4)` verwendet werden.

Wenn Applikationen in einem Frame mehrfach rendern (Multipass), und dies mit einer Mischung aus Shaderprogrammierung und fixierter Pipeline, dann sollte im Shader sichergestellt werden, dass das Ergebnis eines Durchgangs dem entspricht, was sich aus der Berechnung mit der fixierten Pipeline ergäbe. Der Shadercompiler darf eine Reihe von Optimierungen durchführen, daher kann das Ergebnis der Transformationen mit der Modelview- und Projektionsmatrix leicht abweichen. Für Multipass-Anwendungen mit gemischter Funktionalität ist die Funktion `vec4 ftransform()` hilfreich. Sie ist nur in Vertexshadern zu verwenden.

```
gl_position = ftransform();
```

Neben den oben genannten allgemeinen Funktionen sind auch spezifische Funktionen in der Sprache gegeben. Darunter sind sicherlich die Textur-Lookup-Funktionen die wichtigsten.

```
vec4 texture1D(sampler1D s, float texCoord);
vec4 texture2D(sampler2D s, vec2 texCoord);
vec4 texture3D(sampler3D s, vec3 texCoord);
```

Die Funktion ermittelt die Farbe eines Texels in der an s gebundenen Textur und gibt einen Farbvektor (R,G,B,A) zurück. Der Vektor `texCoord` liefert die Texturkoordinaten (1D bis 3D).

9.4.4 Ableitungen berechnen im Fragmentshader

Die Funktionen `dFdx(genType p)`, `dFdy(genType)` und `fwidth(genType)` berechnen die partielle Ableitung einer gegebenen Funktion in x- bzw. y-Richtung im Windowkoordinatensystem. `dFdx` und `dFdy` sind nur in einem Fragmentshader verfügbar; sie liefern zusammengenommen einen Vektor, der die Richtung des größten Anstiegs am Ort p anzeigt (Gradient).

$$g(x,y) = \begin{pmatrix} \partial p/\partial x \\ \partial p/\partial y \end{pmatrix} \qquad |g(x,y)| = \sqrt{(\partial p/\partial x)^2 + (\partial p/\partial y)^2}$$

```
vec2 gradientX = dFdx(p);
vec2 gradientY = dFdy(p);
float magnitudeGradient = sqrt(gradientX*gradientX+gradientY*gradientY)\
;
```

Die dritte Funktion aus dieser Familie, `fwidth`, liefert den angenäherten Betrag des Gradientenvektors, sie spart neben der Wurzelziehung auch den zweifachen Aufruf zur Berechnung der Ableitung.

```
fwitdh(p) = abs(dFdx(p))+abs(dFdy(p));
```

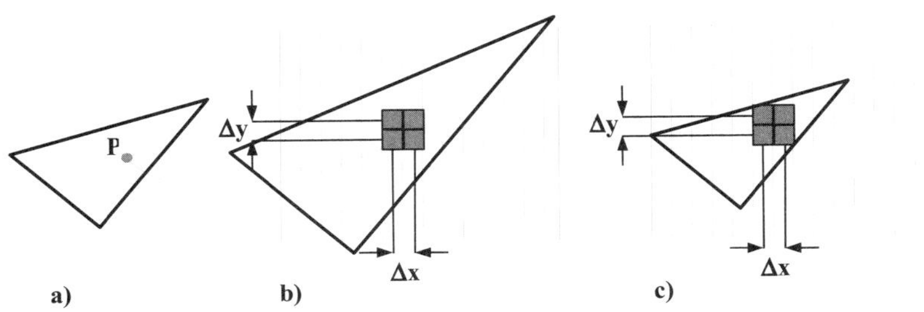

Abbildung 9.32

Demonstration der Funktionen `dFdx` und `dFdy`. a) Ein Dreieck mit einem interpolierten Punkt P. Dieses ist im Windowkoordinatensystem gezoomt und b) nur teilweise sichtbar. Der Abstand $\Delta x = 1$ hat eine kleine Änderung von P zur Folge. Im Fall c) ist das Dreieck nicht gezoomt, hier führt Δx zu einer großen Änderung von P.

Wenn ein Punkt P an eine der Funktionen übergeben wird, dann kennt der Fragmentshader dessen Windowkoordinaten, und um $P + \Delta P$ zu finden, muss für die Bildung der Ableitung der benachbarte Fragmentshader aufgerufen werden. Normalerweise hat ein Fragmentshader keinen Zugriff auf andere Fragmente bzw. Pixel. Für die Funktionen dFdx und dFdy muss jedoch ein Zugriff beim Fragment x, y auf einen der Nachbarn, zum Beispiel $x + y, y + 1$, möglich sein.

Wie dieser Zugriff realisiert wird, überlässt die OpenGL-Spezifikation der jeweiligen Implementation, man darf aber davon ausgehen, dass ein Block von 2×2 Fragmenten verbundenen Fragmentshadern zugeordnet ist, so werden die Rechenzeiten für die Synchronisation klein gehalten. Aufgrund dieser Organisation dürfen die Funktionen auch nicht in einem `if`-Statement stehen, denn dann ist das benötigte Fragment für den Shader unbestimmt. OpenGL verlangt keine mathematisch exakte Ableitung, die durch die erlaubten Näherungen entstehenden Artefakte werden aber selten bemerkbar sein.

Anhang

Anhang

A

Notationshinweise und Formeln

A.1 Notationen

$P, \vec{P}$,	Punkt, Schreibweise als Vektor
$\vec{a}, \mathbf{a}$	Vektor
$\hat{a}, \hat{\mathbf{a}}$	Einheitsvektor
$\mathbf{M}$	Matrix

A.2 Formeln trigonometrischer Funktionen

A.2.1 Summen und Differenzen

$$sin(\alpha \pm \beta) = sin(\alpha)\, cos(\beta) \pm cos(\alpha)\, sin(\beta)$$
$$cos(\alpha \pm \beta) = cos(\alpha)\, cos(\beta) \mp sin(\alpha)\, sin(\beta)$$

$$sin(\alpha) + sin(\beta) = 2sin\left(\frac{\alpha+\beta}{2}\right) cos\left(\frac{\alpha-\beta}{2}\right)$$
$$sin(\alpha) - sin(\beta) = 2cos\left(\frac{\alpha+\beta}{2}\right) sin\left(\frac{\alpha-\beta}{2}\right)$$

$$cos(\alpha) + cos(\beta) = 2cos\left(\frac{\alpha+\beta}{2}\right) cos\left(\frac{\alpha-\beta}{2}\right)$$
$$cos(\alpha) - cos(\beta) = -2sin\left(\frac{\alpha+\beta}{2}\right) sin\left(\frac{\alpha-\beta}{2}\right)$$

A.2.2 Produkte

$$sin(\alpha)\, sin(\beta) = \tfrac{1}{2}\left[cos(\alpha-\beta) - cos(\alpha+\beta)\right]$$
$$cos(\alpha)\, cos(\beta) = \tfrac{1}{2}\left[cos(\alpha-\beta) + cos(\alpha+\beta)\right]$$
$$sin(\alpha)\, cos(\beta)) = \tfrac{1}{2}\left[-sin(\alpha-\beta) + sin(\alpha+\beta)\right]$$

$$sin^2(\alpha)) = 1 - cos^2(\alpha) = \tfrac{1}{2}(1 - cos(2\alpha))$$
$$cos^2(\alpha)) = 1 - sin^2(\alpha) = \tfrac{1}{2}(1 + cos(2\alpha))$$

A.2.3 Doppelte und halbe Winkel

$$sin(2\alpha) = 2sin(\alpha)\, cos(\alpha) = \frac{2tan(\alpha)}{1+\tan^2(\alpha)}$$
$$cos(2\alpha) = 1 - 2sin^2(\alpha) = \frac{1-tan^2(\alpha)}{1+\tan^2(\alpha)}$$

$$sin\left(\tfrac{\alpha}{2}\right) = (-1)^m \sqrt{\frac{1-cos(\alpha)}{2}} \qquad m = \mathtt{int}\left[\frac{\alpha+|\alpha|}{2\pi}\right]$$
$$cos\left(\tfrac{\alpha}{2}\right) = (-1)^m \sqrt{\frac{1+cos(\alpha)}{2}} \qquad m = \mathtt{int}\left[\frac{|\alpha|}{2\pi}\right]$$

A.3 Griechische Buchstaben

Die folgende Tabelle zeigt die im Zusammenhang mit den hier behandelten Formeln relevanten griechischen Buchstaben.

Tabelle A.1: Griechische Buchstaben

Name	Kleinbuchstabe	Variante	Großbuchstabe
alpha	α		
beta	β		
gamma	γ		Γ
delta	δ		Δ
epsilon	ϵ	ε	
zeta	ζ		

Fortsetzung:

Name	Kleinbuchstabe	Variante	Großbuchstabe
eta	η		
theta	θ	ϑ	Θ
iota	ι		
kappa	κ		
lambda	λ		Λ
my	μ		
ny	ν		
xi	ξ		Ξ
omicron	o		
pi	π	ϖ	Π
rho	ρ	ϱ	
sigma	σ	ς	Σ
tau	τ		
Ypsilon	υ		Υ
phi	ϕ	φ	Φ
chi	χ		
psi	ψ		Ψ
omega	ω		Ω

Index

Sonderzeichen
3D Core Graphics System 27
3DS-Format 218

A
AABB 123, 248
Abakus 431
Ablaufgraph 62
Äquatorebene 493
AffineTransform 355, 356, 546
Alberti, Leon Battista 76
Alpha
  Komponente 314
AlphaComposite 359
Alternating Path 143
Android 627
Animator 607
ANT 612
ARB 25
Array
  Interleaved Arrays 181
Assoziativgesetz 422, 475
attribute 725
Aufriss 72
Auge 294
Auslöschung 436
Avatar 39
AWT 354

B
Back Buffer 33, 301
Band 350
BandCombineOp 359
Banks 350
Baran, Paul 133
Basiselemente 516
Baumgart, Bruce G. 151
Beleuchter 310
Big Endian 349
Bildfrequenz 34
Billboard 500
Binärsystem 433
Blinn, James F. 115, 318, 337, 390
Blinn-Shading-Modell 318
BMP 352
Bottom view 72
Bounding Sphere 245
BoundingBox 254, 619
BoundingBoxDefault 619
BoundingBoxView 619
BoundingVolume 254
Breitenkoordinate 493
Bryan, George H. 506
BSP-Tree 274
Buffer 582
BufferedImage 355, 362, 364, 365, 374, 621, 689, 703
BufferedOp 355
Bump
  Mapping 396
ByteBuffer 183, 582, 584

C
Canvas 75, 76, 87, 280
Cardan 505
Cardano, Gerolamo 505
Catmull, Edwin 80
CIE 295
CIEXYZ 297
clamp 727
ClassLoader 363
Clipping 41
  Koordinatensystem 100
Clonable 590
CMYK 299
Collada-Format 218
Color
  -buffer 78, 301
  Klasse 354
  Lookup 686
  Map 388
ColorSpace 297
Column-major Ordering 444
Compareable 588
Compatibility
  Mode 333, 538, 626
  Profil 627
computeStatistics 624
cross 727
CubeMain 616

D
DataBuffer 365
DCT 352
DDS 354
Deflate-Kompression 351
DeltaTimeLog 623
Depth Buffer 78
Depth Test 32
Determinante 449
Device
  Kontext 589, 603, 604, 609, 611
  Koordinaten 87, 97, 103,

280
Koordinatensystem 41, 538
dFdx 395, 729
dFdy 395, 729
Diffuse Map 388
DirectColorModel 364
Displacement-Mapping 370
Display-List 678
Distributivgesetz 475
Dithering 32
DOM-Parser 218
DOP 72
Double Buffering 301
DoubleBuffer 585
DPI 88
Draufsicht 72
drawQuad 60
Dunkelquelle 311, 323
Dyadisches Produkt 460

E
Ebene 481
Eberly, David H. 222, 496
Eclipse 612
Edge 145
Edmond, Jack 143
Einheitsmatrix 39
Einzelschrittverfahren 452
Element
inverses 422, 430, 431
neutrales 422, 430, 431
Embedded Systems 170
Erweiterungen 665
Euler
Winkel 507
Euler, Leonhard 506, 508
Even/Odd-Regel 229
Extrudierung 195

F
Face 146
FaceDataModelF 213
FaceF 213
FaceFDefault 214
Facette 146
Factory 157
Farb
-information 347
-modell 298, 348
-profil 297
-puffer 78
FBX-Format 218
Fehler
relativer 435
Fixed Function Pipeline 34
FloatBuffer 411, 414, 585
FogMain 616
FogRender 302
Foley, James D. 24
Font 416
Fragment Shader 34
Frame 301
-puffer 33, 107
Framerate 34
Fresnel-Faktor 339
Front Buffer 301
Front View 72
Frontpuffer 33
Frustum 47, 88, 117
fwidth 729

G
Gameengine-Formate 220
Gauß
Elimination 450
Jordan 450
Seidel 452
Geometrie
Pipeline 29, 699
Gerade
im Raum 472
Schnittpunkt 472
Spurgerade 230
getLUDecomposition 569
GIF 353
Gimbal Lock 511
GIMP 354
GKS-3D 27
GL_ARRAY_BUFFER 634
GL_CONSTANT_ATTENUATION 668
GL_ELEMENT_ARRAY_BUFFER 635
GL_FEEDBACK 704
gl_FragColor 35
gl_FrontColor 34
GL_LIGHT_MODEL_AMBIENT 324
GL_LIGHT_MODEL_TWO_SIDE 324
GL_LINE_LOOP 631
GL_LINE_STRIP 631
GL_LINEAR_ATTENUATION 668
GL_LINES 631
GL_MAX_LIGHTS 667
GL_MAX_VIEWPORT_DIMS 77, 720
GL_NORMALIZE 680
GL_PIXEL_PACK_BUFFER 635
GL_PIXEL_UNPACK_BUFFER 635
GL_POINTS 631
GL_POLYGON 633
gl_Position 34
GL_PROJECTION 52
GL_QUAD_STRIP 632
GL_QUAD_STRIPES 202
GL_QUADRATIC_ATTENUATION 669
GL_QUADS 632
GL_RENDER 704
GL_RESCALE_NORMAL 680
GL_SELECT 704
GL_SEPARATE_SPECULAR_COLOR 671
GL_SINGLE_COLOR 671
GL_SPOT_CUTOFF 669, 670
GL_TRIANGLE_FAN 196, 632
GL_TRIANGLE_STRIP 196, 631
GL_TRIANGLES 631
glActiveTexture 375, 409
glAttachShader 542
glBegin 165, 195, 630
glBindAttribLocation 187, 633
glBindBuffer 172, 177, 188, 634
glBindTexture 374, 375, 635, 663
glBitmap 636
glBlend 32
glBlendColor 637

glBlendEquation 637
glBlendFunc 638
glBufferData 27, 172, 177, 178, 183, 634, 639, 674
glBufferSubData 641
glCallList 642, 678
glCallLists 642
glClear 28, 79, 301, 642
glClearColor 326, 643
glClearDepth 79
glColor 312, 643, 644
glColorMaterial 313, 328, 645
glColorPointer 645, 656
glCompileShader 646
glCopyPixel 653
glCopyPixels 646, 683
glCreateProgram 634, 646, 661, 671
glCreateShader 646, 706
glCullFace 210, 647
glDeleteBuffers 589, 662
glDeleteLists 651
glDeleteProgram 540, 651
glDeleteShader 542, 651
glDeleteTextures 649
glDepth 79
glDepthFunc 79, 649
glDepthMask 650
glDepthMask(flag) 79
glDepthRange 76, 79, 103, 650, 720
glDetachShader 542, 629
glDisable 210
glDisableClientState 173, 656
glDrawArrays 61, 178, 652
glDrawBuffer 301
glDrawElements 27, 173, 174, 178, 184, 194, 635, 653
glDrawElementsBaseVertex 184
glDrawPixels 418, 653, 683
Gleitkommazahl 433
normalisiert 433, 436
glEnable 79, 210
glEnableClientState 27, 173
glEnd 195, 630, 656
glEndList 199
GLEventListener 104, 607
glFog 302, 657
glFrontFace 632, 659
glFrontFace(mode) 210
glFrustum 72, 88, 101, 660
glGenBuffers 661
glGenLists 199, 662
glGenTextures 374, 407, 663
glGet 77, 311
glGetAttribLocation 187, 375, 634, 661
glGetBufferSubData 661
glGetDoublev 673
glGetError 622, 663
glGetIntegerv 667
glGetLocation 726
glGetProgramInfoLog 664, 672
glGetProgramiv 663
glGetProgrammiv 672
glGetShaderInfoLog 541, 646
glGetShaderiv 666
glGetString 618, 665
glGetUniformLocation 375, 408, 672
glInitNames 666
glInterleavedArrays 183
glIsList 666
GLJPanel 607
glLight 666
glLightModel 314, 324, 657, 670
glLightModeli 312
glLineStripple 631
glLineWidth 631
glLinkProgram 629, 661, 671
glLinkProgramm 664
glLoadIdentity 39, 42, 59, 672, 678
glLoadMatrix 25, 55, 672, 688
glLoadName 673
glLoadTransposeMatrixf 673
glLogicOp 33, 674
glMapBuffer 173, 175, 183, 674
glMapRangeBuffer 183
glMaterial 675, 676
glMaterialColor 328
glMaterialf 312, 313
glMaterialfv 312
glMatrixMode 676, 688
glMultiDrawElements 184
glMultMatrix 677, 688
glNewList 199, 656, 678
glNormal 679
glNormalPointer 681
glOrtho 25, 72, 81, 87, 101, 618, 681
glPixelMap 653, 682, 701
glPixelStore 653, 683, 701
glPixelTransfer 653, 682, 685, 701
glPixelZoom 357, 653, 688
glPointSize 631
glPolygonMode 210, 689
glPolygonStripple 689
glPopAttrib 691
glPopClientAttrib 685
glPopMatrix 55
glPush 714
glPushAttrib 211, 685, 691, 701
glPushClientAttrib 685, 718
glPushMatrix 55, 697
glPushName 698, 699, 714
glRasterPos 700
glReadPixels 653, 701
glRect 703
glRenderMode 704
glRotate 54, 65, 705
glScale 43, 705
glSelectBuffer 714
glShadeModel 714
glShaderSource 541, 706
GLSL 35, 334, 337, 537, 625, 722
glTexCoord 706
glTexCoordPointer 707
glTexEnv 708
glTexImage 382, 708
glTexParameter 378, 385
glTexParameteri 409
glTextEnv 373, 377
glTranslate 713
glTranslatef 42, 43
gluLookAt 119, 121, 471
glUniform 725
glUniform1fv 334
glUniform1i 409
glUnmapBuffer 173, 183, 674,

715
gluPickmatrix 278
glUseProgram 540, 715
glValidateProgram 716
glVertex 716
glVertexAttribPointer 189, 718
glVertexPoint 177
glVertexPointer 173, 177, 182, 717
glViewport 72, 101, 102, 719
glWindowPos 700, 701, 720
Glyph 417
Gottschalk, Stefan 256
Gouraud
  Shading 307
GPU 29, 40, 79, 181, 333, 371, 440, 537, 603
Grafik
  Pipeline 40, 221
Gram, Jorgen Peterson 470
Graphical Kernel System *siehe* GKS
Grenzkugel 245
Grenzvolumen 244
Grid 273
Grundfarbe 314
Gruppe
  Abelsche 431
  Halbgruppe 430, 431

H
Halfedge 152
HalfedgeNode 155
HalfedgeSource 155, 156
Hamilton, William Rowan 515
Hanson, Andrew 49
Hauptrisse 72
Height Maps 396
Helmsets 301
Higinbotham, William 26
HLS 299
HSB 298
HSV 298
Huffman Encoding 351

I
IEEE 754 437, 721
ImageIO 362, 363
ImageReader 362
ImageUtil 621
IntBuffer 585
Interleaved Arrays 169, 178
intersectLine 235
Invarianten 72

J
JAI 355
Java
  Installation 612
  Object 586
  Puffer 581
Java Monkey Engine 221
java.nio 582
JavaDoc 22
JFrame 607
Jobs, Steve 80
JOGL 604
JPEG 353, 360
  2000 351
  Kompression 351

K
k-DOP 245
Kabinettansicht 73
Kamerakoordinatensystem 40
Kavalieransicht 73
kD-Tree 276
Kombination 427
Komponente 348
Komposition 44, 53
Komprimierung
  verlustbehaftet 351
  verlustfrei 351
Konversionsfehler 434
Koordinatensystem 38
  baryzentrisches 241
  Beobachter- 100, 333, 341, 377, 486, 538
  Bildschirm 75
  Device- 76
  kartesisch 38, 483
  linkshändisch 38
  Objekt- 343
  rechtshändisch 38
  Screen 279
  Textur 163
  Welt- 39, 47, 54, 100, 333, 342, 486, 538
Kybernetik 261

L
Längenkoordinate 493
Lab-Farbmodell 297
Lambert, Johann Heinrich 73
Laplace, Pierre-Simon 515
LAT 118
Level of Detail *siehe* LOD
Licht
  -modell 670
  -quelle 311
  ambient 314
  ausgedehnt 323
  Spotlicht 310, 318, 324
LightRenderer 331
Lindenmayer, Aristid 13
LineD3 251, 265
LineF3 251
Linux 23
Little Endian 349
Loader 221
LOD 113, 382
log2 726
Logic Op 33
LookupOp 358
LU-Zerlegung 450
LWGL 604
LZW-Kompression 351

M
Möbius, Ferdinand 483
Manhattan Distance 250, 456
Manifold 150
Mantisse 433, 434
Maschinengenauigkeit 435, 438
Matching 143
Material
  -eigenschaft 311
  -koeffizient 310, 311
MaterialRenderer 334
Math.random 259
Matrix 442

Adjunkte 449
Bias 46
Column major 443, 673, 677
homogene 41, 43
inverse 449
Kamera 40
Modell- 40, 101
Multiplikation 42
orthogonale 445
Produkt 444
Projektions- 48, 101
quadratische 442
Rotations- 51
Row major 443
Skalierungs- 43
Transponierte 449
MatrixD4x4 279, 565, 569
MAX_LIGHTS 311
MediaTracker 355
Mehrfachprodukt 478
Menge
Differenz 425
Durchschnitt 426
leere 430
Mächtigkeit 427
Produkt 427
relatives Komplement 425
Vereinigungs- 424
Merging 113
Mesh 145, 163
Mesh Decimination 113
MeshBufferSet 220
Metrik 454
Mietten, Ville Ilmani 250
Mipmapping 381
Monoid 430
Mouse
Koordinaten 91, 103
Position 279
Multiviewport 105
Mustererkennung 372

N
Nebel 301
Nervenzelle 294
Netzhaut 294
Newell, Martin 110
Normal Map 370, 390
Baking 391
Normalisierung 42

O
Octree 275
Öffnungswinkel 120
OGLError 178, 622
OOBB 250
OpenGL
Client und Host 28
ES 170, 627
Version 625
OpenGL Architecture Review Board *siehe* ARB
OpenGL Shading Language *siehe* GLSL
OpenGLVendorInfo 618
Out of Memory 178

P
PackedColorModel 364
Parallax Mapping 396
Parser 222
PDB 354
PDD 354
Permutation 427
PerspectiveFVPMain 616
PerspectiveMVPMain 617
PHIGS 24
Phong Shading 307
Photon 294, 304
Physical Engine 164
Picking 277
PickingMain 617
PickingRender 284
PickList 288
Pivot
Suche 448
Pixel 348
Pixel Ownership 32
PlaneF3 234
PLY-Format 219
PLYLoaderDefault 220, 225, 394
PNG 352
PointD3 156
PointF3 156, 551
Polygon 197
Primitives 699
Primitives Assembly and Processing 34
Processing Pipeline 27
Produkt
kartesisches 427
Programmers Hierarchical Interactive Graphics System *siehe* PHIGS
Projektion 70, 87
axonometrisch 73
dimetrisch 73
isometrisch 73
orthogonal 72
trimetrisch 73
Punktraum 454

Q
QFace 202, 213
Quad 146
Quadtree 276
Quaternion 515
Betrag 518
Einheits- 518
Hamilton-Produkt 516
konjungiertes 516
Norm 518

R
Rückansicht 72
Radiosity 305
Random 259, 599
Ray Tracing 305
Rechtshandsystem 39
reflect 728
Reflexionsgrad 310
Renderer 163
RescaleOp 358
Ressourcenmanagement 222
Rezeptor 294
RGB 212, 297, 298, 301
RGBA 298, 365
Rigid-Body-Matrixtyp 254
RLE 351
Rosenthal, Larry 26
Rotation 49, 60

run length encoding 351
Rundungsfehler 436
Russell, Stephen 26

S
Sagittalebene 244
Sample 348
SAP 23
SAX-Parser 218
Scanner 222
Scherungsmatrix 46
Schmidt, Erhard 470
Scissor 32
Screen
  Koordinaten 280
Sedgewick, Robert 277
Sehstrahl 245
Seitenansicht 73
SelectionRenderer 291
SGXMLReader 225, 399
Shader 34
  Fragment- 34, 538
  Geometry- 538
  Lambert 339
  Oren-Nayarn 339
  Phong-Blinn 339
  Programmierung 186, 537, 539, 721
  Tesselation- 538
  Vertex- 34, 186, 538
ShaderProgram 402
ShaderUniformMatrixBuffer 542
Shininess 319
Side Elevation 73
Simple PHIGS *siehe* SPHIGS
Singleton 158
Skalierung 43
Skript 164
Slerp 532
smothstep 727
Spacewar 26
Spacewars 26
Spatprodukt 478
Specular Map 389
SPHIGS 24, 27
sRGB 298
Stellvertreterfigur 39
Stencil 32
step 727
Straßer, Wolfgang 80
StringBuffer 602
StringTokenizer 602
Struktur
  algebraische 422
  Makro- 386
  Meso- 386
  Mikro- 386
Sub-Surface Scattering 370
Sutherland, Ivan Edward 80
SVD-Verfahren 452
Szene 15, 16, 27, 40, 100, 163
  -graph 24, 34, 62, 124, 128, 181, 191, 251
  Beleuchtung 29, 34
  Details im Hintergrund 31
  Editor 221
  Kamera 119

T
Tait, Peter Guthrie 506
Tait-Bryan-Winkelsystem 506
Tennis for Two 26
Tensor 460
Tesselation 146, 538
TestSuiteMain 615
Texel 372
Textur 163, 324, 370
  -analyse 372
  -synthese 372
  imagebasierend 371
  Koordinaten 163, 370, 377
  Mapping 376
  prozedural 371
TextureUnit 408
TFace 213
TGA 352
Tiefenpuffer 78, 79
TIFF 353
Toon Shading 373
Torus 194
TransformD4x4 254, 259, 422, 576
Translation 43, 60, 82
Transparenz 298
Transponierung 459
TrueType 419
Tupel 427, 453, 549
Turing, Alan 262

U
Unicode 415
uniform 331, 725
Upload 176
URL 363
UV
  Koordinaten 370
  Unwrapping 369

V
van Dam, Andries 24
Variable
  Arrays 548
  Matrix- 444
  Member- 444, 548
varying 723, 726
VBO *siehe* Vertex Buffer Object
Vektor 453
  -produkt 468, 474
  affiner 454
  Betrag 454
  Einheits- 454
  Kreuzprodukt 474
  Null- 453
  orthogonal 482
  Projektion 468
  Richtungs- 476
  skalares Produkt 460, 467
  Spalten- 459
  Summe 453
  Zeilen- 459
Vertex
  Array 166, 169
  Attribute 186
  Shader 34
  Weights 35
Vertex Buffer Object 166, 169, 174
Video Refresh Rate 34
Viewport 75, 76
von Neumann, John 262, 470

Vorderansicht 72

W
Wavefront-Format 216
Wavelets 351, 352
WCS 39
WebGL 627
Wedge 195, 283
Wegfindung 164
Wellenlänge 294
Welt
virtuelle 39
Weltkoordinatensystem 29
Wiener, Norbert 261
Window
Koordinaten 97, 279, 377
Winged Edges 151

X
XCF 354
XML 218
XMLEventReader 218

Z
Z-Culling 79
Z-Fighting 80
Zahlenbasis 434
Zoom 82
Zork 26
Zufallsgenerator 598
Zustand 261
Zylinder 195